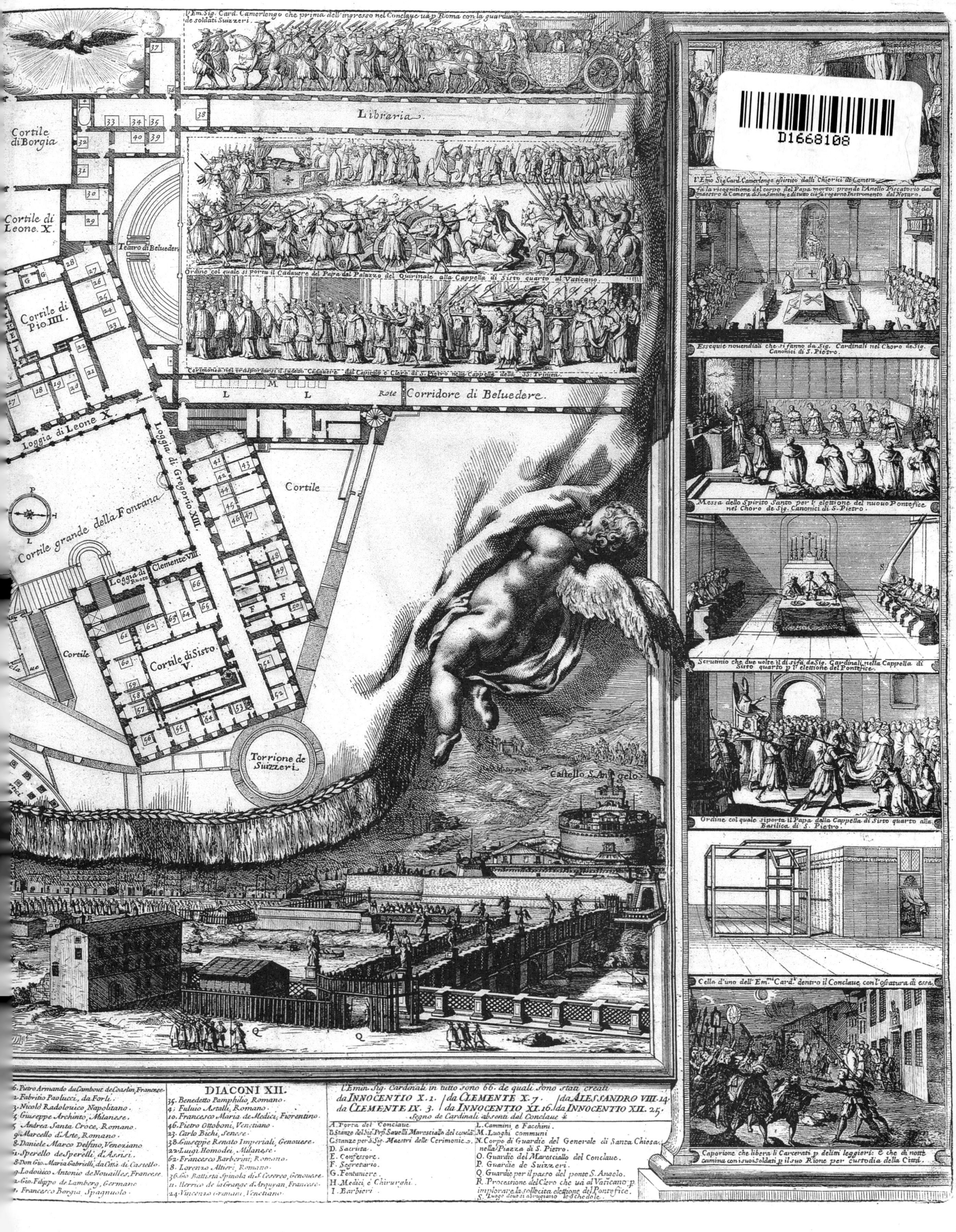

Die Kunst der Diplomatie

Auf den Spuren des kaiserlichen Botschafters
Leopold Joseph von Lamberg
(1653–1706)

Leopold Joseph Graf von Lamberg als kaiserlicher Botschafter in Rom, Ottensteiner Kardinalsserie, römischer Maler, 1700/1701; Maria Enzersdorf, EVN

Friedrich Polleroß

DIE KUNST DER DIPLOMATIE

Auf den Spuren des kaiserlichen Botschafters
Leopold Joseph Graf von Lamberg
(1653–1706)

MICHAEL IMHOF VERLAG

Gedruckt mit Förderung von:

Kulturabteilung der Niederösterreichischen Landesregierung

Bundesministerium für Wissenschaft und Forschung in Wien

Wissenschafts- und Forschungsförderung der Kulturabteilung der Stadt Wien

Geschwister Boehringer Ingelheim Stiftung für Geisteswissenschaften in Ingelheim am Rhein

© 2010
Michael Imhof Verlag GmbH & Co. KG
Stettiner Straße 25, D-36100 Petersberg
Tel. 0661 9 62 82 86; Fax 0661 6 36 86
info@imhof-verlag.de
www.imhof-verlag.de

Gestaltung und Reproduktion: Michael Imhof Verlag
Druck: Rindt-Druck, Fulda

Printed in EU

ISBN 978-3-86568-562-9

Vorwort und Dank

Das vorliegende Buch bildet weder eine vollständige Biographie eines österreichischen Adeligen um 1700, noch stellt es eine fundierte Monographie zum Thema „Kunst & Diplomatie" dar. Es ist keine penible Edition eines Diplomatentagebuches und auch kein klassischer Bildband. Es handelt sich vielmehr um ein in mehrfacher Hinsicht hybrides Werk. Diese Publikation beschreibt (aus der Perspektive der Kulturgeschichte) den Werdegang des Grafen Leopold Joseph von Lamberg von der Herkunft aus einer kleinen Waldviertler Burg bis zur Tätigkeit in der Hauptstadt der Christenheit sowie im Auge eines politisch-diplomatischen Hurrikans und verbindet damit österreichische Lokalgeschichte mit internationaler Hofforschung. Das Buch enthält eine längere Einleitung zum Einsatz der Kunst im Rahmen der europäischen Diplomatie des 17. und 18. Jahrhunderts, präsentiert zahlreiche bisher unbekannte Text- und Bildquellen mit wissenschaftlichem Anspruch und strebt dennoch nach allgemeiner Lesbarkeit und erstklassiger Bildqualität. Deswegen wurden die zeitgenössischen Texte in den Tagebüchern und Briefen des Botschafters auch der modernen Groß- und Kleinschreibung sowie Interpunktion angepasst. Italienische und französische Quellen wurden übersetzt, die Originaltexte finden sich – soweit nicht in modernen Ausgaben zugänglich – in den Fußnoten. Das Buch könnte auch als Reiseführer „auf den Spuren des Grafen Lamberg" dienen (mit konkreten Hinweisen am Ende des Bandes), hätte es nicht ein unhandliches Gewicht. Die etwas aus den traditionellen Fugen geratene Form entspricht jedoch nicht nur der „Sammelleidenschaft" und „Geschwätzigkeit" des Autors, sondern auch dem Inhalt: Während seines fünfjährigen Aufenthaltes in Rom hat der kaiserliche Botschafter Lamberg sowohl 3440 Tagebuchseiten geschrieben und 50 Bände mit historischen Dokumenten sowie zeitgenössischen Zeitungen zusammenstellen lassen, als auch zwei Gemäldeserien mit 13 und 72 Porträts in Auftrag gegeben.

Meine erste intensivere Beschäftigung mit Leopold Joseph von Lamberg ergab sich im Rahmen der von Prälat DDr. Joachim Angerer initiierten Ausstellung „Reiselust & Kunstgenuss" im Jahre 2004 im Stift Geras. Ein inhaltlich und geographisch so vielfältiges Projekt, das sich über einen Zeitraum von mehr als fünf Jahren erstreckte, verdankt seine Entstehung natürlich der Mitwirkung zahlreicher professioneller und freundschaftlicher Helfer. Mein Dank gilt zunächst den Archivaren, denen die Obsorge über die benützten Quellen anvertraut ist, zuerst und vor allem dem Niederösterreichischen Landesarchiv (Dr. Waltraud Winkelbauer, Dr. Reinelde Motz-Linhart und Frau Christine Mick) und dem Österreichischen Haus-, Hof- und Staatsarchiv (Dir. i.R. Hofrat Dr. Leopold Auer, Dir. Mag. Thomas Just, Dr. Gerhard Gonsa), aber auch Dr. Gertrud Buttlar-Elberberg (Familienarchiv der Grafen Hoyos-Sprinzenstein in Horn), Dr. Arthur Stögmann (Archiv der Fürsten von und zu Liechtenstein) sowie Dr. Johan Ickx (Archiv der deutschen Nationalkirche in Rom).

Vielfältige Unterstützung erhielt der Autor auch in zahlreichen Bibliotheken. In Wien konsultierte ich neben den „Hausbibliotheken" am Kunsthistorischen und am Historischen Institut der Universität jene im Kunsthistorischen Museum (Beatrix Kriller) sowie insbesondere die Abteilungen für Handschriften und alte Drucke der Österreichischen Nationalbibliothek (Dir. Dr. Andreas Fingernagel) und der Universitätsbibliothek Wien (Mag. Pamela Stückler). Mein Dank gilt aber auch den Mitarbeitern des Zentralinstituts für Kunstgeschichte in München (Dir. Prof. Dr. Wolf Tegethoff) sowie des Österreichischen und des Deutschen Historischen Instituts (Stv. Dir. Dr. Alexander Koller, Dr. Christine Streubühr) in Rom. Dir. Prof. Dr. Richard Bösel und Stv. Dir. Dr. Ulrike Outschar sei auch für die Gastfreundschaft in der Außenstelle der österreichischen Wissenschaft in Rom herzlich gedankt. Die Recherchen in Paris ermöglichten Einladungen des Centre Allemand d'Histoire de l'Art (Dir. Dr. Thomas Gaehtgens, Dr. Markus Castor) sowie des Centre de la Recherche du Château de Versailles (Dir.gén. Béatrix Saul, Cons.gén.hon. Claire Constans, Dr. Mathieu da Vinha). Aber ohne die Gastfreundschaft der Bibliotheca Hertziana/ Max-Planck-Institut für Kunstgeschichte in Rom mit den umfangreichen Beständen der Bibliothek unter der Leitung von Dr. Andreas Thielemann und und der Fotothek unter der Leitung von Dr. Christina Riebesell sowie ohne die freundliche Hilfe der zahlreichen Mitarbeiter und Mitarbeiterinnen hätte die vorliegende Publikation nicht entstehen können. Die Direktorinnen, Prof. Dr. Sybille Ebert-Schifferer und Prof. Dr. Elisabeth Kieven, förderten das Projekt darüberhinaus durch ein mehrmonatiges Forschungsstipendium.

Auch zahlreiche Kollegen und Freunde unterstützten meine Arbeit durch Rat und Tat: Univ.-Doz. Dr. Sibylle Appuhn-Radtke (Zentralinstitut für Kunstgeschichte München), Dr. Marc Bayard (Académie de France à Rome), Prof. Peter Burke (Emmanuel College Cambridge), Univ.-Prof. Dr. Horst Bredekamp (Humboldt-Universität Berlin), Prof. Fernando Checa Cremades (Universidad Complutense Madrid), Dr. Ralph-Miklas Dobler (Bibliotheca Hertziana), Univ.-Prof. Dr. Heinz Duchhardt (Institut für Europäische Geschichte Mainz), Prof. Dr. Robert Evans (University of Oxford), Dr. Ursula Fischer-Pace (Rom), Dr. Eliška Fučiková (Büro des Senats der Tschechischen Republik Prag), Prof. Alexandre Gady (Université de Nantes), Dr. Bénédicte Gady (Louvre Paris), Mag. Andreas Gamerith (Archiv des Stiftes Altenburg), Prof. Dr. Pablo González Tornel (Universitat Castelló de la Plana), Mag. Michael Grünwald (Graphische Sammlung des Stiftes Göttweig), emer. Univ.-Prof. Dr. Hellmut Hager (Pennsylvania State University), Dr. Mark Hengerer (Brüssel), Univ.-Prof. Dr. Ingo Herklotz (Universität Marburg), Dr. Guido Hinterkeuser (Berlin), Univ.-Lektor Mag. Ryszard Holownia (Universität Breslau), Dir. Dr. Roswitha Juffinger (Residenzgalerie Salzburg), Prof. Dr. Thomas DaCosta Kaufmann (Princeton University), Dr. Zdeněk Kazlepka (Mährische Galerie Brünn), Mag. Stefan Körner (Sammlungen der Fürsten Esterházy Eisenstadt), Dr. Andreas Kreul (Kunsthalle Bremen), Dr. Martin Krummholz (Akademie der Wissenschaften Prag), Dr. Susanne Kubersky-Piredda und Dr. Brigitte Kuhn-Forte (Bibliotheca Hertziana), Dr. Thomas Liebsch (Dresden), Prof. Dott. Andrea Maglio (Università degli Studi di Napoli), Dott.sa Cecilia Mazzetti di Pietralata (Bibliotheca Hertziana), Prof. Dr. Barbara Marx (Technische Universität Dresden), Univ.-Prof. Dr. Jörg Martin Merz (Universität Münster), Univ.-Prof. Dr. Karl Möseneder (Universität Erlangen-Nürnberg), Prof. Friedel Moll (Stadtarchiv Zwettl), Prof. Dr. Kristoffer Neville (University of California Riverside), emer. Univ.-Prof. Dr. Werner Oechslin (Eidgenössische Technische Hochschule Zürich), Dr. Martin Olin (Nationalmuseum Stockholm), Prof. Dr. Milan Pelc (Universität Zagreb), Mag. Dr. Christine Pollerus (Universität für Musik und Darstellende Kunst Graz), Dr. Georg Rigele (EVN-Sammlung Maria Enzersdorf), Dr. Cristina Ruggero (Bibliotheca Hertziana), Prof. emer. Gérard Sabatier (Lyon), Dr. José Luis Sancho Gaspar (Patrimonio Nacional Madrid), Dr. Michael Schaich (Deutsches Historisches Institut London), Dr. Georg Schelbert (Bibliotheca Hertziana), Univ.-Prof. Dr. Matthias Schnettger (Universität Mainz), Dr. Lothar Sickel (Bibliotheca Hertziana), Univ.-Prof. Dr. Lubomír Slavíček (Universität Brünn), Dr. Virginie Spenlé (Kunstkammer Laue München), Dott. Anna Tedesco (Università degli Studi di Palermo), Mag. Angelika Wellnhofer (Regensburg), Dr. Štěpán Vácha (Akademie der Wissenschaften Prag), Univ.-Prof. Dr. Tristan Weddigen (Universität Zürich), Mag. Dr. Igor Weigl (Universität Ljubljana), Dir. Dr. Samuel Wittwer (Abt. Schlösser und Gärten der SPSG Berlin) und Priv.-Doz. Dr. Hendrik Ziegler (Universität Luzern).

Erste und letzte wissenschaftliche oder organisatorische Hilfe in Wien leisteten u.a. Prof. Mag. Dr. Hubert Emmerig (Institut für Numismatik und Geldgeschichte der Universität), Mag. Daniela Erlach (Institut für die Erforschung der Frühen Neuzeit), Dir.-Stv. OR Dr. Martina Fleischer (Akademiegalerie), Prof. Dr. Jörg Garms, Prof. Dr. Elisabeth Garms-Cornides; Dr. Gerlinde Gruber, Dr. Silvia Ferino-Pagden sowie Dr. Gudrun Swoboda (Gemäldegalerie des Kunsthistorischen Museums), Mag. Katharina Kahane, Dr. Ingrid Kastel (Albertina), Dr. Claudia Kryza-Gersch und Mag. Paulus Rainer (Kunstkammer des Kunsthistorischen Museums), Dir. Dr. Monica Kurzel-Runtscheiner und Mag. Dr. Mario Döberl (Wagenburg), DDr. Jan Niederkorn (Österreichische Akademie der Wissenschaften), emer. Univ.-Prof. Dr. Hellmut Lorenz, Dr. Susanne Pils (Stadt- und Landesarchiv), Dr. Erwin Pokorny, Univ.-Prof. Dr. Martin Scheutz (Institut für Geschichte), Dr. Renate Schreiber, Univ.-Prof. Dr. Sebastian Schütze (Institut für Kunstgeschichte), Univ. Prof. Dr. Karl Vocelka (Institut für die Erforschung der Frühen Neuzeit), MMAg. Dr. Huberta Weigl und Dir. Univ.-Prof. Dr. Thomas Winkelbauer (Institut für Österreichische Geschichtsforschung).

Zu besonderem Dank bin ich natürlich den privaten Besitzern und Sammlern verpflichtet, die mir Zugang zu den Kunstschätzen in ihren Salons ermöglichten und Fotoerlaubnis gewährten oder Bildmaterial zur Verfügung stellten: In Österreich waren dies die Nachkommen der fürstlichen Familie Auersperg-Breunner und der Grafen Meran, Hoyos-Spinzenstein, Thurn-Valsassina sowie der Grafen respektive Freiherrn Gudenus, in Italien die Contessa Daniela Memmo d'Amelio (Palazzo Ruspoli), Prof. Fabrizio Lemme, die Galleria Cesare Lampronti (Emilie Berthelot) und das Parkhotel Villa Grazioli. Mit generöser Bereitstellung von Bildmaterial bzw. Fotoerlaubnis unterstützen mich weiters das Kunsthistorische Museum in Wien (Generaldirektorin Dr. Sabine Haag, Stefan Zeisler), das Liechtenstein Museum (Dir. Dr. Johann Kräftner, Mag. Michael Schweller), die Gräflich Harrasche Familiengalerie (Graf Ulrich Arco-Zinneberg, Mag. Thomas Schauppper), das British Museum in London, das Nationalmuseum in Stockholm, das Dorotheum und Sotheby's in Wien, die Auktionshäuser Lempertz in Köln, Bassenge in Berlin, Reiss & Sohn in Königstein sowie zahlreiche Antiquariate von Wien (Donhofer, Inlibris, Nebehey, Burgverlag) über Graz (Friebes), Eurasburg (Bierl), Regensburg (Prasch) und Paris (Prouté) bis nach Rom (Nardecchia, Exlibris). Ein besonderer Dank gilt meinen Haus- und Hoffotografen Markus Ziegelwanger und Josef Polleroß. Bei den Übersetzungen aus dem Italienischen waren mir Fabio Gianesi und Stefan Albl behilflich, das Register besorgte Hans-Christian Leitich. Frau Dr. Andrea Sommer-Mathis sowie Frau Dr. Veronika Birbaumer haben sich hingegen durch vielfältige Unterstützung und römische Gastfreundschaft einen Ehrenplatz in diesem Buch erworben.

Die Drucklegung wurde durch Zuschüsse der Kulturabteilung der Niederösterreichischen Landesregierung (Hofrat Dr. Andreas Kusternig), des Bundesministeriums für Wissenschaft und Forschung (MinR Doz. Dr. Gerhard Pfeisinger), des Kulturamtes der Stadt Wien (Obersenatsrat Univ.-Prof. Dr. Hubert Christian Ehalt, Mag. Angelika Lantzberg), der Geschwister Boehringer Ingelheim Stiftung für Geisteswissenschaften (Dr. Claudia Walther) und der Marktgemeinde Pölla (Bgm. Ing. Johann Müllner, Vizebgm. Günther Kröpfl) ermöglicht. Aber auch dem Dorotheum (Mag. Michaela Pühringer-Strebl), dem Antiquariat Nebehay (Dr. Hansjörg Krug), dem Antiquariat Burgverlag (Robert Schoisengeier), dem Antiquariat Donhofer (Norbert Donhofer), der Forstverwaltung Ottenstein (Forstdir. Dipl. Ing. Richard Hackl), dem Schlossrestaurant Ottenstein (Dir. i.R. Kurt Dietrich), der Forstverwaltung Horn (Dipl.-Ing. Markus Hoyos) und der Schlosspension Drosendorf (Frau Brigitte Häckel) sei für finanzielle Unterstützung gedankt.

Bei der Produktion im Verlag kam Frau Margarita Licht allen meinen Änderungswünschen bereitwillig entgegen. Der letzte, aber keinswegs geringste Dank gilt jedoch dem Verleger Dr. Michael Imhof vor allem für den großen persönlichen Einsatz zur gediegenen Gestaltung des Buches und seiner Familie für die gemeinsamen lukullischen Arbeitspausen.

Inhalt

Einleitung

Forschungsstand und Schwerpunktsetzung: 9
 Urbi & Orbi – Rom und Wien 11
 Mäzene und Sammler 21
 Macht und Magnifizenz 23

Diplomaten und Kunstkenner: 32
 Kulturtransfer und Kunstimporte 34
 Diplomatische Geschenke und kunstvolle Bestechung 45
 Repräsentative Konkurrenz und Bilderkriege 48

Leopold Joseph Graf von Lamberg

Herkunft und Jugend des Grafen Lamberg: 67

Die Kavalierstour: 71
 Venedig 75
 Siena und Florenz 77
 Neapel, Frascati und Rom 84
 Florenz, Parma, Mailand und Turin 105
 München, Amsterdam und Brüssel 114
 Ein literarischer Exkurs ins Schloss des Ibrahim Bassa 118
 Paris und London 122
 Europäische Netzwerke und kunsthistorische Grundausbildung 130

Schlösser, Patronatskirchen und ein Thermalbad in Niederösterreich: 140
 Schloss Ottenstein 144
 Adeliges Selbstverständnis zwischen Kaiserhof und Gutsherrschaft 158
 Rastenberg, Lichtenfels und Loschberg 168
 Drosendorf, Waidhofen an der Thaya und Thaya 170
 Adelige Sommerfrische im Waldviertel 174
 Schloss und Pfarrkirche Kottingbrunn 178
 Das Herzogsbad in Baden 184

Stadtpalast, Gartenpalais und Familienkapellen in Wien: 191
 Das Palais Lamberg-Sprinzenstein in der Wallnerstraße 194
 Das (Prämersche) Lustgartengebäude an der Donau 202
 Familienkapellen und Grabmäler 209

Österreichischer Gesandter am Reichstag in Regensburg (1690–1699): 215
 Zeremonialstreitigkeiten und Konferenzalltag 218
 Internationale Zeitungsabonnements und diplomatischer Nachrichtendienst 234
 Habsburgische Festtage und österreichische Frömmigkeit 241
 Badekuren in Eger und Karlsbad sowie Besichtigungen in Prag 252
 Familienfeste in Passau sowie Dienstreisen nach Eichstätt und Salzburg 258
 Porträts und Kupferstiche 267
 Gold-Geschirr und Silber-Möbel aus Augsburg 278
 Diplomatische ‚Gesellenzeit' in Regensburg und sehnsüchtiger Blick nach Rom 290

Kaiserlicher Botschafter in Rom (1700–1705): 300
 Pracht und Ohnmacht 305
 Karossen und Konkurrenten 359
 Stellvertreterkriege und Propagandaschlachten 373
 Paläste und Gärten 412
 Carlo Fontana und Carlo Maratta 434
 Hofmaler und Gemäldeerwerbungen 445
 Antiquitäten und Reliquien 472
 Heimliche Abreise und päpstliche Tränen 487

Geistiger und materieller Nachlass: 505
 Lambergs ‚römische' Gemäldegalerie 505
 Original und Kopie 509
 Alte und moderne Kunst 515
 Diplomatie und Kunstgeographie 516
 Römische Antiquare und Wiener Antikenkabinette 517
 Testament und Erbe 524

Quellen- und Literaturverzeichnis 534
Fotonachweis 587
Personenregister 588
Ortsregister 600

Forschungsstand und Schwerpunktsetzung

„Pompös funkelten die Doppeladler seiner vielen kaiserlichen Abzeichen, und als Zeichen seiner Treue zum Haus Habsburg war er strikt nach der spanischen Mode gekleidet. Graf von Lamberg, kaiserlicher Botschafter am päpstlichen Hof […] zeigte mit keiner Regung, dass er die krampfhafte Aufmerksamkeit, deren Gegenstand er war, überhaupt wahrnahm und fixierte unbeirrt den Kaplan. Ich musste an die mysteriösen Todesfälle am spanischen Hof denken, an den Verdacht auf Giftmorde, der über seiner Partei schwebte, an Maria Mancinis Furcht um Attos Leben. […]. Die Augen waren kohlschwarz, nicht ausdrucksvoll, sondern kalt und verschlossen. Der Blick war finster, ausweichend und unstet. Ein Hinweis auf einen an Lüge und Verstellung gewöhnten Charakter. Die Stirn war zu niedrig, ihr Oval regelmäßig, doch der Teint erdfarben und matt, als hätte der Umgang mit schaurigen Gedanken ihn fahl werden lassen. Ein dünner, sorgfältig gestutzter Schnurrbart verlieh dem Gesicht einen Anstrich von Eleganz, die wahrscheinlich nur seine ranghohe Stellung kennzeichnen sollte. Die ganze Erscheinung flößte Ehrerbietung und Respekt, vor allem aber Misstrauen ein."[1]

Mit diesen Worten wird Leopold Joseph Graf von Lamberg (Abb. 1) im semi-fiktionalen Roman *Secretvm* beschrieben, der 2004 in italienischer Sprache und 2005 in deutscher Übersetzung veröffentlicht wurde. Dem kaiserlichen Diplomaten wird von der Fürstin Maria Mancini Colonna († 1715), der Nichte des Kardinals Mazarin und Tante des Prinzen Eugen von Savoyen, sogar unterstellt, dass er den Romanhelden Abbé Atto Melani (1626–1714), einen als Geheimagent in französischen Diensten stehenden ehemaligen Kastratensänger, ermorden will. Der auf historischen Personen und Ereignissen basierende Bestseller von Rita Monaldi und Francesco Sorti schildert auf fast tausend Seiten einige Tage im Sommer des Jahres 1700 in der römischen Villa des Kardinalstaatssekretärs Fabrizio Spada (1643–1717) vor dem Hintergrund des zu erwartenden Wechsels auf dem päpstlichen und auf dem spanischen Thron sowie die daraus resultierenden Intrigen. Im Unterschied zu seinem zwar kurzen, aber gewichtigen Auftritt als Bösewicht im Roman hat es der niederösterreichische Adelige jedoch in der wissenschaftlichen Literatur der letzten Jahrzehnte nur zu geringer Bekanntheit gebracht. Dies mag mit ein Grund sein, dass die dem Grafen Lamberg von Monaldi und Sorti zugeschriebene Rolle nicht ganz den Tatsachen entspricht. Denn im Gegenteil zu dem ihm untergeschobenen Plan eines Giftmordes an Abbé Melani hatte der Wiener Hof sogar kurze Zeit überlegt, den schillernden Geistlichen als Informanten für das Konklave auf seine Gehaltsliste zu setzen. Und das vielleicht nur fingierte Mordkomplott, in das Lamberg später tatsächlich verwickelt war, wurde vom Botschafter aufgedeckt und galt einem auf habsburgischer Seite stehenden neapolitanischen Adeligen. Dieses Ereignis bildete sogar den Anlass für den Abbruch der diplomatischen Beziehungen zwischen Wien und Rom. Die berufliche Realität des Grafen Lamberg war also in der Tat manchmal kaum von der Fiktionalität eines Kriminalromans zu unterscheiden. Während seiner Tätigkeit in Rom hat der kaiserliche Botschafter 1701 den Aufstand in Neapel gegen die neue französische Herrschaft mitorganisiert und er schreckte auch nicht davor zurück, politische Gegner verprügeln zu lassen.

Eine so dramatische Laufbahn war Leopold Joseph von Lamberg nicht unbedingt in die Wiege gelegt worden. Er wurde nämlich 1653 als Sohn eines Freiherrn und Besitzers der nicht sehr großen Herrschaft Ottenstein im niederösterreichischen Waldviertel geboren und erst nach dem frühen Tod seines Vaters 1667 in den Grafenstand erhoben. 1674–77 unternahm er eine Kavaliersreise, die ihn durch Italien, die Schweiz, Deutschland, die Niederlande, Frankreich und sogar nach England führte. Nach der Heirat mit

1. Leopold Joseph Graf von Lamberg als kaiserlicher Botschafter in Rom, Christian Reder oder Antonio David, Öl auf Kupfer, 1700; Privatbesitz

der Erbtochter des Grafen Sprinzenstein widmete er sich zunächst dem Aus- und Umbau seiner Besitzungen in Niederösterreich und Wien. Von 1690–99 vertrat er den österreichischen Landesfürsten auf dem Reichstag in Regensburg, zwischen 1700 und 1705 war er kaiserlicher Botschafter beim Heiligen Stuhl. Sowohl beim Konklave des Jahres 1700 als auch beim damals ausbrechenden diplomatischen Krieg um das spanische Erbe der Habsburger gelang es ihm kaum, die kaiserliche Politik in Rom durchzusetzen und 1705 wurde er von Joseph I. in einer ‚Nacht-und-Nebel-Aktion' zurückberufen. Nur ein Jahr später verstarb Graf Lamberg in Wien, hoch verschuldet aufgrund seiner das Gehalt weit übersteigenden Repräsentationsausgaben[2].

Das Auffinden des wahren Kerns der Romanfigur und eine gewisse Rehabilitation des in der älteren Literatur als unvorbereitet und unfähig abgestempelten kaiserlichen Diplomaten bilden aber nur einen Nebeneffekt meiner Publikation. Ziel der Arbeit ist es vielmehr, am Beispiel des Grafen Leopold Joseph von Lamberg die kulturelle Lebenswelt, den kunsthistorischen Horizont und die (künstlerische) Repräsentation eines Wiener Höflings der Zeit um 1700 zu untersuchen, der sich nicht für die Kunst per se interessierte, sondern für den Kunstwerke ebenso wie das Zeremoniell politische Ausdrucksmittel waren.

Gleichsam als bescheidener Nachtrag zum grundlegenden Werk von Otto Brunner *Adeliges Landleben und europäischer Geist* aus dem Jahre 1949 soll die vorliegende Untersuchung zum „sozialen und kulturellen Kapital" eines Wiener Höflings im Sinne von Pierre Bourdieu das Buch des österreichischen Historikers in zeitlicher und thematischer Hinsicht weiterführen[3]: Vertritt Wolf Helmhard von Hohberg, der Vorbesitzer einer Herrschaft Lambergs im Waldviertel, im Werk von Brunner die humanistisch-literarischen Interessen des protestantischen Landadels in Niederösterreich im 17. Jahrhundert[4] (Abb. 2), so verkörpert Leopold Joseph von Lamberg nicht nur eine jüngere Generation, sondern auch den Typus des katholischen Hofadeligen und dessen stärker sinnlich-hochbarocke Repräsentation. Diese beiden Gruppen von mitteleuropäischen Adeligen bilden zwar eine gemeinsame personell-soziale und auch ideologisch-kulturelle Schnittmenge aus, entwickelten sich aber idealiter zu zwei indirekt proportional zueinander stehenden Personenverbänden[5]. Während die protestantischen Familien – wie der nach Regensburg ausgewanderte Hohberg – die Nähe zum Kaiserhof verloren, konnten die Grafen von Lamberg ihre Söhne im Reichshofrat, in der Reichskirche, im kaiserlichen Heer und im diplomatischen Dienst des Wiener Hofes unterbringen. Diese Karrierewege der Lamberger sind deutliche „Belege für die Renaissance des katholischen Dienstadels im Umfeld der Habsburger"[6].

Die Lamberg gehörten neben den Sinzendorf, Kuefstein, Starhemberg, Kaunitz, Kinsky und Waldstein zu der im Wiener Gesandtschaftswesen am stärksten vertretenen Gruppe von österreichischen und böhmischen Adeligen[7]. Das Verhältnis von Kunst und Diplomatie liefert daher den roten Faden dieser Untersuchung, weshalb in der Einleitung auch ein Überlick über dieses Thema geboten wird. Die Bedeutung der hier vorgestellten Materie bezeugt die Tatsache, dass sich in den letzten Jahren nicht nur die semifiktionale Literatur, sondern auch die internationale Forschung für den römischen „Krieg der Bil-

2. Wolf Helmhard von Hohberg, Kupferstich von Philipp Kilian nach Benjamin Block, um 1680; Privatbesitz

der" im Rahmen des spanischen Erbfolgekrieges und für die Rolle des Grafen Lamberg in diesem Zusammenhang zu interessieren begann[8].

Bevor wir uns ausführlich der Kunst der Diplomatie und dem Leben Lambergs widmen, soll jedoch ein Überblick über den Forschungsstand geboten werden. Denn die aus kunst- bzw. kulturhistorischer Sicht geschriebene Biographie des Adeligen berührt zahlreiche in den letzten Jahren aktuelle Forschungsschwerpunkte. Die methodischen Akzentverschiebungen der Geisteswissenschaften im Allgemeinen und in den Geschichtswissenschaften im Besonderen[9] haben nämlich vielen kulturgeschichtlichen Themen einen neuen Aufschwung beschert. Dazu gehören die vielfältigen Bereiche des Mäzenatentums und der Repräsentation[10], des Zeremoniells und der politischen Symbolik[11], sowie die dabei zum Ausdruck kommenden „feinen Unterschiede"[12] sowie Konkurrenzen und „Bilderkriege"[13].

Die Diskussionen um die ‚Privatisierung' staatlicher Museen sowie der Musealisierung privater Sammlungen verleihen wohl auch Fragen nach dem Sinn und den Anfängen des Sammelwesens[14] und nach dem Museum als Institution[15] aktuelle Bedeutung. Kunsthandel[16] und Kunstagenten[17] haben in diesem Zusammenhang immer schon eine besondere Rolle gespielt. Durch den politischen Zeitgeist angeregt und vielfach durch die finanzielle Unterstützung der Europäischen Union ermöglicht widmete man sich in den letzten Jahren besonders intensiv dem Thema des europäischen Kulturtransfers[18] und im Zusammenhang damit der frühneuzeitlichen „Kunstgeographie" sowie der Rolle der damaligen „Kulturhauptstädte"[19]. Sowohl im politisch-zeremoniellen als auch im kulturell-sammlungsgeschichtlichen Bereich kam den europaweit vernetzten Diplomaten und den diplomatischen Geschenken eine besondere Bedeutung zu, die sie zu beliebten Forschungsthemen werden ließen[20].

Parallel dazu wurden aber auch die frühneuzeitliche Entwicklung der Archäologie und der Kunstwissenschaft[21], die „Erziehung zum Kenner"[22] und die Ausbildung eines persönlichen oder kollektiven Geschmacks[23] studiert. Studien- bzw. Dienstreisen[24] und die Zugänglichkeit der Sammlungen[25] sowie die damit in Zusammenhang stehende wachsende Verbreitung der Medien Reisebericht und Relation[26], Sammlungskatalog und Reproduktionsgraphik[27] waren dafür unentbehrliche Voraussetzungen. Mit diesen Schlagworten sind auch wichtige Themen benannt, denen sich die hier vorliegende Lebensgeschichte des kaiserlichen Diplomaten Leopold Joseph von Lamberg in direkter oder indirekter Form widmen wird.

Urbi & Orbi – Rom und Wien

Als Residenzen des Papst- bzw. des Kaisertums erlangten Rom[28] und Wien[29] im Zusammenhang der eben genannten Themen im 17. und 18. Jahrhundert besondere Bedeutung. Abgesehen von der sich in unserem Falle durch die Person Lambergs ergebenden Beziehung zwischen den beiden Metropolen, bestanden offensichtlich auch strukturelle Gemeinsamkeiten. Schon 1679 schrieb der Jesuit und Reisebegleiter des Herzogs von Pfalz-Neuburg, Johannes Pakenius, dass wichtige Entscheidungen des Kaisers die Neugier bzw. Freude „*Urbis Viennensis & Orbis Christiani*"

3. George Stepney, englischer Botschafter in Wien und Mieter Lambergs, Mezzotinto von John Faber d. J. nach dem Kit-Cat-Club-Ölgemälde von Sir Godfrey Kneller (um 1710), 1733; London, The British Museum, Department of Prints & Drawings

rechte Seite
5. Papst Innozenz XII. Pignatelli, Ottensteiner Kardinalsserie, römischer Maler, 1700/1701; Maria Enzersdorf, EVN

6. Papst Clemens XI. Albani, Ottensteiner Kardinalsserie, römischer Maler, 1700/1701; Maria Enzersdorf, EVN

4. Akkreditierungsschreiben des Papstes Innozenz XII. Pignatelli für Graf Lamberg, 23. Jänner 1700; Wien, HHStA

hervorrufen würden[30]. Und 1701 bemerkte der damals im Wiener Palais Lambergs residierende englische Botschafter George Stepney (Abb. 3) ironisch, dass in Wien die verwandtschaftlichen Bande der dominierenden Adelsfamilien ebenso wichtig seien wie in Rom der Nepotismus[31]. Als Voraussetzung bzw. Konsequenz dieses Sozialsystems notierten kritische Zeitgenossen, dass nicht nur die Kirchenfürsten am Tiber, sondern auch die Minister an der Donau ihre Familieninteressen über jene des Staates stellen würden[32]. An Wien und Rom vergleichbar ist vor allem, dass der zentrale Hof des Kaisers respektive des Papstes von zahlreichen kleineren ‚Höfen' der (Kirchen-)Fürsten bzw. Minister und Diplomaten umgeben war, die miteinander wetteiferten. Die Forschung der letzten Jahre hat daher darauf hingewiesen, dass die Dynamik des barocken Rom und jene des barocken Wien das Erscheinungsbild und die Machtstruktur der beiden Städte gerade durch diese Koexistenz bzw. Überlappung des Herrscherhofes mit den Satelliten-Höfen geprägt wurden[33]. Diese Tatsache wird in Rom an einem zeremoniellen Detail besonders deutlich: sobald ein neuer Botschafter in der Stadt eintraf, musste er nicht nur dem Papst, sondern auch allen anwesenden Kardinälen einen Antrittsbesuch abstatten und ein „Kredenzschreiben" (Legitimationsbrief) des Kaisers überbringen. Ebenso wie der *Pontifex Maximus* hatten daher auch die Mitglieder des *Sacrum Collegium* (als potentielle ‚Thronfolger') die Ankunft des Gesandten durch ein Akkreditierungsschreiben an den Herrscher formell zu bestätigen[34] (Abb. 4–6).
Deutlich wird die vergleichbare dezentrale politische Infrastruktur der beiden Metropolen auch anlässlich der Kavaliersreise des späteren Kurfürsten Johann Wilhelm von Pfalz-Neuburg. In Rom hatte der Herzog 1675 nicht nur dem Papst und Königin Christina von Schweden sowie den Botschaftern des Kaisers (Kardinal Friedrich von Hessen-Darmstadt, Abb. 31) und des Königs von Spanien (Kardinal Johann Eberhard Nidhard, Abb. 71), der Republik Venedig und der deutschen Fürstentümer einen Höflichkeitsbesuch abzustatten, sondern auch den „*Purpurati Ecclesiae Principes*" Francesco Barberini, Alderano Cybo (Abb. 7), Francesco Nerli (Abb. 8), Fabrizio Spada und anderen. Im Jahre 1677 verlief der Wiener Besuch nach demselben Muster. Den Audienzen bei der kaiserlichen Familie, beim päpstlichen Nuntius und späteren Kardinal Francesco Buonvisi[35], beim spanischen Gesandten Paulo Spinola Doria Marqués de los Balbassos, bei den Botschaftern Venedigs, Pfalz-Neuburgs (Theodor Althet Heinrich von Strattmann) und anderer deutscher und italienischer Fürstentümer folgten jene bei Herzog Karl von Lothringen, bei Markgraf Hermann von Baden-Baden, dem späteren Präsidenten des Hofkriegsrates und ‚Vorgesetzten' Lambergs in Regensburg (Abb. 195), sowie beim inzwischen aus Rom abberufenen Kardinal Friedrich von Hessen-Darmstadt. Daran schlossen sich Besuche bei den kaiserlichen Ministern, nämlich beim kaiserlichen Oberhofmeister Johann Maximilian Graf von Lamberg (Abb. 48), bei den Fürstbischöfen von Gurk und Wiener Neustadt, Baron Johannes von Goëss und Leopold von Kollonitsch (Abb. 9), beim niederösterreichischen Landmarschall Ferdinand Maximilian Graf von Sprinzenstein (Abb. 10) und bei zahlreichen anderen „*ex aula Caesarea Comites, Barones & Ministri*"[36].
In beiden Hauptstädten waren die ‚Satelliten' immer wieder nicht nur adelige oder geistliche Amtsinhaber, sondern Mitglieder regierender Fürstenhäuser wie die Kurfürsten von Bayern, Pfalz-Neuburg, Hannover und Sachsen sowie die Herzöge von Lothringen und Markgrafen von Baden in Wien, Angehörige der Häuser Gonzaga, Este, Medici oder Savoyen in Rom[37]. Ein entsprechender Fürstenrang wurde von den adeligen und sogar bürgerlichen Aufsteigern der Epoche in beiden Städten angestrebt und häufig auch erreicht. Seit 1623 auf dem Reichstag in Regensburg die Familien Liechtenstein, Dietrichstein, Eggenberg (die erst 1598 den Freiherrenstand erlangt hatten!), Wallenstein und Lobkowitz in den Reichsfürstenstand erhoben worden waren, nutzten Kaiser Ferdinand II. und seine Nachfolger die Möglichkeit der Standeserhebungen, um

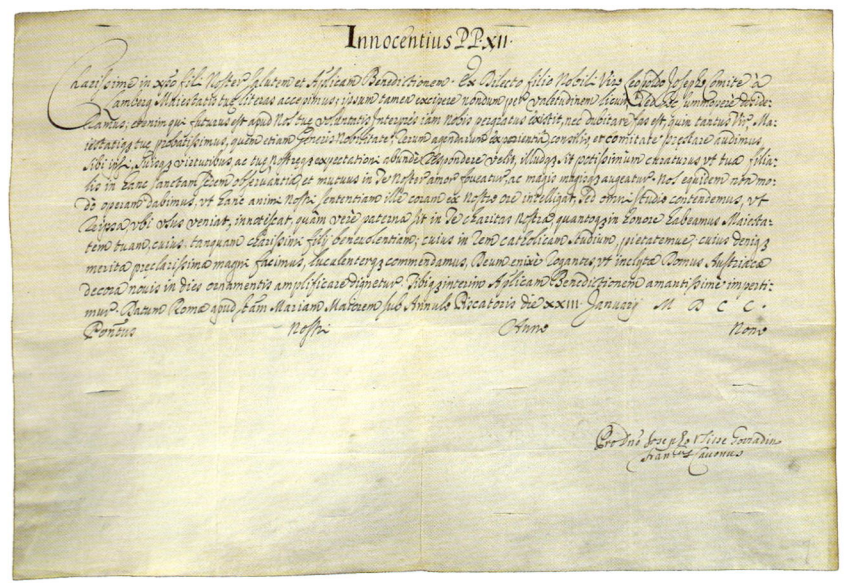

katholische Familien enger an sich zu binden oder um Vasallentreue, finanzielle Unterstützung und militärische Hilfe zu honorieren[38]. Diese Vermehrung von Titularfürsten stieß auf den Widerstand der alten Standesgenossen, die sich vor allem gegen Sitz und Stimme der Aufsteiger am Reichstag wehrten. Die Häuser Eggenberg und Lobkowitz erlangten diese erst 1653, Dietrichstein, Piccolomini und Auersperg ein Jahr später, Portia 1664, Fürstenberg 1667, Schwarzenberg 1674, Marlborough 1706, Lamberg 1709 und Liechtenstein schließlich 1713. Schon Kaiser Leopold I. musste daher in der Wahlkapitulation versprechen, dass er *„zu Präjuditz oder Schmälerung einiges alten Hauses oder Geschlechts desselbigen Dignität, Rangs und üblichen Tituls keinen, wer es auch seye, mit neuen Prädicaten, höhern Tituln oder Wapen-Briffen begaben"* werde[39]. Einige der kaiserlichen Standeserhöhungen betrafen auch Adelige in Rom. Dort stieg zwischen 1599 und 1699 die Zahl der Grafen von 17 auf 78, jene der Markgrafen von 29 auf 151, der Herzöge von 22 auf 56 und die Anzahl der Fürsten sogar von zwei auf 32. In hundert Jahren hatte sich damit die Zahl der adeligen Familien Roms von 50 auf 226 mehr als vervierfacht[40]. Besonders bezeichnend erscheint in diesem Zusammenhang die Tatsache, dass auch die Hofkünstler in beiden Städten damals häufig durch Nobilitierung ausgezeichnet wurden: man denke etwa an die päpstlichen Ritter Bernini, Fontana und Maratta in Rom oder an die kaiserlichen Adelsprädikate für Fischer von Erlach (1696), Strudl von Strudendorff (1701) und Rottmayr von Rosenbrunn (1704) in Wien. Die mit dieser sozialen Dynamik einhergehenden Rangstreitigkeiten spielten an beiden Höfen eine zentrale Rolle in der täglichen Politik[41] und betrafen in gleicher Weise die internationale Diplomatie sowie die lokale Hofordnung. Im Gegensatz zum Bestreben der europäischen Mächte nach grundsätzlicher Gleichrangigkeit der europäischen Staatsoberhäupter war es nämlich damals ein zentraler Grundsatz der Wiener Diplomatie, dass selbst die kaiserlichen Minister zweiter Ordnung gegenüber den erstrangigen Vertretern der Könige *„die Oberhand in deren Haus zu prätendieren pflegen"*[42]. Schon während seiner Tätigkeit in Regensburg wurde Leopold Joseph Graf von Lamberg nicht nur mit der Rivalität zwischen alten Reichsfürsten und kaiserlichen Titularfürsten konfrontiert (siehe unten S. 227), sondern auch über entsprechende *„Differenza de prencipi et Baroni Romani"* und die Verwicklung des kaiserlichen Botschafters darin informiert.

Wohl nicht zufällig kulminierte der Rangstreit zwischen den höchsten Gruppen der Gesellschaft 1692 parallel in beiden Städten anhand der gleichen zeremoniellen Symbolik, nämlich dem so genannten *Geben der (rechten) Hand*. Dabei ging es nicht nur um den eigentlichen Handschlag, sondern im übertragenen Sinn um die hierarchische Abstufung, indem man jemandem „*die Oberhand und den Vorzug*" (d.h. Vorrang, Vortritt und Vorsitz) gewährte[43].

In Wien entzündete sich der Streit zwischen der Markgräfin Franziska Sibylla Augusta von Baden-Baden[44] als Vertreterin zweier alter Reichsfürstenhäuser (sie war eine geb. Prinzessin von Sachsen-Lauenburg) und den großteils nur dem Grafenstand angehörigen kaiserlichen Hofdamen. Der Wiener Adel weigerte sich, die Markgräfin zu besuchen, weil die alten Reichsfürsten den neuen Hofadel nicht als gleichrangig anerkannten und daher die *rechte Hand* vorenthielten[45]. Wie Graf Lamberg in seinem Tagebuch notierte, konnte selbst eine kaiserliche Verordnung die Lage nicht beruhigen: „*Die Differentz mit der Margräfin v. Baaden wegen der Hand in ihrem aigenen Haus zu behaupten, ist ein kaysl. Resolution ergangen, [...] nemblich, die Hoffdamesen und Gehaime Rathsfrauwen sollen khein Hand pretendiren, wie auch die Cammererfrauwen denen Fürstlichen Freyllen auch die Hand geben; entgegen sollen diese denen Gehaimen Rathsfrauwen weichen, eine Obristhoffmaisterin aber, wan sie auch khein Fürstin, die solle vor allen die Hand erhalten. Iber welches ein Festin gegeben worden, wobei die Hoffdamesen erschienen, die Gehaime Rathsfrauwen aber ausblieben, von Cammererfrauwen auch iber 15 nicht sich eingefunden, [...] also diese Resolution mehr Disgusto als Contento geben.*"[46]

Im Rom kam der Rang- oder Loyalitäts-Konflikt zwischen den päpstlichen und königlich-spanischen Fürsten wie Barberini und Colonna einerseits bzw. den Reichsfürsten wie Savelli oder Odescalchi andererseits mit dem kaiserlichen Botschafter bei mehreren Gelegenheiten zum Ausbruch[47]. Schon bei der *Chinea*, der zeremoniellen Tributzahlung für das Königreich Neapel, im Jahre 1691 nahm der kaiserliche Botschafter mit seinen Kavalieren nicht am Einzug teil, „*weilen ausser Odescalchi et Savelli keiner bei dem Pottschaffter von denen Fürsten und Baroni Romani in der Visiten gewesen, iber welche zwei die anderen sich auch deswegen disgustirt gewiesen, weilen sie in des H. Pottschaffters Haus die Hand nicht haben, da doch alle Lehensvasallen der Cron Spanien bei dem spannischen Pottschaffter dieses nicht disgustiren.*" Fürst Anton Florian von Liechtenstein, der seit 1689 außerordentlicher Gesandter sowie seit 1691 ständiger Botschafter – und vor allem nach längerer Zeit wieder ein nicht im Kardinalsrang stehender Vertreter des Kaisers – in Rom war[48] (Abb. 276), weigerte sich nämlich, mit dem Contestabile Don Filippo Colonna, Fürst von Paliano sowie Cousin des Prinzen Eugen und Sohn der eingangs genannten Fürstin Maria Mancini Colonna, zeremoniell zu verkehren, „*so lang der-*

7. Kardinal Alderano Cybo, Ottensteiner Kardinalsserie, römischer Maler, 1700/1701; Maria Enzersdorf, EVN

8. Kardinal Francesco Nerli, Ottensteiner Kardinalsserie, römischer Maler, 1700/1701; Maria Enzersdorf, EVN

9. Kardinal Leopold Freiherr von Kollonitsch, Ottensteiner Kardinalsserie, römischer Maler, 1700/1701; Maria Enzersdorf, EVN

Wie das Beispiel zeigt, versuchten sowohl die rivalisierenden Aristokraten als auch die Diplomaten, die Konkurrenz für ihre Zwecke zu nutzen, weshalb den lokalen Zeremonien damals auch eine über den jeweiligen Hof hinausgehende und in die europäische Politik hineinspielende Bedeutung zukam. Schon vor seiner Abreise nach Rom wurde der künftige Botschafter daher auch mit entsprechendem Hintergrundwissen versehen. Eine undatierte Liste gibt folgende Darstellung der römischen Sozialstruktur: *"La Corte del Papa/ Li Cardinali/ Li Ministri de' Prencipi/ La Prelatura/ Li Prencipi Romani/ La Nobiltà/ ed Il Popolo"*. Ein Verzeichnis der römischen Adeligen und der diesen zustehenden Titel von 1694 unterteilte die politisch einflussreichen Familien in fünf Gruppen (Abb. 13): An der Spitze der *"Prima Riga"* standen die alten römischen Häuser Orsini, Savelli, Caetani (Gaetani) und Colonna,

10. Ferdinand Maximilian Graf von Sprinzenstein, niederösterreichischer Landmarschall und Schwiegervater Lambergs, Ölgemälde, um 1670; Privatbesitz

selbe ihm nicht die Visite mit der Hand ablöget, wie er es dem spannischen Pottschaffter [getan], und der Gemahlin mit des Contest. Colonna Gemahlin auch beschehen thut". Dies sei umso unverständlicher, denn auch dessen Urgroßvater Don Filippo Colonna *"hat die Hand geben dem Fürsten von Eggenberg, wie er zu Zeiten Urbani VIII. Kaysl. Pottschaffter in Rom gewesen."* Auch der *"Duca di Bracciano hat den Contestabili unrecht gesprochen, daß er dem Kaysl. Pottschaffter die Hand disgustirte"*. Der Eklat war daher unvermeidlich und ereignete sich bei der päpstlichen Fronleichnamsprozession des Jahres 1692. Als nämlich Fürst Colonna den Platz bzw. Rang des erkrankten venezianischen Botschafters einnehmen wollte und ihn Fürst Liechtenstein aufforderte, *"er solle weiter hinfür gehen"*, antwortete der Contestabile, dieser Platz *"gebühre ihm"*. Da aufgrund des Streites die Prozession aufgehalten wurde, haben sich die dem Papst assistierenden Kardinäle Ottoboni, Fulvio Astalli (Abb. 11) und Carlo Bichi (Abb. 12) sowie der Gouverneur von Rom um Vermittlung bemüht, *"so einige Confusion gemacht, da sie alle zugleich gingen mit denen Cardinalen, so die Kirchenhabit und Ornat anhatten"*[49]. In der kaiserlichen Instruktionsschrift wurde Graf Lamberg 1699 dementsprechend explizit darauf hingewiesen, dass die *"'respectu' gesagten Colonna obhandene 'Difficultet' in dreyerley bestehet, nemblich 1. in der Visite und Gebung der Hand, 2. in der Riga [= Rangordnung] bey 'Cavalcaden' und anderen öffentlichen 'Functionibus'; 3. Reichung der 'Pace' [= Tafel für den Friedenskuss] bei dem Gottesdienst."*[50]

gefolgt von den chronologisch gereihten Nepotenfamilien Boncompagni, Borghese, Barberini, Pamphilj, Giustiniani, Chigi, Rospigliosi, Altieri, Odescalchi und Ottoboni. Dann folgten die Herzöge bzw. Fürsten Sforza, Conti, Pio und Cesti. Die *„Seconda Riga"* umfasste nur die Herzöge Cesarini, Salviati, Altemps und Santi sowie den Fürsten Carpegna. Zur dritten Adelsschicht gehörten die Herzöge Strozzi, Muti, Mattei, Caffarelli, Bonelli und Sanesio, 60 Markgrafen (darunter Santacroce, de Cavalieri, Theodoli, Sacchetti, Ruspoli, Spada, Frangipani, Patrizi, Lancelotti, Vaini, Pallavicini, Costaguti, Corsini) sowie 28 Grafen bzw. Barone (darunter die Carpegna, Capizucchi, Bentivoglio, dell'Anguillara und Scarlatti). *„Famiglie Nobili senza Titolo"* waren De Cupis, Maffei, Falconieri, Millini, Pignatelli, Capranica, Cenci, Manfroni, Rondanini und Cavalletti. Als Beispiel für die *„Famiglie Novizie"* wurden die Nachkommen des Cavaliere Bernini angeführt[51]. Mit der gleichen Sorgfalt wie die römische Hierarchie verfolgte Lamberg auch die Rangordnung am Wiener Hof. Er legte eigene Namenslisten der wichtigsten ihn betreffenden Ämter mit dem für das Ancienitätsprinzip wichtigen Ernennungsdatum an und notierte dort jeden Todesfall, der ihn einen Platz nach vorne rücken ließ (Abb. 14).

Die dezentrale politische Infrastruktur und die daraus resultierende Konkurrenz bildeten in beiden Städten die soziale Basis für die künstlerische Dynamik des barocken Zeitalters. Das Faszinosum Roms in der Neuzeit, nämlich die Visualisierung von Herrschaft und die Formalisierung der Konkurrenzverhältnisse von neuen Höflingen und altem Adel in Zeremoniell und Kunst[52], lässt sich ebenso für Wien konstatieren, wobei auch die Forschungsgeschichte vergleichbar ist: Zahlreiche prächtige Paläste geben an der Donau ebenso wie am Tiber davon Zeugnis, sie wurden jedoch lange nicht in den gesellschaftlichen Entstehungskontext eingebettet[53]. Die steigende Repräsentation infolge des sozialen Aufstieges resultierte nämlich nicht aus individueller Verschwendungssucht und war nicht nur notwendiges Übel, sondern unverzichtbare Voraussetzung. Schon in der Wahlkapitulation Kaiser Ferdinands III. im Jahre 1637 forderten die alten Reichsstände den Kaiser auf, nur jenen Familien eine Standeserhöhung zu gewähren, die auch die *Mittel haben, den affectirenden Stand pro dignitate auszuführen*, d.h. die sich eine standesgemäße Repräsentation auch leisten könnten[54].

In diesem Zusammenhang scheint vor allem ein Aspekt der römischen Verhältnisse auch für Wien wichtig zu sein. Ähnlich wie in Rom der hohe Rang der Papstfamilie mit dem Tod des *Pontifex maximus* plötzlich zu Ende sein konnte und man daher danach strebte, dem Vorrang durch fürstliche Würden und einen prachtvollen Familienpalast dauerhaft Ausdruck zu verleihen[55], waren auch der Status der Adeligen am Kaiserhof und die Gunst des Herrschers ein vergängliches Gut. Die Repräsentation und vor allem die Bautätigkeit des Hofadels in Wien lassen sich laut Pečar ebenfalls „als ein Mittel deuten, die Abhängigkeit

11. Kardinal Fulvio Astalli, Ottensteiner Kardinalsserie, römischer Maler, 1700/1701; Maria Enzersdorf, EVN

12. Kardinal Carlo Bichi, Ottensteiner Kardinalsserie, römischer Maler, 1700/1701; Maria Enzersdorf, EVN

von kaiserlichen Entscheidungen zumindest im kulturellen Imaginären zu mindern", um „das symbolische Kapital zu verstetigen und damit der Unberechenbarkeit einer Stellung am Kaiserhof zu entziehen"[56]. Bestätigt wird diese These auch durch entsprechende briefliche Klagen Kardinal Lambergs. So bedeutete der Tod Kaiser Leopolds I. 1705 einen schweren Rückschlag für die Hoffnung des mit ihm verwandten Botschafters Leopold Joseph auf einen Ministerposten in Wien, da „*zu allen sich bei gegenwärtiger Regierung Josephi primi erledigenden Hofämtern a Leopoldo primo so viel ohne Dienst verlassene Minister, welche E. Exc. [= Leopold Joseph von Lamberg] in antianitate [= Dienstalter] vorgehen, konkurrieren, daß mit selben in der cariera vorzukommen, Mühe und Arbeit beschwerlich fallen werden, geschweige, daß noch zumalen apud modernum Imperatorem alle Hofämter mit jungen Ministris besetzet, bei welchen die Veränderung zu erwarten E. Exc. beschwerlich fallen würde*". In diesem Sinne ist wohl auch die besonders bildhafte Aussage des Kardinals aus dem Jahre 1709 zu verstehen, dass am Wiener Hof „*dasjenige, was man jetzo bey einem [Herrscher bzw. Minister] baue, von dem anderen wieder umgestoßen werde*"[57].

Die strukturellen Gemeinsamkeiten von Wien und Rom treten insbesondere in drei soziokünstlerischen Bereichen zutage. Dies betrifft zunächst die ‚stellvertretende Repräsentation' der Minister und Kardinäle für Kaiser bzw. Papst. So wurde am Tiber aus religionspolitischen Gründen die offizielle Repräsentation und damit auch ein gewichtiger Teil der Hofhaltung vom Herrscher an seine Kardinalnepoten delegiert, weil der Papst fast nie öffentlich speiste[58]. Die Verwandten des Papstes nahmen diese Aufgaben in ihren Villen und Palästen wahr, „wo ‚offizielle' und vor allem ‚staatlich' bezahlte Bankette abgehalten sowie Gesandte und auswärtige Fürsten untergebracht wurden und wo auch ein Teil der herrscherlichen Repräsentation mittels Kunst und Kultur stattfand."[59] An der Donau war es hingegen die finanzpolitische Schwächung bzw. die auf Pietas anstelle von Magnifizenz setzende Ideologie des Wahlmonarchen, die zum gleichen Ergebnis führte, nämlich der teilweisen Verlagerung der kaiserlichen Repräsentation auf die Minister[60]. Vor allem bei den – in beiden Städten manchmal verpflichtenden und unwillig ausgeführten – Botschaftereinzügen wurde diese ‚repräsentative Darstellung' des jeweiligen Hofes durch die Gesamtheit seiner Minister und deren Kutschen inszeniert und allgemein sichtbar gemacht

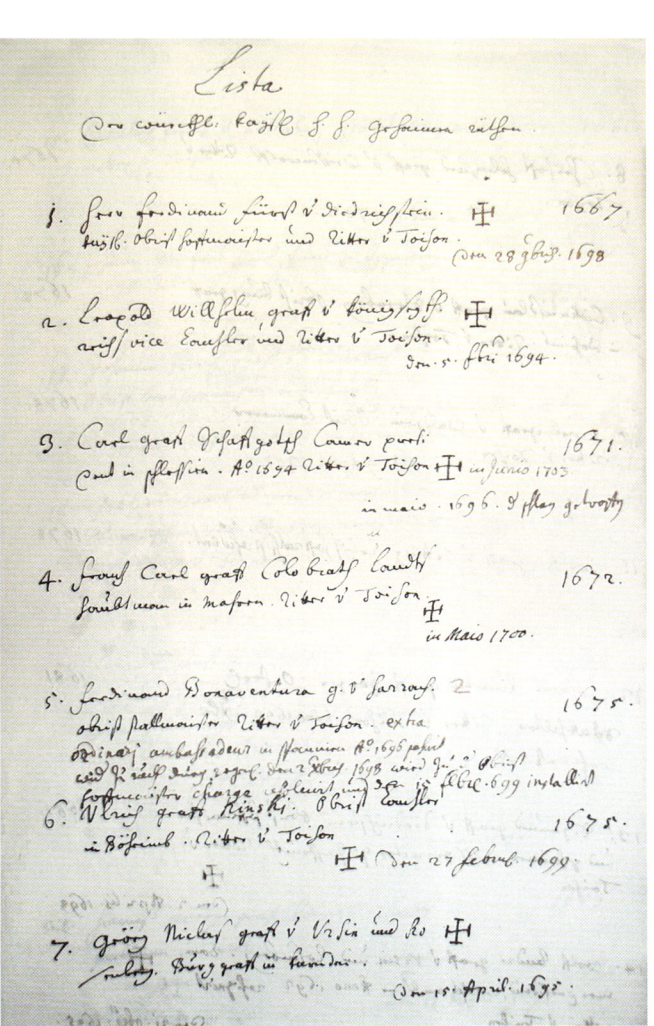

13. Rangliste des römischen Adels zur Information Lambergs, 1694; St. Pölten, NÖLA, Lamberg-Archiv, Kart. 70

14. Von Lamberg erstellte Rangliste der Wirklichen Kaiserlichen Geheimräte (darunter unter den ersten Sieben zwei Verwandte und zwei Trauzeugen des Diplomaten), 1694, mit späteren Eintragungen der Todesfälle; St. Pölten, NÖLA, Lamberg-Archiv, Hs. 51

(Abb. 28). Die Ausgaben der Gesandten in Wien für Kutschen, Livreen sowie Trinkgelder an das Personal der adeligen Amtsinhaber bildeten daher eine eben so große Belastung wie für die Diplomaten in Rom[61]. Sowohl die finanzielle Last als auch die den Zeitgenossen offensichtlich nicht unvertraute ‚stellvertretende Repräsentation' gehen auch aus einer Schilderung über einen vor seinen Gläubigern von Rom nach Wien geflohenen Kollegen Lambergs hervor. Der Reiseschriftsteller Casimir Freschot schreibt im Jahre 1705, dass Kardinal Grimani (Abb. 315) so bescheiden lebe, *„weil der Kaiser bey dem itzigen Zustande nicht von den Mitteln ist/ ihn aus seinem eigenen die nöthigen Unkosten vorzuschiessen/ welches doch darzu erfordert wird. Wenn diejenigen/ so der Kaiser liebt/ und die so grosse Reichtthümer in den Erbländern besitzen/ ihrer ‚Eminenz' eine ‚pension' machen wollten/ wie sie gar leicht könten/ zumahlen sie dergleichen schon gethan/ [...] so würden sie eine Probe eines guten Eifers vor Ihro Majestät ablegen. Es würde sie auch dieses nicht sonderlich beschweren/ und hiernächst könnte es den Leuten das Maul stopfen/ die da sagten/ daß sie mehr ihr ‚interesse', als das des Kaisers befördern."*[62]

Auch der jahreszeitlichen ‚Wanderung' des Hofes bzw. der Gepflogenheit der *villeggiatura* hatten die Minister und Diplomaten in beiden Städten zu folgen. Dementsprechend wurde die Topographie Wiens und Roms von zahlreichen Stadtvillen und Gartenpalästen geprägt (Abb. 15 und 16), seit in Rom mit der Villa Borghese ein „vorbildhafter Idealtypus nepotischer Selbstdarstellung" geschaffen worden war und in den folgenden Jahrzehnten von jeder neuen Papstfamilie „aufgegriffen und nach Möglichkeit übertroffen werden sollte". Die Villa bzw. das Casino vor den Toren der Stadt lag im Grünen, war aber vom Zentrum der Macht nicht zu weit entfernt, um hier jederzeit politische und private Gäste standesgemäß empfangen zu können. Dies waren auch in diesem Falle nicht selten die Diplomaten. So kam etwa der spanische Botschafter schon im Sommer 1614 zu einem Überraschungsbesuch in die noch nicht vollendete Gartenanlage der Villa Borghese: *„Am Sonntag ist der spanische Botschafter mit seiner Familie unangekündigt zum Mittagessen in die Villa des Herrn Kardinal Borghese vor der Porta Pinciana gefahren, deren ‚palazzo' allgemein für die bemerkenswerteste und betriebsamste Baustelle Roms angesehen wird, und hat dann den Tag hier verbracht, vom Kardinal, der dem Botschafter auch die Weingrotte hat öffnen lassen, mit allerlei Delikatessen beschenkt."*[63]

Als weitere, ebenfalls schon von den Zeitgenossen bemerkte Gemeinsamkeit kann die auf der politischen Bedeutung Roms und Wiens basierende Internationalität der städtischen Bevölkerung und ihrer Besucher sowie die Sogwirkung auf unterschiedlichste Regionen des Einflussgebietes benannt werden. Den in Bruderschaften organisierten Landsmannschaften der Tiroler, Steirer, Böhmen, Ungarn oder Italiener in Wien entsprachen die um Nationalkirchen gescharten Cliquen der Florentiner, Neapolitaner, Mailänder oder Venezianer in Rom, und Deutsche, Niederländer, Franzosen sowie Spanier waren in beiden Metropolen anzutreffen[64]. Die Situation in Wien um 1700 hat der Burgunder Casimir Freschot eindringlich beschrieben: *„Das Wienerische volck ist von vielen fremden nationen zusammen gesetzet/ als Italiänern/ Deutschen/ Böhmen/ Ungarn/ Frantzosen/ Lothringern/ Niederländern/ Burgundern und Savoyern/ welche alle dort ihr gewerb treiben/ und in verschiedenen handwercken arbeiten."* Es war daher nur logisch, dass sich die internationale Bedeutung Wiens auch im literarischen und im künstlerischen ‚Wortschatz' der Zeit manifestierte. So vermerkte derselbe Autor 1705 mit Staunen, *„daß man eine grosse menge Französische wörter in die gemeinsten redens=arten einspicket/ welches nicht allein im reden/ sondern auch im schreiben zur gewohnheit ausgeschlagen/ [...]. Der Hof redet durchgehends Italiänisch/ und der Kaiser hat unterschiedliche mahl bezeuget/ daß ihm ein gefallen geschehe/ wenn man sich dieser sprachen bedienet/ welche auf einige art mitten in Teutschland sein Königreich über Rom und Italien zu verstehen gibt. Gleichfalls ist auch die Französische sprache von allen Stands=personen im gebrauche"*[65]. Ein 1718 erschienener italienischer Reiseführer betont sogar, dass man nirgendwo sonst außerhalb Italiens mehr *„magnificenze italiane"* finde als im kaiserlichen Wien und dass man dort inmitten Österreichs ‚italienische Luft' (*„una cert'aria d'Italia"*) atmen könne. Diese *„mescolanza"* zeige sich vor allem in der Architektur der Paläste, besonders im Herrengassenviertel, aber auch bei Denkmälern wie der Pestsäule und im Kirchenbau[66].

In Rom fungierte schon im 17. Jahrhundert die Piazza di Spagna als Treffpunkt der Ausländer: *„Dieweil auch der Spanische ‚Ambassadeur' auff dem platz ‚di Navona' oder ‚di Spagna' seine residentz hat/ so siehet man daselbst die ‚Cavaliers' und Priester dieser ‚nation' stets hin und her spatzieren/ welche insgemein von staats=händeln und dem das durchleuchtigste hauß Oesterreich angehenden ‚interesse raisonieren'. Und nachdem auch die Deutschen*

15. Casino der Villa Borghese von Flaminio Ponzio, 1610–14; Rom

16. Palais Liechtenstein in der Rossau von Domenico Egidio Rossi und Domenico Martinelli, um 1690; Wien

und Frantzosen/ als welche von einer geraumen zeit her die reise nach Rom sehr hoch gehalten haben/ nebst andern jenseits des gebirges wohnenden ‚nationen' sich hier auffhalten/ weil in diesem ‚quartier' die besten herbergen zu bekommen seynd/ so kann man sich gar leicht in der Spanischen/ Deutschen und Frantzösischen sprache üben."[67]

Im 18. Jahrhundert äußerte sich die Internationalität der Tiberstadt u.a. im Gebrauch der französischen Sprache für die Verkaufskataloge der Kunsthändler Giovanni Volpato und Francesco Righetti[68]. Der eingangs genannte Abbé Milani wusste aber, dass die Rivalitäten der einzelnen Nationen und Regionen in Rom vor allem bei den Papstwahlen zum Ausbruch kamen: „Das Kardinalskollegium setzt sich aus Venezianern, Florentinern, Genuesern, Untertanen des Kirchenstaates, Mailändern und Neapolitanern zusammen, und hinzu kommen jene Kardinäle, die Untertanen ausländischer Königreiche sind. Die Geister und die Interessen all dieser Nationen liegen in derart großem Widerstreit miteinander, dass, sobald man einen Venezianer oder Florentiner in den Ring schicken würde, die Genueser einfach nur aus Neid alles täten, um ihn zu Fall zu bringen. Natürlich müssen die Genueser mit der gleichen Behandlung seitens der Venezianer und Florentiner rechnen, die alles daran setzen würden, es ihnen heimzuzahlen."[69]

Eine Konsequenz dieses landsmannschaftlichen Klientel- und Patronagesystems (*campanilismo*) war, dass Päpste und Kardinäle aus Bologna, Florenz, Siena oder Venedig jeweils die Künstler aus ihrer Heimat besonders förderten, z. B. die Ludovisi Guido Reni oder die Barberini Pietro da Cortona[70]. Analog dazu gab es laut Wilhelm Georg Rizzi und Erich Hubala die Existenz „verschiedener Kreise und Parteiungen von weltlichen Auftraggebern in Wien, die ihrerseits bestimmte Baumeister, Maler und Kunsthandwerker beschäftigen, was (wie etwa auch in Rom) zu einem Klientelismus und zu Stilnuancen führte"[71]. Diese soziokünstlerische Rivalität gipfelte schließlich in beiden Städten in der Erzfeindschaft der beiden wichtigsten Architekten der

17. Marchese Antonio Publicola di Santacroce, kaiserlicher Geheimrat, und seine Gattin Girolama Naro, Grabmalsbüsten von Lorenzo Ottoni, 1709; Rom, S. Maria in Publicolis

hochbarocken Phase: Bernini und Borromini in Rom[72], Fischer von Erlach und Hildebrandt in Wien[73].

Mäzene und Sammler

Das Mäzenatentum des römischen Adels und der Kardinäle sowie die Geschichte ihrer Sammlungen bilden ein zentrales Thema der italienischen Kunst- und Kulturgeschichte[74]. Neben den Museumsbeständen der Barberini, Borghese, Colonna, Corsini, Doria-Pamphilj, Farnese, Pallavicini-Rospigliosi oder Spada wurden auch nicht mehr existierende Sammlungen bearbeitet, z. B. jene der mit unserem Botschafter bekannten Familien Pio di Savoia[75] und Santacroce[76] (Abb. 17) oder das *Musaeum* des Jesuiten Athanasius Kircher[77], dem Mathematik- und Archäologielehrer der Liechtenstein-Prinzen. Auch mehreren Zeitgenossen Lambergs wurden in den letzten Jahren monographische Studien oder Ausstellungen gewidmet, darunter Kardinal Gaspare di Carpegna[78], Kardinalstaatssekretär Fabrizio Spada[79], Kardinal Francesco Maria de' Medici[80]; Kardinal Filippo Antonio Gualteri (1700–06 Nuntius in Paris, ab 1711 Kardinalprotektor von Großbritannien)[81], Kardinalprotektor Pietro Ottoboni[82] (Abb. 18) sowie Kardinalstaatssekretär Silvio Valenti Gonzaga, der 1719 als Legat in Wien war[83]. Dem weltlichen Bereich entstammen der nach zweimaligen Frontwechsel in Wien verstorbene spanische Botschafter beim Heiligen Stuhl Juan Francisco Pacheco Duque de Uceda[84], der Reichsfürst Livio Odescalchi[85] und der zweifache ‚Nachmieter' des Botschafters, Fürst Francesco Maria Ruspoli Marescotti Capizucchi[86] (Abb. 19). Die Wiener Kunstgeschichte beschränkte sich traditionell auf die wenigen herausragenden, aber aufgrund der erhaltenen Bauten bzw. Sammlungen eindrucksvoll ins Auge stechenden Mäzene wie Prinz Eugen von Savoyen-Carignan[87], die Fürsten von Liechtenstein[88], die Fürsten Esterházy[89], die Grafen von Harrach[90] und die Grafen von Schönborn[91]. Deren Schatten überdeckte lange das Mäzenatentum und die Sammlungen von Familien, die vorwiegend in Böhmen, Mähren, Ungarn, in Oberösterreich, in der Steiermark und in Krain begütert waren, wie der Fürsten von Eggenberg[92], der Grafen bzw. Fürsten von Fürstenberg[93], der Grafen bzw. Fürsten von Dietrichstein[94] sowie der Grafen Thun[95], Sternberg[96], Althann[97] oder Attems[98]. Die Rolle der zahlreichen Adeligen der habsburgischen Höfe des 17. und 18. Jahrhunderts, ihre politische Bedeutung und ihre Repräsentation zählen erst seit wenigen Jahren zu den Schwerpunkten der Forschung[99]. In diesem Zusammenhang entstanden etwa Beiträge über die Fürsten Albrecht von Wallenstein[100], Ottavio Piccolomini[101] und Karl Eusebius von Liechtenstein[102] sowie über die neuadeligen Beamten Johann Baptist Verda Graf von Werdenberg[103] und Joachim Enzmilner Graf von Windhag[104], dem Onkel von Lambergs Gattin (Abb. 20). Von Kunsthistorikern wurden jüngst auch die Krainer Sammlungen des in Rom

18. Kardinal Pietro Ottoboni, Vizekanzler der Römischen Kirche, Ottensteiner Kardinalsserie, römischer Maler, 1700/1701; Maria Enzersdorf, EVN

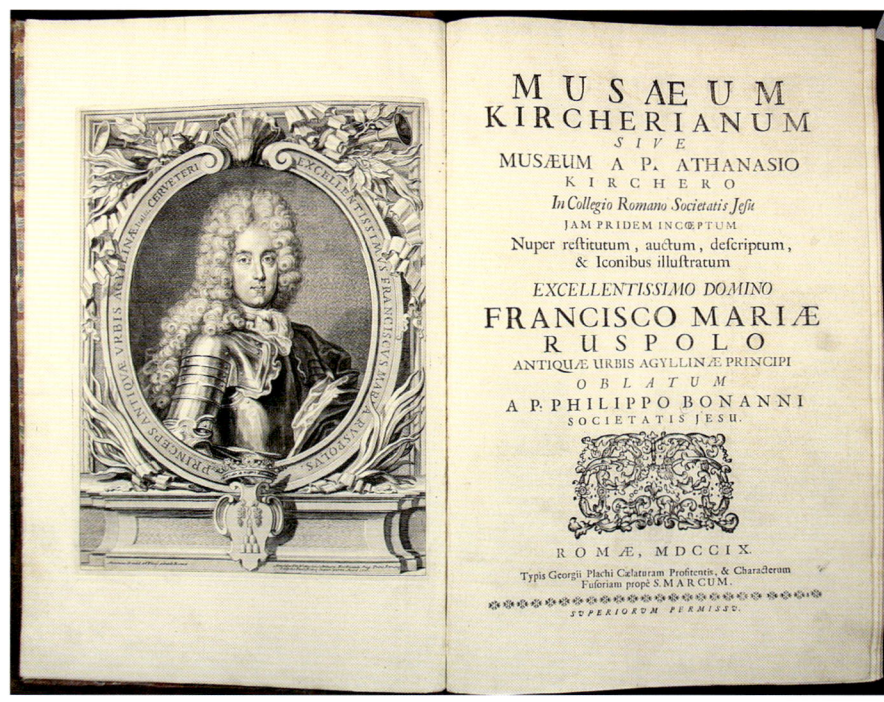

19. Fürst Francesco Maria Ruspoli, Lambergs Nachmieter in den Palazzi Bonelli und Caetani, Widmungskupferstich von Arnold van Westerhout nach Antonio David in „Musaeum Kircherianum" von Filippo Bonanni, 1709; Rom, Bibliotheca Hertziana

20. Joachim Enzmilner Graf von Windhag, der Onkel von Lambergs Gattin, Kupferstich von Melchior Küsel nach Michael van der Plas in der Topographia Windhagiana aucta, 1673; Wien, Universitätsbibliothek (Exemplar der Bibliotheca Windhagiana)

aktiven Bischofs Otto Friedrich Graf von Buchheim[105], des kaiserlichen Großbotschafters nach Istanbul Graf Walter Leslie[106] und des Gelehrten Johann Weichard von Valvasor[107] bearbeitet. Auch vom Mäzenatentum der Fürsten Paul Esterházy und Johann Adam Andreas von Liechtenstein (Abb. 21) können wir uns bereits eine gute Vorstellung machen[108].

Besondere Aufmerksamkeit verdienen in diesem Zusammenhang jedoch die Teilstudien zu Lambergs Diplomatenkollegen und Vetter Ferdinand Bonaventura Graf Harrach (Abb. 35)[109], jene zu den kaiserlichen Botschaftern in Venedig, Jan Humprecht Graf Czernin und Franz Anton Graf Berka von Dubá[110], sowie zu Reichsvizekanzler Dominik Andreas Graf Kaunitz (Abb. 36)[111]. Auch Lambergs Vorgänger als römischer Botschafter, Fürst Anton Florian von Liechtenstein[112] und sein Nachfolger Johann Wenzel Graf Gallas[113] haben zuletzt die Aufmerksamkeit der Forschung gefunden. Einer jüngeren Generation gehörten der mit Lamberg verwandte Aloys Thomas Raimund Graf von Harrach, 1728–33 Vizekönig von Neapel[114], der 1730 beim Konklave den Kaiser vertretende Antonio Rambaldo Graf von Collalto sowie der Gesandte in Berlin, Paris, Parma und Frankfurt Fürst Joseph Wenzel von Liechtenstein an[115]. Erwähnt seien aber auch die Arbeiten über Lambergs Neffen und Mündel Johann Adam Graf von Questenberg[116] (Abb. 22). Die Familie Lamberg selbst wurde in diesem Zusammenhang bisher nur durch den letzten Vertreter der Ottensteiner Linie, den Gründer der Wiener Akademiegalerie (Abb. 41 und 95), berücksichtigt.

Wie sehr die frühere Beschränkung das historische Bild verfälscht, wird ersichtlich, wenn man bedenkt, dass der Wiener Hof im Jahre 1705 über nicht weniger als 423 Kammerherren verfügte, denen bis 1728 noch 220 weitere Ernennungen folgten, und dass allein Kaiser Karl VI. während seiner Regierungszeit 97 Aristokraten zu Vliesrittern ernannt hat[117]. Hellmut Lorenz geht daher von „weit über hundert" Wiener Gartenpalästen in der Mitte des 18. Jahrhunderts aus[118]. Die Feststellung von Michael North, „die Geschichte des Kunsthandels und des Kunstsammelns hat bislang in der deutschen historischen Forschung wenig Beachtung gefunden", und die Äußerung von Klaus Graf, dass die Sammlungs- und Provenienzgeschichte der Vormoderne in Mitteleuropa, „in der die adeligen Sammlungen eine höchst prominente Rolle spielen, dringend aufgewertet werden müsste", lassen ebenfalls weitere Studien zu diesem Thema sinnvoll erscheinen[119]. Daher soll hier auch die Gelegenheit genutzt werden, einige in ihrer Herkunft von Lamberg gesicherte sowie mehrere möglicherweise mit diesem Adeligen in Zusammenhang stehende, kaum bekannte italienische Kunstwerke der Fachwelt vorzustellen. Dies scheint umso nützlicher, da zumindest mehrere der Bronzeskulpturen von Leopold Joseph von Lamberg im Kunsthistorischen Museum erhalten sind, und einige Gemälde 1823 mit dem Nachlass seines Urenkels, des kaiserlichen Gesandten in Turin und Neapel, Graf Anton Franz de Paula von Lamberg-Sprinzen-

21. Fürst Johann Adam Andreas von Liechtenstein, Goldmedaille von Philipp Heinrich Müller, 1694; Wien, Sammlungen des Fürsten von und zu Liechtenstein, Inv.-Nr. M 133

stein[120], in den Besitz der Gemäldegalerie der Akademie der bildenden Künste in Wien übergingen[121]. Objekte aus Lambergs Schloss Ottenstein sind zuletzt auch im Kunsthandel in Wien, Köln und London aufgetaucht[122].

Macht und Magnifizenz

Der mit dem eingangs genannten Generationswechsel des österreichischen Adels von Hohberg zu Lamberg einhergehende kulturgeschichtliche Paradigmenwechsel führte von der Dominanz des Literarischen zu jener des Visuellen. Und diese von Lamberg als *„äußerliche Darlegung"* bezeichneten Phänomene betrafen sowohl Architektur und bildende Kunst als auch Zeremoniell und darstellende Künste. Kunst war für die hier am Beispiel des Grafen Lamberg vorgestellte Generation der Adeligen bzw. für diesen Typus der mitteleuropäischen Elite nicht Selbstzweck und Liebhaberei, sondern besaß denselben Stellenwert und die gleiche Funktion wie das Zeremoniell. Sie war nämlich äußerliches Zeichen und öffentliche Darstellung politischer und sozialer Verhältnisse.

Die Voraussetzung für die neue Kunstförderung und für den Kulturtransfer der europäischen Eliten bildete eine entsprechende kulturelle Prägung und eine kunsthistorische Schulung während der Kavalierstour. So hat etwa Fürst Karl Eusebius von Liechtenstein um 1670 gefordert, dass der Zivilbaukunst eine größere Bedeutung in der Erziehung seiner Söhne zugemessen werde als der Fortifikationslehre. Denn die Mathematik sei in der Praxis kaum brauchbar und die Kriegsbaukunst den Herrschern vorbehalten. Die Geometrie sei schon nützlicher, da *„die geraden aleen und gang zu machen […] die schönste und lustigste und angenehmste sach der erden ist"*. Am wichtigsten sei jedoch die Architektur, und weil diese zu wenig gelehrt werde, seien die Bauten in Mitteleuropa auch *„schändlich"*. Im Gegensatz dazu hätten die alten Griechen und Römer durch ihre Bauten einen *„ewigen und unsterblichen nahmen überkommen"*. Denn *„aus einer guten Anordnung eines Gebäudes"* entstünde die Schönheit desselben und daraus Bewunderung, *„aus der Bewunde-*

22. Johann Adam Graf von Questenberg, Neffe und Mündel Lambergs, mit einer Ansicht des Schlosses Jarmeritz; Ölgemälde, um 1720, Ausschnitt; Jaroměřice nad Rokytnou, Staatliches Schloss, Inv.-Nr. JR05906

rung ewiger Ruhm". Fürst Liechtenstein verlangte daher eine sorgfältige Ausbildung in der „*architectur und deren völliger zier, nemblich der theilung der 5 säulen, das ist jeder ordnung, nemblich der toscana, dorica, jonica, corinthica und der composita sambt ihren gesimbsen und allen, alldieweilen jede ordnung ein andere theilung hat in allen stucken und in ihren gliedern. Die architectur ist das schönste und nützlichste, so ein fürst nach denen litteris erlehrnen kann und soll [...], vornehme werck zu erigieren zu ewigen ruhm und gedächtnus*"[123].

Fürst Karl Eusebius schätzte aber nicht nur die Architektur, sondern bezeichnete auch Kunstkenntnisse und das dafür aufgewendete Vermögen als Statussymbole, die den wahren Adel vom gemeinen Volk und den – einen solchen Luxus ebenfalls ablehnenden Kaufleuten – unterscheiden würden: „*Dann da bei dem Adel kein Curiositet, zu schatzen und zu lieben, was schen, vornehm und kunstreich, und consequenter rar, so ist von selbigem kein Unterschied zwischen dem gemeinen Man und ihme, dan der gemeine Man schatzet es auch nicht wegen Niderigkeit seines Gemiedts [= Gemütes, d.h. Verstandes]; der Edelmann aber, so den Ver-*

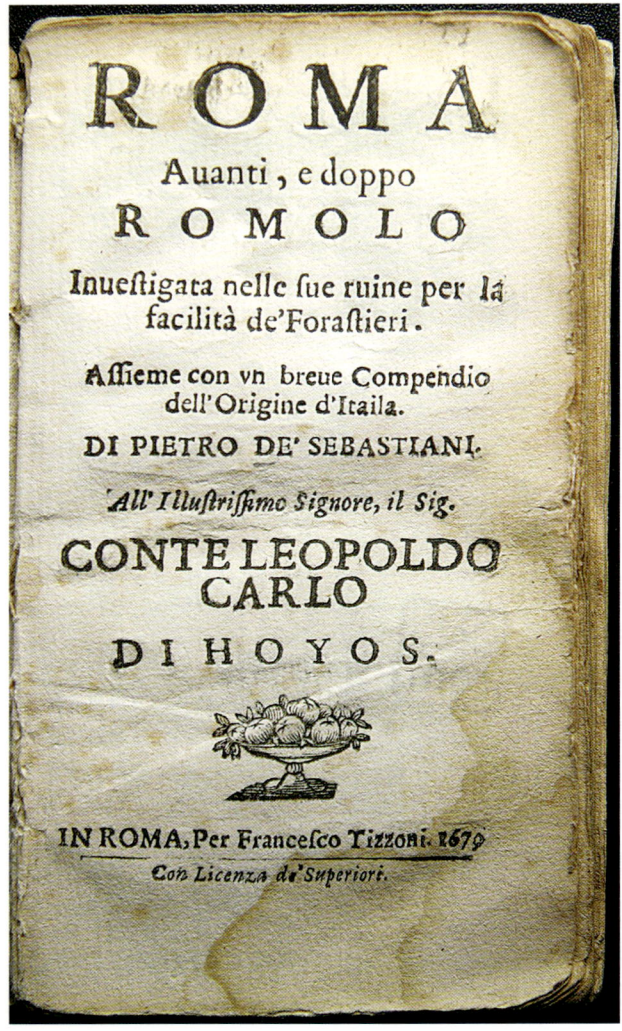

23. Titelblatt eines Romführers von Pietro de Sebastiani mit einer Widmung an den Grafen Hoyos, Lambergs Schwager, 1679; Rom, Bibliotheca Hertziana

standt erleuchter hat, mues distinguieren vom Schlechten zum Bessern und es also achten und schatzen und das Rare zu haben verlangen, nachzufolgen und zu immitieren alle Sinn-Erleuchte, so es allezeit hochgeachtet haben." Konsequenterweise forderte Karl Eusebius daher von seinen Nachkommen eine kunstkennerschaftliche Ausbildung, „*wie die guete Malerei und Gemahl [= Gemälde] zu erkennen sei, damit man wol und nutzlich einkaufen konne und nicht grosse Spesa unnutzlich fiehre, das Geldt ausgebe umb Bilder, so gemeiner Gattung und des Erkaufens nicht wehrt sein. Dan man sol nur erkaufen und Einkaufen und dergleichen Samblen und verlangen, was auserlehsener Giete [= Güte], Raritet und Kunst ist und Originalia sein der uhr- und alten vortreflichsten Meistern, auch der modern, der jetzt lebenden, so aber in grosser Perfection und Ruef sein und mit der Zeit, nach ihrem Dodt, noch mehrers und hechst geschatzet werden. Dergleichen Mahlerei von solchen noch wehsenden, kann man wohl nehmen und schatzen, dieweil sie es wierdig sein und nach ihrem Dodt vil teurer und schwahrer zu bekommen wiert sein.*"[124]

Die vom Fürsten Karl Eusebius geforderte Erziehung zum Kenner ist bereits ausführlich am Beispiel englischer Reisender untersucht worden[125]. In Frankreich und Deutschland hat man hingegen erst die Laufbahnen einzelner Kunstagenten oder Kavalierskünstler näher beleuchtet. Zu nennen sind vor allem der weit gereiste Maler und Kunsttheoretiker Joachim von Sandrart[126], Berninis Betreuer in Paris, Paul Fréart de Chantelou[127], und der *Historiographe des Bâtiments du roi* André Félibien[128]. Eine Verbindung von diplomatisch-politischen und künstlerischen Interessen kennzeichnet auch den Dresdner Hofarchitekten Wolf Caspar von Klengel, der 1658 Prag und Wien besucht hat[129], sowie Herzog Ferdinand Albrecht von Braunschweig-Lüneburg, der während seines neunmonatigen Aufenthaltes 1674/75 in Wien nicht nur von Oberstkämmerer Johann Maximilian von Lamberg (Abb. 48) beim Kaiser eingeführt wurde, sondern auch die kaiserlichen Sammlungen besichtigte[130]. Besonders ambitioniert war die Ausbildung zweier schwedischer Patrizier, nämlich des Hofarchitekten Nikodemus Tessin d. J., der im Rahmen seiner Europareisen 1688 die kaiserlichen Residenzen in Wien und Prag begutachtete, und des Wiener Hofnumismatikers Carl Gustav Heraeus[131]. Erwähnt seien außerdem der 1687 mit Prinz Eugen in Ungarn kämpfende und nach vergeblicher ‚Jobsuche' in Wien sich 1715 dauerhaft in Venedig niederlassende Feldmarschall und Kunstmäzen Johann

Matthias von der Schulenburg sowie der Hamburger Ratsherr Barthold Heinrich Brockes, der während seiner Kavalierstour 1702–04 in Rom, Florenz, Paris und Amsterdam seinen „bon gout" und seine „connoissance" schulte[132].

Die Literatur zur Kunsterziehung mitteleuropäischer Adeliger beschränkte sich meist auf allgemeine Hinweise der Verbindlichkeit von Besichtigungen oder auf die historische Erläuterung von Reisetagebüchern ohne vertiefende Analyse[133]. Erstmals haben Zdeněk Hojda und Gerrit Walther die Reisen mitteleuropäischer Adeliger unter kunsthistorischen Gesichtspunkten analysiert[134]. Besonders bedauerlich ist der Mangel an profunden Studien über die Ausbildung von drei für die Kunstgeschichte wesentlich bedeutsameren Kollegen Lambergs. So erfahren wir aus der aktuellen Literatur nur, dass Ferdinand Bonaventura von Harrach „Italien, Frankreich und Spanien" besucht, dass Johann Wenzel von Gallas „viele Länder, darunter die wichtigsten Kunstzentren Europas" bereist und dass Fürst Anton Florian von Liechtenstein 1675 in Rom „die antiken Bauwerke und den zeitgenössischen Palast- und Kirchenbau" studiert hat[135]. Auch im Falle unseres Botschafters liegen keine Selbstzeugnisse zur Kavalierstour vor, aber die Rechnungsbücher seines Hofmeisters bieten doch relativ genaue Angaben zu den besichtigten Palästen und Sammlungen. Anhand der zeitgenössischen Guidenliteratur scheint es daher möglich, an diesem Beispiel den potentiellen kunsthistorischen Wissensstand eines mitteleuropäischen Adeligen der Generation Lambergs zu rekonstruieren. Gestützt wird diese Methode durch die Parallele zu Lambergs späterem Schwager Leopold Karl Graf von Hoyos (Abb. 158). Auch in diesem Falle lässt sich das ihm gebotene kunsthistorische Wissen durch die Verschriftlichungen der Informationen eines der ersten professionellen Antiquare bzw. Stadtführer plausibel nachzeichnen. Denn während seines sechsmonatigen Aufenthaltes im Jahre 1679 in Rom[136] wurde Graf Hoyos offensichtlich von Pietro de Sebastiani kunsthistorisch betreut, weshalb ihm dieser das Reisehandbuch *Roma avanti e dopo Romolo* über das antike Rom gewidmet hat (Abb. 23). Zwei Jahre zuvor hatte Sebastiani ein Taschenlehrbuch der italienischen Sprache für Ausländer publiziert (*Nuovo Metodo per acquistare brievemente la lingua Toscana Romana*), das mit einem Führer zu den „*wichtigsten Gemälden in den bedeutendsten Kirchen Roms zur Befriedigung der Neugier der Fremden*" und einem weiteren Teil über die bemerkenswertesten Gär-

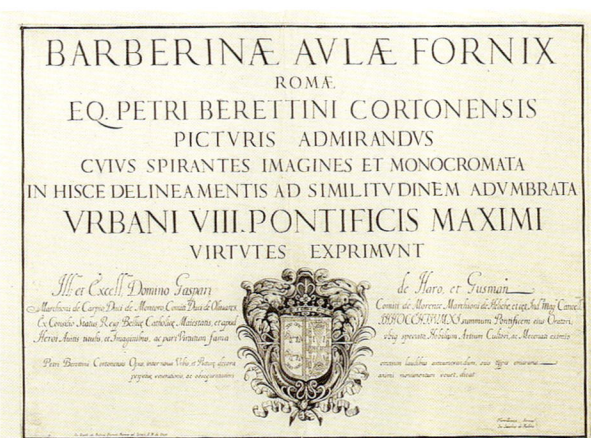

24 a und b. Triumph der göttlichen Vorsehung, Deckenfresko von Pietro da Cortona im Palazzo Barberini, 1632, Mittelbild des Kupferstichwerkes „Barberinae Aulae Fornix" und Titelblatt mit Widmung an den spanischen Botschafter Gaspar de Haro Marqués del Carpio, um 1680; Privatbesitz

ten, Paläste, Bibliotheken, Museen und Galerien von Rom ergänzt wurde[137].

Tatsächlich bekamen die jungen Kavaliere auf ihren Reisen einen guten Einblick in die wichtigsten Sammlungen ihrer Zeit. Denn selbst wenn ein junger Adeliger kunsthistorisch nicht besonders begabt oder interessiert war, musste er nach der Besichtigung der zahlreichen Paläste und stolz präsentierten Gemäldesammlungen in Rom, Venedig, Mailand, Turin, München, Holland und Frankreich zumindest die wichtigsten Künstler des 16. und 17. Jahrhunderts namentlich kennen. Auch in diesem Zusammenhang spielte Rom eine besondere Rolle. Enthielten die zahlreichen römischen Reiseführer zunächst nur genaue Aufzählungen der bekanntesten Antiken sowie der wichtigsten modernen Kunstwerke von Raffael bis Bernini in den Kirchen[138], so wurden in der zweiten Hälfte des 17. Jahrhunderts zunehmend auch Angaben über die zeitgenössische Kunst und deren Ikonographie in den Palästen aufgenommen, um dem Interesse der europäischen Kavaliere intellektuell und kommerziell Rechnung zu tragen. Schon 1640 publizierte der Hausmeister des Palazzo Barberini, Mattia Rosichino, eine *Dichiaratione delle Pitture della Sala de' Signori Barberini*, weil er es leid war, den vielen Besuchern den Inhalt des Freskos von Pietro Berrettini da Cortona jedes Mal aufs Neue erklären zu müssen. Um 1670 wurde die Druckschrift neu aufgelegt, obwohl seit 1642 mit den *Aedes Barberini* auch eine umfangreiche, repräsentative und offizielle Beschreibung der Deckenfresken des Palazzo Barberini vorlag[139]. Gleichzeitig hat der Verleger Giovanni Giacomo de' Rossi die neun Kupfertafeln des Prunkwerkes unter dem Titel *Barberinae Aulae Fonix* als reinen Bildband reproduziert und dem spanischen Botschafter Marqués del Carpio gewidmet[140] (Abb. 24).

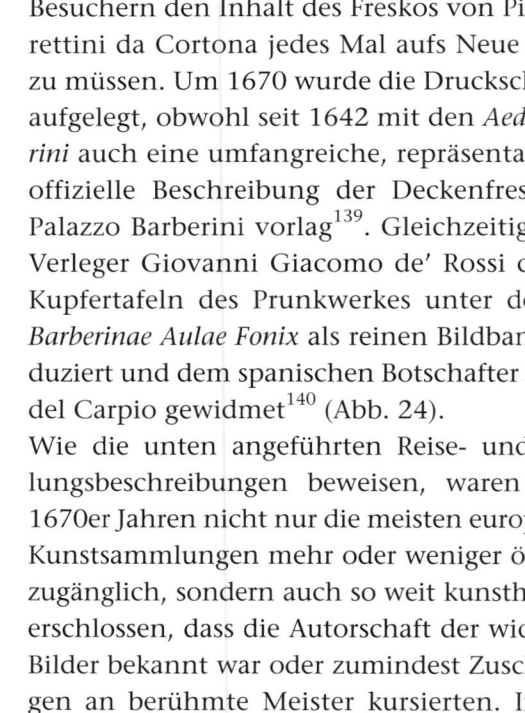

Wie die unten angeführten Reise- und Sammlungsbeschreibungen beweisen, waren in den 1670er Jahren nicht nur die meisten europäischen Kunstsammlungen mehr oder weniger öffentlich zugänglich, sondern auch so weit kunsthistorisch erschlossen, dass die Autorschaft der wichtigsten Bilder bekannt war oder zumindest Zuschreibungen an berühmte Meister kursierten. In vielen Fällen lagen damals schon handschriftliche oder sogar gedruckte ‚Kataloge' vor. Von manchen ‚Meisterwerken' wurden auch Einzelreproduktionen angefertigt, z. B. von der *Magdalena* Tizians im Besitz des eben genannten Marqués del Carpio (Abb. 25). Diese Publikationen und Graphiken bildeten einerseits ein Souvenir bzw. eine Erinnerungshilfe für die Reisenden, waren aber genauso wichtig zur Information der nicht die Alpen überschreitenden Leser. Diesem Zweck diente auch die Aufnahme der *Palazzi di Roma* von Pietro Ferrerio aus dem Jahre 1655 sowie der *Nuovi disegni dell'architetture, e piante de palazzi di Roma de' piu celebri architetti* von Giovanni Battista Falda, die ab 1665 im Verlag von Giovanni Giacomo de' Rossi erschienen[141], in das Werk *Des Alten und Neuen Roms Grosser Schau=Platz* von Joachim von Sandrart[142] im Jahre 1685[143]. Als Begründung für diesen zweiten Teilband der *Teutschen Academie* führt der Kunstschriftsteller im Vorwort nämlich aus, dass *„die mächtigsten dieser Welt/ zu dero hohen Ruhm=Ehre/ viel Majestätische Gebäude in ganz Italien/ absonderlich in und um Rom dergestalt erbauen und aufrichten lassen/ daß es billich vor eine Kunst=Academia der perfecten Architektur mag genennet werden. Weil nun aber ein jeglicher dieser Kunst=Liebhaber/ dergleichen Orte zu besuchen und selben in persönlichen Augenschein zu nehmen/ nicht Gelegenheit haben kan; so habe ich dannenhero Ursach genommen/ denenselben vermittelst [...] in Kupfer gebrachte Figuren und wahre Abbildungen/ zu ihrem Nutzen ganz correct vorstellig zu machen."* Die Illustrationen zeigen neben antiken Monumenten alle wichtigen römischen

25. Gemälde der hl. Maria Magdalena von Tizian im Besitz des spanischen Botschafters Gaspar de Haro Marqués del Carpio in Rom, Kupferstich von Arnold van Westerhout, um 1680; London, The British Museum

26. Hauptfassade des Palazzo Farnese, seit dem 17. Jahrhundert Residenz des französischen Botschafters, Kupferstich nach Pietro Ferrerio in „Des Alten und neuen Roms Schau-Platz" von Joachim von Sandrart, 1685; Wien, Fachbibliothek für Kunstgeschichte (Exemplar aus dem Besitz der Grafen von Sinzendorf)

Stadt- und Gartenpaläste des 16. und 17. Jahrhunderts, darunter das Kapitol, die päpstlichen Residenzen sowie die von Lamberg besuchten Paläste Farnese (Abb. 26), Barberini, Chigi und Pamphilj[144]. Die von uns zur Rekonstruktion des seinerzeitigen Zustandes der Paläste und Sammlungen herangezogenen gedruckten Quellen (Reise-, Stadt- und Residenzbeschreibungen) und die wachsende Zahl von Illustrationen sollen über die Dokumentation hinaus auch einen Eindruck vermitteln, wie viele Informationen schon Ende des 17. Jahrhunderts auch den nicht reisenden Adeligen zur Verfügung standen[145].

Abgesehen von einer mehr oder weniger profunden Kunsterziehung wurden die angehenden Diplomaten auf ihren Kavalierstouren aber auch mit der politischen Festkultur in den europäischen Hauptstädten vertraut gemacht. So berichtete Philipp Erasmus von Liechtenstein seinem Vater Hartmann 1682 aus Paris in französischer Sprache von der ‚antihabsburgischen' Verherrlichung des Sonnenkönigs anlässlich des Namenstages des Herrschers: *„Vergangenen Dienstag, dem Tag des hl. Ludwig, machte man große Freudenfeste in dieser Stadt, die Schiffer jagden Gänse auf der Seine und am Abend gab es ein ziemlich schönes Feuerwerk; die Galerien des Louvre waren illuminiert, das Porträt des Königs als Skulptur war hier in der Mitte ausgestellt und auf jedem Pfeiler einer seiner Siege mit den Devisen. Monseigneur le Dauphin, der aus Versailles gekommen war, um als Zuschauer dabei zu sein, war sehr zufrieden. Am folgenden Tag machte man auch ein Feuerwerk im College de Clermont, dessen Schüler die Kosten getragen haben, und man sagt, dass die Mehrheit der Konvente von Paris dasselbe macht, wie sie es bei der Niederkunft von Madame la Dauphine taten."*[146]

Es war also vor allem die um die Mitte des 17. Jahrhunderts geborene Generation eines Leopold Joseph von Lamberg, die durch ein kunsthistorisches Basiswissen und den persönlichen Augenschein der römischen und französischen Kunstblüte in den 1670er und 1680er Jahren befähigt wurde, den gestiegenen repräsentativen Ansprüchen zu Ende des 17. Jahrhunderts auch fachlich gewachsen zu sein. Für angehende Botschafter wurde diese kunsthistorische Grundausbildung umso wichtiger, je mehr Architektur und Malerei in der europäischen Politik als Thema von internationalem ‚Smalltalk' und repräsentativer Konkurrenz an Bedeutung gewannen.

Anmerkungen

1 Monaldi/ Sorti: Secretvm, 375–376 und 450.
2 Der Verfasser wies erstmals im Rahmen einer Ausstellung auf dessen Person hin: Polleroß: Antiquario, 14–19; Polleroß: Neue Funde, 114–117.
3 Brunner: Adeliges Landleben.
4 Cerny: Wolf Helmhard von Hohberg; Schmid: Wolf Helmhard von Hohberg.
5 Zur Veränderung bzw. Ausbildung einer gemeinsamen Identität dieser Hofadeligen siehe: Winkelbauer: Elements of Identity.
6 Stannek: Telemachs Brüder, 125.
7 Müller: Gesandtschaftswesen, 241.
8 Sobrequés i Callicó: Catalunya i la Guerra de Succesió; Bodart: Philippe V ou Charles III?, Heyink: Fest und Musik; Lorizzo: Paintings Trade, 355; Moore: Obsequies, 121–131; Petrucci: Ritratto barocco, 76–77; Polleroß: Portraits and Politics; Sabatier: La guerre des médailles; Torrione: La imagen de Felipe V. Beim Studientag für Elisabeth Kieven im September 2006 in Rom widmete sich Giovanna Curcio unter dem Titel „'Bisognerà cercare di Palazzo': Casimira Sobieski, 'novelli cardinali' e ambasciatori si contendono le dimore di Roma (1698–1706)" nicht nur den römischen Residenzen der polnischen Königinwitwe Maria Casimira, sondern auch jenen des Grafen Lamberg.
9 Baader: Iconic Turn, 143–146; Burda/ Maar: Iconic turn; Burke: Kulturgeschichte; Roeck: Das historische Auge; Schoell-Glass: Cultural Studies, 59–61.
10 Berns/ Druffner/ Schütte/ Walbe: Erdengötter; Southorn: Power and Display; Roeck: Kunstpatronage; Lawrence: Women and Art; Oevermann/ Süßmann/ Tauber: Die Kunst der Mächtigen; Vlieghe/ van der Stighelen: Sponsors of the past.
11 Althoff/ Götzmann/ Puhle/ Stollberg-Rilinger: Spektakel der Macht; Andres/ Geisthövel/ Schwengelbeck: Sinnlichkeit der Macht; Berns/ Rahn: Zeremoniell als höfische Ästhetik; Hahn/ Schütte: Zeichen und Raum; Heitmann: Zeremonialliteratur; Hofmann/ Mühleisen: Kunst und Macht; Jahn/ Rahn/ Schnitzer: Zeremoniell in der Krise; Hengerer: Hofzeremoniell; Pangerl/ Scheutz/ Winkelbauer: Zeremonialprotokolle; Paravicini: Zeremoniell und Raum; Rohrschneider: Friedenskongress und Präzedenzstreit; Stollberg-Rilinger: Zeremoniell, Ritual, Symbol; Stollberg-Rilinger: Verfassungsgeschichte und Symbolsprache im Alten Reich; Visceglia/ Brice: Cérémonial et rituel à Rome. Siehe dazu auch den Sonderforschungsbereich „Symbolische Kommunikation und gesellschaftliche Wertesysteme vom Mittelalter bis zur französischen Revolution" in Münster, auf dessen Tagung „Die Bildlichkeit symbolischer Akte" im Oktober 2007 Dorothee Linnemann über „Zeichenstrategien im Spannungsfeld zwischen Zeremonialtheorie und -praxis: Bildliche Zeremonialdarstellungen des Gesandtschaftswesens im 17. und 18. Jahrhundert" referierte.
12 Bourdieu: Die feinen Unterschiede; Arminjon: Quand Versailles était meublé d'argent; Hahn: Fürstliche Wahrnehmung; Schütte: Die Räume und das Zeremoniell.
13 Applun-Radtke: Sol oder Phaeton; Burke: Ludwig XIV., 79–180; Bosbach: Feindbilder; Cilleßen: Krieg der Bilder; Erben: Schlachtdenkmal; Erben: Paris und Rom; Kampmann/ Krause/ Krems/ Tischer: Konkurrierende Modelle; Polleroß: Sonnenkönig; Polleroß: „Sol Austriacus" und „Roi Soleil"; Popelka: Eugenius in nummis; Préaud: Les Effets du soleil; Riess: Feindbildkonstruktion; Wrede: Feindbilder; Ziegler: Place des Victoires; Ziegler: Statuol; Ziegler: Der Sonnenkönig und seine Feinde.
14 Aikema/ Lauber/ Seidel: Collezionismo a Venezia; Benedetti: Collezionismo e ideologia; Borean: La quadreria; Borean/ Masson: Figure di collezionisti; Boschung/ Hesberg: Antikensammlungen; De Benedictis: collezionismo italiano; De Marchi/ Van Miegrot: Mapping Markets for Painting; Eberle: Sammlungen und Raumausstattungen; Graf: Schatzhäuser des Adels; Herklotz: Neue Literatur; Körner/ Perschy: Büchersammlungen; Mancini: „Vertuosi" e artisti; Marx/ Rehberg: Sammeln als Institution; Moran/ Checa: coleccionismo; North: Kunstsammeln und Geschmack im 18. Jahrhundert; Olmi: Italiaanse verzamelingen; Scherf: Collections; Schnapper: Le Géant; derselbe: Curieux; Slavíček: Artis pictoriae amatores; Swoboda: Geschichte der kaiserlichen Gemäldesammlungen; Walderdorff: Gemäldesammlung des Erzstiftes Salzburg; Zahlten: Sammlungswesen im 17. Jahrhundert. In diesem Zusammenhang seien auch die Tagung „Fonti e Documenti per la Storia del Collezionismo in Italia e in Europa Centrale", im Jahre 2002 in Rom sowie das groß angelegte „Project for the Study of Collecting and Provenance" (PSCP) der Getty-Stiftung genannt. 2007 widmete man sich in San Marino dem „Collecting Across Cultures in the Early Modern World".
15 Bergvelt/ Meijers/ Rijnders: Kabinetten, galerijen en musea; Bernhard-Walcher: Geschnittene Steine; Bredekamp: Theater der Natur und Kunst; Bredekamp: Kunstkammer; Felfe: Schauraum; Grote: Macrocosmos; Impey/ MacGregor: The Origins of Museums; Kockel/ Graepler: Daktyliotheken; Mauriès: Kuriositätenkabinett; Pomian: Museum; Sheehan: Kunstmuseen, 32–71; Weber: Gemmensammlungen; Weber: Hängung; Wrede: Antikensammlungen.
16 Barroero: Collezionismo, mercato, tutela; Brotton: The Sale; Brown/ Elliott: The Sale; Cecchini: Quadri e commercio a Venezia; Cecchini: commercio di dipinti; De Marchi/ Van Miegrot: Mapping Markets for Paintings; Dorléac: Commerce de l'art; Falkenburg: Kunst voor de markt; Fantoni/ Matthew/ Matthews-Grieco: Art Markets in Italy; Fredericksen: Französische Gemälde; Guerzoni: mercati artistici; Ketelsen/ von Stockhausen: Verzeichnis der verkauften Gemälde; Kuhnmünch: gravure; Lemainque: tableaux italiens; Muñoz Gonzalez: El mercado español; North/ Ormrod: Art Markets in Europe; von Rosen: Kunsthändler; Spenlé: Heineken; Thurn: Kunsthändler; Schwartz: niederländischer Kunstmarkt; von Solodkoff: Kunsterwerbungen in Paris. Siehe auch die Tagungen „Artwork through the Market: The Past and the Present (Art between Ideology and Commerce)" 2003 in Bratislava sowie „Le Commerce de luxe à Paris aux XVIIe et XVIIIe siècles. Échanges nationaux et internationaux" 2006 in Paris.
17 Anderson: Algarotti; Ferrari: Crivelli; Cools/ Keblusek/ Noldus: Agents; Waźbiński: Bacciarelli.
18 Alexander-Skipnes: Cultural Exchange; Boccardo/ Di Fabrio: Genova e l'Europa continentale; Brown/ Elliott: Relaciones artísticas entre España y Gran Bretaña; Bürger u.a.: Bourbon und Wittelsbach; Cavarocchi: Künstler aus dem Valle Intelvi; Colomer/ Serra Desfilis: España y Bolonia; Danesi Squarzina/ Baldriga: Paesi Bassi e Italia; Erbentraut: Aspekte der Italien-Rezeption; Meijer: Italian Paintings; Haskell: Conservation; Romanelli: Venezia Vienna; Meier: Italien und Europa; Michel: l'Italie et la France; Hornsby: The Impact of Italy; Marx: Elbflorenz; Polleroß: Reiselust & Kunstgenuss; Rees: Kulturtransfer; Recht: The Grand Atelier; Schieder: Akkulturation und Adelskultur; Schmale: Kulturtransfer; Schauerte: Kulturtransfer; Seidel: Europa und die Kunst Italiens; Schmidt: Italienische Künstler; Noldus: Trade in Good Taste; Roodenburg: Forging European Identities; Rosenberg: Französische Meisterwerke; Venedigs Ruhm im Norden; North: Kultureller Austausch.
Außerdem beschäftigten sich mehrere Tagungen mit diesem Thema: Barocksommerkurs der Stiftung Bibliothek Werner Oechslin Einsiedeln im Juli 2002 „Migration"; 10. Konferenz des Arbeitskreises deutscher und polnischer Kunsthistoriker im September 2003 in Warszawa „Wanderungen: Künstler – Kunstwerk – Motiv – Stifter"; „La théorie des transfers culturels et les beaux-arts/Methoden des Kulturtransfers und der Bildenden Künste" 2005 in Berlin: Tagungsbericht von Almut Ochsmann in: http://www.arthist.net/download/conf/2005/050330Ochsmann.pdf (14.9.2009); „Création et échanges artistiques entre Italie et France (XVI-XVIIe siècles)" im Dezember 2005 in Rom; „Le corti come luogo di communicazione. L'Italia e gli Asburgo (secc. XVI-XVIII)/ Höfe als Orte der Kommunikation. Die Habsburger und Italien (16.-19. Jahrhundert) im November 2007 in Trient; in Erlangen-Nürnberg 2007 „Kulturtransfer. Perspektiven eines Forschungsansatzes".
19 Calabi/ Turk Christensen: Cities and Cultural Exchange in Europe; von Engelberg: Wie deutsch ist der deutsche Barock? Kaufmann: Artistic Geography; Kaufmann: Geography of Art, 154–186 („Artistic Regions and the Problem of Artistic

20 Babel: Le diplomate au travail; Bély/ Richefort: L'Invention de la Diplomatie; Cantarutti: Ministerresident in Rom; Cassidy-Geiger: Gifts in European Courts; Cladders: Französische Venedig-Reisen, 21–29 („Diplomatische Missionen"); Colomer: Arte y Diplomacia; Cropper: The Diplomacy of Art; Deisinger: Die Galerie Erzherzog Leopold Wilhelms; Döberl/ Zangerl: Diplomatische Praxis; Droste: Schwedische Diplomaten; Elliott: España y Gran Bretaña, 17–38; Garms-Cornides: Liturgie und Diplomatie; Germer: Félibien, 60–104 („Diplomatie, Kunst, Kuriositäten. Die Zeit in Italien"); Gräf: Curiositas; Hiller: Esterházy; Körbl: Zeremonielle Aspekte des diplomatischen Verkehrs; Lattanzi: Giovanni V.; Luckhardt: Reisen, Diplomatie und Zeremoniell; Neuber: „Türckisches" Zeremoniell; Pons: Gesandte in Wien; Rohrschneider/ Strohmeyer: Differenzerfahrungen von Diplomaten; Seidler: Relationen; Timmermann: Gesandtschaftszeremoniell; Schümann: Diplomaten; Spenlé: Hoym; Spens: Stepney; Walthon: Tessin; Wolfe: Antonio Barberini's Art Diplomacy; Zitzlsperger: Papst- und Kardinalsporträts; Zollinger: Konkurrierende Gerechtigkeitsvorstellungen.

21 Bassegoda: Palomina; Bell/ Willette: Art History; Bignanimi: Excavations; Bickendorf: Historisierung; Borea/ Gasparri: Bellori; Dekesel/ Stäcker: numismatische Literatur; Gallio: antiquaires romains; Ferrari: L'antiquario; Fortes: antichità; Herklotz: Cassiano Dal Pozzo; Mancini: „Vertuosi" e artisti; Germer/ Michel: La naissance de la théorie de l'art en France; Paul: Viewing Antiquitiy; Settis: archeologia; Thimann: Gedächtnis und Bildkunst; Wrede/ Kunze: Thesaurus Brandenburgicus.

22 Germer: Félibien; Ferrari: Crivelli, 678–690 („Conoisseurship"); Hammarlund; Heraeus; Hojda: Kunstbetrachtung; Krapf: Liechtenstein; Rosenberg: Ekphrasis; Schneider/ Zitzlsperger: Bernini in Paris; Wagner: Architekturunterricht.

23 Ago: Gusto; Becker: Gesprächsspiel; Brassat: Gespräch über die Künste; Cremer: Hagedorns Geschmack; Held: Französische Kunsttheorie; Kirchner: Schreiben über Kunstwerke; Lichtenstein: The Eloquence of Colour; Loh: A ‚particular taste', 251–259; North: Kunstsammeln und Geschmack; Morán/ Portús: El arte de mirar; Ormrod: Connoisseurship; Pears: Discovery of Painting; Roeck: Das historische Auge, 253–265 („Aspekte der Wahrnehmungsgeschichte"); Schütze: Kunst und ihre Betrachter; Sohm: Pittoresco; Zelle: Kennerschaft und Geschmack; Weddigen: Kennerschaft; Wiemers: Kunsturteil des englischen Publikums.

24 Babel/ Paravicini: Grand Tour; Bender/ Herzog/ Niehaus: Kavalierstour; Bepler: Ferdinand Albrecht; Chaney: Grand Tour, 161–167 („Documentary Evidence of Anglo-Italian Cultural Relations in the Sixteenth and Seventeenth Centuries"); Cladders: Französische Venedig-Reisen; Griener: The Grand Tour; Grosser: Reiseziel Frankreich; Fazio: Tedeschi in Italia; Feller: Adlige auf Tour; Kubeš: Nostic; Paul: Viewing Antiquity; Pinelli: souvenir; Redford: Venice; Watkin: Architectural Context.

25 Spenlé: Öffentlichkeit fürstlicher Kunstsammlungen; Völkel: Schloßbesichtigungen.

26 Schudt/ Caldana: Le Guide di Roma; Edelmayer: Gesandtschaftsberichte; Harder/ Rothe: Reisebeschreibungen; Laß/ Schütte: Länder- und Städtebeschreibungen; Niederkorn: Berichte; Weinberger: Diarium Italicum; Seidler: Relationen; Tersch: Zwei Bilder einer Stadt.

27 Bähr: Galeriewerke; Clayton: French prints; Daly Davies: Bellori; Del Pesco: Le incisioni e la diffusione internazionale; Druffner: Beschreibung und Funktion höfischer Sammlungen; Faedo/ Frangenberg: Aedes Barberinae; Fuhring: Ornament Prints; Gady: La gravure d'interprétation; Garms: Vedute di Roma; Germer: Félibien, 182–284 („Herrscherlob, Festbericht und Kunstbetrachtung. Die diskursive Inszenierung absoluter Macht"), 285–334 („Ordnung und Autonomisierung des Wissens"); Höpper: Raffael und die Folgen; Karsten: Antikenstich; Kiefer: Galleria Farnese; Krause: Bastiments de France; Krause: Scudéry; Krems: Venaria Reale; Krems: Zeremoniell und Raumwahrnehmung; Nebendahl: Antiken, 72–101 („Stiche nach Antiken"); Palmer/ Frangenberg: Illustrated Art Book; Oehler: Rom in der Graphik; Rees: Druckgraphik in Reisetagebüchern; Stewering: Galleria Giustiniana; Thomas: Sammlungskataloge; Thomas: Kataloge von Antikensammlungen; Völkl: Das Bild vom Schloss; Waterfield: Tenier's ‚Theatrum Pictorum'; Witcombe: Print Publishing; Zorach: The Virtual Tourist. Siehe dazu auch die Tagungen „Druckgraphik zwischen Reproduktion und Kunst. Zur Institutionalisierung eines künstlerischen Mediums bis 1660" und „Ein privilegiertes Medium und die Bildkulturen Europas: Deutsche, französische und niederländische Kupferstecher und Graphikverleger in Rom von 1590 bis 1630" 2008 in Dresden bzw. Rom.

28 Zur Bedeutung Roms als Kulturhauptstadt Europas siehe u.a. Bonfait: Rome et Paris; Bowron/ Rishel: Art in Rome; Brown: Geburt des Barock; Büchel/ Reinhardt: Modell Rom?; Checa: Del gusto; Delaforce: Giovanni V; Erben: Paris und Rom; Fagiolo: Il barocco Romano e l'Europa; Karl: Einfluß; Kieven: modelli architettonici barberiniani; de Meyere: Alle Wege; Mollisi: Svizzeri a Roma; Oy-Marra: Ambasciatori dello stile barberiani; Pinto: Architettura da esportare; Smith: Cultural Diplomacy; Vautier: Tous les chemins. Auch die 2003 von der Hertziana begonnene Veranstaltungsreihe „Rom und der Norden – Wege und Formen des künstlerischen Austauschs" behandelte ebenso wie das 2004 begonnene Forschungsprojekt der Universität Edinburgh „Court Culture in Early Modern Rome 1450–1750" u.a. Roms „cosmopolitic civic culture" sowie „its interaction with wider European elite cultures". Im Oktober 2005 behandelte ein internationaler Kongreß in Rom „Rome and the Constitution of a European Cultural Heritage in the Early Modern Period: The Impact of Agents and Correspondents on Art and Architecture", im Mai 2007 wurde „¿Roma Española? España y el Crisol de la Cultura Europea en la Edad Moderna" diskutiert.

29 Zur Rolle Wiens siehe u.a.: Filip: Wiener Barockarchitektur; Filip: Martinelli in Böhmen und Mähren; Galavics: Reichspolitik und Kulturpolitik; Garas, Ungarn; Haupt: Flämische und niederländische Künstler; Hołownia: Schlesien; Huss: Kaiserhof; Kalinowski, Kunstzentrum; Keller/ Scheutz/ Tersch: Weimar-Wien; Morsbach: niederländische Zuwanderer; Pötzl-Malikowa: Einfluß Wiens; Pokorny: Teniers; Polleroß: Reiselust & Kunstgenuss; Slavíček: Antwerpen.

30 Pakenius: Hercules prodicius, 517.

31 Müller: Gesandtschaftswesen, 234; zu Stepney siehe: Spens: Stepney.

32 So sah es 1696 der holländische Botschafter Heemskerck: Müller: Habsburgischer Adel, 87.

33 Zu Rom: Burke/ Bury: Art and Identity, 1–23; Calcaterra: Corti e cortigiani; Visceglia: Figure e luoghi; Visceglia: corte romana, 51–52. Zu Wien siehe: Duindam: Vienna und Versailles; Hengerer: Kaiserhof und Adel; Pečar: Höfischer Adel am Kaiserhof; Polleroß: Wien als Zentrum; Pons: Herrschaftsrepräsentation, 305.

34 Diese Kardinalsschreiben wurden daher auch bei den offiziellen Akten verwahrt: HHStA: StA Rom, HK Karton 17, Fasz. Kardinäle an Leopold I. 1700 I 9-XII 29, fol. 3ff.

35 Squicciarini: Nuntien in Wien, 154–160.

36 Pakenius: Hercules prodicius, 334–337, 503, 519–521.

37 Pons: Kaiserhof, 65–84 („Reichsadel und ausländischer Adel").

38 Endres: Adel, 5; Klein: Erhebungen in den weltlichen Reichsfürstenstand.

39 Zitiert in: Schlip: Die neuen Fürsten, 263.

40 Ferraro: nobility of Rome, I, 52–54. Siehe dazu auch: Calcatero: Corti e cortigiani; Rendina: Le grande famiglie; Visceglia: La nobiltà.

41 Zu den Rangstreitigkeiten in Wien, mit denen Lambergs Onkel Johann Maximilian und Lambergs Schwiegervater Sprinzenstein, aber auch der päpstliche Nuntius direkt konfrontiert waren, bzw. zur Problematik der Reichs- und Neufürsten siehe: Hengerer: Hofzeremoniell; Stollberg-Rilinger: Zeremoniell als politisches Verfahren, 149–225; Winkelbauer: Fürstendiener, 288–320 („Rangkonflikte"). Zu Rom u.a. Seidler: Relationen, 113–122 („Protokollfragen als Machtfragen"); Visceglia: Cérémonial et rituel à Rome; Zwanzig: Theatrum Praecedentiae.

42 Instruktion des Grafen Kaunitz für London (1686) und der Grafen Lobkowitz sowie Sinzendorf für Paris (1685 und 1699): Müller: Gesandtschaftswesen, 134.

43 von Rohr: Ceremoniel-Wissenschafft, 377 (am Beispiel der Gesandten); auch in Wien verweigerte der spanische Gesandte offensichtlich erst ab 1653 den Titularkämmerern die „rechte Hand": Hengerer: Hofzeremoniell, 362–363.

44 Zur Person siehe: Grimm: Markgräfin Sibylla Augusta.
45 Pons: Kaiserhof, 122–124.
46 Lamberg: Regensburger Diarium I, 460 (28.7.1692).
47 Siehe dazu ausführlicher Garms-Cornides: Rappresentazione Imperiale a Roma.
48 Zur Person Anton Florians siehe: Hörrmann: Fürst Anton Florian.
49 Lamberg: Regensburger Diarium I, 214 (18.11.1691) und 416 (22.6.1692).
50 Instruktionsschrift vom 28.11.1699: HHStA: StA Rom Karton 81, fol. 8v.
51 NÖLA: LA, Karton 69 und 70.
52 Burke/ Bury: Art and Identity, 1–23; Curcio: Il committente, 278–291; Gampp: Konkurrenz; Reinhardt/ Büchel: Rom; Robertson: Patronage Rivalries; Signorotto/ Visceglia: Papal Rome; Strunck: Konkurrenz der Paläste; Strunck: Old nobility versus new; Wolf: Symbolische Kommunikation; Zapperi: Farnese und Aldobrandini; Zunckel: Rangordnungen.
53 Büchel/ Karsten: (Forschungs)-Modell Rom?, 286–287; Kaufmann: Höfe, 303–304.
54 Zitiert in Schlip: Die neuen Fürsten, 259.
55 Siehe z.B. Leone: Constructing Identity, 37–64 („Perspective: Roman Society and Palace Building"); Majanlahti: The Families who made Rome; Waddy: Barberini Cardinals need places to live. Zum „principal monument of Roman Baroque nepotism" siehe: Scott: Images of Nepotism, 11.
56 Pečar: Schlossbau und Repräsentation, 197. Auch Bastl: Der aristokratische Zugriff, 6, verweist darauf, dass die Wiener Palastarchitektur „den Rang der Familie über die Zeit – ausdauernd, wie sie war – über mehrere Generationen" symbolisiert.
57 Brief von Johann Philipp an Leopold Joseph vom 12.5.1705: Müller: Habsburgischer Adel, 89; Brief des Berliner Botschafters von Bartholdi an Friedrich I.: Kauer: Brandenburg-Preußen, 218.
58 Walker: Festmahl für Maximilian von Bayern, 130.
59 Büchel: Prolegomena, 206–207.
60 Duindam: Vienna and Versailles; Pečar: Höfischer Adel am Kaiserhof; Polleroß: Wien als Zentrum; Polleroß: Wien; Polleroß: Leopold I., 277–282; Pons: Kaiserhof, 76–77, 305–372.
61 Pons: Gesandte; Sabbatini: inviato lucchese a Vienna, 218–223.
62 Freschot: Wien, 178.
63 Karsten: Künstler,18–19. Zur Baupolitik des Kardinals siehe: Antinori: Borghese, zur Villa u.a.: Campitelli: Villa Borghese.
64 Alcoberro: L'exili austriacista; Dandelet: Rome as Spanish Imperial City; Dandelet: Spanish Rome, 109–141 („The People of Spanish Rome"); Fosi: Foreigners in Early Modern Rome; Galavics: Niederländer in Wien; Kalmár: allemands et espagnols; Pons: Kaiserhof, 97 und 439; Winkelbauer: böhmische Partei; Sellés-Ferrando: Spanisches Österreich; Thiriet: Les italiens au service de Leopold Ier; Zava Boccazzi: pittura veneziana a Vienna.
65 Freschot: Wien, 32–34 u. 54.
66 Madrisio: Viaggi, 289–290.
67 Misson: Reisen, 827.
68 Michel: commerce, 43. Zu den römischen Kunst-Immigranten siehe u.a.: Mollis: Svizzeri, sowie den Abschnitt „Présences françaises dans la Rome de Bellori" in: Bonfait: L'idéal classique, 209–324.
69 Melani: Geheimnisse der Konklaven, 38.
70 Zur diesbezüglichen Situation in Rom siehe etwa: Ago: Carriere e clientele; Angelini: Rapporti artistici tra Siena e Roma; Cineri: Conflitti artistici, 255–305; Connors: Alliance; Connors: Alleanze; Strunck: Konkurrenz der Paläste; Karsten: Künstler und Kardinäle, 78, 96–97; 132–137 („Stellvertreterkriege: Pietro da Cortona gegen Andrea Sacchi"), 181; Reinhard: Symbol und Performanz, 38–39; Zapperi: Farnese und Aldobrandini.
71 Hubala: Rottmayriana, 144; Schemper-Sparholz: Tiroler in Wien. Auf eine vergleichbare Bedeutung des Patronagesystems in Rom und Wien verweist auch Winkelbauer: Ständefreiheit, 1. Bd., 184.
72 Burbaum: Rivalität; Imbach: Rom, 162–164 („Künstlerneid"); Morrissey: Rivalen von Rom.
73 Polleroß: Kunstgeschichte oder Architekturgeschichte, 59–69.
74 Siehe dazu etwa: Angelini/ Butzek/ Sani: Alessandro VII; Barroero: Collezionismo; Barock im Vatikan; Cappelletti: Decorazione e collezionismo; Danesi Squarzina: Natura morta; Debenedetti: Artisti e mecenati; Debenedetti: collezionismo e ideologia; Dunn: Spiritual Philanthropists; Economopoulos: Collezionisti e Mecenati; Gallo: Cardinali; Gampp: Baron als Bauherr; González-Palacios: Fasto Romano; Haskell: Maler und Auftraggeber, 17–238; Imbach: Kirchenfürsten; Karsten: Künstler und Kardinäle; Karsten/ Reinhardt: Kardinäle, Künstler, Kurtisanen; Karsten/ Zitzlsperger: Grabmalskultur; Lepri: Capolavori da scoprire; Lippmann: Altemps; Majanlahti: The Families who made Rome; Mochi Onori/ Schütze/ Solinas: I Barberini; Oy-Marra: Profane Repräsentationskunst; Petrucchi: Mecenati; Picozzi: Aspetti del collezionismo romano; Reinhardt: Roman Art Market; Sickel: Privatsammler; Thomas: Antikensammlungen; Valone: Women on the Quirinal Hill; Völkel: Römische Kardinalshaushalte; Thomas: Antikensammlungen.
75 Bentini: Pio di Savoia; Contardi: Residenze; Mancini: collezione del 1564; Rossi/ Borsari: L'eredità di Rodolfo Pio.
76 Epifani: disegni; Guerrieri Borsoi: monumenti Santacroce; Karsten: Santacroce; Lepri: Santacroce; Marchione Gunter: Santa Maria in Publicolis; Montagu: Santacroce; Pazzini: dipinti; Vicarelli: antichità; Vicarelli: palazzo Santacroce.
77 Casciato/ Ianniello/ Vitale: Museo; Findlen: Kircher; Fugazzola Delpino/ Margani: Museo Kircheriano; Leinkauf: Museum Kircherianum; Lo Sardo: Kircher.
78 Alteri: cardinale 'numismatico'; Benocci: collezionismo archaeologico.
79 Pierguidi: Fabrizio Spada; Vicini: Collezionismo.
80 Gregori: L'età di Cosimo III, 133–175.
81 Fileri: Filippo Antonio Gualteri; Morelli: Cardinal Gualterio.
82 Manfredi: Ottoboni; Matitti: antichità; Montanari: La dispersione; Petrucci: Ottoboni; Olszewki: Ottoboni.
83 Morselli/ Vodret: Ritratto di una collezione; Vicini: Palazzo Spada.
84 Tedesco: Uceda.
85 Micheli Giaccone: Castello Orsini-Odescalchi; Pizzo: Odescalchi e i Rezzonico; Roethlisberger: Odescalchi; Walker: Odescalchi.
86 Cola: Ruspoli; Michel: Pitture; Prefumo: mecenatismo.
87 Asperger: Gartenkunst; Auböck: Das Belvedere; Haman: Prinz Eugen; Prinz Eugen und sein Belvedere; Hanzl-Wachter: Schloss Hof; Krapf: Prunkstall; Kurdiovsky/ Grubelnik/ Pichler: Winterpalais; Mazal: Bibliotheca Eugeniana; Pozsgai: Parade- und Wohnräume; Prinz Eugen Katalog; Rizzi: Prinz Eugen; Seeger: Bautätigkeit des Prinzen Eugen; Seeger: Stadtpalais und Belvedere; Völker: textile Ausstattung; Stephan: Der Sieg; Stephan: Belvedere.
88 Baumstark: The Princely Collection; von Götz-Mohr/ Schulze: Bronzen; Haupt: Karl I., Kräftner: Pferde, Wagen, Ställe; Kreuzmayer: Liechtenstein; Lorenz: Barockpaläste; Miller: Franceschini; Slavíček: Das Inventar der liechtensteinischen Gemäldegalerie; Wieczorek: Meisterwerke; Wieczorek: Antiker Mythos; Wilhelm: Liechtenstein; Winkelbauer: Hofhaltung; Winkelbauer: Fürstendiener, 417–450 („Bildende Künste und Repräsentation").
89 Bollwerk Forchtenstein; Die Fürsten Esterházy; Barkóczi: Italienische Kunst; Galavics: Porträts; Körner: Esterházy; Körner: Bibliotheca; Körner: Une ambition royale; Mraz/ Galavics: Sammlungen; Szilágyi: Hungary's Heritage; Szilágyi: Schatzkammer; Zimányi: Hofhaltung.
90 Arco-Zinneberg: Gemäldegalerie; Heinz: Gemäldegalerie; Holzhausen/ Kurdiovsky: Ansichten des Harrachschen Gartens; ÖRAG: Palais Harrach; Prohaska: Mediterrane Malerei; Prohaska: Gartenpalais Harrach; Skamperls: Alexanderzyklus; Walderdorff: Gemäldegalerien in der Residenz.
91 Bott: Schönborn; Bott: Bilder-Schatz; Bott: Delitiae Imaginum; Holzhausen: Porzellankabinett; Kersting: Schönborn-Buchheim; Kräftner: Sammlung Schönborn-Buchheim; Schraut: Schönborn, 200–211; Seeger: Gartenpalais Schönborn.
92 Aldana Fernandez: Palacio de Eggenberg; Ergin: Tamerlan; Kaiser: Schloß Eggenberg.
93 Eltz/ Strohmeyer: Fürstenberger; Lynar: Fürstenberg-Sammlungen; Klein: Münzen und Medaillen; Katzenschlager: Schloßbibliothek Weitra; Mašek: Fürstenberg-Bibliothek; Macek/ Vlček/ Zahradník: Die baulichen Aktivitäten; Luckhardt: Voet; Ernesti: Ferdinand von Fürstenberg, 350–376.
94 Kroupa: Christian Alexander Oedtl; Kroupa: Mähren, 57–59; Rizzi: Palais Dietrichstein-Lobkowicz.
95 Juffinger: Thun; Krummholz: Fischer von Erlach und Böhmen; Kaltenbrunner/ Nefzger: Johann Ernst Thun; Slavíček: Rottmayr; Slavíček: Das Palais.
96 Daniel: Sternberg Palace; Zelenková: Šternberské alegorie.
97 Aloisi: Gli Althan; Polleroß: Frain an der Thaya; Samek: Ahnensaal; Winkelbauer/ Knoz: Geschlecht und Geschichte, 162–175.

98 Becker: Casteels; Resch: Grazer Palais, 311–313; Weigl: Waginger-Clery; Weigl: Ignaz Maria von Attems-Heiligenkreuz; Ciglenečki: Dornava.

99 Hengerer: Kaiserhof und Adel; Pečar: Ökonomie der Ehre, 266–296; Pečar: Schloßbau und Repräsentation; Polleroß: Wien als Zentrum aristokratischer Repräsentation; Polleroß: Wien; Pons: Kaiserhof, 305–372.

100 Horyna u.a.: Waldstein-Palais; Fiedler: Wallenstein; Fučiková/ Čepička: Waldstein; Pokorny/ Preiss: Duchcov: The Trojan War in Prague; Larsson: Skulpturengarten; Muchka: Wallensteinpalais.

101 Lahrkamp: Ottavio Piccolomini; Seeger: Náchod.

102 Fleischer: Karl Eusebius; von Götz-Mohr: Karl Eusebius; Haupt: Karl Eusebius; Krapf: Liechtenstein; Langer: Karl Eusebius.

103 Tersch: „Giornale"; Bressan: Giovanni Battista Verda di Verdenberg; Knoz: Künstler.

104 Oppeker: Joachim Enzmilner; Valenta: Schloß Windhaag; Haas: Rosenburg.

105 Lavrič: Rimska Slikarska.

106 Ciglenečki: Ptuj; Miočinovč: Begegnung zwischen Orient und Okzident; Weigl: Leslie

107 Palladino/ Bidovec: Valvasor; Magič: Bibliotheca; Murovec: Valvasor; Pokorny: Teniers.

108 Galavics: Paul Esterházy; von Götz-Mohr: Johann Adam Andreas; Lorenz: Fontanas Pläne; Lorenz: Bau und Ausstattung des Gartenpalastes; Lorenz: Eisgrub; Lorenz: Barockpaläste; Lorenz: Palast der Pferde; Miller: Franceschini; Polleroß: Palast in der Rossau; Reuß: Stadtpalais Liechtenstein; Schulze: Johann Adam Andreas.

109 Lorenz: Palais Harrach; Rizzi: Palais Harrach. Wichtige Einsichten wird die Arbeit zu „Adel und Kulturtransfer im 17. Jahrhundert" von Bianca **Lindorfer** bieten, die auch die Tagebücher von Ferdinand Bonaventura auswertet. Vgl. Brossowski/ Kägler: Adel am Münchner Hof, 54.

110 Morper: Czernin-Palais; Slavíček: Imagines Galerie; Slavíček: Barocke Bilderlust, 11–14; Slavíček: Nostiz und Berka von Dubá.

111 Klingenstein: Kaunitz, 41–74; Miltová: Italienische virtuose Künstler in Mähren; Scotti Tosini: Martinelli; Zapletalová: Lanzaniho.

112 Haupt: Diplomatie, 26–31; Salge: Ospel, 29–90.

113 Krummholz: Jana Václava Gallase; Krummholz: Clam-Gallasova paláce; Krummholz: Palais Gallas; Krummholz: Santino Bussi und Carlo Innocenzo Carlone; Krummholz: Clam-Gallasův palác; Krummholz: Stavební.

114 Siehe dazu die Münchner Dissertation von Annette **Hojer**. „Il Principe di tutti i Pittori viventi. Francesco Solimena und sein Werk unter den österreichischen Vizekönigen in Neapel (1707–34)."

115 Buchinger/ Mitchell/ Schön: Palais Collalto, 416–418; Kazlepka: Bellucci und Lucino; Kazlepka: Belluno; Baumstark: Joseph Wenzel.

116 Smíšek: Jan Adam Questenberk.

117 Pečar: Ökonomie der Ehre, 27 und 40.

118 Lorenz: Architektur, 50. Zu den Wiener Palästen siehe auch: Amisola: Palais Daun-Kinsky; Hartlieb-Wallthor: Auersperg; Krapf: Trautson; Lorenz: Raumfolge; Lorenz/ Rizzi: Herrengasse 9; Lorenz/ Rizzi: Strozzi; Kraus/ Müller: Wiener Palais; Matsche: Trautson; Matzka: Palais; ÖRAG: Palais Harrach; Polleroß: Gartenhaus; Prange: Trautson; Rizzi: Caprara-Geymüller; Rizzi: Starhemberg.

119 North: Kunstsammeln und Geschmack, 9; Graf: Schatzhäuser, 184.

120 Leo **Santifaller** (Hg.): Österreichisches Biographisches Lexikon 1815–1950, 4. Bd. Wien/ Köln/ Graz 1969, 412–413; Juffinger: Viennese Collectors.

121 Trnek: Gemäldegalerie, 14–23 („Die ‚Gräflich Lambergsche Gemählde-Gallerie an der Akademie der schönen bildenden Künste' in Wien"); Trnek: Gräflich Lambergsche Galerie. Zur Sammlungs- und Erwerbungsgeschichte der Sammlung Lamberg-Sprinzenstein läuft zur Zeit ein Forschungsprojekt.

122 Ein möglicherweise römisches Barockbett wurde im Wiener Dorotheum als Werk der Zeit um 1900 versteigert: Auktion „Möbel und dekorative Kunst" am 27.11.2007, Nr. 588.

123 Handschriftliche Instruktion des Karl Eusebius für seinen Sohn zitiert in: Heiß: Liechtenstein, 160.

124 Fleischer: Karl Eusebius, 195.

125 Ormrod: Connoisseurship; Pears: Discovery of Painting; Wiemers: Geschmack des englischen Publikums.

126 Heck: Sandrart, 13–34 („La formation de la culture visuelle de Joachim von Sandrart"); Klemm: Sandrart; Mazzetti di Pietralata: Sandrart e la Roma dei Barberini; Ebert-Schifferer/ Mazzetti di Pietralata: Sandrart.

127 Stanič: Chantelou; Bruhn: Sammlung; Kirchner: Schreiben über Kunstwerke.

128 Auch Félibien hat auf einer (diplomatischen) Reise nach Italien in den Jahren 1647–49 die „Voraussetzungen erworben, die ihn für eine Vielzahl von Aufgaben qualifizierten": Germer: Félibien, 60.

129 Passavant: Klengel.

130 Bepler: Ferdinand Albrecht; Bepler: Barocke Sammellust, 240.

131 Cavalli-Björkman: Tessin; Snickare: Tessin; Olin/ Henriksson: Architectural Drawings; Tessin: Traicté; Tessin: Travel Notes; Hammarlund: Heraeus.

132 Binion: Schulenburg; Kemper: Brockes; Zelle: Versteigerungskatalog, 36.

133 Siehe z.B. Heiß: Erziehung; Menčik: Harrach; Kubeš: Nostic; Welti: Hohenems. Zurecht kritisiert etwa Michael Schaich am Buch von Leibetseder, dass dort „der Erwerb von Kunstgegenständen oder die Formierung des ästhetischen Geschmacks" kaum beleuchtet wird: Michael Schaich: Rezension von: Mathis Leibetseder: Die Kavalierstour. Adlige Erziehungsreisen im 17. und 18. Jahrhundert, Köln / Weimar / Wien: Böhlau 2004. In: sehepunkte 5 (2005), Nr. 2 [15.02.2005], URL: http://www.sehepunkte.de/2005/02/5479.html (14.9.2009).

134 Hojda: Kunstbetrachtung; Walther: Antike. Hinzuweisen wäre auch auf zwei spätere Beispiele, nämlich den Fürsten Leopold III. Friedrich Franz von Anhalt-Dessau (1740–1817) und den mehrfach in Wien weilenden polnischen Diplomaten und Privatgelehrten Stanislaus Kostka Graf Potocki (1755–1821): Erdmannsdorff: Kunsthistorisches Journal 1765/66; Jaskanis: Potocki.

135 Heilingsetzer: Harrach, 83; Krummholz: Santino Bussi und Carlo Innocenzo Carlone, 219; Salge: Ospel, 29.

136 Leeder: Hoyos, 2. Bd., 347–350; Habsburg-Lothringen: Hoyos, 568.

137 Sebastiani gilt literarisch als Vorläufer von Rossini: Schudt: Le Guide, 70, 148 und 304; Schudt/ Caldana: Le Guide, 138–139.

138 Zu den „Anfängen des Kunsturteils" und dessen Rezeption in den Publikationen zur italienischen Kunst siehe: Schudt: Italienreisen, 262–264.

139 Scott: Images of Nepotism, 136–145; Faedo/ Frangenberg: Aedes Barberini. Die beiden Exemplare der ÖNB stammen *„Ex libri Petri Lambecij Hamburgensis"* (Sign. 72.0.45) und aus der Bibliothek des Prinzen Eugen (Sign. BE.5.F.15).

140 Walter **Vitzthum**: A Comment on the Iconography of Pietro da Cortona's Barberini Ceiling. In: The Burlington Magazine 103 (1961), 427–433, hier 428.

141 Consagra: De Rossi and Falda, 187–203; Del Pesco: Le incisioni e la diffusione internazionale; Fuhring: Ornament Prints, 263–268; Garms: Vedute, 7–8; Grelle Iusco: Indice delle stampe De' Rossi.

142 Sandrart selbst hielt sich 1629–35 in Italien auf: Klemm: Sandrart, 15–18.

143 Sandrart: Roms Grosser Schau=Platz: Folio, mehrerere Teilbände mit 171 Kupferstichen. Das Exemplar des Kunsthistorischen Institutes der Universität Wien (Signatur Quellenschriften Guiden Italien Rom 20 fol. Rara) besitzt einen zeitgenössischen Ledereinband mit Sinzendorf-Supralibros sowie einen handschriftlichen Besitzvermerk „Aus der Büchersammlung des Grafen Prosper von Sinzendorff". Zu diesem Werk sowie den römischen Voraussetzungen siehe u.a.: Völkel: Bild vom Schloss, 52–64.

144 Gargano: Stichwerk, 162–164; de Seta: Imago Urbis Romae.

145 Pozsgai: Die anderen im Bücherschrank.

146 Brief vom 28.8.1682 zitiert in Heiß: Liechtenstein, 179/ FN 127.

Gio. Batta Lenardi Rom.º Inu.et delin. Arnoldo Van Westerhout fiam.ᵒ sculp.

Diplomaten und Kunstkenner

"Obwolen sie mir einen Van Dejck und andere von Rubens gewisen, so habe ich doch daran gezweiflet."

Ein besonderer Stellenwert sowohl bei der Steigerung der künstlerischen Repräsentation als auch hinsichtlich des internationalen Kulturtransfers kommt den Diplomaten, Kardinallegaten und nicht-römischen Kardinälen zu. Aufgrund der wachsenden Bedeutung und Qualität des europäischen Gesandtschaftswesens während und nach dem Westfälischen Frieden bildeten diese Ämter nicht nur eine wesentliche Voraussetzung für den Aufstieg innerhalb des jeweiligen Hofes[1], sondern die Diplomaten erfüllten auch – parallel zum wachsenden Einsatz der Kunst zur politischen Demonstration – im wahrsten Sinne des Wortes ‚eine stellvertretende Repräsentation' für ihren Herrscher, wobei sie bewusst oder unbewusst als Kulturvermittler in Erscheinung traten[2]. Die *Reichshaupt- und Residenzstadt* Wien[3] und vor allem das *Theatrum Mundi* Rom[4] spielten in diesem Zusammenhang als „Machtarenen" eine wichtige Rolle (Abb. 27 und 28).

Seit 1564 verfügte die Republik Venedig mit dem Palazzo Venezia in Rom über eine eigene Botschafterresidenz (Abb. 404) und seit dem frühen 17. Jahrhundert besaßen die Spanier in beiden Städten eine ständige Repräsentanz[5] (Abb. 41). Der päpstliche Nuntius in Wien wohnte seit 1630 in einem Gebäude Am Hof, das ihm der Konvertit Michael Adolf Graf Althann und seine Gattin als Geschenk überlassen hatten. Trotz des Ankaufs eines Nachbarhauses und des in den Jahren 1697–98 unter dem Nuntius Andrea Santacroce (Abb. 468) erfolgten Umbaues blieb die Wiener Residenz des römischen Vertreters jedoch ein bescheidenes Bauwerk und bot dem etwa 40 Personen umfassenden Hofstaat des Diplomaten kaum Platz[6]. Die meisten anderen Gesandten mieteten sich hingegen in verschiedenen Adelspalästen ein[7]. Die französischen Botschafter residierten in Rom seit 1635 meist im Palazzo Farnese (Abb. 26), während sie in Wien im Stadtpalais Liechtenstein in der Herrengasse oder im Palais Batthyány wohnten[8]. Der englische Gesandte George Stepney (Abb. 3) logierte in Wien 1701–05 im Palais Lambergs (Abb. 174) und bezahlte für die unmöblierte Wohnung jährlich 270 Pfund. Als der Duke of Marlborough (Abb. 388) im November 1705 den Kaiserhof besuchte, sollte er zunächst im Palais Dietrichstein untergebracht werden, nahm aber dann ebenfalls im Palast des Botschafters in der Wallnerstraße Quartier. Stepney kannte aber nicht nur die Wie-

27. Allegorische Darstellung des Empfanges des englischen Gesandten Roger Palmer Earl of Castlemaine durch Papst Innozenz XI. Odescalchi, Kupferstich von Arnold van Westerhout nach Giovanni Battista Leinardi, 1687; Rom, Bibliotheca Hertziana

28. Einzug des päpstlichen Nuntius und späteren Kardinals Giulio Piazza in Wien (1709), Kupferstich in „Kayserlicher Hof- und Ehren-Calender auff das Jahr 1711"; Privatbesitz

ner Paläste, sondern auch die Landsitze des Wiener Hofadels. 1701 besuchte er etwa die Grafen bzw. Fürsten Kaunitz, Dietrichstein, Liechtenstein und Sinzendorf auf deren Schlössern Austerlitz/Slavkov u Brno, Nikolsburg/Mikulov, Feldsberg/Lednice und Ernstbrunn[9].

Kulturtransfer und Kunstimporte

Ergab sich in den letztgenannten Fällen notwendigerweise ein direkter Kontakt von einheimischen und fremden Repräsentationsformen[10], traten die Gesandten im Idealfall sogar als mehr oder weniger bewusste Kulturvermittler in Erscheinung. Die entsprechende Tradition reicht weit zurück. So war es etwa der englische Diplomat Sir Thomas Hoby, der nach einer Italienreise für das italiophile Aussehen von Somerset House verantwortlich war und 1561 Baldassare Castigliones *Cortegiano* ins Englische übersetzte. Zwei Generationen später spielte Sir Henry Wotton, seit 1603 englischer Botschafter in Venedig, aufgrund seiner Leidenschaft für die Architektur Palladios und die Malerei der Lagunenstadt eine Hauptrolle bei der Einführung italienischer Kultur in England. 1624 bat er seinen Kollegen in Konstantinopel um Hilfe beim Kauf von Antiken, und 1627/28 wirkte er bei der Erwerbung der Gonzaga-Sammlung für König Karl I. von Großbritannien mit[11].

Analog dazu hatten auch die kaiserlichen Botschafter in Madrid schon im 16. Jahrhundert nicht nur Kunstankäufe für die Kaiser Maximilian II. und Rudolf II. sowie deren Verwandte durchzuführen, sondern verbreiteten selbst durch Literatur, Porträts und sogar Heiraten mit einheimischen Damen die spanische Kultur in Mitteleuropa[12]. Eine Sonderrolle spielten die kaiserlichen Großbotschaften nach Istanbul, die vielfach – ebenso wie die französischen[13] – von eigenen Malern zur Dokumentation der exotischen Verhältnisse begleitet wurden[14]. Der Waldviertler Freiherr Hans Ludwig von Kuefstein, der in Prag, Jena, Padua, Bologna und Siena studiert sowie spanische Werke übersetzt hatte, wurde 1628 als kaiserlicher Großbotschafter nach Istanbul entsandt. Während der Reise entstand eine Serie von Gouachen, die die Tätigkeit des Gesandten (Abb. 29), aber auch das osmanische Volksleben zeigen. Im Nachhinein wurden großformatige Gemälde, die teilweise auf Stichvorlagen des 16. Jahrhunderts basierten, angefertigt, um in repräsentativer Form die diplomatische Tätigkeit des Adeligen zu dokumentieren, die umgehend mit dem Posten des Landeshauptmannes von Oberösterreich sowie mit der Aufnahme in den Reichsgrafenstand belohnt wurde[15].

Auch die flämischen und italienischen Kunstimporte nach Spanien erfolgten im 17. Jahrhundert meist über die niederländische Statthalterei und die spanischen Botschafter in Rom sowie die Vizekönige in Neapel[16]. So erwarb der Sekretär Miguel de Olivares in Brüssel Werke von Rubens sowie Van Dyck, und zahlreiche Gemälde von Jusepe de Ribera oder Luca Giordano gelangten durch Vermittlung der Vizekönige nach Spanien und in den Besitz Philipps IV.[17]. Don Manuel de Moura y Corte Real Marqués de Castel Rodrigo, 1630–40 Botschafter beim Heiligen Stuhl (sowie von 1641–44 in Wien und ausschließend Vorgänger Erzherzog Leopold Wilhelms als Statthalter der Niederlande), beauftragte nicht nur Borromini und Duquesnoy in eigenem Interesse, sondern vermittelte auch den Zyklus römischer Historien sowie Landschaftsgemälde von Poussin und Lorrain für den königlichen Palast *Buen Retiro* in Madrid[18]. Don Gaspar de Haro y Guzmán Marqués del Carpio y Liche Duque de Olivares, der von 1677 bis 1682 als spanischer Botschafter in Rom und anschließend bis zu seinem Tode 1687 als Vizekönig in Neapel wirkte (Abb. 30), erwarb insgesamt 1800 Gemälde sowie zahlreiche Antiken (teilweise aus dem Nachlass des Kardinals Camillo Massimi) und vergab Aufträge an Carlo Maratta, Paolo de Matteis und Luca Giordano. Außerdem war er langjähriger Arbeitgeber des jungen Johann Bernhard Fischer (von Erlach)[19].

Eine ähnliche Dynamik entfaltete zur gleichen Zeit im Osten des Reiches Kardinal Friedrich von Hessen-Darmstadt (Abb. 31), der 1635 auf seiner Kavaliersreise in Rom unter Beihilfe der Kardinäle Francesco Barberini und Maurizio von Savoyen sowie des kaiserlichen Gesandten Savelli nicht zuletzt aus finanziellen Gründen zum katholischen Glauben konvertiert war. 1666 wurde der Landgraf vom Kaiser zum Kardinalprotektor des Reiches ernannt, fiel aber wegen Zollvergehen und Glücksspiel unter Clemens X. in Ungnade, sodass er schon 1671 in das Fürstbistum Breslau/Wrocław ‚weggelobt' werden sollte. Er verzögerte jedoch seine Abreise aus Rom. Erst als er 1674 auf die Einschränkung der diplomatischen Zollprivilegien mit einer Schimpfrede gegen den Papst und dessen Nepoten reagierte, musste er Rom im März 1676 endgültig verlassen[20]. Friedrich von Hessen-Darmstadt hatte jedoch seine „ästhetischen Ansprüche und seine künstleri-

29. Hans Ludwig Freiherr von Kuefstein als kaiserlicher Großbotschafter in Istanbul während der Audienz bei Sultan Murad IV. am 3. Dezember 1628, Gouache von Franz Hörmann oder Hans Gemminger; Perchtoldsdorf, Osmanenmuseum

schen Gewohnheiten" im Kreis der Barberini sowie der Königin Christina von Schweden und in direktem Kontakt mit Bernini, Borromini und Algardi geschult[21]. Dementsprechend hat der Landgraf nicht einmal ein Jahr nach der Abschiedsaudienz des jungen Grafen Lamberg bei seinem Aufenthalt in Wien 1676 offensichtlich versucht, den Kaiser durch das Geschenk eines römischen Prunkschrankes des päpstlichen Hoftischlers Jakob Hermann/Giacomo Erman zu besänftigen. Die von Carlo Maratta, Guillaume Courtois/Guglielmo Cortese und Pietro del Pò gemalten Darstellungen aus dem Leben des Kaisers Konstantin sowie die Ansichten der römischen Hauptkirchen (Abb. 32) sollten dem Wiener Hof wohl ebenso einen Eindruck von der politischen Rolle des Kardinals wie von der Kunstfertigkeit in der Hauptstadt der Christenheit liefern[22]. Eine deutliche Botschaft wollte Friedrich sichtlich auch mit der 1680–86 in Breslau errichteten Elisabethkapelle vermitteln, da er diese als stilistisch einheitliches ‚Importstück' von Künstlern aus dem Umkreis Berninis wie Giacomo Scianzi, Ercole Ferrata und Domenico Guidi errichten ließ[23] (Abb. 31). Der schwedische Hofarchitekt Nicodemus Tessin, der Guidi 1687 in dessen römischem Atelier besuchte, hielt diesen nicht nur „vor der beste in seiner wissenschafft, so heut zu tage in Rom ist", sondern sah dort auch die fast vollendete Stifterfigur des Fürstbischofs: „vor dem Card: Landgrafen von Hessen hatte er auch dass epitafium (so zu Breslau soll kommen) in seiner werckstadt meist fertig stehen; der Card: wahr kniendt vorgestellt undt unten neben beij wahren zweij stehende Tugenden von marmor"[24].

Auch der Bischof von Königgrätz Johann Friedrich von Waldstein lebte lieber in Rom als in seiner böhmischen Diözese. Zum Umkreis der Königin Christina von Schweden und des Athanasius Kircher gehörend beschäftigte der junge Prälat seit 1667 den Burgunder Jean Baptiste Mathey als Maler und Kunstagenten. Als Waldstein 1675 zum Erzbischof von Prag ernannt wurde und dorthin übersiedeln musste, brachte er auch seinen Hofkünstler mit, der schon im nächsten Jahr architektonische Projekte in Angriff nahm. So präsentiert der Umbau des erzbischöflichen Palais „den Typ der römischen Palastfassade des Hochbarocks" in Prag, und Mattheys Neubau der Ordenskirche der böhmi-

30. Don Gaspar de Haro y Guzmán Marqués del Carpio, spanischer Botschafter in Rom und Vizekönig von Neapel, Schabkunstblatt von Arnold van Westerhout, um 1682; Madrid, Biblioteca Nacional

schen Kreuzherren vom roten Stern „stellt die Summe der architektonischen Prinzipien des akademischen, römischen Hochbarocks des dritten Viertels des 17. Jahrhunderts dar"[25]. Diese direkte Verpflanzung eines römischen Modells in den Norden war auch Graf Lamberg bewusst, als er 1694 die sechs Jahre vorher vollendete Kirche besichtigte (Abb. 231).

Zumindest für die kleineren deutschen Fürstentümer erfüllte Wien im dritten Viertel des 17. Jahrhunderts ebenfalls die Funktion einer ‚Kulturhauptstadt'. Als der Herzog von Sachsen-Weimar 1660 eine Abordnung nach Wien entsandte, erhielt diese ausdrücklich den Auftrag, die neuesten Bauten, Gärten sowie Sammlungen der Stadt zu visitieren und nach geeigneten Künstlern für ihren Fürsten Ausschau zu halten: In der entsprechenden Instruktion für den herzoglichen Gesandten und Kanzler Rudolf Wilhelm Krauße heißt es, er habe in Wien „zu besehen, was an der keyser[lichen] burg [...] des ertzherzogs schatz- und kunstcammern [...] [dem] neuen keyser[lichen] lustgarten [...], auch was sonst notabel sein mag" und darüber zu berichten. Observiert werden sollte jedoch auch die Mode am Wiener Hof und nicht zuletzt jene der stilprägenden ausländischen Botschafter. Krauße sollte nämlich mitteilen, „was vor trachten am keyser[lichen] hofe üblich. Ob sie meist spanisch oder frantzösisch und allenfalß einen abriß der vornembsten trachten machen zu lassen, sonderlich der spanischen und frantzösischen ambassadeurs"[26].

rechte Seite:
31. Kardinal Friedrich von Hessen-Darmstadt, Grabmalsskulptur von Domenico Guidi, 1687; Wroclaw/Breslau, Elisabethkapelle des Domes

Besonders ausgeprägt nutzte Graf Ferdinand Bonaventura von Harrach, der kaiserliche Gesandte in Madrid und Paris, seine diplomatischen Reisen für Besichtigungen und Kunstankäufe[27]. Der Adelige war nach Studien in Dôle, Brüssel, Paris und Rom in den Jahren 1656–57 zu einem der führenden Diplomaten des Wiener Hofes geworden und mit einer Cousine von Lamberg vermählt[28]. Auf dem Weg nach Madrid im Jahre 1673 wurde er schon in Salzburg vom „Herrn Erzbischof [Max Gandolf Graf Kuenburg] den Palast zu sehen herumbgeführt", begab sich mit seinem oberösterreichischen Schwager Franz Joseph Graf von Lamberg, dem Salzburger Erbtruchsess, nach Mirabell, „selbes Palazzo und Garten zu sehen", und besichtigte mit seinem Verwandten sowie seinem Gastgeber am 15. August auch Hellbrunn[29]. In Innsbruck wurde er gemeinsam mit seinem Tiroler Schwager Franz Anton von Lamberg in dem nach dem Erdbeben des Jahres 1670 von Christoph Gumpp aus Holz erbauten „Neuen Palast"[30] empfangen. In Verona absolvierte man am 31. August einen Theaterbesuch in der *Arena* gemeinsam mit dem spanischen Botschafter in Venedig (sowie später in Wien und Paris), Don Gaspar de Teves y Tello de Guzmán Marqués de la Fuente (Abb. 44), und Harrach erhielt ein Gemälde des venezianischen Malers Pietro Liberi als Geschenk eines Prälaten. In Mantua wurde der kaiserliche Botschafter im Palast seiner Verwandten eine Nacht lang beherbergt, und der Aufenthalt bei seinem Onkel Graf Alonso Gonzaga in Novellara ermöglichte die Besichtigung eines Gartens, „allwo er gar ein schönes Palacetto gebauet und mit schönen Bildern, verguldten Ra[h]men, alabasternen Statuen und marmelsteinenen Tischen eingericht, absonderlich das letzte Zimmer, so mit lauter grossen sehr schön geschnitzten und vergulten Ramen geziert. In diesem ist alzeit ein Bild (von einem gueten Mahler von Bologna gemahlet) und ein Spiegel. Hat sein gar saubere ‚Alcova', auch alles geschnitzt und verguldt, welches sehr wohl stehet und auch reich und kostlich scheinet." In Genua besuchte Graf Harrach am 12. September Kardinal Lorenzo Raggi, „welcher in einer Villa ziemlich weit vor der Stadt wohnet". Die Wartezeit bis zur Einschiffung nutzte der Wiener Aristokrat nicht nur zur Besichtigung der Stadt – u.a. die Palazzi Balbi, Tursi und Spinola – unter der Führung des Don Domenico Doria sowie zu Besuchen bei der Principessa Polissena Doria Lanti und deren Sohn Don Federico, beim englischen und venezianischen Botschafter, sondern auch zur Anfertigung eines Porträts durch

Giovanni Bernardo Carboni. Das Gemälde des im Stile van Dycks die Genueser Patrizier malenden Porträtisten war als Geschenk für Harrachs Schwiegermutter, die Gemahlin des Obersthofmeisters Lamberg (Abb. 48), gedacht.

Am 29. Oktober traf der kaiserliche Botschafter in Madrid ein, wo jedoch der Palast, *"wo alle kaiserlichen Botschafter gewohnet haben"*, noch von seinem Vorgänger Franz Eusebius Graf von Pötting belegt war. Dafür erwarb Graf Harrach Möbel aus dem Besitz des auf seine Abschiedsaudienz wartenden französischen Botschafters. Neben seinen dienstlichen Pflichten – darunter die Überbringung der Geschenke des Wiener Hofes (Familienporträts, vergoldete Harnische und Tische sowie eine Uhr), Audienzen bei der Königin in der *"'Galeria' der 'Contrefait'"* des Alcázar[31] oder Unterredungen mit Mitarbeitern des spanischen Botschafters in Rom, Kardinal Nidhard (Abb. 71), fand Graf Harrach auch Zeit für Besichtigungen und Einkäufe. Nach einer Jagd mit dem König im *Buen Retiro* besuchte der Botschafter am 13. Jänner 1674 die *Casa del Campo* mit dem Reiterdenkmal Philipps III., *"so sehr schön ist. Stehet auf einem 'piedestallo' von Marbstein ohne einige 'inscription'. Und sagt man, ein Großherzog von Florenz hätte sie hierher geschickt. […] Die Austheilung des Garten bestehet in bloßen Pluemenbettl oder 'parterre', wie man es in Frankreich nennet, hat ziemlich gute Gang, mit sehr hohen und großen Baumen."*

Am 7. Februar wurde Graf Harrach von Francisco de Moura y Corte Real Marqués del Castel Rodrigo, dem früheren Vizekönig in Neapel (1657–61) und Statthalter der Niederlande (1664–68), in dessen Landsitz Florida empfangen[32]. Der Sohn des ehemaligen königlichen Botschafters in Rom und Wien hatte offensichtlich nicht nur die politischen und finanziellen Möglichkeiten, sondern auch die Kunstbegeisterung von seinem Vater geerbt: *"Er bauet noch stets an diesem Haus und Garten, so sehr schön zuegericht und mobiliert ist, hat 5 oder 6 Zimmer nacheinander mit niderländischen Tapezereyen und Bilder, auf die lezt ein 'Alcova' und zwei Zimmer, so wegen vier großen doppelten Thüren mit venedischen Gläsern und großen geschnitzten Ra[h]men vor eins scheinen. In diesen Zimmern hat er niederländische Gemähl mit verguldten Ra[h]men, marbsteinerne Tisch mit geschnitzten vergulden Fueßen, hülzerne verguldt und versilberte Mohren, so silberne Tazen tragen, Sessel und 'Portiren' von rotem Samet mit seidenen guldenen Franzen. Von diesem Zimmer sihet man noch ein große 'filada' von Zimmern hinein, in denen ich aber nit gewesen. […] Dieser Garten und Haus ligt an dem Rio Mançanares, also dass in Sommer er von seinen Zimmern aus den ganzen 'passeo' sehen kann."* Am 4. Mai folgte ein weiterer Besuch in diesem Gartenpalast des spanischen Aristokraten. Diesmal empfand der kaiserliche Botschafter die niederländischen Tapisserien der ersten Zimmer als *"mittelmäßig"*, sah aber ein *"großes Stuck von eben solcher Arbeit mit seinem Stammenbaum, welches gar wohl steht"*, während ihm die Gemälde *"nit sonderlich gefallen, und obwolen sie mir eines von Van Deick und andere von Rubens gewisen, so hab ich doch daran gezweiflet. […] Zu End dieses Parterre ist ein Grotte, so gar wol gemachet und inwendig den 'Monte Parnasso' repraesentiret, die gar hübsch mit falleten Wasser und allerlei Spritzwerk gemacht ist. An dieser Mauer herumb und auf zwei Stiegen, wo man in den andern Garten gehet, seind gar marmelsteinene Statuen, wie sie zu Massa neben Genua gemacht werden."*[33]

Am 10. März fuhr Graf Harrach in Kaufabsicht zur *"Almoneda"* (= Abverkauf) des Botschafters der Republik Lucca, *"so außer etlicher Bilder nichts rechts hat. Ich habe befohlen umb vier zu handlen, als eins von Andrea del Sarto, und drei von Titian. Weiß nit, ob wir uns vergleichen werden."* Am 16. Mai besichtigte der Wiener Adelige die Gemäldegalerie des *Almirante*, die ihm hochwertiger als jene des Kaisers erschien. Denn er hat dort *"Gemähl gesehen, welche gar schön seind von denen besten Meistern und in großer Menge, also dass mich gedunket, des Kaisers Galeria von dem Erzherzog Leopold gleiche diesen nit in der Menge der gueten Bilder. Was ich gar absonderlich beobachtet, ist, dass er ein Stuck von Michael Angelo Buona Rota hat, welches er sehr estimirt, indeme dieser Mahler das meiste nur 'al fresco' auf die Mauer gemahlt; einen gar kleines 'Contrafait' eines Cardinal von Titian, auf welche Weis er nit pfleget zu mahlen. Sonsten hat er die Zimmer gar wol abgetheilet, eines mit lauter Stuken von Titian, ein anderes von Tintoret, eines von Van Dyck, eines von Rubens, (in welchem zwei Baurenstuck mit Landschaft und kleinen Figuren, so gar galant), ein anders von Spagnolet, so sie hier Don Joseph de Ribera nennen, eines von Bassan, ein Cabinet von lauter kleinen Stucken von Breugl, dann andere Zimmer von unterschidlichen, als Raphael, Paul Veronese, Palma, und leztlich ein Zimmer von lauter Gemahl unterschiedlichen spanischen Mahlern, als Mudo, Velasco*[34], *Ca[r]reña und dergleichen. Die Ra[h]men von den Bildern seind unterschidlich, teils schwarz mit einer verguldten Leisten, theils ganz verguldt. […] Die ganze Läng des Garten lasst er Schupfen oder gewölber machen in Form einer 'Galeria', auf selben eine 'Terasse' mit feinen 'Palustren' und Statuen. Ist aber*

noch nit fertig. Oben auf einer kleinen Anhöhe hat er ein ‚Eremitorio' gebauet, unten ein Capellel mit der Sacristey, oben des Eremiten Wohnung, und noch höher etliche Zimmer vor sich, von dannen man auf allen Seiten gar weit und schön aussehen kann. Der Garten und Haus lieget ‚al Pardo viejo'. […] Des Almirante Secretario zeigete mir alles und vier Pages giengen mit, die den ‚rinfresco' darnach brachten."[35] Tatsächlich besaß der Admiral von Kastilien Don Juan Gaspar Alonso Enríquez de Cabrera Duque de Medina y Ríoseco nicht nur eine der damals bedeutendsten Gemäldesammlungen Spaniens, sondern präsentierte diese in seiner *Casa* auch nach Themen und Malern geordnet. Neben den Raffael, Tintoretto oder Rubens gewidmeten Räumen gab es bemerkenswerterweise schon einen den bedeutendsten spanischen Meistern gewidmeten Saal, in dem sich u.a. der bekannte *Traum des Ritters* von Antonio de Pereda befand. Ein Teil der bereits vom Vater Juan Alfonso Enríquez de Cabrera während seiner Tätigkeit als Vizekönig von Neapel und Botschafter in Rom erworbenen Sammlung kam übrigens 1719 durch Verkauf an Kaiser Karl VI. nach Wien[36]. Zweifellos nahm Graf Harrach von diesem Besuch die Anregung mit nach Hause, die Bilder einer Galerie nach nationalen Schulen bzw. Künstlern anzuordnen, und wohl auch das Bewusstsein von einer eigenständigen spanischen Malerei, die den Kern seiner eigenen Sammlung bilden sollte[37].

Der Marqués del Carpio y Liche, der Harrach am 15. April 1674 von seiner bevorstehenden Abreise als königlicher Botschafter nach Rom (Abb. 30) informierte, hatte auch damals schon ein Interesse an der Malerei, aber offensichtlich noch nicht die Mittel, zum Ankauf erstklassiger Werke bzw. Originale, wie der Wiener Adelige beim Besuch von dessen *Casa de la Huerta de San Joaquín* am 4. März feststellen konnte[38]: *„Habe ein kleines Häusel, so der Ms. De Liche ein halbe Stund von hier hat, gesehen, so gar herzig ist. Das Gebäu ist inwendig ‚al fresco' gemahlen, die Böden [= Plafonds] hat ein Walscher [= Italiener] D. Dionisio N.*[39] *gemahlen, so mich aber nit sonderlich guet geduncket. An denen Mauern herumb seind des Marques eigene Bilder von Titian, Raphael und anderen mit Oelfarben copiert und die Ra[h]men schwarz und teils verguldt. Diese seint von unterschidlichen Meistern gemahlet als Carafa und andern, so sich hier befunden."*[40]

Nachdem der kaiserliche Botschafter schon am 8. Februar die *Armeria Real* besucht und dort vor allem eine Feldsänfte Karls V. sowie zwei japani-

32. Prunkschrank von Jakob Hermann mit Szenen aus dem Leben Kaiser Konstantins von Carlo Maratta u.a., um 1668, Geschenk des Kardinals Friedrich von Hessen-Darmstadt an Leopold I., 1676; Wien, Kunsthistorisches Museum, KK Inv.-Nr. 3395

rechte Seite: 34. König Karl II. von Spanien als Souverän des Ordens vom Goldenen Vlies, Gemälde von Juan Carreño de Miranda, Abschiedsgeschenk an den Botschafter Harrach, 1677; Rohrau, Graf Harrach'sche Familiengalerie

sche Schuppenrüstungen bewundert hatte[41], bot sich ihm offensichtlich erst am 3. Mai die Gelegenheit zu einer ausführlichen Besichtigung der königlichen Residenz (Abb. 33) – dafür unter der sachkundigen Führung des königlichen Hofmalers Juan Carreño de Miranda: *„Haben mich durch die Kapellen geführt, in welcher ein gar schöne Tapezerei von denen ‚Apocalipsen' meinem Erachten nach aufgemacht ware, als dann führete man mich in ein Zimmer, in welchem etliche Spiegel und schreibtisch waren [Salón de los Espejos], von dannen in großen Saal [Salón Dorado], in deme die schöne Tapezerei die ‚empresa' des afrikanischen Kriegs, wie Carlos V. die Goleta und Tunisis einnahme, representirendt aufgemacht ist*[42]. *Von da kamen wir in unterschidliche Zimmer voll mit schönen Gemahlen von denen vornehmbsten Mahlern in der Meng, von Statuen ist gar wenig, und die da, sein allein Copien von denen walschen. Unter welchen ich beobachtet den Flues Nilo, welches ein gar ligend Statuen ist, auf welcher viel Knaben herumkriechen, die die unterschidlichen Armen selben Fluß bedeuten; ein halber Leeb [= Löwe] an einer Mauer mehr als Löwengröße, dann den Hercules und Flora, wie sie in dem Farnesischen Palazzo zu Rom sein, in Riesengröß; die Statue, wo ein Knab ihme den Dorn aus dem Fues ziehet. Von Gemahlen ist eine solche Menge, absonderlich aber von Titiano, daß nit alles zu beobachten oder zu merken möglich gewest. Habe da eine ‚Invention' gesehen, welche sie sagen, sei von dem verstorbenen König gewest. Da, wo die Correspondenz eines Gemahl gegen den anderen wegen Mangel des Orts nit hat sein können, hat er ein guetes Gemahl halben Theil copiren und die Ram auch halben Theil sezen lassen bis an die Mauer und damit zu verstehen geben wollen, der andere halbe Theil seie hinter der Mauer. […] So viel habe ich vor diesmal darvon beobachtet, der kön. Kammermahler Careno hat mir alles gezeigt und herumb geführt."*[43] Graf Harrach beobachtete also auch im Alcázar die Art der Gemäldepräsentation ganz genau, und deutete nicht nur die Tunis-Serie, sondern auch die gleichfalls von Wilhelm Pannemaker um 1550 für den Madrider Hof angefertigten Tapisserien der Apokalypse richtig[44]. Der kaiserliche Botschafter lag auch bei der Einschätzung der antiken Skulpturen nicht falsch, handelte es sich bei den Madrider Statuen des *Dornausziehers* sowie des *Herakles* und der *Flora Farnese* doch um Kopien, die Velázquez von seiner zweiten Romreise (1649–51) mitgebracht hatte[45].

Harrachs Interesse für die Malerei war in Madrid wohl allgemein bekannt, weshalb der Botschafter nicht nur von der lothringischen Landsmannschaft mit Jusepe Riberas *Immaculata* beschenkt wurde, sondern zum Abschied 1676 von den spanischen Majestäten die großformatigen Porträts von Carreño erhielt, Karl II. im Vliesornat (Abb. 34) und dessen Mutter Maria Anna, die dem Österreicher vom Hofmaler persönlich überreicht wurden[46].

Im Jänner 1674 erfuhr der kaiserliche Botschafter in Madrid davon, dass Kaiser Leopold I. aufgrund des Krieges mit Ludwig XIV. *„zu mehrerem Abbruch des Feinds alle französische Waaren in dero Erbkönigreichen und Landen verbieten lassen"*[47].

33. Alcázar in Madrid, Federzeichnung von Wolf Wilhelm Prämer, um 1675; Wien, ÖNB, Sammlung von Handschriften und alten Drucken Cod. ser. nova. 365, fol. 219

rechte Seite: 35. Ferdinand Bonaventura Graf von Harrach, kaiserlicher Botschafter und Vetter Lambergs, Gemälde von Hyacinthe Rigaud, 1698; Rohrau, Graf Harrach'sche Familiengalerie

Dennoch oder gerade deshalb bildete die diplomatische Tätigkeit seit dem späten 17. Jahrhundert auch eine der wichtigsten Möglichkeiten für den Import französischer Güter nach Mitteleuropa[48]. Das Einfuhrverbot für Waren aus dem Land des Kriegsgegners wurde durch ein kaiserliches Patent von 1689 erneuert[49], während die mit Frankreich gegen die Habsburger verbündeten Höfe ihre Frankophilie deutlich demonstrierten[50].

Umso bemerkenswerter scheint es, dass sich der kaiserliche Gesandte Graf Kaunitz schon 1692 von Hyacinthe Rigaud in Paris porträtieren ließ[51]. Seinem Beispiel folgte 1698 Graf Harrach (Abb. 35), der auf der Heimreise von seiner letzten Mission in Spanien in Paris Station machte und darüber in seinem Tagebuch berichtet: *„Mittwoch den 5 Nov. in deme mich die meinigen öfters gefragt haben mich mahlen zu lassen, damit mein contrefait zur gedechtnuß in hauß verbleibe, habe ich mich endtlich resolvirt undt heundt vormittag den Rigaud, welcher vor etlichen monathen den könig sehr wohl getrofen, zu sitzen; bin von halbe 10 Uhr biß 1 bey ihme gewesen, undt will, ich solle noch 2 mahl kommen. Der Bergeret*[52] *war alda, mit deme undt ihme mahler ich alleweil reden müssen, damit ich nit so ‚serieuse mine' mache. Alß wir da waren, liesse sich einer vor des Rom. König mahler anfragen, den er auf Nachmittag bestellte; ich liesse aber fragen, das es ein gewisser Schwedt nahmens Rüchter [= David Richter d. Ä.] ware, der vor etlichen Jahren des Rom. Königs ‚contrefait' machte"*[53]. Am 8. und 12. November folgten vier weitere mehrstündige Sitzungen, denn Rigaud war bestrebt, *„nit allein ein gleichendes sondern auch künstliches 'contrefait' zu machen."*[54]

Der Diplomat war am 27. Oktober 1698 in Paris eingetroffen und wurde während seines bis 17. November dauernden Aufenthaltes in der französischen Hauptstadt mehrfach von seinem jüngsten Sohn und seinem Neffen begleitet, die damals auf Kavalierstour in Paris weilten. Bei ersterem handelte es sich um den späteren Hofkriegsratspräsidenten Johann Joseph Philipp von Harrach, beim zweiten um Johann Adam von Lamberg, den später wegen Entführung der Prinzessin Liechtenstein bekannt gewordenen Schwager unseres Botschafters. Neben Besichtigungen der königlichen Residenzen (Tuilerien, Versailles, St. Cloud, Marly, Fontainebleau) standen vor allem Besuche französischer Adeliger und ausländischer Botschafter sowie deutscher Kavaliersstudenten auf dem Programm. Zum Abschied wurde der österreichische Adelige von Kardinal César d'Estrée mit dem *„Dictionaire de l'Academie 2 tom: on folio"*, dem 1694 erstmals aufgelegten offiziellen Wörterbuch der französischen Sprache, beschenkt. Nur zwei Jahre später sollte der Bischof von Laon in Rom einer der Kollegen Lambergs werden, und auf der Heimreise nach Wien machte Graf Harrach in Regensburg auch bei letzterem Station (siehe unten S. 266).

Hauptzweck des Harrachschen Aufenthaltes in Paris scheint der Einkauf gewesen zu sein und zwar traditionsgemäß Luxusprodukte des Pariser Kunstgewerbes, der Textilfabrikation sowie der Wagenbaukunst. Es wurde aber auch Personal angeheuert. Am 30. Oktober begab sich Graf Harrach zum Kaufmann Gautier, *„allerley Zeig zu sehen, mein Gemahlin, Dochter, undt mich auf des Röm. Königs Hochzeit zu kleiden; seindt die Menge von gar schönen und reichen Brocadthen, deren ich etl. auf die Seute legen lassen, umb zu Hauß recht außzusuchen. Von dannen bin ich gefahren, meinen Wagen zu sehen, der noch nit gar fertig, aber in 8 Tagen kann gelifert werden; ist schön undt scheinet, er werde guet gehen, vermeine ihn zu kaufen. Zu Mittag haben wir ein Koch Dominique genandt probirt, der will mit mir nach Teutschlandt komen, hat uns gar wohl zu essen geben"*. Am nächsten Tag wählte Ferdinand Bonaventura für seine Gemahlin *„ein brocat von goldt mit schwarz, undt eines von goldt und bleu vor meine dochter Rosa, so schön undt reich, aber auch teyer; vor mich habe ich zween [?] genomen, undt auch auf die beede Frauenkleider die Spiz[en] von goldt außgesucht"*. Am selben Tag boten auch ein Tapezierer und ein Juwelier ihre Waren an, während ein anderer Händler *„etl. Kleine hundt ‚Spagneuls' […] so gar schön aber teuer waren"*, vorführte.

Am 1. November ließ der *Concierge* von Maurice Godefroy de la Tour d'Auvergne Duc de Bouillon ausrichten, dass *„Madame la Duchesse [= Maria Anna Mancini, die jüngere Schwester der eingangs genannten, Lamberg verunglimpfenden Romanheldin] umb 12 Uhr nit zu Hauß sein werde, wann wir den ‚Hotel' sehen wollen, als sein wir hin. Der Eingang und Stigen seindt ganz schlecht, klein undt eng, ingleichen das erste Zimmer, wo die Leuth od. Laqey warten, undt nur mit grob gemahlenen ‚lambris' od. Tafelwerck gemacht. Gleich darauf ist der Duchesse Zimer mit der ‚alcove' undt auf beeden seüten 2 ‚cabinet', ein schönes beth von grunen Goldstuckh, undt solchen Franzen, schlechte Sessel, undt ein marmelsteinerner Tisch, ein ord[ina]ri Tapezerey mit weiß undt vergolt ‚lambris' eingefast, einen grossen Spiegel von etl. Stuken ober dem ‚Camin'"*. Zum Glück gab es dann aber doch noch ein paar schö-

ne Öfen sowie die Sommerwohnung mit Damastwandbespannung, etlichen schönen Gemälden und „Indianisch gemahltes Zeug" (also asiatische Papiertapeten) zu sehen.

Am Allerseelentag hat Graf Harrach „allerley Kupferstich geschaut" – vielleicht schon zur Vorbereitung auf ein ‚Fachgespräch' am 10. November. Damals hat der Botschafter nämlich mit dem Architekten Pierre Cottart den Bau seines Wiener Palastes besprochen und Pläne für ein Gartengebäude in Bruck an der Leitha bestellt: „habe einen gewissen ‚architect', M. Cotart genandt, holen lassen, der mir einen riß oder ‚dessein' uber das gartengebau zu Pruk gemacht, mit deme habe ich drüber ‚discurrirt', undt ihme auch den plan meines hauß zu Wien gezeigt, mit disem den abendt zuegebracht"[55]. Französische oder vielmehr französisch beschriftete Pläne einer Spiegelgalerie samt Kabinett aus den 1690er Jahren haben sich jedenfalls im Harrach-Archiv erhalten[56].

Lambergs Waldviertler Gutsnachbar Philipp Ludwig Wenzel Graf von Sinzendorf, der erstmals 1699–1701 als kaiserlicher Gesandter in Versailles gewirkt hatte[57], ließ sich 1728 anlässlich der Friedensverhandlungen in Soissons ebenfalls von Rigaud porträtieren[58]. Außerdem nutzte der Diplomat einen seiner Aufenthalte in Paris, um sich mit Robert de Cotte über die Planung seines Schlosses Šidlochovice/ Seelowitz zu beraten. Im Nachlass des Hofarchitekten Ludwigs XV. haben sich vier Pläne für dieses seit 1714 in Sinzendorfs Besitz befindliche mährische Gut erhalten, deren Umsetzung jedoch nur zum Teil erfolgte[59]. Dennoch ist die Planung von Seelowitz ein seltenes Beispiel für eine ‚moderne' Cour d'honneur-Anlage nach französischem Muster, die nur „durch das direkte Eingreifen des französischen Architekten" und aufgrund der Biographie des Bauherrn sowie seinen „direkten Kontakten zu Paris erklärbar wird"[60].

Auch Fürst Joseph Wenzel von Liechtenstein vergab als kaiserlicher Botschafter in Frankreich 1737–41 zahlreiche Aufträge. Zum Einzug bestellte er fünf Prunkkarossen, darunter den noch erhaltenen *Goldenen Wagen*, der von Nicolas Pineau entworfen und vom königlichen Hofbildhauer Jacques-Louis Herpin sowie einem Maler aus dem Atelier von François Boucher dekoriert wurde[61]. 1740 ließ sich der Botschafter von dem inzwischen einundachtzigjährigen Rigaud zweimal porträtieren[62].

Porträtaufträge von mehreren kaiserlichen Botschaftern erhielt auch der für den niederländischen Statthalter und englischen König Wilhelm III. von Oranien und für den Kurfürsten von Hannover tätige niederländische Bildhauer Jan Blommendael[63]. Er lieferte nicht nur eine Büste von Johann Cramprich von Cronefeld für dessen Grabkapelle in der nach dem Bombardement durch französische Truppen im Jahre 1688 wieder aufgebauten Liebfrauenkirche zu Koblenz, sondern schuf auch ein Porträt des zu Friedensverhandlungen in Holland weilenden Grafen Kaunitz (Abb. 36)[64]. Auch Graf Franz Anton Berka bestellte als kaiserlicher Gesandter in Den Haag ein „conterfeytsel" im Wert von 400 Gulden bei diesem Bildhauer[65]. Diese Porträtbüste hat sich in der von Johann Lucas von Hildebrandt ab 1699 errichteten Familiengruftkirche in Deutsch-Gabel/ Jablonné v Podještědí erhalten. Graf Berka nutzte seinen Auslandsaufenthalt aber vermutlich auch für Ankäufe holländischer Gemälde (Willem van Mieris, Maerten Stoop, Adriaen van der Cabel etc.) und widmete dem Bau und der Ausstattung seiner Hauskapelle in Den Haag besondere Aufmerksamkeit[66], umso mehr als diese Gesandtenkapellen die mehrfach umstrittenen Refugien katholischer Frömmigkeit in einem protestantischen Umfeld bildeten[67].

Die kaiserlichen Diplomaten waren aber nicht nur als Vertreter ihres Herrschers und in ihrem eigenen Namen als Kunstmäzene und Einkäufer tätig, sondern mehrfach auch für befreundete

36. Reichsvizekanzler Dominik Andreas Graf von Kaunitz, Freund und Vorgesetzter Lambergs, Marmorbüste von Jan Bloemmendael, um 1698; Slavkov u Brne, Staatliches Schloss

oder vorgesetzte Aristokraten. Schon 1695 erwarb der kaiserliche Rat und Resident in Hamburg Christian Graf von Egk und Hungersbach Luxustextilien im Wert von 1500 Gulden beim französischen Händler Jacob Pelchton (?) für die Gattin des damals in Regensburg tätigen Grafen Lamberg (Abb. 37)[68]. Zu den Dienstpflichten des von 1705–11 in London den Kaiser vertretenden Gesandten Graf Gallas[69] gehörte es auch, englische Türschlösser, Silberbesteck und -geschirr nach Zeichnungen des Amsterdamers Daniel Marot, dem Sohn des Architekturlehrers von Lamberg, sowie asiatisches Porzellan für Prinz Eugen von Savoyen zu erwerben und nach Wien transportieren zu lassen. Der Prinz und andere Minister des Wiener Hofes bedienten sich aber auch der kaiserlichen Diplomaten in Paris, Georg Wilhelm Freiherr von Hohendorf, und in Den Haag, Freiherr Arnold von Heems, zum Ankauf von Kunstwerken und Büchern sowie zu Verhandlungen mit Künstlern und Kunsthandwerkern[70]. Der oben genannte Graf Sinzendorf war als kaiserlicher Vertreter bei den Friedensverhandlungen in Den Haag im Jahre 1709 offensichtlich auch Vermittler zwischen dem Duke of Marlborough und dem flämischen Teppichweber Jodocus de Vos für die Tapisserien von Blenheim Castle im Wert von nicht weniger als 34.000 Gulden[71].

Doch auch damals verlief der Kunsttransport nicht einseitig. Der mit einer Nichte des Prinzen Eugen verheiratete Gustav Adolf Graf von Gotter, 1720 gothaischer Gesandter in Wien und 1732 preußischer Minister am Kaiserhof, ließ sich vermutlich vom kaiserlichen Kammermaler Martin van Meytens porträtieren und erwarb vielleicht auch 411 Gemälde aus dessen Besitz, die er aber umgehend 1736 an den Herzog von Württemberg weiter verkaufte[72]. Und der Verkauf der Gemäldegalerie des Prinzen Eugen in den Jahren 1737–41 wurde über den sardischen Gesandten am Kaiserhof Graf Gerolamo Luigi Malabaila di Canale abgewickelt[73]. All das waren jedoch nur Nebenfunktionen der Diplomaten als Kulturattachés *avant la lettre*. Es gilt jedoch auch jene Kunstförderung zu berücksichtigen, die eine Fortsetzung der Politik mit anderen Mitteln darstellt.

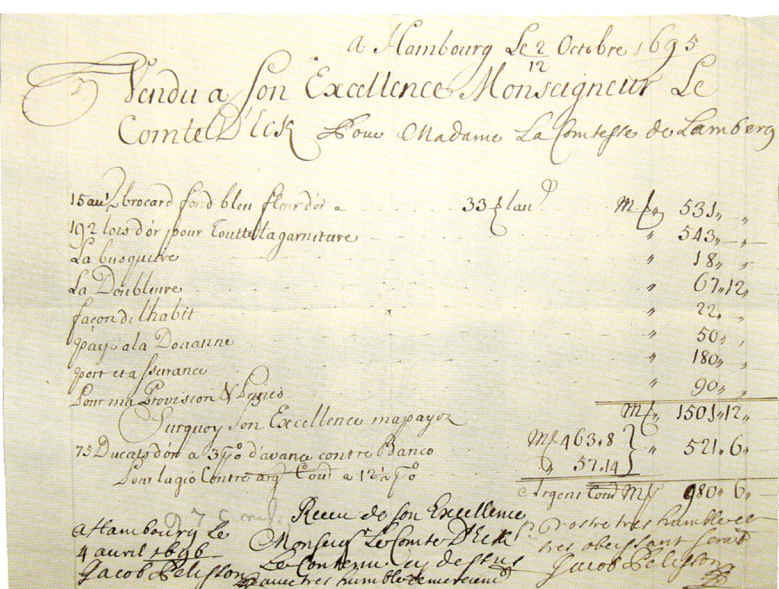

37. Rechnung von Jacob Pelchton (?) an den kaiserlichen Residenten in Hamburg über französische Brokatstoffe für die Gräfin Lamberg, 1695; St. Pölten, NÖLA Lamberg-Archiv, Kart. 268

Diplomatische Geschenke und kunstvolle Bestechung

Der diplomatische Austausch von Geschenken[74] war vor allem im osteuropäisch-asiatischen Raum auch in der Frühen Neuzeit eine Angelegenheit, die über die symbolische Bedeutung weit hinausging und den Charakter von Tributzahlungen annehmen konnte[75]. Dies gilt teilweise auch für die osmanisch-kaiserlichen Großbotschaften des 16. und 17. Jahrhunderts, bei denen der Austausch wertvoller Geschenke eine besondere Rolle spielte und daher öffentlich zelebriert wurde. Schon beim offiziellen Einzug des türkischen Pascha in Wien wurden die für den Wiener Hof bestimmten Pferde, Zelte und weitere Geschenke präsentiert. Auf dem Weg zur Antrittsaudienz des osmanischen Gesandten in der Hofburg wurden die Gaben 1665 ebenfalls den Zuschauern vor Augen geführt: „*Den Anfang des Zuges bildeten acht Wagen, auf denen acht mit Goldfäden und bunter Seide durchwirkte Wandteppiche für den Thronsaal lagen. Dann folgte ein prunkvolles Einmastzelt, welches man auf elf Wagen aufgeladen und mit der Innenseite nach außen gekehrt hatte, so dass seine buntschillernden und golddurchwirkten Ornamente recht zur Geltung kamen. Beiderseits davon ritten stattliche Ağa, alle in Zobelpelzen, und schritten die prächtig gekleideten Sattelknechte, die Speisenträger und die Zeltknechte mit dem Zeltmeister. Danach kamen drei Pferde, jedes von reinster Rasse und edelstem Stammbaum. Das erste war mit juwelengeziertem und diamantgeschmücktem Sattel und ebensolchem Reitzeug sowie mit Streitkolben und Krummdolch ausgerüstet und trug eine allenthalben mit Gold bestickte und mit Juwelen besetzte çarkab-*

Schabracke mit Yakhaarquasten, ferner einen sechsteiligen, mit Edelsteinen besetzten Flankenschutz und auf dem Kopf einen diamantglitzernden Reiherbusch. Links und rechts von ihm schritten Handpferdführer aus dem großherrlichen Marstall in ihren roten Jacken, angeführt vom Oberstallmeister. Das zweite Pferd, das Handpferd zu diesem ersten, war ein feuriger Fuchs, geschmückt mit einer Schabracke aus schwerem Brokat. Das dritte, ein sanftes arabisches Vollblut mit juwelenverziertem Sattel, diamantbesetzten Steigbügeln, war für die Mutter des Kaisers bestimmt und wurde von Oberstallwärtern geführt. Dann folgten zwanzig Stück schwere Prunkschärpen, in schöner Ordnung jeweils von einem prächtigen Aǧa hoch zu Roß auf den Händen dahergetragen. Nach ihnen kamen zehn Ballen von Turbanmusselin der feinsten Sorten, und danach zehn Okka Rosenwasseraloe. Darauf folgte ich geringer mit zehn Kugeln purer Ambra, die in ein goldgesticktes Tragetuch eingeschlagen waren, und mir zur Seite der Oberstkämmerer mit zehn Beuteln Moschus aus Hotan. Nach uns kam Hüseyin Aǧa, der Hauspräfekt des Paschas, mit einem großherrlichen Reiherbusch, und neben ihm ritt der Oberkämmerer mit einem juwelenbesetzten Streitkolben."[76]

Umgekehrt wurden der Sultan sowie seine Verwandten und Minister vom Wiener Hof mit den Erzeugnissen der Luxusindustrie aus Augsburg oder sogar Amsterdam beschenkt[77] (Abb. 38). 1699 wurde die Liste der Geschenke – darunter Tische, Guéridons, Kaffeegeschirr und Uhren – sogar im Druck veröffentlicht. Beim prunkvollen Zug durch die Stadt wurde der kaiserliche Botschafter von mehreren jungen Adeligen begleitet, die ebenso wie er offensichtlich mit echten ungarischen Kostümen und Waffen als Zeichen der Königswürde der Habsburger, ausgestattet waren: *„Fünffzehen hohe Standes=Personen und Cavallieri/ 3. und 3. in einem Glied/ wie folgt: In dem ersten zur Rechten/ Hr. Graf von Kollonitz/ zu der lincken Hand/ Hr. Graf von Breuner/ und in der Mitte deß Hn. Groß=Bottschaffters Herr Sohn/ Herr Dominicus Graf zu Oettingen/ welcher die weisse Leib=Standart vorführete/ so von einem reichen ‚Trap d'Argent'/ auff deren einer Seithen unser Lieben Frauen Bild zu Alt=Oettingen: auff der andern aber der doppelte Adler/ und in dessen Mitte das Hungarisch=Böheimbisch= und Oesterreichische Wappen/ alles zusammen auff das reichste von Gold und Silber gesticket ware. In dem anderten Glied/ Hr. Graf von Dietrichstein/ Hr. Graf von der Lippe/ und Hr. Graf von Wettby. In dem Dritten/ Hr. Graf von Sprinzenstein/ Hr. Graf Ludwig von Sinzendorf/ und Hr. Graf von Thun. In dem Vierdten/ Hr. Graf Sauer von Anckenstein/ Hr. Graf von Kuffstein/ und Hr. Graf von Nostitz. In dem fünfften Glied/ Hr. Graf Adolph zur Lincken/ und zur Rechten/ Hr. Graf Carl Ludwig/ beyde Herren von Sinzendorff/ in der Mitte aber/ als an dem fürnehmsten Orth/ Ihro Durchl. Hr. Adolph August/ Hertzog von Holstein=Plöen/ alle mit Sammeten/ Scharlach=rothen und Zobel verbrämten Hauben/ in allerhand färbigen Sammeten Ober= und sehr reichen Gold= und Silberstuckenen Unter=Röcken bekleidet/ deren Pferde alle mit Türkisch= und Spanischen Sätteln und Zeug überauß prächtig auffgeschmücket waren. Ihro Excell. der Hr. Groß=Bottschaffter zu Pferd allein/ auff dem Haubt habend eine hochroth=Sammete/ mit schönem Zobel gebrämbte Türckis. Hauben/ darauff ein groß= und breiter schwartzer Raigerbusch/ an welchem ein sehr kostbahres Kleinod/ mit Rubin und Diamanten besetzet/ dessen Ober=Rock von einem der reichsten Goldstücken/ mit roth gantz rar erhobenen Blumen/ durch und durch aber mit dem allerkostbaresten Zobel gefüttert/ und der Unter=Rock von einem geblümten puren Goldstuck ware. Auff der Seithen hatten Sie einen schönen Türckischen Säbel von Gold/ auch dick mit Rubin/ schmaragd und Diamanten besetzet. Seine Excell. ritten auff einen sehr schönen und zierlichen Rappen/ mit einer auff das reichist gestickten Türckischen Decken/ dessen Pferd=Zeug ware von purem Gold/ mit Rubin besetzet/ an dessen Sattel ware zur Rechten ein grosser Pusican mit Türckes/ und auff der lincken Seithen ein Pallasch in einer Schildkrottenen Scheiden/ so alles gantz prächtig/ und reich anzusehen gewesen."*[78]

Augsburger Gold- und Silberwaren dienten in der zweiten Hälfte des 17. Jahrhunderts sowohl den schwedischen und polnischen Königen als auch

38. Der Gesandte Kaiser Rudolfs II. überbringt Sultan Murad III. 1585 eine riesige Prunkuhr, Kupferstich von Georg Andreas Wolfgang nach Johann Andreas Thelott in „Neu-eröffnete ottomannische Pforte", Augsburg 1694; Wien, Universitätsbibliothek

dem Kaiser als diplomatische Geschenke für den Moskauer Hof. Um Russland zu einer antitürkischen Allianz zu überreden, sandte Kaiser Leopold I. etwa 1684 an die Zaren Ivan und Peter Alexejewič eine Schauplatte von Lorenz I. Biller, die den Kaiser gemeinsam mit Jan Sobieski, Max Emanuel u.a. beim Triumph über die Osmanen zeigte (Abb. 39), sowie zwei Vasen mit Adlern von Abraham II. Drentwett und zwei Kaminböcke in Form eines Indianerpaares[79].

Die exotischen Raritäten aus den asiatischen Reichen und den amerikanischen Kolonien spielten hingegen seit dem 16. Jahrhundert eine besondere Rolle im innerhöfischen Geschenkverkehr der Spanier und Portugiesen, aber auch der Großherzöge der Toskana[80]. Als 1695 mit Fürst Charles Joseph Procope de Ligne Marquis d'Aronches erstmals in diesem Jahrhundert ein eigener portugiesischer Botschafter an den Kaiserhof entsandt wurde (Abb. 212), brachte dieser der Kaiserin entsprechende Geschenke von ihrer Schwester auf dem portugiesischen Thron, „welche in vielen kostbaren Ost=Indischen Stücken bestunden/ worunter viel von Zaram [in Persien]/ einige Silber=Geschirr von Diou so emaillirt/ einige Stücke Stoff von Lo aus China Violbraun mit güldnen Blumen/ eine grosse Zahl Bezoar=Stein/ wie auch andere rare und nützliche Steine/ einen Rosen=Krantz von Calambaco [in Mexiko] aus Gold=Draht/ an dessen Ende ein Edelgestein hieng/ so man Meer=Thränen nennt/ und um mit Diamanten und Rubinen umsetzt/ 2 Cabinet aus Aquila/ eine grosse ,Quantität' Rauch=Werck aus Cachunde."[81]

Parallel dazu versuchten auch kleinere europäische Staaten im Bereich der diplomatischen Geschenkkonkurrenz mit besonderen Erzeugnissen ihrer Länder zu prunken. Die Herzoge von Burgund bedienten sich schon im 14. Jahrhundert der Künste ihrer Teppichweber im europäischen Geschenkverkehr; so erhielt 1387 etwa Herzog Leopold IV. von Österreich eine Tapisserienserie der sagenhaften Reise Karls des Großen nach Jerusalem und Konstantinopel von seinem Schwiegervater zu seiner Hochzeit überreicht. Diese Tradition wurde von den flämischen Städten und den habsburgischen Regenten der Niederlande bis ins 18. Jahrhundert fortgeführt[82].

Die Kurfürsten von Brandenburg nutzen hingegen ihr Monopol für den Bernstein aus der Ostsee sowie dessen Verarbeitung in Danzig oder Königsberg. 1678 sandte der *Große Kurfürst* Kaiser Leopold I. einen prunkvollen Thron aus diesem Material und ließ nur zwei Jahre später Ludwig

39. Schauplatte mit einer Darstellung von Kaiser Leopold I. als Sieger über die Osmanen, vergoldete Silberarbeit von Lorenz I. Biller, Geschenk des Kaisers an die russischen Zaren, um 1683–84; Moskau, Staatliche Rüstkammer des Kreml

XIV. einen Spiegelrahmen aus Bernstein überreichen[83]. Die beiden Bernsteingeschenke stehen in direktem politischen Bezug zueinander, verraten sie doch den damals stattfindenden Allianzwechsel des Kurfürsten vom Kaiser zu Frankreich. Diesen zu verhindern galt der erste diplomatische Auftrag von Johann Philipp von Lamberg (Abb. 52). Der Cousin von Leopold Joseph konnte jedoch trotz zweijährigen Aufenthaltes in Berlin keinen Erfolg erreichen, und noch vor seiner Abreise im Februar 1682 erneuerte Kurfürst Friedrich Wilhelm den 1679 mit Ludwig XIV. geschlossenen Geheimvertrag[84].

Das rare und daher wertvolle Porzellan aus China und Japan wurde zunächst von den importierenden Mächten gezielt verschenkt; später galt dies auch für die europäische Produktion. Zuerst Meißner Porzellan und dann auch Produkte der Wiener oder Berliner Manufaktur dienten als beliebte diplomatische Geschenke vor allem für den russischen Hof[85].

Ein besonders wertvolles und ungewöhnliches Geschenk bildeten zwei nach Entwürfen von Antonio Beduzzi prunkvoll geschnitzte und vergoldete Coupéwagen im Wert von etwa 140.000 Gulden, die Kaiser Karl VI. im Jahr 1728 im Gefolge von Allianzverträgen seinem Neffen Zar Peter II. durch den kaiserlichen Botschafter Franz Karl Wratislaw Graf von Mitrowitz nach Moskau überbringen ließ[86].

Innerhalb Europas wurde der hohe – und nach dem Rang der Empfänger klar abgestufte – materielle Wert der diplomatischen Geschenke (Goldschmiedearbeiten, Pferde, Pelze etc.) jedoch zunehmend durch symbolische Gaben oder Kunstwerke ersetzt, deren Funktion und Wert in den Botschaftstrakten des 17. Jahrhunderts ausführlich diskutiert wurde[87]. Mit der wachsenden Wertschätzung der barocken Malerei wurde diese in den 1620er Jahren als ebenso überzeugendes wie korrumpierendes ‚Schmiermittel' der internationalen Diplomatie etabliert. Es spricht einiges dafür, dass die Habsburger einen nicht unwesentlichen Anteil daran hatten. Bereits Philipp II. und Rudolph II. nutzten ihre Machtposition, um Gemälde von Künstlern wie Dürer als mehr oder weniger freiwillige ‚diplomatische Geschenke' zu erhalten, und 1605 wurde in einer Instruktion für die Florentiner Gesandten an den Madrider Hof der Einsatz künstlerischer Sendungen als Erfolg versprechendes Mittel genannt[88].

Schon 1614 übermittelte Kardinal Borghese durch den französischen Botschafter ein Gemäldegeschenk an die Königin von Frankreich. In den 1620er Jahren schlug der Botschafter von Mantua, Gustavo Giustiniani di Priandi, dem Herzog vor, der Königin und Kardinal Richelieu Bilder zu schenken, um den Titel *Altezza* zu erhalten. 1625 offerierte Kardinallegat Francesco Barberini Maria de' Medici Gemälde von Domenichino und von Albani. 1629 überbrachte Kardinallegat Bernardino Spada der französischen Königin ein Gemälde von Reni, das ursprünglich für den spanischen König bestimmt war. Die Barberini beschenkten 1633/34 auch den französischen Gesandten und Marschall Charles de Blanchefort Marquis de Créquy Duc des Lésdiguires mit Bildern. Auf diese Weise haben die italienischen Diplomaten ganz wesentlich zur Ausbildung eines Grundstockes an italienischer Malerei in Frankreich beigetragen[89].

Mit den diplomatischen Missionen der habsburgischen Hofmaler Peter Paul Rubens an die Höfe von Madrid und London (1628–30) sowie Diego Velázquez nach Rom (1629–30 und 1649–51) erreichte diese ‚Kunst-Diplomatie' des 17. Jahrhunderts einen ersten Höhepunkt, und sie fand in Rubens' *Allegorie des Friedens* ihren künstlerischen Ausdruck[90]. Parallel und teilweise sogar gemeinsam mit Rubens wirkte ein weiterer Maler-Diplomat zwischen London, Brüssel und Madrid: Sir Balthazar Gerbier[91].

Kunsthistorisch ebenso folgenreich war der Kunstaustausch im Zusammenhang mit den Hoffnungen des englischen Kardinalprotektors Francesco Barberini auf eine Konversion der Königin Henrietta Maria in den Jahren 1635/36: Während Bildnisse Urbans VIII. Barberini und seines Staatssekretärs sowie die Büste Karls I. von Bernini nach England reisten, kam das Bildnis der englischen Königin, das ebenso wie die Bildvorlage des Bildhauers von Anthonis van Dyck stammte, in den Palazzo Barberini[92].

Die Ikonographie der geschenkten Gemälde oder Tapisserien wurde meist nicht dem Zufall überlassen[93]. So vermutet man, dass Papst Urban VIII. durch seinen Kardinalstaatssekretär zwei Versionen des Gemäldes *Zerstörung des Tempels von Jerusalem durch Titus* von Nicolas Poussin als Geschenke an den französischen Botschafter Créquy für Kardinal Richelieu bzw. an den kaiserlichen Gesandten Johann Anton Fürst von Eggenberg (siehe unten S. 50) für Kaiser Ferdinand III. überreichen ließ, um die beiden damals einander bekriegenden katholischen Herrscher an das abschreckende Beispiel der Plünderung eines Heiligtums zu erinnern[94]. Tatsächlich wurde die Wiener Version des Bildes am 1. Jänner 1639 dem kaiserlichen Botschafter überreicht[95] (Abb. 40).

Den kuriosen Höhepunkt dieser Entwicklung bildete der Versuch des britischen Botschafters Alexander Stanhope den in Osnabrück geborenen Maler John Closterman 1698 nach Madrid zu berufen, um ihn als Spion an den Hof der deutschen Königin Maria Anna von Pfalz-Neuburg einschleusen zu können[96]. 1702 befand sich der Maler übrigens in Rom, um Gemälde für den Herzog von Marlborough zu erwerben[97].

Im 18. Jahrhundert hat man die Praxis diplomatischer Kunstgeschenke fortgeführt. So hat etwa Kardinal Ottoboni als neuer Kardinalprotektor Frankreichs Ludwig XIV. im Jahre 1709 eine antike Apollostatue und 1729 König Ludwig XV. eine Prachtausgabe der Beschreibung des in Rom zur Geburt des Dauphin abgehaltenen Festes übermittelt. Über Vermittlung des mit Lamberg bekannten römischen Residenten der Medici und Wittelsbacher, Graf Antonio Maria Fede, erhielt Kurfürst Johann Wilhelm von der Pfalz von Ottoboni die antike Statue der *Trunkenen Alten* geschenkt[98].

Repräsentative Konkurrenz und Bilderkriege

Wie sehr das höfische Geschenkwesen um 1700 bereits vor den kritischen Augen einer gesamteuropäischen Öffentlichkeit abgewickelt wurde, belegen die umfangreichen Aufzeichnungen des Berliner Zeremoniärs Johann von Besser[99] sowie zahlreiche Einträge im Tagebuch unseres Diplo-

maten. Als Gesandter in Regensburg registrierte Graf Lamberg etwa 1692 Abschiedsgeschenke des schwedischen Hofes an Friederike Amalie von Dänemark, die verwandte Herzogin von Schleswig-Holstein-Gottorf: *„Die Hertzogin v. Hollstein ist nach Gottdorf von hier abgereist und vom König [Karl XI. von Schweden,] mit einem golden Zeug [=Tafelgarnitur], so 10.000 Duggaten in gewücht, beschenckht worden; ingleichen von beyden Koniginen [Hedwig Eleonora von Schleswig-Holstein-Gottorf; Ulrike Eleonore von Dänemark], von einer mit grossen Spiegeln und Christallenen ‚Cornichen' – die ‚Ornament' von purem Gold; von der anderen ein kostbahres diamantenes ‚Bracelet' und andere Sachen mehr."* 1694 notierte Lamberg sorgfältig, mit welchen Geschenken der Salzburger Fürsterzbischof Johann Ernst Graf von Thun (Abb. 239) die durchreisende Kaiserschwester Eleonore, polnische Königinwitwe und Herzogin von Lothringen, bedachte: *„Der Erzbischoff hat sie beschenckhet mit einem sehr kostbahren silbernen Caminzeug, dem älteren Prinzen einen Degen von Diamant, den anderen einen diamantenen Stockh und den 3ten einen silbernen Nachtzeug. Die Königin hat dem Erzbischoff verehret ein diamantes Kreutz, so die 7[=Sieben]bürger ihrem Gemahel seel. dem Hertzog v. Lothringen presentirt."*[100]

Noch stärker als Regensburg und Wien bildete jedoch Rom mit dem päpstlichen Hof den traditionellen Schnitt- und Sammelpunkt der internationalen Diplomatie, wo die Gesandten der einzelnen Länder nicht nur mit den römischen Kardinälen und Adeligen, sondern in öffentliche Konkurrenz mit allen anderen europäischen Mächten, aber auch Abordnungen aus Persien, Siam, Japan und Kongo traten. Dabei kristallisierten sich nicht nur einige immer wiederkehrende Anlässe – vor allem Botschaftereinzüge, Krönungen, Geburten von Thronfolgern und Trauergerüste (Abb. 327) – heraus, sondern auch bevorzugte öffentliche Festplätze. So feierten die Spanier vor ihrer Botschaft auf der nach ihrem Land be-

40. Die Zerstörung des Tempels von Jerusalem durch Titus, Ölgemälde von Nicolas Poussin, Geschenk des Kardinalnepoten Francesco Barberini an Kaiser Ferdinand III. bzw. den kaiserlichen Gesandten von Eggenberg, 1638/39; Wien, Kunsthistorisches Museum, Inv. GG 1556

nannten Piazza di Spagna (Abb. 41) und die Franzosen auf der Piazza Navona; die Trauergerüste wurden in den jeweiligen National- bzw. Titularkirchen errichtet[101]. Festdekorationen und Feuerwerke zu Ehren der Kaiser wurden meist vor dem Collegio Germanico auf der Piazza di Sant' Apollinare oder vor der spanischen Botschaft aufgebaut[102]. So fand das Feuerwerk anlässlich der Krönung Ferdinands II. 1619 vor dem Kolleg statt, die Krönung Ferdinands III. wurde 1637 auf der Piazza di Spagna mit einem von Claude Lorrain festgehaltenen Feuerwerk[103] (Abb. 356) und vom Kardinalprotektor Maurizio von Savoyen vor dem Palazzo Orsini gefeiert. 1654 gab es Festlichkeiten vor dem Palazzo des Kardinalprotektors Girolamo Colonna auf der Piazza dei SS. Apostoli, auf der Piazza di S. Apollinare, auf der Piazza Navona sowie ein von Carlo Rainaldi für Kardinal Giangiacomo Teodoro Trivulzio vor der spanischen Botschaft veranstaltetes Feuerwerk. Die Krönungsfeiern für Leopold I. wurden gleichfalls vor dem Palazzo Colonna und dem Palazzo di Spagna abgehalten. Die Eroberung von Budapest hat man 1686 hingegen mit einem Feuerwerksgerüst von dem Cortona-Schüler Ciro Ferri auf der Piazza della Pace gefeiert[104], also bei der deutschen Nationalkirche.

Auch der Sieg des Markgrafen Ludwig Wilhelm von Baden (Abb. 57) über die osmanische Armee im Jahre 1691 (bei dem Lambergs Schwager fiel) wurde in Rom mit Festlichkeiten des Papstes und des kaiserlichen Botschafters gewürdigt, wie Leopold Joseph von Lamberg am 30. September in seinem Regensburger Tagebuch notierte: *„Es kam ein Currier an H. Bottschaffter mit des Groß Veziers Standard, so seiner Heyl[igkeit] presentirt worden. Hat denselben verehret St. Peterskirchen, so denselben empfangen mit Pracht und Andacht. [...] Der kaysl. Pottschaffter hat grosse ‚Illumination', Feuerwerck, Weinrinnen und dergleichen wegen dieser erhaltenen ‚Victorié' angestöllt; hat grosse Allmosen austheilen lassen. Sontag abendts ist die völlige ‚Artiglieria' auf dem Castel [S. Angelo] gelöset worden, wie auch montags bei dem ‚Te Deum'. Der Papst solle aus Freuden geweinet haben. Ganz Rom hat mit ‚Mascheren' und Freudenbezeugungen diese ‚Victorie' also ‚celebrirt', als wie Wien ist entsötzet worden. In allen Gassen ist des Groß Türckh oder Groß Veziers Bildnus geschnitzter oder gemahlter gewesen, und mit Feuerwerck der Abend angekündet worden. Alle Cardinal haben ihre ‚Palazza [!] illuminirt' wie auch die Franzosen. Den 16. hat der kaysl. Pottschaffter in der teutschen Kirchen all'Anima [Abb. 379] das ‚Te Deum' halten lassen. Wider die vorigen Solleniteten begannen, und mittags ein ‚Banchet' von 40 Persohnen angestöllet."*[105]

Nicht nur diese Festivitäten, sondern auch die Besuche außerordentlicher Gesandter wurden in Rom mit großer Sorgfalt beobachtet und häufig in mehr oder weniger ausführlichen Druckwerken für die Abwesenden und die Nachwelt festgehalten. Dies gilt schon für den Besuch des kaiserlichen Obedienzgesandten Fürst Johann Anton von Eggenberg, Herzog zu Krumau, im Jahre 1638, der über den eigentlichen Anlass – der päpstlichen Kaiserkrönung bzw. die Anerkennung ersetzende Obedienzerweisung – hinaus zu einem politisch besonders sensiblen Zeitpunkt während des Dreißigjährigen Krieges eine Verbesserung der Beziehungen zwischen dem neuen Kaiser Ferdinand III. und Papst Urban VIII. Barberini bewirken sollte. Zwar blieb der politische Erfolg gering, und selbst der feierliche Einzug sowie die päpstliche Audienz mussten aufgrund von Missverständnissen bzw. zeremoniellen Streitigkeiten wiederholt werden. Aber Kardinalstaatssekretär Francesco Barberini in der *Cancelleria* auf der einen, und der Kardinalprotektor des Reiches Maurizio von Savoyen, der mit der Kaiserin verwandte kaiserliche Botschafter Scipione Gonzaga Duca di Bozzolo, der kaiserliche Resident Msgr. Cornelius Heinrich Mottmann im Palazzo Madama sowie der spanische Botschafter Castel Rodrigo auf der anderen Seite zogen ebenso wie Eggenberg alle Register, um der römischen Gesellschaft den Rang des Kaisers vorzuführen. Zahlreiche Berichte in italienischer und deutscher Sprache verstärkten den Propagandaeffekt. Diese Ereignisse können in mehrfacher Hinsicht als beispielhaft für die weitere Entwicklung gelten, erreichte ja auch der politische Einsatz der Künste in Rom gerade unter den Barberini einen neuen Höhepunkt[106].

Einem dieser Berichte verdanken wir die Beschreibung der Festdekoration am Palazzo Ceri bei der Fontana di Trevi, den Fürst Eggenberg damals bewohnte. Demzufolge war *„deß Herzogs di Ceri Pallast/[...] von aussen vom Dach an biß hinab mit gar schönen Gemählen und Gedichten gezieret/ die alle nach Geometrischer ‚proportion' gestellt und abgetheilt gewesen/ durch die Kunst des berühmbten Künstlers und Mahlers Joan Francisco Grimaldi von Bologna. Die erste Uberschrifft mitten in der ‚facciata' nahe beym Creutz war diese mit gar grossen sichtbarlichen Buchstaben: [...] ‚Das Hauß von Oesterreich hat sich auff ewig gar vest gegründet mit unsterblichen Thaten/ und beständigen Schutz des Catholischen Glaubens. So viel dieses Haus Krieg geführet/ so viel Sieg und Triumph hat es erhalten'."*

Die beiden Embleme an der Seite priesen die große Ausdehnung des habsburgischen Reiches, in dem die Sonne nie untergehen würde. „Folgents auff einer Seiten der mitten ‚Facciata' wurden gesehen in zimlicher größ/ Ihr Heyl: Urbani VIII. Wappen/ auff der andern/ das ist zur linken Ihr May: deß Kaysers/ auff den seiten und rand allerley Figuren/ von Triumpffen und Tropheen. In der mitten der Perspectiv/ auff einem sehr grossen Blat/ waren Ihr Röm: Käy: May: lebendig abgemahlet/ sitzend in einem Triumph Wagen/ welchen mit vier schönen frischen Pferden/ führet die ‚Fama' mit zween Trompeten/ und die ‚Victoria' mit Palmzweigen und Coronen/ unter dem Wagen lagen die Rebellen deß Hauß von Oesterreich zerknirschet und zerschmettert: oben diesem Gemähl stunden diese guldene Buchstaben: ‚Numquam digniori'. Das ist: Keiner ist jemals würdiger gewesen. [...] Ober den 4 Fenstern der ‚Facciata' wurden gesehen 4 Brustbilder der Keyser Alberti II., Maximilian II., Caroli V., Matthiae. Darunter folgten neben den vergulden Seulen vier gar meisterlicher gemahlene grosse Bilder dieser 4 Tugenden/ als der Andacht/ oder ‚pietet', gottesforcht oder Religion/ der ‚Justiti' oder Gerechtigkeit/ und der Stärck oder ‚Fortidudinis'. Endlich stund die Porten reich und köstlich gezieret/ auff dieser waren zwen grosse vergulde Engel/ hielten Ihr Fürstl. Gn. deß Keyserl. Abgesandten Wappen von Farben und Gold künstlich außgestrichen. Beyderseyten der Porten waren in acht zunemen zwey grosse gemahleene stuck/ darinnen zusehen gewesen Ihr Röm. Kay. Majest. zwen namhaffte Triumph/ als die bezwingung der Stadt Regenspurg und im andern die Schlacht und ‚Victori' vor Nördlingen." Weitere Embleme basierten auf

41. Fest vor der spanischen Botschaft auf der Piazza di Spagna in Rom, Ölgemälde von Willem Reuter, 1662 (?); Wien, Gemäldegalerie der Akademie der bildenden Künste Inv. 585 (aus der Slg. Lamberg-Sprinzenstein)

dem Eggenbergischen Wappen, und außerdem waren *„mit einer Poetischen Invention"* die Flüsse Tiber (mit der Wölfin samt den Zwillingen) und Donau sowie das Motto *„'Imperium sine fine mihi'. Mein Reich hat kein Ende"* zu sehen[107]. Der Schöpfer der Eggenbergischen Dekorationen, der Bologneser Giovanni Francesco Grimaldi, war tatsächlich einer der renommiertesten ‚Politkünstler' seiner Zeit, da er nicht nur Fresken in den Palästen Santacroce (Abb. 469), Borghese und Madama (Abb. 285) sowie in der Villa Benedetta (Abb. 84) und der deutschen Nationalkirche schuf, sondern auch für Papst Alexander VII. im Quirinal und für Kardinal Mazarin in Paris arbeitete[108].

Vielleicht noch wichtiger als eine kunstvolle Fassadendekoration war aber der materielle Prunk der Residenz des Botschafters, die allgemein besichtigt und in ihrem Wert als dem Rang des Fürsten entsprechend eingeschätzt wurde: *„Entzwischen blieben die Teutsche Cavallir in den Zimmern und Gängen deß Pallast/ und konde jedermann ungehinderter das Palatium besichtigen/ gar biß in Ihr Fürstl. Gn. innere Wohnung. Gewiß unaussprechlich war dieses Hauß zugerüstet von Gold und Silber/ der Saal unnd die Zimmer behengt mit Goldstuck/ die Thier mit gestickten ‚Portiren' und Teppichen. Erstlich war zusehen ein grosser erhöchter ‚Baldachin' für die Credentz/ mit Ihr Fürstl. Gn. Wappen gestückt/ darunter waren in guter Ordnung gestelt von Gold und Silber Handbecken/ Credentzschalen/ Becher/ und andere von bester Hand gemachte Trinckgeschier. Darnach folgeten die Zimmer mit goldstückenen Tapezereyen, gestückten Sesseln/ reich bedeckten Betthen/ klein und grossen Tischen mit Goldstückenen Teppichen. ‚Extraordinari' ist zu sehen gewesen/ Ihr. Fürstl. Gn. Zimmer behängt mit Tapezereyen von puren Gold gewürckt/ welche auff 10.000 Cronen geschätzt/ ein gleicher von Gold Baldachin/ und Portier vor der Thür. Summa, es war alles ‚proportionirt' Ihr Fürstl. Hn. Hochheit und Gemüth; dann zu geschweigen die andern grossen Außgaben bey einer so grossen Hoffstat/ wie Ihr Fürstl. Gnaden gehalten/ haben Sie allein zu Rom in das Stückwerck über 80.000 Cronen ‚spendirt' und außgeben."*[109] In Rom machte sogar das Gerücht die Runde, die Gesamtausgaben Eggenbergs für seine Mission wären so hoch gewesen wie das jährliche Einkommen eines kleinen Staates wie Dänemark oder Schottland[110].

Einen abschließenden Höhepunkt bildete das Fest zu Ehren Eggenbergs am 30. November 1638 in der spanischen Botschaft. Die Dekoration der Festtafel bestand u.a. aus einem Doppeladler aus Marzipan in ‚Lebensgröße', der von aus Butter gefertigten Sklaven begleitet wurde, Zuckerfiguren mit Wappen sowie Schweizergardisten aus Marzipan. Der triumphierende Herkules aus Stoff, ein Neptun aus Butter, eine Darstellung des Kaisers auf einem römischen Triumphwagen in Form eines ‚Schausalates' aus geschnitztem Gemüse sowie eine Personifikation der Religion aus Butter griffen zwar traditionelle politische Motive auf, erforderten aber eine besondere handwerkliche Geschicklichkeit[111].

Derartige allegorisch-heraldische Tafeldekorationen aus Zucker oder Marzipan gab es auch bei einem Festbankett für 86 Kardinäle und Prälaten von Roger Palmer Earl of Castlemaine, der von König Jakob II. von England zu Papst Innozenz XI. gesandt wurde (Abb. 27) und 1686–87 im Palazzo Pamphilj an der Piazza Navona residierte[112] (Abb. 42). Die vielleicht von Ciro Ferri für die 30 x 2,4 Meter große Tafel entworfenen Zuckerskulpturen wurden in diesem Falle in eigenen Kupferstichen publiziert; auch die nachträgliche Dokumentation bzw. Bekanntmachung der Festlichkeiten durch eine vom Hofmeister der Gesandtschaft verfasste Publikation mit zahlreichen Kupferstichen von Arnold van Westerhout bedeutete eine neue künstlerische Qualität[113].

Diese Propagandaabsicht war zweifellos Ausdruck der sich gerade in Rom verschärfenden

42. Zuckerskulptur beim Bankett des englischen Botschafters Roger Palmer Earl of Castlemaine im Palazzo Pamphilj (1685), Kupferstich von Arnold van Westerhout, 1687; Rom, Bibliotheca Hertziana

europäischen Staatenkonkurrenz, die unter Ludwig XIV. eine neue Dimension erlangt hatte. Da er offensichtlich auch in diesem Falle das spanische oder römische Modell übernehmen und übertreffen wollte, hatte der ‚Sonnenkönig' nach dem Pyrenäenfrieden seine offensive Macht- und Kulturpolitik umgehend auch auf das diplomatische Parkett übertragen[114]. Beginnend mit den seine Gegner herabsetzenden Druckgraphiken (1659) und dem Streit zwischen dem französischen und dem spanischen Gesandten (1661) in London, focht die französische Außenpolitik ihre Kämpfe mit den Nachbarn zunehmend auch auf künstlerischem und zeremoniellem Gebiet aus[115]. 1671 wurde die Ideologie der königlichen *Gloire* und der Prachtentfaltung als Mittel der Außenpolitik, um bei Fremden den Eindruck von Pracht, Macht, Reichtum und Größe („*une impression très avantageuse de magnificence, de puissance, de richesse et de grandeur*") zu vermitteln, in den *Mémoires* Ludwigs XIV. explizit formuliert[116].

Schon 1673 beklagte man daher am Wiener Hof die von Frankreich ausgelösten steigenden Repräsentationskosten, welche die Finanzierung der kaiserlichen Gesandtschaften vor zunehmende Probleme stellten, „*weil d. pracht allenthalben grösser worden, also das für iezo auch ein mehrers Spesa erfordert wird*". In einem Referat der Hofkammer für Leopold I. vom 23. Dezember 1673 wurden dafür die zwar in vier Klassen eingeteilten, aber immer nach höheren Rängen strebenden Diplomaten, vor allem jedoch das schlechte französische Vorbild verantwortlich gemacht, da „*der Agent ein Resident, dieser ein Ablegatus, unnd jener Ambasciador sein unnd einer den anderen ‚in luxu' übertreffen, auch in allen denen Franzosen nacharten wollen, mit welchen ‚Tituli' dan die ‚Intertenimenta' zugleich gewachsen*". Obwohl man zu Zeiten des Westfälischen Friedens des französischen Gesandten Henri II. d'Orléans Duc de Longeville „*übermessigen bracht und ‚Splendeur' nit wenig admirirt, [...] hat sich gleichwoll die Khs. Gesandtschaft über die Gebühr ‚in luxu' nit treiben lassen, unnd dennoch das Ihrige zu Ehren billichen nachrumb wohl ‚praestirt' unnd außgerichtet. So haben auch E[ure] K[aiserliche] Mjt. iezo umb sovil weniger Ursach sich unnd die Ihrige [Botschafter] nach dem ‚luxu' anderer Potentaten zu ‚reguliren', zumallen E.K. Mjt. von selbsten gnedigst ‚intentionirt' seind, selbigen [...] modo' abstellen unnd in dero Erbkönigreich undt Landten eine heilsame ‚Pragmatic' gnedigst einzuführen, unnd [...] verlangen, das dero Gesandte unnd Abgeordnete nach selbigen ‚modo' sich halten sollen. Es finden sich vill ‚republi-*

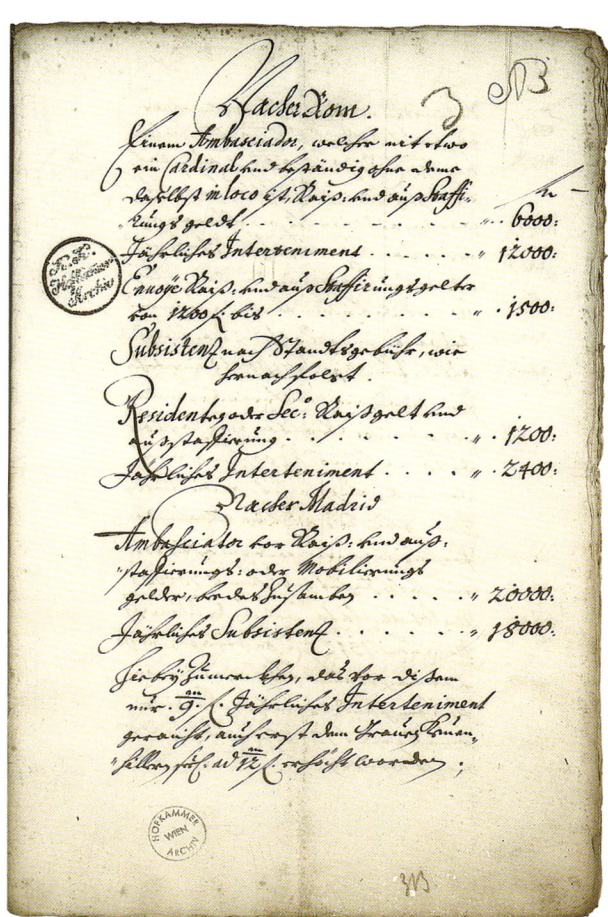

43. Spesenliste des kaiserlichen Hofes für die Botschafter in Rom und Madrid, 1673; Wien, ÖStA, Hofkammerarchiv

quen' unnd Potentaten, welche auß d. alten Ordnung sich nit treiben, noch von anderen ‚nationen' verleuthen lassen; daß aber bißhero Frankreich den ‚luxum' durch die ihrige [Botschafter] ‚domenirt', unnd damit auch andere ‚nationes' so hoch gestiegen, wird es vor ein sonderliches ‚artificium' gehalten, wormit Frankreich an ‚Comercien' unnd Paarschafft zu-, andere Königreich unnd Länder hingegen an selbigen mercklich unnd fast abgenomben."[117] Die Mitglieder der diese Beschlüsse fassenden Kommission, darunter die Fürsten Lobkowitz, Dietrichstein und Schwarzenberg sowie Lambergs Onkel Johann Maximilian und sein künftiger Schwiegervater Sprinzenstein (Abb. 10 und 48), wunderten sich also über den mit steigendem französischen Luxuskonsum einhergehenden wirtschaftlichen Aufschwung. Dennoch waren sie offensichtlich überzeugt, mit der damals festgelegten Ausgabenliste für die kaiserlichen Diplomaten (Abb. 43) das Problem gelöst zu haben, ohne die schließlich auch den Kaiser zur Teilnahme an der europäischen Statuskonkurrenz zwingende französische Absicht und die dadurch ausgelöste Dynamik vorauszusehen. Denn auf europäischer Ebene zeigte sich die gleiche Entwicklung wie innerhalb der Hofgesellschaften Roms und Wiens.

Nach der Erniedrigung Spaniens und des Papstes versuchte der französische König auch bei jeder sich bietenden Gelegenheit den zeremoniellen Vorrang des Kaisers in Frage zu stellen. Obwohl sich der Wiener Hof diesen Provokationen zu entziehen versuchte, musste Leopold I. schließlich widerwillig mit protokollarischen Neuerungen darauf reagieren. Schon 1679 wurde Graf Wenzel Ferdinand Popel von Lobkowitz als erstem kaiserlichen Diplomaten zweiten Ranges das Prädikat *„extraordinaire"* zugebilligt, damit er in München den Vorrang vor seinem französischen Rivalen behaupten konnte. 1685 verweigerte Ludwig XIV. dem kaiserlichen Residenten und späteren Kollegen Lambergs Johann Friedrich Freiherr von Sailern die bis dahin üblichen Vorrechte, da er vom Wiener Hof eine gleichwertige Behandlung des französischen Botschafters forderte. Deswegen beorderte Leopold I. den Grafen Lobkowitz als außerordentlichen Gesandten nach Paris. Dennoch verbot der ‚Sonnenkönig' auch diesem einen öffentlichen Einzug und ließ ihm beim Eintritt in den Audienzsaal nicht mehr beide Türflügel öffnen, sondern nur einen wie es bei den königlichen Botschaftern üblich war. Daraufhin versuchten auch die Engländer, Schweden sowie Dänen den kaiserlichen Botschaftern ihren Rang streitig zu machen und es war Ende des 17. Jahrhunderts eine vordringliche Aufgabe der Wiener Diplomatie, die kaiserliche *Präeminenz* zu wahren[118]. Schon 1684 formulierte der im Dienst der Familie Lamberg stehende Merkantilist Philipp Wilhelm von Hörnigk in seinem Traktat *Österreich über alles wann es nur will* die wirtschaftlichen Folgen dieser europäischen Konkurrenz in aller Deutlichkeit: *„Der Kayserliche Hof will aber gleichwohl seinen ‚esclat' haben. Ein Spott wäre es/ wann er es denen frembden Nationen im ‚lustre' nicht gleich thun sollte."*[119]

Tatsächlich stiegen die Reise- und *„Ausstaffierungsgelder"* des kaiserlichen Botschafters in Spanien von 35.000 Gulden im Jahre 1653 (Johann Maximilian von Lamberg) auf 75.000 Gulden im Jahre 1697 (Ferdinand Bonaventura von Harrach). Dennoch wurde sowohl der Einzug Harrachs als auch der seines Sohnes Alois Thomas Raimund ein Jahr später von den Zeitgenossen als *„mit dem geringsten Aufwand an Pracht oder Größe"* und vor allem im Vergleich zum Prunk des französischen Botschafters Henri Duc d'Harcourt als knausrig und der österreichischen Sache abträglich beurteilt. 1725 wurden dem kaiserlichen Feldmarschall Lothar Joseph Dominik Graf von Königsegg-Rothenfels für die Reise nach Madrid bereits 145.000 fl. zugestanden, und parallel dazu erhöhten sich die laufenden Unterhaltskosten des kaiserlichen diplomatischen Dienstes von 319.000 fl. im Jahre 1705 auf etwa eine Million Gulden im Jahre 1728. „Das Bemühen, mit der Prachtentfaltung von Gegnern und Freunden Schritt zu halten, sie nach Möglichkeit sogar zu übertreffen, war auch in der Folgezeit der wichtigste Motor für die Ausgabefreudigkeit der Wiener Diplomaten. [...] Eines der beliebtesten Argumente der Gesandten für die Erhöhung der Bezüge war der Hinweis auf das ‚kaiserliche Decorum', dem ‚armseliges' Auftreten schweren Schaden antun konnte."[120]

Diese Entwicklung folgte dem Umschwung innerhalb der Repräsentationspolitik Leopolds I., und nicht zuletzt unter dem Eindruck der Kulturoffensive des ‚Sonnenkönigs' scheint auch die bewusste Verbindung von Kunst und Diplomatie Ende des 17. Jahrhunderts am Wiener Hof eine größere Bedeutung erlangt zu haben. Denn die Aktivitäten der französischen Kulturpolitik hatten nicht nur eine Steigerung der materiellen Ansprüche zu Folge, sondern brachten auch inhaltlich eine neue, aggressivere Qualität mit sich. Die militärischen und zeremoniellen Erfolge Frankreichs wurden nämlich umgehend in künstlerischen Massenmedien wie Druckgraphik und Medaillen, aber auch in der Monumentalkunst verewigt, wobei die Sonnensymbolik eine wichtige Rolle spielte. Eine der Medaillen der *Histoire metallique* Ludwigs XIV. war etwa der Audienz des spanischen Botschafters Marqués de la Fuente am 24. März 1662 im Louvre gewidmet, bei welcher der Gesandte Philipps IV. eine Erklärung abgeben musste, dass *„hinfüro die Spanische ‚ministri publici' sich ‚in loco tertio'"*, also nach dem kaiserlichen und französischen Botschafter, reihen werden. „Als der Marchese de la Fuente im namen des Königs von Spanien obige erklärung in öffentlicher audientz gethan", ließ Ludwig XIV. den päpstlichen Nuntius, die Botschafter von Venedig, Savoyen, Schweden und Holland, die Vertreter der italienischen Fürstentümer und der Kurfürsten von Mainz, Trier, Brandenburg sowie anderer deutscher Fürstentümer als Zeugen aufmarschieren und gab die Erklärung ab, dass der spanische König allen seinen Botschaftern angeordnet habe, ihren Vorrang bei allen Gelegenheiten an die Vertreter Frankreichs abzutreten[121] (Abb. 44).

Ab 1665 entstanden in der Pariser Gobelinmanufaktur nach Entwurf von Charles Le Brun und Adam van der Meulen die Teppiche der *Histoire*

du Roy. Sie verherrlichen gleichermaßen die ersten militärischen wie zeremoniellen und kulturpolitischen Triumphe des Sonnenkönigs. Jeweils ein Teppich war der Entschuldigung des spanischen Botschafters sowie jener des päpstlichen Kardinallegaten Flavio Chigi am 29. Juli 1664 in Fontainebleau gewidmet[122]. Die zwischen 1669 und 1680 geschaffene Gesandtentreppe des Schlosses Versailles zeigte die aus allen Erdteilen zur Huldigung Ludwigs XIV. eintreffenden Gesandten sowie militärische und politische Erfolge Frankreichs[123]. Die 1673 nach einem Entwurf von Le Brun im *Salon de Mars* (!) ausgeführten allegorischen Reliefs priesen nicht nur die Vorherrschaft des Sonnenkönigs auf den Weltmeeren, sondern auch die Siege der französischen Soldaten im Devolutionskrieg gegen Spanien, Holland und das Reich. Dabei stand die scheinbare Harmlosigkeit der Amouretten im Gegensatz zur politischen Bedeutung, die die 1703 veröffentlichte Beschreibung von Jean-François Félibien auch den nicht so kundigen oder abwesenden Lesern deutlich machte: „*Und die beiden letzten [Reliefs], wo sich die Wappen des Reiches, von Spanien und von Holland treffen, drücken aus, was Seine Majestät Glorreiches gemacht hat gegen die Anstrengungen einer Liga, die diese drei Mächte so oft und so bestimmt erneuert haben. Amouretten schmücken diese Trophäen um zu zeigen, dass der König durch seine süßen und gerechten Gesetze sich selbst bei jenen, die er besiegt hat, beliebt macht.*"[124]

Diese Themen wurden in den Gemälden von Le Brun nach 1678 in der Spiegelgalerie des Schlosses noch einmal aufgegriffen und in monumentaler Form visualisiert. Von der Eingangswand mit der Allianz von Reich, Holland und Spanien (1672) spannt sich der Bogen bis zur gegenüber liegenden Seite mit der allegorischen Darstellung des Endes der Triple-Allianz durch den Holländischen Frieden (1678). Die Deckenbilder zeigen neben militärischen Siegen Ludwigs XIV. und den Gesandten aus allen Teilen der Erde abermals die diplomatischen Erfolge des Sonnenkönigs, nämlich „*Spanien akzeptiert den Vorrang von Frankreich, 1662*" und „*Wiedergutmachung des Attentates der Korsen, 1664*"[125] (Abb. 45). Um alle Unklarheiten dieser Propagandaoffensive zu beseitigen, waren die Gemälde nicht nur mit Inschriften versehen, sondern die ab 1684 im

44. *Der spanische Botschafter Marqués de la Fuente anerkennt vor Ludwig XIV. und den europäischen Gesandten den Vorrang Frankreichs (1662), Bronzerelief des Denkmals auf der Place des Victoires von Martin Van den Bogaert, gen. Desjardins, 1682–85; Paris, Musée du Louvre*

königlichen Auftrag publizierten Beschreibungen der Spiegelgalerie erläuterten auch ausführlich die politischen Hintergründe[126].

Diese Vorgangsweise blieb natürlich den verunglimpften Höfen nicht verborgen und wurde auch nicht ohne Widerspruch hingenommen[127]. Eine frühe Reaktion der habsburgischen Seite bot das für geladene Gäste und die Öffentlichkeit in gleicher Weise überlegt konzipierte Feuerwerk des mit Lamberg bekannten kaiserlichen Gesandten Johann Cramprich von Cronefeld (Abb. 207) in Den Haag[128] anlässlich eines Sieges über die Franzosen bei Trier 1675. Bei einem Festbankett für die Botschafter von Spanien, Dänemark, Kurbrandenburg, Münster und Braunschweig-Lüneburg wurde sowohl durch die Tischdekoration als auch durch ein Feuerwerk die *„Union der hohen Alliirten"* und deren Triumph veranschaulicht. Das Feuerwerk diente darüber hinaus zur Unterhaltung der Bevölkerung[129]. Schon im nächsten Jahr wurde bei einem Wiener Thesenblatt nach der Zeichnung des Hofmalers Nicolas van Hoy Ludwig XIV. mit Phaeton gleich gesetzt, der von Jupiter (= Leopold I.) für seinen Frevel und Übermut bestraft wird[130].

Dennoch dauerte es offensichtlich noch einige Zeit, bis man am Wiener Hof die französische Herausforderung auch im künstlerischen Bereich wirklich ernst nahm. Als 1682 Erzherzog Leopold Joseph geboren wurde, hat man zwar die anwesenden Botschafter zu Freudenbezeugungen aufgefordert. Aber die entsprechenden Festdekorationen hatten einen eher naiv-dilettantischen Charakter, wie der hessen-darmstädtische Gesandte Justus Eberhard Passer berichtet: *„Den 24. Maij. Heut früh ist durch die Regierung der gantzen Statt angedeutet worden, daß wegen deß Ertzherzoglichen Printzens, 3 Tag lang sollten Freudenfackeln Uffgestecket werden, welches zu bewerkstelligen sich alle beflissen haben, der H. Resident Schrimpff hat 20 Windlichter à 20 fl. vor seine Fenster kauffen lassen. Ich hab vor meine 3 Fenster lassen machen lange Gitter, darin geöhltes Papier gemacht, darauff ich schneiden lassen Uff jedes einen schwartzen Adler mit Einem Lorbeer Krantz Vmb vnd Vmb Vff beeden Seithen, darneben Zwey gelbe Löwen, alle mit aufgesetzten Cronen Vnd grünen Lorbeer Kräntzen herumb, diße von gefärbtem Papier schön ausgeschnittene Figuren in solcher größe, daß die 3 Fenster mit 3 Rahmen erfüllet worden, ließe ich Vff Rahme Pappen Vnd neben dran die Buchstaben machen: Vivat Leopoldus I., Vivat Eleonora Magdalena Theresia! [...] Den 25. Maij. Dißen Abend sind die freudenlichter abermahl angezündet vnd vivat mit jubiliren, schie-* *ßen Vnd tantzen, geschrien worden. Der Frantzösische Envoye hat auch 12 Windlichter brennen lassen, Vnd in der mitten praesentiert 1 Sonne vnd 3 lilien cum emblemate: ‚Fulget ubique'. Der Margraff von Baden hat 80 Windlichter brennen lassen."*[131]

Die von Passer offensichtlich nicht bekannte antihabsburgische ‚Spitze' der Dekoration des französischen Gesandten Bernadin Kadot Marquis de Sébeville sorgte jedoch zumindest nachträglich für Irritationen, wurde aber anscheinend erst 1686 als so skandalös empfunden, dass man im Nachhinein eine entsprechende Reaktion der Wiener darauf mit der Devise *„Sie [= die habsburgische Sonne] leuchtet überall mehr"* erfand[132]. Tatsächlich kam es gerade 1686 zu einem weiteren Höhepunkt dieses stellvertretenden Kunstkrieges im Zusammenhang mit der mehrere europäische Staaten und Gesandte tangierenden Affaire um das Standbild Ludwigs XIV. auf der Place des Victoires (Abb. 243). Das seit 1679 geplante Denkmal wurde von Martin Desjardins ausgeführt, während der für die Inschriften zuständige ehemalige römische Botschaftssekretär (!) und spätere Sekretär der Académie Française François Régnier-Desmarais vermutlich auch für die politische Konzeption mit verantwortlich war, obwohl das Monument eigentlich von François d'Aubusson Duc de La Feuillade gestiftet wurde. Die französische Vorherrschaft in Europa wurde dabei nicht nur durch die vier in Ketten liegenden Sklaven, die das Reich, Spanien, die Niederlande und Brandenburg personifizieren, verdeutlicht, sondern auch durch Reliefs mit historischen Ereignissen. Hier wurden neben den militärischen Eroberungen wieder die Anerkennung des französischen Vorranges durch Ludwigs ‚Erbfeind' Spanien (Abb. 44) und der diplomatische Erfolg gegenüber dem Papst in der Korsenaffäre verherrlicht[133]. Der außen- sowie innenpolitische Protest gegen dieses Denkmal ließ nicht lange auf sich warten, und schon einen Tag nach der Einweihung sandte der oben genannte kaiserliche Botschafter Graf Popel von Lobkowitz Zeichnungen des Monumentes und der politisch umstrittenen Reliefs an den Kaiser[134] (Abb. 46). Im selben Jahr feierte der Diplomat in Paris den Triumph des kaiserlichen Heeres über die Osmanen bei Ofen mit einem Feuerwerk, das den siegreichen Doppeladler über dem Halbmond zeigte – wohl nicht zuletzt, weil Ludwig XIV. in Versailles auch den militärischen Triumph über die Türken in der Schlacht bei St. Gotthard an der Raab im Jahr 1664 auf seine Fahnen geheftet und Lobkowitz nur auf eine Gelegenheit gewartet hatte, in Paris ein öffentliches Zeichen kaiserlicher Präsenz zu setzen[135].

Leider konnten sich bisher keine Berichte über diese beiden Ereignisse im Lamberg-Archiv finden lassen. Erhalten hat sich hingegen eine Zeitung vom Juni 1686 mit der Nachricht über das Projekt einer Königsstatue auf der Place de Belle-Cour in Lyon[136]. Spätestens 1692 wurde jedoch auch der damals in Regensburg tätige Graf Lamberg direkt mit der antifranzösischen Propaganda konfrontiert. Auf die Sonnensymbolik sowie die politische Mythologie nahm etwa ein Spottgedicht Bezug, das die vernichtende Niederlage des französischen Vizeadmirals Anne Hilarion de Costentin Comte de Tourville gegen den englischen Admiral Edward Russel Earl of Oxford nach der Seeschlacht bei Barfleur und La Hougue am 29. Mai 1692 zum Thema hatte[137]. Die Druckschrift im Lamberg-Archiv spottete über die französische *Sonnenfinsternis*, womit einerseits die Niederlage des „hochmütigen" Ludwig XIV. gemeint war, andererseits der Untergang des nach dem ‚Sonnenkönig' benannten französischen Flaggschiffes, das am 1. Juni in Brand geschossen worden war. Die *Soleil Royal* war 1669–71 erbaut worden, mit Skulpturen von Antoine Coysevox nach Jean Bérain geschmückt gewesen und konnte 1.000 Matrosen sowie 100 Kanonen aufnehmen. Der Text reagierte direkt auf die am Schlachtschiff prangende *„überhebliche Devise von Ludwig XIV. ‚NEC PLURIBUS IMPAR/ Ich bin so einzigartig über den Wolken wie es mein König in der Welt ist'. Diese zwei französischen Verse waren unterhalb der Sonne geschrieben, und rundherum las man noch diese Devise ‚TU DOMINARIS POTESTATI MARIS/ Du wirst über die Macht des Meeres herrschen'."*[138]. Seinem Regensburger Bericht vom 9. Oktober 1695 legte Graf Lamberg ein Flugblatt mit dem Titel *Begräbnis der Universalmonarchie Ludwigs XIV. durch den Tod des Marschalls von Luxembourg und durch die Eroberung von Casal und Namur* bei (Abb. 47)[139]. Der satirische Einblattdruck zeigt das Begräbnis eines von seinen Kollegen betrauerten Offiziers, nämlich des französischen Marschalls François Henri de Montmorency-Bouteville Duc de Luxembourg-Piney. Dessen Tod und die Rückeroberung der Stadt Namur in den habsburgischen Niederlanden am 1. September 1695 boten den Anlass, das Ende der *„gloire de la France"* und der französischen Hegemonialbestrebungen anzukündigen bzw. zu feiern. Die durch den Globus mit der Aufschrift *Europa* symbolisierte *Universalmonarchie* bildete das Sinnbild für die im 17. Jahrhundert wechselweise den Habsburgern und den Bourbonen unterstellten Bestrebungen zur Vorherrschaft in Europa. Der Text des Pamphlets verweist durch die fiktive Verhandlung der französischen Generalität mit dem osmanischen Großwesir auf den Vorwurf, dass Ludwig XIV. durch seine Kooperation mit Konstantinopel zum zweiten ‚Erbfeind' des Reiches geworden sei[140]. Diese beiden Beispiele zeigen, wie rasch und wie weit sich solche offiziellen oder inoffiziellen Propagandschriften bzw. Spottgedichte damals innerhalb der politischen Elite in Europa verbreiten konnten.

45. Päpstliche Entschuldigung bei Frankreich und Wiedergutmachung durch ein Schanddenkmal nach dem Korsenattentat (1664), allegorisches Deckengemälde von Charles Le Brun, um 1680; Versailles, Spiegelgalerie des Schlosses

Parallel dazu wurden die Siege der Alliierten mit großen Festlichkeiten und eindeutiger politischer Symbolik gefeiert. 1691 gab Lord William Paget Baron Beaudesert, der britische Gesandte in Wien, anlässlich eines Sieges des englisch-holländischen Heeres in Irland über die Franzosen in seiner Residenz ein Fest und ließ dafür von Johann Bernhard Fischer eine Dekoration errichten: *„Den 17. September hielt der Lord Paget, Sr. Königl. Maj. Von Engelland extraordinairer Abgesandter an dem Kayserlichen Hoff ein kostbares Festin wegen der Königl. Victorie in Irland: Vor seinem Hause sahe man eine schöne Machine, in derer Mitte das Königl. Wappen stunde mit den zu beyden Seiten stehenden gewöhnlichen Tenanten/ dem Löwen und dem Einhorn/ in Lebens-Grösse/ aus derer erstem rother und dem andern weisser Wein aus dem Munde sprangen. Uber dem Wappen war die Tapfferkeit abgebildet/ so den Löwen und den Neid unter den Füssen hatte/ auf den Händen aber Seiner Königl. Majest. Von Engeland Bildnüß in einer trefflich verguldeten Rahm eingefasset trug: Uber demselben flog die Victorie, so ihn mit einem Lorbeerkrantz kröhnete/ gegen über kniete Orpheus [recte David], und praesentierte seine Harpffe/ womit auf das Wapen von Irland gezielet ward […]. Diesem Festin wohneten die vornehmsten Ministri des Kayserl. Hofes/ ingleichen der Spanis. und unterschiedene andere Abgesandten bey"*[141]. Lamberg war auch darüber bestens informiert und vermerkte am 26. September in seinem Tagebuch, *„das Festin so der Englische gesandte Milord Paget zu Wien wegen der erhaltenen Victorien in Irland gehalten, ist hier in truckh ausgangen."*[142]

Mit besonderem Prunk erfolgte auch der festliche Einzug des portugiesischen Gesandten Charles Joseph de Ligne (Abb. 212) am 29. November 1695 in Wien, der ebenfalls ein antifranzösisches Bündnis verdeutlichen sollte: *„Der König von Portugall war nunmehro durch die Vermählung mit der Pfältzischen Prinzessin/ in eine genaue Allianz mit Oesterreich getretten/ und also mangelte nichts mehr/ als durch eine ‚solenne Ambassade' solche gemachte Anverwandtschafft öffentlich zu ‚declariren' [!]. Dieses ‚Ambassadeurs Train' bestund in 80 Personen/ 36 Pferden und 6 Carossen/ und damit er sich desto bequemer seines grossen Gefolges wegen ‚logiren' möchte/ hat er in der Vorstadt einen grossen Palast prächtig ‚meubliren' lassen/ und waren allein für den ‚Ambassadeur' 12 Zimmer in einer ‚Suite' Königl. ausgezieret. […] Den bestimmten Tag begab sich der ‚Ambassadeur' mit der völligen ‚Suite' auf ein Lust=Haus/ eine Stunde vor Wien/ nach der Art aller ‚Minister' von seinem ‚Character', wann sie diesen Tag die öffentliche Audientz haben sollen/ und von da aus erwartete den Käyserl. Obrist=Hof Marschall/ welcher ihn/ nebst allen von dem Wienerischen Adel zugeschickten Carossen/ nach Hofe führen sollte. Der erste Pracht/ so er erwies/ bestund darinnen/ daß er allem diesem Gefolg auf das prächtigste mit den kostbarsten ‚Confituren' tractirte. Um 4 Uhr setzte er sich in seine erste Carosse unter Begleitung aller seiner Leute/ und wurde auf dem Wege von dem Obrist=Hof=Marschall empfangen. Beyde ‚Minister' stiegen ab sich zu empfangen/ und setzten sich hierauf alle beyde auf den von dem Obrist=Hof=Marschall mitgebrachten Käyserl. Wagen/ vor welchen 50 Carossen/ welche ihm die ‚Ambassadeurs, Minister' und andere Grossen des Hofs entgegen geschickt/ fuhren. Nach der Käyserl. Carosse folgten 40 Laquayen des ‚Ambassadeurs', so alle in Scharlach gekleidet/ deren Rock/ West und Hosen mit 3 Finger breiten Pariser=goldnen Dressen auf das prächtigste ‚chamerirt' waren/ Strümpffe/ Band/ und Federn aber waren grün. Hierauf folgte die erste Carosse des ‚Ambassadeurs', welches die prächtigste/ so jemalen in der Welt bey dergleichen Begebenheit gesehen worden. […] Auf jeder Seite der Schläge ging ein Heyduck von Risen=Grösse/ welcher nicht weniger prächtig als die ‚Laquayen'/ doch auf seine Manier gekleidet war. Nach der ‚Carosse' folgte des ‚Ambassadeurs' Ober=Stallmeister/ welcher in Roth mit goldner ‚Point d'Espagne' überzogen/ gekleidet war/ das Pferd=Zeug war grün Sammet/ mit hochgestickter Arbeit von Gold/ Steigbügel/ Stangen und Gestelle alles von Massiv=Silber und starck verguldet. Sieben ‚Pagen' folgten zu Pferd/ welche gleichsam aus einem Model gegossen waren/ deren Zeug gleichfalls grün Sammet und Gold/ die Lieberey war der ‚Laquayen' gleich/ ohne daß man weniger Tuch unter dem Gold vorspielen sahe. Die Westen waren Carmesin=Brocad/ reich mit goldnen Blumen besetzt/ und die federn weiß/ 4 Pferd=Knechte führten hierauf 4 der trefflichsten Hand=Pferd/ deren Zeug noch viel prächtiger als alle vorige mit scharlachnen Decken/ so fast gänzlich unter goldnen und silbernen ‚Point d'Espagne' stacken/ bedeckt waren. […] Hierauf folgte die andere ‚Carosse' des ‚Ambassadeurs', diese bestund auswendig aus geschnitzten und vergoldeten Blumwerck/ welches ein rechtes Meisterstuck der vollkommensten Kunst abgab. Inwendig war sie mit figurirten Sammet auf goldnem Grunde beschlagen/ und die Gläser mit rothen damastnen Vorhängen/ worein goldne Blumen gewircket/ behangen/ alles aber reich mit goldnen Fransen belästiget. Das Eisenwerck war alles im Feuer vergoldet/ und hieran hatten die Wienerischen Künstler ihre Krafft erwiesen/ wie an der vorigen die Pariser/ 6 prächtige Pferde mit goldnem Geschirr*

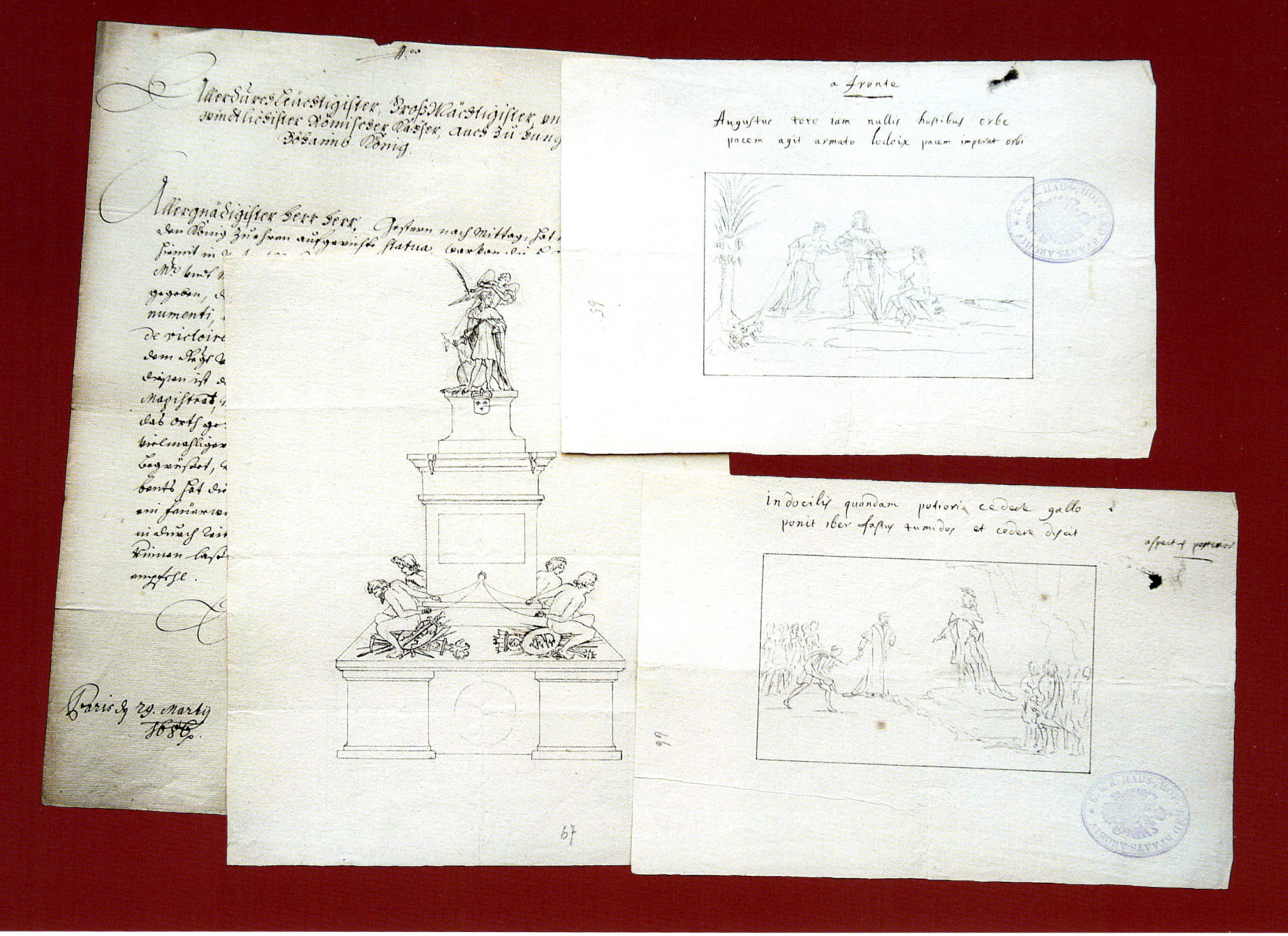

waren dafür gespannt/ und 2 Knaben auf Heydukkisch gekleidet/ giengen an beyden Schlägen. In den 2 folgenden ‚Carossen' fuhren des ‚Ambassadeurs' Edel=Leute/ welche ihren Portugiesischen Pracht in Gold und Silber sehen liessen. Die erste davon war gleichfalls in Paris gemacht/ und hatte nicht weniger Gold und Silber als die vorige beyden/ ohne daß sie aus niedrig=erhabener Arbeit bestund/ und allein mit des ‚Ambassadeurs' Wappen belegt war. Inwendig war sie mit geblümten farbigten Sammet beschlagen/ und die Fransen und Crespinen waren von gleicher Farbe Seide. Sie ward von 6 Rappen/ deren Schwärtze ein prächtiges goldnes Pferdzeug erhöhte/ gezogen. Die 4te war von schwartzem Grund mit goldnem Laubwerck/ worinne natürliche bunte Blumen/ auf das künstlichste bemahlet/ und führte des ‚Ambassadeurs' Wapen/ inwendig aber war sie mit carmesin=rothen Sammet/ und dergleichen Fransen gezieret/ 6 Lichtbraune mit weissen Mähnen und Schweiffen zogen davor/ und jeden Schlag/ wie auch der vorigen ‚Carosse', bewahrte ein in Lieberey gekleideter Heyduck. Hierauf kam des ‚Ambassadeurs' Unter=Stallmeister/ ebenfalls in Roth und Gold gekleidet/ welcher die 2 letzten ‚Carossen' die zum Dienst der Edel=Leute von der ‚Ambassade' gehören/ und gleichfalls sehr prächtig waren/ auffführte. So zog dieser Minister durch Wien / und langte in seinem in der Vorstadt liegenden Pallast wiederum an/ wo er allen denjenigen Bedienten/ die bey den gestickten ‚Carossen' waren/ aus einer nie gebräuchlichen Freygebigkeit viel Geld austheilen ließ. Der Pracht dieses Aufzugs war schon zum Voraus dergestalt beruffen/ daß sich auch das gantze Land versammlet hatte/ solchen mit anzusehen/ dannehero man auch mit genauer Noth durch die Strassen ziehen konnte."[143]

Die Allianz des Kaisers mit Portugal entstand schon in Hinblick auf die spanische Erbfolge, die durch den Tod Karls II. im Jahre 1700 endgültig aktuell wurde. Dies veranlasste den französischen Gesandten Claude-Louis-Héctor Marquis de Villars, nicht nur angesichts des am 12. Jänner 1701 in der Augustinerkirche vom Wiener Hof errichteten Trauergerüstes für den spanischen König[144] „mit einer Frantzösischen Freyheit seine ungeräumte Erklärung öffentlich darüber an den Tag zu legen", sondern er deutete auch eine habsbur-

46. Der kaiserliche Botschafter Wenzel Ferdinand Graf Popel von Lobkowitz informiert den Kaiser über das antihabsburgische Denkmal Ludwigs XIV. auf der Place des Victoires mit Zeichnungen des Denkmals und zweier Reliefs (Allegorie auf den Frieden von Nijmegen und Anerkennung des französischen Vorranges durch Spanien [Abb. 44], 1686; Wien, HHStA, StA Paris

47. Begräbnis der französischen Universalmonarchie nach dem Tod des Marschalls de Luxembourg, satirischer Einblattdruck in den Regensburger Akten Lambergs, 1695; St. Pölten, NÖLA Lamberg-Archiv, Hs. 66

gische Medaille mit der gleichen Absicht im Sinne Ludwigs XIV.: *„Eben wie er auch hernach mit einer Medaille that/ so auf Caroli III. Recht auf Spanien von einem erdacht/ nicht aber allzu genau überlegt wurde/ denn er ließ auf der einen Seite deß Ertz=Hertzogs Bild/ auf der andern, ein Schiff mit dieser Uber=Schrift prägen/ ‚Juxta Juris Solisque Viam'. Villars machte hierüber die Auslegung/ als wenn der Ertz=Hertzog kein ander Recht zu ‚praetendiren' hätte/ als welches ihm die Sonn/, das ist der König in Franckreich/ zeigen würde."*[145] Eine ungeschickte Propagandaaktion konnte also durch den Spott des Gegners auch die gegenteilige Wirkung erzielen.

1708 wurde die österreichisch-portugiesische Allianz gegen Frankreich durch die Vermählung von Erzherzogin Marianna mit König Johann V. von Portugal erneuert. Aus Anlass der Procuratrauung gab der damalige portugiesische Botschafter in Wien am 25. Juni in seiner Residenz ein Fest. Schon vor dem von Fischer von Erlach erbauten Palais Strattmann in der Bankgasse hatte Fernão Telles da Silva Conde de Vilar Mayor, *„eine mit dreyen Eingangen versehene hoche Triumph=Pforten/ welche mit unterschiedlichen zwischen grünen Verkleydungen entworffenen Statuen/ sambt dem Königl. Portugesischen wappen/ gezieret und von der Erden bis über die Dachung sich erstrecket/ aufführen lassen; zu dero beeden Seithen auß denen hierzu eigents gewidmeten Muscheln rot= und weissen Wein häuffig gesprengen; die zu denen Neben=Fenstern verordnete doppelte Chör Trompeten und Paucken liessen sich wechselweiß immerfort frölich hören/ denen das häuffig zu gelauffene Volck ein besonderes Freuden=Geschrey untermengte; als unter welches/ durch freygebige Verordnung/ auß denen Fenstern verschiedenes Gold= und Silber Geld/ so in Ducaten/ gantz, und halben Thalern bestanden/ herumb geflogen; der Anfang hierzu wurde gegen sechs Uhr Nachmittag gemacht/ und daurete bis gegen den spathen Abend; bey dessen Einbrechen der gantze Wohn= Platz von vornen sowohl/ als auch anderseits ruckwerts von unten bis oben an allen Fenstern mit doppelten Wind=Liechtern/ an dereren Außstech Leuchtern überall das Königl. Portugesische Wappen zu sehen ware/ auch inwendig der Hof beleuchtet wurde. Alle Zimmer waren auffs prächtigste eingerichtet, alles mit kostbaren Tappezereyen, Mahlereyen, Spieglen/ Hang= und Wind= Leuchtern/ auch übrige so zur Nothwendigkeit/ als Pracht dienenden Gerätschafften herrlichst versehen […]. Solche Kostbahrkeiten zusehen/ verfügte sich ein unzählbare Menge hohen Adels dahin/ und wurde solcher/ nach Stands= Würden/ mit sonderbahren Ehren empfangen/ wie dann zu beeden Seithen der Credentz […] zwey kostbahre außgezierte Neben=Zimmer sich befanden, in jedem derenselben eine grosse lange Tafel mit denen köstlichen Trachten von Zuckerwerck/ Schau=Essen/ auch andern Seltzamkeiten und all=erdencklichen Erfrischungen besetzet zu sehen ware; […]. Gegen 9 Uhr Abends wurde der anfang mit einer lieblichen Music gemacht/ und die gantze Nacht hindurch mit dem Tantzen zugebracht."*[146].

Je bedeutender der Auftraggeber, desto prunkvoller fielen natürlich auch in Wien die Festlichkeiten aus. Als Kurprinz Friedrich August II. von Sachsen anlässlich seiner Kavalierstour und für Heiratsverhandlungen mit der Kaisertochter Maria Josepha 1718 in Wien weilte, gab er zum Geburtstag Karls VI. am 1. Oktober vor seiner Residenz, dem Gartenpalais Liechtenstein (Abb. 16), eine umfangreiche Festdekoration in Auftrag, die von Carl Gustav Heraeus konzipiert und vom kaiserlichen Theaterarchitekten Ferdinando Galli-Bibiena künstlerisch geplant, aber anscheinend nicht realisiert wurde. 1739 ließ schließlich der im Palais Liechtenstein in der Herrengasse residierende französische Botschafter Charles-Pierre-Gaston-François de Lévis Duc de Mirepoix zur Feier des Friedensschlusses zwischen Bourbonen und Habsburgern durch Giuseppe Galli-Bibiena die Fassade illuminieren und den Hof zu einem Festsaal umdekorieren[147].

Die in diesem Kapitel skizzierten kulturpolitischen Entwicklungen waren jedenfalls der Hintergrund, vor dem die Ausbildung und Tätigkeit eines Diplomaten wie Leopold Joseph von Lamberg zu sehen ist.

Le Corps du Duc de LUXEMBOURG.
A. Le Marechal de VILLE-ROI.
B. Le Marechal de CATINAT.
C. Le Marechal de BOUFLERS.
D. Le Duc de LORGE.
E. Le Duc de NOUVAILLES.
F. Mr. de MONTAL.
G. La Ville de NAMUR.
H. La Ville de CASAL.
I. La Monarchie UNIVERSELLE.
K. Le Cimetiere de l'Eglise St. DENIS.
L. La Bataille de FLEURIS.
M. La Bataille de LANDEN.

L'ENTERREMENT

De la Monarchie universelle de Lovis XIV. par la mort du Marechal de Luxembourg, & par la Prise de CASAL & de NAMUR.

Entretien entre le Grand Visir & les Generaux François.

Où allez vous, Messieurs, si tristes & si reveurs?

LE MARECHAL DE BOUFLERS.
Nous allons enterrer la gloire de la France.

LE MARECHAL DE VILLE-ROI.
Monsieur, Pour parler plus clair, nous portons en terre le Duc de Luxembourg, & avec lui nous enterrerons la Monarchie Universelle de Lovis XIV.

LE GRAND VISIR.
Quoy! le Duc de Luxembourg, ce grand Capitaine, est mort?

MR. DE CATINAT.
Ouï, il est mort, & ses funerailles que vous voyés sont sa Pompe funebre.

LE GRAND VISIR.
Mais! qu'entendés vous par ce monde que la mort tient entre ses mains?

LE DUC DE LORGE.
Monsieur c'est le globe de verre, qui signifie la Monarchie Universelle de nôtre invincible Monarque. Et les deux Cartouches attachés sur le drap mortuaire representent Casal & Namur, que nous avons perdu en perdant le Duc de Luxembourg.

LE GRAND VISIR.
Quoy! vous avés laissé prendre aux Alliez Casal & Namur cette Campagne?

MR. DE BOUFLERS.
Il n'a pas tenu à moy que cete derniere Place ne soit encore à la France, si j'avois été secondé, comme il le faloit.

MR. DE MONTAL.
Pour cela, il ne falloit que battre le Prince de Vaudemont avec sa poignée de gens.

LE DUC DE LORGE.
Si cela n'est pas arrivé, ce n'étoit pas faute de monde puisque je vous avois envoyé 15. mille hommes, sans parler d'un grand nombre d'autres Troupes accourûës de toutes parts pour composer la plus belle Armée que la France ait encore eu sur pied.

MR. DE CATINAT.
Pour moy je declare que je n'ay aucune part à cette boue, & si l'on avoit fait son devoir en Flandres, comme je l'ay fait en Savoye, me persuade que l'on n'auroit pas perdu Namur.

LE DUC DE VILLE-ROI.
Monsieur, vous pouviés du moins empêcher la reduction de Casal?

MR. DE CATINAT.
Hé! comment Diable s'oposer avec cinq mille hommes qu'étoit ce que j'avois de Troupes, à une Armée de quarante mille combattans. Bienheureux d'en avoir été quitte à si bon marché.

LE DUC DE NOUVAILLES.
Pour moy, je suis content, & si on avoit fait en Flandres autant que j'ay fait en Catalogne avec ma petite Armée, bien loin d'avoir perdu, nous aurions remporté cette Campagne des avantages qui auroient procuré à la France une bonne Paix.

LE GRAND VISIR.
A qui a-t-il donc tenu que les affaires ne soient allées autrement?

MR. DE MONTAL.
Au Duc de Villeroi.

LE DUC DE VILLE-ROI.
Quoy! n'ay-je pas bombardé Bruxelles, & que pouvoit-on faire de plus glorieux pour la France que la ruine de cette Capitale?

MR. DE BOUFLERS.
Monsieur, la France ne vous en a point d'obligation. Il falloit battre le Prince de Vaudemont; l'occasion etoit belle: & par là vous auriés sauvé Namur, & assuré nos dernieres conquêtes. Où du moins aprés avoir manqué un si beau coup, vous deviés venir droit à Namur, & livrer bataille aux Alliez.

LE DUC DE VILLE-ROI.
Hé! par où Diable passer, & comment forcer tant de defilés?

MR. DE BOUFLERS.
Avec une Armée de cent vingt mille Capitans on passe par tout. Vous m'auriés secouru, & j'aurois conservé à sa Majesté 16. mille bons hommes qui ont été brulés par le feu des bombes comme des Renards dans la fosse.

LE GRAND VISIR.
La alla ilha Mahemet rasoul. Par Dieu Grand, vous avés tout gaté, cette Campagne Messieurs. Et à quoi on a vû tant de Conquêtes & de Batailles, il faut à present recommencer la guerre à nouveaux fraix. Cependant vous savés que le Grand Seigneur mon Maitre n'a jamais voulu consentir à la Paix si souvent offerte pour l'amour que nôtre Allié. Je vous declare donc de la part du Grand Seigneur mon Maitre, que si vous ne reparés ce coup fatal la Campagne prochaine par une bataille gagnée, ou par la reprise de Namur, nous vous abandonnerons pour faire nôtre Paix separée avec Leopold. Adieu Messieurs, profités du Conseil que je vous donne.

A Paris chez Du PRE'.

Anmerkungen

1. Fosi: governo e diplomazia nella carriera di Fabio Chigi; Koller: Nuntius, 54; Melani: Geheimnisse der Konklaven, 23; Müller: Gesandtschaften, 194–195; Pečar: Ökonomie der Ehre, 41–53.
2. Zum Zusammenhang zwischen Diplomatie und Kunst siehe vor allem: Cropper: Diplomacy of Art; Colomer: Arte y diplomacia; Falcke: Geschenkwesen.
3. Zur Diplomatie in Wien gibt es erst einige monographische Studien: Augustynowicz: Tartarische Gesandtschaften; Benzoni: ambiasciatori veneziani; Fendri: Die Gesandtschaft des Jussuf Khodscha; Garms-Cornides: Liturgie und Diplomatie; Levinson: Nuntiaturberichte; Ma/ Psarakis, Akkreditiert in Wien; Petritsch: Großbotschaften; Pons: Gesandte in Wien; Sabbatini: inviato lucchese a Vienna; Schwarz: Schweizerische Gesandtschaftsreise; Spens: Stepney, 61–77, 191–273, 280–293; Vocelka: türkische Botschaft.
4. Colomer: Introducción, 25–26 („Roma, capital del arte y la diplomacia"); Dandelet: Noble Stage, 46–49 („'National' Palaces: The Spanish and French Embassies"); Erben: Paris und Rom, 219–291 („Die Präsenz Frankreichs in Rom"); Garms-Cornides: Scene ed attori; Gori Sassoli: Città della rappresentatione; Heyink: Fest und Musik; Fosi: Savelli; Petrocchi: Roma, 11–28 („Roma crocevia diplomatico"); Rosa: „World's Theatre"; Scherbaum: Scarlatti; Seidler: Relationen; Signorotto/ Visceglia: La Corte di Roma; Sommer-Mathis: Krönungsfeierlichkeiten; Visceglia: Corpus Domini; Visceglia: Figure, 52–54. Auch bei der Tagung im Mai 2007 in Rom „¿Roma Española? España y el Crisol de la Cultura Europea en la Edad Moderna" waren mehrere Referate dem diplomatischen Verkehr im 17. Jahrhundert und der Repräsentation (Antonio Cabezza, Diane Bodart, Alessandra Anselmi) bzw. den Diplomaten de Lemos (Isabel Enciso), Pascal und Pedro Antonio de Aragón (Diana Carrió Invernizzi) und del Carpio (Fernando Checa Cremades) gewidmet.
5. Strunck: Rom, 173–176 (Georg **Schelbert**); Anselmi: Palazzo dell'Ambasciata; Benocci: Ambasciatore di Spagna.
6. Lindeck-Pozza: Gebäude der Apostolischen Nuntiatur.
7. Zu den Botschaftsbauten in Rom siehe: Pasquali: Gardens of Diplomacy; Vecchi: Ambasciate. Zu den deutschen Gesandten in Rom und deren Repräsentation: Noack: Deutschtum, I, 106–109, 160–170.
8. Guadalupi/ Hochmann: Palazzo Farnese; Pons: Gesandte in Wien, 176; Salge: Festkultur, 414–418. Zu den protestantischen Gesandtschaftskapellen in Wien siehe: Scheutz: Religionsausübung, 220–226
9. Spens: Stepney, 197, 244, 261 und 263.
10. Zu den Rangstreitigkeiten und Beziehungen der Gesandten mit dem Wiener Adel siehe u.a.: Pons: Kaiserhof, 296–303.
11. Siehe dazu auch den Vortrag „Wotton, Carleton und Trumbull: Ambassadors and Art Collecting in Early Stuart England" von Robert Hill bei der Leidener Konferenz über Agenten im Dezember 2006.
12. Rudolf: Madrid und Wien; Pérez de Tudela/ Jordan Gschwend: Luxury Goods for Royal Collectors.
13. 1611/12 begleitete Simon Vouet den französischen Botschafter de Harly nach Istanbul; 1699 und 1724 entstanden ebenfalls französische Darstellungen dieser Thematik: Pape: Turquerie.
14. Zu einer während des Aufenthaltes des kaiserlichen Botschafters David Ungnad Freiherr von Sonneck 1573–78 in Istanbul entstandenen Serie siehe: AK Im Lichte des Halbmonds, 103–105, Kat.-Nr. 81–82; Das Kostümbuch des Lambert de Vos. Faksimile-Ausgabe, Graz 1991.
15. Grothaus: Kuefstein; Kuefstein: Kuefstein, 3. Bd., 259–279; Teply: Großbotschaft.
16. Muñoz Gonzalez: El mercado español, 311–318; Colomer: España y Nápoles.
17. Lleó-Cañal: Giordano; Pérez Preciado: burocracia, 275–291; Finaldi: Ribera, 378–387.
18. Capitelli: Buen Retiro Palace; Capitelli: Landscapes; Connors: Borromini; Úbeda de los Cobos: Rome Cycle.
19. Cacciotti: Marchese del Carpio; Cappellieri: Filippo Schor e Fischer von Erlach a Napoli; Checa Cremades: del Carpio; Fernández-Santos Ortiz-Iribas: Duque de Tursi; Haskell: Auftraggeber, 273–276; de Frutos Sastre: del Carpio; de Frutos Sastre: Carpio y el coleccionismo de pintura en Venecia; de Frutos Sastre: el VII Marquès del Carpio y el Condestable Colonna; Fusconi: Philipp Schor; Marías: del Carpio; Montanari: Bernini; del Pesco: Bernini; Muñoz González: Alcácar; Sladek: Italienaufenthalt.
20. Köchli: Bonvivant, 40–43.
21. Kalinowski: Barock in Schlesien, 16.
22. Schleier/ Cortese: Carlo Maratti; Trapp: Bayern und Rom, 458–466; Quednau: Ein römischer Kabinettschrank.
23. Lorenz: Italien, 420–423.
24. Tessin: Travel Notes, 337–338.
25. Horyna: Die römischen Inspirationen, 144–145.
26. Zitiert in: Gräf: Gesandtschaftswesen, 189. Siehe auch: Raffler: Sammlungsforschung; Deisinger: Darstellungen eines italienischen Gesandten.
27. Wichtige Einsichten wird die Arbeit von Bianca **Lindorfer** über Ferdinand Bonaventura bieten, die auch die Tagebücher auswertet. Vgl. Brossowski/ Kägler: Adel am Münchner Hof, 54.
28. Heilingsetzer: Harrach, 83–84.
29. Menčik: Tagebuch, 6–7, 8–9, 13–16, 19–22.
30. Siehe dazu: Weigl: Der „Neue Palast".
31. Checa: Alcázar, 400–402.
32. Zu dieser Villa siehe: Varela Gomes: Damnatio Memoriae, 365–368.
33. Menčik: Harrach, 61 und 88.
34. Es handelt sich dabei um den Historienmaler Pedro el Mudo sowie entweder den Hofmaler Philipps III. Cristobal de Velasco oder den Historienmaler Esteban Márquez de Velasco.
35. Menčik: Harrach, 91.
36. Moran/ Checa: El coleccionismo, 299–300; Delaforce: From Madrid to Lisbon and Vienna; Swoboda: Gemäldesammlungen, 97–98.
37. Zu den spanischen Einflüssen auf Harrachs Sammlung siehe auch: Sellés-Ferrando: Spanisches Österreich, 129–133.
38. In der Sammlung befanden sich zahlreiche Kopien nach Tizian, Tintoretto oder Rubens: Checa: colecciones, 297. Zur Sammlung des Vaters siehe: Burke: Luis de Haro.
39. Zu Tätigkeit des aus Bologna stammenden Dionisio Mantuano siehe: Ramón Sánchez del Peral y López/ García Cueto: Dionisio, 268–269.
40. Menčik: Harrach, 71 und 83.
41. Checa: Alcázar, 408–415.
42. Es handelt sich um die um 1550 nach den Kartons von Jan Vermeyen geschaffenen Teppiche: Wilfried **Seipel** (Hg.): Der Kriegszug Kaiser Karls V. gegen Tunis. Kartons und Tapisserien, Mailand/ Wien 2000.
43. Menčik: Harrach, 87–88.
44. Concepción **Herrero Carretero**: Las tapicerias ricas del Alcázar de Madrid. In: Checa: Alcázar, 288–307, hier 291–292.
45. Pilar **León**: Die Sammlung Klassischer Skulptur im Prado. In: Stephan F. Schröder: Katalog der antiken Skulpturen des Museo del Prado in Madrid, Mainz am Rhein 1993, 1–39, hier 13–14.
46. Arco-Zinneberg: Schloß Rohrau, 12; Heinz: Harrach'sche Gemäldegalerie, 24–25.
47. Menčik: Harrach, 47 und 52.
48. Pons: Kaiserhof, 317, 330–331.
49. Fidler: Palais Dietrichstein-Lobkowitz, 145–174, hier 169.
50. Luckhardt: Französische Porträts, 75–81.
51. Perreau: Rigaud, 240. Zum Erfolg der französischen Porträtmalerei seit Ende des 17. Jahrhunderts siehe: Schieder: Akkulturation, 20–24.
52. Der Bankier oder Händler Bergeret war auch für Lamberg tätig. 1687 und 1688 erhielt er 236 bzw. 240 fl. ausbezahlt laut Bankabrechnung von Hans Pestaluzzi für Lamberg vom 7.3.1690: NÖLA: LA Karton 263. Bergeret war vielleicht ein Verwandter des Beamten-Gelehrten Jean-Louis Bergeret (1641–1694), der von der Familie Colbert gefördert wurde.
53. Der u.a. den Prinzen Eugen sowie die Gräfin Maria Anna von Althann porträtierende Richter (1661–1735) war bisher erst ab 1701 in Wien vermutet worden: Thieme-Becker: Lexikon, Bd. 28, 287–289.
54. AVA: FH, Harrach-Handschriften 134, Tagebuch 1697/98, fol. 475 und 480. Heinz: Harrach, 64, Kat.-Nr. 40. Zum politischen Hintergrund: Gaedecke: Tagebuch.
55. Ebenda, 487. Zu Cottart siehe den Eintrag von N. **Courtin**. In: AKL 21, München/ Leipzig 1999, 514–515.
56. Rizzi: Harrach, 18–21, Abb. 10.
57. Bankier: Sinzendorf.
58. Perreau: Rigaud, 104–105, Abb. 76.
59. Kroupa: portrait „à la française", 298–309; Kroupa: La Moravie et la France, 310–323; Rizzi: Fischer, 252–53, Abb. 77; Fossier: Robert de Cotte, 659–660, bezieht die Pläne irrtümlich auf Schloss Wasserburg des Grafen Ludwig von Zinzendorf.
60. Lorenz: Plumenau, 113.
61. Kugler: Der „Goldene Wagen".
62. Baumstark: Joseph Wenzel von Liechtenstein, Kat.-Nr. 16, 19, 29 und 30; Perreau: Rigaud, 195–196, Abb. 172 und 174. Vom ganzfigurigen Porträt fertigte P. Antonio Pazzi einen großformatigen Kupferstich (89,2 x 64 cm).
63. Saur: Allgemeines Künstlerlexikon 11, München/Leipzig 1995, S. 573–574 (U.B. Wegener); van Gelder: The Stadholder-King, 29–41, hier Kat.-Nr. 71.

64 Zum selben Anlass entstand offensichtlich auch ein Mezzotintoporträt des Reichsvizekanzlers von Pieter Schenck nach Sir Godfrey Kneller.
65 van Zuiden: Bloemendael, 33.
66 Slavíček: Barocke Bilderlust, 13–16.
67 Gelegentlich kam es zu Einschränkungen der Religionsfreiheit und in Norddeutschland sogar einmal zur Zerstörung der Privatkapelle des kaiserlichen Botschafters durch die Bevölkerung: Müller: Gesandtschaftswesen, 152–153.
68 Rechnungen vom 4.2. und 30.8.1696: NÖLA: LA Karton 268.
69 Zur politischen Tätigkeit des Grafen siehe: Jarnut-Derbolav: Gesandtschaft in London.
70 Müller: Gesandtschaftswesen, 295; Seeger: Stadtpalais, 34, 60, 455–462.
71 Bapasola: Tapestries, 52–54.
72 Corinna **Höper**: Staatsgalerie Stuttgart. Deutsche Malerei des 17. und 18. Jahrhunderts, Stuttgart 1996, 9–10.
73 Diekamp: Die Sammlung, 8–12.
74 Zahlreiche Informationen zum diplomatischen Geschenkwesen nicht nur aus den Quellen, sondern auch aus den Handbüchern des 17. und 18. Jahrhunderts bietet: Falcke: Geschenkwesen; siehe auch: Cassidy-Geiger: Fragile Diplomacy; Cassidy-Geiger: Gifts in European Courts; Hojer: L'Arte del Dono; Richefort: Présents diplomatiques; Schmutz: Gold in der Welt der Diplomatie. Auch der Irseer Arbeitskreis war im März 2009 den „Materiellen Grundlagen der Diplomatie. Schenken, Sammeln und Verhandeln in Spätmittelalter und Früher Neuzeit" gewidmet.
75 Siehe dazu einige Referate der Tagung „Diplomatische Praxis und Zeremoniell in Europa und dem Mittleren Osten in der Frühen Neuzeit": Kauz/ Rota/ Niederkorn: Diplomatisches Zeremoniell.
76 Im Reiche des Goldenen Apfels, 145–146. Zu den dann in der kaiserlichen Schatzkammer präsentierten Geschenken siehe Polleroß: Leopold I., 248, Abb. 32.
77 Schardin: Uhren und Automatenwerke, 134–137; Polleroß: Kunst-Reisen, 27–28, Abb. 15; Schmuttermeier: Kunst als Botschaft.
78 Eigentliche Beschreibung, s.p.
79 Arminjon: Quand Versailles était meublé d'argent, Kat.-Nr. 53–54, fig. 210–212; Baumstark/ Seling: Augsburger Silber, Kat.-Nr. 28, 32–33, 36–37, 42 und 75; Emmendörffer/ Trepesch: Zarensilber.
80 Pérez de Tudela/ Jordan Geschwend: Luxury Goods; Marx: Medici Gifts, 65–71.
81 Rinck: Leopolds des Großen, II, 723.
82 Brassat: Tapisserien und Politik, 82–94 („Tapisserien im zwischenhöfischen Geschenkverkehr").
83 Haag: Bernsteinsammlung; Laue: Bernsteinarbeiten; Falcke: Geschenkwesen, 108–131.
84 Niedermayer: Lamberg, 12–14.
85 Burg: Porzellan und Politik; Falcke: Geschenkwesen, 183–201; Cassidy-Geiger: Fragile Diplomacy; Lessmann: Meissen Porcelain for the Imperial House; Pietsch: Meißen für die Zaren; Schemper-Sparholz: Zu Ehren der Königin von Ungarn; Wittwer: Liaison Fragiles.
86 Döberl: schöne wägen, 301–308.
87 Cassidy-Geiger/ Vötsch: Johann von Besser; Colomer: Introducción, 20–25; Falcke: Geschenkwesen, 53–66, 244–311; Vatican: Diplomatie, 177–183.
88 Colomer: Introducción, 24.
89 Oy-Marra: Paintings; Szanto: itinerari delle pitture, 413–421; Colantuono: Guido Reni's Abducation of Helen.
90 Brown: Rubens; Büttner: Rubens, 64–85 („Diplomatie"); Colomer: Introducción, 17–19; Danesi Squarzina: Velázquez ambasciatore; Donovan: Rubens and England, 11–33 („Painting and Politics: Rubens and England in the 1610s and 1620s"); Kaulbach: Rubens, 565–574; Vergara: Rubens.
91 Chaney: Grand Tour, 215–225 („Notes towards a Biography of Sir Balthazar Gerbier").
92 Douglas Stewart: 'Prudentia', Patrons and Artists; Madocks Lister: Barberini Gifts; Oy-Marra: Paintings, 178–179.
93 Falcke: Geschenkwesen, 255–277.
94 Colantuono: Diplomat, 75.
95 Sparti: Temple of Jerusalem, 183–187.
96 Aterido Fernández: John Closterman.
97 Ormrod: Connoisseurship, 18.
98 Matitti: Due doni; Stupperich: Pfälzer Antikensammlung, 452.
99 Cassidy-Geiger/ Vötsch: Johann von Besser.
100 Lamberg: Regensburger Diarium I, 389 (28.5.1692); II, 60 (29.7.1694).
101 Anselmi: Palazzo dell'Ambasciata di Spagna, 169–193 („Il Quartiere dell'Ambasciata"); Boiteux: Fêtes et traditions espagnoles; Boiteux: Les Barberini; Brink: Paradisi; Curcio: il committente, 287; Fagiolo: La Festa; Ferraris: I funebri regali; Gori Sassoli: Città della rappresentazione; Lotz: Spanische Treppe; Moli Frigola: funerali di regine spagnuoli; Paribeni u.a.: Ambasciate, 75–96 („Le ambascerie del sei e settecento"); Tozzi: Incisioni barocche. Im November 2006 sprach Maria Antonietta Visceglia bei der Tagung „Propagande, iconographie et politique, XVe-XVIIe siècle" in Grenoble über „Propaganda et émulation entre les grandes monarchies à Rome à l' âge baroque".
102 Anselmi: Ambasciata di Spagna, 168–193. Zu den Aktivitäten kaiserlicher Botschafter in Rom siehe auch: Fosi: Savelli; Heyink: Fest und Musik; Sommer-Mathis: Krönungsfeierlichkeiten.
103 Bettini: Lorrain.
104 Gori Sassoli: La città rappresentazione, 199; Fusconi: Le carozze, 81.
105 Lamberg: Regensburger Diarium I, 177.
106 Rietbergen: Barberini Cultural Policies, 181–217 („Prince Eckembergh comes to Dinner, or: Power through Culinary Ceremony"); Dandelet: Noble Stage, 43–46 („A Habsburg Entry and the Roman Palace as Triumphal Arch"); Oberli: Maurizio von Savoyen, 146–154.
107 Beschreibung Deß ... Einzugs, s.p.
108 Matteucci/ Ariuli: Grimaldi, 83–84; Oy-Marra: Profane Repräsentationskunst, 339, Abb. 235–237.
109 Beschreibung Deß ... Einzugs, s.p.
110 Rietbergen: Barberini Cultural Policies, 216.
111 Rietbergen: Barberini Cultural Policies, 206–209.
112 Muñoz: Ambascerie, 86–96.
113 Fuhring: Ornament Prints, 186–189; Gruber: festin; Walker/ Hammond: Baroque Palaces, 224–226.
114 Braun: Deutsch-Französische Geschichte, 30–67; Burke: Ludwig XIV.; Castor: Louis Espagnol; Michel: Mazarin; Colomer: Paz.
115 Es ist bezeichnend, dass 1662 auch ein Verzeichnis der französischen Staatsgeschenke angelegt wurde, in dem der Wert bzw. die Rangabstufung der Presente sorgfältig festgehalten wurden: Thébaut-Cabasset: ‚Présents du Roi'.
116 Bettag: Kunstpolitik, besonders 77–84; Erben: Paris und Rom, 293–372 („Universalismus als Programm von Kunst und Politik"); Sabatier: Allégories du pouvoir.
117 Referat an Leopold I. vom 23.12.1673: ÖStA, HKA, Hoffinanz rote Nr. 437, fol. 313–333.
118 Müller: Gesandtschaftswesen, 123–133
119 [Philipp Wilhelm von **Hörnigk**:] Österreich über alles wenn es nur will, o. O.1684, 184.
120 Müller: Gesandtschaftswesen, 128 und 165–172.
121 Zwantzig: Theatrum Praecedentiae, 14–15.
122 Brassat: Histoire du Roy, 266–270. Auch das HHStA in Wien verwahrt ein Faszikel „Frankreich und Rom. Zwischenfall mit Herzog Crequi 1662–1663".
123 Sabatier: Versailles, 164–177.
124 Milanovic: Les Grands Appartements, 124–125, 194–195, fig. 49–52.
125 Sabatier: Allégories du pouvoir, 189–193; Sabatier: Versailles, 290–385.
126 Z. B. [Pierre Rainssant:] Explication des Tableaux de la Galerie de Versailles et de ses deux Sallons, Versailles 1687, 58–60 („La Preéminence de la France, reconnue par l'Espagne, 1662").
127 Wrede: Feindbilder, 324–545; Ziegler: Der Sonnenkönig und seine Feinde; Ziegler: Louis XIV et sa contre-image.
128 Siehe dazu ein Konvolut Briefe Cramprichs an Lamberg von 1690/91: NÖLA: LA, Karton 86, Fasz. 438.
129 Schumann: Leopold I., 263–264; Jarren: Niederlande, 61–62. Zum publizistischen Hintergrund bzw. den Einfluss Lisolas auf Cramprich siehe: Baumanns: Lisola, 227–250.
130 Appuhn-Radtke: Sol oder Phaeton? 113–114.
131 Baur: Berichte, 343–344.
132 Polleroß: Sonnenkönig, 250–251; Ziegler: Der Sonnenkönig und seine Feinde; Ziegler: Louis XIV et sa contre-image.
133 Dubois/ Gady/ Ziegler: Place des Victoires; Erben: Paris und Rom, 312–320; Sabatier: Versailles, 480–491.
134 Ziegler, Le demi-dieu, 55–61.
135 Ziegler: Stat sol, 177, Abb. 6.
136 NÖLA: LA Karton 74. In seinem Regensburger Tagebuch notierte Lamberg außerdem am 4.10.1691, dass der Marschall de La Feuillade *a la place des Victoires, wo er ein pallast erbauete*, gestorben sei: Lamberg: Regensburger Diarium I, 182.
137 Zur Bildpropaganda darüber siehe: Cilleßen: Krieg der Bilder, 320–321.
138 NÖLA: LA, Karton 54.
139 NÖLA: LA, Hs. 66.
140 Bosbach: Eine französische Universalmonarchie; Bosbach: Der französische Erbfeind, 121–138; Schumann: Die andere Sonne, 185–212; Wrede: Politische Feindbilder.
141 Bericht im Theatrum Europaeum, 14. Teil, Frankfurt 1702 zitiert in: Pühringer-Zwanowetz: Zeitungsnachrichten, 188–189; Kreul: „Englische Beziehungen", 265–266.
142 Lamberg: Regensburger Diarium I, 173.
143 Rinck: Leopolds des Grossen, 2. Bd., 717–722.
144 Popelka: Trauergerüste, 126, Abb. 111.
145 Rinck: Leopolds des Grossen, 2. Bd., 862.
146 Wiener Diarium Nr. 512 vom 27.-29. Juni 1708, Anhang.
147 Heraeus: Inschriften, 109–122; Salge: Festkultur, 411–418, Abb. 4 und 5.

Lamberg, (Leopold Joseph, Graf von) Freyherr in Ortenegg und Ottenstein, Kayserlicher würcklicher geheimer Rath und Cämmerer, Botschaffter an dem Päbstlichen Hof, und Ritter des goldenen Bliesses, ein grosser Staats-Minister, war ein Sohn Ioannis Francisci, Grafen von Lamberg, und Constantiae, Gräfin von Questenberg, welche ihn den 13. Mertz im Jahr 1653. zur Welt geboren. *Imhof Notit. Proc. Imp. Manntiss. I. p. 53.* Sein Vater wurde ihm, da er nur 13. Jahr alt war, durch den Tod entrissen, doch dessen ungeachtet ließ er sich angelegen seyn durch seine Studien und Reisen sich geschickt zu machen und dem Hause Oesterreich ersprießliche Dienste zu leisten, welche Bemühung der Kayser Leopold mit dem Cammer-Herrn-Schlüssel belohnet. Nachdem man seine Geschicklichkeit, wichtige Geschäffte zu treiben, gnugsam erfahren, wurde er im Jahr 1690. als Kayserl. Principal-Commissarius auf den Reichs-Tag nach Regenspurg geschickt, und 2. Jahr hernach zum Kayserl. geheimen Rath ernennet. *Imhof l. c.* Im Jahre 1697. ward er vom Kayser, nebst seinem Bruder Frantz Sigmunden, beyde mit dem Praedicat Hoch- und Wohlgeboren in den Grafen-Stand erhoben. *Pfeffinger ad Vitr. Ius publ. l. 5. §. 11. p. 784.* Im Dec. des 1699. Jahrs ward er an Georgii Adami, Grafen von Murtinitz, Stelle als Extraordinair-Ambassadeur nach Rom gesendet. *Imhof l. c.* Daselbst hatte er den 11. Febr. im Jahr 1700. bey dem Pabste Innocentio XII. geheime Audientz, welcher sich dabey sehr vergnügt bezeigte, in Hoffnung, es würde das zwischen dem Wienerischen und Römischen Hof geschwebte Mißverständniß aufgehoben werden, es unterließ auch der Gesandte nicht, sich so viel als möglich in Rom bey ieder Mann beliebt zu machen, und weil der König von Spanien ihn den 6. Ian. zum Ritter des goldenen Bliesses ernennet hatte, so empfieng er im Iun. selbigen Jahrs das goldene Blies aus denen Händen des Fürsten Iulii Savelli, Decani dieses Ritter-Ordens. *Imhof l. c.* In dem darauf folgenden Sept. hatte er mit dem Gouuerneur zu Rom, Rainucio Pallavicini, einige Verdrüßlichkeit, weil die Sbirren iemand in der Gegend seines Palasts weggenommen hatten, welche aber durch die Erklärung, so der Pallavicini darüber gethan, wieder beygelegt wurde. Mittler Weile starb der Pabst, Innocentius XII. den 27. Sept. und Clemens XI. wurde den 23. Nou. an seine Stelle erwählet. Desgleichen verließ der König in Spanien Carolus II. den 1. Nou. dieses Zeitliche, und der Hertzog von Aniou, war in dem Testamente zum Erben ernennet. Diese höchstwichtige Veränderung in der Welt verursachte, daß der Graf Lamberg mit desto grösserm Eifer das Interesse des Hauses Oesterreich bey dem neuen Pabste beobachten muste, bey welchem er den 4. Ian. an. 1702. mit einer ungemeinen Pracht seine Audientz nahm. Weil aber der Pabst den Bourbonischen Hause zu sehr favorisirte, den dem Hause Oesterreich getreuen Marquis del Vasto durch vorgedachten Pallavicini zum Tode verurtheilen ließ, und diesen auf des Graf Lambergs Verlangen von seinem Gouuernement nicht absetzen wollte, auch den Cardinal Barberini zum Legaten à Latere an den Hertzog von Aniou nach Neapel den 9. May ernennete, so begab sich der Graf Lamberg, weil er sahe, daß alle seine Protestationes vergeblich waren, noch selbigen Tages nebst dem Marquis del Vasto von Rom nach Lucca, die fernere Kayserliche Ordre allda zu erwarten, kehrte aber von da den 13. Iun. wieder zurück, und hatte folgenden Tages eine lange Audientz bey dem Pabste, nahm die Ländereyen des Printzen von Caserta, vermöge einer an den Kayser gethanen Cession, in Besitz, und nachdem im Jahre 1703. der Ertz-Hertzog Carl in Wien zum König in Spanien war erkläret worden, hielt er in seinem Palaste ein Freuden-Fest, weil es ihm der Pabst in der Teutschen National-Kirche nicht hatte erlauben wollen, gieng darauf im Octobr. nach Livorno auf die Eng- und Holländische Flotte, woselbst er den Ertz-Hertzog Carl zum Könige in Spanien ausruffen ließ. Von dannen er sich nach Rom wieder zurück begab, und allda mit grosser Sorgfalt das Kayserl. Interesse zu beobachten continuirte. Immittelst starb der Kayser Leopold den 5. May im Jahr 1705. dessen Nachfolger ihn in seiner Function bestätigte. Als man aber an dem Kayserlichen Hofe sahe, daß alle die von ihrem Botschaffter angewendete Mühe nichts ausrichtete, selbiger auch wegen derer zu unterschiedlichen Mahlen von dem Römischen Gouuernement ihm angethanen Verdrüßlichkeiten keine Satisfaction erhalten konnte, so wurde ihm anbefohlen, sich von Rom hinweg zu beaeben, welches er auch den 15. Iul. bewerckstelligte, und ohne Abschied von dem Pabst zu nehmen nach Lucca gieng, mit Hinterlassung eines aus 27. Puncten bestehenden Memorials an den Pabst, welcher hierüber nicht wenig entrüstet worden, zu Mahl da auch der Kayser seinem Nuncio den Hof zu räumen andeuten lassen. *Imhof l. c.* Er verweilte sich zwar einige Zeit zu Lucca, um zu sehen, was wegen seiner gesuchten Exsecution und Satisfaction würde geschlossen werden, weil aber nichts zu seinem Vergnügen erfolgte, so begab er sich im Sept. nach Miniato in das Toscanische, und langte endlich den 10. Nou. zu Wien an, woselbst er seine höchstwichtige Ambassade niederlegte, und den 29. Dec. als würcklicher geheimer Rath des Kaysers Iosephi den gewöhnlichen Eid leistete, nicht lange hernach aber sein Leben beschloß, welches durch einen Schlag-Fluß in Wien den 29. Iun. 1706. als er nur 53. Jahr alt war, geschehen. *Imhof l. c.* Von seiner Nachkommenschafft siehe den Geschlechts-Articel Lamberg. *Erath l. c. p. 184. Mercure Hist. Tom. XXVIII. p. 59. Tom. XXIX. p. 16. 358. Tom. XXXII. p. 130. 451. 682. Tom. XXXIII. p. 8. 245. Tom. XXXV. p. 474. Tom. XXXIX. p. 277. Tom. XLI. p. 29.*

Johann Heinrich Zedler: Grosses Vollständiges Universallexicon, 16. Band, Halle/ Leipzig 1737, Sp. 291–293

LEOPOLD JOSEPH
GRAF VON LAMBERG

Herkunft und Jugend des Grafen Lamberg

„... auch auf die Conservation meines Hauses zu gedencken."

Die aus dem ehemaligen Herzogtum Krain oder vielmehr dem heutigen Slowenien stammende Familie Lamberg[1] war seit 1536 im Besitz der Herrschaft Ottenstein im niederösterreichischen Kamptal (Abb. 49), etwa 120 km nordwestlich von Wien[2]. Leopold Joseph erblickte vermutlich am 13. März 1653 als Sohn des Freiherrn Johann (Hans) Franz von Lamberg, und dessen Gattin Maria Constantia das Licht der Welt[3] (Abb. 50 und 51). Der Vater gehörte als Spross eines immer katholisch gebliebenen Geschlechtes bereits zur Gruppe der sozial und ideologisch auf den Wiener Hof ausgerichteten Landadeligen. Johann Franz, der die durch den Dreißigjährigen Krieg verursachten Schäden zu beseitigen hatte und seine Besitzungen 1656 und 1659 um die benachbarten Herrschaften Niedergrünbach (aus Althannbesitz) sowie Rastenberg und Lichtenfels erweitern konnte, hatte 1647 seine Karriere als niederösterreichischer Landrechtsbeisitzer und 1648 als kaiserlicher Kämmerer begonnen und war 1649 niederösterreichischer Regimentsrat geworden[4]. Er strebte jedoch bald höhere höfische oder zumindest ständische Ämter an: 1656 wurde er zum Verordneten der niederösterreichischen Stände gewählt, 1659 betraute ihn Leopold I. samt anderen mit der Vorbereitung des niederösterreichischen Landtages und 1660 hatte er den Kaiser auf der Erbhuldigungsreise in die Steiermark, nach Kärnten, Krain, Gradisca und Triest zu begleiten. Auch in der Hofburg hat Lamberg als kaiserlicher Kämmerer regelmäßig Dienst versehen, etwa am

48. *Johann Maximilian Graf von Lamberg, kaiserlicher Diplomat, Obersthofmeister und Onkel (2. Grades) von Leopold Joseph von Lamberg, Ölgemälde auf Kupfer von Christian Reder oder Antonio David, 1700/01; Privatbesitz*

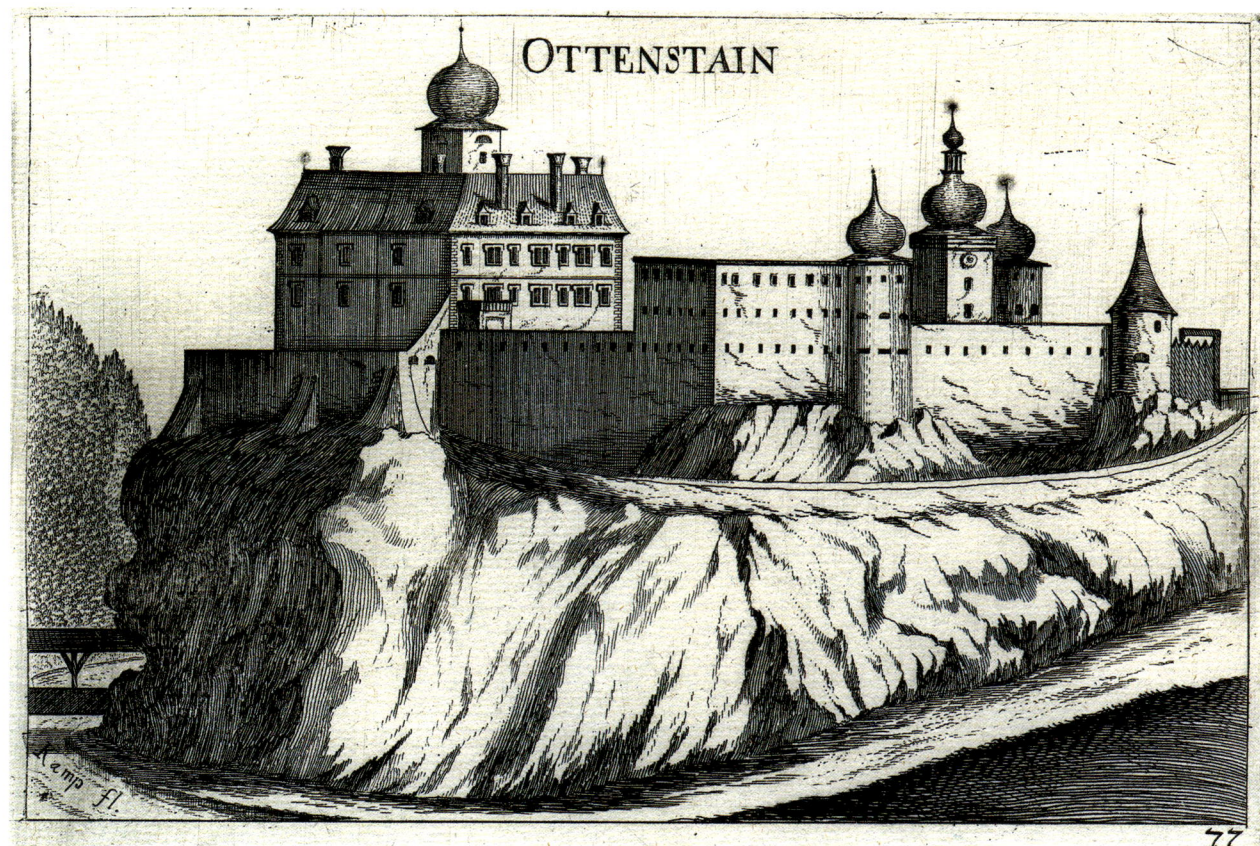

49. *Schloss Ottenstein, Kupferstich der „Topographia Archiducatus Austriae inferioris" von Georg Matthäus Vischer, 1672; Neupölla, Erstes österreichisches Museum für Alltagsgeschichte/ Slg. Polleroß*

12. April 1660 bei der Audienz der Gesandtschaft von Sachsen-Weimar und am 31. Mai desselben Jahres bei der Reichsinvestitur dieses Herzogtums[5]. Die 1659 gehegten Hoffnungen auf das Hofmarschallamt zerschlugen sich zwar, doch wurde Johann Franz von Lamberg 1663 von Leopold I. zum Vizestatthalter des Erzherzogtums Österreich unter der Enns ernannt[6]. Die Ausrichtung auf den Wiener Hof belegt auch die Tatsache, dass Johann Franz nicht in seiner Ottensteiner Pfarre Döllersheim, sondern in der Wiener Franziskanerkirche beigesetzt wurde[7] (Abb. 187).

Die in Prag geborene Mutter Maria Constantia von Questenberg entstammte bezeichnenderweise einer im Zuge des Dreißigjährigen Krieges zu Adel und Grundbesitz in Böhmen, Mähren und Niederösterreich gekommenen bürgerlichen Familie. Ihr Vater, der Rheinländer Gerhard von Questenberg, war erst Dank seiner militärischen Verdienste zum Hofkriegsratsvizepräsidenten (=stellvertretenden Kriegsminister), Freiherrn und Besitzer der Herrschaften Jaroměřice nad Rokytnou/ Jarmeritz in Südmähren, Bečov nad Teplou/ Petschau in Westböhmen und Rappoltenkirchen in Niederösterreich aufgestiegen[8]. Lambergs Mutter brachte u.a. die im südlichen Niederösterreich gelegenen Herrschaften Kranichberg und Prammberg (?) als Erbe ihrer Mutter Maria Unterholzer sowie Kottingbrunn 1664 durch Kauf in den Familienbesitz. Da Johann Franz von Lamberg früh starb, wuchs Leopold Joseph zeitweise auf den Gütern seines Großvaters in Mähren auf.

Ein Jahr nach dem Tod des Vaters wurden Leopold Joseph und seine zwei jüngeren Brüder Karl Adam und Franz Sigmund (neben anderen Mitgliedern der Familie) am 10. November 1667 von Kaiser Leopold I. in den Reichsgrafenstand erhoben[9]. Dies war in erster Linie der Position des schon 1641 in diesen Rang beförderten Onkels (zweiten Grades) Johann Maximilian von Lamberg zu verdanken (Abb. 48), der schon früher gemeinsam mit seinem Cousin Johann Franz die jeweilige Beförderung des anderen betrieben und den gemeinsamen Familienaufstieg geplant hatte[10]. In einem Schreiben an den ihm in der Funktion des Obersthofmeisters vorangehenden Fürsten Johann Ferdinand von Portia begründete Graf Lamberg 1660 seinen Wunsch nach einer baldigen Abberufung als Botschafter aus Madrid und nach einem Ministeramt in Wien explizit mit der Sorge um seine Kinder und sein Haus: *„ich bin auch im Gewissen obligieret, auf die Versorgung meiner Kinder, deren viele sind, auch auf die Conservation meines Hauses zu gedencken, welches durch meine längere Absenz notwendig zugrund gehen würde"*[11].

Die Sorge war jedoch unbegründet. Denn der Vorstand der orteneggischen Linie der weit verzweigten Familie sollte es als einer von wenigen Adeligen schaffen, seine diplomatische Tätigkeit nicht nur zur Erlangung eines Ministeramtes und einer Standeserhöhung seiner Familie zu nutzen, sondern auch zum direkten finanziellen Aufstieg: Johann Maximilian von Lamberg wirkte als Gesandter beim Reichstag in Regensburg (1636) sowie Leiter der kaiserlichen Delegation bei den Westfälischen Friedensverhandlungen (1645–48)[12], als Sondergesandter zur Einholung der kaiserlichen Braut Eleonora Gonzaga in Mantua 1651, deren Obersthofmeister er wurde, und schließlich als Botschafter am spanischen Hof (1653–60)[13]. Damit erreichte Graf Lamberg 1660 seine Aufnahme in den Geheimen Rat und 1661 die Würde eines kaiserlichen Oberstkämmerers[14]. Als solcher begleitete er den Herrscher 1665 zur Erbhuldigung nach Innsbruck[15]. 1675 stand er schließlich als Nachfolger des Fürsten Wenzel Eusebius von Lobkowitz im Amt des Obersthofmeisters und Ersten Ministers an der Spitze der

50. Johann Franz Freiherr von Lamberg, der Vater des Botschafters, Ölgemälde auf Kupfer von Christian Reder oder Antonio David, 1700/01; Privatbesitz

Hierarchie des Wiener Hofes[16]. Vor allem aber gelang es ihm im Jahre 1666, seine Schuldforderung an den Kaiser, die sich im Jahre 1663 auf 365.000 Gulden belief (Darlehen und ausstehende Besoldung), in eine Übertragung der Eigentumsrechte der in seinen Händen befindlichen Pfandherrschaft Steyr, der mit 2.000 Untertanen größten Herrschaft des Erzherzogtums Oberösterreich, umzuwandeln[17]. Vor dem Hintergrund einer so erfolgreichen diplomatischen Karriere von Johann Maximilian war daher nicht nur der zukünftige Weg seines Sohnes Johann Philipp (Abb. 52), sondern offensichtlich auch jener des jüngeren Verwandten aus dem niederösterreichischen Zweig des Geschlechtes in habsburgischen Diensten vorgezeichnet[18].

Die Voraussetzung für eine erfolgreiche höfische Karriere bildete neben diesem familiären Netzwerk aber auch eine gediegene Ausbildung sowie eine Studienreise in mehrere europäische Länder[19]. Leopold Joseph studierte zunächst bei den Wiener Jesuiten, und schon seine Rede zu Ehren der Patronin der philosophischen Fakultät, Katharina von Alexandria, 1668 im Wiener Stephansdom wurde von der kaiserlichen Hofdruckerei publiziert[20]. Ab 1671 wurde der junge Graf am Kollegium eines „Doktor Mänsarät" (wohl Mensaret) unterrichtet[21].

51. Maria Constantia Freifrau von Questenberg, die Mutter des Botschafters, Ölgemälde von Frans Luycx (?) aus dem Schloss Ottenstein, um 1645; Privatbesitz

Anmerkungen

1. Einen Überblick über die Familiengeschichte bieten nach den Werken des 17. und 18. Jhs. nur: Wisgrill: Schauplatz 5. Bd., 405–416; Constant von **Wurzbach**: Biographisches Lexikon des Kaiserthums Österreich 14, Wien 1865, 21–46; Steska: O Lambergih sowie die Neue Deutsche Biographie 13. Bd., 427–430.
2. Lechner: Handbuch, 454–456; Bauer: Ottenstein.
3. Dieses Datum nennt der 16. Band von Zedler, Sp. 291. Die Angaben sind laut Wurzbach: Lamberg 35–36, sowohl bezüglich des Monats als auch des Jahres nicht einheitlich; es werden auch der 13. Mai bzw. das Jahr 1654 genannt: Hoheneck: Stände, 1. Teil, 574; Wisgrill: Schauplatz 5. Bd., 410; Allgemeine Deutsche Biographie 17, Leipzig 1883, 540–541.
4. Wisgrill: Schauplatz 5. Bd., 406–407; Bauer: Ottenstein, 43–49.
5. Keller/ Scheutz/ Tersch: Weimar – Wien, 64 und 107–108.
6. Hengerer: Kaiserhof, 345–346.
7. Hengerer: Adelsgräber in der Residenz, 325–326.
8. Constant von **Wurzbach**: Biographisches Lexikon des Kaiserthums Österreich 24, Wien 1872, 147–151.
9. Diplom vom 10.11.1667: NÖLA LA Karton 63, Nr. 319
10. Während Johann Franz als Kämmerer in Wien 1659 die ‚Rückholung' des Botschafters Johann Maximilian aus Madrid betrieb, suchte dieser mit Hilfe des spanischen Botschafters am Kaiserhof die Beförderung seines Vetters in Wien voranzutreiben: Hengerer: Kaiserhof, 351 und 546.
11. Brief vom 9.2.1660 zitiert in: Müller: Gesandtschaftswesen, 185.
12. Hageneder: Diarium Lamberg; Müller: Gesandtschaftswesen, 175.
13. Lamberg war hier vor allem mit den Verhandlungen über die Heirat einer Infantin mit einem Wiener Habsburger beschäftigt: Mahl: Hochzeiten, 288–312; Schreiber: Leopold Wilhelm, 39–41.
14. Sinell: Geheimer Rat, 104–108.
15. von Schlachta: Innsbrucker Hof, 58.
16. Allgemeine Deutsche Biographie 17, Leipzig 1883, 538–540; Hageneder: Lebensbilder, 60–62. Zu Lambergs Bedeutung am Wiener Hof siehe zuletzt: Hengerer: Kaiserhof, 483–488.
17. Müller: Gesandtschaftswesen, 175.
18. Zur kaiserlichen Diplomatie siehe u.a.: Müller: Gesandtschaftswesen; Bérenger: La diplomatie impériale.
19. Zu den höfischen Erziehungszielen der Gräfin Harrach, einer Cousine Lambergs, siehe: Pils: Erziehung für den Hofdienst. Die im frühen 17. Jahrhundert begonnene und heute im Schloss Steyr erhaltene Lambergische Familienbibliothek zählt mit ihren 12.000 Bänden zweifellos neben jener der Familie Liechtenstein zu den bedeutendsten Adelsbibliotheken Österreichs: Gerfried **Sitar**/ Anna **Hoffmann**: Magie und Macht des Schreibens. Die schönsten Bibliotheken Österreichs, Wien 2002, 112–113.
20. S. Catharina Virgo et Martyr. Sponsa a Sanguinum, inclytae facultatis philosophicae Patrona tutelaris, In Basilica D. Stephani Proto-Martyris Coram Senatu Populoque Academico, Celebrata, Sub Admodum Reverendo Patre Joanne Bapitsta Rovera, è Soc: Jesu, Philos: & SS. Theol: Doctore, ejusdemq: in Moralibus Professore Ordinario, & Inclytae Facultatis Philosohicae Decano Spectabili, ab Illustrissimo Oratore Leopoldo Josepho Comite à Lamberg, Logices Auditore. Anno à partu Virgineo 1668. Septimo Kalendas Decembris. Viennae Austriae. Typus Matthaei Cosmerovi, Sac: Caes: Majestatis Typographi.
21. Kühnel: Kavalierstour, 369.

Vereinfachte Familientafel von Leopold Joseph von Lamberg
(Quelle: http://genealogy.euweb.cz/lamberg/lamberg2.html)

A **Kaspar III. von Lamberg**, 1492–1548, Freiherr von Ortenegg und Ottenstein (1544); 1. Ehe: Anna Maria Gräfin von Thun; 2. Ehe: Margarete Lang von Wellenburg (†1573)
   B **Sigismund von Lamberg-Ortenegg-Ottenstein**, 1536–1616/19; 1. Ehe: 1558: Siguna Eleonore Fugger, Freifrau von Kirchberg und Weissenhorn (1541–1576); 2. Ehe 1579: Anna Maria von Meggau
      C **Karl von Lamberg**, 1563–1612; Erzbischof von Prag (1606)

      C **Georg Sigismund von Lamberg-Amerang**, 1565–1630/32, 1. Ehe 1588: Sophia Alt (†1590); 2. Ehe 1593: Freifrau Eva von Neudegg (†1605); 3.Ehe 1607: Johanna von der Leiter (1574–1644)
         D **Johann Maximilian Nepomuk von Lamberg-Steyr**, 1608–1682, Reichsgraf (1636/41); Ehe 1635: Gräfin Judith Rebecca von Wrbna und Freudenthal (1612–1690)
            E **Eleonora Franziska**, 1636–1689; 1. Ehe 1665: Graf Heinrich Wilhelm von Starhemberg (1593–1675), 2. Ehe 1676: Graf Franz Anton von Lamberg
            E **Franz Josef I.**, 1637–1712, (2.) Fürst zu Lamberg, Landgraf zu Leuchtenberg; Ehe 1663: Gräfin Anna Maria von Trauttmansdorff (1642–1727)
               F **Leopold Mathias Sigismund**, 1667–1711, Reichsfürst (1707), Landgraf zu Leuchtenberg; Ehe 1691: Gräfin Maria Claudia Künigl von Ehrenburg und Warth (1669/70–1710)
               F **Karoline Antonia**, 1669–1733; Ehe 1686: Graf Liebgott von Kuefstein (1662–1710)
               F **Franziska Theresia**, 1670–1742; Ehe 1691: Graf Franz Sigmund von Lamberg-Ottenstein (1663–1713)
               F **Maria Maximiliana Michaela Franziska**, 1671–1718; Ehe 1692: Graf Johann Ehrenreich von Sprinzenstein (1667–1729)
               F **Johann Adam**, 1677–1708; Ehe 1702: Prinzessin Antonia Marie von Liechtenstein (1683–1715)
               F **Franz Anton**, (3.) Reichsfürst, 1678–1759; 1. Ehe 1713: Gräfin Ludovika von Hohenzollern-Hechingen (1690–1720); 2. Ehe 1721: Gräfin Maria Aloysia von Harrach-Rohrau (1702–1775)
               F **Joseph Dominik Franz Balthasar**, 1680–1761, Fürstbischof von Passau (1723), Kardinal (1738)
            E **Johanna Theresia**, 1639–1716, Ehe 1662: Graf Ferdinand Bonaventura von Harrach-Rohrau (1636–1706)
            E **Georg Sigismund**, 1641–1672, Malteserritter
            E **Maria Anna Helene**, 1643–1674; Ehe 1661: Johann Karl Fürst Porcia und Brugnara (†1667)
            E **Clara Katharina Maria**, 1644–1669; Ehe 1661: Graf Ernst Emmerich Tserclaes von Tilly (†1675)
            E **Kaspar Friedrich**, 1648–1686; 1. Ehe 1675: Marie Franziska Terezie Hýzrlová z Chodů (†1684); 2. Ehe 1684: Gräfin Maria Aloysia Theresia von Waldburg-Zeil (ca. 1658–1717)
            E **Johann Philipp**, 1651–1712, Fürstbischof von Passau (1689), Kardinal (1700)

         D **Johann Wilhelm**, 1610–1647, Reichsgraf (1636/41); Ehe: Gräfin Maria Juliana von Sonnewald
            E **Franz Anton**, Ehe: Eleonora Franziska von Lamberg (1636–1689)
            E **Johann Friedrich Ludwig**, 1646–1713; Ehe 1682: Maria Anna Gräfin von Törring

         D **Maria Elisabeth**, ca. 1611–1635; Ehe 1631: Ferdinand Maximilian Graf von Törring-Seefeld (1607–1681)

      C **Johann Albrecht Freiherr von Lamberg-Ottenstein**, 1584–1650; 1. Ehe. Margaretha von Heissberg; 2. Ehe 1615: Freifrau Anna Katharina von Kuenburg (†1629)
         D **Johann Franz Freiherr von Lamberg-Ottenstein**, 1618–1666; Ehe 1647: Maria Constantia von Questenberg (1624–1687)
            E **Anna Theresia**, 1649–1684; Ehe 1669: Graf Johann Christoph von Althann (1633–1706)
            E **Franziska Maria**, 1650–1652
            E **Leopold Joseph von Lamberg-Ottenstein**, 1653–1706, Reichsgraf (1667); Ehe 1679: Gräfin Katharina Eleonore von Sprinzenstein (1660–1704)
               F **Maria Eleonora**, jung verstorben
               F **Ferdinand Joseph**, jung verstorben
               F **Karl Joseph Franz Xaver Anton**, 1686–1743; Ehe 1706: Gräfin Maria Franziska Katharina von Waldburg-Zeil (1683–1737)
                  G **Franz de Paula Anton Flavius**, 1707–1765; 1. Ehe 1732: Maria Anna von Metsch (1711–1732); 2. Ehe 1733: Gräfin Maria Jozefa Esterházy de Galántha (1712–1756)
                     H **Anton Franz de Paula Adam**, 1740–1822, Gründer der Akademiegalerie
            E **Joseph Karl Adam**, 1655–1689, Reichsgraf (1667)
            E **Maria Anna Constantia**, 1659–1721; Ehe 1690: Graf Sebastian Wunibald von Waldburg-Zeil, Reichserbtruchsess (1636–1700)
            E **Johann Balthasar Joseph**, 1660–1664
            E **Maria Isabella Cäcilia**, 1661–1747; 1. Ehe 1681: Johann Paris Orsini Graf von Rosenberg (1651–1685); 2. Ehe: Graf Otto VIII. von Stubenberg (1637–1691)
            E **Franz Sigmund**, 1663–1713, Reichsgraf (1667); Ehe 1691: Gräfin Franziska Theresia von Lamberg-Steyr (1670–1742)
               F **Maria Aloisia**, 1705–1764; Ehe 1729: Joseph Ernst Graf Mollart (†1735)
            E **Maria Katharina**, 1664–1717; 1. Ehe: Hans Adam Graf Zrínyi; 2. Ehe 1693: Maximilian Ernst Jankovskýz Vlašimi, Graf Vlasching zu Jamnitz (†1739)

         D **Johann Sigismund Albert von Lamberg**, 1627–1690, Reichsgraf (1667); 1. Ehe 1658: Margaretha Geymann (†1671); 2. Ehe: Anna Polyxena von Heissenstein (†1687)

         D **Johann Albrecht II. von Lamberg-Stockern**, 1634–1683, Reichsgraf (1667); Ehe 1653: Johanna Barbara von Oppel (†1704)
            E **Adam Franz Heinrich von Lamberg-Stockern**, 1678–1731; Ehe 1705: Gräfin Maria Anna von Hochberg (†1739)
            E **Maria Isabella**, †1737; Ehe 1692: Graf Johann Philipp Verda von Werdenberg (†1733)

Die Kavalierstour

"… neben den Studien undt adelichen Exercitien auch gutter geselschaft zue halten."

Den wichtigsten Bestandteil der adeligen Erziehung der frühen Neuzeit bildete eine *Kavalierstour*, die selbst bei Protestanten im 17. und 18. Jahrhundert meist nach Italien und Frankreich sowie eher seltener auch nach Nordeuropa, England und Spanien führte[1]. Schon die Bezeichnung verweist auf die Tatsache, dass es sich hier um eine Bildungsreise der europäischen Eliten handelte, denn in den Quellen des 17. Jahrhunderts wurde deutlich zwischen *cavalieren* als Angehörigen des Herrenstandes und den rangniederen *gentilshommes* unterschieden[2]. Wie Lambergs Mutter mit der Aufforderung an ihre Söhne, sich *"neben den Studien undt adelichen Exercitien auch gutter geselschaft zue halten"*, zum Ausdruck brachte[3], ging es dabei nicht nur um die Aneignung von Wissen und Fertigkeiten, sondern auch um soziales Lernen. Lambergs Waldviertler Zeitgenosse Wolf Helmhard von Hohberg (Abb. 2) forderte daher in seiner Hausväterlehre bei den Ratschlägen für einen Adeligen, *"wann er seinen Söhnen einen Hofmeister aufnehmen/ und sie in frembde Lande verschicken will"*, schon eine entsprechende Auswahl des Erziehers[4]: *"Wann nun ein Adelicher Haus=Vatter seinen Söhnen einen Hoffmeister auf hohe Schulen geben will/ ist (wie allzeit) auch allhier vonnöthen/ dass er in der wahren Gottesforcht/ nicht allein per ‚Theoriam' wol läuffig sey/ sondern auch ‚per Praxin' solche in seinem Leben ‚exprimire' und zeige; darnach muß er nüchtern/ bescheiden/ und dem schädlichen Laster der Trunckenheit nicht ergeben seyn: […] Das andere Laster/ so dergleichen Leuten zu vermeiden stehet/ ist das Laster der Gailheit und Hurerey/ dardurch die ihm anvertraute Jugend geärgert/ verführet und im Grunde verderbet wird. […] Und diese erzehlte Laster sind gleichmässig/ als eine Pest und tödtliches Gifft/ zu fliehen an einen Hofmeister/ deme junge Herren/ in fremde Länder zu führen anvertraut werden sollen. Dieser soll auch vor allen Dingen eine politische ‚Prudentz' und Erkanntnus der Länder und Sprachen haben/ dahin er zu reysen gesonnen ist/ und/ wie ein erfahrner und weiser Schiffmann/ sein Schiff also regieren/ lencken und laiten/ daß er weder an Sand=Bäncke und feuchte Oerter auffahre und stecken bleibe/ noch an verborgene starcke Klippen und Felsen anfahre/ anstosse/ und sein Schiff zerschmättere; […] In Franckreich und Italien/ sonderlich zu Paris/ Rom und Napoli, solle er scharffsichtig seyn/ und den jungen Leuten besonders einbilden/ sich vor aller verdächtigen unbekannten Gesellschafft weißlich vorzusehen und ohne seinen Rath und Willen/ keine sonderliche Bekanntschaft oder ‚Familiarität' mit niemandem zu machen; damit aber den jungen Cavalieren ein ‚Passatempo' und Zeit=Vertreib erlaubt sey/ mag er ihnen wol zugeben/ einen oder zween/ deren ‚Humor', Thun und Lassen ihm schon bekannt ist/ zur Freundschaft anzunehmen/ auch wann müssige Zeit/ in den Kirchen/ wo sonderlich die beste ‚Musica' ist/ oder in den köstlichen berühmten und schönen Gärten/ ihre Raritäten und Kunst=Stücke zu beschauen/ auch bey gelehrten Leuten/ vortrefflichen Künstlern/ in den Bibliothecken/ Kunst=Cammeran/ Cabineten/ ja wol auch bey einem oder zweyen Cavalieren vom Land sich bekannt zu machen/ von denen sie offt erfahren/ was sie sonst nicht hätten wissen können; doch alles ‚cum grano Salis' vorgenommen werde. […] Sondern fein aller Orten nachfragen um die Gelegenheit/ Gebräuche/ Gesetze und Sitten eines jeden Landes und Ortes/ was für Obrigkeit/ Regierung/Veränderungen/ Zufälle/ und dergleichen Denckwürdigkeiten zu mercken sind/ indem eine Schand ist/ wie ‚Socrates' meldet/ daß die Kauff= und Handelsleut zu Wasser und Lande/ so weite gefährliche Reysen thun, eines schnöden geringen Gewinns halber/ und hingegen die jungen Leuthe sich scheuhen/ einen geringen Weg über sich zu nehmen/ damit sie ihr Gemüthe desto ausgezierter und erfahrner machen möchten; die aufgepfropften Zweige/ auf fremde Wildlinge/ tragen die bessere und schmackhafftigere Früchte; die öffters ihren alten Faß abgezogene Wein/ werden viel gesunder/ reiner und besser."*[5]

Während der traditionell eingestellte Hohberg Besichtigungen noch als Zeitvertreib ansah, hat der französische Finanzminister Jean-Baptiste Colbert im Jahr 1671 den eindeutig politischen oder karrierefördernden Zweck derselben in der Instruktion für die Italienreise seines Sohnes deutlich zum Ausdruck gebracht: „Die beiden wichtigsten Gesichtspunkte, nach denen diese Reise unternommen werden soll, sind Sorgfalt und Fleiß: Sorgfalt, um bald die Befähigung zu erreichen, dem König in den Obliegenheiten meines Amtes zu dienen; Fleiß, um aus der Reise Nutzen zu ziehen, und sie vorteilhaft dazu anzuwenden, um die einzelnen Fürstenhöfe und Staaten, die in einem immerhin beträchtlichen Teil der Welt wie Italien bestehen sowie die verschiedenen Regierungsformen, Sitten und Bräuche, die man dort trifft, kennenzulernen, um sich in den Stand zu setzen, dem König in allen wichtigen Angelegenheiten, die sich im Laufe seines Lebens ergeben sollten, behilflich sein zu können […]. Er möge sich über Namen und Eigenschaften der vornehmen Familien unterrichten, die an der Regierung der Republik teilhaben oder teilhaben können […]; über den, der den Staat verkörpert und über Krieg und Frieden entscheidet, der die Gesetze gibt usw. […]. Er möge sich weiter über die Machtstellung des Papstes in jedem Staate unterrichten. […]. Er möge in Erfahrung bringen, welche Staaten völlig unabhängig sind und welche als Lehen des Papstes oder des Kaisers zu betrachten sind […]. Er möge alle öffentlichen Anlagen zu Wasser und zu Lande besichtigen, sodann die Paläste, die öffentlichen Bauten und überhaupt alles, was in den Städten und im ganzen Staat von Bedeutung ist […]. In Rom möge er den Papst, den Kardinalnepoten, die Familie seiner Heiligkeit und die anwesenden Kardinäle der französischen Partei aufsuchen, ferner die Königliche Akademie und den Cavaliere Bernini und die in Arbeit befindliche Statue des Königs in Augenschein nehmen. Während seiner ganzen Reise möge er die Architektur studieren und Geschmack an Bildhauerei und Malerei gewinnen, um womöglich eines Tages mein Amt als Oberintendant der Bauten zu übernehmen."[6]. Damit war auch die politische Funktion der Kunsterziehung im Rahmen einer Kavalierstour expressis verbis formuliert.

Schon 1651 war das erste moderne Reisehandbuch in deutscher Sprache und im Taschenbuchformat unter dem Titel *Fidua Achates, oder getreuer Reißgefert, sammt einem Bedenken, wie die Reysen insgemein wol und nutzlich anzustellen sey* erschienen, das sich auch an Väter reisender Söhne richtete. Der Autor Martin Zeiller war wegen seines protestantischen Glaubens aus Österreich nach Süddeutschland ausgewandert und hatte 17 Jahre als Hofmeister der Familien Tattenbach, Herberstein, Teuffel von Guntersdorf und Althann deren Söhne u.a. nach Böhmen, Deutschland, Frankreich und Italien begleitet. Neben zahlreichen topographischen Werken, vorwiegend zu Illustrationen von Matthäus Merian, verfasste er mit *Fidua Achates* ein Handbuch mit praktischen Informationen. Er forderte zur Vorbereitung der Reise ein Wander-, Schwimm- sowie Kochtraining und empfahl die Mitnahme eines Stamm-, Tage- sowie Geschichtsbuches. Notwendig für Reisende seien außerdem Schlösser zum Versperren der Türen in den Gasthäusern und Herbergen, Feuerzeug, Nadel, Regenmantel, Handtücher, Schlafhosen und –hauben, Pantoffel, Bettsack und Schlafpelz, Spiegel und Fernglas, Kerzen und Kompass und nicht zuletzt ein guter Degen[7]. Die in den Handbüchern als Bildungsziel der Auslandsreisen genannte Erweiterung des Horizonts und die Kenntnis von fremden Landen und deren politischen Strukturen wurde auch in der Familie Lamberg als nützlich für die höfische Karriere erkannt[8]. Schon Johann Maximilian wurde gemeinsam mit einem seiner Brüder und dem Hofmeister Paul Hahn 1628/29 zum Studium an die Universitäten Passau, Ingolstadt, Köln, Siena und Perugia sowie auf eine Kavaliers-

links:
52. Johann Philipp von Lamberg, der Sohn von Johann Maximilian, während der Kavalierstour, Gemälde von Jacob Ferdinand Voet (?), um 1675; ehemals Schloss Ottenstein

rechts:
53. Karl Adam Graf von Lamberg, Bruder und Reisebegleiter von Leopold Joseph auf der Kavalierstour, als Offizier während des Entsatzes von Wien (1683), Ölgemälde auf Kupfer von Christian Reder oder Antonio David, 1700/01; Privatbesitz

Karte der Kavalierstour des Grafen Leopold Joseph von Lamberg, 1674–77; Entwurf: Friedrich Polleroß, Ausführung: Waltergrafik

tour nach Frankreich und Spanien gesandt[9]. Im Anschluss an die Friedensverhandlungen in Münster unternahm er im Jahre 1649 eine Reise nach Holland. Dabei besichtigte er in Amsterdam u. a den Hafen, die Märkte, die portugiesische Synagoge sowie das *„spinnhaus, wo böse puben und weiber eingeschlossen werden und arbeiten müssen"*[10]. 1650 begab er sich gemeinsam mit einem Vetter seiner Frau, Carl Dietrich von Skrebensky, auf eine sechswöchige Reise nach Rom, die offensichtlich nur zur Gewinnung der Ablässe des Heiligen Jahres diente. In Rom stattete der angehende Obersthofmeister des Erzherzogs Leopold außerdem Kardinal Girolamo Colonna als Protektor der deutschen Nation einen Besuch ab. Auf der Hinfahrt wurde er in Venedig von dem mit ihm verwandten kaiserlichen Botschafter Johann Ferdinand Graf Portia in dessen Palast und auf der Rückfahrt in Trient von Philipp Graf Lodron im Palais von dessen Schwiegersohn Gallas beherbergt[11].

Die ältesten Söhne des Obersthofmeisters, der künftige Reichsfürst und Landeshauptmann von Oberösterreich Franz Joseph sowie der spätere Malteserritter Georg Sigmund von Lamberg, studierten 1656–59 unter Aufsicht ihres Hofmeisters Dr. theol. Pierre Vauthier an der Universität Dôle in Burgund und in Paris Rechtswissenschaften. Bei dieser Gelegenheit besichtigten sie u.a. die Schlösser Chantilly, St. Germain-en-Laye und Fontainebleau. Anschließend reisten sie nach Italien weiter, wo sie im November 1659 dem Großherzog der Toskana einen Besuch abstatteten. In einem Brief an den damals als kaiserlicher Gesandter in Madrid tätigen Vater äußerte sich Ferdinand II. de' Medici wohlwollend über die beiden Söhne. Deren Aufenthalt in Rom 1660/61 wurde nicht nur für weitere Studien genutzt, sondern auch dazu, Georg Sigmund den Weg ins Passauer Domkapitel und damit in eine kirchliche Karriere zu ebnen[12]. Ähnliches gilt auch für die jüngeren Tiroler Vetter Franz Anton und Johann Wilhelm Bonaventura, die 1668 in Siena immatrikuliert wurden, sowie für Johann Philipp von Lamberg (Abb. 52), der 1673–74 in Siena und Rom studierte[13].

Im Jahre 1685 sandte Franz Joseph seinen Sohn Leopold Matthias auf eine Bildungsreise[14], und damit setzte sich die Lambergische Bildungsoffensive auch in den nächsten Generationen fort. Maximilian Joseph Graf von Lamberg aus der mährischen Linie der Familie sollte schließlich 1761/62 nicht nur mit dem Herzog von Württemberg Italien bereisen, sondern 1769 bis nach Afrika kommen und seine Reiseerlebnisse auch publizieren[15].

1674 wurde daher auch Leopold Joseph von Lamberg im Alter von 21 Jahren gemeinsam mit seinem jüngeren Bruder Karl Adam (Abb. 53) in Begleitung ihres aus Münster in Westfalen stammenden Hofmeisters Johann Heg(g)eler und des Kammerdieners Franz Gradele auf eine dreijährige Studienreise geschickt, die nicht weniger als 18.000 Gulden kostete. Das bereitete der alleinerziehenden Mutter, deren Bruder Norbert von Questenberg auf der Kavalierstour 1650 in Rom verstorben war[16], nicht nur viele Sorgen, sondern verlangte ihr auch große finanzielle Opfer ab[17]. Dabei handelte es sich tatsächlich um einen hohen Betrag. Zwar lag der monatliche Verbrauch der beiden Brüder von je 142 Reichstaler im Durchschnitt der Ausgaben von Studenten des Reichsgrafenstandes, aber die Gesamtsumme entsprach etwa dem Jahresgehalt eines Hofkammerpräsidenten (= Finanzministers) eines deutschen Fürstentums[18]. Immer wieder klagte daher Maria Constantia von Lamberg in ihren Briefen, dass sie von den Einkünften der verpachteten Güter kaum die Wechsel bestreiten könne und nie *„so hart gelebt undt gehaust alß iez"*. Im Juni 1675 forderte die Gräfin ihre Söhne zu besonderer Sparsamkeit auf, *„dan Rom hat mir stark zuegesetzt"*.[19] Die Fahrt begann am 16. April 1674 und führte mit der *„Landgutschn"* über Linz, Salzburg und Innsbruck nach Italien[20] (Karte S. 74).

Venedig

Via Brixen, Trient und Castelfranco erreichte die kleine österreichische Reisegesellschaft am 7. Mai 1674 Mestre: *„Von hieraus habe ich ein eigenes schiff bedungen, die Herren Grafen uber [!] den Canal undt Golfo nach Venedig, bis an das Wirtshaus zum Weissen Löwen zu führen, undt zahlet 1 fl 30 Xr; trinckgeldt für zwei ruderer 6 Xr; die bagage in undt aus dem schiff zu tragen geben 15 Xr."*[21] In der Lagunenstadt standen wie üblich der Markusplatz und der Dom von San Marco (Abb. 54), das Zeughaus, das Arsenal und die Glashütten von Murano auf dem Besichtigungsprogramm[22], aber schon am 8. Mai besuchten die Österreicher auch eine Tierschau: *„für underschiedliche thier zu sehen, undt auf den turn [Turm] zu S. Marco zu*

54. Ansichten des Markusplatzes in Venedig, Kupferstich in „Atlante Veneto" von Vincenzo Coronelli, 1686; Wien, Universitätsbibliothek

55. Ansicht des Santo in Padua auf dem Ottensteiner Kunstkammerschrank, um 1685; Privatbesitz

56. Zungenreliquiar des hl. Antonius von Padua (1434–36), anonymer Kupferstich, Mitte des 17. Jahrhunderts; St. Pölten, NÖLA Lamberg-Archiv, Kart. 54

gehen 3 lire, 5 soldi =39 Xr; [… 9. Mai] heut haben die Herren Grafen das Arsenal mitt aller Zugehörung besichtiget undt für trinckgeldt hier undt wider verehret 24 lire di Venetia =4 fl 48 Xr; [… 10. Mai] die Armeria del palazzo zu sehen 6 Pfund =1 fl 24 Xr;

Zu Murano die glashütten zu sehen verehrt Due lire =24 Xr; dem dolmetscher, welcher alle curiosen sachen zu zeigen weiß 1/2 ducato di Venetia =37 Xr; […] für underschiedlichmahl gebrauchte gondole habe ich bezahlet 2 fl 6 Xr.; bey unserer abreiß von Venedig hat man denen Kellnern trinckgeldt geben 2 1/2 lire =30 Xr; und denen Menschern [= Zimmermädchen] auch 30 Xr."[23].

Der Dogenpalast wurde wohl ebenfalls besichtigt, auch wenn er nicht eigens genannt wird. Die Residenz des Oberhauptes der Stadtrepublik hatte sich seit dem 16. Jahrhundert kaum verändert und beeindruckte vor allem durch die wandfesten Gemälde von Tizian, Veronese und Tintoretto: *„Im palais vom Doge, welches gantz alt undt von einer sehr schlechten architectur ist, siehet man eine unzählige menge gemahlet meist vom Tintoretto, hernacher vom Paolo Veronese undt so vom Titiano etc. Im sahl vom grossen conseil ist oben im soffitto nechst am thron; ein grosses oval, welches sehr reich von figuren, mit einer artigen perspective von gewundenen colonnen vom Paolo Veronese ist vorgestellet. Oben alla Sala del Consi[g]lio de[i] Dieci, siehet man im soffitto auch ein oval, worinnen derselbe P. Veronese den Jove mit dem Riesenfall [= Titanensturz, recte Jupiter schleudert seine Blitze auf die Laster] sehr treflich hat gemahlet; […]. Sonsten wirdt auch in einem zimber hieneben gezeiget dass quadre vom Titien mit Christo undt beijden jüngern zu Emaus, worvon aber scheijnt dass der König in Frankreich dass rehte original habe."[24]* Diese kenntnisreiche Beschreibung stammt aus dem Jahre 1687 und vom schwedischen Hofarchitekten Nicodemus Tessin dem Jüngeren. Dieser war nicht nur fast gleich alt wie Leopold Joseph von Lamberg, sondern hatte ebenfalls 1673–77 eine Kavalierstour durch Europa unternommen und vor allem Italien bereist. Als Sohn des Hofarchitekten Nicodemus Tessin des Älteren war er allerdings schon von Jugend an wesentlich besser kunsthistorisch ausgebildet als jeder Adelige. Dies gilt vor allem für seine zweite Dienstreise zum Studium der europäischen Architektur und Kunst in den Jahren 1687–88, wo er noch ausführlichere Dokumentationen anfertigte als auf seiner Kavalierstour[25]. Sein auch heute noch verblüffendes Fachwissen und seine ebenso beeindruckenden Kontakte zu fast allen wichtigen zeitgenössischen Künstlern machen ihn zu einer Ausnahmeerscheinung im späten 17. Jahrhundert. Einige seiner Beschreibungen werden jedoch im Folgenden zitiert, um einen Eindruck von der Kunstkennerschaft zu vermitteln, die einem adeligen Kavalier vom Schlage eines Grafen Lamberg damals zur Verfügung stehen konnte[26].

Siena und Florenz

Mit dem Postboot („*un borgio genennet*") ging es von Venedig nach Padua zur Verehrung des hl. Antonius und seiner Reliquien (Abb. 55 und 56)[27], dann nach Vicenza und Verona, wo am 12. Mai 1674 zwölf Kreuzer bezahlt wurden, um „*ein Uraltes vom Kayser Augusto erbauetes ‚Amphitheatrum' […] zu sehen*"[28]. Es folgten Mantua und Ferrara, wo wohl auch die Residenzen der Gonzaga und Este besichtigt wurden, obwohl diese Besichtigungen nicht im Rechnungsbuch aufscheinen[29]. Dann fuhr man mit dem Wagen nach Bologna. Ebenfalls mit einem „*Vetturino*" (Mietkutsche samt Fuhrmann) erreichten die Brüder Lamberg schließlich am 20. Mai Siena, das gerade bei Mitteleuropäern als Studienort sehr beliebt war. In den Jahren von 1669 bis 1684 wurden dort etwa (bis zu vier) Söhne der Familien Salburg, Waldstein, Wurmbrandt, Saurau, Trauttmanstorff, Herberstein, Rosenberg, Sinzendorf, Kaunitz, Nostitz, Montecuccoli, Wratislaw von Mitrowitz, Auersperg, Dietrichstein, Königsegg, Lobkowitz und Tilly immatrikuliert. Namentlich erwähnt seien die späteren kaiserlichen Diplomaten Georg Adam Graf von Martinitz (1671), Dominik Andreas Graf von Kaunitz (1671), Johann Anton Graf von Nostitz-Rienek (1677), Franz Ottokar Graf von Starhemberg (1682) und Sigmund Philipp Graf von Königsegg (1683)[30].

1673 war Johann Philipp von Lamberg (Abb. 52) in Siena als „*gentilhuomo della chiave d'oro di .s.m.c. et canonico di Passavia et Olmütz*", also als kaiserlicher Kammerherr und Kanoniker von Passau und Olmütz/Olomouc in die Universitätsmatrikel eingetragen worden und er hat in der Toskana sogar das Studium beider Rechte mit einem Doktortitel abgeschlossen[31]. Ein Jahr nach ihrem Cousin wurden nun Leopold Joseph und sein Bruder gemeinsam mit ihrem Hofmeister am 22. Mai 1674 in die Universitätsmatrikel der Deutschen Nation inskribiert[32]. Das Studium in der toskanischen Stadt umfasste vor allem Italienisch und Jus sowie Fecht-, Reit-, Gitarren- und Tanzunterricht. Gemeinsam mit den böhmischen Freiherren Heinrich und Karl Kokořovec von Kokořova sowie deren Hofmeister Adrian Friedrich von Mayersfeld[33] mieteten die Brüder Lamberg eine eigene Wohnung an.

Während des bis Oktober dauernden Aufenthaltes in Siena konnten die jungen Kavaliere auch nützliche Kontakte zu gleichaltrigen, ebenfalls auf Kavalierstour befindlichen Fürsten knüpfen und lernten auf diese Weise ihre höfische Rangordnung kennen. Die Integration in „im Idealfall weitreichende Beziehungsnetze" sowie die „statusrelevante Selbstvergewisserung" und „Einübung in zeremonielle Umgangsformen" waren wesentlicher Aufgabenbereich einer Kavalierstour[34]. So hatten die Brüder Lamberg in Siena Audienzen beim Markgrafen Ludwig Wilhelm von Baden sowie beim Prinzen Ferdinand August Leopold von Lobkowitz[35]. Ludwig Wilhelm (Abb.

57. Markgraf Ludwig Wilhelm von Baden-Baden, Pastellzeichnung von Matthäus Merian d. J., 1669; Karlsruhe, Staatliche Kunsthalle Inv.-Nr. I555/47/11

58. Prinz Ferdinand August von Lobkowitz mit seinem Vater, Thesenblatt von Karel Škreta, Ausschnitt, 1666; Albertina D I 37 fol. 054

57) befand sich 1670–74 auf einer von seinem Großvater angeordneten Reise durch Italien und Frankreich, wobei er vom Florentiner Hofmeister Cosimo Marzi Medici und dem Hauslehrer Johann Reinhard Vloßdorf begleitet wurde[36]. Am 5. September 1674 notierte der Lambergische Hofmeister in Siena, dass *„die Herren Grafen den Marchese di Baden bey seiner hiesigen abreiß begleitet"* haben[37]. Ferdinand August Leopold (Abb. 58), der älteste Sohn des kaiserlichen Premierministers und Herzogs von Sagan, war ebenfalls 1673 zum Studium nach Siena gesandt worden und blieb dort bis zum Sturz seines Vaters im Oktober 1674. Nach der vorübergehenden Heimkehr folgte ein weiterer Italienaufenthalt bis zum Mai 1676[38].

Wie wir aus den Briefen des Hofmeisters Benedetto Manfredi an den Vater des Prinzen von Lobkowitz erfahren, bestand offensichtlich nicht nur zwischen den beiden Fürstensöhnen, sondern auch zu den jungen Grafen Lamberg ein freundschaftliches Verhältnis. Schon im November 1673 nennt der Erzieher *„il figlio del signor Conte di Lamberg"*, also Johann Philipp, als Zeugen für den ehrenvollen Empfang des jungen Lobkowitz am Hof des Großherzogs in Florenz. Als Lamberg sich von Siena nach Rom begab, überließ er das Amt des Vorsitzenden der *„Deutschen Nation"* dem Prinzen Lobkowitz[39]. Diese Studentenvereinigung bestand seit 1568/1572 zur sozialen Betreuung der in der Toskana studierenden *oltramontani* und unterhielt eine Bibliothek im Dominikanerkloster sowie eine eigene Kapelle in der dem hl. Dominikus geweihten Kirche dieses Klosters. Wenn einer der jungen Kavaliere fern der Heimat starb, hatte die Landsmannschaft für das standesgemäße Begräbnis und ein Grabmal in der Kapelle zu sorgen[40]. Auch der Lambergische Hofmeister entlehnte aus dieser Bibliothek zwölf Bücher für seine Schützlinge, vorwiegend für das Fach Jus, war doch die Mutter von Leopold Joseph von Lamberg überzeugt, dass *„mit dieser wissenschaft in unsern lendtern ein gäbwellier [= Kavalier] seinen Provit machen mueß"*[41].

Leopold Joseph und Karl Adam von Lamberg sowie ein Graf Althann befanden sich schließlich unter den deutschen Freunden, die gemeinsam mit dem Prinzen Lobkowitz am 26. Juni 1674 in Florenz in der *Casa* des Marchese Gabriello Riccardi empfangen wurden. In einem Schreiben an den Fürsten Lobkowitz berichtete Manfredi, dass die Mitteleuropäer gemeinsam mit den wichtigsten Kavalieren des Florentiner Hofes auf das Wohl des Kaisers sowie auf jenes des Gastgebers und des Herzogs von Sagan angestoßen hätten: *„Wir sind zum Mittagessen zum Herrn Marchese gegangen, wo wir eine ausgezeichnete Behandlung erfahren haben, sowohl hinsichtlich der Köstlichkeit und der Fülle der Speisen, als auch der Qualität der Gesellschaft, die aus einer großen Anzahl der ersten Kavaliere des Hofes bestand. Es waren dies Herr Marchese Vitelli*[42]*, Marchese Corsini*[43]*, Marchese Salviati*[44]*, Marchese Raggi*[45]*, Marchese Niccolini*[46]*, Marchese Nerli, Conte Bardi, Baron del Nero, Conte Caprara*[47]*, Bali Gianfigliazzi, Cavaliere Carducci und Cavaliere Masetti; und da Herr Marchese Riccardi dem Herrn Prinzen gestattete und gewissermaßen darum gebeten hatte, einige deutsche Kavaliere mitzubringen, nahm er als seine besten Freunde die beiden Herrn Grafen von Lamberg und Herrn Grafen von Althann mit. Wir unterhielten uns sehr fröhlich, mehrere Trinksprüche wurden ausgesprochen, davon wurden am meisten beachtet die auf die Gesundheit der Kaiserlichen Majestät und ihren ersehnten Nachwuchs, sowie auf jene des Herrn Herzogs von Sagan und sein Haus. Nach dem Essen konnten der Prinz und die drei deutschen Kavaliere sich in verschie-*

59. Innenhof von Michelozzo (ab 1444) mit der Statue des Orpheus von Baccio Bandinelli (1519); Florenz, Palazzo Medici-Riccardi

nen Appartements von solcher Qualität erholen, die, in Bezug auf die Menge der Zimmer, die Symmetrie und die Dekorationen und ihren einzigartigen Wert schon auf die Pracht des schönen Palastes, den wir später ganz und mit großer Freude besichtigen konnten, hindeuteten. Den restlichen Nachmittag vergnügten wir uns in einem Lustgarten desselben Marchese Riccardi, wo der Prinz in einem sehr schön eingerichteten kleinen Palazzo sich mit Billardspiel vergnügte und dabei auch seine gute Manieren zeigen konnte. Mit dem üblichen Besuch im Casino ging der Tag zu Ende."[48]

60. Garten „Valfonda" des Marchese Riccardi, Fresko von Francesco Bazzuoli. 1737; Villa di Castel Pulci

Nach dem Essen wurden die Österreicher also durch den prunkvollen Palast des Marchese Riccardi (Abb. 59) geführt – vermutlich von dessen Neffen und Erben Francesco, der 1673 als Sondergesandter des Großherzogs der Toskana in Wien gewesen war, um die Europareise des Thronfolgers Cosimo III. de' Medici vorzubereiten[49]. Gabriello Riccardi, von 1637–40 toskanischer Botschafter in Madrid und von 1644–58 Gesandter des Großherzogs in Rom, war 1656 zum Florentiner Obersthofmeister ernannt worden. Aufgrund dieser Vertrauensstellung konnte er 1659 den ehemaligen Palast der Medici in der Via Larga (heute Cavour) mit der von Benozzo Gozzoli 1459–61 freskierten Kapelle erwerben und dort die bedeutende Antikensammlung der Familie präsentieren[50]. Der insgesamt 116.000 Scudi kostende Umbau begann 1659 mit der Errichtung einer neuen Treppe sowie einer *Sala grande* mit Kassettendecke und wurde nach einem Hauszukauf 1670 fortgesetzt. Damals entstanden unter der Leitung der großherzoglichen Hofkünstler Ferdinando Tacca, Pier Maria Baldi und Giovanni Battista Foggini ein noch repräsentativeres Stiegenhaus, die heute nicht mehr erhaltenen Fresken mit Darstellungen aus dem Leben Karls des Großen und Großherzog Cosimos sowie die nach 1679 von Luca Giordano freskierten Prunkräume mit Bibliothek und Galerie[51]. Diese Projekte wurden sicher damals besprochen, denn die Diskussionen um den dann doch nicht erfolgten Abriss der Medicikapelle wurden 1677 sogar im Stadtführer *Le bellezze della città di Firenze* referiert: „*Dieser Palast wurde innen ganz in seiner Struktur verändert, den modernen Gewohnheiten angepasst (vom Marchese Riccardi, dem gegenwärtigen Besitzer) und durch die Erweiterung mit vielen Zimmern verschönert. Man hat hier eine neue Wendeltreppe eingebaut, die schöner ist als alles, was man sich vorstellen kann, und die vom Straßenniveau sanft ins oberste Geschoß führt; und eine schöne und gut hergerichtete Galerie auf der Seite zur Via de' Ginori, um diese mit Gemälden zu schmücken und mit den mindestens 60 in diesem Palast befindlichen Marmorstatuen zu füllen. Letztere sind alle antik, sehr schön und prachtvoll, darunter der wunderschöne Kopf eines Putto […]. In einem der Zimmer im Erdgeschoß befindet sich ein Gemälde mit lebensgroßen Figuren, das eine Werkstatt eines Kupferschmiedes schön abbildet; es ist in allen Teilen gut komponiert von der Hand des Bassano. Von diesem gibt es auch ein Bild der vier Jahreszeiten mit kleinen Figuren, in dem verschiedene bäuerliche Szenen dargestellt sind. […] Weiters gibt es die alte Kapelle; und obwohl man sie zerstören muss, sollte man sie doch wegen ihrer besonderen Schönheit erwähnen. Ihr Altarbild stammt von Domenico Ghirlandaio und zeigt eine Geburt Christi; auf den Seitenflügeln des Altares sind viele Engel gemalt, die die Geburt des Erlösers feiern; auf den anderen drei*

61. Großherzog Cosimo III. de' Medici, Ölgemälde von Justus Sustermans, um 1670, Ausschnitt; Florenz, Palazzo Pitti

Wänden ist die Ankunft der Heiligen Drei Könige gemalt und an jeder Seite einer der Könige zu Pferd mit seiner Begleitung in Lebensgröße."[52]

Nach der Besichtigung des Palastes verbrachten die Brüder Lamberg wohl auch den Rest des Tages mit den anderen Kavalieren im Garten des Marchese Riccardi, der sich im Bereich des heutigen Bahnhofes in der Via Valfonda Nr. 9 befand[53] (Abb. 60). Das Casino Valfonda war von Gherardo Silvani mit einer Doppeltreppe erbaut worden und ebenfalls reich mit Kunstschätzen ausgestattet, wie der bereits erwähnte Stadtführer des Arztes Giovanni Cinelli berichtet: *„Das Casino des Marchese Riccardi ist nicht nur mit wunderschönen Gemälden sowohl al fresco als auch in Öl von tüchtigen Künstlern geschmückt, sondern auch mit einer bemerkenswerten Anzahl an antiken und modernen Statuen. Man hat einen lieblichen Garten hinzugefügt, wo es neben anderen Annehmlichkeiten einen Platz zum Ausüben der Reitkunst und einen Fechtplatz gibt. Der Garten besitzt außer einem weitläufigen Gelände einen Gartenpavillon in achteckiger Form, und an jeder Seite sieht man eine lange Wegachse sowie an jeder Seite einen langen Weg und an jeder Ecke eine überlebensgroße antike Marmorstatue. Es gibt ein anmutiges kleines Wäldchen, das reich mit antiken und modernen Marmorköpfen versehen ist, die einen lieblichen Anblick bieten; aber um mit dem Haupteingang zu beginnen, beim Eingang findet man ein schönes Lusthaus mit freskierten Gewölben und mit vielen antiken und modernen Marmorköpfen ausgestattet. Von jedem Teil dieses Pavillons geht ein ebenerdiges Appartement mit gut ausgestatteten und eingerichteten Zimmern weg. In einem Raum zur rechten Hand befindet sich eine sehr schöne Jungfrau mit dem Jesukind aus Marmor […]. In der anderen Wohnung zur linken Hand ist im ersten Zimmer danach, in welchem viele Feste gefeiert wurden, ein anmutiges Gewölbe mit Stuck und Fresken sowie die Statue einer Tänzerin; diese steht auf ihrem linken Fuß, während der andere nach vorne in die Luft ragt und hält sich mit großer Eleganz: Sie hat ausgestreckte Arme in solcher Grazie, dass sie wie lebendig jene empfängt, die die spanische Chaconne tanzen: diese Nacktheit reicht bis über den Ellbogen, und nackt sind auch die Füße, und man wundert sich über die*

62. Fest des hl. Johannes Baptist auf der Piazza Vecchia in Florenz, Kupferstich von Carlo Gregori nach Giuseppe Zocchi, Mitte 18. Jahrhundert, Wien, Albertina

dünnen Stoffe, die mit solcher Meisterschaft gearbeitet sind, dass der nackte Körper unter dem Gewand erkennbar ist. Und schließlich ist dies eine der wundervollsten Statuen, die von den antiken Meisseln jemals berührt worden sind und in jedem Teil so graziös führt sie mit unglaublicher Leichtigkeit die Aktion aus, für die sie geschaffen worden ist. Sie ist ein Werk griechischer Manier und wird von den Kunstkennern mit größter Wertschätzung geachtet. In der Kapelle befindet sich ein Christus, der am Ölberg betet, von Vincenzo Dandini als Geschenk für die Sakristei von San Benedetto angefertigt; von dort erwarb ihn Riccardi durch Kauf; vom selben Künstler stammt der kreuztragende Christus, den man jetzt am selben Ort sieht[54]. *Es gibt hier außerdem eine große Zahl antiker Marmorköpfe auf Inschriftenstelen und Sarkophage zu sehen, für deren Beschreibung man ein eigenes Buch verfassen müßte.*"[55]

Der Empfang der jungen österreichischen Adeligen im Palazzo Medici-Riccardi im Jahre 1674 war allerdings nur Teil eines mehrtägigen Besuches in Florenz, zu dem die Brüder Lamberg am 20. Juni von Siena aufgebrochen waren[56]. Schon am nächsten Tag hatten Leopold Joseph und Karl Adam – wie schon 1659 ihre älteren Cousins Franz Joseph und Georg Sigmund sowie 1673 Johann Philipp – "*bey dem Gran Duca audientz gehabt*", und sie wurden auch "*von Hoff regalirt*", also bewirtet. Cosimo III. de' Medici (Abb. 61), der sechste und vorletzte Großherzog, war zwar politisch nicht besonders begabt, aber künstlerisch sehr interessiert[57]. In seiner Jugend hatte er in den Jahren 1666 bis 1669 Reisen durch Oberitalien, Deutschland, Holland, Belgien, Frankreich, England, Irland und sogar Spanien sowie Portugal unternommen. Schon dabei hatte er sich für die Kunstproduktion dieser Länder interessiert und auch Ankäufe getätigt[58]. In Holland hatte er zwei Gemälde Rembrandts erworben sowie Frans van Mieris kennengelernt, und später kaufte er Werke von Rubens sowie von anderen niederländischen Malern. Er unterhielt weiterhin internationale Kontakte und ließ Präzisionsuhren und Uhrmacher aus London nach Florenz holen[59]. Cosimos historisches Interesse folgte jenem seines Onkels, des Kardinals Leopoldo, was nicht nur der Bibliothek zugute kam, sondern auch zum Ausbau der Porträtsammlung

63. Hauptfassade des Palazzo Pitti, Kupferstich in „Bau- und Wasserkunst" von Georg Andreas Böckler, 1664; Wien, Universitätsbibliothek Sign. III 79.261

führte. Der Großherzog erneuerte die Kunst der Kleinbronzen und ließ 1677 die antiken Skulpturen des *Schleifers*, der *Kämpfenden* sowie der *Venus Medici* aus Rom bringen und in der *Tribuna* der Uffizien ausstellen. Für die Florentiner *Schönheitengalerie* bestellte der Großherzog eine Serie von Damenbildnissen in Den Haag sowie die *Windsor Beauties* des englischen Hofmalers Sir Peter Lely, und er förderte die Gattung des Stilllebens mit der Darstellung von Kunstobjekten der eigenen Sammlung[60].

Die Konversation beim Großherzog war daher wohl eher künstlerischen als politischen Themen gewidmet. Höchstwahrscheinlich knüpfte Leopold Joseph von Lamberg damals aber schon Kontakte zum jüngeren Bruder des Großherzogs, die er ein Jahr später in London intensivierte und die schließlich 1700 zur vorübergehenden Beherbergung des kaiserlichen Botschafters in einem Palast der Medici führen sollte (Abb. 284).

Den Anlass für den Ausflug der Sieneser Studenten nach Florenz bot das Fest des Stadtpatrones Johannes Baptist, das alljährlich am 23. und 24. Juni mit großem Aufwand gefeiert und von mitteleuropäischen Adeligen gerne besucht wurde[61]. Der Lambergische Hofmeister berichtet, dass „*auf einem grossen platz in beysein der gantzen Hofstadt [!] eine Cavalcata undt Wagenrennen gehalten, welches zu sehen habe ich für eine Bühne zahlt 1 piastra = 23 Xr.*". Am nächsten Tag kosteten die auf der Piazza Vecchia errichteten Tribünensitze (Abb. 62) für „*ein Cavalcata Undt Wetrennen von Wilden pferden zu sehen*", abermals 23 Kreuzer[62]. Der Lobkowitzsche Hofmeister verfasste wieder einen längeren Bericht über die ehrenvolle aktive Teilnahme seines Zöglings an den Turnieren, die unter der Leitung des Marchese Riccardi und der Regie von Alessandro Carducci standen:

„*Am 23., dem Vorabend von San Giovanni, nach den üblichen Gebeten und dem Besuch des Vorzimmers so wie am Vortag, widmete er [=Lobkowitz] sich der Vorbereitung des Nachmittagsrittes. Das Pferd wurde mit mehreren Bändern in verschiedenen Farben geschmückt, die den besonderen Qualitäten des Pferdes und des Reiters entsprachen. Der Prinz wurde bei diesem und den folgenden beiden Auftritten von vier Reitknechten begleitet, bekleidet mit einer neuen Livree, die extra für diesen Anlaß angefertigt worden war. Er ritt immer zwischen Herrn Marchese Riccardi und Herrn Cavalier Carducci, ohne irgendeine Ordnung oder Reihenfolge zu beachten, weil es so der Stil dieses Hofes ist. Am Ende des Rittes stieg der Großherzog auf seine Tribüne, um das Zusammentreffen von Damen und Kavalieren sowie einer großen Volksmenge und den Lauf eines Palios zu betrachten. Er ließ schnell den Prinz rufen und setzte ihn neben sich. Er unterhielt sich mit ihm während dieser Veranstaltung. Als die Veranstaltung zu Ende war und nachdem der Großherzog mit den Kavalieren des Hofes in die Kutsche gestiegen war, fuhr auch der Prinz mit der Kutsche zu seiner Wohnung zurück.*"[63]

Der Fechtmeister Alessandro Carducci hatte 1661 anlässlich der Hochzeit des Großherzogs die Aufführung von *Il Mondo Festeggiante* in den Boboligärten choreographiert[64] und war 1667 von Kaiser Leopold I. eigens aus Florenz nach Wien zur Gestaltung des berühmten Rossballetts *La Contesa dell'Aria e dell'Acqua* verpflichtet worden. Er wurde damals mit 20.000 fl. und einem Freiherrentitel belohnt, weil Europa nach Meinung des Kaisers „*a seculis nix solches gesehen*"[65]. Am eigentlichen Festtag des hl. Johannes, dem 24. September, fand eine Huldigung vor dem Großherzog statt, ein Kirchenbesuch und ein zweites Turnier.

Neben dem Palazzo Medici-Riccardi standen jedoch in Florenz auch die heute noch gültigen

64. Marssaal der Galeria Palatina mit Fresko von Pietro da Cortona, um 1645; Florenz, Palazzo Pitti

touristischen Highlights auf dem Programm der Lambergbrüder, für die meist Eintritte in Form von Trinkgeld zu bezahlen waren, wie der Hofmeister am 26. Juni notierte: *„Hier in dem palazzo undt in der Galeria des Gran Duca hin undt wider in underschidlichen Zimmern trinckgeldt verehret 20 piastre =3 fl 40 Xr; Die Löwen, Bähren, undt tiger zu sehen, trinckgeldt verehret 2 piastre =47 Xr; im Hofgarten die Wasserkünst, vielerley thier undt Vögel, wie auch die wunderschöne Capellen di San Lorenzo, zu sehen, verehret ½ Ducaten =55 Xr; für drey pferdt auf Pratolino ein Großhertzogliches Lusthaus zu reiten, habe ich bezahlet, quindeci piastre = 2 fl 45 Xr."*[66]
Den Auftakt bildete also der Palazzo Vecchio mit der prunkvollen Ausstattung des 16. Jahrhunderts und der Galerie in den Uffizien[67], die Nicodemus Tessin d. J. 1687 ausführlich beschrieben hat[68]: *„Die grosse gallerei wahr die erste so wir hernacher haben besehen, alwor 54 statuen in seijndt, undt 107 busten, undt ist oben hinter jeden breiten pfeiler eine statue gesetzt, undt so zwei busten immerfort alternativement die beste statuen wie sie nach einander stehen seijndt folgende, nemblichen 1 der Laocon, treflich schön vom Baccio Bandinelli copiiret die gantze grouppe, dass manss kaum vom antiqven kennen kan. 2 Der Bacchus mit dem fauno treflich schön antique. 3 Die Venus gegen über mit der schlange undt rose in der handt. 4 Der Apollon beijde antiques; [...] ‚Von beiden Seiten der Galerie betritt man 13 Säle, von welchen der erste eine Anzahl von kleinen Statuen und Bronzeantiquitäten beherbergt, welche in schöner Ordnung auf Sockeln stehen. [...] Das fünfte Zimmer ist die herrliche Tribuna, welche achteckig ist und ein Wunder der wunderbarsten Kuriositäten beherbergt, wie man sie an keinem anderen Ort der Welt sehen kann."* Im Zentrum des achteckigen Raumes stand die *„Venus Medici tanto stimata nel mondo"*, umgeben von anderen antiken Statuen; an den Wänden befanden sich u.a. Raffaels *„bellissimo ritratto"* des Papstes Leo X. und der *„superbissimo"* Hl. Johannes Baptist, der *Cardinale Bentivoglio* von van Dyck, *Adam und Eva* von Albrecht Dürer sowie Gemälde von Bronzino, Tizian, Giorgione, Veronese, Correggio und Rubens. Dazwischen waren Bronzestatuetten von Giambologna und Kunstkammerobjekte ausgestellt. Die wertvollsten Kleinodien befanden sich in zwei Kunstkammerschränken an der Rückwand bzw. in der Mitte des Raumes[69]. Teilweise waren diese Kunstwerke allerdings erst nach 1674 aus Rom nach Florenz gebracht worden. Als Neuerung gegenüber seinem ersten Besuch beschrieb Tessin auch den 1683 eingerichteten großen Saal mit den 133

65. Brunnen mit Personifikation des Appenin von Giambologna im Park der Medici-Villa in Pratolino (Ende 16. Jh.); Federzeichnung von Nicodemus Tessin d. J., 1687; Stockholm, Nationalmuseum NMH CC 1576

Selbstporträts der bedeutendsten Maler[70]. In der Basilika von San Lorenzo bewunderten die Brüder Lamberg wohl wie alle Touristen die Skulpturen von Michelangelo in der Neuen Sakristei und vor allem die prachtvoll mit Marmorinkrustationen geschmückte Grabkapelle der Großherzöge[71].

Besonderen Eindruck hinterließ sicher auch der Palazzo Pitti (Abb. 63) mit den von Pietro da Cortona und anderen Malern freskierten Sälen des Piano Nobile und seinen zahlreichen wertvollen Gemälden[72] (Abb. 64). Eine detaillierte Beschreibung dieser Räume verdanken wir wieder Tessin, der den Palast 1673 und 1688 besichtigte: *„Hie seijndt wir erstens in der bibliotheque gewesen, in welcher ehe man kömpt, gehet man erst durch vier grosse vorzimmer, welche alle von oben biss unten behengt seijndt mit schildereijen von den vornembsten meistern alss Rafael, Titien, Carracci etc., die alle in reichen vergülten rahmen seijndt eingefest [!], im ersten zimmer waren 23 st, im anderen 103 und 12 busten, im dritten 64 qvadri, undt im vierten 101 st und 12 busten. [...] Al piano nobile [...] kompt man in 7 zimbern nach einander, die der Grossprintz Don Ferdinando bewohnt, welche [...] über die massen magnifiques und superbes seijndt wegen der grossen mengde so man darinnen siehet von ausserlesenen schildereijen, die die grösten meister gemacht haben [...]. Die veüe wahr treflich schön von diesem letzteren zimber durch die gantze filée aller thüren auf der gantzen längde dess palais durch des Grosshertzogs zimber mit zu sehen"*[73].
Die österreichischen Kavaliere besuchten aber auch den hinter dem Palast befindlichen Boboligarten mit dem 1631 bis 1651 von Giulio und Alfonso Parigi errichteten steinernen Amphitheater sowie der als *Isoletta* bekannten Insel[74].

Die zuletzt von den Lamberg-Brüdern besuchte großherzogliche Villa in Pratolino war ab 1570 von Bernardo Buontalenti und Giambologna errichtet worden und für ihre manieristischen Grotten und Automaten berühmt. Es gab durch Wasserkraft betriebene Orgeln und künstliche Tiere sowie Wasser versprühende Gartenstühle. Das Gebäude wurde zwar im 18. Jahrhundert zerstört, doch beeindruckt die 12 m hohe Statue des Appenin von Giambologna auch heute noch die Besucher des Gartens[75] ebenso wie im Jahre 1687 Tessin (Abb. 65)[76].

Die ‚Wasserspiel' werden auch im Diarium des Lobkowitzschen Hofmeisters eigens erwähnt, wo wir wieder eine etwas ausführlichere Schilderung der Besuche in Pratolino und im Boboligarten am 25. und 27. Juni 1674 finden: *„25. Montag Vormittag besichtigte der Herr Prinz die ‚Delizie' und die Wasserspiele von Pratolino und das beschäftigte ihn bis Mittag; den Nachmittag verbrachte er, indem er Besuche erwiderte. Der Tag wurde mit dem üblichen Casino-Vergnügen beendet. 27. Nachdem er die Messe besucht hatte, verbrachte der Herr Prinz den Vormittag damit, den Besuch des Herrn Gesandten von Lucca zu erwidern, der ihn zusammen mit seinen Söhnen am Tag zuvor besucht hatte […]. Nach dem Mittagessen wurden andere Besuche erwidert, der Garten von Boboli wurde besichtigt und am Abend wurde eine sehr virtuose Dame besucht, die verschiedene Instrumente spielte und mit dem Gesang und dem Klang der Instrumente brillierte. Während dieser Veranstaltung konnte man verschiedene der besten Stimmen und Instrumente aus Florenz genießen sowie die Unterhaltung mit den besten Kavalieren, die reichlich zu dieser sehr noblen Unterhaltung gekommen waren."*[77] Musikalische Unterhaltung boten den Grafen Lamberg aber auch die Ausflüge nach Lucca, Pisa und Livorno („die ‚opera' oder ‚Comoedi' zu sehen").

Neapel, Frascati und Rom

Am 23. Oktober 1674 reisten die beiden Grafen Lamberg von Siena nach Rom und gleich mit dem *Vetturino* nach Neapel weiter, wo sie am 3. November ankamen[78]. Der Hofmeister verzeichnete die *„für die gantze gesellschaft außgelegten extraspesen, in undt ausser der Stadt Neapel, für unterschiedliche trinckgeldter undt Carozzen"*. Der Stadtbummel in der damals mit 300.000 Einwohnern (nach Paris) zweitgrößten Stadt Europas hat die jungen Kavaliere sicher zum und vielleicht sogar in den zu Beginn des 17. Jahrhunderts von Domenico Fontana errichteten Palast des spanischen Vizekönigs geführt, der sich unmittelbar am Hafen befand und dessen Räume mit Fresken zeitgenössischer Thematik ausgestattet waren[79] (Abb. 66).

Auf dem Rückweg nach Rom machte die unterwegs von „*Sbirren [=Gendarmen] undt Contrebanditen*" bedrohte Reisegruppe am 13. November 1674 Station in Frascati, dem antiken *Tusculum*, um die berühmten Villen zu besichtigen: „*Hier zu Frescati seindt schöne palazzi, gärten undt Brunn zu sehen, dahero ist für trinckgeldt gegeben worden 5 paoli =55 Xr.*"[80]. Die größte Attraktion bildete der berühmte, 1598–1603 für den Kardinalnepoten Pietro Aldobrandini errichtete Landsitz (Abb. 68), der sich damals im Besitz des Fürsten Pamphilj befand, mit der grottenartigen *Stanza di Apollo* und dem spektakulären Wassertheater von Giacomo della Porta und Carlo Maderno[81]. Besichtigt wurden aber wahrscheinlich auch die von Martino Longhi d. Ä. nach 1567 für den Kardinalnepoten Markus Sittikus II. von Hohenems errichtete und 1674 im Besitz des Fürsten Borghese befindliche *Villa Mondragone* mit einem Gartentheater von 1618–20[82] (Abb. 412), die 1582 erbaute Villa Lancelotti (auf dem Boden des Landhauses des Lucullus) sowie die Villa Belpoggio des Kardinals Federico Borromeo[83], die Graf Lamberg später selbst bewohnen sollte (Abb. 411). Der modernste Bau war jedoch die erst in den 1660er Jahren von Francesco Borromini für den päpstlichen General Marchese Paolo Francesco Falconieri großzügig erweiterte Villa *La Rufina*[84].

Einen Eindruck von der Rezeption dieser Bauten vermittelt die 1673 in deutscher Sprache publizierte *Außfuhrliche Reiß=Beschreibung durch Italien* des englischen Priesters und Hofmeisters Richard Lassels: „*Frescati, vor Zeiten genandt ‚Tusculum' ist ‚absolut' einer von den schönsten Orten in Europa/ die Stadt ist nur klein; aber rund umher/ sonderlich an der Berg=Seiten/ sind so viel schöne ‚Villae', Palläste/ Gärten/ Brunnen/ schattige Gänge und allerley schöne Sommer Lust/ […]. Mit einem Wort/ hie war Cato geboren/ hie hatte Lucullus seine Freud und Lust/ ja Cicero schrieb und studierte hier seine ‚Tusculanas quaestiones'. Der erste Ort welchen wir außgingen zu besehen/ war die Villa Aldobrandina. Dieser ‚Villa' wird auch genandt der ‚Belvedere' von Frescati dieweil er so lustig liegt/ denn er hat ‚Campania' von Rom im Gesicht auff einer Seiten/ und auff der andern ist seit[lich] des Weges mit Lorbeerbäumen gepflantzet/ mit schönen Brunnen versehen/ ‚Cascatas' und andere schöne Wasserwercken/ die ein schöne kühle Luft mitten im Julio und Augusto geben. […] Wenn man ein grossen Hanen umbdrehet/ so komt das Wasser […] und sprützt durch die Spitzen zweyer hohen Pfeiler welche stehen auff dem Kopf von ein paar offenen Treppen/ und fält wieder auf dieselben Seulen und theilet sich an dieselbigen außgehauenen Kennelen die rund umher gehen/ daß man mit Lust siehet/ wie das Wasser umb die Seulen herumb läufft biß an den Boden/ wo es seinen Außgang und Röhren*

66. *Der königliche Palast in Neapel anlässlich einer Ausfahrt des Vizekönigs Aloys Thomas Raimund von Harrach, Ölgemälde von Gaspar Butler, um 1730/33; Privatbesitz*

findet/ und fält auff vorgedachten Treppen/ und bedeckt sie allzumal mit einem dünnen Strom. […] Wenn hernach der Gärtner einen anderen Kranen umbdrehet/ dann gibt's einen hauffen Wind und Wasser in der grossen ‚Girandola' unter an der Treppen in der Grotten von Atlas, daß es natürlichen Donner/ Hagel/ Rägen und Duft gibt. […] Der Saal Apollo welcher offen stehet/ da er auff dem Berg Parnasso sitzet/ und die 9 Musen unter ihm in einen circul/ die ihre Instrumenten in den Händen halten/ die miteinander auffspielen. […] Von hieraus gingen wir nach dem ‚Villa' des Printzen Burgese, genannt ‚Montedragone' wegen des Drachens in seinem Wap[p]en. […] Die Gemächer sind schön und wohl ausgeziert für Winter und Sommer. Ich sahe alhier unterschiedlich schöne Gemälde. Die Histori von Polyphemo. Das letzte Abendmal; das mir aber am besten gefiel/ war der untere Saal/ voll schöner Gemälde berühmter Leut/ so wol gelehrter als Krieges Leuten. Es ist ein herrlich Schul/ wo einer in der ‚Phisiognomi' etwas sehen mag."[85]

Noch am selben Abend traf die kleine österreichische Reisegruppe in Rom ein und speiste am nächsten Tag zur Erholung in der Taverne „alla villa d'Anversa", vielleicht ein Treffpunkt niederländischer und deutscher Touristen oder Künstler[86].

Die Gasthäuser für Reisende aus dem Norden, darunter ein Wirtshaus zur Kaiserkrone und sogar eines zur Stadt Wien, befanden sich vor allem in der Nähe der Spanischen Treppe[87]. Tatsächlich bot die Stadt am Tiber sowohl aufgrund ihrer zahlreichen Sehenswürdigkeiten als auch als Hauptstadt der Christenheit und als Treffpunkt von Gesandtschaften aus ganz Europa beste Voraussetzungen für ein Studium angehender Kavaliere und Diplomaten[88]. Daher beteiligten sich auch die Lambergbrüder an den Feiern kirchlicher wie weltlicher Feste, und zu den schon in Siena betriebenen Studien kamen nun auch Mathematik und ‚Kunstgeschichteunterricht' mit Besichtigung der antiken und modernen Sehenswürdigkeiten der Stadt (Abb. 69). Denn wenn man in Rom ist – so schrieb ein niederländischer Gesandtschaftssekretär im Jahre 1707 – „so macht man ebenso einen Cursum Antiquitatum, wie auf Universitäten einen Cursum Philosophiae", und daher engagiert man einen „dieser Sachen kundigen Mann, den ich nach der hiesigen Gewohnheit nur unsern Cicerone nennen will"[89]. Sowohl beim Studium als auch bei Festen befanden sich die Brüder Lamberg meist in Begleitung anderer junger Adeliger aufgrund schon beste-

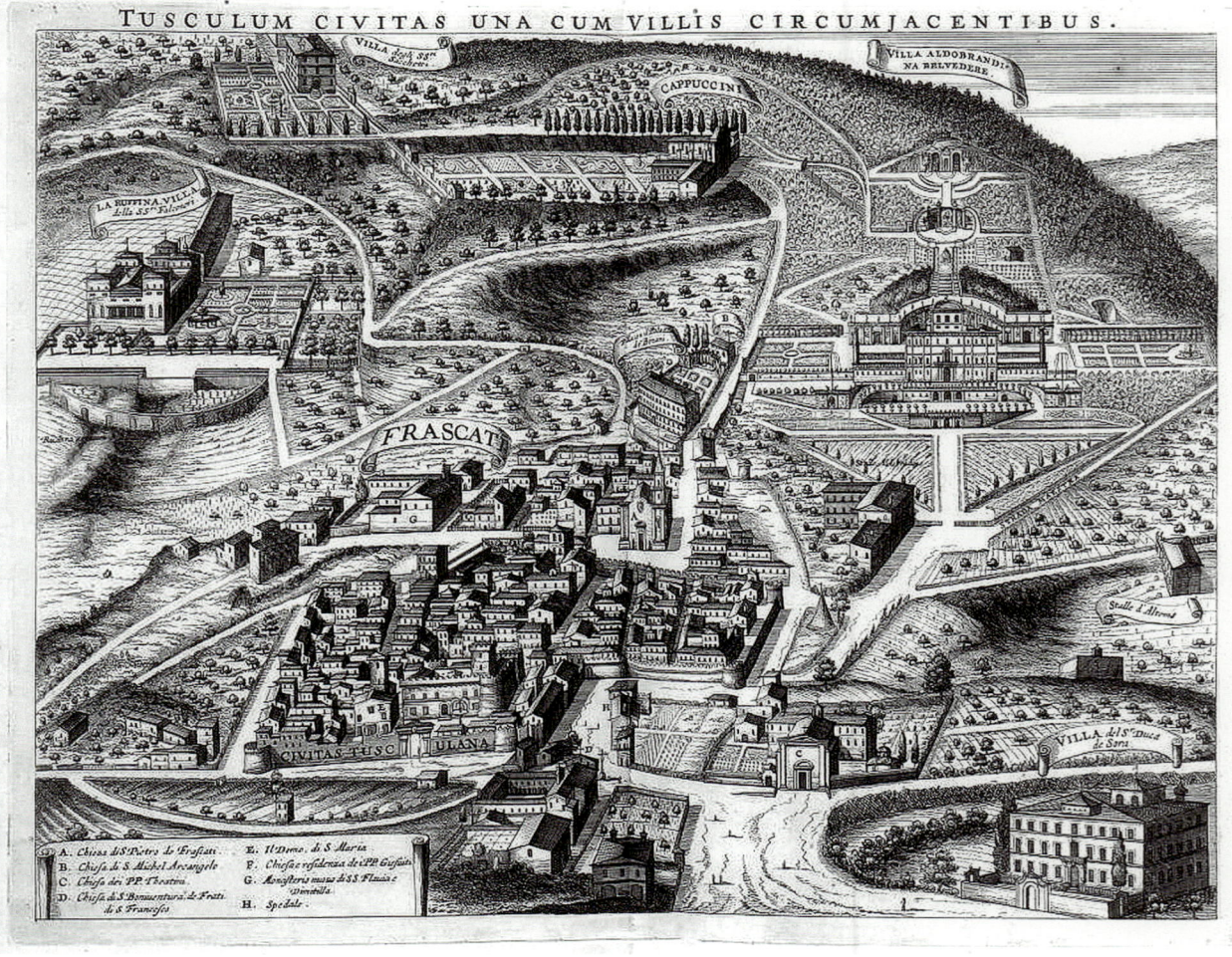

67. Villen in Frascati, Kupferstich in „Latium" von Athanasius Kircher, 1671; Privatbesitz

68. Villa Aldobrandini von Giacomo della Porta, Carlo Maderno und Giovanni Fontana, ab 1598; Frascati

hender „Reisekompagnien"[90], aber auch weil Rom aufgrund des *Heiligen Jahres* 1675 damals geradezu ein ‚Tummelplatz' mitteleuropäischer Adeliger war. In der Stadt befanden sich Landgraf Karl von Hessen-Kassel mit seiner Gattin, Philipp Sigmund Graf von Dietrichstein, der spätere kaiserliche Oberstallmeister und Bewohner eines lambergischen Hauses in Wien[91], sowie mehrere nachmalige kaiserliche Diplomaten: Johann Joseph Graf von Jörger, der Sohn des Vizepräsidenten der kaiserlichen Hofkammer[92], Franz Anton Berka Graf von Dubá[93] sowie Lambergs Vorgänger als Botschafter in Rom, Fürst Anton Florian von Liechtenstein[94] und Georg Adam Graf von Martinitz. Der bekannteste ‚Pilgerkavalier' war der spätere Kurfürst Johann Wilhelm (Jan Wellem) von Pfalz-Neuburg, der gleichzeitig mit den Lambergbrüdern von 1674 bis 1677 Den Haag, Antwerpen, London, Frankreich, Italien und Wien besucht hat. Im Jubeljahr 1675 verbrachte der spätere Schwager von Kaiser Leopold I. und Schwiegersohn von Großherzog Cosimo III. de' Medici vier Monate in Rom, wo er einen Palast am Monte Giordano bewohnte[95].

Ob die Lamberg-Brüder am Tiber auch seine Bekanntschaft gemacht haben, ist nicht belegt, aber anzunehmen, denn Johann Wilhelm lernte in Rom nicht nur die Prinzen Lobkowitz und Liechtenstein kennen, sondern auch zahlreiche andere *„ex Austria, Germania, Gallia & Anglia Comitates & Barones"*[96]. Als Freunde der Österreicher namentlich erwähnt werden ein *„Baron von Hochenfeld"* sowie ein Graf von Althann, der am 8. Februar 1675 *„bey seiner abreiß"* begleitet wurde. Bei diesem schon in Florenz anwesenden Mitglied der Familie Althann dürfte es sich um den späteren Interimskommandanten von Ofen, Johann Sigmund Erasmus aus der Linie Waldreichs-Niedergrünbach gehandelt haben, deren beide Herrschaften im Osten bzw. im Westen direkt an den Lamberg-Besitz Ottenstein grenzten[97]. Verwandt- oder freundschaftliche Bande bestanden offensichtlich auch zum Baron von Hohenfeld, dessen Familie im späten 17. Jahrhundert mit den Herrschaften Idolsberg[98], Gobelsburg und Schickenhof im Kamptal begütert war[99]. In Begleitung ihres Cousins Johann Philipp von Lamberg, der ein Jahr früher von Siena nach Rom übersiedelt war, unternahmen Leopold Joseph und Karl Adam am 16. Jänner einen Ausflug zum Hafen von Civitavecchia und um *„die schöne ‚Campagna' umb Rom herumb zu besehen"*.

Zu den wichtigsten Verpflichtungen der Lamberg-Brüder nach ihrer Ankunft in Rom zählte eine Audienz beim kaiserlichen und beim spanischen Botschafter sowie beim Papst. Die Kontaktaufnahme mit den vornehmsten Kardinälen und Botschaftern, insbesondere mit den beiden habsburgischen Gesandten, hatte schon Fürst Gundaker von Liechtenstein empfohlen, als er 1657 eine Instruktionsschrift für die Kavalierstour seines Enkels Maximilian Jakob Moritz verfasste[100]. Auch diese Verpflichtung erforderte gewisse Auslagen: Am 1. Dezember 1674 verzeichnete der lambergische Hofmeister 1 Gulden 50 Kreuzer *„für die Laquey des Herrn Cardinal Landtgraven als Khayserlicher ‚Ambasciador', nach gehabter erster audientz ein gebreuchliches trinkhgeldt"*[101]. Wie Johann Wilhelm von Pfalz-Neuburg und Anton Florian von Liechtenstein[102] besuchten Leopold Joseph und sein Bruder den kaiserlichen Botschafter, den Landgrafen Friedrich von Hessen-Darmstadt (Abb. 31), obwohl der von 1667–74 in Rom amtierende Vertreter des Kaisers damals bei der Kurie nicht beliebt war[103]. Der jeweilige Botschafter sollte seine Landsleute mit einflussreichen Persönlichkeiten der örtlichen Gesellschaft bekannt machen, und das ‚Antichambrieren' der jungen Adeligen erfüllte auch eine pädagogische Funktion: einerseits wurden die ‚Diplomatenlehrlinge' auf diese Weise in die internationale Welt des Zeremoniells eingeführt, andererseits vergrößerten die jungen Kavaliere die Entourage des Botschafters und dienten auf diese Weise ganz bewußt der Repräsentation ihres Landes und Herrschers. Die kaiserlichen Botschafter waren daher ständig von bis zu dreißig *Cavalieren* und *Gentilshommes* (d. h. Angehörigen des niederen Adels) umgeben, die ihr Appartement bevölkerten, mit ihnen speisten und sie bei Ausflügen sowie Audienzen begleiteten. Zum Gefolge der kaiserlichen Vertretung in Rijswijk gehörten u.a. zwei Söhne des Grafen Kaunitz, zwei Grafen Lamberg und Lambergs Neffe Questenberg[104].

Schon am 4. Dezember 1674 erfolgte der lambergische ‚Antrittsbesuch' bei *„Cardinal Nithard als spanischer ‚Ambasciador'"*, der bei österreichischen Adeligen ebenfalls zum Pflichtprogramm gehörte. Abgesehen von der politischen Allianz war Kardinal Johann Eberhard Graf Nidhard (Neidhardt), der als Beichtvater der spanischen Königin Maria Anna (Abb. 114) zum Premierminister und Großinquisitor Spaniens aufgestiegen war und ab 1669 als spanischer Botschafter und ab 1672 als Kardinal in Rom wirkte, ein Landsmann der Österreicher, stammte der Jesuit und Beichtvater Kaiser Ferdinands III. doch aus Falkenstein im Mühlviertel[105] (Abb. 71). Eine aus der Lamberg-Sprinzenstein-Sammlung stammende Ansicht der spanischen Botschaft überliefert den damaligen Zustand der Fassade (Abb. 41)[106]. Am 23. April 1675 waren abermals 1 fl. 50 xr. fällig, als die Lamberg-Brüder vor ihrer Abreise beim kaiserlichen und beim spanischen Botschafter ihre *„urlaubsaudienz"* absolvierten. Mit ähnlichen Unkosten waren auch die Besuche bei den einheimischen Fürsten verbunden. Als Leopold Joseph und sein Bruder am 8. Dezember 1674 dem Kommandanten der päpstlichen Galeeren und Garden, Don Giovanni Battista Rospigliosi (Abb. 72), ihre Reverenz erwiesen, hatte man *„denen Laqueyen des Duca Zagarola nach verrichteter erster audientz oder bedienung und nachmaliger ‚Conversation' in dessen Hauß für ein gebreuchliches trinckhgeldt"* 1 Gulden und 28 Kreuzer zu entrichten[107]. Der Neffe des habsburgerfreundlichen Papstes Clemens IX. trug seit 1658 den Titel eines Reichsfürsten und seit 1668 jenen eines Herzogs von Zagarolo, und seine Familie war für die besonders prachtvolle öffentliche Ausstellung alter Kunstwerke im Jahre 1668 verantwortlich gewesen[108]. Die Rospigliosi bewohnten damals

69. Ansicht der Engelsburg zur Erinnerung an die Kavalierstour des Grafen Nikolaus Pálffy, Fresko von Carpoforo Tencalla, 1655; Červený Kameň, Schloss

70. Graf Franz Anton Berka von Dubá während seiner Kavalierstour in Rom, Ölgemälde von Carlo Maratta, um 1672; Prag, Narodni Galerie v Praze, Inv.-Nr. DO 4268

den Palazzo Fiano an der Piazza di San Lorenzo in Lucina mit Fresken von Giovanni Francesco Grimaldi und einem eigenen Theater. Um nicht weniger als 70.000 Scudi hatte man diesen Palast mit zahlreichen Gemälden ausstatten lassen. Diese Kunstsammlung, die 1670 durch die Heirat des Fürsten mit Donna Maria Camilla Pallavicini Principessa di Gallicano wesentlich bereichert wurde, bildete den Grundstock der Galleria Pallavicini-Rospigliosi[109].

Geldgeschenke an die fürstlichen Diener waren sowohl bei den Antritts- und Abschiedsaudienzen als auch anlässlich der Weihnachts- und Neujahrsfeiertage üblich. Am 25. Dezember 1674 erhielten daher nicht nur die Lakaien der beiden Botschafter und des „Prencipe Rospigliosi" ihr Weihnachtgeld, sondern das lambergische Rechnungsbuch vermerkt auch die Ausgabe von 5 Gulden und 30 Kreuzer „dem ‚antiquario' und der Päbstlichen Guardia der Schweitzer gleichfalls wegen der Feyertäg".

Tatsächlich hatten die Lambergbrüder auch eine Privataudienz beim Heiligen Vater, und der seit 1670 regierende Papst Clemens X. Altieri[110] gewährte den jungen Grafen sogar einen eigenen Ablass (Abb. 73). In diesem Zusammenhang und wohl auch bei touristischen Besuchen konnten die jungen Kavaliere nicht nur einen Blick auf die Fassade des Petersdomes (Abb. 74) und der Kolonnaden Berninis mit dem damals geplanten dritten Flügel (Abb. 75) werfen, sondern auch einen Eindruck vom vatikanischen Palast gewinnen. Dieser war 1673 im Reiseführer von Lassels mit bemerkenswerter kunsthistorischer Fachkenntnis beschrieben worden: „Auß S. Peters Kirchen gehet man in diesen Pallast hinauf über schöne Staffeln/ da 10 Menschen nebeneinander gehen können. Diese Staffeln führen dich hinauff in den grossen Saal/ genannt ‚Sala Regia'; dieweil der Pabst daselbst die Abgesandten der Königen empfängt: Ist geziert mit schönen Gemählden sehr groß/ wie da Käyser Fridrich dem Pabst die Füß geküßt/ gemacht von Giuseppe del Salviati Garfagnino; das von Ligne in Franckreich; Coligni und das/ wo der Pabst die Ketzerey verdammet; da der Pabst wieder von Avignon kommen: welche alle Georg Vasari gemacht. Das von Keyser Carlen dem Grossen den Geschenckbrieff versigelend/ gemacht von Thaddeo Zuccari. Die Schlacht von Lepanto mit dem Gemählde deß Glaubens zur Seiten. Dieser grosse Saal stehet zwischen zweyen Capellen/ Paulina und Sista. In Paulina ist ein rar Bild zu sehen/ wie Petrus gecreutzigt worden/ durch Michael Angelo; doch seynd dieselbige durch den Rauch von den Liechtern/ welche Montags und Donnerstags brennen/ sehr raucherig und schmuzig worden. Die Capellen Sista ist/ worinnen der Pabst auf gewisse Täge capelliret/ und alle Cardinäl darein kommen. Am Ende dieser Capellen an der Wand/ ist das Jüngste Gericht/ gemahlet von Michael Angelo, ein solch Stück/ das durch die gantze Welt berühmt ist. […] Darnach ward ich in die offene Galerey geführet/ da man in den Hoff sihet […]/ wo die Biblische Historien/ gar artig gemahlet seynd […] durch Raphael Urbin […]. Da Josua der Sonnen befohlen zu stehen, von Bersaba etc. durch Pierino del Vego. […] Das Urtheil Salomons/ und etliche andere durch Julio Romano. […] Doch/ dieweil Raphael Urbin entweder anlaß und Abriß gegeben/ wird diese Gallerey genannt Raphaels Gallerey. […] Die lange Gallerey/ wo die Landtaffeln von Italien an die Wänd zur Seiten seynd gemacht/ von Paulo Brillo einem Brabänder/ und andern; und zwar so distinct und klar/ daß man ein jeden Staat/ Provintz/ Statt/ Fluß/ Hoff/ und Schloß etc. von Italien sihet/ wo ein sonderlich Treffen gewesen zur Römer Zeiten oder hernach."[111]

Den zeremoniellen Höhepunkt des Aufenthaltes der Brüder Lamberg bildete zweifellos die Eröffnung der Porta Santa anlässlich des Heiligen Jahres 1675. Die Feierlichkeit, für die der aus Tirol stammende päpstliche Hofmaler Philipp Schor, wohl unter Mitwirkung seines österreichischen „Scolaren und Practicanten", Johann Bernhard Fischer die Festdekorationen geliefert hatte[112], fand am 24. Dezember 1674 statt. Nachdem der Papst die Kardinäle Francesco Barberini d. Ä., Flavio Chigi und Giacomo Rospigliosi mit der Öffnung der Pforten der drei anderen Hauptbasiliken betraut hatte, begab sich die Prozession vom Kapitol nach St. Peter, wo der *Pontifex Maximus* mit einem vergoldeten Hammer dreimal an das Portal schlug, das sich daraufhin unter der Aufsicht des *„Cavaliere G. Lorenzo Bernino Architetto de la Fabrica di San Pietro"* öffnete (Abb. 76). Anschließend begab sich die Prozession in die Sakramentskapelle, wo der neue vergoldete Tabernakel von Bernini geweiht wurde. Aus demselben Anlass hatte der Papst auch die Mosaikko-

71. Kardinal Johann Eberhard Nidhard SJ, Kupferstich von François Andriot nach Jean Delaporte, nach 1672; Privatbesitz

pie von Giottos *Navicella* in der Vorhalle des Petersdomes aufstellen lassen. Der Jesuit und Hofmeister des Kurprinzen Johann Wilhelm verwies in diesem Zusammenhang ausdrücklich auf den historisch-architektonischen Triumph des modern-christlichen über das antik-heidnische Rom[113]. Der Einsatz künstlerischer Mittel zur *Propaganda fidei* wird auch durch literarische Begleitmaßnahmen bestätigt: 1674 hatte der Prälat Filippo Titi einen Reiseführer zu den römischen Kirchen unter dem Titel *Studio di pitture, sculture e architetture nelle chiese di Roma* publiziert, der sich ausdrücklich an die kunstinteressierten Pilger richtete[114]. Und wie Berninis Kolonnaden die Universalität der *Ecclesia triumphans* symbolisierten, wurde diese anlässlich des Heiligen Jahres auch tatsächlich durch die Teilnahme von Fürsten und 1,4 Millionen Pilgern aus ganz Europa sozusagen in Realpräsenz demonstriert[115]. Besonderer Ehrengast der Eröffnung der Heiligen Pforte war natürlich die konvertierte Königin Christina von Schweden. In ihrem Gefolge befanden sich auch einige *„Signori Oltramontani"*, darunter zwei *„Milordi Inglesi"*. Eine weitere Tribüne wurde für die deutschen, böhmischen und österreichischen Adeligen aufgerichtet, nämlich für den Markgrafen Ludwig Wilhelm von Baden-Baden, für einen Herzog von Braunschweig-Wolfenbüttel[116], für die Fürsten „Leuenstein"[117], Fürstenberg, Liechtenstein und Dietrichstein sowie für die Grafen Stolberg[118], Manderscheid von Blankenhaim, „de La Lippe", Dietrichstein, Lamberg, Althann, „Lasunski", Paar, Martinitz, Götz, „Bubena", „Kroneck," und andere[119]. Zu den schon erwähnten Romreisenden kamen also der spätere Oberst-Hof- und General-Erbland-Postmeister Karl Joseph Graf von Paar[120] sowie Graf Friedrich Christian zu Schaumburg-Lippe hinzu. Der norddeutsche Erbprinz hatte in den Jahren 1669–74 u.a. in Leiden und in Heidelberg studiert, Holland, Frankreich, die Schweiz, Italien und Böhmen bereist, war in Versailles von Ludwig XIV. und in Wien vom Kaiser empfangen worden und hatte 1675 in Venedig den Karneval mitgefeiert[121]. Seine Schwester Charlotte Juliana war übrigens mit dem Waldviertler Adeligen Hans Heinrich von Kuefstein verheiratet, dessen Familie unweit von Ottenstein begütert war[122]. Mit dem in den römischen Quellen genannten Graf Lamberg ist vermutlich der spätere Kardinal Johann Philipp angesprochen, aber seine beiden jüngeren Cousins wohnten wohl ebenso der Feier bei wie die genannten anderen österreichischen Kavaliere.

Dafür spricht vor allem die Darstellung dieser römischen Zeremonie auf dem Kunstkammerschrank, den Leopold Joseph später für sein Schloss Ottenstein anfertigen ließ (Abb. 76). Als Vorlage für das Bild der Öffnung des Portales von St. Peter diente eindeutig eine Radierung, die

72. Fürst Giovanni Battista Rospigliosi, Gemälde von Jacob Ferdinand Voet, 1672; Rom, Palazzo Pallavicini Rospigliosi

73. Papst Clemens X. Altieri, Fresko von Maurizio Andora, 1688; Schloss Ottenstein, Oratorium

Vorhergehende Seiten: 74. Fassade des Petersdomes von Carlo Maderno (1608-12) vom Apostolischen Palast aus gesehen; Rom, Vatikan

erstmals anlässlich des Heiligen Jahres 1650 aufgelegt worden war: Sowohl der Schweizergardist und der kreuztragende Geistliche links als auch das Portal rechts wurden direkt von der Vorlage übernommen, deren Hochformat allerdings in die Breite gezogen wurde[123] (Abb. 77). Diese Historie sowie die Ansicht des *Santo* in Padua belegen wohl, dass der Schrank und die Täfelung der Ottensteiner Schatzkammer nicht erst zu Beginn des 18. Jahrhunderts zur Erinnerung an die Botschafterzeit des Grafen geschaffen wurden, wie dies bisher vermutet wurde, sondern bereits früher und vermutlich parallel zur Ausmalung des Päpstezimmers (1688), auf das wir noch eingehen werden. Weitere Motive des mit Goldfarbe dekorierten schwarzlackierten Möbels – wie die Trajansäule[124] oder die auf einer Stichvorlage von Giovanni Federico Greuter basierende Darstellung von Berninis Baldachinaltar in St. Peter[125] – fügen sich jedenfalls bestens in den Motivschatz einer Kavalierstour ein. So hat etwa der ungarische Magnat Graf Nikolaus IV. Pálffy 1655 in der Sala Terrena des Schlosses Červený Kameň/Biberburg (Slowakei) von Carpoforo Tencalla Fresken mit Ansichten der Engelsburg (Abb. 69), antiker Ruinen sowie der Statuen des Nil und des *Pasquino* nach Kupferstichen des *Speculum Romanae Magnificentiae* zur Erinnerung an seinen Romaufenthalt in den Jahren 1645 bis 1647 anfertigen lassen[126].

Besonders beliebt waren offensichtlich auch Bildnisse der Kavaliere, einerseits zur Erinnerung, andererseits aber auch als Information für die Eltern. Der Waldviertler Freiherr Hans Albrecht von Hoyos, der Vater von Lambergs späterem Schwager, hatte von seiner 1649 begonnenen Kavalierstour erstmals 1651 aus Brüssel das Maß seiner Körperlänge und ein „*Conterfey*" an seine Mutter gesandt; ein Jahr später schickte er aus Rom ein größeres und ein kleineres Brustbild nach Hause, um die Familie über seine verzögerte Heimkehr zu trösten[127]. Lambergs Reise- und Berufskollege Graf Franz Anton Berka von Dubá ließ sich um 1672 in Rom zweimal von Jacob Ferdinand Voet und einmal sogar von Carlo Maratta porträtieren (Abb. 70); der böhmische Freiherr Jan Jachim Pachta von Rájov vergab im Jahre 1696 einen Porträtauftrag an Francesco Trevisani (Abb. 432)[128].

Da Voet, von 1677 bis 1682 der offizielle Bildnismaler des spanischen Botschafters del Carpio, auch zahlreiche andere mitteleuropäische Kavaliere wie Wilhelm von Fürstenberg und Maximilian Ulrich von Kaunitz porträtierte[129], sind wir geneigt, ihm auch zwei ehemals in Ottenstein befindliche Gemälde von Johann Philipp sowie Kaspar Friedrich von Lamberg aus der Zeit der Kavalierstour[130] zuzuschreiben (Abb. 52). Denn die beiden Gemälde entsprechen sowohl im Typus als auch – soweit die schlechten Abbildungen eine solche Beurteilung zulassen – dem Stil des römischen Malers. Einen ähnlichen Bildausschnitt und Hintergrund sowie eine vergleichbare Kopfdrehung finden wir etwa im Porträt des Lorenzo Onofrio Colonna (vor 1670). Die penible Zeichnung der in der Mitte gefalteten venezianischen Spitzenkrawatte sowie die damit kontrastierende malerische Gestaltung der Lockenpracht chrakterisiert auch die Bildnisse der Fürsten Agostino Chigi (1669), Gaspare Paluzzi Altieri, Carlo Colonna (1673) und Giovanni Battista Rospigliosi (Abb. 72)[131].

Die bei Rombesuchen erworbenen antiken Funde bildete darüberhinaus häufig auch den Beginn adeliger Sammelleidenschaft[132]. So brachte etwa Herzog Ferdinand Albrecht zu Braunschweig-Lüneburg von seinem Aufenthalt 1663 in Rom nicht nur ein Bildnis der Königin Christina von Schweden und sein eigenes Reiterporträt mit nach Hause, sondern auch vier „*uhralte römische Lampen/ so bey den Verfolgungen die Christen unter der Erden gebraucht/ auch sie bey ihren Verstorbenen brennen lassen*". Gefunden hatte sie der Herzog bei der Besichtigung der Priscilla-Katakombe unter der Führung von Athanasius Kircher, wie der 1677 gedruckte Katalog respektive das Reisetagebuch berichten: „*Den 7 Jan: bin ich mit dem Patre Athanasio Kirchero, Jesuitae Fuldensi, aus der Porta Pinciana, nacher dem Cemeterio di Priscilla, 3 milie aus der Stadt gefahren, u. mit ihm allda unter der erden ein paar stunden gangen Romam subterraneam zu besehen, hab unterschiedliche Capellen in den hölen gefunden, da die Christen zur Heidezeiten, ihren gottesdienst, in den verfolgungen gehalten. [...] auch findet man alte lampen, die darein gebracht.*"[133]

Zwei im Lamberg-Archiv erhaltene Kupferstiche stammen wohl ebenfalls vom Besuch der jungen Grafen in Rom. Ein Blatt zeigt den Petersplatz mit dem ursprünglich geplanten dritten Kolonnadenstück („*Opus Equitis Ioannis Laurentij Bernini ... Francesco Collignon formis Romae 1663*", Abb. 75); das andere den Fußabdruck an der Via Appia bei San Sebastiano (Abb. 78)[134]. Dieser Stein markiert jene Stelle, an der Petrus auf der Flucht vor seinem Martyrium Christus getroffen und mit den Worten *Domine, quo vadis?* angesprochen haben soll. Als dieser antwortete, er

75. Petersplatz mit dem von Gianlorenzo Bernini geplanten dritten Kolonnadenflügel, Kupferstich von Francesco Collignon, 1663, Ausschnitt; St. Pölten, NÖLA Lamberg-Archiv, Kart. 54

76. Eröffnung der Heiligen Pforte zum Heiligen Jahr 1675, Ansicht auf dem Kunstkammerschrank des Grafen Leopold Joseph von Lamberg, um 1685; Privatbesitz (ehemals Schloss Ottenstein)

gehe nach Rom, um sich ein zweites Mal kreuzigen zu lassen, kehrte Petrus reumütig um. Angekauft wurden auch Reliquien, denn vor der Abreise aus Rom bezahlte der lambergische Hofmeister 4 fl. 2 kr. *„für die schachtel, worinnen die nach Wien geschickhete reliquien waren und für trinckhgeldt denen, so es denen Herrn Grafen ‚praesentirt'"*[135]. Der Ankauf entsprechender Funde war in diesem Falle besonders naheliegend, weil der die österreichischen Adeligen schon seit Beginn ihres Aufenthaltes in Rom betreuende *Antiquar* in einer Person Fremdenführer und Antiquitätenhändler war. Es handelte sich um Pietro Rossini, einen der frühesten hauptberuflichen Vertreter des römischen ‚Kulturtourismus'[136]. Er war wahrscheinlich schon 1662 für den späteren Diplomaten und Kardinal Wilhelm Egon Fürst von Fürstenberg tätig[137], der damals mit seinen Brüdern am Collegium Germanicum studierte, und dessen Inhaftierung auf kaiserlichen Befehl daher 1674/75 auch in Rom für Aufregung sorgte[138]. Trotz oder gerade wegen der 1672 nachweisbaren Stellung als *„servitore"* im Palazzo des Kardinals Flavio Chigi scheint sich Rossini auf die Reisebetreuung deutscher Adeliger spezialisiert zu haben[139].

Das gute Verhältnis Rossinis zu den österreichischen Kavalieren belegen mehrere prominente Patenschaften. Schon 1674 hob der damals gerade aus Siena eingetroffene Johann Philipp von

77. Eröffnung der Heiligen Pforte zum Heiligen Jahr 1650, Radierung des Verlages Rossi; Rom, Gabinetto Comunale delle Stampe

Lamberg ein Kind des Antiquars aus der Taufe, und 1681 folgte ihm Graf Johann Rudolph Saurau in der Funktion des Taufpaten[140]. Spätestens 1686 war Pietro Rossini als „Antiquario de Forestieri" selbständig tätig und betrieb an der Piazza di Spagna unweit seiner Wohnung in der Via Vittoria und später in der Via del Babuino eine Antiquätenhandlung, wo er vor allem Münzen und Medaillen anbot, wie 1691 auch Misson berichtet: „Von denen medaillen muß ich meinem herrn noch dieses sagen/ daß allhier viel cabinetten gefunden werden/ welche damit wohl versehen seynd/ und einem liebhaber auff begehren gezeiget werden […] wie auch bey dem antiquario Pietro Rossini, und dem herrn le Fevre, nebst vielen andern privat-personen/ welche damit handeln/ wol zu sehen. In dessen muß man gar vorsichtig seyn/ wenn man von ihnen nicht will betrogen werden/ indem die besitzer dieser medaillen denen allerbesten kennern öffters ihre nachgegossene vor die wahre ‚originalien' einzuschwatzen wissen."[141]

1693 publizierte der „Antiquario e Professore di Medaglie antiche" Rossini sein reiches Wissen im Reiseführer *Il Mercurio errante delle grandezze di Roma, tanto antiche che moderne*, der bis 1789 elf Auflagen erlebte[142]. Die zweite Ausgabe aus dem Jahr 1700 und der Reprint von 1704 liefern uns den Beweis, dass es Rossini war, der im Heiligen Jahr 1675 nicht nur den späteren Kardinal Lamberg, sondern auch die nachmaligen kaiserlichen Botschafter Liechtenstein, Martinitz und Lamberg antiquarisch betreut hat. Die Publikation ist schon auf der Titelseite dem damals neu ernannten österreichischen Kardinal Johann Philipp gewidmet: „Dedicato all' Emin. E Rev. Sig. Il Sig. GIO: FILIPPO CARD. DI LAMBERGH, Vescovo di Passavia, Prencipe del Sacro Romano Imperio, Consiglio di Stato di Sua Maestà Cesarea." (Abb. 79). Im Vorwort des Reiseführers hebt Rossini seine Tätigkeit für die deutschsprachigen Kavaliere hervor und berichtet, dass er den Kardinal und seinen Cousin Leopold Joseph von Lamberg sowie dessen Vorgänger als kaiserliche Botschafter am päpstlichen Hof bereits 1675 kennenlernen durfte: Die „Monumente der antiken Römer […] bewahren eine gewisse Majestät, die in den großmütigeren Seelen der ausländischen Herren, die sie sehen, eine vornehme Idee der römischen Größe hervorruft. Daher diene ich öffentlich als Antiquar den genannten Herren, vor allem der berühmten deutschen Nation (wie aus den Patentbriefen hervorgeht, mit denen ich ausgezeichnet wurde von Seiner Exzellenz Herrn Grafen Leopold Joseph von Lamberg, kaiserlicher Botschafter beim Heiligen Stuhl und Cousin

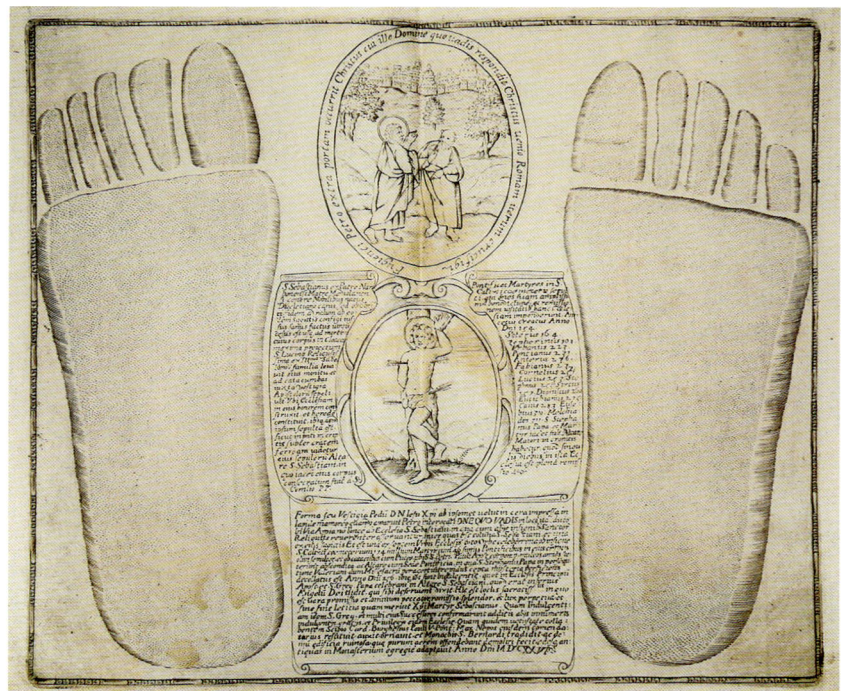

78. Fußstapfen Christi an der Via Appia in der Kirche „Domine, quo vadis?" bei der Basilika S. Sebastiano, Kupferstich, um 1675 (?); St. Pölten, NÖLA Lamberg-Archiv, Kart. 54

Eurer Eminenz, wie auch von Ihren Exzellenzen Herrn Anton Florian Fürst von Liechtenstein und Georg Adam Graf von Martinitz, dessen Vorgängern als kaiserliche Botschafter; und seitdem ich im Jubiläumsjahr 1675 das Glück gehabt habe Eure Eminenz kennenzulernen und Ihrer besonderen Höflichkeit würdig zu sein, ein Kind aus der Taufe zu heben, genieße ich die Ehre, ein Freund Eurer Eminenz zu sein, was meine höchste Auszeichnung ist." Die Dedikation schließt mit dem Wunsch, dass das Haus Lamberg auch weiterhin von den Wohltaten der Kirche und des kaiserlichen Hofes profitieren möge[143].

Rossinis Reiseführer, welcher der Materialität und dem Wert der Innendekoration der römischen Paläste besondere Aufmerksamkeit widmet, beschreibt die Palazzi Capitolini, Farnese, Borghese, Chigi, Quirinale, Caetani, Pamphilj (an der Piazza Navona und am Corso), Altemps und Savelli sowie die Casinos und Gärten Borghese, Ludovisi, Montalto, Mattei, Pamphilj, Benedetti, Medici, Aldobrandini, Chigi und Giustiniani. Vermutlich standen alle diese Bauten und Gartenanlagen bereits 1675 auf dem Besichtigungsprogramm des Autors, auch wenn Lambergs Hofmeister am 22. April bei der Ausgabe von acht Gulden und vier Kreuzern für den nicht namentlich genannten Antiquar nur einzelne Beispiele anführt: „Dem Antiquario zu Rom für sein trinckgeldt undt gemachte spesa, alß die Herren Grafen vor undt nach einige romanische palazzi undt garten gesehen, alß il Castel Sant'Angelo, il Campidoglio, li palazzi e giardini di Montalto, Palestrini, Chigi, Pamfili, Benedetto, Farnesi etc. quattro scudi et quattro piastre"[144].

Neben den drei Hauptwerken der römischen Architektur des 16. Jahrhunderts umfasste die Besichtigungstour der Lamberg-Brüder also die wichtigsten zeitgenössischen Paläste unter sachkundiger Anleitung[145]. Diese Vorgangsweise hatte 1641 schon Fürst Gundaker von Liechtenstein vom Hofmeister seines damals in Rom weilenden Sohnes Ferdinand Johann gefordert: *„Wann unsers sohns liebden recreationis causa zu Rom spazieren fahren, gebeu, güeter, statue, alte rodera und anders zu sehen, so wäre guet, daß sie einen gueten baumeister, maler etc. bey sich in der caroza hetten, mit dem sie von der schönheit und mengeln discurieren thetten, dan dadurch kombt man ad cognitionem perfectionis der sachen, wie sie dan auch sich befleißen sollten, daß sie getruckhte oder andere abriß, schene inventionen der gärtten und wasserkünsten haben künden; und wollten sonderlich gern, daß unsers sohns liebden öfter mit Padre Theodorico Bekh (von dem wir aus unserer aufwarter einem, so vor diesem sein discipulus gewesen, verstehen, daß er in rebus mathematicis und architecturis, sowohl militaribus als civilibus, tröfflich wol versiret sey) von dergleichen studiis discurierten und uns solche mit gar gueter gelegenheit herausschickhen."* Als der Fürst 1657 eine Instruktion für die Kavalierstour seines Enkels Maximilian Jakob Moritz verfasste, empfahl er abermals die Besichtigung der römischen Paläste und Gemäldesammlungen in Begleitung eines Fachmannes, um zu lernen, *„was guets oder übels bey einem oder dem andern gemähl, statua oder pallatium ist"*[146]. Auch der neunzehnjährige Nicodemus Tessin wurde offensichtlich von seinem Vater nicht nur zur genauen Erkundung und Beschreibung aller kunsthistorischen Einzelheiten sowie zur Kontaktaufnahme mit Fachleuten wie dem Architekten Carlo Fontana angehalten, sondern ebenfalls mit dem Kauf von Architekturtraktaten und Kupferstichen betraut[147]. Graf Hermann Jakob Czernin hatte während seines mehrmonatigen Aufenthaltes in Rom im Jahre 1680 dem Wunsch seines Vaters gemäß ebenfalls bei einem *„Maestro d'architettura"* theoretische und praktische Studien betrieben. In diesem Zusammenhang bat er seinen Vater auch um eine Ansicht des in Bau befindlichen Prager Familienpalastes. Der böhmische Kavalier studierte aber auch Malerei und Skulptur u.a. in den Galerien der Farnese, Giustiniani und der Königin von Schweden[148].

Wie die Grafen Kaunitz (1635), Sternberg (1664) oder Czernin (1680)[149] besuchten auch die Lamberg-Brüder die päpstliche Engelsburg (Abb. 69) sowie das Kapitol mit dem Reiterstandbild des Marc Aurel und dem *Palazzo dei Conservatori*, dessen Ausstattung mit Fresken und Antiken (darunter der *Dornauszieher* und die *Wölfin*) 1688 Nicodemus Tessin d. J. beschrieben hat[150]. Lambergs *Cicerone* Rossini war ebenfalls bestens über die ausführenden Künstler und die Ikonographie der Fresken informiert, wie am Beispiel seines Textes über den ersten Saal deutlich wird: *„der erste Saal ist ganz in Fresko gemalt vom Cavaliere Giuseppe d'Arpino und stellt verschiedene römische Historien dar: den Raub der Sabinerinnen, die Schlacht der Horatier und Kuriatier, das andere die Schlacht des Tulus Hostillius gegen die Vejenter, in der die Römer nach Livius die Sieger waren und wo 30.000 Vejenter gefallen sind; die gegenüberliegende Malerei zeigt wie der Hirte Faustulus die von einer Wölfin ernährten Romulus und Remus fand. Das nicht vollendete Gemälde stellt Romulus dar, als er den Umkreis der quadratischen Stadt festlegte, d.h. die Furche mit einem Rind und einer Kuh zog, wie Livius berichtet; es folgt das andere Gemälde, das ein Opfer der vestalischen Jungfrauen zeigt. In der Ecke des Saales seht*

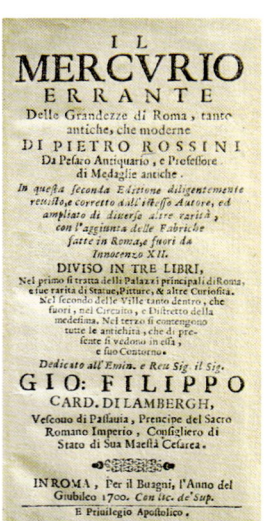

79. „Il Mercurio Errante" von Pietro Rossini, Titelblatt mit Widmung an Kardinal Johann Philipp von Lamberg und Erwähnung des Botschafters Leopold Joseph von Lamberg im Vorwort, 1700; Rom, Bibliotheca Hertziana

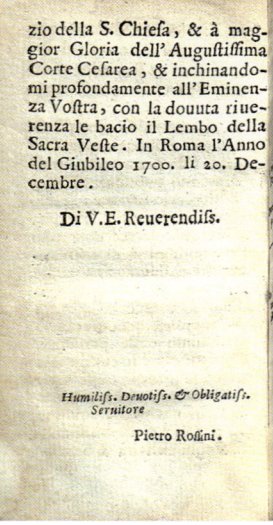

ihr das Porträt der Königin Christina von Schweden mit einer Marmorinschrift, […]. Die Statuen der drei Päpste, nämlich Sixtus V. in Bronze von Fontana angefertigt; die andere von Urban VIII. aus Marmor vom Cavaliere Bernini ausgeführt und eine weitere von Leo X. aus Marmor."[151]

Der Bau des 1589 vollendeten und schon im 17. Jahrhundert als Residenz des französischen Botschafters dienenden Palazzo Farnese (Abb. 26) galt Rossini hingegen „il più bello di Roma per l'Architettura del famoso Michel'Angelo Buonarota"[152]. Dieser Palast wurde in den Reiseführern zunächst wegen seiner antiken Statuen gelobt: „Nachdem man die Kirchen der Totenbruderschaft passiert hat, werdet ihr in den Palazzo Farnese eintreten und diese berühmte aus Rhodos stammende Statue der auf den Stier gebundenen Dirce sehen, die ein Werk von Apollonius und Tauriscus ist, wie Plinius im 5. Kapitel des 36. Buches erzählt. Sie wurde von Marc Antonius Pius, in den nach Kaiser Caracalla genannten Thermen unter dem Aventin beim öffentlichen Becken aufgestellt und in der Zeit Pauls III. wiedergefunden in den genannten Palast übertragen. In denselben Thermen wurde dieser große Herkules aufgefunden, der einen modernen Kopf und ein neues Bein hat, der nackt an dem mit dem Fell des Löwen bedeckten Stumpf gelehnt steht; und am Stumpf sind Gerippe durch Pfeile festgehalten; die Nymphe der Diana, überlebensgroß, die über dem Gewand die Haut eines wilden Tieres, und die rechte Hand erhoben und eine Girlande in der Hand hat; sie steht auf einer erhöhten Basis. Die Pallas verkleidet als Koloss und mit dem Schild der Medusa vor der Brust, und mit dem Helm mit Federbusch auf dem Haupt, und mit modernen nackten Armen, befand sich in denselben Thermen."[153] Während im Romführer von Martinelli auch noch in der fünften Auflage von 1671 ausschließlich der *Farnesische Stier*, der *Erco-*

80. Galleria Farnese von Annibale und Agostino Carracci, 1598–1608, Rom, Palazzo Farnese

81. Palazzo Barberini von Carlo Maderno und Gianlorenzo Bernini, 1628–38; Rom

82. Palazzo Chigi-Odescalchi von Gianlorenzo Bernini und Carlo Fontana (1664–67), Kupferstich nach Giovanni Battista Falda in Des Alten und neuen Roms Schau-Platz von Joachim von Sandrart, 1685; Wien, Universität Wien, Fachbibliothek für Kunstgeschichte (Exemplar aus dem Besitz der Grafen von Sinzendorf)

le Farnese und die anderen antiken Skulpturen des Palastes gewürdigt werden[154], entstanden 1657 und 1674 selbständige Tafelwerke mit Abbildungen der Fresken der Galleria Farnese[155] (Abb. 80). Schon Nicodemus Tessin befand daher, dass man zuviel Aufhebens um die Statuen mache, und lobte dafür die zu Beginn des Jahrhunderts entstandene Galerie wegen ihres Illusionismus umso mehr: *„Im Palais Farnese, welches dem Hertzog von Parme zugehöret, habe ich die sehr herliche gallerie besehen welche Annibal Carraci gemahlet hat, im gantzen gewelb ist all der stucco nur fingiret undt gemahlet, der cornice umb der mittleren schilderej ist weiss vorgestellt, undt die anderen wie vergult; die basrilieven seijndt grünachtig wie brontz gemahlt, alle die thermen seijndt weiss wie gibss, undt die untere sitzende figuren neben den thermen seijndt coloriret."* Von den französischen Bildnissen in der Residenz des Botschafters war der kritische Schwede hingegen nicht begeistert: *„Dass contrefait zu pferde vom König in Franckreijch (welches M:r Mignard gemahlet hat) hatte der Ambassadeur in einem zimer hengen, welches aber nicht sonderlich wahr, insonderheit dass man den gantzen arm und den halss so bloss sahe ohne eintzigem leinernen gewandt."*[156] Das 1673 von Pierre Mignard ausgeführte, 3 x 3 Meter große und heute in Versionen in Versailles sowie Turin erhaltene Gemälde verherrlicht den Sonnenkönig als Eroberer von Maastricht in antiker Rüstung (und daher mit nackten Armen!)[157]. Es wäre denkbar, dass sich eine Replik dieses Reiterporträts schon zur Zeit des Lambergischen Besuches in Rom befand.

Der vom Kardinalnepoten Francesco Barberini und dessen Neffen Maffeo, dem Fürsten von Palestrina, bewohnte *Palazzo Barberini alle Quattro Fontane* (Abb. 81), war von 1628–38 von Carlo Maderno und Gianlorenzo Bernini geplant worden. Der Palast beeindruckte vor allem durch seine Größe und Ausstattung, u.a. die *Sala Grande* mit dem bedeutenden Deckenfreso von Pietro da Cortona aus den Jahren um 1635[158] (Abb. 24, 110), wie aus den Ausführungen Tessins von 1688 über den *„Palazzo Palestrini, welches vom Cav: Bernini gebauet ist"*, hervorgeht: *„Wenn man um die bemelte Treppe â qvattro branche od: durch der oval treppen im piano nobile hinein kömpt, passiret man auf jedwede seite erstens durch einem vestibule, undt kömpt man so in dem sehr grossen undt hohen sahl hinein, alwor Pietro da Cortona dass sehr herliche grosse gewelb gemahlet hat, so in kupferstyck ist, undt darunter die grosse cornice meistens vergult ist. In diesem sahl ist das letzere grosse festin vor dem engelschen Ambassadeuren gehalten worden*[159]. *Auss diesem sahl gehet man zur linckeren erstens in dess Monsignore zimber hinein, welche 9 nacheinander seijndt, undt welche ihre veüe nach dhem hinten hoffe undt garten haben; sie seijndt alle mit tapeten behengt, und wahren dar unterschiedliche kleine bronzemodellen in, aber das remarqvabelste wahr im vierten zimber der busto vom Papst Urban VIII. in marmer so Cav: Bernini gemacht hat, im selben zimber wahr auch eine schöne kleine schilderij zu sehen vom Cavaliere Gioseppe d'Arpino von der apparitione â Monte Tabor. Auss dem ersten von den 9 zimbern, nembl: dass jenige so auf dem sahl folget, gehet man gerade fort in einem anderen sahl, darinnen der Andrea Sacchi hat im gewelbe gemahlet die Divina Sapienza, so sehr astimiret wirdt, undt welches ich in kupffer habe. Auss diesem zimber geht man zur linckeren in 5 zimber nacheinander, so Madama la Principessa bewohnet, undt zur rechteren in 4 anderen die der Prince inne hat, diese zimber alle nach einander machen eine hübsche perspektive, [...] undt seijndt diese zimber mit den herlichsten schildereijen vom Rafaele, Titiano, Annibale undt Agostino Carracci, dem Caravaggio, Paul Veronese, Gvido Reni, Gvercino da Cento, Valentini, Albano, Pussino, Andrea Sacchi, Carlo Maratti etc. so herlich undt in solcher mengde ausszieret dass man nichts magnifiquers sehen kann, imgleichen von statuen und busten."*[160] Aufgrund der politischen Beziehungen der Barberini befanden sich aber zwischen den Gemälden von rein künstlerischem Wert auch Porträts europäischer Herrscher und Diplomaten, z. B. Bildnisse König Jakobs II. von England und seiner Gattin Maria Beatrice d'Este aus Modena von Carlo Maratta, Terracottabüsten von König Johannes III. Sobieski von Polen und seiner Gattin sowie die Bronzebüste Urbans VIII. von Bernini. In der Wohnung des Fürsten Taddeo Barberini wurde durch das unter einem Baldachin befindliche Staatsporträt des spanischen Königs auf die Funktion des Hausherrn als außerordentlicher Gesandter hingewiesen[161].

Im Gegensatz zum riesigen und in mehreren Etappen erbauten Palast der Familie Papst Urbans VIII. Barberini verkörpert der nach Plänen von Bernini und dessen Nachfolger Carlo Fontana (Abb. 419) 1664–69 umgebaute Palazzo Chigi (-Odelscalchi) an der Piazza dei SS. Apostoli hingegen den „Idealtypus" der hochbarocken römischen Adelsresidenz und den „eindrucksvollsten Stadtpalast", der im 17. Jahrhundert für einen Kardinalnepoten gebaut wurde (Abb. 82). Die Ausstattung der 1661 erworbenen Stadtresidenz von Flavio Ghigi – 1664 Kardinallegat am Hof

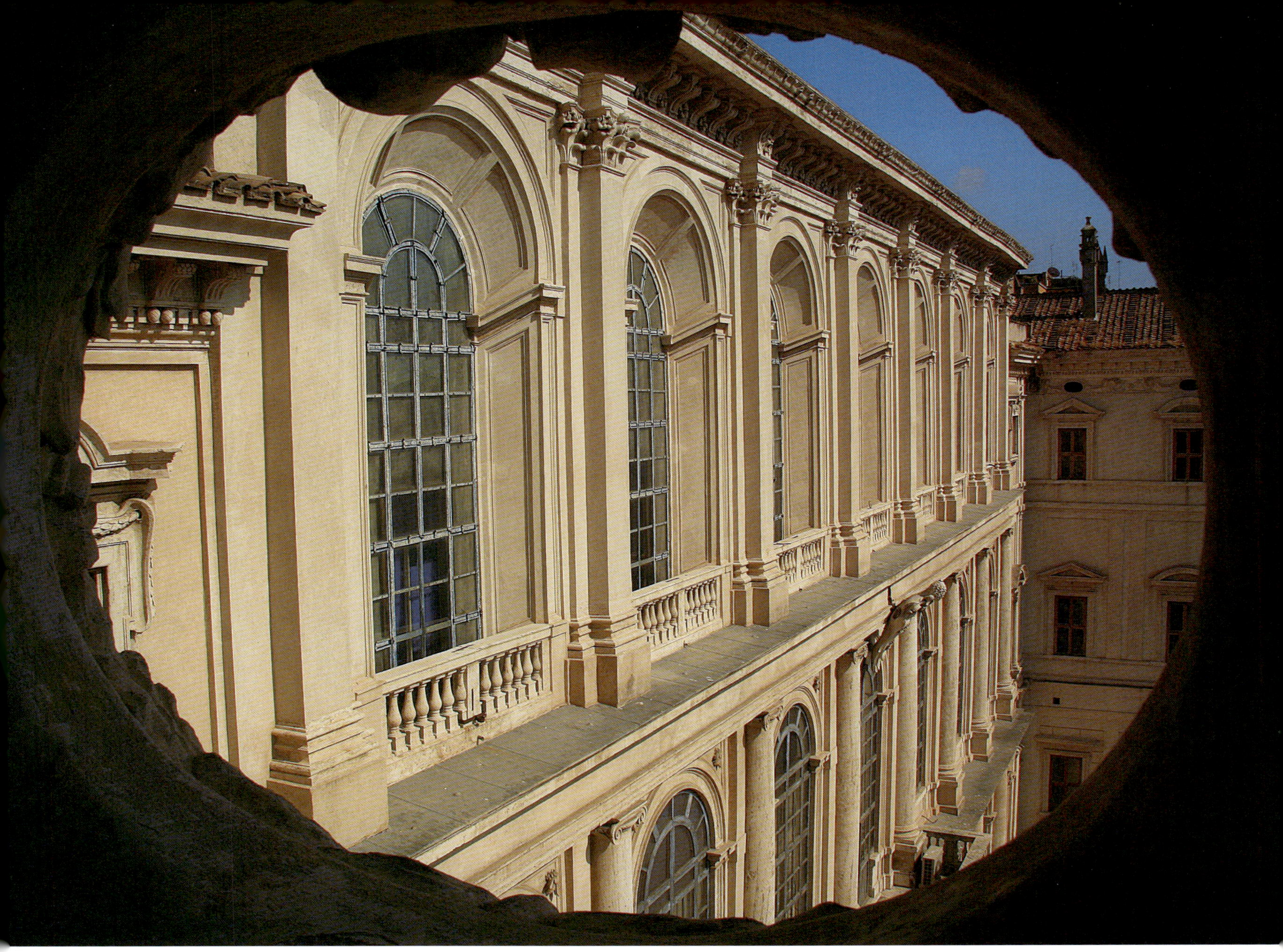

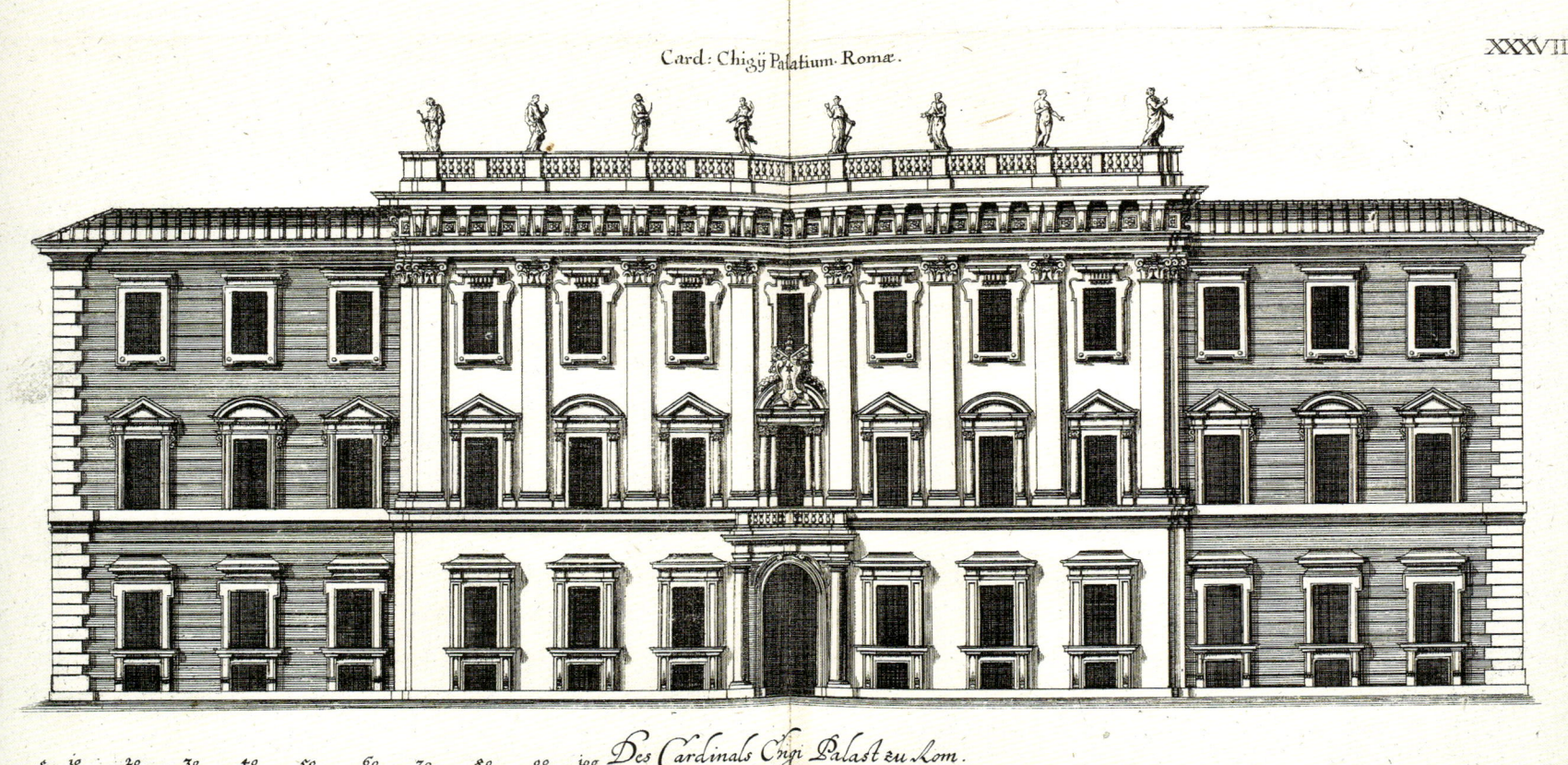

Card: Chigÿ Palatium Romæ.
XXXVIII
Des Cardinals Chigi Palast zu Rom.
5 10 20 30 40 50 60 70 80 90 100
Scala Palma: 100.
Scala von 100. Palm.

des Sonnenkönigs (vgl. Abb. 45) – war Rossini als früherem Angestellten des Hauses besonders vertraut: *"Diesen überaus großen Palazzo habe ich schon von den Fundamenten an wachsen gesehen zur Zeit Alexanders VII. von dieser Familie Chigi, und er besitzt eine schöne Architektur vom Cavaliere Bernini. Hier befinden sich seltene Kuriositäten, Tapisserien, Gemälde und Statuen, die vom verstorbenen Kardinal Flavio Chigi stammen. Im Appartement des Erdgeschosses mit fünf Zimmern und mit 95 Statuen geschmückt, befindet sich die schöne Büste des Marc Aurel, die seltene Statue der Agrippina mit dem Szepter in der Rechten, die Vestalische Jungfrau mit dem Sieb in den Händen [...]. Von hier steigt man über die große Treppe hinauf, um in das 'Appartamento nobile' mit zehn Zimmern einzutreten. Fünf davon sind mit den schönsten Gemälden geschmückt von allen bedeutenden Künstlern der Vergangenheit und Gegenwart. Am Ende dieser Zimmer befindet sich die berühmte Galerie, ebenso mit seltenen Gemälden geziert wie die anderen Säle. Hier gibt es über den Bänken 38 Büsten von Imperatoren und anderen antiken Persönlichkeiten, ein sehr schönes Gemälde des von den Ketten befreiten hl. Petrus mit vielen Figuren von Cigoli, eine Madonna von Albani, eine andere von Carlo Maratti, die schöne Lucrezia von Guido Reni, der 'Tote Christus' der Carracci, der kleine 'Schutzengel' von Albani, ein seltenes Stück, eine nackte Frau mit vielen anderen Figuren von Rubens, 'Diana mit Adonis' sehr geschmackvoll von Baccicio, 'Unser Herr an der Geißelsäule' von Guercino."*[162]

Das Inventar des Palazzo Chigi umfasste damals über 800 Gemälde. Besonders bemerkenswert war die 1667–69 unter der Leitung des später auch für Lamberg tätigen Vergolders und *Impresarios* Francesco Corallo geschaffene Galerie mit Fresken in Scheinarchitektur und Blumen- sowie Früchtestillleben von Giovanni und Niccolò Stanchi. Ebenso prunkvoll war das Paradeschlafzimmer, das zwischen 1667 und 1675 unter der Bauaufsicht von Carlo Fontana entstanden war und mehrere tausend Scudi gekostet hatte. Der Alkoven mit vergoldeten korinthischen Säulen stammte von Johann Paul Schor, das Deckengemälde *Diana und Endymion* von Giovanni Battista Gaulli gen. Baccicio, während die Spiegel von den Brüdern Stanchi mit Blumen bemalt worden waren[163]. Obwohl die Architektur dieses Palastes weder von Tessin noch von den Reiseführern gewürdigt wurde[164], hat Rossini, der Cicerone des österreichischen Adels, sie besonders gelobt. Vielleicht war dies mit ein Grund, dass diese Archi-

83. Villa Montalto Peretti in Rom von Domenico Fontana (1585–86), Kupferstich von Giovani Battista Falda in „Li Giardini di Roma", um 1675; Rom, Bibliotheca Hertziana

Facciata principale verso Ponente con altra simile verso Levante.

84. Hauptfassade der Villa Benedetta von Plautilla Bricci (1663–65), Radierung in „Villa Benedetta" von Matteo Mayer, 1677; Rom, Bibliotheca Hertziana

tektur später von Zucalli als direktes Vorbild für das Stadtpalais Kaunitz-Liechtenstein in Wien herangezogen wurde[165].

Bei den in der lambergischen Rechnung von 1675 genannten Gartencasinos und Stadtvillen lassen sich zwei ganz eindeutig identifizieren, noch dazu als Besitzungen zweier Hauptvertreter der gegnerischen politischen Lager Roms. Es handelt sich um die Villa des Kardinals Paolo Savelli Peretti – Neffe bzw. Sohn der kaiserlichen Botschafter dieser Familie[166] – bei S. Maria Maggiore, und um jene des französischen Kunstagenten, Abtes und Architekturdilettanten Elpidio Benedetti bei der Porta di S. Pancrazio[167]. Erstere war schon nach 1576 von Domenico Fontana für den damaligen Kardinal Felice Peretti di Montalto (später Papst Sixtus V.) erbaut worden (Abb. 83) und enthielt im späten 17. Jahrhundert neben einigen antiken Skulpturen auch eine Porträtbüste des Besitzers von Bernini und ein Selbstporträt von Michelangelo, den *Ungläubigen Thomas* von Caravaggio, *David und Goliath* von Daniele da Volterra sowie Gemälde von Raffael, Sebastiano del Piombo und Cavaliere d'Arpino[168].

Die 1663–65 auf dem Gianicolo errichtete Villa Benedetta (Abb. 84) zählte hingegen sowohl wegen ihrer Ausführung durch die Architektin Plautilla Bricci als auch aufgrund ihres Programmes zu den ungewöhnlichsten Bauten Roms der 2. Hälfte des 17. Jahrhunderts (und spielt auch im eingangs genannten historischen Roman aus dem Jahre 2004 eine wichtige Rolle). In einer 1677 in Rom und 1694 auch in Augsburg gedruckten monographischen Beschreibung bezeichnete Benedetti, der mit seinem Plan für ein Reiterdenkmal des Sonnenkönigs an der *Piazza di Spagna* am Widerstand des Papstes gescheitert war, seine Villa als „memoria publica della Francia", also als eine Art öffentliches Denkmal seines Landes sowie seines Königs und folgte damit sozusagen dem als Emblem im Eingangsbereich dargestellten Motto „*Il Mondo si governa per opinioni*" (Die Welt wird von Meinungen regiert). Tatsächlich war schon die Fassade mit einer Serie von sechs Medaillons französischer Könige von Pharamund über Karl den Großen und den hl. Ludwig bis zu den letzten drei regierenden Herrschern geziert. Die Ikonographie kulminierte in der mit Waffentrophäen aus vergoldetem Stuck geschmückten Galerie im Piano nobile. Denn hier war das Staatsporträt des thronenden Königs an den Wänden von Bildnissen der Königin, der Königinmutter, des Dauphin und seiner Schwester sowie des Herzogs und der Herzogin von Orléans umgeben, während an der reich stuckierten Decke vier Gemälde der Tageszeiten (darunter der *Morgen* von Pietro da Cortona) indirekt auf den Sonnenkönig verwiesen. Die zahlreichen Inschriften der Galerie nahmen auf das Herrschertum Bezug; so wurden Monarchie, Aristokratie, Oligarchie und Poligarchie sowie Demokratie, Anarchie, Timokratie und Tyrannis beschrieben. An die Galerie schlossen zwei Kabinette mit den Bildnissen aller Päpste sowie aller französischen Könige an. Die politische Ausrichtung wurde zwar durch Folgen von *Uomini illustri* sowie durch eine *Schönheitengalerie* auf eine allgemeine Ebene oder zu einer Huldigung der französischen-römischen Freundschaft umgedeutet, aber der französische Vorherrschaftsanspruch blieb deutlich genug[169]. Der politische Hintergrund war auch Nicodemus Tessin bewusst, als dieser das Modell Berninis für die Spanische Treppe besichtigte und zeichnete: *„Die Villa Benedetta [...] enthält verschiedene Galanterien, unter denen sich auch das Modell befindet, das der Cav: Bernini für die Treppe von Monte Trinità geschaffen hat und welche eine sehr wohl durchdachte Sache war, um mit Karossen hinauffahren zu können. [...] B ist der für ein Reiterdenkmal des Königs von Frankreich vorgesehene Sockel, der dieses ganze Werk finanzieren wollte, um seine Statue hier aufzustellen, was ihm aber der Papst nicht hat zugestehen wollen."*[170]

Das Casino von Elpidio Benedetti interessiert aber in unserem Zusammenhang nicht nur wegen seiner politisch-diplomatischen Bedeutung, sondern auch als programmatisches ‚Gesamtkunstwerk' der Ideologie des höfischen Landlebens, lautete doch das Motto der gesamten Anlage „Eleganti Rusticitati". Den politischen Themen war daher in vertikaler oder horizontaler Symmetrie die Ikonographie der Jahreszeiten und des Gartenbaus, der Künste und Schönheit sowie des Freizeitvergnügens und der Freundschaft gegenübergestellt bzw. zugeordnet.

Zwei größere Zimmer mit graphischen Bildnissen von bedeutenden Männern nahmen direkt auf den in dieser Zeit vor allem in Frankreich oft diskutierten Gegensatz von Hof- und Landleben Bezug. Auch hier wurde nicht mit guten Ratschlägen gespart: *„Der gute Höfling diene mit Sorgfalt und Bescheidenheit, um Verdienste zu erlangen. Er rede immer gut von seinem Herrn und niemals schlecht von anderen, er lobe ohne Übertreibung. Er übe sich mit den Besseren, höre mehr zu als er rede. Er liebe die Guten und meide die Bösen; er rede mit Freundlichkeit & handle bereitwillig; er traue niemandem, noch mißtraue er allen. Er verplaudere seine Geheimnisse nicht und horche andere nicht absichtlich aus. Er unterbreche nicht die Reden anderer und sei bei den eigenen nicht zu weitschweifig. Er glaube eher den anderen, die gebildeter sind als er selbst, noch solle er eine größere Aufgabe als seine eigene anstreben: Er sei nicht leichtgläubig und antworte nicht ohne nachzudenken. [...]. Es ist besser Unschuld als die Schuld zu ertragen. Der Appetit des Ehrgeizes wächst mit der Sattheit. Die meisten Höflinge sind Ungeheuer mit zwei Zungen und mit zwei Herzen. [...]. Man dürfe keinen Posten in Konkurrenz zu einem Mächtigeren annehmen. Die Luft des Hofes dreht sich wie der Wind des Ehrgeizes weht."* Auf der gegenüberliegenden Seite waren die schon von Cato, Lucullus, Seneca oder Perikles beschworenen Vorteile des Landlebens aufgelistet: *„Die Einsamkeit erleichtert den Erwerb der Tugend und entfernt einen von den Lastern sowie den Gefahren. Die Freiheit, die man hier genießt, ist eine Freude, die man anderswo nicht kennt. Die Vielfalt der verschiedenen Beschäftigungen und das Vergnügen und der Umstand, weit von der höfischen Unterordnung entfernt zu sein, ist eine Freude, ja eine der größten Glückseligkeiten im Leben. [...] Wie man sich nach dem Unwetter auf den Hafen freut, so freut man sich nach der Tätigkeit am Hof auf die Villa. Das ländliche Leben ist das wahre Leben eines galanten Mannes, der das Leben genießen will."* Es war also naheliegend, daß der Weg von hier zur Grotte des Sommerpalastes führte. Das gegenüberliegende Kabinett der Villa Benedetta war dem Gegensatzpaar Krieg–Frieden gewidmet. Weiters gab es zwei *Galleriole*, die unter dem Motto *Arma & Litterae* aufeinander bezogen waren und Medaillons der größten Feldherren bzw. der größten Gelehrten aller Zeiten enthielten, während andere Räume antike oder moderne Weisheiten über das Wesen von Mann und Frau (*„Homo homini lupus"*), die fünf Sinne oder die fünf Lebensalter vorführten. Näher eingehen möchte ich nur auf die *Schönheitengalerie*, die sich im Sommerspeisesaal befand: Sie war vollständig mit namentlich bezeichneten Porträtgemälden von französischen und italienischen Fürstinnen geschmückt, deren Motti auf das weibliche Geschlecht anspielten in lateinischer, italienischer, französischer, spanischer und deutscher Sprache. Das deutsche Sprichwort der unter dem Motto ‚Schönheit' stehenden Inschriften lautete: *„Wer hat ein gutes Roß und schönes Weib, steht nicht sonder Schmerzen. Diejenige so schön gebohren, ist nicht gar an der armuth verlohren."* Dazu kamen dutzende ähnlicher Männerweisheiten und in den Fensternischen 30 Medaillonporträts von Gattinen und Schwestern antiker Kaiser wie Julia, Cornelia, Agrippina, Messalina oder Octavia. Erwähnenswert sind außerdem eine Spiegelgalerie sowie ein Spiegelkabinett, das antike und moderne Kuriositäten enthielt[171].

Da sich die Villa Benedetta in unmittelbarer Nachbarschaft der Villa Pamphilj befand, wird wohl diese Anlage die vom lambergischen Hofmeister erwähnte sein, haben doch auch ein unbekannter französischer Autor einer Reisebeschreibung, der Hofmeister des Johann Wilhelm von der Pfalz (1675) sowie Nicodemus Tessin (1688) die beiden Villen hintereinander besichtigt und beschrieben[172]. Das von Alessandro Algardi von 1644–52 für den kurzzeitigen Kardi-

nalnepoten Innozenz' X. und späteren Fürsten Camillo, errichtete *Casino Belrespiro* mit seinen hochrangigen Stuckdekorationen und seiner prunkvollen Gartenanlage gehörte im dritten Viertel des 17. Jahrhunderts zu den modernsten und eindrucksvollsten Anlagen der Stadt[173] (Abb. 85). Auch hier waren neben den Büsten der Besitzer und ihres päpstlichen Verwandten von Algardi bzw. Bernini in der *Galeria dei Costumi Romani* mit Reliefs nach Stichvorlagen zahlreiche antike Büsten und Statuen sowie Gemälde von Giulio Romano, Pietro da Cortona, Domenichino etc. ausgestellt[174].

Florenz, Parma, Mailand und Turin

Bei der oben genannten Summe für den lambergischen Antiquar handelte es sich offensichtlich um eine Gesamtrechnung, denn schon am nächsten Tag, am 23. April 1675, erfolgte der Aufbruch der Österreicher über Città Castellana, Narni, Terni und Spoleto zum Grab des hl. Franziskus: *„Zu Assisi, wo der heilige Franciscus Seraphicus begraben, seindt für underschiedliche heylige oder Devotionssachen, undt dann auch trinckgelder außgegeben worden cinque paoli =55 Xr.* Über Tolentino, *„wo die Herren Grafen die reliquien des heyligen Nicolai gesehen"*, führte die eingeschobene Pilger-

85. *Casino Belrespiro der Villa Doria Pamphilj von Alessandro Algardi, 1644–52; Rom*

fahrt[175] zum Marienwallfahrtsort Loreto, wo 33 Kreuzer für eine Messe *„in der heyligen Loreto Capellen zu lesen"* und 4 fl. 35 kr. *„für ‚Medaglien', rosenkrentz, kertzen undt dergleichen ‚devotionssachen'"* bezahlt wurden[176]. Über Senigallia, Pesaro, Cattolica, Rimini, Forli, Bologna gelangte man nach Florenz, wo man gemeinsam mit einem Baron Cantelmo eine Wohnung bezog. Dort wurden die adeligen *Exercitien* um den Unterricht in Reiten, Tanzen, und Geographie ergänzt, wofür man fünf *„grosse illuminirte Landcarthen"* um 4 fl. 57 xr. ankaufte. Erworben wurden weiters mehrere historische Werke, darunter die *Historia d'Italia*, das 1537–40 erstmals erschienene Standardwerk von Francesco Guicciardini, sowie die *Memoria* (Amsterdam 1648) des durch sein Porträt von van Dyck bekannten Nuntius und Kardinals Guido Bentivoglio (Abb. 64).

Für unseren Zusammenhang besonders interessant ist natürlich der lambergische Zeichenunterricht, da einem *„Dissegnatore [= Zeichenlehrer] des Herrn Graf Carls"* für ein Monat 3 Gulden 7 Kreuzer bezahlt wurden[177]. Schon Castiglione hatte 1528 im *Cortegiano* den Zeichenunterricht für den Höfling empfohlen, um *„die Vollkommenheit alter und neuer Statuen, Vasen, Gebäude, Münzen, geschnittene Steine und dergleichen beurteilen zu können"*. Im 17. Jahrhundert wurde diese Tätigkeit vor allem von englischen Kavalieren ausgeübt, aber auch der spätere spanische Dragonerobrist und Dompropst Kaspar Dietrich von Fürstenberg verdiente sich während seiner Kavalierstour 1640–43 in Rom und Florenz ein Zubrot, indem er deutsche Reisende und die großherzogliche Familie porträtierte[178]. Es war vielleicht kein Zufall, gerade in Florenz einen Kavalier diese Kunstform erlernen zu lassen, da die von Giorgio Vasari im Jahre 1563 gegründete *Accademia del Disegno* die älteste Europas war und 1673–86 sogar eine Filiale in Rom unterhielt[179].

Jedenfalls erwarben die Lambergbrüder auch drei *„bildtel mit Unser lieben Frawen Verkündigung von ‚miniatura'"*, vermutlich Kopien des Gnadenbildes der *Santissima Annunziata*, der Mutterkirche des Servitenordens, um 5 Gulden 46 Kreuzer. Sie fuhren mit Marchese Pier Antonio Gerini[180] *„in Villa"* – wahrscheinlich in die Villa Montughi in Fiesole, die im 19. Jahrhundert ins Museo Stibbert integriert wurde, und besuchten in Begleitung anderer Kavaliere die *„Fortezza zu Florenz"*. Am 30. Oktober 1675 hatten sie abermals eine Audienz beim Großherzog, und sie statteten auch den Markgrafen Ulisse da Verrazzano (?) und Rucellai Besuche ab[181].

Anschließend reisten die jungen Grafen Lamberg auf Anordnung der Mutter nach Turin weiter, zunächst über Bologna nach Modena, dessen *Palazzo Ducale* ab 1634 von Bartolomeo Avanzini errichtet worden war und damals dem erst ein Jahr regierenden Herzog Francesco II. d'Este als

86. *„Viaggio Pittoresco"* von Giacomo Barri, Titelblatt und Gemäldeverzeichnis der *„Camera de' Ritratti"* der Residenz in Parma, 1671; Privatbesitz

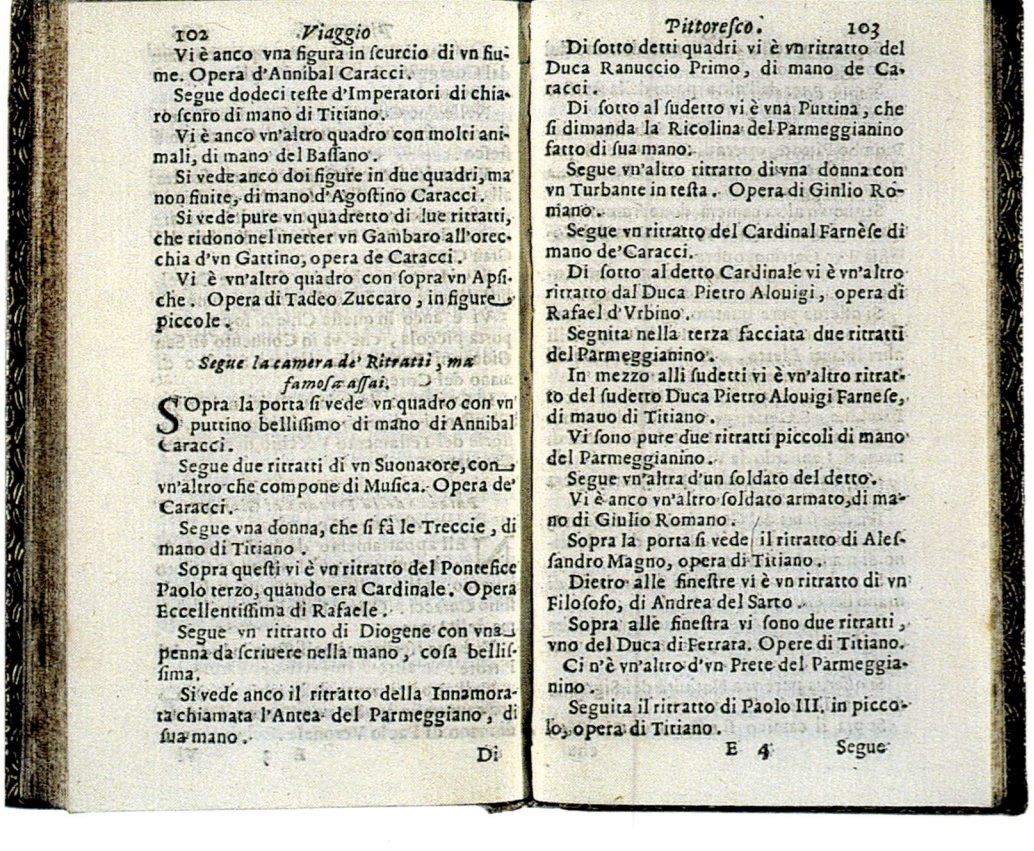

87. Kunstkammer des Kanonikus Manfredo Settala in Mailand, Radierung von Cesare Fiori im Museumsführer von Paolo Maria Terzago und Pietro Francesco Scarabelli, 1677; Privatbesitz

Residenz diente[182]. Die nächste Station bildete Parma, wo die österreichischen Kavaliere *„den hertzoglichen palast, Stall Roßbahn, schöne Wagen, garten und großen Löwen"* besichtigten. Dabei *„ist für trinckgeldt außgeben worden, cinque paoli =55 Xr; demjenigen, so die Herren Grafen herumb geführet, trinckgeldt 1 paolo =11 Xr"*[183]. Tatsächlich verfügte die 1580–1611 errichtete Residenz von Ranuccio II. Farnese im dritten Viertel des 17. Jahrhunderts nicht nur über das eindrucksvolle, um 1620 errichtete *Teatro Farnese* und eine umfangreiche Gemäldesammlung, sondern auch über luxuriöse Stallungen mit 90 Pferden und zwei Dutzend Prunkkarossen[184]. Letztere fanden – neben dem Theater und der Galerie – 1688 auch die Aufmerksamkeit von Nicodemus Tessin: *„Der Hertzog hat sonsten einen grossen Stall von 90 pferden, ohne dhenen die er stetz hält an der zahl 30 vor dem Collegio de Nobili [...]. Von dess Hertzogs kutschen habe ich 9 st. gesehen, welche sehr magnifique wahren, die eine wahr gantz brodiret auf cremoisi sammet, all das holtzwerck ausserhalb den rädern wahr massiw silber; das remarquabelste daran wahr dass dach von 8 spiegelgläsern mit silber zwischen."*[185] Von den Kunstwerken des *Palazzo del Giardino* sei neben den *„dodeci teste d'Imperatori di chiaroscuro di mano di Titiano"* vor allem die *„camera de' Ritratti"* hervorgehoben. Diese Porträtgalerie im sechsten und siebenten Saal der öffentlich zugänglichen und nach den bedeutendsten Gemälden benannten Repräsentationsräume wird in einem speziellen Kunstführer zu den besten Gemälden, der 1671 unter dem bezeichnenden Titel *Viaggio pittoresco* (= Malerische Reise) in Venedig erschienen ist (Abb. 86), detailliert beschrieben: *„Über der Tür sieht man ein Gemälde mit einem sehr schönen kleinen Putto von der Hand des Annibale Carracci. Es folgen zwei Bildnisse eines Sängers und eines Komponisten. Werke der Caracci. Hierauf eine Dame, die sich die Haare flicht, von der Hand Tizians. Darüber befindet sich ein Porträt des Papstes Paul III. als er Kardinal war; ein ausgezeichnetes Werk von Raffael. Es folgt ein Bildnis des Diogenes, der mit einer Feder in der Hand schreibt; eine sehr schöne Sache. Man sieht auch das eigenhändige Porträt der Antea genannten Geliebten von Parmigianino. Unter diesem Gemälde befindet sich ein Porträt des Herzogs Ranuccio I., von der Hand des Carracci. [...] Es folgt ein Bildnis einer Dame mit Turban auf dem Haupt; ein Werk von Giulio Romano. Weiters ein Porträt des Kardinals Farnese von der Hand der Carracci. Unterhalb dieses Kardinals befindet sich ein anderes Porträt des Herzogs Pierluigi, ein Werk von Raffael von Urbino. [...] Über der Tür sieht man das Bildnis von Alexander dem Großen, ein Werk von Tizian. Neben den Fenstern befindet sich ein Bildnis eines Philosophen von Andrea del Sarto. Über den Fenstern gibt es zwei Porträts, eines des Herzogs von Ferrara von Tizian, das andere eines Priesters von Parmigianino. Es folgt das Porträt von Paul III., ein kleines Werk von Tizian. [...] Hier gibt es noch das Bild des Malers Fra Sebastiano del Piombo, ein Werk von Giorgione."*[186] Es lässt sich schwer feststellen, ob diese Zusammenstellung von antiken Persönlichkeiten, Angehörigen der herzoglichen Familie, berühmten Zeitgenossen und Typenbildnissen auch als Galerie von *Uomini Illustri* konzipiert war. Jedenfalls stellt die drei Jahre vor der Ankunft Lambergs erschiene Publikation eindeutig die künstlerische Leistung der bekannten Maler in den Mittelpunkt. Tatsächlich gehören viele der genannten und heute großteils in Neapel befindlichen Bilder zu den berühmtesten Gemälden der Kunstgeschichte, darunter Raffaels *Kardinal Alessandro Farnese (= Paul III.)*, Parmigianinos *Galeazzo Sanvitale*, *Antea* sowie *Lucretia*, Tizians Bildnisse von Paul III., Pier Luigi, Ranuccio (heute Washington) und Alessandro Farnese, Karl V. sowie Kardinal Pietro Bembo, Sebastianos *Clemens VII.*, Lottos *Bischof Bernardo de Rossi*, El Grecos *Giulio Clovio* sowie der *Lautenspieler* und der *Musiker* von Agostino bzw. Annibale Carracci[187].

Über Piacenza ging es dann weiter nach Mailand, wo die Gruppe vom 31. Oktober bis 7. November beim „*Wirth ai tre' Re'*" logierte und für die Vollpension der vier Reisenden 35 Gulden 23 Kreuzer bezahlte. Auch hier waren wieder Eintrittsgebühren in Form von Trinkgeld an die Aufseher zu entrichten: „*Zu Mayland für unterschiedliche trinckgelder, die galerie deß Governatore, daß Cabineth des Canonici, die Bibliotheca Ambrosiana, daß Castel, den thurn deß thumbs, undt andere dergleichen sachen zu sehen, außgeben 20 paoli = 3 fl 40 Xr*"[188]. Das umfangreiche Besichtigungsprogramm in der lombardischen Hauptstadt umfasste das alte *Castello Sforzesco*[189] und den damals noch unvollendeten Dom. Die Gemäldegalerie des spanischen Statthalters im weitläufigen, aber architektonisch altertümlichen Palast neben der Kathedrale[190] hatte 1674 auch Johann Wilhelm von Pfalz-Neuburg besucht[191]. Von 1674–78 fungierte der niederländische Reichsfürst Claude Lamoral de Ligne als Statthalter; aus dem Besitz seines Enkels sollte Lamberg 25 Jahre später eine Kutsche kaufen.

Ein weiterer Besuch galt der *Biblioteca* und *Pinacotheca Ambrosiana*. Der 1603 von Kardinal Federico Borromeo zur gegenreformatorischen Bildung des Klerus eingerichteten ersten öffentlichen Bibliothek auf dem Kontinent war zur Geschmackserziehung im Sinne des Trienter Konzils eine 1669 wieder eröffnete Akademie nach römischen und Bologneser Vorbild angeschlossen worden. Diese verfügte über eine eigene Gemäldegalerie mit bedeutenden Gemälden und Zeichnungen von Leonardo da Vinci, Raffael, Tizian, Brueghel und Caravaggio[192]. Einen guten Eindruck von dieser Sammlung liefert die Beschreibung von Tessin aus dem Jahre 1688: „*Alhie ist auch die herlichste mahler accademie (in selbem mitt begriffen) so ich mein lebtage gesehen habe, nach dheme wir in dem zimmer gewesen, wor alle abendt nach dem leben gezejchnet wirdt, kahmen wir in zweij sehr grosse zimber, darzu gehörig, welche fast so gross undt ebenmässig eclairiret wahren wie die bibliothque; im ersten wahren alle die beste antique statuen von gibbs meist abgeformet zu sehen; dass original kleine model vom grossen basreliev Attilae [für den Petersdom], vom Algardi wahr dar auch, imgleichen ein herliches klein basriliev, vom S. Johanne wie er Christum taufft, vom Signor Hercole Ferrati, ein schönes liegendes kindt von lehm vom Cav: Bernin, undt unterschiedliche andere schöne modellen, wie auch grosse cartellonen von den besten meistern, welche oben herumb hungen, unter dhenen dass herlichste wahr, die Scola d'Athene, vom Raffaele selbsten gezejchnet, so gross wie er es im Vaticano gemahlet hat; im nechsten grossen zimber wahren treffliche schildereijen zu sehen wie auch zejchnungen: einen grossen folianten hält man dort eingeschlossen, in welchem ich trefliche zeichnungen und inventionen von allerhand machinen undt kriegsinventionen gesehen, welche Leonardi da Vinci gezejchnet hat, undt auss gelousie alles zurückwertz beschrieben [...]. Vom Correggio sahet man hernacher auch in einer bordure eine sehr herliche zejchnung, von Maria mit dem Christkindlein; so ist darneben auch ein sehr schönes grosses qvader von der S:te Familie, welches Leonardo da Vinci gezejchnet hat, undt sein discipel Aur: Luino coloriret, welches sehr aestimiret wirdt. Vom Titiano sejndt unterschiedliche sehr schöne stycke dar, aber die hübschten wahren folgende alss La Visitatione de i Trè Magi, S:ta Magdalena, S: Hieronimo undt sein eijgen pourtrait. [...] Die S. Familie wahr auch dar auch sehr schön*

88. Alkovenzimmer von Bartolomeo Botto u.a., 1663; Turin, Palazzo Reale

89. Vogelschau der Stadt Turin (während der Befreiuungsschlacht von Prinz Eugen von Savoyen, 1706), Ölgemälde von Ignace Joseph Parrocel, um 1710, Ausschnitt; Wien, Stadtpalais des Prinzen Eugen von Savoyen

vom Bassano, und imgleichen vom Barozzi. Vom Breügel wahren dar die schönsten wercke, welche er sein lebtage ins kleine gemahlet hat, undt hat er sonderlichen fleiss dessentwegen daran gewendt, weillen der Card. Borromei ihme das leben salvieret hat [...]. Diese benente örther seijndt alle werkeltage zweij stunden so wohl vormittags alss nachmittags offen, vor einen jedem der darinnen studiren will."[193]
Ergänzend sei noch darauf hingewiesen, dass die Biblioteca Ambrosiana einen 248 Gemälde umfassenden Zyklus der *„Ritratti d'Huomini Santi, Dotti, & Eruditi"* enthielt. Der Bogen spannte sich dabei von Christus und der Gottesmutter über die Apostel, Kirchenväter, Ordensheiligen und Päpste bis zu den Kaisern (Konstantin, Karl der Große), Königen, Dichtern (Petrarca, Dante), Künstlern (Raffael) und zeitgenösssichen Gelehrten (Justus Lipsius, Kardinal Baronius)[194].

Die Brüder Lamberg besuchten in Mailand außerdem das „cabineth" des mit Kardinal Borromeo und Papst Alexander VII. befreundeten Kanonikus Manfredo Settala[195] (Abb. 87), das auch Johann Wilhelm von Pfalz-Neuburg und Nicodemus Tessin besichtigt haben[196]. Diese Sammlung enthielt ebenfalls Gemälde von Leonardo, Raffael, Bronzino, Tizian, Tintoretto sowie Guido Reni und Giulio Cesare Procaccini, wobei jedoch im gedruckten Katalog von 1664/1677 deutlich zwischen Originalen und Kopien unterschieden wurde, z. B. im Falle der *Mona Lisa*: „Die berühmte Gioconda, eine Kopie nach Leonardo da Vinci. Das Original wird in der Sammlung des Allerchristlichsten Königs von Frankreich aufbewahrt".

Settala sah jedoch in den Kunstwerken einen Ausdruck der göttlichen Schöpferkraft („creatrice mano di Dio") und dementsprechend war seine Sammlung bewusst als Mikrocosmos konzipiert, um die „maestá della natura, e la meraviglia dell'Arte nel Theatro del Mondo" vorzuführen. Die Lambergbrüder fanden daher in, über und unter den an den Wänden aufgestellten Schränken musikalische, mathematische und optische Instrumente vor, Globen, Korallen, wertvolle Steine, chinesisches Porzellan, türkische Gefäße, Federmäntel aus Brasilien, Kastanien aus Kanada, Erbsen aus Guinea, Rhinozeroshörner sowie Mumien. Ebenso breit gestreut war das Spektrum der Porträtgalerie von Imperatoren, Herrschern, Päpsten und Kardinälen auf Münzen und Medaillen über Porträts von Papst Julius II. (Raffael), Don Juan de Austria (Maino), Königin Christina von Schweden bis zu Bildnissen der Familie des Museumsgründers (Tizian, Daniele Crespi), einem Selbstporträt von Fede Galizia sowie einer *„Donna mostruosa barbuta"*, einer bärtigen Frau[197].

Nach dem Besuch der *Certosa di Pavia* („in der berümbten schönen Carthauß zu Pavia dem Gartner trinckhgeldt 1 lira") begaben sich die Österreicher nach Genua mit seinen eindrucksvollen Palästen an der Strada Nuova[198] und schließlich am 15. Oktober nach Turin, wo sie nach Meinung der Mutter die französische Sprache besser erlernen konnten, weil dort weniger deutschsprachige Kollegen studieren würden („für ein Frantzösisches ‚Dictionaire' 1 fl. 52 kr."). Vor allem aufgrund der eigens für die ausländischen Kavaliere 1678 und

1679 eröffneten staatlichen respektive jesuitischen Ritterakademien bildete Turin im späten 17. Jahrhundert einen besonderen Anziehungspunkt für die jungen Adeligen aus Mitteleuropa[199].

In der *Accademia Reale*, die im ersten Jahr fast zur Hälfte von Studenten aus den habsburgischen Ländern besucht wurde, erhielten die Kavaliere Unterricht im Waffengebrauch, in der Mathematik ebenso wie im Tanzen, Zeichnen und in Geschichte[200]. Der Lehrplan der Lamberg-Brüder entsprach vielleicht schon dem der drei Jahre später eröffneten Ritterakademie, war aber wohl noch nicht so streng durchorganisiert: Nach der frühen Tagwache begaben sich die Jungakademiker zum Reitunterricht, während die älteren Studenten Geographie, Geschichte und Genealogie studierten. Dann tauschten die beiden Gruppen bis zum Gottesdienst um 11 Uhr. Nach dem mit Gesprächen und dem Austausch politischer Neuigkeiten verbundenen Mittagessen folgte eine einstündige Ruhepause. Nachmittags wurde in speziellen Räumen Zeichnen, Heraldik, Arithmetik, Geometrie und Fortifikationswesen unterrichtet. Danach standen Fecht- und Voltigierunterricht auf dem Stundenplan. Nach der freiwilligen und eher vergnüglichen Tanzstunde wurden Exerzieren und Waffengebrauch gedrillt. Bis zum Abendessen um 19 Uhr und der anschließenden Abendandacht hatten die Kavaliere frei. Um 21 Uhr war Nachtruhe angesagt[201].

Als Lehrbücher kauften die Lambergs geographische Werke, Landkarten, *„l'historie de Cyrus"* und die Bücher *„Le politique du temps"* sowie *„Les affaires de l'empire"*. Bei letztgenanntem Werk handelte es sich vermutlich um das ehemals dem kaiserlichen Diplomaten Baron François-Paul de Lisola zugeschriebene Werk *Le politique du temps ou le Conseil Fidele sur les Mouvements de la France Tiré des evenements passe pour servir d'instruction à la Triple Ligue*, das erstmals 1671 in Brüssel erschienen war (oder um die mit den gleichen Worten beginnende Gegenschrift)[202]. Neben dem Französischlehrer M. Claude Biju[203] wurde hier auch ein Hauslehrer für Mathematik verpflichtet, bildete dieses Fach doch gerade für den Adel und seine militärische Ausbildung damals noch eine „Leitwissenschaft"[204].

In der Tat war die neu geschaffene Haupt- und Residenzstadt des Herzogtums Savoyen nicht nur die „bedeutendste urbanistische Großunternehmung des 17. Jahrhunderts", sondern auch ein in Theorie wie Praxis gleichermaßen bedeutendes Zentrum der Militärarchitektur[205] (Abb. 89). Denn der Architekt der *Piazza Reale* und des *Castello del Valentino*, Carlo di Castellamonte, sowie jener des *Palazzo Reale* und der *Venaria*, Amadeo di Castellamonte, waren auch als Fortifikationsingenieure tätig. Ähnliches gilt für Guarino Guarini, der um 1675 mit der Errichtung des Palazzo Madama, der *Capella della Santa Sindone* und des *Collegio dei Nobili* der Jesuiten beschäftigt war[206]. Der Mathematiklehrer der Lamberg-Brüder wird zwar nicht namentlich genannt, und auch das von ihnen benutzte Lehrbuch *„de sinubus"* lässt sich nicht identifizieren. Aber es scheint nicht ausgeschlossen, dass es sich beim lambergischen Privatlehrer um den langjährigen Mathematikprofessor der piemontesischen Akademie, Donato Rossetti, oder sogar um Guarino Guarini gehandelt hat, denn diese beiden geistlichen Hofmathematiker publizierten gerade damals Lehrbücher der Fortifikationsarchitektur bzw. Geometrie[207]. Guarinis *Modo di misurare le fabbriche* erschien 1674 als praktisches Handbuch für Bauherren, während er seinen 1676 veröffentlichten *Trattato di fortificatione che hora si usa in Fiandra, Francia et Italia* als Lehrbuch für Ludwig Julius von Savoyen-Soissons, den bei der Türkenbelagerung Wiens gefallenen älteren Bruder des Prinzen Eugen, verfasste[208].

An Sehenswürdigkeiten bot die Stadt neben dem berühmten Grabtuch Christi – *„für allerley kleine und grosse bildtel des heyligen Schweißtueges"* zahlte der lambergische Hofmeister 5 fl. 15 kr. – vor allem die herzogliche Residenz sowie die Sommer- bzw. Jagdschlösser, die sich zur Zeit des Aufenthaltes der Lambergbrüder teilweise noch in Bau befanden. Eine erste Ausstattungsphase der

90. Venaria Reale von Amadeo di Castellamonte ab 1658; Turin

91. Festsaal der Venaria Reale von Amadeo di Castellamonte (um 1665), Kupferstich von Giorgio Tasnière nach Gian Francesco Baroncelli (1672), 1679; Wien, ÖNB

Stadtresidenz hatte anlässlich der Hochzeit des Herzogs Carlo Emanuele II. mit Francesca Maddalena d'Orléans im Jahr 1663 begonnen. Sie umfasste zahlreiche historische, mythologische und allegorische Fresken sowie Gemälde u.a. von Jan Miel sowie Giuseppe Nuvolone, deren ausgeklügeltes moralisierend-panegyrisches Programm 1690 auch in einer deutschsprachigen Landesbeschreibung publiziert wurde. Schon im Innenhofe wurde auf die Abstammung von den Sachsen und die politische Bedeutung der herzoglichen Familie hingewiesen: *„Der Innere Hof macht die Würden des Savoyischen Hauses vorstellig/ und ist in einem Feld/ gleich als in einem vergoldeten Himmel/ die Keyserliche Majestät in dem Habit und Kleinodien abgebildet/ welche Kronen/ Scepter und andere hohe Dignitäten austheilet; und stellen die beyde neben=seitige Tafeln die von denen Keysern an Savoyen verstammte zwey hohen Würden/ als der Reichs=Verwesung bey dem Römischen/ und des stetigen Chur Fürstenthums bey dem Constantinopolitanischen Keyserthum für; und ist in diesem Balduin/ so durch ordentliche Wahl=Stimmen zum orientalischen Keyserthum erwählet worden/ abgebildet/ welcher die Savoyische Hertzogen zu Chur Fürsten ernennet/ untenher erscheinet Griechenland/ so verschiedene Reichtümer austheilet zusammt dem Donau=Fluß mit seinen Einflüssen/ wie er sich in das Meer stürzet; in einer Tafel aber zeigt sich Keyser Conrad/ so Graf Amadeum mit der Reichs=Verwesung/ im Beysein der andern Reichs=Fürsten/ belehnet. Unten sitzt Rom/ die Beherrscherin der Welt/ und der Tyber=Fluß/ wie er seine Fluthen ausströmet."*[209] Dreißig Seiten lang wird die vom Hofgelehrten Emanuele Tesauro konzipierte emblematisch-historische Ikonographie erläutert, sodass tatsächlich jeder Besucher oder Leser über den Sinn informiert wurde. War der Audienzsaal dem Krieg gewidmet, so wurde im Paradeschlafzimmer mit dem Deckengemälde Miels von 1660 der Frieden gepriesen: *„Das innere Gemach gegen Mittag mag füglich wegen seiner Schildereyen die siegs=Kammer genenet werden/ und ist darinnen der Sieg/ wie er mit Austheilung der Palmen und Kräntze beschäfftiget/ auf das prächtigste abgebildet. Um diese grosse Tafel sind 'Genii' gemacht/ welche die verschiedenen Cronen/ womit man die Sieger ehemals bei den Römern bekrönet/ vorzeigen. In denen Feldern der Wände hat der künstliche Pinsel des Mahlers 12 der fürnehmsten Siege der Savoyischen Printzen abgezeichnet/ als erstlich Humbert/ so unter Gottfried von Boullion das Heil. Grab erstreiten helffen/ mit der Lorbeer=Cron. […] Die Schlaff=Kammer Sr. Königl. Hoheit oder ‚Camera di parata' gegen Mittag ist auf folgende Weiß ausgezieret; eine grosse Tafel stellet den ruhigen Fried vor/ zu dessen Füssen die kriegerische Wuth gefesselt liegt. Sonst sind in denen anderen Feldern drey Friedens=Sinnbilder abgeschildert/ als (1.) der Mars/ so mit Hinlegung seiner Waffen auf seinem Schild schläfft/ die Cupidines aber spielen mit seiner Sturm=Haube/ Schwerd [!] und Harnisch. (2.) Die Leyer des Orpheus/ vermög welcher verschiedene wilde und zahme Thier friedlich sich beyeinander enthalten. (3.) Ein lustiger Reihen der Schäfer und Schäferinnen/ so nach ihrer Hirten=Pfeiffe auf das hurtigste tantzen. Das Cabinet macht die Vermählung seiner Königlichen Hoheit fürstellig/ und findet man allenthalben Sinnbilder/ welche darauf zielen. Ober diesen Sinnbildern ist die Vermählung Herculis und Hebes vermittelst Jovis fürgestellet; ingleichem die Liebe der Königin Berenices gegen ihrem Gemahl Ptolemäum Evergeten/ welcher bald nach der Hochzeit einen Kriegs=Zug in Asien vorgenommen/ weshalben sich Berenice ungemein bekümmert/ und ein Gelübd gethan/ falls Ptolemäus glücklich wiederkommen würde/ ihr Haar abzuschneiden; nachdem sie nun ihres Wunsches theilhaftig worden/ hat sie ihre abgeschnittene Haar der Göttin Veneri geopffert/ welche nachmahls/ vermög der Poeten Dichtungen/ in das himmlische Gestirn verwechselt worden."*[210]

Während der deutsche Autor 1690 ausführlich die Ikonographie der fürstlichen Appartements referierte, hob Nicodemus Tessin 1687 bei seinem Besuch die reichhaltigen und – eine Generation nach deren Errichtung – dem geänderten Geschmack nicht mehr ganz entsprechenden Innendekorationen hervor, vor allem üppige Vergoldungen, Silbermöbel und reiche Stoffe an Wänden und Mobiliar (Abb. 88): *„Die zimber seijndt sehr hoch, und viel verguldet ja mehr alss von nöthen währe, umb doch schöner auszufallen. […] die thüren seindt sehr hoch, gantz vergüldet, undt mit reichen portieren vor, über den thüren seijndt schildereijen; die schorsteine seijndt von marmor, mit silberchenetten. […] In den cabinetten H. I. wahren die gewelbe artig al fresco gemahlet: die meubeln wahren par bande mit grün damas undt goldtgründe mit grünen sammeten bluhmen, die gallerei wahr noch nicht fertig. Der spiegel in der alcove wahr sehr gross, mit silber branchissagen auf violet glass."*[211]

Von den Bauwerken außerhalb der Stadt bildete zweifellos das 1658–72 von Amadeo di Castellamonte errichtete Lust- und Jagdschloss das spektakulärste, weil es von einer kleinen regelmäßig angelegten Stadt umgeben war (Abb. 90). Auch dort verband sich die vielfältige künstlerische Ausstattung mit einer auf die Jagd und deren Göttin Diana ausgerichteten Ikonographie: *„Ist*

92. Rathaus von Elias Holl (1615–20) und Perlachturm in Augsburg, Kupferstich im Reiseführer von Maximilian Misson, 1701; Rom, Bibliotheca Hertziana

demnach bey dem Eintritte in den Königlichen Pallast oben in dem Gewölb die Fackel des Callimachi abgebildet/ wie nemlich Diana/ da sie erst neun Jahr alt/ aus Haß zur Liebe und Liebe zu den Waffen/ auf das freundlichste von ihrem Vatter Jupiter/ die Ober=Verwaltung über alle Jagten ausbittet. Unter ihr sind ihre Gesellinen die Nymphen/ mit blossen Schultern und allerhand Jagt=Geräth versehen; einige davon bezäumen die an dem güldnen Wagen gespannte Hirschen. Andere sind mit Führung und Leitung an denen Riemen der Spür=Wind= und Stand=Hunde beschäfftigt/ andere schleppen ein goldenes Jagt=Garn und Netze herbey/ und muß man zweiffeln/ ob Callimachus diese Fabel künstlicher geschrieben/ oder aber den Pinsel des Künstlers natürlicher fürstellig gemacht. An statt der Auffschrifft ist die Erlaubniß/ so Jupiter der Diana ertheilt/ in folgenden Italiänischen Worten: DELLE CACCIE TI DONO IL SUMMO IMPERIO. Nimm hin die Ober=Meisterschafft über die Jagten. Neben dieser gantzen Tafel werden die vielerley Jagd=Verschiedenheiten in eben so vielen Sinnbildern fürstellig gemacht. (1.) Den Vogelfang vorzustellen/ ist eine Nymphe der Diana abgebildet/ so einen Falcken mit verkappten Augen in der Hand hält/ um welchen verschiedene kleines Geflügel schwärmet/ denen er aber bey verhüllten Augen nicht nachzustellen begehrt: mit beigefügten Italiänischen Worten: CIO CHE L'OCCHIO NON VEDE, IL COR NON BRAMA. Was das Aug nicht ersiehet/ darnach hat das Herz kein Verlangen. […] Benebst diesen Tafeln sind allenthalben die schönsten Prinzessinnen selbiger Zeit/ nach dem Leben in Jäger=Kleidung abgebildet/ und stellen die Neben=Zierrathen allerley Jagt=Werck für."[212]

Dieses Jagdschloss wurde ebenfalls in einer der ersten barocken Baumonographien, die 66 Kupferstiche (Abb. 91) und 99 Seiten Text umfasst, der europäischen Öffentlichkeit bekannt gemacht. Das vom Hofarchitekten Castellamonte 1672 verfasste und 1679 publizierte Werk *La Venaria Reale. Palazzo di Piacere, e di Caccia* verbindet in Form eines fiktiven Dialoges zwischen dem Architekten und dem durchreisenden römischen Cavaliere Bernini die Gattung eines Reiseführers mit der eines Architekturtraktats[213]. Die Publikation belegt einmal mehr die damals in Turin vorhandene Kompetenz zur Vermittlung von Architektur – nicht zuletzt für die Adeligen aus Mitteleuropa.

113

München, Amsterdam und Brüssel

Da die geplante Weiterreise nach Spanien an den fehlenden Reisepässen scheiterte, brach Leopold Joseph von Lamberg mit seinen Begleitern am 7. März 1676 nach Norden auf. Mit einem „*Vetturino*" überquerten sie die Alpen nach Chambéry sowie Genf, wo sie wieder in einem Gasthof zu den hl. Drei-Königen (*„aux trois rois"*) logierten. Nach einer Bootsfahrt über den Genfer See sowie dem Besuch von Bern, wo die Besichtigung des aus dem 16. Jahrhundert stammenden Arsenals 1 fl. 29 xr. kostete, stand die Besichtigung der Reste der mittelalterlichen Habsburg[214] auf dem Programm: „*in dem schloß Habspurg einem alten Man so darinnen wohnt, verehret 2 batzen oder groschen 6 Xr*". Über St. Gallen, dessen Fürstabtei gerade in den Jahren zuvor um zwei Trakte mit Prälatur und Hofhaltung erweitert worden war[215], sowie Lindau erreichten die Österreicher Augsburg. Hier besichtigten sie wohl alle Denkmäler, die damals als Sinnbilder der Reichsstadt verstanden und präsentiert wurden, nämlich das Zeughaus von Joseph Heintz d.Ä., den Augustusbrunnen von Hubert Gerhard, den Merkur- und Herkulesbrunnen von Adriaen de Vries sowie vor allem das eindrucksvolle Rathaus von Elias Holl mit dem „Goldenen Saal"[216] (Abb. 92), das Maximilian Misson in seinem Reiseführer folgendermaßen beschrieben hat: „*Das rathauß ist ein sehr schönes viereckigtes/ von steinen auffgeführtes gebäude/ und in demselben die meisten zimmer getäfelt/ die decken aber aus einen unvergleichlich=schönen pohlnischen eschbaum=holtz; Der große saal ist über allemassen prächtig/ ein hundert und zehn schuh lang/ acht und funffzig breit/ und zwey und funffzig hoch; Das estrich bestehet in jaspirten marmor. Die mauren sind mit mahlwerck bedeckt/ zwischen denen ein hauffen sinnbilder/ die alle ihre auff die verfassung des regiments eingerichtete bedeutung haben/ zu sehen. Das schönste aber ist die decke/ an welcher in denen feldern/ deren rähmen und leisten von verguldeten schnitzwerck/ allerhand so artig und geschicklich ‚ordonirte' schildereyen und anderer zierrath gesetzt/ daß man sich nicht satt daran belustigen kan.*"[217]

Am 2. Juni 1676 erreichte die Grafen Lamberg München, wo sie vor allem die Kurfürstliche Residenz (Abb. 93) besuchten: „*Hier zu München die schene Churfürstliche residenz, den garten und was sonsten remarquables da ist, zu sehen, seindt underschiedliche trinckgelder verehret worden 3 fl. 30 Xr; des Herrn Obristkammerers zu München seinem diener, für daß er denen Herren Grafen eilfertig noch selbigen abendt die erlaubnis von seinem Herrn gebracht hat, die residenz zu sehen, undt deswegen mitt uns nach Hoff gegangen, ist trinckgeldt verehret*

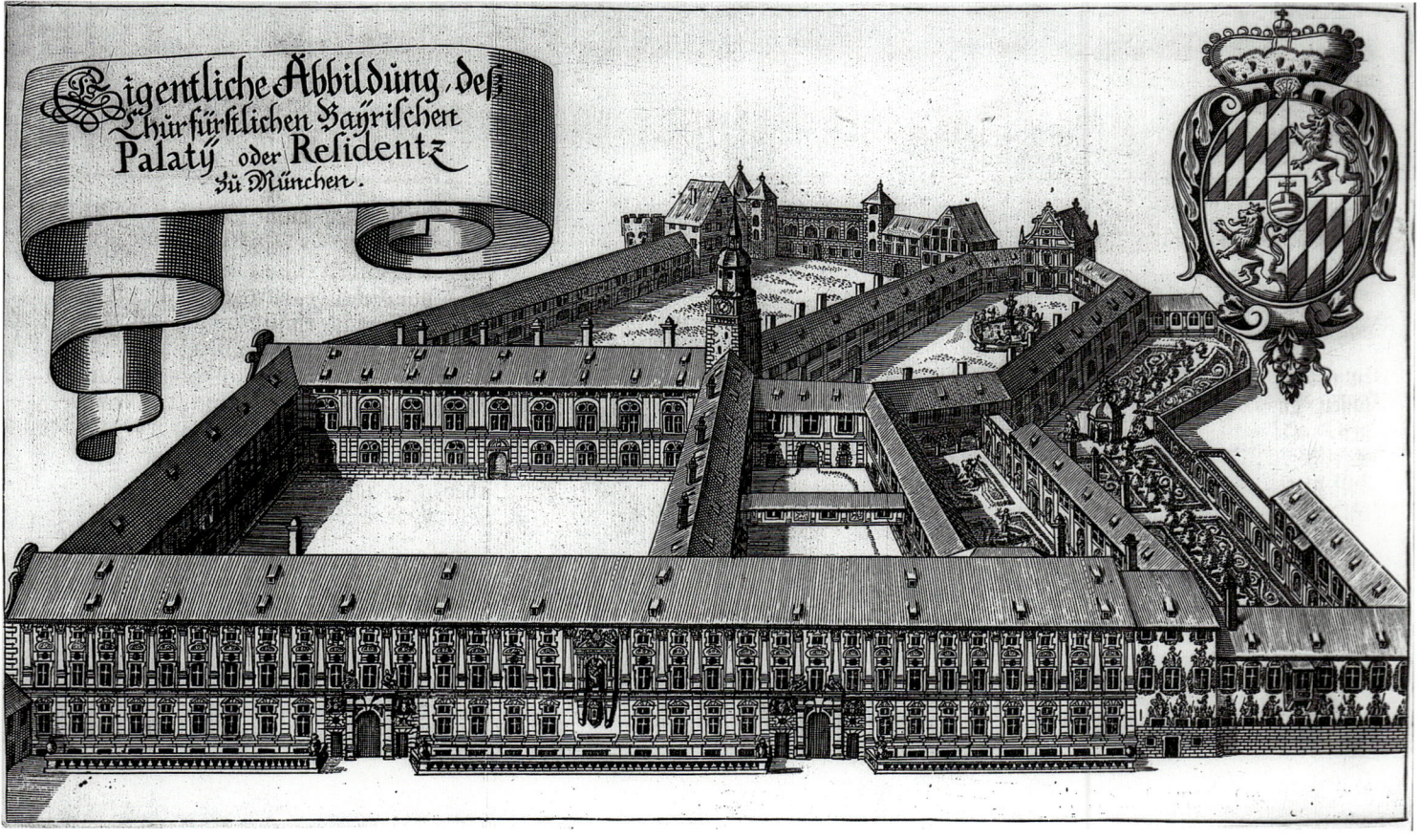

93. Kurfürstliche Residenz in München, Kupferstich von Anton Wilhelm Ertel, 1685; Privatbesitz

worden 30 Xr"[218]. Die Erlaubnis zur Besichtigung erfolgte also durch einen hohen Würdenträger wie es in München üblich war. So hatte der Oberstkämmerer und Obersthofmarschall Graf Maximilian Kurz von Senftenau, der „mächtigste Mann am Hofe Ferdinand Marias"[219], 1658 den jungen Heinrich I. Reuß *„auf die Churf[ürstli]che] Residentz führen, und alles w[as] zusehen mochte sein, zeigen lassen"*. Außerdem schickte der Graf damals *„einen Befehl an den Verwalter zu Schleißheim, krafft welches d[as] Churfürstl[iche] Lusthaus, Stüterey, Wild= und thiergarten, und w[as]sonsten zusehen war, unverzogerlich erfordert und gezaiget worden, zu welchem ohne dergleichen ‚recom[m]endation' man sonsten schwer hette gelangen können"*[220], während er 1661 französischen Gästen den Eintritt in die kurfürstlichen Appartements verwehrte[221]. Es ist daher anzunehmen, dass auch die Lamberg-Brüder ein entsprechendes Empfehlungsschreiben vorzuweisen hatten. Dies scheint umso naheliegender aufgrund der direkten Verbindungen zwischen dem Waldviertler Adel und dem Münchner Hof. Denn der Bruder des verstorbenen kurfürstlichen Oberstkämmerers in München, Ferdinand Sigmund Graf Kurz von Senftenau[222], der zunächst als kaiserlicher Diplomat in Sachsen, Brandenburg, Schweden sowie Dänemark und dann lange als Reichsvizekanzler gewirkt hatte, war Besitzer der Waldviertler Herrschaften Horn und Drosendorf sowie Großvater der späteren Gattin von Leopold Joseph von Lamberg gewesen[223].

Die von Kurfürst Maximilian I. im frühen 17. Jahrhundert großzügig erweiterte Münchner Residenz war ab 1666 von Kurfürstin Henriette Adelaide von Savoyen aufwändig mit vergoldeten Holzdecken und Ölbildern von Johann Heinrich Schönfeldt und Antonio Triva ausgestattet worden[224]. Besonders bemerkenswert war jedoch die ausgeklügelte Ikonographie der Räume mit zahlreichen Allegorien, Emblemen und Porträtzyklen. Die Devisen dieser Darstellungen sowie die ausführliche Erklärung des Bildprogrammes waren ein zentrales Anliegen der 1667 von Ranuccio Pallavicino verfassten Residenzbeschreibung, die 1685 auch in einer deutschen Version gedruckt wurde. Von besonderem Interesse sind vor allem die Kaiser-Zimmer, die Wittelsbachergalerie, das Antiquarium sowie die Hofkapelle. Durch ein Foyer mit den Darstellungen der zwölf römischen Kaiser kam man zur Treppe mit den Darstellungen der Kaiser Karl der Große, Otto der Große und Ludwig IV. der Bayer und schließlich in die *„also genannten Kaysers=*

94. Ansicht der Stadt und Burg Straubing, Deckengemälde im Antiquarium von Hans Donauer d. Ä., um 1590; München, Residenz

Zimmern". Deren Gemälde bildeten eine Art Tugendspiegel, umfassten aber auch kosmologische Personifikationen wie Planeten, Tages- und Jahreszeiten sowie Erdteile, Elemente, Welt und Himmel, Zeit und Ewigkeit. Das Programm gipfelte in der anschließenden Galerie, die eine Apotheose Bayerns bot: *„Nun komme ich in ein 'Galerie', deren Länge 270, die Breite aber 15 Schuch erreichet mit Stuccator=Arbeit gar schön gezieret/ mit 18 Fenstern wol erleuchtet/ allwo oberhalb in jedem Bogen/ als in einem Atheniensischen 'Areopago' sich die regierende Fürsten deß Durchleuchtigsten Hauß Bayrn befinden/ welche mit dapffern Thaten/ und höchstpreyßwürdigen Regierungen die gantze Welt mit ewigem Lob angefüllet/ auch schon sovil herrlicher 'Scribenten' Federn ermüdet."* Die Bildnisse reichten von Ansbert I. und Arnold bis *„XXXVI. Maximilianus der erste/ Pfaltzgraf bey Rhein/ Hertzog in Ober und Nider Bayrn/ deß H. Röm. Reichs Ertztruchseß und Churfürst"*. Diese genealogisch-historische Reihe wurde mit den Sinnbildern der Landesherrschaft verbunden. Den Personifikationen der Beschäftigungen und Institutionen wie Religion, Kriegswesen, Salinen, Fischerei, Akademie und Jägerei waren die Allegorien der Flüsse, Städte und Provinzen, nämlich Isar, Inn, Donau, Lech, Straubing, Landshut, München, Burghausen und Bayern zugeordnet. Dazu kam *„der uralte Bayrische Adl"*, dessen Familien namentlich angeführt wurden. Eine weitere, ungefähr 19 Meter lange und 5,40 Meter breite Galerie war mit den *„heroischen Thaten deß grossen Maximiliani, unnd mit Vorstellungen dessen herrlichen Tugenden"* geziert, aber aufgrund der hier versammelten Bildnisse der Herzöge von Savoyen auch der mit der Heirat von Ferdinand Maria und Henriette Adelaide erfolgten Vereinigung der beiden Fürstenhäuser gewidmet[225]. Die 1671/72 von Antonio Triva angefertigten Gemälde führten u.a. die Studienfreundschaft des Kurfürsten mit dem späteren Kaiser Ferdinand II. in Ingolstadt unter dem Motto *„Austriacae Sodalitati. Das ist: Der Oesterreichischen Gesellschaft"* sowie den Besuch Maximilians I. bei Papst Clemens VIII. im Jahre 1593 vor[226]. Den krönenden Abschluss der Besichtigung bildete laut Führer das *„Majestätische 'Antiquarium'"* mit seinen zahlreichen antiken Statuen[227]. An der Decke des Raumes waren Tugenden gemalt, *„bey den Fenstern seynd die Churfürstliche Bayrische Stätt neben den berühmbten Schlössern und Märckten in folgender Ordnung zu besehen/ dabey annoch zumercken/ daß oben in dem Bogen die Stätt/ beyderseyts aber bey jedem Fenster zwey Märckt oder Schlösser verzeichnet seyn."* (Abb. 94).

Nürnberg, Würzburg, Aschaffenburg, Frankfurt am Main (*„das rathhauß, den Römer undt andere denckwürdige Sachen zu sehen"* kosteten 25 Kreuzer), Köln (wo man ein Schiff bestieg), Düsseldorf und Utrecht waren dann weitere Stationen auf dem Weg nach Amsterdam. Dort stieg man in der *Warmstrete* im Gasthaus zur *„Liflendischen Bibel"* ab und bezahlte für *„eine comedia in einem garten zu sehen, sechs schilling =1 fl 7 Xr 2∂"*. Besichtigt wurden von den Österreichern das *„Dolhüeß, Spinhüeß, Raspelhüeß, West= undt Ost=Indische Hüeß, Stadthüeß, Magazin und dergleichen […] in gesel[l]schaft anderer außlender"*, was Kosten von insgesamt 56 Kreuzer verursachte[228]. Das kunsthistorisch bedeutendste Denkmal bildete das 1665 vollendete monumentale Rathaus von Jacob van Campen mit den Skulpturen von Artus Quellinus und den Gemälden von Rembrandt und dessen Werkstatt[229]. Ein zeitgenössisches Gemälde des Rathauses kam später aus dem Besitz der Familie Lamberg in die Galerie der Wiener Akademie (Abb. 95). Kennzeichen der reichen Handelsstadt waren aber auch die Zentralen der 1602 bzw. 1621 gegründeten Ost- und Westindischen Handelskompanien. Darüber hinaus hatten sich jedoch in Amsterdam vor allem die in Mitteleuropa noch kaum bekannten neuen Institutionen der Wirtschaft und Sozialdisziplinierung „zu obligatorischen Stationen der touristischen Route" entwickelt: das 1595 eröffnete und später mit einer Personifikation der Züchtigung bekrönte *Rasphuis* am Heiligeweg als Arbeitshaus für straffällige Männer, die zum Zerkleinern von Holz eingesetzt wurden, sowie das 1597 eingerichtete *Spinhuis* für Landstreicherinnen, Prostituierte und Diebinnen[230]. Diese Einrichtungen hatte 1649 auch schon Johann Maximilian von Lamberg besichtigt.

In Leiden waren es ebenfalls das Zuchthaus und die Universität mit *„anatomie, academie, bibliotheque"* sowie die Burg, die die Kavaliere interessierten[231], und die Lamberg-Brüder unternahmen auch einen Ausflug nach Den Haag. Hier bildete das 1645–52 von Pieter Post und Jacob van Campen erbaute königliche *Huis ten Bosch* mit Gemälden von Jacob Jordaens, Gerrit van Honthorst u.a. sowie frühen exotischen Kabinetten eine besondere Attraktion[232] (Abb. 96), die auch Tessin auf seiner Reise im Jahre 1687 besichtigt hat: *„Dass Oranjeheuss oder dass Hauss im Bosc liegt auf der andern seiten von Haag, von welchem ich auch ein eigen buch habe; der sahl ist sehr hoch voller schönen gemählten vom Giordano [recte: Jordaens], undt anderen, auf dess Printzen grossvatters Printz Henricks geburt, leben undt sterben appliciret. […] Auf der rechten seiten vom*

sahl wahren in zweijen cammern 2 artige däcker zu sehen, […] die Marots sohn hat gezeichnet; auf der linckern seiten vom sahl im grösten zimber wahr ein sehr fein gearbeitetes chineser skranckckwerk, so 20 000 gulden soll gekostet haben."[233]

Teilweise auf dem Wasserweg ging es über Delft[234], Rotterdam[235] und Dordrecht nach Antwerpen, wo „das berümbte Castel" besichtigt und die französischen Romane „les ouvres nouvelles de Mr. Pays" und „Romans d'Axiamire" sowie die Sachbücher *Famier Strada* und *Traictez entre les courronnet d'Espagne et de France* eingekauft wurden[236]. Beim Werk von Strada dürfte es sich um die *Histoire de la guerre de Flandre […] mise en François par M. Du-Ryer* (Paris 1650) des römischen Jesuiten Famianus Strada handeln, das die niederländischen Religionskriege aus spanischer Sicht behandelt[237]. Die Auseinandersetzungen der europäischen Großmächte sind auch das Thema des *Recueil des traitez de paix, treves et neutralite entre les couronnes d'Espagne et de France*, das 1664 in Antwerpen erschienen war. Auch hier wurden die Ereignisse aus habsburgischer Sicht beschrieben, denn der Autor Jean-Jacques Chifflet war Leibarzt des niederländischen Statthalters Erzherzog Leopold Wilhelm gewesen[238]. Eindeutig zu identifizieren ist das erste in Antwerpen gekaufte Buch der Lambergbrüder in französischer Sprache: René Le Pays, Sieur Duplessis-Villeneuve war ein gelehrter Beamter in Südfrankreich, der für seine Schriften 1670 in den Ritteroden des hl. Mauritius des Hauses Savoyen aufgenommen und 1672 vom Papst zum Pfalzgrafen ernannt wurde. Le Pays' Buch *Les nouvelles oeuvres* waren erstmals 1672 in Paris und in zweiter Auflage 1674 in Amsterdam erschienen. Ganz in der Tradition der sogenannten *Precieux* besteht das Werk aus einer Kombina-

95. Rathaus in Amsterdam von Jacob van Campen (1648–1665), Ölgemälde von Gerrit Adriaensz Berckheyde, um 1680/90; Wien, Akademiegalerie, Inv.-Nr. 384 (aus der Slg. Lamberg-Sprinzenstein)

tion der fiktiven galanten Korrespondenz eines Höflings mit seinen Geliebten mit eingestreuten Gedichten und Liedern, in denen ebenfalls die Schönheit der Frauen sowie die Freuden und Leiden der Liebe besungen werden[239]. Ob das schon die passende Lektüre für die nächste Station der Reise war?

Als Reiseziel hatte die Mutter nämlich Brüssel vorgesehen, das neben gutem Französisch, aktueller Kunst und wertvollen Textilien vor allem einen habsburgischen Hof anzubieten hatte[240]. Allerdings warnte die Gräfin ihre jugendlichen Söhne vor den Damen der Stadt, die *„gar vertreilich [=vertraulich] sein undt die gäwelier [=Cavaliere] balt fangen, also nembt Euch in acht"*[241]. Tatsächlich war der Umgang der jungen Herren mit den einheimischen Hofdamen und Kurtisanen nicht unproblematisch[242]. So hat sich etwa Leopold Ignaz Joseph von Dietrichstein 1681 in Paris mit Syphilis angesteckt und damit beinahe das Aussterben der Familie verursacht[243]. Brüssel galt damals als *„sehr schöne/ grosse/ prächtige"* Stadt, aber die Residenz der spanischen Statthalter wurde 1659 durch Zeiller nicht sehr lobend beschrieben. Sie sei *„zwar weitläuffig und groß/ aber meistentheils auff alte Art/ und keine sonderbahre Bawkunst daran"*. Die Kapelle hatte vor allem Reliquien aufzuweisen, während das Rathaus mit *„herrlichen Kunststücken/ darunter deß Königs Salomons Urtheil/ so der berühmte Rubens gemahlet hat/ und auff 3tausent Gülden geschätzt wird. Ferners seyn auch andere schöne Palläst/ als deß von Arschot/ Aumale/ das Clevische/ Hochstrati-sche/ Barlamontische/ Arenbergische/ Manßfeldische/ Fürstenbergische/ Egmondische/ deß Spinolae, und andere mehr"*[244].

Neben der Absolvierung von Sprach-, Mathematik- und Fechtstunden wurden die Lambergbrüder während ihres Aufenthaltes in Brüssel vom 8. Juli bis 25. November vom Sprachmeister um elf Gulden pro Monat auch *„in briefschreiben undt in der ‚Genealogie' der Fürsten und potentaten"* instruiert. Leopold Joseph und sein Bruder antichambrierten beim kaiserlichen Residenten Graf Alberto von Caprara[245] und feierten am 5. Jänner 1676 das *Fest des Bohnenkönigs*: *„heut haben die Österreichischen Herrn Cavalliers in des Herren Grafen Zimmer eine ‚recreation' angestellet undt den König erwehlet, welches denen Herrn Grafen gekostet hat 11 fl."*[246] Bei diesem traditionellen flämischen Familienfest zum Dreikönigstag wurde durch Los oder eine in einen Kuchen eingebackene Bohne der „Bohnenkönig" ermittelt, der sich dann einen Hofstaat zusammenstellen durfte, aber auch für Getränke und Speisen seiner Freunde aufkommen musste. Als weitere Unterhaltung der Grafen Lamberg wird das Billardspiel mit einem Grafen Schlick genannt – vermutlich der schon in Italien erwähnte Franz Joseph Schlick Graf von Passan und Weißkirchen[247]. Außerdem unternahm man von Brüssel aus Ausflüge nach Mecheln, Löwen und Gent[248]. Darüber hinaus hatte die Mutter aber auch den Kauf der berühmten Brüsseler Spitzen mit Gold- und Silberfäden sowie von Taftbändern und Tischwäsche aufgetragen.

Ein literarischer Exkurs ins Schloss des Ibrahim Bassa

Bevor wir mit den Brüdern Lamberg nach Frankreich weiterreisen, wollen wir uns ebenso wie diese dem Studium der französischen Literatur zuwenden. Bei dem von ihrem Hofmeister in Antwerpen erworbenen *Romans d'Axiamire* dürfte es sich nämlich um das Buch *Ibrahim ou l'illustre Bassa* von Georges bzw. Madeleine de Scudéry handeln, in dem die schöne persische Prinzessin Axiamire eine Rolle spielt[249]. Das Hauptwerk der galanten französischen Literatur der Mitte des 17. Jahrhunderts interessiert in unserem Zusammenhang nicht nur wegen seines ausgeprägten Exotismus und der für einen Leser aus den habsburgischen Ländern ungewöhnlichen Begeisterung für osmanische Sultane und türkische Sitten (Abb. 97), sondern auch wegen der detailliert auf Malerei und Architektur bezugnehmenden literarischen Schilderungen[250]. So wer-

96. Königlicher Palast Huis ten Bosch von Jacob van Campen, 1645–52; Den Haag

den im französischen Original von 1644 und in der schon ein Jahr später von Philipp von Zesen in Amsterdam publizierten deutschen Übersetzung ausführliche Beschreibungen von phantastischen Raumdekorationen, die westliche und östliche Formen verbanden, sowie künstlerische Analysen von Gemälden und Skulpturen geboten. Denn als der Großwesir seinen westlichen Gast Doria durch sein Schloss führte, *„weil er in der Mahler= Schau= und Baukunst/ in den Seltsamkeiten/ und in allen Stükken der Kunst=Lähre/ erfahren wäre/ möchte er wohl gerne wüssen/ ob auch/ nach seinem urtheil/ alle die Richtigkeiten dieser schönen Künste und Wüssenschaften darinnen/ wie er ihm bedünken ließe/ in acht genommen wären."* Das Schloss wurde durch den mit Marmor gepflasterten Ehrenhof betreten, in dem sich ein prächtiger Brunnen befand. Der *Corps de logis* war mit zwölf Doppelsäulen und Dekorationen aus Halbedelsteinen geziert. Formaler und inhaltlicher Mittelpunkt war jedoch die Verherrlichung des Sultans: *„Oben über der Thüre/ stund Soliman zu pferde auf einem Geställe/ von unten ein wenig erhoben: und auf ieder seiten zwischen diesen Seulen sechs fächer/ mit sechs großen Weibesbildnussen nach der alten Wält bekleidet/ welche die unterschiedlichen Völckerschaften/ die dem Soliman unterworfen/ vohrstälten; und ihm gleichsam mit der einen hand ihre Krohnen dahr=reichten/ mit der andern aber sich auf das Wapen=schild ihrer Königreiche/ welche sie andeuteten/ gelähnt hatten."* Zunächst wurde Doria durch eine *Sala terrena* mit Inkrustationen in den *„Lust=garten"* geführt, der ebenso wie das Gebäude den Regeln der Architektur folgte, da der *„Gärtner auch etlicher Ziertigkeiten der Bau=wissenschaft kundig sein müsste: dan alle Zierlichkeiten/ und alle die richtigen Abmässungen/ die man ahn diesem Schlosse überall sähen konnte/ waren auch nicht weniger alhier in acht genommen."* Es handelte sich also um einen Garten in regelmäßiger Gestaltung, wenngleich es auch einen Irrgarten gab. Eine weitere Attraktion war die achteckige *„Lust=höhle"*. Diese Grotte war mit allen Wundern der Natur gefüllt, nämlich mit Rosen aus Kristall, Smaragd und Rubin, mit Glas, Perlmutt, Meeresmuscheln und roten, schwarzen sowie weißen Korallen. Dazu kamen die Wasserkünste in Form eines künstlichen Wasserfalles über einem Kristallfelsen. Der Weg ins Schloss führte über eine Treppe aus weißem Marmor zunächst in ein Vorzimmer mit Kassettendecke und Wänden in gold und himmelblau. Im rechten Flügel des Gebäudes hatte Ibrahim seine Bibliothek eingerichtet. Die Bücher waren einheitlich in den Farben Gold, Weiß und Grün gebunden und in Ebenholzschränken verwahrt. Zwischen diesen befanden sich Landkarten und darüber Erd- und Himmelsgloben sowie verschiedene mathematische und naturwissenschaftliche Instrumente. Dazu kamen illusionistische bzw. *„Gemälde nach der Schau=kunst [...]/ die einen durch ihre vergröß= und verkleinerung/ solche schön und liebliche betrügereyen verursachten"*. Auf der gegenüberliegenden Seite – und damit offensichtlich als bewusstes Gegenstück zur Bibliothek unter dem Motto *arte et marte*[251] – war die *„Rüst=kammer"* eingerichtet. Hier befanden sich alte und moderne Waffen aus aller Welt, die *„so schön/ so prächtig/ und so köstlich gezieret/ jede nach ihrer ahrt/ dass man sie wohl alle vohr Meister=stücke der führträflichsten Künstler/ die jemahls Krieges =waffen gemacht/ schäzzen möchte. Unter allen andern aber waren die Persischen die aller=kostbahrsten und prächtigsten: der Hand=grif und die scheide an allen Säbeln waar von klarem golde/ und über und über mit köstlichen steinen versäzt: die Tartschen und Köcher waren mit Türkissen/ derer dieses Reich allenthalben vol ist/ fast ganz und gahr bedäckt: wie auch die Bogen und Pfeile/ die auch nicht weniger bereichert waren."* Die Verbindung zwischen den beiden Sammlungsräumen an der Außenseite des Ehrenhofes wurde durch eine Galerie gebildet, in der der Großwesir *„alle die Türckischen Könige/ von dem Ottoman/ welcher der erste gewesen ist/ ahn/ bis auf Soliman/ der äben damals herschete/ hatte äben=bildlich abmahlen laßen. Nach dehm er aber nicht nur ihre Gestalt/ sondern auch zugleich ein ganzes Gemälde/ darinnen die Ottomannische Geschichte verfasset wären/ vohrställen wollen; so hatt' er in diesem Gange vier=zehn große Mahlereyen aufhänken laßen/ da man in einem jeden einen Groos=König/ rechter Leibs=größe/ und zugleich alle die vornähmsten begäbnüsse bey seinem Läben/ sehen konte. Alle diese Gemälde waren so wohl angegäben/ so künstlich gemahlet/ und so ahrtich unterschieden/ daß der Doria darüber ganz verzükt ward/ und schwuhr dem Ibrahim ausdrücklich/ daß er von diesem Gange nicht ehe gähen wollte/ er hätte dan zuvohr alle diese Mahlereyen wohl betrachtet/ und von ihm ihre Bedeut= und Auslägung vernommen."* Es handelte sich also um einen Zyklus von Herrscherbildnissen, wobei dem lebensgroßen Porträt die wichtigsten Ereignisse der jeweiligen Regierungszeit zugeordnet wurden, wie es in Kaiser- oder Königsgalerien des frühen 17. Jahrhunderts mehrfach anzutreffen war[252]. Das vierzehnte und letzte Gemälde präsentierte den regierenden Sultan Soliman II. samt seinen Leistungen: „Diese Schlacht die ihr dort von ferne sähet/ ist die von Mohaks/ die er wider die Unggern/ derer König Ludwig damahlss selbst das Läben eingebüßte/ erhalten. Diese Stadt/ die ich euch weise/ ist Bagadet/ da Soliman zum Könige in Persien gekröhnet ward: Aber weil ich an diesem Kriege mit einen Anteil habe/ wie auch an dem Natolischen/ dehn ihr in dieser Mahlerey sähen könnet; will ich den Verlauf dässelben auf eine andere bekwämere Zeit erzählen."

Schon in den Vorzimmern waren die Wandvertäfelungen „über die maße prächtig/ und die schlächtesten Prunktücher waren aus gekräuseltem güldenem stücke/ von geblühmtem Atlas und Persischer gestükt= und gewürckter Arbeit. Die Wände/ wie auch das übrige aller dieser Kammern/ waren von vielerhand Marmel stükweise sehr sehr ahrt= und ordentlich zusamengefüget. Nachdehm sie nuhn alle diese Sachen betrachtet/ gingen sie in des Bassa Zimmer/ desen Zierath den Doria so häftig entzükt machte/ als er den großen Reichtuhm und die liebliche Ahrtigkeit desselben zu sähen bekahm: Dan die Prunk=tücher waren von schwarzem Sammet/ ganz vol trähnen und flammen/ mit perlen gestükt." Zur Dokumentation seiner großen Liebe zur Prinzessin Isabelle hatte der Bassa den Raum mit fünf emblematischen Gemälden schmücken lassen.

97. Ibrahim Bassa von Madeleine und Georges de Scudéry, Vorsatzkupferstich von Claude Vignon, Paris 1641; Privatbesitz

Der Rest der Wandtäfelung war mit Frucht- und Blütengehängen aus Stuck geschmückt, von denen die einen azurblau und die anderen goldbraun gefärbt waren. „In dem mittelsten Gemälde/ welches viel größer waar als die andern/ sah man ein Weibesbild/ daraus der Doria alsbald schlüssen konnte/ daß es Isabelle seyn sollte/ wiewohl es ihr gahr nicht gleich waar [...]. Doria [...] sahe/ wie ich schohn gesagt habe/ ein Weibes=bild/ welches die Ehre/ die Tugend und den Lieb=reiz/ die mit ihren eigendtlichen wahr=zeuchen/ dabey man sie erkännen konnte/ abgebildet waren/ mit füßen traht: und mit der rechten Hand/ die sie in Höhe hohb/ eine kleine Krohne/ von dem Glücke/ welches in der Luft schwäbete/ mit freudigen Gebährden empfing/ mit beygefügten Worten ALLES FÜR SIE. [Abb. 98] Der Doria verstand dieses Sinnen=bild gahr leichtlich/ und zweifelte ganz und gahr/ es würde solches der Bassa aus der Meinung/ daß Isabelle seine Liebe/ seine Verheissungen und Beständigkeit verschmähet/ und den Fürsten von Masseran [...] geehliget hätte/ erfunden haben. Nachdem er nuhn die Kunst des Mahlers und die Erfindung des Angäbers gelobet/ führet ihn der Bassa nach einer ecken des Zimmers zu/ damit er das andere Gemälde desto bässer sähen könnte/ und fragt' Ihn/ ob er dieses Gemälde auch so wohl verstähen könnte wie das ehrste? Der Doria [...] sahe einen Lieb=reiz [=Amor], in dessen Gesicht der Gram und der Zorn so wohl abgebildet waar/ daß man gar leichtlich abnähmen konnte/ daß er selbst seinen Bogen also zerbrochen, seine pfeile zerbröselt/ seinen Köcher von sich geworffen/ und das band zerrissen/ wie man solches alles um ihn härum zerstrauet ligen sahe. Und worahn man noch mehr seine verzeiflung abnähmen konnte/ so waar ihm von den wahr= und märk=zeichen seiner Him[m]lischen Macht nichts mehr übrig/ als ein Wind=licht/ welches er in vollen Flammen in einen Brunnen/ um selbiges auszulöschen/ gestoßen hatte/ mit diesen Worten ICH KANN NICHT! Der Doria ward über diesem Gemälde so entzükt/ daß er alle die ahrtigkeiten dässelben eigendlich betrachten musste: und weil dässen Auslägung nicht gahr schwer waar/ sagt' er zum Bassa, er könt ihn nicht verdänken/ daß er ein so schön Feuer/ wie das seinige wäre/ hätte auslöschen wollen [...]. Hier=naach verwundert' er sich über die Kunst des Mahlers/ fürnähmlich über das Windliecht/ welches der Lieb=reiz in den Brunnen tauchte: da dieser fürträfliche Kunst=meister die Gegen=eigenschaften und wäsendtliche zwotracht des Wassers und Feuers so wohl abgebildet hatte/ daß man kein ding jemahls gesähen/ das so eigendlich naach=gemachet gäwesen."

Auf dem dritten Gemälde war die untreue Geliebte des Großwesirs in einem regenbogenfarbenen Kleid am Ufer des Meeres mit einem Mond in der Hand und einem Chamäleon zu ihren Füßen sowie dem Motto *NOCH VIEL MEHR!* dargestellt, um ihren Wankelmut anzuzeigen. Das vierte Ovalbild zeigte einen traurigen Mann zwischen Isabelle und der Personifikation des Todes mit den Worten *EINES/ ODER DAS ANDER*. Das letzte Gemälde stellte schließlich abermals die Prinzessin in einer Landschaft dar, mit Flammenherz, Strohfeuer und Blitz. Die Devise geißelte die Haltung der Prinzessin als *NOCH WENIGER BESTÄNDIG*. Das schönste Gemälde befand sich aber über dem Kamin und wurde auch mit kunsthistorischen Fachausdrücken gelobt: „*Es waar alles wohl angegäben/ die Erfindung waar nicht gemein/ die Farbe sehr anmüthig/ die Entfer= und Verkleinerung [= Perspective] führträflich; ja das ganze Gemälde waar so glüklich hinaus=geführet/ daß man es gahr wohl ein Kunst= und Meister=stücke nännen konte. Man sahe alda Wällen mitten im ergrimtem Meere/ die der Mahler so ahrtlich gemacht hatte/ daß es schiene/ als wan sich diese schäumende Wasser=wogen/ die wider eine Klippe anlieffen/ recht eigendlich bewägten.*"

Nach der ausführlichen Beschreibung dieses unter dem Motto *DIES SEI UNSERE ZUFLUCHT!* stehenden Meisterwerkes wird Doria in das ans Schlafzimmer grenzende Kabinett geführt, dessen Pracht die der vorhergehenden Räume noch übertraf: „*so ward er hier über solcher großen pracht dieses inneren Zimmers gahr entzükt; das Gewälbe und die Mauren dässelben waren/ auf einem schwarzen marmel=steinern boden/ mit einem bluhm=werk von ädel=gestein über und über gezieret; da man allerhand vogel/ bluhmen und früchte/ so überaus=ahrtig gemacht sahe/ daß die Kunst alle die täuren Sachen/ indem die Topaser/ die Hiazinten/ die Opalen/ die Schmaragden/ die Rubinen/ die Diamanten und Karfunkel=steine/ alle die farben dieser Dinge läbhaftig dahrstälten/ weit überwang. In dehm Zimmer ringgst härum/ sahe man eine taaffel von Eben=holz/ die durch etliche gold=ärme/ so gleich weit aus der mauer härführ gingen/ gehalten ward; der Rand und das unterste dieser taaffel waar mit künstlichem Schmälz=werk/ welches nuhr allein schwarz und weis waar/ damit es dem=jenigen/ so oben zusähen/ einen höhern schein gäben möchte/ über und über gezieret. Zudehm sahe man auch/ [...] etliche Zimmer von unterschiedlichem Agstein [= Bernstein]/ etliche Fässer [im Original: große Vasen] von Kristal und Agat/ etliche Zacken von Koral[en]/ die man vielmähr wegen ihrer ungeheuren Größe/ Bäume nännen sollte. Ja alles/ was Persien/ Chine/ Japan und alle Morgen=länder/ an schönen/ seltsa-*

98. Allegorisches Gemälde im Zimmer des Großwesirs, Radierung der deutschen Ausgabe von „Ibrahim Bassa", Amsterdam 1645; Privatbesitz

men/ und täurbaren [= wertvollen] schäzzen härführ bringen/ waar alhier häuffig zu sähen."

Eine andere Türe des Schlafzimmers führte schließlich ins Bad des Gastgebers, das einen oktogonalen Grundriss hatte und dessen Wände mit Aventurin, einem geädertem gelbrotem Quarz, verkleidet waren. In jeder Ecke befand sich eine Jaspis-Säule mit korinthischem Kapitell. Der Fries zeigte Reliefs von Putten, die gegen Wasserungeheuer kämpften, und „*sich wider sie mit einer solchen stärke/ die einem Kinde zukömmet/ sträubeten/ daß der Werkmeister nicht wenig Ehre dahrvon brachte. Alle diese Bilder waren so läbhaftig gemacht/ daß es schiene/ als wan sie sich bewägten: so leicht seyn die gedancken durch wohl=entworffen dinge zu betrügen.*" In der Mitte jedes Wandfeldes befand sich eine Mauernische. Darin standen abwechselnd eine große Goldvase als Parfumbehälter sowie eine Statue einer Nymphe aus weißem Marmor, „*welche so überaus=künstlich gemacht waren/ daß die kunst=föllige Zeug=mutter der dinge [= Natur] von diesem werkmeister gleichsam selbst übertroffen ward. Diese Bilder waren alle unterschiedlicher Verrichtung; teils lägten gleichsam die Kleider ab/ und ställten sich/ in das Bad zu gähen/ und die andern zogen sich wieder an/ als wan sie schon im Bade gewäsen. Sie waren alle so wunder=künstlich aus=gehauen/ daß der Doria bekönnen muste/ es wäre noch niemahls kein volkomner Bild=werk/ als dieses gesähen worden.*"[253]

Bemerkenswert an diesem Text ist zunächst das Schwelgen in Architekturschilderungen, das einer im zweiten Drittel des 17. Jahrhunderts im französischen Roman verbreiteten Mode entsprach und 1669 mit einer Beschreibung von Versailles durch Mademoiselle de Scudéry ihren Höhepunkt erreichte[254]. Während die im Roman beschriebenen Kunstkammern mit ihren Gefäßen aus Marmor, Halbedel- und Edelsteinen sowie Pietra Dura der damals auch in Frankreich beliebten Mode für Steinschnitt entsprachen[255], nahm deren Präsentation in Kabinetten wohl Ideen der von de Scudéry in Versailles beschriebenen Sammlungsräume mit Lapislazuli-Inkrustationen, Kristallvasen und Chinoiserien sowie anderer „indianischer Kabinette" vorweg[256]. Noch erstaunlicher wirken allerdings die Beschreibungen mit kunsthistorischer Fachterminologie in einem Roman – vier Jahre vor Gründung der französischen Akademie und fast ein Jahrzehnt vor Beginn der akademischen Kunstdiskurse in Paris[257]: neben den aus der italienischen Kunsttheorie übernommenen Begriffen *disegno* und *colorito* sowie den auf die antike Rhetorik zurückgehenden Bezeichnungen *imitatio*, *inventio* und *idea*[258] wäre hier vor allem auf die in der französischen Kunsttheorie des 17. Jahrhunderts eifrig diskutierten Darstellungsformen der Aktionen und Affekte sowie die Dialektik von Kunst und Natur hinzuweisen[259]. Für unseren Zusammenhang besonders wichtig sind diese Schilderungen des Romans jedoch, weil hier die fachkundige Unterhaltung sowohl über die künstlerische Qualität als auch über die emblematischen Inhalte der Kunstwerke als zentrale Thematik adeliger *Conversation* ausgewiesen wird, wie es im Rahmen von Gesprächsspielen und literarischen Akademien nicht zuletzt vor Bildern und Skulpturen in Galerien auch von Georges de Scudéry selbst damals gepflogen wurde[260] (Abb. 99).

Die allgemeine Kenntnis der Emblematik wird auch im Handbuch eines angehenden Höflings von 1685 vorausgesetzt und durch eine Beschreibung von nicht weniger als 138 Bildern mit ihren Devisen als Bildungsnotwendigkeit ausgewiesen. Die Zweisprachigkeit der Texte verweist dabei einmal mehr auf die Vorbildlichkeit Frankreichs[261]. Da der Roman von Madeleine de Scudéry vom Bestsellerautor Philipp von Zesen 1645 und 1665 in deutscher Sprache publiziert wurde, kann die Wirkung der kunsthistorischen Beschreibungen auf die mitteleuropäische Adelskultur wohl nicht zu gering geschätzt werden – zumal der Übersetzer Mitglied der *Fruchtbringenden Gesellschaft* war, der u. a. auch der Schwiegervater von Leopold Joseph von Lamberg angehörte[262].

Paris und London

Da die Überfahrt nach England an den Wetterbedingungen scheiterte, riet die Gräfin Lamberg zur Weiterreise nach Paris, die schließlich am 27. November in fünf Tagesreisen per Postkutsche über Hal, Mons, Valenciennes, Cambrai und Senlis erfolgte[263]. Die Lamberg-Brüder quartierten sich im Hotel „*de Gentil la rue Daup[h]ine*" im Quartier Latin ein, war doch wieder ein längerer Studienaufenthalt vorgesehen. Das 1674 in Frankfurt am Main erschienene Buch *Die rechte Reise-Kunst/ oder Anleitung/ wie eine Reise mit Nutzen in die Frembde/ absonderlich in Franckreich anzustellen* empfahl einen solchen Aufenthalt nicht nur zur Erlernung der für einen Kavalier

99. Adelige bei der Diskussion in der Kunstsammlung, Titelkupfer zu „Cabinet de M. de Scudéry" von François Chauveau, 1646; Privatbesitz

dieser Zeit notwendigen Französischkenntnisse, sondern weil die deutschen Studenten dadurch insgesamt *„in den Frantzösischen freyen Compagnien behöbelt werden"* und standesgemäßes Benehmen lernen würden[264]. Fürst Karl Eusebius von Liechtenstein forderte damals in seiner Erziehungsschrift einen Parisaufenthalt ebenfalls in erster Linie, um *„Optimi mores und Sitten zu erlernen, wie ein Cavalier sein und sich alle Zeit verhalten solle, in Höflichkeit und allen, und an jetzo in allem die beste Schul in Frankreich ist einen jungen Cavalier zu fassonieren"*[265].

Der vom 2. Dezember 1676 bis zum 30. Juni 1677 dauernde Aufenthalt in Paris diente daher nicht nur für den Sprach-, Mathematik- und Geschichtsunterricht, sondern umfasste vor allem Reit-, Tanz- und Tranchierstunden sowie militärische Übungen. Die Ausgaben dafür beliefen sich u.a. für den *„Mathematico Monsieur Agara"*, sowie den Sprach-, Tanz-, Tranchier- und Fechtmeister auf je elf Gulden pro Monat. Dazu kamen etwa am 27. Jänner Kosten von 16 Gulden 30 Kreuzer *„für Herrn Graf Carl [...] ein besteck mit mathematischen instrumenten"* sowie 3 fl. 45 kr. für das Buch *Les Traveaux de Mars ou l'art de la guerre*, das erstmals 1671/72 in Paris publizierte Werk von Allain Manesson Mallet, des Militäringenieurs des portugiesischen Königs und Erziehers der Pagen Ludwigs XIV.[266] (Abb. 100). Die *„militärische[n] exercitien"* leitete der *„Maistre des evolutions Mr. Rous[e]au"*, der am 15. März dafür sowie für die *„piquen, mousqueten, bandeliers, zwey oder drey hundert kleine gedrechselte Hölzel undt zwey geschriebene bücher"* nicht weniger als 42 Gulden und 45 Kreuzer erhielt. Mathematik und Geometrie standen meist in unmittelbarem Zusammenhang mit Militär- oder Zivilarchitektur und bildeten damals einen Schwerpunkt adeliger Erziehung. Auch das Gutachten zur Einrichtung der landständischen Akademie in Wien forderte 1682 die Anstellung eines Lehrers, *„so die Mathematicam, Fortification oder Architecturam militarem et civilem [...] und dergleichen einem Cavallier anstendigen Wissenschaften"* unterrichten könne. Der 1689 als erster Mathematiker der Wiener Akademie bestellte Franz de Sommagne galt daher auch als *„in architectura civili et militari"* erfahren[267].

Am 13. März 1677 bezahlte der Lambergische Hofmeister *„dem Architecte Mr. Marot für ein Monath instruction des Herrn Graf Leopold 2 Louis d'or"*, also ebenfalls 11 Gulden. Dabei hat es sich zumindest teilweise um einen Kurs in Militärarchitektur gehandelt, da gleichzeitig Ausgaben für

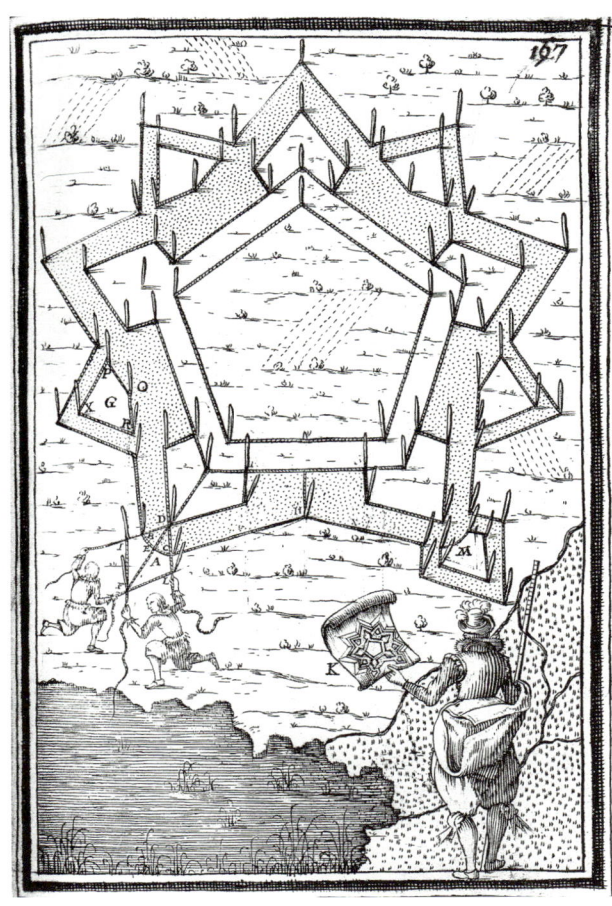

100. Abstecken von Festungsgrundrissen durch Schüler beim Unterricht in Militärarchitektur, Kupferstich (1672) in „Les traveaux de Mars" von Alain Manesson Mallet, 1684; Privatbesitz

„schnür undt steckel [= Holzpflöcke] für fortification im Feld abzuzeichnen" verrechnet wurden[268]. Der vor allem als Zeichner von Architekturkupferstichen bekannte Jean Marot hatte nicht nur einen der Entwürfe für den Louvre geschaffen, sondern auch mehrere Stadtpaläste und Schlösser für den französischen Adel entworfen[269] (Abb. 101). Außerdem lieferte er um 1672 Pläne für ein neues Schloss in Mannheim für den Kur-

101. Jean Marot, Lambergs Architekturlehrer in Paris, Radierung von Jacob Gole nach Nicolas de Platte-Montagne, um 1675

fürsten Karl Ludwig von der Pfalz, den Vater des 1675 in Rom anwesenden Prinzen.

Marot hat seine Schüler daher sicher auch in der Zivilbaukunst instruiert, weil deren Studium auf der Kavaliersreise im späten 17. Jahrhunderts schon als sinnvoller als jenes der Militärarchitektur erachtet wurde und zum Handwerkszeug eines angehenden Höflings gehörte: *"Nicht undiensahm aber ist/ die ,Architectonicam Civilem' und das dabey gehörige ,signiren'/ oder mit der Reißfeder abzuzeichnen/ aus dem Grunde zu fassen/ denn dieses so wohl am Hofe hoch gehalten/ als einem jeden selbst ,profitabel' und angenehm seyn wird: Bey grossen Herren und an deren Höfen giebe es allezeit etwas zu bauen/ und wann einer alsdann eine neue art angeben/ oder ein alt Gebäude in eine schöne neue Form wieder giessen kan/ so macht er sich nicht allein beliebt/ sondern er hat auch den Vortheil/ dass er dadurch einen ,acces sub hoc Praetextu', für andern gewinnet/ und sein Gedächtnüß/ bey einem guten angelegten Schlosse/ Garten oder andern Gebäude allezeit mit Ruhm unterhalten wird; Ihme selbst ist es auch ,profitabel', wann er nicht allein seine Güter im guten baulichen Stande dadurch erhalten/ sondern auch ,compendiosere' Mittel zu seinem Nutzen sowohl als Vergnügen erfinden kann. Mit der Pique spielen/ Fahnen schwingen / auch ,Mathematique' und ,Fortification' lernen/ kostet in den ,Academien' viel/ und die ,Praxis' muß doch in den ,Garnisons' und im Felde erst gelernet werden."*[270]

Das über die Kriegsbaukunst hinausgehende Interesse der Lambergbrüder beweist der Ankauf von einem Buch *"in folio genannt les plans de l'Architecte Morot"* um 4 Gulden[271]. Dabei handelte es sich um eine Kupferstichserie der zwischen 1654 und 1660 unter dem Titel *Recueil des plans, profils, et élévations de plusieurs palais, chasteaux, églises, sépultures, grotes et hostels bâtis dans Paris et aux environs, avec beaucoup de magnificence, par les meilleurs architects du royaume, deßeignez, masurés, et gravez par Jean Marot* publizierten 112 bis 122 Architekturdarstellungen der wichtigsten französischen Bauten[272], darunter das Palais du Luxembourg, die Schlösser Maisons-Lafitte und Richelieu (Abb. 109), inklusive mehrerer Entwürfe von Marot selbst (Abb. 102).

Aufgrund dieser Ansichten sowie der ab 1674 ebenfalls unter Mitarbeit von Marot unter dem Titel *Cabinet du Roi* publizierten Kupferstiche der königlichen Bauten war die französische Architektur damals ebenso gut erschlossen wie die römische Baukunst, und sowohl Architekten als auch Auftraggeber konnten auf diese Weise ihre Reiseerinnerungen fixieren oder auch ohne die Mühen einer Reise über die aktuelle Baukunst informiert sein[273]. In einem im Jahre 1700 erschienenen Handbuch zur Adelsreise wurde den angehenden Bauherren dieses schon von den Liechtenstein-Vätern propagierte Studium von Stichen ausdrücklich empfohlen: *"Daß ein ,Galant-homme' mit guter Art von Gebäuden zu reden und zu ,judiciren'*

102. Gartenfassade des Hôtel Pussort in Paris von Jean Marot, Kupferstich von Jean Marot, um 1670; Wien, Albertina

103. König Ludwig XIV. von Frankreich vor dem Schloss Saint-Germain-en-Laye, Ölgemälde von Adam-Frans van der Meulen, Ausschnitt, 1669; Versailles, Musée national des Châteaux de Versailles et de Trianon, MV 2144

wisse/ hillfft es viel/ wenn er sich geübet hat eine gute Kundschafft der berühmtesten Baumeister zu haben. Es sind aber unter andern zwey gar leichte Wege zu solcher Wissenschaft zu kommen. Erstlich muß man bey allen Gebäuden fleißig nach dem Namen des Baumeisters fragen/ und zum andern öffters Kupfferstücke und Risse von Gebäuden betrachten/ und die Namen der Baumeister offt nachlesen."[274]

Das Besichtigungsprogramm der Grafen Lamberg in der französischen Hauptstadt umfasste am 18. Februar die *„Königliche Gardemeubles"*, also das 1666 zur Verwaltung des königlichen Möbel-, Tapisserie- und sonstigen beweglichen Besitzes eingerichtete Amt der *Garde-Meubles de la Couronne* bzw. dessen Depot. Am 8. März bezahlte der lambergische Hofmeister dem *„Thorsteher"* von Saint-Denis 22 Kreuzer, um *„aldorten den Kirchenschatz undt die Königliche Crone zu sehen"*[275], und am 11. März fuhren die Grafen Lamberg *„mit anderen Cavallieren"* in den Bois de Vincennes[276], wo Ludwig XIV. neben der mittelalterlichen Burg 1654–60 von Louis Le Vau den *Pavillon du Roi* und den *Pavillon de la Reine* hatte errichten lassen.

Auch in Paris waren die Österreicher also nicht allein, und es gab gemeinsame Billardpartien mit einem Baron Wels, einem Baron Geymann, mit einem Grafen Jörger und mit dem Grafen Hoyos[277]. Während Jörger wahrscheinlich jener Graf war, der zuvor ebenfalls in Rom gewesen ist, dürfte es sich beim Mitglied des vermutlich niederösterreichischen Zweiges der entfernt verwandten Freiherrn Geymann entweder um den Obristleutnant Hans Ernst oder den Hofkriegsrat Hans Karl, den Bauherrn des Palais Geymann-Windischgrätz in der Wiener Renngasse, handeln. Der erst 1674 in den Reichsgrafenstand erhobene Leopold Carl von Hoyos war 1676 von seinem Stiefvater und Vormund mit seinem Hofmeister Parisot auf eine vierjährige Kavalierstour durch Belgien, Holland, England, Frankreich, Spanien, Italien (Abb. 23) und Deutschland gesandt worden, die fast 35.000 Gulden kostete! Aufgrund seiner Waldviertler Besitzungen war er ein Nachbar der Familie Lamberg und später heiratete er die jüngere Schwester der Gattin von Leopold Joseph (Abb. 158). Allein in Paris verbrachte er eineinhalb Jahre, wobei sein Hofmeister als Spion verdächtigt in die Bastille

104. Windsor Castle, aquarellierte Federzeichnung von Wenzel Hollar, 1659 (?); London, The British Museum, Department of Prints & Drawings

geworfen wurde und erst durch die Intervention des Grafen bei Colbert freikam. Während des neunmonatigen Aufenthaltes im Herkunftsland der Familie wurde er in Madrid vom kaiserlichen Botschafter Graf Paul Sixtus Trautson beherbergt. Am 1. und 2. Februar 1677 sind die Lamberg-Brüder *„in gesellschaft des Herrn Grafen von Hoyos zu Sainct Germain gewesen, die Königliche Hoffstatt aldorten zu sehen"*[278]. Nach dem Tod seiner Mutter hatte sich Ludwig XIV. verstärkt nach Saint-Germain zurückgezogen, weshalb das Schloss 1661–73 unter der Leitung von Colbert, Le Vau und André Le Nôtre modernisiert worden war[279] (Abb. 103). Schon 1667 begaben *sich „etliche österreichische Freyherren nach Sainct Germain en Laye; umb alldorten Ihro Königl: Mayestätt den König, die Königin, und de Monseugneur le Dauphin neben der ganzen Hoffstatt zu besehen"*[280]. Diese Gelegenheit wollten offensichtlich auch die Brüder Lamberg und Graf Hoyos nutzen. Doch trotz eines von der Mutter übersandten Empfehlungsschreibens der Gräfin Johanna Theresia von Harrach, einer geborenen Lamberg und Gattin des kaiserlichen Botschafters in Madrid[281], scheint diese Begegnung nicht zustandegekommen zu sein. Als ehemalige Hofdame der spanischen Königin Maria Anna kannte die Gräfin Harrach die Infantin und französische Königin Maria Teresa von Jugend an, und bei der Kavalierstour ihres eigenen Sohnes Karl von Harrach im Jahre 1682 verlief die Intervention in Versailles – im Unterschied zu jener Hartmanns von Liechtenstein – auch erfolgreich[282].

Die französische Hauptstadt bot jedoch auch abseits des Hoflebens zahlreiche Unterhaltungen: am 23. Jänner besuchten die Lamberg-Brüder eine *„Comedie"* (45 Xr), am 27. einen *„dantz"* (?),

105. Galerie des Hôtel Royal des Gobelins, Kupferstich von Sebastian Leclerc, um 1680; London, The British Museum, Department of Prints & Drawings

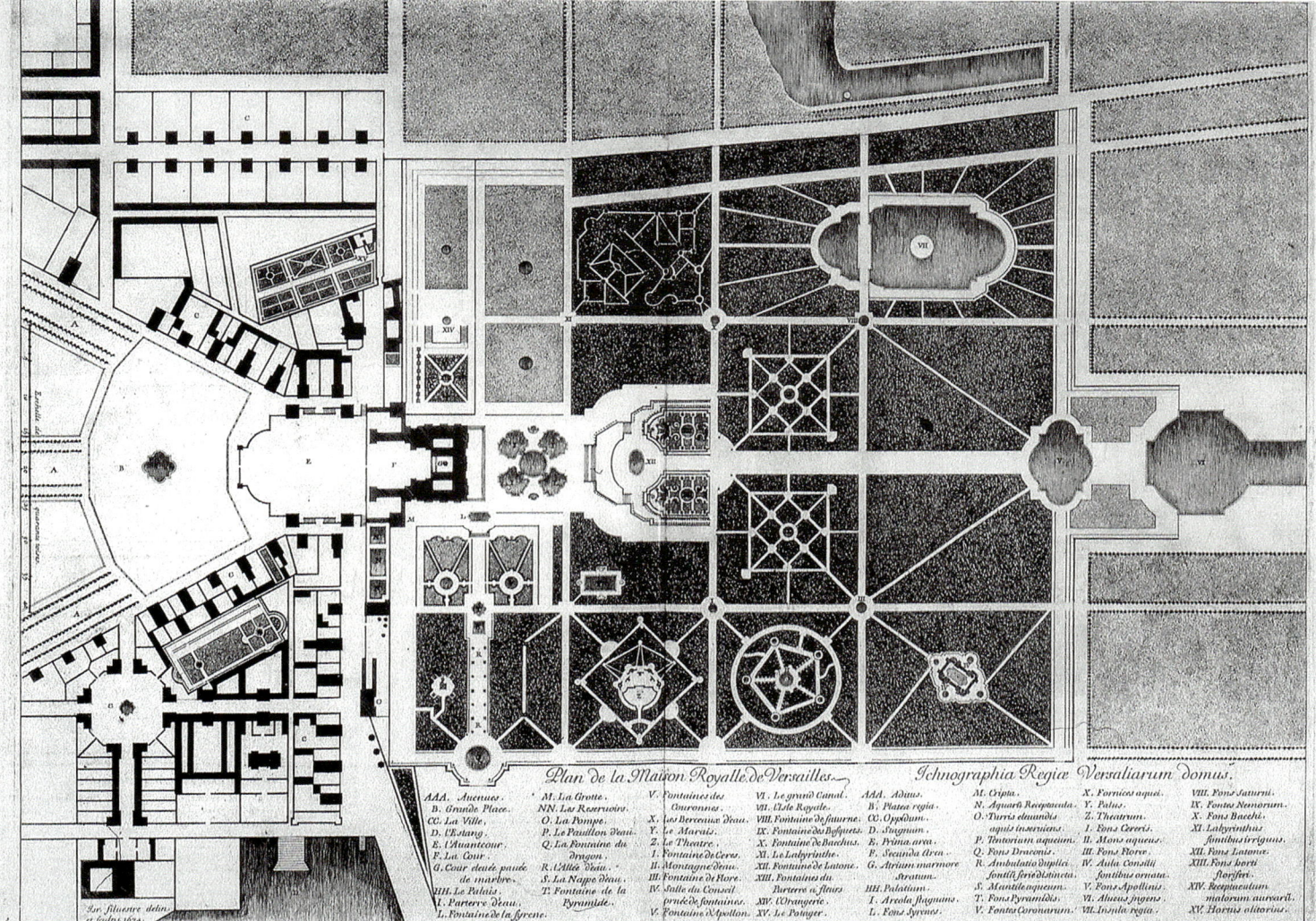

106. Grundriss von Schloss und Park Versailles, Radierung von Israël Silvestre, 1674; London, The British Museum, Department of Prints & Drawings

d.h. einen Maskenball, wofür „*kleider und masque*" um 1 fl 30 Xr angekauft wurden. Weitere Kostüme am 13. und 15. Februar dienten zum „*bal lauffen in gesellschaft anderer Cavalliers*" und am 27. Februar wurden wieder zwei „*Mascheradekleid*" angeschafft.

Die verschobene Reise nach London holten die Österreicher im Mai 1677 nach, und diese führte über Dieppe nach London, wo man am 13. Mai eintraf. Ein solcher Besuch auf der britischen Insel bildete im Rahmen der Kavalierstouren des 17. Jahrhunderts noch immer eine Besonderheit[283]. Das englische Hofleben hatte sich zwar von den Wirren der Revolution schon erholt, aber die Stadt befand sich noch im Wiederaufbau nach dem Großbrand des Jahres 1666[284].

Schon am nächsten Morgen engagierte der Lambergische Hofmeister „*einen Frantzosen, welcher Engelendisch redete, undt die gelegenheit der stadt Londres wohl wisset*". Der Reiseführer kannte sich offensichtlich auch bei den Restaurants der Stadt gut aus, denn das Mittagessen für fünf Personen bei einem „*französischen Traiteur*" schlug nur mit 1 Gulden 37 Kreuzer zu Buche, drei Flaschen Wein mit 58 Kreuzer. Eine bei anderer Gelegenheit konsumierte „*bouteille de Frontignac*" kostete hingegen nicht weniger als 42 Kreuzer. Tatsächlich war dieser aus dem Languedoc stammende süße Wein im 17. Jahrhundert in Paris sowie London sehr beliebt, und der englische Philosoph John Locke verfasste gerade im Jahre 1676 eine Laudatio auf den *Muscat de Frontignan*. Am 18. und 19. Mai konnten die Brüder Lamberg Monsieur de la Riviere, wahrscheinlich einen Sohn des Pariser Parlamentspräsidenten Pierre Poncet de La Rivière, als Gast zum Nachtmahl begrüssen, und am 21. d. M. luden sie den „*Florentinischen Cavallier Monsieur de Medicis*" zum Essen ein. Dieser Florentiner Adelige war vermutlich Francesco Maria de' Medici, der Bruder des Großherzogs. Er war 1675 Kommendatarabt von S. Galgano in Siena sowie S. Stefano in Carrara geworden und sollte Leopold Joseph von Lamberg später in Rom als Kardinal, Diplomat und Wohnungsvermieter wieder begegnen (Abb. 283). Das Besichtigungsprogramm in der englischen Hauptstadt umfasste ein breites Spektrum an Kuriositäten und Denkmälern: ein „*monstrum zu sehen 19 Xr 2 d; das Narrenhaus aufn Morhil [ver-*

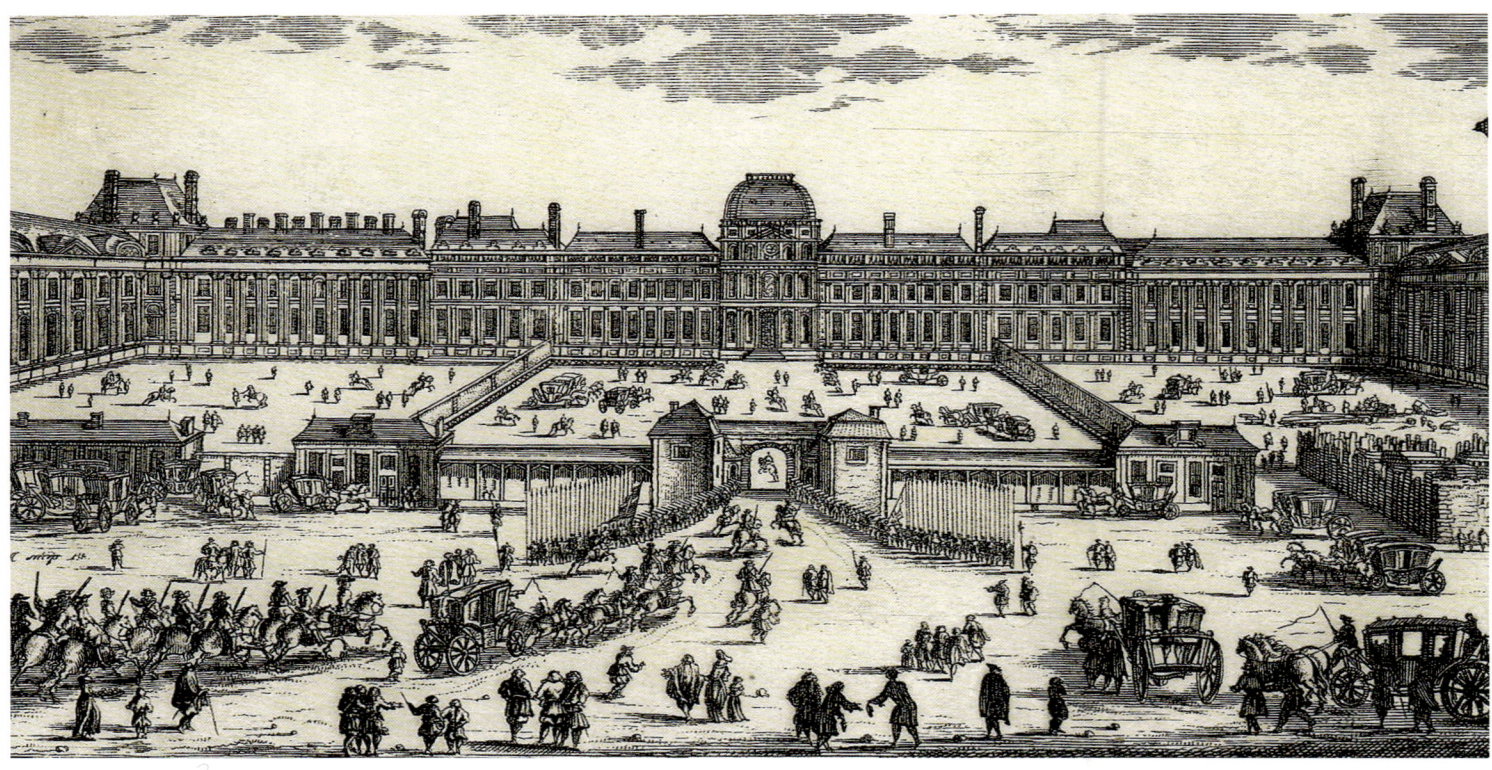

107. Palais des Tuileries in Paris, Radierung von Joannes de Ram nach Adam Perelle, nach 1670, Ausschnitt; London, The British Museum, Department of Prints & Drawings

mutlich Morehill in East London] zu sehen 9 Xr 3 d; ein anderes Zugthaus zu sehen 9 Xr 3 d; für die Engelendische Comedie zu sehen 2 fl 45 Xr 3 d". Besucht wurden außerdem der „Court im Heyparck", also der seit 1637 für die Öffentlichkeit zugängliche und damals vorwiegend zum Reiten genutzte Hyde Park, sowie die „grosse Change". Die 1565 gegründete *Royal Exchange* in der Cornhill Street bildete das Herz des Londoner Wirtschaftslebens und war nach dem Stadtbrand erst 1669 in der alten, dem Antwerpener Vorbild folgenden Form mit einem rechteckigen Arkadenhof und einem Turm über dem Portal wieder aufgebaut worden. Im ersten Stock befanden sich 200 Geschäfte, besonders für Herren- und Damenkleidung[285]. Am 19. Mai besichtigten die Österreicher die „Königlichen gräber im Tempel Westmünster", also Westminster Abbey, sowie „die zimmer der Parlamenter" und fuhren anschließend per Schiff auf der Themse „à la Tour [...] hier die Königliche Cron undt Scepter zu sehen, neben anderen kostbahren sachen". Die Besichtigung der – durch die Revolution reduzierten – Kronjuwelen im Tower kostete insgesamt 87 Kreuzer.

Den End- und Höhepunkt des Aufenthaltes in London bildete der Ausflug zum Schloss Windsor am 22. Mai 1677, auch wenn diese königliche Residenz sich mehr oder weniger im Zustand des 16. Jahrhunderts erhalten hatte (Abb. 104). Dafür erfreute sich die spätgotische Georgskapelle aufgrund ihrer noch heute gültigen Funktion als zeremonieller Sitz des Hosenbandordens des besonderen Interesses der österreichischen Kavaliere[286]: „Heut früh hab ich für die Herren Grafen, für einen ihrer Freunde Monsieur de la Rivière undt mich, ein Carosse mit sechs pferden bedungen, nach Windtsor ein Königliches Schloß zu fahren, hab darfür bezahlet 2 eschi[lling] =11 fl 22 Xr 2 d; Zu Windtsor in der Schloßkirchen, in welcher man die Wapen [!] aller Ritter des Königlichen ordens vom Knieband zeiget, verehret 1 eschil[ling] =19 Xr 2 d; im schloß die armerie zu sehen 1 esch[illing] =19 Xr 2 d; einem Soldaten, welcher uns auf den thurn geführet, und einem anderen, welcher am thor unser gewehr bewachet, miteinander 1 eschil[ling] =19 Xr 2 d"[287].

Zu Schiff und Pferd kehrte die österreichische Reisegesellschaft über Rochester (mit den königlichen Werften), Canterbury (wo ein „Indianischer Igel" offensichtlich genauso große Aufmerksamkeit wie die Kathedrale fand) und Dover am 1. Juni 1677 nach Paris zurück, wo noch einige wichtige Besichtigungen nachgeholt wurden. Den 4. und 5. Juni verbrachten die jungen Grafen in Fontainebleau, wo sie im „Lyon d'or" abstiegen. Die Besichtigung des in den 1660er Jahren als eine der Residenzen Ludwigs XIV. dienenden[288] und daher unter der Leitung von Colbert, Le Vau sowie Le Nôtre umgestalteten[289] „Königlichen Schloß undt garten" (Abb. 111) kostete 45 Kreuzer Trinkgeld sowie ebenso viel für „demjenigen, welcher die Herren Grafen überall herumbgeführet". Am 10. Juni 1677 besichtigten die Lambergs in Paris „Observatoire undt Gobelin"[290], also das Observatorium sowie die 1663 von Ludwig XIV. und Colbert eingerichtete, unter der Leitung von Charles Lebrun stehende Tapisseriemanufaktur. Seit dem Besuch des Königs im Jahre 1666 waren Betriebsbesichtigungen im ehemaligen Haus der Wollfärberfamilie Gobelin eine politisch und wirtschaftlich gleichermaßen werbewirksame Möglichkeit, ausländische Gäste zu beeindrucken[291] (Abb. 105). Ähnliches gilt für Besichtigungen des 1667 von Claude Perrault erbauten Observatoriums, das als Sitz der 1666 gegründeten königlichen Akademie der Wissenschaften diente[292].

Erst gegen Ende ihres Aufenthaltes, nämlich am 24. Juni 1677, stand ein Ausflug nach Versailles auf dem Programm[293]: *„Heuth seindt die Herren Grafen auf Versailles gefahren in ein ‚Carosse' mit 3 pferdt; dem gutscher, welcher obligirt ware zu dienen von 4 Uhr früh bis Mitternacht, seindt bezahlt worden 9 fl. Zu Versailles in gesellschafft anderer ‚estrangers' im Pelican für das frühstück undt Mittagsmahl 4 fl., abendts umb 9 Uhr für wein und Brot 24 kr."*[294]. Ludwig XIV. hatte das Schloss seines Vaters zwischen 1668 und 1674 ummanteln lassen, und der Bau wurde damals durch die Stiche von Israël Silvestre sowie eine Beschreibung von André Félibien erstmals auch einer größeren Öffentlichkeit bekannt gemacht[295]. Während ein Teil der großartigen Garten- und Brunnenanlagen mit der Tethysgrotte 1677 schon vollendet war, hatten die Arbeiten an der prunkvollen Innenausstattung der Gesandtentreppe gerade erst begonnen, weshalb der König damals auch nicht in Versailles residierte. Konnten Leopold Joseph und sein Bruder damals also noch nichts von der aggressiven politischen Ikonographie des Schlosses sehen, so werden die weitläufigen modernen französischen Gartenanlagen und die achsiale Ausrichtung von Landschaft und Stadt auf das Schloss wohl einen bleibenden Eindruck hinterlassen haben (Abb. 106).

Zehn Tage später besichtigten die Grafen Lamberg schließlich den dem Louvre gegenüberliegenden königlichen Palast der Tuilerien (Abb. 107), der unter der Leitung von Colbert 1664–71 erweitert worden war. Die königlichen Appartements waren u.a. von Nicolas Mignard und Noël Coypel mit mythologischen Gemälden der Apollo- und Herkulesthematik versehen worden. Besonders beeindruckend müssen aber das großzügige Treppenhaus sowie die *Galerie des Ambassadeurs* gewesen sein, die nach dem Muster der Galleria Farnese gestaltet ebenso zur Präsentation italienischer Gemälde des 16. und 17. Jahrhunderts wie zum Empfang ausländischer Botschafter diente[296].

Als Leopold Joseph und Karl Adam von Lamberg Paris am 12. Juli 1677 verließen, gaben ihnen fünf *„Teutsche Cavalliere mit ihren Hoffmeistern und Cammerdienern"* das Geleit. Die anschließende *„grand tour de France"* (Heggeler)[297] führte zunächst über Orléans, zu den Loireschlössern in Blois mit dem 1635–38 von François Mansart für Gaston d'Orléans, den Bruder Ludwigs XIII., erbauten neuen Flügel[298] (25 Kreuzer Trinkgeld, Abb. 108) sowie dem Renaissancegebäude in Amboise (15 Kreuzer Trinkgeld *„im Schloß"*).

Die nächste kunsthistorisch wichtige Station bildete Richelieu. Dort übernachtete man und zahlte *„in dem schönen Schloß"* 45 Kreuzer Trinkgeld für die Besichtigung des um 1630 von Jacques Lemercier für Kardinal Armand-Jean Wignerod de Plessis Duc de Richelieu errichteten Gebäudes und seiner berühmten Antikensammlung[299] sowie 18 Kreuzer *„demjenigen, welcher den garten undt die stallungen gezeiget"*[300] (Abb. 109). Herzog Ferdinand Albrecht von Braunschweig-Lüneburg hatte das Schloss schon 1659 besucht und folgende Beschreibung des nicht erhaltenen Gebäudes und seiner Sammlungen verfasst: *„vor dem Schloss ist ein antiques Hercules zu sehen, inwendig in dem Schlos Hoffe ist es gantz herum mit antiquischen kostbahren statuen, und darunter busten, oder brustbildern gezieret, unter andern ein Bacchus, Nero, Venus wie sie aus dem bad komt, und ein dünnes hemb an hat, zween Captifs von Michael Angelo, Mars so die besten; die beeden Statuen von Bonarotta haben allein 24000 lb gekostet. Darauff führt mich der Gouverneur Beüssing ein Flammant, in sein logement, voller schöner gemälde, unter andern die Historia von Absolon, und der kinder Israel durchgang des Rothen meers, von Tempest[a] gemahlt, die Königin von engeland von antonius van Dick, und eines münchs mit einem rideau, so kunstlich gemacht. Zweene hübsche küchenstuck und sein eignes von Rubens discipel gemahlt."*[301]

108. Hoffassade mit Gaston d'Orléans-Trakt von François Mansart, 1635–38; Blois, Schloss

Zu Pferd und Schiff ging es weiter nach Tours, Angers, Nantes, La Rochelle und Bordeaux, wo die jungen Grafen am 15. oder 16. August dem *„Gouverneur Mr. Le Duc Roquelaure die visite"* abstatteten. Der Gouverneur von Guienne und Gascogne, Gaston-Jean-Baptiste Duc de Roquelaure, scheint die Österreicher gleich an seinen Schwiegersohn Henri François de Foix de Candalle, Duc de Randan und Marquis de Sennecey, bzw. dessen Renaissanceschloss in Cadillac-sur-Garonne weiterempfohlen zu haben, denn auf der Fahrt nach Agen besichtigten sie *„en passant das Schloß Cadillac dem Marquis de Foix gehörig"*. Während man am 20. August in Montauban den *„Garten des hiesigen Bischoffen"* und in Perpignan sowie Montpellier die Zitadellen besuchte, werden die antiken und mittelalterlichen Denkmäler in Moissac, Toulouse, Carcassone, Narbonne und Nîmes (Stadtführung) nicht eigens erwähnt. In Avignon gab es hingegen wieder eine privilegierte Besichtigung im mittelalterlichen Papstpalast. Denn am 6. September 1677 *„nach dem nachtessen hat der hiesige [von 1677–85 tätige] Päbstlich ‚Vicelegat' Monsignore [François] Nic[c]olini die Herren Grafen in seinem Wagen durch einen seiner Edelleuthe zu sich kommen lassen, darauf seindt andern tags denen trompetern geben worden"* 45 Kreuzer[302]. Zu den letzten Stationen in Frankreich zählten die Stadt Marseille und die in der Nähe befindliche vermeintliche Begräbnisstätte der heiligen Maria Magdalena in Saint-Maximin-la-Sainte-Baume am 12. September, die größte gotische Kathedrale der Provence mit der Gruft aus dem 9. Jahrhundert. Dort zahlte man *„in der grossen Kirchen die reliquien der Heyligen hier begrabenen Maria Magdalena zu sehen"*, demjenigen, *„welcher von dem ‚Magistrat' die schlüssel gebracht undt einem anderen, welcher die Degen aufbehalten"*, 33 Kreuzer, während ein *„büchl vom leben der hl. Maria Magdalena undt kleine rosenkräntzl"* 30 Kreuzer kosteten[303]. In Lyon widmete man sich neben dem Besuch des *„Cabinet des Mr. Servient"* (15 Kreuzer), vielleicht die Sammlung des Surintendant Comte de Servient, ehemaliger außerordentlicher französischer Gesandter in den Niederlanden während der Friedensverhandlungen 1647/48, den bekannten Textilmanufakturen, wo man Gold- und Silberbänder um 60 Gulden kaufte sowie Kleider anfertigen ließ.

Auf der Heimreise über Genf, wo man mit einem Graf Heissenstein speiste[304], und Lausanne, wo die beiden Grafen *„vom Stadtrath regalirt mit zwey grosse Kändl rothen und weissen Wein"* dafür 45 Kreuzer Trinkgeld gaben, führte die Reise nach Schaffhausen, wo 22 Kreuzer für die Schlossbesichtigung bezahlt wurden. Von Ulm an im Schiff auf der Donau machten Leopold Joseph von Lamberg und seine Begleiter u.a. in Regensburg und Linz Station bis sie schließlich am 25. Oktober 1677 wieder in Wien eintrafen.

Die rasche Heimreise erfolgte auf Veranlassung der Mutter, die sich um ihre Gesundheit und Finanzen sowie die politischen Umstände (seit 1673 stand das kaiserliche Heer unter dem Kommando des Fürsten Montecuccoli in direktem Krieg mit Frankreich) sorgte.

Europäische Netzwerke und kunsthistorische Grundausbildung

Einer der wichtigsten bewußt intendierten Erfolge dieser Kavlierstouren war der Aufbau eines persönlichen Netzwerkes sowohl zu gleichaltrigen Adeligen als auch zu höherrangigen Persönlichkeiten. Fürst Hartmann von Liechtenstein forderte etwa 1675 seinen Sohn in Rom auf, dem jungen Grafen Jörger, weil dessen Vater *„unser gar guetter freundt auch vice cammer president würklich ist und man dergleichen cavallieri und guedte freundt täglichen vonnöthen, [...] alle ehr und höfflichkeit erwiesen, damit er sich gegen seinen herrn vattern nicht zu beschweren hat"*. Auch die Freundschaft mit dem Prinzen von Pfalz-Neuburg wurde als *„avantageuse"* angesehen[305]. Francis Bacon empfahl sogar explizit die Pflege wichtiger Reisebekanntschaften: *„Wann der Reisende heimkommen/ sol er gleichwol die Länder/ in denen er gereist ist/ nicht gäntzlich hinter seiner lassen/ sondern die Verträulichkeit und Freundschafft derjenigen/ mitt denen er Kundschafft gemacht (ich sage/ der Vornehmsten) durch Briefe erhalten."*[306]

Tatsächlich sollten sich die Wege der Sieneser Studienkollegen und ihrer gleichfalls Karriere machenden Florentiner Bekannten später noch mehrfach kreuzen. Unmittelbar nach seiner Rückkehr trat Ludwig Wilhelm von Baden (Abb. 57), der Cousin des Prinzen Eugen von Savoyen, mit 19 Jahren ins kaiserliche Heer ein, ab 1677 übernahm er die Regierungsgeschäfte in Baden und 1683 beteiligte er sich an der Entsatzschlacht von Wien. Die Siege gegen das osmanische Heer in Nissa/ Niš 1689 und Slankamen 1691 brachten dem Markgrafen den Beinamen *Türkenlouis* ein, und er wurde daraufhin sogar im Kaisersaal des Benediktinerstiftes Altenburg, mit dessen Abt Graf Lamberg damals Geschäfte tätigte, dargestellt[307]. Im Jahre 1693 wurde Ludwig Wilhelm zum Oberbefehlshaber der Reichsarmee gegen

die Franzosen ernannt[308] und in dieser Funktion korrespondierte er 1703 auch mit Kardinal Lamberg[309]. Nach dem Scheitern der Hoffnungen auf den polnischen Königsthron und dem Frieden von Rijswijk (die Lamberg in Regensburg mitverfolgte) engagierte der Markgraf 1697 den damals in Wien tätigen Architekten Domenico Egidio Rossi zum Neubau von Schloss und Stadt Rastatt[310]. Die vom Kaiser eingefädelte Heirat des Markgrafen erfolgte 1693 auf Schloss Raudnitz /Roudnice in Böhmen[311], der Residenz seines Studienkollegen Lobkowitz, der seinerseits 1680 in zweiter Ehe dessen Schwester, die Markgräfin Maria Anna von Baden-Baden, geehelicht hatte. Der wohl als ebenso vorteilhaft angesehene Kontakt der Lamberg-Kinder mit dem Sohn des Fürsten Lobkowitz entbehrte hingegen nicht der höfischen Pikanterie, sollte doch Ferdinands Vater wenige Wochen nach den Festlichkeiten in Florenz abgesetzt und schließlich als Obersthofmeister vom Vater bzw. Onkel seiner Studienkollegen ersetzt werden[312]. Der junge Lobkowitz machte dennoch Karriere am Wiener Hof, wobei es ebenfalls zu einer direkten Kooperation und Konkurrenz mit den Studienfreunden kam: 1689 wurde Fürst Ferdinand August Leopold Mitglied des Geheimen Rates, wo er auf Johann Philipp von Lamberg traf[313]. Von 1691–99 vertrat Lobkowitz – als Nachfolger des Markgrafen Hermann von Baden, des Onkels seines Freundes und seiner Gattin – den Kaiser auf dem Reichstag in Regensburg. Dabei musste er nicht nur mit Leopold Joseph von Lamberg als österreichischem Gesandten zusammenarbeiten (siehe unten S. 227), sondern war diesem bzw. Johann Philipp von Lamberg auch im Amt des Prinzipalkommissärs zuvorgekommen. 1699 wurde Fürst Lobkowitz Obersthofmeister der Römischen Königin und späteren Kaiserin Amalia Wilhemina von Braunschweig-Lüneburg.

Mit der Ernennung von Leopold Joseph von Lamberg zum Ritter des Ordens vom Goldenen Vlies im Jahre 1700 (siehe unten) trafen die drei Studienkollegen schließlich dauerhaft in einer ‚virtuellen Tafelrunde' wieder aufeinander. In dieser illustren Gesellschaft befanden sich auch weitere ‚Reisebekanntschaften' der Jahre um 1675: Kurfürst Johann Wilhelm von der Pfalz (Promotion 1686), Markgraf Ludwig Wilhelm von Baden (1691), Philipp Sigismund Graf von Dietrichstein (1694), Enea Graf Caprara (1694), Anton Florian Fürst von Liechtenstein (1697), Georg Adam Graf von Martinitz (1697), Ferdinand August Graf Popel von Lobkowitz (1698), Johann Leopold Graf von Trautson (1698) und Leopold Ignaz Fürst von Dietrichstein (1698).

109. Schloss Richelieu von Jacques Lemercier (1628–44), kolorierter Kupferstich von Jean Marot (um 1660) im „Atlas Blaeu", Ausschnitt, 1704; Wien, ÖNB (aus dem Besitz des Prinzen Eugen von Savoyen)

Den Kurfürsten von der Pfalz scheint Graf Lamberg bei dessen Besuch am Kaiserhof abermals knapp verpasst zu haben: als Jan Wellem im Sommer 1700 in Regensburg vom österreichischen Gesandten empfangen wurde, war Leopold Joseph nicht mehr in dieser Funktion tätig, und als der Bruder der Kaiserin in Österreich eintraf, wurde er dort nur von Lambergs Vetter Leopold Matthias als Kammerherr des Römischen Königs sowie von Fürst Lobkowitz als Obersthofmeister der Römischen Königin begrüßt[314]. Graf Lamberg befand sich zu diesem Zeitpunkt – als Nachfolger von Liechtenstein und Martinitz – schon in Rom, wo er beim Konklave des Jahres 1700 seinen Londoner Freund Francesco Maria de' Medici wiedertraf. Der Florentiner – Onkel der zweiten Gattin des Pfälzer Kurfürsten und Onkel des zweiten Gemahls der Schwägerin des Markgrafen Ludwig Wilhelm von Baden – war seit 1686 Kardinal und seit 1689 *Protector Germaniae* bis er 1703 zweifellos zur besonderen Freude des kaiserlichen Botschafterfreundes ins Lager der Franzosen wechselte. Man kann sich also lebhaft vorstellen, dass auf diesen Kavalierstouren manche lebenslange Freundschaften ebenso ihren Anfang nahmen wie Feindschaften.

Abgesehen von der Ausbildung eines solchen Netzwerkes scheint Leopold Joseph von Lamberg während seiner Studienzeit nicht nur die Lust am Reisen, sondern auch am repräsentativen Luxuskonsum gefunden zu haben. Die Gräfin musste ihren Sohn nämlich mehrfach zur Sparsamkeit ermahnen und davor warnen, „etwan die Khlaidung und Spesa einen reichen Grafen von Althan, der über eine Million in vermögen hat, odter eines Firschten [= Fürsten] von Lobkhowitz Sohn nach zue duehen [= tun], den[n] es ist ein groser Undterschidt"[315]. In den Briefen der Mutter werden ausserdem Prinz Anton Florian von Liechtenstein, Graf Karl Joseph (?) von Puchheim[316] und Graf Trautson als gleichzeitige Kavaliersreisende erwähnt und dadurch auch mit ihren Söhnen verglichen[317]. Auch andere Eltern hatten die fremden Söhne im Visier. Ernest Melchior de Nuvolora, der schon 1671–74 Hofmeister von Dominik Andreas und Ferdinand Ignaz von Kaunitz gewesen war[318], informierte 1675/76 seinen damaligen Auftraggeber, den Fürsten Hartmann von Liechtenstein,

110. Elliptisches Treppenhaus von Francesco Borromini, um 1635; Rom, Palazzo Barberini alle Quattro Fontane

111. Südfassade des Schlosses Fontainebleau mit Teich, Kupferstich von Israël Silvestre, Ausschnitt, 1666; Privatbesitz

nicht nur über die Studienorte der Lamberg-Brüder, sondern verglich das Benehmen und die Ausgaben seines Schützlings explizit mit dem Verhalten und der Repräsentation von dessen Altersgenossen. So berichtete er aus Rom, dass Anton Florian von Liechtenstein im Unterschied zu den jungen Grafen Dietrichstein, Martinitz, Berka (Abb. 70) und Althann nächtliche Gelage und die jungen Römerinnen meiden würde. Als der Vater ebenfalls im Jahr 1675 mehr Sparsamkeit forderte, erwiderte ihm der Hofmeister, dass der junge Prinz in Rom doch nicht hinter dem Aufwand der Grafen Althann und Paar zurückstehen könne, dass Prinz Lobkowitz doppelt soviel wie Liechtensteins Sohn ausgeben würde und Michael Wenzel Ungnad Graf von Weissenwolf[319] jährlich sogar 12.000 Gulden zur Verfügung habe[320]. Im Jahre 1682 berichtete schließlich der Hofmeister dem Fürsten Liechtenstein, dass dessen jüngere Söhne Philipp Erasmus und Hartmann II. in Paris „unter allen fremden cavallierrn die schönste figur machen [!] und thuen mit schönheit des Wagens und der pferde, wie auch mit der zahl der diener alle übertreffen. Es befinden sich allhier zwey fürsten von Sachsen Eysenach[321], ein fürst von Ostfrieß[land], von Feldentz[322], von Porcia und sehr viel teutsche graffen, welche sich alle wohl halten."[323] Trotz mancher Überzeichnung der jeweils eigenen vorteilhaften Rolle durch den verantwortlichen Erzieher, kann kein Zweifel daran bestehen, dass die jungen Adeligen also schon auf ihren Kavalierstouren nicht nur auf nationaler, sondern auf europäischer Ebene in direkter sozialer und repräsentativer Konkurrenz zueinander standen[324]. Auch der schlesische Diplomat Christoph Wenzel Graf von Nostitz, der 1705 in die Niederlande reiste, „verglich sich […] ständig mit anderen Mitgliedern seiner sozialen Schicht"[325].

Als ebenso sicher können wir festhalten, dass ein Kavalier wie Leopold Joseph von Lamberg nach einer solchen Reise mit der fachlichen Einführung in Rom durch Rossini sowie in Paris durch Marot einen guten Eindruck von der modernen Baukunst und der repräsentativen Innendekoration in den beiden künstlerischen Zentren nach Hause mitnehmen konnte und wohl auch mit den Unterschieden dieser Kunstregionen vertraut war (Abb. 110 und 111)[326].

Die sorgfältig zwischen Original und Kopie unterscheidenden späteren Inventare Lambergs mit ihren auch Fachleuten oft nicht mehr bekannten Namen sprechen dafür, dass der österreichische Adelige darüberhinaus Kenntnisse der Malerei erworben hat, die über ein einfaches *Name-Dropping* hinausgingen. Im Sinne dieser in der zweiten Hälfte des 17. Jahrhunderts für einen Adeligen verpflichtenden kunsthistorischen Grundausbildung blieb die Kavalierstour daher wohl nicht ohne Auswirkungen auf die späteren Aktivitäten des kaiserlichen Botschafters – auch wenn er weder in der Quantität noch in der Qualität seiner Bau- und Sammeltätigkeit mit seinem Cousin Johann Philipp von Lamberg oder seinen fürstlichen Alters- bzw. Studienkollegen Friedrich Christian zu Schaumburg-Lippe[327], Ludwig Wilhelm von Baden-Baden[328], Ferdinand Leopold August von Lobkowitz[329], Anton Florian von Liechtenstein[330], oder gar Johann Wilhelm von Pfalz-Neuburg[331], mithalten konnte. Rom spielte in allen diesen Fällen eine besondere Rolle bei der Ausbildung von Kunstkennerschaft und künstlerischer Repräsentation, aber auch als Handelsplatz von Kunstwerken und Ideen.

Anmerkungen

1. Siehe dazu u.a. Babel/ Paravicini: Grand Tour; Cerman: Bildungsziele, 49–78; Csáky-Loebenstein: Kavalierstour, 408–434; Heiß: Kavalierstour Hardegg, 99–114; Keller: Kavalierstour um 1700, 259–282; Leibetseder: Kavalierstour; Stannek: Telemachs Brüder.
2. Müller: Gesandtschaftswesen, 108–109 und 166.
3. Zitiert in: Kühnel: Kavalierstour, 378.
4. Zu diesem Berufsstand siehe: Garms-Cornides: Hofmeister, 255–273.
5. Hohberg: Georgica Curiosa, Cap. IV, 147–152.
6. Zitiert in: Brilli: Reisen, 36–38.
7. Bichler: Zeiller, 43–73.
8. Zu den großen Karrierechancen von Kavaliersreisenden siehe etwa: Heiß: Bildungs- und Reiseziele, 232–235; Keller: Nützlichkeit des Reisens, 429–454; Mauerer: Fürstenberg.
9. Hageneder: Diarium, XXVII.
10. Sturmberger: Tagebuch, 228.
11. Hageneder: Rombesuch, 217–220.
12. Stannek: Telemachs Brüder, 120–124.
13. Weigle: Matrikel, 320, Nr. 8013 und 8014; Leidl: Johann Philipp, 255.
14. Kühnel: Kavalierstour, 369.
15. Fazio/Kanceff: Tedeschi, 140–142.
16. Noack: Deutschtum 1.Bd., 106.
17. Die Lambergische Reise wurde erstmals publiziert von: Kühnel: Kavalierstour, 364–384. Siehe auch Bauer: Ottenstein, 56–75; Heiß: Standeserziehung, Kat.-Nr. 17.51.
18. Stannek: Telemachs Brüder, 191–192; Leibetseder: Kavalierstour, 61–63.
19. Briefe der Constantia Gräfin Lamberg an ihren Sohn Leopold Joseph im Lamberg Archiv, zitiert bei: Kühnel: Kavalierstour, 378–379.
20. Black: Italy and the Grand Tour; Brizay: Touristes du Grand Siècle; Brennan: The Origins of the Grand Tour; Chaney: Evolution of the Grand Tour; Fazio/ Kanceff: Tedeschi in Italia, 205–214; Schudt: Italienreisen, 63–77 (über Kavalierstouren); de Seta: L'Italia del Grand Tour, 199–223 („I tedeschi e l'Italia"); Wilton/ Bignamini: Grand Tour; Brilli: Reisen in Italien, 24–40 („Die Bildungsreise im 16. und 17. Jahrhundert").
21. NÖLA: LA Karton 25: Reisejournal 1674–76, fol. 34r.
22. Zu den Venedigaufenthalten vorwiegend englischer Adeliger vgl.: Redford: Venice; Wilton/ Bignamini: Grand Tour, 186–195.
23. NÖLA: LA Karton 25: Reisejournal 1674–76, fol. 35r.
24. Tessin: Travel Notes, 355–356.
25. Tessin: Travel Notes; Cavali-Björkman: Tessin; Kieven: Tessin; Walker: Tessin; Pilliod: Tessin.
26. Legitim scheint dies nicht zuletzt aufgrund der indirekten Beziehung zwischen dem mit Johann Bernhard Fischer befreundeten schwedischen Architekten und den österreichischen Aristokraten durch mehrere gemeinsame italienische Bekannte, etwa den Großherzog Cosimo III. de' Medici oder den römischen Architekten Carlo Fontana. Zur Biographie Tessins, der nur ein Jahr vor Lamberg vom Großherzog in Florenz empfangen wurde und 1673 im Atelier Fontanas als Zeichner tätig war, siehe: Magnusson: Studies in Europe, 36–59.
27. Zum Reliquiar von Giuliano da Firenze aus der Zeit um 1434–36 siehe: Marco **Collareta**/ Giordana **Mariani Canova**/ Anna Maria **Spiazzi** (Hg.): Basilica di Santo. Le oreficerie, Padova/ Roma 1995, 110–114.
28. NÖLA: LA Karton 25: Reisejournal 1674–76, fol. 35r.
29. Wie oben erwähnt, hat Johann Maximilian von Lamberg 1651 die Braut Ferdinands III. Eleonora aus Mantua abgeholt.
30. Weigle: Matrikel, 320–347; Zonta: schlesische Studenten, 447–461.
31. Weigle: Matrikel, 330, Nr. 8253; Leidl: Johann Philipp, 255.
32. Weigle: Matrikel, 331, Nr. 8287, 8288 und 8295.
33. Mayersfeld war bereits am 6. Mai 1669 gemeinsam mit Baron Ferdinand Hroznata Kokořovec von Kokořova, dem späteren kaiserlichen General, inskribiert worden, während die jüngeren Mitglieder dieser Familie in der Universitätsmatrikel nicht aufscheinen: Weigle: Matrikel, 322–323, Nr. 8052 und 8033.
34. Keller: Kavalierstour, 270 und 272.
35. Kühnel: Kavalierstour, 375.
36. Laut Oster: Markgraf Ludwig Wilhelm, 46–49 war Ludwig Wilhelm allerdings nur von 1670–72 auf Kavalierstour; er besuchte u.a. in Florenz Cosimo III. sowie in Rom Clemens X., den spanischen Botschafter und den neapolitanischen Vizekönig.
37. NÖLA: LA Karton 25: Reisejournal 1674–76, fol. 43v.
38. Catalano: Lobkowitz, 104–127.
39. Briefe vom 8. und 15. November 1673 zitiert in: Catalano: Lobkowitz, 107.
40. Bähr: Kapelle der „Deutschen Nation", 426–427.
41. Kühnel: Kavalierstour, 375.
42. Orazio d'Elcis Marchese Clemente Vitelli, der Hofmeister von Francesco Maria de' Medici, fungierte seit 1694 als Vermittler zwischen dem Bildhauer Soldani Benzi und dem Fürsten Johann Adam Andreas von Liechtenstein: Balleri: Vitelli, 62–73. Als außerordentlicher Gesandter des Großherzogs in Rom verfasste er 1699 eine der interessantesten Relationen über den päpstlichen Hof, die – vielleicht nicht ohne Zusammenhang mit Lambergs Mission – auch in einer Wiener Fassung erhalten ist: ÖNB Cod. 6539. Siehe dazu: Seidler: Relationen, 137–191, 335–507.
43. Gemeint ist hier entweder Bartolommeo oder dessen Sohn Filippo Corsini, also der Vater oder Bruder des späteren Papstes Clemens XII.. Sie ließen den großen Palast am Arno von 1650–71 bzw. 1686–1700 u.a. von Alfonso Parigi und Ferdinando Tacca erweitern: Alessandra **Giucciardini Corsi Salviati**: Affreschi di Palazzo Corsini a Firenze 1650–1700, Firenze 1989; Guerrieri/ Fabbri: Paläste von Florenz, 272–281; Cresti/ Rendina: Paläste, 236–245.
44. Beim Marchese Salviati handelt es sich entweder um Don Francesco Maria, Duca di Giuliano (um 1628–1698), oder dessen Sohn Antonio Maria (1658–1728).
45. Marchese Antonio Raggi war in den 1640er Jahren in Rom der Auftraggeber des Gemäldes *Karneval auf der Piazza Colonna* von Jan Miel. Seine Sammlung in Rom enthielt u.a. ein Porträt von van Dyck: Sebastiani: Le cose piu notabili, 161.
46. Wahrscheinlich der Senator Lorenzo Niccolini, 1670 Gesandter der Toskana am Wiener Hof, dessen Familienpalast sich in der Via dei Servi befindet. Zur Sammlung sowie zu der von Colonna freskierten Galerie dieses Palastes siehe: De Benedictis: Collezionismo, 243.
47. Hier handelte es sich um den kaiserlichen Feldmarschall und Diplomaten Enea Silvio Graf Caprara oder einen seiner Verwandten: Alberto Graf Caprara wirkte ab 1675 in Brüssel: Dizionario Biografico degli Italiani 19, Roma 1976, 165–168. Alle drei Brüder von Enea Silvio – Francesco, Silvio und Ludovico Girolamo – waren kaiserliche Offiziere: Dizionario Biografico, a.a.O 169–177. 1688 besuchte Tessin den Palazzo des Conte Caprara, den „brudher vom Generalen in Teutschlandt", in Bologna und fand dort u.a. eine Sammlung türkischer Waffen vor: Tessin: Travel Notes, 348–349. Niccolò Caprara Conte di Pantano heiratete 1699 Donna Virginia Sacchetti in

48 *Diario straordinario* zitiert in: Catalano: Lobkowitz, 121–122.
49 Marx: Italienreise, 401.
50 Cresti/ Rendina: Paläste der Toskana, 124–151; Malanima: I Riccardi, 174–194; Saladino: Le sculture del Palazzo Medici-Riccardi, 63–83.
51 Büttner: Palazzo Medici-Riccardi, 393–414; Büttner: Riccardi, 150–169; Giannini/ Meloni Trkulja: Stanze segrete.
52 Bocchi/ Cinelli: Firenze, 21–22: *„E stato questo Palagio internamente tutto mutato dalla sua prima struttura, ed all'usanza moderna ridotto (dal Marchese Riccardi, che di presente il possede) con l'accrescimento di molte stanze abbellito. Vi è novamente fatta una scala a chiocciola bella oltre ogni credere, che dal piano della strada dolcemente salendo fino alla sommità di esso conduce; ed una vaga, e ben'acconcia Galleria per la parte di via de' Ginori per adornarla di Pitture, e riempierla di statue di marmo delle quali ne sono fin`ora in questo Palagio fino al numero di 60 tutte antiche, e belle a maraviglia, e fra queste la testa d'un puttino bellissima senza più […]. In una delle Camere terrene vi è un Quadro di figure al naturale, nel quale una bottega di Calderaio si rapresenta vago; e ben disposto in ogni sua parte di mano del Bassano, del quale è ancora Una delle 4 stagioni di figure piccole, nella quale varie geste contadinesche si rappresentano; Sonovi anche molti quadri d'Eccelenti maestri, e molte altre statue piccole si di marmo, come di bronzo; Vi è di poi la Capella antica; ed ancorche per fabricar la nuova scala debba demolirsi, convien nondimeno per sua rara bellezza farne menzione. La tavola di esta è di Domenico Grillandai [=Ghirlandaio], nella quale una natività di Cristo si rappresenta; nelle pareti da`lati presso l'altare son dipinti molti Angeli; che per la nascita del Redentore festiggiano; nell'altre trè facciate la venuta de' Magi è dipinta ed in ognuna di esse uno de' Rè a Cavallo con suo corteggio, grande quanto il naturale."*
53 AK I Riccardi, 207–211. Eine Abbildung des Gartens hat sich auf einem Fresko von 1737 erhalten: Pietro Ruschi (Hg.): La Villa di Castel Pulci, Firenze 1999, 44.
54 Die beiden Gemälde blieben leider nicht erhalten: Sandro **Bellesi**: Vincenzo Dandini e la pittura a Firenze alla metà del Seicento, Pisa 2003, 146.
55 Bocchi/ Cinelli: Firenze, 557–559: *„Casino del Marchese Riccardi quale non solo è adornato di vaghissime pitture si a fresco come a olio di valenti artefici, ma anchora di quantità considerabile di statue antiche, e moderne: Ha congiunto a questo un delizioso Giardino acconciamente adornato, ove fra le altre comodità vi è luogo da poter far l'esercizio della Cavallerizza, e la Nizza da correr la lancia; Ha questo oltre un vasto giro di terreno un ricetto in forma ottagona, ed in ognuna delle facce si vede una lunga Viottola, ed in ognuno degli angoli una statua di marmo antica maggiore del naturale; Evi ancora un'ameno boschetto tramezzato tutto con teste di marmo si antiche come moderne che fanno graziosa veduta, ma per cominciar dalla porta principale, entrando si trova un vago ridotto adornato di pitture a fresco nelle volte, e divisato con molte teste di marmo anticho, e moderno: è da ogni parte di questo ricetto un'appartamento terreno dinniso in ben'acconcie, & adagiate Camere: In una di quelle da mano dritta, è una Vergine di marmo col bambino Giesù bellissima […]. Nell'altro appartamento a man o manca è nel prima camera oltre una vaga volta divisata di stucchi, e freschi, ne' quali moltre feste fatte in questo luogo si rappresentano una Statua rappresentante una Donzella che bala; posa questa sopra il sinistro piede, e l'altro che viene avanti in aria sostiensi con molta grazia: Ha le braccia distese in quella forma appunto che allargar dalla vita se sogliono coloro, che ballano le Ciaccone alla spagnola: e le medesime gnude fin sopra il gomito, e gnudi sono anche i piedi, e figurandosi di sottilissimi panni vestita è con tal maestria lavorata, che sotto gl'abiti lo gnudo tutto si riconosce E finalmente questa delle più maravigliose statue che de gl'antichi scarpelli vista si sia, estendo in ogni sua parte graziosa oltre modo, esprimendo con leggiadria incredibile l'azzione per la quale fatta su: è d'opera, e maniera Greca, tenuta in gradissima stima da gl'intendenti. Nella Capella vi è un Christo che fa orazione nell'orto; fu fatto in dono da Vicenzio Dandini per lo spogliatoio di S. Benedetto; dal quale avendola il Riccardi in vendita, fu dal medesimo rifatto il Cristo che porta la Croce, e di presente nel medesimo luogo si vede. Son'anche in gran numero le Teste di marmo antichi, con pili inscrizioni, e Sepolchri a segno che per descriverle un volume si conporrebe."*
56 NÖLA: LA Karton 25: Reisejournal 1674–76, fol. 37vff.
57 Maria Stella **Alfonsi**: Cosimo III de' Medici e Venezia. I primi anni di regno. In: Borean/ Masson: collezionisti, 265–301; Gregori: L'età di Cosimo III, 51–131; Lankheit: Florenz unter den letzten Medici, 16–25; Massinelli/ Tuena: Treasures of the Medici, 176–180.
58 Borngässer: Cosimo III. de' Medici; Marx: Italienreise, 373–427.
59 Martelli: Guerrini; Bohr: Englische Uhren.
60 Chiarini: Sammeltätigkeit der Medici, 31–38; Goldenberg Stoppato: Granduca.
61 Schudt: Italienreisen, 220, Abb. 51; Heiß: Liechtenstein, 170. Zum politischen Stellenwert dieses Festes siehe: Casini: La corte, 478–480.
62 NÖLA: LA Karton 25: Reisejournal 1674–76, fol. 38r.
63 Diario zitiert in: Catalano: Lobkowitz, 121.
64 Radierung von Stefano della Bella: Mario **Fabri** u.a. (Hg.): Il luogo teatrale a Firenze. Brunelleschi, Vasari, Buontalenti, Parigi, AK, Firenze 1975, Kat.-Nr. 11.17.
65 Hilde **Haider-Pregler**: Das Roßballet im inneren Burghof zu Wien (Jänner 1667): In: Maske und Kothurn 15 (1969), 291–324, hier 295 und 322–324; Pons: Leopold I., 200–211; Rinck: Leopold I., 2. Bd., 157.
66 NÖLA: LA Karton 25: Reisejournal 1674–76, fol. 38r.
67 Cresti/ Rendina: Paläste, 86–105; Conti: Palazzi reali, 248–259.
68 Siehe dazu: Pilliod: Tessin.
69 Heikamp: Uffizien-Tribuna, 193–268.
70 Tessin: Travel Notes, 69, 93–93 u. 255–260. Zur Sammlung siehe: Prinz: Selbstbildnisse.
71 Der österreichische Adelige Georg Seifried Breuner, der die Kapelle 1630 besucht hatte, notierte damals, dass diese *„von lauter edelgestain gebaut"* und *„16 million goldts"* kosten wird. Zitiert in: Csáky-Loebenstein: Kavalierstour, 426.
72 Elisa **Acanfora**: La decorazione di Palazzo Pitti da Giovanni da San Giovanni a Jacopo Chiavistelli. In: Gregori: Toscana, 147–154; Chiarini: Pitti, 76–121.
73 Tessin: Travel Notes, 262–264.
74 Borsi/ Pampaloni: Ville e giardini, 282–286; Conti: Palazzi reali, 260–271; Cresti/ Rendina: Paläste, 160–193.
75 AK Herrenhausen, 64–65; AK Il Giardino d'Europa; Zangheri: Buontalenti, 92–95; Bajard/ Bencini: Toskana, 54–61.
76 Tessin: Travel Notes, 269–271.
77 Zitiert in: Catalano: Lobkowitz, 121–122.
78 Zu den bescheidenen architektonischen Beziehungen zwischen Neapel und Wien siehe: Garms: Wien und Neapel, 93–107.
79 Palos Peñarroya: El nuevo palacio de los virreyes; Conti: Palazzi reali, 342–351.
80 NÖLA: LA Karton 25: Reisejournal 1674–76 fol. 50v.
81 Bajard/ Bencini: Paläste, 142–151; Borsi/ Pampaloni: Ville e giardini, 411–416; Hoffmann: Le ville, 179–188; Oy-Marra: Profane Repräsentationskunst, 99–131.
82 Borsi/ Pampaloni: Ville e giardini, 418–421; Tantillo Mignosi: Villa e Paese, 106–124.
83 Guerrieri Borsoi: Villa Belpoggio; Tantillo Mignosi: Villa e Paese, 78–80. Auch Rossini bietet eine Beschreibung der Villen in Frascati: Rossini: Mercurio, 151–155.
84 Borsi/ Pampaloni: Ville e giardini, 422–426; Guerrieri Borsoi: Villa Rufina-Falconieri, 19–25; Tantillo Mignosi: Villa e Paese, 82–104.
85 Lassels: Außführliche Reyse=Beschreibung, 484–489.
86 Zur großen Zahl niederländischer Maler in Rom und deren Verein „Schilderbent" siehe: Noack, Deutschtum, 1.Bd. 135–138; Trnek: Niederländer in Italien; de Meyere: Bambocciati, 46–64.
87 Noack: Deutschtum 1. Bd., 241–245.
88 Noack: Deutschtum 1. Bd., 101–106 und 170–180. Von den Bischöfen in den habsburgischen Ländern von 1560–1803 hatte etwa ein Drittel in Rom studiert, und von den Studenten des Collegium Germanicum um 1700 waren wiederum ca. 70 Prozent adeliger Herkunft: Schmidt: Collegium Germanicum, 80 und 112; Habersatter: Alle Wege, 11–22.
89 Zitiert in: Walther: Antike als Reiseziel, 129–141. Zum Antikenstudium in Rom siehe auch: Nebendahl: Die schönsten Antiken Roms; Wrede: L'Antico, 7–15.
90 Leibetseder: Kavalierstour, 97–103.
91 Bei Noack: Deutschtum 2. Bd., 142–143 wird dieser nicht erwähnt, aber laut freundlicher Mitteilung von Ivo Cerman (Prag) bereiste Philipp Sigmund 1670–74 Italien.
92 Jörger war 1702 kaiserlicher Sondergesandter am englischen Hof: Müller: Gesandtschaftswesen, 86, FN 365. Sein Vater Johann Quintin Graf Jörger (1624–1705) war Vizepräsident der Hofkammer und Freund von Harrach.
93 Wenzel **Hieke**: Die Berka von Duba und ihre Besitzungen in Böhmen, III. Teil. In: Mitteilungen des Vereins für die Geschichte der Deutschen in Böhmen 26 (1888) 75–107, hier 105–107. Hieke berichtet, dass

94 Zum Romaufenthalt von Anton Florian siehe: Heiß: Liechtenstein, 158 und 171–172.
95 Pakenius: Hercules prodicius; 333ff; Noack: Deutschtum 2. Bd. 177, 174 und 202–203; Dahm: Johann Wilhelm, Sp. 171–174; Tipton: Die Sammlungen des Kurfürsten, 88–89.
96 Pakenius: Hercules prodicius, 338.
97 Hauser: Althann, 44–45.
98 Franz **Fux**: Herrschaftsgeschichte von Idolsberg. In: Stephan Fordinal (Hg.): Marktgemeinde Krumau am Kamp. Ein Heimatbuch, Krumau am Kamp 1995, 751–761, hier 757; Heimatbuch über Gobelsburg und Zeiselberg, Langenlois 1991, 40.
99 Bei dem Studenten handelt es sich wohl um einen der Söhne des Wolf Ludwig von Hohenfeld und der Justina Regina von Puechhaim – vielleicht um den späteren kaiserlichen Kämmerer und Hatschieren-Hauptmann sowie niederösterreichischen Landschaftsverordneten Otto Ferdinand von Hohenfeld (1648–1716) oder dessen Bruder Otto Heinrich (†1719), Freiherr auf Aisterheim und nachmaliger kaiserlicher Geheimer Rat, dessen Tochter später den Sohn von Lambergs Schwager heiraten sollte: Hoheneck: Herrenstand 1. Bd. 419–421; Leeder: Hoyos 1. Bd., 388. Die beiden Freiherrn waren allerdings schon 1668 in Siena gemeinsam mit den beiden oberösterreichischen Lamberg-Cousins in die Universitätsmatrikel eingetragen worden: Weigle: Matrikel, 1. Bd., 320, Nr. 8011–8014.
100 Instruktion vom 4. Mai 1647 zitiert in: Winkelbauer: Gundaker, 483.
101 NÖLA: LA Karton 25: Reisejournal 1674–76, fol. 51v.
102 Brief des Hofmeisters vom 5.1.1675: Heiß: Liechtenstein, Anm. 180.
103 Köchli: Friedrich von Hessen-Darmstadt, Sp. 424–433.
104 Leibetseder: Kavalierstour, 114–121 („Diplomaten"); Müller: Gesandtschaftswesen, 108–109 und 246/FN 389.
105 http://www.fiu.edu/~mirandas/bios1671.htm#Nidhard.
106 Sowohl die Zuschreibung als auch die Datierung sind nicht gesichert: Levine/Mai: Bambocciani, 262–263, Kat.-Nr. 29; Trnek: Traum vom Süden, 248–251.
107 NÖLA: LA Karton 25: Reisejournal 1677–76, fol. 51v.
108 Haskell: Maler und Auftraggeber, 184–185. Zum Mäzenatentum der Familie siehe auch: Roberto: Rospigliosi a Pistoia.
109 Carpaneto: I palazzi di Roma, 407–409; Rendina: I palazzi storici, 107–110; Negro: Rospigliosi, 103–121; Negro: Collezione Rospigliosi, 79–97.
110 Zur Person, Regierungszeit und zu den Kunstbestrebungen des Papstes siehe zuletzt: Barberini/Dickmann: Pontefici, 202–219; Karsten/ Pabsch: Grabmal, 295–312; Kemper: Clemens X.
111 Lassels: Ausführliche Reyse=Beschreibung, 261–269.
112 Noack: Deutschtum 1. Bd., 209; Fusconi: Philipp Schor, 175–176. Fischer befand sich seit 1670/71 in Rom und war wohl 1674 schon im Atelier der Schor tätig: Sladek: Fischer, 149.
113 Pakenius: Hercules prodicius, 348–349.
114 Schudt/ Caldana: Le guide, 125–128. Siehe dazu auch: Vidmar: Titijev.
115 Barberini/ Dickmann: Anni Santi, 219–245.
116 Beim Herzog von Braunschweig-Wolfenbüttel handelt es sich wahrscheinlich um den später zum Katholizismus konvertierten Großvater der Kaiserin Elisabeth Christine, Anton Ulrich von Braunschweig-Lüneburg-Wolfenbüttel.
117 „Leuenstein" ist vielleicht Maximilian Karl Albrecht Fürst zu Löwenstein-Wertheim-Rochefort, seit 1684 Reichshofrat, 1704 Administrator in Bayern und 1712 Prinzipalkommissär auf dem Reichstag in Regensburg.
118 Vermutlich Christian Ludwig von Stolberg-Stolberg (1634–1704).
119 Ricci: De' Giubilei universali, 319–320; Ruggiero: Anno Santo, 49–50; Gligora/ Catanzario: Anni Santi, 136–141. Graf Götz könnte ein Sohn des kaiserlichen Feldmarschalls Johann Graf von Götz sein. *„Bubena"* ist wohl als Bubna/Dubá zu lesen, während „Kroneck" vermutlich als Freiherr Helfrich von Kroneck zu identifizieren ist und *„Lasunski"* wohl Lažanský meint.
120 Zu dessen Person siehe: Würth: Die Paar, 51–62.
121 Rogasch: Schatzhäuser Deutschlands, 180; Schaer: Graf Friedrich Christian zu Schaumburg-Lippe; Viktor **Koch**: Friedrich Christian Graf zu Schaumburg-Lippe (1681–1728). In: Mitteilungen des Vereins für schaumburg-lippische Geschichte 9 (1943), 123–141, hier 125–126.
122 Kuefstein: Familiengeschichte, 3. Bd., 389–386.
123 Roma, Gabinetto dei Disegni e delle Stampe: Gligora/ Catanzario: Anni Santi, 132 (Abb.); AK Barock im Vatikan, Kat.-Nr. 79; Tazzi: Incisioni, Kat.-Nr. IV.5.
124 Abbildung in: Polleroß: Waldviertel, 117, Abb. 10.
125 AK Bernini in Vaticano, Roma 1981, 102, Kat.-Nr. 79; AK Barock im Vatikan, Kat.-Nr. 55 und 58.
126 Medvecký: Červený Kameň, 237–311; Medvecký: Červený Kameň, 188–190.
127 Leeder: Hoyos, 1. Bd., 338 und 340.
128 Hojda: Delitiae Italiae, 356–362, Slavíček: Artis pictoriae amatores, 390, Kat.-Nr.III/1-8, V/1-22, 1–35 und 2–48; Vlnas: Baroque in Bohemia, Kat.-Nr. I/4.31 und I/4.34.
129 Petrucci: Voet, 13–16, Kat.-Nr. 4 und 267.
130 Buberl: Zwettl, 98, Abb. 79 und 80.
131 Petrucci: Voet, 46, 92, 182; Kat.-Nr. 86a, 103a, 111; Abb. 34 und 88; Petrucci: Ritratti del potere, 22.
132 Findlen: Possessing nature, 304ff; Viewing Antiquity; Bepler, Travelling and posterity, 191–203; Pinelli: Grand Tour.
133 Bepler u.a.: Barocke Sammellust, 116–119 („Der Ausbau der Sammlungen auf Reisen – Tourist und Sammler"), hier 118.
134 NÖLA: LA, Karton 54, Nr. 594.
135 NÖLA: LA Karton 25: Reisejournal 1674–76, fol. 64r.
136 Herklotz: Dal Pozzo; Schudt: Italienreisen, 260; Fiabane: Rossini, 281–294. Zum Phänomen der Antiquare im 17. Jh. siehe u.a.: Claridge: Archaeologies; Ferrari: l'antiquario; Gallo: antiquaires romains.
137 Fiabane: Rossini, 286. Zu Fürstenberg siehe: O'Connor: Wilhelm Egon von Fürstenberg.
138 Zu den in Italien kursierenden Flugblättern siehe: Arno **Strohmeyer**: „Aller Rebellionen Ausgang ist der Rebellen Untergang". Der Flugschriftenstreit um die Entführung vn Wilhelm Egon von Fürstenberg im Jahre 1674. In: Eltz/ Strohmeyer: Fürstenberger, 65–77, hier 71.
139 Fiabane: Rossini, 185; Schudt: Italienreisen, 71. Die Familie Chigi und der päpstliche Geheimkämmerer Wilhelm von Fürstenberg (1623–1699) beschäftigten in den 1660er Jahren auch den Maler Jacob Ferdinand Voet zur selben Zeit: Luckhardt: Voet, 133–143; Petrucci: Monsù Ferdinando, 286.
140 Fiabane: Rossini, 287.
141 Misson: Reisen, 881.
142 Schudt: Le guide, 69–73; Schudt/ Caldana: Le guide, 139–140.
143 Rossini: Mercurio, Vorwort (siehe Abbildung).
144 NÖLA: LA Karton 25: Reisejournal 1674–76, fol. 64r.
145 Zu Hinweisen auf Fremdenführer in der Reiseliteratur siehe auch: Völkel: Schlossbesichtigungen, 24–30.
146 Brief des Fürsten vom 28. Februar 1641 und Instruktion vom 4. Mai 1647 zitiert in: Winkelbauer: Gundaker, 479 und 483.
147 Zum Romaufenthalt Tessins siehe: Kieven: Tessin; Waddy: Tessin; Tessin: Travel Notes, 73.
148 Morper: Czerninpalais, 54–55.
149 Hojda: Kunstbetrachtung, 157–159.
150 Vincenti/ Benzi: Römische Paläste, 76–87 und 100–110; Tessin: Travel Notes, 331; Haskell/ Penny: Taste, Nr. 55, 78 und 93.
151 Rossini: Mercurio, 13–14.
152 Rossini: Mercurio, 35; Guadalupi/ Hochmann: Palazzo Farnese.
153 Martinelli: Roma ricercata, 31–32: *„Passata la Chiesa della Confraternità della morte, entrarete nel palazzo di Farnese, procurando di vedere quella famosa statua della Dirce legata al Toro condotta da Rodi, & è opere d'Apollonio, e Taurisco, come raccanta Plino al cap. 5 del lib. 36. Fù collocata da Marc Antonio Pio, detto Caracalla Imperatore nelle sue Terme sotto al monte Aventino apresso alla Piscina Publica, e ritrovata al tempo di Paolo III fu condotta in detto Palazzo. Nell' stesse Terme fu ritronato quel grand' Ercole, che hà la testa, & una gamba moderna, quale stà ignudo poggiato ad un tronco con la spoglia del leone; e nel tronco sono affissi crarcassi con saette; La ninfa di Diana, maggiore del naturale, che hà sopra la veste una pelle di fiera, e tiene sù alta la mano destra, & hà una ghirlanda in mano, e stà sopra una base ricontia. La Palade à guisa di colosso vestita, e con lo scudo di Medusa in petto, e con l'elmetto con penacchio sul capo, se bene la testa, e le braccie, che si mostrano ignudo, sono moderne erano nelle dette Terme."*
154 Zu den Statuen siehe: Haskell/Penny: Taste, Nr. 15, 46 u.a. Zu den Bewunderern des Farnesischen Stieres zählte auch Markgraf Christian Ernst zu Brandenburg: Walther: Antike, 138.
155 Borea: Bellori; Kiefer: Galleria Farnese, 179–183.
156 Tessin: Travel Notes, 329–330; Vincenti/ Benzi: Paläste, 52–65.

157 Zum Gemälde siehe: Coquery: Louis, 78 (Abb.); Burke: Ludwig XIV., 101–102, Abb. 28.
158 Karsten: Künstler, 114–123; Oy-Marra: Profane Repräsentationskunst, 199–273; Scott: Images of Nepotism; Strunck: Rom, 350–355 (Patricia Waddy); Waddy: Palaces, 173–290.
159 Tessin verwechselt hier offensichtlich den Palazzo Pamphilj mit dem Palazzo Barberini. Zum Fest siehe oben Abb. 42 bzw. Gruber: Festin.
160 Tessin: Travel Notes, 300–306.
161 Rossini: Mercurio, 63–72.
162 Rossini: Mercurio, 52–54: „*Questo grandissimo Palazzo io l'ho veduto fabricare dalli fondamenti al tempo di Alessandro Settimo di questa Famiglia Chigi, è di bella Architettura del Cavalier Bernini, vi sono rare curiosità, Tapezzerie, Pitture, e Statue, che furono del defonto Cardinale Flavio Chigi. Nell' Appartamento à terreno di 5 stanze, ornato di Statue al numero di 95, vi è il busto di M.Aurelio, bello, la rara statua di Agrippina con il scettro nella destra, la Vergine Vestale con il crivello nelle mani […]. Di qui montarete di sopra per la gran scala, entrarete nell'Appartamento nobile di 10 stanze, cinque delle quali sono ornate di bellisime pitture di tutti i migliori Artefici, che sono stati, e che sono al presente, alla fine di queste vi è la famosa Galleria, ancora ornata di rare Pitture, come l'altre stanze, vi sono all'intorno sopra scabelloni 38 busti d'Imperatori, & altri Personaggi antichi, un bellissimo quadro di San Pietro con molte figure, che liberato strappato del Ciccoli, una Madonna dell'Albano, un'altra di Carlo Maratti, la bella Lucrezia di Guido Reni, il Christo morto del Carracci, l'Angelo Custode in picciolo dell'Albano, pezzo raro, una Donna nuda con molte altre figure di Rubens, Diana con Adone di gran gusto del Baccicio, Nostro Signore alla Colonna dal Guercino.*"
163 Sladek: Palazzo Chigi-Odescalchi, 439–504; Waddy: Palaces, 291–320; Karsten: Künstler, 190–197, 204–208; Vincenti/Benzi: Paläste 180–193; Mignosi Tantillo: Palazzo ai Santi Apostoli, 305–312; Angela **Negro**: Il Salone d'oro. In: Strinati/Vodret: Palazzo Chigi, 175–197.
164 Garms: Le Bernin, 129–146.
165 Heym: Zuccalli, 71–75; Lorenz: Martinelli, 34–39.
166 Herzog Paolo Savelli (1575–1632; 1621–32) und dessen Bruder Federico Savelli (um 1600–1649; kaiserl. Feldmarschall, seit 1632–34 sowie 1640–42).
167 Connors: Benedetti, 706; Tessin: Travel Notes, 328.
168 Barberini: Villa Peretti; Hoffmann: Le ville, 427–440; Quast: Villa Montalto; Tessin: Travel Notes, 327–328.
169 Hoffmann: Le ville, 563–564; Erben: Paris und Rom, 238–244; Eleuteri/ Ranaldi: Villa „Il Vascello", 89–103; Varriano: Bricci.
170 Tessin: Travel Notes, 328.
171 Mayer/Erico: Villa Benedetta, 14–18: „*Il buon Corteggiano per acquistar merito serva con puntualità, e modestia: Dica sempre bene del Padrone, e mai male d'alcuno, lodi senza eccesso: Prattichi co i migliori; ascolti più che parli: Ami i buoni, e si guadagni i cattivi; Discorra con dolcezza, & operi con prontezza; non si fidi d'alcuno ne si diffidi di tutti: Non dica il suo segreto, nè ascolti volentieri quello d'altri: Non interrompa i discorsi altrui, nè fia prolisso ne' suoi: Creda gl'Altri più dotti di se, nè intraprenda cosa maggiore della sua: Non creda facilmente, nè risponda senza pensarvi: […]. E meglio patire nella Innocenza, che nel peccato. L'Appetito dell'ambitone cresce con la satietà. La pi`parte de' Corteggiani sono mostri con due lingue, e con due cuori. […]. Non si deve prendere alcun posto in concurrenza d'uno più potente.L'Aria della Corte soffia come per necessità il vento dell'ambitione. […]. La solitudine facilita l'acquisto delle Virtù, e lo star lontano da' vitij fa star lontano da i pericoli: la libertà, che vi si gode è una gioia, che da altri non si conosce. La varietà dell'occupationi diverse, e diletta, e l'esser lontano dalle soggettioni della Corte è una godere una delle maggior felicità della vita. […]. Como doppo le tempeste si gode in porto, così doppo le agitationi della Corte si gode in Villa. La vita Campestre è la vera vita d'un galanthuomo, che voglia goder la vita. L'Occhio del Padrone ingrassa non meno il Terreno che il Cavallo[…].E tutta ornata di Quadri di Ritratti di Dame principali di Francia, e d'Italia con i loro nomi all'intorno delle Cornici, e Motti ne i vanni alludenti al sesso feminino & alcuni nelle Lingue Latina, Italiana, Francese, Spagnuola, e Tedesca.*"
172 Connors/ Rice: Specchio di Roma, 39; Tessin: Travel Notes, 328–329.
173 Benocci: Villa Doria Pamphilj, 61–154; Benocci: Le virtù; Hoffmann: Le ville, 263–297; Karsten: Künstler, 149–156; Oy-Marra: Profane Repräsentationskunst, 274–280, Palma Venetucci: Villa Doria Pamphilj; Strunck: Rom, 378–381 (Jennifer **Montagu**).
174 Wrede: Antikensammlungen, 62–70. Auch diese Anlage bzw. die hier befindlichen Antiken wurden schon Mitte des 17. Jahrhunderts in einer eigenen Stichserie publik gemacht:
175 Assisi und Loreto standen auch auf der Reiseroute, die Fürst Lobkowitz 1673 für seinen Sohn plante: Catalano: Lobkowitz, 118.
176 NÖLA: LA Karton 25: Reisejournal 1674–76, fol 66r.
177 NÖLA: LA Karton 25: Reisejournal 1674–76, fol. **70v.**
178 Kemp: Zeichenunterricht, 57 -80 („Adelserziehung und Virtuosentum"); Sloan: Amateur Artists. Graf Ferdinand Josef Maria von der Wahl (1697–1757) studierte 1715/16 sogar an der Pariser Akademie: Koch: Sammlung französischer Zeichnungen, 16–23.
179 Visonà: L'Accademia di Cosimo, 165–180; Zangheri: Gli Accademici del Disegno.
180 Zur Kunstförderung der Gerini siehe: Ingendaag: Gerini; Maffioli: Gerini; Trezzani: collezione Gerini.
181 NÖLA: LA Karton 25: Reisejournal 1674–76, fol. 72r-81v.
182 Conti: Palazzi reali, 220–225; eine ausführliche Beschreibung bei: Tessin: Travel Notes, 393–397.
183 NÖLA: LA Karton 25: Reisejournal 1674–76, fol. 83v-84r.
184 Zum Stadt- und Gartenpalast siehe: Conti: Palzzi reali, 180–191; zum Theater: Susanne **Grötz**/ Ursula **Quecke**: Das Teatro Farnese in Parma. In: Albrecht: Teatro, 69–77; zu den Sammlungen: Fornari Schianchi: Sammlertätigkeit der Farnese, 75.
185 Tessin: Travel Notes, 390.
186 Barri: Viaggio Pittoresco, 102–105.
187 Leone de Castris: Die Gemälde, 98.
188 NÖLA: LA Karton 25: Reisejournal 1674–76, fol. 84v.
189 Conti: Palazzi reali, 88–97; Aurora **Scotti Toisini**: Il castello in età moderna: trasformazioni difensive, distributive e funzionali. In: Maria Teresa Fiori (Hg.): Il Castello Sforzesco di Milano, Milano 2005, 190–223.
190 Zum Palazzo Reale im 17. Jahrhundert siehe: Carlo **Capra**: Il Palazzo Reale di Milano nella storia. In: Enrico Colle/ Fernando Mazzocca (Hg.): Il Palazzo Reale di Milano, Milano 2002, 11–42; Conti: Palazzi reali, 114–121.
191 Pakenius: Hercules prodicius, 307: „*Principis de Ligne Provinciae Gubernatoris […] Palatio, ejusque pictures, statuis, peristromatis & cimmeliis*".
192 Buzzi: Federico Borromeo; Jones: Federico Borromeo's Ambrosian Collection, 44–60; Paredi: La Pinacoteca Ambrosiana, 11–23; Quint: Cardinal Federico Borromeo.
193 Tessin: Travel Notes, 383–384.
194 Terzago: Museo, 256–260.
195 Schudt: Italienreisen, 254–255; Aimi/ De Michele/ Morandotti: Septalianum Musaeum, 25–44; Mauriès: Kuriositätenkabinett, 157–158.
196 Pakenius: Hercules prodicius, 307; Tessin: Travel Notes, 384–385.
197 Terzago: Museo, 232–234.
198 Wolter: Genueser Palastarchitektur, 32–42; Ennio **Poleggi**: Genoa: a civilisation of palaces, Milano 2002. Zur Vorbildwirkung siehe: Lombaerde: P.P. Rubens's ‚Palazzi di Genova'. Zur Beschreibung bei Tessin: Travel Notes, 231–236.
199 Conrads: Ritterakademien, 238–246. Gleichzeitig mit den Lambergbrüdern studierten etwa die jungen Grafen Götz und (Philipp von?) Kolowrat in Savoyen, bald darauf trafen Johann Leopold Donat von Trautson, Anton Florian von Liechtenstein und die Grafen Anton Maria Friedrich, Prosper Ferdinand und Leopold Marquard von Fürstenberg in der Stadt ein: Heiß: Liechtenstein, 169, 180/FN 151 u. 181/ FN 213; Mauerer: Fürstenberg, 51ff. 1681 bzw. 1685 folgten die Brüder Anton Ulrich und Ludwig Rudolf von Braunschweig-Lüneburg sowie 1688 Alois Thomas Raimund Graf von Harrach, der Sohn von Lambergs Cousine, im Gefolge des Kurprinzen Friedrich August I. von Sachsen: Keller: Sächsische Prinzen auf Reisen, 348–357; Stannek: Telemachs Brüder, 71–72.
200 Kellenbenz: Militärakademie in Turin.
201 Conrads: Ritterakademien, 257.
202 Baumanns: Lisola, 375–376.
203 Vielleicht handelt es sich um einen Verwandten von Claude Biju dit Duval (1681–1771), des *Garde ecuyer* des Gouverneurs in Grenoble.
204 Eichberg: Geometrie; Heiß: Geometrie; Hoppe: Barock, 108–113; Fidler: Modus geometricus.
205 Comoli: Turin, 348–369; Hoppe: Barock, 115–117; Pepper: Military Architecture, 343–344; Pollak: Turin.
206 Harold A. **Meek**: Guarino Guarini and his Architecture, New Haven/ London 1988, 145–155.
207 Donato **Rossetti**: Fortificazione, Torino 1678; Guarino **Guarini**: Trattato di fortificatione, Torino 1676; Guarino **Guarini**:

Modo di misure le fabriche, Torino 1674: Scotti: Trincere, soldati e architetti ducali, Kat.-Nr. 295–297.
208 Der *Euclides Audactus* von Guarini umfasste etwa das Maximum des mathematischen Lehrstoffes dieser Zeit: Müller: Architektur und Mathematik, 95; Müller: Guarini e la Stereotomia, 231–236; Sciolla: „Trattato di Fortificatione", 513–529. Auch Guarinis Architekturtheorie ist vor allem durch die Bedeutung der Mathematik charakterisiert: Evers: Architekturtheorie, 128–137.
209 Tucher: Savoyen, 536.
210 Tucher: Savoyen, 539–540.
211 Tessin: Travel Notes, 227–229.
212 Tucher: Savoyen, 576–578.
213 Krems: La Venaria Reale, 213–250.
214 Die Habsburg hatte zwar bereits im 13. Jahrhundert ihre militärische und politische Funktion als tatsächlicher Stammsitz des Geschlechtes verloren, gewann aber in der Neuzeit wieder an symbolischer Bedeutung.
215 Bernhard **Anderes**: Der Stiftsbezirk St. Gallen, St. Gallen 1987, 131–132, 139–142, 148–152.
216 Eckhard **von Knorre**: Die Augsburger Baukunst des Barocks. In: Augsburger Barock, AK, Augsburg 1968, 25–71; Wolfram **Baer** u.a. (Hg.): Elias Holl und das Augsburger Rathaus, AK, Augsburg 1985; Kommer/ Johanns: Augsburger Brunnen, 133–146.
217 Misson: Reisen, 94–95 (Abb.).
218 NÖLA: LA Karton 25: Reisejournal 1674–76, fol 101r.
219 Dieter **Albrecht**: Maximilian von Bayern 1573–1651, München 1998, 162–163. Zur Bedeutung des Grafen Kurz für den italienischen Kulturtransfer im Zusammenhang mit der Hochzeit von Henriette Adelaide siehe: Roswitha **von Bary**: Henriette Adelaide Kurfürstin von Bayern, Regensburg 2. Aufl. 2004.
220 Zitiert in: Leibetseder: Kavalierstour, 121–122.
221 Klingensmith: Utility of Splendor, 126.
222 Stögmann: Graf Kurz von Senftenau, 41–62.
223 Die Tochter von Ferdinand Kurz von Senftenau, Maria Eleonore (†1687), heiratete 1660 Ferdinand Maximilian von Sprinzenstein (1626–1679) und deren älteste Tochter vermählte sich 1679 mit Lamberg: Reingrabner: Stadt Horn, 33.
224 Graf: Residenz in München, 28–38.
225 Schmid: Triumphierendes Wunder=Gebäw 1685.
226 Rolf **Kultzen**: Venezianische Gemälde des 17. Jahrhunderts (= Bayerische Staatsgemäldesammlungen Alte Pinakothek München: Gemäldekataloge X/1), München 1986, 70–81, Abb. 50–66.
227 Sabine **Heym**: Das Antiquarium der Residenz München, 2007.
228 NÖLA: LA Karton 25: Reisejournal 1674–76, fol. 104v.
229 Millon: Baroque, Kat.-Nr. 402/401; Hoppe: Barock, 51–53.
230 Schama: Überfluß und schöner Schein, 27–38. 1709 besuchte auch Franz Dominik von Liechtenstein diese Institutionen: Heiß: Liechtenstein, 164.
231 1657 hatte Prinz Johann Ernst von Sachsen ebenfalls in Amsterdam die Börse und das Arbeitshaus sowie in Leiden die Bibliothek besucht: Stannek: Telemachs Brüder, 82. Siehe auch: Chales de Beaulieu: Deutsche Reisende in den Niederlanden.
232 Berckenhagen: Barock in Deutschland, 43–45; Hanna **Peter-Raupp**: Die Ikonographie des Oranjezaal (= Studien zur Kunstgeschichte 11), Hildesheim/ New York 1980.
233 Tessin: Travel Notes, 145.
234 Graf Breuner besichtigte 1631/32 in Delft die Gruft des Hauses Oranien in der *Nieuwe Kerk*: Csáky-Loebenstein: Kavalierstour, 427.
235 Graf Maximilian von Trauttmansdorff (†1705), der Sohn des Diplomaten, erwarb 1652 auf seiner Kavalierstour in Rotterdam einige Gemälde, die ihm wegen des Krieges gegen England besonders billig angeboten wurden: Csáky-Loebenstein: Kavalierstour, 430.
236 Kühnel: Kavalierstour, 376. Zur Anschaffung fremdsprachiger Literatur vgl. etwa das Kapitel „Erwerbungen auf Reisen – Die Kavalierstouren Ferdinand Albrechts 1658–1666" in: Bepler: Sammellust, 63–96.
237 Famianus **Strada**: Histoire de la guerre de Flandre [...] mise en Francois par M. Du-Ryer, Paris 1650.
238 Jean-Jacques **Chifflet**: Recueil des traitez de paix, treves et neutralite entre les couronnes d'Espagne et de France, Amsterdam ²1664. Chifflet hat auch in seiner Publikation des merowingischen Schatzfundes eine antifranzösische Haltung vertreten: Schreiber: Leopold Wilhelm, 122–123.
239 Johann **Igel**: René Le Pays. Sein Leben und seine Werke, phil. Diss. Erlangen, Nürnberg 1919.
240 Weiß: Aufbruch nach Europa, 20–25; zur Rolle des Brüsseler Hofes für die niederösterreichischen Kavaliere siehe: Heiß: Integration, 109–112; Winkelbauer: Gundaker, 478; Leeder: Hoyos, I, 336.
241 Brief zitiert in: Kühnel: Kavalierstour, 373.
242 Zu den sexuellen Freiheiten der Kavalierstouren sowie dem nicht immer konfliktfreien Umgang der Studenten mit fremden Hofdamen und Kurtisanen siehe: Stannek: Telemachs Brüder, 235–243; Black: Grand Tour, 118–131.
243 Cerman: Bildungsziele, 74–75.
244 Zeiller: Topographia Germaniae Inferioriris, 44–48; eine ausführlichere Beschreibung des Gouverneurspalastes von 1687 bietet: Tessin: Travel Notes, 156–157.
245 Graf Caprara, ein Neffe von Octavio Piccolomini sowie ein Cousin Montecuccolis, war kaiserlicher Diplomat (1675 in Brüssel, 1677/78 bei den Friedensverhandlungen in Nijmegen, 1682 und 1685 in Konstantinopel): Dizionario Biografico degli Italiani 19, Roma 1976, 165–168.
246 NÖLA: LA Karton 25: Reisejournal 1677, fol. 7v.
247 Kühnel: Kavalierstour, 377; Franz Joseph wurde 1676 in Siena immatrikuliert: Weigle: Matrikel, 334, Nr. 8361.
248 Graf Breuner besichtigte 1631–32 in Gent den *Prinsenhof*, in dem Karl V. geboren wurde, sowie die Grabmäler Karls des Kühnen und Maria von Burgund, *wölche ein anfang gewesen des Haus Österreich*: Csáky-Loebenstein: Kavalierstour, 427.
249 Scudéry: Ibrahim.
250 Auf die Einflüsse dieses Romans (und dessen konkrete Vorbilder wie Schloss Richelieu und das Palais Cardinal reflektierende Schilderungen) auf die mitteleuropäische Architektur im Allgemeinen und jene des Lobkowitzschen Schlosses Raudnitz/Roudnice im Besonderen hat erstmals Fidler: Lobkowitz, 106–108 hingewiesen.
251 Zur Tradition siehe: Claudia **Brink**: Arte et Marte. Kriegskunst und Kunstliebe im Herrscherbild des 15. und 16. Jahrhunderts in Italien, München/ Berlin 2000.
252 Die Anregung kam wohl von den Galerien des frühen 17. Jahrhunderts im Louvre oder im Palais Cardinal. Vgl. dazu: Dominique **Cordellier**: Interior Decoration of the Petite Galerie under Henry IV. In: Bresc-Bautier: The Apollo Gallery, 32–38; Laveissière: 'Galerie des Hommes illustres', 64–103.
253 Zesen: Ibrahim, 1. Bd., 136–178.
254 Krause: Scudéry, 77–87.
255 Vgl. Daniel **Alcouffe**: Les montures de gemmes. In: Un temps d'exubérance. Les arts décoratifs sous Louis XIII et Anne d'Autriche, AK Paris 2002, 277–285.
256 Krause: Scudéry, 98–105.
257 Lichtenstein/ Michel: Les Conférences I/1, 75–82. Zum französischen Kunstdiskurs in der Literatur und den italienischen Anregungen dazu siehe: Fumaroli: L'école du silence, 369–422 („,Des leurres qui persuadent les yeux': La peinture françoise sous Louis XIII"), hier 381–383, Abb. 189.
258 Die entsprechenden Passagen im Original (Scudéry: Ibrahim, 1. Bd. 338–355) lauten: *„[…]. Apres avoir loué & l'art du Peintre, & l'invention du dessein, le Bassa le faisant aller vers un des coings de la chambre, pour voir mieux la seconde Ovale, luy demanda si cet autre Tableau luy seroit aussi intelligible que le premier? Doria […] vid un Amour, au visage duquel, la cholere & la fureur estoient si bien peintes, qu'il estoit aisé de s'imaginer, que luy mesme avoit rompu son Arc, brisé ses traicts, jetté son carquois, & deschiré son bandeau, que l'on voyoit espars à l'entour de luy & ce qui faisoit encor mieux voir son desespoir, estoit que ne luy restant plus de son flambeau, de toutes les marques de sa divinité, il le plongeoit tout allumé dans une Fontaine pour l'esteindre, avec ce mot JE NE PUIS. […]. Apres cela il admira l'Art du Peintre, & principalement au flambeau, que cet Amour plongeoit dans la Fontaine: où det excellent Ouvrier avoit si bien représenté cette antipathie naturelle de l'eau & du feu, qu'on n'a jamais rien veu de si bien imité […]. L'ordonnance en estoit belle, le dessein extraordinaire & nouveau, le coloris agreable, la perspective excellente; enfin ce Tableau estoit touché si hardiment, qu'on pouvoit l'appeller un chef-d'oeuvre de cet Art. L'on y voyoit un escueil, au milieu d'une mer irritée, que le Peintre avoit si bien faite, qu'il sembloit que ces vagues escumantes, qui se brisoient contre ce rocher, eussent quelque mouvement. . […] il regarda avec estonnement la magnificence de ce Cabinet; dont la voute & et les murailles éstoient couvertes d'un feuillage de pierreries, sur un champ de marbre noir, où l'on voyoit des oyseaux, des fleurs, & des fruits si admirablement bien faits, que l' Art surmontoit la matiere, […] si admirablement belles, que la Nature n'a jamais rient fait de si beau, que l'idée de cet excellent Ouvrier. Ces figures estoient toutes en actions differentes; les unes sembloient se deshabiller pour entrer au bain, & les autres tesmoigoient d'en sortir, en erprenant leurs*

259 *habilements. Mais tout avec tant d'art, que Doria contessa, que la sculpture n'avoit jamais rien fait voir de plus parfait."*
259 Lichtenstein: The Eloquence of Color, 138–168 („The Clash between Color and Drawing; or The Tactile Destiny of the Idea"), 172–178 („Imitation"); Larsson: Maler als Erzähler, 173–189.
260 Becker: Bilder im Gesprächsspiel, 453–461; Welzel: Galerien und Kunstkabinette, 495–504; Stoichita: La bella Elena, 205–221.
261 Hoff=Meister, 377–411.
262 Bircher: Garten der Palme, 459–460 und 517–522.
263 Zu den Frankreichreisen der Adeligen siehe: Grosser: Tour de France, 21–36, 54–62.
264 Zitiert in: Keller: Kavalierstour, 263.
265 Zitiert in: Kühnel: Kavalierstour, 366.
266 NÖLA: LA Karton 25: Reisejournal 1677, fol. 10r und 12v.
267 Eiermann: Bauaufgabe, 37–43 („Der Bildungsgang des honnête homme – in Bezug auf die Vermittlung von Architekturkenntnissen"); Heiß: Standeserziehung, 397–398; Schütte: Einleitung, 10–16/ 18–31; Wagner: Architekturunterricht, 60.
268 NÖLA: LA Karton 25: Reisejournal 1677, fol 14r.
269 Thieme/ Becker: Lexikon 24. Bd., 131; Hautecoeur: Architecture Classique, 138–145; Mauban: Marot.
270 Hoff=Meister, 57–58.
271 NÖLA: LA Karton 25: Reisejournal 1677, fol. 14r.
272 Mauban: Marot, 77–100 („Le Grand Marot"), 101–109 („Le Petit Marot"); Fuhring: Ornament Prints, 212–230; Krause: Bastiments de France, 38–41. Schon 1699 publizierte Le Comte einen Katalog der Stiche der beiden Marot: Le Comte: Cabinet, 1. Bd. 25–42 („Catalogue de Marot Pere et Fils"); Deutsch: Marot.
273 Clayton: French prints; Krause: Schlaun und Frankreich, 205–206; Völkel: Bild vom Schloß, 65–76.
274 Sturm: Baumeister=Academie, 20.
275 Tessin widmete sich in St. Denis hingegen vor allem der Beschreibung des Grabmals des Marschalls Turenne: Tessin: Travel Notes, 173–174.
276 NÖLA: LA Karton 25: Reisejournal 1677, fol. 13r.
277 Kühnel: Kavalierstour, 377.
278 NÖLA: LA Karton 25: Reisejournal 1677, fol. 10r.
279 Nicole **Felkay**: Le château Saint-Germain. In: AK Colbert, 338–340; Nathalie **Forteau-Venet**/ Isabelle **Fournel**: Saint-Germain-en-Laye. Histoire d'un millenaire, Saint-Germain-en-Laye 2004, 78–80; de Montclos: Ruines, 127–140.
280 Bericht eines Nürnberger Patriziers zitiert in: Leibetseder: Kavalierstour, 126.
281 Pils: Harrach, 21.
282 Heiß: Bildungs- und Reiseziel, 228–229.
283 Stannek: Telemachs Brüder, 83.
284 McKellar: London.
285 Waller: London um 1700, 238 und 240 (Abb.).
286 Schon 1632 hatte Georg Seifried Graf Breuner Westminster, den Tower und Schloss Windsor, aber auch Schloss Hampton Court besichtigt: Csáky-Loebenstein: Kavalierstour, 427.
287 NÖLA: LA Karton 25: Reisejournal 1677, fol. 21r.
288 Sabatier: résidences royales, hier 69.
289 Jean-Pierre **Samoyault**: Le château de Fontainebleau. In: AK Colbert, 333–334; derselbe: Guide to the Museum of the Château de Fontainebleau, Paris 1991, 15.
290 NÖLA: LA Karton 25: Reisejournal 1677, fol. 24r-25v.
291 Brassat: Tapisserien, 138–155 („Die Staatsmanufaktur im Lichte der Öffentlichkeit. Die Gobelins unter Louis XIV."); Bertrand: Tapestry Production at the Gobelins.
292 Berger: Louis XIV, 45–52 („A Building for the Sciences. The Observatoire"); Petzet: Perrault, 355–397.
293 Entgegen der heutigen Einschätzung galt auch im 18. Jh. das Interesse der Adeligen eher der Hofgesellschaft als deren künstlerischer Kulisse: Grosser: Tour de France, 345–359.
294 NÖLA: LA Karton 25: Reisejournal 1677, fol. 23v.
295 Berger: Louis XIV, 53–72; Germer: Félibien, 243–255; Sabatier: Versailles, 47–59, 146–191.
296 Berger: Louis XIV, 38–44; Sainte Fare Garnot: Tuileries.
297 Der Begriff ist seit 1605 für die Reise in die französische Provinz nachweisbar: Leibetseder: Kavalierstour, 19.
298 Annie **Cosperec**: Le „nouveau château de Blois". In: Babelon/ Mignot: Mansart, 160–173, 170–173.
299 De Montclos: Ruines, 153–165; Ballon: Richelieus Architektur, 246–259; Gady: Lemercier, 264–289.
300 NÖLA: LA Karton 25: Reisejournal 1677, fol. 27v. Zehn Jahre später besuchte auch der deutsche Architekt Christoph Pitzler das Schloss und fertigte Zeichnungen an: Lorenz: Pitzler, 23.
301 Zitiert in: Bepler: Ferdinand Albrecht, 161.
302 NÖLA: LA Karton 25: Reisejournal 1677, fol. 36r.
303 NÖLA: LA Karton 25: Reisejournal 1677, fol. 37r.
304 Wahrscheinlich ein Sohn des kaiserlichen Kämmerers Ferdinand Franz von Heissenstein (1655) oder des bei der Krönung in Frankfurt 1658 anwesenden Karl von Heissenstein.
305 Heiß: Liechtenstein, 172.
306 Francis Bacon: Vom Reisen in fremde Länder (1654) zitiert in: Keller: Kavalierstour, 271.
307 Karl **Gutkas**: Was von den Türken blieb. AK Perchtoldsdorf 1983, 38–39, 41 (Abb.).
308 Oster: Markgraf Ludwig Wilhelm.
309 Copia Zweyer Schreiben Ihro Fürstl. Duchl. Marggraffen von Baaden (…) an Cardinalen von Lamberg (…) Und das Löbl- Creyß-Außschreib-Ambt in Schwaben den Verlauff und die Passirung der Frantzösischen Armée über den Rhein betreffend, o.O. 1703.
310 Passavant: Domenico Egidio Rossi, 11–108.
311 Zu den politischen Hintergründen dieser Heirat siehe: Braubach: Eugen, 1. Bd., 154–160.
312 Johann Maximilian von Lamberg war direkt bei den Vorbereitungen zur Absetzung von Lobkowitz am 17. Oktober 1674 beteiligt: Sienell: Portia und Lobkowitz, 324.
313 Zum Geheimen Rat siehe: Sienell: Geheime Konferenz, 26–30.
314 Aus dem *Theatrum Ceremoniale* des Johann Christian Lünig, 1719/20. In: AK Anna Maria Luisa Medici, 177–179.
315 Zitiert in: Kühnel: Kavalierstour, 374.
316 Dieser studierte 1677 in Siena: Weigle: Matrikel, 336, Nr. 8418.
317 Kühnel: Kavalierstour, 377.
318 Die beiden mährischen Grafen studierten 1671 in Siena: Weigle: Matrikel, 326.
319 Michael von Weissenwolff war 1675 in Siena immatrikuliert: Weigle: Matrikel, 332, Nr. 8315.
320 Heiß: Liechtenstein, 172.
321 Einer davon war vermutlich Herzog Johann Georg II. von Sachsen-Eisenach (1665–1698), der vielleicht auf dem Weg nach Paris in Frankfurt von Johann Heinrich Roos porträtiert wurde. Vgl. Jedding: Roos, 117, Abb. 156.
322 Entweder Karl Georg von Pfalz-Veldenz-Lützelstein (1660–1686) oder dessen jüngerer Brüder August Leopold (1663–1689).
323 Brief vom 7.8.1682: Heiß: Liechtenstein, 179/ FN 123.
324 Weitere Beispiele aus Paris und Turin bei Stannek: Telemachs Brüder, 174–176.
325 Kubeš: Nostic, 355.
326 Hesse: Architektur in Frankreich.
327 Broggi: collezione Schaumburg-Lippe.
328 Damoulakis: Rastatt; Grimm: Sibylla Augusta.
329 Fürst Ferdinand August Leopold von Lobkowitz konnte oder wollte die monumentale Schlossanlage seines Vater in Raudnitz/Roudnice, die direkt auf französischen Vorbildern wie Richelieu beruhte, nach dem Tod seines Vaters 1677 nur langsam vollenden und ließ erst um 1710 die Kupferstichserie im Verlag Wolff in Augsburg erscheinen: Brunner-Melters: Raudnitz, Abb. 23–37. Hingegen gab er möglicherweise in Wien um 1695 den Entwurf für ein Gartengebäude bei Johann Bernhard Fischer von Erlach in Auftrag: Kreul: Fischer von Erlach, 202–203.
330 Siehe oben S. 31 FN 112.
331 Johann Wilhelm, der von Rom „eine eifrige Liebhaberei für die Künste mitbrachte", bestellte ab 1707 dort Gipsabgüsse antiker Statuen aus dem Palazzo Farnese und den Villen der Borghese sowie Medici und interessierte sich für den Ankauf von Kunstwerken der Sammlung Odescalchi: Möhlig: Gemäldegalerie; Tipton: Sammlungen des Kurfürsten, 88–89, 113–121.

Schlösser, Patronatskirchen und ein Thermalbad in Niederösterreich

„Anno 1038 erpauet und einem vornemben österreichischen Geschlecht der Herren von Ottenstain inngehabt"

Der ‚Kulturschock' von Leopold Joseph von Lamberg nach der Rückkehr von seiner dreijährigen Kavalierstour dürfte umso größer gewesen sein, da sich der Familiensitz Ottenstein damals erst auf dem halben Weg von der mittelalterlichen Burg zum neuzeitlichen Schloss (Abb. 49 und 112) und als Behausung einer nicht sehr wohlhabenden Witwe in einem unterdurchschnittlichen Wohnstandard befand. Ein 1676 angefertigtes Inventar[1] vermittelt einen guten Eindruck von der Ausstattung, die zwar mehrere orientalische Teppiche, Ledertapeten, wertvollere Möbelstoffe und Tapisserien sowie nicht weniger als 187 Gemälde umfasste, welche aber vielfach als *„alt"* bzw. *„schlecht"* beschrieben werden. Die teuerste Einrichtung gab es *„In Gnediger Frauen Graffin Schlaff Cammer"*, nämlich *„ein schwarze Pettstatt mit ein roth dafeten Fürhang"* (= ein Vorhang aus Taft), außerdem sechs *„genäte Sessel, zwey Tisch mit schlechten Deppich, roth gestraifft alt adles Spällier [= Stofftapeten aus Atlas], ein griener Casten, 15 schlechte Landschaften und ein Marienbildt."* In dem anschließenden Zimmer befanden sich *„alte roth und gold adles Spällier, 3 Dischl mit drey sauberen Türkhischen Deppichen, 6 klein von Seiden genäte Sessl, 5 runde Sessl von schlechtem Leder, 10 schlechte Landschafften, ein schwarzer Casten"*. In der Tafelstube sah man *„4 Pilter so die Jahreszeiten separiren [?]"* sowie vergoldete Ledertapeten, die im 17. Jahrhundert vorherrschende Wandbespannung[2]. Die *„gewölbte Stuben"* enthielt u.a. ein *„schreib Castl"* sowie 31 kleine und große Gemälde, die getäfelte Stube *„22 Contrafet"*, der Saal 29 große und kleine Bilder. Besonders bemerkenswert erscheint die Existenz einer *„Kaysser Stuben"*, die neben einem Bett mit blau-gelbem Atlasvorhang zwölf Gemälde aufwies – vermutlich Bildnisse der ersten römischen Imperatoren oder der Habsburger von Rudolf I. bis Leopold I., wie es der Raumbezeichnung entsprechen würde[3]. Die *„guldene Stuben"* verdankte ihren Namen offensichtlich den *„roth und vergult lederne[n] Spällier"*, während die *„Türkhische Stuben"* nicht mit entsprechenden orientalischen Teppichen, sondern mit niederländischen Tapisserien geziert war. Tatsächlich befanden sich noch Anfang des 20. Jahrhunderts in Ottenstein nicht weniger als acht flämische Bildteppiche vom Ende des 16. Jahrhunderts, darunter ein 260 x 280 cm großes Stück *David und Urias* sowie sieben Teppiche von zwei Jagdserien[4].
Während sich der allgemeine Gemäldebestand von Ottenstein aufgrund eines Wiener Nachlassinventares von Lambergs Großvater aus dem Jahre 1650 nur ein wenig genauer charakterisieren lässt – genannt werden zwölf *„Nidterländisch gemalte Landschäfftl"*, Bilder der hll. Katharina, Karl Borromäus und Petrus sowie Christus, sechs *„römische Schlachten"* sowie ein *„großes Stuckh, darauf der Lambergische Sippbaumb"*, können wir uns von den zwölf Kaiserbildern sowie den Familienporträts aufgrund der Inventarisierung durch die Kunsttopographie im Jahre 1911 sehr konkrete Vorstellungen machen. Damals gab es fast 40 Familienporträts vom ersten Besitzer der Herrschaft im frühen 16. Jahrhundert bis zur Generation von Johann Franz und Johann Maximilian von Lamberg im dritten Viertel des 17. Jahrhunderts[5]. Unter diesen zwischen 45 x 60 und 72 x 113 cm großen Brustbildern befanden sich auch die vor kurzem aus der Sammlung Schäfer wieder in den Kunsthandel gekommenen 1531 datierten

112. Innenhof mit Bergfried, 2. Hälfte des 17. Jahrhunderts; Ottenstein, Schloss

Tafelbilder des für den Münchner und Wiener Hof tätigen Hans Schöpfer. Sie galten in Ottenstein laut Inschrift als Porträts des ersten Freiherrn, Melchior von Lamberg, *„Röm: Kay: May: Cammer Vnd Obrist Hoffmarschalch so Anno 1536 die Herrschaft Ottenstain von den Stodalickhischen Geschlecht Erkhaufft hat"*, und seiner Gattin, einer geborenen Gräfin Wolkenstein (Abb. 113 a und b). Dem Alter des Dargestellten nach dürfte es sich aber eher um den Bruder Kaspar von Lamberg und dessen Ehefrau Margarete Lang von Wellenburg, eine Nichte des bekannten Salzburger Erzbischofs, handeln[6]. Eine solche Ahnengalerie war umso sinnvoller, da ja der 1544 der Familie verliehene Freiherrentitel unmittelbar mit dem angeblichen Krainer Stammsitz Ortenegg sowie mit dem Schloss Ottenstein verbunden war[7].

Als ursprüngliche Bilder der Ottensteiner Kaiserstube kommen die 1650 im Lamberg-Inventar genannten *„12 Landschäfftl mit den Monarchen"* in Frage, die sich aufgrund eines noch im 20. Jahrhundert in Ottenstein nachweisbaren Gemäldes von Karl V. als Kopien der heute in Linz verwahrten Serie allegorischer Habsburgerbilder aus dem späten 16. Jahrhundert identifizieren lassen[8]. Die vierzehn Bilder (darunter zwei spanische Könige) umfassende Serie war um 1585 im Auftrag des Diplomaten und Historiographen Reichard Strein Freiherr von Schwarzenau für dessen Schloss Freidegg im südlichen Niederösterreich entstanden[9]. 1911 befanden sich im „Kaiserzimmer" des Schlosses (1. Stock, Ostseite) neben 28 Habsburger-Bildnissen im Kleinformat (19 x 25 cm) von Rudolf I. bis zu Philipp III. von Spanien und Erzherzog Leopold Wilhelm aus der Mitte des 17. Jahrhunderts auch zwölf 95 x 75 cm große Brustbilder der Herrscherfamilie aus der Mitte des 17. Jahrhunderts, wobei Leopold I. mehrfach vertreten war[10]. Mindestens vier dieser Gemälde – die Bildnisse Kaiser Ferdinands III., seines Bruders Leopold Wilhelm, seiner Tochter Maria Anna (Abb. 114) und seines Sohnes Ferdinand IV. – entstanden vor 1648 im Atelier des aus Antwerpen stammenden kaiserlichen Hofmalers Frans Luycx[11], dem wohl auch zwei ehemals in Ottenstein befindliche Porträts der Mutter des Botschafters (Abb. 51) zuzuschreiben sind[12]. Drei weitere Bildnisse, nämlich von Kaiserinwitwe Eleonore, von Leopold I. und seinem Bruder Erzherzog Karl Joseph stammen offenbar von Johann Ulrich Mayr und waren bisher nur durch Nachstiche bekannt[13].

Zur Fortsetzung der vom Vater (Abb. 50) begonnenen Modernisierung des Schlosses scheinen dem jungen Grafen und seiner Mutter jedoch zunächst die Mittel gefehlt zu haben. Eine Möglichkeit zur Behebung dieses Mangels war die Heirat mit einer reichen Erbtochter, und ein solches Unterfangen lag offensichtlich auch im Interesse des kaiserlichen Hofes[14]. Am 23. Jänner 1679 ehelichte Leopold Joseph von Lamberg

113a und b. Kaspar von Lamberg (?) und Margarete von Lamberg, geb. Lang von Wellenburg (?), Gemälde auf Holz von Hans Schöpfer aus dem Schloss Ottenstein, 1531; Privatbesitz

bezeichnenderweise in der Wiener Augustiner-Hofpfarrkirche zu Maria Loreto die Gräfin Katharina Eleonora von Sprinzenstein, deren Familie zwar nicht so alt wie die Lambergs, aber dafür umso wohlhabender war. Der Brautvater Ferdinand Maximilian Graf von Sprinzenstein (Abb. 10) stammte aus der Familie des jüdischen Konvertiten und Südtiroler Gelehrten am Hofe Kaiser Maximilians I., Paul Ritz (Ricci), genannt Sprinzenstein, die 1530 in den Adelsstand erhoben worden war und sich später in Ober- und Niederösterreich (Sprinzenstein bzw. Waidhofen an der Thaya) angesiedelt hatte[15]. Die Familie war also ebenso wie die Lamberg durch und in habsburgischen Diensten aufgestiegen und 1646 in den Reichsgrafenstand erhoben worden. Lambergs Schwiegervater durchlief ebenso wie sein Vater eine klassische Karriere als Landrechtsbeisitzer (1649), kaiserlicher Kämmerer (1652), als Regimentsrat (1656) und schließlich Geheimer Rat, Landmarschall (= Landeshauptmann, 1666) und General-Land-Oberst im Erzherzogtum Österreich ob der Enns sowie Oberstlandmünzmeister in Nieder- und Oberösterreich[16]. 1660 vermählte sich Ferdinand Maximilian mit der zweiten Erbtochter des Reichsvizekanzlers Graf Kurz von Senftenau, die ihm die große Herrschaft Horn einbrachte. Die ebenso umfangreichen Waldviertler Güter Drosendorf und Rosenburg kaufte Graf Sprinzenstein später aus dem Besitz der Familie seiner Schwiegermutter Maria Elisabeth, geborene von Mollard, bzw. seines Schwagers Joachim Graf von Windhag (Abb. 20) dazu[17]. Der protestantische Konvertit Sprinzenstein wurde 1655 in die *Fruchtbringende Gesellschaft* aufgenommen[18].

Der Ehekontrakt wurde bemerkenswerterweise erst am 22. April 1679 und zwar auf Anordnung des Oberhofmeisters der Kaiserin, Fürst Ferdinand Joseph von Dietrichstein, mit *„consens dero hochansehnlichen Eltern"* und *„beeder Kayl. Mayt. allergnedigster Einwilligung"* unterzeichnet[19] (Abb. 116). Der Vertrag regelte die finanziellen Angelegenheiten (Heiratsgut von 3000 fl, sowie *„Wiederlag"* und *„Morgengabe"* in der Höhe von jeweils 2000 fl.) und beweist durch seine Zeugen die Integration des neuen Ehepaares nicht nur in die Wiener Ministerriege, sondern auch in die damals stärkste *„Dietrichsteinische Faction"*[20]: neben Braut und Bräutigam sowie dessen Mutter siegelten nämlich der (1683–98 kaiserliche) Oberhofmeister Dietrichstein, Reichshofratspräsident Johann Adolf Fürst von Schwarzenberg, Hofkriegsratspräsident Raimund Graf von

114. Porträt der Erzherzogin Maria Anna, spätere Königin von Spanien, Ölgemälde von Frans Luycx aus dem Schloss Ottenstein, vor 1648; Privatbesitz

Montecuccoli, Reichsvizekanzler Leopold Wilhelm Graf von Königsegg-Rothenfels, der Gutsnachbar und Hofkammerpräsident Georg Ludwig Graf von Sinzendorf, der böhmische Oberhofkanzler Hans Hartwig Graf von Nostitz, der niederösterreichische Statthalter Konrad Balthasar Graf von Starhemberg sowie der spätere kaiserliche Oberhofmarschall Franz August Graf von Waldstein. Zwei weitere als Trauzeugen fungierende Minister waren Onkel des Bräutigams, nämlich der kaiserliche Oberhofmeister Johann Maximilian von Lamberg (Abb. 48) und der kaiserliche Oberstkämmerer Gundackar Graf (ab 1684 Fürst) von Dietrichstein, der mit Elisabeth Constantia von Questenberg vermählt war. Mit dem kaiserlichen Oberstallmeister Ferdinand Bonaventura Graf von Harrach (Abb. 35), mit dem Oberst-Hofkuchel- und Hoflandjägermeister Christoph Johann Graf von Althann und mit dem Geheimen Rat Helmhard Christoph Ungnad Graf von Weissenwolff war der Bräutigam ebenfalls verwandt.

Offensichtlich im Zusammenhang mit der Hochzeit bestellte Graf Lamberg einige Prunktextilien bei einem französischen Tapezierer in Wien[21]. Laut Vertrag vom 22. Februar 1679 sollte *„Mestre*

Claude C[h]arle Tapissier" rote goldbestickte Luxustextilien für ein Bett sowie für eine große und eine kleine Kutsche um insgesamt 260 Gulden liefern[22].

Ottenstein

Kaum waren die Feierlichkeiten der Eheschliessung und des Begräbnisses des am 18. Juli 1679 einem Schlaganfall erlegenen Schwiegervaters vorbei, schritt Graf Lamberg an den weiteren Ausbau seines Schlosses. Tatsächlich war die mittelalterliche Anlage, die bis heute ihre romanische Kapelle mit bedeutenden Fresken aus dem 12. Jahrhundert erhalten hat, 1530 durch Eustachius Stodolik zwar mit einem Vorwerk aus einem rechteckigen Tor- und zwei halbrunden Seitentürmen erweitert bzw. aufgerüstet, aber im Kernbau nur geringfügig modernisiert worden[23]. Einen grundlegenden Umbau nahm erst der Vater von Leopold Joseph nach den auch die Herrschaft Ottenstein heimsuchenden Verwüstungen des Dreißigjährigen Krieges (1618–20, 1645[24]) in Angriff. 1652–53 wurden von Baumeister Georg Wolff aus Döllersheim zwei große Keller und eine Küche errichtet sowie die alten Wohntrakte auf eine gemeinsame Höhe gebracht und mit größeren Fenstern versehen. 1656–57 hat man den Nordtrakt neu gebaut und in jedem Stockwerk eine Tafelstube eingerichtet, die durch eine im Bergfried eingefügte Treppe erschlossen wurde. Der davor liegende alte Torturm wurde bis auf das Erdgeschoss abgetragen und bot die Basis für eine Altane mit Steinbalustrade. Der romanische Bergfried wurde verputzt und *„mit Quaderstuckhen an den Eckhen"* geschmückt (Abb. 112). Sowohl durch die *„gleich auf einander"* gesetzten Fenster mit den von den Steinmetzen Wolf Gottsreiter[25] und Michael Heinrich aus Kühnring gelieferten gleichförmigen Steingewänden als auch durch das 1656 geschaffene neue Dach erhielt der Bau ein einheitliches Aussehen, wie es dem modernen Zeitgeschmack entsprach, aber noch ohne architektonische Fassadengliederung. 1657–58 schufen die Stuckateure Francesco Piazoli (Piazzol)[26] sowie Wolf Würner (Wierner)

115. Ansicht des Schlosses Ottenstein, Ölgemälde von Maurizio Andora aus dem Herrschaftssaal des Schlosses Ottenstein, Ausschnitt, um 1687/88; Privatbesitz

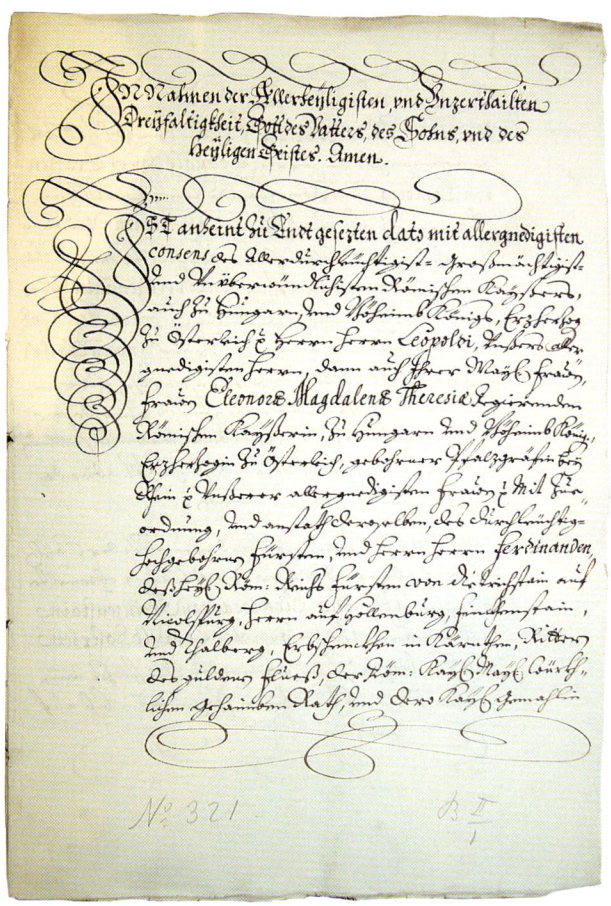

116. Erste und letzte Seite des Ehevertrages von Leopold Joseph von Lamberg und Katharina Eleonora von Sprinzenstein mit den Unterschriften der wichtigsten kaiserlichen Minister, 22. April 1679; St. Pölten, NÖLA Lamberg-Archiv, Kart. 63

die Stuckdecken in elf Zimmern, und 1661–63 wurde schließlich auch der Vorbau vereinheitlicht und der Torturm mit einem Zwiebeldach versehen[27] (Abb. 115).

Ein halbes Jahr nach der Hochzeit nahm nun Leopold Joseph die Bautätigkeit in Ottenstein wieder auf, deren Ergebnisse jedoch teilweise den Umbauten des 18. und 19. Jahrhunderts zum Opfer gefallen sind[28]. Laut Vertrag vom 1. September 1679 sollte der schon für den Vater tätige Baumeister Wolff eine neue Küche errichten und von dort eine Treppe in die Wohnräume. Am 8. Dezember d. J. wurde ein weiterer Vertrag zwischen den beiden mit einer Honorarsumme von 300 Gulden aufgesetzt. Geplant waren der Einbau einer Kapelle anstelle des mittelalterlichen Saales mit zwei Oratorien und Fenstern *„sonst in allem, wie es die anderen im Schloß gleichförmbig"*. Die Kapelle sollte *„12 Capitell oder soviel hierzu nottürfftig"*, zwei Altartische und ein Steinportal *„laut des Abriß"* erhalten. Darüber hinaus musste der Maurermeister *„von der alten Daflstuben an, biß an die neue Capellen alle Thüren, den ganzen stockh hindurch, nach der schnure richten"*[29]. Abgesehen von der Fortführung der einheitlichen Außengestaltung und Anbringung einer Säulenordnung in der Kapelle, verweist die letzte Forderung auf die Einrichtung einer modernen *Enfilade*, wie es Lamberg auf seiner Kavalierstour kennengelernt hatte. Dabei zeigt sich, dass die Sichtachse wichtiger war als die architektonische Praktikabilität, denn aufgrund des unregelmäßigen Burggrundrisses mussten die Türöffnungen ganz willkürlich im Abstand zu den seitlichen Wänden angebracht werden (Abb. 117). Die Bedeutung dieses Phänomens der Herrschaftsinszenierung wird noch aus der entsprechenden Beschreibung im Zeremonialtraktat des Julius Bernhard von Rohr von 1733 ersichtlich: *„Die Zimmer folgen mit ihren besonderen Vorgemächern ‚a plein pied' hinter einander, damit man aus einem in das andere gehen könne, und die Thüren alle nach ‚perspektivischer' Ordnung, in gleicher Ordnung und ‚Symmetrie' gesehen werden."*[30] 1680 errichtete Wolff zwei Zimmer über der Küche für einen Geistlichen sowie die Angestellten. Sein Nachfolger im Jahre 1681 wurde der Maurermeister Christoph Magloth aus Strones, während die Steinmetzarbeiten der spätere Eggenburger Bürgermeister Wolfgang Steinbeck lieferte[31].

Zum Prunkstück des Schlosses wurde die dem hl. Florian geweihte Kapelle, die sich über zwei Stockwerke erstreckt (Abb. 118). Der rechteckige Raum mit Spiegelgewölbe wird durch Eck- und

Mittelpilaster mit jonischen Kapitellen gegliedert und bietet eine bemerkenswerte Stuckdekoration, die auch zahlreiche, allerdings qualitativ schwächere Figuren umfasst[32]. Die beiden Nischen links und rechts des Hochaltares enthalten Statuen der hll. Franz von Assisi und Antonius von Padua. An den übrigen Wänden befinden sich Stuckfiguren der Pestpatrone Rochus und Sebastian – 1679 wütete die Pestepidemie auch in den lambergischen Herrschaften[33] –, der hll. Felix und Barbara sowie Katharina und Josef, der Namenspatrone des Ehepaares Lamberg.

Der ebenfalls aus Stuck gefertigte Hochaltar mit schwarz marmorierten Säulen samt Kompositkapitellen wird von einem gesprengten Segmentgiebel bekrönt, der eine Nische mit der Statue des hl. Florian sowie der Heiliggeisttaube umfängt (Abb. 119). In der Mitte des Gebälkes prangt das 1681 vom Fassmaler Ehrenreich Zetler (Zöttler) aus Zwettl[34] ausgeführte Allianzwappen Lamberg-Sprinzenstein. Vor 1911 und heute wieder enthält der Hochaltar ein Gemälde des Tobias mit dem Schutzengel, das in der Kunsttopographie als „gute österreichische Arbeit, um 1680" charakterisiert wurde, aber zweifellos zumindest starken italienischen Einfluss verrät[35]. In der Zwischenzeit verwendete man ein Gemälde des frommen Hugo von Lichtenfels als Altarbild. Dieses „B. HVGO CONV: PZ F: 1682" bezeichnete Bildnis des 1293 im Stift Zwettl im Rufe der Heiligkeit gestorbenen Adeligen aus der zu Ottenstein gehörigen Burg Lichtenfels war auch das ursprüngliche Altarbild gewesen[36] (Abb. 120).

Am Seitenaltar befand sich bis zum Zweiten Weltkrieg ein Relief, das aus einem bemerkenswerten spätgotischen Kruzifix und einer 1681 vom Holzbildhauer Augustin Leitner aus Rastenfeld geschaffenen Darstellung der Armen Seelen im Fegefeuer bestand (Abb. 121)[37]. Stuckputti über den Kapitellen halten die Symbole der Lauretanischen Litanei (Elfenbeinerner Turm, Spiegel der Gerechtigkeit, Morgenstern etc.). Fünf kleine Gemälde, deren vergoldete Rahmen Leitner ebenfalls im Jahre 1681 anfertigte, zeigen Mariengnadenbilder und zwar die Schwarze Muttergottes von Brünn/ Brno, das Mariahilfbild von Passau und die gotische Marienfigur von Altötting[38], die ebenfalls schwarze Muttergottes von Loreto und eine bisher noch nicht identifizierte Schmerzensmutter[39]. Hans Aurenhammer d. Ä. vermutete hier ein „formal und wahrscheinlich auch gegenständlich" auf die Kaiserkapelle der Wiener Kapuzinerkirche zurückgehendes Programm, deren Gnadenbildkopien 1656 der (1666 für die Herrschaft Ottenstein tätige!) Konstanzer Maler Tobias Pock geschaffen hat[40]. Die Ottensteiner Kombination der hll. Franz von Assisi und Antonius von Padua mit der Madonna von Loreto spricht m. M. nach jedoch für eine Dokumentation der von Lamberg persönlich besuchten Wallfahrtsorte. Denn während seiner Kavalierstour hatte der Graf Loreto, Assisi sowie Padua (Abb. 55 und 56) gesehen und zumindest später von Regensburg aus die Wallfahrtsstätten Altötting und Passau besucht.

Davon abgesehen waren die beiden Altäre offensichtlich gemeinsam mit den Mariengnadenbildern und den didaktisch konzipierten Sinnbildern der Marienlitanei Teil eines bewusst inszenierten Konzeptes gegenreformatorischer Herrschaftspraxis[41]. Dies geht aus der Beschreibung der Kapelle und ihrer Einrichtung im Ottensteiner Urbar von 1699 eindeutig hervor: Die Florianikapelle sei durch den Grafen Leopold Joseph vergrößert und „kostbar gezieret worden". Der Kir(chweih)tag werde jährlich am 4. Mai gehalten und die Pfarrer der benachbarten Kirchen in Döllersheim und Rastenfeld kämen zu diesem Anlass „processionaliter" nach Ottenstein. Das Holzkruzifix des Arme-Seelen-Altares habe bereits „vor 400 Jahren in der Capellen zu Lichtenfelß, allwo es auf einem Altar gestanden, dem damahligen Ao. 1287 fromb und nach einer alten Lebensbeschreibung, wohl zusagen heylig gelebten Inhaber der Vesten Lichtenfelß, nahmens Hugo Tursen, in schein-

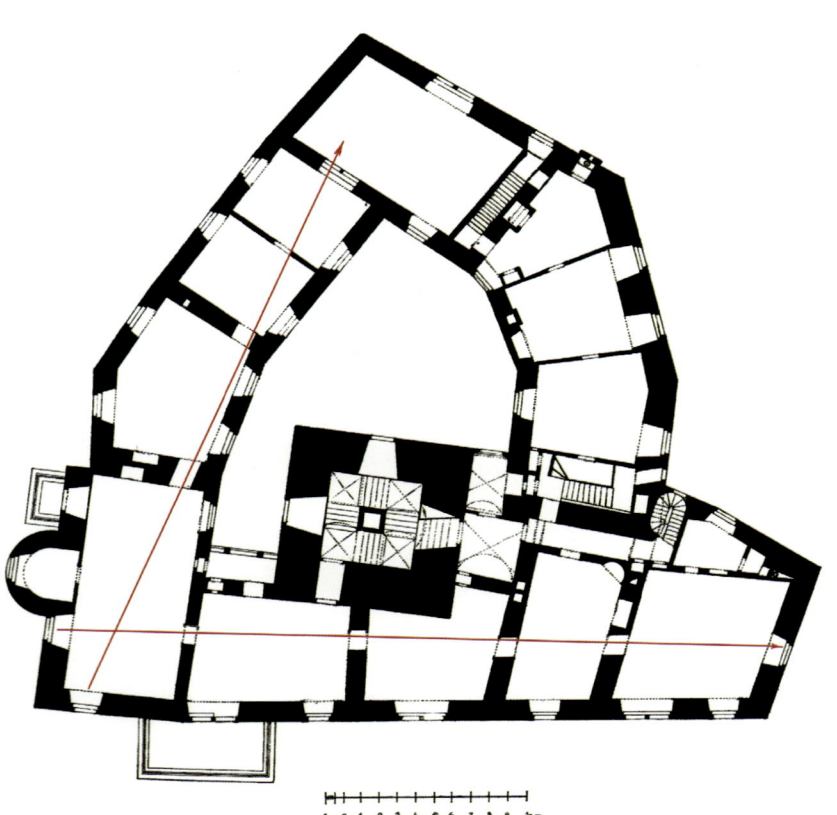

117. Grundriss des ersten Geschosses des Schlosses Ottenstein, Aufnahme von 1911 mit Sichtachsen der „Enfilade"

118. Kapelle mit Stuck von Lorenzo und Cristoforo Aliprandi, 1680; Ottenstein, Schloss

bahrlicher Gestalt ganz glanzend erschienen ist, worauf dieser Hugo in Khürze in das Cistercienserkloster nach Zwetl im Lichtenthal gangen, aldorthen Profess worden und entlichen daselbst sein Leben mit allerhandt geistlichen Bußwerckhen im Jahre 1294 seelig geendet. Das Cruxifix aber, ist […] in Lichtenfelß in der daselbstigen Capellen stehent verblieben, bis es ungefehr im Jahr 1684 von dar in die Schloß Capellen nacher Ottenstain umb mehrerer Andacht willen ‚transportirt', und hierzu ein Althar zu Trost der Armen Seelen im Fegfeuer aufgeführet worden, zu welcher Andacht hernachmahls von Ihro Bäpstlichen Heyligkeit Innocentio XI Im Jahr 1685 ein, alle 7. Jahr ‚expirirent'- und volglich wider zu ‚renoviren' habender Ablaß, mültvätterlichst verliehen worden, allen denjenigen, welche nicht allein alle Pfingstag der Litanei unser Lieben Frauen andechtig bettent beywohnen, sondern von der Ersten Vesperzeit, oder Vorabend an biß zu Untergang der Sonnen am Tag aller Seelen diese Capellen besuchen, darinnen mit wahrer Red, und Beicht, vor das allgemeine Anliegen der ganzen Christenheit, ihr eyfriges Gebett, Gott dem Allmächtigen aufopfern werden, vollkommner Ablaß und Verzeihung aller ihrer Sünden, aus Päbstlicher Macht mitzuthailen, welche ‚Sollenitet' nun bishero alljährlich ‚prosequirt' und von viellem Volckh jederzeit auferpäulich begangen wird."[42] Gerade solche Ablassprivilegien steigerten die Attraktivität eines Gotteshauses, dienten sie doch der Verminderung der Qualen und der rascheren Befreiung der sündigen Seelen aus dem Fegefeuer.

Zu den mittelalterlichen Erinnerungsstücken wurden in Ottenstein auch aktuelle Zeugnisse der triumphierenden Christenheit gefügt, denn 1684 hat man in der Kapelle eine bei der Befreiung Wiens eroberte türkische Lanze montiert. Diese stammt ebenso wie ein 1683 in der Schlacht von Párkány/Parkan bei Gran/Esztergom an der Donau erbeutetes und noch 1911 vorhandenes osmanisches Kriegsfähnlein (sowie mehrere persische Teppiche) von den Feldzügen des Bruders des Bauherrn, Karl Adam, sodass diese Stücke nach dessen Tod im Kampf gegen die Franzosen im Jahre 1689 auch zu familiären ‚Berührungsreliquien' wurden.

Die ausführenden Stuckateure der Kapelle und der angrenzenden Zimmer in Ottenstein sind quellenmäßig ebenfalls dokumentiert: Am 13. Juli 1680 wurde in Wien ein Vertrag zwischen

dem Grafen Lamberg und Lorenzo Aliprandi (Alliprandi) geschlossen, in dem sich der Stuckateur verpflichtete für 480 Gulden die Kapelle und vier Zimmerdecken nach den von ihm selbst gemachten Entwurfszeichnungen auszuführen. Einige Monate später bestätigt der „stucotore" Cristoforo Aliprandi den Empfang von 150 Gulden „a conto da opere che si fa a Otenstein" (Abb. 122) und Lorenzo quittierte später mindestens weitere 315 Gulden[43]. Die kaiserlichen Hofstuckateure Lorenzo Aliprandi und sein Sohn Cristoforo aus Laino im Gebiet von Como gehörten zum Familien- und Firmenverband der Hofbaumeister der Carlone bzw. Martinelli und sind erstmals um 1680 in Wien nachweisbar[44]. Lorenzos Sohn Giovanni Battista Aliprandi war um 1700 als der „bevorzugte Architekt des böhmischen Adels" u. a. für die Familien Czernin, Sternberg oder Krakowsky von Kolowrat tätig. Bei den Schlössern Liblitz/Liblice und Weltrus/Veltrusy variierte er übrigens den von Fischer von Erlach stammenden Entwurf für den Wiener Gartenpalast von Lambergs Schwager Althann[45] (Abb. 181). Der dritte Bruder Antonio Aliprandi sollte als Stuckateur Anfang des 18. Jahrhunderts sogar im Gefolge Karls III. in Valencia Karriere machen. 1680 schon Meister der Wiener Stuckateurzunft dürfte er auch in Ottenstein mitgearbeitet haben, obwohl dies nicht durch Quellen belegt ist. Bei seinen späteren gesicherten Arbeiten kooperierte er 1689–91 in den Kaiserzimmern des Stiftes Heiligenkreuz mit dem Hofstuckateur Giovanni Battista Piazzol, dem vermutlichen Sohn des in Ottenstein tätigen Meisters, und 1699 im Rathaus der Stadt Wien mit dem auch für Lamberg arbeitenden Johann Baptist Rueber (Rava)[46]. Die Rueber, Piaz(z)ol und Aliprandi gehörten jedenfalls zu den bedeutendsten Stuckateursfamilien des 17. Jahrhunderts in Wien.

1697–98 war schließlich Angelo Fontana mit seinem Bruder in Ottenstein tätig und verfertigte neun Stuckdecken[47]. In einem Brief vom 27. September 1697 berichtete der Herrschaftsverwalter Vorster dem Grafen Lamberg nach Regensburg vom Fortgang der Arbeiten und machte auch Vorschläge zur Gestaltung: „Wann Euer Excellenz geruheten, dero ‚Intention' zu schreiben, was für Figuren sollten in die 3 herundtern Zimmer, als Taflstuben und Ihro Excellenz auch der Frau Frau Gräfin Zimmer, sollen gemacht werden, so könt er [= der Stuckateur] sich darnach richten. In der Taflstuben wird woll in der Mite ein Kranz zur Mahlerey lähr [= leer] gelassen werden. In dem Schlaff Zimmer habe vermeint, Euer Excell. nach dem Kupfer zu treffen [?],

darneben Ihro Excell. die Frau Gräfin, und in der Mite den Herrn Graf Karl. Ob es aber Euer Excell. also gefällig, erwarte ich auch der Intention, sowohl in diesen alß anderen, was sich am besten in die Zimmer schickhen wird."[48] Ob diese Porträts in der Stuckdecke ausgeführt wurden, wissen wir nicht, da nur eine einzige dieser Dekorationen, nämlich jene des Audienzzimmers, erhalten blieb. Sie vermittelt mit ihren zarten Akanthus- und Weinranken sowie feinen figürlichen Reliefs in der Art des Santino Bussi im Gartenpalais Liechtenstein einen Eindruck vom Ornamentstil knapp vor der Jahrhundertwende (Abb. 123).

Parallel zur wandfesten Dekoration nahm Graf Lamberg die Einrichtung seiner modernisierten Wohnräume in Angriff. Bereits 1680 wurde der Maler Zöttler/Zetler mit der „Renevierung von 19 Contrafet" beauftragt und in den nächsten Jahren wurden dutzende Rahmen für Bildnisse geliefert. 1688 fertigten Tischlermeister Sturm und dessen

links: 119. Hochaltar der Kapelle von Lorenzo und Cristoforo Aliprandi, 1680/81; Ottenstein, Schloss

oben: 120. Der selige Hugo von Lichtenfels, ehemaliges Hochaltargemälde der Kapelle, 1682; Ottenstein, Schloss

Gehilfe Johann Herzog neben dem neuen Fußboden im Oratorium („*mit allerhand Farben das holz, auch ein geschnidten grossen Stern gemacht*"), fünf große Rahmen *„mit rundt geschnidenen stäben, zum rauch und glatt versilbern, worin kayl. Contrafet khomben"*, sowie sieben achteckige große Bilderrahmen mit Laubwerk, *„gleich denen, welche sich zu dem Zimmer neben des herunteren Sall befinden, und in selbige unterschidliche wöllische [= italienische] Contraafet khomben sollen"*. Außerdem wurden weitere 20 gleichartige alte Stücke, *„so zu unterschidlichen alten Kaysern im nachgehenten Zimmer vorgesehen"*, mit neuen Zierleisten geschmückt[49]. 1699 lieferten die Tischler Valentin Gauck aus Waidhofen an der Thaya[50] und Franz Polt aus Greillenstein insgesamt 35 Rahmen, u.a. *„zu den Contrafetten im Zimmer des Grafen"*[51]. Die vorhandenen Familien- und Habsburgerbildnisse (Abb. 113–114) wurden seit den 1670er Jahren u.a. durch die aus Italien stammenden Porträts der Kavalierstour (Abb. 52) sowie durch neue Porträtaufnahmen konsequent ergänzt. Dazu kamen etwa die großformatigen (232 x 158 cm) Ganzfigurenbildnisse Kaiser Leopolds I. und seiner zweiten Gemahlin Claudia Felicitas aus der Zeit um 1675 (Abb. 124 und 125), die Brustbilder der dritten Gattin Eleonora Magdalena (nach 1676) und Josephs I. als Römischer König (nach 1690) sowie einiger Erzherzoginnen[52]. Das in Privatbesitz erhaltene Bildnis des regierenden Kaisers ist offensichtlich eine Werkstattkopie nach einem offiziellen Staatsporträt der Zeit um 1670[53]. Denn die gleiche Komposition diente auch als Vorlage für das Bildnis Leopolds I. aus dem Schloss Pettau/Ptuj in Slowenien. Dort war es Teil eines einheitlichen Ganzfigurenzyklus (220 x 105 cm) habsburgischer und anderer europäischer Herrscher, den der kaiserliche Offizier und spätere Präsident des innerösterreichischen Hofkriegsrates Jakob Graf von Leslie um 1670 in Auftrag gegeben hatte. Auch in diesem Falle sollten die Loyalität des Schlossherrn und die europäischen Beziehungen seiner aus Schottland stammenden Familie veranschaulicht werden[54]. Da Graf Leslie 1669 Mieter im Palais Lamberg in Wien war, könnte es sogar direkte Bezüge zwischen den beiden kaiserlichen Porträtaufträgen geben.

Die um 1680 angefertigten Porträts des Ehepaares Lamberg, der Geschwister, Cousins und Schwager von Leopold Joseph wurden durchgehend mit den aktuellen Titeln und Ämtern der Dargestellten beschriftet und demonstrierten vor allem deren Rang am kaiserlichen Hof. So wird Franz Sigmund als *„Röm. Kay. May. Cammerer und derzeit Rittmaister des Löbl. Patnischen Curasier Regiments"* vorgestellt, während vom zweiten Bruder des Grafen (Abb. 53) schon dessen während der Bauzeit erfolgter ‚Heldentod' für Gott, Kaiser und Vaterland berichtet werden musste: *„CARL ADAM Graff von Lamberg Röm. May. Cammerer Obrist Leutenant und Comandant des Alt Starnbergischen Regiment zu Fues, welcher nach vil Ausgestandenen schlacht und belagerungen wider den Erbfeindt von Anno 1683 an Ruhmbwirdig gestritten in Sturmb der Churfyrstlichen Residenz Stadt Mainz durch ein Stückh schus Anno 1689 in 33isten Jahr seines Alters bede Fuess und hierauf das leben verlohren […]"*. Gleichartige Bildnisse gab es auch von den Schwestern: von der früh verstorbenen Anna Theresia und deren Gemahl Christoph Johann Graf von Althann (1683 kaiserlicher Sonderbotschafter in Paris und Vater des kaiserlichen Generalbaudirektors Gundacker von Althann), von Maria Anna Constantia und ihrem Ehemann (seit 1690), dem Reichserbtruchsess sowie Reichshofratspräsidenten und interimistischen Reichsvizekanzler Sebastian Wunibald Graf von Waldburg-Zeil[55], sowie von Maria Isabella Cäcilia und deren erstem Gemahl Joseph Paris Graf von Orsini und Rosenberg, *„Kay. May. Cammer Wyrckl. Obrister zu Fues und Comendant zu Copreinitz"*. Dieses Gemälde muss auch in den frühen achtziger Jahren entstanden sein, da der älteste Sohn des 1695 verstorbenen Hofkammerpräsidenten bereits 1685 in der Wiener Herren-

121. Gotisches Kruzifix und Arme-Seelen-Relief von Augustin Leitner, ehemaliger Seitenaltar der Schlosskapelle Ottenstein, 1681

gasse von seinem früheren Kompagniekommandaten ermordet wurde, und der zweite Gemahl von Isabella, Otto Graf von Stubenberg, ebenfalls bereits 1691 verstarb. Nicht viel mehr Eheglück war der jüngsten Schwester Lambergs, Maria Katharina, beschieden, die 1684 den Neffen und Ziehsohn des 1671 als Rädelsführer der ungarischen Magnatenverschwörung hingerichteten kroatischen Banus Péter Graf von Zrínyi heiratete[56]. Denn der kaiserliche Kämmerer und Oberst Graf Ádám Zrínyi fiel 1691 in der insgesamt 28.000 Menschenleben fordernden Schlacht von Slankamen bei Belgrad als einer von 8000 unter dem siegreichen Kommando des Markgrafen Ludwig Wilhelm von Baden-Baden stehenden kaiserlichen Soldaten[57]. Trotzdem scheint der von Palatin Esterházy für einen Generalsposten vorgeschlagene Schwager von Leopold Joseph von Lamberg nicht in Ottenstein präsent gewesen zu sein.

Von den Nachkommen des Obersthofmeisters Johann Maximilian von Lamberg war neben Johann Philipp auch dessen ältester Bruder Franz Joseph, *„der Röm. Kay. May. Cämmerer Geheimber Rat und Landts Hauptmann in Ober Oesterreich Ritter des Guldenen Velus"*, und dessen mit ihrem Ottensteiner Vetter Franz Sigmund vermählte Tochter Theresia Franziska in der Familiengalerie des Schlosses am Kamp vertreten[58]. Da die Inschrift auf dem Gemälde von Leopold Joseph diesen schon als *„Principal Oesterreichischen Abgesandten zu dem Reichstag nach Regenspurg"* bezeichnet, müssen die Gemälde bald nach 1690 montiert bzw. beschriftet worden sein. Tatsächlich wird 1696 berichtet, dass ein Maler mit den *„Schrifften an die Contrafet im Freundschafftszimmer"* beschäftigt sei[59]. Alle Porträts wurden mehr oder weniger einheitlich gerahmt, wobei sich Graf Lamberg an der damals vor allem in Bologna und Florenz üblichen Form von gleichmäßig breiter Laubwerk- bzw. Akanthuseinfassung mit Vergoldung bzw. matter und glänzen-

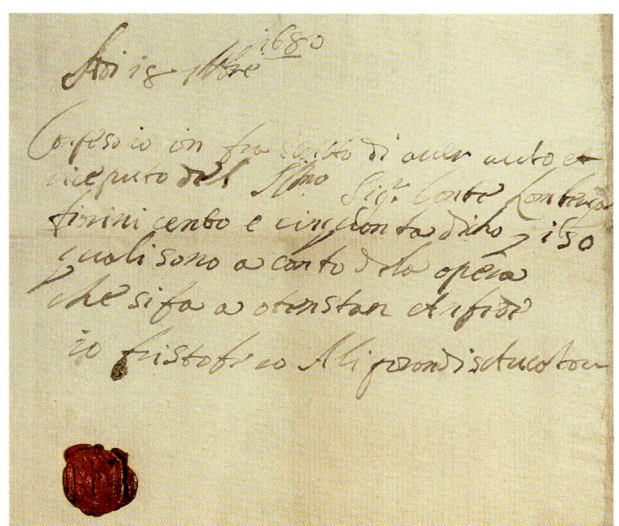

122. Bestätigung von Cristoforo Aliprandi über eine Acontozahlung für die Stuckierungsarbeiten in Ottenstein, 18. September 1680; St. Pölten, NÖLA Lamberg-Archiv, Kart. 261

123. Stuckdekoration von Angelo Fontana im ehemaligen Audienzzimmer des Grafen Lamberg, 1697; Ottenstein, Schloss

124. Porträt von Kaiser Leopold I., Ölgemälde aus dem Schloss Ottenstein, um 1670/75; Privatbesitz

125. Porträt der Kaiserin Claudia Felicitas, Ölgemälde aus dem Schloss Ottenstein, um 1675; Privatbesitz

der Versilberung orientierte[60]. 1705 wurde die Familiengalerie um drei Harrachsche Bildnisse erweitert[61], darunter jenes des Ferdinand Bonaventura nach Hyacinthe Rigaud[62] (Abb. 35).

1684 wurden erstmals Arbeiten in der „Schatzkammer" des Grafen Lamberg erwähnt. Dabei handelte es sich um den über der romanischen Apsis des Schlosses Ottenstein liegenden halbrunden Anbau des Saales in der Beletage, dessen Ausstattung 1911 so beschrieben wurde: *„Die Wände sind mit schwarzlackiertem durch Goldleisten gegliedertem Holz verkleidet, in die Südseite ist ein Schrank mit zahlreichen Schubläden, einem Schreibpulte, drei gewundenen Säulen mit vergoldeten Kapitälen und verkröpftem Gesims eingebaut. Alle Felder sind mit zierlichen Goldmalereien geschmückt, kleinen Genreszenen, Tierbildern, besonders aber römischen Motiven."* Zu sehen waren u.a. Berninis Tabernakel in St. Peter, sein Elefantenobelisk vor Santa Maria sopra Minerva und der Vierströmebrunnen auf der Piazza Navona, die Trajanssäule, die als *Pasquino* bekannte Skulptur *Menelaos mit der Leiche des Patroklos*, der Navicellabrunnen der Piazza di Spagna, der Septimus-Severusbogen, Forum sowie Pantheon und – als die beiden Hauptszenen des Schrankes – die Öffnung der Porta Santa durch den Papst sowie die Antoniusbasilika in Padua[63] (Abb. 55 und 76). Die Auswahl der Szenen und vor allem die letztgenannten Darstellungen sprechen dafür, dass die Ottensteiner Schatzkammer bzw. der in niederösterreichischem Privatbesitz erhaltene Prunkschrank (Abb. 126) nicht erst nach 1700 zur Erinnerung an die diplomatische Dienstzeit des Grafen (und von einem italienischen Künstler, wie Buberl vermutete), sondern schon in den 1680er Jahren zur Dokumentation seiner Kavalierstour und zur Verwahrung der davon herrührenden Souvenirs von einem einheimischen Maler nach Stichvorlagen geschaffen wurden[64]. Als Schöpfer der einfachen Bilder kommen der 1685 mit Vergolderarbeiten betraute Zwettler Maler Georg Ehrenreich Zöttler sowie der 1686 mit 20 Gulden entlohnte Maler Johannes Dsmitsen, aber vielleicht auch der

126. Kunstkammerschrank aus der Schatzkammer des Grafen Lamberg in Ottenstein, um 1685; Privatbesitz

ebenfalls 1686 erstmals in Ottenstein nachweisbare Hofmaler Maurizio Andora[65] in Frage. Der Letztgenannte war vermutlich der Autor des Freskos der Schatzkammer, das die Krönung von Mars und Minerva durch Amor zeigt, also gleichsam das adelige Motto *Arte et Marte* veranschaulicht (Abb. 127).

Andora schuf jedenfalls den mindestens 40 Gemälde umfassenden Zyklus lambergischer Besitzungen, von denen eines *„MAV. ANDORA F."* signiert ist[66]. Neun große Bilder im Format 219 x 295 cm zeigten u.a. die Herrschaftssitze Ottenstein (Abb. 115), Rastenberg, Drosendorf und Waidhofen an der Thaya[67]; 15 schmale Gemälde (69 x 168 bzw. 57 x 190 cm) hielten das Wiener Palais der Familie (Abb. 175), das Herzogsbad in Baden (Abb. 170) sowie Märkte und Dörfer wie Eibenstein an der Thaya, Rastenfeld, Friedersbach oder Döllersheim, fest. Auf dem Gemälde des zuletzt genannten Marktes sieht man links die gotische Pfarrkirche mit Karner und lambergischer Gruftkapelle, rechts die 1660 von Lambergs Vater als Altersheim für zwölf verarmte Untertanen gestiftete und 1666 vollendete Bürgerspitalskapelle über kreuzförmigem Grundriss (Abb. 128). Da der Ort nach 1938 für einen Truppenübungsplatz der Deutschen Wehrmacht entsiedelt wurde, existieren heute nur mehr Ruinen beider Bauten[68]. Die kleinen Bilder und Supraporten boten Ansichten einzelner Dörfer und Gutshöfe wie Oberwaltenreith, Zissersdorf, Pernegg, Peigarten und Zierings. Wie die unterschiedlichen und ungewöhnlichen Formate zeigen, waren die Landschaftsgemälde von Beginn an zur fixen Montage im oberen Saal des Ottensteiner Schlosses konzipiert. 1687 wurde der Tischler Sturm dafür bezahlt, dass er *„für den Moriz maller die Landschafften auffgemacht"*, und 1688, weil er *„zu denen Herrschafften, welche von dem moriz maller gemacht werden, und eine grosse leng und Höhe zugleich haben, acht derley Blindramben, damit man die runden stäb darauf schneiden khönne, zu dem oberen Saal gemacht"* hat[69].

Mindestens zwei Räume der Beletage wurden von Maurizio Andora jedoch freskiert. Mit Rechnung vom 30. April 1688 begehrte der Ottensteiner Maurermeister die Bezahlung für 101 Tagwerke, womit er *„den moriz maller auf gnädigen Herrschafft Befelch in dem Capeln Zimmer dem verwichenen Winter durch die völlige Wandt herunterschlagen und widerumb neu bewerffen müessen, damit er in der nassen seine Arbeith verbringen undt die darauf gehörigen Päbst mahlen khönne"*. Schon Ende März hatte der Verwalter dem Grafen berichtet, dass Andora bis Ostern fertig werden wolle, mit Ausnahme der *„Schrift, welcher bey denen Pabsten in der Rundten herumb geschrieben*

127. Krönung von Mars und Minerva durch Amor, Deckenfresko in der Schatzkammer von Maurizio Andora (?), um 1688 (?); Ottenstein, Schloss

128. Der Markt Döllersheim mit lambergischer Patronatskirche und dem von Lambergs Vater gestifteten Bürgerspital, Ölgemälde von Maurizio Andora aus dem Herrschaftssaal des Schlosses Ottenstein, um 1687/88; Privatbesitz

129. Porträts der Päpste von Petrus bis zu Innozenz XI., Fresko von Maurizio Andora im Oratorium, 1688; Ottenstein, Schloss

werden mues, womit er nit umbgehen könnte und seiner Meinung nach ein anderer Maller hierzu zu bestellen wäre"[70]. Das mit der Kapelle durch ein Doppelfenster verbundene Oratorium besitzt eine Dekoration mit 241 Rundmedaillons der Päpste von Petrus bis zum damals regierenden Innozenz XI. Die mehr oder weniger individualisierten Kirchenfürsten sind durch eine Inschrift und eine kurze Legende bezeichnet, während der regierende Pontifex Maximus im Giebel über der Tür erscheint, von zwei Putti mit einer Tiara gekrönt. Darunter ist die Signatur und Datierung angebracht: *„Anno MDCLXXXVIII Mauritcio Andora fecit"* (Abb. 129 und 130). Ein Teil der als Vorlage für die Porträts dienenden Kupferstichserie nach den Mosaikmedaillons von S. Paolo fuori le mura hat sich im Lamberg-Archiv erhalten (Abb. 131)[71].

Während die im 18. Jahrhundert übermalten Fresken des Oratoriums 1876 wieder freigelegt wurden, sind Andoras Wandmalereien im Speise- oder Kaminzimmer neben dem Ahnensaal anscheinend nicht erhalten. Wir wissen davon nur aufgrund der Verrechnung von 23 fl. 30 kr. für 70 ½ Tage Maurerarbeit von Magloth, weil dieser in der Zeit vom 25. Mai bis 11. September 1688 *„dem Moriz Mallern […] in dem andern Zimmer gleich neben des heruntern sall die völlige wandt umb und umb abgeschlagen, auch wiederumb neu beworffen, damit er in der nassen seine anbefohlene Arbeith darauf mallen und verfertigen khönne"*[72].

Die Quellen lassen keinen Zweifel an der Tatsache, dass Graf Lamberg seine neuen Zimmer in Ottenstein sowohl inhaltlich als auch formal jeweils einheitlich, aber untereinander unterschiedlich konzipierte. So erfahren wir aus der Malerrechnung von 1689, dass Zöttler die Türen und Fenster im großen Saal grün, im *„Kayserzimmer die 2 Fensterstöckh roth angestrichen und das Beschlächt [= Beschlag] versilbert, deßgleichen auch an denen 2 Thier Klaidtungen [= Türverkleidungen] die vorgezeichnete streiff mit Silber also außgefast. Item zu dem Pabstenzimmer die 3 Fenster blau angestrichen und dass Beschlächt mitsambt der Thier Klaidtung und habenten streiffen, vermedalliret"*[73]. Auch die 1696 erfolgte Nennung des Saales mit den Familienporträts als *„Freundschafftzimmer"* bestätigt den Eindruck einer bewussten inhaltlichen Konzeption.

Die Holzteile der einzelnen Räume hatten also einen unterschiedlichen Farbton, die Eisenbeschläge und offensichtlich auch einzelne Ornamente der Stuckdecken waren versilbert. Trotz dieser vielen ins Detail gehenden Informationen bleiben manche Lücken in unserer Vorstellung der Ottensteiner Wohnräume, da das Inventar von

1765 nicht den ursprünglichen Zustand überliefert[74]. Vom Treppenhaus kommend gelangte man im ersten Stockwerk ins Speisezimmer über dem Eingang. Von dort ging es nach rechts in den großen Ahnensaal, der 1765 nicht weniger als 60 Familienporträts enthielt. Nach dem ursprünglich freskierten „Kaminzimmer" folgten das Kaiserzimmer mit 42 Bildnissen (1765) und das Papstzimmer (in dem aber 1765 schon die 73 Kardinalsporträts angebracht waren). Vom Tafelzimmer nach links kam man vermutlich in ein Vor- und ein Audienzzimmer. Den Abschluss des Appartements bildete das Schlafzimmer des Grafen, an das ein Kabinett anschloss, das in traditioneller Weise als Arbeitszimmer genutzt wurde. 1690 befanden sich in „Ihro Excell. Cabinet" nämlich neben zahlreichen in Laden verwahrten Briefen und den Urbarien bzw. Gewährbüchern der Herrschaften Rastenfeld, Lichtenfels, Loschberg, Niedergrünbach etc. 122 Bücher, darunter mehrere geographische und historische Hand- sowie Wörterbücher: ein „groß landtkarten buech in lateinischem truckh", eine „beschreibung und Contrafectur der vornembsten Statt der Welt", ein „französisch. Dictionarium", ein „teutsch=lateinisch und französisch Dictionar.", ein „Vocabularium latino Galico in Germanico", sowie ein „Puech mit nahmen die Ehre des Ertzhaus Österreich"[75]. Weitere vor allem französische Bücher verzeichnet eine Buchbinderrechnung Lambergs von 1687[76], nämlich „Wagners Stött und Geschichts Spill in Folio, Reich deß Orients in 3 Theil, Theatro Politico auf das 1686 Jahr, Beschreibung der Insul Moren[77], Histoire [des troubles] de Hongrie [Paris 1685–87], Zesca Historien, Imhoffs Genealogie, La Vita di [Don Giovanni d'] Austria [Köln 1686]". Bei den anderen Werken handelt es sich hingegen um galante französische Literatur, wie sie Lamberg schon auf seiner Kavalierstour kennengelernt hatte: „[Histoire du Temps ou] Journal Galant Tom 1 et 2, Ibrahim

130. Porträts der Päpste, Oratorium, 1688; Ottenstein, Schloss

131. Päpsteporträts als Vorlage für die Fresken; Kupferstiche der „Chronologia Summorum Romanorum Pontificum" von Giovanni Jacobo de Rubeis; St. Pölten, NÖLA Lamberg-Archiv, Kart. 54

Bassa de Buda, La Cour de France [turbanisé et les trahisons demasquées, Köln 1687], La Morale de Tacite [De la Flaterie, Paris 1686]". Eine Verbindung von Geschichtsschreibung und galanter Literatur bilden vor allem Isaac Claudes *"Le Comte de Soissons" [et le Card. Richelieu rivaux de Mme la duchesse d'Elboeuf, Köln 1690]* und *"Les intrigues [amoureuses de la cour] de France"* (Köln 1685) von Gatien de Sandras de Courbilz, der mit seinem Buch über den Musketier d'Artagnan ein Standardwerk semifiktionaler Literatur geschaffen hatte[78].

Graf Lamberg präsentierte seine Programmatik jedoch bereits am Eingang seines Schlosses: 1682 erhielt der *"Bildhauer in Horn"* fünf Gulden *"wegen zway außgehauener stainern Hundt"*, also für die beiden Wappentiere auf der Brücke (Abb. 132), und 1689 hat Maurermeister Magloth *"zu einem Frauen Bildt ober des grossen Althann ein Lukkhen außgebrochen"*[79]. Die Skulpturen wurden offensichtlich von Matthias Sturmberger geliefert, der ähnliche Wappenlöwen schon 1678 für das Stift Zwettl geschaffen hatte[80].

Formal und inhaltlich erscheint die Ottensteiner Dekoration durchaus bemerkenswert. Die Stuckplafonds entsprechen in ihrer Gestaltung nicht nur jenen im Wiener Palais von Lambergs Vetter Harrach aus den Jahren 1691–94, die von Giovanni Battista Piazzol und damit aus demselben künstlerischen Milieu stammen wie jene in Ottenstein, sondern auch den Entwürfen von Giovanni Battista Maderna von 1688 für das Palais Czernin in Prag[81]. Die Beauftragung eines Malers wie Andora lässt zwar einen Mangel an Finanzkraft oder Qualitätsbewusstsein erkennen, aber die Freskierung ganzer Räume gehörte zu den ersten hochbarocken Beispielen in Niederösterreich. Vergleichbar sind etwa die Fresken Carpoforo Tencallas im Schloss Abensberg-Traun in Petronell (1666/78) sowie der *Türkensaal* im Stift Altenburg (um 1690)[82]. Und die wandfüllende Verkleidung eines Raumes mit auf Symmetrie und ikonographische Einheitlichkeit ausgerichteten Leinwandgemälden (darunter Supraporten) war im Wiener Raum damals offensichtlich überhaupt eine Neuheit – zumindest soweit dies unser Kenntnisstand beurteilen lässt[83].

Mit dem Schloss Ottenstein, wo 1689 der Hofgarten angelegt wurde[84], lässt sich aufgrund einer entsprechenden Aufschrift auch ein undatierter und unsignierter Entwurf für einen Garten in Verbindung bringen (Abb. 133). Die frühbarocke Anlage der Zeichnung verband – ähnlich wie Lambergs Wiener Garten (Abb. 185) – einen Nutz- mit einem Lustgarten. An den rechteckigen, regelmäßig bepflanzten Baumgarten schloss ein quadratischer Ziergarten an mit vier Portalen. Dieser bestand aus 16 ebenfalls quadratischen Feldern, die teilweise mit Obstbäumen bzw. Ziersträuchern in der älteren italienischen Tradition besetzt waren, teilweise aber schon wie die modernen französischen Parterres mit ornamentalen Blumenfeldern gestaltet werden sollten[85]. Trotz der bescheidenen Qualität des Entwurfes und der Zeichnung verdient das Blatt aber als einer der ältesten erhaltenen Gartenentwürfe Österreichs Beachtung.

Adeliges Selbstverständnis zwischen Kaiserhof und Gutsherrschaft

Inhaltlich unterscheidet sich die Ottensteiner Ausstattung von den in einer älteren Tradition stehenden, moralisierenden Programmen[86] wie sie sowohl von den auf den Metamorphosen des Ovid basierenden mythologischen Fresken Tencallas in Trautenfels (1670, Trauttmansdorff) in Eisenstadt (1672, Esterházy) und Namiest a. d. Oslava/Náměšť nad Oslavou (1674–75, Werdenberg) als auch von den humanistischen *Exempla virtutis* und Emblemen der Deckengemälde von Johann Melchior Otto im Schloss Eggenberg

132. Lambergischer Wappenhund, Steinfigur von Matthias Sturmberger auf der Brücke im Innenhof, 1682; Ottenstein, Schloss

(1660–70) verkörpert werden[87]. Aber die Dekoration von Ottenstein ist auch – mit Ausnahme der Deckenmalerei der Schatzkammer – unbeeinflusst von den jüngeren allegorisch-glorifizierend ausgerichteten Deckengemälden bzw. Fresken, deren frühestes Beispiel der Planetensaal im Schloss Eggenberg (1684–85) sein dürfte und die ihren Höhepunkt später in den Wiener Palästen des Prinzen Eugen, des Fürsten Liechtenstein oder des Grafen Daun fanden. Aus Herkules als Tugendvorbild ist nun der Halbgott als Sinnbild für den Adeligen geworden, der von dem durch Jupiter oder den Sonnengott symbolisierten Kaiser zum Reichsfürsten, Vliesritter oder Minister ernannt und damit in den Kreis der politischen ‚Erdengötter' aufgenommen wird[88]. Die wandfeste Ausstattung des Schlosses Ottenstein aus der Zeit um 1685 führte vielmehr durch Landschaftsdarstellungen und Porträts die Ideologie eines habsburgischen Hofadeligen vor, der sich in den von der göttlichen Vorsehung geprägten historischen Lauf der Welt eingebunden empfand. Bilden der umfangreiche Grundbesitz sowie die patriotische Tradition und vielfältige höfische Vernetzung der Familie Lamberg die wirtschaftliche und soziale Basis des Grafen, so verkörpern die römisch-katholische Kirche mit ihrer gegenreformatorischen Marienverehrung und die „Ehre des Hauses Österreich" den ideologischen Überbau seines Selbstverständnisses[89].

Diese These lässt sich durch mehrere Beobachtungen bestätigen. Andoras Darstellungen lambergischer Güter gehören gemeinsam mit den 1686–88 von Johann Gotthard Neuberg für Lambergs Schwager Leopold Karl Graf von Hoyos in Schloss Persenbeug geschaffenen (qualitativ besseren) Ansichten der Besitzungen Horn, Rosenburg, Raan etc. im Format von etwa 280 x 300 cm (Abb. 158)[90] zu den frühesten monumentalen Darstellungen herrschaftlicher Ländereien[91], denen im frühen 18. Jahrhundert eine weitere Serie lambergischer Güter in Drosendorf (Abb. 150) folgte[92]. Solche Darstellungen resultieren aus dem damals auch in der Herausgabe ständischer Topographien und der Einrichtung von geographischen Lehrstühlen an den Ritterakademien sichtbar werdenden vorphysiokratischen Verständnis für die ökonomische Dimension des Landes[93]. Sie folgen aber – abgesehen von möglichen Anregungen der Kavalierstour etwa in Rom[94] oder der Münchner Residenz (Abb. 94) – unmittelbar dem Vorbild der *Topographia Windhagiana* des Grafen Windhag. Denn der Onkel der Gräfinnen Lamberg und Hoyos hatte mit sei-

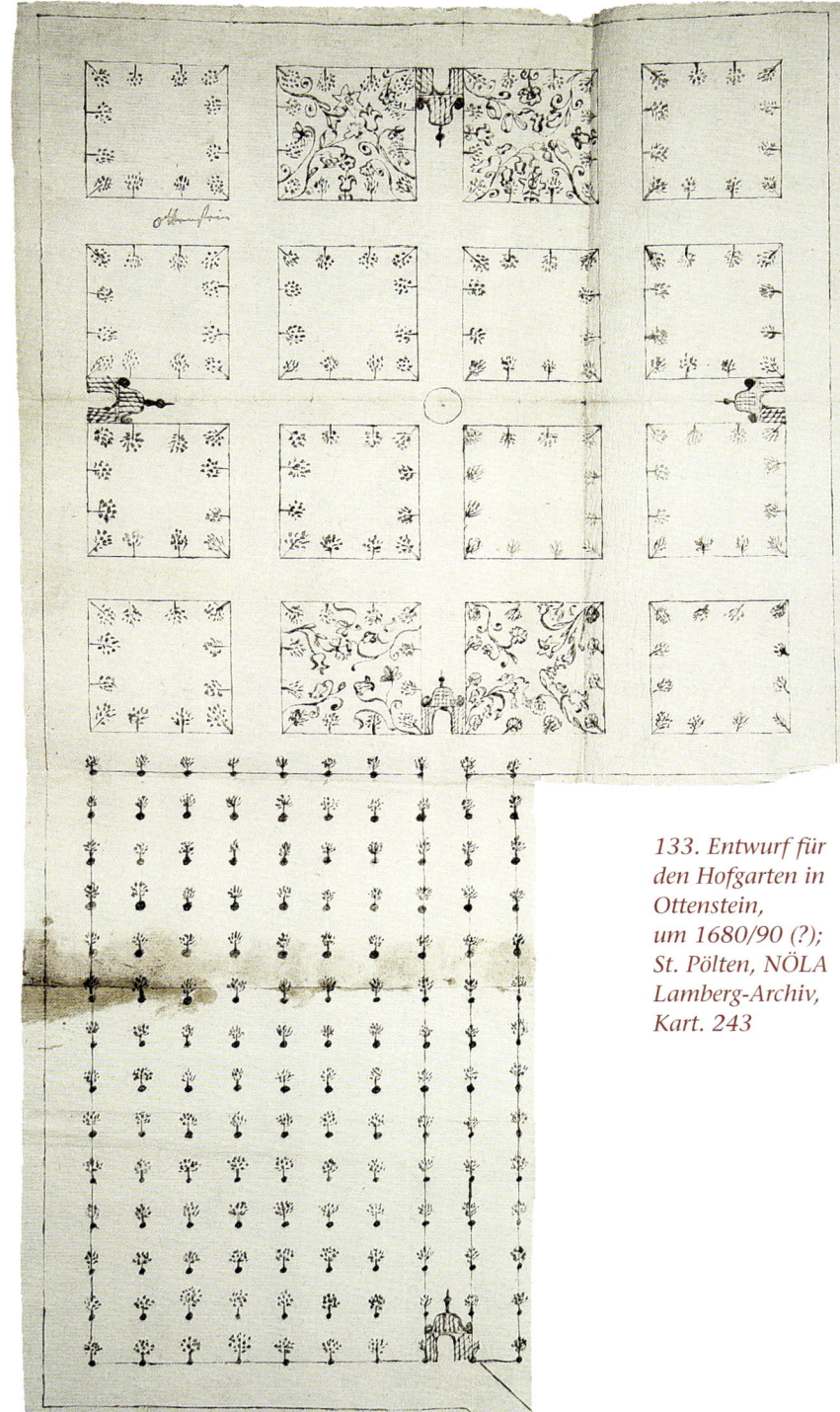

133. Entwurf für den Hofgarten in Ottenstein, um 1680/90 (?); St. Pölten, NÖLA Lamberg-Archiv, Kart. 243

ner erstmals 1656 als Anhang zur Merianschen Topographie Österreichs veröffentlichten Beschreibung seiner Güter, deren Texte der im Kapitel über die Kavalierstour genannte Reiseschriftsteller Zeiller verfasste, eine Inkunabel herrschaftlicher Selbstdarstellung geschaffen. 1673 wurde das Werk in einer erweiterten, selbständigen Publikation mit 66 Seiten Text und 61 Kupferstichtafeln veröffentlicht (Abb. 134). In sehr detailgetreuen Ansichten wurden darin nicht nur der oberösterreichische Stammsitz Windha(a)g, sondern auch die inzwischen in

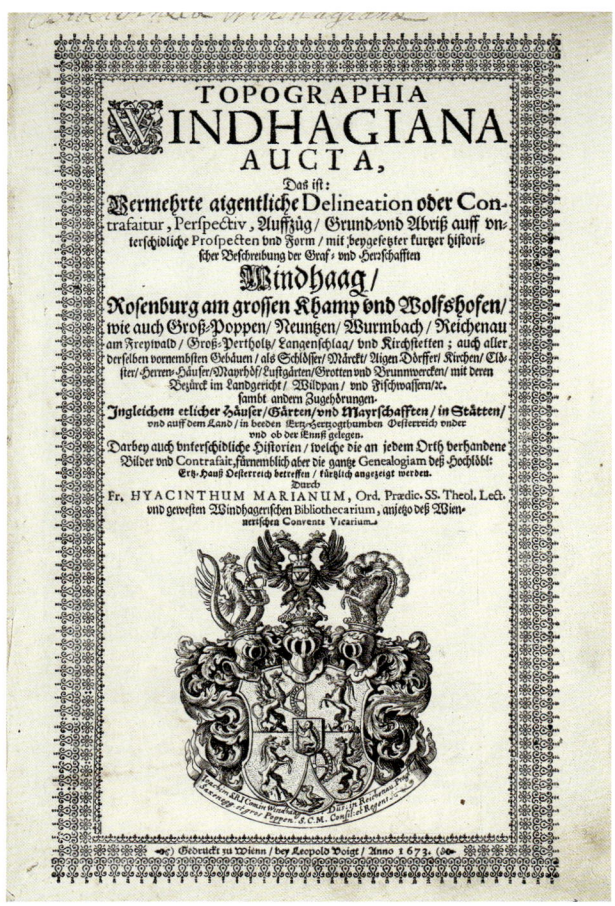

134. Titelblatt der „Topographia Windhagiana aucta", 1673; Wien, Universitätsbibliothek (Privatexemplar des Grafen Windhag)

135. Titelblatt der „Topographia Arcium Lambergianarum" von Johann Weichhard Valvasor, 1679; Zagreb, Kroatisches Nationalarchiv (aus dem Besitz Valvasors)

„*es werden auch andere grosse Herren hierdurch zu gleichem Werck sich selbsten treiben*" (Widmung). Denn die beiden aus Süddeutschland stammenden und als bürgerliche Juristen in habsburgischen Diensten zu Standesherren aufgestiegenen Männer hatten wohl nicht nur ein besonderes Interesse an der Dokumentation und Publikation ihrer neuen sozialen und ökonomischen Stellung, sondern vermutlich aufgrund ihrer Ausbildung auch ein tieferes Verständnis für den ideellen und materiellen Wert einer solchen ‚Landvermessung' als ihre stärker der Familientradition oder militärischem Ruhm verpflichteten altadeligen Standesgenossen. Das Portal der Bibliothek des Schlosses Windhag wurde bezeichnenderweise von den Personifikationen der Ethik und der Mathematik bekrönt.

Das direkte inhaltlich-personelle ‚Missing Link' zwischen den Ottensteiner sowie Persenbeuger Gemälden und der *Topographie Windhagiana* bildet der Schwiegervater der beiden Auftraggeber und Schwager von Windhag, Ferdinand Maximilian Graf von Sprinzenstein. Denn dieser war als niederösterreichischer Landmarschall nicht nur Widmungsträger der 1672 gedruckten Topographie Niederösterreichs von Georg Matthäus Vischer[97] (Abb. 49 und 159), sondern auch Auftraggeber oder zumindest Besitzer einer künstlerisch exzeptionellen Federzeichnung von Drosendorf aus dem Jahre 1677 (22,3 x 12,6 cm) von Daniel Suttinger (Abb. 148). Der durch seine späteren Wien-Pläne (Abb. 172) berühmte sächsische Festungsingenieur und Karthograph hatte erstmals 1676 dem Fürsten Karl Eusebius von Liechtenstein „*ein Kunststück oder Federries der Stadt Wien*" um 40 Gulden verkauft, und auch das Werk für Sprinzenstein diente offensichtlich dazu, fachliche Bekanntheit und einen Fürsprecher für ein Hofamt zu gewinnen[98]. Im Jahre 1679, ebenfalls wenige Jahre vor den Ottensteiner Landschaftsgemälden, hat der Topograph Johann Weichard Valvasor die *Topographia Arcium Lambergianarum*, also einen eigenen Band mit den Ansichten der Besitzungen der Familie Lamberg in Krain, veröffentlicht (Abb. 135)[99]. Diese Publikation lässt sich zwar nicht in Lambergs Besitz nachweisen, aber dafür die vom selben Autor stammende Topographie Krains (*Die Ehre des Herzogtums Krain*, Nürnberg 1689), in der die Veduten der Lambergischen Schlösser aufgenommen wurden.

Tatsächlich sind die Ottensteiner Gemälde nur die monumentalen Ausformungen der ebenso konsequent vom Grafen Lamberg in Auftrag

Lamberg- bzw. Hoyos-Besitz übergegangenen Waldviertler Herrschaften Großpertholz, Reichenau (mit einer Glashütte!)[95] und Rosenburg sowie die an Ottenstein grenzenden Güter Großpoppen (Abb. 157) und Neunzen dokumentiert. Schon 1656 war die *Topographia Windhagiana* jedoch auch mit einer Beschreibung der Herrschaften Horn und Drosendorf, also der Besitzungen des Großvaters der Gattin Lambergs kombiniert gewesen[96]. Es war zweifellos kein Zufall, dass gerade die Grafen Windhag und Kurz die ersten waren, die „*ihre Herrschaften so fleissig beschreiben/ und ihre Häuser so meisterlich abreissen lassen*", sodass der Verleger Caspar Merian hoffte,

gegeben Miniaturdarstellungen seines Herrschaftsgebietes in den zwischen 1694 und 1705 geschaffenen Urbarien, deren Anfertigung teilweise durch die Güterzukäufe der letzten Jahre bedingt war. Die mehrere hunderte Seiten umfassenden großformatigen (ca. 45 x 30 cm) Bücher enthalten zunächst einen Überblick über die Besitzgeschichte der jeweiligen Herrschaft im 17. Jahrhundert, gelegentlich auch einen weit zurückreichenden historischen Exkurs. Dann folgt eine Auflistung der herrschaftlichen Rechte und Einkünfte sowie als Hauptteil die Aufzählung der untertänigen Ortschaften bzw. Häuser. Waren die vor 1699 bzw. 1705 angelegten Urbare der Herrschaft Ottenstein nicht illustriert[100], so verraten die anderen Besitzverzeichnisse eine neue Qualität. In feines dunkles Leder gebunden sind die Ecken mit Messingornamenten geziert, während in der Mitte ein aus dem selben Metall gefertigtes Schildchen mit dem Familienwappen prangt (Abb. 136). Der äußeren Gestaltung entspricht das aufwändige Schriftbild auf den ersten Seiten, wo auch die Titulatur des Grafen Lamberg bis hin zu seiner Tätigkeit als „Pottschaffter bey dem Päbstlichen Stuell in Rom" genannt wird. Dazu kommen Aquarelle auf Pergament im Format von ca. 40 x 65 cm von Johann Paul Faistenberger (siehe unten S. 179), die zuerst eine Überblicksdarstellung des Herrschaftsgebietes (Abb. 137) und dann detaillierte Ansichten aller Städte und Dörfer der lambergischen Herrschaften – vielfach die ältesten und oft auch die einzigen Ansichten dieser Orte – bieten. So enthalten die 1694 angefertigten Verzeichnisse der Herrschaften Waidhofen an der Thaya und Thaya Veduten der Stadt mit der Vorstadt Niedertal (Abb. 154), des Marktes Thaya (Abb. 156) und der Dörfer Jasnitz, Brunn, Buchbach, Sarning, Götzles, Weinpolz, Großeberharts, Kleingöpfritz, Ranzles, Eggmanns, Jarolden, Oberedlitz, Niederedlitz, Gerharts, Schirnes, Hollenbach, Immenschlag und Puch[101]. Das Rastenberger Urbar enthält neben einer Überblicksdarstellung der Kampregion in Lambergbesitz (Abb. 137) Veduten von Rastenberg (Abb. 144), Rastenfeld (Abb. 138), Brand, Werschenschlag, Marbach und Seitendorf bei Weiten. Lichtenfels umfasst neben der Burg (Abb. 145) den Markt Friedersbach sowie die Dörfer Wolfsberg, Niederwaltenreith, Oberwaltenreith und Mittereith. Der Loschberger Band zeigt neben dem Herrschaftssitz (Abb. 146) Waldhausen, Obernondorf, Rappoltenschlag bei Kottes und Roiten. Im Verzeichnis der Herrschaft Niedergrünbach finden wir diesen Ort (Abb. 139), Sperkental, Molln, Königsbach und Frankenreith, während der Großgöpfritzer Band allein diesen Ort westlich von Rastenberg abbildet. Verblieben die beiden zuerst entstandenen Bände sowie jene der an Ottenstein grenzenden Besitzungen von 1705[102] unversehrt bei den Besitznachfolgern, wurde eine gleichartige Folge der Drosendorfer Besitzungen aus der Zeit um 1697[103] zu einem unbekannten Zeitpunkt aufgelöst und es haben sich nur vier Ansichten (Drosendorf, Fratres, Pyhrahof und Unterpertholz) in der Niederösterreichischen Landesbibliothek erhalten[104].

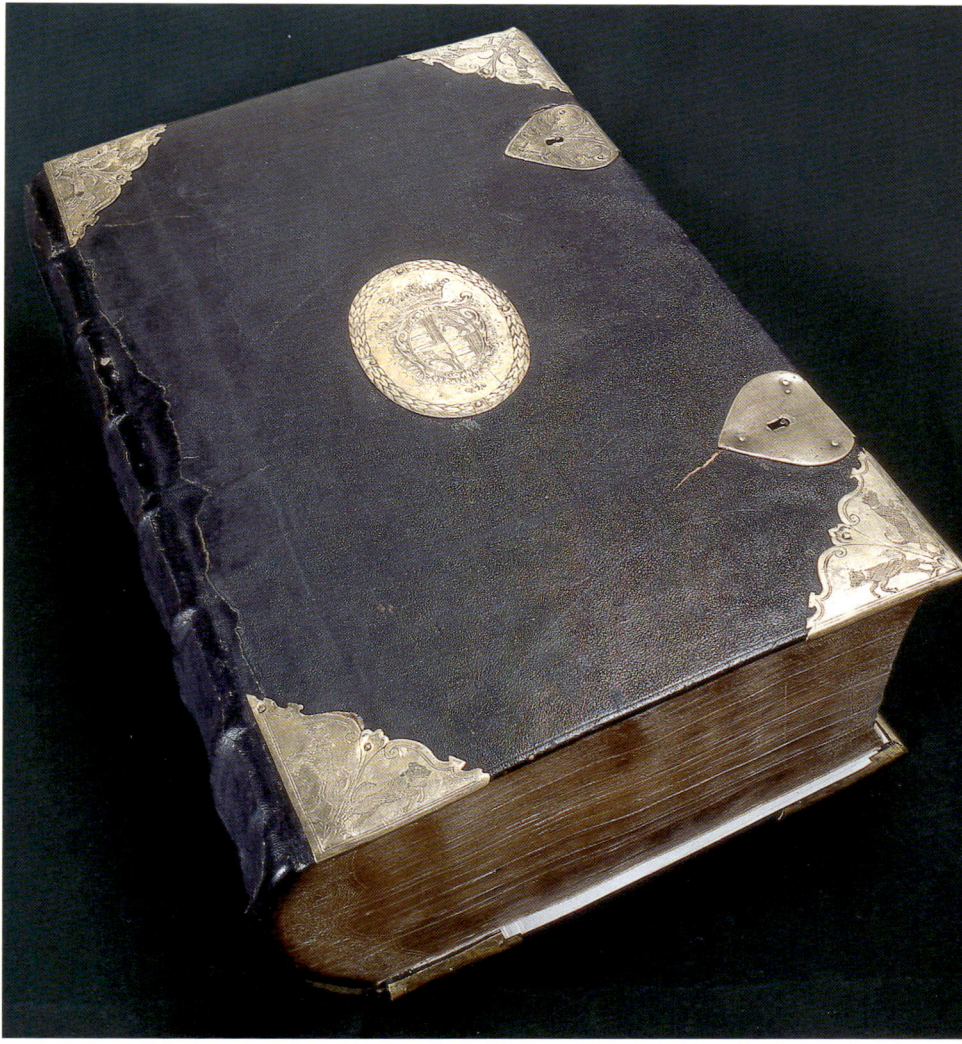

136. Urbar der lambergischen Herrschaft Waidhofen an der Thaya, 1694; Privatbesitz

Im Unterschied zu den Kupferstichen Vischers zeigen die lambergischen Schlossansichten nicht nur den jeweiligen Herrschaftssitz in der Landschaft, sondern in der gleichen Ausführlichkeit die dazugehörigen Wirtschaftsbetriebe wie Meierhöfe, Mühlen usw. (Abb. 144). Dieser Lobpreis adeligen Land- und Wirtschaftslebens ist ein Topos der sogenannten Hausväterliteratur jener Zeit, doch muss vor allem auf das zwischen 1682 und 1749 in mehreren Auflagen publizierte Standardwerk *Georgica Curiosa* von Wolf Helmhard von Hohberg als wahrscheinliche Anregung verwiesen werden, da dieser Waldviertler Adelige Nachbar bzw. Vorbesitzer von einigen Gütern Lambergs war[105]. Schon in der Einleitung dieser Publikation wurde betont, dass für jeden Gutsbesitzer die Kenntnis des eigenen Grund und Bodens ebenso zu den Voraussetzungen guten Wirtschaftens gehöre wie das genaue Wissen über die Zahl der Untertanen und die Höhe der eigenen Einkünfte: *„ein Hausvater muß seines Grundes Beschaffenheit, Eigenschaft, Güte und Mängel wissen, damit er das erste erhalten und mehren, das letzte aber verhüten und wenden könne; [..] Ob und wie viele arme, reiche oder mittelmäßige Untertanen bei dem Gute sein? [..] Wieviel sie jährlich eintragen?"*[106].

Die ökonomische Gesinnung Lambergs verraten vor allem seine Bestrebungen zur Verbesserung der Wirtschaftsleistung seiner Güter. Dies betraf einerseits eine planmäßige Arrondierung[107] seiner Herrschaften und eine teilweise Neustrukturierung der Verwaltungseinheiten, andererseits die gezielte Steigerung einer vermarktbaren Produktion. Angeregt durch das frühmerkantilistische Vorbild der Tuchmachersiedlung bzw. Glashütten und Papiermühlen der Grafen Kurz sowie Windhag, des Großvaters bzw. Onkels seiner Gattin, und sicher beeinflusst durch den Ökonomen Philipp Wilhelm von Hörnigk (Abb. 194) interessierte sich auch Graf Lamberg zunehmend für eine verbesserte Lagerhaltung von Getreide, eine Steigerung der Fischzucht oder die Produktion von Glas und Papier[108]. Das diesbezügliche Engagement geht etwa aus den Tagebucheintragungen über den Urlaubsaufenthalt im Sommer 1692 hervor, als der Ottensteiner Gutsherr nach zweijährigem Dienstaufenthalt in Regensburg erstmals wieder in seine Herrschaften kam. Während seine Gattin auf der Donau nach Wien weiterreiste, traf er über Krems am Sonntag, dem 11. August, in Niedergrünbach ein. Schon am nächsten Morgen ging er an die Arbeit: *„Heuth fhrue bin ich hier zu Grünbach ausgewesen, einen Orth auszusuchen, einen Traitkasten [= Getreidespeicher] auf 300 Muth [= ca. 5400 Liter] Korn ohne Haber Logierung zu erbauen zu lassen, so in der Länge 34 Klaffter [= ca. 62 Meter] haben solle. Hab alsdann mit dem Maurmaister Bolthauser tractirt vor das Klaffter Maur zu mauren 1 fl. 30 X zu geben, den Zimmermaister vor alle seine Arbeith 500 fl. Nach dem Mittagmahl bin nach Losch gefahren."*[109] Der damals am Ortsrand von Niedergrünbach errichtete Getreidespeicher (Abb. 139) ist erhalten. Am Mittwoch, den 13. August 1692, unternahm Graf Lamberg einen Ausritt nach Waltenreith, um *„die Würthschafft zu sehen. Von dannan nach Rastenberg das Mittagmahl eingenohmen, allwo unter den Weeg bei der Hammerschmiden eine Papiermühl zu erbauen ein Orth angesehen. Nachmittag bin ich nach Ottenstein."* Am nächsten Tag

137. Vogelschau der lambergischen Besitzungen im Kamptal, Aquarell von Johann Paul Faistenberger im Urbar der Herrschaft Rastenberg, 1705; Privatbesitz

kontrollierte Graf Lamberg die Fischzucht und Getreideernte seiner Haupttherrschaft: *"Heuth bin hier zu Ottenstein verblieben, im Flachinger Teucht [= Teich zu Flachau] ein Probzug*[110] *thun zu lassen, allwo sich schlechte Fisch befunden, alsdann hab zu Ottenstein denen Stadler zugesehen, wo sie die Fexung [= Ernte] eingeführt und ist heuth alles bis 80 Mandl eingeführt worden. Zu Waltenreith und Rastenberg sind sie auch mit Einführung fertig worden. Losch nur die Helffte. Freitag 15. August 1692: Heuth als in Festo Assumptionis hab meine Andacht allhier verrichet. Es hat aber den gatzen Tag so starckh geregnet, daß man nicht auskommen können. Hat auch ein schweres Donnerwetter gehabt."*[111] Am Samstag, den 16. August 1692, begab sich Leopold Joseph von Lamberg in die Herrschaften seiner Gattin, um auch dort nach dem Rechten zu sehen: *"Diesen Morgen hab meine Rais nach Waydhoven fortgesötzt und nach 12 Uhr angelangt. Der Regen hat starckh ,continuirt', also daß die Wasser und Bach starckh angeloffen. Wie dann bei Waydhoven ein Weib ertrunckhen in ein [ge]ringes Bachel, so ausgelauffen und in Durchfahren den Wagen gefühlet."*[112] Am 17. und 18. August begab sich der Diplomat nach Hollenbach, um die dort neu gekauften Güter zu begutachten.

Abgesehen von der Herrschaftsdarstellung scheint auch in anderen Teilbereichen die Dekoration des Schlosses Ottenstein von Ideen des Grafen Windhag angeregt worden zu sein, wobei es nicht nur durch die Verwandtschaft der Gräfin Lamberg, sondern auch in der Person des für beide Auftraggeber tätigen Stuckateurs Wolf Würner (Wierner) eine direkte Verbindung gibt[113]. Schon der Urgroßvater der Gräfin Lamberg, der erst 1607 in den Ritterstand aufgenommene Vinzenz Muschinger von Gumpendorf, hatte um 1620 in der Rosenburg einen Saal mit *"15 stück türggischen und teutschen Khaysergemäll"* und die Tafelstube mit *"13 stückh gemälde des Kayser Matthias Cränung"* schmücken lassen[114]. Die zwischen 1650 und 1673 entstandenen Gemälde des Schlosses Windha(a)g verraten die gleiche *"Vorliebe für Darstellungen faktischer Dinge"* (Porträts, Historien, ethnographische Genreszenen) bei gleichzeitigem Mangel an mythologisch-poetischen Themen. Dies gilt insbesondere für den „Römersaal", wo laut *Topographia Windhagiana aucta* „*unterschiedliche Königreich und Länder/ Tabulae Geographicae […] neben unterschiedlichen Contrafaiten von dem Hochlöblichen Erz=Hauß Oesterreich*" präsentiert wurden. Tatsächlich zählten Landschaftsgemälde und vielfach auch Porträts zu den damals gering geschätzten Kunstgattungen und wurden daher von der Kunsttheorie nur für untergeordnete Räume empfohlen wie

138. Ansicht des Marktes Rastenfeld, Aquarell von Johann Paul Faistenberger im Urbar der Herrschaft Ratenberg, 1705; Privatbesitz

Stiegenhäuser und Gänge: *„damit aber am herbey spatzieren zugleich auch dem Aug Frewd und Ergötzlichkeit gegeben werde/ so kann [..] daselbsten auff die Mauren/ [...] ein schöne ‚Geographische' Mappen etwann von deß Fürsten und Herren seinen unterschidlichen Landschafften/ oder ein ‚Genealogi' und Stammenbaum/ gar groß und außführlich dahin entworffen"* werden[115]. Die Dominanz von chronologischen Serien ohne Subordination – etwa in Ottenstein jene der Päpste seit Christi Geburt, in Windhag jene der römischen Imperatoren und Kaiser *„ab urbe condita"* – sind ebenso vergleichbar wie die thematische Zuordnung zu einzelnen Räumen (hier Päpste- und Kaiserzimmer, dort Römer- und Österreichersaal).

Eine Gemeinsamkeit bietet schließlich auch die Begeisterung der beiden Auftraggeber für die öffentliche Verehrung ihrer persönlichen Namenspatrone (Joachim, Anna etc. bzw. Joseph und Katharina) sowie das ‚Sammeln' von marianischen Gnadenbildern und Wallfahrtsandenken. Hatte Graf Lamberg gleich sechs Gnadenbilder in seiner Kapelle versammelt, so verteilte Graf Windhag solche Schutzbilder auf seine verschiedenen Herrschaften: während er in Windhag *Maria zu den Engeln* in einer nachgebauten Portiunculakapelle verehren ließ, zeigte der Altar der Schlosskapelle Neunzen Maria Einsiedeln und jener im Freihof Großpertholz das Gnadenbild von Altötting (mit den hll. Dominikus und Katharina). Die Gregoriuskapelle bei Großpoppen erhielt laut Vertrag mit dem Bildhauer 1660 als Altarbekrönung eine Figur der *„Maria Mayor, wie St: Lucas gemalt […] in solcher gestalt wie alhie in der Bibliothec in dem allhiergelassenen buch fol. 20 zu sehen"*, also nach dem römischen Gnadenbild von Santa Maria Maggiore[116]. Zumindest das franziskanische Marienheiligtum war auch ein Memorialbau zum Gedenken an die Kavalierstour: als Graf Windhag *„in seiner Italiänischen Reiß den 22. May ‚anno' 1645 dieses heilige Ort andächtig besuchet/ hat er/ zweiffelsohn auß sonderbarer Eingebung Gottes/ ein Gelübd geleistet/ […] demselben ein gleichförmiges ‚Exemplar' auff seinem Grund auffzubawen/ welches er auch hernacher zu Werck gesetzet"*. Ebenso wie die Schlosskapelle in Ottenstein war auch jene in Windhag mit besonderen Ablässen ausgestattet und zwar gleichfalls an den Feiertagen der Hll. Franz von Assisi und Antonius von Padua[117]. Die Verbindung des Grafen Lamberg zu den Franziskanern wird auch aus einer jährlichen Stiftung von 15 Gulden für Almosen *„auf das Fest Portiuncula"* für das Kloster dieses Ordens in Langenlois ersichtlich[118].

Die staatstragende Marienfrömmigkeit des Ehepaares Lamberg-Sprinzenstein beweist hingegen der 1687 nach Mariazell gestiftete *„Silberne Engl von acht undt sibenzig Marckh [= über 18 kg!] zu einem Opfer"* und jährlich 30 Gulden der Einkünfte des Herzogsbades für ein Ewiges Licht. Damit nämlich *„die Ehr Gottes undt dero Gnadenreichen Mutter vermehret werde"*, sollte diese Stiftung ermöglichen, in der Gnadenkapelle ein Kerzenlicht *„Tag und Nacht in deß obbemelten Engelß haltenden vergolden Hertz brennen zu lassen"*[119]. Der in Form eines Engels gestaltete Leuchtkörper wurde vom kaiserlichen Hofjuwelier Konrad Rudolf Lüttiger, der von seinem Haus am Kohlmarkt auch die Fürsten Liechtenstein belieferte-

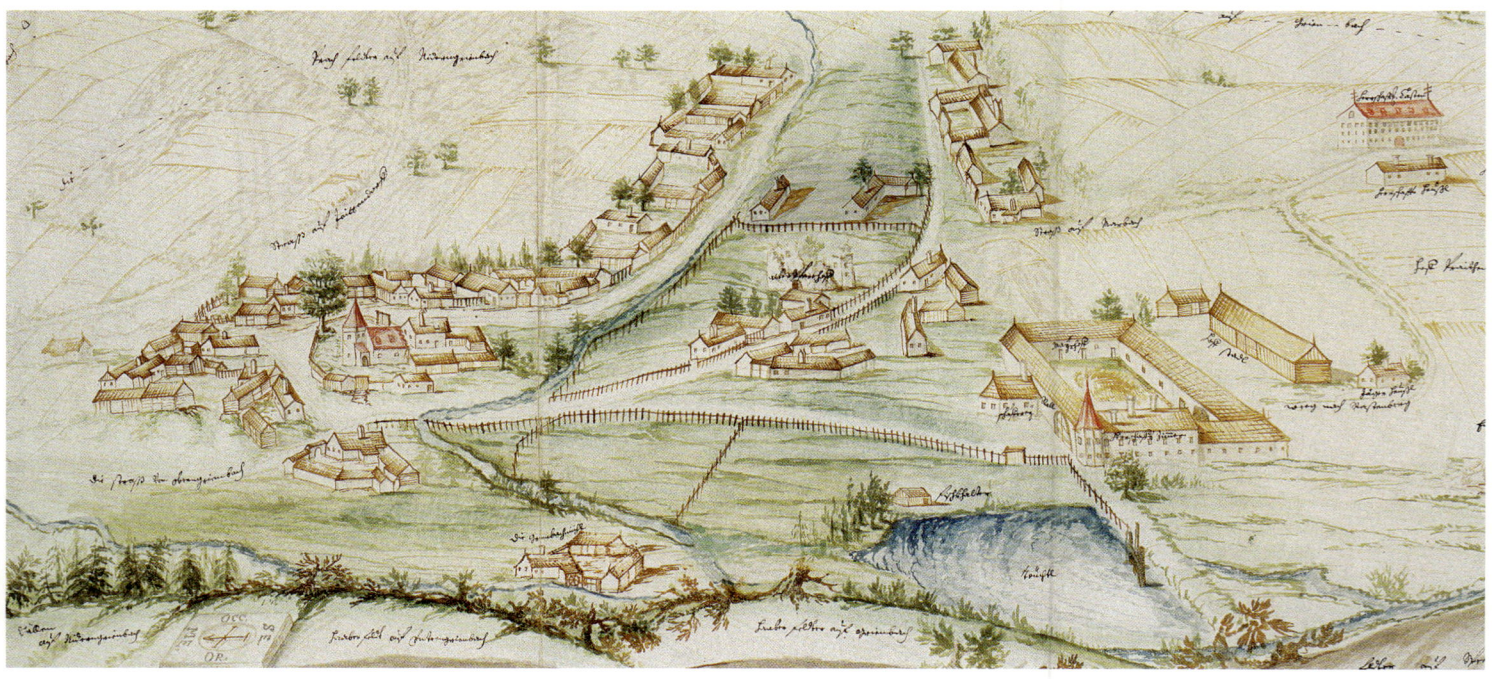

139. Ansicht des Ortes Niedergrünbach mit dem von Graf Lamberg 1692 errichteten Getreidespeicher, Aquarell von Johann Paul Faistenberger im Urbar der Herrschaft Niedergrünbach, Ausschnitt, 1705; Privatbesitz

te[120], angefertigt und kostete mit Wappenschildchen und sonstigem Zierrat fast 2000 Gulden[121]. 1694 ließ der Botschafter in Augsburg einen ähnlichen Engelsleuchter für seinen Schwager Hoyos anfertigen (siehe unten S. 290f) – vermutlich als Gegenstück für Mariazell. Dabei handelte es sich offensichtlich um Vorläufer der um 1720 vom St. Lambrechter Abt und von der Gräfin Montecuccoli gestifteten Engel vor dem Gnadenaltar. Nach Kaiser Leopold I. (Gitter, 1679) und gemeinsam mit Fürst Paul Esterházy (Gnadenaltar, 1689) sowie Fürst Franz Adam von Schwarzenberg (Antependium, 1706) reihten sich also auch die Grafen Lamberg und Hoyos in die Reihe der ‚wallfahrenden Minister' des Wiener Hofes ein[122]. Einen wesentlichen Unterschied zwischen den Schlössern Windhag und Ottenstein bildet jedoch verständlicherweise das Fehlen einer Ahnengalerie im Herrschaftssitz des Juristen. In Ottenstein wurden die Verdienste der Vorfahren für Kaiser und Vaterland dafür umso ausführlicher demonstriert. Die lambergische Familiengalerie bot nämlich mit ihren Porträts dasselbe wie die damals im Auftrag der Familie gedruckten Geschichtswerke. Eines der ersten Bücher dieser Art entstand bezeichnenderweise 1675 anlässlich der Ernennung von Johann Maximilian von Lamberg zum Obersthofmeister Leopolds I.: *Le gloriose Memorie de gli più Illustri Personaggi della Nobilissima & Antichissima Famiglia di Lamberg* (= Das glorreiche Andenken an die berühmtesten Persönlichkeiten der sehr vornehmen und altehrwürdigen Familie von Lamberg). Der Verfasser dieser Publikation, der kaiserliche Hofhistoriker Dominikus Franz Calin von Marienberg, schuf 1698 für Lambergs Vetter Ferdinand Bona-

140. „Geschichte des Fürstlich- und Gräfflichen Hauß von Lamberg" mit Stammbaum, Handschrift und Federzeichnung, um 1707; St. Pölten, NÖLA Lamberg-Archiv, Hs. 111

141. Titelblatt des „Spiegel der Ehren" von Sigismund von Birken, 1668; Privatbesitz

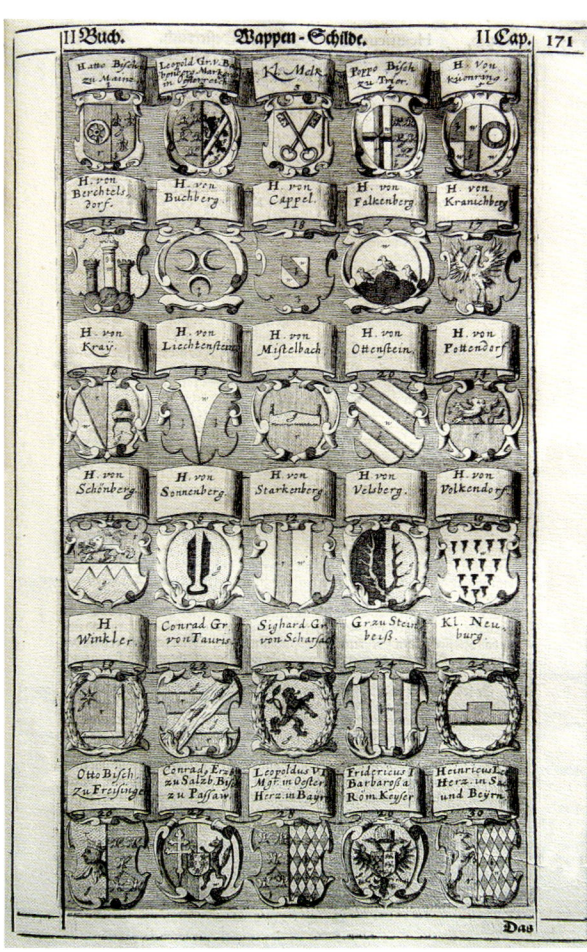

142. Wappen der Herren von Ottenstein neben jenen des Kaisers, der Kuenringer, der Liechtensteiner u.a. im „Spiegel der Ehren" von Sigismund von Birken, 1668; Privatbesitz. Dieses in Ottenstein vorhandene Werk zog der Herrschaftsverwalter 1699 für die historische Einleitung im Urbar heran.

165

ventura Graf Harrach die 350 x 250 cm große *Harrachsche Ahnenrolle*, die die Familie von Karl dem Großen herleitete[123]. 1709 publizierte der Geistliche Joseph Mayer in Wien eine mit Stammbaum sowie Emblemen illustrierte Familiengeschichte unter dem bezeichnenden Titel *Vortrefflich= Hoch= Adeliches CONTROFEÉ, Das ist: Vollkommener Adel/ Durch Dreyfach= mit villfachen ‚Meritten' unvergleichlich erworbene Glory, In Geistlich= Staat= und Kriegs=Ständen Des Hoch=Fürstl. Und Hochgräfflich=Uralten Hauses Von LAMBERG*. Das Projekt diente ebenso der Feier des 600-jährigen Bestehens der Familie wie der publizistischen Legitimation der 1707 Jahr erfolgten Erhebung des Grafen Leopold Matthias in den Reichsfürstenstand durch Kaiser Joseph I.[124]. Denn der „Eifer für die österreichische Monarchie (vom Reich ist nicht die Rede)" habe laut Mayer eben in der Erhebung in den Reichsfürstenstand die äußere Anerkennung gefunden[125]. Das Buch enthält übrigens auch zwei Tafeln, die die „*Verwandtschaft mit dem Römischen Kayser*" veranschaulichen – aufgrund der im Markgrafen Christoph von Baden zusammenlaufenden Linien des fürstlichen Zweiges der Familie Lamberg (Johann Maximilian) und der steirischen Linie der Habsburger (Ferdinand II.).

Deutlich ersichtlich wird diese höfische Ideologie auch aus dem kaiserlichen Schreiben vom 27. Oktober 1697, mit dem Leopold Joseph von Lamberg der Reichsgrafenstand bestätigt wurde. Leopold I. begründete seine Entscheidung nämlich damit, dass die Mitglieder der Adelsfamilie den Kaisern und dem „*Löbl. Ertzhaus Österreich von vielen langen Jahren hero rümblichen [...] zu Friedens und Kriegs Zeithen zu Hoff in- und außer unserer Länder in unterschiedlichen Sachen und wichtigen Verrichtungen zu Feldt sowohl alß auch in [...] unterschiedlichen Pottschafften, Comissionen und Ambtern*" gedient hätten. Schon Valradus II. von Lamberg habe 1214 den Babenbergerherzog Leopold während des Kreuzzuges bei der Belagerung von Ptolomäus unterstützt und Hermann von Lamberg als Obersthofmeister den ersten Habsburgern Rudolph I. und Albrecht I. gedient. Berengerus von Lamberg sei 1332 als Gesandter mit der Abholung der habsburgischen Braut Bianca von Kastilien aus Paris betraut gewesen und Rudolf von Lamberg 1357 als kaiserlicher Botschafter nach Venedig entsandt worden. Und auch später habe das „*uralte vornembe Geschlecht und ‚Familia' deren von Lamberg*" durch seine Tätigkeit von „*Adelichem Gemüth und Ritterlichen Tugenten nach ihrer Voreltern continuirten rümblichen Exempeln*" grosse Verdienste erworben[126]. Spätestens im Zusammenhang mit der Fürstung der Familie Lamberg im Jahre 1707 wurde die Frage nach dem Alter des Geschlechtes auch in

143. Esterházy-Besitzungen Eisenstadt und Kittsee, Darstellungen auf einer Eisentruhe, 1688; Forchtenstein, Schloss

144. Ansicht der Burg Rastenberg mit herrschaftlichen Wirtschaftsbetrieben, Aquarell von Johann Paul Faistenberger im Urbar der Herrschaft Rastenberg, Ausschnitt, 1705; Privatbesitz

Ottenstein wieder aktuell, und ein Stammbaum aus dieser Zeit als Beilage zu einer *Geschichte des Fürstlichen und Grafflichen Hauß von Lamberg* im Ottensteiner Archiv geht immerhin bis ins 14. Jahrhundert zurück (Abb. 140)[127].

Für die historische Orientierung des Grafen Leopold Joseph und seiner Ottensteiner Dekoration lässt sich sogar eine direkte Quelle benennen. Es handelt sich um den *Spiegel der Ehren des Höchstlöblichen Kayser= und Königlichen Erzhauses Oesterreich* des aus Böhmen stammenden Sigismund von Birken, der ebenso wie Lambergs Schwiegervater Mitglied der *Fruchtbringenden Gesellschaft* war[128]. Das 1668 in Nürnberg veröffentlichte und den Habsburger-Patriotismus dieser Zeit vielleicht am deutlichsten zum Ausdruck bringende Werk (Abb. 141) war 1690 im Arbeitskabinett Lambergs vorhanden. 1699 bezog sich auch der Ottensteiner Verwalter in der Einleitung zum Urbar der Herrschaft auf diese Publikation. Der Text führt die bis auf die Kuenringer zurückreichende 650 Jahre alte Tradition des Ortes und das seit dieser Zeit dem Dienst am Vaterland und Herrscherhaus verpflichtete Selbstverständnis der adeligen Besitzer expressis verbis vor: „*Solches Schloß ware schon in Zeiten Alberti Erzherzogen zu Österreich, so Victoriosus oder der Siegreiche bennennet worden, Anno 1038 erpauet und einem vornemben Österreichischen Geschlecht des Nahmens und Stambens der Herrn von Ottenstain inngehabt und possediret, welches in dem Österreich. Ehrenspiegel, von Ankunfft des Uhralt Löbl. Hauses Habsburg, deren Leben und Großthaten im Anderten Buch Cap. 2 fol. 162 mit mehreren Persohnen, das von Poppo Bischofen zu Thrier ihme Erzherzogen Alberto ein tapferer Obrister Azo genant mit einem außerlesenen Hauffen wohlgeiebter Reisigen wider die Hungarn zuegeben worden, durch deren Tapferkheit er alle seine Feund obgesieget. Diesen Azo begabte der Erzherzog reichlich, und machte ihme zum Marschalkh und Erbschenkh in Österreich. Sein Enickhl pauet die Burgg Khünering und schrieb sich darnach. […] Von diesem Azo, aus Thrier gekhommenen vornemben Geschlechtern, eines, das gemelte Schloß Ottenstain erpauet= und derselbe dessen erster Urhöber gewesen; […]. Inmassen dan dises Herrn von Ottenstain, sein Wappenschildt in ermelten Oesterreich. Ehrenspiegel, im anderten Buch Cap 2do fol. 171 N. 20 zu sehen, welches in einem Schildt im blauen Veldt 3 weiße abwerts stehente Zwerchstreich oder Straßen angezaigt, daß also auß disem allen wahrhafft scheinet, daß von dem Azo, alß Stamm Vatter seinem Geschlecht, noch Ao. 1038 das Schloß erpauet worden, und schon vor 661 Jahren den Nahmen Ottenstain von diesem Geschlecht erhalten hat.*" (Abb. 142)[129] Trotz teilweise wörtlicher Zitate aus Birkens Buch verwechselte der Ottensteiner Autor zwar den Babenberger Markgrafen Adalbert (†1055) mit einem Habsburger und Erzherzog, aber der in diesem Zusammenhang als Gründer vieler Geschlechter (darunter der Liechtensteiner und Wittigonen) genannte, 1056 urkundlich gesicherte Azo aus Trier war tatsächlich der Stammvater bzw. ein Vorfahre der Kuenringer,

Seefelder, Sonnberger und der Fürsten von Liechtenstein (die sich zwischen 1613 und 1631 darauf beriefen)[130].

Leopold Joseph von Lamberg verband also in der Ikonographie des Schlosses Ottenstein vorphysiokratische Besitzdarstellung, Huldigung an das Kaiserhaus und gegenreformatorische Marien- sowie Heiligenverehrung, wie sie Graf Windhag, der Onkel seiner Gattin, vorgeführt hatte, mit dem Verweis auf die uralte Tradition seines Stammsitzes Ottenstein und die adelige Würde der Familie Lamberg[131]. Diese topographisch-historische Kombination, wie sie besonders durch die Burgdarstellungen in den Stammbäumen dieser Zeit zum Ausdruck kommt[132], findet ihre nächste Parallele in der Kunstprogrammatik des Fürsten Paul I. Esterházy. Dieser hatte um 1680 von den Mitarbeitern der Topographien Vischers und Valvasors, Tobias Sadler und Matthias Greischer, 75 Kupferstiche von 53 seiner Besitzungen anfertigen und im Jahre 1700 Bildnisse seiner Vorfahren unter dem bezeichnenden Titel *Trophaeum Nobilissimae ac Antiquitissimae Domus Estorasiane* publizieren lassen[133]. Ebenfalls im Zusammenhang mit seiner Fürstenerhebung im Jahre 1687 realisierte der ungarische Palatin in der Burg Forchtenstein ein ähnliches Konzept wie Lamberg in Ottenstein: Die Fassaden des Burghofes wurden mit 130 gemalten Büsten von Kaisern und ungarischen Königen bis zu den regierenden Habsburgern geschmückt, und es gab auch einen Gemäldezyklus von Habsburgern. Die Türen des oberen Geschosses und eine Archiv- oder Geldtruhe wurden mit den Veduten der esterházischen Schlösser bemalt (Abb. 143) und die Serie großformatiger Familienporträts hat man bis zu einem fiktiven Petrus Estoras zurückgeführt, der 1210 die Tochter des Erbauers von Forchtenstein geheiratet haben soll[134]. Auch im Festsaal des Eisenstädter Schlosses gab es vermutlich schon 1702 nicht nur eine Serie ungarischer Könige, sondern auch der Schlösser der Familie Esterházy[135]. Die besondere Marienverehrung des Fürsten äußerte sich ebenfalls in Stiftungen für Mariazell und der Finanzierung eigener Wallfahrtskirchen (darunter um 1685 Mariahilf in Wien) sowie in mehreren von ihm selbst publizierten Büchern über Mariengnadenbilder[136]. Nicht zuletzt ist den als ,Stammburgen' der Familie geltenden Schlössern Windhag, Ottenstein und Forchtenstein die Einrichtung einer räumlich separierten und mit eigenen Möbeln dekorierten Schatz- bzw. Kunstkammer mit Reliquien gemeinsam[137].

Rastenberg, Lichtenfels und Loschberg

Während wir über die Bautätigkeit und das Aussehen des Schlosses Ottenstein relativ gut unterrichtet sind, ist der Informationsstand über die Bautätigkeit des Grafen Lamberg in seinen anderen Herrschaftssitzen im Waldviertel und deren Originalerhaltungszustand nicht so gut. Das liegt vermutlich auch daran, dass diese Bauten vor allem als Zentren der wirtschaftlichen Verwaltung und erst in zweiter Linie als adelige Wohnsitze fungierten bzw. so gesehen wurden[138]. An einigen seiner Schlösser scheint Graf Lamberg daher kaum Veränderungen vorgenommen zu haben – sei es aus zeitlichem bzw. finanziellem Mangel oder aus der Absicht das vorwiegend mittelalterliche Erscheinungsbild dieser nur von Beamten bewohnten Festungen nicht zu verändern. Dies gilt etwa für die seit 1628 in der Hand der Familie Unterholzer vereinigten Burgen Rastenberg und Lichtenfels. Rastenberg (Abb. 144) wurde offensichtlich erst in der Mitte des 18. Jahrhunderts unter dem neuen Besitzer Johann Christoph Freiherr von Bartenstein, dem Vizekanzler der österreichisch-böhmischen Hofkanzlei, barockisiert[139].

Die heute von einem Stausee umgebene Ruine Lichtenfels war hingegen während der von 1663 bis 1745 dauernden Phase lambergischen Besitzes bewohnt und ähnlich wie Ottenstein mit einem einheitlichen Dach neben dem Bergfried ausgestattet. Zwei Tore und eine hölzerne Brücke gewährten militärische Sicherheit (Abb. 145).

145. Ansicht der Burg Lichtenfels, Aquarell von Johann Paul Faistenberger im Urbar der Herrschaft Lichtenfels, Ausschnitt, 1705; Privatbesitz

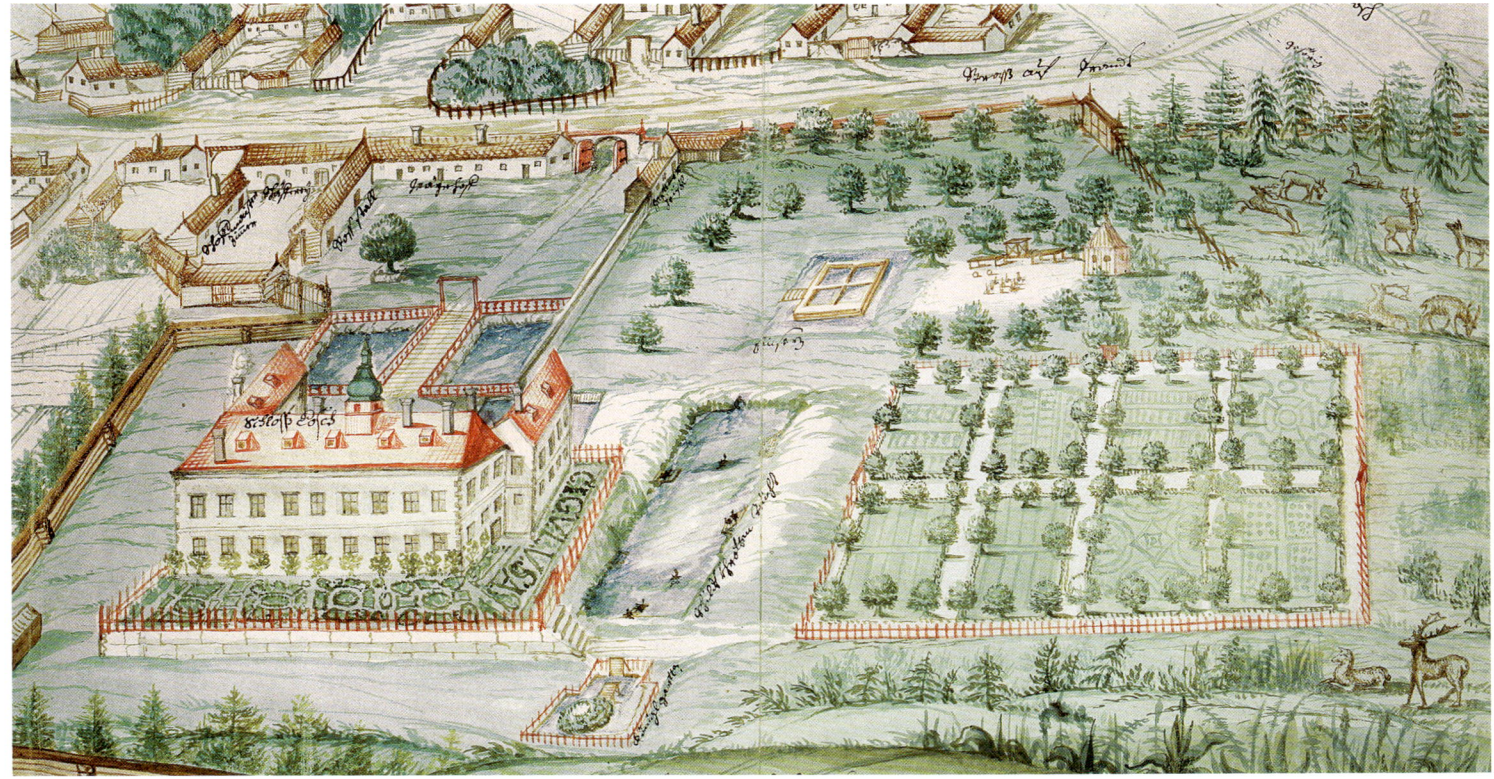

Aufgrund der Veränderungen gegenüber dem Kupferstich von Vischer aus dem Jahre 1672 nimmt Paul Buberl an, dass vor allem die noch erhaltene Toranlage Ende des 17. Jahrhunderts und damit im Auftrag des Grafen Leopold Joseph von Lamberg errichtet wurde[140].

1686 erwarb Leopold Joseph von Hans Adam Freiherrn von Landau das an seine Herrschaft Rastenberg grenzende Gut Losch(berg), das sich schon von 1661–76 im Besitz der Familie befunden hatte, und ließ dort das in der Topographie Vischers (1672) überlieferte kleine Schloss offensichtlich grundsätzlich erneuern[141]. Die U-förmige zweigeschossige Anlage mit einfacher Architekturgliederung und kleinem Mittelürmchen umfasste im 18. Jahrhundert 19 Zimmer und eine zweigeschossige Kapelle in der südwestlichen Ecke (Abb. 146). Dieser Sakralraum wurde 1697 von den damals in Ottenstein tätigen Stukkateuren, den Brüdern Fontana, nach dem Vorbild der dortigen Schlosskapelle ausgestattet. Am 31. August d. J. schreibt der Herrschaftsverwalter nämlich an den Grafen Lamberg in Regensburg: *„Die Stokadors sind ietzt zu Losch. Ich habe zwar mit ihnen traktiert, daß sye erstlich den Altar verfertigen, wie sie mir den Riß gar sauber gezaigt. Volglich sollen sye auf der Seiten da man hiniber sieht, das [gotische!] Ottenstainische Crucifix nach dem Orginal stokadorn, Mariam Magdalenam zum Fuessen machen und hernach etliche Seeln in Feyr wie zu Ottenstain, und ober der Capelln Thür den Engel S. Michael mit der Wag und Schwert."* Die Arbeit zog sich offensichtlich länger hin, denn am 11. Oktober berichtete Lorenz Vorster seinem Herrn, dass er in Losch den Altar besichtigt habe, *„welchen der Kerl sauber machet; er wird aber vor 4 Wochen mit allem schwerlich fertig werden"*.[142]

Vor allem aufgrund seiner Gartengestaltung scheint Loschberg eine Art Lustschloss neben dem Hauptsitz Ottenstein gewesen zu sein. Vom Wirtschaftshof führte ein zwischen zwei Wasserbecken gelegener Zugang in den Ehrenhof, und die beiden Hauptflügel des Schlosses waren von einem auf einer erhöhten Terrasse liegenden Gartenparterre umgeben. Der großflächige mit Obstbäumen bepflanzte Park, in dem sich u.a. ein regelmäßig angelegter Wirtschaftsgarten und ein Teich befanden, diente als Tiergarten, sodass man auch von der Schlossterrasse aus die Hirsche und Rehe beobachten konnte. Bei den Tieren könnte es sich ebenso wie im 1683 beschriebenen Tiergarten des Schwagers Hoyos in Horn um Damwild gehandelt haben.

Nachweisbar sind auch mehrere Baumaßnahmen und Altarstiftungen bei den Patronatskirchen der lambergischen Herrschaften. So dürfte die Errichtung eines Marien- und Pestaltares in der als *Ritterkapelle* bekannten Stifterkapelle der Pfarrkirche Rastenfeld im Jahre 1701 auf Lamberg zurückgehen. In der Mitte befindet sich eine Kopie des nach dem Sieg über die osmanische Armee bei Zenta 1697 auf kaiserlichen Befehl auf

146. Ansicht des Schlosses Losch(berg), Aquarell von Johann Paul Faistenberger im Urbar der Herrschaft Losch, Ausschnitt; 1705; Privatbesitz

dem Hochaltar des Wiener Stefansdomes aufgestellten Gnadenbildes Maria Pötsch, umgeben von vier ovalen Gemälden der Pestheiligen Rosalia, Sebastian, Gregor d. Gr. (?) und des Nährvaters Josef (Abb. 147). Der ungewöhnliche, nur aus Akanthusblättern aufgebaute Altar wurde vom Bildhauer Valentin Gauck aus Waidhofen an der Thaya geliefert[143]. Für eine lambergische Stiftung sprechen sowohl die dem kaiserlichen Vorbild folgende Marienverehrung als auch die Herkunft des Altares aus der lambergischen Stadt, sodass vielleicht auch die Gemälde vom dort ansässigen Maler Johann Paul Faistenberger (siehe unten) stammen könnten.

Drosendorf, Waidhofen an der Thaya und Thaya

Der Renovierung der Schlosskapelle galt offensichtlich auch das erste Engagement des Ehepaares Lamberg nach dem Antritt des Erbes der Herrschaft Drosendorf, die sich seit 1664 im Besitz des Grafen Ferdinand Maximilian von Sprinzenstein (Abb. 10) befand[144]. Die durch eine erstmalige Messfeier am 12. März 1682 abgeschlossene Modernisierung des Sakralraumes scheint jedoch nicht viel über eine Ausmalung hinausgegangen zu sein, da sowohl das Gewölbe als auch der mit den Wappen der Vorbesitzer Mollart/Muschinger versehene Hochaltar aus der Zeit um 1630 unverändert erhalten blieben[145]. Die Nachricht im Ottensteiner Verwalterbericht vom 6. April 1688 („Gestern ist der Stukatorer von Drosendorff anhero kommen und wird von der Capeln einen Abriß nehmen."[146]), verweist aber vielleicht auf weitergehende Umbaupläne nach dem Muster der Schlosskapelle im Kamptal.

Den ursprünglichen Zustand des in der Südecke der Stadtbefestigung gelegenen Schlosses überliefert die Ansicht von Daniel Suttinger aus dem Jahre 1677 (Abb. 148)[147]. Der vermutliche Saaltrakt im Südwesten und drei niedere Flügel umgeben einen annähernd rechteckigen Hof. Die unregelmäßige Dachsilhouette wurde von einem kleinen Dachreiter und einem Bergfried überragt. Der nachgotische Chor der neben dem Hauptportal befindlichen Schlosskapelle sowie ein galerieartiger Anbau entlang der Stadtmauer ragten ebenfalls aus der Flucht des Geviertes hervor. Ein durch einen Blitzschlag am 13. August 1694 ausgelöster Brand hatte den Neubau zweier Trakte zur Folge (Abb. 149). Ähnlich wie zuvor in Ottenstein wurde damals der schmale Nutz- zu einem Wohntrakt aufgewertet und der Baukörper durch ein durchgängiges Dach blockhaft vereinheitlicht[148]. Der hohe Turm wurde jedenfalls erst 1710 abgetragen und ist daher auf der 1718 (?) angefertigten Stadtansicht nicht mehr zu sehen (Abb. 150).

Aus der Zeit von Lambergs Sohn und sogar erst aus dem zweiten Viertel des 18. Jahrhunderts stammt auch der Großteil der barocken Stuckdecken, der Lambris aus intarsiertem Nussholz und Prunköfen in Drosendorf. Dies spricht m. M. nach dafür, dass die Umbautätigkeit des Botschafters nicht sehr weit gegangen ist bzw. vor seinem Tod im Jahre 1706 keinesfalls abgeschlossen war. Von den 1911 in Drosendorf dokumentierten Gemälden befanden sich offensichtlich die Bildnisse von Lambergs Schwiegervater (Abb. 10) und sein eigenes im Vliesornat (Abb. 291) schon 1737 dort. Das Inventar dieses Jahres verzeichnete außerdem mehrere Habsburgerporträts (Abb. 366), die Bildnisse des bayerischen Kurfürstenpaares von Gascar (Abb. 203 und 217) sowie italienische Gemälde, darunter die *Taufe Christi* (Abb. 495), Fruchtstillleben (Abb. 497) und Tierstücke (Abb. 463) aus dem 17. Jahrhundert[149]. Aus der Zeit Leopold Josephs dürfte außerdem der Brunnen im Hof mit den heraldischen Hunden stammen.

Mit der Renovierung des Schlosses Drosendorf nach dem Brand könnte auch die Berufung des

147. Akanthusaltar der Stifterkapelle von Valentin Gauck mit Gnadenbild „Maria Pötsch", 1701; Rastenfeld, Pfarrkirche

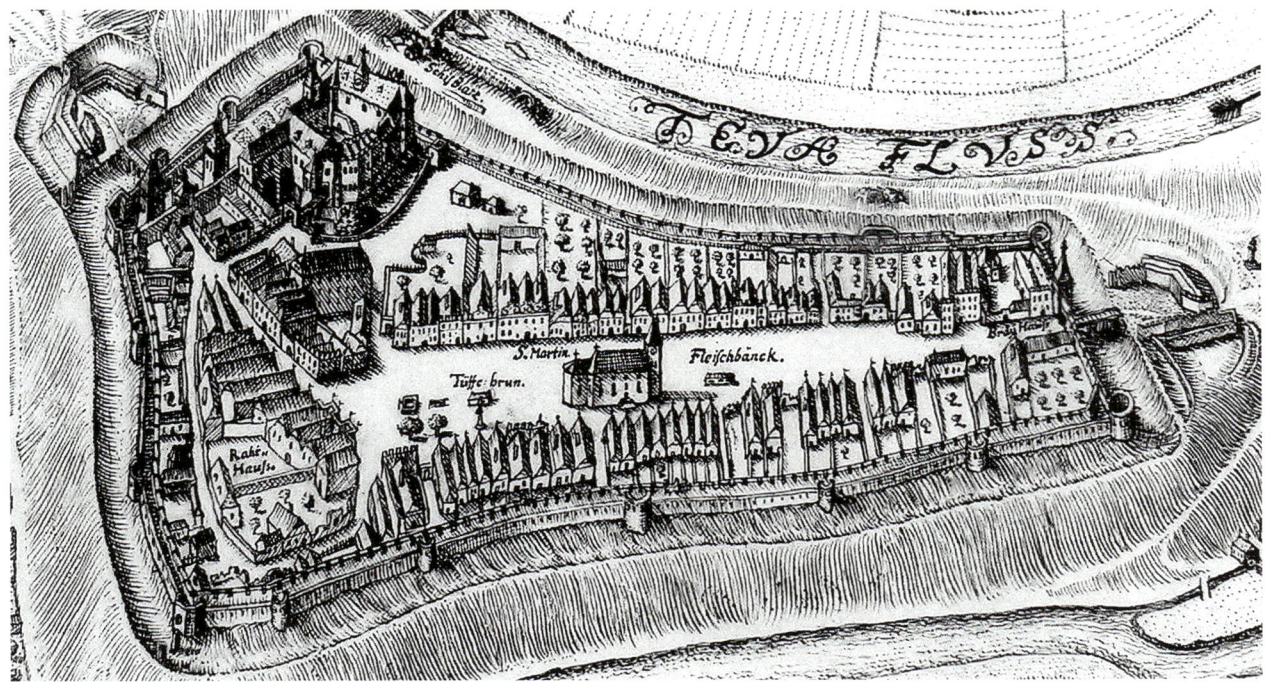

148. Vogelschau der Stadt Drosendorf mit dem Schloss, Federzeichnung von Daniel Suttinger, Ausschnitt, 1677; Privatbesitz

Tiroler Künstlers Johann Paul Faistenberger in lambergische Dienste zusammenhängen, da dieser erstmals 1694 im Waldviertel nachweisbar ist. Tatsächlich wird in einer Chronik von 1844 überliefert, dass der Sohn des Kitzbüheler Bildhauers Benedikt I. Faistenberger in der *„Stadt Böhmisch-Waidhofen am Fluß Thaya in Unterösterreich als Maler und Architekt"* angestellt gewesen sei[150]. Einem Bericht des Drosendorfer Verwalters Zacharias Gerstner von 1694 zufolge, wurde Paul Faistenberger anlässlich der Bezahlung der Vergoldung eines Kreuzes für die 1693 von Graf Lamberg um 620 Gulden erbaute Herrschaftskapelle an der Pfarrkirche zu Langau allerdings nur als *„Maller allhier"* (d.h. wohl in Drosendorf) bezeichnet[151]. Der 1654 in Kitzbühel geborene Paul war 1674 gemeinsam mit seinem älteren Bruder, dem Bildhauer Benedikt II. Faistenberger, vielleicht über Italien nach Böhmen gezogen, wo Benedikt spätestens 1681 nachweisbar ist.

149. Innenhof mit heraldischer Brunnenfigur; Drosendorf, Schloss Hoyos-Sprinzenstein

Johann Paul Faistenberger könnte vor seiner Tätigkeit in Drosendorf unter der Leitung Johann Michael Rottmayrs im benachbarten Schloss Frain der mit Lamberg verschwägerten Familie Althann tätig gewesen sein[152]. Es wäre aber auch denkbar, dass es eine direkte Bekanntschaft 1675 in Rom gab oder eine Vermittlung des Tiroler Zweiges der Familie Lamberg bzw. des ebenfalls in Kitzbühel begüterten Passauer Bischofs Johann Philipp von Lamberg. 1699 erwarb der Tiroler Künstler jedenfalls um 280 Gulden ein neu erbautes Haus in Waidhofen an der Thaya, wo er sich ein Jahr später mit der Schuhmachertochter Maria Sophia Loidolt vermählte. Bei der Taufe ihres zweiten Kindes im Jahre 1704 scheint der oben genannte Drosendorfer Herrschaftsverwalter als Taufpate auf. Johann Paul Faistenberger starb jedoch schon 1705 im Alter von nur 51 Jahren[153].

Die vorhin erwähnte Seitenkapelle der Patronatskirche in Langau wurde 1693/94 vom Maurermeister Barholomä(us) Lucas aus Waidhofen an der Thaya im Auftrag des Grafen Lamberg errichtet und kostete 345 Gulden 47 Kreuzer[154] (Abb. 151). Das Gotteshaus beherbergt allerdings nur mehr wenige Kunstwerke aus dieser Zeit[155]. Selbst der bis 1939 in der Kapelle bestehende Peregrinus-Altar mit einem Bild der hl. Maria Magdalena stammt aus dem zweiten Viertel des 18. Jahrhunderts. Es wäre aber denkbar, dass die beiden Statuen der hll. Joachim und Franz von Assisi (Abb. 152) vom ursprünglichen Altar stammen. Denn die Kombination dieser vier Heiligen ist ziemlich ungewöhnlich, die beiden Holzskulpturen stellen aber sozusagen ‚Hausheilige' des Ehepaares Lamberg dar.

Während die künstlerische Beteiligung Faistenbergers in Langau nicht mehr fassbar ist, können dem Tiroler jedoch die Veduten der lambergischen Urbare zugeschrieben werden, die bezeichnenderweise ebenfalls 1694 einsetzen. Aufgrund einer Angabe der Drosendorfer Wirtschaftsbücher hat Faistenberger „zu einrichtung des alhiesig neuen Urbari alle herrschaftlichen Torfschafften abgezaichnet unnd in grundt gelegt"[156].

Zu den ersten Aufträgen Faistenbergers gehörten die Ansichten für das Urbar der Herrschaft Waidhofen an der Thaya aus dem Jahre 1694. Die Darstellung von Schloss und Stadt (Abb. 154) unterscheidet sich nicht wesentlich von der 20 Jahre früher entstandenen Ansicht Vischers, sodass wir annehmen können, dass Graf Lamberg zumindest bis zu diesem Zeitpunkt keine größeren Umbauten an dem Sprinzensteinischen Herrschaftssitz (Wappen von 1659) vorgenommen hat. Grundlegende Änderungen der Bausubstanz erfolgten erst in den Jahren 1796–98 unter den Freiherrn von Gudenus durch Andreas Zach[157].

Dennoch scheint das Schloss Waidhofen auch Ende des 17. Jahrhunderts durchaus standesgemäß ausgestattet gewesen zu sein. Zumindest diente es im September 1683 sogar zweimal dem Kurfürsten Johann Georg III. von Sachsen (Abb. 155) auf dem Weg zur und von der Befreiung Wiens als Nachtquartier, wie wir aus einem später gedruckten Diarium des kurfürstlichen Stallmeisters Karl Gottfried von Bose erfahren. Nach dem Aufenthalt in Neubistritz/ Nová Bystřice, wo

150. Ansicht der Stadt und des Schlosses Drosendorf, Ölgemälde aus dem Schloss Drosendorf, Ausschnitt, 1718 (?); Privatbesitz

der Hofstaat im Schloss des Grafen Slawata, *„so sehr lustig gelegen, und auch wohl ‚meublirt' gewesen"*, genächtigt hatte, traf die sächsische Armee am 22. August (protestantischer Kalender) bzw. 1. September (gregorianischer Kalender) in Waidhofen ein: *„Churfstl. Durchl. logirten auff dem Schlosse, so dem Herrn Graffen von Lamberg zuständig"*, wo am Abend auch *„ordentliche Tafel gehalten"* wurde, während die Soldaten in der Nähe der Stadt campierten[158]. Der handschriftliche Bericht bezeichnet das kurfürstliche Nachtquartier in Waidhofen als *„feines Schloß, so allwohl moebliret war"*[159]. Ob Graf Leopold Joseph selbst zur Begrüßung der vornehmen Gäste anwesend war, geht aus den Quellen nicht hervor, denn der am nächsten Tag als Vermittler zwischen dem sächsischen Kurfürsten und dem damals in Linz befindlichen Kaiser fungierende Graf Lamberg war vermutlich der Cousin Johann Philipp (Abb. 52). Dieser hatte ja als kaiserlicher Diplomat auch die Teilnahme des sächsischen Heeres an der Befreiung Wiens ausgehandelt. Das Nachtquartier in Waidhofen war jedenfalls ebenso wenig Zufall wie die nächste Station am 2. September in Horn, der Herrschaft des lambergischen Schwagers Hoyos (Abb. 158). Der kaiserliche Bote Lamberg wurde hier vom Kurfürsten im gräflichen Schloss empfangen, *„so nebenst der Stadt, welche in die Länge gebauet, dem Herrn Graffen Hoyos zugehörig, und sehr lustig lieget. Am Schlosse ist ein Thier=Garten, darinnen etliche 40 Stück Tann=Wildpret verwahret gehalten werden"*. Am nächsten Tag begab sich der Kurfürst mit Teilen seines Hofstaates nach Stetteldorf, wo mit König Jan III. Sobieski von Polen (Abb. 319) und Herzog Karl V. von Lothringen Kriegsrat gehalten wurde. In Begleitung des Kurfürsten befanden sich auch Graf (Johann Philipp von) Lamberg und Hans Georg von Kuefstein von Greillenstein, dem damals als Vorsitzenden der niederösterreichischen Stände die Organisation der Verteidigung des Landes oblag[160]. Die verbündeten Armeen zogen schließlich über Krems nach Wien, das am 12. September von der türkischen Belagerung befreit wurde. Die Rückreise der sächsischen Armee erfolgte auf dem gleichen Weg über Hadersdorf, Horn und Waidhofen an der Thaya, wo der Kurfürst am 22. September wieder im lambergischen Schloss übernachtete. Das Schloss Waidhofen verfügte damals über eine eigene Kapelle, in der bei Bedarf durch Mönche des 1784 aufgehobenen Kapuzinerklosters oder den Herrschaftskaplan Messe gelesen wurde. Darüber hinaus hatte Graf Lamberg in der

Pfarrkirche ein herrschaftliches Oratorium einrichten und mit seiner Gattin 1694 vom Baumeister Matthias Fölser ein Langhaus an den gotischen Chor der Spitalskirche anfügen lassen[161]. Die Gräfin Katharina Eleonora von Lamberg förderte aber auch die von ihrem Vater außerhalb der Stadt auf Herrschaftsgrund vor 1672 nach dem Muster der Wiener Augustinerkirche erbaute Loretokapelle, in der von den Kapuzinern täglich eine Messe gelesen wurde. Dazu stiftete Gräfin Katharina Eleonora von Lamberg *„Perlen und Diamanten Geschmuck"* für das Madonnenbild, und unmittelbar neben der Kapelle wurde vor 1694 ein kleines Heim zum Unterhalt von drei Blinden errichtet[162].

151. Lambergische Stifterkapelle von Bartholomäus Lucas, 1694; Langau, Pfarrkirche

152 und 153. Hll. Joachim und Franz von Assisi, Holzstatuen vom ehemaligen Altar der lambergischen Stifterkapelle, um 1700 (?); Langau, Pfarrkirche

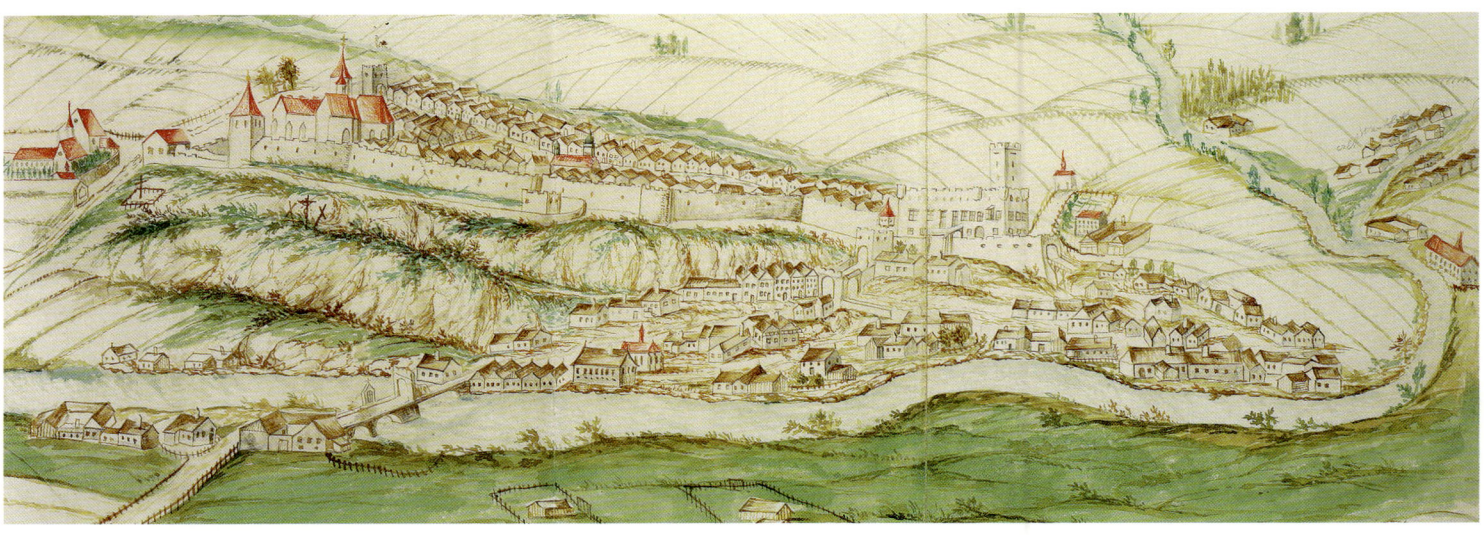

154. Ansicht der Stadt Waidhofen an der Thaya von Süden mit Schloss und Loretokapelle, Aquarell von Johann Paul Faistenberger im Urbar der Herrschaft Waidhofen an der Thaya, 1694; Privatbesitz

155. Porträt des Kurfürsten Johann Georg III. von Sachsen und Allegorie auf die Verteidigung des Reiches gegen Osmanen und Franzosen durch die kurfürstlichen Truppen, Vorder- und Rückseite der vergoldeten Bronzemedaille von Philipp Heinrich Müller, 1688; Privatbesitz

Um eine Weiterführung einer Stiftung des Grafen Ferdinand Maximilian von Sprinzenstein handelte es sich auch beim Spital im Markt Thaya: 1666 hatte Lambergs Schwiegervater eine Spitalsstiftung für zwölf arme Untertanen errichtet und 1671 dafür ein Gebäude erbauen lassen. Der Stiftsbrief wurde jedoch erst 1688 von Leopold Joseph von Lamberg ausgestellt, der dann 1689 auch eine Kapelle ausführen und dem hl. Johannes dem Täufer weihen ließ. Gleichzeitig wurden sechs Messen, darunter an den Festtagen der Hl. Johannes Baptist und Franz Xaver, gestiftet. Die Spitalsinsassen waren hingegen verpflichtet, dreimal täglich den Rosenkranz und die Lauretanische Litanei (!) für ihre Stifter Sprinzenstein und Lamberg zu beten[163].

1694 kaufte Graf Lamberg das Dorf Puch um 10.000 Gulden vom Stift Altenburg[164] und ließ offensichtlich auch dort ab 1700 die gotische Kirche durch Matthias Fölser modernisieren. 1704 lieferte der Tischler Valentin Gauck aus Waidhofen an der Thaya einen neuen Hochaltar und eine Kanzel um insgesamt 80 Gulden, sechs Metzen Korn und einen Eimer Bier. 1705 folgte ein Altar zu Ehren der hl. Familie[165].

Adelige Sommerfrische im Waldviertel

Als im Ausland tätiger Diplomat hatte Graf Lamberg seinen Lebensmittelpunkt natürlich weit entfernt von seinen Grundherrschaften und konnte diese nicht einmal jährlich besuchen. Doch auch bei den in Wien residierenden Hofadeligen bildeten die Landgüter in Niederösterreich oder Mähren meist nur mehr die wirtschaftliche Basis sowie ein Rückzugsgebiet für wenige Sommerwochen, wenn auch die Hofburg verwaist war[166]. Verständlicherweise dienten diese Landaufenthalte dann in gleicher Weise der Kontrolle der Wirtschaftsbetriebe wie der Erholung und dem Kontakt mit benachbarten Herrschaftsinhabern[167].

Diese Form adeliger ‚Sommerfrische' Ende des 17. Jahrhunderts überliefern uns die Tagebuchaufzeichnungen des Grafen Lamberg von seinem Heimaturlaub im August 1694. Die Anreise aus Regensburg war diesmal über die böhmischen Kurorte und Prag erfolgt (siehe unten S. 257), sodass Leopold Joseph am 10. August zuerst in seiner nördlichsten Herrschaft Gilgenberg an der Grenze zu Mähren eintraf[168]. Am nächsten Morgen fuhr der Graf zum Getreideschnitt beim Gutshof in Lexnitz (?): *„Hab schönes junges [...] Vieh gefunden in 31 Stuckh, und in der Schaferei 400 saubere Lemer [= Lämmer]. Zu Gilgenberg auch neben der Schaferey 40 Milchthier und in Reibers [?] 40 Stuckh. Die Fexung ware dieserorthen Gott lob schön, und hat dises Gütl einen schönen Anbau, so mancher grosser Herrschaft nicht nachgibet. Donnerstag 12. August: Heuth fhrue raisete von hier nach Waydhoven, so 4 Stund austraget, und komme umb 11 Uhr an. Zu Thaya [Abb. 156] hab ich in der Spittal Capellen Mess gehört. Wie ich zu Waydhoven ankommen, beschauete ich das Spittalhauss der 3*

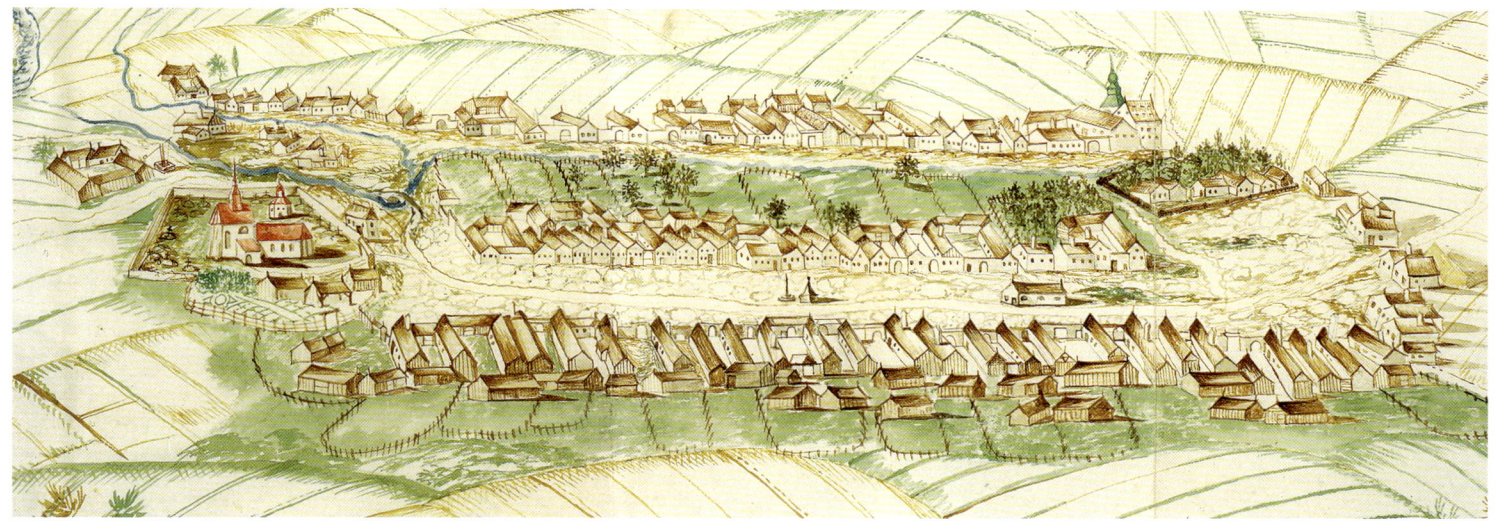

156. Ansicht des Marktes Thaya mit der Bürgerspitalskapelle, Aquarell von Johann Paul Faistenberger im Urbar der Herrschaft Thaya, Ausschnitt, 1694; Privatbesitz

Blinden, so ich und meine Gemahlin erbauen lassen wie auch gestifftet zu Ehren der Heyl. Dreifaltigkeit. Freitag 13. August: […] Meine Gemahlin mit meinem Sohn ist Gott lob glücklich hier von Wien ankommen. Diesen Abend hat es sehr starckhes Donnerwetter gehabt, wie dan dasselbe abendts 9 Uhr zu Drosendorf in die Taffelstuben eingeschlagen und 2 Seithen vom Schloss in die Asch gelögt"[169].

Trotz dieses Unglücks, dass umfangreichere Neubaumaßnahmen nach sich zog, verzichtete Graf Lamberg auf eine Besichtigung des Schadensfalles, sondern widmete sich in den nächsten Tagen der Begutachtung und Übernahme der Ortschaft Puch bei Waidhofen an der Thaya sowie seinen vornehmen Gästen. Neben dem seit 1677 regierenden und als kaiserlicher Rat sowie Deputierter der niederösterreichischen Stände politisch besonders ambitionierten Propst des Prämonstratenserklosters Pernegg, Franz von Schöllingen[170], und den Vertretern des Stiftes Altenburg waren nämlich auch Leopold Carl Graf von Hoyos und dessen Gattin Maria Regina (Abb. 158) in Waidhofen eingetroffen. Die Gräfin Hoyos war ja die jüngere Schwester der Gräfin Lamberg, deren Vater als Herrschaftsvorgänger die Loretokapelle der Stadt gestiftet hatte: *„Heuth speisete zu Mittag bei mir H. Prelath von Pernegkh. Abends rütte nach Puech spatieren, dasselbe zu besichten. Das Dorff ist zerstreuwet und bergich, die Kirchen klein, doch saubere Altar. Allein ist die Kirch sehr finster; Patrona ist S. Anna. Es lüsse sich ein starckhes Wetter allerorthen sehen alß d. ich starckh nach Hauss rütte. In der Niederthal traff aber den Graffen und Graffin von Hoyos an, so uns zu besuchen ankomen. Der Wind vertrübe aber das Wetter. Sonntag 15. August: Heuth als in Festo Assumptionis hörten wir alle den Gottsdienst in unserer Loreto Capellen, wo das Ambt der Canonico von Wien [und Hofmeister der Kavalierstour des Grafen und seines Sohnes] Herr Heggler hielte. Und ware die Stadtmusique darbei wie auch Nachmittag bei der Litaney. Montag 16. August: Heuth speisete wider Herr Prelath von Pernegkh bei mir, wie auch der Pater Prior und Administrator von Altenburg. Nachmittag gaben sie mir das Dorff Puch in Gelübd [?], so mein Regent ibernohmen. Es bestunde in 15 Puchischen und 3 Schlaglischen Bauern. Ich lüsse sie alsdan vor mich kommen und examinirte ihren Stand. Befunde aber, daß wegen der thürre [?] ausgestandenen Zeit, da man sie von ihrer Herrschafft hilflos gelassen, die Helffte khein Vieh mehr haben, wie auch wegen Mangl des Habern ihre Somerfelder mehrestens ungebauet gelassen."*[171]

Am nächsten Tag begaben sich die verschwägerten Ehepaare Lamberg-Sprinzenstein und Hoyos-Sprinzenstein nach Ottenstein. Nachdem sie unterwegs das Schloss des Onkels der beiden Gräfinnen (Abb. 157) besichtigt hatten, kam es zu einem regelrechten Familientreffen: *„Heuth fhrue bin ich nach Ottenstein mit meiner Gemahlin, Graff und Graffin von Hoyos gereiset. In Weg Groß Poppen besehen. Abendts um halber acht kommen mein Bruder mit meinen 2 Frauen Schwestern, Graffin von Zeil und Rosenberg, mich zu besuchen. Mittwoch 18. August: Heut abend thaten wir einen Probzug in den Zieringer Teücht die Fisch setzen; 2 Sitz und war 3 jahriges Bruth, das Gewicht wird iber 5 Vierling [= 625 Gramm] nicht viell seind. Donnerstag den 19. August: Heuth hat man den Höchten Teücht [= Hechtenteich bei Döllersheim] probirt, so zwar nur mit 5 Schockh [= 5 x 60 Stück] Karpfen auswürfflich besötzt worden, der Rest mit Höchten. Die Höchten, so gefangen worden, waren klein, sonder halbpfündig [= 250 Gramm], die Karpfen aber 3 pfündig [= 1500 Gramm]. Es ware nur eine Prob. Freitag den 20. August: Diesen Morgen gingen wir* *alle nach Losch [Abb. 146], und seind diesen Tag verblieben mit Spaziergehen, in Garten die Zeit vertreiben."*

Am nächsten Tag widmete sich der Diplomat der aus Rom, Turin, Paris, Lüttich, Augsburg und Venedig eingelangten Post. Den folgenden Sonntag begab sich Graf Lamberg gemeinsam mit seiner Gattin, seinem Bruder Franz Sigmund und seinen beiden Schwestern sowie dem Ehepaar Hoyos nach Horn, wo sie um neun Uhr abends eintrafen. Am 23. August reisten die Geschwister nach Wien ab, während das Ehepaar Lamberg im Horner Schloss verblieb. Dem Studium der Nachrichten aus Lyon, London, Paris, Brüssel, Lüttich und Wien am nächsten Tag folgte eine Überraschung der Gastgeber: *"Diesen Abend hat der Graff von Hoyos mir ein Feuerwerckh zu Horn gehalten."* In der Waldviertler Stadt schloss Graf Lamberg damals jedoch auch Geschäfte mit einem Kaufmann aus Wien ab, dem er zwei Spiegel im Wert von 850 Gulden abkaufte[172]. *"Mittwoch den 25. August: Diesen Abend seind wir mit Graf und Graffin von Hoyos wider zu Ottenstein angelangt, allwo meiner Gemahlin Stallmeister von Wien ankommen, wie dann vorgestern auch mein neuer Cammerdiener auch angelangt. Um 11 Uhr in der Nacht kamen auch die G. Login [?] von Wien. Donnerstag den 26. August: Diesen Tag passierte nichts Neues, da wir zu Hauss geblieben und gespielet. [...] Samstag den 27. August: Diesen Abend haben wir mit Fischen eines Bachleins zugebracht. Sonntag den 29. August: Diesen Abend haben wir auf die Scheiben geschossen. Es kam auch in Geschäfften der Verwalter von Drosendorf zu mir."* Am selben Tag traf eine Nachricht aus Regensburg in Ottenstein ein, und damit war gleichsam auch schon das Zeichen zum Aufbruch gegeben, der am 1. September 1694 erfolgte[173].

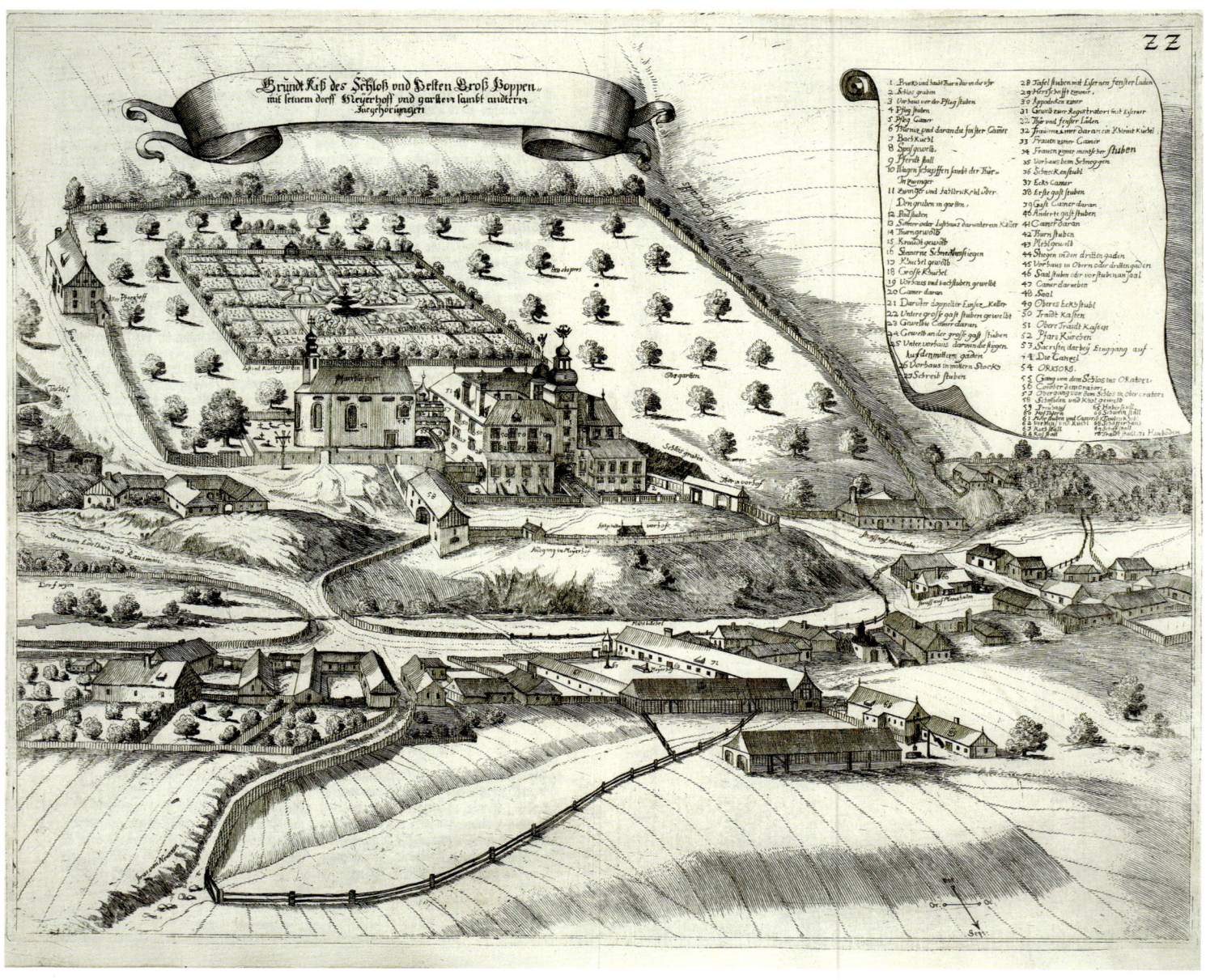

157. Ansicht des Schlosses Großpoppen, Kupferstich von Clemens Beutler in der „Topographia Windhagiana aucta", 1673; Wien, Universitätsbibliothek (Privatexemplar des Grafen Windhag)

158. Leopold Carl Graf von Hoyos und seine Gattin Maria Regina, geb. Gräfin von Sprinzenstein, vor der Stadt Horn, Ölgemälde von Johann Gotthard Neuberg, 1686; Privatbesitz

Schloss und Pfarrkirche Kottingbrunn

Leopold Joseph von Lamberg besaß jedoch auch vier Herrschaften im südlichen Niederösterreich, darunter die von der Großmutter Maria Unterholzer stammenden Güter Kranichberg und Prammperg. Kranichberg gehörte zunächst dem 1689 gefallenen Bruder Karl Adam, der einen ihm von den Türken bei der Belagerung Ofens abgeschlagenen Finger sowie sein Herz testamentarisch in der Schlosskapelle aufstellen ließ. Die Inschrift des Behälters beschreibt dies als Opfer für Kaiser und Vaterland: *„En Viator! Digitus, qui Turcico Ense amputatus, & Cor Caroli Adami Comitis de Lamberg hic adservantur, cujus Cadaver Moguntiae propter Caesarem & Patria in Christo quiescit, Anno 1689"*[174].

Größere kunsthistorische Spuren Leopold Josephs und seiner Gattin sind in Kottingbrunn nachweisbar, das der Vater 1661 von den Erben seines Schwagers, des Tiroler Erbsilberkämmerers Graf Johann Jakob von Brandis, erworben hatte (Abb. 159). Die Ende 1668 oder Anfang 1669 durch einen Brand zerstörte Pfarrkirche wurde umgehend wieder aufgebaut. Mit einem am 26. Juli 1669 zwischen Maria Constantia Gräfin von Lamberg (Abb. 51) und dem Maurermeister Steffel Suhnleidtner geschlossenen Vertrag wurde die Errichtung einer gewölbten Kirche vereinbart. Am 4. Oktober d. J. hat man den Zimmermeister Christoph Mandtinger zusätzlich zur Anfertigung der für das Gotteshaus notwendigen Dächer, Treppen und Kirchenbänke und einem Schulhausdach auch mit dem Pfarrhofbau betraut[175]. Zunächst Besitz aller drei Brüder, ging die Herrschaft 1676 ins Alleineigentum von Franz Sigmund über, der das von den Türken 1683 verwüstete Gut Kottingbrunn jedoch am 12. Mai 1688 um 40.000 Gulden seinem Bruder Leopold Joseph verkaufte[176].

Der 1686 mit einer Erhöhung der Kirchenmauern und der neuen Einwölbung durch den Maurermeister Georg Haller aus Baden begonnene Wiederaufbau des Gotteshauses wurde zwei Jahre später mit der Anschaffung eines Hochaltares durch die gräflichen Patronatsinhaber beendet. Am 24. Oktober 1688 schloss Gräfin Katharina Eleonora von Lamberg in Kottingbrunn mit dem Wiener Neustädter Bildhauer Johannes Khein (oder Khien) einen Kontrakt über die Anfertigung eines Altares bis Pfingsten des kommenden Jahres, dem *„Rieß gleich, so mit der Frauen Gräfin Petschafft gezeichnet"*. Weiters sollte der Künstler *„auf beedte Seithen ober die zwey Tühren auf eine die Bildtnuß St. Dominico, auf die andere aber die Bildtnuß St. Catharina v. Senis von fünff Schuch hoch machen, ingleichen oben auf die Dachen zwey Engl Sitzeter so Plumen oder Kräntz in Handten halten, wie nit weniger unserer Frauen Bildt mitten in den Altar, mueß man herauß nehmen können, undt soll sitzeter mit dem Kindl gemacht werdten"*. Dafür wurden dem Meister 160 Gulden und zwei Golddukaten *„Laikauff"* versprochen. Die Arbeiten wurden offensichtlich ordentlich geliefert, und nach einer Bezahlung von 40 fl. am 20. Dezember 1689 bestätigte der Bildhauer am 30. Mai 1690 auf dem Vertragsbrief, *„völlig bezahlt"* worden zu sein[177]. Die zwei Polierweißstatuen der Dominikanerheiligen in Kottingbrunn, die sich ursprünglich über den Opfergangsportalen befanden, stammen offensichtlich von diesem Auftrag (Abb. 160). Wie aus dem 1693 von der Gräfin Lamberg mit einem Maler aus Baden (vermutlich der 1687 genannte Franz Simon Kolb) geschlossenen Vertrag hervorgeht, waren die Skulpturen jedoch ursprünglich bunt gefasst und vergoldet, während die architektonischen Teile des Altares mit *„helfenbein-art schwarz"* gestrichen waren[178].

Bemerkenswerterweise erst am 7. Oktober 1692 verpflichteten sich Leopold Joseph und Katharina Eleonora von Lamberg *„aus Sonderbahren Eifer und Affect gegen der Glorwürdigisten Jungfrauen Maria […], zu mehren Aufgang und Beförderung deroselben Verehrung, zu Ausreittung der vielfeltig […] Laster, zu Auferweckung des eifrigen Gebet, der Gottsforcht und guetten Tugenten, zu ihrer und ihrigen Nachkommenden Seelen Hayl"* die schon 1669 von den Eltern eingerichtete, aber nicht in Schwung gekommene Rosenkranz-Bruderschaft in der Pfarrkirche Kottingbrunn zu reaktivieren. Die von den Dominikanern im 15. Jahrhundert

159. Schloss und Pfarrkirche Kottingbrunn, Kupferstich der „Topographia Archiducatus Austriae inferioris" von Georg Matthäus Vischer, 1672; Privatbesitz

ins Leben gerufenen „gleichsam weltweit agierenden ‚Versicherungssyndikate'" wurden im Zuge der katholischen Reform seit der Mitte des 17. Jahrhunderts wieder zu neuem Leben erweckt. Die Kaiser Ferdinand II. und Ferdinand III. sowie ihre Gemahlinnen standen mit ihren diesbezüglichen Aktivitäten in der Wiener Dominikanerkirche offensichtlich am Beginn der Entwicklung. Einer der eifrigsten Befürworter des Dominikanerordens sowie der Rosenkranzbruderschaften war auch Graf Windhag. 1653 ließ er eine solche Fraternität in seinem Markt Münzbach errichten. Deren Altarbild zeigte einen inmitten der hll. Dominikus und Katharina von Siena friedlich Sterbenden, für dessen Seelenheil die Bruderschaftsmitglieder eifrig beten (Abb. 161). Auf Initiative der Kremser Dominikaner sowie des Grafen Ferdinand Verda von Werdenberg wurde im Jahr 1656 in Straß im Straßertal eine Rosenkranzbruderschaft errichtet und in den 1660er Jahren entstanden in mehreren niederösterreichischen Orten religiöse ‚Zusatzversicherungen' dieser Art[179]. Der Bezug zu den Dominikanern sowie zum Vorbild des Gegenreformationskommissärs wird auch in Kottingbrunn deutlich, denn Graf Lamberg und seine Gattin, Windhags Nichte, versprachen, dass *„ein Rosenkranzaltar mit den Bildnußen S.S. Maria, Dominici und Catharina Senensis aufgericht werde. Wie dan albereith dieser oder jener Altar, auf dieser oder anderen Seiten darzue deputiert und verordnet ist."* Im Vertrag wurde weiters angeordnet, dass jeweils am ersten Sonntag des Monats, an Marienfeiertagen, am Rosenkranzfest (1. Oktobersonntag) sowie am Festtag des hl. Dominikus (4. August) *„ein ordentliche Procession mit gebührenden Ceremonien, Kreiz und Fahnen mit einem Maria Bilt voran und dem Hochwürdigen Sacrament […] solle gehalten werden."* [180] Dem Seelenheil der lambergischen Untertanen diente schließlich auch die Aufstellung der Ganzkörperreliquie des hl. Prosper aus den Calixtus Katakomben, die der Botschafter am 14. März 1705 aus Rom nach Kottingbrunn bringen ließ[181] (Abb. 489).

Parallel zur Fertigstellung der Pfarrkirche wurde die Renovierung des Herrschaftssitzes in Angriff genommen und zwar ebenfalls zunächst im Sakralbereich. Die Schlosskapelle in Kottingbrunn war ebenso wie jene im Kamptal mit einem Oratorium verbunden. Vergleichbar ist auch die aus den Jahren 1689/90 stammende Stuckausstattung, die üppiger als die zehn Jahre ältere Dekoration im Waldviertel ausgefallen ist, aber vielleicht auch ältere Teile einbezieht. Im

160a und b. Hll. Dominikus und Katharina von Siena, Statuen des ehemaligen Hochaltares von Johannes Khein (?), 1689; Kottingbrunn, Pfarrkirche

Unterschied zu Ottenstein gibt es an der Decke Fresken mit musizierenden Engeln sowie einer Darstellung des hl. Nikolaus. Die Altarsäulen

161. Rosenkranzbruderschaftsbild des Grafen Windhag mit den hll. Dominikus und Katharina von Siena, Kupferstich von Wolfgang Kilian (1656) in der „Topographia Windhagiana aucta", 1673; Wien, Universitätsbibliothek (Privatexemplar des Grafen Windhag)

162. Hochaltar der Kapelle, 1690; Kottingbrunn, Schloss

sind nicht schwarz, sondern grünlich marmoriert. Durch Wappen und Inschriften über dem Portal wird auf eine Renovierung der Schlosskapelle im Jahr 1665 durch Johann Franz und Maria Constantia von Lamberg hingewiesen. Das Allianzwappen Lamberg-Sprinzenstein mit dem Datum „1690" prangt hingegen wieder über dem Hochaltar, der ebenso wie das Vorbild in Ottenstein den hl. Nikolaus als Patron der Kapelle in Form einer Statue über dem Gesims präsentiert, während das Altarbild einem anderen Thema gewidmet wurde[182] (Abb. 162).

Ergänzend zu den Stuckfiguren der Vorfahren Christi, Joachim und Anna, sowie zu den beiden Engelchen mit Lilien zeigt das heute in der Pfarrkirche St. Paul in Wien befindliche Gemälde nämlich den hl. Joseph mit dem Jesukind (Abb. 163)[183], der ja nicht nur der Namenspatron des Grafen Lamberg, sondern auch jener des damals zum Römischen König gekrönten Joseph I. war[184]. Geschaffen hat das Altarbild bezeichnenderweise niemand geringerer als der kaiserliche Hof- und Kammermaler sowie angehende Akademiegründer Peter Strudel, der in Venedig ausgebildet worden und um 1686 nach Wien gekommen war. Zunächst für den Kurfürsten Johann Wilhelm von der Pfalz tätig, malte er um 1690 die Hochaltarbilder der Wiener Rochuskirche für Kaiser Leopold I. sowie für den Grafen Anton Berka von Dubá (Abb. 70) in der Franziskanerkirche der (nur 30 km nördlich von Waidhofen an der Thaya gelegenen) mährischen Stadt Datschitz/Dačice. Zeitgleich zum Altar für Kottingbrun konzipierte der Künstler (in Konkurrenz zu Johann Bernhard Fischer) den Triumphbogen zum Einzug Josephs I. im Jahre 1690. Zu Strudels Auftraggeberkreis gehörten damals außerdem die Fürsten von Liechtenstein, Graf Philipp Sigmund von Dietrichstein und Lambergs Schwager Althann[185]. Die bisher auf stilistischen Kriterien basierende Zuschreibung an den kaiserlichen Kammermaler kann nun durch eine undatierte und leider auch unlokalisierte Zahlungsbestätigung gestützt werden: Mit Unterschrift und Siegel bestätigte „Pietro Strudl Pitor di S.M.C." ein „pagamento" von nicht weniger als 200 Gulden vom „Conte Excell. di Lamberg". Obwohl der Altar 1690 datiert ist, nennt Lambergs Rechnungsbuch noch im Mai 1698 eine (weitere) Ausgabe von 50 Gulden „vor das Bild in Altar nach Kottinbrun"[186].

Den Wirtschaftsquellen zufolge waren 1689–90 ein Maler, ein Marmorierer und ein Stuckateur mit ihren Gesellen in Kottingbrunn tätig[187]. Als Stuckateur wird ein Joseph – vielleicht mit dem

163. Hl. Josef mit Christkind, ehemaliges Altarbild der Schlosskapelle Kottingbrunn von Peter Strudel, 1690 (?); Wien-Döbling, Pfarrkirche St. Paul

Nachnamen Gottlieb – genannt[188], für die Marmorierungsarbeiten hingegen J. Gabriel Viechter[189]. Im Sommer 1691 werden an den „mahler in Kottingbrun" sowie an den „marmorator" Viechter 36 bzw. 30 fl. und schließlich weitere 160 Gulden ausbezahlt; doch könnte es sich dabei schon um die Arbeit im Saal oder in anderen Profanräumen gehandelt haben[190].

Im Unterschied zu Ottenstein bildete das Wasserschloss in Kottingbrunn von alters her eine regelmäßigere rechteckige Anlage mit zwei Ecktürmen, und da auch die Zerstörungen der Osmanen anscheinend nicht so weitreichend waren, konnte sich Leopold Joseph am Außenbau mit dem Verputzen der Fassade „auf der alten Form", mit dem Einfügen von Doppelfenstern in der Portalachse sowie mit moderneren Zwiebeltürmen anstelle der frühen Pyramidendächer begnügen. Am 9. Oktober 1690 legte der Steinmetz Hans Friedenstainer eine Rechnung über große Fenster im Saal. Laut Bericht des Pflegers wurden 1691 beim Tischler Sturm, der offensichtlich damals seinen Arbeitsplatz aus dem Waldviertel nach Kranichberg verlegt hatte, Fensterstöcke bestellt, die nach dem Muster des Palais Harrach in Wien (Abb. 173) gemacht werden sollten. Der Handwerker bedauerte jedoch, dass er diese „französische Fensterstöck […] nach einer neuen Infention" (= Invention) nicht genau nachmachen könne.

Aufgrund der Ähnlichkeiten der Fassaden, vor allem der Pflegerei, in Kottingbrunn mit jener einer Planung für das Questenbergische Schloss Jarmeritz/ Jaroměřice nad Rokytnou von Jakob Prandtauer hat Petr Fidler vermutet, dass Graf Lamberg den Tiroler Baumeister hier erstmals beschäftigt und später an seinen Neffen Questenberg (Abb. 22) vermittelt hat. „Auch die Lage und die Grundrissform des dreiläufigen Stiegenhauses mit offenem Kern weisen auf Prandtauer als Urheber der Umbaupläne des Lambergschen Schlosses hin."[191] (Abb. 168). Leider lässt sich diese Vermutung nicht durch Quellen belegen. Das Häuschen mit der Wohnung für den Pfleger wurde 1693 von einem Maurermeister der Herrschaft Schönau geplant[192]. Den anschließenden Torturm hat man ebenfalls um ein Geschoss erhöht und 1695 mit einem sechzehnseitigen Zwiebeldach gedeckt, dessen Schindeln rot und grün gestrichen wurden (Abb. 164). Dort wurde die 1694 gegossene Glocke aufgezogen, und im November 1695 zahlte Graf Lamberg einem nicht genannten Uhrmacher die restlichen 35 von insgesamt 100 Gulden „wegen der Kottingbrunner Uhr in Thurm"[193]. Offensichtlich erst 1696 wurde der Trakt an der anderen Seite von einem angeblich deutschen Baumeister ausgeführt. Als heraldisches Sinnbild der Besitzer wurden 1696 Wappen angebracht und ebenso wie in Ottenstein zwei steinerne Hunde auf der Zugbrücke postiert[194] (Abb. 165). Im Februar 1697 zahlte Graf Lamberg „dem Bildhauer wegen des steinern Wappen nach Kottinbrun" 107 fl., im August „vor die Wappen auff das thor zu Kottingbrun dem bildhauer, welchen H. Opferman eingebracht", weitere 47 Gulden[195].

Auch bei den Innenräumen, die 1666 mit vergoldeten Ledertapeten, niederländischen Tapisserien und mehreren Gemälden (Landschaften, Vier Jahreszeiten) ausgestattet gewesen waren[196], ließ Leopold Joseph Veränderungen vornehmen: 1692 wurde der Saal mit einem Marmorboden versehen und drei Portale marmoriert. Nachdem Hans Friedenstainer, Steinmetz zu Maria Loreto, schon am 17. August 1690 die Rechnung für einen Ofenfuß gelegt hatte, wurden 1694 zwei Öfen gesetzt und dafür im Februar 1695 einem Wiener Hafner 50 fl. ausbezahlt. Einer dieser Öfen mit Lambergwappen wurde später nach Ottenstein übertragen (Abb. 167)[197].

Parallel dazu wurden die Plafonds der neu gestalten Räume des Schlosses offensichtlich durch den Wiener Stuckateur Johann Baptist Rueber (Rava) geziert. Denn im Jänner 1693 wurden dem „Stockhetorer Rueber vor d. Saal Zimmer den rest" in Höhe von 60 Gulden ausbezahlt. Im Juni 1693 hat man mit einem nicht namentlich genannten Stuckateur schließlich „wegen Kottingbrun die erste drangab" in Höhe von 50 Gulden, im August die zweite Rate von 40 fl. abgerechnet[198]. Aufgrund der Kritik des Herrschaftsverwalters Opfermann, dass Rueber seine Arbeit nicht vertragsgemäß selber ausführen würde, rechtfertigte sich dieser in einem dem Grafen nach Regensburg gesandten Schreiben vom 14. Oktober 1693: er habe die Arbeit „anstat[t] meiner, meinen Brueder, welcher in Bassareff [= Basrelief]arbeith, einer von den bösten, und nicht ein jeglicher darzu tauglich ist", übertragen, damit der Auftrag „recht und beständig gemacht werde". Die Kritik des herrschaftlichen Pflegers sei unverständlich, „da er doch meiner Profession nicht ist, selbige auch nicht verstehet, vill weniger eine Unbeständigkeit so weit hinauß ersehen könne"![199] Ob Ruebers Bitte um Weiterführung des Auftrages erhört wurde, wissen wir nicht. Am 23. April 1697 schloss Graf Lamberg jedenfalls einen Vertrag mit dem Stuckateur Angelo Fontana, wonach dieser nicht nur in Ottenstein, sondern auch in Kottingbrunn einige Zimmer dekorieren sollte[200]. In beiden Schlössern blieb jedoch nur ein kleiner Teil dieser Stuckdecken erhalten (Abb. 166).

1702 berichtete der Verwalter dem damals in Rom tätigen Grafen, dass die von dort übersandten Gemälde gut angekommen sind, bis auf

164. Torturm und Pflegerei, 1693–95; Kottingbrunn, Schloss

sechs oder sieben Werke, die offensichtlich schon vor dem Transport beschädigt waren. 1703 wurden diese Bilder sowie die nach dem Verkauf der Herrschaft 1743 nach Ottenstein übertragenen 73 „Cardinals Contrefaits" (Abb. 7–9 etc.) im zweiten Geschoss des Schlosses Kottingbrunn aufgehängt. 1705 hat man im Auftrag von Franz Sigmund von Lamberg neue Türen angefertigt, über die Figuren oder Blumen vom Bildhauer bzw. Stuckateur ausgeführt werden sollen, denn „anjetzo habens allerorten anstatt Malerei in den Zimmern unten herum Lambreten"[201]. Der Bruder des Botschafters bezog sich hier offensichtlich auf die beim Kabinett des Wiener Palais erstmals eingesetzte französische Raumgestaltung mit vergoldeten Holzverkleidungen anstelle von Fresken.

Nach seiner Rückkehr aus Italien verbrachte Graf Lamberg auch wieder einige Zeit auf seinen Gütern im südlichen Niederösterreich und plante daher weitere Modernisierungen in Kottingbrunn. In einem Schreiben vom 1. Mai 1706 gestand er seinem Sohn, dass er sich „von neuem darin verliebet, dass ich so leicht es nicht weggeben werde wegen des angenehmen ‚Sito'". Und er bedauert seine sich in Niedergrünbach im Waldviertel mit Forellenfischen „divertirende" Schwiegertochter, „dass sie diesen langweiligen Orth bewohnet, wo sie so wenig Lust findet und noch schlechte Jahreszeit genüsset." Mitte Juni berichtete Leopold Joseph ins Waldviertel, das kaiserliche Karoussel in Schönbrunn „solle wegen Mangl der ‚Livrée' biss 12. Julij aufgeschoben bleiben"[202]. Deshalb wolle er sich umgehend nach Kottingbrunn begeben und „die Stiegen in Riss legen lassen, disen Winter die

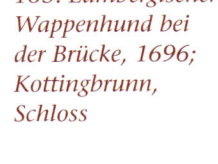

165. *Lambergischer Wappenhund bei der Brücke, 1696; Kottingbrunn, Schloss*

166. *Stuckdecke im 2. Stock von Angelo Fontana, 1697; Kottingbrunn, Schloss*

167. Ofen mit Lamberg-Wappen aus dem Schloss Kottingbrunn, 1694; Ottenstein, Schloss

168. Treppenhaus, 1706 (?); Kottingbrunn, Schloss

Schloss machen zu wollen: *„Zu Kottingbrunn hab den Riss von der Stiegen machen lassen, wie auch von dem Thor, ingleichen anbefohlen die Stadl zu öffnen, umb einen Gang von der Bruckhen in Garthen zu haben. Es wird wol was kosten, es wird aber ein adeliches Hauss darauss werden, so anietzo mit Thor und Stiegen bürgerlich scheinet."*[203] Leider lässt sich weder aufgrund der Quellenlage noch des stilistischen Befundes feststellen, ob der schon im Juli 1706 verstorbene Botschafter die Realisierung seines Projektes in Angriff nehmen konnte, bzw. ob die heute existierende Treppe (Abb. 168) schon um 1695 oder erst in den Jahren nach 1706 entstanden ist. Die eher schlichte Gestaltung des Treppenhauses besitzt aber bemerkenswerte architektonische Parallelen zum berühmten Stiegenhaus des Palazzo Caetani in Rom (Abb. 398), den Graf Lamberg 1703 bis 1705 bewohnt hatte. Vergleichbar sind vor allem die Tonnengewölbe über den Treppenläufen mit einem Gesims und die flachen „böhmischen Kappen" sowie Figurennischen im Bereich der Podeste. Im Unterschied zu den repräsentativen Treppenanlagen der Wiener Paläste wirkt das Stiegenhaus in Kottingbrunn jedenfalls eher bescheiden und altertümlich.

Gang abreissen [?] und die Stiegen bis in untern Stock". In einem undatierten, aber offensichtlich späteren Brief an seinen Sohn betont der kaiserliche Botschafter explizit, aus dem noch immer bürgerlich wirkenden Gebäude ein richtiges

Das Herzogsbad in Baden

Der interessanteste Besitz Lambergs im südlichen Niederösterreich war jedoch das sogenannte Herzogsbad in Baden, das die Badeeinrichtung aber auch dazugehörigen Grundbesitz und Untertanen umfasste. Die Herrschaft Baden mitsamt dem auf dem Platz des ehemaligen landesfürstlichen Herrensitzes befindlichen *Herzogsbad* mit der Ursprungsquelle war 1575 von Kaiser Maximilian II. den niederösterreichischen Ständen geschenkt worden. 1673 überließ die Standesvertretung die schlecht geführte bzw. von Pachtstreitigkeiten belastete Einrichtung dem Landmarschall Ferdinand Maximilian Graf von Sprinzenstein, dessen Tochter das Erbe laut Schenkungsurkunde vom 17. April 1680 ihrem *„liebsten gemahl Lebbolt"* weitergab[204]. Die Herrschaft umfasste 1681 in der Stadt Baden 43 Häuser (von insgesamt 159) und 27 Parzellen Weingärten[205].

Die Badener Badeanstalt mit ihrem schwefelhaltigen Wasser war weithin berühmt und schon 1649 erschien in der Topographie Merians eine Ansicht des Herzogsbades und dessen Beschreibung durch Zeiller: *„Das Wasser getruncken erleichtert die von Schleim beschwerte Brust/ dient* der Leber/ Magen/ kaltem und flüssigem Gedärm; ist wider die Wassersucht; zertheilet den zähen Schleim; dient den Weibern/ bringt wider die verlorne Gedächtnuß/ stillet das Kopfwehe von Feuchtigkeit/ und ist wider den Schwindel/ wann man das Haupt damit bähet/ oder Tröpfflinsweise solches von oben herab darauff schiessen laßt. Es hillfft auch denen von Feuchtigkeit verletzten Seen Adern; dienet für die Taubheit/ Winde/ unnd sausen der Ohren. In diesem Wasser gebadet/ ist es gut wider das Podagra/ wann es von Schleim herkombt/ und noch new ist; das alte aber lindert es/ und dienet zu den schwachen Glaichen/ und die voller Feuchtigkeit seyn. So wird es auch gelobet wider die böse/ und herumb fressende Geschwer/ das Rothlauffen und den Krebs. [...] Es ist aber die Art zu baden/ daß Junge und Alte/ Edel und Unedel/ Manns= unnd Weibsvolck (wofern sie keine offene Schäden haben) untereinander baden/ mit angezogenen/ und mit Fleiß dazu gemachten Badekleidern/ Theils seynd nur in Hembder/ unnd Schlaffhosen angethan/ die Männer mit bedecktem Haupt/ welches sie im ein= und außgehen/ entblössen/ unnd neben dem Gruß/ das Bad gesegnen müssen. Das Weibervolck aber mit theils angethanen Uberschlägen/ Zierd unnd Schmuck umb den Kopff auf Oesterreichische Manier gebutzt/ gehen ohne Unterschied untereinander mit Führung bey der Hand/ ausser den Sitzstellen/ deren doch zwo unter dem Weibervolck/ dem Männervolck befreyet seyn/ denen das Cristallnklare Bad biß an den Halß gehet/ und unten zu Rechten seinen Abfall und docken hat. Rings umbher seynd Staffel und Bäncke geordnet/ darauff man steigen/ und gleichfals biß an Halß/ im Bade sitzen kann; ob ihnen ist rings umbher ein Brett/ darauff sie ihren Badzeug/ Sanduhren und dergleichen/ trucken legen kkönnen. Das junge Volck/ tragen nach ihrer ‚proportion' und Höhe deß Bads/ hölzerne Schuch/ und gibt das Bad von oben herab sehend/ sehr krumme Posturen an den Personen/ theils Frawen lassen ihnen den Saum an den Badröcken/ mit Bley einnehen/ damit solche nit uber sich schwimmen können. [...] Dieses schreibe ich auß Erfahrung/ dann ich vor etlich Jahren in dem Herzogsbad allda selbst gebadet."[206] 1672 erschien eine aktualisierte Innenansicht des Badesaales in der Topographie Vischers[207] (Abb. 169).

Da das Badehaus an der Stadtmauer lag und es dort auch ein „Stadtthürl" gab, war Graf Lamberg schon 1682 in neue Streitigkeiten mit der Stadt verwickelt[208]. Als 1683 türkische Soldaten die Anstalt verwüsteten, wollte die Stadt deren Wiederaufbau verhindern, um eine Konkurrenz

169. Badestube des Herzogsbades in Baden, Kupferstich der „Topographia Archiducatus Austriae inferioris" von Georg Matthäus Vischer, 1672; Privatbesitz

170. Innenhof des Herzogsbades in Baden, Ölgemälde von Maurizio Andora aus dem Schloss Ottenstein, um 1687/88; Privatbesitz

für ihr *Frauenbad* zu vermeiden. Laut Vorvertrag vom 9. Dezember 1684 erklärte sich Graf Lamberg zur Überlassung des Herzogsbades um 12.000 Gulden an die Gemeinde bereit. Der Verkauf kam jedoch nicht zustande, und Graf Lamberg ließ die Badeanstalt instand setzen (Abb. 170), was 1685 sogar zu einer Beschwerde der Stadtgemeinde beim Kaiser führte. Aus der Wiederaufbauzeit stammt wohl auch der sorgfältig ausgeführte, aber unsignierte Grundriss der Anlage, der sich im Lamberg-Archiv erhalten hat[209]. Das obere (östliche) Drittel nimmt die Badeanstalt ein mit dem fast quadratischen Badesaal, zu dem von einem größeren Männer- und einem kleineren Frauenumkleideraum mit den dazugehörigen Vorräumen jeweils eine direkte Treppe ins Wasserbecken führt. An der gegenüberliegenden Seite des von Wirtschaftstrakten umgebenen Hofes befanden sich eine kleine

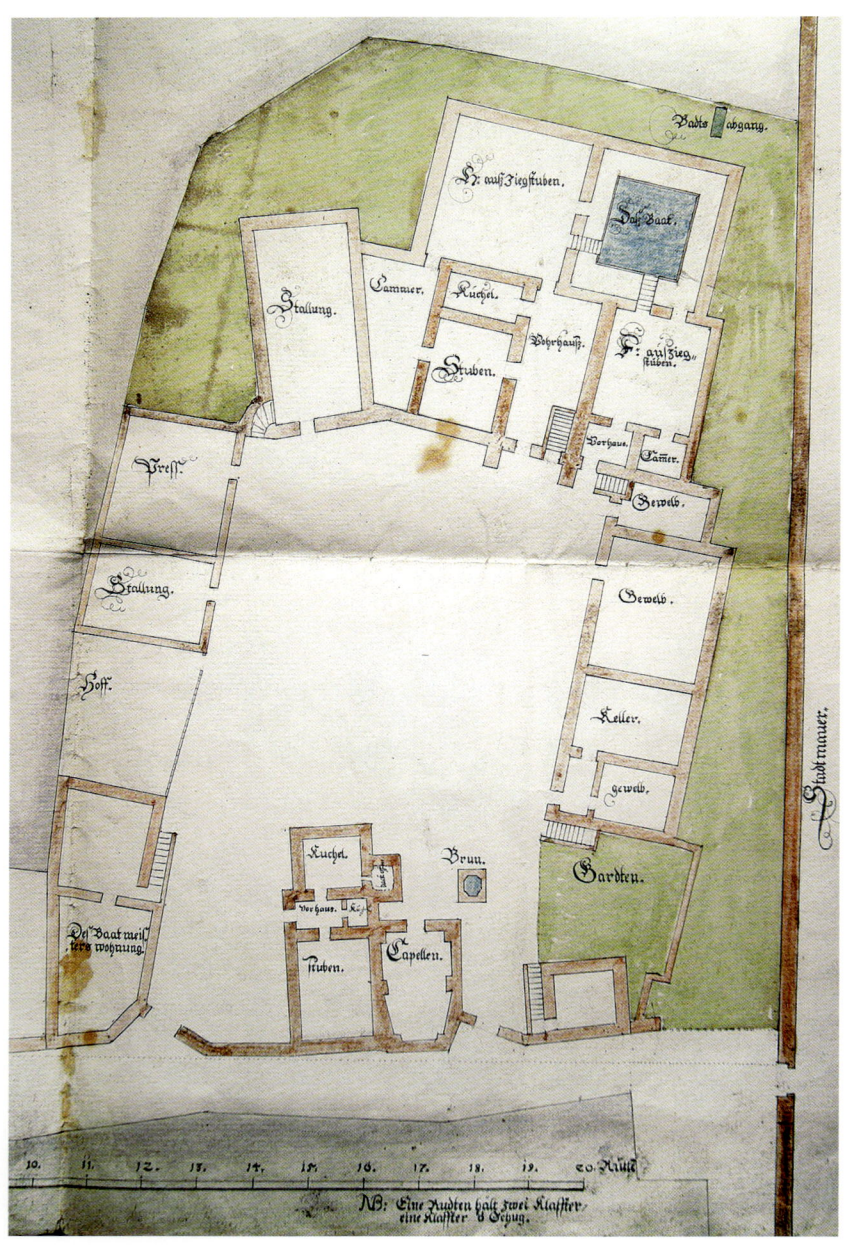

171. Grundriss des Herzogsbades in Baden, Ausschnitt, um 1685 (?); St. Pölten, NÖLA, Lamberg-Archiv, Kart. 243

Kapelle mit einer Wohnung sowie eine zweite Wohneinheit für den Bademeister. Weitere Gebäude an der linken Seite des Hofes enthielten u.a. Stallungen (Abb. 171). Ein undatiertes Inventar des Herzogsbades verzeichnet in der Kapelle u.a. sakrale Gefäße, Messgewänder, ein gemaltes Antependium, Reliquien sowie ein Marien- und ein Magdalenabild[210].

Schon 1688 war jedenfalls der Badebetrieb wieder so freizügig im Gange, dass Kaiser Leopold I. in einem Schreiben an die Stadt um heimliche Überprüfung der Sittlichkeit bat: *„Getreue Liebe. Demnach vorkombet, daß in dem Herzogsbad nicht allein unterschiedliche Scandala in Worthen und Werckhen beschehen, sondern auch gahr einige Personen ohne gebührender Beklaidung nackhend in das Baad gehen [...] alß befehlen Wür euch hiemit gnädigist, daß ihr dieser Sachen halber in der Stille nachforschen, und dem Befund zu Unser N.Ö. Regierung ganz förderlich berichten sollet"*. Der adelige Besitzer ließ sich jedoch weder von den Beschwerden der Stadt noch von der Sittenstrenge des Kaisers beeindrucken und errichtete 1699 neben dem Herzogsbad zusätzlich das kleine *Antoniusbad* sowie einige Häuser zur Beherbergung von Badegästen[211].

Wie bei den anderen Besitzungen plante das Ehepaar Lamberg auch in diesem Falle eine Modernisierung der Kapelle. Ein Verzeichnis *„Sumarischer Unkkosten was bei dem Herzogsbaad ao. 1702 zu Erpauung der Capellen unnd ainem Stockh in Gelt ausgelegt worden"* nennt 24 Gulden 12 Kreuzer für den Abbruch und 238 fl. 42 xr. für den Neubau. Der Rohbau erforderte also Unkosten in der Höhe von 335 Gulden und 27 Kreuzer[212]. Aus einem dem Grafen nach Rom gesandten Bericht des Drosendorfer Verwalters vom 1. März 1703 erfahren wir, dass damals ein neuer Altar mit einem Bild des hl. Antonius von Padua geplant war: *„Nach Euer Hochgräfl. Excell. Gnedigen Befelch schicke gehorsam unter B et C den Altar Riß in das Herzogs Baadt, wobey angemerckht ist, wie groß das Antoni Bilt sein solle. Diser mit B gezagnet [?] ist von Bilthauerarbeith, und khumbt sauber, das alles, was gelb ist, guet vergolt; was aber blau mit glanz fierniß wirdt. Der Bilthauer verlangt zwar 60 fl. und der Mahler 80 fl., ich glaube aber, das beede 100 oder höchstens 110 fl. nehmeten. Der Tischler Riß ist ‚comun', doch khumete solcher in der Ausgaab so hoch alß der ander, indem ainer ain Viertl Jahr daran zu arbeithen habe, dessen Kost und Wochenlohn auch gegen 40 fl. sich belaufete, alsdan wäre erst das Holz zu schaffen, und der Mahler zu bezahlen. Ich habe disen besten Riß Ihro Excell. meiner gnedigsten*

Frauen Frauen Gräfin auch gezaygt, denen [?] solcher gefalt, allein wollens ainen andren machen lassen, das ain gewisses Antoni Bilt, welches in der gresse aines Quartblat ist, darein khomme. Habe also Euer Hochgräfl. Excell. etc. dessen auch gehorsambst erindern wollen."[213]

Trotz des aus Italien mitgebrachten Antoniusbildes verzögerte sich die Ausführung weiterhin. 1705 erwähnt der Botschafter in seinem Testament, dass die Kapelle als Stiftung seiner 1704 verstorbenen Gattin nun neu erbaut werden solle. Die Jahreszahl 1708 in der an der Südseite der Kapelle befindlichen Sonnenuhr mit einem emblematischen weißen Lamm auf einem Berg (=Lamberg!) spricht jedoch dafür, dass der Umbau des kleinen Gotteshauses zu Ehren des hl. Antonius erst damals fertig gestellt wurde. Aufgrund der Neigung des Ehepaares Lamberg zur Aufstellung von Gnadenbildern in ihren Herrschaftskapellen, könnte das 1909 in den Neubau der Antoniuskapelle neben dem Hotel Herzoghof übertragene Bild *Maria Pötsch* vielleicht ebenfalls noch aus der Gründungszeit stammen[214]. Die Verehrung des hl. Antonius von Padua scheint jedenfalls eine Familieneigenheit gewesen zu sein, da auch der Cousin des Botschafters, Kardinal Johann Philipp von Lamberg, damals in der Klosterkirche der Augustiner-Eremiten zu Baden einen Altar zu Ehren dieses volkstümlichen Franziskaners stiftete[215]. Diese Stiftung sollte vermutlich auch an die dort unter Vermittlung des Kirchenfürsten erfolgte Konversion von August dem Starken erinnern, die wiederum nicht nur die Voraussetzung für die Krönung des Kurfürsten zum König von Polen, sondern indirekt auch für das Kardinalat Lambergs bildete.

Der Widerstand des Botschafters gegen eine Übernahme seines Bades durch die Stadt war allerdings nicht von langer Dauer. Schon 1716 musste Karl Joseph Graf von Lamberg-Sprinzenstein die beiden Badeanstalten, das Herrenhaus sowie die dazugehörigen Grundstücke zum Schuldenabbau um 25.000 Gulden an die Stadtgemeinde Baden verkaufen.

Anmerkungen

1 *Inventarium Über die Herrschafft Ottenstein* vom 30.4.1676: NÖLA, LA Karton 176, Fasz. 834. Das Inventar unterscheidet sich nur geringfügig von jenem aus dem Jahre 1662: Bauer: Ottenstein, 50–51.
2 Gunter **Gall**: Ledertapeten – Goldleder. In: Goldleder, AK Offenbach 1989, 6–29.
3 Vgl. dazu: Polleroß: Imperiale Repräsentation, 23–27; Polleroß: Kaiser, König, Landesfürst, 202–214; Pons: Herrschaftsrepräsentation, 327–328 und 362–364.
4 Buberl: Zwettl, 127–128.
5 Buberl: Zwettl, 69–98. Zur Tradition des Adelsporträts in Österreich siehe: Fellner: Das adelige Porträt.
6 Buberl: Zwettl, 92–93, Abb. 66; Kurt **Löcher**: Hans Schöpfer der Ältere – ein Münchner Maler des 16. Jahrhunderts (= Ars Bavarica 73/74), München 1995, 16–17, Abb. 2–3.
7 Bauer: Ottenstein, 5.
8 Buberl: Zwettl, 116; Schröder: Zyklus habsburgischer Herrscher, 51–53, Abb. 26.
9 Hinterndorfer: Reichard Streins Freideggg.
10 Buberl: Zwettl, 90–91.
11 Gutkas: Niederösterreich im Türkenjahr, Kat.-Nr. 1.9, Farbabbildung. Zumindest bei drei der vier Bilder handelt es sich um Varianten der Gemälde aus der Prager Burg, die 1648 von schwedischen Soldaten geraubt wurden und sich heute in Schloss Gripsholm befinden. Vgl. Ernst **Ebenstein**: Der Hofmaler Frans Luycx. Ein Beitrag zur Geschichte der Malerei am österreichischen Hofe. In: Jahrbuch der kunsthistorischen Sammlungen des Allerhöchsten Kaiserhauses 26 (1906/07), 183–254, hier 222–225, Fig. 16, 20 und 25.
12 Buberl: Zwettl, 95, Nr. 37. Eine Abbildung hat sich unter den Negativen der Kunsttopographie im Bildarchiv der Österreichischen Nationalbibliothek erhalten.
13 Vgl. dazu Heinz: Studien zur Porträtmalerei. 178, Abb. 202–204.
14 Zur kaiserlichen ‚Heiratsvermittlung' innerhalb der Hofgesellschaft siehe: Bastl/ Heiß: Hofdamen und Höflinge, 206–214; Keller: Hofdamen, 72–83.
15 Zur Familiengeschichte siehe: Johann Heinrich **Zedler**: Grosses vollständiges Universal-Lexikon 39, Leipzig/ Halle 1744 (Reprint Graz 1982), Sp. 514–518.
16 Graf Sprinzenstein ist daher auch in der Geschichte Leopolds I. abgebildet: Gualdo **Priorato**: Historia di Leopoldo Cesare, 3. Bd., Wien 1674, nach Seite 718 (Kupferstich „J. Franck sc").
17 Reingrabner: Die Stadt Horn und ihre Herren, 34–36.
18 Martin **Bircher**: Im Garten der Palme (= Wolfenbütteler Arbeiten zur Barockforschung 32), AK Wolfenbüttel, Wiesbaden 1998, 459.
19 Heiratskontrakt vom 22.4.1679: NÖLA, LA Karton 63. Allgemein zu solchen Ehekontrakten: Bastl: adelige Frau, 34–83.
20 Laut Beschreibung des schwedischen Botschafters Samuel von Pufendorf im Jahre 1672: Winkelbauer: Ständefreiheit und Fürstenmacht, 1. Bd., 185.
21 1680/81 lieferte Claude Carle Brodur weitere Stoffe bzw. Kleider um 48 Gulden: NÖLA, LA Karton 261, Rechnungsbeilagen 1679.
22 *Accord* vom 22.2.1697: NÖLA, LA Karton 64: „*un lit avec trois sortes de Crespines assavoir Grandes, mediocres, et petites […] de Couleur Cramois et or conforme l'Eschantillon cacheté. Exepté les Fleurs d'or pendentes pour lesquels il s'oblige de fayre des houpes; pour le Grand Carosse il fera aussi des Crespines Conforme l'eschantillon bleu, portant les Couleurs du Carosse, c'est à dire Cramoisi couleur et d'or pour le Carosse petit de mesmes*".
23 Buchmann/ Fassbinder: Burgen und Schlösser, 47–54; Gerhard **Reichhalter**: Die hoch- und spätmittelalterlichen Bauphasen der Burg Ottenstein In: Falko Daim/ Thomas Kühtreiber (Hg.): Sein & Sinn, Burg & Mensch, AK Ottenstein/ Waldreichs, St. Pölten 2001, 443–451; Steiner: Ottenstein und Waldreichs, 452–455.
24 Ottenstein selbst wurde zwar sowohl von Protestanten 1620 als auch von den Schweden 1645 angriffen, aber nicht erobert: Bauer: Ottenstein, 16–25; Helmut **Hagel**: Bernhard Linck. Beschreibung der Folgen der Niederlage von Jankau 1645 für das Land unter der Enns und das Stift Zwettl. In: Gustav Reingrabner (Hg.): Der Schwed' ist im Land. Das Ende des 30jährigen Krieges in Niederösterreich, AK Horn 1995, 99–106, hier 105.
25 Dieser Steinmetz lieferte damals auch die Fenster und Portale für die Stiftskirche in Geras: Polleroß: Kunst-Reisen, 12–13, Abb. 3.
26 Er war vermutlich der Vater des 1676/79 in Zwettl tätigen Domenico Piazzol. Vgl. Hugl: Zwettl.
27 Buberl: Zwettl, 68-72.
28 Rath: Ottenstein, 456–458.

29 *Contract* (Entwurf) vom 8.12.1679: NÖLA, LA Karton 176, Fasz. 838.
30 Von Rohr: Ceremoniel-Wissenschaft der großen Herren, 73. Siehe dazu: Druffner: Gehen und Sehen bei Hofe, 543–546.
31 Buberl: Zwettl, 73. Zu diesem Meister siehe: Burghard **Gaspar**: Der „Weiße Stein von Eggenburg". Der Zogelsdorfer Kalksandstein und seine Meister. In: Das Waldviertel 44 (1995), 331–376, hier 347.
32 Kitlitschka: Kapelle der Burg Ottenstein, 52–54; Hugl: Aliprandi und Piazzol, 65–69.
33 Bauer: Ottenstein, 54. Siehe dazu den Brief von Leopold Joseph vom 15.10.1679 aus Ottenstein an seine Mutter in Wien: NÖLA, LA Karton 24, Fasz. 290.
34 Die Malerfamilie Zöttler ist von etwa 1685 bis 1746 in Zwettl nachweisbar. Freundlicher Hinweis von SR Friedel Moll (Zwettl).
35 Buberl: Zwettl, 82–85, hier 84.
36 Diesen Zustand zeigt: Müllner: entweihte Heimat, 249, Abb. 419.
37 Buberl: Zwettl, 84–85, Abb. 63.
38 Das Gemälde entstand offensichtlich nach einem unkolorierten Kupferstich (vielleicht jenen von Wolfgang Kilian aus dem Jahre 1643; siehe die folgende Fußnote), da die Madonna im Unterschied zum Original nicht dunkelhäutig erscheint. Die Verehrung dieses bayerischen Gnadenbildes wurde schon vom Großvater der Gräfin Lamberg ins Waldviertel verpflanzt, als dieser in der Horner Webersiedlung eine der Muttergottes von Altötting geweihte Kapelle mit einem dem bayerischen Vorbild folgenden Altar errichten ließ: Ralph **Andraschek-Holzer**: Die Geschichte der Horner Altöttinger Kapelle. In: Rabl: Eine Stadt und ihre Herren, 68–81.
39 Gregor M. **Lechner**/ Michael **Grünwald**: „Unter deinen Schutz…". Das Marienbild in Göttweig, AK Göttweig 2005, 162–172 (Passau), 173–176 (Altötting), 206–213 (Brünn), 238–242 (Loreto).
40 Hans **Aurenhammer**: Mariengnadenbilder in Nieder-Österreich (= Veröffentlichungen des Österreichischen Museums für Volkskunde 8), Wien 1956, 67 und 79.
41 Winkelbauer: Sozialdisziplinierung und Konfessionalisierung. Zur Rolle der politischen Marienverehrung im Allgemeinen und jener des habsburgischen Loretokultes im Besonderen siehe: Winkelbauer: Ständefreiheit und Fürstenmacht, 2. Bd., 194–201; Matsche: Gegenreformatorische Architekturpolitik.
42 Einleitungstext des *Haupt Vrbarium iber die Herrschafft Ottenstain*: NÖLA, LA Hs. 112, fol. 8r-9r.
43 *Accordo* von Lorenzo vom 13.7.1680 mit nachträglichen Quittungsvermerken; Quittung von Cristoforo vom 16. September (?) 1680 sowie Empfangsbestätigung von Lorenzo vom 26.1.1681 über 35 fl.; *Geld Raittung* vom 11.5.1680–30.4.1681: NÖLA, LA Karton 64, 261 und 538; Buberl: Zwettl, 73.
44 Sailer: Stukkateure, 63–65; Haupt: Hofhandwerker, 194; Allgemeines Künstlerlexikon 2, Leipzig 1986, 131–132. Zu den Verwandtschaftsbeziehungen siehe auch: Pozsgai: Frisoni, 176–181.
45 Naňková: Aliprandi; Horyna: Aliprandi.
46 Hugl: Aliprandi und Piazol, 75–99, 104-106; González Tornel: Valencia, 106–198. González Tornel: Aliprandi, 127–145.
47 Buberl: Zwettl, 75. Auch aus den Rechnungen des Zimmerers und des Tischlers von 1697/98 wird eine Tätigkeit „vor die *Stokhator*" bestätigt: NÖLA, LA Karton 269, Nr. 67, 68 und 70.
48 Brief Vorsters vom 27.9.1697: NÖLA, LA Karton 89. Da der Vorster aus Drosendorf schreibt, wurde der Bericht auf dieses Schloss bezogen; er erwähnt aber auch seine Abreise aus Ottenstein.
49 *Verzaichnuß* des Tischlers Adam Sturm aus Rastenfeld vom 1.7.1688 und Rechnung von Johann Herzog mit dem Siegel seines Meisters Sturm vom 30.10.1688 über 11 fl. 42 Xr.: NÖLA, LA Karton 265.
50 Dieser auch als Bildhauer tätige Meister lieferte u.a. 1700 einen Altar für den Karner in Altpölla: Polleroß: Altpölla, 187.
51 Buberl: Zwettl, 75.
52 Buberl: Zwettl, 91, Nr. 9–11 und 13; Gutkas: Niederösterreich im Türkenjahr, Kat.-Nr. 4.4.-4.6 und 4.10-4.11 (Farbabbildung).
53 Eine Variante dieses Gemäldes befindet sich im KHM (Inv.-Nr. 3318) bzw. Finanzministerium: Kurdiovsky/ Grubelnik/ Pichler: Winterpalais, 20.
54 Vidmar: Galerija evropskih, Abb. 1–3.
55 Sienell: Reichshofrat, 195–196. Zur besonderen Habsburgertreue dieses Reichsgrafen siehe: Zürn: Waldburg und Habsburg, 247.
56 Die verwandtschaftlichen Beziehungen Lambergs nach Ungarn waren vielleicht mit ein Grund, dass sich im Archiv ein Konvolut von mehreren Flugblättern erhalten hat, die sich auf die Niederlage des mit Zrinyi verschwägerten Kuruzzenführers Emmerich Thököly (1657–1705) im Jahre 1685 in Kaschau/Košice beziehen: NÖLA, LA Karton 54. Siehe Abb. 208.
57 Kosiç: Bibliotheca Zrínyiana, 21–22.
58 Buberl: Zwettl, 91–92.
59 Brief des Verwalters Lorenz Vorster an Graf Lamberg vom 21.2.1696: NÖLA, LA Karton 89.
60 Vgl. dazu: Claus **Grimm**: Alte Bilderrahmen. Epochen – Typen – Material, München 1978, 21, Abb. 196, 199, 368.
61 Auch bei dieser Familie spielten Porträts eine wichtige Rolle. Löff: Harrach-Galerie.
62 Müller: Lamberg, 94–95; Buberl: Zwettl, 101, Taf. VII.
63 Buberl: Zwettl, 74 und 86–87; Polleroß: Barockausstellung, 117, Abb. 10.
64 Zur Einrichtung von Sammlungen aufgrund von Kavaliersreisen siehe u.a. Bepler u.a.: Barocke Sammellust, 116–119 („Der Ausbau der Sammlungen auf Reisen – Tourist und Sammler"), hier 118.
65 Allgemeines Künstlerlexikon 3. Bd., Leipzig 1992, 459.
66 Buberl: Zwettl, 117; Knittler: Adel und landwirtschaftliches Unternehmen, Kat.-Nr. 2.07 und 2.08.
67 Mathias F. **Müller**: Eine unbekannte Vedute von Waidhofen/Thaya. In: Unsere Heimat 72 (2001), 294–296.
68 Polleroß: Barockausstellung, 114–115, Abb. 8. Zu Döllersheim: Buberl: Zwettl, 18–28; Wolfgang **Huber**: Die Kunstdenkmäler auf dem Gebiet des Truppenübungsplatzes Allentsteig. In: Willibald Rosner (Hg.): Der Truppenübungsplatz Allentsteig (= Studien und Forschungen aus dem nö. Institut für Landeskunde 17), Wien 1991, 51–67, hier 54–57.
69 *Verzaichnuß* vom 1.7.1688: NÖLA, LA Karton 265.
70 Zitiert in: Buberl: Zwettl, 75.
71 St. Pölten: NÖLA, LA Karton 54, ad. Nr. 594. Es handelt sich offensichtlich um die *Chronologia Summor. Rom[ano]rum Pontificum, in quâ habentur verae eor. Effigies, ex anti[quitat]is numismatibus et picturis delineatae* des römischen Verlegers Giovanni Giacomo de Rubeis/Rossi.
72 *Verzaichnuss* Magloths vom 30.4.1689: NÖLA, LA Karton 265; Buberl: Zwettl, 75.
73 *Schein wegen dem Maller zu Zwettl* vom 28.3.1689: NÖLA, LA Karton 265.
74 Buberl: Zwettl, 89.
75 *Verzaichnus* vom 18.9.1690: NÖLA, LA Karton 176, Fasz. 834.
76 *Außziegl* des bürgerlichen Buchbinders Johann Georg Fackner (?), Wien 5.7.1687: NÖLA, LA Karton 263.
77 Vielleicht die *Beschreibung der Insul Madagaskar* von Hieronymus Megiser (Leipzig 1623).
78 Zum Stellenwert französischer Literatur in den österreichischen Adelsbibliotheken dieser Zeit siehe auch: Fidler: Palais Dietrichstein-Lobkowitz, 166–168.
79 *Verzaichnuss* Magloths vom 30.4.1689: NÖLA, LA Karton 265; Buberl: Zwettl, 74.
80 Oppeker: Sturmberger, 406–408.
81 Rizzi: Palais Harrach, 18; Seeger: Czernin, 525–527.
82 Mollisi: Tencalla, 69–70, Taf. XX; Groiß/ Telesko: Altenburg, 83–83.
83 Zu den (meist jüngeren) Raumausstattungen in Wien und Niederösterreich siehe: Lorenz: Raumfolge und Ausstattung, bes. 301, Abb. 12 (,Sala dipinta' des Palais Caprara von A. Beduzzi, um 1700); Pozsgai: Parade- und Wohnräume; Seeger: Stadtpalais und Belvedere.
84 NÖLA, LA Karton 243. Buberl: Zwettl, 70; vielleicht bezieht sich eine Bezahlung von 9 fl. für „*den garten riss*" im Sommer 1690 auf diese Zeichnung: NÖLA, LA Hs. 50, 13. Vgl. dazu Eva **Berger**: Historische Gärten Österreichs. Garten- und Parkanlagen von der Renaissance bis um 1930, Bd. 1, Wien/ Köln/ Weimar 2002, 435–436.
85 Diese Zentrierung der einzelnen Quadratfelder entsprach dem Gartenstil vor der Entwicklung der Broderieparterres durch André Le Nostre (1613–1700) ab 1653 in Vaux-le-Vicomte, findet sich aber noch 1678 in einer Mischform der Publikation von Georg Andreas Böckler: Clemens Alexander **Wimmer**: Die Broderie der Gärten. In: Barockberichte 46/47, Salzburg 2007, 61–78.
86 Knall-Brskovsky: Ethos und Bilderwelt; Schemper-Sparholz: Höfische Dekorationen.
87 Schemper-Sparholz: Tencala, 303–319; Mollisi: Tencalla, 74–80; Ruck/ Kryza-Gersch: Eggenberg; Kaiser: Eggenberg, 124–141; Ergin: Tamerlan.
88 Karner: Liechtenstein; Kaiser: Eggenberg, 142–197; Krapf: Carlone; Matsche: Mythologische Heldenapotheosen; Polleroß: Palast in der Rossau; Prohaska: Palais Daun; Stephan: Bildprogramme des Prinzen Eugen.

89 Sowohl der Großvater (Kurz) als auch der Onkel (Windhag) von Lambergs Gattin waren besonders eifrige Proponenten der Gegenreformation und der Marienverehrung im Waldviertel. Siehe dazu u.a.: Stögmann: Horn, 331–340.
90 Knittler u. a.: Adel im Wandel, AK Kat.-Nr. 26.14 (Abb.).
91 Zwischen 1686 und 1688 entstanden auch die Gemälde der Fürstenbergischen Städte und Herrschaften in Süddeutschland: Eltz/ Strohmeyer: Fürstenberg, Kat.-Nr. III/1a-i.
92 Knittler u. a.: Adel im Wandel, AK Kat.-Nr. 2.08, 5.40-5.42.
93 Polleroß: Repräsentation der Stände, 497–514.
94 Genannt seien etwa die Landschaftsdarstellungen von Paul Brill mit den Schlössern der Familie Mattei: Cappelletti/ Testa: Palazzo Mattei, Abb. 96 u. 97.
95 Die Herrschaft Reichenau wurde am 17.11.1684 von Maria Emilia Katharina Gräfin von Windhag, geb. Sprinzenstein, an ihre Nichte Eleonora von Lamberg verkauft, von dieser jedoch schon wieder 1685 an Karl Hackelberg von Höhenberg weiterverkauft. Inventare dieser Herrschaft: NÖLA, LA Karton 63. Zur Glashütte: Sabine **Felgenhauer**: Die Glashütte Reichenau am Freiwalde. In: Knittler: Adel im Wandel, 68–70.
96 Valenta: Windhaag, 11–21 („ Die Topographia Windhagiana (aucta)"); Völkel: Das Bild vom Schloß, 45–49. Zur Geschichte der Herrschaften Großpoppen und Neunzen: Oppecker: Windhag'sche Stipendienstiftung.
97 Vischer: Topographia, Widmung.
98 Tietze: Horn, Fig. 167; Karl **Fischer**: Der Kartograph Daniel Suttinger (1640– um 1690). Sein Leben und sein Werk im Rahmen der frühen Wiener Stadtkartographie. In: Jahrbuch des Vereins für Geschichte der Stadt Wien 47/48 (1991/1992), 51–91, hier 57 u. 87.
99 Magiç: Bibliotheca Valvasoriana, Kat.-Nr. 33, Abb. S. 46.
100 NÖLA, LA Hs. 111 und 112.
101 Knittler: Adel und landwirtschaftliches Unternehmen, Kat.-Nr. 2.12; Müller: Urbarien, 208–220.
102 Martin A. **Schmid**: Lichtenfels in der Landschaft. Zu den symbolischen Funktionen einer Burgruine. In: Daim/ Kühtreiber: Burg & Schloß, 427–433, hier 431–433 und Kat.-Nr. II.12.1 (Abb.).
103 In seinem Rechnungsbuch verzeichnet Graf Lamberg 1697 Ausgaben von 18 Gulden „zu dem Drosendorferische Urbario royal papier einen riss": Lamberg: Rechnungsbuch: NÖLA, LA Hs. 51, 473.
104 St. Pölten, Nö. Landesbibliothek, Topographische Sammlung Inv.-Nr. 1.095, 28.656, 30.581 und 29.514; Knittler: Adel und landwirtschaftliches Unternehmen, Kat.-Nr. 2.13; Andraschek-Holzer: Die Topographische Ansicht, Kat.-Nr. 30 (Drosendorf); Elisabeth **Vavra** (Hg.): Schätzereich. Schicksalsreich. Niederösterreich. Kostbarkeiten aus zwei Jahrtausenden, AK St. Pölten 2009, 126, Kat.-Nr. 5.21.
105 Schmid: Hohberg.
106 Hohberg: Georgica curiosa, 1. Buch, 10.
107 1690 sowie um 1706 überlegte Graf Lamberg etwa den Erwerb der an Ottenstein grenzenden Herrschaften Allentsteig und Waldreichs.
108 Zur Fischzucht siehe Knittler: Entwicklung frühneuzeitlicher Feudaleinkommen, 146–181, zu den gewerblichen Eigenbetrieben der Grundherrschaften im Waldviertel, ebenda 182–203.
109 Lamberg: Regensburger Diarium I: NÖLA, Hs. 50, 471.
110 Ein Probenzug, d.h. das Durchziehen eines Fangnetzes während der Produktionsphase, dient dazu, an einer zufälligen Stichprobe des Fischbestandes dessen Gesundheit und Wachstum zu überprüfen. Für die Information sei Herrn DI Richard Hackl (Forstamt Ottenstein) herzlich gedankt.
111 Lamberg: Regensburger Diarium I: NÖLA, Hs. 50, 472.
112 Lamberg: Regensburger Diarium I: NÖLA, LA Hs. 50, 472.
113 Würner ist auch im benachbarten Schloss Großpoppen des Grafen Windhag nachweisbar: Buberl: Zwettl, 178–179; Valenta: Windhaag, 78.
114 Haas: Rosenburg, 71.
115 Furttenbach: Architectvra recreationis, 51–52.
116 Oppeker: Sturmberger, 410–415.
117 Marian: Topographia Windhagiana aucta, 17.
118 Quittung für 1701 und 1702 von Fr. Mauritius Krois vom 9.11.1703: NÖLA, LA Karton 272.
119 Stiftsbrief vom 8.5.1687: NÖLA, LA Urkunde Nr. 310. Die jährliche Stiftung des „Beleuchtungs Contingent" wurde 1755 durch Erlegung eines Kapitals von 600 Gulden abgelöst: NÖLA, LA Karton 63.
120 Haupt: Hofhandwerker, 552–553.
121 Rechnung Lüttigers vom 23.7.1688 über insgesamt 2014 Gulden und 15 Kreuzer: NÖLA, LA Karton 263.
122 Zu den damals besonders häufigen Votivgaben des Kaisers und der Adeligen siehe: Franz **Wagner**: Meisterwerke barocker Goldschmiede- und Steinschneidekunst als Votivgaben für Mariazell. In: Helmut Eberhart/ Heidelinde Fell (Hg.): Schatz und Schicksal, AK Mariazell, Graz 1996, 173–182; Galavics: Gnadenaltar; Ingeborg **Schemper-Sparholz**: Hochaltar, Gnadenaltar und der Schatzkammeraltar in der Basilika von Mariazell. In: Péter Farbaky/ Szabolcs Serfözö (Hg.): Ungarn in Mariazell – Mariazell in Ungarn. Geschichte und Erinnerung, AK Budapest 2004, 133–150.
123 Müller: Lamberg, 105; Adel im Wandel, Kat.-Nr. I.14.
124 Adel im Wandel, Kat.-Nr. 1.12–1.13.
125 Müller: Lamberg, 107.
126 Adelsdekret Leopolds I. vom 27.10.1697: AVA, Adelsakten für Leopold Joseph von Lamberg.
127 NÖLA, LA Hs. 111.
128 Bircher: Im Garten der Palme, 61, Kat.-Nr. 99 (Abb.).
129 NÖLA, LA Hs. 112, fol. 1r-2r.
130 Herwig **Wolfram**/ Karl **Brunner**/ Gottfried **Stangler** (Hg.): Die Kuenringer. Das Werden des Landes Niederösterreich, AK Zwettl, Wien 2. Aufl. 1981, Nr. 1–8.
131 Allgemein zum Ahnenkult der Adeligen: Winkelbauer/ Knoz: Geschlecht und Geschichte.
132 Gemalter Esterházy-Stammbaum bis 1670, Fiktiver Esterházy-Stammbaum von Tobias Sadler von 1670, Stammbaum von Matthias Greischer von 1681–82, *Theatrum genealogicum* von Johann Jakob Hoffmann, 1687: AK Bollwerk Forchtenstein, 164–167; Galavics: Baroque Family Trees; AK Fürsten Esterházy, Kat.-Nr. II/1, Szilághyi: Esterházy-Schatzkammer, 41; Herberstein-Stammbaum von 1725: AK Brücke und Bollwerk, Kat.-Nr. 23/29.
133 Berényi: Familia Esterházy; Galavics: Paul Esterházy, 130–131, Abb. 12–14; Galavics: Die frühen Porträts; Klimesch: Topographie; AK Bollwerk Forchtenstein, 228–235, 240–241.
134 AK Bollwerk Forchtenstein, 164–168, 177–179, 230–231; Körner u.a.: Führer durch die Esterházy-Ahnengalerie.
135 Schemper-Sparholz: Höfische Dekorationen, 223.
136 AK Bollwerk Forchtenstein, 241–243; Galavics: Mariazell; Szilágyi: Esterházy-Schatzkammer, Kat.-Nr. 78 (Kopie des Mariazeller Gnadenbildes von 1687); AK Fürsten Esterházy, Kat.-Nr. V/5.
137 Zu Windhag: Valenta: Windhaag, 77–86.
138 Siehe z.B. die hauptsächlich wirtschaftliche Nutzung der Rosenburg durch Lambergs Schwager Hoyos: Haas: Rosenburg, 58–60.
139 Adalbert **Klaar**: Die Burg Rastenberg. In: Das Waldviertel 10 (1961), 102–108; Bertrand Michael **Buchmann**/ Brigitte **Fassbinder**: Zwischen Gföhl, Ottenstein und Grafenegg (= Burgen und Schlösser in Niederösterreich 17), St. Pölten/ Wien 1990, 54–58.
140 Buberl: Zwettl, 314–319.
141 Franz **Binder**: Marktgemeinde Waldhausen, Waldhausen 1979, 109–110.
142 Briefe von Lorenz Vorster an den Grafen Lamberg vom 31.8. sowie vom 11.10.1697: NÖLA, LA Karton 89, Nr. 445. Buberl: Zwettl, 302.
143 Wilhelm **Zotti**: Kirchliche Kunst in Niederösterreich. Diözese St. Pölten, 2. Bd., St. Pölten/ Wien 1986, 307.
144 Plesser/ Zák: Drosendorf, 287–288.
145 Tietze: Horn, 169.
146 Zitiert in: Buberl: Zwettl, 75.
147 Tietze: Horn, 155, Fig. 167; Woldron/ Rhomberg: Drosendorf, Umschlagbild.
148 Die Drosendorfer Ansicht von Faistenberger für das Urbar ist undatiert, zeigt aber offensichtlich noch den Zustand vor 1694.
149 Plesser/ Zák: Drosendorf, 291–292. Leider war eine Benützung des Schlossarchivs Drosendorf nicht möglich.
150 Zitiert in: Faistenberger: Faistenberger, 336.
151 Polleroß: Barockausstellung, 115; Faistenberger: Faistenberger, 341.
152 Diese Vermutung aufgrund der Zusammenarbeit eines anderen Faistenberger mit Rottmayr bei Faistenberger: Faistenberger, 344.
153 Zu den Quellen im Stadtarchiv Waidhofen: Faistenberger: Faistenberger, 342–344.
154 Franz **Pilshofer**: Die Pfarrkirche ‚Maria Himmelfahrt'. In: Andreas Johann Brandtner (Hg.): Langau, Langau 1994, 81–108, hier 84.
155 Tietze: Horn, 231–235.
156 Ralph **Andraschek-Holzer**: Das Waldviertel (= Niederösterreich in alten Ansich-

157 Ronald **Woldron**: Waidhofen an der Thaya. Die Stadtbefestigung. Ein bauhistorischer Spaziergang durch die Jahrhunderte, Waidhofen/ Thaya 2009.
158 Gedruckt in: Georg Christoph **Kreysig**: Beiträge zur Historie der Chur- und Fürstlichen Sachsischen Lande, 2. Bd., Altenburg 1755, 420.
159 *Diarium des kurfürstlichen Stallmeisters Carl Gottfried von Bose*: Dresden, Hauptstaatsarchiv, GR (GA) Hs. 9332/11, fol. 8v.
160 Kuefstein: Kuefstein 3. Bd., 379–382.
161 Alois **Plesser**: Beiträge zur Geschichte der Pfarre Waidhofen an der Thaya. In: Geschichtliche Beilagen zum St. Pöltner Diözesanblatt 10, St. Pölten 1928, 92–94.
162 Schätzgutachten: NÖLA, LA Karton 63, Nr. 7. Zur Geschichte der Kapelle siehe Helmut **Hutter**: Die ehemalige Loret(t)okapelle in Waidhofen an der Thaya. In: Museum für alle 7 (2007), 1–2.
163 Florian **Schweitzer**: Thaya, St. Pölten 1977, 38–40; Florian **Schweitzer**: Zwischen Himmel und Erde. Die Heiligtümer in der Pfarre Thaya in Niederösterreich, Thaya 1994, 37–38. Die Kapelle dient seit 1973 als Aufbahrungshalle.
164 Kaufvertrag vom 24.8.1694: NÖLA, LA Karton 270. Lamberg: Rechnungsbuch: ebenda Hs. 50, 74 (September 1694).
165 Undatierte Auflistung und Quittung von Valentin Gauck vom 26.3.1705: NÖLA, LA Karton 256. Hans **Tietze**: Die Denkmale des politischen Bezirkes Waidhofen an der Thaya (= Österreichische Kunsttopographie 6), Wien 1911, 127–128.
166 Siehe z.B. die nur zeitweise Nutzung der Rosenburg durch die Verwandten von Lambergs Gattin: Haas: Rosenburg, 58–60.
167 Einen guten Eindruck von den Sommervergnügungen des Adels im Waldviertel in der Jahrhundertmitte bietet: Keller: Eine Reise durch das Waldviertel im Jahre 1655.
168 Lamberg hatte die Herrschaft im Oktober 1690 laut Rechnungsbuch um 40.000 fl. gekauft: NÖLA, LA Hs. 50, 14.
169 Lamberg: Regensburger Diarium: NÖLA: Hs. 51, 98–99.
170 Isfried **Franz**: Geras-Pernegg. Geschichte der Waldviertler Klosterstiftung, Geras 1947.
171 Lamberg: Regensburger Diarium: NÖLA, LA Hs. 51, 99.
172 Rechnungsbuch: NÖLA, LA Hs. 51, 72.
173 Lamberg: Regensburger Diarium: NÖLA, LA Hs. 51, 102–115.
174 Lechner: Handbuch, 363; Wisgrill: Schauplatz, 409; Felix **Halmer**: Burgen und Schlösser im Raume Bucklige Welt, Semmering, Rax (= Niederösterreich 1/3), Wien 1969, 67–69.
175 Frey: Baden, 203–204.
176 Kaufvertrag: NÖLA, LA Urkunde Nr. 298a; Mehlstaub: Kottingbrunn, 67–70, 157–158.
177 Vertrag von 1688: NÖLA, LA Karton 86, Fasz. 440; Quittung vom 20.12.1689: ebenda, Karton 423, Nr. 40.
178 Frey: Baden, 204. Im Februar 1694 wurden schließlich einem *„Mahler zu Wien wegen des Rest, daß er den Altar in der Pfarr gefast"*, 50 Gulden ausbezahlt: Lamberg: Rechnungsbuch: NÖLA, LA Hs. 50, 61 (allerdings wird hier Kottingbrunn nicht genannt).
179 Winkelbauer: Ständefreiheit, 2. Bd., 228–230; Erich **Broidl**: 600 Jahre Nikolai-Bruderschaft Straß. In: Das Waldviertel 54 (2005), 417–431, hier 430.
180 Abschrift des Stiftsbriefes vom 7.10.1692: NÖLA, LA Karton 229, Fasz. 1103.
181 Frey: Baden, 204; Dehio Niederösterreich südlich der Donau, 1. Teil, 1101 (2. Viertel 18. Jh.).
182 Dehio Niederösterreich südlich der Donau, 1. Teil, 1104.
183 Godehard **Schwarz**/ Hans **Klinger**: Pfarrkirche St. Paul in Wien-Döbling (= Christliche Kunststätten Österreichs 449), Salzburg 2006, 22–24 (Abb.).
184 Zur Josefsverehrung der Habsburger im Allgemeinen und einem dafür besonders aussagekräftigen Kupferstich um 1684 aus der lambergischen Patronatspfarre Thaya siehe: Mikuda-Hüttel: Ikonographie des hl. Joseph, 127–171, Abb. 59.
185 Koller: Strudel, 17–21, 132–136.
186 Undatierte Quittung: NÖLA, LA Karton 25; Lamberg: Rechnungsbuch: NÖLA, LA Hs. 51, 497.
187 Im Dezember 1689 werden Fleischlieferungen für Maler, Marmorierer und Stukkateur abgerechnet, 1690 wird Tischler- und Maurerarbeit für die *„Marmelierer"* bezahlt: NÖLA, LA Karton 423, Jahresrechnung 1690, Nr. 32, 33 und 52.
188 Es könnte sich dabei um jenen Stuckateur handeln, der 1688 von Drosendorf nach Ottenstein kam, um die dortige Kapelle abzuzeichnen. Zu den stilistischen Übereinstimmungen der Stuckaturen in Kottingbrunn mit jenen in Ottenstein, Geras und Pernegg aus dem Aliprandi-Umkreis siehe: Jakob **Werner**: Barocker Stuckdekor und seine Meister in Stift Altenburg. In: Ralph Andraschek-Holzer (Hg.): Benediktinerstift Altenburg 1144–1994 (= Studien und Mitteilungen zur Geschichte des Benediktinerordens und seiner Zweige, 35. Ergänzungsband), St. Ottilien 1994, 293–328, hier 303.
189 Vielleicht ein Verwandter des Münchner Stuckateursohns Franz Lorenz Viechter (1664–1716), der in Wien als Architekturmaler wirkte.
190 Lamberg: Rechnungsbuch: NÖLA, LA Hs. 50, 17. Quittungen vom 4.12.1690 sowie vom 1.6. (5 fl. 39 r.), 1.7. (78,50), 3.7. (39,3), 30.7. (37,35). Dazu kommt allerdings eine Bezahlung an den Tischler, der für *„den Schloß Altar für den Marmelitor ein Modl"* gemacht hat: NÖLA, LA Karton 423, Jahresrechnung 1690, Nr. 74 und Jahresrechnung 1691, Nr. 30, 32, 39–40 und 68.
191 Fidler: Questenberg, 87–89.
192 Vermutlich stammt ein anonymer Grundriß eines langgestreckten Gebäudes mit Durchfahrt von diesem Bau: NÖLA, LA Karton 243, Fasz. 1158.
193 Lamberg: Rechnungsbuch: NÖLA, LA Hs. 50, 13.
194 Frey: Baden, 203.
195 Lamberg: Rechnungsbuch: NÖLA, LA Hs. 51, 460 und 473.
196 *Inventarium* vom 22.6.1666: NÖLA, LA Karton 24, Fasz. 290.
197 NÖLA, LA Karton 423, Jahresabrechnung 1690, Nr. 47; Lamberg: Rechnungsbuch: NÖLA, LA Hs. 50, 20. Frey: Baden, 203; Mehlstaub: Kottingbrunn, 70.
198 Lamberg: Rechnungsbuch: NÖLA, LA Hs. 50, 28, 40 und 50.
199 Brief vom 14.10.1693: NÖLA, LA Karton 86, Fasz. 440.
200 Buberl: Zwettl, 75.
201 Frey: Baden, 203.
202 Das prunkvolle Turnier fand dann tatsächlich am 6. Juli statt: Raschauer: Schönbrunn, 99–100.
203 Brief Lambergs an seinen Sohn: NÖLA, LA Karton 35, Fasz. 509.
204 Karl **Denhard**: Das Herzogsbad zu Baden nächst Wien. In: Berichte und Mitteilungen des Altertums-Vereines zu Wien 3 (1859), 60–69; NÖLA, LA Karton 63.
205 Helmuth **Feigl**: Grundherrschaften und Gemeinde im alten Baden. In: Jahrbuch für Landeskunde von Niederösterreich NF 66–68 (2000–2002), 137–259, hier 147–148.
206 Merian: Topographia Proviniciarium Austriacarum, 11–12.
207 Vischer: Topographia, Nr. 14.
208 Abrechnungen der Bademeister sowie zahlreiche Akten der Prozesse sind erhalten: NÖLA, LA Karton 237–238.
209 NÖLA, LA Karton 243, Fasz. 1158.
210 *Verzeichnus deren in dem Baadt sich befündendten Mobilien*: NÖLA, LA Karton 237.
211 Hermann **Rollet**: Der Herzogshof. In: Neue Beiträge zur Chronik der Stadt Baden bei Wien 9, Baden 1896, 72–82, hier 77–80.
212 NÖLA, LA Karton 77.
213 NÖLA, LA Karton 86, Fasz. 440.
214 Frey: Baden, 56.
215 Holderriedt: Lob= und Leich=Predig, 23.

Stadtpalast, Gartenpalais und Familienkapellen in Wien

„Ihr Hochgräffl. Excell. Herrn Herrn Graffen von Lampperg Behausung in der Wallerstrassen"

Bildeten die Landgüter auch weiterhin die finanzielle Basis der Aristokratie, so war es doch im Laufe des 17. Jahrhunderts selbst für diejenigen, die kein eigentliches Hofamt ausübten, immer wichtiger geworden am Hof präsent sowie durch einen Palast in der Stadt sichtbar zu sein und an der repräsentativen Konkurrenz teilzunehmen. Vor allem für die Familien des Hochadels, die über mehrere Generationen höfische Amtsträger stellten, waren Palastbauten in der Nähe der kaiserlichen Residenzen ein unverzichtbares Mittel, ihren sozialen Status im Stadtbild Wiens zu demonstrieren[1].

In der Tat hat Wien im Laufe des 17. Jahrhunderts einen wesentlichen Wandel von der Bürger- zur Adelsstadt durchgemacht, der parallel zur Vergrößerung des kaiserlichen Hofstaates von 486 Personen im Jahre 1563 auf 2050 Dienstposten im Jahre 1730 verlief und am Hausbesitz nachweisbar ist. Der Anteil der Besitzungen von Aristokratie und Hofbeamten war bereits von 1566 bis 1664 von 21,6 auf 39,2 Prozent der Wiener Innenstadt gestiegen, während der Anteil des städtischen Bürgertums von 73,7 auf 56 Prozent gesunken war. Von 1664 bis 1779 erhöhte sich der Anteil auf 44,3 Prozent im Vergleich zu 10,5 % öffentlichen Gebäuden und 45,2 % im Besitz des städtischen Bürgertums. Flächenmäßig war dieser Anteil noch höher, da ja ein Palast die Grundfläche von zwei oder mehreren Bürgerhäusern beanspruchte. Schon 1664 war daher nur mehr ein Viertel des Wiener Bauareals in bürgerlichem Besitz[2]. Ohne Zweifel war Wien also um 1700 eine Adelsstadt. Einer Statistik von Pircher zufolge sind allerdings von den 56 erhaltenen Wiener Palästen bis zur Mitte des 18. Jahrhunderts nur 10 vor 1683 entstanden, 46 jedoch zwischen 1683 und 1749[3]. Erste und auch wichtigste Adresse war dabei die dieser Funktion ihren Namen verdankende Herrengasse. Auf dem Stadtplan von Daniel Suttinger aus dem Jahre 1683 findet man hier zwei Paläste der Familie Liechtenstein und sogar drei Häuser der Familie Lamberg. Dazu kamen die Palais der Fürsten Dietrichstein, Auersperg und Porcia, der Grafen Kaunitz, Mollard, Trautson, Pollheim, Trauttmansdorff, Abensberg-Traun, Bouquoy sowie des Marchese Ferdinando degli Obizzi und des Abtes von Melk, des Vorsitzenden der niederösterreichischen Stände (Abb. 172)[4]. Besonders bezeichnend für die Wandlung vom Land- zum Hofadel ist die Ansiedlung der mährischen Familie Kaunitz in Wien, mit der „ein hundert Jahre dauernder Wandlungsprozess zum Abschluss kam". Dem Eintritt von Dominik Andreas (Abb. 36) in die kaiserliche Diplomatie und der damit einhergehenden Erhebung in den Reichsgrafenstand im Jahre 1682 war ein Jahr vorher der Kauf eines Palastes in der Herrengasse vorausgegangen. 1686/88 erwarb der spätere Vorgesetzte Lambergs um insgesamt 69.000 Gulden zwei Häuser in der Schenken- bzw. Bankgasse sowie zwei Gärten in der Rossau um 7300 fl.[5] „Einen Familienpalast in der Umgebung des Kaiserhofes zu errichten, war die sichtbarste Form, Zugehörigkeit zur kaiserlichen Hofgesellschaft zu demonstrieren – allerdings auch die aufwendigste, was die Möglichkeit, den eigenen sozialen Status in barocken Bauten zu repräsentieren, von vornherein auf wenige Familien einschränkte." Andreas Pečar,

172. Das Wiener Adelsviertel um die Herrengasse im Jahre 1683 (Kennzeichnung: rosa = kaiserlicher Besitz, blau = Geistlichkeit, grün = Stände, braun = adelige Freihäuser, violett = Magistrat, weiß = Bürgerbesitz, rot = Lambergbesitz), Grundrissplan der Stadt Wien von Daniel Suttinger, Reproduktion, 1876; Wien, Stadt- und Landesarchiv

dem wir diese Aussage verdanken, nennt in diesem Zusammenhang 14 hochadelige Familien, denen allein 42 Bauten und damit 40% der bekannten Wiener Paläste gehörten[6]. Wenngleich diese Rechnung im Detail ungenau erscheint, weil kein einziger Palast der Familie Lamberg dabei berücksichtigt wurde, so lässt sich die Kernaussage dennoch am Wiener Hausbesitz der Familie des Botschafters verifizieren. Tatsächlich war es ein offizielles Privileg der kaiserlichen Kämmerer, *„daß sie die nächsten Häuser an der kaiserlichen Burg mit Ausschließung aller anderen, welche sie miethen wollen, vor sich nehmen können, damit sie dem Kayserl. Hof desto näher sind, und also ihren Dienst fertiger verrichten können."*[7] Antonio Bormastino, der in seinem Wienführer von 1715 die Paläste der Fürsten Liechtenstein, Schwarzenberg, Montecuccoli, Porcia, Trautson und Mansfeld-Fondi sowie der Grafen Althann, Caprara, Dietrichstein, Daun, Harrach, Lamberg, Mollard und Starhemberg namentlich nennt, hat in diesem Zusammenhang auch explizit auf die Konkurrenz der Adeligen verwiesen: *„Ich glaube, daß in einer solchen Statt die Vornehmen einer es mit dem andern zu Trutze thun, stattliche Gebäue aufzuführen."*[8]

Als alteingesessene Hofadelsfamilie besaßen die Lamberg schon seit dem 16. Jahrhundert unterschiedliche Häuser in der Nähe der Hofburg, die jedoch mehrfach er- und verkauft wurden[9]. So veräußerte Lambergs Vater 1650 ein erst 1643 um 15.000 fl. von Hans Helfreich Jörger zu Tollet erworbenes Freihaus in der Schenkenstraße an den kaiserlichen Obersthofmeister Albrecht Graf von Zinzendorf und Pottendorf[10]. Vermutlich als Ersatz dafür wurde ein Freihaus auf der Freyung anstelle des späteren Palais Daun-Kinsky erworben. Es befand sich offensichtlich schon in der ersten Hälfte des 16. Jahrhunderts im Besitz des Hans von Lamberg, musste aber 1620 verpfändet

173. Ansicht der Wiener Freyung mit den Palästen Harrach, Daun und Lamberg, Kupferstich von Johann Adam Delsenbach nach Joseph Emanuel Fischer von Erlach, 1719; Privatbesitz

werden und wurde 1621 vom Kaiser dem englischen Botschafter als Wohnung zur Verfügung gestellt[11]. Im Jahre 1653/54 wurde das Gebäude nun von den Grafen von Fürstenberg an Maria Constantia von Lamberg, die Mutter des Botschafters, verkauft. Im Jahre 1655 begann Hans Franz von Lamberg aufgrund eines Bauschadens an der „*Galeria*" größere Baumaßnahmen, die sich bis 1658 hinzogen. Daran beteiligt waren u.a. der vielleicht schon vorher in Ottenstein tätige Maurermeister „*Francisco Piazoli Werck Mastar*", der Dombau- sowie Steinmetzmeister Adam Haresleben sowie der kaiserliche Theaterarchitekt und Hofmaler Jacob Bonvicini. Der gemeinsam mit Carpoforo Tencalla an der Freskenausstattung der Hofburg mitwirkende Maler wurde 1657 vom Vater des Botschafters dafür honoriert, dass er *„zwei zerbrochene […], Perspektiven' in […] der ,Galleria' widerumben repariert und verbessert"* hat[12]. Bei der Galerie handelte es sich offensichtlich um einen Arkadengang mit Säulen und einer Scheinarchitekturmalerei. 1686 erwarb der kaiserliche Oberststallmeister und Diplomat Karl Ferdinand Graf von Waldstein das Palais um 50.000 Gulden, wobei die letzte Rate 1687 nach dem Tod seiner Mutter an Leopold Joseph ausbezahlt wurde[13].

Das Nachbarhaus befand sich 1683 im Besitz der Gräfin Judith Rebecca von Lamberg, also der Witwe des Obersthofmeisters, und war damit ab 1707 Sitz des fürstlichen Zweiges der Familie[14]. Es diente nach der Befreiung Wiens am 14. September dem sächsischen Kurfürsten Johann Georg III. als Nachtquartier, und 1698 verstarb hier der 1649 in Brüssel geborene Stillebenmaler Johann de Cordua[15]. Der Wohnsitz der Fürsten von Lamberg wurde jedoch noch 1719 auf dem Kupferstich von Josef Emanuel Fischer von Erlach und Johann Adam Delsenbach als einfache und vor allem im Vergleich zu den benachbarten Neubauten der Grafen Daun und Harrach altertümliche und nicht mehr standesgemäß erscheinende Architektur abgebildet (Abb. 173).

Das dritte Haus der Grafen Lamberg befand sich 1683 auf der anderen Seite der Herrengasse neben dem alten Stadtpalais der Fürsten von Liechtenstein (Nr. 10, alte Nummer 250). Dieses Gebäude gehörte um 1630 der oberösterreichischen Linie der Lamberg, um 1680 war es ebenfalls Eigentum der Mutter des Botschafters, und 1719 wurde es an den späteren niederösterreichischen Statthalter Johann Ferdinand Graf von Kuefstein auf Greillenstein verkauft[16]. Von diesem Haus vermietete Maria Constantia von Lamberg 1669 ein Stockwerk an den kaiserlichen Feldmarschall Jakob Graf von Leslie, den späteren Bauherrn des Grazer Lesliehofes[17], und 1676 den *„ganzen Unteren Stockh […] wie auch zu ebener*

174. Fassade des Palais Lamberg-Sprinzenstein in der Wallnerstrasse, Federzeichnung von Wolf Wilhelm Prämer, um 1675; Wien, ÖNB Sammlung von Handschriften und alten Drucken Cod. ser. nova. 365, fol. 210

Erden Stuben und Cammer, zwey Gewölb, auf vier und zwainzig Rossstallungen, den Kheller bey dem Thor und einen Boden zum Habernschitten" um 900 Gulden für ein Jahr an Philipp Sigmund Graf von Dietrichstein[18]. Der spätere Trauzeuge des Botschafters und noch spätere kaiserliche Oberststallmeister siedelte sich offensichtlich damals gerade in Wien an und ließ ab 1687 seinen eigenen Palast am Ende der Herrengasse (Palais Dietrichstein-Lobkowitz) errichten. Schon 1683 vermietete die Gräfin ihr *„in der Herrengassen, neben der fürstl. Liechtenstain. Behausung gelegenes Hauß"* auf drei Jahre an den kaiserlichen Oberstsilberkämmerer Peter Ernst Graf von Mollard (Mollarth)[19]. Die Jahresmiete betrug diesmal nur 800 Gulden, vielleicht weil es sich beim Mieter um einen Cousin der Gattin des Botschafters handelte.

Im Besitz der Familie Lamberg befand sich aber auch der sogenannte Doktor Lazenhof[20], den die Mutter Lambergs 1677 um 8000 Gulden verpfändete, um die Kavalierstour ihrer beiden ältesten Söhne finanzieren zu können. Dieses Gebäude kam als Erbe an den jüngsten Sohn Franz Sigmund, der zwischen 1697 und 1702 dort größere Umbauarbeiten vornehmen ließ, an denen u.a. der Steinmetz Veit Steinböck und der aus Venedig stammende spätere Hofbildhauer Pietro Silvestro Caradeo mitwirkten[21].

Das Palais Lamberg-Sprinzenstein in der Wallnerstraße

Die Vermietung bzw. der Verkauf der Freihäuser durch Leopold Joseph von Lamberg war umso leichter möglich, da dieser 1679 mit dem Erbe seines Schwiegervaters Sprinzenstein auch dessen Stadtpalast in Wien übernommen hatte. Das Gebäude lag in der parallel zur Herrengasse verlaufenden Wallnerstraße (Nr. 3) an der Rückseite des Palastes der Fürsten von Liechtenstein (Abb. 172). Die ursprünglich an dieser Stelle befindlichen zwei Freihäuser wurden 1658, 1666 bzw. 1673 vom Landmarschall erworben und zu einem Palais umgebaut, dessen moderne Gestaltung damals die auf der gegenüberliegenden Straßenseite befindlichen Freihäuser der Grafen Martinitz (später Pálffy) und Esterházy an Repräsentativität bei weitem übertraf. Offensichtlich erst unmittelbar vor der Erhebung in den Fürstenstand hat dann auch Paul I. Esterházy 1687 einen Palastneubau in Angriff genommen[22].

Tatsächlich gehört das Palais Sprinzenstein gemeinsam mit den Palästen der Fürsten Dietrichstein sowie der Grafen Abensberg-Traun, Dietrichstein, Hoyos, Montecuccoli und Starhemberg (Abb. 176) zu den als „Prämer-Bauten" bekannten frühbarocken Werken. In den Jahren um 1665–75 entstanden erstmals in Wien architektonisch gestaltete Fassaden nach dem Vorbild des Leopoldinischen Traktes der Hofburg und

175. Fassade des Palais Lamberg-Sprinzenstein in der Wallnerstraße, Ölgemälde von Maurizio Andora aus dem Schloss Ottenstein, um 1687/88; Privatbesitz

vermutlich auch nach Entwürfen der kaiserlichen Hofarchitekten Filiberto Luchese und Giovanni Pietro Tencalla. Es spricht einiges dafür, dass diese Verschönerung der Residenzstadt durch den Bau neuer Paläste der Aristokratie vom Kaiser nicht nur wohlwollend gesehen, sondern bewusst gefördert wurde. Schon in den frühen 1660er Jahren verband der Obersthofmarschall Leopolds I., Heinrich Wilhelm Graf von Starhemberg, seine Aufgabe zur Schaffung von Hofquartieren mit der Absicht, nicht nur „Spelunken und Wanzenkobeln" zu beseitigen, sondern alle jene Häuser, „die ein schändliches Spectaculum darbieten". Dementsprechend wurde jenen Bauherren, die „zierliche" Gebäude errichten würden, Steuerbefreiung auf viele Jahre versprochen[23]. Die praktische Umsetzung dieser Baupolitik zeigte sich etwa bei der Errichtung des Palais Abensberg-Traun in der Herrengasse. Das mit dem Neubau begründete Ansuchen um Hofquartierfreiheit wurde von Starhemberg 1662 befürwortet, da der neue Palast „aspectui publico", dem öffentlichen Ansehen, zu besonderer Zier gereiche. Denn der anstelle der beiden alten Häuser mit schlechten Wohnungen entstehende Palast würde eine prächtige und „in diesem Lande rare Fazata" erhalten[24]. Es ist bezeichnend, dass auch der Obersthofmarschall selbst mit gutem Beispiel voranging und das um 1665 von seinem Vetter errichtete Familienpalais auf dem Minoritenplatz (Abb. 176) sowohl durch seine Fassadendekoration als auch durch die neue Bedeutung von Vestibül, Treppenhaus und Saal auf hochbarocke Lösungen vorausweist. Tatsächlich bilden die Fassade des Palais Starhemberg und jene der Hofburg, „die beiden bedeutendsten Frühbarockfassaden auf Wiener Boden", nicht nur zeitlich, sondern auch stilistisch eine Gruppe[25]. Die These von einer die architektonische Verschönerung der kaiserlichen Residenzstadt betreibenden ‚Hof-Bau-GesmbH' lässt sich indirekt durch Lambergs Netzwerk stützen: von den sieben Bauherren der eben genannten Prämer-Paläste gehörten die Grafen Sprinzenstein sowie Hoyos zur Verwandtschaft und vier weitere zu seinen Trauzeugen (Abb. 116). Um 1710/15 scheint es abermals einen vergleichbaren, stilistisch vom Hofarchitekten Johann Bernhard Fischer von Erlach geprägten Bauboom der kaiserlicher Minister gegeben zu haben[26].

Die frühen Wiener Paläste charakterisiert zwar eine relativ spannungslose Aneinanderreihung von gleichförmigen Achsen entweder mit untektonischen Putzfeldern oder mit Lisenen und nur selten mit Pilastern[27]. Aber gegenüber den älteren schmucklosen Bauten (wie Ottenstein) folgten diese Fassaden doch den Regeln von der „Angemessenheit", denen zufolge die Verzierung eines jeden Bauwerkes dem Stand seines Besitzers zu entsprechen habe. Um 1675 hat Fürst Karl Eusebius von Liechtenstein diese Auffassung unmissverständlich in der Erziehungsschrift für seinen Sohn formuliert. Seiner Meinung nach sei es eine „*universalissi- und generalissimam regulam: niehmals, niehmals und zu ebigen Zeiten kein Gebeude ohne Zierdt der Architektur zu führen (ausser der Wiertschaft-Sachen, so blos zum Nutzen und wenig kosten miessen, [...] so schon jedes gemeinen Maurers Wissenschaft sein [...], dan was so zu der Herrschaft und ihrer Hoffstat geherig ohne Zierdt mit glatter Mauer zu machen, wehre [...] zu verachten und gantz nichts zu schatzen und keiner Gedechtnus wierdig, und nur ein ordinari Werk [...].*"[28] Das von der Rhetorik in die Architekturtheorie übernommene Prinzip des „Decorum" wurde schon 1687 in Eberhard Weigels *Wienerischen Tugendspiegel* in aller Deutlichkeit visualisiert und weiter differenziert. Die Tugend der *Decentia (Gemäßthätigkeit)* erscheint nämlich mit einem Maßstab vor verschiedenen Säulen, die nach ihrer Ordnung unterschiedlich hoch und mit den entsprechenden Insignien bekrönt sind: von der ionischen mit dem Ritterhelm bis zur korinthischen mit der Königskrone[29]. Das aufgrund von Lieferungen des Eggenburger Steinmetzmeisters Wolfgang Steinböck um 1674/75 zu datierende Palais Sprinzenstein besaß zwar nur eineinhalb Geschoße, aber immerhin 14 Achsen, die durch zwei unregelmäßig in der Fassade sitzende Portale akzentuiert wurden. Das Piano Nobile wurde durch gesprengte Segmentgiebel über den Fenstern geschmückt. Zwei zeitgenössische Ansichten überliefern diesen Zustand, beide aber offensichtlich in idealisierter Form. Die schon lange bekannte Zeichnung von Wolf Wilhelm Prämer (Abb. 174)[30] korrigiert die Fassade architektonisch, indem die kleinen und unregelmäßigen Fenster im Erdgeschoss aufgewertet sowie vereinheitlicht und die Flanken des Gebäudes durch Eckquaderung betont werden. Hingegen überliefert das bisher unidentifizierte, um 1687/88 entstandene Gemälde von Maurizio Andora aus dem Schloss Ottenstein[31] (Abb. 175) vermutlich das wahre Aussehen der Fassade, versetzt den Stadtpalast aber in eine Gartenlandschaft mit lambergischen Wappenhunden auf den Balustraden der Terrasse. Künstlerisch zwar von bescheidener Qualität verdient das Werk Andoras dennoch besondere Beachtung, da es sich vermutlich um das älteste und vielleicht sogar um das einzige Ölgemälde eines Wiener Stadtpalastes handelt, das auch einen Eindruck von der kräftigen Farbgebung der frühbarocken Fassaden vermittelt.

Entweder der soziale Konkurrenzdruck bzw. Generationswechsel innerhalb der Wiener Adelsgesellschaft oder ein kunsthistorischer Informationsschub von Außen führten dazu, dass es um 1690 zu einer künstlerisch-repräsentativen ‚Aufrüstung' kam. Schon 1687 kontaktierte Fürst Johann Adam Andreas von Liechtenstein brieflich Architekten in Rom und Venedig, um ein „*Abriss oder Dessin*" für seinen „*erst neulich erkaufften Gartten*" in der Rossau zu erhalten. Etwa zur gleichen Zeit kam der junge Fischer aus Rom vermutlich über Vermittlung der Grazer Dietrichstein nach Wien, 1689 kehrte der kaiserliche Botschafter am bayerischen Hof, Graf Kaunitz (Abb. 36), aus München mit Plänen des dortigen Hofbaumeisters Henrico Zuccalli nach Wien zurück, und 1690 übersiedelte der römische Architekturprofessor Domenico Martinelli offensichtlich als Harrachscher Hofarchitekt nach Wien[32].

Zu diesem Zeitpunkt galt die lange Reihe gleichartiger Achsen bereits als veraltet, und die Akzentuierung der Fassade wurde zur wichtigsten künstlerischen Aufgabe der Wiener Palastarchitektur. Dies zeigte sich bereits bei den Stadtpalästen der Grafen Harrach sowie Dietrichstein, den „Vorreitern hochbarocker Gestaltung"[33]. Beim Bau seines neuen Palastes neben der Hofkirche der Augustiner äußerte sich der Ehrgeiz von Lambergs Trauzeugen und vormaligem Mieter Philipp Sigmund Graf von Dietrichstein darin, dass er 1687 nicht weniger als vier Konkurrenzprojekte in Auftrag gab. Kaum war der Bau jedoch nach dem durch einen Grundzukauf 1691 notwendigerweise umgearbeiteten Plan des kaiserlichen Hofarchitekten Giovanni Pietro Tencalla begonnen worden, wurde er entweder noch von diesem selbst oder durch Johann Bernhard Fischer „'alla romana' modernisiert". Der zunächst nur zaghaft ausgebildete Mittelrisalit wurde sowohl durch Verbreiterung von drei auf sieben Achsen als auch durch Erhöhung um ein Mezzaningeschoss und die Bekrönung mit einer Statuenbalustrade wesentlich aufgewertet[34]. Dies war vermutlich bereits eine Reaktion auf Zucallis Entwurf für das Stadtpalais Kaunitz-Liechtentein von 1689, mit dem die „entwicklungsgeschichtlich bedeutsame Übertragung" von Berninis Fassadenschema des Palazzo Chigi-Odescalchi (Abb. 82) von Rom nach Wien erfolgt war[35]. Ebenfalls als Reaktion auf den beruflichen Rivalen Kaunitz erfolgte wohl das Engagement des Römers Martinelli durch den Grafen Harrach (Abb. 35), Lambergs Vetter[36]. Bei dessen Palastbau sind die abrupten Planänderungen sowie die dahinter stehenden repräsentativen Überlegungen noch

176. Palais Starhemberg von Filiberto Lucchese, um 1665; Wien, Minoritenplatz

deutlicher nachzuvollziehen. Der sofort nach dem (Rück-)Kauf der Brandruine um 20.000 Gulden im Jahre 1689 vom einheimischen Baumeister Christoph Alexander Oedtl begonnene Palast war zunächst in die vornehme, aber enge Herrengasse ausgerichtet wie sein Vorgängerbau. Vielleicht noch 1689, spätestens 1690 wurde der Bau jedoch unter der Leitung Martinellis von der Herrengasse auf die Freyung hin orientiert[37]. Die Veränderung hatte zwei wesentliche Folgen. Einerseits war dadurch eine aufwendigere Raumfolge mit Vestibül, Vorraum, Treppenhaus, Vorzimmer, Audienzzimmer und Galerie möglich geworden, andererseits hat der römische Architekt die neue Hauptfassade durch Seitenrisalite akzentuiert und als platzbeherrschende Schauseite urbanistisch wirksam gemacht[38] (Abb. 173).

Der gerade damals in Regenburg seinen ersten diplomatischen Posten antretende Graf Lamberg hatte nun wohl weder die finanziellen noch die zeitlichen Möglichkeiten, durch Umbau seines erst 15 Jahre zuvor fertig gestellten Stadtpalastes in diese Architekturkonkurrenz der Wiener Adeligen einzutreten[39]. Er hielt es aber trotz seiner dienstlichen Abwesenheit vom Wiener Hof offensichtlich für geboten, sich wenigstens durch Um- oder Neubau von Innenräumen am repräsentativen Modernisierungswettlauf zu beteiligen, zumal er im September 1690 zum kaiserlichen Geheimen Rat mit dem Titel Exzellenz ernannt sowie 1697 sein Reichsgrafenstand (mit der Ausweitung der Anrede Hoch- und Wohlgeboren auf das gesamte Gebiet des Römisch-deutschen Reiches) bestätigt worden und er damit in eine ‚höhere Liga' aufgestiegen war[40]. Die Bedeutung der Repräsentation in Wien lässt sich auch an einigen punktuellen Ausgaben ablesen. So zahlte Lamberg *„vor das gehaime raths decret"* nicht weniger als 1000 Gulden und bei der Ablegung des Eides am 20. Juli 1697 fielen allein 190 Gulden an *„Discretions Specification vor die Kayserlichen. Bedienten"* an[41]. Und während der Botschafter im Februar 1699 in Regensburg ein Fest anlässlich der Vermählung des Römischen Königs gab, nahm seine Gattin in Wien am Einzug des Brautpaares teil. Die Gräfin hatte sich wahrscheinlich ebenso wie ihr Verwandter Harrach (siehe oben S. 42) aus Paris neue ‚Haute Couture' besorgt, sodass die Teilnahme am *„Königl. Einzug"* Ausgaben von nicht weniger als 1000 Gulden zur Folge hatte[42]. Auch diese Kosten sind wieder ein Beispiel dafür, dass die Repräsentation der Wiener Adeligen Lamberg und Harrach zwar in Konkurrenz zueinander erfolgte, aber auch gemeinsam wesentlich zum Prunk des den Herrscher umgebenden Hofstaates beitrug.

Es bedurfte daher auch eines entsprechenden Ambientes. Schon im November 1690 und im Jänner 1691 wurden einem nicht namentlich genannten *„Baumeister [...] vor das Wiener Haus"* jeweils 160 Gulden ausbezahlt[43]. In einer zweiten Bauphase ging es abgesehen von der Errichtung einer Altane im Hof vor allem um einen Umbau des Schlafzimmers mit Alkoven sowie ein Spiegelkabinett. Am 24. Mai 1694 schloss Eleonora Katharina Gräfin von Lamberg mit dem bürgerlichen Maurermeister Thoma Trägä einen Vertrag. Damit verpflichtete sich der Handwerker zunächst, *„in der Wallerstrassen [...] an der Altana gegen den Fürst von Liechtenstein eine Mauer, in der Leng undt Höche, waß von Nöthen ist, auffzuführen, undt den Boden undter den Tächel durchgehent zu Pflastern, sambt der Stiegen auf den obern Gahrn hinauf zumachen [...]"*. Weiters war *„in dem Stockh gegen den Batt neben der Kopeln [= Kapelle] ein ‚Caliouen' zu machen, auch neben der ‚Kaliouen' eine Schüttmauer zu führen, zu einen ‚Cavinet' undt im ‚Cavinet' den alten ‚Camin', auch 2 Thieren einzusezen"*. Diese Arbeiten sollten mit 600 Gulden honoriert werden. Die entsprechenden Auszahlungen (abzüglich 26 fl.) erfolgten bis Mai 1695 – zuletzt an die Witwe des Handwerkers[44]. Eine *„Specification der Baukosten"* des Jahres 1694 mit einer Gesamtsumme von 3217 Gulden nennt für den *„Stockhothor, welcher daß Altkhoffen Zimmer, das ‚Cabinet', und des Jungen Herrn Herrn Graffen ‚appartament' gemacht,"* 500 fl., für einen *„Metallisirten Offen"* 130 fl., für den *„Bildhauer bey St. Ulrich"* (Georg Spetzl) 72 fl. für Spallierleisten, für den *„Bildhauer auf den Juden Plaz umb gewisse geschnittene Palluster"* 16 fl. sowie für den *„Pietro welcher daß ‚Cabinet' zugerichtet"* insgesamt 920 Gulden[45].

Den Familiennamen des ‚Designers' und eine gewisse Vorstellung von dem Kabinett liefert uns ein undatierter italienischer Vertrag der Gräfin Lamberg mit dem *„Indoratore"* (Vergolder) Pietro Venier zur Errichtung eines *„Gabinetto [...] conforme il disegno fattogli fare conforme há desiderata S. Eccellenza"* (Abb. 177). Die die Vertragsgrundlage bildende Entwurfszeichnung blieb zwar nicht erhalten, doch wird die geplante Dekoration im Vertrag näher beschrieben: Das besagte Kabinett sollte aus Schnitzereien bestehen, die außer auf der Seite des Kamins, die gesamte Wand bedecken, und bis zu den Fenstern reichen; alles sollte mit feinem und gutem Gold vergoldet werden. Es waren drei Spiegel 6 $\frac{1}{4}$ Schuh hoch vorgese-

links:
177. Vertrag mit Pietro Venier zur Errichtung eines Spiegelkabinettes im Palais Lamberg-Sprinzenstein, 1694/95; St. Pölten, NÖLA Lamberg-Archiv, Kart. 268

rechts:
178. Entwurf für ein Kabinett oder eine Sala Terrena, um 1695; St. Pölten, NÖLA Lamberg-Archiv, Kart. 243

hen, vierzehn Verzierungen mit gemalten Blumen wie bei den schon gemachten Abschnitten und fünf Taborette (von franz. tabouret, Fußbank, Hocker) verziert mit Farbe und gedrechselt in der Art eines Amphitheaters. Unter der Schnitzerei sollten „Lambris oder besser Banchette" (von franz. banquette, Fensterbank oder Hocker[46]), in der von der Gräfin bestellten Form aufgestellt werden. *„Und im Falle, dass dieselben Banchette aus dem besagten Holz mit den geschnitzten Füßen gemacht werden, verpflichtet sich daher I. Exz., die Frau Gräfin Lamberg, dem oben erwähnten Pietro Venier 1500 deutsche Gulden à 60 Kreuzer zu bezahlen. Diese Summe verpflichtet sich I. Exz. dem besagten Venier in drei Raten zu zahlen. Die erste zu Beginn der Arbeit, die zweite bei der Hälfte und die dritte sofort nach Ende der Arbeit. Der oben erwähnte Venier verpflichtet sich das ganze genannte Kabinett, wie es oben beschrieben wird, von guten Fachleuten und mit der größt möglichen Sorgfalt ausführen zu lassen. Sollte I. Exz. jedoch weitere Dinge, die nicht in diesem Vertrag enthalten sind, wünschen, ist sie verpflichtet so viel mehr zu bezahlen wie erforderlich ist."* Vertragsgemäß wurde das Papier von beiden Parteien besiegelt und auch gleich die erste Rate von 500 Gulden sowie weitere hundert Gulden als erstes Drittel *„à conto della stucatura"* ausbezahlt und vermerkt. Die zweite Rate am 25. Juni 1695 umfasste 600 Gulden für Venier, 100 fl. für den Stuck sowie weitere 106 fl. 25 xr. für die Vergoldung des Stuckes über dem Bett (*„indoratura del Stuchi sopra il letto del detto gabinetto gia acordato"*)[47].

Die neue Dekoration der Gräfin Lamberg bestand also offensichtlich aus einem Stuckplafond mit vergoldeten Ornamenten sowie aus Textiltapeten und einer Holzvertäfelung mit ebenfalls vergoldetem Schnitzwerk nach französischem Vorbild, wie es damals in Wien noch kaum anzutreffen war[48]. Das Schlafzimmer enthielt im Alkoven das Paradebett und vielleicht auch vier Wandtische, während das Kabinett mit Spiegeln und Blumenbildern geziert war. Unklar bleibt, ob mit den Tabourets in Form eines Amphitheaters rundumlaufende Fußbänke bzw. Serien von Hockern gemeint waren, wie es Stiche von Daniel Marot zeigen, oder runde Hocker, wie es sie damals in Versailles gab[49]. Das lambergische Spiegelkabinett dürfte jedenfalls das erste seiner Art in Wien gewesen sein. Denn sowohl das französisch beeinflusste Goldkabinett im Stadtpalast des Prinzen Eugen als auch das *„indianische [Porzellan-?]Kabinett"* der Hofburg von Fischer von Erlach (das 3416 fl. kostete) entstanden erst in den Jahren zwischen 1698 und 1702[50]. Der vor allem mit den *„indianischen"* Kabinetten unmittelbar verbundene Luxuskonsum exotischer Getränke wie Schokolade, Kaffee und Tee in Geschirr aus asiatischem Porzellan[51] lässt sich auch in diesem Falle belegen, bestellte Graf Lamberg doch gleichzeitig in Augsburg entsprechende modische Silberservice und Porzellangefäße (siehe unten S. 289).

Der mit diesem Auftrag das erste und einzige Mal in Wien aufscheinende Pietro Venier aus Udine wurde später vor allem als Maler von Altarbildern sowie Fresken in Kirchen von Udine, Cividale del Friuli und Pozzuolo bekannt[52]. In Wien scheint er jedoch die Funktion eines Innendekorateurs und Koordinators des Stuckateurs und Bildhauers ausgeübt zu haben. Der Vertrag mit der Gräfin Lamberg erstaunt nicht nur durch das hohe Honorar, sondern auch durch das Selbstbewusstsein des erst 21-jährigen Künstlers und ist wohl auch ein indirektes Zeugnis für den damaligen Wiener Bauboom und den Wettlauf der Adeligen um neue Ideen und interessante Künstler.

Zu den Profiteuren der Baukonjunktur des Wiener Hofes zählte offensichtlich auch der Stuckateur Girolamo Alfieri, der um 1685 in Kremsmünster (u.a. für einen Alkoven des Abtes) tätig war und ab 1689 einen Großbetrieb in Wien leitete[53]. Aus der Quittung vom 20. Juli 1694 erfahren wir, dass er von der Gräfin Lamberg für die *„Stockathor arbeith in dero alkhoffen, ‚Cabinet', und deß Jungen Herrn Herrn Graffen drey Zimmer"* 500 Gulden und später noch einmal die gleiche Summe erhielt[54]. Um 1700 stuckierte der Meister in der von Leopold I. gestifteten Pfarrkirche Laxenburg, ab 1701 schuf Alfieri die Stuckdecken im Wiener Palast von Lambergs Neffen Questenberg (Abb. 22) und später auch jene in dessen Schloss Rappoltenkirchen[55].

Am 27. Juli 1695 wurde ein Kontrakt mit dem Bildhauer Georg Spetzl geschlossen, demzufolge dieser die *„erforderliche Spallier Leisten gleich denen in Henden gestelten Muster […] zur ‚Alcoven' und Zimmer"* bis September liefern sollte. Die Kosten für diese Arbeit beliefen sich auf 72 fl. 48 xr[56]. Weitere Informationen über die Ausstattung des Palais Lamberg bietet uns ein Verzeichnis der damals durchgeführten Arbeiten des bürgerlichen Tischlers Matthias Brunner im Wert von insgesamt 308 Gulden. 1694 lieferte er u.a. vier *„Tisch von waichenholz, 4 schuch lang, 2 breit mit gedrahten Staffeln"*, Spallierlatten und *„in die Allgoffen 2 Postamenter, 3 schuch hoch, mit Haubt= undt Fueßgesimbs"*. 1695 leimte Brunner die Rah-

men „zu 4 Kupferstichen" und schuf für den jungen Grafen einen „Leibstuhl, so man kann zusambenlegen, von nußbaumernen Holz, oben einem von hartem Holz überfalzten Deckhel", zwei grosse „Verschlag zu den 2 Welt Kugeln, jeder 6 schuch brait, hoch undt tief" (siehe dazu unten S. 267) sowie zehn „sesselgestell von nußbaumernen Holz, mit geschnitenen armb Laihnen, wie auch die gestell gedraxelt". Für den Alkoven fertigte der Tischler den Fußboden, „Lambrien mit Haubt= undt Fueß= gesimbsern undt Laisten gezirt und eingefast" sowie offensichtlich für das dort befindliche Paradebett die „balluster auf 4 theil eingefast, mit darzugeherigen gesimbser undt 5 Postamenter"[57]. Seinem Rechnungsbuch zufolge zahlte Graf Lamberg 1696 für „der Graffin Cabineth Maller, Sameth und Damast" nicht weniger als 5386 Gulden aus, während „vor den Bau in Hauss Anno 1693 in Wien" 3270 fl. 31 xr. zu Buche schlugen[58].

1696 lieferte der Waldviertler Steinmetzmeister Veit Steinböck einen Kamin „von gesprangten Märmel" für das Kabinett[59], und so liegt es nahe, auch einen undatierten französischen Entwurf mit dieser Wiener Planung in Zusammenhang zu bringen. Die Zeichnung zeigt einen für die Ecke eines Raumes konzipierten schlichten Kamin, wie sie Daniel Marot damals publiziert hat[60]. Aus dem Text geht hervor, dass das Projekt für ein gräfliches Schlafzimmer („chambre où couche Mons. et Madame la Contesse") konzipiert war und zur Anbringung eines Spiegels über der steinernen Kamineinfassung eine ‚Holzfassade' („fasade en bois") errichtet werden sollte[61]. In einem weiteren Verzeichnis von 1697 wird die Anfertigung eines „Metallisirten" Ofens für das Kabinett um 130 Gulden genannt. Auch die ebenfalls 1696 von dem im „Gewölb bey dem Persischen König" ansässigen italienischen Spiegelhändler Antonio Tuono um 315 Gulden angeschafften Luxusobjekte dienten wohl zur Dekoration der neuen Räume: fünf „Taborette con Crestalli", ein „Luce quadra di [...] 6 dà Specchio" und zwei quadratische vergoldete Rahmen[62]. Im August 1697 notierte Graf Lamberg u.a. zwei Raten zu 500 Gulden und 89 fl. „dem Pietro vor d. Cabineth" sowie 165 fl. „dem Persianischen König". 1698/99 wurden mit Veit Steinböck bzw. Paul Seidler (?) weitere Steinmetz- und Hafnerarbeiten zu „Ihr. Hochgräfl. Excell. Herrn Herrn Graffen von Lampperg Behausung in der Wallerstrassen" abgerechnet[63]. Die Kosten für das Schlafzimmer und das Spiegelkabinett des Ehepaares Lamberg beliefen

179. Fassade des Palais Lamberg-Sprinzenstein nach dem Umbau durch den Sohn des Botschafters, Kupferstich von Johann August Corvinus nach Salomon Kleiner, 1733; Privatbesitz

sich also auf über 10.000 Gulden und waren damit höher als der Kaufpreis des Waldviertler Dorfes Puch.

Zeitlich und künstlerisch gut ins Wiener Milieu der 1690er Jahre scheint auch ein im Lamberg-Archiv erhaltener anonymer und undatierter Entwurf für eine Innendekoration zu passen[64] (Abb. 178). Der hier dargestellte quadratische, einachsige und kreuzgewölbte Raum lässt sich heute weder in Ottenstein noch in Kottingbrunn nachweisen. Aufgrund seiner nicht sehr speziellen Ikonographie (Mars, Venus?, Tugendallegorien) könnte der Entwurf sowohl für ein Kabinett als auch für eine *Sala Terrena* im Wiener Stadtpalast gedient haben. Offensichtlich von einem sowohl für die Fresken an den Wänden als auch für die (fiktiven?) Stuckornamente an der Decke verantwortlichen Dekorateur geschaffen, passt die Zeichnung gut ins Oeuvre eines Designers wie Venier. Während die Stuckornamente an die Werke eines Aliprandi oder Piazol erinnern, scheint die antikisierende Hafenszene von Bühnenbildentwürfen der Zeit inspiriert zu sein. Tatsächlich besitzt das Lamberg-Blatt mit seiner Kombination von sorgfältiger Konstruktionslinie und freier Figurengestaltung sowie durch die Verbindung von Wand- und Deckenaufriß, vor allem aber durch die Verwendung von brauner Tinte und Rötelzeichnung große Ähnlichkeit zum Zeichenstil des vielseitigen Bologneser Malers Antonio Beduzzi, der 1695 erstmals in Wien nachweisbar ist[65].

Zu einem größeren Umbau des Palastes in der Wallnerstraße kam es erst 1722 bzw. 1730/32 unter Lambergs Sohn Karl Joseph[66]. Damals wurde die Fassade durch Versetzung der Portale sowie des Stiegenhauses symmetrisiert und um ein Geschoss erhöht. Diesen Zustand überliefert die Ansicht von Salomon Kleiner aus dem Jahre 1733 (Abb. 179). Aufgrund der Verschuldung musste das Palais Lamberg-Sprinzenstein jedoch schon 1740 verkauft werden und zwar an niemand geringeren als den späteren Kaiser Franz I. Stephan von Lothringen[67], der im sogenannten „Kaiserhaus" die Toskanische Kanzlei sowie die Verwaltung seiner privaten Wirtschaftsbetriebe unterbrachte[68].

Das (Prämersche) Lustgartengebäude an der Donau

Aufgrund der Tatsache, dass der Wiener Hof die Hälfte des Jahres nicht in der Hofburg verbrachte[69], ergab sich eine Wiederholung der Satellitenbildung im Kleinen durch die Ausbildung von ‚Villenkolonien' um die kaiserlichen Nebenresidenzen im Augarten, auf der Wieden und in Laxenburg[70]. Schon 1677 berichtete der hessen-darmstädtische Gesandte Hans Eitel Diede zum Fürstenstein daher, dass „*die vornehmbste und meiste Kayl. Ministri auch itziger Zeit, sodann verschiedene Gesandte außerhalb in Gartten Häußern logieren.*" Das Spektrum der Besitzer reichte von den Fürsten Auersperg bis zum Hofquartiermeister Johann Kunibert von Wenzelsberg[71]. Im Bereich des heutigen 2. und des 9. Bezirkes waren die alte *Favorita* im Augarten sowie der kaiserliche Prater die Gravitationszentren. Noch 1715 beschreibt Bormastino die Favorita als ein „*Lust=Hauß, mit annehmlichen daran liegenden Wäldlein, allwo man*

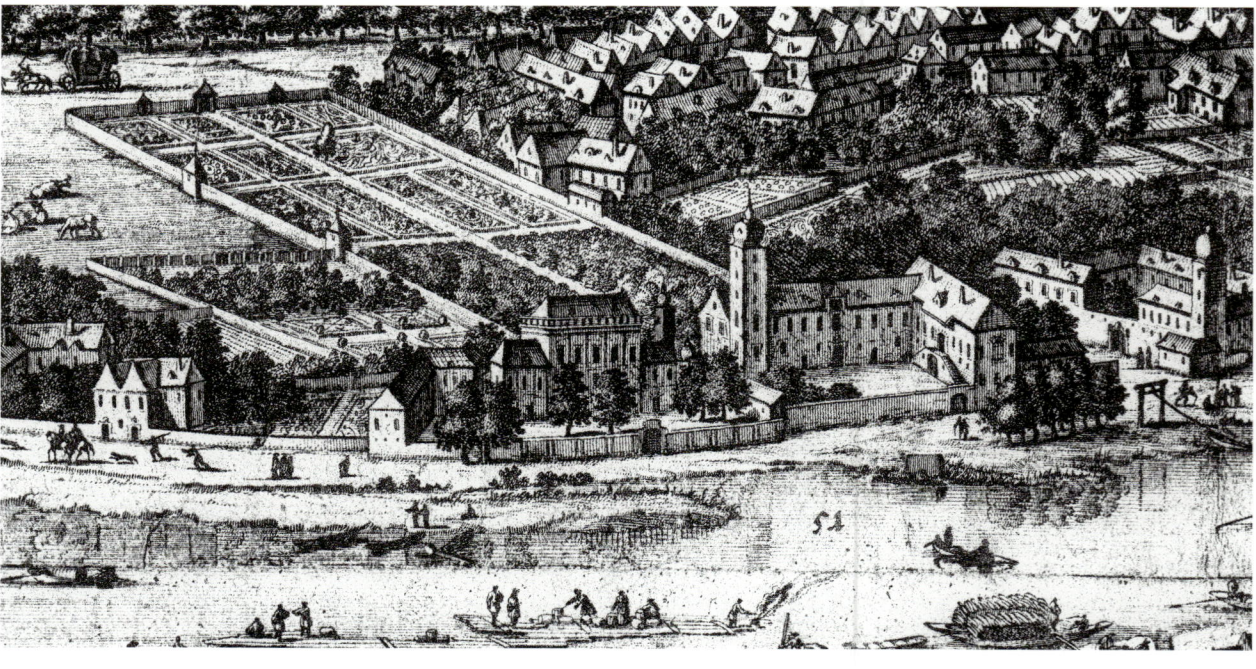

180. Vogelschau des Prämerschen Lustgartengebäudes und des Gartenpalais Öttingen an der Donau, Kupferstich von Folbert van Alten-Allen, Ausschnitt, 1683; Wien, Wien Museum

181. Ansicht des Gartenpalais von Lambergs Schwager Althann in der Rossau von Johann Bernhard Fischer von Erlach (um 1693), Kupferstich von Johann Adam Delsenbach nach Joseph Emanuel Fischer von Erlach, 1719; Privatbesitz

zuweilen die wilde Thier hinbringen läst, sie zu jagen, ohne daß sie außkomen können."[72] Der Anguissola/Marinoni-Plan von 1706 führt nicht weniger als 39 Gärten in der Leopoldstadt an, darunter jene der Familien Colloredo, Orsini-Rosenberg oder Kollonitsch[73]. Bildete der Prater ein beliebtes Erholungsgebiet für den Adel[74], so dienten die Donauauen als bevorzugtes Jagdgebiet, weshalb wir in diesem Bereich auch die Gartenpaläste des königlichen Oberstjägermeisters Wilhelm Graf von Öttingen (Abb. 180) sowie des Landjägermeisters Althann finden[75]. Das für Lambergs Schwager Christoph Johann Graf von Althann um 1690 von Johann Bernhard Fischer erbaute Lustschlösschen lag ebenso nahe bei der kaiserlichen Favorita im Augarten wie an den wildreichen Donauauen[76] (Abb. 181). Dokumentiert sind weiters ein Gartenpalast von Lambergs Trauzeugen Raimund Graf Montecuccoli, das nach 1662 und vor 1684 für den kaiserlichen Kämmerer und Präsidenten der ungarischen Hofkammer Otto Ferdinand Gottlieb Graf von Volchra errichtete Jagdpalais Am Tabor[77], und der ab 1686 von Giovanni Battista Maderno für den böhmischen Oberstlandmarschall Hermann Jakob Graf von Czernin und dessen Bruder Thomas Zacharias erbaute Gartenpalast[78]. Neben dem Öttingenschen Anwesen befand sich das Sommerhaus des pfalz-neuburgischen Gesandten und Reichshofrates Andreas von Scheller, der 1699 zum Freiherrn ernannt wurde[79] (Abb. 180). Die Wiener Gartenpaläste dienten aber nicht nur der Erholung des Adels, sondern ebenso wie die kaiserlichen Vorbilder vielfach der zeremoniellen Nutzung. So wurde etwa die Sachsen-Weimarische Gesandtschaft 1660 *„im Garten"* des Reichsvizekanzlers Wilderich Graf von Walderdorff zur Audienz empfangen. Und immer wieder mieteten sich auch Gesandte in den Gartenpalästen des Wiener Adels ein, z.B. der hessen-darmstädtische Gesandte Diede zum Fürstenstein oder der berüchtigte portugiesische Botschafter Charles Joseph Prince de Ligne. Die Moskauer Gesandtschaft mit Peter dem Großen wurde 1698 offiziell zunächst im Königseggschen und dann im Czerninschen Gartenpalast einquartiert[80].

Ein schönen Eindruck sowohl von dem auch in den Wiener Gartenpalästen sorgfältig beobachteten Zeremoniell als auch von der Nutzung der Donaulandschaft zur höfischen Unterhaltung und der Beteiligung von Lambergs Schwager Althann daran, liefert uns die Beschreibung des Besuches des sächsischen Kurfürsten bei Leopold I. anlässlich des Feldzuges gegen die Osmanen im Jahre 1695. Friedrich August I. von Sachsen wurde vom kaiserlichen Hof im schon erwähnten *„Schellerischen garten=hause"* untergebracht. Weil er darin aber *„nicht ,commodität' genug für* *sich befande"*, mietete der als August der Starke bekannte Kurfürst das Palais Trauttmansdorff in der Herrengasse. Trotzdem blieb *"das Kayserliche quartier für den Churfürsten im Schellerischen garten nach wie vor, und wurde allezeit mit gewisser anzahl a 40 mann der Kayserlichen Wienerischen stadt=guarde unten, und innerhalb von 20 mann und einem unter=officirer Kayserlicher fuß=trabanten verwachtet. […] Den 21. Junii/ 1. Julii haben/ den Churfürsten zu ,divertiren', ihro Kayserliche Majestät auf der Donau im walde ein schönes wasser=jagen angestellet; es waren über 200 grosse hirsche zusammen getrieben, um 10 uhr Vormittages setzeten sich der Kayser, König und Churfürst bey dem rothen thurm mit einer ansehnlichen ,suite' auf vier ,galeeren', und fuhren unter paucken= und trompeten=schall die Donau hinunter, stiegen hernach mitten auf der Donau, […] aus, hierauf wurde das jagen durch den Ober=jägermeister, Grafen von Althan/ eröffnet. […] Gegen 2 uhr Nachmittages, da sich das jagen geendiget, haben der Kayser, König, Churfürst, und Pfalzgraf Carl, im prater, (ist des Kaysers lust=wältdlein) ohne ceremonie gespeiset."*

Am 12./22. Juli stattete schließlich auch Kaiser Leopold nach einer Truppenparade dem Kurfürsten im Gartenpalast an der Donau einen offiziellen Besuch ab: *„'Eodem die' nachmittags um 5 uhr gaben ihre Kayserliche Majestät dem Churfürsten die ,solenne visite' mit etlichen zwantzig carossen in dem Schellerischen garten=hause und Churfürstlichen quartiere. Der Käyser hatte einen grossen theil seiner hoffstadt bey sich, und in seinem leibwagen sasse rückwärts sein Ober=Hoffmeister, Reichs=Fürste von Dietrichstein. Der Käyser fuhre allein mit seinem leibwagen in den innern hof des Churfürstlichen quartiers, die andern carossen blieben alle heraussen, und giengen die darinnen gesessene ,ministri' und ,Cavalliers' zu fusse in den innersten hoff vor dem Käyser her. Der Churfürst gienge dem Käyser an den wagen entgegen/ und entblössete das haupt, machete auch mit ausziehen und knie=beugen des rechten fußes einen reverentz. Da der Käyser ausgestiegen, entdeckte er sich, und ,complimentirte' den Churfürsten, setzte hernach seinen Hut wiederum auf, indem sie auf die stiegen getreten, nöthigte der Käyser den Churfürsten, so ihm zur lincken etwas zuvor ausgienge, sich zu bedecken, welches er auch thäte. Voraus gingen die Churfürstliche und hernach die Käyserlichen ,ministri' und bedienten mit entdeckten häuptern. […]"*[81].

Es war daher nahe liegend, dass auch Graf Lamberg sobald er sich für einen (diplomatischen) Posten am Kaiserhof zu interessieren begann, die Erwerbung oder Errichtung eines repräsentativeren Gartenpalastes in der Nähe der Donau ins Auge fasste. Schon 1685 wird ein lambergischer Garten in der Rossau erwähnt, wobei es sich allerdings um den sogenannten *Pilotischen Garten* aus Sprinzensteinbesitz handelte. Dieser wurde damals für mehrere Jahre an den schon erwähnten Grafen Hans Georg von Kuefstain, den Schwiegersohn des Hofkanzlers Hocher, verpachtet[82]. Das Grundstück entsprach offensichtlich nicht mehr den ästhetischen oder topographischen Erfordernissen der Familie. Denn 1687 kaufte Leopold Joseph Graf von Lamberg das Lustgartengebäude des schon mehrfach genannten Hofkriegsrates Wolf Wilhelm Prämer am *Unteren Werd*. Das Grundstück befand sich im Bereich der späteren Oberen Donaustraße und damit an der gegenüberliegenden Seite des Donauarmes, in der Nähe des Schellerschen Gartenhauses (Abb. 180). Der Beamte und Kunstagent Prämer hatte das Grundstück samt Haus gemeinsam mit seiner Gattin Anna Magdalena 1669 vom kaiserlichen Leibarzt Johann Konrad Wechtler erworben und vielleicht aufgrund von Verwüstungen durch osmanische Heerscharen die Lust daran verloren[83]. Laut Vertrag vom 31. März 1687 verkaufte Prämer, der *"Röm. Kayl. Mayt. wirklicher Hoff Kriegs Rath und Ober Zeug Leuthenanten allhier, Rittern von S. Marco,"* an Graf

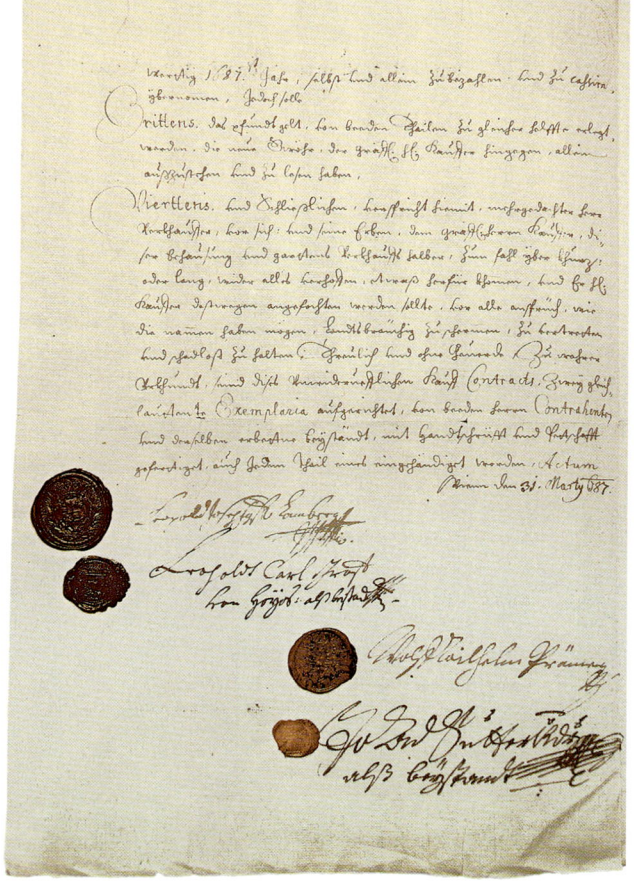

182. Kaufvertrag für das Gartenpalais zwischen Leopold Joseph von Lamberg und Wolf Wilhelm Prämer, 31. März 1687; St. Pölten, NÖLA Lamberg-Archiv, Kart. 63

183. Hoffassade des Prämerschen Lustgartengebäudes, Federzeichnung von Wolf Wilhelm Prämer, um 1675; Wien, ÖNB Sammlung von Handschriften und alten Drucken Cod. ser. nova. 365, fol. 182

184. Gartenfassade des Prämerschen Lustgartengebäudes, Federzeichnung von Wolf Wilhelm Prämer, um 1675; Wien, ÖNB Sammlung von Handschriften und alten Drucken, Cod. ser. nova. 365, fol. 183

Lamberg „*sein aigenthumblich im Undern Wörth ligent und in das allhisig Burger Spital jährlichen zu Michaeliß vier Schilling Pfennnig zu rechten Grundtdienst und nit mehr dienente Behausung und Garten, so da aniezo mit ainem Thail an den vorhin gewesen Hofcammer Praesidentischen [= Georg Ludwig Graf von Sinzendorf], der Zeit Kayl. mit dem auch aniezo an des Kayl. H. Schiff Leuth. Garten stosset*", um 10.000 Gulden und 50 Dukaten Leikauf (= Angeld für Gelöbnistrunk). Als „*Beystandt*" des Käufers besiegelte dessen Schwager Leopold Carl Graf von Hoyos den Vertrag. Am 5. April wurde der Kaufpreis bezahlt[84] (Abb. 182).

Im Vergleich zu den adeligen Gartenpalästen war das Prämersche Gartenhaus mit seiner Länge von etwa 44 Metern und einer maximalen Breite von 10,5 Metern zwar quantitativ bescheidener, aber architektonisch durchaus interessant und zukunftsweisend. Dies zeigt bereits der Kontrast zum Nachbargebäude auf der Stadtansicht von

Folbert van Alten-Allen aus dem Jahre 1683/85[85] (Abb. 180). Das L-förmige Gartenpalais des königlichen Oberstjägermeisters Graf von Öttingen mit Freitreppe und Turm lässt jede künstlerische Akzentuierung vermissen, während das Prämersche Gartenhaus einen regelmäßigen Grundriß und eine architektonische Gliederung aufweist. Aufgrund eines Datums „1670" im Portal nimmt man an, dass Wolf Wilhelm das Gartenhaus damals nach eigenem Geschmack grundlegend geändert hat. Das vor allem durch die vier Zeichnungen Prämers bekannte Gebäude umfasste ein zum Garten orientiertes Erdgeschoss und ein durch eine Freitreppe vom Hof her erschlossenes Obergeschoss (Abb. 183). Das bemerkenswerte am Prämerschen Gartengebäude ist jedoch, dass die räumliche Organisation der beiden symmetrischen Appartements neben dem Mittelsaal auch durch die Risalitbildung bzw. den dreigeteilten plastischen Baukörper nach Außen in Erscheinung trat (Abb. 184). Damit wurde offensichtlich erstmals in Wien der später vor allem von Fischer und Hildebrandt mehrfach variierte Grundtypus eines ‚Lustgartengebäudes' vorgeführt: „In diesem Bau waren schon um 1670 einige formale, besonders aber funktionale Standards ausgeprägt, die für das suburbane Bauen in Wien während der gesamten Barockzeit Gültigkeit behielten: eine kleine, kompakte Anlage, die nur im Sommer benutzt wurde; wenige Räume (ein Saal, ein bis zwei Appartements), enge Verbindung des Bauwerks mit dem Garten; grundsätzlich freiere Möglichkeiten architektonischen Gestaltens."[86].

Offensichtlich griff Prämer bei der Gestaltung unterschiedliche Anregungen auf. Auf das Vorbild Italiens verweist vor allem die Einrichtung einer Grotte im Erdgeschoß und auch die Architekturgliederung. Der schmale Grundriss mit Mittelsaal und symmetrischen Appartements sowie die Akzentuierung der einzelnen Bauteile durch Walmdächer war hingegen eine französische Eigenheit, die wir etwa bei zwei Frühwerken von François Mansart aus der Zeit um 1630 finden. Prämers Gartengestaltung scheint von deutschen Entwürfen z.B. im Traktat *Architectura recreationis* von Joseph Furttenbach aus dem Jahre 1640 angeregt zu sein. Als Gemeinsamkeit erweist sich die Dreiteilung in einen Hofbereich vor dem Gebäude sowie einen Zier- und einen Nutzgarten dahinter. Detaillierte Übereinstimmungen ergeben sich beim Portal und der Begrenzung durch Bäume und Sträucher sowie bei der symmetrischen Viertelung der Gartenbereiche um einen Brunnen und der Bepflanzung, insbesondere auch der Einfassung mit Heckengalerien[87] (Abb. 185). Das mit zahlreichen Kunstwerken ausgestattete Lustgartengebäude des Hofkriegsrates erfreute sich auch einer gewissen Bekanntheit beim Wiener Hof. So schreibt Prämer 1676 in einem Brief an den Fürsten Karl Eusebius von Liechtenstein, dass ihn der Kardinal Friedrich von Hessen-Darmstadt (Abb. 31) dort besucht hätte und selbst der Kaiser demnächst vorbeischauen werde: *„Mein garten, welcher von allen vornehmen frembdten firsten undt von cardinal landtgraf ist besucht und estimirt ist worden, auch von ihr may. mit nechsten solle besucht werden, verhofft noch auch einmal die gnad zu haben, ihr fürstl. G. gegenwart zu geniesen, in welchen sich an mallerei biß in zehen tausend gulden befint undt dergestalt gezirt, daß ihr fürstl. G. alß der es extraordinari wol verstehet, ein contento haben solten."*[88]

Schon ein Jahr nach dem Kauf beabsichtigte Graf Lamberg auch eine Umgestaltung der Grotte, sei es weil diese reparaturbedürftig war oder er die Erfahrungen seiner Kavalierstour bezüglich der Wasserkünste in Pratolino (Abb. 65) oder Frascati (Abb. 68) umsetzen wollte. Darauf verweist der Bericht des Wiener Stallmeisters Paumgartner vom 15. Juli 1688 an Graf Lamberg, der sich damals offensichtlich in Ottenstein aufhielt: *„Der Prunnmeister von Eißenstadt ist gestern erst hieher komben, wölcher des Stucatorer seiner Meinung nach so verhoffentlich gahr wohl komen solte, die Arbeith annehmen undt lengist in fünf Wochen verförtigen wolte. Zu deme auch zu Eingang der ‚Grota' recht undt linkher Hant in jedem Pfeiller eine Waßerkunst machen, daß hinter einem Thürl in des Stucätorer seiner Arbeith, wan das Thürl aufgemacht wirdt umb einen Spiegl oder eines Gemähls, einem das Waßer in das Gesicht undt auf die Brust spritzen sollte. Weil er aber weniger nit alß 100 fl. nehmen wil, alß habe mich mit ihme in kheinen Contract einlaßen, sondern es Eure Hochgräffl. Gnaden gehorsamb erindern wollen. Bin aber gestern zu dem hiesigen Prunmeister gangen undt gefragt, ob er die Arbeith ihme getraue zu machen, dieweil mir der andere Prunmeister gesagt hat, daß ers niemals gelehrnt hate, woriber mir zur Antwort geben hat, waß nit gar ‚extra' Sach seint, wolle ers schon machen, allein wolle er konftigen Sontag mit mir undt dem Stucator noch einmal in den Garthen gehen undt die Arbeith recht absehen, sodan in allem sein letztes Begehren thun, von wölch Euer Gräffl. Gn. bey d. suntägigen Bost [= sonntäglichen Post] unterthän. Bericht erstatten werde."*[89]

Erste Modernisierungsmaßnahmen hatte Graf Lamberg jedenfalls schon zuvor begonnen. Denn am 25. Mai d. J. stellte Steinmetzmeister Veit

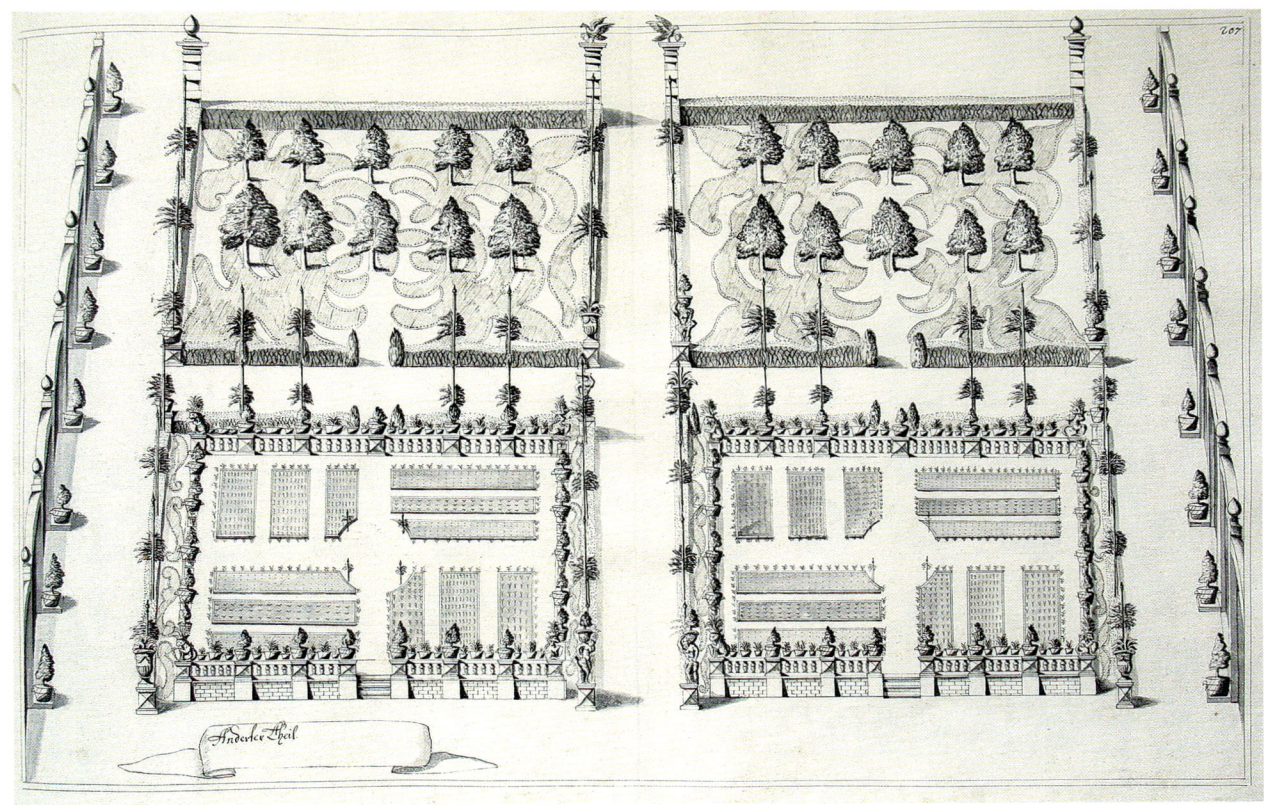

*185a und b.
Zier- und Nutzgarten des Prämerschen Lustgartengebäudes, Federzeichnungen von Wolf Wilhelm Prämer, um 1675; Wien, ÖNB Sammlung von Handschriften und alten Drucken, Cod. ser. nova. 365, fol. 184-185*

Steinböck 181 fl. 45 xr. für insgesamt 14 Fenster „in garden" in Rechnung[90]. Am 3. Juni wurde ein Kontrakt mit dem „kunstreichen Maister" Johann Franz Pernegger (Abb. 186) geschlossen. Darin verpflichtete sich der Bürger und Bildhauer in Salzburg zur Lieferung von fünfzig sechseckigen Platten aus rotem Marmor offensichtlich für einen Fußboden sowie „zu dem Geländer in den Garthen" 44 „'Palustradu' auf die Neueste ‚fasson' 1 ½ Schuech in die Höche, item die ober, undt zu dem Gesümbsen 44 Schuech in die Lenge, undt 12 Zol in die Braithen, ingleichen auf eine Seithen zu Eingang deß Garthens die eingebognen Pänckhl 32 Schuech lang, auf der andern alß linkher Handt aber 30

Schuech undt in der Höche 18 Zol, in der Breithe 15 Zol von gantzen Stain". Die vermutlich zur Neugestaltung der Freitreppe dienenden Architekturteile sollten aus gewöhnlichem (Sand-)Stein gearbeitet werden, wobei der Bildhauer innerhalb von 14 Tagen ein Materialmuster zur Begutachtung durch den Grafen Lamberg senden wollte. Der Passus über die Balustrade wurde jedoch durchgestrichen und es scheinen zunächst auch nur die Platten geliefert und bezahlt worden zu sein[91].

Die Umbauarbeiten zogen sich offensichtlich länger hin, und erst im Jänner 1690 finden wir in Lambergs Rechnungsbuch Ausgaben von 12 Gulden für sechs Statuen der Grotte und von 50 fl. für den Stuckateur der Grotte. Pernegger erhielt damals 100 fl. ausbezahlt und im April 1691 ließ der inzwischen in Regensburg tätige Graf Lamberg über den Bankier André von Pestaluzzi dem *"Salzburger Stainmetz in abschl. d. 100 fl. wegen der steinern Gallerie und Pänck in Garten"* 50 Gulden übermitteln, im Jänner 1693 folgten *"in abschlag der 400 fl"* weitere 100 Gulden[92].

Während die von Prämer im Garten aufgestellten steinernen Obelisken mit einer Huldigung an das Haus Habsburg von Graf Lamberg sicher mit Wohlgefallen übernommen wurden, scheint vom reichen Gemäldebesitz des Hofbeamten offensichtlich nichts oder nur wenig mitverkauft worden zu sein. Denn ein 1690 angelegtes Verzeichnis der Mobilien und Pflanzen des lambergischen Gartenpalais nennt in erster Linie reiche Textilien und vergoldete Möbel. So befand sich in dem mit grünem Damast tapeziertem Zimmer der Gräfin u.a. ein *"geschniztes Pöth mit einem geschnizten Haubtstuckh, einem geschniztem Krantz ober dem Böth, mit vüer Engln alleß vergolt, undt in dem Krantz ein weiß ‚damascaner' mit seidenen Spitzen gebrämbter Vorhang"*, zwei Spiegel in vergoldeten Rahmen, zwölf Sessel mit Samtüberzug und über der Tür ein Historienbild. Im zweiten ebenfalls grün tapezierten Zimmer gab es gleichfalls zwölf mit grünem Damast bezogene Sessel und über jeder Tür ein Landschaftsbild in vergoldetem Rahmen. Der Saal enthielt neben einem weiteren Dutzend Sitzmöbel drei alte Spieltische. Das Appartment des Grafen auf der gegenüberliegenden Seite war hingegen nicht mit Stoffen, sondern mit vergoldeten Ledertapeten ausgekleidet. Das erste Zimmer enthielt u.a. einen Spiegel in einem schwarz gebeizten Rahmen, über dem Kamin ein großes Landschaftsbild in einem geschnitzten und vergoldeten Rahmen, über jeder Tür ein Gemälde, einen schwarz gebeizten Brettspieltisch *"mit geferbten Holtzern eingelegt"*, einen Kasten mit drei Laden sowie sechs *"rothlederne"* Lehnstühle. Im folgenden Zimmer wurden zwei *"wachs posierte Brustbilder"* in vergoldeten Rahmen sowie ein Gemälde der hl. Maria Magdalena in einem geschnitzten und vergoldeten Rahmen registriert. Nach dem *"Cabinetl"* und einer (schon auf der Ansicht von 1683 sichtbaren) Kapelle folgte das Schlafzimmer des Grafen mit einem *"roth damaskanen Himl böth mit einem ober undt unter Krantz undt 3 grossen Vorhengen. Das Zimmer aber ist mit roth undt gelben ‚Procaten' völlig außgespalliert"*. Zum Inventar gehörten außerdem sechs rotsamtene Lehnstühle, eine samtüberzogene Sitzbank sowie zwei Porträtgemälde. Im Oberstock gab es noch ein weiteres Zimmer, im Erdgeschoss das Zimmer des Kammerdieners und jenes des Lakaien, die Küche sowie die Küchenkammer. Im Garten befanden sich 1690 u.a. 18 alte, 34 mittlere und 20 schlechte Orangenbäume, drei Lorbeerbäume, eine weiße Pappel sowie die entsprechenden Töpfe[93]. Aufgrund der gegenüber Prämers Grundriss vergrößerten Anzahl an Zimmern können wir annehmen, dass der von Graf Lamberg 1705 in seinem Testament erwähnte Umbau des Lustgartengebäudes bereits zwischen 1687 und 1690 stattgefunden oder zumindest im Zusammenhang mit der Neugestaltung der Grotte begonnen hatte.

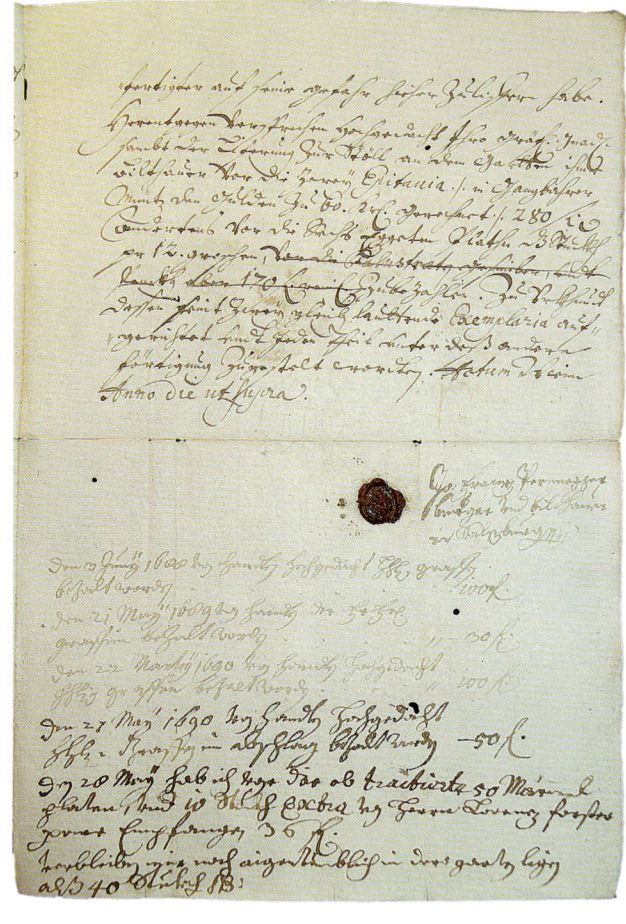

186. Vertrag des Grafen Lamberg mit dem Bildhauer Johann Franz Pernegger zur Lieferung zweier Epitaphien und Steinmetzarbeiten für das Gartenpalais, 3. Juli 1688; St. Pölten, NÖLA Lamberg-Archiv, Kart. 263

187. Epitaph für Johann Franz und Maria Constantia von Lamberg von Johann Franz Pernegger, 1688; Wien, Franziskanerkirche, Johannes-Capistran-Kapelle

1703 bot der Botschafter das Gartenhaus dem damals von Rom nach Wien ins Exil übersiedelnden Gaetano Francesco Caetani, Fürst von Caserta und Herzog von Sermoneta, als Wohnsitz an, da Lamberg im römischen Palast dieses im Spanischen Erbfolgekrieg auf habsburgischer Seite stehenden Adeligen wohnte. Ob dieses Mietverhältnis zustandekam, ist nicht bekannt, und nach dem Tode des Grafen im Jahre 1706 ging der Besitz an seinen Sohn Karl Joseph von Lamberg-Sprinzenstein über. Der jüngere Bruder des Botschafters, Franz Sigmund, erwarb hingegen 1701 ein Gartengrundstück mit Gebäude in Alt-Lerchenfeld (zwischen heutiger Josefstädter Straße und Pfeilgasse)[94].

Familienkapellen und Grabmäler

Vielleicht noch aussagekräftiger für die Ermittlung des ‚politischen Hauptwohnsitzes' der österreichischen Adeligen als die Existenz eines Stadt- und Gartenpalastes in Wien scheint der Standort der Familiengruft zu sein. Verriet dieser vermutlich den am längsten genutzten Wohnsitz während des Jahres oder zumindest das Bestreben, mit entsprechenden Denkmälern den Namen und die Verdienste der Familie in der Residenzstadt in Stein zu verewigen. Der bevorzugte Begräbnisplatz war bezeichnenderweise die kaiserliche Hofkirche der Augustiner-Barfüßer, dann die ebenfalls der Hofburg benachbarte Michaelerkirche. Erst danach folgen in der Beliebtheitsskala die Schotten-, Franziskaner,- Dominikaner- und Jesuitenkirche sowie der Stephansdom[95]. Diese Tendenz bzw. die Verschiebung innerhalb der sakralen Topographie Wiens lässt sich auch bei der Familie Lamberg erkennen[96]. Die Eltern des Botschafters wurden in der Franziskanerkirche beigesetzt, in der sich u.a. die Grüfte der Obersthofmeister Leonhard Helfried Graf von Meggau und Maximilian Graf Trauttmansdorff, des Hofkriegsratspräsidenten Francesco Maria Hannibale Fürst Gonzaga sowie der Grafen Hoyos, Colloredo und Rottal, aber auch der mit Lamberg in Geschäftskontakt stehende Hofhandelsfamilie Pestalozzi befinden[97]. Als die Mutter des Botschafters im Sommer 1687 verstarb, wurden jedoch auch in den Kirchen der Benediktiner und der Augustiner Eremiten Seelenmessen abgehalten[98].

Ein Jahr später schloss Graf Lamberg den schon erwähnten Kontrakt mit dem Salzburger Bildhauer (Abb. 186), in dem auch die Anfertigung eines Denkmals zur Erinnerung an Lambergs Eltern festgelegt wurde[99]. Johann Franz Pernegger entstammte der bedeutenden Salzburger Bildhauerfamilie und war in Hallein ansässig, hatte aber offensichtlich gute Kontakte nach Niederösterreich. So lieferte er nach Heiligenkreuz ein Grabmal für Abt Michael Schnabl und einen Wandbrunnen für die Sakristei (1667), 1676 folgte ein Grabmal für Wiener Neustadt und 1682 schuf Pernegger den Entwurf für das bekannte Lavabo mit Christusstatue in der Melker Sommersakristei, dessen Zeichnung erhalten blieb[100]. 1689 lieferte der Salzburger Bildhauer schließlich die Marmorkanzel für das Kloster Bruck/Louka bei Znaim. Einen Entwurf Perneggers gab es auch für das vom Grafen Lamberg bestellte Epitaph, denn laut Vertrag vom 3. Juni 1688 sollte der *„Bilthauer Maister von feinem Rothen Gesprangten Märml [= Adneter Buntscheckmarmor] ein 'Epitavium' nach dem Rieß mit dem gräfl. Petschafft gemerckhet, hiesiger Maß nach /: ohne der darauf gehörigen Graf Lamberg. undt Questenberg. Wappen, in weißem Märmel gehauen, undt neben den Wappen zugleich von weissen Märml anstatt der sitzende Engl, die Zeith, undt Klag benant :/ vier Werckhschuech in die Höhe, undt vierainhalbe Werckhschuech braith,* *sambt der ihme gegebenen Schrifft mit großen vergulten Buechstaben sauber undt woll ‚proportionirter' machen undt lengist biß St. Michaeli auf seine Gefahr anhero liefern"*. Weiters verpflichtete sich Pernegger zur Anfertigung eines zweiten Epitaphs *„von dergleichen Rothen Märml ohne der darauf gehörigen Graf Lamberg. undt Althannischen Wappen, so auch von Weissen Märml sein müssen :/ Vier Werckhschuech hoch, undt zwey ainen halben Werckhschuech braidt, lauth der gemachthen Visierung, die Schrifft mit vergulden Buechstaben auf obbestimbten Termin verfertig, undt auf sein gefahr nachher Thulln liefern, undt aldorten an ain sicheres Orth einsetzen solle."* Die Grabtafel für Lambergs 1684 verstorbene Schwester Anna Theresia und deren Gatten sollte vermutlich in der Althannschen Patronatskirche und Familiengruft Murstetten bei Tulln aufgestellt werden. Die Kosten für beide Epitaphien betrugen 280 Gulden und wurden bis zum 21. März 1690 bezahlt[101]. Das Epitaph in Murstetten blieb nicht erhalten oder wurde vielleicht gar nie in der geplanten Form aufgestellt, da Graf Johann Christoph von Althann schon 1691 zum dritten Mal verwitwet war und dann noch einmal heiratete. Da das Chronogramm der Widmungsinschrift des Grabmals der Eltern des Botschafters das Jahr 1688 ergibt, wurde dieses tatsächlich plangemäß ausgeführt (Abb. 187). Angebracht wurde es in der Johannes-Capistran-Kapelle der Franziskanerkirche, deren 1723 von Matthias Steinl entworfener Altar von Lambergs Neffen Philipp Josef Innozenz Graf von Hoyos gestiftet wurde. Heute fehlen allerdings die im Vertrag Perneggers genannten Personifikationen der Zeit und der Trauer, die aber auf der entsprechenden Zeichnung des *Codex Gartenschmid* dokumentiert sind[102]. Der Entwurf des Bildhauers blieb nicht erhalten, doch befindet sich im Lamberg-Archiv eine Zeichnung des Wappens von Leopold Joseph nach bzw. mit dessen Siegel (noch ohne Vliesorden), die als Vorlage für das Familienwappen auf dem Epitaph oder einem Totenschild gedient haben könnte (Abb. 188)[103]. Wie üblich wurde zur Erinnerung an verstorbene Adelige nämlich auch ein hölzerner bemalter Totenschild in Auftrag gegeben. Eine entsprechende Malereirechnung gibt es aus dem Jahre 1666 für den damals verstorbenen Vater des Botschafters[104]. Nachdem schon 1664 der im Alter von vier Jahren verstorbene Bruder Johann Balthasar Joseph in der Franziskanerkirche beigesetzt worden war, wurde 1731 auch ein Cousin des Botschafters, Adam Franz von Lamberg-Stockern, dort begraben[105].

188. Entwurf für das Wappen des Grafen Lamberg, Bleistiftzeichnung mit Siegel, um 1690; NÖLA, Lamberg-Archiv, Kart. 243

189. Die von Lambergs Schwiegervater gestiftete Johannes-Baptist-Kapelle mit Altar von Urban Illner und Gemälde von Tobias Pock, 1677; Wien, Servitenkirche

Als die Gattin des Botschafters und er selbst in den Jahren 1704 bzw. 1706 verstarben, wurden sie bezeichnenderweise nicht in der Gruft der Franziskanerkirche, sondern in der Familiengruft der Sprinzenstein in der Sebastianikapelle der Augustinerkirche bestattet, die der Schwiegervater des Botschafters 1676 um 700 fl. erworben hatte[106], nachdem dessen Familie ihrerseits zuvor eine Gruft in St. Michael belegt hatte[107]. Damit war posthum nicht nur topographisch, sondern auch sozial der Aufstieg dokumentiert: Nachbarn im Tode waren Mitglieder der Familien Dietrichstein, Pálffy, Mansfeld, Waldstein, Schwarzenberg, Starhemberg, Sinzendorf und Harrach. Aber auch hier hatte der kaiserliche Obersthofmeister Johann Maximilian von Lamberg, der Onkel des Botschafters, 1669 mit dem Kauf der Karl-Borromäus-Kapelle sozusagen die Richtung vorgegeben[108].

Die soziale Verankerung des Ehepaares Lamberg in der Reichs-, Haupt- und Residenzstadt sowie die besondere Beziehung zu den städtischen Orden wird schließlich auch durch Stiftungen an weitere Wiener Klöster ersichtlich. 1677 hatte Lambergs Schwiegervater Ferdinand Maximilian Graf von Sprinzenstein in der Servitenkirche den Altar zu Ehren des hl. Johannes Baptist gestiftet, der von Urban Illner geschaffen und mit einem Gemälde der Enthauptung des Täufers von Tobias Pock ausgestattet wurde[109] (Abb. 189). Nach einem Kirchenbrand während der Belagerung Wiens 1683 waren Renovierungsarbeiten notwendig und im Jänner 1693 verzeichnete Graf Lamberg neuerlich Ausgaben von 75 Gulden, um den *„Sprinzensteinsch. Altar bey denen Patres Serviten in Wien zu repariren"*[110].

Eleonora Katharina von Lamberg vermachte schließlich in ihrem Testament dem (1783 aufgehobenen) Himmelpfortkloster in der Rauhensteingasse (wo ihre Cousine Maria Renata von Sprinzenstein lebte) 200 Gulden, damit in der Agneskirche vor dem *„so genandten Wunderthätigen Gnadenbild undt Haußmutter"* (eine heute in der Eligiuskapelle des Stephansdomes befindliche Statue) an allen Marienfesten die Lampe den ganzen Tag brennen und von den Nonnen eine Litanei gebetet werden solle[111]. Weitere 150 Gulden aus dem Legat der Gräfin erhielten am 9. Dezember 1705 der Tischler Johann Pfeiffer, der Bildhauer Basilius Schwanthaler und der bürgerliche Maler Peter Koch von der Priorin des (bis 1782 in der Singerstraße bestehenden) Wiener Klarissenklosters St. Nicolai für die *„an dem neu aufgesetzten Altar gemachte arbeith"*[112]. Der Bildhauer war ein Sohn des berühmten Thomas Schwanthaler aus Ried im Innkreis und hatte sich in Wien niedergelassen. Von ihm war bis jetzt nur die Anfertigung eines Taufsteindeckel für das Stift Heiligenkreuz im Jahre 1709 dokumentiert[113].

Ebenso wie die Wohnsitze der Grafen Lamberg dokumentierten auch die Grabmäler und Altarstiftungen die soziale Vernetzung und hinterließen dauerhafte Spuren der Adelsfamilie in der repräsentativen Topographie der Residenzstadt. Deutlich wird eine solche Absicht etwa aus der Tatsache, dass die Grafen von Mansfeld ihre 1635 erworbene Familiengruft in der Augustinerkirche 1721 nach langem Widerstand zwar aufgaben, aber nur unter der Bedingung, dass das Mansfeldwappen niemals von der Kapelle entfernt werden dürfe und diese auch weiterhin den Namen der Familie tragen müsse. Auch die Schwarzenberg, Pálffy, Harrach und Lamberg hatten in den Stifterverträgen festgelegt, dass ihre Gedächtniszeichen auch nach dem Aussterben des Geschlechtes auf ewige Zeiten weiterbestehen sollten[114].

Das Familienwappen als Symbol des Adelshauses steht auch im Mittelpunkt des Denkmales, das Franz Sigmund von Lamberg im Mainzer Dom zur Erinnerung an seinen 1689 bei der Belagerung der Stadt gefallenen Bruder Karl Adam errichten ließ: Der Tod schlägt den Sargdeckel über dem nur 34 Jahre alt gewordenen Offizier nieder, aber die durch das Wappen visualisierte Familie lebt weiter und hat sogar durch den ‚Heldentod' eines Angehörigen an Ehre und Prestige hinzugewonnen[115]. Das im Vergleich zum Grabmal der Eltern pompöse Denkmal entstand schon während der Tätigkeit des Botschafters auf dem Reichstag in Regensburg und sollte wohl am Sitz des Kurfürsten von Mainz die Verdienste der Familie Lamberg in kaiserlichem Dienst und um die Befreiung der von den Franzosen belagerten Residenzstadt des Reichskanzlers deutlich sichtbar machen.

Anmerkungen

1. Lorenz/ Weigl: Das barocke Wien; Pečar: Höfischer Adel, 270–292 („Die Bautätigkeit des höfischen Adels"); Pečar: Schlossbau; Pils: Adel, 242–255; Pircher: Verwüstung; Polleroß: Cavaliers; Polleroß: Wien, 475–488; Pons: Herrschaftsrepräsentation, 332–360.
2. Elisabeth Lichtenberger: Die Wiener Altstadt. Von der mittelalterlichen Bürgerstadt zur City, Wien 1977, 98–142; Weigl: Residenz, 41–43.
3. Pircher: Verwüstung, 70. Einen Überblick über die noch bestehenden Bauten bieten: Grimschitz: Wiener Barockpaläste; Kraus/Müller: Wiener Palais; Matzka: Wiener Palais.
4. Max Eisler: Historischer Atlas des Wiener Stadtbildes, Wien 1919, Nr. 15, Taf. XI; Feuchtmüller: Herrengasse.
5. Klingenstein: Kaunitz, 56–57, 60; Lorenz: Palast Kaunitz-Liechtenstein, 16–17.
6. Pečar: Schlossbau, 188–189.
7. Freschot: Wien, 159.
8. Bormastino: Wien, 142.
9. Zu den mehrfachen Wohnsitzen der großen Familien (darunter 5 der Lamberg) und den vielfältigen Mietwohnungen der weniger begüterten Adeligen in Wien siehe: Pons: Herrschaftsrepräsentation, 333–335.
10. Kaufvertrag vom 21.11.1643: NÖLA, LA Urkunde Nr. 236; Kaufvertrag vom 20.8.1650: NÖLA, LA Karton 25, Fasz. 302.
11. Zwiedinek: Lamberg, 273 und 275.
12. Siehe dazu Kostenvoranschläge, Verträge und Quittungen von 1655–58: NÖLA, LA Karton 25, Fasz. 303 und Karton 23, Fasz. 290.
13. Quittung Regensburg 25.3.1653; *Extract 1686*, Quittung 12.12.1686, Quittung 9.10.1687: NÖLA, LA Karton 25.
14. Paul Harrer: Wien, seine Häuser, Menschen und Kultur, Manuskript, Wien 1951, 2. Bd., 155; Herta Wohlrab: Die Freyung (= Wiener Geschichtsbücher 6), Wien/Hamburg 1971, 61. Felix Czeike u.a. (Hg.): Historischer Atlas von Wien, Wien/München 1981/1990, Karte „Wien 1684". Bei Suttinger scheinen die beiden Besitzerinnen verwechselt zu sein. Siehe dazu die Stadtpläne von Steinhausen (1710) und Huber (1770): Amisola: Palais Daun-Kinsky, 37, Abb. 20 u. 21, 65, Abb. 60.
15. Georg Christoph Kreysig: Beiträge zur Historie der Chur- und Fürstlichen Sachsischen Lande, 2. Bd., Altenburg 1755, 432; Heinz Schöny: Wiener Künstler-Ahnen, Wien 1970, 37.
16. Feuchtmüller: Herrengasse, 64.
17. Zu Leslie siehe: Weigl: The Counts Leslie, 91–93.
18. Mietverträge vom 24.4.1669 sowie vom 24.4.1676: NÖLA, LA Karton 25, Fasz. 304 und Karton 270.
19. Mietvertrag vom 30.3.1683: NÖLA, LA Karton 270.
20. Hier handelte es sich um das das 1548 errichtete Wohnhaus des Historikers Dr. Wolfgang Lazius (1514–1565): Felix Czeike: Das große Groner Wien Lexikon, Wien/München/Zürich 1974, 614.
21. Siehe dazu Pfandschein, Rechnungen und Quittungen: St. Pölten: NÖLA, LA Karton 25, Fasz. 297 und Karton 26, Fasz. 315.
22. Perger: Palais Esterházy, 25.
23. Ann Tizia Leitich: Vienna Gloriosa. Weltstadt des Barock, Wien 1947, 133.
24. Feuchtmüller: Herrengasse, 88.
25. Rizzi: Starhemberg, 3; Lorenz: Architektur, 26; Pons: Herrschaftsrepräsentation, 335–340; Matzka: Wiener Palais, 102–113.
26. Polleroß: Neu=Rom.
27. Tietze: Prämer, 360–373; Lorenz: Architektur, 26–27; Fidler: Tencalla, 56, Abb. 9.
28. Fleischer: Liechtenstein, 95–96.
29. Ulrich Schütte: Ordnung und Verzierung. Untersuchungen zur deutschsprachigen Architekturtheorie des 18. Jahrhunderts, Braunschweig/Wiesbaden 1986; Polleroß: Architektur und Rhetorik 193, Abb. 6.
30. Tietze: Praemer, 362–363, Fig. 30.
31. Buberl: Zwettl, 117, Nr. 167 („unbekanntes Barockschloß").
32. Lorenz: Martinelli, 23–26; Pons: Herrschaftsrepräsentation, 340–351.
33. Lorenz: Architektur, 42.
34. Fidler: Palais Dietrichstein-Lobkowitz, 145–174; Rizzi: Palais Dietrichstein-Lobkowitz, 9–15; Lorenz/ Weigl: Das barocke Wien, 46–49 (Inge Nevole).
35. Lorenz: Martinelli, 34–36; Lorenz/ Weigl: Das barocke Wien, 50–53 (Hellmuth Lorenz).
36. Zur „persönlichen Rivalität" zwischen Kaunitz und Harrach siehe: Klingenstein: Kaunitz, 52–53.
37. Rizzi: Palais Harrach, 11–40.
38. Lorenz: Palais Harrach, 44–45; Lorenz/ Weigl: Das barocke Wien, 60–63 (Hellmut Lorenz).
39. Nachweisbar ist etwa die Lieferung eines Fenstersturzes durch Veit Steinböck im Jahre 1688: *Verzeichnis des Steinmetzmeisters vom 25.5.1688*: NÖLA, LA Karton 263.
40. Die Adelsakten von 1697 befinden sich im AVA, das Dekret im NÖLA, LA Urkunde Nr. 320a.
41. Lamberg: Rechnungsbuch: NÖLA, LA Hs. 50, 11. Beilage zu den Rechnungen des Jahres 1697: NÖLA, LA Karton 269.
42. Rechnungsbeleg vom 12.2.1699: NÖLA, LA Karton 270.
43. Lamberg: Rechnungsbuch: NÖLA, LA Hs. 50, 14–15.
44. *Maurer Contract* vom 24.5.1694: NÖLA, LA Karton 268, Nr. 7. Dazu auch Kostenvoranschlag mit Quittung des Ziegeldeckers vom 20.6.1694 und 2.3.1695: ebenda Nr. 8.
45. *Specification Waß [...] noch ao. 1694 [...]* vom 31.1.1694 (?): NÖLA, LA Karton 268, Nr. 47.
46. Zur Darstellung eines solchen als „Banquette à la romaine" bezeichneten Hokkers aus den 1690er Jahren in einem französischen Schloss siehe: Thornton: Interior Decoration, 210.
47. „Contratto del Gabinetto [...] conforme il disegno fattogli fare conforme há desiderata S. Ecc^{za}. Consiste il detto Gabinetto in intaglio, che cuopre tutto il muro eccetuato la[...].stra del Camino et arriva sino alla finestra è tutto deve essere dorato con oro fino è buonito con specchi n. 3 alti da 6/4 in circa e con Quati di fiori dipinti n. 14 conforme e con egli Compartimenti gia fatti, con taborette n. 5 adornate con colore tornite a guisa di Anfiteatro; sotto l'intaglio comincieranno lambris, overo banchette conf[orm]e S. Ecc^{za}. ordinera sul mottivo gia datto, et in caso che ne stesse banchette sarano fatte di ditto legno, con i piedi intagliati, si obiga percio Sua Ecc. la Sig[no]ra Cont[es]sa di Lamberg di dara al sudetto Pietro Venier fiorini Alemani di 60 x n. 1500 la qual somma si obiga s.e .di pagarla al detto Venier in tre ratte cioè sap[...]ma al prencipio dett'Opera, la seconda al mezzo, è la terza alla fine subito terminata l'Opera. Si obliga parimente il sudetto Pietro Venier di far fare tutto il sud[edett]o Gabinetto conforme stà espresso di sopra e lavorato da homo da bene conoscato con la maggior seferita posibile, ma notendo S.E. qualch' altra cosa non compresa in questo contratto sia obligata di pagare il di piu, quanto sara di dovere, e questo Contratto sara sotto scritto da [...] le parti, e solidato col sigillo." NÖLA, LA Karton 268, Nr. 14.
48. Zur zunehmenden Bedeutung der französischen Innendekoration siehe u.a.: Thornton: Interior Decoration, 25–51 („The Spread of the French Ideal").
49. Abbildungen von Reihen rechteckiger Hocker in Porzellankabinetten bzw. eines runden *tabouret* aus dem Spielzimmer des Dauphin bei: Reinier Baarsen u.a.: Courts and Colonies. The William and Mary Style in Holland, England, and America, AK New York 1988, 179, 181 und 202; Thornton: Interior Decoration, Abb. 223.
50. Kurdiovsky/ Grubelnik/ Pichler: Stadtpalais, 114–119; Seeger: Prinz Eugen, 72–74, 100–108; Sedlmayr: Fischer, 387–388, 418.
51. Zur kulturgeschichtlichen Rolle der Kabinette siehe: Polleroß: „Indianische Cabinette", 112–121.
52. Thieme-Becker: Lexikon, 34, 213; Roberto Meroi: Le chiese di Udine, Monfalcone 2000, 59, 91–93, 105, 127 und 161.
53. Sailer: Stukkateure, 62–63.
54. *Quittung* vom 20.7.1694: NÖLA, LA Karton 268, Nr. 6.
55. Schemper-Sparholz: Graubündner Stukkateure, 347.
56. *Contract*: NÖLA, LA Karton 268, Nr. 13.
57. *Tüschler Außziegl* vom 30.6.1696: NÖLA, LA Karton 268, Nr. 84.
58. Lamberg: Rechnungsbuch: NÖLA, LA Hs. 51, 439 (Februar 1696).
59. Weitere Steinmetzarbeiten für das Kabinett wurden am 17.11.1699 verrechnet: NÖLA, LA Karton 270, Nr. 85.
60. Thornton: Interieur Decoration, 67.
61. NÖLA, LA Karton 54, Fasz. 594.
62. Lamberg: Rechnungsbuch: NÖLA Hs. 51, 471–472 und 474; *Specificatio* vom 31.1.1697, *Verzaichnuß* und Quittung von Steinböck vom 17.9.1699; Rechnung von Tuono vom 5.6.1696: NÖLA, LA Karton 268.
63. *Verzaichnuß* von Steinböck vom 17.11.1699 und *Haffner Auszigl* 1697/98: NÖLA, LA Karton 270, Nr. 84 und 85.
64. NÖLA, LA Karton 243.

65 Siehe dazu Beduzzis Entwurf für den Landhaussaal: Wilhelm Georg **Rizzi**: Der Große Saal des Niederösterreichischen Landhauses. In: Eggendorfer u.a.: Altes Landhaus, 120–123. Zur malerischen Tätigkeit des Künstlers in Wien siehe Ulrike **Knall-Brskovsky**: Italienische Quadraduristen in Österreich (= Dissertationen zur Kunstgeschichte 21), Wien/ Köln / Graz 1984, 191–225.

66 Einzelne Akten, vor allem Handwerker wie Tischler, Zimmermeister und Vergolder betreffend, der Jahre 1730–32 sind erhalten: NÖLA, LA Karton 27, Fasz. 456.

67 Abschriften des Kaufvertrages: NÖLA, LA Karton 27, Fasz. 457; Renate **Zedinger** (Hg.): Lothringens Erbe, AK Schallaburg, St. Pölten 2000, Kat.-Nr. 8.02.

68 Renate **Zedinger**: Nebenschauplatz „Kaiserhaus". Zur kulturpolitischen Dimension der Toskanischen Kanzlei in Wien. In: Jahrbuch des Vereins für Geschichte der Stadt Wien 55 (1999), 211–233.

69 Benedik: Zeremonielle Abläufe, 171–178.

70 Pircher: Verwüstung, 70–71; Lichtenberger: Modell einer barocken Residenz, hier 258–259.

71 Pons: Herrschaftsrepräsentation, 352.

72 Bormastino: Wien, 180–181.

73 Wolfgang **Cerny** u.a.: Wien II.-IX. und XX. Bezirk (= Dehio-Handbuch. Die Kunstdenkmäler Österreichs), Wien 1993, 1–2; Pircher: Verwüstung und Verschwendung, 70–71; Polleroß: aristokratische Repräsentation, 101.

74 Siehe etwa den Reisebericht von 1660: Keller/ Scheutz/ Tersch: Weimar, 84.

75 Vgl. dazu Prossinagg: Wien als Jagdresidenz, 113–126 und 136–139.

76 Sedlmayr: Fischer von Erlach, 379; Kreul: Fischer von Erlach, 146–147; Lorenz/ Weigl: Das barocke Wien, 134–137 (Astrid M. Huber).

77 Haider: Verlorenes Wien, 80–83; Pons: Herrschaftsrepräsentation, 423.

78 Passavant: Rossi, 10–11, 200–201; Věra **Naňková**: Rezension von: Passavant, Rossi. In: Umění 16 (1968), 308–314.

79 Pons: Herrschaftsrepräsentation, 301.

80 Keller/ Scheutz/ Tersch: Weimar, 83–84; Pons: Gesandte in Wien, 175–176.

81 Zwantzig: Theatrum Praecedentiae, 63–65.

82 *Contract* vom 15.6.1685: NÖLA, LA Karton 63; Kuefstein: Kuefstein 3. Bd., 376.

83 Grundbuch der Stadt Wien zitiert in: Tietze: Architekturwerk, 351.

84 *Kauff Contract,* Quittung vom 5.4.1687 und *Gewöhrauszug* von 1690: NÖLA, LA Karton 63.

85 Ferdinand **Oppl**: Wien im Bild historischer Karten. Die Entwicklung der Stadt bis in die Mitte des 19. Jahrhunderts. Wien/ Köln/ Weimar 2. Aufl. 2004, Tafel 4.

86 Lorenz: Architektur, 47.

87 Dazu ausführlicher: Gerlinde **Graninger**: Architectura recreationis, Diplomarbeit Manuskript, Wien 2004, 67–71; Polleroß: Gartenhaus, 116–123.

88 Brief vom 9.8.1676: Haupt: Von der Leidenschaft, 229.

89 NÖLA, LA Karton 86, Fasz. 440.

90 *Verzaichnus* vom 25.5.1688: NÖLA, LA Karton 263.

91 Vertrag vom 3.6.1688: NÖLA, LA Karton 263

92 Lamberg: Rechnungsbuch: NÖLA, LA Hs. 50, 3, 16 und 40.

93 *Inventarium der den 21ten Aug. Anno 1690 in dem Garthen befundenen Mobilien, welschen Baumen und Blumenwerckh*: NÖLA, LA Karton 63.

94 Perger: Josefstadt, 10.

95 Hengerer: Adelsgräber in der Residenz, 332–334; Hengerer: Adelsgräber im Wien des 18. Jahrhunderts, 381–420.

96 Bezeichnenderweise waren schon die ersten beiden Generationen der Ottensteiner Besitzer 1550 bzw. 1577 in der Augustinerkirche bestattet worden: Bauer: Ottenstein 5 und 9.

97 Hengerer: Adelsgräber in der Residenz, 323–326.

98 Quittungen vom 19.6., 20.6. und 24.7.1687: NÖLA, LA Karton 64. Weitere Unterlagen zum Begräbnis in Karton 24.

99 Sowohl vorher als nachher entstanden auch in Wien und Niederösterreich durchaus repräsentative Grabmäler mit Porträts. Vgl. Schemper-Sparholz: Grab-Denkmäler; Zajic: Memoria.

100 Ernst **Bruckmüller** (Hg.): 900 Jahre Benediktiner in Melk, AK, Melk 1989, Kat.-Nr. 27.11.

101 Vertrag vom 3.6.1688 in zwei Exemplaren mit Quittungen: NÖLA, LA Karton 263 und 266, Beilage 1692 Nr. 29.

102 Budapest, Széchényi-Bibliothek, Codex Gartenschmid, fol. germ. 1529, 3. Bd., p. 5. Für den freundlichen Hinweis sei Frau Dr. Renate Kohn (ÖAW) herzlich gedankt.

103 NÖLA, LA Karton 243.

104 Undatierte Rechnung mit Quittung von *„Thobias Hackhl [?] Maller bei St. Ulrich auf dem Neubau"*: NÖLA, LA Karton 24, Nr. 293.

105 Wisgrill: Schauplatz, 408. Die Grabplatte des letzteren wurde erst vor wenigen Jahren entdeckt. Für den Hinweis danke ich Herrn Dr. Mark Hengerer (Brüssel).

106 Vertrag des Grafen Sprinzenstein mit den Augustiner-Barfüßern vom 1.7.1676: NÖLA, LA Urkunde Nr. 287. Im Lamberg-Archiv befinden sich auch die Abrechnungen für die jährlichen Gedenkgottesdienste: NÖLA, LA Karton 266, Nr. 48.

107 Der Vertrag für die neben jener der Trautson liegende Gruft in St. Michael wurde am 30.8.1639 ausgestellt: NÖLA, LA Urkunde Nr. 229a. Zur Gruft siehe: Alexandra **Rainer**: Die Grüfte der Kirchenschiffe und Seitenkapellen. In: Die Michaeler Gruft in Wien, Wien 2005, 94–136, hier 131.

108 Hengerer: Adelsgräber in der Residenz, 289–297, bes. 294.

109 Karl **Lechner**: Kirche und Kloster der Serviten in der Rossau in Geschichte und Kunst, Wien 1970, 47; Servitenkirche (= Christliche Kunststätten Österreichs 150), Salzburg 1986, 12.

110 Lamberg: Rechnungsbuch: NÖLA, LA Hs. 50, 28.

111 Empfangsbestätigung und Verpflichtungserklärung des Klosters vom 1.5.1705: NÖLA, LA Karton 273.

112 Quittung vom 9.12.1705: NÖLA, LA Karton 273, Nr. 30.

113 Benno **Ulm**: Die Familie Schwanthaler. In: Die Bildhauerfamilie Schwanthaler 1633–1848. Vom Barock zum Klassizismus, AK Reichersberg am Inn, Linz 1974, 60–84, hier 76.

114 Cölestin **Wolfsgruber** OSB: Die Hofkirche zu St. Augustin in Wien, Augsburg 1888, 9; Hengerer: Adelsgräber im Wien des 18. Jahrhunderts, 383–384.

115 Nicole **Beyer**: Das Werk des Johann Wolfgang Frölicher. Ein Beitrag zur barocken Skulptur in Deutschland im 17. Jahrhundert (= Quellen und Abhandlungen zur mittelrheinischen Kirchengeschichte 92), Mainz 1999, 94–103, Abb. 28–29;

Österreichischer Gesandter am Reichstag in Regensburg (1690–1699)

*„zu Splendor und Aufnehmen
Euer Kayserl. Majestät Hoheit und Würde
meine möglichste Kräften
in treuestem Eifer anzuwenden"*

Die Konsolidierung seines durch die Heirat reich vermehrten Grundbesitzes und die Modernisierung seiner Herrschaftssitze waren für Graf Lamberg jedoch nicht Selbstzweck, sondern Notwendigkeit für eine Karriere in der kaiserlichen Diplomatie, bildete doch eine gute finanzielle Basis die wichtigste Voraussetzung für die Übernahme eines Botschafter- oder Ministerpostens[1]. Denn zunächst musste ein solches Amt mit einem Darlehen an den Kaiser erkauft werden. Zwar sollte dies mit 5–6% Verzinsung zurückgezahlt werden, aber wenn der Herrscher knapp bei Kasse war – und das waren die Habsburger damals fast immer – konnte es schon mehrere Generationen dauern, bis man wenigstens einen Teil des Kredites zurückbekam. Mit einem Darlehen von 100.000 Gulden erwarb sich also der niederösterreichische Adelige 1690 die Ernennung zum österreichischen Direktorialgesandten in Regensburg. Auch während der Amtstätigkeit musste der Adelige immer wieder auf sein Privatvermögen zurückgreifen: Leopold Josephs Funktion als österreichischer Vertreter auf dem Reichstag wurde von der Hofkammer nur mit 6000 Gulden jährlich honoriert, während er durchschnittlich über 70.000 Gulden im Jahr verbrauchte![2]. Die Ausgaben (inklusive der Bau- und Unterhaltskosten in Österreich) betrugen im Jahre 1693 sogar 120.186 Gulden und sanken 1694 auf 74.779 fl. sowie 1696 auf 36.197 fl., um 1697 wieder auf 58.695 fl., 1698 auf 71.523 fl. und 1699 auf 78.275 Gulden anzusteigen[3]. Und selbst die zugesagten Gehälter trafen nicht immer ein. Die Klagen über die Finanzmängel ziehen sich wie ein roter Faden durch die diplomatische Korrespondenz dieser Jahre. Im

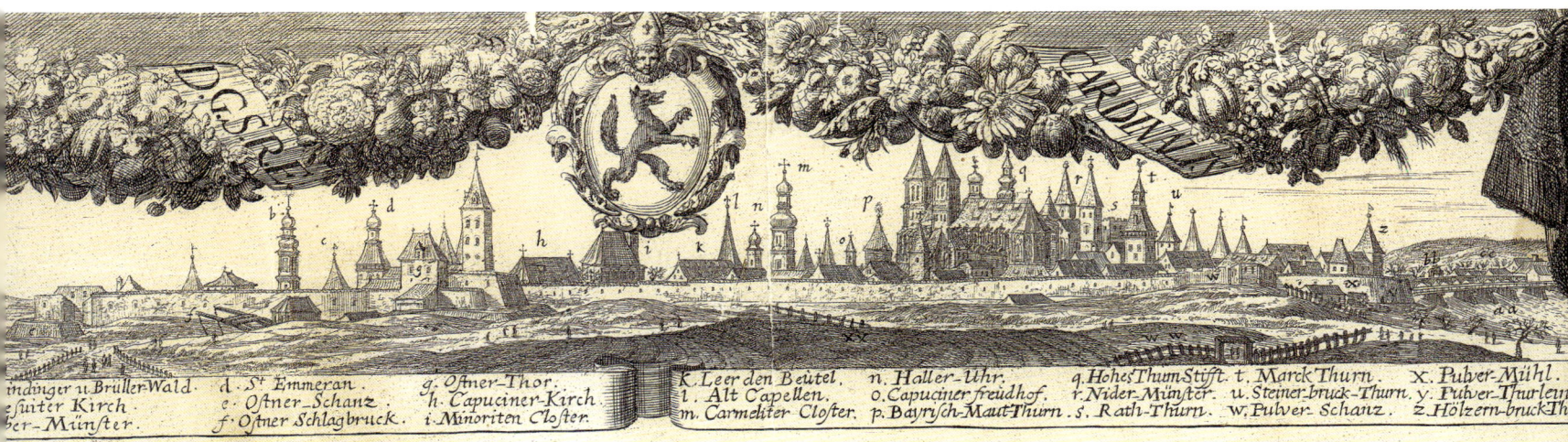

190. Ansicht der Stadt Regensburg, Ausschnitt aus der Radierung von Georg Christoph und Matthäus Eimmart für Johann Philipp von Lamberg, 1701; Regensburg, Fürst Thurn und Taxis Zentralarchiv

191. Das Rathaus in Regensburg mit dem Reichssaal (links) vor dem Umbau von 1706, Ölgemälde, 18. Jh. (?); Regensburg, Museen der Stadt Regensburg – Historisches Museum

Bericht der Regensburger Gesandtschaft an den Kaiser vom 12. März 1697 wollten daher Lamberg und sein Stellvertreter *„allerunthertänigst ohnangefügt nicht lassen"*, dass das Bankhaus Pestaluzzi[4] in Zukunft keine Wechsel mehr auf die *„legations deputats=gelter"* ausstellen könne, weil *„sich bei Euer Kay. Mt. Hof Camer die Mittel je lenger je weniger zeigen wollen"*. Die beiden Diplomaten richteten daher an Leopold I. die dringende Bitte um Bezahlung der Außenstände, da sie sonst nicht zur Aufrechterhaltung des *„Splendors"* der kaiserlichen Botschaft in der Lage seien[5].

Die Anregung zum Einstieg des Grafen Lamberg in den diplomatischen Dienst des Kaisers kam von seinen oberösterreichischen Verwandten. Insbesondere der Cousin (2. Grades) von Leopold Joseph, der spätere Passauer Fürstbischof und Kardinal Johann Philipp von Lamberg (Abb. 52), war schon ab 1678 auf der Herrenbank des Reichshofrates auf eine Diplomatenkarriere vorbereitet worden. Nicht zuletzt auf Betreiben seines Vaters, des kaiserlichen Obersthofmeisters Johann Maximilian von Lamberg (Abb. 48), wirkte er zwischen 1680 und 1684 als außerordentlicher Gesandter am Berliner Hof, um ein Bündnis gegen Ludwig XIV. auszuhandeln. Während er dabei erfolglos blieb, gelang es ihm jedoch zwischendurch, den Kurfürsten Johann Georg III. von Sachsen (Abb. 151) zum Einsatz seiner Truppen zur Befreiung Wiens zu bewegen.

Da die Stelle des österreichischen Direktorialgesandten auf dem Reichstag in Regensburg seit der Beförderung von Theodor Althet Heinrich von Strattmann[6] zum österreichischen Hofkanzler in Wien im Jahre 1683 verwaist war und dessen bürgerliche Stellvertreter *„in ihrem äußerlichen Anschein eine sehr geringe Figur"* machten, bot sich Johann Philipp von Lamberg an, die österreichische Gesandtschaft *„in bessere Autorität"* zu bringen und aus eigener Kasse 500 Gulden monatlich *„zu Erhaltung mehrer Reputation"* zuzuschießen, wenn ihm die kaiserliche Hofkammer die gleiche Summe bewilligen würde. Aufgrund anderer Verpflichtungen konnte Johann Philipp erst im April 1686 sein Amt als österreichischer Vertreter und damit auch als Vorsitzender des Fürstenrates antreten. Während seiner dreijährigen Tätigkeit in Regensburg beschäftigte sich der ältere Cousin *„mit einer fast verbissenen Energie"* mit dem Zeremoniell, insbesondere damit, das *„Hochlöblichste Ertzhauß mit denen Kurfürsten zu parificiren, undt von denen Fürsten zu distinguiren"* (vgl. Abb. 194). In diesem Zusammenhang geriet Johann Philipp von Lamberg 1688 auch in einen Rang-

streit mit dem dänischen Gesandten, dem Völkerrechtler Samuel von Pufendorf[7].
Der nur um ein Jahr ältere, aber besonders ehrgeizige Vetter scheint schon in jungen Jahren die „Rolle des Beraters, ja väterlichen Freundes" von Leopold Joseph von Lamberg gespielt zu haben, wobei er diesen ab 1688 in 500 großteils eigenhändigen und ab 1700 meist chiffrierten Briefen instruierte[8]. Schon zu Beginn der Korrespondenz hatte Johann Philipp seinem Ottensteiner Cousin geraten, die kaiserliche Gesandtschaft nach Schweden anzunehmen. Zwar sei dies mit „langem Exil" verbunden, doch böten allein solche Auslandsaufenthalte die Möglichkeit, „sich einen vollkommenen Staatsmann et Caesari einen qualifizierten Ministrum zu machen"[9].
Die ebenso ambitionierte wie trotz Befürwortung des Kaisers sowie des bayerischen Kurfürsten, heftig umstrittene Berufung von Johann Philipp von Lamberg auf den Passauer Bischofsthron im Jahre 1689 „gleichsam als Belohnung für seine Dienste"[10] bot dementsprechend auch die Möglichkeit, das Amt des österreichischen Gesandten in Regensburg innerhalb der Familie an den jüngeren Cousin Leopold Joseph abzutreten. Durch diese Ernennung würden nämlich nach Meinung des Älteren „unserer Familie sonderbare Ehre, dem Herrn Vetter aber zu höherer Promotion am kaiserlichen Hof beste Versicherung zuwachsen"[11].
Mit Schreiben vom 27. August 1690 wurde Leopold Joseph von Lamberg von Leopold I. zum österreichischen Prinzipalgesandten ernannt. Der Kaiser würdigte damit des Grafen „Verhalten, auch seine selbst aigene ansehnliche ‚Qualiteten, Experienz' und Geschickhlichkeit, auch in verschiedenen ihme auffgetragenen ‚Commissionen' zu Ihro Kayl. Maytt. Gnädigsten ‚Contento', und seinem Lob und Ruhmb gelaiste ersprießliche Dienste, undt dadurch erworbene statliche ‚Meriten'". Gleichzeitig wurde der Diplomat zum Geheimen Rat ernannt mit allen dazugehörigen „'Praedicaten, Praerogativen'" sowie sonstigen Rechten und darauf hingewiesen, dass ihm in Regensburg „der Titul ‚Excellenz' gegeben werden solle"[12].
Die Freie und Reichsstadt Regensburg (Abb. 190) besaß eine bis ins Jahr 792 zurückreichende Tradition als Sitz von Reichsversammlungen und wurde seit der Mitte des 16. Jahrhunderts zu einem der bevorzugten Treffpunkte der Reichsstände. Sowohl die Existenz einer gemischt konfessionellen Bewohnerschaft als auch die relative Nähe zu Wien und der Neubau des städtischen Rathauses ab 1659 waren Kriterien, dass der 1663 von Kaiser Leopold I. zum Beschluss einer Tür-

kenhilfe einberufene Reichstag in Regensburg zum *Immerwährenden Reichstag* wurde. Der seit diesem Zeitpunkt nicht mehr persönlich in Regensburg anwesende Kaiser wurde dabei vom sogenannten Prinzipalkommissär vertreten. Neben den Gesandten der Reichsstände waren auch ausländische Mächte wie Frankreich, Spanien, England, Schweden und Dänemark in der Stadt vertreten, einerseits um Informationen über bzw. Einfluss auf die politischen Entscheidungen zu bekommen, andererseits weil deren Monarchen selbst Inhaber von Reichsterritorien waren[13]. Die bis zu 70 Gesandtschaften mit etwa 700 Personen spielten zwar zahlenmäßig innerhalb der 20.000 Einwohner zählenden Bevölkerung Regensburgs keine vorherrschende Rolle, prägten die Stadt aber sozial, finanziell und durch ihre Residenzen auch topographisch wesentlich[14]. Das Rathaus der Stadt aus dem 14. Jahrhundert diente als zentraler Sitz der wichtigsten Funktionen des Reichstages (Abb. 191). Neben dem Plenarsaal gab es dort eigene Räume für die Beratungen der Gesandten der Kurfürsten, der Fürsten sowie der Reichsstädte[15]. Der Prinzipalkommissär residierte im Bischofshof, im Kartäuserkloster Prüll oder zumeist im Reichsstift St. Emmeram, das ab 1666 modernisiert und nach 1716 mit einem eigenen Residenztrakt für Kardinal Christian August von Sachsen-Zeitz erweitert wurde[16]. Die anderen adeligen und bürgerlichen Diplomaten mieteten sich in anderen Stiftshöfen oder Bürgerhäusern ein[17]. Leopold Joseph Graf von Lamberg residierte während seiner Tätigkeit in Regensburg im offensichtlich ländlich-bescheidenen Schloss Sarching, das sich im Besitz des Deutschen Ordens befand[18] (Abb. 192).

192. Schloss Sarching, Lambergs Residenz während seiner Tätigkeit in Regensburg, Kupferstich von Michael Wening, nach 1701; Privatbesitz

Zeremonialstreitigkeiten und Konferenzalltag

Der Reichstag war kein Parlament in modernem Sinn, sondern eine – eher den Vereinten Nationen vergleichbare – Versammlung von Gesandten, die an die Weisungen ihrer Herrscher gebunden waren, weshalb die Verhandlungen auch nur langsam vorangingen. Die vornehmste und gerade im späten 17. Jahrhundert wichtigste Entscheidung des Kollegiums betraf Kriegserklärungen und Friedensschlüsse bzw. die daraus resultierenden Truppenaufstellungen sowie die Finanzierung von Feldzügen[19]. Die hierarchische Gliederung des Reiches – Kurfürsten, geistliche und weltliche Fürsten sowie Reichsstädte – galt gerade auf dem Reichstag und wurde dort schon durch die Sitzordnung im Plenarsaal sichtbar gemacht (Abb. 193). In der Mitte der Stirnwand stand auf vier mit rotem Stoff bedeckten Stufenpodesten der Thron des Kaisers bzw. seines Vertreters. Zwei Stufen tiefer saßen die sieben bzw. ab 1708 neun geistlichen und weltlichen Kurfürsten ebenfalls auf rot überzogenen Bänken. An den Längswänden befanden sich nur eine Stufe erhöht die grünen Bänke der Fürsten; jene der weltlichen Reichsfürsten im Westen, die der geistlichen an der Ostwand. An der am weitesten vom kaiserlichen Thron entfernten Stelle saßen die Vertreter er Reichsstädte auf Bänken ohne Stoff und ohne jede Erhöhung[20]. Die Sitzordnung innerhalb der einzelnen Fraktionen war ebenfalls streng hierarchisch und da auch sonst in Regensburg dem Zeremoniell eine zentrale Rolle zukam, führte dies immer wieder zu Rangstreitigkeiten, obwohl man in den Jahren um 1700 eigentlich außenpolitische Sorgen von größerer Wichtigkeit gehabt hätte[21].

Zur Instruktion bekam Graf Lamberg daher wenige Tage vor seiner Abreise eine fast 50 Seiten umfassende Handschrift *Ceremonial Eines Österreichischen Ersten Gesandten auf den Reichstag zu Regensburg* ausgehändigt[22]. Darin werden vor allem die Kontakte mit den anderen Gesandten geregelt, wobei die Gleichrangigkeit des österreichischen Vertreters mit denen der Kurfürsten betont wird. Schon zu Beginn des Textes wird dem Diplomaten eingeschärft, *„daß er sich anderst nicht als die ‚Electoriales' tractieren lasse, welches auch ‚moderne Principi Passaviensi tum tempore quà Legato Principali Austriaco' allzeit widerfahren"*. Denn Johann Philipp von Lamberg sei 1686 vom kaiserlichen Prinzipalkommissär und Passauer Fürstbischof Sebastian Graf von Pötting[23] bei der ersten Audienz *„unter im Gewöhr stehender Carabiniere und Trabanden Garde durch den Fürstl. ‚Marechall' und gesambte Hofstatt unten bey dem Wagen /: gleich wie die ‚Electoriales':/ vom Fürsten aber bey der äußersten Thür und im Eintritt des grossen Saals empfangen"* worden. Ein solcher standesgemäßer Empfang sei allerdings vom aktuellen Amtsinhaber nicht zu erwarten, da der Markgraf Herrmann von Baden-Baden weder Carabinieri- noch Trabanten-Garde unterhalte, und sogar sein ganzer adeliger Hofstaat derzeit nur aus einem oder zwei Kavalieren bestehe. *„Dessen unangesehen, jedoch von eben gleicher ‚Reception' /: wie sie Fürst Sebastian vorhin gethan und die ‚Electorales' anietzo noch genüssen :/ nicht im geringsten abzustehen seyn wird."* Dementsprechend seien auch die Bediensteten der kurfürstlichen Botschafter verpflichtet, den Grafen Lamberg mit Exzellenz anzusprechen, und falls *„solches unterlassen werden möchte /: welches doch vorhin niemahlen beschehen :/ würde es zu ahnden seyn, daß man auch von diesseitigen Bedienten denen Churfüstlichen Gesandten die Excellenz nicht wolle zukommen lassen."*

Da also alles *„proportione"* zu erfolgen hatte, waren bei jeder Handlung die zeitliche Abfolge, die örtliche Stellung sowie die Rangordnung der Titulaturen, des Dekorums, der Bedienten und sogar der Stil der Reden zu berücksichtigen. Daher wird etwa eigens betont, dass die Übermittlung der kaiserlichen Beglaubigungsschreiben an die einzelnen kurfürstlichen Gesandten in der Form gleichartig zu erfolgen habe, die Reihenfolge aber nicht der Rangordnung entsprechen müsse, *„sondern wie die Gelegenheit der Wohnungen sich ergibet, geschehe"*. Der sich mit dem österreichischen Vertreter als Vorsitzender des Fürstenstandes abwechselnde Vertreter des Fürsterzbistums Salzburg war hingegen *nach* den kurfürstlichen Gesandten und dem kaiserlichen Konkommissär zu verständigen, aber noch am selben Tag wie diese! Dabei hätten Lambergs Mitarbeiter den Salzburger Gesandten mit *Exzellenz* anzusprechen, der Graf selbst hingegen nicht. Die Rivalität zwischen dem österreichischen und dem Salzburger Vertreter äußerte sich auch in der Tatsache, dass es zwar bei den Ratssitzungen einen Wechsel im Vorsitz gab, außerhalb des Rathauses gelte dies jedoch nicht, sondern die österreichische Gesandtschaft beanspruche sowohl bei Festlichkeiten als auch an dritten Orten immer den Vorrang. Die Vertreter der Reichsstädte sollten erst am nächsten Tag und nur von seinem Sekretär von der Ankunft Lambergs infor-

193. Reichssaal im Alten Rathaus; heutiger Zustand; Regensburg

miert werden *„und zwar nur in […] simplen terminis"*.

Besonders anschaulich wurden diese zeremoniellen Differenzierungen bei den offiziellen Audienzen, weshalb man die entsprechenden Passagen in Lambergs Instruktionsschrift auch mit Zeichnungen versehen hatte. So sollten die fürstlichen Vertreter vom Grafen Lamberg *„bei der untern Stiegen letzten Staffels empfangen und soforth in das innere Audienzzimmer geführet, allwo ihnen /: uti con-Commissario et Electoralibus :/ in gleichen Sesseln mit Armb die Oberhand gelassen"* werde. Die Stühle sollten dabei so aufgestellt werden, *„daß Ihro Excell. Sessel im inneren Audienzzimmer mit dem Ruckhen gegen den Ofen zuekomme. Jedoch werden die Sessel nach Unterschied der Gesandten einmahl mehr= als das andere mahl ab= oder aufwerts gesetzt"*. Im Gegensatz dazu würden die städtischen Abgeordneten nicht zu Beginn der Treppe, sondern erst in der Mitte der Offiziersstube empfangen und auch nur in das äußere Audienzzimmer geführt, wobei ihnen Graf Lamberg aber *„weder Hand noch Lehnsessel geben lässt, ohngeachtet er sich seines orths eines Sessels mit Armb bedienet"*. Auch die Verteilung im Raum war nicht diagonal-egalitär, sondern achsial-hierarchisch, da der Botschafter an der Rückwand zwischen den Fenstern saß, während sein bürgerlicher Besucher mit dem Rücken zur Eingangstür Platz nehmen musste. Das beim ersten Mal angewendete Zeremoniell sollte auch in Hinkunft *„ebenermassen ‚strictè' gehalten"* werden[24].

Tatsächlich wurde der österreichische Diplomat schneller und heftiger in die entsprechenden Streitigkeiten verwickelt, als er wohl erwartet hatte. Leopold Joseph von Lamberg reiste am 9. Oktober 1690 in Wien ab und traf am 15. d. M. in Regensburg ein. Schon in seinem ersten Schreiben an den Kaiser vom 25. Oktober berichtete er von Beratungen mit seinen Mitarbeitern Johann Peter Pader Freiherr von Paderskirchen (seit 1686 in Regensburg tätig) und Freiherr Dr. Johann von Scherer auf Hohenkreuzberg[25] über die Vorgangsweise bei seiner Akredditierung. Lamberg richtete an Leopold I. die Frage, ob sein Mitarbeiter das kaiserliche Schreiben nur an den

„untergebenen" Legationssekretär des „*Reichsdirektors*" (d.h. des Vertreters des Mainzer Kurfürsten und Reichskanzlers als nominell-bürokratischem Vorsitzenden des Kollegiums) übergeben solle, wie es seine Vorgänger getan hätten, *„oder aber ob er nicht vielmehr ‚praemissa solennissima protestatione obbedittine' meine Bevollmächtigung in Angesicht des Churmaintz. Reichsdirectory auf deßen Tafel oder Seßeln deponiren und sich hernach sofort absentiren möge"*. Der Hintergrund dieser spitzfindig erscheinenden Überlegungen des Diplomaten, ob das Beglaubigungsschreiben nun vom Amtsleiter persönlich oder nur von dessen Sekretär übernommen werde, war tatsächlich eine entscheidende Rangfrage für die kaiserlichen Erblande. Wie Lamberg in seinem Bericht an den Kaiser ausführt, war das Problem erst *„vor 13 oder 14 Jahren"* – also im Zuge der im Einleitungskapitel beschriebenen zunehmenden Konkurrenzierung und Differenzierung der europäischen Staaten unter französischem Einfluss – aufgetreten. Von der Einberufung des Reichstages im Jahre 1653 bis zum Amtsantritt von Lambergs Amtsvorgänger David Ungnad Graf von Weißenwolf im Jahre 1662[26] hätten jeweils die Gesandten der Kurfürsten und Fürsten *„selbsten"* und *„persönlich"* ihr Antrittsschreiben beim Reichsdirektor abgegeben und dann beim österreichischen Gesandten Komplimente abgelegt und damit dessen Vorsitz innerhalb des Fürstenstandes anerkannt. Plötzlich aber weigerten sich die Vertreter der Kurfürsten ihre Beglaubigungsschreiben persönlich abzugeben und setzten damit natürlich eine zeremonielle Flutwelle in Gang. Denn nun haben auch die Gesandten der Reichsfürsten nicht nur, *„umb nicht geringer als jene geschätzt zu werden […] ein gleichmäßiges statuieren, sondern auch ‚pessimo exemplo' sich ‚quasi per modum sequela' einfallen lassen wollen, obgemelte Höflichkeit gegen Ihro Fürstlich-österreichisches ‚Directorium' ebenfalls übergehen zu dürfen."* Darauf verweigerte der Reichsdirektor die persönliche Annahme des Beglaubigungsschreibens und delegierte dies an seinen rangniederen Sekretär. Bei Lambergs vorletztem Amtsvorgänger Strattmann hatte Dr. Ludwig von Hörnigk, der Vater des noch zu nennenden Ökonomen, als Reichsdirektor 1680 sein Wohlwollen gegenüber den Österreichern signalisiert, da das Schreiben *„vor der Rückweisung an die Churfürstliche Cantzley dennoch wenigst mit zwey Fingern berühret worden"*. Diesen Kompromiss hat Lambergs direkter Vorgänger und Verwandter 1686 vom *„ohnbescheidenen"* Reichsdirektor Dr. Johann Caspar Scheffer *„nicht mehr erhalten mögen"*. Mit dem Amtsantritt des Markgrafen Hermann von Baden-Baden (Abb. 195) als Prinzipalkommissär hatte sich die Situation weiter verschärft, weil der Kaiser in der politischen Notlage des Jahres 1688 den Kurfürsten entgegen kommen und zahlreiche zeremonielle Distinktionen gegenüber den Fürsten zugestehen musste[27].

Der Vorschlag des Grafen Leopold Joseph von Lamberg zur Wiederherstellung des alten Zustandes resultierte aus der Überzeugung, seine Mission in Regensburg diene auch dazu, *„daß der Uralt-erworbene Splendor des Glorwürdigsten Ertzhauses Österreich und geziemende ‚Decor' deßen löbliche Gesandschaft auf hiesigem Reichstag nicht allein mit äußerlicher Darlegung des Aufzuges (welchen ich doch nach Ertrag meines geringen Vermögens auf das äußerste hervorzustellen, so willig als schuldig bin) ‚conservirt', sondern vor allem dahin gebracht werde, wie deßen unvergleichliche ‚Praeminenzen' bestmöglichst geschützet werden mögen. Dahero dann und in Ansehen daß diesem Hochlöblichsten Ertzhauß bereits zu vierzehnmahl die allerhöchste Kayserliche Würde billichst widerfahren, mir […] geschienen hat, fast spött= und nachteilig zu sein, daß eine österreichische Gesandschaft sich in äußerlichen ‚Tractamenten' geringer, als die Churfürstliche (denen mich doch in allweg zu ‚parificiren', ja sogar auch von denen übrigen Fürstlichen Gesandschaften, ‚propter certes praerogativas', auf alle thunliche Weiß unterscheiden zu laßen, wan Euer Kayserlichen Majestät allergnädigst befehlicht bin) halten laßen sollte […]"*.

Obwohl Graf Lamberg hier deutlich sein patriotisches Bestreben zum Ausdruck brachte, den Rang

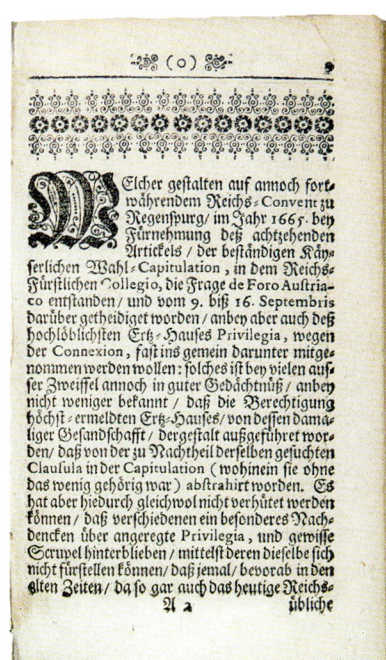

194a und b. Historischer Traktat von Philipp Wilhelm von Hörnigk über die Vorrechte des Erzhauses Österreich auf dem Reichstag in Regensburg, verfasst im Auftrag von Johann Philipp von Lamberg (1688), 2. Auflage Regensburg 1708; Wien, Universitätsbibliothek

des Erzherzogtums Österreich aufgrund der kaiserlichen Würde seiner Landesfürsten aufzuwerten, stieß er damit auch auf Widerstand des kaiserlichen Konkommissärs Johann Friedrich Ritter von Seilern[28]. Er bat daher den Kaiser, um eine Anordnung, ob er diesen mit sechs oder zwei Pferden besuchen und die Titulatur Excellenz zugestehen solle. Die Frage der sechs oder zwei Pferde hatte in diesem Zusammenhang sowohl eine innen- als auch eine außenpolitische Dimension. Nachdem schon die Wiener Hofordnung des Jahres 1651 geregelt hatte, wer mit welcher Pferdeanzahl in den inneren Burghof fahren dürfe, wurde der diplomatische Hintergrund des Problems 1684 sogar in einer eigenen Druckschrift unter dem Titel *Annotata über die Frage: Ob bey allgemeinen Conventen / und Zusammen-Künfften / die Fürstlichen Abgesandten sich sechsspänniger Carossen bedienen können* diskutiert (Abb. 198)[29]. Aus den Erläuterungen wird deutlich, dass der Streit, ob nur die Kurfürsten und deren Gesandte oder auch die Fürsten und deren Vertreter mit sechsspännigen Kutschen fahren dürfen, relativ jung war und nicht zuletzt durch eine entsprechende Politik Ludwigs XIV. von außen angeheizt worden war. Zwar gäbe es keinen Beweis, dass den Kurfürsten *„das jus mit sechs Pferden zu fahren / von alters / und quasi aliquâ praescriptione, alleine zu ständig sey. Daß aber nachgehends / als Chur-Fürstliche und Fürstliche Personen sechs Pferde vor dero Carossen gebrauchet / auch dero Gesandten tanquam fuorum Principalium vices habentes, beyderseits dergleichen gethan / ist nicht zu zweiffeln / in Betrachtung / daß ihrer instruction gemäß ihrer Principalen respect in acht zu nehmen / und dero Staat als praesentium zu führen. Zu dem ist aus denen Actis publicis vielfältig zu beweisen / ja fast vor eine Universal-Regel nunmehro im Gebrauch / daß man denen Italiaenischen Fürsten / als e. g. Savoyen / Toscana, Mantua, Parma Modena, &c. in dergleichen ceremonien und von ihnen als würcklichen / eingeführten Gebräuchen im geringsten keine Einrede thue / dannenhero denn auch an Chur-Fürstlichen Seiten man sich selbsten grösseres Ansehen und Ehre verursachen würde / wenn man in dergleichen Fällen denen Reichs-Fürsten / ehe / als denen frembden einigen pastum honoris gönnen wolte. […] Wir Teutschen pflegen uns sonsten in denen meisten Ceremonialien nach der Frantzösischen Manier zu richten / nach welcher man vor weniger Zeit zu Paris so wohl Chur-Fürstliche als Fürstliche Gesanden fast in allen gleich geachtet / und gleiche Bezeugungen wiederfahren lassen; Warumb will man aber hierinnen auch nicht / wie*

195. Markgraf Hermann von Baden-Baden, kaiserlicher Prinzipalkommissär auf dem Reichstag in Regensburg, Kupferstich von Bartholomäus Kilian nach Johann Beyschlag, 1688; Privatbesitz

sonst gewöhnlich / Frantzösische façon in acht nehmen? quelle raison? le caprice! Ob man wol anietzo einige Chur-Fürstliche Gesandten in Franckreich höher aestimiret, als andere / so läst sich doch dannenhero einiger sonderbahrer Vorzug und Hindansetzung derer Fürstlichen nicht schliessen […]."

Die Klärung des Regensburger Streites zwischen den beiden kaiserlichen Vertretern wurde offensichtlich durch persönliche Animositäten erschwert. Die amtsbekannte gegenseitige Abneigung von Lamberg und Seilern mag ihre Hauptursache darin gehabt haben, dass der protestantische Färbersohn durch Konversion und Beamtenkarriere innerhalb kürzester Zeit einen enormen sozialen Aufstieg schaffte, der ihn schließlich noch zum österreichischen Hofkanzler und kaum eine Generation nach Lamberg zum Reichsgrafen befördern sollte. Aber das nebensächlich erscheinende Problem der Rangordnung zwischen seinen beiden Vertretern in Regensburg stellte Leopold I. vor die grundsätzliche Frage der habsburgischen Hausmachtspolitik, ob er lieber seinen Rang als (gewählter) Kaiser betonen oder jenen als (absoluter) Landesfürst aufwerten wollte[30]. Ungeachtet der offensichtlich richtigen Einschätzung der Zeremonialfragen sah der Diplomat Lamberg aber auch den damit verbundenen Nachteil, dass ihn die Verfahrensstreitigkeiten von der eigentlichen politischen Arbeit abhalten würden. Er schrieb daher dem Kaiser, er entziehe sich zunächst *„dem ‚publico', um Euer Kayserlichen Majestät und dero Hochlöblichen Ertzhauß nicht* *etwas zu vergeben oder zu ‚praejudiciren'. Bedauere nur darunter höchstbilligst, daß ich solcher gestalten dem Essentialwerckh meiner allhiesigen Function und gehorsambster Pflicht sobald genug zu tuhn, auch gegen meinen Treueifer und Willen, zurückgehalten werde."*[31]

Einerseits aufgrund des strittigen Zeremoniells, andererseits aufgrund des schlechten Gesundheitszustandes des kaiserlichen Prinzipalkommissärs verzögerte sich der offizielle Amtsantritt Lambergs und erst nach sechswöchigem Aufenthalt *„'all incognito'"* in Regensburg hat der österreichische Diplomat schließlich am 26. November 1690 *„in das ‚Publicum' sich gestellet"*. Dabei konnte Lamberg auf die Hilfe eines erfahrenen Mannes zurückgreifen, den ihm offensichtlich sein Verwandter auf dem Passauer Bischofsthron ‚leihweise' zur Verfügung gestellt hatte. Dabei handelte es sich um niemand geringeren als den bekanntesten deutschen Wirtschaftswissenschaftler dieser Zeit, Dr. Philipp Wilhelm von Hörnigk, der als Sohn eines früheren Reichsdirektors unmittelbar mit den Regensburger Verhältnissen vertraut war. Er hatte nach ersten diplomatischen Erfahrungen in Madrid und Rom seit 1680 in Berlin und Dresden als diplomatischer Sekretär von Johann Philipp von Lamberg gearbeitet. Während dieser Zeit verfaßte der Gelehrte drei antifranzösische Schriften und 1684 sein berühmtes merkantilistisch-patriotisches Werk *Österreich über alles, wenn es nur will*. Nach der Tätigkeit in Regensburg, wo er 1688 bezeichnenderweise eine *Historische Anzeige von den eigentlichen Ursachen der Privilegirung des Hoch-löblichsten Ertz-Hauses Österreich* verfasst hatte (Abb. 194), stand von Hörnigk seit 1689 als Historiker und Hofrat im Dienst des Passauer Fürstbischofs[32]. Aber zumindest beim Amtsantritt von Leopold Joseph von Lamberg im Oktober 1690 übte der Gelehrte die ihm vertraute Funktion des höchsten Beamten des österreichischen Gesandten aus[33].

Schon zur Vorbereitung des feierlichen Ereignisses hatte Herr von Hörnigk als *„Premier Officier von Ihro Hochgräfl. Excellenz"* den lambergischen Lakaien die neue Livrée übergeben und sie gemeinsam mit dem Hof- sowie dem Stallmeister des Botschafters daran erinnert, *„daß sie sich gegen Jedermänniglich, insonderheit gegen die Gesandschafften und dero Bedienten leuthseelig und freundlich verhalten sollten"*[34]. Am 25. November überbrachte von Hörnigk – nach längerem Warten – dem Margrafen Hermann von Baden-Baden (Abb. 195) als Prinzipalkommissär das *„Kaisl.*

196. Residenz des kaiserlichen Prinzipalkommissärs im Reichsstift St. Emmeram in Regensburg, Kupferstich von Martin Engelbrecht und Johann Matthias Steidlin nach Friedrich Bernhard Werner, 1729; Privatbesitz

Handschreiben oder ‚Creditiv'", mit dem der neue Gesandte beglaubigt wurde. Gleichzeitig erbat er einen Termin für die Antrittsaudienz. Der 1628 geborene kaiserliche Vertreter hatte als Diplomat, Feldmarschall und schließlich von 1683–88 als Präsident des Hofkriegsrates in kaiserlichen Diensten gewirkt. Seit 1688 bekleidete er das Amt in Regensburg[35]. Mit der Zusicherung des Markgrafen, der österreichische Diplomat werde *"ein gantz gleich- und völliges Tractament, wie sonsten denen Churfürstlichen Gesanden zukompt"*, erhalten, fuhr Herr von Hörnigk gleich anschließend zum kaiserlichen Konkommissär weiter, um diesem das *"Kaysl. ‚Rescript'"* zu überbringen.

Die Visite Lambergs bei den beiden kaiserlichen Vertretern fand am nächsten Tag um 11 Uhr statt. Dazu ließ *"Ihro Hochgräfl. Excellenz"* die *"neue kostbahre ganz vergollte Gutschen"* mit sechs Pferden bespannen und eine zweite Kutsche mit zwei Pferden vorfahren. Auf der Fahrt *"nach Hoff"* gingen acht Lakaien in zwei Reihen der Karosse Lambergs voraus, während vier Heidukken, also ungarische oder zumindest ungarisch gekleidete Leibgardisten mit weißen Federn, Säbeln und Mänteln, seitlich einherschritten und vier Pagen ebenfalls mit weißen Hutfedern der Kutsche folgten (Abb. 197). Der zweite Wagen, in dem Dr. von Hörnigk sowie der Hof- und der Stallmeister des Botschafters saßen, wurde an jeder Seite von einem gräflichen Lakaien und einem Diener von Hörnigks zu Fuß begleitet. In St. Emmeram (Abb. 196) wurde Graf Lamberg am Beginn der Treppe von zwei *"Hochfürstl. Cavalier"*, nämlich Baron de Brousse und Baron Paul Andreas Troyer von Ansheim[36], empfangen. Auf dem Weg in die *"Retirade"* (= Privatzimmer), wo der Markgraf *"zu Beth lagen"*, waren zuerst alle fürstlichen Lakaien und dann die Pagen in einer Reihe aufgestellt. Der Empfang des österreichischen Direktorialgesandten beim kaiserlichen Vertreter (wo auch der Konkommisär anwesend war) erfolgte aber nicht ganz so *"wie es denen Churfürstlichen zu wiederfahren pflegt"*. Denn eigentlich sollte Lamberg *"bei der äußersten Thür"* empfangen und von seinem Gastgeber persönlich in das Audienzzimmer geführt werden, aber aufgrund der *"Leibsschwachheit"* des Prinzipalkommissärs hat ihm der Graf das *"nachsehen und allein mich darmit befriedigen müssen"*, dass sich der Prinzipalkommissär nicht nur persönlich, sondern auch durch seinen Hofmeister dafür feierlich entschuldigt hat, da Lamberg nicht *"wie meinem Antecessori vormahls ‚in eadem legatione' beschehen, und ich gleichfalls empfangen zu werden prätendirt habe, gebührenden Orths und Stelle"* (!) empfangen worden sei. Der Graf versicherte dem Kaiser, dass er dessen Vertreter *"wahrhaftig in Bett liegend angetroffen"* habe, und betonte sein Bemühen, bei dieser Gelegenheit *"Euer Kayserlichen Mayestät und dero allerdurchleuchtigsten Ertzhaußes Splendor, Präeminentien und Hoheiten nach Kräften meines Verstands und Vermögens observirt und promovirt"* zu haben.

Jetzt ging der ‚Zeremonialstress' aber erst richtig los. Kaum war der österreichische Adelige wieder zuhause angekommen, traf der Bediente des kaiserlichen Konkommissärs ein, um einen Termin für die *"Revisite"* zu erbitten. Lamberg erwartete den Beamten *"mit dem Hut"* in der Mitte des ersten Audienzzimmers und begleitete ihn auch beim Abschied nur bis zur Türe des Zimmers, wobei er *"innerhalb stehen blieben"*. Nachdem Lambergs Stellvertreter von Paderskirchen mitteilen ließ, dass er zur Vermeidung von *"Jalousie und unrechter Discurs"* beim kurfürstlichen und fürstlichen Kollegium *"die gebührende Solenne Visite"* nicht abstatten könne, solange Lamberg noch nicht beim Direktorium legitimirt sei, traf um 16 Uhr schließlich der kaiserliche Konkommissär mit sechsspänniger Kutsche ein. Die vier Offiziere Lambergs begrüßten Herrn von Seilern beim Tor, und von dort bis zur Treppe bildeten

197. Sechsspännige Karosse mit Heiduken- und Trabanten-Leibgarde des Kardinals Johann Philipp von Lamberg bei dessen Einzug als kaiserlicher Prinzipalkommissär in Regensburg, Ausschnitt aus der Radierung von Georg Christoph und Matthäus Eimmart, 1701; Regensburg, Fürst Thurn und Taxis Zentralarchiv die Lakaien und Pagen des Gastgebers ein Spalier. Graf Lamberg kam seinem Gast *„etliche Schritte von der Stiegen, und mehrers gegen der Thür zu ‚par maniere d'un rencontre' entgegen, einen Paggi bey sich habent"*. Er führte den Gast *„linker Hand"* ins zweite Audienzzimmer, wo der Page und der Kammerdiener die Lehnsessel so aufstellten, *„daß Ihre Hochgräfl. Excell. gegen den Ofen, des H. Concomissarii Excell. aber gegen die Fenster zu sitzen kamen"*, während das Personal im *„Offizierszimmer"* zurückbleiben musste.

Am nächsten Morgen sandte der Österreicher seinen *„Premier Offizier"* von Hörnigk schon um acht Uhr mit der aus Wien mitgebrachten Vollmacht zum Vertreter des Kurfürsten von Mainz, Dr. Johann Eberhard (?) Hövel, der *„sich eben barbieren liess"*. Doch auch nachdem die morgendliche Rasur beendet war, verweigerte der Reichsdirektor die persönliche Annahme des Schreibens. Denn – wie Lamberg Leopold I. berichtete – *„obschon sein Principal und Churfürst, auch er ‚Director' selbst zu Eurer Kayserlichen Majestät und dero durchleuchtigstem Ertzhauß allen ersinlichen unterthänigsten ‚Respect' und treu-pflichtschuldigste ‚Devotion' trüge, er dennoch hierinnen ein mehrers, als seine Vorfahrer, zu tuhn in seinen Mächten, wie er wohl wünschen mögte, nicht habe, sondern allein demjenigen ‚praecise' nachgehen müße, weßen er sich auß seinen ‚Protocollis' in Begebenheit dergleichn Fällen belehren ließe."* Der offensichtlich in zeremoniellen Angelegenheiten und diplomatischer Rhetorik gleichermaßen gut beschlagene Mainzer Gesandte berief sich dabei auf den für die Österreicher nachteiligen Präzedenzfall von 1686. Trotz aller Proteste und Weigerung Hövels betonte Lambergs ebenso gewiefter Vertreter *„die Notdurfft, legte die Vollmacht nieder auf den Tisch, und nahm den Abschied"*. Die Regensburger Gesandten der Kurfürsten reagierten umgehend auf den Eklat des Österreichers und trafen *„noch gestern Abend späth"* zu einer Sitzung zusammen, um über Lambergs *„'formam legitimandi'"* zu beraten. Da sie jedoch weder einzeln noch korporativ entscheiden konnten, beschlossen sie, ihre Herren zu informieren. Trotz dieser Rechtsunsicherheit versicherte Lamberg abschließend dem Kaiser, dass er sich *„in das ‚publicum' zu stellen und den gebührenden Orth der österreichischen Gesandschaft in dem Fürstlichen ‚Collegio' einzunehmen, nicht unterlassen werde"*[37].

Obwohl es noch bis zum April 1691 dauern sollte, bis der Streit um die korrekte Abgabe des Beglaubigungsschreibens beim Reichsdirektorium beigelegt wurde, spielte Leopold Joseph von Lamberg die feinen Unterschiede des Begrüßungszeremoniells schon in den ersten Tagen seiner Amtstätigkeit gekonnt durch: Seinem Stellvertreter Baron von Paderskirchen ging er am 29. Oktober nur bis zu den *„Obersten 2 Staffeln"* der Treppe vor dem Offizierszimmer entgegen, ließ ihm aber beim Gehen *„die rechte Hand"*. Während der Audienz behielt Lamberg *„im Sitzen die Oberhand"*. Dem burgundischen Gesandten Johann Heinrich Freiherrn de la Neuveforge, der am nächsten Tag zum Begrüßungsbesuch eintraf, kam der Österreicher *„'par maniere d'un rencontre oben an der Stiegen 4 oder 5 Staffel entgegen"* und gewährte ihm auch *„die rechte Hand"*. Abermals einen Tag später erwartete Lamberg den dänischen Gesandten Detlev Niclas Piper von Löwencron *„unten an der Stiegen ungefehr 5 Schrite davon"*, aber *„nicht so weith als andere Gesandte"*. Der Vertreter des Hoch- und Deutschmeisters Ludwig Anton von Pfalz-Neuburg wurde nämlich am 2. November von Lamberg *„mit dem Degen und Hut 5 Schritte von dem Thor"* begrüßt, war doch sein Herr ein Bruder der Kaiserin und der spanischen Königin. Die Abgeordneten der Reichsstädte mussten sich hingegen mit einer Begrüßung durch den Botschafter *„ohne Hut und Degen in dem halben Ersten= oder Offizierszimmer"* begnügen. Zur Kurie der Reichsstädte hatte der Graf ja auch nicht seinen obersten Beamten, sondern nur den rangniederen *„Cammerschreiber"* gesandt.

Wie vom Wiener Hof gewünscht, versuchte Graf Lamberg also planmäßig, den Rang der österreichischen Gesandtschaft wieder aufzuwerten. Die

198. Druckschrift über die Verwendung sechsspänniger Kutschen durch Diplomaten, 1684; Wien, ÖNB

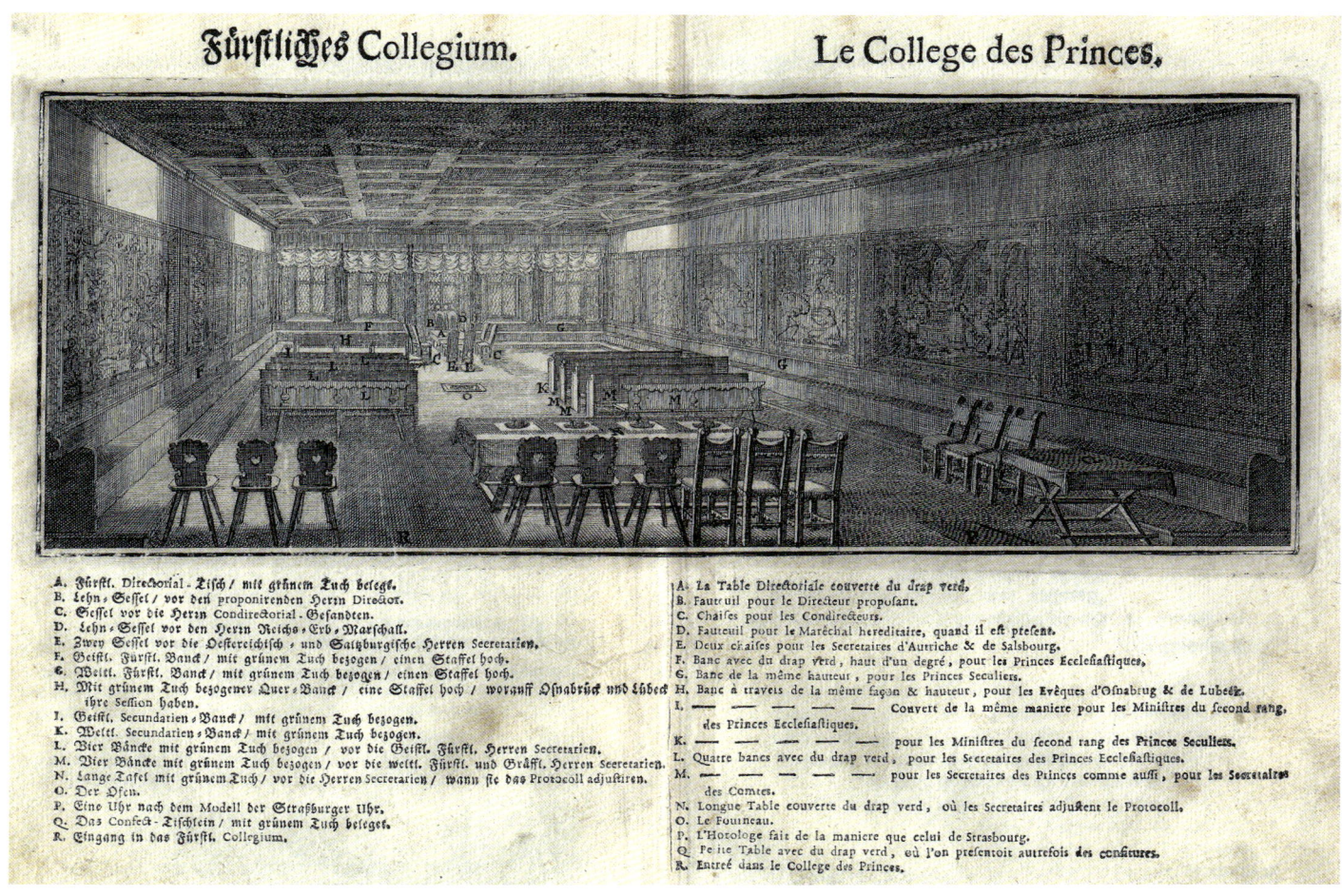

199. Sitzungssaal des reichsfürstlichen Kollegiums im Alten Rathaus in Regensburg, Kupferstich von Andreas Geyer, 1725; Privatbesitz

200. Sitzungssaal des reichsfürstlichen Kollegiums im Alten Rathaus, heutiger Zustand; Regensburg

dadurch in ihrer Vorrangstellung gefährdeten kurfürstlichen Vertreter wollten diese Vorgangsweise natürlich nicht akzeptieren. Die fürstlichen Vertreter signalisierten Lamberg hingegen in der ersten Ratssitzung der Kurie (Abb. 199 und 200) am 1. Dezember 1690 verständlicherweise *„ein gleiches Interesse"*. Auch zu diesem Anlass war Graf Lamberg wieder mit allem zeremoniellem Pomp ausgefahren.

Eine zusätzliche Missstimmung ergab sich, als der Regensburger Magistrat den neuen Gesandten mit Fisch (Aal, Forellen, Hecht, Karpfen u.a), Hafer sowie Wein (u.a. vom Rhein, der Mosel und aus Alicante) *„gewöhnlichermaßen"* beschenken ließ. Dass dem österreichischen Diplomaten jedoch 36 Kannen Wein anstelle der früher üblichen 24 und damit *„mehr als denen Churfürstl. gegeben worden"*, löste nämlich einen weiteren *„Disgusto"* der benachteiligten Kurfürstenkurie aus. Nicht ganz zu Unrecht witterten die Mitglieder dieser Gruppe überall einen Aufwertungsversuch des im Rang unter ihnen stehenden Gesandten und *„also auff das geringste sie achtgeben"*, wie Lamberg am 6. Dezember genervt dem österreichischen Hofkanzler Strattmann nach Wien berichtete[38].

Um bei der neidischen Beobachtung der Zahl der Weinflaschen und entgegengekommenen Treppenstufen nicht den Überblick und den Präzedenzfall aus den Augen zu verlieren, notierte Graf Lamberg daher auch in seinem Tagebuch immer wieder solche zeremoniellen Feinheiten, z. B. am 7. August 1691 anlässlich der Antrittsaudienz des Freiherrn Franz Rudolph von der Halden zu Haldenegg und Trazberg[39], der in der österreichischen Gesandtschaft den verstorbenen Dr. Scherer ersetzen sollte: *„Heuth vormittag umb 10 Uhr hat der Baron von der Halden, 3. Austriacus, bey mir seine ‚Visite' abgelögt; ich habe ihn mit den Hut und Handschuh iber 2 Staffel bey Anfang der grossen Stiegen empfangen. Die Sessel gestöllt, seinen gegen die Thür schier gesötzt, wo er herein gangen. Er hat mir ein kaysl. ‚Rescriptum' eingehändiget, wo er an die Österreich. Gesandschafft gewiesen […]"*[40].

Ungeachtet dieser Rangfragen und der daraus resultierenden Streitigkeiten gab es natürlich in Regensburg auch Sachfragen zu besprechen. Graf Lamberg ist daher normalerweise am Montag und am Mittwoch *„als ‚ordinari' Rathstägen ‚ad Curiam' gefahren"*. Er beschäftigte sich in den Gremien u.a. mit Münzproblemen, mit der Standortfrage des 1689 vom kriegsgefährdeten Speyer nach Wetzlar übersiedelten Reichskammergerichtes sowie mit den Kriegen gegen das Osmanische Reich und Frankreich. Eine wichtige Rolle spielten auch die Friedensverhandlungen mit Frankreich in Rijswijk (Abb. 201), wo ja zwei von Lambergs Kollegen, nämlich von Seilern und von der Halden, direkt mitwirkten. Auch Lamberg selbst wurde damals als *„Österreich. Pottschafter"* nach Den Haag entsandt, seine Tätigkeit hinterließ aber kaum Spuren[41]. Für lange und heftige Diskussionen auf dem Reichstag sorgten außerdem Erbschaftsstreitigkeiten z.B. nach dem Tod des kinderlosen Pfalzgrafen Leopold Ludwig von Pfalz-Veldenz-Lützelstein und vor allem die Einführung einer neunten Kurwürde für das Haus Hannover durch den Kaiser im Jahre 1692, die nicht zuletzt von den eigenen Verwandten in Wolfenbüttel erbittert bekämpft wurde[42].

Die um 11 Uhr beginnenden Sitzungen entfielen jedoch häufig wegen der Einhaltung aller konfessionellen Feiertage (mit zwei unterschiedlichen Kalendern!) und auch sonst großzügiger Urlaubsregelungen. So beschlossen die Gesandten etwa Anfang Februar 1695, *„vor Fastnachten nicht, sondern erst den 22ten hujus wieder zu Rath zu kommen und währendem solcher Zeit sich zu divertiren"*[43]. Zwar hatte Graf Lamberg gerade an diesem Faschingswochenende neben den Karnevalsvergnügungen seiner Pflicht als kaiserlicher Kommissär bei der Wahl des Regensburger Bischofs nachzukommen, aber auch die ‚unterhaltsamen' Veranstaltungen zählten in der Stadt des Reichstages häufig zur Arbeitszeit der Diplomaten. Denn ein größerer Teil der diplomatischen Informationstätigkeit erfolgte bei Feiern fürstlicher Familienereignisse und militärischer Erfolge sowie ‚informellen' Begegnungen im Rahmen des seit 1652 bestehenden Theaters, bei Bällen und Schlittenfahrten oder privaten Essenseinladungen[44].

Dieser Tagesablauf wird auch aus Lambergs Regensburger Tagebuch ersichtlich, obwohl es leider nicht seine gesamte Dienstzeit abdeckt: Das erste Diarium in Handschrift Nr. 50 beginnt am 23. Juni 1691 und endet am 28. August 1692, das zweite Regensburger Tagebuch im Band Nr. 51 reicht vom 18. Mai 1694 bis zum 1. Mai 1695. Bedauerlicherweise scheinen einige der repräsentativen Aktivitäten Lambergs auch nicht in den entsprechenden Akten auf, sodass wir auf manche Vermutungen angewiesen sind[45]. Schon eine der ersten Tagebucheintragungen notierte jedoch eine Verzögerung der Verhandlungen, *„weiln das Ceremoniale mit den Concommissario und Electorialibus allweil strittig wegen der ersten Visite"*, und am 24. Juni 1691 hielt Graf Lamberg die Sitzordnung

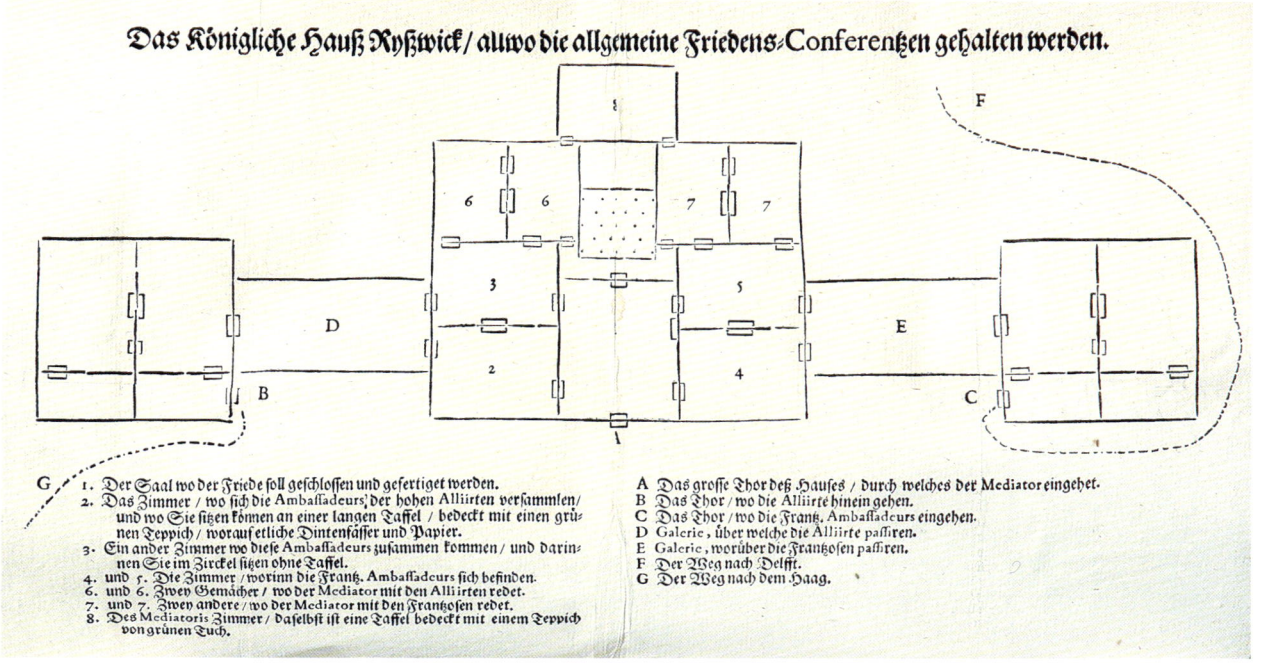

1. Der Saal wo der Friede soll geschlossen und gefertiget werden.
2. Das Zimmer / wo sich die Ambassadeurs der hohen Alliirten versammlen / und wo Sie sitzen können an einer langen Taffel / bedeckt mit einen grünen Teppich / worauff etliche Dintenfässer und Papier.
3. Ein ander Zimmer wo diese Ambassadeurs zusammen kommen / und darinnen Sie im Zirckel sitzen ohne Taffel.
4. und 5. Die Zimmer / worinn die Frantz. Ambassadeurs sich befinden.
6. und 6. Zwey Gemächer / wo der Mediator mit den Alliirten redet.
7. und 7. Zwey andere / wo der Mediator mit den Frantzosen redet.
8. Des Mediatoris Zimmer / daselbst ist eine Taffel bedeckt mit einem Teppich von grünen Tuch.

A Das grosse Thor deß Hauses / durch welches der Mediator eingehet.
B Das Thor / wo die Alliirten hinein gehen.
C Das Thor / wo die Frantz. Ambassadeurs eingehen.
D Galerie / über welche die Alliirte passiren.
E Galerie / worüber die Frantzosen passiren.
F Der Weg nach Delfft.
G Der Weg nach dem Haag.

201. Grundriss des Schlosses Rijswijk als Sitz der Friedensverhandlungen zwischen dem Reich und Frankreich, Einblattdruck im ,Regensburger Archiv' Lambergs, 1697; St. Pölten, NÖLA Lamberg-Archiv, Hs. 68

eines privaten Abendessens mit einer Zeichnung fest, wie es in den Zeremonialakten des Wiener Hofes üblich war. Die Gäste werden dabei nicht namentlich genannt, sondern mit ihren diplomatischen Ämtern, d.h. als Vertreter der Kurfürsten von Mainz und Trier (Franz Johann Baron von Wetzel) bzw. der spanischen Niederlande (Johann Heinrich Freiherr de la Neuveforge). Auch bei diesen halboffiziellen Abendessen bildeten die zeremoniellen Schwierigkeiten ein zentrales Gesprächsthema, wie aus der Tagebucheintragung vom 5. Dezember 1691 hervorgeht: *„Diesen Abendt habe den H. Churbayrischen visitirt vor mein particular, allwo ich den Chur Maintzischen und Cöllnischen angetroffen. Folgenden tags waren Bayern und Cölln bei mir zur Taffel mit ihren Frauen."* Dabei wurde diskutiert, dass bei Amtsantritt des neuen kaiserlichen Prinzipalkommissärs *„'cum electoralibus' wegen des 'Ceremonial' wo[h]l wieder einige 'Difficulteten' sich eraignen"*[46]. Beim Vertreter Bayerns, mit dem Lamberg Regensburger Gerüchten zufolge *„in gar verträulichem Vernehmen stand"*, handelte es sich um den Münchner Obristkämmerer und späteren Generalbaudirektor Ferdinand Maria Franz Freiherr von Neuhaus[47].

Schon unmittelbar nach der Ernennung von Lambergs Studienkollegen Ferdinand August Fürst von Lobkowitz (Abb. 58), Herzog von Sagan, zum neuen Vertreter des Kaisers in Regensburg wurden am 6. Jänner 1692 Gerüchte aus Wien über kommende Rangstreitigkeiten zwischen dem Prinzipalkommissär und den alten Reichsfürsten bekannt: *„Die alten Fürstl. Häuser wollen ,apprendiren' das man undter der Hand sagt, der Fürst von Lobcowitz [er]suche am kayserl. Hoff, man solle ihm das 'Praedicat' Durchleucht zulögen, dawider den Verlauth nach die Braunschweiger sollen sein ,instruirt' worden, wie auch andere, es seind aber pure Muthmassungen."* Die Sache war insofern kompliziert bzw. vom Wiener Hof bewusst oder unbewusst auf einen Konflikt zugesteuert worden, da der höchste vom Kaiser zu vergebende Posten des Prinzipalkommisärs, der keinem anderen Gesandten die Anrede *Exzellenz* und eine *Re-Visite* zugestand, zunächst immer geistlichen bzw. regierenden Reichsfürsten vorbehalten gewesen war, die sich auch eine gewisse Unabhängigkeit von Wien erlauben konnten. Schon der in kaiserlichen Diensten stehende Markgraf Hermann von Baden-Baden war daher von den Kurfürsten abgelehnt worden, und Fürst von Lobkowitz stammte sogar nur aus böhmischem Adel und war auch erst 36 Jahre alt[48]. Tatsächlich waren die Befürchtungen der Regensburger Gesandten nicht unbegründet, wie eine Unterredung des Grafen Lamberg mit seinem Konkommissär von Paderskirchen am 14. Februar 1692, einen Tag nach der Ankunft des kaiserlichen Vertreters, verrät. Lamberg diskutierte, *„auff was Wais sich mit der 'Gratulation' [...] zu verhalten seye, und was 'Titulatur' er sich in der Rede von Eingang und Contente zu gebrauchen habe"*, da vom kaiserlichen Hof anbefohlen worden sei, den Fürsten von Lobkowitz *„zu sötzen so hoch man könne denselben bringen, [...] also wir sollen den Anfang mit der Durchleucht machen, wider welches ich replicirte, ich könne dieses nicht thun"*. Am nächsten Tag wurde das Problem offiziell in der Sitzung des Fürstenrates diskutiert, *„wie aber die Rede ‚ratione ingressus et contextus titulatura' zu führen sich die Mainungen zertheillet, die geistliche Banckh verlangte, man solle ihm die Durchleucht zulegen, die weltlichen aber samentlich ausser Baaden Baaden [d.h. der Schwager von Lobkowitz!] sich widersötzten, und Bayern absolute contraria in Streit zu sein sich erklärt, man hat sich bis halb 3 damit auffgehalten und allein Hochgebohren bewilligt, in ‚contextu' aber die Hochfürstl. Gnaden in ‚Consideration' und Respect des hohen ‚Characters'"*[49]. Im Schreiben an den Kaiser entschuldigte Graf Lamberg die Niederlage folgendermaßen: zwar sei durch diese Vermeidung der Bezeichnungen *Durchleuchtig* oder *Durchlaucht* *„das anfänglich in Zweck genommene Absehen uns dermahlen fehlgeschlagen, so ist doch wenigst dardurch die Thür wiederumb eröfnet worden, daß man inzwischen dem ‚Publico' zusammen Rath schaffen, und die Reichsdeliberationes mit neuem Eifer in Gang bringen kan; dahingegen man bey längerer Verzögerung dieses Passus [...] mit der Zeit vielleicht noch größere Confusion und Difficultäten zu besorgen gehabt hätte"*[50].

Als der neue Prinzipalkommissär Ferdinand August von Lobkowitz am 15. Februar 1692 offiziell in Regensburg willkommen geheißen werden sollte, ließ die österreichische Gesandtschaft zunächst durch ihren Sekretär beim Fürsten das *„gezimbl. Gegen=compliment ablegen"* und einen Audienztermin erbitten, der für 10 Uhr des folgenden Tages festgelegt wurde[51]. Die bei dieser Gelegenheit gehaltene Ansprache hat Leopold Joseph von Lamberg vollständig in seinem Tagebuch überliefert: *„Heuth umb 10 Uhr bin ich in der Gesandtschafft zu dem Fürsten als Prinzipalcommissario gefahren; bey den Wagen stunden 4 ‚Cavalier', so uns hinauff beklaidet. Bey der ersten Thür erwartete unser der Fürst, so uns empfangen und voran durch 3 Zimmer gangen; under jeder Thür sich gegen uns genaiget. In Sitzen war es wie den 1. Septembris wie bei dem seel. Margraffen. Ich redete ihn mit folgenden Worten an: ‚Von Ihro R.K.M. zu diesem annoch fürwehrenden Reichstag hochansehnlicher gevollmächtigter H. Principalcommissario, gnädiger Herr, die allhier sich befindende Österr. Gesandschafft hat nicht ermanglen wollen ihren ‚devoir' nachzuleben [?] mit allen ‚Respect' die schuldige Gratulationscompliment abzulögen, sich erfreuend, daß I. K. Mayt. sich allergnädigst ‚resolvirt', E. Fürstl. Gnaden zu diesem annoch fürwehrenden Reichstag mit diesem hochansehnlichen ‚Characteri' zu bekleiden, wessen sich sammentlich höchlich erfreuen, daß durch dero hohe ‚Qualiteten' und grosse Gaaben anietzo theils bewä[h]rte theils in das Stockhen gerathene ‚Negotia' und Reichsmaterien zu Nutzen des gemainen Wösens des Königreichs teutscher Nation Auffnam bey diesen so betrübten und gefährlich aussehenden Zeiten und Kriegsläuffen hailsahm mögen befördert, vorgenommen und glücklich geendet werden. Wünschen also hierzu E. F. Gn. sonders von Grund des Hertzens allen göttlichen Beystand diesen hoch angetrettenen Posten in lange Jahr mit all ersinnlicher Zufriedenheit und Vergnügung genüssen zu können. Die Österr. Gesandschafft befindet sich instruiert, in guter Harmonie mit der hohen kaysl. ‚Commission' zu leben und alle mögliche Obsorg [?] vorzukhören, dessen sich hiermit schuldigst erbüttet, bittend E. Fürstl. Gn. wollen entgegen auch derselben alle ‚Protection' widerfahren lassen, womit ich mich in ‚particulary' empfehlen unter Anführung alter Freundschafft und damit geendet. Worauff der H. Principalcommissario geantwortet ‚adaequate' mit Anerbiethung aller gutter ‚Correspondenz' als Diener eines Herren, wobei wir ein ‚Interesse' auch zu observiren hätten, mit villen anderen sehr köstlichen ‚particular Expressionen'."*[52]

Spätestens am 30. Juni empfing Graf Lamberg dann seinen neuen Vorgesetzten und früheren Studienkollegen in seiner Residenz: *„Diesen Mittag ist der Fürst und Fürstin von Lobcowitz mit anderer grosser Gesel[l]schafft bei mir zu Sarching gewesen und den Tag zugebracht."*[53]

Ähnlich umstritten wie die Rolle des kaiserlichen Vertreters war auch jene des *Primas Germaniae*, da der Gesandte des Fürsterzbistums Salzburg abwechselnd und daher in direkter Rivalität zum österreichischen Vertreter den Vorsitz inner-

202. Stammbaum des Pfalzgrafen Leopold Ludwig als Argumentationshilfe für die Reichstagsgesandten, Druckschrift im ‚Regensburger Archiv' Lambergs, 1694; St. Pölten, NÖLA Lamberg-Archiv, Hs. 65

203. Kurfürst Maximilian II. Emanuel von Bayern, Ölgemälde von Henri Gascar, 1689; Privatbesitz. Dieses Gemälde hat Graf Lamberg in Rom aus dem Nachlass des Künstlers erworben.

halb des Fürstenstandes beanspruchte. Am 6. Dezember 1691 notierte Lamberg, dass der Salzburger Repräsentant „grossen Widerwillen" zeige, weil der neue kurtrierische Gesandte den österreichischen Diplomaten „die ‚Notification' gethan und ihm als auch einen ‚alternirenden Directori' nicht, derowegen sich verlauten lassen, daß er eben [= genauso] ein ‚representirenden Caracter' habe als Österreich"[54].

Solche Zeremonialfragen spielten jedoch nicht nur innerhalb der Reichsstände eine Rolle, sondern waren auch gegenüber mehr oder weniger zufällig anwesenden ausländischen Diplomaten zu beachten. Am 19. Mai 1694 gab es etwa einen

Besuch und Gegenbesuch des Grafen Gabriel von Oxentierna, des außerordentlichen schwedischen Gesandten an den Kaiserhof, *„so hier durch passirt v. Frankhfurt, allwo er sich einige Zeit aus Engel- und Holland kommend aufgehalten"*. Verlief diese Begegnung offensichtlich problemlos, so schlug Lamberg einige Tage später (24.5.) eine Einladung des Fürsten von Lobkowitz aus, *„weilen aber Graf v. Oxenstern […] alldort gespeiset, hab mich entschuldigen lassen, es wäre mir was unvermuthet zugefallen ohne anderes ‚Negotium' daraus zu machen, umb Competenzen zu fliehen, so etwan hätten entstehen können, und ich in meinem ‚Caractere' nicht hätte waichen können"*[55].

Waren auch die Damen der Gesandten anwesend, machte das die Tischordnung noch komplizierter und daher gab es am 30. Jänner 1695 sogar Tischkärtchen: *„Diesen Abend haben wir ein grosses Soupér bei H. Principalcommissario gehalten. Es war der Pfaltzgraff Philipp v. Sulzbach darbey wie auch der Trierische und Pfältzische Gesandte mit ihren Frauen, item die Cöllnische und Bayerische Frauen, wie auch der Hessische Gesandte. Man hat Zettl gehobt, wie man bei denen Damesen sitzen solle."*[56] Beim hier genannten Pfalzgrafen handelte es sich um den kaiserlichen Feldmarschall Philipp Florinus von Sulzbach, der lange als Autor des unter dem Namen *Florinus* publizierten Hausvätertraktates galt[57].

Diese ‚Geschäftsessen' der Regensburger Botschafter boten aber ungeachtet zeremonieller Schwierigkeiten auch nützliche Informationen über die Verhältnisse am eigenen Hof, wie aus einer Tagebucheintragung vom 24. Juni 1694 hervorgeht:

204. Kardinal Johannes von Goëss, Ottensteiner Kardinalsserie, römischer Maler, 1700/1701; Maria Enzersdorf, EVN

„Anheuth hab ich den Schwedischen, Zellischen und Casslischen Gesandten wie auch 3 österr. Cavalliers zur Taffel gehabt, abendts im schwedischen Garten gewesen, wo sich der Hannoverische Minister auch eingefunden, so in Discursu erzelete in Wien gehabte Negotiation in der Chursach, da ihm eine und andere Difficulteten vorgefallen in 7bris selben 1689."[58]

Einen guten Eindruck vom sonntägliche Leben eines Regensburger Diplomaten bietet hingegen die Tagebucheintragung Lambergs vom Marienfeiertag am 2. Juli 1692: *„Anheuth als dem Fest Visitationis B.M.V. ist nichts vorgangen, bin in die Statt gefahren, von hier auf Sarching meine Andacht zu verrichten; hab bey dem Tobias Rötzer, so in Engeland gehet, eine Uhr, reiches Zeug, vor die Graffin Schuh und dergleichen bestöllet. Er hat willens gegen das Fest Allerheyligen wiederumb zückhzukommen. Bey heuthiger Post hab den H. Hoffkantzler [= Strattmann] geschrieben und die Beilagen in Münzwesen gefordert, wegen des 9. Electorats geantwort mit jenen was die Fürstl. Vorfahren darwider. Graf von Harrach habe den Entsatz Namur als ein falsches […] widerruft."*[59] Trotz oder gerade wegen des Feiertages schrieb der Botschafter also Briefe an seine Vorgesetzten, in denen er nicht nur neue Informationen weitergab, sondern alte als falsch korrigieren musste.

Zu diesen regelmäßigen Verpflichtungen kamen jedoch auch mehrfach zusätzliche, vom Kaiser übertragene Aufgaben als kaiserlicher Kommissär bei Bischofswahlen oder Verhandlungen zum Truppenaufgebot. So erhielt der Botschafter am 11. Februar 1695 den in Wien am 7. Februar abgesandten kaiserlichen Befehl, bei der bevorstehenden Wahl eines neuen Regensburger Bischofs als *Commissario Caesaris* zu fungieren. Mit gleicher Post trafen das Beglaubigungsschreiben an das Domkapitel und kaiserliche Handschreiben an alle Domherren ein sowie der allerhöchste Wunsch für eine Wahl des (späteren kaiserlichen Prinzipalkommissärs) Herzog Christian August von Sachsen-Zeitz, *„oder so darzu sich ganz keine ‚Apparenz' und Hoffnung sich ergeben möchte"*, des Regensburger Domherrn und Laibacher Bischofs Dr. Sigismund Christoph Graf von Herberstein[60]. Sofort ging Lamberg *„mit allem möglichstem Eifer"* und *„Pflichtschuldigkeit"* ans Werk, um der *„allergnädigsten Intention"* des Kaisers zum Durchbruch zu verhelfen. Dabei holte er den Rat der Kurpfälzischen Gesandten ein, *„jedoch, wie allergnädigst anbefohlen, nur unter der Hand, ohne Euer Kayserlichen Mayestät gefährlich dabey exponirenden höchsten Respect"*. Die Domherren zeigten sich aber vom kaiserlichen Wunsch nicht begeistert und begründeten dies mit der für das zeitgenössische Repräsentationsverständnis logischen und zugleich nicht ungeschickt vorgebrachten Meinung, dass ein Prinz von „so durchleuchtigem Hauß" auch entsprechend „proportionirte große fürstliche Einkünften haben müßte". Da dies im Falle des aus einer Nebenlinie der Wettiner stammenden Kandidaten aber nicht der Falle sei[61], würde der Herzog von Sachsen-Zeitz als Bischof dem Bistum, „wofern er nicht selbiges in weiteren Abgang und Ruin bringen wollte, [...] wenig nutzen". Dem zweiten kaiserlichen Kandidaten wurde zwar löblicher Lebenswandel und große Vernunft bescheinigt, aber Lamberg vermutete zu Recht, dass sich zumindest die gebürtigen Bayern unter den Domherren „nicht so leicht auf diese [...] Seiten ziehen lassen werden" und statt dessen den Kölner Kurfürsten und Regensburger Koadjutor Joseph Clemens von Bayern wählen würden. Zur Nachfolge des Bruders des Kurfürsten auf den zuvor von seinem Onkel besetzten Bischofsthron hatte sich das Regensburger Domkapitel nämlich schon 1684 schriftlich und durch eine kurfürstliche Spende von 10.000 Gulden (ein Drittel der Regensburger Einkünfte) sowie 200.000 Ziegel für den privaten Schlossbau des Fürstbischofs auch (un)moralisch verpflichtet, aber nach der Berufung von Joseph Clemens zum Bischof von Köln und Lüttich hatte der Papst die bayerische Diözese neu ausschreiben lassen[62]. Verschärft wurde die Sache dadurch, dass Lambergs nunmehriger diplomatischer Gegenspieler Baron von Neuhaus als Vertreter des Kurfürsten Max Emanuel von Bayern (Abb. 203) den Kapitularen ein Schreiben des österreichischen Kardinals Johann von Goëss (Abb. 204) vorweisen konnte, wonach dieser auf kaiserlichen Befehl beim Papst um Beibehaltung der Bistümer Freising und Regensburg durch den mit dem Kaiser verwandten Wittelsbacher eintreten werde. Lamberg überbrachte also dem Domdechant Franz Bernhard Freiherr von Haslang das kaiserliche Schreiben und forderte einen Auftritt vor dem Domkapitel. Am 14. d. M. erhielt er daraufhin eine „Audienz à Capitulo" und die Möglichkeit, „meinen Vortrag dabei zu thun". Dabei versäumte Lamberg nicht darauf hinzuweisen, dass ihm gemäß seiner Würde als Vertreter des Kaisers „doch wenigst des Thomb Dechanten Wagen mit 6 Pferden bespannt, und 2 ‚Deputirte ex gremio Capituli' entgegen geschickt werden, zur Propositions-ablegung mich in meinem Quartier abzuhohlen, auch sonsten ‚ad distinctionem' der Chur=Köllnischen und Bayrischen Commissarium, welche eben selbigen tags ihren Vortrag bei dem Dhomb Capitul schon gethan hatten". Obwohl Graf Lamberg eigentlich erwartet hatte, dass die einzelnen Domherren nach der Verständigung des Domkapitels von seinem ihm vom Kaiser „neu aufgetragenen ‚Characteris' von selbsten zu mir kommen seien, die allergnädigsten Handbriefel abzuhohlen", verzichtete er der guten Stimmung zuliebe auf sein Privileg und ließ die Schreiben durch seinen Offizier zustellen. Einige „wohlgesinnte" wie die Grafen Weichard Ignaz von Salm und Johann Franz Adam von Toerring sowie die Freiherren Wolfgang Christoph von Clam und Johann Heinrich Speth von Zwiefalten bedankten sich daraufhin am nächsten Tag persönlich für „sothane höchste Kayserliche Gnaden" und versprachen – mit Ausnahme des Bayern Toerring – den kaiserlichen Wunsch bei ihrer Entscheidung zu berücksichtigen, obwohl sie in der Minderheit gegenüber der bayerischen Partei seien. Ebenfalls zur Bezeugung seines guten Willens und „zu Beybehaltung des ‚Decoris'" benützte Lamberg zur Fahrt in den Bischofshof seine eigene Kutsche mit sechs Pfer-

205. Skizze der Sitzordnung beim Festbankett anlässlich der Wahl des Regensburger Bischofs im Tagebuch Lambergs, 17. Februar 1695; St. Pölten, NÖLA Lamberg-Archiv, Hs. 51

den. Der kaiserliche Vertreter wurde schließlich in der Ratsstube vom Domkapitel „'solleniter' empfangen". Zur Auszeichnung seines Ranges war für ihn ein auf einem Podest befindlicher Thron mit rotem Samt und goldenen Fransen sowie einem Samtpolster vorbereitet worden. Die Antwort des Domdechanten wertete Lamberg im Schreiben an den Kaiser als „an sich selbst ziemblich ‚confus' und unlautbar". Dennoch lud der kaiserliche Botschafter zu Mittag das gesamte zwölfköpfige Domkapitel zur Tafel in sein Haus, was ihn nicht weniger als 100 Gulden kostete[63]. Nur der später als Kölner Vertreter tätige Kanonikus Johann Ludwig Ungelter Freiherr von Deisenhausen, der sich schon länger Lambergs „Ansprach auf alle Weeg gescheuet und selbige immer zu ‚evitiren' gesucht", blieb mit einer Ausrede fern. Der österreichische Graf ließ ihm daraufhin süffisant hinterbringen, dass er sich durch sein Verhalten „dem Vernehmen nach" um die Anwartschaft auf ein kaiserliches Kanonikat gebracht habe. Am 16. Februar wurde Lamberg in aller Form zu dem am nächsten Tag stattfindenden Festmahl nach der Bischofswahl eingeladen. Und obwohl das Hochstift arm an Silber- und Goldgeschirr sei, weil der Kölner Kurfürst alle vorhandenen Service aus Regensburg abgezogen habe, versprachen die Verantwortlichen, dass man „das möglichste thun würde, in dem Tractament" Graf Lamberg als kaiserlichen Vertreter von den Gesandten der beiden Kurfürsten „mercklich zu unterscheiden".

Dieses Versprechen wurde am 17. Februar auch eingelöst und war zumindest ein kleiner Trost für den kaiserlichen Vertreter, dessen Kandidaten gegenüber jenem des Kurfürsten, Herzog Joseph Clemens von Bayern, einstimmig unterlegen waren: *„Alß ich nun in dem Bischoffs-Hoff an der großen Stiegen abgetretten, empfingen mich sambtliche Fürstliche Hochstiftsbediente ganz unten am Wagen, gleichwie an der obristen Staffel derselben der Dhomb-Probst und Dhomb-Dechant, von welchen ich durch einen langen Saal /: wo die Taffel auf 28 Persohnen gerichtet ware, und zu dessen Eintritt gesambte Dhombherren in doppelter Reyhe stunden :/ und andere Zimmer in die Assemblées-Stuben geführt, und so lang daselbsten unterhalten wurde, biß die Speisen inzwischen alle auffgesetzt worden; alßdann ich von obigen Dhomb-Prälaten nochmahlen höfflichst dazu ersucht, den Vortritt nahme, und mich zu oberst der schmahlen Taffel /: wo der roth sammete Seßel in eben der Form wie vorhergehends bey der Capitul-Ansprach beschrieben, gestellet war :/ ganz allein niedersetzte. Auf denen Neben=Seiten nach der Länge hinab, hielten mir die rechte Hand der hiesige Ordinary-Chur-Cöllnische Gesande [Benedikt] v. Gallenstein, unter welchem ‚in eadem linea' der Chur-Cöllnische Erste Deputirte Baron v. Rechberg, dann der Dhomb Probst, und so fort die Halbscheid von Dhombherren und anderen Gästen; zu meiner lincken Hand aber saße der Chur-Bayrische Ordinari-Gesande Baron v. Neuhauss, neben ihm der zweyte Deputirte Commissarius und geheime Rath v. Johner, unter diesem der Dhombdechant, und so weiters hinab die übrige Dhombherren und Gäste* [Abb. 205].

Die ‚Particular-Distinction' aber von gemelten Chur=Fürstlichen Commissarijs und Gesanden betreffend, so mir bey diesem Tractament wiederfahren, bestunde vorderst in der Auffholung zur Taffel; […]. Zum anderen hatten sie [= die kurfürstlichen Gesandten] nur roth damastene Seßel auff gleicher Erd gestellt, ohne untergebreiteten Teppich. Drittens da man mir ein verguldetes Tischservice in Meßer, Löffel, Gabel und eigenem Salzfaßel bestehend vorgelegt, waren jene [= die kurfürstlichen Gesandten] mit dergleichen nur von purer Silberarbeit versehen. Viertens wurde mir bey der Taffel von dem Capitul-Syndico /: so dahier vor allen Hoffräthen den Rang possedirt :/ und zwey anderen Stiffts-Bedienten beständig und allein auffgewartet, […] hingegen jeder von denen obgesagten Ministris nur durch einen dergleichen ‚deservirt' worden." Mit einem Wort: auch wenn das Domkapitel in der Sache den Wunsch Leopolds I. nicht berücksichtigte, so war doch auf der zeremoniellen Ebene durch die feinen Unterschiede der Tafel (Samtsessel auf Podest versus Damastsessel ohne Podest, vergoldetes Besteck statt Silberbesteck und drei statt eines ‚Kellners') „Euer Kayserlichen Mayestät und dero glorwürdigsten Ertzhauses mit allem devotesten Respect und Veneration gedacht worden"[64].

Da die Kutschen und die dort vorgespannten Pferde ebenfalls eine zentrale Rolle im Besuchszeremoniell spielten, bedurfte Graf Lamberg für seine standesgemäßen Ausfahrten einer entsprechenden Equipage aus Hauptkutsche mit sechs Pferden, Begleitwagen mit zwei Pferden und dem dazugehörigen Personal in einheitlichen Uniformen. Schon zu seinem Amtsantritt 1690 ließ der Botschafter einen neuen Wagen anfertigen, der mit kostbaren vergoldeten Schnitzereien und wertvollen Textilien versehen war. Die Kosten für die Kutschendekoration betrugen an die 1500 Gulden. 1695 und 1697 wurden zusätzlich „Chaisen", also zweirädrige Kutschen für eine Person und ein Pferd, sowie ein Tragsessel für die Gräfin Lamberg angeschafft, und auch die im Sommer und Winter unterschiedlichen Livréen für die Dienerschaft mussten mehrfach ergänzt oder erneuert werden. Die jeweils teuersten Ausgaben betrafen die Luxustextilien (Seide, Brokat, Samt, Damast sowie Gold- und Silberborten), die u.a. vom Regensburger Händler Joseph du Fraine (Dufrêsne) aus Paris und Lyon beschafft wurden. Im Detail sind folgende Ausgaben in Lambergs Rechnungsbüchern verzeichnet[65]:

Juli/September 1690:
vor die geschirr den goldschmid völlig	150:-	[S. 11]
den bildhauer völlig	30:-	
Schmid den neuen wagen	60:-	
den mahler in abs. d. noch 100 fl. v. neuen wagen	50:-	
schnürmacher d. 3. mal	100:-	
den schnürmacher das 4te mal	100:-	[S. 12]
vor die spiegl Glas in den neuen Wagen	90:-	
vor die Crepinen in den neuen und anderen Wagen	165:-	
vor den lusignanischen wagen den gürtler völlig auff die empfangene 15 fl. mit	68:-	
den tischler wegen des neuen wagen	7:-	
6 [...?] auff die pferd blau u. weis	7:-	
den tischler wegen des neuen wagen	7:-	
den Mahler wegen des lusignanischen wagen völlig	40:-	
die liberey hüt	21:-	[S. 13]
3 liberey hüt vor die paggi	12:-	
4 heydugene kappen	3:-	
4 federbusch vor die heidugken und 3 vor die paggi	45:-	
den leinwathhandler vor die liberey	29:30	
Leinwather wegen d. Wagen [...]	22,-	
Schmid so sie gemacht	4;-	
Wagner völlig	20,-	

Oktober 1690:
gulden [...] vor Stickher gold völlig	196:-	[S. 14]
den schnürmacher Abb v. 180 fl.	150:-	

November 1690:
Mahler vor den rathswagen völlig	50:-

Oktober 1692:
9 1/6 Elln tuch zu d. pages surtout [= Kittel] zu 3 fl. 15 x	29:-	[S. 24]

April 1694:
[...] liberey porthen d. erste mahl	100:-	[S. 65]

Juni 1694:
den gürtler in absch. d. messingenen knöpff auf die liberey capoth [= Überrock]	10:-	[S. 68]
dem Joseph du Fraine den rest des silbergehäng	62:-	[S. 69]
Item denselben vor die Samethene deckhen und Fransen	152:-	

Juli 1694:
Alrich [?] iber gegeben 300 fl. an liberey schnüren wider zahlt	200:-	[S. 70]

Oktober 1694:
dem goldschmid v.d. pages knöpff so 20 loth gewogen	24:-	[S. 75]
2 schneider vor 5 tag zur liberey	3:20	
2 Hüth vor die pages	6:-	
8 Hüth vor die laquey	12:-	
2 schneider für 11 täg	7:20	

November 1694:
dem Alrich in abs. des ersten restes d. 479 fl.	50:-	[S. 77]

Dezember 1694:
Joseph du Fraine in abs. d. 1089	100:-

Juni 1695:
ein Chaise auf ein pferd v. Tuono	150:-	[S. 86]
Riemer vor d. chaise geschür	18:-	

Juli 1695:
zu München dem Joseph du Fraine in abs. seines rest der 844 fl.	300:-	[S. 88]

September 1695:
bortenwürckher in abs. d. silber liberey fassporthen	30:-	[S. 93]

Oktober 1695:
Joseph in abs. d. 500 fl.	100:-	[S. 94]
portenmacher vor die Einfassporten d. 2te mahl	30:-	
schneiderlohn 10 tag zu 24 x vor 2 personhen	8:-	
vor 64 ? Elln leinwath zur liberey zu 10 x	10:43	
dem bildhauer vor die 2 ,chaisen'	6:-	
dem mahler wegen d. alten chaise zu repariren	12:-	[S. 96]

November 1695:
die knöpff von Nürenberg auff die 2 libereyen	37:45	[S. 96]
Schnürmacher d. 4te mal	60:-	
Tobias Rötzer in abs. d. 297 fl.	50:-	
9 Ellen gewixte leinwath zu d. alten chaise	7:-	
denen leuthen zur liberey schuh und strimpff geld	27:-	[S. 97]
6 Elln silberstuckh zu der pagen vesten	24:-	
hüth zu liberey zu 2 fl., vor die pages zu 4 fl.	24:-	
2 schneider wieder 11 tag	8:48	
6 huetl federn blaue v. Wien	12:-	

Jänner 1696:
Joseph in abschlag d. 400 fl.	100:-	[S. 437]
dem federschmuckher in Augspurg was er zu denen federn geben	41:-	
dem Rhiemer [?] auch alldort vor das kumet	21:-	
dem bildhauer für 2 hund und d. brett zu d. chaise	3:-	

Februar 1696:
schnürmacher wegen d. liberey seinen rest völlig mit	59:-	[S. 439]
Huth zur liberey	63:-	

April 1696:
Sattler vor die 2 chaisen und anderes	17:-	[S. 441]
Vor die nägel [...] was zu der chaise gehörig in abs. iber die gegebene 10 fl. wieder	20:-	

Dezember 1696:
den halb gedeckten wagen v. Passau vor schmid wagner [...]	85:9	[S. 457]

Jänner 1697:
dem Peter mahler[66] wegen mein post chaise	5:-	[S. 459]

Februar 1697:
vor den Sameth in die chaise iber die 80 fl. wieder	96:-	[S. 460]
Schnürmacher in abs. d. 90 fl.	30:-	
Gürtler nach Augspurg völlig	75:-	
Bildhauer was er vor die chaise gemacht	22:-	[S. 463]

Juli 1697:
Joseph die Fürhang in die chaise	56:-	[S. 469]

August 1697:
vor d. graffin neuen tragsessel und den cristallenen Leuchter	500:-	[S. 471]
Gold die zugemachte Zierrath zu d. chaise zu vergulden	3:45	[S. 476]

November 1697:
schnürmacher vor die silberne liberey porthen in abs. d. 209 fl.	59:-	[S. 481]
schnürmacher in abs. d. 150 fl.	50:-	
zu d. liberey vor schuh und strimpff denen leuth	30:-	
Corneli vor d. blumeran tuch vor die pages, mein underfutter und d. gestraiffte klaid	84:-	
knöpffmacher vor 10 dutzent page knöpff, item 22 loth [...] gold, 24 dutzet tuchene liberey knöpff	90:18	
Jaquemad blumeran und fueter und damasg zu der page vesten	36:-	
Schneiderlohn vor meine kleider und zu der liberey	78:-	[S. 482]

Dezember 1697:
dem schnürmacher die silberne porthen völlig	100:-	
dem bildhauer für 3 rahmen und d. letzten Zierathen wegen zu d. Chaise	28:-	[S. 483]

Internationale Zeitungsabonnements und diplomatischer Nachrichtendienst

Eine der wichtigsten Aufgaben eines Diplomaten wie Lamberg war die Beschaffung und gezielte Weitergabe von Informationen. Dies betraf nicht nur den unmittelbaren Wirkungsbereich, sondern auch alle anderen verfügbaren Nachrichten, die für die Arbeit in Regensburg bzw. für den kaiserlichen Hof in Wien interessant sein konnten[67]. Die 1685 erschienene Erziehungsschrift *Der neu=auffgeführte Politische Hoff=Meister* führte eine gute Allgemeinbildung und vor allem ein umfassendes Wissen über historische Zusammenhänge und aktuelle politische Vorgänge als zentrales Kriterium für einen guten Diplomaten an: *„Von allen Dingen soll er treu seyn/ oder sich nicht mit Geschenken bestechen lassen/ ‚assidue' und arbeitsam/ ‚expedit', heimlich und verschwiegen/ von einem guten Verstand/ fertig und ‚spirituel' in antworten/ beständig in solchen Dingen/ die zu seiner ‚Profession' gehören/ e.g. daß er wisse/ was vor Zeiten und nun in der Welt ‚passire'; daß er ‚omniscibilis' sey/ und umb all Sachen wisse/ und nach dem die Zeit und Gelegenheit/ auch die Gesellschafft sich findet/ ‚modest' und mit guter Manier von allem zu ‚discurriren' wisse/ insonderheit ist es eine treffliche Zierde/ wann er selber die Feder recht gebrauchen kann; er soll Lateinisch, Frantzösisch und Italiänisch nicht allein ‚perfect' verstehen/ sondern auch so reden und schreiben; […]"*[68].

Wohl in Kenntnis solcher Anregungen hatte Graf Lamberg schon seit Mitte der 1680er Jahre – vielleicht gemeinsam mit seinem Schwager Hoyos in Horn – mehrere der oft erst wenige Jahre vorher ins Leben gerufenen Zeitungen abonniert[69]. Neben handschriftlichen *Avvisi* aus Rom, Mailand, Turin, Madrid oder Hannover bezog Graf Lamberg mehrere gedruckte Zeitungen und deren Sonderausgaben: Aus Wien kam der 1671 für die internationale Verbreitung von Nachrichten des Kaiserhofes bzw. über diesen gegründete *Corriere Ordinario* und der seit 1678 vom Wiener Universitätsbuchdrucker Johann van Ghelen in italienischer Sprache verlegte *Foglietto Straordinario* bzw. *Foglio aggiunto all'ordinario* als Beilage zur italienischen Ausgabe des *Wiener Diariums*. Aus London bezog Graf Lamberg die vom englischen Staatssekretariat seit 1666 vertriebene französische Ausgabe der *London Gazette* und aus Hanau bei Frankfurt am Main die ab 1682 erscheinende *Extraordinari-Europäische Zeitung* (Abb. 206)[70]. Brachten die Wiener Blätter zwei- bis dreimal pro Woche Berichte aus Wien, Kopenhagen, Den Haag, Brüssel, Hamburg, Augsburg, Paris, Warschau, Köln, Turin, London, Rom, Genua, Madrid oder Neapel, so trafen manche der handschriftlichen Zeitungen nur zweimal pro Monat ein. Die mehrfach auf Botschafterberichten basierenden Meldungen wurden oft durch Listen ergänzt, z.B. am 2. September 1686 ein Verzeichnis der vom Papst in Rom ernannten neuen Bischöfe, Nuntien und Schatzmeister oder eine „*Lista der Todten und blessirten Officiers und Volontiers, so den vorbey gangenen ‚attaque' zu Ofen an der ‚Breche' beygewohnet"*.

Aufgrund seiner politischen Bedeutung wurde Regensburg bald zu einem Zentrum des Post- und Zeitungswesens, und die Zensur der seit 1664 vom Taxischen Postmeister in der Reichsstadt herausgegebenen *Reichspost-Zeitung* fiel sogar in die Zuständigkeit von Lamberg und seinen Nachfolgern als Direktorialgesandte[71]. Darüber hinaus wurde der Reichstag auch zu einem Umschlagplatz von Flugblattdrucken und Informationsschriften der Ständevertreter, wie sie sich ebenfalls in den Akten Lambergs erhalten haben (Abb. 202).

Die Funktion des Diplomaten als Informationsdrehscheibe lässt sich am Beispiel Lambergs sehr gut belegen und veranschaulichen. In sehr professioneller Weise ließ er schon wenige Tage nach seinem Amtsantritt in Regensburg ein privates ‚Reichstagsarchiv' anlegen, das von November 1690 bis Ende 1697 reicht bzw. erhalten blieb und sieben Jahresbände mit insgesamt mehreren tausend Seiten umfasst[72]. Zusätzlich führte er zwei Jahre lang ein persönliches Tagebuch, das nicht nur private Ereignisse, sondern auch die wichtigsten per Brief oder Zeitung erhaltenen Informationen festhielt. Schwerpunkte und Quellen der beiden Sammlungen sind jedoch nicht deckungsgleich. Die unter dem Titel *Relationes Comitiorum Ratisbonensium* gebundenen Schriften enthalten zunächst die aus Regensburg an eine nicht genannte Stelle (vielleicht den Vetter in Passau) abgesandten Berichte in einer Folge von drei bis vier Tagen, die jedenfalls nicht identisch mit den nur einmal wöchentlich für den Kaiser bzw. den Hofkanzler verfassten Relationen Lambergs sind. „Gewöhnlichermassen" ergänzt werden die das politische Geschehen bzw. dafür nützliche Informationen in der Reichstagsstadt referierenden drei bis vier Seiten langen Handschreiben durch ebenfalls handschriftliche, zwei bis drei Seiten umfassende „Extracte" aus Zeitungen, vor allem Meldungen aus London, Paris, den Niederlanden und dem

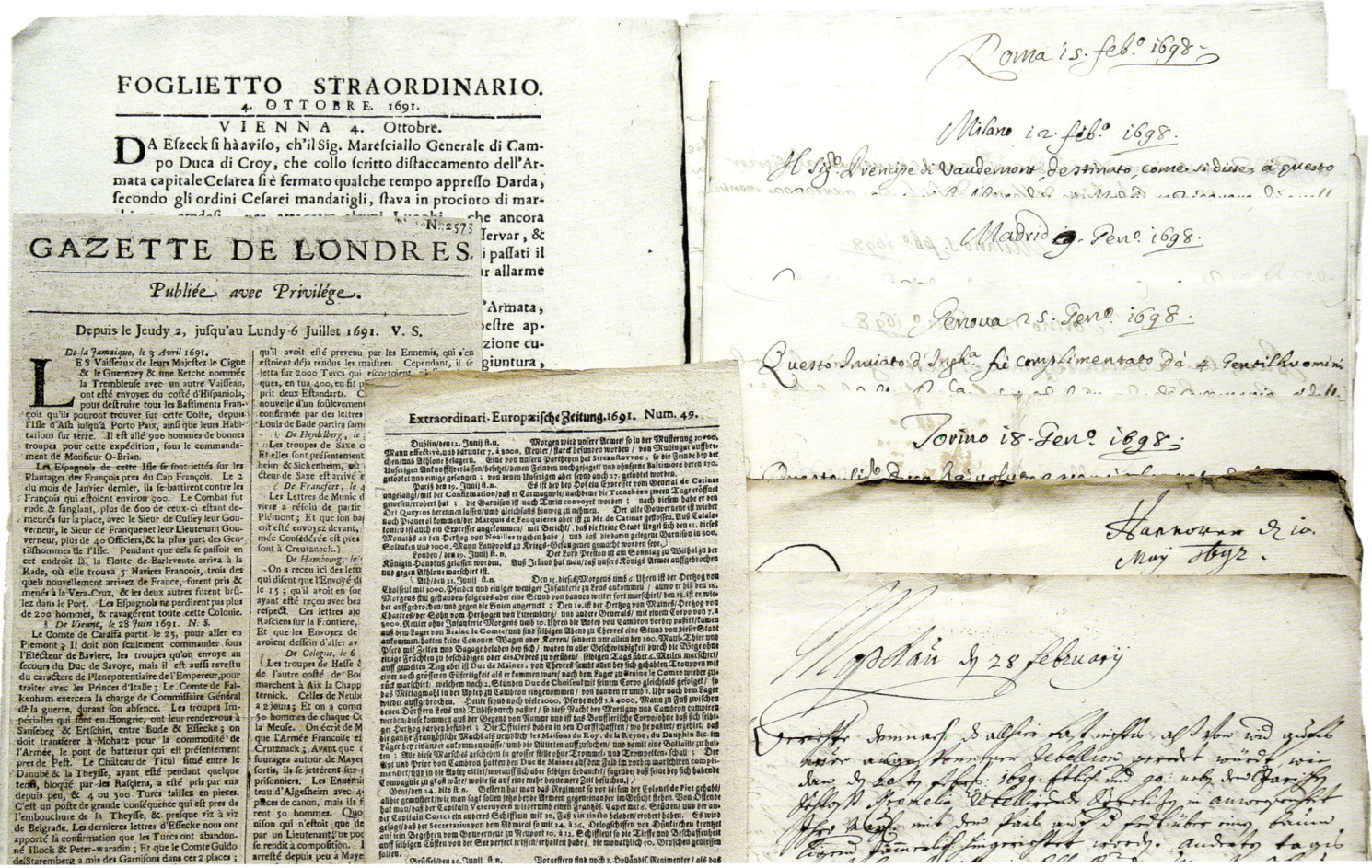

Reichsgebiet. Dazu kommen zu jeder Sendung meist mehrere handschriftliche und gedruckte Akten, Informationsschriften oder Flugblätter, die ebenfalls nicht mit den Beilagen im Staatsarchiv übereinstimmen. Das Spektrum reicht von Sitzungsprotokollen, Redetexten, Anträgen und Lobbyistenschriften über Kopien von (teilweise öffentlichen) Briefen des Papstes, des Kaisers oder anderer europäischer Fürsten bis hin zu Spottgedichten, Einblattdrucken von Schlachten auf dem Balkan und Hinrichtungen in England, kurzen Festbeschreibungen aus Polen oder Sachsen sowie Texten von Friedensverträgen.

Das persönliche und eigenhändig geschriebene Tagebuch Lambergs umfasst hingegen ein geographisch und inhaltlich weiteres Spektrum (mit einem auffallenden Romschwerpunkt), aber auch Wiener Hoftratsch, der in die offiziösen Quellen keinen Eingang fand. Als Informanten dienten Lamberg neben den offiziellen Schriften auch private Briefwechsel mit seinen Amtskollegen, z. B. Christian Graf von Egkh und Hungersbach in Hamburg (Abb. 37), Sigmund Graf von Königsegg-Rothenfels in Kopenhagen, Franz Ottokar Graf von Starhemberg in Stockholm oder Johann Cramprich von Cronefeld (Abb. 207) in Den Haag[73]. Was auf europäischer Ebene für die große Politik galt, war nämlich auf Ebene des Wiener Hofes und der Reichskirche auch für die Geschicke der eigenen Position und Familie wichtig, da ja gerade nicht am Hof anwesende Adelige von der Entscheidungsschwäche und den Intrigen in der späten Regierungszeit Leopolds I. besonders betroffen waren. Gelegentlich forderte der Passauer Bischof seinen Cousin daher auf, persönlich von Regensburg nach Wien zu reisen, um wichtige Angelegenheiten etwa mit Reichsvizekanzler Kaunitz[74] „tra quatro occy zu besprechen". Mehrfach wurde Leopold Joseph von Lamberg durch seine zeitweise in Wien weilende Gattin bei Hof vertreten[75]. Auf jeden Fall war es wichtig, über alle wesentlichen Entscheidungen auf nationaler und internationaler Ebene informiert zu sein. Mit ein bis zweiwöchiger Zeitverzögerung registrierte der Gesandte in Regensburg daher Audienzen im Vatikan und in Versailles, Sitzungen des Kriegsrates in Marly, des päpstlichen Konsistoriums in Rom, des englischen Parlaments in London, der *Geheimen Konferenz* in Wien sowie die Ankunft spanischer Schiffe aus Übersee mit Millionenwerten in Gold und Silber. Breiten Raum nahmen Truppenbewegungen und Schlachten auf dem Balkan (Peterwardein/Petrovadin, Warasdin/Varaždin), in

206. Gedruckte und handschriftliche Zeitungen Lambergs aus Wien, London, Frankfurt, Rom, Mailand, Madrid, Genua, Turin, Hannover und Moskau, 1691–98; St. Pölten, NÖLA Lamberg-Archiv, Kart. 73/74

Oberitalien und Flandern wie Lüttich, Namur und Huy ein. Ausführlich referierte Lamberg etwa am 30. August 1691 den Sieg der kaiserlichen Truppen unter dem Befehl seines Studienfreundes Markgraf Ludwig Wilhelm von Baden (Abb. 211) am 19. d. M. bei Slankamen: *„Der Margraff Ludwig war in dieser Action 2 mal verlohren, köpft aigenhändig 2 Türckhen und erschießt einen mit der Pistollen. Führete den lincken Flügel selbst den Feind in Ruckhen zu Hilf des rechten, womit die Victorie erhalten worden."* Die besonders blutige Schlacht forderte allein auf kaiserlicher Seite 8000 Tote, darunter auch Lambergs Schwager Adam von Zrínyi, wie ohne besondere Emotionen festgehalten wurde: *„ist der letzte von dieser vornehmen ‚Famille', welchen sein Regiment verlassen, er mit aigner Hand noch zwey Türckhen umgebracht in Angesicht des Margraff Ludwig, alsdann aber ist er in Stuckh erhauet worden."*[76] Die Absetzung des seit 1682 auf der türkischen Seite kämpfenden und 1690 zum Fürsten von Siebenbürgen ausgerufenen Vetters von Zrínyi, des Kuruzzenführers Imre Graf Thököly, hielt Lamberg hingegen nicht nur am 3. Dezember 1691 in seinem Tagebuch, sondern auch durch Aufbewahrung zahlreicher Flugblätter dieses Ereignisses fest (Abb. 208)[77].

Beruflich besonders wichtig waren natürlich Berichte über Abreisen und Einzüge von Botschaftern in Wien und über die Delegierung von päpstlichen Nuntien in Rom. Zu Beginn des Jahres 1692 notierte Lamberg, dass sein späterer Amtsnachfolger in Rom Hercule-Louis Turinetti, *„der Savyoische ‚Ambassadeur' Marquis de Priè zu Wien einen prächtigen Einzug gehalten und einen prächtigen ‚Equipage' gehabt habe, 12 Laquaien, 4 Haidugen und 6 Pages, 3 mit 6 bespannte köstliche Wägen."* Zwei Monate später wurde im Tagebuch der Besuch des sächsischen Kurfürsten Johann Georg IV. am Berliner Hof festgehalten: *„Der Churfürst von Saxen ist den 15. zu Berlin ankommen; ist mit 3maliger Lösung der Stückh [= Kanonen- oder Böllerschüsse] und Salva von der Garnison empfagen worden. Das Feuerwerckh ist selben abendts gehalten worden, wobey auch beyder Churfürsten neuer Ritterorden ‚representirt' worden, als nemlich 2 Degen und 2 Palmenzweig kreutzweis ligend mit der Iberschrift ‚uni pour jamais', wie auch beyder Churfürsten Nahmen zusammen bezogen mit der Beyschrift ‚amitie sincere'."*[78]

Die bei solchen Anläßen auftretenden Rang- und Titelstreitigkeiten wurden aus der Entfernung ebenso genau beobachtet wie jene vor der eigenen Haustüre, da diese ja im wahrsten Sinne des Wortes *Präzedenzfälle* von gesamteuropäischer Bedeutung waren. Dementsprechend vermerkte Lamberg am 3. Februar 1692 folgende aus Rom eingelangte Nachricht: *„Der Französ. Gesandte M. [François de Pas Marquis de Fenquières Comte de] Rébenac an die italienische Fürsten ist ankommen […] und weillen er in Dennemarckh, Spannien und Savoien Pottschaffter gewesen, fordert derselbe den Titel ‚Excellenza' von Cardinalen, so ihn aber es nicht geben wollen, wann er einen Pottschaffertitel nicht annimmt."* Am 5. Juni 1694 notierte Graf Lamberg einen ähnlichen Vorfall beim Empfang des Grafen Costanzo Operti als herzoglich-savoyischer Gesandter in Madrid: *„Churbayrische und pfälzische Gesandte hätten ihre Gutschen nicht geschickht, sie pretentirten vor ihre Ambassadeur gleiches Tractament als die Hand in seinem Hauss und ‚chaises a bras' [Sessel mit Armlehnen]."*[79]

In den gleichen Kontext staatlicher Rivalitäten auf der Bühne der europäischen Politik gehören auch die Aufzeichnungen über repräsentative Neubauten sowie über diplomatische Geschenke, von denen wir schon einige in der Einleitung zitiert haben. Am 22. Oktober 1694 notierte Lamberg etwa die Nachricht aus Paris, dass der Grand Dauphin Louis de France eine *„schöne ‚chaise'"* für den Kurfürsten von Bayern (Abb. 203), seinen Schwager, anfertigen lasse und diesem auch 15 seltene weiße Maultiere schenken wolle. Am 9. November wurde dieser Bericht aus-

207. Johann Cramprich von Cronefeld, kaiserlicher Botschafter in Den Haag und Briefpartner Lambergs, Schabkunstblatt von Abraham Blooteling, 1687; Privatbesitz

geführt: „Der Dauphin hat resolvirt über jüngst gemeldtes auch dem Churfürsten v. Bayern eine prächtige Kutsche und eine ‚magnifique calleche' zu verehren, wie ingleichen eine Kiste von kostbahren Holtz, woran alle die Beschläge von massif Gold und mit Schubladen gezieret sein sollen: in der Mitten von selbiger wirt eine Kiste von allen nothwendigen Dingen für ‚Chocolate', ‚Caffé' und ‚Theé', dieses alles wird auch von Gold sein. In denen anderen Schubladen sollen Kleinodien, allerhand güldene Büchslein und Bildnussen von denen Hertzog v. Burgund, von Anjou und v. Berry, seiner Frau Schwester Söhnen, reich von Diamanten sich befinden. Auff dem Grund der Kisten wird man Stückher von dem allerkostbahresten güldenen und silbern ‚Procard' für die Königl. Prinzessin in Pollen als neuer Churfürstin v. Bayern legen, und bey dero Ankunfft zu Brüssel dahin senden. Der Werth solle in allem auff 60.000 Thaller sich belauffen."

Am selben Tag registrierte der Botschafter in seinem Tagebuch, dass die Geschenke des englischen Königs an den Kurfürsten von Brandenburg, „worunter sich 2 silberne Wangen, welche 6 Centner wiegen, befinden", nur auf 36.000 Taler geschätzt wurden[80]. Bei diesem politischen Geschenk handelte es sich übrigens um die damals auch vom englischen Gesandten in Dresden, George Stepney (Abb. 3), erwähnten, aber erst vor kurzem quellenmäßig belegten monumentalen Wasserbecken (Abb. 209), die den Ausgangspunkt für das Berliner Silberbuffet (Abb. 263) bildeten[81].

War der materielle Wert der Päsente für den Kurfürsten also aus der Sicht Lambergs (und seiner Kollegen) nur ‚zweitrangig' (wie es der zeremoniellen Einschätzung des „Duke of Brandenburg" durch seinen königlichen Vetter entsprach!), so konnte man aus Berlin dafür auch von der Grundsteinlegung eines neuen Sommerschlosses der Kurfürstin Sophie Charlotte berichten[82]. Es handelte sich um das 1699 vollendete und später vom König erweiterte sowie nach der Bauherrin genannte Charlottenburg (Abb. 210): „Die Churfürstin hat unter andern das Dorff die Lütze genannt und der Jägerey gehörig, ein Weil von hier, gekaufft, und wird daselbst ein herrliches Schloss, so Lützeburg heissen solle, gebauet. Es hat die Churfürstin nebst dem Churprintzen die ersten Grundstein darzu gelegt."[83]

Sorgfältig verfolgte der österreichische Adelige in Regensburg gewünschte, geplante und vollzogene Ernennungen, Beförderungen und Auszeichnungen sowie Heiraten, erfolgreiche Schwangerschaften, aber auch Krankheiten und Todesfälle

208. Einblattdrucke über den Kurruzzenführer Imre Graf Thököly, 1691; St. Pölten, NÖLA Lamberg-Archiv, Kart. 54

209. Handfass und Wanne aus vergoldetem Silber, Geschenk des englischen Königs Wilhelm III. an den Kurfürsten von Brandenburg (1694), lavierte Federzeichnung von Christian Eltester, Ausschnitt, um 1700; Berlin, Staatliche Museen Preußischer Kulturbesitz, Kupferstich-Kabinett

210. Ansicht des Schlosses Lietzenburg, Radierung in „Thesaurus Brandenburgicus" von Lorenz Beger, 3. Bd., 1701, Ausschnitt; Wien, Universitätsbibliothek

an den Höfen in Wien, Rom, Paris, Madrid, Brüssel, Köln, Hannover, London, Den Haag, Stockholm, Warschau, Dresden, Turin und Konstantinopel sowie in den Städten Prag, Hamburg, Genua und Venedig. Die Ernennung eines neuen Kapellmeisters am Petersdom wird im Sommer 1694 ebenso festgehalten wie die Mitteilung des Oberjägermeisters Baron Johann Erwein von Schönborn, dass sein Bruder, der Bamberger Bischof Lothar Franz von Schönborn, zum Koadjutor in Mainz ernannt worden war (wodurch er 1695 zum Kurfürsten aufstieg). Im Jänner 1695 vermerkte Lamberg in seinem Tagebuch sowohl den Tod des Nürnberger Bestsellerautors Erasmus Francisci, „der Berühmte und Gelehrte, so vill geschrieben", als auch die als heilend geltenden Berührungen von Skrofulose-Kranken und Bischofsernennungen durch den französischen König[84]: „Am Heyl. Christabend als den 24. ist der König in ‚Cermonien' umb 10 Uhr in die Capellen von Versailles gangen und die heyl. Communion von Card. [Emanuel Théodose de la Tour d'Auvergne de] Bouillon [Abb. 358] seinem ersten ‚aumonier' empfangen. Zu End des Gottesdiensts haben Ihr Mayt. den Ayd der Treue empfangen von den neuen Ertzbischoff von Vienne in Dauphiné und von Bischoffen von Die in selber Provinz. Darauf berührte er vill Krankhe. Darauf hat er der Vesper und in der Nacht der Metten mit dem königl. Geblüth beygewohnet."[85]

Besonders wichtig waren natürlich die Personalentscheidungen des Wiener Hofes, da sie immer direkte oder indirekte Folgen für die eigene Karriere haben konnten. Am 24. November 1691 notierte Lamberg etwa die Ernennung von Sigmund Graf von Königsegg-Rothenfels zum „kaiserlichen ‚Envoyé'" nach Dänemark, am 3. Dezember die Eidesleistung des Malteserkommandanten Franz Sigmund Graf von Thun, des Bruders der beiden Salzburger Fürsterzbischöfe dieser Familie, als Wirklicher Geheimer Rat sowie die Berufung des (entfernt mit Lamberg verwandten) Grafen Franz Adam von Brandis in dieses wichtige politische Gremium. Besonders nützlich war es natürlich, wenn berufliche Beförderungen schon vor ihrer offiziellen Bekanntgabe die Runde machten, wie eine Eintragung vom 13. Dezember 1691 beweist: „Der Fürst v. Lobcowitz soll von Ihr. Kayl. Mayt. des guldenen Flüsses sein vergewissert worden. Grafe Nostitz aus Schlesien, Graf Carlingforth und Trapp von Innsbruckh sollen ehestens Kays. Geheimbe Räth declarirt werden."[86] Beim schlesischen Grafen handelte es sich um den kaiserlichen Diplomaten Christoph Wenzel von Nostitz, den Autor des oben genannten Reiseberichtes von 1705, der seine Auszeichnung mit der Einrichtung des *Kaisersaales* in seinem Schloss Lobris/ Luboradz (1690–92) demonstrierte[87], während der schottische Höfling der kaiserliche Feldmarschall und Diplomat Franz Graf Taaffe Earl of Carlingford war.

211. Porträt des Markgrafen Ludwig Wilhelm von Baden-Baden und allegorische Darstellung als neuer Josua, der die französische Sonne und den türkischen Mond zum Stehen bringt, Vorder- und Rückseite einer Zinnmedaille von Philipp Heinrich Müller, 1693; Privatbesitz

Die am 10. November 1694 aus Wien eingetroffenen Gerüchte bewahrheiteten sich hingegen nicht: *„Man sagt anjetzo Graf Norbert v. Colowrat solle in Spannien gehen und anstatt seiner am Brandburg[ischen] Hoff Graf Ferdinand v. Windischgretz, des H. Reichsvizekantzlers ältester Sohn. Des Frl. Rosa v. Harrach Heurath mit dem Prince Longueval scheinet sich wieder zu zerschlagen."* Tatsächlich ging Norbert Leopold Graf Kolowrat-Liebsteinsky nicht nach Madrid, sondern blieb bis 1695 in Berlin, während Ernst Friedrich Graf von Windischgrätz 1694 nach Dresden und 1701–05 als Lambergs Nachfolger nach Regensburg entsandt wurde. Auch die Tochter des mit Lamberg verwandten Ferdinand Bonaventura von Harrach bekam ihren Prinzen dann doch noch zum Gemahl[88].

Intrigen und Mobbing sowie andere Mittel der internen Kriegsführung scheinen damals im kaiserlichen Heer besonders weit verbreitet gewesen zu sein. Am 2. Juni 1692 erfuhr Graf Lamberg, dass in Wien über die Besetzung des Postens des kaiserlichen Vizekriegspräsidenten durch die Grafen Caprara oder Mansfeld diskutiert wurde, wobei *„das Argument seyn solle, daß der Graf Caprara ein Ausländer und khein kaysl. Erbundterthan seye"*. Am 25. Juni 1692 notierte Lamberg, Prinz Eugen von Savoyen zeige *„sich disgustirt, daß er die kayl. Feldmarschal Charge noch nicht erhalten, und will verlauthen, daß er anstatt Piemont sich nach Brüssel zu seiner Frau Mutter erhöben wolle"*. Der Prinz drohte also, nicht in den Kampf, sondern ins ‚Hotel Mama' zu reisen. Aus einer späteren Eintragung erfahren wir auch den Grund für diese Gereiztheit: die vom Prinzen Eugen mit dem Tod des Grafen Caprara erhoffte Feldmarschallsstelle bringe nämlich ein Jahreseinkommen von 270.000 Gulden mit sich! Nur zwei Wochen später soll sich Generalleutnant Ludwig Wilhelm von Baden-Baden (Abb. 211) über Mobbing *„bey Ihr. Kayl. Mayt. beschwört haben, nemlich daß [durch] H. Hoffkantzler und Graf v. Starhemberg Kriegspresident [...] viel Kriegs-Conferenzen gehalten worden, ohne daß er was davon wisse, weniger daß die ‚Concluse' man ihm communicirt habe"*[89].

Durchaus dem Zweck einer solchen beruflichen ‚Personaldatenbank' entsprechend finden wir in Lambergs Regensburger Tagebuch nicht nur zahlreiche Angehörige der europäischen Eliten erwähnt, sondern gelegentlich auch mit biographischen Nachträgen ajouriert. Historisch besonders interessant erscheint der Eintrag vom 10. Dezember 1691 über den Zaren Peter den

212. Fürst Charles Joseph de Ligne, königlich-portugiesischer Botschafter in Wien, Radierung von Peter Schenk, um 1695; Privatbesitz

Großen, der ja 1698 Wien besuchen sollte. Der kaiserliche Gesandte Johann Ignaz Kurz von Senftenau habe nach seiner Rückkehr aus Moskau in der Audienz bei Leopold I. berichtet, *„daß der Czar Peter eine besondere ‚Inclination' vor die teutsche ‚Nation' erweiset und gegen der ‚Nation' Gebräuch. Seine vornehmste Offizier seind auch Teutsche bei seinen Armeen, entgegen tirranisire er seine Underthanen, brügelt die vornehmste Bojaren; sein einziges Zihl seye die Undertruckhung des Czar Joannis, so er öffters nach dem Leben strebt. Er seye martialisch, liebe den Krieg, in Gebährden ernsthafft, zum Verzeihen nicht zu besänfftigen, er hasse die Pollen, und wan ers zu Herrschaft [?] verschafft wird haben, so zweifelt man nicht, er fange einen Krieg mit Pollen an."*

Nicht einmal zehn Jahre nach der Belagerung Wiens notierte Lamberg am 10. Juli 1692 mit erstaunlicher Gelassenheit, dass in Konstantinopel der neue Großwesir Ali Bassa, *„welcher zur Zeit der wienerischen Belagerung bei den Grossvezier Cara Mustafa Bassa Obrister Cammerherr ware"*, am 21. Juni am Bosporus mit besonderen Ehren empfangen worden sei und das große Siegel *„zum Zeichen des höchsten Governo"* erhalten habe. Der portugiesische Botschafter Fürst de Ligne taucht hingegen schon vor seinem Einzug in Wien (siehe oben S. 58f, Abb. 212) im Tagebuch Lambergs auf. Während dessen Aufenthalt

213. Taufkapelle mit antiker Porphyrwanne, Architektur von Carlo Fontana und Altargemälde von Carlo Maratta, 1691–99, Vatikan, Petersdom

als Botschafter in Paris notierte Lamberg am 18. Februar 1695 die Familienverhältnisse seines Kollegen („*Er ist der verstorbenen Princesse de Ligne anderter Sohn, er hat diesen Titel genohmen, da er sich in Portugal verheurathet.*") und am 19. Juli wurde aus Wien die geplante Ankunft des portugiesischen Diplomaten am kaiserlichen Hof sowie die dadurch ausgelöste zeremonielle Unsicherheit gemeldet. Man wisse nämlich nicht so recht, „*wie derselb zu ‚tractiren' sei, da niemalen von selben Hoff sich einer eingefunden*"[90].

Berufliche Fehler und persönliches Fehlverhalten der Angehörigen der europäischen Eliten bzw. deren Ahndung mit höfischer Ungnade oder sogar Todesstrafe blieben ebenfalls nicht geheim. Das Spektrum reicht vom Präzedenzstreit der Marquise Tresnel in einer Pariser Kirche (30.11.1691) über die von Gläubigern in den päpstlichen Audienzen eingemahnte Bezahlung der Schulden des Fürsten Urbano Barberini und anderer römischer Adeliger (16.12.1691) sowie die vom Papst kritisierte Spielleidenschaft der Contessa Carpegna mit der Androhung ihrer Verbannung aus Rom (30.12.1691) bis hin zur Nachricht, dass der verschuldete Herzog von Palestrina auch noch verkleidet und bewaffnet „*bei einer Corteggiana angetroffen*" worden sei (26.9.1694) und der Contestabile Filippo II. Colonna seinem Bruder den Unterhalt verweigere (10.7.1694). Die „*'Disgrace'*" von John Churchill Earl of Marlborough (Abb. 388) bei König Wilhelm III. und die Verhaftung des 12 Jahre später als Duke of Marlborough in Lambergs Wiener Palast absteigenden Feldherrn sowie mehrerer anderer englischer Adeliger wegen „*'Conspiration'*" in London (30.5.1692) fanden ebenso Eingang in Lambergs Tagebuch wie die Anklage von fünf der „*vornehmsten Herren und ältesten Familien*" Schwedens wegen Majestätsbeleidigung (29.5.1694). Der schwedische Gesandte, der den Diplomaten in Regensburg besucht hatte, hinterließ hingegen in Wien einen verwirrten Eindruck, wie Lamberg am 16. Juni seinem Tagebuch anvertraute. Graf Gabriel von Oxentierna habe nämlich bei der kaiserlichen Audienz am 12. d. M. „*vom Frieden geredet, aber so confus die Münsterische, pireneische und Nimmegische Friedenstractaten vermischet, daß man die rechte Intention nicht abnehmen können.*"[91] Hinrichtungen und ungewöhnliche Todesfälle waren natürlich auch damals schon besonders interessant, wie Einblattdrucke im Regensburger Konvolut oder die Tagebucheintragung vom 28. August 1691 über den wegen geplanten Hochverrats der von den Franzosen belagerten Stadt Mainz zum Tode verurteilten kaiserlichen Beamten von Consbruch verraten: „*Den 22. ist der Conspruckh zu Mainz enthaubt worden. Er wollte zur ‚Execution' sich nicht bequemen, hat sich stätts auf die Erde geworffen, im Aufhöben hat der Scharfrichter denselben unversehens den Kopf herunter geschlagen. Zu Prag ist die Graff Clarisin, eine gebohrene v. Lamberg, nachdem sie 2 Söhn auf einmahl gebohren, gestorben.*"[92]

Aber nicht nur die sozialen, sondern auch die topographischen Bewegungen auf der europäischen Bühne wurden sorgfältig beobachtet: die jahreszeitliche Übersiedlung des Wiener Hofes nach Kaiserebersdorf im September 1691 und die erstmalige Bewohnung der kaiserlichen Sommerresidenz Favorita im Sommer 1692, Jagdausflüge des englischen Königs sowie Schloss- und Truppenbesichtigungen bzw. Feldlager Ludwigs XIV.: *„Der König ist nach Paris kommen, und den ‚palais roial' besehen, und denselben Abend wider nach Versailles gefahret"* (14. März 1691). *„Gestern morgens umb 8 Uhr ist d. König in Frankhreich nebst M. le Dauphin und samentlichen Generalspersohnen in die Laufgraben vorn Schloss Naumur avancirt, und haben Ihr Mayt. […] zum Sturmb commandiren lassen"* (24.6.1692). Auch die zeremoniellen Bewegungen des Papstes standen unter ständiger Beobachtung: *„Der Papst ist den 1. [April 1692] in den Vaticano wohnen gegangen; am Gründonnerstag hat das Hochamt der Card. Altieri gehalten in der Sixt. Capellen, allwo der Papst in ‚Procession' das Hochwürdigste Gut durch den König Saal in die paulinische ‚Capellen' zu Grab getragen."* Am 4. Mai notierte Graf Lamberg einen langen Bericht über den *Possesso* des neuen Papstes, den 40.000 Menschen mitgefeiert hätten. Abgesehen von der Erwähnung des Triumphbogens auf dem Forum Romanum von (dem nicht namentlich genannten) Carlo Fontana, *„das schönste so zu unsern Zeiten ware gesehen worden"*, widmet sich der Bericht abermals ausführlich den Zeremonialstreitigkeiten zwischen dem kaiserlichen Botschafter Fürst Anton Florian von Liechtenstein (Abb. 276) und dem Gouverneur von Rom[93].

Im Vergleich zu den politischen Informationen spielen kulturelle Nachrichten im Tagebuch des Botschafters eine untergeordnete Rolle, aber dies entsprach wohl dem Schwerpunkt der konsultierten Zeitungen. Diesbezüglich vielleicht ebenfalls nur vordergründig auffallend sind die überdurchschnittlich häufigen Meldungen über die Kulturpolitik von Innozenz XII. (siehe unten S. 291ff). Am 24. April 1695 erwähnte Lamberg etwa die geplante Neugestaltung der Taufkapelle des Petersdomes, allerdings nicht die Buntmarmorverkleidung von Carlo Fontana und das Altarbild von Carlo Maratta, sondern nur die als Taufstein dienende Porphyrwanne (Abb. 213), *„welcher die Helffte von dem Grab des Kaysers Ottonich des 2. ist. Der Stein, so von Porfiro, ist 16 Palmi lang in Form einer Urna, welcher ungefähr in den Kellern bey St. Peter gefunden worden*[94]. *Dem Card. Casanatta [Abb. 214] seye darüber die Obsicht aufgetragen worden. Der Papst hat sich vernehmen lassen, er wolle alles Gold anwenden auff Gebäu und ‚opere pie' umb seinen Nachfolger nichts zu lassen; er wolle es nicht machen wie Innocentij XI, welcher grosses Geld und vacirende Abbteyen hinterlassen, welches dem gemeinen Wesen*

214. Kardinal Girolamo Casanate, Bibliothekar der Römischen Kirche, Ottensteiner Kardinalsserie, Römischer Maler, 1700/01; Maria Enzersdorf, EVN

nichts genützet, sondern allein das Hauss Ottoboni zu bereichern."[95]

Gelegentlich hielt Lamberg auch europäische Bühnenereignisse in seinem Tagebuch fest, z. B. am 11. Dezember 1691 die Meldung aus Paris über das nach dem Roman von Honoré d'Urfé verfasste Libretto von Jean de La Fontaine für ein Singspiel (*„Den 25. [November] hat man zum ersten mal die Opera Astrée genannt representirt, so sehr gelobt wird, ist ein ‚Composition' v. M. de Fontaine."*) oder am 26. November 1694 den Besuch des Grand Dauphin bei der Aufführung der neuen Oper *Circé* von Henry Desmarets und Louise-Geneviève Gillot de Saintonge: *„Die Composition des Werkh ist von Mad[emoisel]le Saintonge, eines Advocaten Frauen, und die Musique von M*[r]*. des Marets"*[96].

Habsburgische Festtage und österreichische Frömmigkeit

Neben der virtuellen Teilnahme an den Festlichkeiten der europäischen Höfe, gab es jedoch auch in Regensburg immer wieder traurige oder erfreuliche Anlässe zu feiern. Dabei machte sich die Konkurrenz der europäischen Mächte ebenfalls bemerkbar: Würdigte 1667 der holländische Gesandte Gerard Hamel Bruyninx van Nieuwenrode den Friedensschluß zwischen den Niederlanden und England mit Bankett und ikonographischem Feuerwerk, so feierte 1682 der französische Gesandte Louis de Verjus Comte de Crecy die Geburt des Duc de Bourgogne sogar mit zwei Feuerwerksmaschinen und einem im Freien

215. Bericht und Skizze der Sitzordnung beim Festbankett anlässlich der Verleihung des Sternkreuzordens an die Fürstäbtissin von Niedermünster im Tagebuch Lambergs, 2. Juli 1691; St. Pölten, NÖLA Lamberg-Archiv, Hs. 50

216. Trauergerüst für den kaiserlichen Prinzipalkommissär Markgraf Hermann von Baden-Baden im Reichsstift St. Emmeram, Radierung von Matthäus Eimmart, 1691; Privatbesitz

errichteten Festsaal. Die Geburt eines englischen Thronfolgers wurde hingegen 1688 vom Diplomaten und Schriftsteller Sir George Etherege mit Festessen, Festdekoration und Illumination der städtischen Residenz begangen[97]. Ende des 17. Jahrhunderts gehörten entsprechende repräsentative Einladungen aus Anlass der Namenstage der kaiserlichen Familie oder gerade in dieser Zeit auch militärischer Erfolge im Kampf gegen Franzosen und Osmanen zu den Dienstpflichten der kaiserlichen Botschafter[98]. Dabei konnte Graf Lamberg auf die Hofmusiker des Fürsten von Lobkowitz zurückgreifen. So gab der Botschafter etwa am 22. Juli 1691 zum Namenstag der Kaiserin „wegen des Festes Magdalena ein ‚Merenda'", also ein Essen, im Garten der Fürstin von Lobkowitz, wo die meisten „Gesandten ‚Cavallir' und ‚Damas' erschienen".

Zur Feier des oben erwähnten Sieges der kaiserlichen Armee gegen das osmanische Heer bei Slankamen wurde am 2. September 1691 in St. Emmeram ein *TeDeum* abgehalten, „*wobey alle Gesandtschaften erschienen beyder Religionen. Die Pöller seind auf den Wällen gelöset worden. Die Predig ist applaudirt worden, so der Thumprediger aus der Societet [Jesu] gehalten. Alsdan das Lobambt und endlich das TeDeum. Der Prelath v. Prüffning hat die Funktion verrichtet. H. Margrav ist nicht durch die Kirchen gangen aus Vorwand einer Unpässlichkeit; mage bei seinen hohen ‚Character' wo[h]l seine zu geringe Hofhaltung Ursach sein gewesen. Ich ware in einem Fenster, so mit einer Spannischen Wand umgeben war. Bin mit 6 Pferden hinaufgefahren und einen anderen Wagen mit 2 Pferden bespannter worin 4 Officier saßen. Ware ‚galla' gekleidter. H. Concommissari ware under des Margrav ‚Oratorio' herunt in der Kirchen. Kheine Damas wurden nicht geladen, ausser die Fürstinnen in Ober und Nieder Münster.*"[99] Tatsächlich beteiligte sich die Äbtissin des gefürsteten Damenstiftes Niedermünster, Maria Theresia Gräfin von Muggenthal, Ende des 17. Jahrhunderts verstärkt am gesellschaftlichen Leben der Stadt[100] und sie besuchte am 30. Juni 1691 auch die Gattin des Botschafters. Am 2. Juli wurden ihr nämlich die Insignien des Sternkreuzordens als Zeichen der Mitgliedschaft in dem von Kaiserin Eleonora 1668 gestifteten Damenorden verliehen. An dieser Festlichkeit nahmen auch Graf Lamberg, seine Gattin und zwei seiner Verwandten teil: „*Anheut bin ich geladen worden in das Niedermünster, allwo die Fürstin allda das Sternkreuz des Ordens von Ihr Mayt. der Kayserin genommen in Chorkirchen von dem Weyhbischoff [Albert Ernst] Graffen von Wartenberg. Er erhielt derowegen von Ihr Mayt. der Kayserin ein Schreiben; under dem Ambt in der Mitte der Kirchen ware ein iberzogener Bettstull; in der Mitte knüete die Fürstin als Kreutz nemmende [?], rechter Seith meine Gemahlin, auff der linckhen ein Freille von Althan als auch ein Ordens-*

vorhergehende Seite:
217. Porträt der Kurfürstin Maria Antonia von Bayern, geb. Erzherzogin von Österreich, Ölgemälde von Henri Gascar, das Graf Lamberg aus dem Nachlass des Künstlers in Rom erworben hat, 1689; Privatbesitz

mittschwester. Bei dem Mitagmahl saßen wir in 20. Ausser denen Freyllen wahren gegenwärtig der Augspurgische Gesandte und Thomherr v. Ungelter, der Münsterische [Dietrich Heinrich] v. Plettenberg, der Weybischoff Graf v. Wartenberg, der Thomdechand v. Haslang, so vor 2 Tagen darzu erwöhlet worden, und Graff v. Pretzman Thomherr"[101] (Abb. 215).

Im Gegensatz zur Vermutung Lambergs war Markgraf Hermann von Baden-Baden, der kaiserliche Prinzipalkommissär, tatsächlich krank, denn er starb nur ein Monat nach der oben genannten Feier, am 2. Oktober 1691, nach dreijähriger Tätigkeit in Regensburg. Die Begräbnisfeierlichkeiten fanden am 30. Oktober im Reichsstift St. Emmeram statt. Schwarze Tücher, Wappen und Todessymbole bedeckten das Kirchenschiff und im Chor war ein *Castrum Doloris* errichtet worden. Über der Tumba erhob sich ein achteckiger Baldachin, der von Obelisken und dem Fürstenhut bekrönt wurde (Abb. 216). Den Schmuck bildeten neben zahlreichen Emblemen große, vermutlich nur gemalte Statuen der Personifikationen von Zeit und Tod sowie des Tugendhelden Herkules mit Zerberus und Atlas mit dem Himmelsgewölbe als Sinnbild kaiserlicher Statthalterschaft. Der Verstorbene wurde darüber hinaus als zweiter Moses und neuer Äneas gepriesen[102]. Das Programm bzw. Konzept der Trauer-

218. Altar des hl. Albertus Magnus, 1694; Regensburg, Dominikanerkirche

dekoration lieferte der künstlerisch begabte Domvikar Johann Georg Seidenbusch, der enge Beziehungen zum Wiener Hof besaß und dessen Stiftung in Aufhausen auch von Graf Lamberg finanziell unterstützt wurde[103].

Dieser beschreibt das Ereignis in seinem Tagebuch folgend: *„Diesen Morgen seind alle Gesandschafften bey St. Emeran gewesen denen 'Exequien' beyzuwohnen Ihr. Dchlt. des H. Margraven seel. Andenckhens. Der Marschal Greiff v. Printz Ludwig hat sein Vollmacht als Gesandter producirt, die Funeralie zu begehen, die Erbschafft zu erhöben. Er ist allein in der Trauer mit einem Sessel und 2 Knaben ihm aufwartend gekniet, 3 andere hinter ihm aber mässig vermumbter [?]. Die Leichpredig hat ein Emeraner gethan. Das ‚Castrum' ist wol gemacht gewesen. Zu End seind all Bediente des Marschalls in der Zahl 43 vorgetrötten, und etliche Officire nachgangen. Ich ware in dem Gang in der Höhe, wo die Fenster mit einer Spannischen Wand umgeben war.*"[104]

Die schwierige Finanzlage des Wiener Hofes schränkte allerdings die Repräsentation ein und mit Schreiben der Hofkammer vom 16. Juni 1692 wurde Graf Lamberg daran erinnert, dass der Kaiser seiner Finanzabteilung befohlen hatte, in Zukunft den Botschaftern *„zu Anstöllung von vorfallender Freudens ‚Festiviteten, Illuminationen', Gastereyen und dergleichen, keine extra Spesen mehr, außer es währe ihnen ‚specialiter' vom Hoff aus anbefohlen worden"*, zu refundieren[105]. Doch nur einen Tag vor Abfassung dieses Erlasses hatte man am 15. Juni in Regensburg wieder einen militärischen Erfolg zu feiern. Der neue Prinzipalkommissär ließ nämlich wegen der Eroberung von Großwardein/Oradea (heute Rumänien) in St. Emmeram das *TeDeum* abhalten: *„Der Thumprediger hat die Lobpredig gehalten, so von allen applaudirt worden. Das Thomcapitl hat darwider sich beschwärt, daß solche Festiviteten ihnen entzogen worden, obwohl [?] sich erboten, sie wollen dem Principalcommissario das Evangelium zu küssen zu tragen, so sie einmahlen thun wollen. Und ‚sponte' es offeriren, so nicht zweiffle, daß es solle acceptirt und mit nächster Gelegenheit das ‚Capitl' damit consoliren. Zu Mittag hab ich mit meiner Gemahlin alldort gespeiset, es waren noch da H. Concommissary, Frau Saxen Gottische, Frau Hessen Casselische, Graf v. Rappach, Freille v. Althan, Graff Proskau*[106], *d. Ölsereger[?] v. d. Stat, und H. Geschwind. Abendts war ein Bal und schöne ‚Merenda'."*[107]

In der Nacht zum 15. Juli 1692 schenkte die Fürstin Maria Anna Wilhemine von Lobkowitz einem Sohn das Leben, welchen Graf Lamberg im Namen des jüngsten Bruders der Kaiserin und späteren Kurfürsten Karl Philipp von Pfalz-Neuburg sowie der burgundische Gesandte de la Neuveforge für den königlichen Oberhofmeister Karl Theodor Otto Fürst von Salm aus der Taufe gehoben haben. Der Regensburger Domherr Weichard Ignaz Graf von Salm hat das Kind auf die Namen Carolus Ignatius Bonaventura getauft. Schon einige Tage später (22.7.) wurde der Namenstag der Kaiserin Eleonora Magdalena von Graf Lamberg in seinem Haus wieder *„mit einer Merenda und Tanz celebrirt"*. Am 9. Juni 1694 hat der österreichische Botschafter *„als an Geburthstag Ihro Kayl. Mayt., so das 55te jahr dero Regirung angetrötten habe, die Catholische Gesandschafften tractirt zu Mittag, worunter auch 2 Jesuiter, als P. Pechtling und Hornek sich befunden"*.[108]

Als am Heiligen Abend des Jahres 1691 die Kurfürstin Maria Antonia von Bayern (Abb. 217), eine Tochter Leopolds I., am Kindbettfieber verstarb, wurden im Jänner 1692 auch in Regensburg *„soleniter"* Trauergottesdienste abgehalten, nämlich am 21. im Dom und am darauffolgenden Donnerstag in St. Emmeram, *„wozu all anwesende Gesandtschafften invitirt worden"*[109]. Auch bei diesen Trauerfeiern gab es Abstufungen im Zeremoniell je nach Bedeutung der oder dem Verwandtschaftsgrad zur verstorbenen Person. So wurde in Lambergs privater *Relation* vom 10. Februar 1695 berichtet, dass der Tod der englischen Königin Maria II. Stuart in Regensburg von den Gesandtschaften Brandenburgs und Hessen-Kassels gewürdigt wurde. Während aber aus Berlin eine *„tieffe Trauer"* angeordnet worden war, begnügte sich die Vertretung des Landgrafen mit der einfacheren *„Cammertrauer"*[110].

Unter diesen Umständen scheint es naheliegend, in den offiziellen Manifestationen der Frömmigkeit der Botschafter in Regensburg ebenfalls nicht nur einen Ausdruck der persönlichen Pietät zu sehen[111], sondern politische Absichten zu vermuten. Am 15. November 1694 wohnte der österreichische Gesandte etwa der Weihe der Kapelle des hl. Albertus Magnus in der Dominikanerkirche bei, deren Altar mit der Reliquienbüste des Heiligen der Regensburger Weihbischof Graf von Wartenberg gestiftete hatte (Abb. 218). Die beiden kaiserlichen Vertreter unterstützten das Ereignis mit der Finanzierung von Gottesdiensten – war der Festtag ja auch der Namenstag des Kaisers: *„Heuth frue ware bey denen P[atres] Dominicanern, wo sie auf der Schull des H. Alberti Magni, da er hier docirte, eine Capellen auffgerichtet. Also invitirter alldort mich eingefunden, von dannen eine Mess under des H. Principalcommissarij Hochambt*

lesen lassen und derselben beygewohnet auff der Seithen der Kirchen. Zu Mittag hab mich bey der Taffel eingefunden; von Gesanden ware niemand dan der Wormsische und Passauische, et!iche Thomherrn, die

219. Karmeliterkirche St. Josef, Fassade mit Stifterinschrift Kaiser Leopolds I., 1673; Regensburg

220. „Lukasmadonna", 1. Viertel 13. Jh., Regensburg, Alte Kapelle

Chur Bayrische Gesandin und die Gräffin von Geyrsperg[112]. *Abendts ware Tantz und ‚Merenda', wo sich alle Gesandschafften ausser der Churftl. Bayern, Mainz, Sachsen [= Baron von Miltitz] und Brandenburg [= Ernst von Metternich] nicht eingefunden. Bey dieser Gelegenheit redeten eyfrig mit mir der Thompropbst Graf v. Salm und H. Speth, Thomdechand von Eichstött, wegen hiesiges Bistumbs Erhöhung; bitteten der Kaysl. Hoff solle sich annehmen, damit die Bayern es nicht, wie sie es intendirten ‚hereditarie' [= erblich] machen. Hab mich erbotten, es zu berichten und ihre gutte ‚Intention' gelobt, mich weither nichts heraus gelassen, weilen von Hoff der Befehl also beschaffen war."*[113]

Vermutlich ebenso zielgerichtet wie in Mariazell (siehe oben S. 164), wenn nicht sogar auf Initiative des Wiener Hofes, betätigten sich die beiden Repräsentaten Leopolds I. auch in Regensburg als Vertreter der *Pietas Austriaca*[114]. Nachdem das kaiserliche Paar anlässlich der Krönung 1690 in Augsburg der vom oben genannten Regensburger Domvikar Seidenbusch errichteten Wallfahrtskirche Aufhausen einen Silberengel mit der Schrifttafel „O Maria gnadenreich Beschütze das Haus Österreich" geschenkt hatte, bat Leopold I. 1691 auch seinen Schwiegersohn Max Emanuel von Bayern (Abb. 203) um Unterstützung der an diesem Ort eingerichteten Weltpriestergemeinschaft der Oratorianer. 1692 spendeten Leopold Joseph Graf von Lamberg und sein oberösterreichischer Vetter Johann Ehrenreich Graf von Sprinzenstein zusammen nicht weniger als 2000 fl. für diese insgesamt 10.000 Gulden umfassende Stiftung[115].

Es scheint daher naheliegend, dass auch die Regensburger Altarstiftungen der kaiserlichen Vertreter auf dem gemischtkonfessionellen Reichstag als offizieller Beitrag zur *Pietas Austriaca* zu deuten sind. Tatsächlich bestand in Regensburg mit der Karmeliterkirche St. Joseph schon länger eine habsburgische Stiftung. Nach der Rückeroberung der Stadt aus schwedischer Hand wollte Kaiser Ferdinand II. 1634 ein Kloster der Unbeschuhten Karmeliter gründen. Es kam jedoch erst 1641 zur Grundsteinlegung durch Ferdinand III. und seiner Gattin Eleonora. Beim Reichstag 1653 förderte der Herrscher den Bau mit 5000 fl. und 50 Zentner Kupfer, die Kaiserin spendete 1000 fl. und der Römische König Ferdinand IV. 300 Gulden. König Philipp IV. von Spanien bzw. dessen Gesandter steuerten 2000 fl. bei, der Kurfürst von Mainz 500 und jener von Trier 300, während die bayerische Kurfürstin Maria Anna, die Schwester des Kaisers, das Bauholz schenkte. Durch eine Spende von Leopold I. konnte 1673 die Fassade vollendet und mit einer Stifterinschrift versehen werden (Abb. 219). Nach der Geburt des Thronfolgers Joseph gab der Kaiser in Erfüllung eines Gelübdes 1675 einen Marmoraltar in Auftrag, der 14.500 Gulden kostete. Der neue Hochaltar wurde jedoch erst 1689 aufgestellt und mit einem Gemälde zum Dank für die Befreiung Wiens von den Türken ergänzt[116]. Diente der kaiserliche Hochaltar der Karmeliterkirche der Propagierung des familiär-politisch neuen Kultes des Nährvaters, so wählte sich die Gattin des kaiserlichen Prinzipalkommissärs als Ziel ihrer religionspolitischen Demonstration das Gnadenbild der *Alten Kapelle* aus dem 13. Jahrhundert (Abb. 220). Denn diese als Werk des Heiligen Lukas verehrte byzantinische Madonna mit Kind galt als Stiftung Kaiser Heinrichs II. und als ältestes Wallfahrtsziel Bayerns. Nachdem ein blinder Knabe vor dem Madonnenbild sein Augenlicht wieder erlangt hatte, wurde das Gemälde vom Chor der Stiftskirche in die ehemalige Jakobskapelle übertragen, die durch die vielleicht von Joseph Vassallo geschaffenen Stuckmedaillons mit Darstellungen der Lauretanischen Litanei zur *Gnadenkapelle* umgestaltet wurde[117]. Den leider nicht mehr erhaltenen Altar für das Gnadenbild stiftete Fürstin Maria Anna Wilhemine von Lobkowitz, und die feierliche Einweihung fand am 8. September 1694 statt: *„Allhier ist am heuthigen Tag das Gnadenbilt der Mutter Gottes in der alten Capellen, so von St. Luca gemahlet worden, in eine neuw erbaute Capellen processionaliter transferirt worden, wohin den Altar die Fürstin v. Lobkowitz aufrichten lassen. Diesen Abend als gemelder Fürstin Geburthstag ist abends bei ihr eine ‚Musique' gehalten worden."*[118]

Für eine nicht zufällige Demonstration katholischer Frömmigkeit durch die kaiserlichen Diplomaten spricht die Tatsache, dass Graf Lamberg ebenfalls 1694 einen Kreuzaltar im Dom stiftete, weil ja die Kreuzesverehrung den zweiten und gerade im Zeitalter der Türkenkriege aktuellen Schwerpunkt der habsburgischen Frömmigkeit bildete[119]. Und auch Lambergs Altar diente nur als Gehäuse für ältere Gnadenbilder wie aus einer Beschreibung von 1794 hervorgeht: *„Auf diesem Altar erblickt man ober dem Baldachine das Lambergische Wappen. [...] Das darauf befindliche Bild, welches das Angesicht Jesu vorstellt, trägt die Jahreszahl 1574. Gemäß einem Manuskripte hat Albert Ernst Graf von Wartenberg diesen Altar 1701 den 21 im Julius zu Ehren der hl. Erzengel neugeweihet."* Aufgrund dieser Nachricht und einiger anderer Quellen konnte Angelika Wellnhofer die Lamber-

221. Rekonstruktion des von Graf Lamberg 1694 für den Regensburger Dom gestifteten Kreuzaltares. Der Altar befindet sich heute in Neuenhammer, Pfarre Waldthurn, die Pieta (15. Jh.) und das Christusbild (1574) in der Regensburger Karmeliterkirche

gische Stiftung mit dem seit 1836 in veränderter Form in der Filialkirche Neuenhammer in der Oberpfalz aufgestellten Altar identifizieren. Er befand sich ursprünglich sorgfältig an die Wand angepaßt und mit blauer Marmorierung versehen östlich des Südportals des Regensburger Domes[120]. Die von zwei lebensgroßen Engeln flankierte Nische[121] umfing das in der Predella präsentierte Christusbild sowie ein Kruzifix (Abb. 221). Offensichtlich haben sich die bei der Übertragung des Altares entfernten und durch ein Gemälde ersetzten ursprünglichen Kultobjekte des Kreuzaltares auf dem seit 1861 in der Karmeliterkirche befindlichen hinteren Nebenaltar erhalten: das 1574 datierte Gemälde mit dem Schweißtuch der Veronika sowie ein Kreuz mit Grabtuch über einer Pietà aus dem 15. Jahrhundert[122].

Sowohl die für die Anpassung des Lambergischen Altares an die Wand des Domes als auch die Tischler- und Vergolderarbeiten für die den Hintergrund der Beweinungsgruppe bildende vergoldete Holzwand lassen sich in Lambergs Rechnungsbuch nachweisen[123]:

April 1694:
der bildhauerin [!] in abs. d. 30 fl.   5:- [S. 66]

Mai 1694:
den bildhauer bis 10 fl. wegen d. altarrahm   15:- [S. 67]
Ein gemähl   8:-

Juni 1694:
Vor 15 buch gold zu dem Crucifix altar   48:- [S. 68]

Juli 1694:
den maller wegen des altars d. 1. mal   20:-

September 1694:
den altar auszumauren in thom in Regensburg   2:- [S. 73]
den altar abzubrechen   5:30
Vor den altar in Thom dem mahler
iber d. gegebene Gold und 20 fl.   100:- [S. 74]

Oktober 1694:
dem Hiltl völlig   32:- [S. 75]
dem steinmetz vor den Domb einen stein   2:-
dem tischler wegen ibersötzung d. Capellen   1:30
Item denen maurern   2:-

November 1694:
dem altar völlig dem mahler den ersten contract   16:- [S. 76]

Dezember 1694:
dem tischler für die ruckhwand zum altar   10:- [S. 78]
d. bildhauerin altar rest   10:-
für den antritt zu dem altar   2:-
dem maller die ruckhwand an dem altar zuvergulden völlig 18:-

Februar 1699:
Bildhauer vor d. bild S. Joannis Nipo.   36:- [S. 510]

April 1699:
dem mahler drangeben d. bild
des Heyl. Joannes v. Nipomucen   12:- [S. 514]

Juni 1699:
Mahler vor den Heyl. Nipomucen   38:- [S. 517]

Oktober 1699:
P. Carmeliter Spallier zu dem S.Nipomuceno   40:- [S. 524]

Leider konnte sich bisher keine Nachrichten finden lassen, die einen Grund für die Stiftung eines Altares im Dom bzw. die Wahl des Kreuzpatroziniums angeben. Dafür enthält das Rechnungsbuch aber im Jahre 1699 weitere Ausgaben, die für die Stiftung eines Johannes-von-Nepomuk-Altares durch Lamberg in der Regensburger (?) Karmeliterkirche sprechen[124]. Fügt sich schon der Ort sinnvoll in die *Pietas Austriaca*, so würde auch die Propagierung des offizell erst 1729 heilig gesprochenen böhmischen Landespatrones sehr gut der habsburgischen Ideologie und deren Verbreitung durch einen österreichischen Botschafter entsprechen[125].

Aus Wien wurde aber offensichtlich nicht nur die österreichische Frömmigkeit nach Regensburg verpflanzt, sondern auch Faschingsunterhaltungen wie Fahrten in Prunkschlitten und die sogenannten *Wirtschaften* in entsprechender Maskerade. Beide Formen der Geselligkeit dienten einerseits der Unterhaltung, andererseits aber auch dazu, die höchsten Angehörigen des Hofes als privilegierte und repräsentierende Gruppe gegen alle Nichtbeteiligten abzugrenzen[126]. Sowohl die fingierten Hochzeitsfeiern als auch die Schlittenfahrten besaßen eine lange Tradition am Wiener Hof, scheinen aber in Regensburg erst 1695 vom kaiserlichen Prinzipalkommissär Ferdinand August von Lobkowitz wieder belebt worden zu sein[127]. Für diese Vermutung sprechen auch die Aufzeichnungen Lambergs. Im Fasching 1692 berichtet er in seinem Tagebuch erstmals von einer solchen Veranstaltung am Wiener Hof, bei der jeweils ein Kavalier eine ihm durch Ehe oder Los zugewiesene Dame durch den großen Burghof und die Stadt fuhr (Abb. 222). Die zeremonielle Abgrenzung wird in Lambergs Bericht deutlich angesprochen, da einerseits nur solche Damen mitfahren durften, die Zutritt zur Hofburg hatten, andererseits die Kavaliere über die nötigen Mittel zur Finanzierung eines Prunkschlittens und der dazupassenden Ausstaffierung ihrer Lakaien verfügen mussten. Dementsprechend blieben auch solche Karnevalsveranstaltungen nicht von zeremoniellen Streitigkeiten verschont: *„Der Churfürst aus Bayern hat seine Gemahlin, Prinz Carl v. Neuburg auch die seine geführt in Schlitten, wie auch die ‚Cavaglier' die Hofdames und Damen, so den Zutritt haben; so waren welche mitfuhren folgende Graf v. Kaunitz, v. Wallenstein, die junge v. Mollart, v. Traun Landmarschallin, Bernhard Skircherin [Freifrau v. Fünfkirchen], Nostitzin, Lamberg so ein Könighin, so zu Gundersdorff bey dem Graf v. Königseckh abgestiegen*

222. Schlittenfahrt des Wiener Hofes, Ölgemälde von Jan Pieter van Bredael, Ausschnitt, 1697; Wien, Kunsthistorisches Museum, Inv.-Nr. GG Wagenburg Z 249

magnifique tractirt. Prinz Eugen ist wegen ‚Competenz' mit Neuburg nicht mitgefahren. Der Ball bis gegen Tag getauert."[128]

Am Donnerstag, dem 10. Februar 1695, fand nun in Regensburg nach einem Mittagessen beim Fürstbischof Johann Philipp von Lamberg im Benediktinerkloster Prüfening die vom Fürsten von Lobkowitz initiierte Schlittenfahrt statt: *„Anheuth hab ich zu Mittag zu Prüffling bey H. Bischoff von Passau gespeiset; es befanden sich alldort der Chur Cöllnisch und Bayerische Gesande mit ihren Frauen wie auch der Passauische Gesande, der Thomprobst Graff v. Salm, sein H. Bruder Graf Paris Thomherr zu Salzburg, Passau und Ollmütz, [Johann Franz Adam] Graff v. Törring Thomherr und der Prelath [Otto Krafft] alldort. Nach dem Mittagmahl fahrete zu H. Principalcommissario zu einer Schlittenfahrt und führete seine Tochter, die Princessin Eleonora*[129]*. Ich war der 7te Schlitten wie wir gehobt; der Schlitten waren 32. Abendts ware Merenda und Ball, wo sich auch H. Bischoff v. Passau in der Gesellschafft eingefunden; und Gelegenheit genohmen mit unterschidlichen Gesandschafften zu sprechen. Er ist andern tags fhrue nach München abgereiset."* Am Faschingssonntag wurden die ‚Maskenlose' für das bevorstehende Kostümfest ausgegeben, wobei die Verkleidung wie bei diesen Wirtschaften üblich Berufe und Nationen verkörperten: *„Diesen Abend hat man vor das ibermorgige Fest Zetteln gehöbt bey H. Principalcommissario. Ich bin Soldat worden und die Fürstin v. Lobcowitz Soldatin, Fürst v. Zweybrückh*[130] *Kellner, die Princessin Eleonora Kellnerin, der schwedische Gesande Venediger und die Princessin Louise*[131] *Venedigerin. H. Principalcommissario Hungar und die Frl. Leonora v. Windischgratz*[132] *Hungarin. Darauff wurde gespillet die Tragedie von Horace aus dem Corneille, nachdem war Ball."* Am 14. 2. 1695, dem Faschingmontag, ging abends *„alles in die Comedi zu H. Principalcommissario, wo sie des ‚palaprat grondeur' spieleten, des Fürsten Hoffbediente; nach diesem ginge die Gesellschaft zu H. Churbayerischen Gesandten, wo ein Ball und Merenda war."* Trotz des Krieges mit Frankreich spielte man also in der kaiserlichen Gesandtschaft französische Theaterstücke, nämlich die Tragödie *Horace* von Pierre Corneille von 1640 sowie die Komödie *Le Grondeur* (= Der Griesgram) von Jean Palaprat aus dem Jahre 1691. Am Faschingsdienstag fand schließlich das Kostümfest beim Fürsten von Lobkowitz statt, bei dem Lamberg als Soldat maskiert und auch der Passauer Fürstbischof (Abb. 233) anwesend war[133].

Für die Vermutung, dass die Schlittenfahrt vom Februar 1695 die erste ihrer Art in Regensburg – nach einer längeren Pause – gewesen ist, spricht auch die Tatsache, dass Ausgaben für Schlittendekorationen in Lambergs Rechnungsbuch erst ab 1695 aufscheinen. Sie betrugen insgesamt mindestens 1400 Gulden[134]:

Juli 1695:
*dem Riemer Glöser in Augspurg drangab
wegen des neuen Schlittengelaitt*[135]   60:- [S. 88]

September 1695:
dem bildhauer d. 1.mal v. 75 wegen des Schlitten   15:- [S. 92]

Oktober 1695:
*dem B. v.d. Halter wegen d. seiden aus Italien
vor den Schlitten*   172:52 [S. 94]

November 1695:
*dem Riemer nach Augspurg vor d. Schlitten
gelaith iber die 60 fl.*   40:- [S. 96]

Dezember 1695:
*Riemer nach Augspurg d. 3te mal vor d.
Schlitten geschürr*   40:- [S. 98]

Jänner 1696:
nach Augspurg vor die 2 [...] auff das schlitten kumet   120:- [S. 437]
dem bildhauer meinen schlitten iber die 15 fl. völlig   60:-

Juli 1696:
Stückher vor die wappen von gold zu stückhen völlig   24:- [S. 446]
gold vor die 2 schwarze hund zu dem Schlitten   6:- [S. 447]
den rest wegen d. verguldenen beschlacht nach Augspurg   40:-

August 1696:
dem mahler in abschl. so den schlitten verguldet   20:- [S. 449]

September 1696:
6 buch gold v. Augspurg zum Schlitten vergulden   90:- [S. 450]

Oktober 1696:
3 buch gold zu dem schlitten   45:- [S. 453]

November 1696:
*dem stickher in abs. d. 60fl. des gestickhts auff die
Samethene pferddeckhen*   20:-

Dezember 1696:
*dem stückher völlig vor die samethne pferd döckhen
den rest mit*   40:- [S. 455]
*dem mahler seinen lohn wegen d. schlitten vergulden
iber die 20 fl. den rest mit*   35:30
*schnürmacher wegen des lohnes des goldenen schlitten
gelaith in abs.*   30:- [S. 456]
die letzten 3 buech gold wegen des schlittens   45:-
*zu dem Schlitten gelaith 20 markh 7 1/4 loth gold zu
29 fl. und 14 loth i.p. zu 2 fl. 10 x*   624:8:1
*38 3/4 loth goldene porthen zu dem schlitten polster
machet 109 fl. 47 x in abschlag*   76:-

Der geschnitzte und vergoldete Schlitten des Botschafters war offenbar mit zwei hölzernen Hunden als Hinweis auf das lambergische Wappen geschmückt, besaß eine Vielzahl von Glöckchen und Pferdedecken aus Samt mit goldgestickten Wappen. Einen guten Eindruck eines solchen, sich aus vielen teuren und aufeinander abgestimmten Teilen zusammensetzenden prächtigen Schlittenzuges liefert uns die Beschreibung einer höfischen Schlittenfahrt von Julius Bernhard von Rohr aus dem Jahre 1733: „*Die Schlitten=Pferde werden auf das kostbarste mit silbernen Geläute, mit Federbüschen und Bändern, und andern Zierrathen ausgeputzt. Die Schlitten prangen mit Sammeten und andern Decken, die mit silbernen oder goldenen Frangen oder Tressen besetzt sind. Man siehet die künstlichste Mahlerey und Bildhauer=Arbeit daran. Sie praesen-tiren zuweilen artige Figuren, und siehet man gemeiniglich allerhand wilde Thiere auf denselben als Zierrath, als Bären, Tyger, Löwen, Hirsche, oder Vögel, als Reyher, Pelicane, Schwäne, Adler, Strauße u.s.w. die entweder ausgestopfft, oder ausgeschnitzt. Ein jeder Cavalier führt ein Frauenzimmer neben sich in Schlitten. Neben den Schlitten lauffen oder reiten eine gewisse Anzahl Pagen, Laquayes und Lauffer, die ebenfalls, in ansehung der Habite, der Couleuren und anderer Umstände, mit den Schlitten und unter sich selbst harmoniren müssen.*"[136]

Im Rechnungsbuch schlugen die unterschiedlichen Festlichkeiten darüber hinaus nicht nur mit der Anschaffung von „*Velteliner Wein*", Tiroler Äpfeln, „*portugeser Pomeranschen*" und Austern, sondern auch mit Trinkgeldern und Honoraren für Musiker zu Buche. In diesem Zusammenhang sei auch auf die Anfertigung eines Billard- sowie eines Spieltisches hingewiesen. Bemerkenswert erscheint vor allem der hohe, und teilweise in Raten bezahlte Preis für Schokolade und Zitrusfrüchte, aber noch mehr jener für Wild, das offensichtlich durch die Nachfrage der zahlreichen Diplomatenhaushalte nur zu überhöhten Preisen zu beziehen war. Süßigkeiten bzw. Zuckerwerk wurden sogar aus Eichstätt nach Regensburg geliefert[137]:

April 1691:
den Pestaluzzi in abschl. d. cioccolata d. 38 zugl.   100:- [S. 16]

Mai 1692:
den Baron v. d. Halter umb Vicentiner wein   70:19 [S. 22]
Vor Mosler den Eimer zu 30 fl. v. Benedict   200:-

Dezember 1692:
4 wildstuckh und 3 hirschkelber   35:45 [S. 28]
denen Capucinern 4 Eimer bier   7:-

Jänner 1693:
Neues Jahr denen musicanten in d. alten Capellen   1:- [S. 30]
statt musicis   1:30
statt türmer   1:30
statt hauboisten   1:-

Februar 1693:
den Spilltisch v. Augspurg   53:30 [S. 32]
14 Pfund confect v. Aichstätt   14:- [S. 33]
denen hauboisten vor die flute douce den rest   18:-

März 1693:
vor die Wällschen Wein in abs.   50:- [S. 35]

April 1693:
vor den wällschen wein völlig   58:- [S. 36]
für die 15 Pfund confect v. Aichstött   15:-

Oktober 1693
vor Rebhühner, schnepfen und Vögel   13:47 [S. 51]
vor 10 Citronen   10:- [S. 53]
nach Aichstätt dem Zuckherbacher für 10 Pf. Marillen   10:- [S. 54]

November 1693:
dem Tischler vor den Billard zu machen   8:- [S. 55]
dem taschner in abs. d. spannischen wand u. billard   6:- [S. 56]
6 Stöckhen und 8 Kugel zu den Billard v. Augspurg   17:-

223. Vorder- und Rückseite der Auswurfmünze des Grafen Lamberg anlässlich der Vermählung Josephs I. mit Amalia Wilhemine, 1699; Wien, KHM Münzkabinett Inv.-Nr. MD 699

Dezember 1693:
dem taschner völlig wegen billard und anderer arbeith 12:30 [S. 57]
dem Churmaintzischen vor die Carmeliter mahlzeit 12:8
6 billiard stöckhen und 8 kugl 17:-

Februar 1694:
Confect 12 Pfund v. Aichstätt 12:- [S. 61]
Vicentiner wein 2 Yhren [= ca. 160 l] in abs. d. 40 fl. 20:-

April 1694:
2 paar Fasanen 10:- [S. 65]
Wider vor 3 fassl Muscat dem v. Baderskirchen 22:10 [S. 66]

März 1695:
einen brettspilltisch v. Augspurg bestöllt 60:- [S. 83]

April 1695:
den Spilltisch zu vergolden 3:- [S. 84]

Februar 1696:
denen musicanten bey dem Königmal 10:- [S. 439]
vor die Ciocolata in abschl. d. 131 fl. 50:- [S. 440]

März 1696:
vor die Ciocolata in abschl. d. 81 fl. 50:-

Dezember 1696
zu der mahlzeit nach Prüffling Wildbrat und austern 17:- [S. 456]

März 1697:
den F. lobcowitzischen musicanten so bei mir gespillt 7:- [S. 462]

August 1697:
denen lobcowitzischen musicanten 6:- [S. 476]

Juli 1699:
zu d. merenda absl. 5:45 [S. 521]
obst und Confect zu d. merenda 8:-

Den Höhepunkt der repräsentativen Tätigkeit des Grafen Lamberg in Regensburg bildete das Fest anlässlich der Hochzeit des Römischen Königs Joseph I. mit Prinzessin Amalia Wilhelmine von Braunschweig-Calenberg im Februar 1699, bei dem Lamberg offensichtlich anstelle des zum Obersthofmeister der Prinzessin beförderten Prinzipalkommissärs agierte. Typisch für die an Orten wie Regensburg zum Ausdruck kommende diplomatische Konkurrenz hatte zunächst der Braunschweig-Lüneburgisch-Cellische Hofrat und Gesandte Christoph Schrader am 14./24. und 15./25. d.M. aus diesem Anlass gefeiert. Sein Gesandtschaftsquartier war am Abend mit Wappen und Emblemen illuminiert, die u.a. auf Josephs Devise AMORE ET TIMORE anspielten und das Brautpaar mit Mars und Venus verglichen. Am nächsten Tag lud Schrader seine Kollegen sowie den lokalen Adel zum Bankett und ließ Münzen in die Menge werfen. Lamberg folgte am Tag darauf diesem Muster, zu „allerunterthänigsten Ehren und zu Gedächtnüß/ deß […] in Wien gehaltenen ‚Desponsations-Fest' Ihrer Römisch Königlichen Majestät" und – wie der Festbericht ausführt – um seine „Freuden=Bezeigung ‚realmente [zu] contestieren'". Nach dem Mittagessen für die Diplomaten und den Adel wurde durch einen Adlerbrunnen Rot- und Weißwein an die Bevölkerung ausgeschenkt. Ebenso wie sein Kollege hatte Lamberg auch Auswurfmünzen mit einem Durchmesser von 22 mm in Gold und Silber prägen lassen (Abb. 223). Der mit FF signierende Münzschneider könnte entweder der Regensburger Medaillenverleger Johann Förber oder der Regensburger Münzmeister Michael Federer gewesen sein[138]. Die Medaillen zeigten auf einer Seite unter dem Sinnbild der Göttlichen Voraussicht vier Herzen mit den Initialen des Braut- sowie des Kaiserpaares und dem Motto AMORE – CONSILIO (durch Liebe und Klugheit). Auf der Rückseite dokumentierte eine Inschrift, dass der Gesandte Lamberg die Münzen aus Anlass der königlichen Vermählung in Auftrag gegeben hat[139]. Am Abend des 16./26. Februar wurden ein Ball sowie eine Serenade abgehalten, und die Residenz war – ebenfalls dem Vorbild des norddeutschen Gesandten folgend – mit zahlreichen Lichtern illuminiert. Am nächsten Abend fanden abermals ein Ball mit Essen und eine Serenade statt. Zur Dokumentation seiner Festlichkeit gab Graf Lamberg einen vierseitigen Festbericht in Druck (Abb. 224)[140]. Ein Tagebuchbericht darüber hat sich nicht erhalten, aber die Kosten von mehr als 500 Gulden für diese Feier lassen sich in Lambergs Rechnungsbuch nachweisen[141]:

224. Druckschrift über das von Lamberg anlässlich der Vermählung des Römischen Königs in Regensburg abgehaltene Fest, 1699; Regensburg, Staatliche Bibliothek, Sign. Rat.civ.147

Jänner 1699:
2 Fasanen 1 Hasen und 2 Rebhünerl   10:- [S. 509]

Februar 1699:
musicanten denen Bergknappen [?]   5:- [S. 510]
für die 10 Yhren [= ca. 790 l] tiroler wein unkosten
in allen   13:46 [S.511]
Victualien zu denen 2 mahlzeiten   100:33
waxzieher vor die fackheln
die müntz zum auswerffen ohne macherlohn   75:-
8 fasanen und ein schweinkopff mit einem
schweinernen hintern Viertel   46:-
Zuckerbacker zu denen festinen   151:-
Musicanten und trompeten   36:-
Waxkerzler vor die Fackheln   -

März 1699:
dem waxkerzler in abs. d. fackheln zum festin   75:- [S. 512]
12 duggaten zu d. auswurffmünzen   48:-
dem münzmeister seinen lohn   13:-

April 1699:
Frontignac v. schwedischen Gesandten   16:-
dem pettschierstecher vor die stöckhel zu den
auswurffmünzen   9:- [S. 514]
dem Zeugwarther und Constabler vor d. Stuckh schüssen   8:-
den Zeugknechten   3:-
Soldaten wacht   6:-
Bildhauer und Mahler vor den adler wo d. Wein geloffen   8:-

Badekuren in Eger und Karlsbad sowie Besichtigungen in Prag

Die Arbeit eines Diplomaten auf dem Reichstag war also durchaus intensiv und die vielen Festivitäten eher mit zeremoniellem Stress verbunden als erholsam. Schon nach nicht einmal zweijähriger Tätigkeit in Regensburg bat Leopold Joseph von Lamberg seinen Herrn daher um Urlaub für einen Kuraufenthalt, aber auch für eine Reise zu seiner Familie und seinen Gütern in Österreich. Das Bittschreiben des Diplomaten an den Kaiser vom 30. März 1692 verrät aber auch viel vom Selbstverständnis des Grafen in habsburgischen Diensten: „Allergnädigster Kayser, König und Herr!

Seit dem Euer Kayserliche Mayestät mir allermildest anzu[ver]trauen geruhet haben, daß nahmens dero Durchleuchtigsten Ertzhaußes auf hiesigem Reichstag ich die erste Stelle der österreich. Gesandschaft /: für welche ohnverdiente allerhöchste Gnad beständig allerunterthänigsten Danck erstatte :/ bekleyden solle, so habe ich mir darunter nach obtragender meiner tiefesten Pflichtsgebühr mehrers nicht angelegen sein lassen, als zu Splendor und Aufnehmen Euer Kayserl. Mayestät Hoheit und Würde meine möglichste Kräften in treuestem Eifer anzuwenden." Lamberg sei auch weiterhin bereit, sein *„Vermögen und noch übrige Gesundheit zu Euer Kayserlichen Mayestät allerhöchsten Diensten und Ehren völlig zu sacrificiren".* Aber aufgrund der *„verdrießlichen ungesunden Luft, und fast täglich aufsteigenden stinkenden Nebeln"* im Bereich von Regensburg, *„wodurch dero Einwohnern natürliche Kräften nicht allein ohnvermerckter geschwächt werden, sondern auch andere schwere Läuffe besonderer Krankheiten allhier zu grassieren pflegen",* sei auch der Diplomat in Mitleidenschaft gezogen worden. Da sich Lamberg von solchen *„Malignitäten merckhlich angefochten befinde"* und die angewendeten Arzneien bisher wirkungslos gewesen seien, hätten ihm die Ärzte zu einer Kur in Karlsbad geraten. Er bitte daher um Erlaubnis, sich ab Pfingsten zur Kur nach Böhmen und anschließend Ende des Sommers ein paar Wochen auf seine österreichischen Güter begeben zu dürfen[142]. Ebenso pathetisch wie Lambergs ‚Krankmeldung' und Urlaubsansuchen fiel die am 15. April vom Kaiser verfasste Antwort aus: *„Lieber Graff. Mir ist mit mehrern gehorsambst ‚referirt' worden, was Mich ihr wegen einer auch aldort zugestossenen Unpäßlichkeit, und zu deren erforderlichen Cur von denen ‚Medicis' verordneten so genannten Carlsbaad in Böhmen,*

225. Ansicht der Stadt Eger/Cheb, Radierung, 17. Jh.; Prag, Graph. Sammlung des Institutes f. Kunstgeschichte d. Tschechischen Akademie d. Wissenschaften

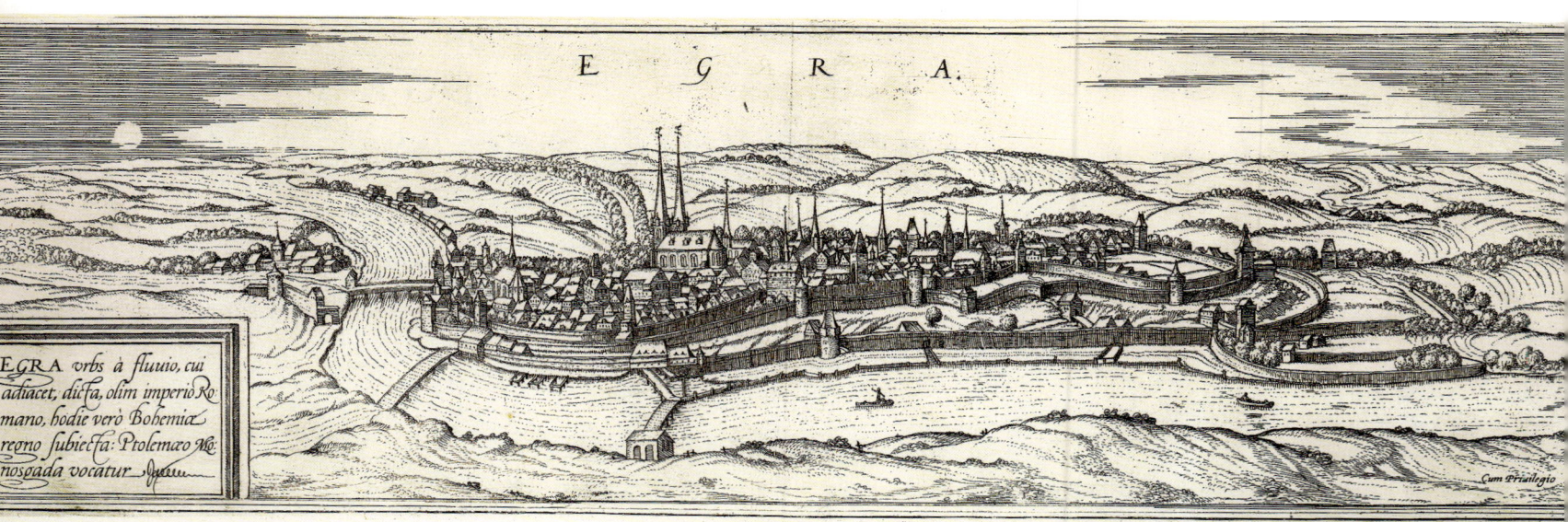

unterm 30. Martij nechstshin allergehorsambst erindern und darunter hin bitten wollen, auch gnädigst zu vergönnen, daß ihr euer obhabende ‚Function' eine zeitlang abwesend sein und hinauß gegen Pfingsten ermeltes Carlsbaad zu pflegender Gesundheit, sodan gegen zu End gehender künfftige Sommerszeit auch etwa drey Wochen lang, den Lufft zu ändern, euer in Meinen Österreichischen Erblanden gelegenen Gütter besuchen dörffet. Wie nun Ich zu euren Fleiß, Sorgfalt und sonderbahren Eyfer, so auf die Beförderung meines Löblichsten Ertzhauses Österreichs Angelegenheiten ihr bey selbigem Reichs Convent bishero in allen vorgefallenen Verrichtungen gehorsmbst angemeldet, ein gnädigistes Wolgefallen trage, benebens von Gott zu hoffen, er werde Besserung schickhen, und zu fernern treugehorsambsten Diensten wiederumb Gesundheit und Kräfften verleyhen. Alß habe ich in obstehend euer unterthänigstes Ansuchen gändigist gewilliget, und erlaubet, daß ihr euer Gesundheit in obgehörten Carlsbaad pflegen wie nicht weniger gegen künfftigen Herbst etwa drey oder vier Wochen lang derahrten auf euren Güttern ‚divertiren' möget. Übrigens verbleibe Ich mit Kayserl. auch Landtsfürstl. Gnaden euch wolgewogen. […] Leopold"[143].

Der gewünschte Heimaturlaub fand im August 1692 statt (siehe oben S. 170) und der *„Verzehr auf der Reise nach Wien und wieder nach Regenspurg"* kostete nicht weniger als 400 Gulden (zum Vergleich: ein damals von Lamberg erworbenes Pferd besaß einen Wert von 60 fl.). Der Aufenthalt in den böhmischen Bädern kam hingegen erst zwei Jahre später zustande. Am Sonntag, dem 11. Juli 1694, reiste Graf Lamberg nach Eger/Cheb (Abb. 225) ab, zunächst über Neustadt an der Waldnaab, *„so den Fürsten v. Lobcowitz gehörig zu seiner gefürsten Graffschafft v. Sternstein [= Störnstein], wovon er ‚votum et sessiones' [d.h. Sitz und Stimme auf dem Reichstag] hat. Zu Mittag zu Falckhenberg geblieben. Komme um 9 an, alldort von meinem Caplan den Gottsdienst halten lassen, nach Mittag bin ich das Kloster Waldsaxen [= Waldsassen] passirt und um 5 Uhr in Eger angelangt, allwo ich das ranxsische [?] Hauss beställt und bezogen. Das Kloster Waldsaxen wird vor das reicheste in Bayrischen Landen gehalten"*[144]. Am Montag Morgen hörte der Adelige die Messe in jener Kapelle der Franziskanerkirche in Eger, *„wo mein Vetter Graff Sigmund v. Lamberg Maltheser begraben liget"*[145], und startete auch gleich seinen ‚Wellnessurlaub'. Einen Tag später begann er die *„Brunnen Chur mit 5 Seitl"* und am Abend besuchte Graf Lamberg den Stadtkommandanten Oberst Zieka (?). Als interessierter Kurgast notierte Lamberg

226. Gnadenstatue von Maria Kulm, um 1400; Chlum nad Ohří/ Maria Kulm, Wallfahrtskirche

am 16. d. M. die Zusammensetzung der Egerer Mineralwässer und die politischen Verhältnisse in seinem Tagebuch: *„Hiesiger Eger Sauerbrunnen führet folgende Mineralien als nemlich Salliter, so purgirt [= abführt] und dieses ist das mehreste, alsdann Vitriol, Schwefel, Alaun, Eysenschlick und Okher oder gelbe Erd. Das Schwallbacher führet umb 2 Mineralien mehrer. Hiesiges Land mit der Statt will sich nicht gantz under Böhmen gestehen, da sie grosse Privilegien genüssen; die Leuth auch nicht leibaigen sein. Die hiesige Bauern sind nur verbunden, 2 Tag in Jahr zu robathen oder geben, so sie wollen 2 fl. Geld, damit aller Arbeith die gantze Zeit befreyet."*
Natürlich boten solche Kuren ebenso wie heute Zeit genug für mehr oder weniger nützlichen persönlichen Informationsaustausch. So erfuhr Lamberg am 17. Juli vom Herrn von Pollheim[146],

einem Kurgast, von der erstaunlichen Karriere des Philipp Ferdinand von Reibold, der es vom Fleischhauersohn über einen kurfürstlichen Pagen zum Hofmarschall von Sachsen und zu einem ansehnlichen Vermögen gebracht habe. Die Heirat des Aufsteigers mit der aus Regensburg kommenden Gräfin Anna Barbara Dorothea von Stubenberg, deren Familie Lamberg wenig später einen Teil der Graphiksammlung abkaufen wird, habe allerdings deren Mutter, die Rheingräfin Anna Juliana von Grumbach, *„ungern gesehen, doch wegen Versorgung und ihren wenigen Mitteln müssen beschehen lassen"*.

Am 21. Juli 1694 hat Lamberg der Kur *„bey der Quellen mich bedienet und die ordinary 12 Seitel Glöser getrunkhen; die Quelle ist iber ein Stund von der Statt. Die Krafft des Brunnen aus der Quell ist merckhlich kräfftiger als in der Statt, und solche Underschied, als der in der Statt gegen dem, so man in Regenspurg oder Wien geführt trinkhen thut. Die Quell ist sehr starckh, flüsset heuffig ab Tag und Nacht in einen nächst daran ligenden Teicht. Die Karpffen, so in Teicht, seind ganz schwartz, und in deren Eröffnung man schier kheine Gall findet. Der so genannte wilde Brun ist gantz nahend darbey über den Weg, quellet in 3 Orthen, ist unsauber und nicht ausgeraumbt, weiln heuffig der andere Wasser hat. Im Land zehlet man 9 Brunnen, die Gegend ist voller tieffen Morast."*

Am 26. Juli machte Graf Lamberg anlässlich des Geburtstags Josephs I. eine Kurpause und feierte in Königsberg an der Eger/ Kynšperk nad Ohří, 13 Kilometer von Eger entfernt, in der ‚Patchworkfamilie' des Grafen Dietrich Adolf von Metternich und dessen zweiter Ehefrau Johanna Elisabeth von Leiningen-Westerburg, verwitwete Gräfin von Wied: *„Anheuth ist der Geburtstag des Römischen Königs, so das 17te Jahr angetretten; Gott wolle demselben ein hohes Alter verleyhen. Auf das heuthige Mittagmahl bin nach Königsberg zu den Graffen v. Metternich geladen worden, ist 1 Stund von hier entlegen. Er hat sich vor anderthalb Jahren vermählet zu den anderen Mahl mit einer verwittibten Gräfin v. Wid, gebohrene Graffin von Leiningen. Er hat mit seiner Gemahlin ‚Succession' gehabt. Mit dieser Wittib aber 9 Kinder erheyrathet; er ist catholisch, die Graffin lutherisch und die Kinder calvinisch."*

Auch während seines Kururlaubes bekam Lamberg seine Zeitungen nachgesandt und führte daher seinen regen Informationsaustausch weiter. Neben Meldungen aus Paris, London, Rom, Brüssel, Mergentheim, Lüttich, Genua, Turin, Venedig, Neapel, Girona, Stockholm, Amsterdam, Regensburg, Dresden, Kopenhagen, Den Haag, Lissabon, Madrid und Frankfurt an der Oder traf am 29. Juli in Eger die Nachricht von der bevorstehenden Ernennung des Hofstaates Josephs I. ein: *„Des Röm. Königs Hoffstatt betreffend solle resolvirt sein, die benöthigte Ämbter mit folgenden ‚Cavallieren' zu besötzen: dero Obristkämmerer solle benannt werden Grf. Leopold v. Trautson, Obriststallmeister Grf. Leopold v. Diedrichstein, Unterstallmeister Grf. Joseph v. Paar, so Ihr Mayt. solle zum ersten zu Pferd sötzen. Graf Max[imilian Guidobald] v. Martinitz Hartschier Haubtmann, der*

227. Schloss der Grafen Nostitz, 17. Jh.; Sokolov/ Falkenau. Auf der Fahrt von Eger nach Karlsbad kam Lamberg an diesem Schloss vorbei.

228. Ansicht der Stadt Karlsbad/ Karlovy Vary, Radierung von Johann Schindler, 1652; Prag, Graph. Sammlung der Institutes für Kunstgeschichte der Tschechischen Akademie der Wissenschaften

Rheingraff [= Ferdinand Julius Graf von Salm-Neuburg] Trabantenhaubtman. Die ‚Publication' möchte noch eine Zeit anstehen. Man sagt, Graf von Mansfeld hab durch den Jesuit Ederi ein ‚Billet' von Ihr K. Mayt. erhalten, daß er zu denen könfftigen französischen Friedenstractaten als erster kommen solle, so Graffen v. Caunitz ‚mortificirt', welcher ein gleiches Versprechen solle gehabt haben, dafern khein Reichsfürst solle darzu genohmen werden."

Am 31. Juli 1694 besuchte Graf Lamberg Maria Kulm/Chlum nad Ohří, den bedeutendsten Wallfahrtsort des Egerlandes seit dem 14. Jahrhundert. Die Kirche beherbergte gleich drei gotische Skulpturen als Gnadenbilder (Abb. 226), für die der zuvor u.a. am Passauer Dom ausgebildete Christoph Dientzenhofer erst 1691–92 eine ovale Gnadenkapelle errichtet hatte. Diese war Teil des ab 1687 vom Kreuzherrenorden mit dem Roten Stern begonnenen Neubauprojektes von Kirche und Propstei[147], wie auch Lamberg festhielt: *„ich bin gegen eine Stund in der Capellen bey den Gnaden Bild der Mutter Gottes verblieben. Die Capelle ist neu und geformbt [Lamberg meint wohl architektonisch gestaltet] erbauet, ist eine schöne Andacht, die im Jahr mit grossen Walfarthen besucht wird. Es wird an die Capelle eine grosse schöne Kirche erbauet, wie sie schon in völligem Baue begriffen. In diesen Orth hat Grf. v. Metternich v. Königberg die Grundobrigkeit. Das Gotteshauss wird von denen sogenannten Kreuzherren versehen, ist ein Probst mit 2 Caplanen alldort."* An diesem Ort konnte der Graf seiner Marienfrömmigkeit freien Lauf lassen. Am Sonntagmorgen legte er schon um 5 Uhr früh die Beichte ab und empfing die Kommunion, während sein Hofkaplan eine Messe las.

Dann ging die Reise weiter nach Falkenau an der Eger/ Sokolov (Abb. 227), das seit 1622 den Grafen Nostitz gehörte: *„ist ein feines Stättl von Boheimb mit einem wolbauten Schloß mit 4 Thurm, wie Dobersberg in Underösterreich anzusehen"*. Leider hatte Graf Lamberg keine Zeit für einen Besuch bei seinem Diplomatenkollegen Johann Anton Graf von Nostitz, der damals im Schloss Falkenau eine bedeutende Kunstsammlung mit 200 Gemälden, darunter zahlreiche Porträts sowohl der Familie als auch europäischer Herrscher, verwahrte[148]. Weiter führte die Fahrt über eine steinige und morastige Straße nach Karlsbad/ Karlovy Vary (Abb. 228), wo Graf Lamberg bei „*den Unverdorben [?] Quartier genohmen*". Am 2. August kurte Lamberg von sieben bis neun Uhr, nachmittags folgte ein weiteres Kurbad von 16 bis 17 Uhr. Als Besitzer des Herzogsbades in Baden bei Wien (Abb. 169) fachlich versiert, konnte sich der österreichische Adelige allerdings eine Kritik nicht verkneifen: „*Die Bäder seind ungelegen, wiewolen sie in Hauss seind, so muss man nasser Weis aus dem Bad gehen und in der Kälte sich abtrickhern und alsdan durch das gantze Hauss passiren biss man in sein Bett kommet. Sonst ist das Wasser so warm [42–73 Grad Celsius], so man durch rinnen hinein lassen khan, daß man kheinen Finger darinnen gedulden khan, man khan auch gleich ein Hennen putzen, so man es nur hinein stöckhet, wie auch so geschwind ein Aj [= Ei] sieden. Der Ursprung ist gleich hinter dem Hauss, wo ich gewohnet, zu sehen; so mit grosser Gewalt hervorspringet, welches allbereits von Kaysers Caroli Quarti Zeiten continuiren thut. Hier verkauffen die Messerschmid saubere Arbeith, so sie in den Stahl einlegen, wie auch die Nadlen vor der Frauenzimmer. Die Stöckhnadel sein denen englischen gleich.*" Nach einem zusätzlichen Bad am nächsten Tag reiste Graf Lamberg weiter, um den seit dem frühen 17. Jahrhundert bedeutenden gabhornischen Eisenhammer zu sehen, „*alsdan auch den Hochoffen und den langen Gabhornischen Wald [= Kaiserwald], welcher durch die Winnd vor 3 Jahren solchen Schaden erlitten, das das mehreste Holtz in diesen schönen Wald gäntzlich abgedorret.*" Das seit 1623 im Besitz der Familie seiner Mutter befindliche Schloss Gabhorn/ Javorná bei Bochov selbst schien Lamberg „*in Gebäu schlecht und mehr vor einen Beamten als einer Herrschafft eine Wohnung*" zu sein[149]. An der Grenze zur benachbarten Herrschaft Gießhübl/-Kyselka, wo seit 1522 das berühmte alkalische Mineralwasser bekannt war, haben die Grafen Czernin Lamberg „*durch einen abgeschickhten Trompeter empfangen lassen. Item stosset an die Herrschafft Drüssing*[150]*, der Margraffin v. Baaden gehörig. Gabhorn hat nur 5 Dörffer, entgegen Grüsshübel 22 und das Kloster Töpel 52 Dorffschafften und 3 Märckhte*".

Am 4. August verließ Lamberg Gabhorn und kam nach vierstündiger Fahrt in Petschau/ Bečov nad Teplou (Abb. 229) an, wo es 1679 einen Bauernaufstand gegeben hatte und 1688 eine Synagoge für die jüdische Gemeinde erbaut worden war. Die Herrschaft befand sich seit 1624 im Besitz der Familie Questenberg[151], und da Lamberg damals bis zur Volljährigkeit seines Neffen (Abb. 22) dessen Güter verwaltete[152], wurde er dementsprechend von den Einwohnern wie der Herrschaftsinhaber empfangen: „*die Burgerschafft hat mich mit fliegenden Fahnen eine halbe Stund v. Stättl mit einer Salve empfangen, wie auch Burgermaister und Rath mit einer Red, der Stattpfarrer etwas näher bey der Statt, alsdan 3 Salve bis d. Schloss gegeben. In den Thurm, was ich logirt, so ein liechtes grosses Gemach ist, sonst ist nichts als ein Ambthaus darbey. Das Schloss ist gross aber oed, aussen etwas gedreht […] besser zu schützen. Das Stattl ist klein und auff Böhmisch vill mit Holz erbaut*"[153]. Schon am nächsten Morgen setzte Lamberg seine Fahrt mit Herrschaftspferden nach Pilsen fort, „*so ein sauberes Kreisstattl mit sauberen Häusern ist*". Mit Postpferden ging die Reise bis Prag weiter, wobei Lamberg notierte, „*von Pilsen bis nach Prag höret man ausser denen Postmaistern nichts mehr Teutsches reden*".

Am 6. August stieg Graf Lamberg in Prag zunächst im Gasthaus zu den *Drei Glocken* ab. Weil er aber dort wegen des Prinzen von Croy[154] zu wenig Platz vorfand, „*changirte*" er nach dem Mittagessen in das *Goldene Einhorn*. „*Hier wird man sehr von denen Juden überloffen, die einem eine Menge Wahren von allerley Sorthen überbringen, also daß man öffters was Wolfailles findet, wie ich dan einen Zeug ziemlich reich erkauft zu einem Schlafrockh, die Ellen zu drey Thaller, so sie umb 18 Thaller geboten.*" Per Post erreichte ihn dann die Nachricht, dass die Ernennungen für den Hofstaat des Römischen Königs der Meldung vom 24.6. gemäß erfolgt sind, nur Graf Paar sei „*lehr ausgangen*".

Am Sonntag, dem 8. August, standen neben Frömmigkeitsübungen auch Besichtigungen auf dem Programm. Am Morgen besuchte Graf Lamberg den Gottesdienst in der Thomaskirche der Augustiner-Eremiten auf der Kleinseite, „*so eine*

229. Burg und Schloss der Grafen Questenberg, 16.–18. Jh.; Bečov nad Teplou/ Petschau

schöne Kirchen". Anschließend *„visitirte"* er die Prinzessin von Lobkowitz im Palast der Familie neben der Prager Burg (Abb. 230). Der aus dem 16. Jahrhundert stammende Bau war vom Großvater der Gastgeberin, dem Fürsten Wenzel Eusebius von Lobkowitz (Abb. 58), in der Mitte des 17. Jahrhunderts mit Stuckdecken samt narrativen Fresken versehen worden[155]. Diese entsprachen also nicht mehr ganz der neuesten Mode. Dafür hat der österreichische Gast bei dem damals im Palais eingemieteten Herrn Trokman dessen *„Cabinet besehen, welches in ‚Medaillen', Mallereyen und anderen ‚Curiositeten' so ‚curios' als eines in Teutschland bei einem ‚Particulari' [= Privatmann] zu sehen ist"*. Zu Mittag war der Botschafter Gast des Freiherrn Jaroslav Florian Ignaz Swihowsky von Riesenberg, *„wo bei der Taffel sich underschidliche Dames und ‚Cavalliers' einfanden"*. Anschließend ging man gemeinsam zur Litanei in die gegenüberliegende Kirche der Kreuzherren, die 1679–88 vom burgundischen Architekten Jean Baptiste Matthey erbaut worden war[156] (Abb. 231). Dass der von Bischof Waldstein aus Rom mitgebrachte Baukünstler dabei erstmals den hochbarocken Baustil mit bunter Marmorverkleidung vom Tiber an die Moldau verpflanzt hatte, war auch für Lamberg offensichtlich, denn er notierte in seinem Tagebuch, dass die Kirche *„‚alla Italiana' erbauet [und] alle Säulen mit schönen Marmor gefütert"* seien, aber *„die Altär und die Mahlereyen ‚manquiren' annoch"*. Abends gab es bei Graf von Crunich wieder Glücksspiel, *„allwo sich der mehreste Adel von der Statt eingefunden. Zu dieser Sommerzeit aber befinden sich die mehresten auf ihren Landgüttern."*

Trotz vermutlicher länger dauernder Unterhaltung brach Graf Lamberg am nächsten Morgen schon um sechs Uhr auf. Entlang der Poststationen kam er u.a. nach Wotitz/Votice, das seit 1624 den Grafen Wrtba/Vrtba gehörte. Lambergs Notizen zufolge hatte die Adelsfamilie eine Franziskanerkirche gestiftet, in der auch das jüngst verstorbene Fräulein Liserl von Heisenstein begraben worden sei[157]. Nach der Fahrt durch lobkowitz'sches Territorium und einer mehrstündigen Unterbrechung wegen eines starken Gewitters erreichte Lamberg um zwei Uhr morgens Tabor/Tábor, *„so ein saubere königl. Böhmische Statt"*. Weiter entlang der Poststraße führte die Fahrt am 10. August 1694 von Großkositz/Kosice über Neuhaus/Jindřichův Hradec nach Zlabings/Slavonice. Dort ging ein schwerer Hagel nieder, der auch die Felder seiner jenseits der Grenze liegenden Waldviertler Herrschaften Waidhofen an der Thaya, Thaya und Niederedlitz verwüstete, aber nach 20 Uhr ist Graf Lamberg auf seinem Schloss Gilgenberg *„Gottlob glücklich ankommen"*. Die Reisekosten von Prag nach Gilgenberg betrugen für 11 $^{1}/_{2}$ Poststationen 78 fl., das *„Post und raisgeld"* für die Rückfahrt von Ottenstein nach Regensburg 180 Gulden[158].

230. Palais Lobkowitz, 1651–68; Prag, Hradschin

231. Kreuzherrenkirche von Jean Baptiste Matthey, 1679–88; Prag

Familienfeste in Passau sowie Dienstreisen nach Eichstätt und Salzburg

Abwechslungen ergaben sich für Graf Lamberg auch durch Besuche seiner Verwandten vor allem vom oder am Bischofshof seines Cousins Johann Philipp von Lamberg in Passau (Abb. 233). Schon am 3. Juli 1691 traf der österreichische Adelige in Aufhausen – wahrscheinlich im Schloss Triftling – seinen Vetter, und vermutlich wurde dabei die ‚stellvertretende Repräsentation' durch Unterstützung der dortigen Oratorianerstiftung familienintern als ‚Investition' zugunsten des kaiserlichen Wohlwollens besprochen. An diesem Treffen nahm aber auch der aus Den Haag eingetroffene, 1683–88 als Prinzipalkommisär in Regensburg wirkende und 1694 zum Reichsvizekanzler ernannte Gottlieb Adam Graf von Windischgrätz teil.

Am 19. Oktober 1691 begab sich Leopold Joseph erstmals nach Passau, um dort der Hochzeit seines jüngsten Bruders Franz Sigmund[159] mit Franziska Theresia von Lamberg, einer Nichte des Bischofs, beizuwohnen: *„Diesen Mittag seind wir zu Passau ankommen. H. Bischoff hat sein Leibschiff nach Filshoffen [= Vilshofen] entgegen geschickht mit einem Truchses und 2 Trompeter, einen anderen Truchses aber über Land bis Straubing [Abb. 94]. Zu Mittag haben wir in der Residenz gespeiset und [sind] allda in bösten Zimmern der Göst einquartirt worden."* Die eigentliche Trauung fand am Sonntag, dem 21. d. M., im Passauer Dom statt: *„Diesen Abend ist meines Bruders Hochzeit mit Frl. Franzl v. Lamberg, H. Landtshauptmanns in Oberösterreich Tochter, hier in Passau in der Fürstl. Residentz ‚celebrirt' worden, von ihrem Oncle Fürsten u. Bischoff von Passau ‚pontificaliter' in Thom ‚copulirt' worden, allwo das völlige Thomcapitel erschienen. In Gang ist man nach der Freundschafft gangen, der Brauth Freund vor ersten mit einem des Bräutigams. Bei der Taffel dieses erste Paar so gesessen alsdan ‚pesle mesle' […]".* An der Schmalseite des Tisches saß das Brautpaar, an den angrenzenden Längsseiten der Fürstbischof und die „Frau Landtshauptmannin", dann die Grafen von Zeil und von Kuefstein. Der Rest der Familie war ohne Rangordnung verteilt, aber ebenso wie seine eigene Hochzeit verrät auch die des jüngeren Bruders von Leopold Joseph von Lamberg durch die Verwandtschaftsbeziehungen die Verankerung der Familie in Hofadel und Reichskirche[160]: der Brautvater Franz Joseph von Lamberg fungierte neben gelegentlichen diplomatischen Missionen als Landeshauptmann von Oberösterreich. Seine Gattin Anna Maria war eine Tochter des böhmischen Landmarschalls Adam Matthias von Trauttmansdorff und Enkelin des kaiserlichen Obersthofmeisters Maximilian von Trauttmansdorff. Bei den an der Tafel ebenfalls anwesenden Grafen handelte es sich offensichtlich um einen Neffen des Bräutigams und des Botschafters, Leopold Johann Graf zu Waldburg-Zeil, seit 1688 Domherr in Regensburg und ab 1694 Domherr in Augsburg, sowie um den Schwager der Braut und kaiserlichen Kämmerer Liebgott Graf von Kuefstein, den Hofmarschall des Passauer Fürstbischofs, dessen Sohn Preisgott II. sich 1738 mit der Tochter von Lambergs Neffen, Maria Karoline Gräfin von Questenberg, vermählen wird. Als Brautführer fungierte neben einem Bruder der Braut – wahrscheinlich Franz Anton von Lamberg, der 1695 ein Kanonikat in Passau antreten wird, – deren Cousin Johann Joseph Philipp von Harrach, der spätere Feldmarschall und Präsident des Hofkriegsrates: *„Das Tractament war fürstlich. Nach dem Abendmal hat man die Ehrentanz getanzt. Die 2 Brautführer, so junge Herren waren, der Brauthbruder und Graf Joseph v. Harrach, haben die Brauth einen jeden zugeführet, alsdan hat man mit anderen auch einen Tanz gemachet, das ungefähr ein Stund getauret, mit diesen haben sie die Brauth zum*

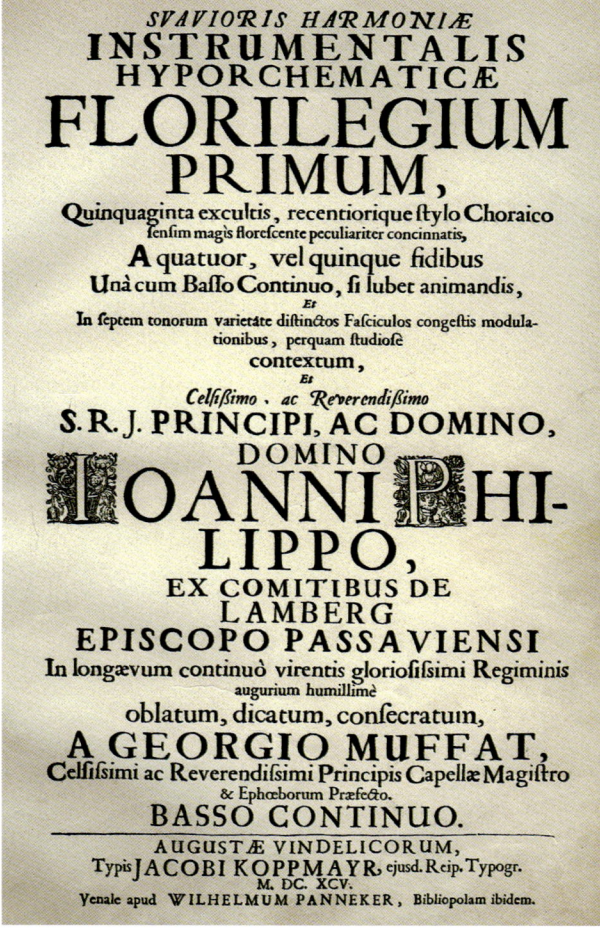

232. Titelblatt des „Florilegium Primum", einer Sammlung von Instrumentalstücken von Georg Muffat, dem Hofkapellmeister von Fürstbischof Johann Philipp von Lamberg in Passau, 1695

Auskleiden geführet, in mittels auff einem Balcon ein schöne ‚Musique' under dem Abkleiden gehalten worden. Mit dem Bräutigamb seind in die Kirchen gangen ich und H. Landtshauptmann." Am nächsten Vormittag fuhren alle auf den Mariahilfberg, um sich in der Wallfahrtskirche *„einsegnen"* zu lassen, wobei der Passauer Domherr und spätere Bischof von Lavant sowie Chiemsee Sigmund Graf von Kuenburg die Messe hielt. Das Fest wurde mit einem *„Ballett von unterschidlichen Introductionen"* abgeschlossen, und am 25. Oktober 1691 kehrte das Diplomatenehepaar wieder nach Regensburg zurück[161].

Verantwortlich für die musikalische Gestaltung der Hochzeit war der seit 1690 als Hofkomponist und Kapellmeister des Passauer Fürstbischofs tätige Savoyarde Georg Muffat[162]. Als Schüler von Jean-Baptiste Lully und Arcangelo Corelli verband er ganz bewusst den französischen und italienischen Musikstil miteinander. In der viersprachigen (!) Widmung seiner 1695 publizierten Ballettsuiten (Abb. 232) an den Fürstbischof begründete der Komponist dies nicht zuletzt mit der diplomatischen Tätigkeit der Familie Lamberg: *„Gleichwie aber derer Pflantzen und Blumen Vielfältigkeit der Gärten erste Anlockung ist [...], so habe erachtet, daß zu Euer Hoch=Fürstl. Gnaden unthänigst=gebührender Bedienung, nicht einerley, sondern verschiedener ‚Nationen' best zusammengesuchte Art sich geziemen würde. Von Euer Hoch=Fürstl. Gnaden, durch Derer Höfe und Geschäfften langen Erfahrenheit vollkommesten Verstand befórchte ich gar nicht boßhaffter, oder aber schwacher Gemüther vermessenes Anfallen, mit welchen, um weilen ich in Franckreich von denen in diser Kunst erfahrensten Meistern meinen Anfang genommen, mich dahero besagter ‚Nation' mehr als billich zugetan, und zu disen Französischen Kriegs=Zeiten der Teutschen günstigen Gehör unwürdig, freventlich urtheilen. [...] Die Kriegerische Waffen und ihre Ursachen seyn ferne von mir. Die Noten, die Seiten, die liebliche Music-Thonen geben mir meine Verrichtungen, und da ich die Französische Art der Teutschen und Welschen einmenge, keinen Krieg anstiffte, sondern vielleicht derer Völcker erwünschter Zusammenstimmung, dem lieben Frieden etwann vorspiele. Welchen so Euer Hoch=Fürstl. Gnaden lieben, werden selbe als ein Friedens=Sohn, so in der, deß Münsterischen Friedens halber allgemeiner, und durch die Gesandschafft, wie auch treue Verrichtung Ihro ‚Excellenz', Weyland Euer Hoch=Fürstl. Gnaden Herrn Vattern, Hochseel. Gedächtnuß vermehrter Freude, unter so viel grosser Gestirne einmüthigen ‚Aspecten' das erste Tag=Liecht angeschauet, weder*

desselben Vortretterin oder Begleiterin die ‚Music' verschmähen."[163] Da die vierte Suite dieser Publikation 1691 datiert ist und den Titel *Ansehnliche Hochzeit* trägt, wurde sie wohl für die eben genannte Festlichkeit geschrieben. An solchen *„Galatagen"* hat Muffat für *„völlige"* Musik zu sorgen, aber auch sonst gab es in Passau an zwei oder drei Wochentagen einfache Tafelmusik und nach den Abendessen Kammermusik[164].

Obwohl Graf Lamberg nichts über das Aussehen des Domes schreibt, hatte dessen Architektur 1691 zweifellos eine noch würdigere Kulisse geboten als 1676 für die Hochzeit Kaiser Leopolds I. mit seiner dritten Gemahlin. Denn der durch den Stadtbrand von 1662 ausgelöste Neubau war 1668 vom Prager Architekten Carlo Lurago begonnen und erst 1688 mit den Stuckaturen von Giovanni Battista Carlone sowie den Fresken von Carpoforo Tencalla und dessen Schwiegersohn Carlo Antonio Bussi vorläufig vollendet worden (Abb. 235). Die Ausstattung mit Portalen und Seitenaltären fiel jedoch zum größten Teil in die Amtszeit des Fürstbischofs Johann Philipp von Lamberg ab 1689. Nachdem er (oder einer der interimistischen Verwalter?) zunächst zwei Stuckateure aus Kempten als Altar-

233. Johann Philipp von Lamberg als Fürstbischof von Passau, Schabkunstblatt von Elias Christoph Heiß, 1694; Neupölla, Erstes Österreichisches Museum für Alltagsgeschichte/ Slg. Polleroß

bauer ausgewählt hatte, entschied sich der Fürstbischof jedoch 1690 erneut für die meisterhaften Entwürfe Carlones. Bis 1698 entstanden acht Seitenaltäre aus rotem sowie weißem Marmor und dazupassendem Stuckmarmor. Die Altarbilder lieferten die Lothschüler Johann Michael Rottmayr und Johann Carl Resler von Reslfeld sowie die Münchner Hofmaler Johann Caspar Sing und Johann Andreas Wolff. Die Altäre sind ebenso wie die diesen formal angeglichenen Seitenportale von 1693 durch überdimensionierte Schilde mit dem Lambergischen Wappen ausgezeichnet[165] (Abb. 235). Die ersten Entwürfe Carlones werden schon 1691 ein Gesprächsthema der Familienmitglieder gewesen sein und bei seinen späteren Besuchen in Passau konnte Leopold Joseph von Lamberg die Ausstattung des Domes kontinuierlich mitverfolgen.

Am 5. Juli 1692 bekam Graf Lamberg in Regensburg Besuch von seiner Schwester Eva Maria Anna Constantia, die auf dem Weg von Wien zu ihrem Gatten war, dem damals als kaiserlicher Gesandter beim Fränkischen Kreis tätigen Reichshofratspräsidenten Sebastian Wunibald Graf von Waldburg-Zeil[166]. Begleitet wurde die Gräfin von ihren Kindern, darunter die spätere Kölner Nonne Sidonia Elisabeth und Lambergs zukünftige Schwiegertochter Maria Franziska Katharina, während der älteste Sohn der Schwester damals schon als Domherr in Regensburg wirkte.

Auf dem Weg in die Waldviertler Heimat ist das Ehepaar Lamberg am 7. August 1692 neuerlich in Passau eingetroffen und *„in die Residenz logirt worden"*. Der zweitägige Aufenthalt ermöglichte sicher wieder eine Besichtigung der fürstbischöflichen Residenz[167]. Johann Philipp von Lamberg hatte den durch einen Brand im Jahre 1680 beschädigten Bau seit seinem Amtsantritt weiter verschönern lassen. 1689 ließ er die Hofkapelle vom zuvor im Dom tätigen Carlo Antonio Bussi um 1300 Gulden u.a. mit einer Darstellung der Himmelfahrt Mariens freskieren[168]. Bis 1692 entstanden außerdem einige Stuckdecken von Pietro Camuzzi sowie Portale aus verschiedenfarbigem Marmor von dem ebenfalls aus Oberitalien stammenden Baldassare Vecchio[169]. Einen Höhepunkt der Tätigkeit des Fürstbischofs Lamberg bildete jedoch das 1694 von Giovanni Carlone ausgeführte Bibliotheksfresko mit seiner imposanten Scheinarchitektur. Das Johann Philipp von Lamberg durch das Wappen als Mäzen von Wissenschaft und Kunst preisende Programm zeigt in der Mitte der Decke Apollo mit den neun

234. Langhaus von Carlo Lurago mit Stuck von Giovanni Battista Carlone und Fresken von Carpoforo Tencalla u.a., 1667–88; Passau, Dom

235. Südliches Seitenportal von Andrea Solari mit Wappen und Stifterinschrift des Fürstbischofs Johann Philipp von Lamberg, 1693; Passau, Dom

Musen (nach einem Gemälde von Simon Vouet). An der Eingangswand fordern Intellekt, Gedächtnis und Wille als Eigenschaften der menschlichen Seele zur Lektüre auf, während in den anderen Scheinarchitekturnischen einzelne Personifikationen von Wissenschaften und Künsten gemalt wurden wie Theologie, Metaphysik, Astronomie, Geographie, Musik, Poesie, Architektur, Malerei und Bildhauerei (Abb. 237). Sie verwiesen vielleicht auf die in den Schränken darunter verwahrten Bücher[170]. Tatsächlich ließ Bischof Lamberg nicht nur den Bücherbestand vermehren und einheitlich binden, sondern beauftragte schon 1689 den vielleicht als Programmverfasser tätigen Hofgelehrten Philipp Wilhelm von Hörnigk mit der Ordnung des Diözesanarchives und der Abfassung einer Geschichte des Bistums. 1692 gab Johann Philipp von Lamberg außerdem die erste Karte der Diözese Passau in Auftrag[171], und er stand auch mit dem venezianischen Geographen Vincenzo Coronelli (Abb. 241) in direktem Kontakt[172].

Die neue Bibliothek bot wahrscheinlich auch den passenden Rahmen für eine intellektuelle Veranstaltung, deretwegen Leopold Joseph von Lamberg den Jahreswechsel 1694/95 in Passau verbrachte[173]. Der Aufenthalt diente nämlich der Teilnahme an einer akademischen Feier dreier Neffen des Fürstbischofs am 30. Dezember: *„Heuth frue haben hier 2 junge Graffen v. Lamberg und ein Graf v. Harrach ‚Disputationem ex logico' gehalten, wobei hiesiger Fürst[bischof], H. Landtshaubtman v. Linz und ich beigewohnt. Ein […] Graf v. Törring, der Pater Rector v. Jesuiten [= Ferdinand Elbanger], Guardian v. Capucinern und Lector v. Franziskanern oppugnirt."* Bei den hier mit einer öffentlichen *Disputatio* ihr Studium an der Jesuitenuniversität abschließenden Verwandten des Botschafters handelte es sich vermutlich um den schon bei der Hochzeit genannten Franz Anton von Lamberg, der 1695 ein Kanonikat in Passau antreten wird, und um dessen jüngsten Bruder Joseph Dominik, den späteren Passauer Fürstbischof und Kardinal (Abb. 458). Ihr mitdisputierender Cousin dürfte der spätere Salzburger Fürsterzbischof Franz Anton von Harrach gewesen sein, der seit 1685 Domherr in Passau war[174]. Bei dieser Gelegenheit wurde natürlich auch der neueste Hoftratsch über adelige Eheverbindungen und deren Mitgift bekannt: *„Ich vernehme, dass dem Grafen Louis v. Harrach 2 Partyen vorgeschlagen worden, des Fürsten v. Schwarzenberg Tochter mit 100.000 Thaler, und des v. Mansfeld Fürsten v. Fondi Tochter."* Am Neujahrsmorgen 1695 hat Graf Lamberg seine *„Andacht auff dem Berg Maria Hilf vollbracht, mittags war solenne Taffel und ‚Musique'."* Der Autor dieser Tafelmusik war wohl wie schon 1691 Georg Muffat. Am 4. Jänner 1695 unternahmen die Verwandten des Fürstbischofs noch einen Ausflug nach Rathsmannsdorf (Gde. Windorf), ein an der Donau gelegenes mächtiges Renaissanceschloss und Gestüt des Passauer Fürstbischofs.

Nur aus dem Rechnungsbuch wissen wir von einer im April 1697 erfolgten Reise des Grafen Lamberg nach Passau[175]. Spätestens damals hatte Leopold Joseph Gelegenheit den neuen Residenzgarten seines Vetters zu sehen. Schon 1690 hatte Johann Philipp von Lamberg einen westlich der bischöflichen Residenz liegenden Kapitelhof angekauft und an dessen Stelle bis 1696 das *Neugebäude* errichten lassen. Ebenfalls 1696 war der zuvor für den bayerischen Kurfürsten im Schloss Schleißheim tätige Gärtner Johann Georg (?) Moser engagiert worden, um auf der Terasse zwischen dem alten und neuen Teil der bischöflichen Residenz einen Garten nach französischem Vorbild anzulegen. Die in zwei Ebenen gestaffelten Parterres umgaben jeweils einen Springbrunnen, der mit einem lambergischen Wappenhund geschmückt war. Der nur 63 x 36 Meter große innerstädtische Grünbereich wurde durch Fresken an der Ostwand des *Neugebäudes* sowie an der den Blick vom Domplatz versperrenden Nordwand illusionistisch erweitert. Die Hauptachse des Gartens war dabei auf den Blick

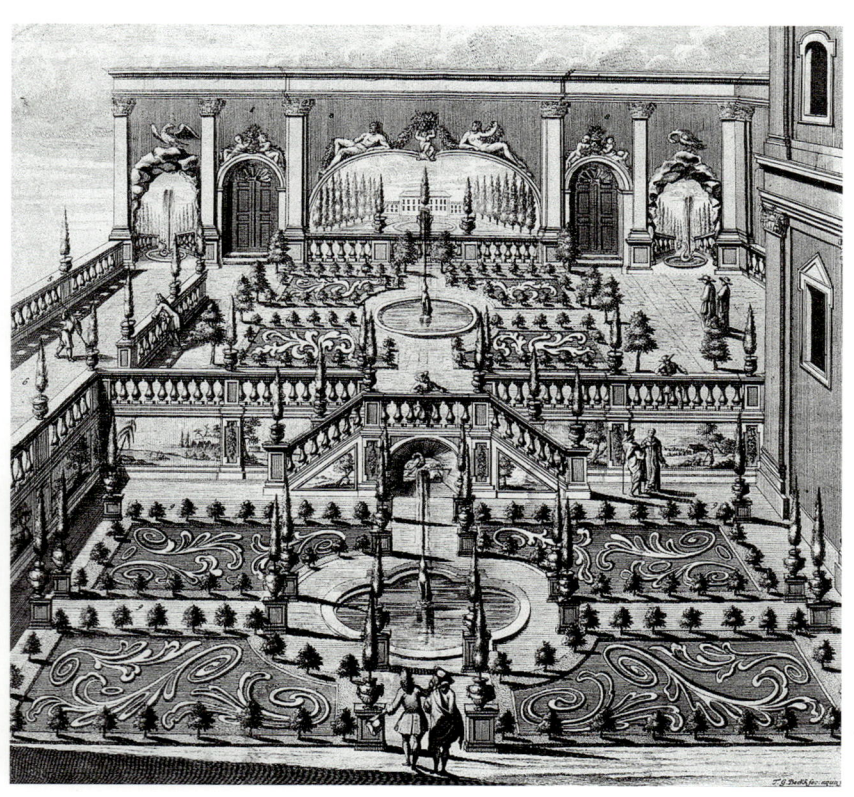

236. Terrassengarten der fürstbischöflichen Residenz in Passau (ab 1696), Blick aus der Wohnung des Fürstbischofs, Kupferstich von Johann Georg Beckh, 1714; Passau, Oberhausmuseum

von der Wohnung des Fürstbischofs ausgerichtet (Abb. 236). Der Fürstbischof empfing hier 1710 etwa einen preußischen Gesandten, und 1714 würdigte der Nürnberger Patrizier und Gartenliebhaber Johann Christoph Volckamer die Passauer Anlage in seiner *Continuation der Nürnbergischen Hesperidum* durch Wort und Bild[176].

Unter den Ausgaben des Jahres 1697 sind auch 150 Gulden für eine Reise im April nach Eichstätt sowie ein gleich hoher Betrag für *„trinckgeld vor die hofstatt zu Aichstätt"* verzeichnet[177]. Im Auftrag Leopolds I. fungierte Graf Lamberg wie schon 1695 in Regensburg als kaiserlicher Vertreter bei der Bischofswahl. Und der Ablauf entsprach auch weitgehend jenem der ersten Kommission des Diplomaten[178]. Da die Gastgeber offensichtlich ebenso wenig vorbereitet waren wie Lamberg, unterblieb ein standesgemäßer Empfang. Domdechant Johann Heinrich Speth von Zwiefalten begründete dies mit dem – nach Meinung Lambergs – Vorwand, dass er *„Bedencken tragen müße, mich [= Lamberg] nach abgelegten Reiß-beschwernußen zu beunruhigen"*. Auch eine entsprechende Beherbergung war nicht möglich, *„weilen die Zimmer auff der Fürstlichen Residenz, der sogenannten Wilibaldsburg, noch nicht allerdings zugerichtet"* seien. Schon aus den ersten Gesprächen mit den Domherren wurde für Lamberg ersichtlich, dass nur zwei von 15 Wahlberechtigten für den Augsburger Bischof und Kaiserschwager Alexander Sigmund von Pfalz-Neuburg stimmen würden. Es lief also alles nach Muster ab: In der Sache blieb Lamberg der Erfolg versagt, aber auf der zeremoniellen Ebene wurde seinem Rang alle Ehre erwiesen. Nach Vorbereitung der Zimmer wurde der österreichische Aristokrat mit zwei Wagen *„à 6 Pferden"* vom Gasthof in die Willibaldsburg gebracht. Die über der

237. Deckenfresko von Giovanni Carlone mit Allegorien der Künste und Wissenschaften sowie Wappen des Fürstbischofs Johann Philipp von Lamberg, 1694; Passau, Fürstbischöfliche Residenz, Bibliothek

Stadt gelegene Festung war zwischen 1595 und 1612 von Elias Holl errichtet und vom damaligen Fürstbischof Konrad von Gemmingen auch mit einem botanischen Garten bereichert worden[179] (Abb. 238). Am 15. April wurde der kaiserliche Vertreter vom Eichstätter Hofmarschall und vom Stallmeister mit drei sechsspännigen Kutschen zur Kapitelaudienz abgeholt, während der Gesandte des Kurfürsten Johann Wilhelm von Pfalz-Neuburg zu seinem Vortrag bei den Domherrn „nur mit 2 Wagen" gefahren wurde. Anschließend wurde für die beiden Diplomaten in der Residenz ein Essen gegeben, wobei man gleichfalls den Rangunterschied zwischen ihnen betont hat. Laut Bericht von Lamberg an den Kaiser wurde „sowohl des Sitzens, als des übrigen Tractaments halber zwischen ihm und mir eine merckliche Distinction gehalten, inmaßen ich oben an einer oval-runden Taffel soviel als ganz allein an einem hohen Lehnseßel saße, auch mein vor mir gesteltes Tischservice in vergulten Meßer, Gabel, Löffel und Salzfaßel bestunde, da hingegen der Chur-Pfälzische auff einem niedrigeren Sessel ‚Spatio unius passus à me distincto', auch nur mit einem silbernen ‚Service' sich begnügen laßen". Als der Kollege Lamberg einen Besuch abstattete, hat der kaiserliche Vertreter natürlich ebenfalls „die Oberhand […] durchaus behalten".

Am 16. April, dem Wahltag, hielt sich Graf Lamberg zunächst im 1659–67 neu erbauten Jesuitenkolleg auf, wo er auch von der Wahl des Johann Martin von Eyb mit zwölf Stimmen zum Fürstbischof von Eichstätt erfuhr. Nach dem kirchlichen Zeremoniell stattete der neue Kirchenfürst dem kaiserlichen Vertreter in der Willibaldsburg die Antrittsvisite ab, wobei er Lamberg „durchgehends die Hand [d.h. den Vorrang] gelassen". Bei der Festtafel saß der neue Fürstbischof zur Rechten Lambergs, zur Linken hingegen der Gesandte des Kurfürsten Johann Wilhelm, „aber doch mit geraumer Distanz". Während der österreichische Adelige an der Tafel von drei Kavalieren bedient wurde, musste sich sein pfälzischer Kollege mit einem begnügen.

1698 wurde Leopold Joseph von Lamberg vom Kaiser nach Salzburg und München entsandt, um über die Bereitstellung von Truppen für den Kampf gegen „den Erbfeind Christlichen Nahmens" in Ungarn zu verhandeln. Nachdem der Diplomat den kaiserlichen Befehl vom 20. Jänner am 26. d.M. erhalten hatte, ist er „gleich andern tags" nach Salzburg abgereist, um die kaiserliche „Intention treu=gehorsambst außzuführen". Am 29. Jänner bezog der Diplomat an der Salzach ein Gasthaus und übermittelte Johann Jakob Graf von Thun, dem Hofmarschall und Vetter des Salzburger Fürsterzbischofs Johann Ernst Graf von Thun (Abb. 239), das kaiserliche Schreiben. „Worauff der Herr Erzbischoff die Anerbiethung thun lassen, mich in die Residenz nacher Hoff zu quartieren, welches ich aber auß gewissen Bedenckhen nicht angenommen, sondern biß anderntags ‚deprecirt' habe; alsdann erst /: jedoch noch vor der Abholung :/ der Fürst bey mir anfragen lassen, weilen Er in dem übergebenen Kayserlichen Creditiv keine ‚expresse Characterisierung' meiner Persohn fände, was für ‚Qualität' ich etwa selbsten annehmen, und ein dazu ‚proportionirtes Tractament' empfangen wollte?" Ob bürokratischer Fehler oder (finanz-)politisches Kalkül, der fehlende Hinweis auf den Rang Lambergs brachte sowohl diesen als auch seinen Gastgeber in eine schwierige Lage, hatten ja beide Seiten den zeremoniellen Formalitäten zu entsprechen. Tatsächlich hat auch der österreichische Diplomat „auß der mir zugekommenen ‚Copia Credentialium' durchauß nicht ersehen können, waß von Euer Kayserlichen Mayestät mir /: außer der Wort Österreichischer Principal-Gesandens zu Regensburg :/ zu verstanden sein worden möchte; als habe ich das ‚Extrinseum Ceremonialium' des Herrn Erzbischoffen ‚Discretion' alleinig zugestellt, mithin nur umb eine gnädige Audienz und baldige ‚Expedition' gebeten. Es beruhete aber der Fürst auß Höflichkeit hiebey noch nicht allerdings, sondern schickte zum andern mahl zu mir, und ließe das ‚Tractament' eines ‚Envoyé Extraordinaire' offeriren. Bald hernach kamen 2 Hoffwagen mit einem Kammerherrn, der mein zugegebener ‚Commissarius' sein sollte", und auch auf der Fahrt in die fürsterzbischöfliche Residenz (Abb. 241) ist Lamberg „auf die Weiß und ‚Manier tractirt' worden, alß man hiesigen Orths vorherigen Kayserlichen ‚Envoyés Extraordinaires'

238. Willibaldsburg von Elias Holl, 1595–1612; Eichstätt

239. Fürsterzbischof Johann Ernst Graf von Thun und seine Salzburger Stiftungen, Kupferstich von Philipp Jakob Leidenhofer nach Johann Friedrich Perreth, 1699; Privatbesitz

mehrmals darmit begegnet". Fürsterzbischof Thun versicherte seine *„untertänigste ‚Devotion'*, ersuchte Lamberg aber in einer *„etwas weitläuffigen Beantwortung"* der kaiserlichen Bitte um eine schriftliche Ausfertigung des Ansuchens, damit er seinen Landständen, *„welche an Verpflegung der Mannschafft gutentheil mittragen müssen, darauß ‚communiciren' könnte"*, was der Graf auch zusicherte. Tatsächlich ließ sich der Fürsterzbischof am nächsten Tag die finanzielle Mitwirkung der Landstände absegnen und Lamberg am 1. Februar durch zwei seiner Geheimräte, nämlich Hofkanzler Johann Jakob Freiherr von Löwenheim und Herrn von Dücker, von der entsprechenden Zustimmung informieren, aber auch von der dringenden Bitte, in diesem Jahr von weiteren kaiserlichen Wünschen dieser Art *„verschont zu bleiben"*. Gemeinsam mit einem aus Linz eingetroffenen Oberkriegskommissär wurden dann die näheren Umstände verhandelt. Dabei versprachen die beiden Vertreter des Kaisers einen Truppentransport von Salzburg nach Ungarn zu Wasser mit dem Hinweis, dass dafür sicher die Erzherzogtümer Ober- und Niederösterreich gerne aufkommen werden, wenn sie dadurch den Durchmarsch der Truppen vermeiden könnten[180]. In der Abschiedsaudienz am 10. d. M. versicherte Fürsterzbischof Thun abermals – wie Lamberg dem Kaiser schrieb – seine *„Gutwilligkeit und treugehorsambste ‚Devotion' gegen Euer Kayserliche Majestät mit sehr ‚obligeanten Expressionen'"*. Schon am nächsten Tag traf der österreichische Gesandte in München ein und verhandelte dort mit der kurfürstlichen Regierung und dann auch mit dem Fürstbischof von Freising, Johann Franz Eckher von Karpfing und Liechteneck[181], ebenfalls über ein Truppenkontingent zur Verstärkung der kaiserlichen Armee in Ungarn[182].

Ende des Jahres gab es wieder familiären Besuch in Regensburg: Am 2. Dezember 1698 traf Graf Ferdinand Bonaventura von Harrach aus Paris kommend, wo er sich von Rigaud hatte porträtieren lassen (Abb. 35), per Schiff ein. Der Diplomat befand sich in Begleitung seines Sohnes und seines Neffen Johann Adam von Lamberg, dem später wegen Entführung der Prinzessin Liechtenstein bekannt gewordenen Schwager des Direktorialgesandten. Letzterer erwartete schon seine Verwandten in Regensburg: *„Graf Leopold von Lamberg ist gleich zu mir in das Schif komen, undt mir allerley Nachrichten von Wienn gegeben, unter anderen, das der Obrist Hoffmeister Fürst von Dietrichstein die letzte Ölung bekommen […]. Der Passauer Plenipotentissimo hier hat Befehl gehabt, gleich eine Stafet mit der Nachricht meiner Alherokunfft abzuschicken, Graf von Lamberg hat mich mit allerley*

240. Dom, fürsterzbischöfliche Residenz und Neugebäude in Salzburg, Kupferstich von Johanna Sibylla Küsel, Illustration der von Lamberg 1692 angeschafften „Historia Salisburgensis" von Josef Mezger, 1692, Ausschnitt; Wien, Universitätsbibliothek

Essenssachen undt 4 Flaschen Mosler Wein regalirt". Anschließend reiste Graf Harrach zu seinem Schwager Johann Philipp von Lamberg nach Passau weiter, wo er am 4. Dezember erfuhr, dass der kaiserliche Oberhofmeister Fürst Ferdinand von Dietrichstein am 29. November verstorben ist. An der fürsterzbischöflichen Tafel wurde daher *„von Erstrebung dises Ambts"* diskutiert und nicht einmal drei Monate später sollte Harrach tatsächlich die Funktion des Verstorbenen übernehmen. Waren es die Aussichten auf diesen höchsten kaiserlichen Ministerposten oder nur die Freude über die gesunde Rückkehr aus Spanien und Frankreich, jedenfalls Grund genug für die Aufführung einer Komödie, *„welche mit Music, ‚Symphonies' und Tanzen von denen Fräulein von Kuefstein und des H. Bischoven Edeldamen untermengt war"*. Auch die anschließende öffentliche Tafel wurde mit einer wohl ebenfalls von Georg Muffat stammenden *„grossen Tafel Music mit Trompeten und Bauken"* besonders festlich gestaltet[183].

Porträts und Kupferstiche

Im Rahmen der Ausgaben des Grafen Lamberg für Kulturgüter dominieren zahlenmäßig jene für Bücher und Kupferstiche. Bei den Büchern handelte es sich großteils um geographische und historische Werke, also um Handbücher, die – ebenso wie die zwei um nicht weniger als 500 Gulden vom venezianischen Botschafter Cavaliere Alessandro Zeno erworbenen Globen[184] – als Nachlagewerke bzw. zum Privatunterricht des 1686 geborenen Sohnes Karl Joseph dienen sollten[185]. Dies gilt vor allem für die Geschichte Wiens von Wolfgang Lazius (Frankfurt am Main 1692) und die im selben Jahr gedruckte *Historia Salisburgensis* von P. Joseph Mezger OSB mit Stichen von Johanna Sybilla und Melchior Küsel sowie Philipp Kilian (Abb. 240). Dazu gehören auch die Topographien des Freiherrn Valvasor für Krain und die Karnische Mark, das *Theatrum Sabaudiae* sowie die Stadtgeschichte Venedigs von Giovanni Battista Nani (Bologna 1680) und der *Atlante Veneto* (1691–96) von Vincenzo Coronelli (Abb. 54 und 241). Den venezianischen Geographen wird Lamberg später in Rom persönlich kennen lernen (Abb. 242).

Neben dem *Lexicon Universale* (Genf/Basel 1677–83) von Johann Jacob Hofmann, erwarb der Diplomat damals außerdem ein Buch des Jesuitenkardinals Robert Bellarmin, die *Annales Ecclesiastici* von Kardinal Cesare Baronio und Odorio Rinaldi, die *Acta Sanctorum* der Bollandisten (Antwerpen ab 1643) und historische Werke des auch in Wien tätigen Benediktinerpriors Gabriel Bucellinus. Geographisch und politisch gleichermaßen interessant waren die *Neu-eröffnete Ottomanische Pforte* (Augsburg 1694), ein Handbuch zum Osmanischen Reich mit Kupferstichen von

241. Porträt des Geographen P. Vincenzo Coronelli, Kupferstich in dem von Lamberg 1697 erworbenen „Atlante Veneto", um 1690; Privatbesitz

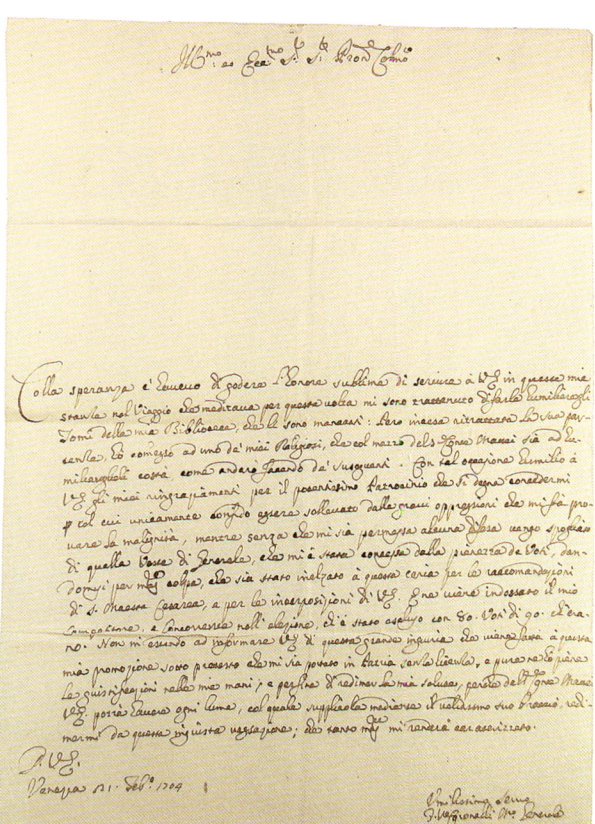

242. Brief von P. Vincenzo Coronelli an Leopold Joseph von Lamberg, Venedig 21. September 1704; St. Pölten, NÖLA Lamberg-Archiv, Kart. 65

Georg Andreas Wolfgang nach Johann Andreas Thelott[186] (Abb. 244 und 245), und die posthum 1697 publizierte *Bibliothèque orientale* von Barthélemy d'Herbelot de Molainville, dem Sekretär des französischen Königs für orientalische Sprachen. Das zeitgeschichtliche Standardwerk schlechthin bildete aber das vom Grafen Lamberg damals erworbene *Theatrum Europaeum*, dessen jüngster Band von 1691 die Jahre von 1679 bis 1687 behandelte. In Text und Bild wurde darin ausführlich über die Belagerung und Befreiung Wiens sowie über das Denkmal Ludwigs XIV. auf der Place des Victoires berichtet (Abb. 243). Dabei hat man zwar auf das Relief mit dem Thema „*Der Vorsitz/ welchen Spanien der Cron Frankreichs gegeben, 1662*" (Abb. 44) hingewiesen, ohne allerdings die daraus resultierenden politischen Kontroversen (Abb. 46) zu erwähnen. Diplomatische Standardwerke bildeten außerdem die Schriften des Philosophen und Historikers Justus Lipsius, das 1685 in Amsterdam erschienene *Ceremoniale historico-politico* von Gregorio Leti (Abb. 246), Johann Jacob Speidels *Speculum Juridico Politico* (Nürnberg 1657) und *Sylloge quaestionum juridicarum et politicarum* (Tübingen 1629), Michael Caspar Landorps *Der Römischen Kayserlichen Majestät und des Heiligen Römischen Reiches Acta Publica* (Frankfurt am Main 1668) sowie der *Vitrarius illustratus sive corpus iuris publici* des Löwener Staatsrechtlers Philipp Reinhard Virtrarius (Freiburg im Breisgau 1691). Beim 1697 gemeinsam mit dem Buch von Leti erworbenen Werk von Trajano Boccalini dürfte es sich um den *Segretario di Apollo oder des Apollo geheime Schreibkammer anzeigend die rechte Staatsklugheit in Brieffen* (Frankfurt am Main 1685) gehandelt haben.

Der *Dictionaire universel* von Antoine Furetière, der posthum 1690 in Holland erschien, und das u.a. Geologie, Metallurgie sowie Vulkanismus behandelnde Lehrbuch des Jesuitenpaters Athanasius Kirchers über die unterirdische Welt (Amsterdam 1678) sprachen offensichtlich ebenso ein persönliches Bildungsinteresse des Grafen an wie die unter dem Titel *Acta Eruditorum* ab 1682 in Leipzig erscheinende erste deutsche (natur-)wissenschaftliche Monatszeitschrift. Die von François Blondel 1688 publizierte Schrift über die Thermalquellen von Aachen lieferte dem Grafen Lamberg sowohl nützliche Informationen für die eigene Gesundheit als auch für den Betrieb seiner Badeanstalt in Baden, während die *Relationes Curiosae* von Eberhard Werner Happel als populärwissenschaftliche Zeitschrift dem ‚Smalltalk' bei diplomatischen Empfängen und Kuraufenthalten dienen konnten. Seiner persönlichen Frömmigkeit entsprechend kaufte Lamberg in Regensburg auch das mehrbändige, satirisch-pädagogische und dem Altenburger Abt

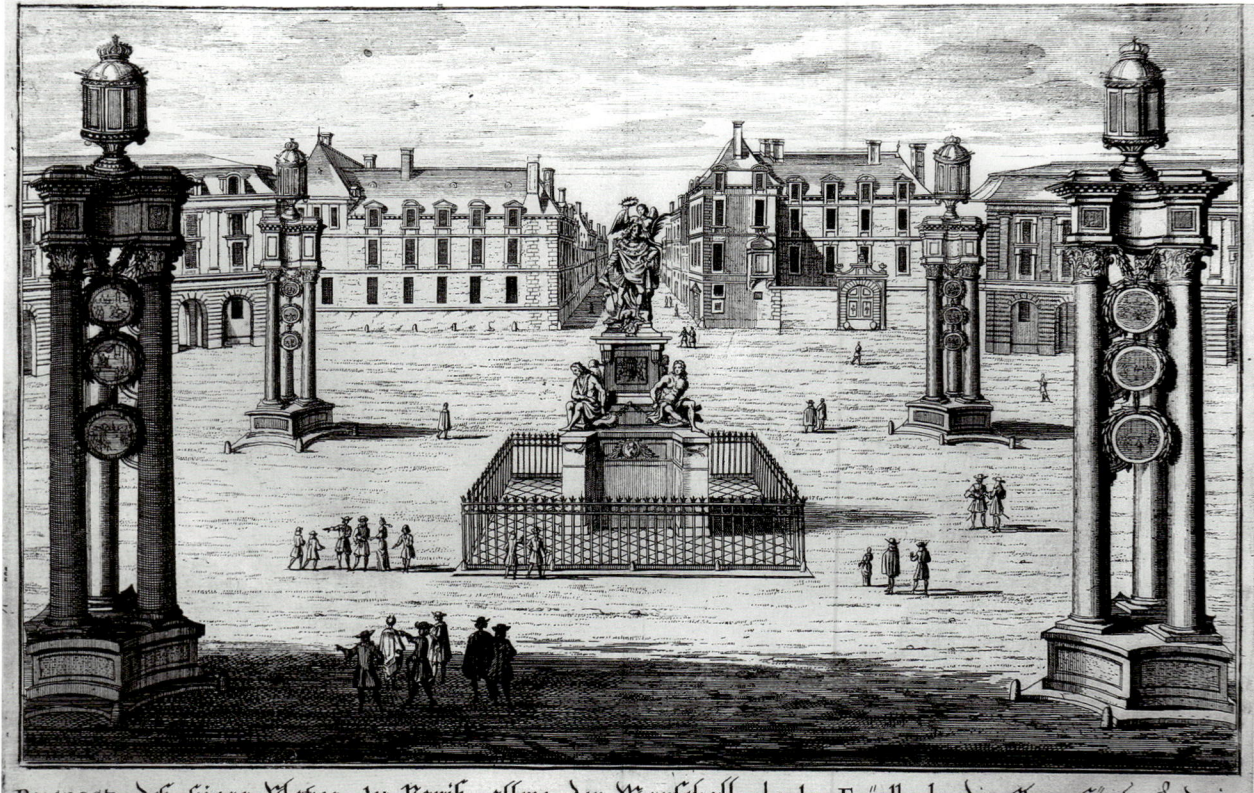

243. Ansicht des Denkmals für König Ludwig XIV. von Frankreich auf der Place des Victoires in Paris (1686), Kupferstich des „Theatrum Europaeum" 12. Bd., 1691; Privatbesitz

Raimund Regondi gewidmete Werk *Judas der Erzschelm* von Abraham a Santa Clara (Salzburg 1686–95) sowie die reich illustrierte *Bavaria Sancta* des Jesuiten Matthäus Rader, die auch zahlreiche österreichische Heilige dem von Kurfürst Maximilian I. propagierten bayerischen Heiligenhimmel einverleibte[187].

Ebenfalls mit vielen Graphiken u.a. von Johann Jakob von Sandrart, Johann Ulrich Krauß und Elias Christoph Heiß ausgestattet war die als *Bilder-Bibel* bekannte und 1695 von Christoph Weigel in Augsburg verlegte *Biblia Ectypa*[188] (Abb. 247). Von dem nach einem kurzen Wienaufenthalt 1691–98 in Augsburg bzw. vorübergehend auch in Regensburg ansässigen Verleger und Kunsthändler Christoph Weigel erwarb Lamberg auch ein weiteres Kinderlehrbuch, nämlich die *Gedächtnuß-hülfliche Bilder-Lust der merkwürdigsten Welt-Geschichten aller Zeiten von der Erschaffung der Welt bis auf gegenwärtige 1697* (Regensburg 1697). Durch 411 Seiten Text und 43 Tafeln mit insgesamt 385 Bildchen sollte diese Weltgeschichte der *„lehr-begierigen Jugend und anderen Curieusen Gemütern das Studium Chronologicum und desselben vornehme Haupt-Geschichten eines jeden Millenarii, Seculi und Decenii […] vermittelst gewisser Tabellen gar annehmlich und artig gezeiget werden, um damit dem gar leichtlich fehlenden Gedächtnis desto besser zu Hülfe zu kommen"*[189]. Diese aus pädagogischen Gründen illustrierten Werke dienten ebenso wie die damals erworbenen Globen und Landkarten wohl hauptsächlich dem privaten Schulunterricht des Diplomatensohnes.

Eine andere Bezugsquelle für Lambergs Bücher bildete der Regensburger Verleger Johann Zacharias Seidel, der 1703 eine Sammlung von Reichsgrundgesetzen von der Goldenen Bulle bis zur Wahlkapitulation Josephs I. *„zum Dienste der Advocaten, Procuratoren, Notarien"* (Abb. 267) sowie 1708 die gesammelten Schriften Philipp Wilhelm von Hörnigks (Abb. 194) herausgab. Eine von Seidels Publikationen hat der Diplomat sogar finanziell unterstützt. Bezeichnenderweise handelte es sich um eine Neuauflage einer Geschichte der Habsburger von den Anfängen bis zu Kaiser Rudolf II. von Franz Guilliman, die damals in Regensburg als rar und gesucht galt[190]. Der Autor war nach einer umstrittenen Tätigkeit in seiner Schweizer Heimat vom Kaiser auf den Lehrstuhl für Geschichte an der habsburgischen Universität Freiburg im Breisgau berufen worden. 1696 legte Seidel das erstmals 1605 erschienene Werk *De antiqua et vera origine Domus Austriacae. Vita et rebus gestis comitum Vindonissensium sive Altenburgensium, in primis Habsburgiorum libri septem ad Rudolphum II Habsburgi-Austriacum Imperatorem semper Augustum* neu auf, wozu Lamberg 12 Gulden beisteuerte. Dafür wurde ein ihn als Mäzen preisender kleiner, mit „M. Wolfgang" signierter Kupferstich in den Band aufgenommen (Abb. 248). Der Kupferstecher Andreas Matthäus Wolfgang war ein Sohn des oben genannten Georg Andreas Wolfgang und gemeinsam mit seinem Bruder Johann Georg in England ausgebildet worden. Auf der Heimreise von algerischen Seeräubern gefangen genommen, konnten die beiden jungen Graphiker erst um 1691 gegen Lösegeld freigekauft werden und nach Augsburg zurückkehren. Andreas Matthäus Wolfgang wirkte u.a. 1715 bei einem Münchner Huldigungswerk für Kurfürst Max Emanuel mit[191]. Im Widmungstext des Regensburger Buches wurde Graf Lamberg von Seidel als „gloriae Austriacae unice

244. und 245. Titelblatt des von Lamberg 1694 gekauften Buches „Neu-eröffnete Ottomannische Pforte" und Frontispiz von Leonhard Heckenauer nach Johann Andreas Thelott, Augsburg 1694; Wien, Universitätsbibliothek

246. Vorsatzkupfer mit Porträt von König Ludwig XIV. von Frankreich und Titelblatt des von Lamberg 1697 erworbenen „Ceremoniale historico-politico" von Gregorio Leti, Amsterdam 1685; Wien, Universitätsbibliothek

devotus", also als Förderer des Ruhmes des Hauses Österreich bezeichnet. Tatsächlich entsprach eine Subvention für dieses Werk durchaus der Ideologie und dem beruflichen Selbstverständnis des österreichischen Hofadeligen.

Als dritte Bezugsquelle für Lambergs Bücher ist Georg Andreas Endter, der letzte Vertreter der bekannten Nürnberger Verlegerdynastie, zu nennen. Als weitere Provenienz für Bücher gibt Lamberg die Stadtbibliothek sowie die Gumpelzheimerische Bibliothek an. Dabei dürfte es sich um den Büchernachlass des Regensburger Ratsherrn, Gesandten und kaiserlichen Rates Esaias Gumpelzhaimer gehandelt haben. Der Lieferant von Büchern aus Leipzig könnte hingegen der Regensburger Organist Hieronymus Gradenthaler oder einer von dessen Verwandten gewesen sein.

Noch bemerkenswerter sind aber zahlreiche Ankäufe von Graphiken, darunter ein Sammelband mit 1000 Kupferstichen oder Schabkunstblättern, um nicht weniger als 200 Gulden aus dem Nachlass des 1677 in Regensburg verstorbenen österreichischen Exilanten und Kunstsammlers Rudolf Wilhelm von Stubenberg und seiner Cousins Georg August sowie Otto Gall von Stubenberg. Der selbst als Scherenschneider tätige Sohn des protestantischen Barockdichters und ehemaligen Besitzers der Schallaburg war 1667 nach Regensburg emigriert. Trotz seines geringen Alters verfügte er über eine ansehnliche Kunstsammlung, die neben Gemälden von Cranach, Brueghel, Tizian, van Aachen und Caravaggio vorwiegend Medaillen und Graphik umfaßte[192]. Tatsächlich scheint die über 80.000 Blätter zählende Stubenberg-Sammlung von Holzschnitten und Kupferstichen damals eine der bedeutendsten in Europa gewesen zu sein, da sie nicht nur alle wichtigen Künstler seit dem 15. Jahrhundert enthielt, sondern sorgfältig nach thematischen Kriterien geordnet war, wie Joachim von Sandrart 1675 hervorhebt: *"Ingleichen von den berühmtesten Kupferstücken in besagtem Cabinet: Zehen grosse Bücher, alle einer Form von Regalbogen von Contrafeten nach der Ordnung und eines jedwedern Stand locirt. In solchen zehen Büchern sind 25.258 Stuck. Sieben Bücher von geistlichen Stucken sind alle, gleichwie man die Bibel zu lesen pflegt, nach den Capiteln und Versikeln, nach der Ordnung gerichtet. In diesen 7 Büchern sind 19.212 Stuck. Zehen Bücher von weltlichen Stucken als Historien, Sinnbilder, Landschafften ect. Und stehen die Historien nach den Jahren in der Ordnung von der ersten an bis auf unsere lebenden Zeiten. In diesen sind 27.198 Stuck. Vier Bücher von den Städten, so in der gantzen Welt seyn mögen, und was überall rares in denselbigen zu sehen und anzutreffen. Darinnen sind 10.109 Stuck. In allen diesen Büchern, deren zusammen 31, befinden sich 81.777 Stuck. Noch seyn in einem grossen Buch von Joh. Von Sommer, Valck, Bloteling und den Vaillant Gebrüdern eine ziemliche Anzahl der Conterfät anderer Stuck von schwarzer Arbeit. Alle diese Bücher sind erfüllet voll der allerberühmtesten Italiänischen, Frantzösischen, Teutschen, Niderländischen, alter so wo als auch der noch heutigen Tages lebenden neuen Meister Händen berühmtester Stucken in Kupfer gestochen, geätzte auch von schwartzer Arbeit zusammen gebracht, deren meister Namen alle zu specificiren viel zu lang wäre, weilen in der Zahl mehr als 555 unterschiedlich sind"*. Zweifellos zurecht lobte Sandrart daher die Grafen von Stubenberg als *"der Edlen Mahlerey, auch der Kupferstück, ein besonderer Wolwoller"*, die in ihrer Bibliothek die *"aller wolwürdigsten allerbesten Zeichnungen und Kupferstücken von den berühmsten alten und neusten Meisterwerck versamlet habe, als von Israel von Mehren [= Meckenem], Martin Schongauer, Albrecht Dürer, Bartholome Behem, auch Lucas von Leyden, Aldegraff, Georg Pencz, Jacob Binch und dergleichen Teutschen Meistern, als auch von den allerbesten Italiänern alt und neuen, auch*

247. Frontispiz zum alten Testament der „Biblia Ectypa" von Christoph Weigel, Schabkunstblatt von Elias Christoph Heiß nach Johann Jakob von Sandrart, Augsburg 1695; Wien, Universitätsbibliothek

von allen Niederländischen und Franzosen, absonderlich von der sogenandten schwartzen Kunst alles zusammen gebracht, was jemals darinnen lobwürdig an Tag kommen."[193] Da Graf Lamberg laut Rechnungsbuch einen Band mit schwarzen Kupfern und einen anderen mit Porträts gekauft hat, können wir wohl vermuten, dass einer davon der bei Sandrart als Einzelstück genannte Band mit Bildnissen der holländischen Schabkünstler Jan van Somer, Abraham Blooteling (Abb. 207) und anderer war. Wohl nicht zuletzt aufgrund der Würdigung durch Sandrart hatte die Stubenbergische Sammlung eine solche Berühmtheit erlangt, dass Graf Lamberg bei seinem Kauf in Konkurrenz zu seinem schlesischen Kollegen Christoph Wenzel Graf von Nostitz geriet. Dieser hatte durch seinen Regensburger Agenten Johann Caspar Pfau, den Sekretär der Anhaltischen Gesandtschaft, schon früher Teile der Stubenberg-Sammlung erworben, zog aber nun gegenüber Lamberg den Kürzeren[194]. Die sich auf diese Ankäufe beziehenden Einträge in den Rechnungsbüchern des Grafen[195] lauten im Detail:

Februar 1690:
den kupferstecher vor die wappen 1 Stuckh   65:- [S. 1]

Juni 1691:
57 kupferstich   4:- [S. 17]

Jänner 1692:
2 bilder und 10 cioccolada   8:- [S. 21]

März 1692:
Londorpii acta publica Tom. X   41:20
aus d. Gumpelzheimerischen bibliotheque bücher   12:-
l'historia di Venezia des Cav. Nani   6:-

April 1692:
Bücher aus d. Stubenberg. Bibliotheque   53:-
kupferstich kaufft   36:-
kupferstich   8:- [S. 21]
bücher einbinden   24:15
kupferstich   5:- [S. 22]
Kupferstich kaufft   13:-

Mai 1692:
Kupferstich   3:-
bücher einbinden   20:-

Mai 1692:
nach Amsterdam dem buchbinder v. Mainbourg pollibio   33:36
bücher alt [...]   13:30
bücher einzubinden   11:
kupferstich   7:-
bücher einbinden und was kupferstich   8:-
kupferstich   8:-
das [...] buch und etliche kupferstich   7:-
bücher einzubinden   8:-

Juli 1692:
ein buch mit 200 holland. Kupferstichen   9:- [S. 23]
bücher kaufft   30:-
bücher kaufft [...]   13:-

August 1692:
die bücher einzubinden   15:-

Oktober 1692:
die Salzburg. Histoire   5:30 [S. 24]
underschiedliche Croniken und bücher   41:30 [S. 25]
den buchbinder vor 14 folianten   18:30
des Valvasors Crainerische u. Carnische Cronica   19:-

November 1692:
dem P. praedic. vor 5 historische karten   5:15 [S. 26]
für 3 biblische Lesebücher nach Wien   2:15
dem buchbinder vor 6 folianten   12:-
4 tomos v. Goldasto[196] und monumenta antiqua   16:30
bücher und Kupferstich   7:- [S. 27]
bücher v. Cronmayr   13:-

Dezember 1692:
v.d. frl. v. Stubenberg ein Buch mit tausend
schwarzen kupfern   200: [S. 28]
bücher Speculum et Sylloge Speidelij   12:- [S. 29]

Jänner 1693:
d. Freylle v. Stubenberg[197] die contrefait und
Kupferstich   150:- [S. 30]

Februar 1693:
Vor die kupferstich in abs. d. 50 fl.   25:- [S. 32]
den buchbinder vor das kleine buch d. Frauenbilder   4:-
vor bücher den Seidel   6:- [S. 33]

März 1693:
den Gradenthal vor bücher von Leipzig   39:45 [S. 34]
buchführer Seidel   4:- [S. 35]

248. Lamberg als Mäzen, Kupferstich von Andreas Matthäus Wolfgang und Widmung in „Habsburgiaca" von Franz Guillimann, Regensburg 1696; Privatbesitz

Mai 1693:
d. Lexicon Hoffmani	22:- [S. 39]
Bücher v. Augspurg	15:24
Hoffmann vor die gedruckhte exemplaria völlig	13:- [S. 41]
Seidel vor die Topographien u. 3. kleine büchel	100:- [S. 41]
Moliere und Archin den 3ten theil	5:-

Juni 1693:
Bellarminus in folio	12:- [S. 43]
Buccelini opera	28:-

Juli 1693:
die bücher aus Holland	14:48 [S. 45]
das ‚theatrum Europaeum' in abs. d. 115 fl.	60:-
acta eruditorum v. 82 bis 687	10:-
den mahler wegen des theatri in abschlag	2:- [S. 46]

August 1693:
Seidel Buchführer d. theatri völlig	23:- [S. 48]

September 1693:
[...] Uffenbach und ein landkarten	23:10
Seidel buchführer umb [...] und Vitriario Illustr	5:-
dem Cro[n]mayr vor bücher	31:30 [S. 49]

Oktober 1693:
Kupferstich	5:50 [S. 51]
Vor den Thurnriss	6:- [S. 52]
Kupferstich	9:-
ein Papagey	18:-

November 1693:
Beurlingk magnas Speculum Vita humana v. Lazio	67:- [S. 56]
Cronica Viennensis Lazij	1:45
bücher v. Seidl	8:15 [S. 57]

März 1694:
Cronmayr bücher	16: [S. 64]

April 1694:
umb bücher aus d. Statt bibliotheque	44:- [S. 65]
dem Seidl vor den Atlante und Nettuno in fol.	90:- [S. 66]
v. Seidel den ‚palatium' und kupferstich	46:- [S. 69]

Juli 1694:
Seidl vor d. Theatrum Europaeum, Ottomanische Porten und Happel relat. curios.	40:- [S. 70]
die 2 globen nach Cottingbrun drauffgab	126:51 [S. 71]

Dezember 1694:
Cronmayr vor bücher	10:- [S. 78]

Februar 1695:
ein tractatl v. d. Materij perlata [= Milzkrankheit]	-15 [S. 82]
dem Gradenthaller vor bücher	10:23
dem Seitl den rest v. den Aquilis Palatij	10:-

März 1695:
des P. Abraham buch Judas den 4ten theil	1:30 [S. 84]

April 1695:
Seidl in abs. d. 40 fl.	20:- [S. 85]
d. pages dictionarium und grammatica	2:45
die bilder bibel	18:-
kupferstich	12:-

Juni 1695:
2 Globi v. Venedischen Pottschafter Zeno	500:- [S. 86]

August 1695:
des Seidl sein alter bücher rest mit	20:- [S. 90]
Vor ‚emblemata'	10:21
ein papagey und ein affen gibe in geld und ein andren papagey	36:-
Seidl Kircherj Mundum subterraneum[durchgestrichen]	[S. 91]
Dictionaire furetiere	24:-
ein geschriebenes bild	-45

September 1695:
Seidl an seinen rest d. 79 fl.	30:- [S. 93]
Cronmayr umb den Biondelli	10:-

Oktober 1695
Buchbinder	38:- [S. 96]

Dezember 1695:
dem Seidl vor den dedicirten Guillimannum	12:- [S. 99]

April 1696:
dem Seidl seinen auszug völlig	39:- [S. 443]
dem traxler [= Drechsler] vor die holtzer zu denen kupferstichen	1:15
buchbinder vor die kupferstich auffzuziehen mit d. leinwath	3:15

Mai 1696:
Seidl bis 2 kleine bücher	10:- [S. 444]
Weigl vor ein kupferbuch und andere einschichtige	16:-
Item kupferstich	3:30

September 1696:
ein kuferstich v. Röm. König	2:- [S. 453]

November 1696:
dem Waigel vor kupferstich	3:- [S. 454]

Dezember 1696:
dem Seidl vor Bücher in abs. d. 263 fl.	100:- [S. 455]
ein alt bild d. jüngsten Gericht	4:30 [S. 456]
Seidl in abs. d. 163 fl.	40:-
Seidl kleine alte tractatl	2:-
Seidl in abs. d. 123 fl.	40:-

Februar 1697:
dem Seidl vor die Ephemerides[198]	40:- [S. 460]
Bildhauer vor die 2 rahmen	16:-

März 1697:
Seidl vor den Lipsio und Lorrichio	40:- [S.463]

Mai 1697:
dem Seidl vor den Boccalini und Leti ceremoniale	14:- [S. 466]

Juni 1697:
illuminirte Kupferstich	8:- [S. 468]

Juli 1697:
kupferstich Bavaria Sancta	3:30 [S. 470]
dem Seidl in abs. d. 275 fl.	100:- [S. 478]

September 1697:
des Coroneli Atlante Veneto	2:-
Weigl ein buch von Bilderlust	5:50 [S. 480]

November 1697:
Ender buchführer vor die bibliotheque orientale	15:- [S. 481]
Seidl des Bollandi Januarius Februarius	66:-

Dezember 1697:
Seidl Bolandi Aprilius	33:- [S. 483]

April 1698:
Seidl einen auszug	26:- [S. 490]

Mai 1698:
Seidl in abs. d. 80 fl. des Baronij und Raynaldi	40:- [S. 491]
die unkosten von Paris vor das Corpus bizantinum opera Anselmi et Ambrosii [...]	99:- [S. 492]

September 1698:
dem ersten Tomum v. Theatro Sabaudae	37:30 [S. 501]

Oktober 1698:
dem mahler und traxler vor die 7 grosse landcarthen	3:25 [S. 503]
dem Seidl den 2ten Tomum theatri Sabaudiae	37:20

März 1699:
30 kupfer mit Rameln	8:40 [S. 513]

April 1699:
Kupferstich und 20 Rammel	3:40 [S. 515]

August 1699:
dem Seidl in abs. d. 110 fl.	40:- [S. 521]

Neben Büchern und Kupferstichen erwarb der österreichische Diplomat auch einzelne Gemälde und andere Kunstwerke. Aus dem Nachlass des seit 1663 in Regensburg ansässigen kaiserlichen Kammerbildhauers und Wachskünstlers Daniel Neuberger[199] kaufte Lamberg damals mehrere Wachsreliefs mit Darstellungen der Elemente Feuer und Wasser sowie zweier Frauenfiguren, wobei das erste Stück als Geschenk für den Kaiser dienen sollte (Abb. 249). Darüber hinaus erwarb der Aristokrat während seiner Regensburger Zeit auch mehrere Gedenkmedaillen und ließ dafür in Augsburg einen kleinen Münzschrank anfertigen. Darauf beziehen sich folgende Einträge in den Rechnungsbüchern des Grafen[200]:

249. Neptun (Allegorie des Wassers), Wachsrelief von Daniel Neuberger, um 1670/75; Wien, Kunsthistorisches Museum, Inv.-Nr. KK 3071. Dieses oder ein ähnliches Wachsrelief erwarb Graf Lamberg aus dem Nachlass des Künstlers als Geschenk für Kaiser Leopold I.

Dezember 1692:
Ein wax stuckh v. den Neubergerisch. d. Graffin geschickt vor Ihro Mayt.   23:- [S. 28]
Neubergerisch auf d. vorige stuckh   38:- [S. 31]
wegen d. wapen Riß [?] d. Neubergerin   11:-

Februar 1693:
ein bild ein Italienischen Jungen   15:- [S. 33]
d. Neubergerin auf die 4 tl. völlig mit   22:-

März 1693:
bildhauer vor die rahm zu den wallschen buben   7:30 [S. 35]
vor waxene stickh d. Neubergerin d. 2te mahl   11:-

April 1693:
der Neubergerin   4:- [S. 39]

Mai 1693:
Ein bild die Susanna   3:- [S. 41]

September 1693:
8 bilder v. Hitl vor die grafin   24:- [S. 50]

Oktober 1693:
Bildhauer in abschl. d. 100 fl.   25:- [S. 51]
eine medaille v. Nürnberg   5:-

November 1693:
bildhauer in abs. d. 50 fl.   20:- [S. 57]
2 schachtel v. d. Neubergerin   6:-

Dezember 1693:
2 bilder blumenstuckh mit schartzen rahmen v. Israel   6:-

Februar 1694:
dem mahler vor d. Fahndl zu mahlen u. and. arbeith   13:- [S. 60]

März 1695:
Zwei waxene bilder d. wasser und feuer vorweisend ohne fassung v. denen Neubergisch Jungfrauwen   36:- [S. 83]

August 95
v. Neuberg. 2 waxene bilder ein Jagerin und ein schlaffende   36:- [S. 92]

November 1695:
einen schaupfennig v. Namur v. silber   3:90 [S. 95]
dem öllrich schreiner nach Augspurg vor d. ‚medaille' kastl   90:- [S. 97]

Februar 1697:
Bildhauer vor die 2 rahmen   16:- [S. 460]
Blumen v. d. Neubergerin   10:- [S. 461]

Juni 1697:
Item dem Auspurger botten vor d. medaille Kästel   3:- [S. 468]

Dezember 1697:
Vor 3 schaupfennig v. Zenta, den Frieden und Pollen   10:20 [S. 483]

Febraur 1698:
denen Neuburgerin vor 6 stuckh bilder in abs.   30:- [S. 489]

April 1698:
Neuburgerin ihren rest   30:- [S. 490]
eine medaille von Nürenberg   3:42

Mai 1698:
2 medaillen welche von Hamburg empfangen   17:15 [S. 491]

Juni 1698:
12 beklaidte bilder   18:- [S. 493]
5 migniatur bildl   52:-

September 1698:
der Neubergerin   6:- [S. 501]

März 1699:
vor der Graffin bild d. v. perfall[201]   6:- [S. 513]
einen gedachtnus pfennig   1:24

Zwischen den Ausgaben für diese Ankäufe von Kupferstichen und Wachsbildern finden sich jedoch immer wieder Kosten für Porträts, die von Graf Lamberg eigens in Auftrag gegeben wurden. Als erster Porträtist ist der Regensburger Landschafts- und Porträtmaler Christoph Ludwig Agricola[202] (Abb. 250) nachweisbar. In einem (leider beschädigten) Brief vom 16. Mai 1693 aus Nürnberg an den Grafen Lamberg bat der Künstler, seine anscheinend bezüglich der „Ähnlichkeit" passierte „Fahrlässigkeit" zu entschuldigen.

273

250. Porträt des für Lamberg tätigen Malers Christoph Ludwig Agricola, Schabkunstblatt von Bernhard Vogel nach Rosalba Carriera, Ausschnitt, 1711; Privatbesitz

251. Porträt des Graphikers Elias Christoph Heiß, Schabkunstblatt von Bernhard Vogel, 1708; Privatbesitz

Agricola wünschte „nichts anderes als mit künfftiger mehrerer ‚Perfectionirung' Ihro Hoch Gräfl. Excellenz und Gnaden einigen Gusto geben zu können"[203]. Graf Lamberg bezahlte zwar im Juni d. J. 18 Gulden für sein Porträt von Agricola, doch nur ein Monat später erhielt ein „Durlachischer Maler" ebenfalls für ein Bildnis Lambergs sogar 27 Gulden. Bei diesem Künstler handelt es sich offensichtlich um den auch mit einer anderen Position im Rechnungsbuch Lambergs vertretenen Michael Conrad Hirth. Als Sohn eines gleichnamigen und mit ihm oft verwechselten Malers war er seit 1683 Hofporträtist in Baden-Durlach und auch in Regensburg tätig. 1694 schuf er ein Seitenaltarbild für St. Quirin in Püchersreuth, einer Patronatskirche des Fürsten Ferdinand August von Lobkowitz, der ja mit der Markgräfin Maria Anna Wilhemine von Baden-Baden verheiratet war[204]. Im September 1693 hat Lamberg sein Bildnis im schwarzen Kleid von Agricola bzw. Hirth oder einem dritten Maler mit 15 fl. honoriert, im Oktober für eine Kopie weitere 15 Gulden bezahlt. Wenige Monate später bestellte Lamberg bei einem nicht namentlich genannten bayerischen Maler ein Porträt seines Amtsvorgängers Strattmann.

Ein Gemälde von Lamberg im schwarzen spanischen Mantelkleid, der Wiener Hoftracht, diente als Vorlage für das 1693 beim Augsburger Kupferstecher und Verleger Elias Christoph Heiß (Abb. 251) in Auftrag gegebene Schabkunstblatt, das offensichtlich erst 1695 vollendet wurde und insgesamt 250 Gulden kostete[205]. Diese Porträtgraphik ist bisher nur durch ein beschnittenes und daher unsigniertes Exemplar bekannt[206] (Abb. 252): Das Brustbild des Diplomaten wird von einem Lorbeerkranz sowie Palmzweigen mit dem Grafenwappen eingefasst und dieses Porträtmedaillon ruht auf einem Sockel, der Lambergs Titel und Ämter – Oberststallmeister in der karnischen und windischen Mark, wirklicher Geheimer Rat und Kämmerer des Kaisers, österreichischer Gesandter zum Reichstag – auflistet. Zwei auf dem Sockel ruhende Putten halten Schilder mit Emblemen, weshalb in diesem Zusammenhang an das von Lamberg damals angekaufte, aber leider nicht näher bezeichnete Emblembuch zu erinnern ist. Es handelte sich wahrscheinlich um das 1691 von David de la Feuille in Amsterdam publizierte Werk *Devises et Emblemes Anciennes & Modernes* bzw. dessen 1695 in Augsburg unter dem Titel *Emblematische Gemüts-Vergnügung* erschienenen Nachdruck (Abb. 253). Denn das linke Sinnbild des Schab-

274

252. *Porträt des Grafen Leopold Joseph von Lamberg als österreichischer Gesandter, Schabkunstblatt von Elias Christoph Heiß, 1693/95, beschnitten; Neupölla, Erstes österreichisches Museum für Alltagsgeschichte/ Slg. Polleroß*

kunstblattes geht eindeutig auf diese Publikation zurück[207]: Es zeigt einen (auf das lambergische Wappentier anspielenden) verbrennenden Hund mit dem Motto INTREPIDA FIDES (Die unverzagte Treu). Das rechte Gegenstück präsentiert ein Winkelmaß über einer Landschaft mit dem Motto NIL NISI IUSTUM QUAERIT (Er strebt immer nach Gerechtigkeit). Bilden Treue zu seinem Herrn sowie das Streben nach Recht und Ordnung löbliche Eigenschaften für einen Diploma-

275

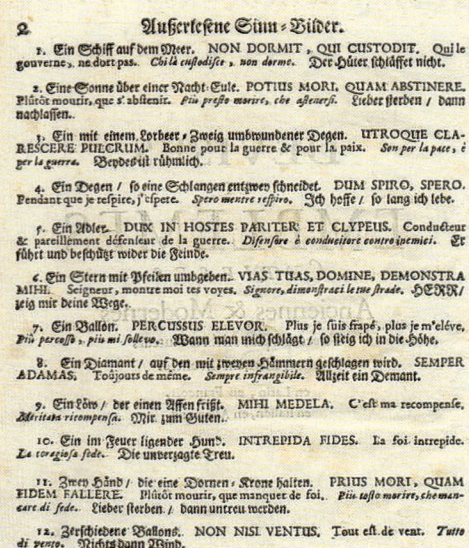

253. „Emblematische Gemüts-Vergnügung", deutsche Ausgabe der „Devises et Emblemes" von David de la Feuille, Augsburg 1695; mit dem Vorbild für das Hunde-Emblem auf Lambergs Porträt; Privatbesitz

ten, so verkörpern die beiden Personifikationen, die das Bildnis flankieren, offensichtlich die persönliche Devise des Adeligen Pietas & Justitia, wenngleich nur die Gerechtigkeit aufgrund von Schwert und Waage als solche identifizierbar ist. Das Schabkunstblatt läßt sich auch aufgrund der Übereinstimmungen mit dem Porträt des Passauer Bischofs Johann Philipp von Lamberg für ein Thesenblatt der Wiener Universität von 1694[208] (Abb. 233) Heiß zuschreiben. Die Graphik mit dem Bildnis des geistlichen Cousins ist zwar noch reicher mit Beiwerk illustriert, aber der grundsätzliche Aufbau ist ebenso vergleichbar wie die Gesichtsform der Tugendallegorien. Auch in diesem Falle verweisen die Embleme auf Wappen und Funktion des Dargestellten. So spielen das Lamm auf dem Berg auf den Familiennamen und der treue Wachhund auf das Familienwappen an, während Merkur als „Nuntius" Jupiters sowie die von Fides und Sapientia gehaltene Ehrenleiter auf die diplomatische Laufbahn und kirchliche Karriere des Fürstbischofs Bezug nehmen. Das Passauer Schabkunstblatt bildete wohl die direkte Anregung für den Grafen Lamberg, aber Heiß schuf auch Bildnisse des Markgrafen Ludwig Wilhelm von Baden-Baden, des Herzogs Anton Ulrich von Braunschweig-Lüneburg (1695) und des Herzogs von Marlborough sowie

254. Brief des Medailleurs Philipp Heinrich Müller an den Hofmeister Lambergs, Augsburg 17. Juli 1694; St. Pölten, NÖLA Lamberg-Archiv, Kart. 86

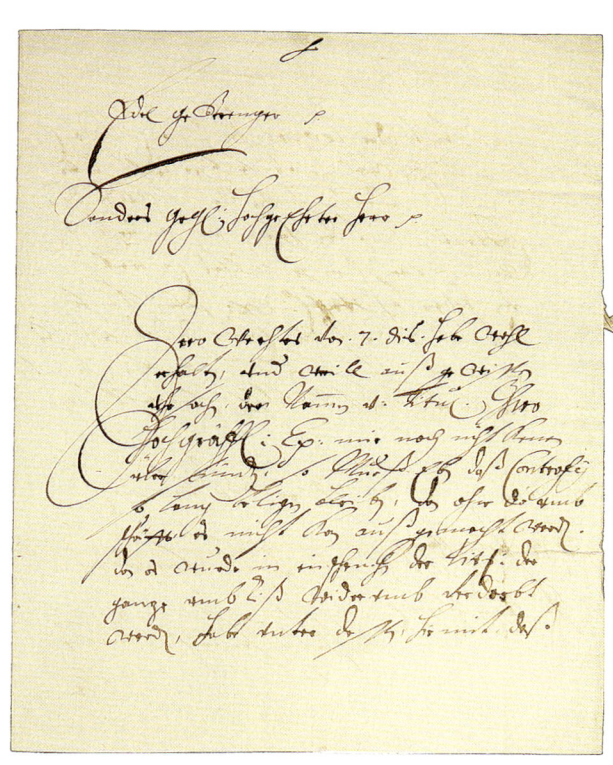
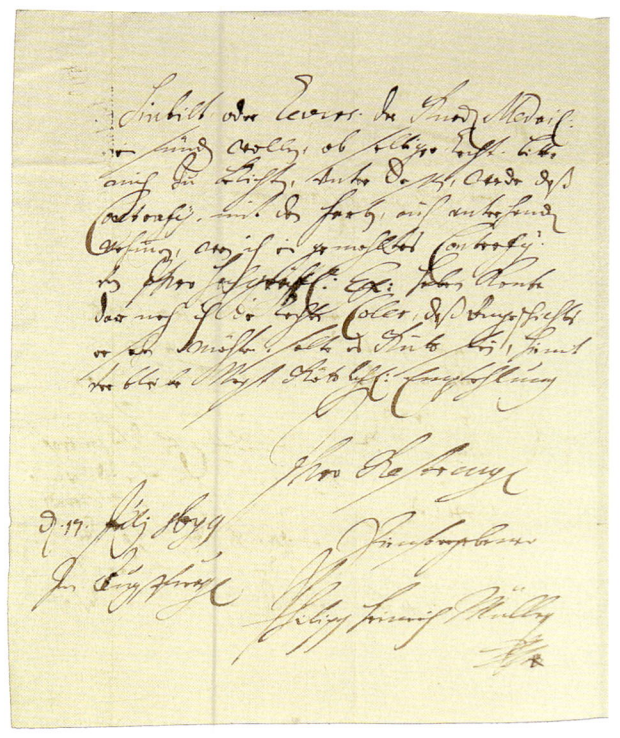

255. Vorder- und Rückseite der Goldmedaille des Grafen Leopold Joseph von Lamberg von Philipp Heinrich Müller, 1700; Wien, KHM Münzkabinett, Inv.-Nr. 14080 bß

nach 1700 ein weiteres Porträt des Passauer Bischofs als Kardinal[209].

Parallel zur Graphik gab der Diplomat 1694 eine Porträtmedaille bei Philipp Heinrich Müller in Auftrag. Der Augsburger Medailleur hatte seit seiner 1686 bzw. 1689 im Auftrag der Stadt geschaffenen Medaillen auf die Eroberung von Ofen sowie die Rückeroberung von Mainz (bei der Lambergs Bruder gefallen ist) zahlreiche Gedenkmünzen auf die Erfolge der kaiserlichen Truppen geschaffen[210]. Dazu kamen mehrere Druckstöcke für Reichstaler mit dem Bildnis und Wappen des Passauer Fürstbischofs Johann Philipp von Lamberg ab 1691 (Abb. 273). Vor allem war Philipp Heinrich Müller aber einer der bedeutendsten Porträtmedailleure seiner Zeit und schuf u.a. Münzbildnisse der kaiserlichen Familie sowie der Kurfürsten von Sachsen und von Bayern. Insbesondere die 1693/94 entstandenen Porträtmedaillen des Markgrafen Ludwig Wilhelm von Baden (Abb. 211) und des Fürsten Johann Adam Andreas von Liechtenstein (Abb. 21) könnten Lamberg angeregt haben, von sich ebenfalls ein solche Statussymbol ausführen zu lassen[211]. Aus einem Brief Müllers vom 17. Juli 1694 an Johann Martin Frank, „Hochgräfl. Lamberg. Hoff Maister", erfahren wir, dass der Medailleur am „Contrafey" nicht weiterarbeiten könne, da ihm noch die Titulatur des Grafen fehle und „ohne die Umbschrifft es nicht kann außgemacht werden, den es würde in Einschreiben [?] der Titl. der ganze Umbriß widerumb verderbt werden. Habe unterdessen hiemit daß Sinbilt oder Revers der […] Medaille fünden wollen; ob selbiges recht, bitte auch zu berichten. Unterdessen werde das Contrafey […] auch unter Handen nehmen, wenn ich ein gemahltes Contrafey von Ihro

Hochgräffl. Exc. haben konte, darnach ich die rechte ‚Coler' deß Angesichtes ersehen möchte"[212] (Abb. 254). Die Arbeit verzögerte sich offensichtlich lange, denn die Medaille trägt auf der Aversseite mit dem Profilbildnis des Grafen Lamberg die Signatur „P.H.M." und das Datum 1700 (Abb. 255). Es gibt Ausführungen in Gold, Silber sowie in Bronze und auch die Prägestempel haben sich in Wien erhalten[213] (Abb. 256). Die Umschrift lautet übersetzt „Leopold des Heiligen Römischen Reiches Graf von Lamberg, Leopold des Großen Kaisers Gesandter zum Reichstag". Die Reversseite zeigt rechts den Ausblick in einen französischen Garten, links eine Balustrade mit dem Wappen des Diplomaten und darüber in

256. Vorder- und Rückseite der Bronzemedaille des Grafen Leopold Joseph von Lamberg von Philipp Heinrich Müller, 1700; Privatbesitz

einer Vase eine exotische Aloe. Hauptmotiv ist jedoch der im Vordergrund wachsam sitzende Jagdhund, der nicht nur das lambergische Wappentier darstellt, sondern durch die Devise FIDELITATE & VIGILANTIA (In Treue und Wachsamkeit) das Selbstverständnis des Diplomaten und seiner Familie als Hofadelige verkörpert. Fast so lange wie Lamberg auf seine Medaille, die er u.a. 1702 an die Stadtväter in Lucca verteilte, musste jedoch auch Müller auf seine Bezahlung warten. Denn laut Zahlungsanweisung des Grafen vom 3. Jänner 1705 an seinen Wiener Regenten ließ er erst damals Philipp Friedrich (!) Müller, *„Sigill: und Stainschneider in Augspurg"* die noch ausständigen 200 Gulden auszahlen[214].

Im Rechnungsbuch Lambergs fanden die Bildnisse sowie ein gemalter Stammbaum folgenden Niederschlag:

Juni 1693:
dem Agricola vor mein contrefait   18:- [S. 42]

August 1693:
dem Durlachischen maaler vor mein contrefait   27:- [S. 48]

September 1693:
Mahler vor d. ‚contrefait' mit ein schwartzen klaid   15:- [S. 50]

Oktober 1693:
dem Mahler vor die 3te Copy   15:- [S. 51]
dem Heiss in abschlag meines kupfers contrefait   100:- [S. 53]
Vor mein Contrefait in Augspurg   15:-

November 1693:
bildhauer in abs. d. 50 fl.   20:- [S. 57]

Dezember 1693:
dem Augspurger botten vor das Contrefait, spilleuchte und silberne knöpff   2:15 [S. 58]

Februar 1694:
dem beyrischen mahler v. d. Stratmannisch Contrefait   7:30 [S. 61]

Juli 1694:
vor d. beyrische Contrefait   10:- [S. 71]

Jänner 1695:
dem Heiss wegen des Contrefait in d. schwartz arbeith iber bezahlte 100 fl. den rest d. 57 fl. in abs.   50:- [S. 81]

Februar 1695:
den Verschlag v. Augspurg mit kupferstichen v. Heiss   2:30 [S. 82]

April 1695:
dem mahler Hirth in abs. d. 36 fl.   12:- [S. 85]

Juni 1695:
dem Heiss in abschl. d. 100 fl.   50:- [S. 89]

August 1695:
Heiss an denen 50 fl.   25:- [S. 91]
Heiss völlig mit 25 fl.   25:-

Oktober 1695
dem mahler in abschl. d. 90 fl. auff den Stammbaum   12:- [S. 95]

Jänner 1696:
Mahler in bayrisch Hoff   20:- [S. 437]
Mahler in abschl. d. 78 fl.   18:-

April 1696:
mahler in abs. d. 60fl. wegen des Stammenbaumb   30:- [S. 441]

Mai 1696:
Mahler   63:- [S. 444]

November 1696:
den Peter bayrischen mahler vor den Stammenbaumb völlig   30:- [S. 454]
mahler mein Contrefait   9:-

Jänner 1697:
Mahler   32: [S. 458]
dem Schiffmann [?] wegen des Stambaum nach Wien   1:-

Februar 1697:
Bildhauer vor die 2 rahmen   16:- [S. 460]

April 1697:
vor d. G. v. Harrach Contrefait   6:- [S. 464]
mahlers farben und nothdurfften   5:43
dem bildhauer vor eine rahmen   8:-
mahler   10:- [S. 465]

Mai 1697:
Mahler vor vergulden   10:- [S. 467]

November 1697:
Mahler in absch. d. 26 fl.   12: -[S. 482]

Dezember 1697:
Mahler seinen rest   14:-

Oktober 1699:
den Müller in abs. nach Augspurg   100:- [S. 523]

Gold-Geschirr und Silber-Möbel aus Augsburg

Weitaus größer als die Ausgaben, die Lamberg in Augsburg für Bücher und Kupferstiche tätigte, waren jedoch jene für Produkte der Gold- und Silberschmiede. Dies ergab sich nicht nur aus der Nähe zu Regensburg, sondern auch weil die schwäbische Reichsstadt damals den wichtigsten Produktionsstandort für solche Edelprodukte innerhalb des Reiches und eines der europäischen Zentren der Luxusindustrie bildete[215]. Wie in den meisten Fällen wurden auch bei den Grafen Lamberg das sehr teure Silbergeschirr und vor allem die Silbermöbel schon bald wieder aufgrund von Verschuldung veräußert oder eingeschmolzen, und auch die Quellendokumentation ist nicht lückenlos. Dennoch ergeben die teilweise erhaltenen Briefe und Rechnungen der Augsburger Goldschmiede sowie die Einträge im Rechnungsbuch Lambergs einen ganz guten Eindruck von den hohen Kosten für diese repräsentativen Anschaffungen eines österreichischen Adeligen um 1700, vom Aussehen der Silbermöbel, aber auch von den damit verbundenen finanziellen und organisatorischen Schwierigkeiten. So scheint das Bankhaus Pestalozzi manche Gelder bewusst oder unbeabsichtigt erst Monate später an die Kunsthandwerker ausbezahlt zu haben. Dies war vielleicht mit ein Grund, dass Lamberg später auch Summen über 1000 Gulden durch Geldboten von Regensburg nach Augsburg transferieren ließ.

Bemerkenswerterweise hatte Leopold Joseph von Lamberg schon vor seiner Abreise nach Regensburg aus Wien Aufträge an die Reichsstadt vergeben. Anfang des Jahres 1690 bezahlte er nämlich über 4.000 Gulden an den Augsburger Goldschmied Johann II. Leser für ein vergoldetes Silberservice und -besteck für zwölf Personen. In einer Detailrechnung über 387 Gulden wird die Vergoldung von folgenden Silberwaren genannt: drei große und 12 kleine Schüsseln, 12 Fleisch- und 12 Suppenteller, 36 „Rechte Deller", drei Waschbecken mit Kannen, vier „Praesentierdeller", vier Tischleuchter, zwölf große und zwölf kleine Löffel, zwölf Gabeln, zwölf Messer sowie ein Tranchierbesteck, sechs Salzfässer und zwei Zuckerbüchsen (Abb. 257). Auf diesen Auftrag bezieht sich auch eine undatierte Rechnung bzw. Quittung, mit der der Augsburger Silberarbeiter Daniel Lang 65 fl. 30 xr. in Rechnung stellt, weil er 129 Stück Teller und Besteck mit Wappen versehen hat[216].

Goldene oder vergoldete Silberteller erscheinen heute als besonderer Luxus, waren aber vor der allgemeinen Verbreitung europäischen Porzellans die übliche Form festlich-höfischer Tafelkultur. Aufgrund des hohen Materialwertes dienten Goldservice auch als finanzielle Reserve, weshalb nur wenige Stücke aus der Zeit vor 1700 erhalten blieben[217].

Eine entsprechende Doppelfunktion empfahl schon Fürst Karl Eusebius von Liechtenstein um 1675 in der Instruktionsschrift für seinen Sohn Johann Adam Andreas: „Die Unserigen wollen auch dise Curiosität haben, mit der Zeit ein gantze Credenz von purem Goldt zu haben in allem, was zu speisung eines tisch oder tafels alles vonneten, von Schissln und Theller, auf ein 10 oder 12 Persohnen zu speisen; auch was zum Credenztisch geherig von Credenzschalen, Confectschalen, Giespeken [= Gießbecken], Kiehlkessel und Leichter, welches ein schener Schatz, in der Noht zu gebrauchen und zu schmeltzen, [...]"[218].

Am 21. April 1690 stellte der Goldschmied Johann Leser eine weitere „Specification" über seine für Lamberg geleisteten Arbeiten aus. Die Rechnung über 642 Gulden und 34 Kreuzer betraf diesmal ebenfalls Vergoldungsarbeiten sowie eine Silbertruhe. Mit Schreiben vom 29. Juni übersandte der Augsburger Kunsthandwerker die „verlangte Abriße von denen Spigl und Cron Leuchtern" samt Preisangaben, deren sich „Ihro Hochgräffl. Excel. zu dero ‚Speculation'" bedienen

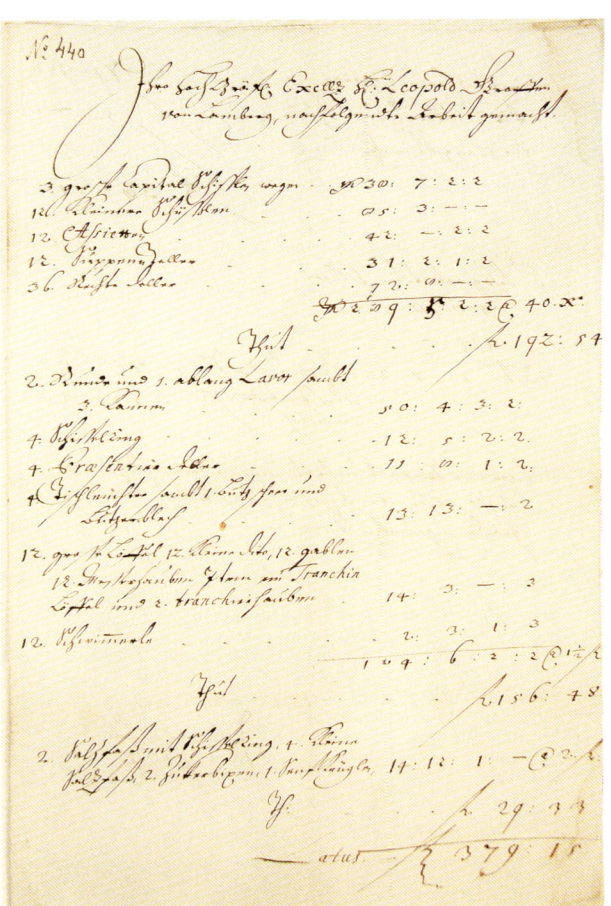

257. Rechnung des Augsburger Goldschmiedes Johann II. Leser an den Grafen Lamberg über die Vergoldung eines Silberservice und -Besteck für zwölf Personen, 1690; St. Pölten, NÖLA Lamberg-Archiv, Kart. 86

und seine Wünsche bekanntgeben möge. Leser werde es sich dann „böstens angelegen sein lassen, alles nach dero Verlangen und ‚Contento' zu verfärtigen und anzuschaffen, daß meine erstmahlig gelüfferte Arbeith wohl überkommen, wie Ihro H. Gr. Excel. gnädigst beliebet, sich selbige wohl gefallen zu lassen". In einem Schreiben vcm 1. September 1690 an den Grafen als „Ihro Röm. Kayl. Mayt. Cammerer Meinem Gnädigen Herrn" bestätigte der Goldschmied, daß er am 9. August endlich die 642 Gulden „Macherlohn" vom Augsburger Vertreter des lambergischen Bankiers Ottavio Pestalozzi erhalten habe, aber der zusätzliche Silberbedarf noch nicht bezahlt sei. Die zweite Silbertruhe für den Bruder des Grafen sei „von meiner Handt schon fertig" und auch das Futteral werde sicher bald geliefert werden können. Jedoch bitte er Lamberg, dass „die sambtlich=völlige Bezahlung hiervor schleunigst verschafft und nicht so lang, wie vorhero, verschoben werden möchte, wohl wissend, daß Euer Hochgräfl. Excel. dißfalls keine Schuld, sondern nur den Kaufleuthen zuzuschreiben ist. Wie denn gleichfalls umb ehiste Gnädige ‚Restitution' obig restierendten Silbers unterthänigst will ersucht haben, damit solches zu einer andern Arbeit wider verwenden kan." Tatsächlich hatte Lamberg schon im Februar 715 fl. für Leser, 165 für den Futteralmacher und 65 für den Kupferstecher bezahlt und im März seinem Bankier weitere 2600 Gulden überwiesen. Aus einem schon an Lamberg als *„Röm. Kays. Mayt. Gehaimen Rhat, derzeit Oesterreich. Principal Gesandter in Regensburg"* adressierten Brief Lesers vom 17. November 1690 erfahren wir jedoch, dass der zusätzliche Silberbedarf im seinerzeitigen Wert von 327 Gulden noch immer offen sei, dass der Silberpreis aber seither *„täglich unerhert höher gestigen und anietzo die Loth hiesiger Prob Silber vor 52 Xr muß bezahlt werden."* Die Kosten für die Silbertruhe des Bruders beliefen sich auf ungefähr 373 Gulden, womit sich ein Passivum des Grafen von insgesamt 700 fl. ergab. Da der Futteralmacher und der für die Wappengravur zuständige Kupferstecher mit dem Goldschmied gemeinsam bezahlt werden, *„ist ihnen die Zeit zimblich lang worden, und wegen solchen Aufschubs haben sie nichts an letzterer Truhen vor Empfang anrühren wollen. Was das ‚Interesse' [= Verzugszinsen] wegen deß Ausstandts betreffend, wovon Eure Hochgräfl. Excel. gnädig von selbsten gedacht, stelle solche nebens einem Trinkhgeld vor Gesellen und Mägd, welche mit solcher Arbeit unterschidliche Mühungen gehabt, in Euer Hochgräfl. Excel. Gnädigen Willen und hohe ‚Discretion'."* Abschließend bat Leser den Grafen Lamberg um Rücksendung der *„Visierungen, welche diesen vergangenen Sommer von anderen Goldschmiden überschickht worden, weil ich umb deren Empfang täglich von ihnen angelauffen werde"*[219].

Sei es aus Unzufriedenheit mit Lesers Arbeit bzw. dessen mangelnde Möglichkeit zur Übernahme eines Großauftrages oder sei es aus Ärger über die schwierige Finanzgebarung mit dem wenige Jahre später wegen Verschuldung aus der Stadt geflüchteten Goldschmied[220], im Herbst 1690 nahm Graf Lamberg erstmals mit einem größeren Augsburger Goldschmiedebetrieb Kontakt auf, nämlich mit der Werkstattgemeinschaft Baur & Biller. Johann Jakob III. Baur entstammte ebenso wie sein Schwager Lorenz II. Biller einer evangelischen Goldschmiededynastie (Abb. 39), die aufgrund ihrer Kooperation auch Großaufträge europäischer Herrscherhäuser übernehmen konnte[221]. So lieferten die Gebrüder Albrecht, Ludwig und Lorenz Biller in den 1690er Jahren Silbermöbel und Goldgeschirr an den Dresdner sowie den Münchner Hof, und um 1725 statteten sie die Wohnung des Prinzen Maximilian Wilhelm von Braunschweig-Lüneburg im Wiener Palais Strattmann mit prachtvollen Silbermöbeln aus[222] (Abb. 264). Die Abwicklung von Lambergs Auftrag für ein Service erfolgte diesmal – wie bei Großaufträgen bzw. Aufteilung auf mehrere Goldschmiede üblich – durch Zwischenhändler. In diesem Fall handelte es sich um den Augsburger Silberhändler Gerhard Greiff und dessen Partner Johann Thomas Rauner. Der als Sohn eines Schneiders in Frankfurt geborene Greiff hatte in Augsburg eine kaufmännische Lehre bei einem Silberhändler begonnen und sich 1676 selbständig gemacht. Mit unterschiedlichen Geschäftspartnern brachte er es um 1696 zu einem Vermögen von mindestens 31.000 fl. Bargeld und Liegenschaften im Wert von 44.200 Gulden. 1697 wurde er vom Kaiser in den Adelsstand erhoben, da er auch an der Finanzierung des Krieges gegen Frankreich beteiligt gewesen war[223] (Abb. 258). Rauner war Greiffs Firmenpartner seit 1688 und auch er stieg durch Seidenhandel sowie Kreditgeschäfte zu einem der reichsten Männer der Reichsstadt auf und wurde als Resident des englischen Königs sowie des Kurfürsten von Bayern ebenfalls 1697 geadelt[224] (Abb. 259).

258. *Porträt des Augsburger Silberhändlers Gerhard Greiff, Schabkunstblatt von Elias Christoph Heiß nach Johann Christoph Beyschlag, 1700; Privatbesitz*

Am 16. März 1691 konnten die beiden Geschäftsmänner dem Grafen Lamberg berichten, dass sie die Kommissionsarbeit „in allem wohl gemacht finden". Die Großhändler kümmerten sich auch um die Anschaffung von Futteralen sowie Transportkisten und um die Regelung der finanziellen Angelegenheiten. Am 30. März 1691 informieren Greiff und Rauner den Diplomaten in Regensburg, dass sie „durch den nechsten Mittwochen abgehendten Floß das Service übersenden" werden. Am 6. April berichten sie schließlich, dass sie „gestern im Nahmen Gottes dero Silberkisten durch Floßmann Hannß Otto an dieselbe versand haben. Sie ist mit den Buchstaben L.J.G.V.L. gezeichnet. Der Höchste lasse sie glücklichen anlangen."[225].

Das Service scheint zur Zufriedenheit des Grafen in Regensburg angekommen zu sein, es bildete jedoch nur den Auftakt für weit umfangreichere Bestellungen Lambergs, die der Botschafter während eines Besuches in Augsburg (Abb. 92) im Oktober 1693 mit den Goldschmieden besprach. Am 26. Oktober wurde daher ein „Contract wegen einiger Silbersachen" zwischen „I. Hochgräfl. Excellenz Herr Herr Leopold Joseph Graf von Lamberg […], öster. Principalgesandter" und den Silberhändlern Greiff & Rauner folgenden Inhalts unterzeichnet: „Erstlichen bestellen I. Hochgräfl. Excellenz […] Gerhard Greiff und Johann Thomas Rauner, daß sie ihme bei denen Goldschmiden nahmens Hans Jacob Baur und Lorenz Bühler Gebrüder sollen verfertigen lassen, den prossimo Martij 1694 Jahres et alhier zu liefern 2 silberne Tisch in der ‚Proportion' und ungefehr nach denen Abrissen, wie obige Goldschmid einen vorgezeigt, und I. Hochgräfl. Excellenz mit dero Signet verpetschirt haben; sollen wiegen 200 Mark allerhöchstens beede ad 230 Mark. 2 Gueridons eben dergleichen Arbeit und nach dem vorfertigten Abriß höchst 100 Mark. Summa = 330 Mark. Alles von hiesiger Probe Silber und schen getriebener Arbeit zu stehen, und dann ferner einen silbernen nach der Statur schwebenden Engel ungefehr nach dem ertheilten Abriße, in der rechten Hand ein Herz verguld haltend, im Gewicht höchstens ad 40 Mark. Herentgegen versprechen I. Hochgräfl. Excellenz und ist accordirt worden, daß der Greiff Rauner völliges Silber zu dieser Arbeit herbei schaffen sollen, jede Mark hiesigen Gewichts per 15 $^1/_2$ fl. und ihnen per jede Mark Macherlohn an den 2 Tisch und 2 Gueridons 3 $^1/_2$ fl. demnach zusammen 19 fl., an dem Engel aber 4 $^1/_2$ fl. und also samt dem Silber 20 fl. bezahlt. Vor das Holtz und ballirte Eisenwerkh welches die 2 Tisch und Gueridons inwendigen befestigen, auch was sie dafür auslegen. Item vor den Engel in Holtz zu schneiden die Auslag machen 20 fl., vor all Brustbilder und Hunde an denen Tisch und

259. Porträt des Augsburger Silberhändlers und britischen Konsuls Johann Thomas von Rauner, Schabkunstblatt von Gabriel Bodenehr nach Georges Desmarées, 1730; Privatbesitz

Gueridons aber in Holtz zu schneiden fl. 25 ersetzt werden sollen. Eben [?] haben I. Hochgräfl. Excellenz […] deto ihnen à Conto dieser Arbeit dreitausend fünfhundert Gulden bezahlt. Versprechen auch in 14 Tagen weitere 2000 fl. an altgangbarer [?] Guldener ihnen franco hier zu verschaffen, und den wenigen Rest zu verpringen, wenn sie diese Arbeit dermahleinst werden empfangen haben." Das Honorar für die Anfertigung wurde also wie in Augsburg üblich im Verhältnis zum verarbeiteten Silber verrechnet, wobei der rundplastische Engel teurer kam als die Möbel. Die für die skulpturalen Teile notwendigen Eisenarmierungen und Holzschnitzarbeiten waren extra zu bezahlen.

Am 6. November d. J. bestätigten Gerhard Greiff und Johann Thomas Rauner den Empfang der zusätzlichen 2000 Gulden Vorschuss und versprachen, „nicht allein auff saubere Arbeith, sondern auch darauf zu dringen, daß zu Ihrer Hoch Gräffl.

Excellenz gnädigem ‚Contento' auff bestimte Zeith alles fertig werde" [226].

Die vielbeschäftigten Augsburger Goldschmiede scheinen aber diesen Versprechungen nicht gleich nachgekommen zu sein oder durch eine fehlende Empfangsbestätigung eine Angst oder Verstimmung Lambergs ausgelöst zu haben, wie aus einem Brief der Silberhändler vom 11. Dezember 1693 an den Botschafter zu entnehmen ist: weil Graf Lamberg *„wegen uns unerhofft und unverschuldt zugestossene ‚Disgratia', der auf die gethane Bestellung bereits bezalter Gelter wegen einige Furcht getragen, und zu dem Ende Ihren H. Secretario anhero gesandt, haben wir sobalden um Ihro Hoch Gräffl. Excellenz völlig zu ‚tranquilliren', selbigem gewiesen, daß auff die bestelte Tisch und Gueritons denen Hanß Jacob Baur und Lorenz Bühler geben schon würkhliche fl. 4800 und dem [...] auff den Engell fl. 563 Silber würckhlih eingehändigt, so aber auff bestimte Zeith alles miteinander zu gnädigem dero Contento verfertiget stehen soll, und versichern sich Ew. Hoch Gräffl. Excellenz daß wann unser Unglück, so doch Gottlob völlig zum Ende kommen, und nur unsere Unschuld an Tag bringen müssen, länger gewärt, hätten wir diselbe dennoch um keinen Kreuzer ‚periclitiren' wollen. Bitten dahero auch underthänig nicht allein unserwegen keine Sorg zu tragen, sondern nur ferner in der einmal uns zugewandten Gnade zu ‚continuiren' und unser Unschuld auch an Hohen Orthen gnädigst zu ‚defendiren'"* [227].

Bei der Höhe der angezahlten Summe ist die Nervosität Lambergs verständlich, ging es doch um einen teuren Auftrag von Silbermöbeln, wie sie im 17. Jahrhundert zunächst nur als Statussymbole und Geschenke der europäischen Herrscherhöfe üblich waren [228]. 1665 erwarb der spätere Fürst Paul Esterházy zwei Augsburger Silbertische im Wert von jeweils 3.000 Gulden für seine Schatzkammer [229], und 1675 wurde eine entsprechende Ausstattung vom Fürsten Karl Eusebius von Liechtenstein als standesgemäß für ein Fürstenhaus gefordert: *„Die Unserigen sollen sich auch befleissen unter ihren Mobilien reich von Silber zu sein, das ist, solches in grosser Meng haben, nicht allein was zur Tafel und großen Panketer und Mahlzeiten vonnehten, sondern andere schene und reiche Sachen von Silbergeschmeidt haben, als davon Tischen, auch Sesl, Petstatten, Feurhundt in die Camin, Spieglrahmen, hengende Leichter und grosse Leichter zu Windtlichter in die Saahl zu Festinen als in die Antecammern und dergleichen; auch von gar grossen Geschiern, als zu Plumen, Badtwannen, Kerp [= Körbe], extra ordinari grosse Kiehlkessel zum Wein und extra ordinari grosse Geschier statt der Flaschen zum Wein, Rauchfahs, Statuen, Wagen, Schlitten und alles, was dergleichen mehreres konnte erfunden und erdacht werden, von Silber haben sollen aufs schenest mit bestem Form und Abriss gestaltet und gearbeitet und formieret, auch von der schensten und kunstreichesten getribenen Arbeit sein, so zum schensten zu Genua bekommen und gemacht wiert, zu Augspurg aber auch die getribene Arbeit verfertiget wiert; welche dergleichen Silberarbeit mehrers zu der Curiositet wegen der Schen und Kunst der Arbeit und der Werk als zu dem Reichtumb sein, gesuechet und gehalten werden soll."* [230] Während der kaiserliche Kämmerer Maximilian Graf von Thun erst 1696 beabsichtigte, in Augsburg ein silbernes Himmelbett anfertigen zu lassen, das schließlich 1698 von einem Wiener Goldschmied nach einem Entwurf von Fischer von Erlach ausgeführt wurde [231], drang Graf Lamberg mit dem letztendlich die Summe von 20.000 Gulden übersteigenden Auftrag an die bis dahin nur die Kurfürsten von Brandenburg, von Sachsen und Bayern mit solchen individuellen Luxusmöbeln beliefernden Goldschmiede Baur & Biller in eine Sphäre der Repräsentation vor, die eigentlich über seinen Verhältnissen lag. Aufgrund der für Leopold Joseph von Lamberg offensichtlich zentralen Vorstellung von standesgemäßem Decorum, liegt es nahe, hier nicht nur besonderen persönlichen Ehrgeiz, sondern eine ebenso zeichenhafte Angleichung an den Rang der Kurfürsten zu sehen, wie er sie bei seinen zeremoniellen Aktivitäten anstrebte.

Lambergs Aufträge in Augsburg betrafen jedoch neben den Silbermöbeln auch die oben genannten Porträtmedaille von Philipp Heinrich Müller sowie den gleichfalls schon erwähnten Engelleuchter (seines Schwagers Hoyos) als Stiftung für die Wallfahrtskirche Mariazell. Am 12. Februar

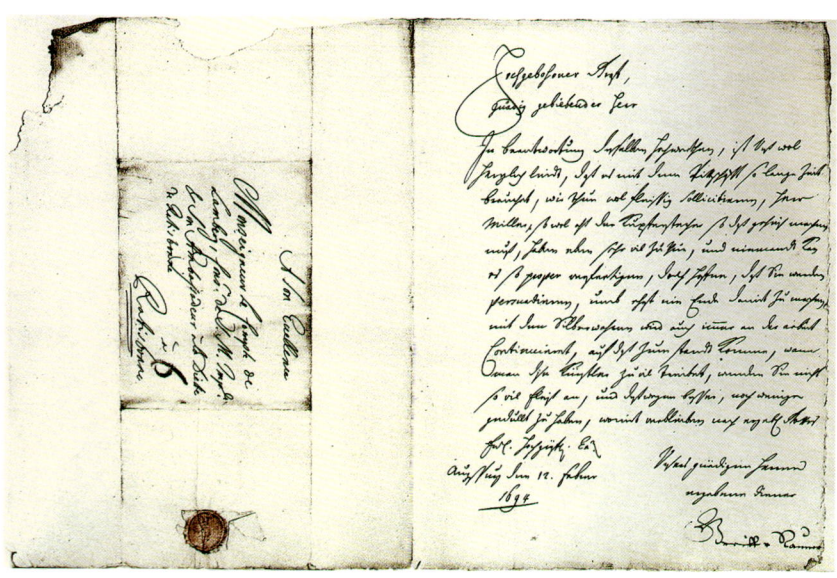

260. Brief der Silberhändler Greiff & Rauner an Lamberg, in dem sie um Geduld wegen der Anfertigung der Porträtmedaille und der Silbermöbel bitten, 12. Februar 1694; St. Pölten, NÖLA Lamberg-Archiv, Kart. 86

1694 teilten Gerhard Greiff und Johann Thomas Rauner dem „gnädig gebietenden" Grafen Lamberg nämlich mit, es sei ihnen „*herzlich leidt, daß es mit dem Pettschaft so lange Zeit brauchet, wir tun wohl fleissig ‚sollicitiren'. Herr Miller sowohl als der Kupferstecher, so das Gesicht machen muß, haben aber sehr vil zu tun, und niemand kann es so proper verfertigen, doch hoffen [wir], dass sie werden ‚persuadiren', umb ehest ein Ende damit zu machen. Mit den Silberwahren wird auch immer an der Arbeit ‚continuieret', auf daß [sie] zum Stand kommen. Wan man diese Künstler zu vil treibet, wenden sie nicht so vil Fleiß an, und deswegen besser, noch [ein] wenige Gedullt zu haben*" (Abb. 260). Am 12. März können die Silberhändler Lamberg berichten, dass sie „*immerhin die Silberarbeiter zu Endigung dero ‚Commission' getrieben, und mit allem Eifer solches ‚recommendirt'. Haben es also gleichwohl nicht erzwingen können, um gethane ‚Promessa' [= Versprechen] so ‚precise' zu erfüllen, nachdem nun aber die Meister an solcher Arbeit die Hand anlegen, und es derowegen unmöglichen stärkher zu forcieren, als ‚persuadirten' uns, dass Hochgräffl. Excell. werden eine kleine ‚Dilation' [= Verzögerung] nicht achten, in Ansehung, die Meister auf all ‚Perfection' zu dero ‚Contento inclinieren'. Haben uns auch promisst gegen ‚Ultimo' diß Monath darmit fertig zu werden. Der Engel aber ist bereits in unserem Hauß [...]. Mit den Petschafft [...] dergestalten und so zu hoffen ‚continuiren', allein wird H. Müller wegen Schneidung einiger Müntzstöckh auch noch einige Zeit [brauchen], und hat seinem Vorgeben nach noch biß dato auch einen Stain, so ihm manglet, von außen zuzuwarthen; auf welchen Empfang er versprochen, das Petschafft völlig und sogleich außmachen*"[232].

Am 23. April 1694 bestätigte die Firma Greiff & Consort den Empfang von 700 fl. von Lamberg, und am 16. Juni wurde ein Verzeichnis der Silberwaren erstellt, die „*durch Floßleuthe Hanß Baur und Consort inn 4 Küsten [...] nacher Regensburg*" an Leopold Joseph von Lamberg gesandt haben. Dieser Liste verdanken wir die genaue Kenntnis des Gewichtes (in Mark, Loth und Quäntchen; 1 Mark = ca. 236,15 g; 1 Loth = ca. 14,8 g) und des Wertes der lambergischen Silbermöbel:

„*Ein weiß silberner Tisch wigt laut hiebey gehender ‚attestation' von dem hiesigen Stadtguardin*

	161 M – L 3 Q
ein deto	153 M 11 L 2 Q
2 Gueridons	128 M – L 1 Q
	442 M 12 L 2 Q

Jede Marc accordiert à 19 fl. beträgt 8412, 51. Die Bilder und Hunde an denen Tisch und Gueridons von Holz zu schneiden kosten wohl fl. 80, im Contract aber stehen nur fl. 25. Die Meister aber wollen nicht weniger nehmen alß 50." Der „*silberne schwebende Engel*" für Mariazell hatte einen Wert von 842 fl. 30 xr., das goldene Siegel von Müller kostete 195 fl., sodass die Gesamtrechnung des Botschafters samt „*emballage*" 9.637 Gulden betrug und nach Anzahlung der 6.500 fl. noch eine Schuld von 3.137 fl. zu begleichen war[233].

Die in diesem Schreiben erwähnte Gewichtsbestätigung des für die Überprüfung der Qualität bzw. des Silbergehaltes seit 1681 zuständigen Augsburger Münzwardeins Johann Georg Fischer[234] vom 11. Juli liefert uns eine genaue Beschreibung der Objekte für Lamberg. Die eigens für den Diplomaten angefertigten und mit dessen Wappentier geschmückten Silbermöbel besaßen ein einheitliches, aber nicht besonders originelles ikonographisches Programm. Beim ersten Tisch im Gewicht von über 30 Kilogramm war „*unden der Fuß mit 4 Hunden, darüber 4 Brustbilder, so die 4 Elementen presentieren, auff dem Tisch oben in der Mitten eine Platten, so die Lufft mit vielen Vögeln andeuten*". Bei dem im Silbergewicht etwas geringeren, aber sonst „*dergleichen Tisch die 4 Brustbilder presentieren die 4 Tageszeiten und oben auff dem Tischblat das Wasser bedeutend mit einem Meertriumph*". Die beiden Guéridons (Lampenhalter) waren ebenfalls mit drei Hunden geschmückt sowie mit zwei „*Bilder, deren eines den Winter, das andere den Frühling bedeutet*"[235].

Parallel dazu, nämlich am 5. Juli, freute sich das Unternehmerduo über die Nachricht des kaiserlichen Gesandten, dass die „*zuruckh gesandten galanterien*" angekommen waren, während sie wegen des offensichtlich in der Zwischenzeit bestellten Spiegels noch nichts ausrichten konnten. Die Arbeiten verzögerten sich offensichtlich weiter, weshalb Lamberg im September 1694 neuerlich eine Reise nach Augsburg unternahm. Am 20. September bestätigten Baur & Biller den Empfang des Silbers sowie von 5.000 Gulden „*auf 2 grosse Spiegel [...] Augsburger Prob und Gewicht 103:14:2*" und versprachen, die „*Spiegel sauber und von schöner Arbeit wie mundtlichen mütt Ihro Hoch: Gräffl: Excellenz abgeredt biß Ostern zu verfertigen*"[236]. Am 24. Dezember quittierten Hans Jacob Baur und Lorenz Biller „*vergnügt*" den Empfang von 2.000 Gulden für zwei weitere Guéridons. Weiters teilten sie mit, dass sie das dafür nötige Silber bereits gekauft hätten und die „*Bilder*" (d.h. die Holzmodelle für die figuralen Teile) beim Bildhauer bestellt worden seien[237]. In einem Schreiben vom 31. Dezember 1694 ent-

261. Brief der Goldschmiede Johann Jakob Baur und Lorenz Biller an den Grafen Lamberg mit der Nachricht, dass sie vor dem Service für den Botschafter erst das Kredenzgeschirr und den Silberthron für den Kurfürsten von Brandenburg fertig stellen müssen, Augsburg 14. November 1698; St. Pölten, NÖLA Lamberg-Archiv, Kart. 86

schuldigte Gerhard Greiff die lange Verzögerung mit dem „*grossen Gewicht der jüngst gelieferten Silberarbeit*". Im Juli 1695 übergab der Botschafter Baur & Biller Bargeld und Bruchsilber im Gesamtwert von 2144 Gulden[238] und aus einem Schreiben der beiden Goldschmiede an Lamberg vom 7. Oktober erfahren wir von der Lieferung eines Feuerrostes, „*wellicher auch schön und sauber vonn Arbeith gemacht*" und Kosten von insgesamt 192 Gulden verursachte. Außerdem heißt es in dem Schreiben: „*ann dene Spiegel arbeiten wir fleissig voran, und verhoffen, daß Ihro Hoch. Gräffl. Excellenz bey Lüfferung derselben umb soviel größer ‚Content' oder Vergnügen haben werden, mit höchster unttertenigster Bütte, sich die wenig Zeit zu geruhen*"[239]. Die offensichtlich erst im April 1696 nach Regensburg gelieferten Spiegel waren mit teurem venezianischem Glas versehen. Dem Wageprotokoll von Johann Georg Fischer zufolge zeigte das 288 M 6 L und 29 Q schwere Exemplar den „*Sunnen wagen*", während das nur 272 M 14 L 29 Q wiegende Gegenstück ein Relief „*mit der Juno Wagen*" aufwies. Die Gesamtkosten für die beiden Spiegel, die zwei Guéridons und den Feuerrost betrugen nicht weniger als 12.663 Gulden[240].

Als paarweise Garnituren von Tisch, Spiegel und Guéridons folgten diese Silbermöbel dem seit den 1670er Jahren am französischen Hof üblichen Ausstattungsluxus, und auch formal gehörten die Arbeiten für Lamberg offensichtlich zu den ersten bekannten figuralen Augsburger Exemplaren[241]. Vor allem die Tische des österreichischen Grafen bildeten frühe und etwas kleinere Vorläufer der ebenfalls von der Firma Biller gelieferten Silbermöbel (83 x 119 x 75 cm) des Prinzen Maximilian Wilhelm von Braunschweig-Lüneburg, deren Füße mit dem Welfenross sowie den Löwen und Leoparden des Familienwappens in plastischer Form geschmückt sind, während die Platten Darstellungen von Herkules und Phaeton zeigen[242] (Abb. 264). Die Silbermöbel des Prinzen zierten das mit rotem Samt tapezierte Audienz- und das Schlafzimmer im Wiener Palais Strattmann und die gleiche Funktion können wir auch für Lambergs Möbel annehmen. Eine Vorstellung von den schätzungsweise 200–250 cm hohen und über 45 Kilogramm schweren Silberspiegeln mit ihren mythologischen Darstellungen liefert uns wohl das um 1695/1700 von Albrecht Biller ausgeführte Exemplar mit der Göttin Minerva (Abb. 265)[243].

Trotz der Lieferschwierigkeiten vertraute Graf Lamberg weiterhin auf Produkte der Goldschmiedewerkstatt von Hans Jacob Baur und Lorenz Biller. Durch einen „*Ordinary Botten*" übermittelten die beiden Augsburger Goldschmiede, die am 7. Jänner 1696 den Empfang von 120 fl. bestätigt hatten, dem Grafen Lamberg am 11. Mai zwei Leuchter samt Modell im Wert von 120 fl. in der Hoffnung, dass diese „*beliebig sein sollen*", obwohl die „*Gleichheit in der Größe [des Musters] so genau nicht zu verschaffen ist. Wenn selbige aber einig Bedenkhen hetten, wollen gerne noch ein ander Baar machen, und kennen sich Ihro Hoch. Gräfl. Excell. dieser solang bedienen; wollens hernach widerum annehmen. […] Auß Mangel der Zeit sein für die 2 neue Leichter kein Prob ausgeschlagen; kenten aber einmall zurückh gesand werden*"[244]. Aufgrund der am 30. August 1696 ausgestellten Rechnung über vier „*Leichter auf englische Fason*" im Wert von 513 Gulden[245] können wir vermuten, dass Lamberg vom Englandaufenthalt des Händlers Rötzer Leuchter nach neuester englischer Mode bekommen hatte, die als Vorbild für die in Augsburg angefertigten Kopien dienten. Denn 1697 ließ der Diplomat auch zwei Kaminböcke nach der „*neueren Englischen Façon*" in Augsburg ausführen. Unter englischer

Art ist jedoch wohl der durch Daniel Marot, den Sohn von Lambergs französischem Architekturlehrer, Ende des 17. Jahrhunderts an den Höfen Wilhelms III. in Holland und England verbreitete französische Stil des Kunstgewerbes zu verstehen[246]. Mit der Vorgabe englischer Muster folgte Graf Lamberg in bescheidenem Rahmen einer Vorgangsweise, wie sie die Firma Biller damals auch für den Kurfürsten von Brandenburg praktizierte: Dieser hatte 1694 vom englischen König Wilhelm III., seinem Cousin, zwei große Silberbrunnen (Abb. 209) geschenkt bekommen, die als Vorbilder für weitere Kannen und Becken der Brüder Biller dienten und deren Stilwandel hin zu den modernen Entwürfen im Stile Marots zur Folge hatten. Die englischen und die 1698 gelieferten Augsburger Gefäße für das berühmte Silberbuffet des Berliner Schlosses (Abb. 262) bildeten zusammen ein „Ensemble von nie-dagewesenem künstlerisch-ästhetischen Anspruch" und eine politische Machtdemonstration[247].

Das gilt auch für den nicht erhaltenen Berliner Silberthron (Abb. 263). Aus einem Schreiben von Baur & Biller an Graf Lamberg vom 14. November 1698 erfahren wir nämlich, dass die beiden Augsburger Goldschmiede gleichzeitig mit den Gefäßen für das Silberbuffet auch den nur durch eine Federzeichnung und ohne Meisternamen sowie Entstehungsdatum überlieferten Silberthron für Friedrich III. geschaffen haben[248]. Der Brief antwortet offensichtlich auf eine Anfrage Lambergs bezüglich eines Silberservices, *„darauß mit höchsten Belieben ersehen die hohe uns erzeigende Gnaden in ‚Recommendierung' unserer Arbeit, bey hohen Orten vor wellich hocherzeigende ‚Favor' und ‚Benevolenz' wir untertenigst gehorsamst Danckh erstatten. Werden auch sobalt meglich bemeldtes [?] Modell mit unserem Iberschlag, übrigen Bedenckhen und Nothdurfft Ihro Hoch Gräfl. Excellenz übersenden und werden auch fernere ‚Resolution' darauf erwarten, besonders wie lang es hoechstens und lengstens Zeith und Anstandt mit deren Verfertigung halte. Darauf uns sicherer ‚resolvieren', und unsere Austheilung einrichten kennen, massen wir vorhin ziemlich und zuvor mit ‚pressanter' Arbeith versehen, so vor Ihro Churfürstl. Dhl. von Brandenburg gewidmet, und in 3000 Markh Silber erfordert, bestehende in einem Großen Silber ‚Audienz' Stull alles ‚massiv' ohne Eisen und Holtz von 600 M., daß ibrige besteht in Großen ‚Lavoren', die größte daß Stuck zu 100 M. auch große ‚Bouttellien' und Kihl Kessel, alles vergult und biß 2500 M. belaufen wird ohne den Sessel. Wir sind aber schon ziemlich damit ‚avancirt', daß wir in dieser Arbeith auch werden behilflich sein kennen,*

da die Gnäd. weittere ‚Resolution' balt ergehendt, und es nicht alzu ‚pressant' fertig sein muß, dann obige nicht außstellen kennen, weillen uns zu sehr ‚obligiert' [= vepflichtet] haben. Nechstens werden die ‚Modell' erfolgen und darauf fernere ‚Resolution' abwarten, inzwischen uns zu beharlicher hohen ‚Affection' schönstens [?] ‚recomandieren', und Ihro Hoch Gräfl. Excellenz Göttlicher Allmacht und Bescheinung [?] ergeben, beständig aber bleibende Ihro Hoch Gräfl. Excellenz Dienst ergebendste Johann Jacob Baur/ Lorenz Buller,/ Goltschmidt"[249] (Abb. 261).

262. Handfass und Wanne des Berliner Silberbuffets von Lorenz Biller und seinen Brüdern, 1698; Berlin, Staatliche Museen zu Berlin Preußischer Kulturbesitz, Kunstgewerbemuseum Inv.-Nr. 512/513

Schon parallel zu den Möbeln hatte Graf Lamberg eine weitere Bestellung für vergoldete Bestecke in Auftrag gegeben, denn am 24. Dezember 1694 bestätigte der Augsburger Goldarbeiter und Juwelier Johann Sebastian Mylius[250] den Empfang von Silber und Geld im Wert von insgesamt 840 fl. *„zur Außarbeittung einer Goldenen Muschel, item Leffl, Messer, Gabl und Salzbuchßlein"*[251]. Schon im Hinblick auf seine Übersiedlung nach Rom fragte Graf Lamberg bei Mylius im Juni 1699 nach einem goldenen Reiseservice. Es war aber nichts lagernd, weshalb der Goldschmied dem Adeligen am 18. Juni eine ungebrauchte, aus sechs Schalen und sechs Bechern bestehende Garnitur, die er vor ungefähr vier Wochen einer *„Herrschafft wegen Mangel des Geldes"* nicht überlassen habe, zum Kauf anbot.

Ebenfalls im Frühsommer 1699 kontaktierte Lamberg den Augsburger Kunsthandwerker Christoph Ellerich[252] wegen eines Kronleuchters. Der Augsburger Goldschmied übermittelte daraufhin am 5. Juni einen *„Abriß die ‚Manier' zu ersehen, daß der Grundt an dem Leuchter von Silber undt verguldt undt von unterschidlicher Form Kraiß gemacht, daß der rothe Rubinfürniß schön durchspiglt, hin undt wider mit englischen Knopsen [?] und Zierath. Es wäre rathsam undt formlicher, daß dieser Cronleuchter zwölf Lichter bekomme und praesentiere, sitzet in der Runde [?] schön, die Zierung alles massiv, undt wirt der gantze Leuchter sambt der Zierung in der Überschlagung kommen auf fl. 450:-"*[253]. Die beiden Rechnungsbücher im Lambergarchiv (Hs. 50 und 51) liefern weitere Angabe über Goldschmiedearbeiten und deren Lieferung aus Augsburg. Vor allem erfahren wir hier, dass der Graf in den letzten Monaten vor der Abreise zusätzlich mehrere Girandolen, also mehrarmige Tischkerzenleuchter, einige Uhren – darunter 1699 ein Stück um 250 fl. vom Kleinuhrmacher Christoph Schee[254] – und mehrere Kredenzteller, also reine Zierteller für ein Schaubuffet[255] nach Berliner Vorbild, ein Kaffee- und ein Teeservice sowie Schokoladebecher aus Porzellan in Augsburg bestellte[256]:

263. Augsburger Silberthron für Kurfürst Friedrich III. von Brandenburg, 1698, lavierte Federzeichnung von Christian Eltester, Ausschnitt; um 1700; Berlin, Staatliche Museen Preußischer Kulturbesitz, Kupferstich-Kabinett

Jänner 1690:
*den goldschmid Leser in Augspurg angaben geld
vor d. Silber zum abgang d. 649 marck*   3608:57 [S. 1]
Vor Silber zu den schreibzeug   18:-

Februar 1690:
dem goldschmid Leser macherlohn auff die 1. Truhe   715:-
den fueteralmacher   165:-
den kupferstecher vor die Wappen 1. Truhen   65:-

März 1690:
den Pestaluzzi zahlt völlig das augspurgische mit   2678:-
ein helfenbainerne schreibzeugfeder u. messerl   6:-
Ein Englisch truhen   70:-

Juli/September 1690:
*den Goldschmid abs. wegen d. grossen 2 Sottocoppen und des
spanisch Salzfass iber Empfangenes Silber in geld*   259:- [S. 12]
den kupferstecher vor die wappen auff 3 schüssel   4:30:- [S.13]
den Tobias Rötzer bis 100 fl. mit   108:- [S. 13]

November 1690:
*dem Pestaluzzi zahlt bis 1000 Rth. und des Lesers
Conto*   500:- [S. 13]

Dezember 1690:
*den maister Leser meinen rest v. silbertruhen
völlig zahlt*   333:30 [S. 15]

Juni 1691:
ein schreibtischl mit silber beschlagen v. Augspurg   32:- [S. 17]
ein langes Englisch perspectiv [= Fernglas]   12:-

Oktober 1692:
den rest v. silbernen handbreth [?]   50:- [S. 25]

Dezember 1692:
*Goldschmid wegen des silbernen Schraufen
in flaschen halter*   28:- [S. 28]

Oktober 1693:
dem Tobias die Stuckhuhr völlig   200:- [S. 52]
auff die Augspurger rais Zöhrgeld und postgeld   120:- [S. 53]
alldort ein degenfäss [?]   45:-
*dem Greiff 3500 fl. und wider 2000 fl. durch den botten
wegen 2 silbertisch und 2 gueridons in abs.*   5500,-

November 1693:
vor d. Gold und Silber in abs. d. 150 fl.   50:- [S. 54]
vor 2000 fl. nach Augspurg bottenlohn   5:- [S. 55]

Februar 1694:
Vor den Engl v. Augspurg bottenlohn   3:- [S. 60]

April 1694:
*den Greiff iber die 5500 fl. wegen d. 2 tisch und
2 gueridons in abs.*   1000:- [S. 66]
den Augspurger botten die 700 fl. zu iberbringen   1:30

Juni 1694:
zu der Straubinger Uhr den Bildhauer[257]   12:45 [S. 68]
dem mahler wegen Vergoldung d. uhr mit einem rad   5:- [S. 69]

Juli 1694:
*2 Spiegel glass v 8 quarti di Venetia nach Augspurg
zu liefern umb 850 fl. in abschl. erlögt*   300:- [S. 71]

264. Silbertisch des Prinzen Maximilian Wilhelm von Braunschweig-Lüneburg von Johann Ludwig Biller und Johann Biller, um 1725; Pattensen, Schloss Marienburg

September 1694:
den Silberarbeithern Baur und Pichler in absch.
d. Spiegel 5000:- [S. 74]
dem Goldarbeiter Myllius alldort in Augspurg vor
d. goldene reiss Service in abs. 800:-
auf d. reiss nach Augspurg hin und her 90:-

Dezember 1694:
nach Augspurg vor d. anderte paar Gueridons Silber zu
kauffen denen arbeithern Baur und Püchler erlögt 2000:- [S. 78]

Jänner 1695:
dem Mylius iber die 800 fl. wegen des
Guldenen raiszeug den rest 241:20 [S. 79]
dem Greiff nach Augspurg seinen rest mit 46:-
Löser vor die 6 paar leichter und d. pages
knöpff in abs. des rests der 93 fl. 50:- [S. 81]

Februar 1695:
des Lesers goldschmidts rest völlig mit 40:- [S. 82]

März 1695:
dem Greiff iber bezahlte 6500 fl. wegen d. 2
tisch, 2 gueridons und d. Hojosischen Engels nach Zell
zahlt d. Opferman und theils d. regent 3112:- [S. 83]
Fuhrlohn vor den Tisch von Augspurg 2:- [S. 84]

Juni 1695:
Ein uhr in einen Indianischen rothen lang
Kasten so Viertel und stund schlaget. d. maister
ist […] v. Tobias Rötzer erkaufft 468:- [S. 86]
Denen Püchlern und Bauern in Augspurg in abs. d.
Spiegel arbeith iber erlögte 5000 fl. und 103 m. 14 l.
Silber wider 1500:- [S. 88]

August 1695:
die silberne Feuerhund nach Augspurg zu führen 2:- [S. 91]

für 10 rothe heuth [= Häute] die 3 tisch und 4 ‚gueridons'
zu bedöckhen 5:-

September 1695:
umb ein guldene uhr und einen geschnittenen Stein
geben einen capot und 12:- [S. 88]

Oktober 1695
dem Augspurger tisch fuhrlohn 5:18 [S. 96]

Jänner 1696:
dem goldschmid für die thee kugel und kleine sachen 5:45 [S. 437]

Februar 1696:
vor meinen diamantenen […] sackh und etwas so die
Graffin noch darzu genohmen 500:- [S. 439]

April 1696:
Tobias Rötzer in abs. des Englischen Silber 447 fl. 231:- [S. 441]
den 3ten schückhte dem Püchler und Baur wegen emfangener
2 spiegel und 2 gueridons an seinen rest d. 2362 fl. 1862:- [S. 442]
Tobias in abs. d. 569 fl. 69:-
vor einen Floss v. Augspurg so die Spiegel
geführt hieher 38:-

Mai 1696:
2 leichter v. Augspurg v. 6 m. 15 l. nach
Englischen gemacht 120:- [S. 444]
Tobias in abs. d. 400 fl. 25:-
den Badischen goldarbeithern wegen d. jungen
Neuhauss völlig 21:-

Juli 1696:
den Augspurger botten so die silberne Leichter
iberbracht 1:30 [S. 446]
Augspurg weg. d. 2 grossen paar Englischen leuchtern
in abs. d. 50:- [S. 447]

August 1696:
*Augspurg wegen d. 4 grossen Englischen leichter
iber die 50 fl.* 50:- [S. 449]

Oktober 1696:
*den Silberarbeithern nach Augspurg wegen d. Spiegel
in abschl. d. 500 fl.* 400:- [S. 452]

Dezember 1696:
*denen Püchler und Baurn nach Augspurg den rest
wegen d. 4 grossen Englischen leuchtern* 154:- [S. 456]

April 1697:
*d. alte silberne böckh auff die neuere Englische
façon geld* 87:- [S. 464]
*2 viereckhige thäller, ein glöckhl und
2 Credenztazen* 114:38 [S. 465]
Ein guldene schlaguhr v. Rötzer 400:-

Mai 1697:
die 2 Viereckhige thäller zu vergulden 8:- [S. 466]
die Wappen darauff zu sötzen 2:-
die Venedische glass v. Augspurg vor die 2 taborethl 36:-
denen Püchlern und Baurn vor 4 silberne Caffè ring [?] 28:-
*Item denen selben nach Augspurg in abs. 13 M. silbers
so ihnen iberschückhte, in geld vor den silbernen
aber* 400:- [S. 467]

September 1697:
dem Baur nach Augspurg in abs. d. 586 fl. 385:- [S. 478]
vor 6 buch Gold nach Augspurg 19:-

265. Silberspiegel mit Minerva von Albrecht Biller, um 1695/1700; Berlin, Stiftung preußischer Schlösser und Gärten, Inv.-Nr. X 1005

Oktober 1697:
dem Zinngüsser vor d. Thèewassergefäß 1:- [S. 478]

Dezember 1697:
Baur nach Augspurg weg. des tellers rest d. 100 fl. 50:- [S. 482]
*dem Baur nach Augspurg in abs. d. Graffin kleines
Service und meiner Wärmpfanne* 300:- [S. 484]

Jänner 1698:
nach Augspurg in abs. d. Thè Service 400:- [S. 485]

Februar 1698:
*nach Augspurg den rest alles von dem alten denen
Baur und Püchlern* 38:- [S. 487]
nach Augspurg in abs. d. 416 fl. vor d. Caffè Service 100:- [S. 488]

März 1698:
Augspurg vor d. Caffè Service in abs. d. 316 fl. 100:-
*Augspurger both vor d. Silber herab und
d. Gelt hinauf zu bringen* 2:15:- [S. 489]
dem mahler die Taborettl zu vergulden 15:- [S. 490]

April 1698:
Augspurg in abs. d. 216 fl. 66:-
ein Service zum Thee v. Serpentin 10:-

Mai 1698:
*v. ein Savoiarden eine tabaquiere, ein flaschl, ein […],
ein feurzeug, pulverflaschl und ein buxl* 15:- [S. 491]
*v. schwartz lackh ein Indianische taffel mit 6 schwartzen
lackh Schallerl und böcherl* 60:-
*Item ein Viereckhetes lackh kastel mit 2 lackh pixen und
einer grossen lackh schachtel* 52:-
*2 durchbrochene porcellane ciocolate böcherl und
schalerl* 15:- [S. 492]
4 thäller v. porcellane 18:-
*Ein ungebrentes [?] porcellanes thee geschür und
6 becher und 6 tazen darzu* 25:-
nach Augspurg vor d. caffè Service in abs. d. 150 fl. 107:-

September 1698:
*die silberne gluthpfannen v. Augspurg auff d.
iberschückhte Silber den rest in geld* 54:- [S. 500]
*nach Augspurg schückhte das Geld in abs. auff die 2
silberne Louvor und 2 Sottocope mit* 400:-
*dem Goldarbeither Dauphin vor 2 cousteau de chasse
[= Hirschfänger] und ein schachterl in abs. d 69 fl.* 30:- [S. 501]

Oktober 1698:
*12 porcellane schüsseln und becherle mit roth und 6
dergleichen becher zur Ciocolate* 42:8 [S. 504]
nach Augspurg in abs. d. vergulden nägel 100:-

März 1699:
*denen Silberarbeithern v. die 4 ghirondel nach
Augspurg* 1000:- [S. 512]

April 1699:
dem Dauphin vor d. Cristall 36:- [S. 513]
*denen Baur und Büchlern den rest vor die 2 lavors doch
ohne Vergrösserung d. 2 Credenz thäller den rest* 174:- [S. 514]
*nach Augspurg vor die 12 messer 24 Gabel und
12 leffel* 200:-

Mai 1699:
eine Englische uhr alldorten v. Busman 150:- [S. 516]
2 silberne tabaquieres 20:-

August 1699:
dem Dauphin seinen rest 42:- [S. 521]
*zwey persianische teppich mit guldenen blumen so zu
einem gemacht mit leitkauff* 406:20
*2 goudronirte Credenz theller wögen 12 m. 8 l .i.p.
à 19 fl. mit fueteral* 243:47
*auff die bezahlte 200 fl. wegen d. weissen löffel,
messer und gabeln den rest mit* 50:52
*auff die 4 ghirondel und 2 glöser kössel iber die
1000 fl. wieder in abs. geben* 500:- [S. 522]
eine Französ. Uhr v. Gold 60:- [S. 524]

Kulturgeschichtlich besonders interessant ist der Kauf von Kaffee-, Tee- und Schokoladeservicen durch Lamberg. Der Genuss der teuren exotischen Heißgetränke war vom spanischen Hof ausgehend rasch zu einer beliebten Mode in ganz Europa geworden, und auch Graf Lamberg hatte ja 1694 von einem entsprechenden Geschenk des Grand Dauphin an den Kurfürsten von Bayern erfahren. Vier Jahre später wird dem österreichischen Diplomaten vielleicht von seinem Vetter Harrach von einem entsprechenden Service berichtet worden sein, das dieser seinem Tagebuch zufolge am 15. November 1698 beim portugiesischen Botschafter in Paris, Dom Luís Álvares de Castro e Sousa Marquês de Cascais, kennengelernt hat: *„Nach dem Essen hat es ‚Thèe, Cafèe' undt ‚Chocolade' in einem anderen Zimmer gegeben. Diese haben die ‚pagen' auf 4eketen sülbernen Tassen, auf welchen […] sülberne Becherle darauf stundten, gebracht. Die anderen 2 Sorten waren in ‚porzelanen'"*[258]. Die neuartigen und die europäischen Ernährungsgewohnheiten revolutionierenden, als aufmunternd und sogar luststeigernd geltenden Elixiere erforderten nämlich Trinkschalen aus echtem Porzellan, um die Warmhaltung und Geschmacksneutralität zu garantieren. Der in Lambergs Bibliothek vertretene Mode-Autor Eberhard Werner Happel beschrieb diesen Zusammenhang 1707 folgend: *„Die Porcellain-Geschirre sind niemahls in Teutschland so beliebt und in Usance gewesen, als zu itziger Zeit, da die edle Gewohnheit des Thee-, Caffee- und Chocolade-Trancks der Indianer schier naturalisieret worden, in dem schier […] ein jeder, der sich für ein galant homme zu itiger Zeit passiren will, sich dergleichen schöne Geräthe anschafft."*[259] Aufgrund der starken Nachfrage nach diesen Luxusgetränken wurde die Anfertigung entsprechender Service um 1690 zum „beherrschenden neuen Thema" der Augsburger Goldschmiede, galt es doch bis dahin in Europa

266. Tee-Service von Tobias und Matthias II. Baur, vergoldetes Silber und Achat, um 1690–1700; Kassel, Museumslandschaft Hessen Kassel, Slg. Angewandte Kunst

unbekannte Gefäßtypen und Halterungen für Porzellanbecher zu entwerfen. In diesem Zusammenhang scheint die für Lamberg tätige Familie Baur ein „gewisses Monopol" erlangt zu haben, wobei Gefäße mit geschliffenen Achat- oder Chalzedonteilen eine Spezialität von Johann Ulrich, Tobias und Matthias Baur (Abb. 266) bildeten[260]. Graf Lamberg erwarb in Augsburg u.a. ein Teeservice aus dunkelgrünem Serpentin sowie mehrere Garnituren von Schokoladebechern aus asiatischem Porzellan und die in diesem Zusammenhang genannten „Indianische Kastel", also Kassetten mit echter oder nachgemachter chinesischer Lackmalerei, und der damals erworbene persische Teppich verdeutlichen den engen Zusammenhang zwischen exotischen Genüßen und exotischem Dekor ebenfalls. Die im Dezember 1694 von Joseph Dufraine erworbenen neun Ellen „rosenfarben atlas zu den indianischen Schlaffrockh" um 22 fl. 30 fügen sich gleichfalls in diesen Kontext, und bezeichnenderweise entstanden damals auch die ersten Porträts von Adeligen in Prunkschlafrock mit Porzellangeschirr, z.B. von Lambergs Kollegen Norbert Leopold Graf von Kolowrat-Liebsteinsky (1684) oder von Kurfürst Clemens August von Köln (1723)[261]. Wir können also vermuten, dass zumindest ein Teil der Augsburger Tee-, Kaffee- und Schokoladeservice für das damals im Wiener Palais eingerichtete Spiegelkabinett (siehe oben Seite 206) angeschafft wurde[262].

Als Graf Lamberg in den Monaten vor seinem Tod 1706 seine beweglichen Besitztümer verzeichnete, legte er auch eine eigene Liste von Silberwaren „Augspurger Prob" an[263]. Diese umfasst 25 Positionen mit einem Gesamtgewicht von 351 Pfund, also fast 180 Kilogramm, wobei jedoch weder Möbel noch Service und Besteck genannt werden. Angeführt sind offensichtlich vorwiegend Schaustücke für die Kredenz, nämlich zwei Kühlkessel, vier vergoldete Flaschen, vier vergoldete *Sottocoppa*, zwei vergoldete Waschbecken samt Wasserkanne, eine vergoldete Ovalschüssel samt Kanne, eine vergoldete Platte mit Lichtputzer (?), acht vergoldete Kerzenleuchter, acht vergoldete „Schüssel zeig" und zwei vergoldete Salzfässer.

Diplomatische ‚Gesellenzeit' in Regensburg und sehnsüchtiger Blick nach Rom

Einige der zuletzt in Augsburg getätigten Anschaffungen waren schon mit dem Blick auf die Versetzung des kaiserlichen Diplomaten an den päpstlichen Hof erfolgt. Lambergs Aufenthalt in Regensburg endete am 11. September 1699 mit der Abreise nach Wien. Der niederösterreichische Adelige hatte also die neunjährige ‚diplomatische Gesellenzeit' am Reichstag offensichtlich zur Zufriedenheit seiner Vorgesetzten absolviert und war für höhere Weihen geeignet. Tatsächliche bildete Regensburg nicht nur für den Grafen Leopold Joseph von Lamberg eine praktische Schule der Zeremonialwissenschaft und wohl die beste Vorbereitung auf römische Verhältnisse. Spätestens nach seiner Ankunft in der Reichsstadt im Jahre 1690 musste dem Diplomaten auch die realpolitische Funktion des barocken Zeremoniells klar geworden sein. Wenn nämlich der Rang bzw. Wert einer Person oder Institution durch – wie es Lamberg nennt – „äußerliche Darlegung" veranschaulicht wurde und daran abzulesen war, dann war es natürlich nicht egal, ob man mit zwei oder sechs Pferden ausfuhr, den Hofmeister mit vier Dienern oder nur den Schreiber mit zwei Lakaien sandte, und jemanden mit Durchlaucht oder Exzellenz titulierte. Dementsprechend war auch die Sitzordnung der Kurien bzw. der einzelnen Mitglieder innerhalb des Plenums des Reichstages keine willkürliche Angelegenheit (Abb. 267). Dasselbe galt für weitere räumliche Distinktionsmittel, nämlich die Begrüßung eines Gastes beim Hoftor, zu Beginn oder zu Ende der Treppe, ob man ihm zwei oder fünf Stufen entgegenkam und ihn rechter oder linker Hand gehen ließ. Zu diesen räumlichen Differenzierungen kamen noch jene des *Decorums* im wahrsten Sinne des Wortes, also die Unterscheidung von Farben (rot oder grün), Stoffen (Samt oder Damast), Gold- oder Silberbesteck und Sesseln mit oder ohne Armstützen und Lehne, wie es ja im Plenarsitzungssaal des Reichstages besonders anschaulich vorgeführt wurde. Dass es bei dieser formalisierten Zeichenhaftigkeit nicht, oder nicht nur um die persönliche Eitelkeit der Diplomaten ging, sondern um die Wahrung des Ranges ihrer Fürsten, wurde 1733 von Julius Bernhard von Rohr deutlich zum Ausdruck gebracht: *„In ihren Quartieren, in ihrer ‚Equipage', und bey ihrer Tafel müssen sie sich so auf führen [!], daß es ihren Principalen nicht zu einiger ‚Disrenommee' gereiche. Sie müssen auch bei ihrer ‚Parade' eine gleiche Aufführung beobachten [...]. Nach der Beschaffenheit der Gelder, die sie zu ihrer Gesandtschafft bekommen, und nach der Vorschrifft, die ihnen hierüber von ihren hohen Herrschafften ertheilet werden, machen sie eine grössere oder geringere ‚Figur' [!]; jedoch müssen sie auch alles so einrichten, daß sie selbst und ihre ‚Souverains' keine ‚deshonneur' davon haben."*[264]

Der Posten als habsburgischer Vertreter im Fürstenkollegium in Regensburg (Abb. 268) war für einen Anfänger wie Leopold Joseph von Lamberg zweifellos eine ehrenvolle Aufgabe, aber aufgrund der Ambitionen der Familie nur als erster Schritt auf dem Weg zu einem Ministerposten gesehen worden. Als nächste und gleichzeitig besonders hochrangige Position hatte man den Botschafterposten beim Päpstlichen Stuhl im Visier. Die ersten nach Regensburg gedrungenen Gerüchte von der Abberufung des Fürsten Liechtenstein (Abb. 276) notierte Leopold Joseph daher wohl mit besonderem Interesse am 19. Juni 1692 in sein Tagebuch: *„Es will verlauten als ob der Feldmarschall v. Mansfeld Prencipe di Fondi die Pottschafft zu Rom pretendire, wan der Fürst Antoni v. Liechtenstein Ajo bei Ihr Durchlaucht den Ertzhertzog Carl werden solle, wovon man reden thut."*[265]

Doch Liechtensteins Rückkehr sollte noch zwei Jahre auf sich warten lassen und erst dann stand die römische Botschaft beim Kaiser neuerlich zur Disposition. Damals wollte die Familie Lamberg vor allem die kaiserlichen Beichtväter Franz Menegatti und Joseph Ederi einschalten, *„dann nunmehro ist gewiß, daß die Padri omnipotenti am kaiserlichen Hof demjenigen, so sie wollen, helfen, dienen, dem andern pro libitu schaden und weit von allem impiegho halten können"*.[266] Der sich damals schon konkret mit entsprechenden Wünschen tragende Graf Lamberg fügte am 13. Juni 1694 in seinem Tagebuch diesen Überlegungen jedoch den Seufzer hinzu: *„allein die grossen Spesen, so diese Pottschafft erfordert, einem grosses Bedenckhen auch verursachet"*. Nur drei Tage später vermeldet man aus Wien, dass der mit Lamberg verschwägerte Hofkammerpräsident Graf Orsini-Rosenberg im Gespräch für den römischen Botschafterposten sei. Am 6. November 1694 reiste Leopold Joseph von Lamberg schließlich sogar auf der Donau nach Österreich zu seiner Gattin, *„mich mit derselben wegen der Römischen Bottschafft zu unterreden, auff was Wais – bevor man sich ferner in die ‚Pretension' einlasset – die Spesen könten bestritten werden"*. Daraufhin begannen am kaiserlichen Hof die Gerüchte zu sprudeln, und der Reichstagsgesandte notierte am 14. November verwundert in sein Tagebuch, *„von meiner Raiss und Pottschafft nach Rom werde öffentlich geredet, wiewolen mir noch nichts bekannt"*. Obwohl am 16. Jänner 1695 in Regensburg publik geworden war, dass der *„neue erklärte Kayl. Pottschaffter Graf v. Martinitz an diesem Hoff"* den Palazzo Farnese (Abb. 26) beziehen werde, erreichte Lamberg am 20. März ein Brief seiner Gattin, *„welche verlanget mit mir zu reden zu Linz, weilen der Pater Ederi wieder vorschlaget nach Rom zu gehen, er wolle mir ‚Conditiones' mündlich vorbringen lassen"*. Die Reise erübrigte sich jedoch, als der Adelige zwei Tage später ein weiteres Schreiben der Gräfin Lamberg

267a und b. Sitzung des Reichstages, Kupferstich (nach Vorlage von 1663) in „Kurtzer Begriff aller im Heiligen Römischen Reiche Teutscher Nation auffgerichteter … Reichs-Abschiede", Regensburg 1703; Pivatbesitz (Exemplar aus der Bibliothek und mit Exlibris der Fürsten von Lamberg)

erhielt. Der einflussreiche kaiserliche Beichtvater hatte von Seite des Hofes 18.000 Gulden Reisegeld und 20.000 fl. jährliche Unterhaltskosten angeboten, aber Lambergs Gattin lehnte dieses Angebot mit dem Hinweis ab, dass *„khein Pottschaffter unter 80.000 fl. leben khan, auch mit höchster Wirtschafft"* [267]. Davon abgesehen bevorzugte Franz Ulrich Graf von Kinsky, der als ehemaliger Diplomat und Oberstkanzler des Königreiches Böhmen das Vertrauen Leopolds I. genoss[268], offensichtlich seine Landsleute, da er *„seclusis Austriacis seine Landsleut an das Brot zu bringen vermöge und durch selbe in denen vornehmsten Weltteilen sich pro primo Caesaris Ministro erkennen machen wolle, angesehen den Martinitz die römische Botschaft, die nach Polen den Czernin und Graf Kaunitz der Haag getroffen, Fürst Lobkowitz in Comitiis Imperii [= Reichstag in Regensburg] und Conde Duque [= Wenzel Ferdinand Graf Poppel von Lobkowitz] in Spanien personam Cesaris repräsentieret"*[269]. Tatsächlich wurde die Stelle beim Heiligen Stuhl 1695 mit dem böhmischen Grafen Georg Adam Martinitz (Abb. 277) besetzt[270] und Lamberg musste das Ende von dessen Dienstzeit abwarten. 1696 interessierte sich Graf Lamberg daher für den Botschafterposten in Polen, sein Cousin riet ihm jedoch ab, weil der Botschafter *„der polnischen oder wenigst der böhmischen Sprach keine notitiam und der lateinischen nicht den usum"* habe[271].

Wohl nicht zuletzt aufgrund dieses lang andauernden familiären Interesses an einem Botschafterposten am päpstlichen Hof sind die Informationen über Rom in den Regensburger Tagebüchern des Grafen Lamberg besonders umfangreich, darunter auch Bemerkungen über zahlreiche Persönlichkeiten, mit denen Leopold Joseph in der Stadt am Tiber später persönlich zusammentreffen wird. Am 22. Juli 1691 erreichte den Diplomaten die Nachricht von der Wahl des Papstes Innozenz XII. Pignatelli (Abb. 278), dessen Karriere Lamberg in seinem Tagebuch am 29. d. M. Revue passieren ließ: *„Er seye in Regierung Urbani VIII. in die Prelatur getrötten und von denselben Vicelegatus zu Urbino erwöhlt, von Innocentio den X. Inquisitor straordinario zu Malta und alsdan Gouvernator zu Viterbo und Nuntius nach Florenz. Von Alessandro 7mo Nuntius in Pohlen und am kaysl. Hoff, von Clemente X^{mo} Bischoff zu Lecce, Segretario de Vescovi et regolari, und alsdann sein ‚Maestro di camera', so er auch bei Innocentio XI die ersten Jahr versehen. Von welchem er Cardinal ‚creirt' worden, alsdan Bischoff zu Faenza, Legatus zu Bologna und endlich Erzbischoff zu Neaple."* Darüber hinaus notierte der Diplomat die näheren politischen Umstände bzw. die Parteiungen der Wahl: *„Die Cardinal Cantelmi [Abb. 270] und Giudici sollen diese ‚Promotion' mehrest ‚promovirt' haben, haben an sich gezogen die Ottoboner, Altierer, Eyfferer, Inno-*

268. Beratungszimmer des reichsfürstlichen Kollegiums im Alten Rathaus in Regensburg, Kupferstich von Andreas Geyer, 1725; Privatbesitz

269. Kardinal Giovanni Battista Spinola, Ottensteiner Kardinalsserie, römischer Maler, 1700/1701; Maria Enzersdorf, EVN

270. Kardinal Giacomo Cantelmi, Ottensteiner Kardinalsserie, römischer Maler, 1700/1701; Maria Enzersdorf, EVN

271. Kardinal Sebastiano Antonio Tanara, Ottensteiner Kardinalsserie, römischer Maler, 1700/1701; Maria Enzersdorf, EVN

272. Kardinal Lorenzo Altieri, Ottensteiner Kardinalsserie, römischer Maler, 1700/1701; Maria Enzersdorf, EVN

centianer, Kayserl. und Spannier. Die Franzosen und Chigi suchten es zu hindern, ware zu spät. Spinola [Abb. 269], [Lorenzo Brancati di] Lauria [Federico] Visconti, [Federico Baldeschi] Colonna befunden sich ausser des ‚Conclave'. [...] Innocentius XII. erklärte sich, er wolle kheine ‚Nipotismo' wie dann er auch keine so nahente Anverwandte. [Zum] ‚primo ministro et segretario di stato', glaubt man, werde er erklären den Card. Spada, ‚Creatur' von Clemente X. und ‚Dependent' von Card. Altieri [Abb. 272]." Als tatsächlich ein Jahr später die päpstliche Bulle gegen den Nepotismus erlassen werden sollte, registrierte Graf Lamberg die Bedenken am römischen Hof, dass die dadurch um ihre Einkünfte gebrachten Angehörigen der Päpste stärker den Bestechungsversuchen der ausländischen Mächte ausgeliefert sein würden, um „ihre Familien dadurch zu erhöhen"[272].

Einer der berüchtigsten Nepoten dieser Zeit, Don Livio Odescalchi (Abb. 322), scheint schon am 23. September 1691 erstmals im Tagebuch Lambergs auf, und zwar mit seinem Wunsch nach einem Kardinalshut. 1695 erfahren wir, dass sich Don Livio die Urne mit dem Herz seines päpstlichen Onkels bringen ließ und dadurch von einem schweren Fieber geheilt wurde. Und 1697 legte Lamberg seinen Regensburger *Relationes* eine Druckschrift über die Angebote des römischen Fürsten für die polnische Königswahl bei[273].

Eine wichtige, aber in Wien mit Skepsis aufgenommene römische Personalentscheidung wurde am 2. Dezember 1691 an der Donau bekannt: zum Nuntius am kaiserlichen Hof *„haben Ihro Heyl[igkeit] den Monsignore [und späteren Kardinal Sebastiano Antonio] Tanara anjetzo Nuntium in Portugal ernennet; ist ein Bologneser vorhero zu Brüssel und Cölln ‚Nuntius', allwo er in der Cöllnisch Wahl viel solle vor den C. Fürstenberg gearbeithet haben [Abb. 271]. Der Mons. Strozzi solle anstatt seiner in Portugal gehen."* Im Frühjahr 1692 treten zwei weitere römische Diplomatenkollegen Lambergs erstmals in dessen Regensburger Tagebuch auf: der spätere Kardinal Santacroce (Abb. 468), mit dessen Leistung als Nuntius in Polen der Papst *„nicht zufrieden"* sei, sowie der spanische Marqués de Uceda, dessen Berufung auf die römische Botschaft damals in Madrid und Rom diskutiert, tatsächlich aber erst 1699 und damit etwa gleichzeitig mit jener Lambergs realisiert wurde.

Genüsslich wurden Intrigen der Kardinäle am 1. Juni 1692 im Tagebuch festgehalten: *„In der letzten päpstl. Unterredung hat der Card. [César] d'Estrées auf Befehl seines Königs [Ludwig XIV.] vorgebracht und angetragen, daß der Papst solle Haubt von dem Bündnis sein von Italien, die Kayserlichen hinauszujagen. […] Wegen künfftiger ‚Promotion' sollen einige Müssverständnisse sich zwischen den Cardinalen d'Estrée und Altieri sich ereignet haben, da der erste verlangte, daß Bazzellini, Martelli, Altoviti, Cenci und Assaldi zu Cardinalen sollen ‚promovirt' werden. Der andere aber sein Gedanckhen könfftig zu beföstigen, verlangte Casali, Fortunati, Ricci und sonderlich Trotti, wegen einer Heurath mit dessen sehr reicher Nipotin mit dem D. Ermilio Altieri des Cardinals ‚pronipote'"*[274]. Zumindest die wichtigsten Figuren auf dem römischen Diplomatenparkett waren Leopold Joseph von Lamberg also schon geläufig, bevor er auch nur zum Botschafter beim Heiligen Stuhl ernannt wurde.

Parallel zu, bzw. etwas vor Leopold Joseph erklomm auch sein oberösterreichischer Vetter Johann Philipp von Lamberg die nächsten Karrieresprossen, wobei die beiden Verwandten einander wieder gegenseitig die Leiter halten konnten. 1697 war der Passauer Fürstbischof als kaiserlicher Bevollmächtigter zur Königswahl nach Polen gesandt worden und hatte sich dabei u.a. mit der heiklen Kandidatur des lambergischen Studienkollegen Markgraf Ludwig Wilhelm von Baden-Baden (Abb. 211) zu beschäftigen[275]. Die Unterstützung des bischöflichen Diplomaten für den kurz zuvor heimlich in Baden bei Wien konvertierten sächsischen Kurfürsten zur Erlangung der polnischen Krone führte jedoch dazu, dass ihn August der Starke beim Papst für ein polnisches Kronkardinalat vorschlug. Die auch von kaiserlicher Seite betriebene Ernennung erfolgte dann schon unter tatkräftiger Unterstützung von Leopold Joseph von Lamberg in Rom, der auch noch zuvor in Regensburg als Vermittler für seinen Vetter aufgetreten war. Denn parallel zu den kirchlichen Würden stieg Johann Philipp auch auf der weltlichen Karriereleiter einen großen Schritt weiter, da er 1699 als Nachfolger des ebenfalls gemeinsamen Studienkollegen Fürst Ferdinand August von Lobkowitz zum kaiserlichen Prinzipalkommissär in Regensburg und damit zum offiziellen Stellvertreter des Kaisers auf dem Reichstag ernannt wurde. Der Amtsantritt zögerte sich jedoch hinaus, weil es auch dies-

273. Passauer Reichstaler mit dem Bildnis des Fürstbischofs Johann Philipp von Lamberg von Philipp Heinrich Müller (1697), Kupferstich in „Historische Remarques", Nr. 30 vom 3. August 1700; Wien, Universitätsbibliothek

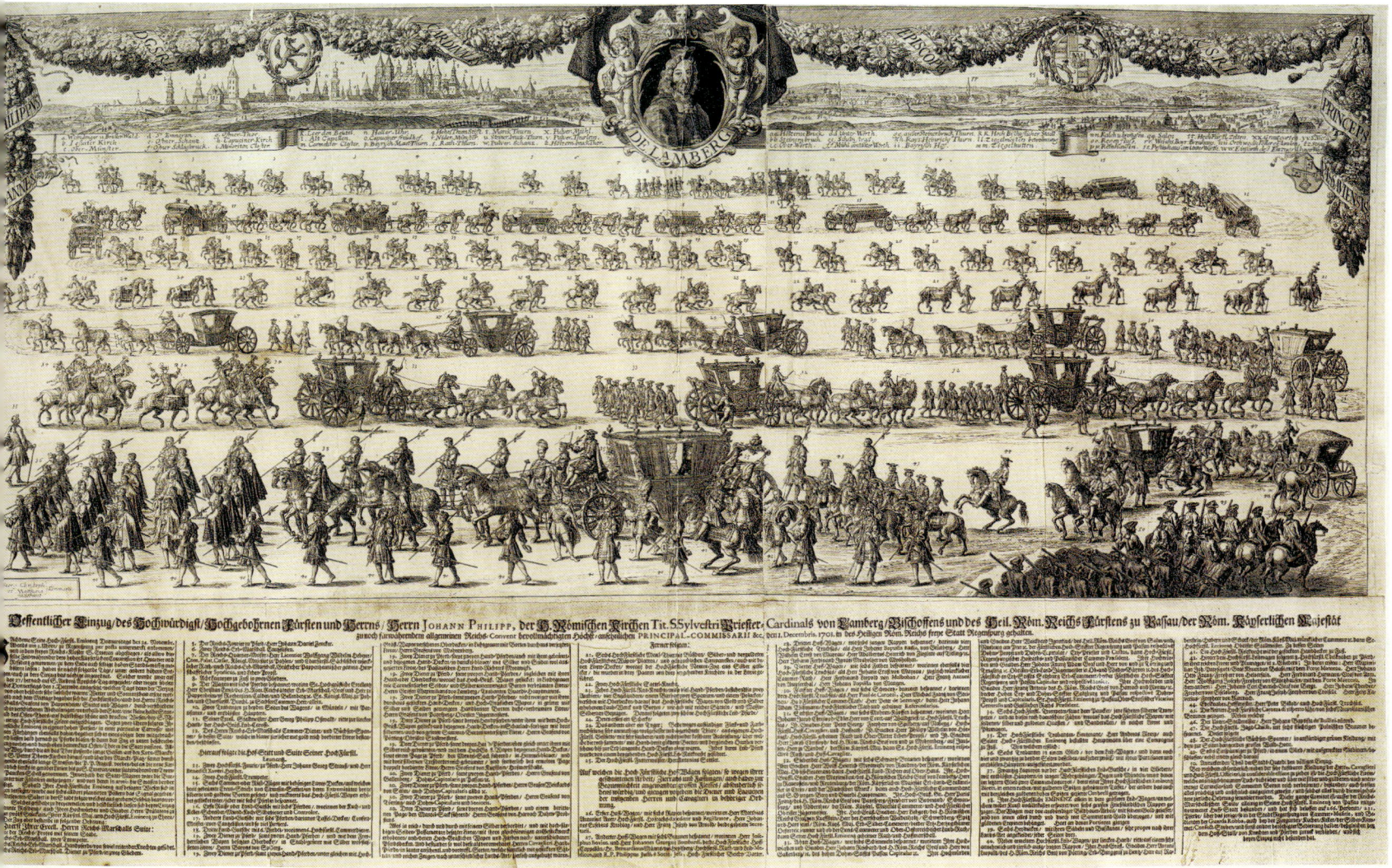

mal wieder zu Zeremonialstreitigkeiten kam, wobei Leopold Joseph noch vor seiner Abberufung nach Rom zwischen den kurfürstlichen Reichstagsgesandten und seinem Cousin zu vermitteln versuchte[276]. Der Einzug des Kardinals und seines 266 Personen umfassenden Geleites am 1. Dezember 1701 – der prunkvollste seiner Art – kostete mehr als 16.000 Gulden und wurde auch in Einblattdrucken publik gemacht, damit nach Absicht des Kirchenfürsten sein Status als Stellvertreter des Kaisers von allen lesenden Deutschen *„dadurch in respectuose Admirierung genohmen"* werden könne[277] (Abb. 274).

Der besondere propagandistische Ehrgeiz von Johann Philipp von Lamberg wird auch durch gleich vier Zeitungsberichte über die politischen Erfolge der Familie im Jahre 1700 ersichtlich. Vielleicht über Vermittlung des Philipp Wilhelm von Hörnigk berichteten die eher gelehrsamen und noch dazu im protestantischen Hamburg erscheinenden *Historischen Remarques* nach der Ernennung des Passauer Fürstbischofs zum Kardinal in einem vierseitigen Artikel über die Geschichte und Erfolge der Familie. Anlässlich der bevorstehenden Überreichung des Kardinalshutes durch den Kaiser publizierte die numismatisch orientierte Zeitschrift einen Passauer Reichstaler mit dem von Philipp Heinrich Müller geschaffenen Porträt des Kirchenfürsten (Abb. 273) und später wurden auch die Verleihungen des Vliesordens an den Neffen des Kardinals sowie an den Botschafter im selben Periodikum vermeldet (Abb. 292)[278].

Aufgrund einer gewissen Annäherung an Kurfürst Max Emanuel von Bayern (Abb. 203) während des Spanischen Erbfolgekrieges bzw. der Übergabe von Passau an die feindlichen Truppen scheiterten hingegen die späteren Versuche von Johann Philipp von Lamberg, Vizekönig von Neapel (1707) oder Premierminister in Wien (1708) zu werden, am Widerstand des Prinzen Eugen von Savoyen. Der von ihm ebenfalls angestrebte Posten eines Fürsterzbischofs von Salzburg ging 1709 an seinen Neffen Franz Anton von Harrach[279], aber zunächst verlief alles nach dem Plan und Wunsch der Familie.

274. Öffentlicher Einzug des Kardinals Johann Philipp von Lamberg als kaiserlicher Prinzipalkommissär in Regensburg, Radierung von Georg Christoph und Matthäus Eimmart, 1701; Regensburg, Fürst Thurn und Taxis Zentralarchiv

Anmerkungen

1. Gleichsam zum Einstand begleitete Lamberg die kaiserliche Familie offensichtlich zur Krönung nach Augsburg, wie aus einer Eintragung im Rechnungsbuch hervorgeht: „*den 22. October H. Heggeler 1689 zu meiner ‚equipage' nach Augspurg zur Crönung […] 1500 fl.*". Lamberg: Rechnungsbuch: NÖLA, LA Hs. 51, 9.
2. Müller: Gesandtschaftswesen, 176; Müller: Lamberg, 98–101.
3. Siehe Lambergs Jahresabrechnungen in den Rechnungsbüchern: NÖLA, LA Hs. 50 (1690–95) und 51 (1696–1706).
4. Zur Geschichte des Bankhauses in Wien siehe: Hans **Pestalozzi-Keyser**: Geschichte der Familie Pestalozzi, Milano 2003, 300–310.
5. Relation vom 12.3.1697: HHStA, StK Regensburg Öst.Ges.Ber. Karton 18.
6. Zu dessen Karriere siehe: Sienell: Geheime Konferenz, 178–180.
7. Niedermayer: Lamberg, 12–22, hier 20–21; Fürnrohr: Reichstag II, 126–129.
8. Diese Briefe bilden die Basis für die Untersuchung von Müller: Lamberg, 78–108.
9. Brief vom 6.12.1688 zitiert in Müller: Lamberg, 90.
10. Amann: Fürstbistum Passau, 156.
11. Brief vom 9.8.1690: Müller: Lamberg, 104.
12. Schreiben vom 27.8.1690: NÖLA, LA Karton 65, Fasz. 346.
13. Siehe z.B. Luttenberger: Mächtesystem; Schütz: Gesandtschaft Großbritanniens.
14. Freitag: Gesandte; Kubitza: Regensburg.
15. Angerer/ Färber/ Paulus: Das Alte Rathaus zu Regensburg.
16. Reidel: Residenzen. Zur Baugeschichte des Reichsstiftes im 17. Jahrhundert siehe: Piendl: St. Emmeram, 280–298.
17. Freitag: Gesandte, 186–189; Schmid: Reichstage in Regensburg, 46–56; Schütz: Gesandtschaft Großbritanniens, 158–161.
18. Lamberg wird nicht genannt in: Regine **Leipold**/ Peter **Styra**: Die Wohnsitze der Gesandtschaften des Immerwährenden Reichstages von Regensburg (1663–1806). Regensburg 1998.
19. Färber: Reichsversammlung; Neuhaus: Reichstag, 49–51.
20. Angerer: Reichstagsmuseum, 34–36.
21. Zum Zeremoniell siehe u.a.: Friedrich: Drehscheibe Regensburg, 111–123 („Der Rang und das Zeremoniell als Kommunikationsregulative"); Korher: Zeremoniell; Schütz: Gesandtschaft Großbritanniens, 164–178; Stollberg-Rilinger: Zeremoniell; Stollberg-Rilinger: Symbolsprache, 137–314. Zum politischen Hintergrund siehe: Sinkoli: Frankreich, das Reich und die Reichsstände.
22. An einer Stelle erscheint die Datierung Wien 5. September 1690: HHStA, StK Regensburg Öst.Ges.Ber. Karton 15.
23. Zu dessen Tätigkeit in Regensburg siehe: Fürnrohr: Reichstag I, 89–90.
24. *Ceremonial Eines Österreichischen Ersten Gesandten auf den Reichstag zu Regensburg*: HHStA, StK Regensburg Öst.Ges.Ber. Karton 14.
25. Zur Tätigkeit dieser beiden Mitarbeiter Lambergs in Regensburg siehe: Fürnrohr: Reichstag II, 122–123 und 129–130.
26. Zu dessen Tätigkeit in Regensburg siehe: Fürnrohr: Reichstag II, 118–122.
27. Beese: Hermann von Baden, 298.
28. Zu dessen Karriere und Tätigkeit in Regensburg siehe: Sienell: Geheime Konferenz, 208–210; Fürnrohr: Reichstag I, 119–121.
29. Für den Hinweis auf diese Publikation bin ich Dr. Mario Döberl (Wien) zu Dank verpflichtet.
30. Zum politischen Hintergrund siehe u.a. Harm **Klueting**: Das Reich und Österreich 1648–1749 (= Historia profana et ecclesiastica 1), Münster 1999.
31. Bericht Lambergs an den Kaiser vom 25.10.1690: HHStA, StK Regensburg Öst.Ges.Ber. Karton 14.
32. Brauleke: Hörnigk, 16–25 (Berlin, Dresden), 30–43 (Passau); Brauleke: Lebensweg des Kameralisten; Friedrich: Drehscheibe Regensburg, 183.
33. Es haben sich auch mehrere Briefe Hörnigks an Leopold Joseph von Lamberg aus den Jahren 1697/98 erhalten: NÖLA, LA Karton 85, Nr. 432.
34. Die Beschreibungen bzw. Zitate über den Amtsantritt Lambergs stammen aus des *H. Graffen von Lamberg particular relation in p.Ceremonialis* an den Kaiser sowie seinen Bericht an den Hofkanzler Strattmann vom 26.11.1690 (HHStA, StK Regensburg Öst.Ges.Ber. Karton 14) und aus der Schrift: *Partikular Anmerckungen über dasjenige, so erfolget, da des H. Grafen von Lambergs per Österreich.=Principal Gesandtens Hochgräfl. Excell. alhier bey dem Reichstag zu Regensburg den 26. 9bris 1690 in das ‚Publicum' sich gestellet* (HHStA, StK Regensburg Öst.Ges.Ber. Karton 15).
35. Zu dessen Tätigkeit in Regensburg siehe: Beese: Hermann von Baden, 295–310.
36. Lamberg nennt keinen Vornamen Troyers, aber es ist anzunehmen, dass es sich um den 1662 geborenen und ab 1698 in der kaiserlichen Diplomatie in Regensburg tätigen Baron handelt. Siehe: Fürnrohr: Reichstag II, 132–133.
37. Bericht Lambergs an den Kaiser vom 29.11.1690: HHStA, StK Regensburg Öst.Ges.Ber. Karton 14, Nr. 3.
38. Brief Lambergs vom 10.12.1690 an den Kaiser und vom 6.12.1690 an den Hofkanzler: HHStA, StK Regensburg Öst.Ges.Ber. Karton 14.
39. Zu dessen Tätigkeit in Regensburg siehe: Fürnrohr: Reichstag II, 131.
40. Lamberg: Regensburger Diarium I, 137.
41. Mit kaiserlicher Ernennungsurkunde vom 30. Juli 1697 wurde Lamberg zum „*extraordinari Gesandten*" bei den Friedensverhandlungen ernannt: NÖLA, LA Urkunde Nr. 307. Auch im Adelsakt vom 27. Oktober 1697 wird auf dieses Amt Bezug genommen.
42. Zu Aufgaben, Verfahren und den wichtigsten Themen des Reichstages um 1700 siehe: Friedrich: Drehscheibe Regensburg, besonders 72–110.
43. Relation vom 6.2.1695: NÖLA, LA Hs. 66.
44. Henker u.a.: Bavaria, 375–396 („'Beglücktes Regensburg!' – Stadt der Reichstage"); Schmuck: Regensburg, 164–174; Friedrich: Drehscheibe Regensburg, 158–170.
45. So liegen etwa aus dem Jahr 1695 nur sechs Berichte Lambergs an den Kaiser vor: HHStA, StK Regensburg Öst.Ges.Ber. Karton 18.
46. Lamberg: Regensburger Diarium I, 104 (24.6.1691), 109 (30.6.1691) und 228 (5.12.1691).
47. Friedrich: Drehscheibe Regensburg, 275. Zu Neuhaus siehe: Hierl-Deronco: Bauherren, 33–47.
48. Zu diesem Problem und der Tätigkeit von Lobkowitz in Regensburg siehe: Beese: Hermann von Baden, 298–301; Fürnrohr: Reichstag I, 93–96.
49. Lamberg: Regensburger Diarium I, 258, 104, 109, 228 und 291–294.
50. Bericht Lambergs an den Kaiser vom 17.2.1692: HHStA, StK Regensburg Öst.Ges.Ber. Karton 16.
51. Relation der österreichischen Gesandtschaft vom 17.2.1692: HHStA, StK Regensburg Öst.Ges.Ber. Karton 16.
52. Lamberg: Regensburger Diarium I, 293–294.
53. Lamberg: Regensburger Diarium I, 425.
54. Lamberg: Regensburger Diarium I, 229.
55. Lamberg: Regensburger Diarium II, 16 u. 18.
56. Lamberg: Regensburger Diarium II, 279.
57. Siehe zu diesem Werk u.a.: Bauer: Hofökonomie, 137–144.
58. Lamberg: Regensburger Diarium II, 51.
59. Lamberg: Regensburger Diarium I, 428.
60. Gatz: Bischöfe, 183–184.
61. Joachim **Säckl**: Sachsen-Zeitz. Territorium – Hoheit – Dynastie. In: Säckl/ Heise: Barocke Fürstenresidenzen, 278–305. hier 298–299. Zur späteren Tätigkeit in Regensburg: Fürnrohr: Reichstag I, 98–100.
62. Manfred **Weitlauff**: Die Reichskirchenpolitik des Kurfürsten Max Emanuel von Bayern im Rahmen der reichskirchlichen Bestrebungen seines Hauses. In: Glaser: Max Emanuel, 67–87, hier 73–77.
63. NÖLA, LA Hs. 51, 82 (Februar 1695): „*die mahlzeit da ich d. gesambte thom Capitl tractirt 100:-*".
64. Bericht Lambergs an den Kaiser vom 20.2.1695: HHStA, StK Regensburg Öst.Ges.Ber. Karton 18.
65. NÖLA, LA Hs. 50 (1690–95) und 51 (1696–1706).
66. 1699 gab es in Regensburg einen Maler Peter Ayrschedl.
67. Zu Regensburg als politischem Kommunikationszentrum siehe: Dallmeier: Kommunikation; Friedrich: Drehscheibe Regensburg.
68. Hoff=Meister, 162–163.
69. Die Abonnementkosten scheinen auch in den Rechnungsbüchern auf, z. B.: im März 1690 40 fl. „*dem Zeitungsschreiber nach Regensburg ein verflossenes halbes jahr bis 1. Jy. 1690*", im Jahre 1694 75 Gulden an einen „*Zenardo wegen d. avisen d. erste halbe jahr*"; im Juli 1699 12 fl. für die „*venetianische Zeitung ein halbes jahr ad Julium 1699*". Zum politischen Hintergrund der medialen Entwicklung siehe: Schumann: Leopold I., 172–326.
70. Die Zeitungen sind offensichtlich nicht vollständig erhalten oder zumindest nicht durchgängig geordnet verwahrt. So sind etwa die handschriftlichen Avvisi vom 1.1.1694 bis 1.2.1698 aus Wien zeitgenös-

71 Dallmeier: Kommunikation, 49; Friedrich: Drehscheibe Regensburg, 431–432.
72 NÖLA, LA Hs., 62–68.
73 NÖLA, LA Karton 82 und 83.
74 Zur Karriere von Kaunitz siehe: Braubach: Kaunitz.
75 Auf diesen Überlegungen basierte auch die intensive Korrespondenz zwischen Leopold Joseph und Johann Philipp von Lamberg: Müller: Lamberg, 87–88. Vgl. dazu auch die ähnlichen Aufgaben der Diplomatengattin Johanna Theresia von Harrach, geb. Lamberg: Pils: Harrach, 227–238.
76 Lamberg: Regensburger Diarium I, 151–152 (30.8.1691).
77 NÖLA, LA Karton 54. Zum historischen Hintergrund siehe: Winkelbauer: Ständefreiheit I. Bd., 170.
78 Lamberg: Regensburger Diarium I, 256 (3.1.1692) und 307 (4.3.1692).
79 Lamberg: Regensburger Diarium I, 281 und II, 30.
80 Lamberg: Regensburger Diarium II, 194–195.
81 Hagemann/ Winterbottom: Silberbuffet.
82 Die Bedeutung dieser Unternehmung wird auch aus der Tatsache ersichtlich, dass schon im Sommer 1694 sowohl der schwedische als auch der savoyische Gesandte in Berlin die Baustelle besichtigten: Guido **Hinterkeuser**: Ehrenpforten, Gläserspind und Bernsteinzimmer. Neue und wieder gelesene Quellen zur Baugeschichte von Schloss Charlottenburg (1694–1711). In: Jahrbuch Stiftung Preußische Schlösser und Gärten Berlin-Brandenburg 3 (1999/2000), Berlin 2002, 65–102, hier 66–67.
83 Das genaue Datum der Grundsteinlegung (vor der von Lamberg referierten Zeitungsmeldung vom 25. Oktober 1694) ist nicht bekannt, aber in der Literatur wurde bisher immer von einem Baubeginn erst im Jahre 1695 ausgegangen: Guido **Hinterkeuser**: Von der Maison de plaisance zum Palais royal. Die Planungs- und Baugeschichte von Schloss Charlottenburg zwischen 1694 und 1713. In: Sophie Charlotte, 113–124, hier 114.
84 Vgl. dazu: Marc **Bloch**: Die wundertätigen Könige. Mit einem Vorwort von Jacques Le Goff, München 1998 (erstmals Paris 1983), 386.
85 Lamberg: Regensburger Diarium II, 255 und 260.
86 Lamberg: Regensburger Diarium I, 221, 227 und 235.
87 Kalinowski: Glorifizierung des Herrscherhauses, 108–112; Kubeš: Nostic.
88 Lamberg: Regensburger Diarium II, 196. Zur Tätigkeit von Ernst Friedrich Graf von Windischgrätz (1670–1727) in Regensburg siehe: Fürnrohr: Reichstag II, 131–132.
89 Lamberg: Regensburger Diarium I, 394, 421, 453 und 432.
90 Lamberg: Regensburger Diarium I, 233 (10.12.1691) und 436; II, 303 und 74.
91 Lamberg: Regensburger Diarium II, 43
92 Lamberg: Regensburger Diarium I, 150. Zum Mainzer Ereignis siehe: Theatrum Europaeum 14. Bd., 1702, 34–35. Bei der Prager Gräfin dürfte es sich um Maria Anna Eleonora von Lamberg-Greifenfels handeln, die seit 1678 mit Johann Markus Georg von Clary-Aldringen verheiratet war, aber anderen Quellen zufolge erst 1692 verstorben ist.
93 Lamberg: Regensburger Diarium I, 348 und 359–360.
94 Ralph-Miklas **Dobler** (in: Strunck: Rom, 308) nennt hingegen das Hadriansmausoleum als vermeintlichen Fundort.
95 Lamberg: Regensburger Diarium II, 393 (Rom vom 9.4.).
96 Lamberg: Regensburger Diarium I, 234 (11.12.1691) und II, 212 (26.11.1694).
97 Möseneder: Feste in Regensburg, 248–251 (Wolfgang Baumann), 252–258 (Elisabeth Fendl), 259–262 (Elisabeth Fendl).
98 Friedrich: Drehscheibe Regensburg, 165–166.
99 Lamberg: Regensburger Diarium I, 126 (22.7.1691) und 155–156 (2.9.1691).
100 Henker u.a.: Bavaria, 393, Kat.-Nr. 27.57.
101 Lamberg: Regensburger Diarium I, 111. Bei den damals anwesenden Fräuleins dürfte es sich um Lambergs Schwägerin Franziska Theresia von Lamberg (1670–1742) sowie um deren Schwester Maria Maximiliana Michaela Franziska (1671–1718), die sich ein Jahr später mit Lambergs Vetter Graf Sprinzenstein vermählte, gehandelt haben.
102 Möseneder: Feste in Regensburg, 263–269 (Sebastian Roser).
103 Sagmeister: Seidenbusch.
104 Lamberg: Regensburger Diarium I, 181 (Tod) und 196 (Trauerfeier).
105 Schreiben der Hofkammer vom 16.6.1692: NÖLA, LA Karton 65, Fasz. 347.
106 Vielleicht Georg Christoph II. von Proskau (1624–1701).
107 Lamberg: Regensburger Diarium I, 408.
108 Lamberg: Regensburger Diarium I, 442 (15.7.1692), 453 (22.7.1692) und II, 35 (9.6.1694). Beim zweiten Jesuiten handelte es sich vielleicht um P. Johannes Hornig (1645–1710), der mit dem Fürsten von Lobkowitz und mit dem Margrafen von Baden-Baden in Kontakt stand.
109 Bericht der Gesandtschaft vom 20.1.1693: HHStA, StK Regensburg Öst.Ges.Ber. Karton 17.
110 Relation vom 10.2.1695: NÖLA, LA Hs. 66.
111 Lambergs Marienfrömmigkeit zeigte sich etwa im Mai 1694 bei einer im Rechnungsbuch verzeichneten Reise nach Altötting, die 49 fl. verursachte: NÖLA, LA Hs. 51, 67.
112 Vielleicht Johanna Ernestine Geyer von Geyersberg (1655–1727).
113 Lamberg: Regensburger Diarium II, 202. Zum Altar siehe: Christine **Andra**: Dominikanerkirche St. Blasius Regensburg (= Schnell Kunstführer 48), Regensburg 3. Aufl. 2006, 17 (Abb.).
114 Coreth: Pietas Austriaca. Zu den nicht zuletzt antifranzösischen Bestrebungen der Marien- und Heiligenverehrung Leopolds I. siehe: Polleroß: Leopold I., 204–207, 216–223.
115 Sagmeister: Seidenbusch, 306–307. Im Stiftsbrief begründen Graf Lamberg und sein Vetter ihre Stiftung zu *„dem Marianischen Hauß Unser Lieben Frauen ad Nives zu Aufhausen"* und der dortigen Kongregation des Heiligen Philippus Neri mit ihrer *„Andacht gegen Gott und seine Hochwehrtigste Mutter der allerseeligsten Junkhfrauen Maria",* vor allem aber auch mit der Hoffnung auf *„weitere Aufnamb und göttl. Benediction beeder unserer Familien, und sonderlich auch zu Hilf und Trost unserer in Gott abgeleibten Voreltern und Befreundten Beförderung":* Abschrift des Stiftsbriefes: NÖLA, LA Karton 63, Fasz. 329.
116 Brunner: Karmeliten, 19–27; Mikuda-Hüttel: hl. Joseph, 136.
117 Holger A. **Klein**: Zwischen ‚maniera greca' und ‚maniera italiana'. Das Gnadenbild der Alten Kapelle und seine künstlerischen Vorbilder. In: Die Alte Kapelle in Regensburg (= Arbeitshefte des Bayerischen Landesamtes für Denkmalpflege 114), München 2001, 93–110; Achim **Hubel**: Das Gnadenbild. In: Werner Schiedermair (Hg.): Die Alte Kapelle in Regensburg, Regensburg 2002, 218–244, hier 221; Karl-Heinz **Betz**/ Harald **Gieß**: Alte Kapelle Regensburg (= Schnell Kunstführer 415), Regensburg 12. Aufl. 2004, 24.
118 Lamberg: Regensburger Diarium II, 118.
119 Coreth: Pietas Austriaca, 38–44.
120 Angelika **Wellnhofer**: Drei Barockaltäre aus dem Regensburger Doms. In: Verhandlungen des historischen Vereins für Oberpfalz und Regensburg 133 (1993), 105–123.
121 Hier griff der Bildhauer offensichtlich Ideen von Jean Lepautre auf, die durch Nachstiche von Jakob und Susanna Maria Sandrart in Nürnberg verbreitet wurden.
122 P. Otho **Merl** OCD: St. Joseph Regensburg (= Schnell Kunstführer 1309), München/ Zürich 1982, 9–11.
123 NÖLA, LA Hs. 50.
124 Brunner: Karmeliten, 55–56.
125 Vgl. dazu: Alois **Eder**: Johannes von Nepomuk und der habsburgische Absolutismus. In: Johannes Neuhardt (Hg.): 250 Jahre Hl. Johannes von Nepomuk, AK Salzburg 1979, 52–57.
126 Bastl: Feuerwerk und Schlittenfahrt, 216–225; Schnitzer: Königreiche – Wirtschaften – Bauernhochzeiten; Kammer: Schlittenfahren, 28–29.
127 Friedrich: Drehscheibe Regensburg, 166.
128 Lamberg: Regensburger Diarium I, 281.
129 Eleonora von Lobkowitz (1681–1741), die 1701 Fürst Adam Franz von Schwarzenberg ehelichte.
130 Vielleicht Gustav Samuel Leopold von Pfalz-Zweibrück (1670–1731), der allerdings erst 1718 Herzog von Pfalz-Zweibrück wurde.
131 Maria Louise von Lobkowitz (1683–1750), die sich 1703 mit Anselm von Thurn und Taxis (1681–1739) vermählte.
132 Vermutlich Eberhardina Eleonora Sophie (1668–1724), eine Tochter des Reichsvizekanzlers und spätere Nonne.
133 Lamberg: Regensburger Diarium II, 290 (10.2.), 296 (13.2.), 298 (14.2.) und 301 (15.2.1695).
134 Rechnungsbücher: NÖLA, LA Hs 50 (1690–95) und 51 (1696–1706).
135 Der Empfang der 60 fl. für das vergoldete Schlittengeleute wird von Glöser auch in einem Schreiben vom 29.7.1695 bestätigt: NÖLA, LA Karton 86, Fasz. 440.
136 Von Rohr: Ceremoniel-Wissenschaft, 836–837.
137 NÖLA, LA Hs. 50 (1690–95) und 51 (1696–1706). Der englische Gesandte kaufte etwa für das Fest 1688 Wild und Geflügel im

138 Versteigungskatalog Bank Leu AG/ Adolph Hess AH: Auktion 42 Römisch-deutsches Reich etc., Luzern 1969, 21, Nr. 344; Günther **Brockmann**: Die Medaillen der Welfen, 2. Bd., Köln 1987, 64, Nr. 671. Ein Silberexemplar befindet sich im Münzkabinett des KHM in Wien: Inv.-Nr. MD 699.
137 Umkreis von 30 englischen Meilen auf: Möseneder: Feste in Regensburg, 260.
139 Georg Gottlieb **Plato**: Regensburgisches Münz-Kabinet, Regensburg 1779, 127–128; Schumann: Leopold I., 333.
140 Möseneder: Feste in Regensburg, 270–271 (Elisabeth Fendl).
141 NÖLA, LA Hs. 51.
142 Schreiben Lambergs an den Kaiser vom 30.3.1692: HHStA, StK Regensburg Öst.Ges.Ber. Karton 16.
143 Schreiben Leopolds I. an Graf Lamberg vom 15.4.1692: NÖLA, LA Karton 66, fol. 116r-117v.
144 Zu den folgenden Reisebeschreibungen siehe: Lamberg: Regensburger Diarium I, 68–98.
145 Georg Sigismund von Lamberg (1641–1672), ein Sohn von Johann Maximilian.
146 Vielleicht Matthias Julius Eberhard von Pollheim (†1704), ein österreichischer Emigrant in Nürnberg.
147 Mojmír **Horyna**/ Vladimír **Uher**: Christoph Dientzenhofer (1655–1722). Zum 350. Geburtstag des genialen böhmischen Barockbaumeisters, Prag 2005, 24–26.
148 Slavíček: Barocke Bilderlust, 10–11.
149 Zur Geschichte dieses Ortes siehe: Anton **Gnirs**: Tepl und Marienbad (= Topographie der historischen und kunstgeschichtlichen Denkmale in der Tschechoslowakischen Republik L), Augsburg 1932, 101–107.
150 Vielleicht irrtümlich für Trossau/Dražov.
151 Friedrich **Bernau**: Geschichte des alten Schlosses Petschau bei Carlsbad, Karlsbad 1875, 96–99.
152 1692 beklagten sich die Bewohner von Petschau etwa bei Lamberg über den nachlässigen Seelsorger, der wochenlang auf Kur in Karlsbad war, ohne einen Ersatz zu stellen; NÖLA, LA Karton 63, Fasz. 327, Nr. 2.
153 Anton **Gnirs**: Tepl und Marienbad (= Topographie der historischen und kunstgeschichtlichen Denkmale in der Tschechoslowakischen Republik L), Augsburg 1932, 220–289.
154 Vielleicht der kaiserliche Feldmarschall Charles-Eugène de Croy (1651–1702).
155 Pavel **Vlček** (Hg.): Umělecké památky Prahy, Praha 2000, 203–208.
156 Milan **Pavlik**/ Vladimír **Uher**: Barockarchitektur in Prag, Amsterdam/ Kuala Lumpur 1998, 186–187.
157 Vermutlich eine Tochter von Maria Franziska von Heisenstein, geb. von Vrtba, die 1685 das Hl. Grab am Franziskanerfriedhof gestiftet hat.
158 NÖLA, LA Hs. 51, 72–73.
159 Zur Person des Bruders siehe zuletzt Polleroß: Gemäldesammlungen der Grafen Lamberg, 707–711.
160 Vgl. die Namen einiger Teilnehmer dieser Hochzeitsgesellschaft in den Gästelisten der Hochzeit Auersperg-Trautson 1726: Bastl: Tugend, Liebe, Ehre, 196–198.
161 Lamberg: Regensburger Diarium I, 190–194.
162 Susan **Wollenberg**: Muffat, Georg. In: Stanley Sadie (Hg.): The New Grove Dictionary of Music and Musicians, 2. Auflage, 17. Bd., London 2001, 361–364.
163 Heinrich **Rietsch** (Hg.): Georg Muffat. Florilegium primum für Streichinstrumente (= Denkmäler der Tonkunst in Österreich I/2), Wien 1894, 8.
164 Inka **Stampfl**: Georg Muffat – Orchesterkompositionen, Passau 1984, 13–14 und 25.
165 Ursula **Berndl**: Die Seitenaltäre. In: Karl Möseneder (Hg.): Der Dom in Passau. Vom Barock bis zur Gegenwart, Passau 1995, 239–345.
166 Bittner/ Groß/ Latzke: Repertorium 1. Bd., 135.
167 Lamberg: Regensburger Diarium I, 470.
168 Gottfried **Schäffer**: Der Freskomaler Carlo Antonio Bussi und seine Werke in Passau und Vöklabruck. In: Arte Lombarda 11/2 (1966), 177–182, hier 179–180.
169 Schmidmeier: Residenzen in Passau, 108–121.
170 Schmidmeier: Residenzen in Passau, 191–211.
171 Wurster: Repräsentationslandschaft, 165.
172 Coronelli konzipierte im Jahre 1700 einen Widmungskupferstich, der das Porträtmedaillon des Kardinals Lamberg umgeben von Blättern mit den Namen seiner Passauer Amtsvorgänger zeigt: Wien, ÖNB Bildarchiv.
173 Lamberg: Regensburger Diarium II, 243–247.
174 Vgl. Boshof/ Brunner/ Vavra: Grenzenlos, Kat.-Nr. 2.2.3.4.
175 NÖLA, LA Hs. 51, 465.
176 Schmidmeier-Kathke: Die „hängenden Gärten".
177 NÖLA, LA Hs 51, 465.
178 Bericht Lambergs an den Kaiser vom 19.4.1697: HHStA, StK Regensburg Öst.Ges.Ber. Karton 18. Ein kleines Aktenkonvolut zur Bischofswahl hat sich auch im Privatarchiv Lambergs erhalten: NÖLA, LA Karton 66, fol. 122–128.
179 Sabine **Glaser**: Die Willibaldsburg in Eichstätt (= Amtlicher Führer 23), München 2000.
180 Bericht Lambergs an den Kaiser aus Salzburg vom 6.2.1698: HHStA, StK Regensburg Öst.Ges.Ber. Karton 19.
181 Zur Tätigkeit des Bischofs, der den Dom durch die Gebrüder Asam modernisieren ließ, siehe: Ulrike **Götz**: Kunst in Freising unter Fürstbischof Johann Franz Eckher (1696–1727), 1992.
182 Brief Lambergs vom 13.2.1698 aus München an den Kaiser: HHStA, StK Regensburg Öst.Ges.Ber. Karton 19.
183 Tagebuch des Grafen Ferdinand Bonaventura von Harrach vom Jahre 1697 und 1698: ÖStA, AVA: FA Harrach, Hs. 134, 517–519.
184 Aufgrund des hohen Preises ist anzunehmen, dass es sich um große Exemplare von Coronelli mit einem Durchmesser von 110 cm gehandelt hat. Sowohl die beiden Globen der Österreichischen Nationalbibliothek als auch jene der Stifte Melk und Vorau entsprechen diesem Format und sind zwischen 1688 und 1693 entstanden: Rudolf **Schmidt**: Globen in Klöstern und Stiften. In: Peter E. Allmeyer-Beck (Hg.): Modelle der Welt. Erd- und Himmelsgloben. Kulturerbe aus österreichischen Sammlungen, Wien 1997, 174–197, hier 181–185.
185 Zu den Bibliotheksbeständen zeitgenössischer Adeliger des Wiener Hofes siehe u.a.: Körner/ Perschy: Blaues Blut & Druckerschwärze.
186 Augustyn: Augsburger Buchillustration, 849–850.
187 Alois **Schmid**: Die „Bavaria sancta et pia" des P. Matthäus Rader SJ. In: Grell/ Paravicini/ Voss: Les princes et l'histoire, 499–522.
188 Bauer: Weigel, 886–908; Augustyn: Augsburger Buchillustration, 825–827.
189 Bauer: Weigel, 862–872.
190 Friedrich: Drehscheibe Regensburg, 230.
191 Thieme-Becker: Lexikon 26. Bd., 221.
192 Glaser/ Schnabel: Stubenberg, 306.
193 Sandrart/Peltzer: Academia, 314–315.
194 Slavíček: Kryštofa Václava Nostice, 388.
195 NÖLA, LA Hs. 50 (1690–95) und 51 (1696–1706).
196 Vermutlich ein Werk des Polyhistors Melchior Goldast gen. von Haimisfeld (1578–1635).
197 Vermutlich handelt es sich um Wilhelms Tochter Anna Barbara Dorothea (1672–1694), die 1693 aus Regensburg nach Sachsen übersiedelte.
198 Vielleicht die *Ephemerides Persarum* (Augsburg 1695–96) von Matthias Friedrich Beck (1649–1701).
199 Heinrich **Klapsia**: Daniel Neuberger. In: Jahrbuch der kunsthistorischen Sammlungen in Wien NF 9 (1935), 223–248.
200 NÖLA, LA Hs. 50 (1690–95) und 51 (1696–1706).
201 Der Verkäufer war vielleicht Johann Ferdinand Freiherr von Perfall.
202 Agricola, der u.a. in Rom von Poussin beeinflußt worden war, wurde der Lehrer des später in Wien tätigen Christian Hilfgott Brand: AKL 1.Bd., 566–567.
203 Brief vom 16.5.1693: NÖLA, LA Karton 86.
204 Annemarie **Raba**: St. Quirin auf dem Bozerberg, Püchersreuth (= Schnell Kunstführer 1234), München/ Zürich 1981, 10.
205 Im aktuellen Werkverzeichnis ist das Bildnis nicht enthalten: Robert **Zijlma**: Hollstein's German Engravings, Etchings and Woodcuts 1400–1700, 13. Bd., Amsterdam 1984, 101–186.
206 Friedrich **Polleroß**: Frühneuzeitliche Objekte im Museum für Alltagsgeschichte in Neupölla (NÖ.). In: Frühneuzeit-Info 9 (1998), 280–286, hier Abb. 3.
207 Devises et Emblemes Anciennes & modernes tireés des plus celebres Auteurs. Oder: Emblematische Gemüts=Vergnügung […], Augsburg 1695, Tafel 2.
208 Möseneder: Passau, 313, Abb. 32.
209 Jonckheere: Anton Ulrich, Abb. 71; Popelka: Eugenius in nummis, Kat.-Nr. 112; Hollstein's German Engravings, Etchings and Woodcuts 1400–1700, Bd. 13, Amsterdam 1984, 101–186.
210 Seling/ Singer: Gold- und Silberschmiede, 384–385; Popelka: Eugenius in nummis, Kat.-Nr. 28, 44, 54, 70,81, 93, 94, 100,107, 115, 132, 145, 160, 161, 174, 188, 204 und 248.
211 A. v. **Forster**: Die Erzeugnisse der Stempelschneidekunst in Augsburg und Ph. H. Müller's nach meiner Sammlung beschrieben und die Augsburger Stadtmünzen, Leipzig 1910, hier 99, Nr. 704; Seelig: Max

212 NÖLA, LA Karton 86, Nr. 440.
213 Wien, KHM Münzkabinett Inv.-Nr. 14080 bß (Gold), 14081 bß (Silber) und 506 sowie 507 (Stempel): Katalog der Münzen- und Medaillen-Stempel-Sammlung des k.k.Hauptmünzamtes in Wien, 1. Bd. Wien 1901, 124–125, Nr. 341. Bronzemedaille: CoinArchives.com (Leipziger Münzhandlung Heidrun Höhn, Auktion Nr. 42, Nr. 1305).
214 NÖLA, LA, Karton 273, Nr. 11.
215 Baumstark/ Seling: Augsburger Goldschmiedekunst; Seelig: Le mobilier d'argent d'Augsbourg; Emmendörffer/ Trepesch: Zarensilber.
216 „Ihro Hochgräfl. Excell. .Arbeit gemacht" und „Ihro Hochgräffl. Excelentz Graffen von Lamperg....Wappen gestochen": NÖLA, LA Karton 86, Fasc. 440 und Karton 270, Fasz. 236.
217 Bursche: Tafelzier des Barock, 18–19, Abb. 126–168; Baumstark/ Seling: Augsburger Goldschmiedekunst, Kat.-Nr. 116–125, 141–144; Versailles et les tables royales, 94–109, 263–264.
218 Fleischer: Karl Eusebius, 207. Zur Rückgabe von Silber siehe: Seelig: Fürstliche Magnifizenz, 93–97.
219 NÖLA, LA Karton 86, Fasz. 440.
220 Zu Lesers Biographie: Seling/ Singer: Gold- und Silberschmiede, 360–361.
221 AKL 7.Bd., 626 und 11.Bd., 539; Seling/ Singer: Gold- und Silberschmiede, 367–368 und 382.
222 Keisch: Silberbuffet, 147–154 („Die Goldschmiedefamilie Biller in Augsburg"); Seling: Augsburger Goldschmiede, 141; Seelig: Le mobilier d'argent du Prince de Hanovre: Kat.-Nr. 36, 41, 49, 55–56; Weinhold: La tradition des buffets de Dresde, Fig. 151–153. Um 1708/10 schuf Lorenz Biller außerdem ein Silberantependium für die Markgräfin von Baden-Baden: Grimm: Sibylla Augusta, 176, Kat.-Nr. IV.12.
223 Kuhn: Silberwarenhandel; Kuhn: Greiff.
224 Ernst Jürgen **Meyer**: Die Begräbnisse der von Rauner in St. Anna zu Augsburg. In: Blätter des Bayerischen Landesvereines für Familienkunde 42 (1979), 392–398.
225 NÖLA, LA Karton 86, Fasz. 440.
226 Vertragsprotokoll „Zu Wissen..." vom 26.10.1693 und Brief mit Empfangsbestätigung vom 6.11.1693: NÖLA, LA Karton 270, Fasz. 676.
227 Brief von Greiff & Rauner vom 11.12.1693: NÖLA, LA Karton 270, Beilagen zur Jahresrechnung des Regenten Lorenz Vorster.
228 Baumstark/ Seling: Augsburger Goldschmiedekunst, 322–378; Arminjon: Quand Versailles était meublés d'argent.
229 Körner: Une ambition royale, 176–177.
230 Fleischer: Karl Eusebius, 206.
231 Slavíček: Das Palais Graf Maximilian Thuns, 203–204.
232 NÖLA, LA Karton 270.
233 Brief vom 23.4.1694 und Verzeichnis und Abrechnung „Laus Deo...." vom 16.6.1694 von Greiff & Consort: NÖLA, LA Karton 270. Zu den Berechnungen und der Prüfung des Feingehaltes durch den Münzwardein siehe: Seelig: Fürstliche Magnifizenz, 92–93; Seling/ Singer: Gold- und Silberschmiede, 22–23.
234 Seling/ Singer: Gold- und Silberschmiede, 380.
235 Wageprotokoll von Johann Georg Fischer vom 11.7.1694: NÖLA, LA Karton 270.
236 Brief von Johann Jacob Baur und Lorenz Biller vom 20.9.1694: NÖLA, LA Karton 270, Nr. 674.
237 Quittung und Brief von Baur & Biller, beide vom 24.12.1694: NÖLA, LA Karton 270, Nr. 671 und 677.
238 Brief von Greiff & Consort vom 31.12.1694 sowie Empfangsbestätigung von Baur & Biller vom 29.7.1695: NÖLA, LA Karton 270, Nr. 675.
239 NÖLA, LA Karton 86, Fasz. 440.
240 Undatiertes Wageprotokoll von Johann Georg Fischer und Gesamtabrechnung: NÖLA, LA Karton 270.
241 Seling: Augsburger Goldschmiede 1. Bd., 129–130; Arminjon: Quand Versailles était meublé d'argent, 46, 77–80; Thornton: Seventeenth-Century Interior Decoration, 26 und 232.
242 Baumstark/ Seling: Augsburger Goldschmiedekunst, 354–373.
243 Seelig: Mobilier d'argent, 92–93, Fig. 76, Kat.-Nr. 90.
244 Brief von Baur & Biller vom 7.1.1696: NÖLA, LA Karton 268; Brief vom 11.5.1696: NÖLA, LA Karton 86, Fasz. 440.
245 Quittung von Baur & Biller: NÖLA, LA Karton 268.
246 Thornton: Seventeenth-Century Interior Decoration.
247 Keisch: Silberbuffet; Hagemann/ Winterbottom: Silberbuffet.
248 Der Silberthron wurde bisher mit einer Zahlung nach Augsburg von 1692 in Zusammenhang gebracht: Göres: Silber, 369; Baer: Berlin, 135, Fig. 125, Preußen 1701, Kat.-Nr. VIII.14.
249 NÖLA, LA Karton 86, Fasz. 440.
250 Seling/ Singer: Gold- und Silberschmiede, 390.
251 *Rechnung* von Mylius vom 24.12.1694: NÖLA, LA Karton 270, Nr. 24.
252 Seling: Augsburger Goldschmiede, 3. Bd. 481.
253 NÖLA, LA Karton 86, Fasz. 440.
254 Quittung des Meisters vom 29.5.1699: NÖLA, LA Karton 86. Außerdem kaufte Lamberg 1693 beim Wiener Hofjuwelier Paul Karl van Ghelen (†1695) „einen guldenen wöckher und schlaguhr" um 300 fl: NÖLA, Hs. 50, 56.
255 Siehe dazu das Kapitel „Schaubuffet und Hoftafel" in: Baumstark/ Seling: Augsburger Goldschmiedekunst, 174–219.
256 Die folgenden Angaben aus Lambergs Rechnungsbüchern: NÖLA, LA Hs 50 (1690–1695) und 51 (1696–1706).
257 Hier könnte es sich um den Holz- und Elfenbeinschnitzer Hans Georg Fuchs handeln, der 1693 aus Sterzing nach Straubing zugewandert war und 1706 dort verstarb. Vgl. Hans R. **Weihrauch**: Hans Georg Fux, Elfenbeinschnitzer und Holzbildhauer. In: Werner Gramberg u.a. (Hg.): Festschrift für Ulrich Meyer zum sechzigsten Geburtstag 29. Oktober 1957, Hamburg 1959, 228–236.
258 Tagebuch des Grafen Ferdinand Bonaventura von Harrach vom Jahre 1697 und 1698: ÖStA, AVA: FA Harrach, Hs. 134, 502.
259 Peter **Albrecht**: Kaffee, Tee, Schokolade und das echte Porzellan. In: Weißes Gold aus Fürstenberg. Kulturgeschichte im Spiegel des Porzellans 1747–1830, AK Münster 1988, 38–40.
260 Seling: Augsburger Goldschmiede 1. Bd., 127–128, 144–145, Abb. 561 und 562.
261 Kybalová: Barok, 84 ; Miersch: Clemens August, Abb. 11.
262 Vgl. dazu: Polleroß: Indianische Kabinette, 109–121.
263 NÖLA, LA Hs. 51, 680.
264 Von Rohr: Ceremoniel-Wissenschaft, 386 und 394. Siehe dazu: Bauer: Hofökonomie, 71–134 („Höfische Rationalität im Spiegel der Zeremonialwissenschaft und Hofrecht"); Berns/ Rahn: Zeremoniell; Schlechte: Zeremoniell als Zeichensystem; Stollberg-Rilinger: Zeremoniell.
265 Lamberg: Regensburger Diarium I, 413.
266 Briefe von Johann Philipp an Katharina Eleonora vom 8. Mai 1694 zitiert in: Müller: Gesandtschaftswesen, 231.
267 Lamberg: Regensburger Diarium II, 40 (13.6.1694), 43 (16.6.1694), 191 (6.1.1694), 202 (14.11.1694), 261 (16.1.1695) und 343 (22.3.1695).
268 Zur politischen Bedeutung von Kinsky siehe zuletzt: Sienell: Beratungsgremien, 125.
269 Brief von Johann Philipp an Leopold Joseph vom 10. Dezember 1694 zitiert in: Müller: Lamberg, 93.
270 Zur „böhmischen Partei" am Wiener Hof siehe: Klingenstein: Kaunitz, 49 sowie allgemein: Winkelbauer: Notiz, 197–202.
271 Brief von Johann Philipp von Lamberg aus Passau vom 12.10.1696: Müller: Gesandtschaftswesen, 247.
272 Lamberg: Regensburger Diarium I, 126 (22.7.1691), 131 (29.7.1691) und 432 (6.7.1692).
273 Lamberg: Regensburger Diarium I, 172 und II, 376. NÖLA, LA Hs. 68, Beilage zur Relation vom 28. Juli 1697.
274 Lamberg: Regensburger Diarium I, 255, 320 (16.3.1692), 335 (4.4.1692), 343 (13.4.1692) und 393.
275 Milewski: Die polnische Königswahl, 131–151.
276 Zur Tätigkeit Johann Philipps in Regensburg siehe Niedermayer: Lamberg, 48–156; Fürnrohr: Reichstag I, 96.
277 Möseneder: Feste in Regensburg, 272–274 (Gabriele Adlhoch); Henker u.a.: Bavaria, Kat.-Nr. 27.14–27.15.
278 *Historische Remarques* 2. Bd., 217–220 (20.7.1700); 235 (3.8.1700) und 270–271 (31.8.1700).
279 Niedermayer: Lamberg, 157–166; Gutkas: Persönlichkeiten, 78; Leidl: Lamberg, 255–257.

275. Ansicht des Petersplatzes, Ölgemälde von Caspar van Wittel, um 1705; Wien, Kunsthistorisches Museum GG 1663 (aus der Slg. Albani)

Graf Lamberg als kaiserlicher Botschafter in Rom (1700–1705)

„auff dem Audienzsaale des neuen Königs von Spanien Bildnuß öffentlich ausstellen/ und auff dem Abend eine sehr schöne ‚Musique' halten".

Eine Gesandtschaft beim Heiligen Stuhl in Rom (Abb. 275) bildete um 1700 den Ziel- und Höhepunkt einer diplomatischen Karriere in kaiserlichem Dienst. Denn diese war in den Augen von Johann Philipp von Lamberg *„die erste und vornehmste Botschaft, die ein Kaiser vergeben und einem seiner Diener anvertrauen kann"*[1], und hatte gegenüber den von Leopold Joseph zuvor abgelehnten Posten in Madrid oder Lissabon den Vorteil einer gewissen Nähe und besseren Verkehrs- und Postverbindung mit Wien. Darüber hinaus bot der päpstliche Hof vor allem wichtige Kontakte für die Beförderung der Verwandten des Botschafters im geistlichen Stand bzw. zur Erlangung von Privilegien für deren Bistümer. So intervenierte Lamberg etwa für Anliegen seiner Verwandten Lamberg, Harrach und Sprinzenstein[2]. Außerdem hatte der Funktionsinhaber die Möglichkeit zur Vermittlung in solchen Angelegenheiten für andere Minister und Fürsten, etwa für die Grafen Schönborn sowie bei Ehedispensen für den Markgrafen Hermann Friedrich von Hohenzollern-Hechingen oder für den Fürsten Johann Adam Andreas von Liechtenstein[3] (Abb. 21). Es war daher vor allem Johann Philipp von Lamberg auf dem Passauer Bischofsthron, der mit großem Eifer eine entsprechende Beförderung seines Cousins betrieb.

Die Möglichkeit zur Verwirklichung seines Wunsches ergab sich für Leopold Joseph von Lamberg jedoch erst, als der seit September 1695 in Rom den Kaiser vertretende Georg Adam Graf von Martinitz[4] (Abb. 277) wegen seines aufbrausenden Gemüts und seiner unnachgiebigen Haltung beim Papst in Ungnade fiel. Da dem wegen seiner Rücksichtslosigkeiten und Gewalttätigkeiten in ganz Rom unbeliebten Diplomaten seit dem Frühjahr 1698 keine Audienzen beim Papst mehr gewährt wurden, war er auch für den Wiener Hof kontraproduktiv geworden. Doch es sollte noch über ein Jahr dauern, bis der Kaiser diesen für seine Spanienpolitik verhängnisvollen Zustand beendete und Martinitz ablöste. Nicht zuletzt durch Unterstützung des verschwägerten Obersthofmeisters Harrach (Abb. 35) und des befreundeten Reichsvizekanzlers Kaunitz[5] (Abb. 36) wurde Leopold Joseph Graf von Lamberg mit Ernennungsdekret vom 15. Oktober 1699 *„auß sonderbaren […] gnädigsten Vertrauen, auch in Betrachtung seiner bekandten Qualitäten, gueten Vernunfft, ‚in publicis' erworbenen Erfahrenheith und […] erwissenen getreuen Eyfers"* zum kaiserlichen Botschafter beim Heiligen Stuhl ernannt[6]. Leopold Joseph brach am 19. Dezember nach Italien auf und erreichte am 13. Jänner 1700 Rom[7]. Trotz der zögerlichen Haltung war offensichtlich schließlich auch der Kaiser auf Martinitz so verstimmt, dass er dem böhmischen Adeligen befahl, ohne Abschiedsaudienz abzureisen. Dennoch verließ dieser erst am 23. April 1700 die Ewige Stadt[8].

276. Anton Florian Fürst von Liechtenstein als kaiserlicher Botschafter in Rom, Kupferstich von Aloisio Gommier nach Ludovico David, 1694; Vaduz-Wien, Sammlungen des Fürsten von und zu Liechtenstein, Inv.-Nr. GR 713

277. Georg Adam Graf von Martinitz als kaiserlicher Botschafter in Rom, Kupferstich von P. Vincenz à Santa Maria, 1699; Privatbesitz

Das Verhältnis zwischen dem römischen und dem Wiener Hof hatte sich schon 1693/94 verschlechtert, da Fürst Anton Florian von Liechtenstein (Abb. 276) überzeugt war, der seit 1691 regierende Papst Innozenz XII. Pignatelli (Abb. 278) würde auf Seite der Franzosen stehen. Doch besaß dieser kaiserliche Botschafter trotz aller Zeremonialstreitigkeiten so viel diplomatisches Geschick, die Situation nicht eskalieren zu lassen[9]. Sein Nachfolger Martinitz blockierte aber schon 1696 die päpstliche Fronleichnamsprozession mit seinem Streit um die Präzedenz vor dem Gouverneur von Rom und den Kardinaldiakonen[10], worauf die Kardinäle in einer Art ‚Generalstreik' nicht am Umgang der deutschen Nationalkirche teilnahmen, was wiederum Kaiser Leopold I. als Missachtung seiner Person und der „ganzen deutschen Nation" verärgerte[11]. Leopold Joseph von Lamberg hatte daher ein doppelt schwieriges Erbe anzutreten: einerseits musste er den päpstlichen Hof wieder günstiger für die habsburgische Sache stimmen, andererseits hatte die französische Partei die Untätigkeit und das negative Image von Martinitz erst recht für eine Propaganda in ihrem Sinne nutzen können. Die von 1700 bis 1705 dauernde Tätigkeit des Grafen Lamberg als kaiserlicher Botschafter am päpstlichen Hof stand also von Beginn an im Schatten der habsburgisch-bourbonischen Erbfeindschaft und des Spanischen Erbfolgekrieges[12].

Dazu kam, dass Martinitz seinem Nachfolger alle Akten und das fachkundige Personal abzog, sodass Lamberg sachlich noch größere Lücken aufweisen musste, als dies ohnehin bei einem Diplomaten an einem neuen Dienstort der Fall gewesen wäre[13]. Dieser unfreundliche Akt seines Vorgängers hatte jedoch zwei für spätere Historiker erfreuliche Folgen. Einerseits führte Graf Lamberg die Tradition des Tagebuches in Rom mit besonderer Intensität weiter, bzw. begann sie neuerlich genau mit dem Tag, an dem Martinitz die Stadt am Tiber verließ; andererseits ließ der kaiserliche Botschafter während seiner Dienstzeit in Rom eine fast fünfzig Bände umfassende Sammlung von Abschriften zur Politik und zur Beschaffenheit des päpstlichen Hofes anlegen *(Scritture politiche e relazione diverse)*, die solche Wissenslücken verhindern sollte. Dieses Konvolut umfasst etwa Akten zu den Konklaven von 1303 bis 1655, Botschaftsrelationen des 16. und 17. Jahrhunderts oder das Tagebuch des neapolitanischen Vizekönigs Don Pedro Téllez-Giron Duque de Osuna sowie eine Beschreibung der Stadt Rom von 1674[14]. Während Leopold Joseph also mit seinem unmittelbaren Vorgänger im Amt eine herzliche Feindschaft verband, die er auch in seiner gedruckten *Relazione* nicht verheimlichte[15], bestand mit Fürst Liechtenstein, den er ebenso wie Martinitz seit der römischen Zeit der Kavalierstour im Jahr 1675 persönlich kannte (Abb. 79), auch weiterhin ein freundschaftliches Verhältnis[16].

Das am 24. April 1700 einsetzende *Römische Diarium* Lambergs verzeichnet – ausführlicher als das Regensburger Tagebuch – neben wichtigen politischen und privaten Ereignissen in Rom auch zahlreiche andere interessante Informationen[17]. In der Art eines Amtsprotokolls hielt der Botschafter darin Weisungen des Wiener Hofes fest, z. B. im Sommer 1700 die Anordnung des Grafen Kaunitz, *„Spanische Successions materien"* nicht an den österreichischen Hofkanzler, sondern an den Reichsvizekanzler zu leiten[18]. Wie schon zuvor in Regensburg referierte Graf Lamberg den Inhalt der fast täglich aus ganz Europa eintreffenden und auch abgehenden Post sowie der wöchentlichen Berichte an den Kaiser, mit dem auch ein persönlicher Briefwechsel bestand[19]. Lambergs Korrespondentennetz war Teil des von Leopold I. damals aufgebauten ‚Nachrichtendienstes' und umfasste vorwiegend die kaiserlichen Diplomaten an den wichtigen europäischen Höfen, insbesondere in Madrid (Aloys Thomas Raimund Graf von Harrach, Abb. 66), Paris (Philipp Ludwig Wenzel Graf von Sinzendorf), London (Johann Wenzel Wratislaw Graf von Mitrowitz und Graf Gallas), Venedig (Graf Berka, Abb. 70), Den Haag (Johann Peter Freiherr von Goëss)[20], Lissabon (Karl Ernst Graf von Waldstein), Brüssel, Kopenhagen, Warschau, Krakau, aber auch Nürnberg (Maximilian Karl Graf von Löwenstein-Wertheim-Rochefort als kaiserlicher Vertreter beim fränkischen Reichskreis[21]), Hamburg (Christian Graf von Eck und Hungersbach, Abb. 37), Köln, Düsseldorf und sogar Thorn, Reval/Tallinn (Estland) und Konstantinopel[22].

Besonderes Augenmerk galt nach wie vor dem diplomatischen Zeremoniell und der darin zum Ausdruck kommenden Rivalität der europäischen Höfe. So berichtete der kaiserliche Botschafter etwa am 26. Februar 1701 von einer *„Beschreibung der ‚Ceremonien' so den 18. Januar in Königsberg bei der Crönung des Churfürstens vorbeigangen; unter anderen solle die Cron iber ein Million Thaler gekostet haben"*. Und am 10. März dieses Jahres notierte er, dass in Kopenhagen am 15. Februar der Moskauer Gesandte *„seinen offentlichen Einzug mit 22 Carossen ad 6 Pferden und unter Lösung 24 Stuckh Geschützen gehalten hat"*[23]. Aus Wien wurden neben besonderen Ereignissen – am 3. August 1700 schrieb Leopold Joseph etwa in sein Tagebuch, dass der *„Pöbel des Juden Oppenhaimer Behausung auff den Peters Freythoff gestürmbt und geplündert"* habe – in erster Linie Hochzeiten sowie Todesfälle in Adelskreisen berichtet und notiert.

Besonders sorgfältig wurden natürlich wieder die Karrieren sowie die dafür notwendigen Darlehen bzw. die daraus resultierenden Gehälter der Freunde und Konkurrenten am Kaiserhof registriert[24]. Laut Wiener Post vom 21. Dezember 1700 ist Gotthard Graf Salburg ab 10. Dezember *„zu der Cammer Presidenten Stöll erwöhlet worden mit einem grossen Darlehen"*, Gundacker Thomas Graf Starhemberg *„gewester Vicepresident ist declarirt Gehaimer Rath und behaltet seine 9.000 fl. Pension"*. Der böhmischer Oberstkanzler Johann Franz Graf Würben und Kriegsratspräsident Ernst Rüdiger Graf Starhemberg *„seind Conferentzrath ernennet worden"*[25]. Im März 1703 erreichte die Nachricht Rom, dass nach dem Tode des steirischen Landeshauptmannes Georg Graf von Stubenberg auch der junge Fürst Johann Joseph Anton von Eggenberg als Nachfolger im Gespräch sei, *„wiewolen er schlecht von Verstand ist"*, und dass Lambergs Neffe Graf Gundaker von Althann zum königlichen Kammerherrn ernannt wurde[26]. Dazu kamen ausführliche Nachrichten über militärische Vorkommnisse, darunter Berichte des Prinzen Eugen von den Kriegsschauplätzen in Oberitalien und Süd-

278. Papst Innozenz XII. Pignatelli, Kupferstich in „Theatrum Europaeum", 14. Band, 1702; Wien, Universitätsbibliothek

279. Chiffrierter Brief des Grafen Lamberg an den Kaiser, 5. November 1701; Wien-Vaduz, Sammlungen des Fürsten von und zu Liechtenstein, Hausarchiv FA Kart. 154

280. Dechiffrierungstabelle der kaiserlichen Botschaft in Rom, 1700–1705; St. Pölten, NÖLA Lamberg-Archiv, Kart. 69

deutschland. Einen Teil der Informationen leitete der Botschafter in den wöchentlichen Berichten an den Kaiser weiter. Die zunächst deutsch, dann in italienisch abgefassten Schreiben waren teilweise chiffriert (Abb. 279 und 280)[27].

Die tägliche politische Kommunikation führte aber auch zur Sammlung sowie Weiterleitung von Gerüchten über konspirative Treffen gegnerischer Kardinäle, von Beurteilungen politischer Persönlichkeiten („*Dem König in Polen ist nicht recht zu thrauen*") und allgemeinem Tratsch. Bezüglich der römischen Ereignisse bestätigt Lambergs Diarium vielfach die Berichte des wohlinformierten römischen Stadtchronisten Abbate Ludovico Francesco Valesio, es gibt aber erstaunlicherweise auch den Botschafter betreffende Vorkommnisse, die zwar vom römischen Zeitgenossen registriert, von Lamberg aber vielleicht bewusst nicht festgehalten wurden. Die Wichtigkeit der römischen Aufzeichnungen Lambergs bestätigt jedenfalls nicht nur deren Umfang von 3440 Seiten, sondern auch die Tatsache, dass der Inhalt der Tagebücher durch je zwei Schlösser von unbefugten Lesern ferngehalten werden sollte. Die eigenhändigen Diarien Lambergs waren von Beginn an als Grundlagen für eine gedruckte Relation der Amtszeit des kaiserlichen Botschafters gedacht, wie aus einer der letzten eigenhändigen Eintragungen am 13. November 1704 hervorgeht: *„da die tödliche Krankheit, welche den 7ten dises Monaths mir zugestossen, verhindert das ‚Diarium' aigenhändig ‚continuiren' zu können, werde es mit der Gnad Gottes durch die Brieff und ‚Relation copien continuiren', auff daß ich die gedruckhte ‚Relation' desto leichter zu End bringen möge."*[28] Der sich hier schon ankündigende schlechte Gesundheitszustand und der frühe Tod des Diplomaten führten dazu, dass im Oktober 1705 nur zwei Bände über die bis 1702 reichende Tätigkeit Lambergs gedruckt wurden[29] (Abb. 491). Neben den dafür wichtigen politischen und gesellschaftlichen Ereignissen wurden in Lambergs Tagebuch auch Besichtigungen und persönliche Begegnungen mit Standesgenossen sowie Künstlern und Ausgaben für Hofmaler und Kunstankäufe registriert, denen unser besonderes Augenmerk gilt.

Pracht und Ohnmacht

Die kaiserliche Entscheidung zugunsten von Lamberg dürfte auch im Hinblick auf dessen zeremoniell-repräsentative Ader und die finanziellen Möglichkeiten der Familie getroffen worden sein. Tatsächlich waren gerade die römischen Botschaften damals für ihren großen Finanzbedarf bekannt und berüchtigt. Selbst der reiche Fürst Liechtenstein kam 1689 dem Wunsch des Kaisers, die römische Botschafterstelle zu übernehmen, aus finanziellen Überle-

305

gungen nur zögernd nach. Im Unterschied zu seinem Vorgänger Kardinal Friedrich von Hessen-Darmstadt (Abb. 31) und zu Lambergs Nachfolger Hercule Joseph Louis Turinetti Marquis Prié bezahlte Fürst Liechtenstein *„auch mit höchstem Lob seine Schulden, so 32.000 Cronen ausgetragen"*[30]. Die größten Kosten entfielen dabei auf den Fuhrpark und das Personal. An der Spitze des lambergischen Hofstaates standen ein adeliger Hofmeister (*Maestro di Camera*) und ein ebenfalls adeliger Stallmeister (*Cavallerizo*), nämlich der aus einer alten römischen Familie stammende Graf Lorenzo dell'Anguillara und der Marchese Pierfrancesco (?) Vitelli. Namentlich bekannt ist außerdem der am 16. Mai 1702 verstorbene Legationssekretär Nicola Perelle, während die in Rom überdurchschnittlich große Zahl an Leibwächtern vermutlich nach Bedarf erhöht oder verringert wurde[31]. Der genaue Personalstand Lambergs ist nicht bekannt, aber folgte wohl im Wesentlichen dem seiner Amtsvorgänger. So fuhr Lambergs unmittelbarer Vorgänger Graf Martinitz mit drei Sechsspännern und neun Zweispännern zur päpstlichen Audienz, unterhielt 60 Pferde und sein Hofstaat umfasste zwölf Adelige, vier Kammerherren, sechs Pagen, einen Pagenmeister, einen Kaplan, sechs Haiducken als Leibgarde, 30 Stall- und Hausbedienstete, vier Köche,

15 Kutscher, sieben Stallburschen, einen Pförtner und mehrere Straßenfeger[32].
Zur Vorbereitung hatte Graf Leopold Joseph eine italienische Liste des Hofstaates des kaiserlichen Botschafters in Rom (*Corte dell'Ambas^re Cesareo in Roma*) erhalten. Das Hofstaatsverzeichnis, auf dem Lamberg notierte, welche Stellen in Rom und welche in Wien besetzt würden (Abb. 281), umfasst folgende Posten:

„1 Hofmeister, ein Kavalier

1 Stallmeister, ein Kavalier, welcher nach der Karosse Seiner Exzellenz reitet jedes Mal, wenn er zur öffentlichen Audienz beim Papst fährt, oder bei feierlichen Ausfahrten

6 Gentilhuomini [= niedere Adelige], denen kein Gehalt bezahlt wird, wie auch nicht den beiden oben genannten. NB Drei von diesen Gentilhuomini versehen den Tischdienst, und zwar Pichi, Manzoni und einer der Bogliano, bis jetzt ohne Bezahlung

2 Gentilhuomini zur Begleitung der Botschafterin

6 Pagen

2 Kammerdiener

2 Kämmerer

2 Sekretäre, ein Deutscher und ein Italiener

1 Gerichtsbeisitzer und ein Botschaftssekretär

2 Kapläne, die sich auch um die Zeitungen an Posttagen kümmern

13 Palafranieri [= Leibwache]

6 Lakaien

6 Haiducken

12 Kutscher

12 Stallburschen

1 Hauptmann der Palafranieri ohne Lizenz

1 Oberhauptmann gleichermaßen

1 Scalco [= Truchsess] als Konditor

3 Köche

3 Küchengehilfen

1 Kassier

2 Trabanten

1 Portier

15 Karossen, darunter die beiden großen der Botschaft; einige von den kleinen Kutschen sind aber nicht sehr schön

2 Sommergarnituren [?]"[33].

In der undatierten, unsignierten, aber wohl vom Sekretär der römischen Botschaft 1699 verfaßten Informationsschrift für den zukünftigen Botschafter (*Notizie per il futuro S^re Ambas^re Cesareo*) werden weitere nützliche Hinweise zur Funktion und Rekrutierung des Personals geboten. Zunächst wird die „Famiglia", also der Hofstaat, des aktuellen Botschafters Martinitz vorgestellt. Hier erfahren wir etwa, dass der kaiserliche Vertreter mit drei vergoldeten Kutschen mit je sechs Pferden zur

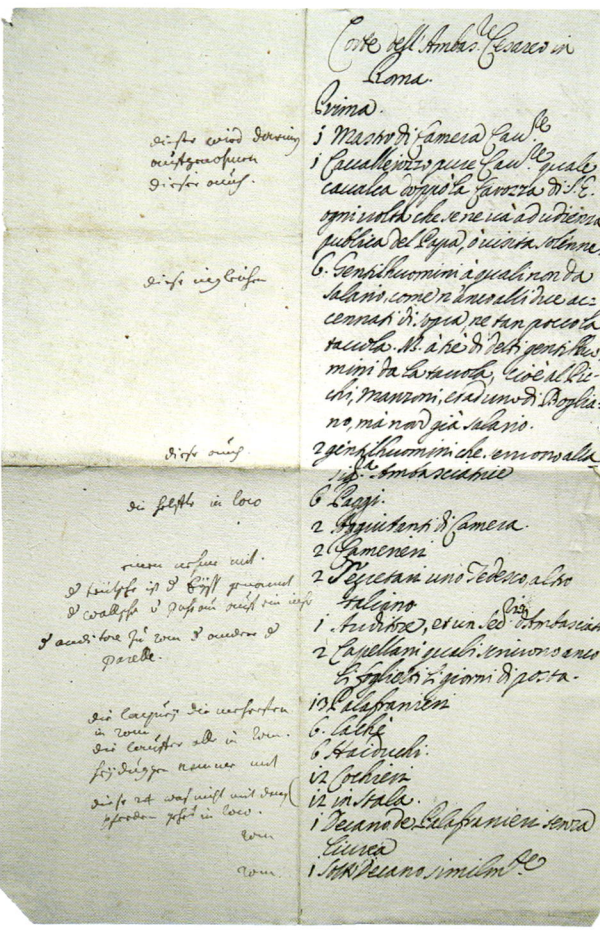

281. Liste des Personals der kaiserlichen Botschaft in Rom mit Notizen, welche Bediensteten Lamberg in Wien und welche er in Rom rekrutieren wollte, 1699; St. Pölten, NÖLA Lamberg-Archiv, Kart. 69

Audienz beim Papst fährt und dass sein vom Fürsten Liechtenstein übernommener Gesandtschaftssekretär Baron Chassignet nach Wien zurückgekehrt ist. Unter den in der ersten Liste nicht aufscheinenden Dienstposten sind vor allem zwei Trompeter erwähnenswert, die Zahl der Palafranieri wird mit 30 angegeben. Die 23 Kutscher, Reitknechte und Stallburschen waren für jeweils drei Pferde, insgesamt also 69 Tiere, verantwortlich. Die Botschafterin verfügte über drei gräfliche Hofdamen, der Sohn über einen Hofmeister und einen Kaplan als Hauslehrer. Der Botschaftssekretär fungiert auch als Stellvertreter des Botschafters und es steht ihm daher eine der Botschaftskutschen mit zwei Dienern zur Verfügung. Die für einen Hofmeister, aber auch die anderen Kavaliere im Dienst des Botschafters, erforderlichen Eigenschaften werden genauer beschrieben. Diese müssten von adeliger Geburt sein, *„je nobler, desto besser; und viel wichtiger sind Titel"*. Sie sollen Erfahrung im Umgang mit dem römischen Hof und mit dem Botschaftsdienst haben, der deutschen Nation verbunden, diskret und höflich, weder in Schuld- noch Gerichtsverfahren mit dem Hof und der Regierung verwickelt und eher etwas älter sein.

Von den Kavalieren müsse einer die Funktion des Oberstkämmerers ausüben, ein anderer das Amt des Mundschenks, der aber auch als Ersatz für ersten einspringen müsse. *„Die übrigen heißen ‚Gentilhuomini di Spaliera', weil sie in der ‚Anticamera' zur bestimmten Sunde bereitstehen, zur Bedienung und Unterhaltung der Personen, die kommen"*. Von den Kavalieren müssen der Hofmeister, der Mundschenk und der Sekretär Italiener oder Kenner des Hofes von Rom sein, die anderen können auch Deutsche sein, sollten *„aber zumindest ein wenig Italienisch zu sprechen wissen und sich nicht vom Wein leiten lassen"*.

Die Kavaliere sind in der Anticamera und bei Ausfahrten verpflichtet, immer schwarz gekleidet zu sein *„nach dem Brauch des römischen Hofes"*. Vor allem bei den Italienern sei darauf zu achten, dass sie keinen geheimen Beschäftigungen mit suspekten Personen nachgehen und insbesondere keine Spione seien. Der Stallmeister müsse Deutscher sein, aber der italienischen Sprache mächtig und eher ein Adeliger, da er eines der wichtigsten Ämter am Hof des Botschafters ausübt. Unter den Kammerdienern solle es zwei geben, die Italienisch schreiben können und zwei; die Deutsch schreiben können, weil es für einen Botschafter klug sei, viel zu korrespondieren; einer der Kammerdiener solle aber ein wenig auch das Barbierhandwerk beherrschen, um rasieren und die Perücken betreuen zu können.

Unter den einfacheren Diensten seien jene der *Decani* die wichtigsten, weil sie bei Ausfahrten neben der Türe der Karosse des Botschafters bzw. der Botschafterin gehen und *„schon von Weitem die Livreen aller Botschafter, Kardinäle, Fürsten, Prälaten und römischen Adeligen erkennen"* und sofort ihren Herrn darüber informieren müssen, wer sich in der entgegenkommenden Kutsche befindet. Für einen Botschafter sei es aber auch wichtig, *„gute Köche zu haben, die gut zu kochen verstehen"* und redlich seien. Der Portier oder *Capitano della Piazza*, der für die Kontrolle der Besucher und des Bereiches vor der Botschaft verantwortlich ist, komme am besten aus Norditalien, damit er kein Untertan des Papstes ist; er solle weder brutal noch streitlustig sein. Der Abschnitt schließt mit dem Hinweis für Graf Lamberg, dass hier der Zustand unter den Botschaftern Liechtenstein und Martinitz beschrieben werde, dass aber der jüngst *„mit grossem Pomp"* in Rom angekommene französische Botschafter mehrere *„veränderte französische Ämter"* eingeführt hätte.

Im zweiten Abschnitt der Handschrift wird der Dienst der Hofdamen beschrieben, von denen eine *„Matrona"* bei Besuchen von Kardinälen und Ausfahrten zu Fürstinnen das Amt einer Hofmeisterin ausübe. Zweimal in der Woche werde im Appartement der Botschafterin öffentliche Konversation gehalten, an der auch Kardinäle, Fürsten, *„Amici di Casa"* und deutsche Kavaliere teilnehmen können. Dabei treten manchmal Kastraten und Sängerinnen auf, manchmal gebe es nur Instrumentalmusik, ein Hauskonzert musikalischer Pagen und Diener oder einen Ball. *„Diese regelmäßigen ‚Conversationi' sind ziemlich teuer und geben den Fremden genug Gelegenheit, in die Mentalität, den Geist und auch manche Geheimnisse des deutschen Hofes einzudringen. Daher ist es umstritten, ob es gut sei, diese Konversationen abzuhalten."* Sobald die Kinder des Botschafters drei oder vier Jahre alt sind, erhalten sie – wie die Erzherzöge – ebenfalls einen kleinen Hofstaat. Abschließend verweist die Informationsschrift den angehenden Botschafter Lamberg darauf, dass sich seine Vorgänger Liechtenstein und Martinitz durch pünktliche Bezahlung der Gehälter, der Händler und Handwerker *„einen guten Ruf und Applaus erworben hätten, nicht nur bei diesen, sondern bei der deutschen Nation"*. Wenn er diesen Stil fortführe, werde der neue Botschafter von allen geliebt werden und den guten Ruf der Nation fortführen[34].

Diese Ratschläge waren jedoch für einen römischen Botschafter leichter gesagt als getan. Der offensichtlich nicht so begüterte bayerische Gesandte Abbate Alessandro Clemente Scarlatti musste während der kriegsbedingten Finanzsperre 1713 flehentliche Bittbriefe an Kurfürst Max Emanuel (Abb. 203) senden, weil er vor Schulden nicht aus noch ein wisse und schon seine Möbel, Pferde und Geschirr hätte verpfänden müssen. Allein für die Haltung des Wagenparks mit vier sechsspännigen Kutschen, den dazu notwendigen vierzig guten Pferden sowie den Livreen der Dienerschaft seien 50.000 Scudi notwendig, und das Personal verschlinge weitere 40.000 Scudi jährlich[35].

Schon bald geriet auch Graf Lamberg in die Schuldenfalle und bat in Briefen an den Kaiser sowie an die Hofkammer immer wieder um die „*höchstnötigen Geldmittel zu denen extraordinari Außgaben*". Im Sommer 1701 wurden schließlich 10.000 Gulden bewilligt, damit der Botschafter „*sein versetztes Silber wieder einlösen und die vielfältig vorfallenden extraordinari Außgaben betreiten könne*". Doch ein Jahr später bat der Adelige „*abermahlen inständig umb Geltmittel*"[36].

Die Familie Lamberg war sich dieser finanziellen Schwierigkeiten bewusst, sah aber die immensen Kosten für die römische Botschaft als nützliche Investition für ein künftiges Ministeramt an, mit dem man dann wieder Geld in die leeren Kassen bringen könne. Schon im Zusammenhang mit den ersten Absichten im Jahre 1694 kalkulierte Fürstbischof Johann Philipp von Lamberg (Abb. 273), dass man für den römischen Posten schon 100.000 Gulden „*à fond perdu*" in Kauf nehmen müsse und könne, „*dann wer sich in einem solchen posto meritieret und gleichsam notwendig zu machen weiß, hat des Kapitals samt doppelten Interesse sich zu versichern*". Leopold Joseph böte die Stelle in Rom die Möglichkeit, sich „*bei diesem Kaiser oder dessen Successori in die Versicherung einer vornehmen Hofcharge zu setzen und bei Erlangung das Avanzierte wiederumen cum foenore hereinzubringen*"[37]. Solche finanziellen Überlegungen waren offensichtlich nicht nur Allgemeingut des Wiener Hofes und wurden in der Hofkammerinstruktion Karls VI. von 1717 gleichsam rechtsverbindlich[38]. Sie bestätigen auch die These von Pierre Bourdieu von der Gleichsetzung bzw. Verwandlung von ökonomischem in soziales sowie kulturelles Kapital und umgekehrt[39] in der höfischen Gesellschaft der Frühen Neuzeit. In einem Brief des Passauer Bischofs an den Botschafter vom 20. Mai 1700 wird dieser Zusammenhang expressis verbis formuliert, da die in Rom anfallenden hohen Schulden als für Lambergs Erben weniger entscheidend eingeschätzt werden als das Renommée des Botschaftsdienstes: „*E. Exc. [= Leopold Joseph] dermalen machende Anticipationes dienen zu dero und unseres Hauses Unsterblichkeit, indem sowohl dero hoher Charakter als weltkündiger großer Name vor dero Sohn ein größeres Kapital ist, als ob Sie anstattdessen demselben 200.000 fl. mehrer verlassen täten, geschweige daß Augustissimus [= Kaiser] E. Exc. bei dero Rückkunft nach vorg. Botschaft ohne realer [!] Gnadensbezeigung nicht in Schulden stecken lassen werde*"[40].

Die enge Relation zwischen finanziellem und gesellschaftlichem Kapital sowie deren Stellenwert im Rahmen der adeligen Konkurrenz, die wir schon im Zusammenhang mit der Kavaliersreise beobachten konnten, wurden von den Lamberg-Vettern ebenfalls direkt angesprochen, wobei man nicht einmal die eigenen Verwandten ausgeklammert hat. So diskutierten der Passauer Bischof und der Botschafter während einer kritischen Phase in ihren Briefen ein mögliches Interesse der verschwägerten Harrachs an der römischen Botschaft. Doch wären – schrieb Johann Philipp im Jänner 1702 an Leopold Joseph – solche repräsentative Pflichten für diese weniger wohlhabende Familie „*viel zu kostbar*", da sie die vom Grafen Lamberg „*gemachte Spesen ohne Verringerung habender Kapitalien nicht übernehmen könnten*"[41]. Allerdings überstiegen die Kosten der Botschaft in Rom auch die finanziellen Möglichkeiten des Grafen Leopold Joseph, weshalb er in einer Tagebucheintragung vom 16. August 1702 seine Überlegungen, länger auf seinem römischen Posten zu verbleiben, in gleicher Weise mit der Erwartung finanzieller Hilfe durch den Kaiser wie mit der Hoffnung auf den Ruhm seiner Familie verband: „*wan nur von Seithen des Kaysers auch mit denen darzu erforderlichen Geldsmitteln an Hande gegangen wird, ist die Ehre unserer ,Famille' in denen Gedenckhbüchern könfftig hin unauslöschlich, und haben wür ,per sudorem multas noctis' [= durch den Schweiß vieler Nächte?] glückliche und pompose Grabschrüfften erworben*"[42].

Für Leopold Joseph von Lamberg sollten sich die in seine repräsentativen Investitionen gesetzten Hoffnungen allerdings nicht erfüllen – im Gegenteil stellten sich weder der politische Erfolg und ein Ministeramt noch die kaiserlichen Geldmittel ein. Während das Jahresgehalt des Botschafters nur 18.000 fl. einbrachte[43], betrugen die Ausgaben von Leopold Joseph allein in den ersten drei Jahren seiner Tätigkeit in Rom 190.000 Scudi Romani, d.h. über eine halbe Million Gulden, wie er Ende 1703 in seinem Rechnungsbuch notierte:

„*NB bis hirhero was ich für die Pottschafft angewendet so wol hier als vorhero […] traget auß 190.437 Scudi.*"[44] Selbst der wohlhabende Graf Gallas sah sich aufgrund der schlechten Bezahlung „*sein Leben lang ruinieret*", und seine Klagen über die „*übermäßige Botschaftspracht*" in Rom führten 1717 zu Überlegungen am Wiener Hof, mit den anderen Botschaftern Verhandlungen über eine ‚repräsentative Abrüstung' aufzunehmen. Die Sache scheiterte natürlich, weil man der Meinung war, es sei für den Kaiser „*anständiger […], daß andere vor Uns zur obgemelten Mäßigung den Anfang machen*"[45]. Wie schon 1699 aus dem Hinweis auf den französischen Botschafter deutlich wird, waren auch die Kostensteigerungen in Rom nicht zuletzt eine Folge der bourbonisch-habsburgischen Rivalität und der repräsentativen Offensive des ‚Sonnenkönigs'. Daher erhielt Graf Lamberg mit kaiserlichem Schreiben vom 14. Oktober 1700 die Aufforderung, dass bezüglich des Zeremoniells „*wie auch sovill die ‚genuflexiones' undt Stellung in das ‚publicum' anbetrifft, nach dem jezigen undt vorigen Spanischen Bottschafftern […] dich richtest, doch jederzeit das Uns zustehende ‚praecipium' [= Vorrang] mit beobachtest, undt zu deiner ‚Guardi' nicht weniger als der Französisch. Bottschaffter haltest; die hierzu erforderliche Spesen aber Unsere Hoffcammer unter andern extra Außgaben mit verechnest*"[46]. Die dafür nötigen zusätzlichen Mittel der Hofkammer ließen jedoch – wie schon erwähnt – meist auf sich warten …

Wahrscheinlich noch wichtiger als die Finanzen war aber die Beachtung des Zeremoniells in Rom[47]. Verständlicherweise forderte daher die kaiserliche *Instruction* vom 28. November 1699 vom Grafen Lamberg nachdrücklich, bei allen öffentlichen Handlungen ein Präjudiz zu vermeiden, „*so Unser Kayl. ‚Authorität' oder Unsers Bottschaffters ‚Caracter' nachtheilig sein könnte*". Das betrifft zunächst den Umgang mit den Kardinälen, denen jeweils ein Antrittsbesuch abzustatten und ein „*Creditiv=Schreiben*" zu übermitteln war. Dabei war zu beachten, dass der Botschafter „*sowohl in seinem, alß ihrem aigenem Hauß die ‚Praecedenz' und Hand geben, [und die Kirchenfürsten] auch am ersten besuchen muß*". Bezüglich der Behandlung der königlichen Botschafter, zu denen auch jene des Großherzogs der Toskana und des Herzogs von Savoyen gezählt wurden, hat man Lamberg nur erinnert, dass letzterem „*von Unsern ‚Ministris' und der Kantzley die ‚Altezza Reale' im Reden und Schreiben gegeben wird.*" Unter Hinweis auf das Verhalten der Vorgänger Liechtenstein und Martinitz wurde Lamberg hingegen eingeschärft, den römischen Fürsten – „*es mögen Reichs=, Spanisch= oder Roma-*

282. Kardinal Francesco del Giudice, Kronprotektor von Spanien, Ottensteiner Kardinalsserie, römischer Maler, 1700/1701; Maria Enzersdorf, EVN

nische Fürsten sein" – ohne Unterschied keinesfalls „*die erste Visite und Hand*" oder besondere Titel zuzugestehen. Hinsichtlich der Audienz des Botschafters beim Papst beharrte Leopold I. ebenfalls darauf, Graf Lamberg möge „*sich gleich anfangs ‚à l'Imperiale' wie es auch alhier Brauch ist, kleiden, undt in einem ‚ordinari' schwarzen Mantellkleyd die ‚Privataudienz', die öffentliche aber in köstlichem*" Kleid (d.h. aus Gold- oder Silberbrokat) absolvieren. Da sich 1697 der spanische Botschafter bei seinem Einzug in Rom das Recht angemaßt hatte, mit Trompetenschall einzuziehen, wurde Leopold Joseph von Lamberg ebenfalls schon in Wien instruiert, das gleiche in Anspruch zu nehmen. Denn es würde der „*kaiserlichen Autorität nachteilig sein […], wann es diesseits sollt unterbleiben*", obwohl „*dergleichen bei andern christlichen Potentaten nicht zu beschehen, sondern alleinig die Barbaren es zu tun pflegen*"[48].

Tatsächlich zog Lamberg mit Pauken und Trompetenschall in die Stadt ein, die aber von ihm selbst zu bezahlen waren: „*denen Trompetern v. röm. Senat, den Papstl. Trompetern, tromelschlagern v. Castel S. Angelo, populi romani trommelschlager, governator trommelschlager*" waren im Jänner 1700 jeweils einige Scudi zu bezahlen. Lambergs Ankunft in Rom im Jänner 1700 war auch dem *Theatrum Europaeum* einen Bericht wert: „*Den 13. Januar kam der neue Käyserl. Abgesandte Graf von Lamberg/ (weil doch der bißherige Abgesandte Graf von Martinitz eine Zeither bey dem Pabst nicht gar angenehm gewesen/ wie in den Geschichten der vorigen Jahre zu sehen gewesen/ wiewohl sich auch ande-*

re gefunden/ welche einiges Missvergnügen über Ihm bezeuget/) zu Rom an/ und nahm sein ‚Quartier' in dem Palast des Cardinals de Medices; jetzgedachter Abgesandte [!] Graf von Martinitz war ihm ein Stücke Weges entgegen gefahren/ und wolte ihn des Abends in seinem ‚Palast' tractieren, welches aber jener/ weil er von der Reise sehr müde war/ nicht angenommen. Den folgenden Tag ward Er von den anwesenden Cardinälen/ Abgesandten und andern Stands=Personen gewöhnlichermassen bewillkommet. Den 16. Jan. ward Er mit einem Gefolg von vielen Carossen/ durch den Cardinal del Giudice [Abb. 282] zu dem Cardinal Spada [Abb. 283] begleitet/ welchem Er das von Sr. Käyserl. Majest. mitgebrachte ‚Creditiv' vorgeleget/ und sich damit als Kayserl. Abgesandter ‚legitimieret'/ hat ihn auch darauff ersuchet/ er möchte ihm bey dem Pabst eine ‚Privat=Audience' außwürcken/ so auch geschehen."[49]

Die erste private Audienz des Grafen Lamberg bei Innozenz XII. (Abb. 278) verlief offensichtlich ebenfalls zur allgemeinen Zufriedenheit „und hat der Pabst eine sonderbahre Zuneigung zu Ihr. Käyserl. Maj. zu erkennen geben. Der Abgesandte hergegen bezeugete/ daß er von Ihr. Käyl. Maj. beordert wäre/ dem Päbstl. Hof keine Ursache zu einigem Miß=Vergnügen zu geben/ welches dem Pabst so wohl gefallen/ daß er ihn mit allerhand Erfrischungen von raren Früchten und köstlichem Wein ‚regalieret'. Solche Höflichkeit wiederumb zu verschulden/ und sich dem Pabst desto genauer zu verbinden/ hat gedachter Käyserl. Abgesandter gleich darauff etliche Stücke von dem reichesten ‚Brocard', mit welchem er seine neue Carosse zu bekleiden dachte/ der Heil. Jungfrauen Marien zu Loreto gewidmet/ als er gehöret/ daß der Pabst gedachten ‚Brocard' aus ‚Curiosität' vor sich auffs Bette bringen lassen/ und mit seinen Händen berühret hätte. Und weil er sich durch diese und andere Bezeugungen bey dem Pabst und den Cardinälen in ein gutes Ansehen gesetzet/ so war man ihm umb so viel weniger in seinem Ansuchen zuwider/ und erhielt daher [der Botschafter die Erlaubnis] daß die Böhmische ‚Nation', welche sonsten seither den Böhmischen Unruhen von An. 1620 nicht aller ‚Beneficien' war habhafft erkläret worden/ wieder in die ‚Congregation' der Kirche zur Heil. Jungfrauen Marien dell'Anima auffgenommen worden/ nachdemmal er selbst auß dem Königreich Böhmen bürtig war."[50] Ob die Vereinnahmung Lambergs als Böhme auf seiner möglichen Geburt im mährischen Schloss seiner Mutter beruht oder nur eine Spitze gegen Martinitz bildete, dem – wie der Bericht gleich anschließend ausführt, die Abschiedsaudienz verweigert worden war, lässt sich nicht entscheiden. Die erste Audienz war jedenfalls von der gegenseitigen Überreichung von Geschenken begleitet. Graf Lamberg überließ dem Papst – neben dem nicht näher bezeichneten „praesent" im Wert von 120 Scudi – ein Stück von französischem Goldbrokat, der nach einer anderen Information für den Thronhimmel seines Audienzsaales gedacht war[51]. Seine Heiligkeit beschenkte den Botschafter hingegen mit italienischer Feinkost: über zwanzig Schalen enthielten kandierte Birnen, Zwetschken und Pfirsiche, Pistazien, Rosmarinkonfekt, Milchfladen, Mortadella, Prosciutto, Parmigiano usw.[52].

Zu den ersten in der Instruktion genannten römischen Vertrauten des Grafen zählten der spanische Botschafter Juan Francesco Acuna y Pacheco Gomór de Sandoval Duque de Uceda, der aus alter Tradition als natürlicher Verbündeter des Kaisers galt[53], Kardinal Francesco Maria de' Medici als *Protettore dell'Imperio* seit 1689[54] (Abb. 284) sowie der aus einer fürstlichen Familie in Neapel stammende Kardinal Francesco del Giudice, seit 1690 Protektor der Spanischen Krone[55] (Abb. 282). Den Florentiner Kollegen kannte Lamberg ja vermutlich schon von seiner Kavalierstour (siehe oben S. 82) und dieser stellte ihm auch seinen römischen Palast als erstes Quartier zur Verfügung[56]. Dabei handelte es sich um den bekannten Palazzo Madama (Abb. 285), der 1689 auch dem Fürsten Liechtenstein als erster Wohnsitz gedient hatte[57].

Im Unterschied zu den Venezianern, Spaniern und – teilweise – den Franzosen[58] besaß die kai-

283. Kardinalstaatssekretär Fabrizio Spada, Ottensteiner Kardinalsserie, römischer Maler, 1700/1701; Maria Enzersdorf, EVN

serlice Vertretung nämlich damals noch keine feste Residenz in Rom[59]. Schon im Mai 1700 empfahl daher Graf Lamberg dem Kaiser den Ankauf des von Baldassare Peruzzi im antiken Marcellustheater eingebauten Palazzo Savelli[60] (Abb. 290), *„wo die alte Consuln Romani gewohnet"*, als ständige Botschaftsresidenz mit der tagespolitischen Begründung, *„es wäre vor Ihr Mayt. gut, einen solchen Fuß in Rom zu haben, da es ein Spatium hat, iber 8000 Mann zu logiren"*. Im Jänner 1701 notierte Lamberg in seinem Tagebuch, dass der Preis von 60.000 Scudi dem Kaiser zu hoch war und dieser nachsann, *„ob nicht etwan mit Gelegenheit der von selbigem Fürsten an des Herzogs zu Mantua habenden Schuldforderung derselbe leichter möchte zu erhandeln sein"* [61]. Vermutlich aus Geldmangel des Wiener Hofes kam dieser Ankauf jedoch nicht zustande, weshalb Lamberg noch mehrfach übersiedeln musste.

Eine angesichts des Fahnenwechsels von Lambergs erstem Gastgeber besondere Ironie der Geschichte bildete die Tatsache, dass der kaiserliche Botschafter beim Blick aus einem der seitlichen Fenster des Palazzo Madama immer auf die nebenan befindliche französische Nationalkirche S. Luigi dei Francesi sehen konnte und zu deren Pfarrsprengel gehörte. Auch das in Rom seit langem schwelende Problem der diplomatischen Immunität bzw. der Exterritorialität der Botschaftsresidenzen, das immer wieder zu Ärger und Zusammenstößen von päpstlicher Polizei und Botschaftspersonal führte, machte Lamberg bald zu schaffen. Als etwa in der Nacht des 3. September 1700 die Polizisten in dem von der Piazza Navona zur Piazza Madama führenden Gäßchen den wegen Mordes zu lebenslanger Galeerenstrafe verurteilten, aber geflohenen Marco Marini, genannt *„Il Porcaretto"*, verhafteten, war der Botschafter verärgert über den geringen Respekt, den die Polizisten in der Nachbarschaft seines Palastes zeigten. Und am 24. September wurde ein päpstlicher Beamter von einem Diener Lambergs sogar *„malträtiert"*, weil er dem Portal des Palazzo Madama zu nahe gekommen war[62]. Tatsächlich war zwar 1687 die Quartierfreiheit für Diplomaten vom Papst auch mit der Zustimmung des Kaisers (aber nicht Frankreichs) abgeschafft worden, aber noch 1713 wurde in der Wiener Instruktion für den Grafen Gallas betont, dass man die Botschafterresidenz und deren Umgebung in einem gewissen Respekt-Abstand *„Luogo di rispetto zu nennen pfleget"*[63].

Doch zunächst verlief Lambergs Amtstätigkeit durchaus erfreulich. Neben den üblichen Amts-

284. Kardinal Francesco Maria de' Medici, Kronkardinal des Heiligen Römischen Reiches und erster Gastgeber Lambergs, Ottensteiner Kardinalsserie, römischer Maler, 1700/1701; Maria Enzersdorf, EVN

geschäften wie der Ausstellung von Reisepässen (Abb. 286) war der Botschafter tatsächlich verpflichtet bei besonderen Anlässen, ‚personam Caesarem zu repräsentieren'.

An den römischen Universitäten war es seit dem 16. Jahrhundert üblich gewesen, dass die besten Studenten ihr Studium mit einer feierlichen *Disputation* oder *Defensio* abschlossen. Da diese akademischen Feiern, an denen üblicherweise mehrere Kardinäle sowie zahlreiche Prälaten und Adelige teilnahmen, bis zu 400 Scudi kosten konnten, blieb eine solche Auszeichnung auch meist privilegierten Studenten vorbehalten. In diesem Zusammenhang wurden seit dem frühen 17. Jahrhundert immer umfangreichere Thesenschriften gedruckt, in denen die zu verteidigenden Thesen (*conclusiones*) aufgelistet waren und die vom Defendenten am Vorabend der Feier bei einer Rundfahrt zu den Kollegien und Klöstern

285. Palazzo Madama, die erste Residenz Lambergs in Rom, Kupferstich von Alessandro Specchi im 4. Bd. des „Nuovo Teatro delle Palazzi in prospettiva di Roma moderna", 1699; Rom, Bibliotheca Hertziana

der Stadt als Einladungen oder während der Veranstaltung als Programm und zur Erinnerung verteilt wurden[64]. Die Vorsatzkupfer bzw. die vielfach großformatigen Thesenblätter waren nach den Prinzipien der jesuitischen Rhetorik aufgebaut und wandelten sich von zunächst rein heraldischen zu inhaltlich und künstlerisch immer aufwendigeren Bildern, die meist einem Patron gewidmet waren, der auch die Finanzierung übernehmen sollte[65]. Je höherrangig der Patron war, desto höher fiel zumindest das Sozialprestige aus, weshalb ausländische Studenten dafür ihren Landesfürsten gewinnen wollten. Und für diese Vermittlungen waren ebenfalls die Botschafter zuständig, die dann auch ihren Souverän bei der weniger von der Qualifikation der Studenten, sondern vielmehr von deren Beziehungen Zeugnis gebenden *Disputation sub Auspiciis Imperatoris* oder *Regis* vertreten mussten. Da Graf Lamberg jedoch noch *„à l'incognito"* war, ließ er sich am 6. Juni 1700 bei der *Disputation* in der Franziskanerkirche S. Maria in Aracoeli von den Kardinälen Giudice *„nomine Cesaris"* und Andrea Santacroce (Abb. 467) *„nomine Regis Romanorum"* vertreten. Zwei Tage später haben dann die Franziskanerpatres Lazari und (Franz Wolfgang ?) Plöckner dem Botschafter *„die ‚Conclusiones presentirt'* so sie Ihr Mayt. dem Kayser und Ihr Mayt. dem König ‚dedizirt'"*[66]. Am 7. August 1700 sandte König Joseph I. ein Schreiben an Graf Lamberg, in dem er ihm mitteilte, dass er die theologischen Thesen, die ihm von zwei (nicht namentlich genannten) Piaristen, die *„im gegenwärtigen Jubilei Jahr zu Rom nach altem Gebrauch zu defendiren gesinnet, demüthigist ‚dediciret'"* worden seien, annehme. Gleichzeitig ersuchte er den Botschafter, dass dieser *„an meiner stath gedachter ‚Disputation' beywohnen, darbey aber Meine Königl: Mayt: und was sonsten in derley Fählen gewöhnlich, gebührent beobachten"* solle. Die Defendenten sowie Patres solle Lamberg der Königlichen Gnade versichern[67].

Noch wenige Wochen vor seinem Tod im Jahre 1705 informierte Leopold I. Graf Lamberg, dass der Augustiner Eremit Fr. Paulus Wutschnigg ihm seine Thesen dediziert hätte und deren öffentliche Defendierung in Rom ein *„zur Ehr und Glori Teutscher ‚Nation' gereichendes löbliches Vorhaben"* sei. Daher bat der Kaiser seinen Botschafter, dass dieser bei der akademischen Feier *„Meine höchste Persohn ‚praesentiren' möge"*. Dabei solle Lamberg *„Meine Kayl. Authoritet beobachten"* und dem Defendenten alle Protektion zukommen lassen[68]. Von den dafür vom Botschafter aufzuwendenden königlichen oder kaiserlichen Kosten und deren Ersatz war in den Schreiben aus Wien allerdings keine Rede …

Das gilt auch für die wichtigeren regelmäßigen repräsentativen Verpflichtungen des kaiserlichen Botschafters in Rom, nämlich die Gestaltung der religiösen und politischen Festlichkeiten der deutschen Nationalkirche S. Maria dell'Anima[69] (Abb. 287). Denn die römischen Nationalkirchen hatten sich zunehmend von einem Neben- zu einem Hauptschauplatz der politischen Repräsentation und Propaganda entwickelt[70]. Das in der Nähe der Piazza Navona gelegene und seit dem Mittelalter für die deutschsprachigen Bewohner und Besucher Roms zuständige Gotteshaus erhielt schon 1584 einen eigenen Musikkapellmeister, da man nicht hinter der französischen Nationalkirche S. Luigi dei Francesi zurückstehen wollte. Neben den üblichen kirchlichen Hauptfesten wurden in dem seit 1499 unter kaiserlichem Patronat stehenden Gotteshaus daher auch immer wieder Krönungen, Hochzeiten und militärische Erfolge der Habsburger festlich begangen. Als Gradmesser der politischen Befindlichkeit in Rom galt dabei die Anzahl der Kardinäle, die an der Fronleichnamsprozession der deutschen bzw. der französischen Nationalkirche teilnahmen. Schon der gedruckte *Corriere ordinario* vom 11. Juli 1686 im Lambergarchiv vermerkte stolz, dass am Umgang der *„Nazione Germanica"* in der Anima elf Kardinäle unter der Leitung des Kardinals Carlo Pio di Savoia mitwirkten, während bei der Prozession von S. Luigi dei Francesi am selben Tag *„nur zwei Kardinäle"* mitgingen[71]. Eine qualitative Veränderung ergab sich 1697, als der energische kaiserliche Botschaf-

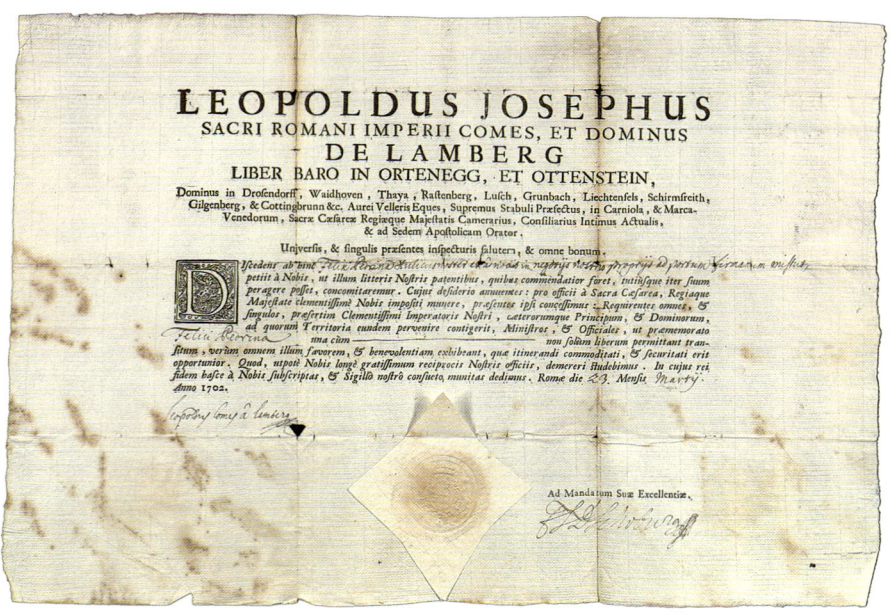

286. Reisepass des kaiserlichen Botschafters für Felix Pedrina, ausgestellt am 23. März 1702; Wien, HHStA, Rom Varia Kart. 16

287. Santa Maria dell'Anima, die deutsche Nationalkirche, 1500–1514; Rom, Via dell'Anima

ter Martinitz nicht nur die Verwaltung der Anima und ihres Vermögens unter seine Hoheit brachte, sondern auch die Feier des kaiserlichen Namenstages als Hochfest einführte, das bald das Fronleichnamsfest an musikalisch-finanziellem Aufwand bei weitem übertraf. Mit Erlass Kaiser Leopolds I. vom 18. Oktober 1699 wurde die Zuständigkeit der deutschen Nationalkirche auch auf die italienischen und slawischen Untertanen der Habsburger ausgedehnt, während die Niederländer als Angehörige des spanischen Herrschaftsgebietes ausgebootet wurden[72].

Zum Fronleichnamsfest am 13. Juni 1700 hatte der Botschafter nicht nur alle seine *„niederländische Spalier"*, also Tapisserien, zum Schmuck der Kirche geliehen, sondern auch 30 Sessel und 20 Lakaien mit Windlichtern *„mitgehen lassen"*[73]. Da der Botschafter noch immer nicht offiziell akkreditiert war, ließ er sich bei der Feier jedoch von Kardinal Giudice vertreten, und der Prozession, bei der Msgr. Ercole Visconti, der frühere Nuntius in Köln und Bischof von Navarra, das Allerheiligste trug, hat er *„in des Graf Caunitz Haus zugesehen"*. Wie Lamberg schon von den Nachrichten während seiner Zeit in Regensburg wusste, erregten die Fronleichnahmsprozessionen der deutschen und französischen Nationalkirche um 1700 die Neugier der ganzen Stadt, um zu sehen, in welcher der beiden Gotteshäuser die Zahl der Kardinäle überwiege[74]. Der Zahl der Purpurträger auf österreichischer oder französischer Seite gemäß stand das ‚politische Barometer' damals offensichtlich noch nicht so schlecht für Lamberg und seinen Herrn: so konnten in der deutschen Nationalkirche nicht weniger als 25 Kardinäle begrüßt werden und zwar Carpegna (Abb. 438), Carlo und Francesco Barberini, Spada (Abb. 283), Barbarigo, Colloredo, Panciatici, Giudici (Abb. 282), Albani, Morigia, Tanara (Abb. 271), Cenci, Ferrari, Sacripante, Noris, Paolucci, Radulovich, Santacroce, Delfino, Sperelli, Gabrielli, Ottoboni, Bichi (Abb. 12), Altieri (Abb. 272) und Cesareo. An der Prozession von S. Luigi dei Francesi beteiligten sich – wie Lamberg in seinem Tagebuch schadenfroh notierte – *„nur Jansone und Estrées, bey 12 Prelati seynd auch nicht gangen"*[75].

Im Sommer 1700 gelang es Lamberg noch weitere für den Wiener Hof ebenso wie für ihn ganz persönlich sehr erfreuliche Erfolge zu erringen. Mit Schreiben vom 24. März 1700 hatte ihn der Kaiser beauftragt, die zunächst vom polnischen König angeregte Promotion des Bischofs von Passau Johann Philipp von Lamberg zum Kardinal zu betreiben (Abb. 289). Am 15. Juni übergab Graf Lamberg Papst Innozenz XII. das entsprechende kaiserliche Schreiben, und schon am 21. d. M. konnte der Botschafter Kaiser Leopold I. die *„Promotion vor die Cronen"*, also die vom Kaiser sowie den Königen von Spanien und Frank-

288. Liste der Gratulanten und Anzahl der Festbeleuchtungen in Rom anlässlich der Ernennung des Passauer Fürstbischofs zum Kardinal, 21. Juni 1700; St. Pölten, NÖLA Lamberg-Archiv, Kart. 69

**rechts:
289. Kardinal Johann Philipp von Lamberg vor der Ansicht von Passau, Ölgemälde auf Kupfer von Christian Reder oder Antonio David, 1700/1701; Privatbesitz**

reich gewünschten Kardinalsernennungen, vermelden und seinen Erfolg feiern: „Es haben gleich alle Cardinal und Pottschaffter mit Gratulationscomplimenten zu mir geschückht und der Cardinale Giudici ist zu mir kommen, mich zu complimentiren […]. Es fanden sich auch vill den gantzen Tag von der Prelatur bei mir ein, wie auch alle teutsche Cavallires und andere. […] Den Palazzo hab abendts mit 126 Fackheln beleichtet, auff dem Platz Feuer wie es bräuchlich viel Böschfesser angezündet und vill ‚Mortalletti' oder Pöller 4mal losbrennen lassen; Trompeten, Pauckhen, Trommel und Pfeiffen biss Mitternacht sich hören lassen. Trinckhgelder seind auch denen päpstl. Bedienten gegeben worden." Die Kosten für diese Festbeleuchtung betrugen 32 Scudi „wegen 160 Mortaletten denen Feuerwerckhern", und 120 Scudi für 136 Windlichter[76]. Lambergs Stolz und Eifer verraten auch eine Liste aller Kardinäle und Adeligen, die persönlich oder durch einen Bediensteten gratulierten sowie ein genaues Verzeichnis der Festbeleuchtungen aus diesem Anlass[77] (Abb. 288). Am 5. Juli wurde der Passauer Offizial und spätere Domdechant Johann Traugott Graf von Kuefstein mit dem Kardinalshut („Beretta") zu Kardinal Lamberg abgesandt, nachdem ihn der Papst dafür zum päpstlichen Ehrenkämmerer ernannt hatte[78].

Offensichtlich zur Erinnerung an diesen ersten Erfolg als Botschafter ließ Graf Lamberg ab August 1700 eine einzigartige Serie von 68 Bildnissen von Kardinälen im Format 74 x 60 cm anfertigen, die durch sein eigenes Porträt und Darstellungen der beiden Päpste des Jahres 1700 ergänzt wurde. Dabei handelt es sich um die Bildnisse (fast) aller damals lebender, aber auch einiger verstorbener Kirchenfürsten, darunter der Gurker Bischof und kaiserliche Botschafter Johann Freiherr von Goëss[79] (Abb. 204; siehe unten S. 448ff).

Nur einen Tag vor der Bekanntgabe der Kardinalserhebung war Leopold Joseph von Lamberg selbst mit einer vergleichbaren weltlichen Ehre ausgezeichnet worden. Denn am Sonntag, dem 20. Juni 1700, wurde ihm vom Fürsten Don Giulio Savelli, Duca di Ariccia und Grande di Spagna, Marschall des Kirchenstaates sowie Erbmarschall des Konklaves[80], in dessen Palast (Abb. 290) der vom spanischen König Karl II. (Abb. 34) verliehene Orden vom Goldenen Vlies überreicht: „Heuth Nachmittag ungefähr nach 5 Uhr bin ich von meinem Palazzo gefahren mit 9 Wagen zu dem Prencipe Savelli als Gevollmächtigen von Ihr Kays. Mayt. mir dem [!] Toison zu geben. Es befande sich alles darbey ‚in corteggio' was von teutschen ‚Cavaglieren' sich in Rom aufhaltet. Wie ich in dero Palazzo ankommen, da wurde [ich] zu End der ‚Porticella' von des Fürsten ‚Corteggio' empfangen. Zu End der Stiegen in dem Hofe ware der alte Fürst von 75 Jahren, von Person ein schöner Fürst. Dieser, welcher sehr schwär gehet, begleitete mich biß in ein Appartament, allwo er mich gelassen und sich in das eine begeben, allwo die ‚Function' beschehen solle. Nachdem ist der Duca Paganica [= Don Giuseppe Mattei-Orsini] zu mir geschückhet worden, wiewolen niemand von anderen Ordenscavallieren wegen des ‚Ceremonialis' sich eingefunden und hat in italienischer Sprach aus einem Papier gelesen, ob ich verlange, in diesen hohen Orden aufgenohmen zu werden; ich hab geantwortet ‚Stimo in sommo grado questa mercede e la ricevo con infinita veneratione'. Nach diesem bin ich mit ihm in das andere Appartement gangen mit dem völligen ‚Corteggio' der teuschen ‚Cavallier', da sasse Principe Savelli under einem ‚Baldaquin', ich machete ihm eine ‚Reverentz', er richtete den Huth. Wie ich vor ihm gestanden, so sagte ich ‚molto qualificato mi chiamo di questa segnalata mercede, e mi preggio della buona sorte di ricevere il collano per le mani di V: E:'. Nachdem fragte er mich ob ich einmal zu einem Ritter seye geschlagen worden, ich antwortete ‚non Signore, e pero supplico V: E: che in conformità della commissione che ne tiene, mi faccia gratia d'honorarmi per sua mani'. Darauf kniete nieder auff ein Knüe auff einen Polster; der Fürst sasse 2 Staffel hoch, er fragte mich trey mal ‚Volete offer armato Cavagliere'; ich antwortete 3 mal ‚Si Signore'. Nachdem gab er mir den Knopf des Degens zu küssen. Mit diesem kniete [ich] vor einen Altar mit einem ‚Crucifix' und 6 Leichtern geführt auf 2 Knüe, eine Hand auff ein

rechts:
291. Leopold Joseph Graf von Lamberg als Ritter des Ordens vom Goldenen Vlies, Ölgemälde von Francesco Trevisani, 1700; Privatbesitz

offenes Messbuch haltend; der ‚Secretarius' lesete mir vor die ‚Puncta' zu schwären. Ich antwortete 5 mahl ‚cosi giuro', das sechste Mal ‚cosi giuro e cosi mi assista Iddio e tutti i suoi Santi'. Von dem stunde ich auff und kniete wider vor dem Fürsten nieder under dem ‚Baldaquin' mit einem Knie. Da gab er mir die ‚Collana' umb mit Lesung der Formalien aus einem Buch; ich antwortete ‚Iddio me ne fallia la gratia'. Darauf stunde der Fürst auff, ziehete den Huth ab und steigete herab mich zu umbfangen; nach diesem auch thate dieses der Duca Paganica, nach Gebung des ‚Collane' aber bin ich auff die Banckh ohne Auflöhne einige Vater unser nider gesessen. Ich bedanckhete mich gegen den Fürsten, und hab darauf die Fürstin besucht. Wie mich dann von der Fürstin beurlaubt, da erschien der Fürst wider, wegen seiner iblen Füss aber, hab ich ihn nicht wollen gehen lassen, weder die Fürstin, wie es mit allen Dames der Brauch ist, und bin mit völlig ‚Corteggio' wider nach hauß gefahren. ‚Regalien' [= Geschenke] hab geben dem ‚Maestro di Camera' des Fürstens eine silberne Schallen [= Schale] von 40 Scudi darauf eine guldene Uhr, dem ‚Cavallerizzo' den Bolster von carmesin Sammeth mit guldenen Porten und ein Taffet mit guldenen Spitzen, wo das ‚Collane' gelegen von 80 Scudi, dem ‚Secretario' eine silberne Schallen von 30 Scudi mit einem Ring von Saphir mit Diamant von 50 Scudi. 4 ‚Adiutanti di Camera' einem jeden 1 Paar seidene Strimpf [= Strümpfe] und 1 Paar Handschuch in die Salla 24 Scudi; des Cardinale Giudici und Spannischen Pottschaffters 'Laqueyen' ingleichen." [81]

Die Ehre hatte also ihren Preis, vor allem für die Ordensinsignie, das goldene „Toison" (Widderfell) mit Diamanten und Rubinen[82]. Graf Lamberg zahlte nicht weniger als 1151 Scudi – also etwa 12 Jahreslöhne eines Handwerkers – „dem goldschmid meinen toison mit rubin und die Toisonketten macherlohn samt stein und gold"[83]. Dazu kamen zahlreiche ‚Folgekosten':

Mai 1700:
mein campagna Toison mit dem smaragd   39: [S. 540]
einen Saphir zu verrechnen dem Toison Secretario   10:

Juni/Juli 1700:
den grünen Diamant zu dem Toison   600: [S. 541]
die diamant und rubin dafür   125:
gold zu d. Collana v. Toison   270:80
Bergament vor die ‚constitutiones Aurei Velleris' zu schreiben   1:20
2 Silberne Bäck[en] so gewogen 5 Pfund 8 Lot des principe Savelli leuthen wegen der toison function   60:33
4 guldene quasten an d. toison küssen [=Kissen] so alldorthen verblieben   16:15
meine kleinere pettschafft mit dem Toison   6:
meine wappen zu mahlen in Spannien   -:60 [S. 542]
d. salla d. pren. Savelli bei function des Toison   24:
Item d. Salla des Spannisch. Pottschaffters   12:
trinckgeld wegen der 2 verehrten Pferd   6: [S. 544]
dem Notario bey der function des Toison   3:
Vor 2 Fueterall zu denen Toisons   4: [S. 545]
Handschuch denen Savelli[schen] Camerdienern   2:

Dez. 1702:
zu Wien machen lassen mein Guldenes Toison kettl   82: [S. 597]

Erwähnt seien aber auch die Kosten „wegen eines Sonetto trinkhgeld", also wohl für die musikalische Umrahmung der Ordensverleihung.

Den Stolz über diese Auszeichnung, die bereits früher von Johann Maximilian von Lamberg (Abb. 48) sowie anderen kaiserlichen Gesandten als Ehrenleistung für ihren Botschaftsdienst eingefordert worden war[84], ließ Leopold Joseph umgehend künstlerisch durch ein ganzfiguriges Porträt von Francesco Trevisani dokumentieren

290. Palazzo Savelli in den Ruinen des Marcellustheaters von Baldassare Peruzzi, 1523–27; Rom. In diesem Palast, den Lamberg als Sitz der kaiserlichen Botschaft erwerben wollte, wurde ihm der Orden vom Goldenen Vlies überreicht.

(Abb. 291, siehe unten S. 446). Die Freude der Familie Lamberg über diese Auszeichnungen, aber auch die Dankbarkeit gegenüber Gott und Kaiser kamen in der Tagebucheintragung vom 14. Juli zum Ausdruck, in der Leopold Joseph die Reaktionen seines bischöflichen Cousins in Passau auf die Kardinalserhebung und Toisonverleihung festhielt: *„Den 28. passato ist Graf Hannß Adam v. Lamberg mit der Nachricht der Promotion zu Passau angelangt, da der Fürst gleich bei der Tafel gesessen und öffentlich gespeisset. Er ist nach der Tafel auf den Berg gefahren zu der miraculosen Muttergottes [= Mariahilf] dem Allerhöchsten Danckh zu verstatten. Er schreibt mir, daß ihm vergnüge, daß alle dariber ein Vergnügen waisen, daß er auch der erste Cardinal von unserer Familie und der erste von allen Bischöffen von Passau sich befinde. Unsere Familie sey auch von Gott gesegnet und vom allergnedigsten Kayser begnadet, daß einer Cardinal [= Johann Philipp], ein anderer kayserl. Pottschaffter in Rom [= Leopold Joseph], der dritte Praelato domestico [= Joseph Dominik], der vierdte Landshauptmann in OÖsterreich [= Franz Joseph], der fünfte Favorit vom Römischen König [= Leopold Matthias], drei zugleich das guldene Vellum [= Vlies] haben, welches von einer Familie zu einer Zeit rar sei."*[85]

Die an und in Palästen in Wien, aber auch in Rom immer wieder visualisierte große Bedeutung der Auszeichnung mit dem habsburgischen Hausorden für einen Adeligen der Zeit um 1700 lässt sich vielleicht besser verstehen, wenn man sich in Erinnerung ruft, in welche politisch-soziale Elite man damit aufgenommen wurde. Als Graf Lamberg zum Ordensritter ernannt wurde, traf er in dieser virtuellen Tafelrunde nicht nur auf die führenden Persönlichkeiten des Wiener und des Madrider Hofes, sondern auch auf wichtige italienische Fürsten und Angehörige der Höfe in Brüssel, Neapel sowie Rom[86].

Gerade in Rom bildeten solche Ordensverleihungen von habsburgischer oder bourbonischer Seite aber auch eine wichtige Möglichkeit, Parteigänger zu gewinnen und die Feiern zur politischen Demonstration zu nutzen. Als etwa 1675 Ludwig XIV. den Orden vom Hl. Geist, das französische Gegenstück zum Goldenen Vlies, an die Fürsten Ludovico Sforza, Flavio Orsini und Filippo Colonna verlieh, wurde dies in Rom mit einem großen, vom französischen König finanzierten Fest in S. Luigi dei Francesi sowie im Palazzo Farnese gefeiert[87]. Am 19. Dezember 1700 überreichte der französische Botschafter in derselben Kirche die Ordensinsignien an die polnischen Prinzen Aleksander und Konstanty Sobieski (Abb. 319), die dadurch gemeinsam mit ihrer französischen Mutter offiziell dem Lager der Bourbonen einverleibt wurden. Beim anschließenden Fest in der spanischen Botschaft waren zwölf Kardinäle anwesend, darunter nicht nur die vier Franzosen, sondern auch solche, die als der französischen Partei zugehörig galten wie Francesco Maria de' Medici, Lambergs Gastgeber, der wenige Wochen vorher die Fronten gewechselt hatte[88].

Da der zeremonielle Rang innerhalb des Ordens auf dem Ancienitätsprinzip basierte, legte Graf Lamberg sofort eine Liste aller Mitglieder an, in der er sorgfältig alle Todesfälle eintrug, rückte er damit ja wieder einen Rang nach vorne[89]. Ebenso bemerkenswert ist die Tatsache, dass umgehend eine Meldung über diese Auszeichnung in den *Historischen Remarques* erschien, in der ebenfalls vor allem die Tatsache hervorgehoben wurde, dass damit nicht weniger als drei Vertreter der Familie Lamberg zur gleichen Zeit Mitglieder dieser renommierten Elitevereinigung waren[90] (Abb. 292).

Die von Lamberg als Regest neben seine Tagebucheintragung vom 14. Juli gestellten Worte „Ehren der Lambergischen Familia" könnte man auch als Motto über eine zweite Porträtserie setzen, die der Botschafter zur Erinnerung an diese Ereignisse in Auftrag gab. Er bestellte nämlich einen Zyklus von insgesamt dreizehn kleinen Gemälden auf Kupfer, der gleichsam die Ottensteiner Papst-, Kaiser- und Familiengalerie im Miniaturformat wiederholt[91]: Leopold I. und seine beiden Söhne[92] sowie die Päpste Innozenz XII. und Clemens XI. waren hier mit den wichtigsten Familienmitgliedern vergesellschaftet: Vertreten waren der Botschafter vor dem Petersplatz (Abb. 1), sein Vater (Abb. 50), sein damals ebenfalls in Rom weilender Sohn (Abb. 459) und seine wichtigsten Verwandten, darunter der Obersthofmeis-

292. Bericht über die Ernennung des Grafen Lamberg zum Vliesritter, „Historische Remarques" vom 3. August 1700; Wien, Universitätsbibliothek

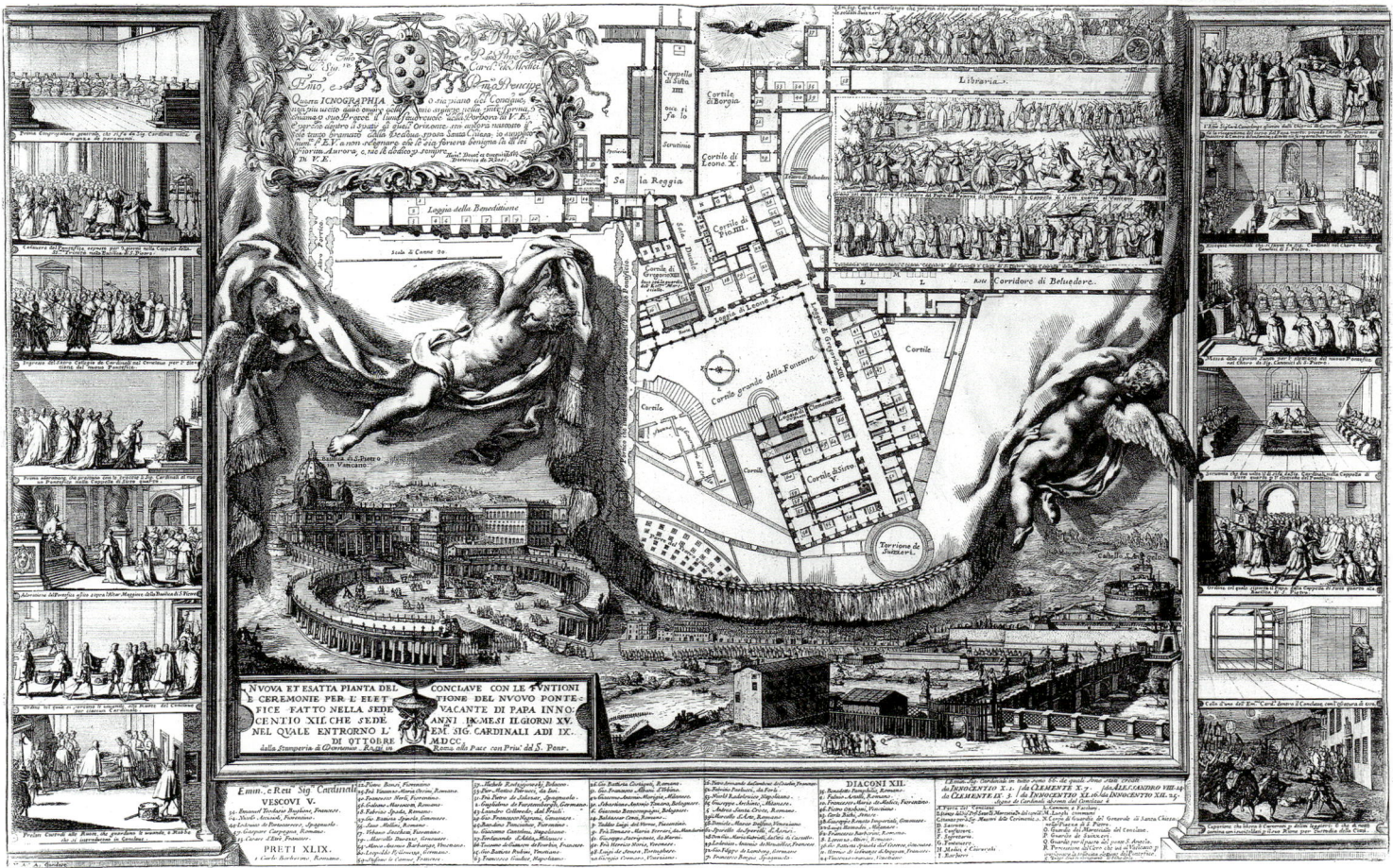

293. Gedenkblatt zur Erinnerung an das Konklave mit Grundriss des Apostolischen Palastes und Szenen der Wahl sowie Krönung von Papst Clemens XI., Kupferstich von R. V. A. Gandese, 1700; Wien, Albertina, Historische Blätter 27

ter Johann Maximilian (Abb. 48) und dessen Söhne, Franz Joseph sowie der gerade zum Kardinal ernannte Passauer Fürstbischof Johann Philipp (Abb. 288). Als jüngstes Mitglied war ein Neffe des Letztgenannten, der spätere Passauer Fürstbischof und Kardinal Joseph Dominik, in den Kreis der porträtwürdigen Verwandten aufgenommen worden, weil er damals Student des Collegium Clementinum, der päpstlichen Ritterakademie, war und es schon zum päpstlichen Hausprälaten gebracht hatte[93] (Abb. 458).

Bereits wenige Tage nach der Ordensverleihung gab es wieder einen Feiertag. Der 29. Juni war in Rom ein allgemeiner Festtag, nicht nur weil es der Namenstag der Apostelfürsten Petrus und Paulus war, sondern weil an diesem Tag auch die sogenannte *Chinea* stattfand. Dies war der Festakt, bei dem ein Vertreter des spanischen Königs dem Papst als Lehensherrn über Neapel in feierlicher Form ein schönes Pferd und den finanziellen Lehenstribut überreichte[94]. Aus diesem Anlass hatte auch Graf Lamberg den Palazzo Madama *„gegen den Platz gestern und heuth illuminiren lassen; den mittleren Stockh mit Fackheln und vor dem Thor mit 2 Padelle oder Böschpfannen"*[95].

Doch von diesen ersten repräsentativen Erfolgen abgesehen, gelang es dem kaiserlichen Botschafter nicht, eine eindeutige (prohabsburgische) Stellungnahme des Papstes bezüglich der spanischen Erbfolge zu erreichen. Innozenz XII. starb am 27. September 1700 und wurde nach einer Leichenöffnung, deren Protokoll Lamberg nach Wien sandte[96], noch in derselben Nacht beigesetzt: *„Heuth umb 2Uhr in der Nacht hat man den Pabsten begraben; ich hab im Hauß bei Monsign. v. Lamberg ausgesehen. Anfangs gingen 8 Stallknecht roth gklaidet mit Fackheln, alsdan 10 papstl. Laquej mit Fackheln, darauff ritte der Schweitzer Hauptmann, nach ihm der ‚Forriere' G. Urbano Rocci, nachdem war da eine roth sammthene Sennften getragen von 2 weissen Maulthieren, da lage der Cörper, auff beiden Seithen gingen die Schweitzer Wacht mit Harnisch angethan, nach diesen fuhrete man 8 ‚Canonen' eines mit 2 Pferden bespannet eines nach dem andern; auff dem Pferd sasse ein zerissener Lumpenkerl ein trumb [= große] Fackhl in der Hand haltend, neben jeden Stuckh 2 Schweitzer geharnischt mit einer ‚Musqueten' in der Hand. Nach diesem schlüssete alles die 4 ‚Compagnien' zu Pferd."*[97]

Der plötzliche Tod des Pontifex Maximus stürzte Lamberg und die Wiener Diplomatie in zusätzliche Schwierigkeiten. Zunächst war der kaiserli-

Ottensteiner Kardinalsserie, römischer Maler, 1700/1701; Maria Enzersdorf, EVN:

294. Kardinal Daniele Marco Delfino, Erzbischof von Brescia

295. Kardinal Vincenzo Maria Orsini OP, Erzbischof von Benevent (später Papst Benedikt XIII.)

296. Kardinal Galeazzo Marescotti, ehemaliger Nuntius in Österreich und Spanien

297. Kardinal Savo Millini, Apostolischer Nuntius in Spanien

298. Kardinal Marco Antonio Barbarigo, Bischof von Montefiascone und Cornetto

299. Kardinal Michael Stefan Radziejowski, Bischof von Ermland

300. Kardinal Pietro Matteo Petrucci, Oratorianer

301. Kardinal Leandro Graf Colloredo, Großpönitentiar der Römischen Kirche

302. Kardinal Giovanni Francesco Negroni, Päpstlicher Legat in Bologna

che Botschafter davon ganz unmittelbar betroffen, musste er doch unerwartet aus dem Palazzo Madama ausziehen. Schon am 8. September war der Agent des Großherzogs in Rom, Graf Antonio Maria Fede, plötzlich an Fieber erkrankt, für welches dem Stadtchronisten Valesio zufolge der vornehme Mieter des Medicipalastes verantwortlich war. Denn der vom Großherzog der Toskana und Kardinal de' Medici *„durch ein weitreichendes und unbeschränktes Angebot"* dem Grafen Lamberg überlassene Palazzo Madama wurde nun plötzlich vom Kardinal de' Medici selbst beansprucht, der zum bevorstehenden Konklave nach Rom anreisen wollte, worauf der Botschafter dem Florentiner Beamten eine Szene machte und einen Bericht nach Wien sandte. Zwei Tage nach dem Tod des Papstes traf der Florentiner Kardinal tatsächlich am Tiber ein, und Graf Lamberg musste am 29. September 1700 *„unvorhergesehen"* in den Palazzo Manfroni am Corso übersiedeln, den Kardinal Grimani aus Venedig gemietet hatte, der aber nicht zum Konklave erwartet wurde[98]. Der Botschafter berichtet diese Episode zwar nicht in seinem Tagebuch, bestätigt aber den unerfreulichen Hintergrund wohl indirekt durch den ungewohnt knappen Verweis auf seine Übersiedlung: *„Anheuth bin ich dal Palazzo Medicis in den Corso al Palazzo Manfroni eingezogen bis ich ein besseres erfrage."*[99] Der gegenüber Lambergs späterer Residenz gelegene Palast soll 1645 von Gianlorenzo Bernini vielleicht als Familiensitz gebaut worden sein und wurde 1676 an den römischen Abgeordneten Giovan Battista Manfroni verkauft[100]. Selbst wenn der venezianische Kardinal seine Wohnung nicht ebenfalls bald für sich beansprucht hätte, wäre der Palast aber den Ansprüchen des kaiserlichen Botschafters wohl nur vorübergehend gerecht geworden, obwohl Lamberg schon am nächsten Tag anlässlich der Trauerfeiern für den verstorbenen Papst angeblich hundert Mann seiner Garde vor dem Palazzo aufmarschieren ließ, während sein venezianischer Kollege nur dreißig Mann aufbieten konnte[101].

Erst eine Woche nach der Eröffnung des Konklaves am 9. Oktober (Abb. 293), erhielt Graf Lamberg die Instruktion aus Wien, die aber außer dem Hinweis auf die Kooperation mit dem spanischen Botschafter nur sehr allgemeine Ratschläge enthielt: *„es müssen halt die excludiret werden, so man für französische haltet. [...] In ubrigen sol man sehen, dass khein Junger und auch khein so Alter der nicht noch Vigor genueg hat, dieses Ambt zuversehen"*, gewählt werde. Am 24. Oktober folgte schließlich die *Instructio secreta*, die sich aber aufgrund zugegeben mangelhafter Kentnnisse der römischen Verhältnisse in Wien ebenfalls als nicht sehr hilfreich für den auf konkrete Anweisungen wartenden Diplomaten erwies: *„Aus Mangel genuegsahmer Information wußten Ihr Mayestät nicht welche die maißte Hoffnung hätten oder auch was sie vor particular Naigung hätten, welches Subiectum ich primo secundo vel tertio loco oder auch weithers anzutragen habe. Ihr Mayestät setzeten in mich das Vertrauwen, daß ich mit den Cardinale Medici, spann. Pottschaffter und übrigen des Erzhauses ergebenen Cardinalen vertrauwlich communiciren."* Immerhin wurden die Kardinäle Bandino Panciatici, Gasparo di Carpegna (Abb. 438) und Nicolò Acciaioli (Abb. 434) aus Altersgründen vom Kaiser als weder für den Dienst an der Christenheit geeignet noch als hilfreich für das Kaiserhaus eingeschätzt[102]. Von den 66 damaligen Kardinälen nahmen zunächst nur 38 und schließlich 58 an der Wahl teil[103].

Da sich unter den Unterlagen Lambergs nur eine Liste der Kardinalsfraktionen aus dem Jahre 1691 erhalten hat[104], scheint der Kenntnisstand des neuen kaiserlichen Botschafters und vor allem seiner Vorgesetzten nicht sehr aktuell und umfassend gewesen zu sein. Der Wiener Hof dürfte sich auch noch kaum der Fachkompetenz von professionellen Beobachtern des päpstlichen Hofes versichert haben. So integrierte der als Erzieher in England tätige französische Hugenotte Maximilian Misson schon 1691 in seinem zehn Jahre später auch in deutscher Sprache veröffentlichten Reisehandbuch eine *„beschreibung der meisten Cardinälen/ deren alter/ herkommen/ ‚promotion'‚ vaterland/ bedienungen/ ‚Factionen' gemüths=neigung etc."*[105]. In ebenso ausführlicher wie kritischer Weise werden darin die Mitglieder des Kardinalskollegiums und deren auf Klientelismus und/oder politischer Zuordnung basierende Fraktionsbildung geschildert[106]. Obwohl diese Bewertungen auf dem Besuch des Autors in Rom im Jahre 1688 und nachträglichen Ergänzungen anscheinend ‚wohlinformierter Kreise' fußten, wies Misson sogleich auf die politische Flexibilität der römischen Würdenträger hin: *„Ein verzeichnüs derer Cardinälen nach ihren ‚Factionen'/ deren 9 oder 10 seynd/ jedoch muß sich derselbe nicht einbilden/ als ob man festen fuß drauff machen könnte/ sondern vielmehr glauben/ dass sie selbige offtmals verlassen/ und zu einer andern partey übergehen/ nachdem es entweder ihr ‚interesse' oder absehen erfordert."*

Von der ersten bzw. ältesten Gruppe der *„sogenannten ‚Esquadron volant', oder denen ‚Cardinali*

ANNO 1701 DANIEL MARCVS DELPHINVS VENET9 TIT. S. SVSANNÆ PBR. CARD. EPVS BRIXIENSIS CREAT. INNOC. XII. ÆTAT. XLVIII

ANNO 1701 FR. VINCENTIVS MARIA VRSINVS ORD. PREDIC. ROMANVS EPVS. TVSCVLANVS. CREAT. CLEMENTIS X. ÆTAT. LII.

AÑO 1701 GALEATIVS MARESCOTVS ROMA9 TIT. S. PRAXEDIS PBR. CARD. CREAT. CLEMENTIS X. ÆTAT. LXXIV.

ANNO 1701 SAVVS MILLINVS ROMANVS PBR. CARD. CREAT. INNOC. XI. ÆTAT. LVII. MORT. 1700.

AÑO 1701 MARCVS ANTONIVS BARBADICVS VENETVS TIT. S. MARCI PBR. CARD. CREAT. INNOC. XI. ÆTAT. LXI.

AÑO 1701. MICHAEL RADZIEIOWSKI POLONVS TIT. S. MARIÆ IN PACE PBR. CARD. ARCHIEPVS GNESNENSIS CREAT. INNOC. XI. ÆTAT. LVII.

AÑO 1701 PETRVS MATTHÆVS PETRVCCIVS ÆSINAS TIT. S. MARCELLI PBR. CARD. CREAT. INNOC. XI. ÆTAT. LXV. MORT. 1700.

AÑO 1701 LEANDER COLLOREDVS FOROIVLIENSIS CONGRE. S. PHILIPPI NERY TIT. SS. NEREI ET ACHILEI PBR. CARD. MAIOR PÆNITENTIA9 CREAT. INNOC. XI. ÆTAT. LXII.

AÑO 1701 IOAN. FRANCISCVS NIGRONVS IANVENSIS TIT. S. MARIÆ IN ARA CÆLI PBR. CARD. CREAT. INNOC. XI. ÆTAT. LXXII.

Ottensteiner Kardinalsserie, römischer Maler, 1700/1701; Maria Enzersdorf, EVN:

303. Kardinal Luigi Omodei

304. Kardinal Ferdinando d'Adda, Päpstlicher Nuntius und Legat

305. Kardinal Giovanni Battista Rubini, Erzbischof von Vicenza

306. Kardinal Giuseppe Renato Imperiali, Päpstlicher Legat in Ferrara

307. Kardinal Luis Manuel Férnandez de Portocarrero, Erzbischof von Toledo

308. Kardinal Pedro de Salazar, Bischof von Córdoba

309. Kardinal Pierre de Bonzi, Erzbischof von Narbonne

310. Kardinal Etienne Le Camus, Bischof von Grenoble

311. Kardinal Wilhelm Egon von Fürstenberg, Bischof von Strassburg

Sciotti ed Independenti'" lebte damals nur mehr der kränkliche Präfekt von Rom Carlo Barberini (Abb. 311)[107], der durch seinen Schwager Francesco Maria d'Este mit dem englischen Königshaus verwandt war und *„daher er auch in grösserm ansehen by denen von der Frantzösischen/ als Österreichischen ‚faction' stehet"*. Auch die *„Chigische Faktion"*, also die von Alexander VII. ernannten Purpurträger, bestand nur mehr aus dem als listig, großmütig, eigensinnig und unfreundlich beschriebenen Patriarchen von Venedig Marco Delfino (Abb. 294), während die Gruppe der *„ 'creaturen'"* des Papstes Clemens IX. auf den schon erwähnten Kardinal Acciaioli gschrumpft war, da zwei andere Mitglieder zu den Franzosen und Spaniern gewechselt waren.

Von der Altieri-Fraktion, also den in den Jahren von Lambergs Kavalierstour von Papst Clemens X. (Abb. 73) ernannten Kardinälen, lebten hingegen noch Kardinal Carpegna (Abb. 438), der als *„ungesund und von dem volck sehr gehasst […] und allzu Französisch gesinnet"*, bezeichnet wurde; und der Dominikaner Vincenzo Maria Orsini de Gravina (Abb. 295). Dieser Gründer der *„ 'Zelanti' oder die eyfferer genannt"*, die bei der Wahl nur die Ehre Gottes und die Wohlfahrt der Kirche im Auge haben wollten, wurde später als Benedikt XIII. selbst zum Papst gewählt. Der ehemalige Nuntius in Krakau sowie Wien und Erzbischof von Florenz Francesco Nerli (Abb. 8) galt als kränklich, wankelmütig und sein Bruder als bei der apostolischen Kammer hoch verschuldet. Kardinal Galeazzo Marescotti (Abb. 296), der Nuntius in Österreich, Polen sowie Spanien, sei hingegen gottesfürchtig rechtsgelehrt und hätte es mangels Verwandtschaft in Rom nicht nötig *„die schätze der kirche anzugreifen"*. Er werde daher von der österreichischen Fraktion sehr geschätzt, während Fabrizio Spada, als ehemaliger Nuntius in Frankreich beim Kaiser nicht so gute Karten hatte (Abb. 283).

Die von Papst Innozenz XI. Odescalchi (regierte 1676–89) ernannten Kardinäle galten als *„sehr mächtig"* und umfassten den früheren Erzbischof von Genua sowie Generalpräfekten Roms Giovanni Battista Spinola (Abb. 269), der aber nicht *papabile* sei, weil er *„mit der gicht behafftet und eines blöden gesichtes ist"* und sich durch die Anhäufung eines großen Reichtums viele Feinde geschaffen habe. Der Nuntius in Spanien Savo Millini (Abb. 297) hatte hingegen mehr Schulden als Reichtum angehäuft[108]. Der Großprior des Malterserordens Benedetto Pamphilj, galt als *„ 'galant', großmüthig und von sonderbaren ‚Meriten'"*, hatte als Legat in Bologna *„durch jagen/ comödien/ musiquen/ gastereyen/ gutthätigkeit und andere dergleichen angenehme bezeigungen"* Ansehen sowie Gewogenheit erworben und wurde in Rom auch als Kunstsammler bekannt (Abb. 469)[109]; Kardinal Marco Antonio Barbarigo (Abb. 298) aus Venedig schien wegen seiner Neigung zu *„gottesfurcht und dem philosophischen leben"* für weltliche Würden ungeeignet; der Pole Michael Radziejowski (Abb. 299) *„lebte als ein reicher Prinz und schiene sehr galant zu sein"*; Pietro Matteo Petrucci (Abb. 300) war 1686 von der Inquisition der *„quietisterei"* beschuldigt worden; der Friulaner Oratorianer Leandro Graf von Colloredo (Abb. 301)[110] sei *„ein gottesfürchtiger/ redlicher und von aller staats=sucht befreyter mann"*, würde aber von den Franzosen abgelehnt, da *„er ein ‚vasal' des Kaysers/ und daher ihnen verdächtig scheinen würde"*; der aus Genua stammende päpstliche Schatzmeister Giovanni Francesco Negroni (Abb. 302), der *„nun gar nichts vom schmeicheln hält/ so hat er auch sehr wenig freunde/ und folglich geringe oder gar keine hoffnung zu dem Päpstlichen thron zu gelangen"*.

Die *„Ottobonische ‚faction', oder die ‚creaturen' von Papst Alexander VIII."* lenkte Kardinalnepot Pietro Ottoboni (Abb. 18), der trotz der hohen Einkünfte, die ihm sein Großonkel zugeschanzt hatte, schon damals als schwer verschuldet galt. Er wird von Misson allerdings auch als intelligent, *„freundlich/ galant/ großmüthig/ und gegen die fremden sehr höflich"* bezeichnet, und halte *„viel von der ticht=kunst/ der music und gelehrten leuten"*. Dem Mailänder Luigi Omodei (Abb. 303) wurde nachgesagt, dass er den Kardinalshut den Verdiensten seines Onkels, des Stifters der Kirche San Carlo Borromeo, und der Freundschaft zu Kardinal Ottoboni verdanke, während Francesco Barberinis (Abb. 334) Kardinalswürde der von Innozenz XI. angestrebten Vermählung seiner Nichte mit dem Haus Barberini zugeschrieben wurde. Zu dieser Gruppe gehörten weiters der Neapolitaner Giacomo Cantelmo (Abb. 270), der als Nuntius in Venedig, in der Schweiz und in Polen sowie als Legat bei der Krönung Josephs I. 1690 in Augsburg gedient hatte, der Mailänder Ferdinando d'Adda (Abb. 304), der im Gegenbesuch als Nuntius nach London gesandt und mit dem britischen Königspaar ins Exil nach Frankreich gegangen war; die Kardinäle Giovanni Battista Rubini (Abb. 305) aus Venedig, Giovanni Battista Costaguti (Abb. 416), der Legat Giuseppe Renato Imperiali (Abb. 306) aus Genua sowie Carlo Bichi aus Siena (Abb. 12). Giovanni Frances-

AÑO 1701 ALOYSIVS HOMODEVS MEDIOLANEN
SIS TIT. S. MARIAE IN PORTICV DIAC. CARD. CRE
AT. ALEXAND. VIII. AETAT. XLIV.

AÑO 1701 FERDINANDVS DE ABDVA MEDIOLEN
SIS TIT. S. BALBINAE PBR. CARD. LEGATVS BONONI
EN. CREAT. ALEXAND. VIII. AETAT. L.

AÑO 1701 IO. BAPTISTA RVBINVS VENETVS TIT. S.
LAVRENTY IN PANE ET PERNA PBR. CARD. CREAT.
ALEXAND. VIII. AETAT. LIX.

AÑO 1701 IOSEPHVS RENATVS IMPERIALIS IAN
ENSIS TIT. S. GEORGY CREAT. ALEXAND. VIII.
AETAT. L.

AÑO 1701 LVDOVICVS DE PORTO CARRERO EPVS
CRENESLINVS ET ARCHI EPVS TOLETA
NVS HISPANVS CREAT. CLEMEN
TIS IX. AETAT. LXXVIII.

AÑO 1701 PETRVS SALAZAR HISPANVS ORR
S. MARIAE DE MERCEDE EPVS CORDVBENSIS TIT.
S. CRVCIS IN HYERVSALEM PBR. CARD. CREAT.
INNOC. XI. AETAT. LXXI.

AÑO 1701 PETRVS BONSIVS FLORENTINVS TIT.
S. EVSEBY PBR. CARD. ARCHIEPVS NARBONEN
SIS CREAT. CLEMENTIS X. AETAT. LXX.

AÑO 1701 STEPHANVS CAMVS GALLVS EPVS
GRATIA NAPOL. TIT. S. MARIAE ANGELORVM
PBR. CARD. CREAT. INNOC. XI. AETAT. LXIX.

AÑO 1701 GVILLELMVS FVRSTENBERG GALLO
GERMANVS TIT. S. ONVPHRY PBR. CARD. CRE
AT. INNOC. XI. AETAT. LXXII.

co Albani aus Urbino, der ein *„verständiger und gelehrter mann/ wie er solches genugsam in verschiedenen ‚academien' oder versammlungen der gelehrten/ darinnen er ein mitglied gewesen/ blicken lassen/ absonderlich in der von der Königin in Schweden angeordneten ‚academie'/ welche ihn daher weil er grosse wissenschaft in den ‚antiquitäten' gehabt/ sehr werth gehalten"*, wurde nachgesagt, er sei *„mit derjenigen würde vergnüget/ welche er besitzet"*. Nicht zuletzt wegen dieser Bescheidenheit wurde er wohl auch im Jahre 1700 als Kompromisskandidat zum Papst gewählt, als die beiden großen gegnerischen politischen Lager ihre Kandidaten nicht durchbringen konnten (Abb. 5 und 6).

Die *„Spanische ‚faction'"* wurde von dem uns schon bekannten Kardinal Francesco Maria de' Medici angeführt (Abb. 284), der *„mit allerhand herrlichen ‚qualitäten' gezieret/ welche/ wann er zu höhern jahren kömmt/ grosse hoffnung von ihme machen. Massen er nicht nur eines muntern geistes/ grossen und tapffern muths/ sondern auch sehr beredt/ und eines sehr angenehmen und sehr höflichen wesens ist."* Er hatte einen prächtigen Einzug in die Stadt gehalten und habe *„allezeit eine schöne hof=stadt"*. Wegen seiner großen Beliebtheit hätten *„auch der Kayser und König in Spanien ihn ersuchet/ die ‚Protection' des hauses Österreich zu übernehmen. Und ob er gleich noch jung von jahren ist/ so het er doch mit grossem eyfer und fleiß seine ‚Protection' verwaltet/ und der Spanischen ‚faction' sehr wohl als ihr haupt vorgestanden."* Doch sollte er ebenso die Fronten wechseln wie Luis Manuel Fernández de Portocarrero-Bocanegra y Moscoso-Osorio (Abb. 307), der als Erzbischof von Toledo und spanischer Regent nach dem Tod Karls II. die Übergabe an die Bourbonen betrieben hat. Zur spanischen Partei gehörten weiters Pedro de Salazar Gutiérrez de Toledo (Abb. 308), der Mercedarier und Beichtvater der Königinmutter sowie Erzbischof von Córdoba, der 1689 zum Botschafter beim Heiligen Stuhl ernannt worden war, aber sein Amt nicht angetreten hatte, sowie José Sáenz de Aguirre, ein spanischer Benediktiner und gelehrter Theologe, der bei den Franzosen jedoch als starrsinnig und hitzköpfig verschrien war. Einen ähnlichen Ruf hatte der kaiserliche Minister Leopold Karl Freiherr von Kollonitsch (Abb. 9), der als Sohn eines konvertierten ungarischen Lutheraners wegen seiner Missionierungen beim Kaiser sehr geschätzt und zum Erzbischof von Gran sowie *Primas Hungariae* ernannt wurde, aber auch verhasst war: *„Gewiß ist es/ daß er sich durch seinen hefftigen eyffer/ die ketzer zu vertilgen/ viele feinde/ so gar an dem Kayserlichen hof selbsten erwecket; doch es scheinet/ daß er sich nicht viel darum bekümmere."* Lambergs Berater Kardinal del Giudice (Abb. 283) war laut Misson trotz seiner Würde als *Grande d'Espana* zunächst in Madrid nicht so begeistert aufgenommen worden, hatte sich aber *„öffentlich vor die ‚Faction' des hauses Oesterreich erkläret/ nachdem er grosse ‚beneficien' von der cron Spanien gezogen/ dergleichen hülffe er auch hoch von nöthen gehabt/ weil es mit ihm ziemlich auff die neige gekommen war."*

312. Kardinal Bandino Panciatici, Ottensteiner Kardinalsserie, römischer Maler, 1700/1701; Maria Enzersdorf, EVN

313. Kardinal Louis-Antoine de Noailles, Erzbischof von Paris, Ottensteiner Kardinalsserie, römischer Maler, 1700/1701; Maria Enzersdorf, EVN

314. Kardinal Johann Philipp von Lamberg, Ottensteiner Kardinalsserie, römischer Maler, 1700/1701; Maria Enzersdorf, EVN

315. Kardinal Vincenzo Grimani, Ottensteiner Kardinalsserie, römischer Maler, 1700/1701; Maria Enzersdorf, EVN

Die französische Gegenpartei im Kardinalskollegium bestand aus Emmanuel Théodose de Bouillon de la Tour d'Auvergne (Abb. 358), der als Fürst von Sedan natürlich einen *„trefflichen hof=mann"* abgab, aus Kardinal César d'Estrées, dem Bruder des berüchtigten französischen Botschafters in Rom Jean d'Estrées und aus dem Florentiner Pietro Bonsi/Pierre de Bonzi (Abb. 309), der naturalisiert und Gesandter geworden war. Die Gruppe umfasste aber auch so gegensätzliche Persönlichkeiten wie den gelehrten Asketen und Vegetarier Étienne le Camus (Abb. 310) aus Grenoble – *„er nimmet keine andere speise zu sich als erd=früchte/ er schläfft auff bloßen brettern"* – und den schon genannten Wilhelm Egon Fürst von Fürstenberg (Abb. 311), der nach längerer französischer Intervention *„nicht ohne mißvergnügen des hauses Oesterreich"* zum Kardinal und Bischof von Straßburg ernannt worden ist[111]. Auch dem als guter und gerechter Jurist geltenden Florentiner Bandino Panciatici (Abb. 312) wurden trotz seiner Verdienste keine Chancen eingeräumt, weil er sich nicht nur *„öffentlich vor die französische ‚Faction' erkläret"* hatte und *„auch von einer französischen mutter gezeuget"* sei, sondern immer wieder die Interessen Frankreichs vertreten habe. An der Spitze der Franzosen stand der Bischof von Marsaille und Beauvais, Toussaint Marquis de Forbin Janson (Janson de Forbin), der als französischer Gesandter in Florenz, Polen (bei der Wahl von Johann Sobieski) sowie von 1690 bis 1697 in Rom tätig gewesen war und bald zu Lambergs ‚Erzfeind' werden sollte (Abb. 323).

Die jüngsten Gruppen im Kardinalskollegium bildeten die *„Eiferer"*[112] sowie die von Innozenz XII. in den Jahren 1695–1700 nicht weniger als insgesamt 36 zur Ehre des Purpurs erhobenen Geistlichen. Die letzten am 21. Juni 1700 von diesem Papst ernannten Kardinäle spiegelten schon die kommenden politischen Kontroversen wieder, handelt es sich doch um Vertreter der drei bald darauf einander den Krieg erklärenden Mächte: Johann Philipp Graf von Lamberg, Louis Antoine Duc de Noailles (Abb. 313), Pair von Frankreich und Erzbischof von Paris, sowie der Dechant von Toledo Francisco Antonio de Borja-Centelles y Ponce de Léon.

Neben der Publikation von Misson gab es auch nur in Manuskriptform kursierende ‚Ratgeber' für Kardinäle und involvierte Diplomaten. Entsprechende Ratschläge für das Konklave des Jahres 1700 verfasste etwa der bereits in der Einführung des Buches genannte Romanheld Abbé Atto Melani für Ludwig XIV. von Frankreich. Der Kastrat und französische Spion, der 1657 den Kurfürsten von Bayern zu einer Kandidatur bei der Kaiserwahl gegen Leopold I. überreden sollte, war als Günstling Mazarins nach dessen Tod nach Rom übersiedelt. Durch Vermittlung von Maria Mancini stieg er 1667 zum Konklavisten, d.h. Sekretär, des damals gewählten Papstes Clemens IX. Rospigliosi auf. Nach jahrzehntelanger Tätigkeit in Rom war Melani daher ein ebenso intimer wie offenherziger Kenner des Kardinalskollegiums. Obwohl der Prälat den französischen Diplomaten in Rom Arroganz und Missachtung der päpstlichen Hierarchien vorwarf, ließ er auch an den Kirchenfürsten kaum ein gutes Haar. Ausführlicher ging Melani auf das vorhergegangene Konklave des Jahres 1691 ein: *„Nach fünf Monaten Streitereien, Hinterhalten und sich überkreuzender Vetos war das Konklave am Ende seiner Kräfte und verzweifelt. Jeden Tag gab es neue unliebsame Überraschungen: Altieri legte ein Veto gegen Acciauoli ein, weil er zu eng mit Chigi verbunden war, Österreich und Venedig erhoben ebenfalls Einspruch gegen ihn, in diesem Fall jedoch, weil er ein zu großer Freund Frankreichs war. Ottoboni stimmte gegen Barbarigo, weil er zu bescheiden und streng war, Bichi hatte aus familiären Interessen etwas gegen Marescotti einzuwenden, und so weiter. Die allgemeine Konfusion war derart groß, dass alle im Konklave sich in einem Zustand permanenter Aufregung befanden und niemand mehr wusste, was zu tun war. Nur ein ganz neuer Mann konnte die Situation noch retten. Kardinal Pignatelli entstammte einer der berühmtesten Familien Neapels […]. Das machte ihn bei den Spaniern beliebt, während es für die Franzosen natürlich ein Grund war, ihn rundheraus auszuschließen. […]. Unterdessen beharrten die ‚Eifrigen' auf Barbarigo und lehnten alle anderen Vorschläge ab. Sie sagten, Pignatelli sei ein vertrottelter Greis, der den Mund nicht halten könne und so launenhaft sei, dass er sogar seine Freunde schlecht behandle. Kurz, sie sprachen mit so großer Verachtung von ihm, dass die beiden ‚eifrigen' Kardinäle Colloredo und Negroni ihn am Ende des Konklaves um Vergebung anflehen mussten. […]. Endlich nach fünf Monaten mit Intrigen und Unfällen aller Art wurde Kardinal Pignatelli bei der Stimmenauszählung am 12. Juli 1691 mit achtundfünfzig Stimmen zum Papst gewählt und nahm den Namen Innozenz XII. an."*

Die Tätigkeit Melanis war in Wien durchaus bekannt, aber die Heranziehung eines solchen Fachmannes scheiterte offensichtlich wie meist an der Sparsamkeit oder Verspätung des kaiserlichen Hofes. Denn erst am 11. September 1700, also nur zehn Tage vor dem Tod des Papstes, befasste sich die Wiener Geheime Ratskonferenz ernsthaft mit dem Thema: *„Es ist auch vorkommen, daß in Franckhreich ein gewisser Capell Meister oder ‚Musicus' sich befinde nahmens Mellani, welchen der König wegen seiner ‚in Romanis' habenden grossen ‚Information' in etlichen Pabstl. Wahlen nützlich gebrauchet. Diser habe vor disen öfters undt auch E. Kayl. Mayt. Hoff Marschallen Grafen von Mansfeldt ungefähr folgents gesagt: Jeder ‚Monarch' wendet jederzeit grosse Summen Gelts auff bey den Papstl. Wahlen undt bekombt doch nie einen Pabsten ‚ad suum gustum'."* Die kaiserlichen Räte machten daher den Vorschlag, *„ob nicht etwas wolle gewagt, undt disen Mann umb so mehr ein geringes offerirt*

316. Ansicht der Piazza dei SS. Apostoli mit der Kirche (links), Lambergs Residenz im Palazzo Bonelli (Mitte) und dem Palazzo Chigi-Odescalchi (rechts), Kupferstich von Giovanni Battista Falda in „Il Secondo Libro del Nuovo Teatro delle Fabriche et Edificii", Ausschnitt, 1665; Rom, Bibliotheca Hertziana

werden, als er jederzeit ein sonderbare ‚Inclination' zu Euer Kayl. Mayt. gezeigt undt vielleicht gute Dienst von ihm zu fordern sein möchten."[113]

Wenn Lamberg also auch relativ unvorbereitet ins Konklave ging, so gelang es ihm doch, geeignete Informationskanäle aufzubauen (Abb. 320), und er referierte die Einschätzungen mancher Kardinäle durch ihre Zeitgenossen später in seiner *Relazione* nicht weniger kritisch als Melani: *„Carlo Barberini wurde von allen als unfähig beurteilt wegen seines hohen Alters und seiner Unentschlossenheit, ohne seine ganz ganz französische Einstellung zu erwähnen. Colloredo war der wahre Kämpfer der Venezianer, wurde aber von Ottoboni als zu französisch gehasst und von anderen wegen seiner Pedanterie gefürchtet; die Unentschlossenen hielten ihn schließlich eher dafür geignet, General einer Religion zu sein, als das Schiff Petri zu steuern."*[114].

Die zeitgenössischen Schilderungen des Kardinalskollegiums vermitteln einen guten Eindruck von den Schwierigkeiten, mit denen sich ein ausländischer Botschafter in Rom konfrontiert sah, selbst wenn er an seinem Heimathof langjährige Erfahrungen im Lobbying und Intrigieren gesammelt hatte. Hauptinformant Lambergs über das Konklave war dessen Florentiner Freund[115], und es hat sich sogar eine entsprechende Sammlung von *„Biglietti del Cardinale Francesco Maria Medici al Conte di Lamberg ambas[sciato]re Cesa[r]eo"* in Florenz erhalten. Auf dieser Quelle *„voll von Klatschereien und Anecdoten, von Anklagen und Verdächtigungen"* basiert wohl auch die wenig schmeichelhafte und folgenschwere Einschätzung des späteren Papstes durch den kaiserlichen Botschafter in einem Brief an den Kaiser: *„Albani hat viele Freunde unter den jungen Cardinälen, ist höflich, verspricht alles und hält nichts, in der Meinung, die Parteien werden sich mit dieser Höflichkeit und der guten Hoffnung zufrieden geben […]. Der verstorbene Papst, welcher allen Cardinälen Beinamen zu geben pflegte, hat ihn bezeichnet als Romanesco, nicht mit Unrecht, denn er versteht meisterlich die Kunst einen Anderen hinter das Licht zu führen."*[116]

Eine Verbesserung der Situation ergab sich für Graf Lamberg erst, als am 3. November sein Cousin[117] (Abb. 314) und am 6. November der venezianische Kardinal Vincenzo Grimani, der durch seine Mutter Elena Gonzaga sowohl mit dem Kaiserhaus als auch mit den Grafen Harrach verwandt war, in Rom eintrafen (Abb. 315). Grimani, der schon 1690 als kaiserlicher Gesandter in Savoyen fungiert hat, sollte später zum offiziellen Botschafter des Reiches in Rom sowie 1708–

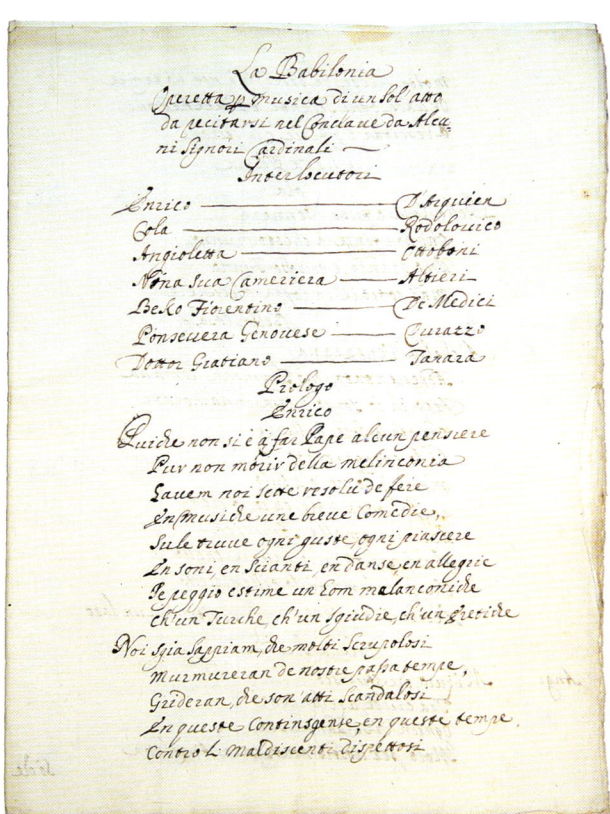

317. „La Babilonia", Libretto einer von den Kardinälen während des Konklaves aufgeführten „Operette", Handschrift, 1700; St. Pölten, NÖLA Lamberg-Archiv, Kart. 71

10 zum Vizekönig in Neapel aufsteigen, sich aber für seine prohabsburgische Haltung die Exkommunikation des Papstes einhandeln[118]. Die bevorstehende Ankunft des venezianischen Kirchenfürsten veranlasste den kaiserlichen Botschafter dazu, dessen Palast am Corso zu verlassen und am 17. Oktober 1700 in den Palast des Herzogs Bonelli an der Piazza dei SS. Apostoli zu übersiedeln (Abb. 316), während sich der Mitbesitzer Francesco Bonelli, der offensichtlich mit einer Tochter von Lambergs Hofmeister verehelicht war[119], in seinen zweiten Palast an der Piazza della Dogana Vecchia zurückzog: *„Anheuth hab mich in den Palazzo di Bonelli gezogen und zu Mittag alldorthen das erste Mahl gespeiset."*[120] Im Rechnungsbuch schlug sich die Übersiedlung mit 200 Scudi *„Haus Zinns des Monsign. Bonelli theil v. 6 monath"* sowie mit 360 Scudi für *„12 samethene Sessel in der Graffin audientzzimmer"* nieder[121].

Trotz aller Intrigen wurde der neue und neu angekommene Kardinal Lamberg gleich ins Heilige Kollegium integriert, wenn die Kardinäle die Wartezeiten zwischen den Wahlgängen zu erholsamen oder taktischen Spielen nutzten und musikalische Komödien verfassten sowie selbst aufgeführt haben. Von insgesamt nicht weniger als 75 *„composizioni poetiche"* des Konklaves des Jahres 1700 haben einige auch ganz bewußt mit der Internationalität der katholischen Kirche und mit den nationalen Klischees der Teilnehmer gespielt. Bei dem den römischen Tourismus persiflierenden „Intermezzo per musica ‚L'Osteria" gab der französische Kardinal de la Grange d'Arquien (Abb. 318) den *Enrico francese,* der römische Kardinal Altieri eine *Cecca romanesca,* der spanische Kardinal Borja den *Capitano Sanguifuego spagnolo,* der aus einer venezianischen Familie stammende Kardinal Ottoboni die Wirtin *Petrina veneziana* und der österreichische Kardinal Lamberg natürlich den deutschen Georg (*Giorgio tedesco*). In zwei einaktigen „Operetten" unter dem bezeichnenden Titel *La Babilonia crescente* und *La Babilonia trasformata* spielten die Florentiner Kardinäle Nerli bzw. de' Medici eine Florentiner Dame sowie einen *Beko [= Ziegenbart] fiorentino,* ihre süditalienischen Kollegen del Giudici und Cantelmo traten als neapolitanisches Mädchen (*Cicca napoletana*) und als *Giacomo napoletano* auf, die französischen Vertreter Janson und d'Estrées schlüpften in die Rollen eines *Tussone francese* und eines *Cesare francese,* Ottoboni spielte wieder eine Venezianerin und Kardinal Lamberg fiel diesmal der Part des deutschen Hans (*Giovanni tedesco*) zu[122] (Abb. 317).

Auch für den Botschafter gab es zwischen der Beobachtung der Wahlgänge am 15. November, dem Namenstag Kaiser Leopolds I., wieder eine vergnüglichere Pflicht zu erfüllen, nämlich die Teilnahme am Festgottesdienst in S. Maria dell'Anima. Bei dieser Gelegenheit wurde auch die Geburt eines gleichnamigen Enkels des Kaisers, des Erzherzog Leopold Joseph (29.10.1700–4.8.1701), gefeiert. Aufgrund der liturgischen Aufwertungen des Leopoldfestes im Jahre 1699 hatte man eine zweite musikalische Messe mit Vesper eingeführt, wobei die zwanzig Sänger und etwa 15 Instrumentalisten in doppelchöriger Besetzung umfassende Kapelle teilweise aus bekannten Sängern wie dem Opernkastraten Savoiardo sowie Mitgliedern der *Capella Sistina* des Vatikan und berühmten Musikern wie dem Violinisten Arcangelo Corelli zusammen gesetzt war. Dem kaiserlichen Gesandten oblag nicht nur die Einladung der Kardinäle, Prälaten, Gesandten und sonstiger Ehrengäste, sondern außerdem Organisation und Finanzierung der aufwändigeren Musik sowie besonderer Festdekorationen[123]. Neben den üblichen Tapisserien, die auch an der Fassade des gegenüberliegenden Palastes angebracht wurden, gab es Damastbehänge in den heraldischen Farben des Kaisertums. Die abendliche Beleuchtung der Nationalkirche an drei Tagen präsentierte mitunter ebenfalls entsprechende Symbole wie den Doppeladler. Für die Botschafter als Vertreter ihrer Souveräne und andere höchstrangige Festgäste wurden Ehrentribünen errichtet, und während des *Te Deums* in der Engelsburg und auf der Piazza Navona „*mortaletti*" (Böller) und Kanonenschüsse abgefeuert[124]. In seinem Diarium beschreibt Lamberg am 14. November 1700 das Ereignis folgend: „*Diesen Morgen bin ich gegen Mittag all'Anima gefahren, allwo der Gott[es]dienst mit schöner Musique gehalten worden, da das Festum S. Leopoldi und wegen Geburth des Erzherzogens das Te Deum gesungen worden; die Hochmess haltete der Patriarcha Cybo; es waren bey 90 Prelathen alldorthen wie auch ein grosser ‚Concoursus' der teutschen ‚Cavallieren' und des Volckhs. Der spanisch. Pottschaffter [Duque de Uceda] kam auch dahin; war bei mir in ‚Balquetto', die Königin [von Polen] schückhte auch den Marchese Montoris, daß ihr laid wäre wegen Unpässlichkeit nicht erscheinen zu können. Sie haltete aber das Te Deum in ihren ‚Palazzo'. Es wurden 100 ‚Mortaletti' gelöset so ich [an]geschafft und die ‚Arazzi' [Wandteppiche] was nöthig ware[n]. Die Kirchen hat ihre aigene v. Damasth mit guldenen Porthen und Frantzen so ungefähr vor 12 Jahren gemacht worden und 12.000 Scudi gekostet. Bei der Tafel waren bei mir die 2 Printzen v. Lobcowiz*[125], *der Fürst Portia, der Fürst [Adam Franz] v. Schwarzenberg, Graf Künburg*[126] *und Traun*[127]. *Abendts ist mein ‚Palazzo illuminirt' worden, 12 Fässer mit Holz angezündet und 100 ‚Mortaletti' gelöset worden. Ich hab allen Fürsten die ‚Nothification' gethan, weilen sie vorhero mit Gratulationen zu mir geschücket, da*

318. Kardinal Henri de la Grange d'Arquien, Vater der polnischen Königin Maria Casimira, Ottensteiner Kardinalsserie, römischer Maler, 1700/1701; Maria Enzersdorf, EVN

der ‚Modenesische Currier' angelangt[128]. *Sie haben auch derowegen alle ihre ‚Palazzi illuminirt'. Den ‚Gentilhuomo d'Ambasciada' hab ich in der Kirchen stehen lassen, allen Prelathen ein Compliment abzulegen, und in dem Hauss des ‚Patriarcha' mich vor die Mhüe [!] bedanckhen lassen. Vier grosse Prelathen und Adel seind bei mir in Hauss gewesen sich zu erfreuen."*[129]

Die Festmesse war von Alessandro Cybo, aus der Familie der Fürsten von Massa und Carrara, Kanonikus von S. Giovanni in Laterano und Patriarch von Konstantinopel sowie Neffe des kurz zuvor verstorbenen Kardinals Alderano Cybo (Abb. 7), zelebriert worden. Bei der von Lamberg genannten Königin handelt es sich hingegen um eine der schillerndsten Persönlichkeiten Roms um 1700, nämlich um Maria Casimira de La Grange d'Arquien (Abb. 319), deren Tochter Teresa Kunigunde 1694 die zweite Gemahlin des bayerischen Kurfürsten Max Emanuel (Abb. 203) geworden war. Nach dem Tod ihres Mannes Jan III. Sobieski im Jahre 1696 hat die Königinwitwe eine neue Heimat gesucht und ist 1699 nach Rom übersiedelt, da sie Papst Innozenz XII. von seiner Zeit als Nuntius in Polen her kannte und als Witwe des Verteidigers der Christenheit sowie Tochter eines Kardinals auf eine freundliche Aufnahme hoffen konnte[130]. Aufgrund ihrer Herkunft aus niederem französischen Adel war sie hingegen in Wien nicht willkommen gewesen, weshalb sie auch am Tiber trotz der guten Kontakte zu Martinitz und Lamberg (der für ihren Sohn Jakub beim Papst intervenierte) auf der Seite der Bourbonen stand. Die römische Bevölkerung bedachte sie mit einem wenig schmeichelhaften Gedicht, das auch der kaiserliche Botschafter am 17. August 1700 in seinem Tagebuch notierte (Abb. 423): *„Der Verwittibten Königin in Pollen hat man Volgendes gemacht ‚Son nata da un gallo semplice gallina, Dominata i pollachi fui loro Reina, Venni à Roma Christiana, ma non fui mai Christina'."*[131] *(Ich bin von einem Hahn/Franzosen geboren und einfältig wie ein Kücken; ich habe die Polen beherrscht und war ihre Königin; ich kam ins christliche Rom, aber war niemals [wie] Christina [von Schweden]).* Als ihren Vertreter entsandte die

319. Die Familie des polnischen Königs Jan III. Sobieski: seine Witwe Maria Casimira, die Tochter Teresa Kunigunde sowie die Söhne Jakub, Aleksander und Konstanty; Ölgemälde von Henri Gascar, 1691; ehem. Wien, Dorotheum

Königin den Marchese Lodovico Chigi Montori, den Schwager des Marchese Scipione Santacroce[132].

Wie aus Lambergs Aufzeichnungen hervorgeht, bildete die Liturgie in der Anima nur den sakralen Teil des Festes, dem ein Empfang in der Botschaftsresidenz voran- oder hinterherging, von wo der Botschafter und seine illustren Gäste dann in einem prächtigen Kutschenzug quer durch die Stadt zur bzw. von der Nationalkirche zogen[133]. Das Böllerschießen am 15. November 1700 war bis an den Stadtrand zu hören, sodass die dort lebenden und nicht informierten Römer in Freudenkundgebungen ausbrachen, weil sie glaubten, es sei schon ein neuer Papst gewählt worden. Anlässlich der Geburt des habsburgischen Thronfolgers war nicht nur die Residenz des kaiserlichen Botschafters mit Kerzen, Fackeln etc. in den Fenstern beleuchtet, sondern es gab solche Festbeleuchtungen auch an den Palästen der *„Fürsten, Kardinäle und öffentlichen Vertreter, die mit dem Haus Österreich verbunden waren"*. Die Illuminationen wurden auch während der beiden folgenden Nächte fortgesetzt, und am 17. November veranstaltete Graf Lamberg vor seinem Palast auf der Piazza dei SS. Apostoli (Abb. 316) ein Feuerwerk aus drei hintereinander folgenden Raketenserien, deren letzte ins Abbrennen der Festdekoration überging. Die Kosten dafür betrugen fast 300 Scudi[134].

Schon am Tag nach dem Fest wurde Lamberg von Kardinal de' Medici wieder über die neuesten Wahlergebnisse informiert (Abb. 320), und am 23. November 1700 hat das Kardinalskollegium schließlich Kardinal Gian Francesco Albani zum Papst gewählt, der den Namen Clemens XI. annahm (Abb. 321): *„Heuth fhrue ist die ‚Election' geschehen; […]. Das ‚Conclave' wurde erst um 21 eröffnet, also den Papsten in gehen angetroffen, ihm ‚complimentirt' und niderknüet, er hat mich aufgehöbt, und gesagt, er seye dieser ‚Dignitet' nicht würdig, erkenne aber von Ihro Mayt. dem Kayser alles und werde es niemalen vergessen. Nach diesem ist die ‚Function' mit der dritten ‚Adoration à S. Pietro' beschehen. […] Gegen 2 Uhr nachts ist mein Cammerdiener Sartory als ‚Currier' mit denen Brieffen nach Wien."*[135] Tatsächlich hatte sich der designierte Papst lange gegen seine Wahl gesträubt und wurde u.a. durch ein ihm von Kardinal Lamberg überbrachtes kaiserliches (Blanko-) Schreiben an den Grafen Lamberg zur Wahl überredet[136]. Die Papstwahl war vor allem deshalb rascher erfolgt, weil am 19. November in Rom der Tod des spanischen Königs Karl II. (Abb. 34) vom 1. d. M. bekannt geworden war und die Angst vor den Erbstreitigkeiten zwischen Habsburgern und Bourbonen sowie einem europäischen Krieg wuchs, wie auch Lamberg am 20. November in seinem Tagebuch notierte: *„Berichtet Cardinal Lamberg, dass der Tod des Königs in Spanien in dem ‚Conclavi' ein solches ‚Motum' verursachet, dass fast niemand schlaffen können."*[137]

Noch am Tag der Wahl wurde der kaiserliche Botschafter bei Seiner Heiligkeit zum Fußkuss zugelassen, allerdings nur incognito, d.h. allein mit dem Hofmeister und Stallmeister, aber in schwarzem Gewand und mit dem Vliesorden an der Brust. Am 26. hatte Kardinal Lamberg seine erste Privataudienz bei Clemens XI.[138], und am 1. Dezember erhielt der kaiserliche Botschafter seine erste offizielle Audienz: *„umb 23 Uhr bin ich in ‚Vaticano' bey diesem Papsten bey der ersten Audientz gewesen, mit einem ‚Corteggio' von villen teutschen ‚Cavaglieren'; die Audientz hat gegen eine Stund gedauert, redeten allein von spanischen Sachen und dem Testament"*. Trotzdem sei *„quasi tutta passò in complimenti"*[139]. Tatsächlich gelang es Lamberg aufgrund seines bescheideneren Auftretens eine bessere Gesprächsbasis zum neuen Papst aufzubauen als Kardinal Grimani. Allerdings war der venezianische Geistliche mit den weltlichen Intrigen des Kirchenstaates wesentlich besser vertraut als der fromme Diplomat des Wiener Hofes[140].

Am 22. Dezember konnte die Gräfin Lamberg dem neuen Papst die Füsse küssen, der sich an diesem Tag in Begleitung des Kardinals Lamberg befand. Letzterer verließ Rom am 5. Jänner 1701

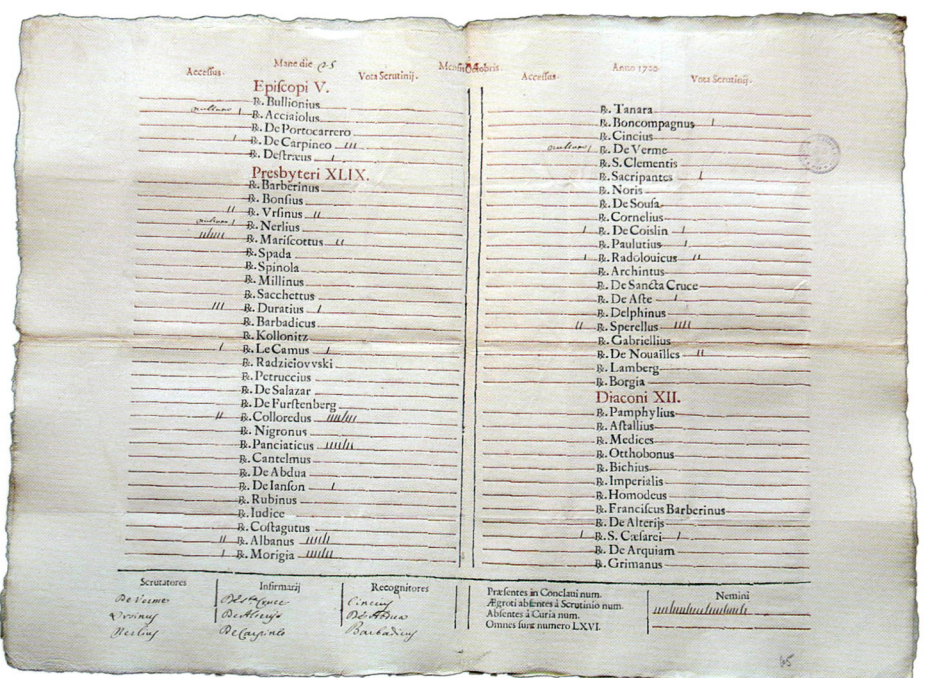

320. Wahlergebnis im Konklave am 25. Oktober 1700, von Lamberg nach Wien gesandt; Wien, HHStA, Rom Varia, Kart. 14

321. Papst Clemens XI. Albani, Ölgemälde auf Kupfer von Christian Reder oder Antonio David, 1700/1701; Privatbesitz

in Richtung Venedig, nachdem er in der offizellen Abschiedsaudienz bei Seiner Heiligkeit am 3. Jänner vom Papst als dessen Nachfolger zum Kardinalpriester von S. Silvestro in Capite ernannt worden war. Als Abschiedsgeschenke erhielt der Passauer Fürstbischof *„ein Bild v. S. Sylvestro zu einer Gedächtnuss"*, ein geheimes *„Breve Eligibilitatis vor Salzburg"*, ein Suffraganeat für seinen Vetter Johann Raymund von Lamberg, der 1683 als P. Rupert in den Kapuzinerorden eingetreten war und im Haus der Familie in Kitzbühel ein Kapuzinerkloster eingerichtet hatte, sowie eine *Goldene Rose*, die einmal jährlich vergebene päpstliche Auszeichnung, für Kaiserin Eleonore Magdalena[141].

Eine für den Wiener Hof politisch wie für Lamberg persönlich gleichermassen große Enttäuschung bildete jedoch die Tatsache, dass die vermeintlichen Freunde der Habsburger auf dem politischen Parkett Roms, der Jugendfreund und Reichsprotektor Kardinal de' Medici, der neapolitanische Kardinal del Giudice und der spanische Botschafter Duque de Uceda sofort nach der Anerkennung des spanischen Testamentes durch Ludwig XIV. von Frankreich die Fronten wechselten. Das erste Zeichen dafür war die Teilnahme der beiden Kardinäle am französischen Fest der hl. Lucia in S. Giovanni in Laterano am 12. Dezember gewesen, *„darbey der Cardinale Medici nicht allein mit Verwunderung aller erschienen, sondern auch bey der Tafel des Pottschaffters beygewohnet, und [auf] die Gesundheit ihrer beyden König getrunckhen. Der Cardinale Giudici wohnete auch bey, ingleichen Monsignore Scotti."* Drei Tage später rechtfertigten sich Kardinal de' Medici und der spanische Botschafter Lamberg gegenüber mit der Begründung, *„der Duc d'Anjou seye König von Span. Monarchie, anietzo könne man die König von Frankreich und Spanien nicht ‚disgustiren'"*. Am Sonntag, dem 19. Dezember, lud der spanische Botschafter 24 Personen zu einem Bankett anlässlich des Geburtstages des Herzogs von Anjou und abermals nahmen die beiden ehemals austriophilen Kirchenfürsten an der Seite des französischen Botschafters sowie der fünf französischen Kardinäle daran teil[142]. Dies konnte nicht ohne Folgen bleiben. Zehn Tage später ereilte den Florentiner Kardinal ein Abreisebefehl seines großherzoglichen Bruders, da Francesco Maria de' Medici *„als doppelter Protector mit den ‚differenten Interessen' nicht wol mehr sowol in ‚negotio' als ‚ceremonialis' hier verbleiben könne."* Am 31. Dezember verließ der Kirchenfürst die Stadt am Tiber – laut Valesio *„unvorhergesehen"* und aufgrund einer Beschwerde des kaiserlichen Botschafters im Namen der Kaiserin, weil de' Medici trotz seiner Funktion als Protektor des Reiches am Bankett zu Ehren des neuen spanischen Königs der Bourbonen teilgenommen hatte[143].

Doch zum Glück nahten der Fasching, die Fastenzeit mit den prächtigen Heiligen Theatern und die Osterfeiertage, die der römischen Elite eine Ablenkung vom politischen Zwist boten[144]. Schon am Dreikönigstag des Jahre 1701 *„ist grosse Gesellschaft bey der Pottschafferin gewesen: 3 ‚Cardinal', vill ‚Dames' und Romanischer Adel, 3 der bösten ‚Musici' also Sylvio, Paulucini und Monco [?] haben eine ‚Cantata' gemacht, zu Lob Ihr Mayt. der Kayserin ihren heuthigen Geburthstag, darauf tantzten einen ‚Ballet' die 3 Freyllen [= Fräulein] vom Hauß, 2 Printzen v. Lobcowitz, Graf v. Schwarzenberg, Graf Hannß Adam v. Lamberg und Graf v. Starenberg. Nach diesem haben sie die ‚Minoett' angefangen, also die Romanische und teutsche ‚Cavalliers' mit denen Damesen getantzt."*[145] Mit der Aufführung einer eigens für diesen Anlass komponierten Kantate folgte Lamberg offensichtlich dem Beispiel seines spanischen Kollegen Duque de Uceda, der die während seiner Amtszeit als Vizekönig in Messina und Neapel geübte reiche musikalische Repräsentation 1699 nach Rom mitgebracht hatte[146]. Bei den drei bei Lamberg auftretenden Kastraten handelte es sich vermutlich um Mitglieder der berühmten *Capella Sistina*, nämlich den Sopran Francesco Paolucci, der 1701 auch in einer Oper zu Ehren der polnischen Königin sang, sowie den Alt Bartolomeo Monaco da Montalcino, der 1707 turnusmäßiger Kapell-

322. Fürst Livio Odescalchi, Herzog von Sirmien, Marmorrelief von Pierre Étienne Monnot, 1695; Paris, Musée du Louvre RF 4619

meister der päpstlichen Hofkapelle war[147]. Die beiden wurden im Frühjahr 1703 mit Erlaubnis des Kardinals Ottoboni sogar für drei Monate gegen ein hohes Honorar an den Hof in Versailles verpflichtet[148]. Lambergs Nachfolger setzten die Aufführungen zu Ehren der Habsburger fort, bzw. bauten sie noch aus: als Graf Gallas 1714 vor seiner Residenz im Palazzo Odescalchi eine *Serenata* zu Ehren der Kaiserin aufführen ließ, umfasste das Orchester nicht weniger als 62 Violinen, 12 Violoncelli, 12 Kontrabässe, zwei Oboen, vier Jagdhörner, drei Erzlauten, zwei Cembali, vier Solisten und 16 Choristen[149].
Und ebenso wie Lamberg während seiner Kavalierstour bei den kaiserlichen Botschaftern *„aufgewartet"* und damit das Diplomatenhandwerk erlernt hatte, waren er und seine Gattin nun von einem Hofstaat junger österreicherischer und böhmischer Adeliger umgeben[150]. Unter den jungen Aristokraten in der Residenz des Botschafters befanden sich etwa zwei Prinzen Lobkowitz, vermutlich die Söhne des früheren Vorgesetzten (Philipp Hyazinth und Joseph Anton), und Gundamar Graf von Starhemberg, der Neffe des kaiserlichen Feldmarschalls Guidobald von Starhemberg, der über ein Jahr im Hause Lambergs gewohnt hatte. Dort verlobten sich im Februar 1701 auch Charlotte von Althann und Graf Adam Franz von Schwarzenberg, der spätere Fürst und Oberhofmeister Karls VI. sowie Auftraggeber Fischers von Erlach[151]. Der *„junge Graf Althann"*, ein Kanoniker von Olmütz/Olomouce und Breslau/Wrosław, verließ im Mai 1705 Lambergs Residenz, nachdem er *„sein Triennium in meinem Haus gemacht hat"*[152]. Michael Friedrich Graf von Althann sollte später nicht nur Lambergs Nachfolger als kaiserlicher Botschafter in Rom (1720–22) werden, sondern sogar zum Vizekönig in Neapel (1722–28) und als Bischof von Waitzen/Vác auch zum Kardinal ernannt werden[153]. Eine undatierte Liste (vielleicht aus dem Jubeljahr 1700) führt nicht weniger als 229 Kavaliere und bürgerliche Begleiter bzw. Schutzbefohlene Lambergs an[154]. Es waren großteils Söhne der wichtigsten Familien in Deutschland, Österreich, Böhmen und Ungarn, aber auch einige Schweden, Holländer und Engländer. In diesem Verzeichnis finden sich allein drei Prinzen und ein Graf aus der Familie Lobkowitz.
Am 25 Jänner 1701 wurde abends eine *„burlesque"* in Lambergs Residenz gespielt und am 29. d. M. begann der römische Karneval mit dem Zug von zahlreichen Masken, wobei die Kavaliere die Damen in offenen Wagen maskiert über den

323. Kardinal Toussaint de Forbin Janson, Bischof von Beauvais und französischer Botschafter, Ottensteiner Kardinalsserie, römischer Maler, 1700/1701; Maria Enzersdorf, EVN

Corso kutschierten[155]. Die Königin von Polen verfolgte das närrische Treiben vom Balkon ihrer Wohnung im Palazzo Chigi-Odescalchi gegenüber der Kirche S. Maria in Via Lata, gemeinsam mit den Kardinälen de la Grange d'Arquien (ihrem Vater) und Delfino. Der kaiserliche und der venezianische Botschafter beobachteten den *„corso"* auf Einladung des Kardinals Grimani vom Balkon des Palazzo Manfroni, während sich im gegenüberliegenden Palazzo Caetani der inzwischen auch politisch zur Gegenseite gewechselte spanische Gesandte offensichtlich den Spaß ebenfalls nicht verderben ließ[156].
Nachdem Graf Lamberg am 31. Jänner und 1. Februar im Collegio Clementino sowie im Seminario Romano den Aufführungen der Stücke *Policreto* und *Nicomede* von Pierre Corneille[157] beigewohnt hatte, gab es am Faschingsdienstag, dem 8. Februar, wieder ein Fest in der Residenz des kaiserlichen Botschafters. Zunächst ist die *„Comedj auf den Cornelio in das Italienische versötzt [?] Heraclio genant*[158] *von unseren Damasen und teutschen ‚Cavaglieren' gehalten worden, wobei die Damasen und 6 Cardinalen erschienen mit villen anderen wölschen ‚Cavaglieren'; nach der Comedi ist der Ball im grossen Saal gewesen, mit Zulauff einer Menge Masquen."*[159] Diese Aufführung schlug mit 30 Scudi an einen Zimmermann *„für das ‚theatrum'"* sowie mit einem Scudi *für „musicanten bei d. comedi"* zu Buche. Dazu kamen 4 Scudi *„für die music an d. Graffin geburthstag"*[160].
Am 30. März weihte der Papst in Begleitung der Kardinäle die *Agnusdei,* die Wachsamulette in

Lammform[161], die anlässlich des ersten Osterfestes nach der Wahl als Gnadengaben des Heiligen Vaters verteilt wurden[162]. Dazu waren in einem Saal des päpstlichen Palastes zwei Tribünen errichtet worden, von denen aus die polnische Königin sowie die kaiserliche Botschafterin das Geschehen verfolgten, wobei natürlich der „palchetto" der Gräfin Lamberg etwas niedriger war als jener der Königinwitwe[163].

Die feine zeremonielle Differenzierung spielte auch eine zentrale Rolle im Verhältnis zwischen dem kaiserlichen Botschafter und dem Gastgeber der polnischen Königinwitwe, den Lamberg am Abend desselben Tages in seinem Palast empfing. Don Livio Odescalchi Duca di Bracciano[164] (Abb. 322) hatte durchaus im Sinne seines Onkels Innozenz XI. (Abb. 426) an der Seite des polnischen Königs 1683 persönlich an der Befreiung Wiens von der osmanischen Belagerung mitgewirkt und daher auch von Lamberg ein Empfehlungsschreiben des Kaisers übermittelt bekommen. Trotz seiner Herkunft von einer lombardischen Bankiersfamilie waren es vermutlich vor allem der Einfluss und die Finanzen des Papstes, die ihm schon im Alter von kaum 30 Jahren den Kauf des Herzogtums Ceri (Cerveteri) aus dem Besitz der Orsini ermöglichten. 1687 wurde Don Livio zum *Grande di Spagna* ernannt, 1689 Oberbefehlshaber der päpstlichen Armee, Gouverneur des Kirchenstaates und Reichsfürst. 1695 erwarb er ebenfalls von den Orsini das wichtige Herzogtum Bracciano mit einer gleichfalls sehr traditionsreichen Festung (Abb. 490). 1697 übergab ihm Kaiser Leopold I. von den Türken eroberte Ländereien in Slavonien und ernannte ihn zum Herzog von Sirmien und Sava. Damit wurde Odescalchi auch zu einem ungarischen Magnaten, während seine Kandidatur bei der polnischen Königswahl im Jahre 1697 folgenlos blieb.

Fürst Odescalchi war einer der reichsten Männer Roms und kam deswegen im Jahre 1700 in der Schilderung des päpstlichen Hofes durch Melani ebenso wie sein Onkel Innozenz XI. besonders schlecht weg: *„Die Nachwelt wird staunen, wenn sie erfährt, wie viele Reichtümer Livio in wenigen Jahren aufhäufen konnte, während sein Onkel sich sparsam und selbstlos zeigte. Die urbar gemachten Ländereien, die Livio in Italien erwarb, das Geld, das er dem österreichischen Kaiser lieh, die acht Millionen Florentiner Gulden, die er der Republik Polen anbot (als stünde sie dem Meistbietenden zur Verfügung!), die Summen, die er trotz der Ermahnungen seines Onkels Innozenz XI. beim Spiel verlor, und schließlich das Angebot von 440.000 Gulden für das Fürstentum Albano: Diese bleibenden Andenken beweisen, dass die Reichtümer von St. Peter und nicht diejenigen der Familie Odescalchi zu Livios Vermögen geführt haben."*[165]

Eine ähnlich negative Einschätzung spricht aus den ersten Bemerkungen, die der kaiserliche Botschafter in seiner *Relatione* publizierte. Der Herzog von Bracciano agiere sozusagen im Hauptberuf als Papstneffe und sei für seine tollen Ideen berühmt. Eine davon wäre die Kandidatur für den polnischen Königsthron gewesen, über die auch Papst Innozenz XII. in einer Audienz gewitzelt hatte. Seine Heiligkeit – schreibt Lamberg – fragte mich, ob ich schon vom Blödsinn („*deboleza*") des Don Livio bei der Bewerbung um die polnische Krone gehört habe. Dieser hätte nämlich damals eine Liste verbreitet, auf der sein Vermögen mit 20 Millionen angegeben wurde, und die einfältigen Polen haben geglaubt, dass es sich um Taler handle, während Odescalchi an Zitronen dachte. Graf Lamberg schloss seinen Bericht über den Herzog, den man sich weder als Herren noch als Freund wünschen möchte, mit der sarkastischen Bemerkung, dieser rühme sich zwar, ebenso gut als Fürst wie als Händler aufzutreten, aber er rutsche immer mehr in die zweite Rolle ab[166].

Tatsächlich hatte der Papstneffe am 4. November 1700 bei Lamberg vorgesprochen, um dem Kaiser seine Unterstützung bei der Papstwahl zu offerieren. Dafür wollte der Herzog von Bracciano den Rang eines Reichsfürsten und den Titel „*Altezza*" zugestanden haben, während der Botschafter die Anrede „*Excellenza*" und „*Signor Duca*" als „*eine genugsahme ‚Distinction'*" ansah[167]. Am 11. Dezember bot Fürst Odescalchi Leopold I. zwei Jahresraten à 36.000 (von 100.000) Scudi für den Titel *Altezza*, und er ließ auch weiterhin nicht locker, wie Lamberg am 25. Februar 1701 dem Kaiser schrieb: „*Der Don Livio Odescalchi sezet immer in mich wegen seiner ‚praetendirenden Altezza' sich beklagend, daß durch diese erhaltene Kayserl. Gnade er bey der Welt sich durchwegs ‚prostituiret', alß überkommen habe; die Franzosen und Spanier theten Ihme grosse ‚Offerten', sein ‚Genio' aber seye, allein Euer Kays. Mayt. zu dienen; bittet also allergehorsambst Euer Kayl. Mayt. wollen ihm die Gnad […] widerfahren lassen."* Der Herzog versprach 7000 Soldaten zur Verfügung zu stellen – bei Ankunft des kaiserlichen Heeres in den Abruzzen – und sei auch bereit „*etlichmahl hunderttausend Gulden […] auf ein Fürstenthumb in Schlesien vorzuschiessen*". Bei den leeren Kassen der Habsburger konnte der Kaiser selbst auf solche unsicheren Angebote nicht verzichten, weshalb er einmal mehr einen Titel für die Mittel gab. Der neue Rang wurde Don Livio bei seinem Besuch in der Residenz des Botschafters am 30. März 1701 von Lamberg gleichsam zeremoniell vorgeführt: *„Ich hab ihn tractirt durch die ‚Porticella' kommen lassen, in meinem grossen Audienz Zimmer empfangen, die Sessel ‚au travers' gesötzet wie denen Reichsfürsten, die ‚Titulaturam Altezza' gegeben zum ersten Mahl".* Im Brief an Leopold I. wird aber das Unbehagen deutlich, dass der Graf dabei empfand: *„Die vorige Wochen hab auch die Visita von D. Livio Duce Sirmia empfangen, die Sessel seind gleich gesötzet worden, wie das ‚Ceremoniale' mit denen Reichsfürsten es ausweiset: doch hab ich in Gehen und Sitzen die Oberhand genohmen, in ‚Discursen' aber allergnädigst anbefohlenermassen immerzu das ‚Praedicatum Altezza' einlauffen lassen."*[168]

Lambergs Skepsis war durchaus berechtigt, denn als er ein halbes Jahr nach der Rangerhöhung im Auftrag des Kaisers bei Don Livio vorsprach und um das angebotene Darlehen von 100.000 Scudi bat, erklärte der Herzog von Bracciano plötzlich, er sei *„mit solcher Summa nit versehen, wolle aber nachdenkhen, wie er dienen könne."*[169] Doch auch beim römischen Adel stieß der neue Reichsfürst auf *„grosse Widerwärtigkeit"*: Die römischen Adeligen beriefen sich auf eine päpstliche Bulle, *„welche unter Straffe der Rebellion verbiethet/ keinem Printzen aus dem Kirchen=Staat/ den Titul Excellentz beyzulegen/ weßwegen denn auch ‚Don Livio' bewogen ward zu ‚Ranciglione' eine Schrifft herauszugeben/ worinnen er die ‚praerogativen', welche dem Herzogthum ‚Sirmien' anhängig ‚demonstrierte', und erwieß/ daß allezeit der älteste Königliche Printz in Ungarn mit diesem Titul beehrt gewesen."*[170]

Die mehr oder weniger direkten Rangstreitigkeiten auf dem diplomatischen Parkett Roms und die dabei angewandten Tricks kamen auch beim offiziellen Amtsantritt des neuen Papstes am 16. April 1701 zum Ausdruck, in dessen Rahmen bei der Treppe zum Kapitol die feierliche Übergabe der Stadtschlüssel stattfand: *„Die Königin von Pohlen, welche bey allen Functionen zu erscheinen sich bemühet, umb damit denen Bottschaffterinnen die Erscheinung zu benehmen, hat hierinfalls auch also verfahren, da sie vorzeitig die Häuser vom ganzen Platz für sich bestellet; ich habe aber gegen ihrem Fenster über einen grossen Balcon mit Damast bedekkht aufschlagen lassen, worauf sie mir gleich ein Hauß angetragen."*[171]

Im Frühling zogen sich schließlich auch die Botschafter ebenso wie der römische Adel aufs Land zurück (siehe unten S. 426ff) – unterbrochen von dienstlichen und gesellschaftlichen Verpflichtungen in der Stadt. Beim Fronleichnamsfest am

324. Charles Talbot Duke of Shrewsbury als Lord Chamberlain des englischen Königs und Ritter des Hosenbandordens, Mezzotinto von John Smith nach Sir Godfrey Kneller, 1694; London, The British Museum, Department of Prints & Drawings

29. Mai 1701 wurde der Diplomat von Kardinal Grimani vertreten, der 22 Kardinäle begrüßen konnte. Deren Namensliste konnte Graf Lamberg mit umso größerem Stolz dem Kaiser senden, da bei den Franzosen nur zwei Purpurträger aufmarschiert waren[172]. Die Zahl der Teilnehmer an der österreichischen Prozession war jedoch gegenüber dem Vorjahr gesunken und 1703 haben sogar nur mehr dreizehn Kardinäle teilgenommen[173].

Zu diesem Anlass traten wohl auch die *„Wienerischen musicanten"* auf, für die Lamberg im Mai 9 Scudi bezahlte. Wesentlich teurer fiel jedoch die *„musique an des Kaysers tag"* mit 12:50 ins Gewicht, da dazu noch die *„present denen Musicanten"* in der Höhe von 56 Scudi kamen[174]. Am 9. Juni 1701 veranstaltete Lamberg nämlich im Palazzo Bonelli eine *„sehr vornehme Soirée mit einer lieblichen Kantate"* anlässlich des Geburtstages von Kaiser Leopold. In seinem Tagebuch nennt der Botschafter auch die Solosänger sowie das Thema des Musikstückes: *„Heuth da Ihr Kayl. Mayt. das 61. Jahr geendet, hab ich abendts eine ‚Cantata' halten lassen von den vornehmsten ‚Musici' als Sylvio und Paulucí, da die Zeit und die ‚gloire' ein ‚Dialogue' gehabt. Habe auch die Sommerliberey [= Livrée] anlegen lassen; es waren unterschietliche ‚Dames' und ‚Cavalliere' darbey."*[175]

Doch während Lamberg das Landleben von Frascati und die römischen Festlichkeiten genoss, brauten sich über seinem Kopf Gewitterwolken zusammen. Aufgrund der Dominanz der französischen Partei im Kardinalskollegium hatte der neue Papst schon im Februar 1701 die Erbfolge Philipps V. von Anjou in Spanien anerkannt, verweigerte aber dem Enkel des französischen Königs die Belehnung mit dem Königreich Neapel. *„Derohalben der Spanische ‚Ambassadeur' in Rom/ der ‚Marquis de Uceda' deßfalls bey dem Pabste fast täglich anregung thate; da hingegen der Käyserliche/ der Herr Graf von Lamberg/ an steten gegen=protestiren es nicht ermangeln liesse/; dergestalt/ daß der Pabst in diesem stücke/ als zwischen thür und angel zu stecken schiene. Um aber beyde theile nicht vor den kopff zu stossen/ und zugleich des steten verdrießlichen anlauffens sich in etwas zu entschlagen; so gab er vor/ daß diese sache von einer dermassen grossen wichtigkeit sey/ daß ohne genugsahme untersuchung/ er sich zu nichts entschliessen könne. Zu diesem ende ward eine Versammlung von 14 Cardinalen und 6 Prälaten angeordnet/ […]. Das Päbstliche ‚Archiv' muste auch nicht zum besten beschaffen seyn/ weil solches keine zuverläßliche nachricht geben konte/ ob das recht auff das Königreich ‚Neapolis' dem Oesterreichischen / oder dem ‚Bourbonnischen' Hause zukomme. Denn obgedachte versammlung kunte keinen schluß machen; und wenn die Herren Cardinäle zusammen gekommen/ […] so standen sie wieder so klug auff/ und giengen auseinander/ als sie waren zusammen gekommen."*[176]

Als die Vertreter Frankreichs und Spaniens, Kardinal Janson und Duque de Uceda, den Papst mit der *Chinea* am Vorabend des 29. Juni 1701 überrumpeln und durch Überreichung der 7000 Scudi eine prospanische Entscheidung in dieser Angelegenheit präjudizieren wollten, plante der kaiserliche Botschafter, der nicht soviel Geld für Erzherzog Karl aufbringen konnte, den gegnerischen Zug zu überfallen und das Pferd zu töten. Nur die neutrale Weigerung des Papstes rettete ihn vor der Blamage. Die Spanier sorgten schließlich mit der Vorführung einer Schandmähre und der Überreichung eines Wechsels für ein medienwirksames Spektakel und Gelächter in der ganzen Stadt: *„Es war ein groß ungestaltetes Pferd, mit herabhangenden Ohren, garstig, schäbig, welches bei dem Kärner von dem es gekaufft worden, ganz vom Fleisch kommen und ein lebendes Gerippe war, gab einen üblen Geruch von sich; es fand sich eine Stimme, welche dieses Pferd ‚Eine Figur und das Ebenbild der Spanischen Monarchie' nennete."*[177] Abgesehen vom propagandistisch zwiespältigen Erfolg gelang es den francospanischen Diplomaten also auch nicht, eine politische Entscheidung zu erzwingen[178].

Am 12. September 1701 vertrat der kaiserliche Botschafter in der deutschen Nationalkirche den Römischen König bei der Taufe des 16 Monate alten Sohnes des Marchese Francesco Maria Ottieri[179]: *„Die Kirchen ware gantz auspallieret, die Tauff verrichtete ein Bischoff, so der Marchese in meinem Nahmen erbetten; ich hatte einen Sessel auff einen ‚stratto' [= Podest], und sitzete allzeit, da der Bischoff sasse. Ich hatte ein schwarzes Mantelklaid an; fahrete mit ‚Corteggio' wie ich ‚a Palazzo' zu fahren pflegte. Weilen das Kind schon ein Jahr alt war, und schon getaufft war, hab also nichts zu thun gehabt als etliche Worth zu antworten, und sitzend eine kleine Zeit die Krohne zu halten. Ich gabe dem Kind den Nahmen Josephus, der Vatter sötzete hinzu ‚Lottarich' [?], als gewöhnlich in ihrer ‚Famille'. Von der Kirchen fahrete ich zur der ‚Marchesin', wo ungefähr 12 Damen waren; da haben sie ‚Rinfreschi' herumgetragen; nach diesem bin ich nach Hauss, wo der Marchese mich mitcortegirte; hab ihm das erste Orth vor mir im Wagen gegeben. Der Hebam [= Hebamme] hab durch den ‚Maestro di Camera' 15 und der Saugam [= Amme] 10 Duggaten geben lassen."*[180] Unter den ‚Erfrischungen', die bei den römischen Empfängen gereicht wurden, darf man sich kandierte Birnen und Pfirsiche, Savoyische Biscotten, Pistazien in Zuckerguss und Schokolade vorstellen[181].

Sechs Tage später beteiligte sich Graf Lamberg mit seinem ganzen Hofstaat an der jährlichen Prozession am Fest Mariä Namen, das vom Papst zur Erinnerung an die Befreiung Wiens 1683 eingeführt worden war. 1688 wurde die Erzbruderschaft *Sanctissimae Nominis Mariae* gegründet, deren Patronat Kaiser Leopold I. übernahm und der 1695 die Kirche S. Bernardo übertragen wurde. Dementsprechend wurde hier 1697 auch der Sieg des kaiserlichen Heeres über die Osmanen bei Zenta gefeiert und Kardinal Cybo stiftete einen Marmoraltar. Seit 1699 plante man die Erweiterung der Kirche, die jedoch 1736 einem vollständigen Neubau weichen musste[182]. Die Prozession wurde von der Bruderschaft veranstaltet und führte von der an Lambergs Residenz angrenzenden Kirche am Quirinalspalast vorbei, wo der Papst dem Zug seinen Segen erteilte, nach S. Maria della Vittoria (mit der Cornarokapelle von Bernini), der der Erinnerung an den Sieg über die Protestanten in der Schlacht am Weißen Berg gewidmeten Kirche[183]. Die Musik *„bei S. Bernardi"* kostete den Botschafter 15 Scudi[184].

Doch in Gedanken war Graf Lamberg wohl schon bei einem anderen Auftrag des Wiener Hofes, der ihn beinahe sein Amt gekostet hätte.

Nicht zuletzt an mangelnden finanziellen Mitteln und an der Feigheit mancher Adeliger scheiterte nämlich auch der von Lamberg und Kardinal Grimani mitorganisierte Aufstand prohabsburgischer Adeliger in Neapel im September 1701. Die in Wien durch dreitägige Andacht und Fasten unterstützte Rebellion sollte am 22. September mit dem Überfall des Vizekönigs bei der Geliebten und der Freilassung von 600 Gefangenen beginnen, wurde jedoch aufgrund von Verrat, planlosen Plünderungen des Pöbels usw. schon nach zwei Tagen niedergeschlagen, wobei es mindestens 150 Hinrichtungen gab. Giuseppe Capece, der mit Lamberg und Kardinal Grimani die Sache in die Wege geleitet hatte, verübte Selbstmord und sein Haupt wurde am Castel Nuovo ausgestellt. Lambergs Sekretär, der frühere Botschaftsrat in Paris und schon für Fürst Liechtenstein in Rom tätige Franz Freiherr von Chassignet (Sassinet)[185], ein Neffe des kaiserlichen Diplomaten und Publizisten Baron de Lisola, kam zwar mit dem Leben davon, wurde aber jahrelang in Frankreich gefangen gehalten und erst bei den Friedensverhandlungen 1714 gegen französische Soldaten ausgetauscht[186]. Einige der Rädelsführer wie Bartolomeo Ceva Grimaldi Duca di Telese[187], Girolamo Capece Marchese di Rofrano[188] und Cajetano Gambacorta Principe di Macchia flohen hingegen nach Wien und wurden von Kaiser Leopold I. für ihren Einsatz zu Ehrenkämmerern ernannt[189]. Rofrano wirkte ab 1705 als kaiserlicher Generalpostmeister in Italien, wurde 1713 Mitglied des spanischen Rates und ließ 1721 das Wiener Palais Weltz-Auersperg umbauen[190]. Die Auszeichnungen der Neapolitaner wurden in Rom ebenso bekannt wie die Tatsache, dass damals am Wiener Hof Stimmen laut wurden, die die Abberufung des Grafen Lamberg von seinem Posten forderten[191]. Sogar Valesio notierte am 1. November 1701, dass der junge Graf Harrach als Nachfolger Lambergs in Rom im Gespräch sei. Die misslungene Rebellion brachte Lamberg nicht nur eine politische Niederlage, sondern neuerliche persönliche und vor allem finanzielle Belastungen ein, da er im Oktober die aus Neapel geflüchteten Aristokraten in seinem Palast aufnehmen und versorgen musste. Dazu kam die Angst vor Anschlägen, die auch Kardinal Grimani nicht verschonte. Anfang November wurde Lambergs Kollege von einer solchen Furcht vor einer Ermordung durch die Spanier heimgesucht, dass er seine Mahlzeiten von einem deutschen Kämmerer in einem Zimmer neben seinem Schlafraum kochen ließ und den Botschafter um 20 Bewaffnete zu seinem Schutz bei Ausfahrten bat[192].

325. Pietro Paolo Bencini, Komponist Lambergs und Kapellmeister der deutschen Nationalkirche, Bleistift- und Federzeichnung von Pier Leone Ghezzi, 1734; London, The British Museum, Department of Prints & Drawings

Vielleicht waren diese Turbulenzen ein zusätzlicher Grund, dass der kaiserliche Botschafter nun verstärkt auf Kultur setzte, um sein lädiertes Image in der römischen Gesellschaft aufzupolieren. So bat Graf Lamberg schon anlässlich des Leopoldifestes am 15. November 1701 nicht nur traditionell in die deutsche Nationalkirche, wo die „süsseste Musik" von mehreren Chören nicht weniger als 50 Scudi kostete[193], sondern auch zum Konzert und Hausball in seine Residenz im Palazzo Bonelli: „Heuth ist das Festum S. Leopoldi all'Anima celebrirt worden, wobey meine Gemahlin mit der grossen neuen ‚Stuffiglia' [= fürstlicher Privatwagen] gewesen und der neuen Liberey; das Tuch strohfarb mit blauen Porthen. Zu Mittag hab Leuth tractirt, etwas mehrers als täglich. Es war der Marchese S. Croce und seine Gemahlin [Abb. 17] darunter. Abendts ware eine schöne ‚Cantata' und ein Ball darauf. Damasen waren da die junge S. Croce, Cenci, Savelli, vened. Bottschaffterin, Abbatin mit ihrer Tochter und vill ‚Cavalliers'. Es war auch der Cardinale Grimani, welchem wie er hirher gefahren, ein Abbate als eine Spia [= Spion] biss in das Hauß gefolget. Hab ihn also mit 2 armirten Wagen und 6 armirten Laqueyen nach Hauß begleitten lassen."
Nachdem sich Lamberg am 11. Dezember 1701 vom venezianische Botschafter Niccolò Erizzo verabschiedet hatte[194], kam dieser zwei Tage später zum Gegenbesuch in den Palast Lambergs

anlässlich der ersten öffentlichen Probe einer Aufführung, die der kaiserliche Botschafter zur bevorstehenden Feier des Geburtstages der Kaiserin Eleonora Magdalena in Auftrag gegeben hatte: *„Diesen Abendt hat man bei mir die ‚Comedi probiret', allwo der vened. Bottschaffter und sie, der Cardinale Grimani, Duca de Schrevsburi und vill andere gewesen."*[195] Bei diesem englischen Adeligen, der einige Tage später gemeinsam mit vier jungen Lords bei Lamberg zum Abendessen eingeladen war, handelt es sich um Charles Talbot Duke of Shrewsbury und damit um einen der wichtigsten Adeligen des englischen Hofes, dessen Auszeichnung mit dem Hosenbandorden im Jahre 1694 Lamberg schon in Regensburg registriert hatte[196] (Abb. 324). Vom englischen König aus der Taufe gehoben machte er Karriere als Diplomat und Minister, obwohl sein Vater im Duell durch den Liebhaber der Mutter getötet worden war. Trotz der guten Kontakte zum Exilkönig Jakob II. wurde der von William III. als *„König der Herzen"* bezeichnete gut aussehende Adelige 1694 zum Herzog und 1699 zum Lord Chamberlain befördert. Nach einer politischen ‚Auszeit' von 1700 bis 1705 in Rom, wurde Talbot 1714 von Königin Anna zum englischen Lord High Treasurer ernannt und er war dann auch wesentlich für den reibungslosen Übergang der britischen Herrschaft an das Haus Hannover verantwortlich[197].
Am 20. Dezember fand die nächste Probe in Anwesenheit des englischen Herzogs, der venezianischen Botschafterin, des Kardinals Grimani, des Fürsten Odescalchi sowie vieler anderer statt, wobei *„die neuwe Singerin, die ‚Venetianerin' zum ersten Mall gesungen"*. Bei einer weiteren Probe am 28. Dezember war neben mehreren der eben genannten Gäste auch Kardinal Ottoboni anwesend. Nachdem der Musik liebende Kardinalnepot als einziger Gast auch dabei war, als am 7. Jänner Lambergs *„‚Opera' das erste Mahl in Klaidern probiret worden"*, kam es am nächsten Tag endlich zur lang erwarteten Premiere der *„comedia in musica"*[198].
Dem Rechnungsbuch zufolge hatten die Vorbereitungen schon im Oktober mit der Anfertigung von Soloauszügen der Partitur und im Dezember mit der Beschaffung von Requisiten begonnen. Nicht zuletzt aufgrund mehrerer Reprisen fielen auch nach der Premiere noch Kosten an:

Oktober 1701:
ein theil der comedi abzuschreiben   6: [S. 576]

Dezember 1701:
falschen geschmuck zur comedi   3:60

2 theil d. comedi zu copieren	*12:* [S. 577]
‚peruque' einem ‚musico' zu comedi	*4:10*
zeug für comedi	*21:98*
Comedi zeug	*21:* [S. 578]

Jänner 1702:
wegen letzter abschreibung	*5:* [S. 579]
‚Musique' am 3 königstag	*5:* [S. 580]

Februar 1702:
dem Renda componisten d. comedi	*30:*
Musicanten in d. burlesca	*28:* [S. 581]
17 carne lastra zur comedi	*4:*
d. ‚intermedium' zu copieren	*2:*

März 1702:
für die 3 Singerinnen der ‚opera'	*130:*
dem componisten d. ‚musique' Bentini	*110:*
dem Renda wider	*30:*
dem haustischler zur comedi	*11:70*
d. singerin schuech	*1:50*
d. instrument bei d. comedi zu stimmen	*3:*
goldschmid für ein halsband zur comedi	*5:80* [S. 582]
wegen der bären und affen auf d. comedi	*6:60*
für die Musicanten bei d. Opera	*200:* [S. 584]
dem Komarek buchdrucker	*130:*

Für den 8. Jänner 1702 hatte der kaiserliche Botschafter das gesamte Kardinalskollegium in den Palazzo Bonelli geladen und eine eigene pastorale *„operetta"*, die *„favola boscarrecia L'Adrasto"* bei dem neben Alessandro Scarlatti damals führenden römischen Komponisten Pietro Paolo Bencini (Abb. 325) in Auftrag gegeben. Das nicht weniger als 64 Seiten umfassende Libretto wurde gedruckt und Gräfin Katharina Eleonora von Lamberg gewidmet (Abb. 326)[199]. Der seit 1696 als Komponist von Kantaten und Oratorien in Erscheinung getretene Bencini, galt bereits 1701 als einer der trefflichsten Meister der Stadt. Tatsächlich sollte er Karriere machen, wobei das Engagement beim kaiserlichen Botschafter vielleicht eine nicht unwesentliche Rolle gespielt hat. Denn 1703 wurde Bencini Kappellmeister der unter Lambergs Protektorat stehenden deutschen Nationalkirche, deren Musikkapelle zu den bedeutendsten der Stadt zählte. 1705 löste Bencini Scarlatti als musikalischer Leiter der Chiesa Nuova (Abb. 336) ab, 1707 komponierte er für Kardinal Grimani als Protektor des Reiches eine *Serenata* zum Geburtstag Kaiser Josephs I., 1708 war Bencini gemeinsam mit Scarlatti und Georg Friedrich Händel für Kardinal Ottoboni tätig, und 1743 erreichte der Kapellmeister mit der Stelle des Leiters der *Capella Giulia* an der Basilika von St. Peter den Gipfel seiner kirchenmusikalischen Karriere[200].
Sowohl weil der Papst ein Aufführungsverbot erlassen hatte, als auch aufgrund der guten Beset-

zung folgten neben den Kardinälen Ottoboni (Abb. 18), Sebastiano Antonio Tanara (Abb. 271), Rubini (Abb. 305) und Grimani (Abb. 315) auch eine große Zahl von Damen und Kavalieren, die *„der kaiserlichen Partei angehörten"*, am 8. Jänner 1702 der Einladung des Botschafters in den Palazzo Bonelli. Neben dem zwischen 1694 und 1714 in Rom und Neapel singenden Tenor Vittorio Chiccheri als *Dameta* traten zwei Alt-Kastraten auf: der aus Bologna stammende und von 1693 bis 1721 vor allem in Oberitalien tätige Silvestro Pritoni als *Rusteno* sowie der in Lucca geborene und später jahrelang im Dienst des Kardinals Ottoboni stehende Pasqualino Betti in der Titelrolle des *Adrasto*. Für noch mehr Aufsehen sorgten aber die Sängerinnen. Die Römerinnen Costanza Maccari – ebenso schön wie berüchtigt und wegen der Schnittverletzungen durch einen eifersüchtigen Liebhaber *„Sfrigiatella"* genannt – sowie Anna Maria und Isabella De Piedz hatten als *Licisca*, *Rivetta* und *Silvera* ihre Debuts und machten in den nächsten Jahren auf den Bühnen in Venedig und Padua sowie Neapel und Palermo Karriere[201]. Die „neue", aus Venedig stammende Sopranistin Caterina Gallarati, deren Partie als *Rosmina* bei Lamberg ebenfalls zu den ersten nachweisbaren Auftritten gehört, sollte sogar ein internationaler Opernstar werden: nach ihren Engagements in Venedig, Florenz und Neapel sang sie 1709 in Wien, anschließend in Genua sowie Mailand und von 1713 bis 1721 trat sie in London vorwiegend in Hosenrollen auf, darunter als Goffredo in der Oper *Rinaldo* von Händel[202]. Nach der Aufführung im Palazzo Bonelli wurden Erfrischungen und Süßigkeiten (*„confitture"*) serviert. Für Aufregung unter den anwesenden Damen sorgte nur die Etikette: während die Gattin des Botschafters in einem Lehnstuhl saß, mussten die anderen Damen mit Bänken im Parkett vorlieb nehmen[203].

Am 14. Jänner 1702 ehrte Graf Lamberg seinen unfreiwilligen Gast Marchese del Vasto anlässlich des Geburtstages mit einer Feier. Nach der Aufführung einer eigens für dieses Fest geschriebenen und dem neapolitanischen Adeligen huldigenden Kantate folgten ein Ball, bei dem auch der Gefeierte das Tanzbein mit der Botschafterin schwang, sowie ein Bankett. Der ebenfalls von Domenico Renda verfasste Text des Gesangsstückes wurde von Valesio überliefert[204]. Am selben Abend wurde offensichtlich auch *„die Opere vor den Marquis del Vasto gehalten"*, und am nächsten Tag gab es abermals eine Aufführung der Operette in Lambergs Theater, der wieder der venezianische Botschafter und dessen Gattin beiwohnten[205].

Schon am 25. Jänner 1702 folgte die nächste Aufführung in der Residenz des kaiserlichen Botschafters an der Piazza dei SS. Apostoli, zu der abermals einige miteinander verwandte Damen der römischen Gesellschaft gekommen waren. Dabei handelte es sich um einige Adelige, die in ihrer Jugend für die Schönheitengalerie von Voet Modell gesessen waren, nämlich die damals schon verwitwete Marchesa Maria Francesca Theodoli, geb. Sacchetti, die Mutter des bekannten Architekten Gerolamo Theodoli[206], und die Marchesa Vittoria Ludovica Orsini de' Cavalieri, geb. Carpegna mit ihren Töchtern Clelia Sacchetti und Marianna Vecchiarelli[207]. Doch abermals verursachte die ‚zeremonielle Arroganz' der Gräfin Lamberg Irritationen bei den anwesenden Damen, da sie mit Bänken im Parkett Vorlieb nehmen mussten, während die Gräfin Lamberg auf einem Stuhl mit Lehne bzw. in einer Loge Platz nahm. Dem Stadtchronisten Valesio zufolge wurde daraufhin in der Stadt gemunkelt, dass die Damen zukünftige Einladungen des kaiserlichen Botschafters ausschlagen werden, *„um ähnliche Unannehmlichkeiten zu vermeiden"*[208].

Tatsächlich sorgte nicht nur am Wiener Hof die Sitzordnung beim Theater immer wieder für zeremonielle Aufregung. In Rom dürfte die Situation noch unübersichtlicher gewesen sein, da hier auch unterschiedliche nationale Rangordnungen aufeinanderprallten. So wurde etwa der Marchese Scipione Publicola di Santacroce (Abb. 355), am 15. April d. J. von Leopold I. zum Mitglied des kaiserlichen Italienrates sowie zum Baron ernannt und ihm damit die Anrede „Exzellenz" in der *„anticamera dello ambasciatore cesareo"* zugestanden[209]. Diese Ernennung sollte sich für den römischen Adeligen noch als besonderes Glück erweisen: als er nämlich ein Jahr später im Duell einen Gegner tötete und in den Kerker

326. *„L'Adrasto", Programm und Libretto der „Favola Boscareccia" von Domenico Renda (Text) und Pietro Paolo Bencini (Musik), die von Lamberg für das Geburtstagsfest der Kaiserin in Auftrag gegeben wurde, Buchdruck, 1702; Kiel, Universitätsbibliothek Sign. Ca 6003*

geworfen werden sollte, konnte er nach Wien flüchten in der Gewissheit, auch in der Hofburg und in den Kaffeehäusern der Stadt mit „Exzellenz" tituliert zu werden …

Es waren aber wohl weniger die zeremoniellen Querelen als die hohen Kosten, die das Botschafterpaar von weiteren Soireen und Kompositionsaufträgen abhielten: Denn schon am 1. Februar 1702 veranstaltete Graf Lamberg nämlich in seinem Palazzo die *„üblichen Komödien"*. Gleichzeitig lehnte er jedoch das Angebot der Maler, in seinem Theater Stegreifkomödien zu spielen, ab, weil er ohnehin genug Kosten habe mit dem Unterhalt von mehr als zweihundert Neapolitanern, die sich in seinem Palast befinden, sowie viele anderen deutschen Beamten und Fürsten. Zu den Gästen des Botschafters zählte etwa der damalige kaiserliche General und spätere Statthalter von Tirol sowie Kurfürst von der Pfalz Karl Philipp von Pfalz-Neuburg, der jüngere Bruder der Kaiserin[210]. Bei den vom Botschafter abgelehnten Stegreifkomödien der Maler dürfte es sich um jene von Lambergs Porträtisten Francesco Trevisani (Abb. 431) gehandelt haben. Denn dieser organisierte solche Faschingsaufführungen auch für den Kardinal Ottoboni in der Cancelleria[211]. Am 22. d. M. fuhr Lamberg mit dem venezianischen Botschafter *„in die Comedi des [Collegio] Clementino"*, bei der Männer in Frauenrollen auftraten[212], am Faschingsonntag, dem 26. Februar war der Botschafter *„bei der Comedi in Seminario Romano"* und *„nachts alsdan bei der ,Burlesque' in meinem Palazzo"*[213].

Ebenso wichtig wie die eigene Repräsentation war jedoch auch die Kontrolle der Kollegen und Rivalen. Als offiziell anerkannte nationale Statussymbole erwiesen sich die Trauergerüste für verstorbene Herrscher als besonders genau beobachtete künstlerische Manifestationen der politischen Konkurrenz auf römischen Boden. Nicht nur bei den ohnehin meist allgemein gehaltenen allegorischen Darstellungen, sondern vor allem bei den begleitenden Predigten und Druckschriften konnte es zu Missstimmungen kommen, wie aus einem Bericht Lambergs an den Wiener Hof hervorgeht. So informierte er etwa im Februar 1702 Kaiser Leopold I. über einen entsprechenden Vorfall bei den Trauerfeiern für den englischen König Jakob II., für den der Architekt Sebastiano Cipriano ein fast 16 Meter hohes und sieben Meter breites Trauergerüst in S. Lorenzo in Lucina errichtet hatte[214] (Abb. 327). Die Angelegenheit war deswegen von besonderer politischer Brisanz in Rom, weil der Herrscher aus dem Hause Stuart als Katholik abgesetzt worden war und im französischen Exil gelebt hatte, während der Kaiser ein Bündnis mit dessen protestantischen Gegnern gegen Frankreich anstrebte. Als der Rhetorikprofessor und bekannte Leichenredner Carlo d'Arquino unter Einfluss der französischen Seite in seiner Rede hinzufügte, dass Ludwig XIV. den Sohn des Verstorbenen als rechtmäßigen Nachfolger anerkannt habe, kam es zum Eklat, der sowohl den kaiserlichen als auch den französischen Gesandten zu entsprechenden Berichten veranlasste. Lamberg berichtete dem Kaiser darüber folgendes: *„Der Cardinal Carlo Barberini hat vor 8 Täg ein prächtiges ,Catafalque' bei S. Lorenzo in Lucina auffrichten und die ,Funeralia' für den abgelebten König Jacob II. ,celebriren' lassen, wegen der Leichpredig aber mit den P. P. Jesuiten in ein Missverständnus gerathen; gestalten der P. d'Aquino von ermeldter ,Societät', er solche zu verfassen erbetten worden, unter anderen in seine schrifftliche Verfassung, die er einige Täg vorhero dem Cardinal überreicht, beygerückht, wie der Prencipe de Galles von dem König in Frankhreich unter dem Nahmen Jacobi Terty seye König in Engellandt declariret und erkennet worden, welche Particularität er in der der ,Preparation' mit Stillschweigen übergangen. Der Cardinal hat solches auf Anstifftung der Franzosen sehr hoch empfunden und anfänglich mit obegedachtem P. d'Arquino, hernach auch mit dem General selbsten dessentwegen eyffrig ,expostulirn' lassen, hat aber von beyden kein andere Antwort erhalten können, alß daß er P. d'Arquino sich hierinfalls mit Ihrer Päbstl. Heyligkeit Sentimenten confirmiret habe, welche in der ,Oration', so ihres Bruders Sohn auf päbstlichen Befelch vor einig Täg in gleicher ,Occasion' gehalten, von diesem ,Particulari' gleichfalls nichts melden lassen. Hette also keine andere Ursach zu seiner Entschuldigung vorzuwenden, alß diejenige, so Ihro Heyl. bewogen ihm mit diesem ,Exempel' vorzugehen."*[215]

Zu den Dienstpflichten des kaiserlichen Botschafters am päpstlichen Hof gehörte aber nicht nur das Bemühen um die politischen Schützlinge der Habsburger, sondern auch um die himmlischen Schutzpatrone des Hauses Österreich. Im Februar 1702 trug Leopold I. Graf Lamberg auf, am päpstlichen Hof dafür zu sorgen, dass der hl. Joseph[216] *„in die Litaney aller Heyligen gesetztet werden möge"*, und legte ihm auch die Beförderung der Madonna vom Karmel ans Herz, zu der *„sowohl Wir als Unser gesambtes Erzhaus ein sonderbahre Andacht haben"*[217].

Dem kaiserlichen Wunsch entsprechend wurde das Fest des hl. Patriarchen Joseph als Patron der

327. Trauergerüst von Sebastiano Cipriano für König Jakob II. von Großbritannien in S. Lorenzo in Lucina, Kupferstich von Alessandro Specchi nach Sebastiano Cipriano in der Festbeschreibung von Carlo d'Arquino, Druck von Domenico Antonio Ercole; 1702; Rom, Bibliotheca Hertziana

Habsburger und des Reiches sowie als Namenspatron des Thronfolgers am 19. März von der in Lambergs „*Hausskirchen à S. Bernardo*"[218] ansässigen Bruderschaft mit großer Kirchenmusik gefeiert. Dabei kam es jedoch zu einem folgenschweren Zwischenfall „*zwischen meinen Neapolitanischen ‚Armigieri' und 3 Frantzosen bei dem hintern ‚Porton' gegen die Colonna Trajan*"[219] (Abb. 328). Ein an diesem Gottesdienst teilnehmender junger Franzose, der bei Kardinal Janson beschäftigt war, traf sich vor dem Kirchenportal mit seinen Freunden. Da die drei Männer laut Lambergs

Brief an den Kaiser, *"außer Zweiffel"* nur dazu da waren, *"was vorgehet, auszuspionieren"*[220], seien sie von der Garde des Botschafters *"mit gueten Worten, letzlich aber, weilen solche nicht verfangen wollen, mit Schläg abgewiesen worden, worunter der 'insolenteste blessiret'"*[221]. Der vielleicht betrunkene und durch einen Schwerthieb verletzte Provenzale flüchtete in die benachbarte Kirche S. Maria di Loreto, wurde dort von der ihn verfolgenden Wache Lambergs noch einmal angegriffen, weswegen das Gotteshaus – wie Lamberg dem Kaiser indigniert schrieb – *"durch Vergiessung einiges Blutts widerumb hat müssen 'benediciret' werden"*. Der Franzose konnte sich aber – auch auf den Straßen eine Blutspur hinterlassend – in den Palast des französischen Kardinals retten, der in dieser Angelegenheit sogleich einen *"Angriff auf die ganze französische Nation"* sah[222]. Am nächsten Morgen marschierten dann vor dem Palazzo di Spagna zweihundert spanische Gardisten auf, der französische Kardinal bot 150 Soldaten auf, nur vor dem Palazzo Bonelli waren an diesem Morgen weder die Wache Lambergs noch jene des Marchese del Vasto zu sehen. Der Botschafter rief allerdings die in der Stadt ansässigen deutschen Handwerker zu Hilfe, um einen möglichen Angriff auf seine Residenz abzuwehren: *"diesen Abend hab ich die teutsche Zünfften ihr 'Capi' rueffen lassen als Bäckher, Schuester und Schneider, mit ihnen geredet, was Mannschafft sie mir schickhen könten, da es die Noth erforderte, der deutschen Nation bey zu stehen."*[223] Die Schuhmacher boten sofort 137 Männer an, die Bäcker wollten zwar nicht selbst ihre Öfen verlassen, aber ihre Gesellen senden, und die deutschen Schneider waren nicht so zahlreich in Rom. Trotzdem hätte Lamberg 400 bis 500 Mann zu seiner Verteidigung aufbieten können[224]. Laut Lambergs Bericht an den Kaiser hätten der Kardinal 200 und der spanische Botschafter bereits 400 Mann *"in Bereithschafft gehabt"* und der kaiserliche Botschafter fürchtete, dass diese *"meine Behausung [...] stürmen wollten"*. Um die Sache nicht eskalieren zu lassen und die Soldaten des kaiserlichen und der francospanischen Minister an weiteren Ausschreitungen zu hindern, zog noch in der Nacht die päpstliche Polizei zwischen den nicht weit von einander entfernt liegenden Palästen der verfeindeten Diplomaten auf. Trotzdem war Graf Lamberg auch weiterhin alles andere als zimperlich, und wenn es um die Verteidigung seines Immunitätsbereiches ging, machte er selbst vor ihren Dienst versehenden Polizisten nicht halt: *"Diesen Morgen hab durch meine Leith 7 Sbirri wol abbügeln lassen, so ein Causa civile in meiner Nachbarschafft abhandeln wollen."*[225]

Diese drohende Straßenschlacht aus nichtigem Anlass war jedoch gleichsam nur die Spitze eines Eisberges, der in den Monaten zuvor das diplomatische Klima zwischen Papst- und Kaisertum unter den Gefrierpunkt hatte sinken lassen. Während der Papst der kaiserlichen Armee den Durchmarsch durch den Kirchenstaat nach Neapel verweigerte, lehnte Leopold I. den früheren Kardinalstaatssekretär Fabrizio Spada (Abb. 283) als päpstlichen Friedensvermittler ab[226]. Zum größten Zankapfel zwischen den verfeindeten Mächten in Rom entwickelte sich jedoch der schon mehrfach erwähnte exzentrische Cesare Michelangelo d'Avalos Marchese di Pescara del Vasto[227]. Der aus einer alten und reichen süditalienischen Familie stammende Adelige hatte sich zwar entgegen seiner ursprünglichen Versprechungen einer tatkräftigen Unterstützung mit einem größeren Soldatenaufgebot rechtzeitig vor dem Aufstand in Neapel nach Rom abgesetzt und lavierte dort zwischen dem kaiserlichen, dem französischen und dem spanischen Gesandten, da seine Gattin in einem Kloster in Neapel unter Hausarrest stand. Da er aber doch als wichtiger Verbündeter der Habsburger galt, hatte ihn Kaiser Leopold am 16. Dezember 1701 *"in Anerkennung seiner treuen Anhänglichkeit an den Kaiser und das Haus Österreich"* zum wirklichen kaiserlichen Feldmarschall ernannt[228]. Nachdem in Rom schon Gerüchte von einer möglichen Entführung del Vastos die Runde machten, erhielt Graf Lamberg am 9. Jänner 1702 die Nachricht, dass Kardinal Janson *"bei dem Marchese del Vasto einen Sclaven gewonnen, welcher bei ihm in der Cammer zu schlaffen pfleget, wie auch noch einen anderen von seinen Bedienten, welche nachtszeit ihn ermorden sollen. Ich hab dieses ihm gleich geschrieben."* Der Fürst hat den Beschuldigten Joanello umgehend mit einer Fackel und der Drohung deren Wachs auf seinen Körper tropfen zu lassen *"examiniret"*, worauf dieser zugab, vom französischen Kardinal sowie vom spanischen Botschafter jeweils 1000 Scudi für den Mord versprochen bekommen zu haben, und einen französischen Diakon als Mittelsmann nannte[229]. Vor dem päpstlichen Gericht widerrief der potenzielle Mörder jedoch seine Aussage, und der angeklagte Franzose beschuldigte seinerseits Kardinal Grimani, ihn zu der Aktion angestiftet zu haben, um den französischen Botschafter zu kompromittieren[230]. Französische Zeitungen beschuldigten sogar Lamberg, das Attentat erfunden zu haben, um den Marchese von der Rückkehr nach Neapel abzuhalten. Als am 11. Jänner 1702 schließlich in der ganzen Stadt handschriftliche Flugblätter *„in guter Kanzleischrift"* auftauchten, die den französischen Kardinal des geplanten Mordes bezichtigten, wurde die dubiose Angelegenheit endgültig zu einer Staatsaffäre[231]: *„Diesen Morgen seind unterschiedliche ‚Cartels' angemacht gefunden worden, wie infam der Cardinale Janson dem Marchese Pescara durch einen Sclaven hat wollen morden lassen, seye deswegen das ‚Venerabile' durch 3 Tag zu S. Andrea della Valle exponirt. Der Cardinale Janson ist gleich zu dem ‚Secretario dello Stato' Paulucci, wie durch dieses ihn schimpflich als einen Cardinal und königl. ‚Rappresentanten' pro infam zu declariren. Dieses hette der Marchese gethan, bittete also umb ‚Justice'"*[232].

Als Lamberg von der geplanten Verhaftung des Marchese durch die päpstliche Polizei erfuhr, brachte er diesen in seiner exterritorialen Residenz in Sicherheit und versuchte den Papst vergeblich davon zu überzeugen, dass die Flugblätter nicht von del Vasto stammen würden. Falls diese wirklich von einem Anhänger der kaiserlichen Partei stammten, war dies jedenfalls kontraproduktiv. Der kaiserliche Botschafter versuchte den Papst jedoch sogar mit der Drohung von Enthüllungen von einem Prozeß gegen del Vasto abzuhalten. Am 21. Februar ließ er Clemens XI. nämlich ausrichten, dass er im Falle einer Gerichtsverhandlung *„dagegen ein Manifest werde ausgehen lassen, wo ich hiesige Justitz, des Cardinale Janson Lebenslauff und alles hineinsötzen werde"*. Wenige Tage später drohte er neuerlich, dass er eine Antwort auf ein päpstliches Monitorium gegen seinen Gast publizieren *„und der Weld des Governi Partialitet gegen die Franzosen und Spannier kund machen"* werde. Doch alle Bemühungen Lambergs waren vergebens und am 27. Februar wurde *„das infame ‚Monitorium' wider den Marchese del Vasto an unterschiedlichen Orthen affigirt"*[233]. Damit wurde der Marchese vom römischen Gouverneur vorgeladen und der Verleumdung eines Kardinals angeklagt, worauf die Todesstrafe und Konfiskation der Güter standen[234]. Schon am nächsten Tag wurde dem Angeklagten in der Residenz des Botschafters Asyl gewährt (was nicht ohne Prügel für einen Regierungsspitzel abging). Am Abend wurde dort gleich ein *„prunkvolles Fest"* abgehalten, bei dem man den Marchese *„ganz munter mit reichstem Gewand und Diamantknöpfen im Schätzwert von 30.000 Scudi tanzen sah"*, und an dem auch ver-

328. Rückseite des Palazzo Bonelli, der Residenz Lambergs, mit seiner ‚Hauskirche' S. Bernardo (rechts) und S. Maria di Loreto (links) im Hintergrund der Trajansäule, Kupferstich von Pietro Santo Bartoli, 1704; Privatbesitz

schiedene Herren und Damen in Masken teilnahmen[235].

Während Lamberg mit dem seit einiger Zeit *„indisponierten"* und vielleicht an der Affäre nicht ganz unschuldigen Kardinal Grimani *„in lunghi congressi"* die weitere Vorgangsweise beriet, ließ der französische Botschafter von diesem Gerichtsurteil mehr als tausend Exemplare, vor allem in lateinischer und italienischer Sprache, aber auch in spanischer und französischer Übersetzung drucken und am 6. März in der Stadt verteilen[236]. Del Vasto folgte der Vorladung nicht, lehnte auch den als Ausweg angebotenen Übertritt zur französischen Partei ab und wurde daher am 18. März 1702 offiziell zur Enthauptung und zum Verlust seines Vermögens verurteilt. Lamberg, der seinem Asylanten schon im Mai 1702 nicht weniger als 9.000 Scudi ausbezahlt hatte[237] und ihn über vier Monate in seinem Palast beherbergen musste[238], scheint jedoch dem Marchese diese Probleme nicht nachgetragen zu haben, da sich im Schloss Ottenstein bis ins 20. Jahrhundert ein Porträt offensichtlich dieses neapolitanischen Vliesritters erhalten hat[239]. Da die Forderung des Kaisers, den frankophilen Gouverneur Roms und späteren Kardinal Rainuccio Pallavicini (Abb. 329) abzusetzen und die Anklage gegen den kaiserlichen Feldmarschall zu annullieren, nicht erfüllt wurde, verweigerte Leopold I. dem päpstlichen Nuntius in Wien jeden weiteren Kontakt und verbat mit Schreiben vom 31. März auch seinem Botschafter in Rom, beim Papst eine Audienz zu beantragen, solange bis der Marchese rehabilitiert sei[240].

Weder die Freilassung des Sklaven des Marchese del Vasto und vier kaisertreuer Offiziere aus dem päpstlichen Gefängnis (worauf sie in der Residenz Lambergs mit Trompetenschall und einem Festmahl empfangen wurden[241]), noch die Verbringung des Feldmarschalls am 11. Mai 1702 durch Lamberg zu den kaiserlichen Truppen nach Oberitalien konnten die aussichtslose Situation grundlegend verbessern. Im Schutz seiner Immunität und der kaiserlichen Anordnung einer Abreise *„mit ‚Decoro'"* folgend hatte der kaiserliche Botschafter diese Flucht des zum Tode verurteilten Fürsten wie einen öffentlichen ‚Triumphzug' aus dem Palazzo Bonelli organisiert: *„Diesen Morgen umb 8 Uhr bin ich, die Bottschaffterin, der Marchese und die Freylle v. Althann in meinen ‚Faetone nobile' [= Herrenkutsche] ausgefahren. Voran ritten bey 20 Man zu Pferd mit Flinten und 2 Trompetten, darauf mein Wagen, nach diesen der Marchese Carpi, darauf die Freyllen in Raiswagen, so* *nach Bologna iber Loretto gehen, nach diesen 4 andere Zug mit meinen Leuth, ein Zug mit 8 Pferden des Marchese, so er mitgenohmen. Darauf bei 12 Raisechaisen mit unseren Leuthen. Ich bin zu der Porta Pinciana ausgefahren umb die Stadt gegen den Popolo; der Platz SS. Apostoli stunde voller Leuth wie auch das Thor al Popolo ganz hinauf die lange Strassen ein grosser Zulauf gewesen. […]."*[242] Man vermied es also, auf dem kürzesten Weg über die Piazza di Spagna und damit an der spanischen Botschaft vorbeizufahren[243]. Lambergs *Avvisi Romani* schrieben sogar, dass die Abreise des Marchese del Vasto mit neun Kutschen, 18 Kaleschen und 40 Pferden prunkvoller gewesen sei als der Einzug des „Herzogs von Anjou" (= Philipp V.) in Neapel[244].

Während des Aufenthaltes in Siena, wohnte der Botschafter der Sonntagsmesse im Dom bei, wo ihm das Evangeliar sowie die Friedenstafel zum Kuss gereicht wurden. Bei der abendlichen Gesellschaft im Hause Bonsignora verlor der Marchese del Vasto von seinem „*Toison das Lambl mit 2 Diamanten*", hat es aber wiedergefunden[245]. Ein paar Tage später wurden der Botschafter und der Feldmarschall in Lucca empfangen und von der Republik vornehm beherbergt, wenngleich es auch hier nicht ohne zeremonielle Irritationen abging. Von Siena hatte Graf Lamberg seinen Stallmeister Marchese Vitelli mit einem Schreiben an die Stadtväter abgesandt, indem diese als „*Illustrissimi, & Ecellentissimi Signori*" tituliert wurden. Daraufhin wurde der kaiserliche Botschafter an der Staatsgrenze von sechs Kavalieren willkommen geheißen. Als Sprecher dieser Abordnung begleitete der kaiserliche Kämmerer und frühere *Gonfaloniere di Giustizia* Marchese Romano Garzoni, der Besitzer der Villa in Collodi, Lamberg und del Vasto in der Staatskarosse („*Carozza della Repubblica*") bis zwei Meilen vor die Stadt, wo die Gäste von einer weiteren Abordnung aus acht Mann in schwarzer Amtstracht begrüßt wurden. In der Stadt wurden die Ehrengäste nicht nur mit Salutschüssen aus Kanonen und Böllern, sondern auch von einer Garnison empfangen. 50 Schweizergardisten begleiteten die Kutschen dann zum Palazzo della Signoria (Abb. 330). Am Fuß der Treppe wurde Lamberg vom *Confaloniere di Giustizia* Attilio Francesco Arnolfini „*in Ceremonieklaidern*" empfangen und in seine Wohnung geleitet. Dass bei dieser Gelegenheit dem Marchese del Vasto keine besondere Aufmerksamkeit geschenkt wurde, verstimmte diesen, und Lamberg musste am 19. Mai vermitteln: *„Diesen Morgen hat der Senat den ‚Nobile' Ago-*

329. Kardinal Rainuccio Pallavicini, Gouverneur von Rom, Kupferstich von Girolamo Rossi nach Antonio David, 1712; Privatbesitz

stino Santini [den Ballettmeister der Wiener Aufführung von Pomo d'oro zur Hochzeit Leopolds I.] zu mir geschückhet, und das Laid ‚contestiren' lassen, daß sie vernohmen wie der Marchese del Vasto wegen ihrer Unlust gehabt; si kunnten aus meinem Schreiben nichts anderst abnehmen, als daß er ‚incognito' sein wollte; sie wollten ‚deputiren' einige zu ihm und ihre ‚Expressiones' machen lassen, bitteten also ich wollte mich ‚interponiren', daß er seine Unlust gegen sie wollte fallen lassen." Lamberg vermittelte und die Missverständnisse konnten ausgeräumt werden. Am selben Tag traf auch die Botschafterin in Lucca ein, und wurde von sechs Damen, darunter Maria Santini und Bianca Buonvisi, empfangen. Das Botschafterehepaar wurde schließlich im Palazzo Buonvisi aus dem 16. Jahrhundert untergebracht, *„welches gar schön meublirt war"*[246].

Beim Besuch mit seiner Regierung wollte das Staatsoberhaupt der Republik Lucca unter Verweis auf einen ähnlichen Besuch im Jahre 1632 mit Handschlag begrüßt werden, was Graf Lamberg aber verweigerte: *„Der ‚Confaloniere' wollte mich mit denen ‚Anziani visitiren, pretendirten' aber die Hand mit ‚Allequirung' von einen Grafen Rabatta kayl. Bottschafftern Anno 1632. Ich antwortete so es der Fürst v. Eggenberg Anno 1633 gethan hatte; kunte mich ‚regliren', da die kayl. Bottschaffter in Rom kheinen wällschen Fürsten die Hand gebeten; sie sagten, es gebe ihren ‚Ambassadeur' in Madrid der kayl. Bottschaffter die Hand, so er von ihn besuchet wird; ich antwortete, dieses seye aber nicht in Rom. Es ist endlich geschlossen worden, daß ich den Empfang bei den Wagen und Beglaittung in meine Zimmer vor eine Visite passiren wolte lassen. Die Bottschafterin hat sie ‚tractirt' wie die Cardinalen in Rom."*[247] Am 21. Mai gab die Republik im *„Cavalliershaus"* ein Fest zu Ehren des Botschafters, am nächsten Tag standen neben der Besichtigung des Domes (siehe unten S. 481) auch der offizielle Besuch im Senat auf dem Programm, wobei der kaiserliche Botschafter den *„gleichen Sessel mit dem ‚Confaloniere'"* zugewiesen bekam. Beim Abschied erhielten der *„Maggiordomo in pallazzo della republique"* ein *„Goldstückh von 20 Ducaten mit meiner Bildnuss"* (Abb. 255) und sein Personal 200 Livorni[248].

Schon drei Tage später trafen angeblich Kardinal Ottoboni (Abb. 18) und der venezianische Gesandte in Lucca ein, um den kaiserlichen Botschafter im Auftrag des Papstes zur Rückkehr nach Rom zu bewegen. Doch dieser blieb noch ein paar Wochen zur Kur in der Toskana[249]. Während sich Graf Lamberg um seine Gesundheit

330. Palazzo Ducale (Palazzo della Signoria) von Bartolomeo Ammanati, 1578; Lucca

kümmerte, reiste seine Gattin mit den Grafen Rosenberg und Mattei nach Florenz, das Gnadenbild der SS. Annunziata zu sehen[250]. Nachdem die Botschafterin schon bald über Bologna (wo sie im Palazzo Albergati logierte) nach Venedig weitergereist war, brach Graf Lamberg erst am 11. Juni von Lucca auf, wo er seinen Sohn zurück ließ, damit dieser in Florenz dem Johannesfest beiwohnen konnte. Zu diesem Zweck gab ihm der Vater Schreiben an den Großherzog sowie für die 1678–99 als toskanische Gesandte in Wien tätigen Markgrafen Pier Antonio Gerini und Antonio Francesco Montauti mit[251].

Am 13. Juni 1702 traf der kaiserliche Botschafter in Rom ein, wo er nicht nur von Msgr. Franz Karl Graf von Kaunitz, dem Sohn des Reichsvizekanzlers und kaiserlichen Auditor di Rota, und vom Marchese di Santacroce (Abb. 17) sowie vom venezianischen Botschafter Morosini empfangen, sondern auch vom Volk bejubelt wurde: *„bei Porta del Populo hat die ‚Guarnison' und das Volckh geschrieen ‚Viva l'Imperatore, viva S. Eccelenza', wie auch in Corso."*[252]. Die Abreise seines ‚Untermieters' brachte Lamberg wohl eine gewisse räumliche und nervliche Erleichterung, aber keineswegs eine Verbesserung seiner finanziellen Situation, wie er dem Fürsten Liechtenstein mitteilte. Die Reise hätte 1.600 Scudi gekostet, da der Marchese del Vasto *„mit 60 bis 70 Personen geraiset, also mich gänzlich entblosset finde"*[253].

Sowohl aus politischen als auch aus finanziellen Gründen waren dem kaiserlichen Diplomaten im Sommer 1702 die Hände gebunden. Daher traf es sich gut, dass Graf Lamberg aus der Not eine Tugend machen konnte, als der vom Papst zu Philipp V. nach Neapel entsandte Kardinallegat Carlo Barberini (Abb. 331) am 20. Juli in festlichem Zug von der Piazza del Popolo durch die Stadt zum Quirinal zog[254], und die demonstrative Absenz der österreichischen Parteigänger nicht unbeachtet blieb: *„Aufgrund der fehlenden Festdekorationen hat man bemerkt, dass Kardinal Grimani, Herzog Caetani und der kaiserliche Botschafter überhaupt nichts in die Fenster ihrer Paläste stellten, und man hat auch gesehen, wie der kaiserliche Botschafter am Fenster des von ihm bewohnten Palazzo Bonelli im Hausanzug die Cavalcata beobachtet hat. Man hat auch bemerkt, dass der im Zug mitziehende Kardinal de Janson die Augen hinter den Scheiben der gegenüberliegenden Paläste des Kardinals Grimani und des Herzogs Caetani fixierte und dreimal den Sonnenschirm aufspannte, was bei Kardinälen im Festzug sehr ungewöhnlich ist."*[255] Tatsächlich hat Graf Lamberg nicht nur die Beschaffenheit der Prunkwägen genau begutachtet, sondern auch die von Valesio beobachtete symbolische Beschirmung des Kardinals sowie die Dekorationsverweigerung in seinem Tagebuch festgehalten: *„hat auch wider allen Gebrauch der Cardinale Janson allein sich mit einer ‚Ombrella' bedökkhen lassen, die ein ‚Officier' neben den Thier zu Fuss gehend getragen. […] Die ‚Cavalcada' ist vor mein ‚Palazzo' gangen, hab aber kheine ‚parati' [= Festdekorationen] aufhenckhen lassen."*[256]

Schon im Vorfeld hatte Lamberg notiert, dass der Kardinal *„sehr grosse Spesen machet, wird auch schöne ‚Present' mitbringen, so er von seinem Vermögen geben wird"*[257]. Im Archiv des kaiserlichen Botschafters haben sich handschriftliche *Avvisi* vom 20. Mai 1702 erhalten, in dem die diplomatischen Geschenke an Philipp V. näher beschrieben werden. Während der Papst ein mit Gemmen verziertes und mit Ablässen versehenes Goldkreuz und vier Ganzkörperreliquien überreichen ließ, griff Kardinal Barberini einmal mehr auf den Kunstfundus seiner Familie zurück und wählte die *„seltensten und preziösesten Sachen nicht ohne Leid der Nepoten, insbesondere Gemälde erstklassiger Maler, zwei sowohl aufgrund ihrer Ausführung als auch ihres Materials kostbare Statuen; eine ‚conca' aus Porphyr mit einem Fuß aus Lapislazuli"* sowie wertvolle Öle und Parfums auch für die Minister[258]. Unter den 20 Gemälden befanden sich zwei Werke von Pietro da Cortona, während die für den jungen Herrscher ausgewählte Statuette des kleinen Herkules *„von dem ‚Cavallier' Bernini"*[259] tatsächlich heute Berninis Vater Pietro zugeschrieben wird (Abb. 332)[260].

Kaum hatte sich die Aufregung um den Marchese del Vasto etwas gelegt, kam es zu einer neuerlichen Veränderung der Wohnungssituation des kaiserlichen Botschafters, und diese stand ebenfalls in direktem Zusammenhang mit den politischen Kämpfen um Neapel und der drohenden Bestrafung eines Parteigängers der Habsburger in Rom. Im Juli 1702 übersiedelte der kaiserliche Botschafter nämlich in den Palazzo Caetani am Corso, der ebenfalls zu den großen Adelspalästen Roms des 17. Jahrhundert zählt (Abb. 333). Sein Besitzer Gaetano Francesco Caetani Principe di Caserta e Duca di Sermoneta, war ebenso wie del Vasto ein traditioneller und einflussreicher Anhänger der Habsburger. Schon sein Großvater Francesco IV. war 1660 von König Philipp IV. von Spanien zum Gouverneur von Mailand sowie 1661 zum Vizekönig von Sizilien ernannt worden, und auch sein Vater Filippo II. war Ritter des Ordens vom Golden Vlies[261]. Herzog Gaetano Francesco, der in erster Ehe mit Costanza Barberini verheiratet gewesen war, hatte zwar schon 1699 dem Kaiser durch den Fürsten Liechtenstein seine Unterstützung zugesagt, sich jedoch ebenso wie del Vasto rechtzeitig vor der Rebellion in Neapel aus dem Staub gemacht. Weil aber dem Papst bekannt wurde, dass der Herzog in seinen an der Grenze zu Neapel gelegenen und zum Kirchenstaat gehörigen Besitzungen Soldaten angeworben hatte, verbot ihm der Papst am 23. September 1701 unter Androhung einer Strafe von 50.000 Scudi, Rom zu verlassen. Caetano floh jedoch noch am selben Abend aus der Stadt, kurz bevor die Nachricht vom Aufstand in Neapel bekannt wurde. Daraufhin wurden um 2 Uhr nachts von den päpstlichen Finanzbehörden in seinem Palast Güter im Wert der Strafe sichergestellt, und eine Konfiskation

331. Kardinal Carlo Barberini, Gouverneur von Rom und päpstlicher Legat zu Philipp V. in Neapel (1702), Ottensteiner Kardinalsserie, römischer Maler, 1700/1701; Maria Enzersdorf, EVN

des Palastes konnte nur verhindert werden, indem Kardinal Grimani dort einzog²⁶². Am 1. Dezember 1701 wurde Caetani in Neapel zum Tod und Verlust seiner Güter verurteilt, das päpstliche Lehen Sermonetta wurde vom Papst konfisziert und die Festung beinahe abgebrochen. Der Herzog selbst hielt sich jedoch im „appartamento a terreno" seines Palastes verborgen, so dass selbst seine Kinder seinen Schlupfwinkel nicht kannten²⁶³. Dies behagte ihm aber zunehmend weniger – wie Lamberg in seinem Tagebuch am 5. Mai festhielt – und er fragte was er tun soll, da der Papst „ihn abschlaget, in seinen ‚Palazzo' bleiben zu können, er wäre 7 Monath in ein terreno mit ‚Pregiudiz' seiner Gesundheit eingespöret verblieben". Er wolle sich aber nach Wien begeben²⁶⁴. Am 20. Juli 1702 war die Sache beschlossen, weil jedoch „hiesiger Hoff nicht wird nachlassen ihm [= Caetani] Ibles zu thun, so bittete er, ich wollte einen ‚Sequester' zu verhütten, sein ‚Palazzo' hier bewohnen, so ich ihm auch versprochen; entgegen meinen Garten zu bewohnen in Wien anerbothen."²⁶⁵ Am nächsten Tag wurde der Herzog von Sermonetta mit Hilfe Lambergs „in publica forma" in einer sechsspännigen Kutsche gemeinsam mit seinem Sohn und in Begleitung des kaiserlichen Botschafters sowie des Kardinal Grimani aus der Stadt gebracht²⁶⁶. Über Modena ging er nach Wien ins Exil, wo er sich 1707 mit Maria Carlotta von Rappach vermählte.

Schon am Tag nach der Flucht des Fürsten Caetani beobachtete der nur ein paar Häuser weiter bei der Kirche San Carlo wohnende Chronist Valesio, dass im Palazzo des Herzogs am Corso die Lakaien des kaiserlichen Botschafters auftauchten, und am 25. Juli 1702 übersiedelte Graf Lamberg selbst in seinen neuen Wohnsitz: „Diesen Morgen bin ich von Palazzo Bonelli in Palazzo Caietano, wie ich es dem Fürsten versprochen, gangen und dasselbe bezogen."²⁶⁷ Inhaltlich identisch, aber wesentlich ausführlicher schildert Valesio den Vorgang. Er sah viele Karren beim Transport von Hausrat „vom Palast des kaiserlichen Botschafters bei SS. Apostoli zum Palast des Herzogs Caetani am Corso; und am selben Morgen kam auch der Botschafter hier mittagzuessen, nachdem er diesen Palast zu seiner neuen Wohnung erwählt hat, vielleicht um ihn vor einigen Exekutionen zu bewahren, die über diesen Palast von den Kreditgebern des Herzogs Caetani könnten verhängt werden, die von den Franzosen dazu angestachelt wurden. Um 18 Uhr wurden vom Seitenportal des Palastes zur Straße, die zur Piazza Borghese führt (Abb. 333), die beiden dort befindlichen Wappen von Spanien sowie des Römi-

332. Kind mit Drachen (Herkules), Marmorskulptur von Pietro Bernini (um 1615–20), Geschenk des Kardinals Carlo Barberini an Philipp V. von Spanien (1702); Los Angeles, J. Paul Getty Museum

schen Volkes entfernt und durch jene des regierenden Papstes sowie des Kaisers ersetzt."²⁶⁸. Gleichsam als ‚Einstandsfest' feierte der Botschafter in seiner neuen Residenz am 26. Juli 1702 den Geburstag Kaiser Josephs I. mit einer „Sinfonia, musica e ballo"²⁶⁹.

Wenige Tage später verbreitete sich das Gerücht, dass Fürst Caetani seinen Palast dem Kaiser gegen eine jährliche Unterhaltszahlung von 12.000 Scudi geschenkt hätte. Lamberg bezeichnete dies als falsch, und die offensichtlich aus rein politischen Gründen erfolgte Übersiedlung bzw. die ungeklärte Finanzsituation beider Beteiligter sorgte noch längere Zeit für Unmut. In einem Brief an den Fürsten Liechtenstein vom 7. April 1703 brachte der kaiserliche Diplomat seinen Ärger ganz undiplomatisch zu Papier: „Herr Card. Grimani wirdt ein Zeugnus geben, wie ungern ich in deß Principe Caserta Palazzo gezogen, die ‚Condition' gemacht fordist Ihro Mayt. zu dienen und diesem Fürsten vom ‚Sequestor' zu liberiren. Ich in Hundts Tag Lufft gränt [= gerannt] von einem eminenten Orth an das Wasser gezogen, wo ich Pferdt, Wägen, und Bediente alles ausser Hauß mit größter Ungelegenheit und Unkosten halten mueß, auch die ‚Condition' gemacht, nicht mehr außzuziehen, da in höchster Noth zusag mit stürmend Handt den Bonnellischen Palazzo erhalten, denselben, wo ich so wohl gestanden, ihme zu lieb und Dienstes verlassen, anizo mit unhöflicher Art diese Post mir *denselben aufsaget. Er hette ihn selbsten vonnöthen, ich solle ihn ausräumen, also weiß ich nichts zu antworthen, als ich ihn seines Versprechens zu erindern, […]. Ich habe wegen ausgelegter Unkosten im Bonellischen Palazzo denselben biß Ersten dieses Aprills zu geniessen gehabt, und seines Interesse halber mich also ‚incomodirt' und dieses seye mein Dankh. Verlange gewiß nicht mehr, mit solchen unbeständig Leuthen, narrischen Köpffen und und Bettlfürsten, die mehr schuldig sindt, alß sie besitzen, etwas zu thun zu haben […] und solle einer lieber mit wilden Leuthen, alß mit dieser Nation umzugehen haben, welche einem in ihrer Noth die Füeß küssen, ausser derselben aber einen mit Undanckhbarkeit und Verleumdung deß gueten Nahmens bezahlen."*[270] Offensichtlich zur Verhinderung weiterer Zwistigkeiten schloss der kaiserliche Botschafter im Mai d.J. mit Kardinal Francesco Barberini (Abb. 334) eine Übereinkunft über eine jährliche Miete des möblierten Palastes der Caetani in der Höhe von 1000 Scudi (d.h. 2500 Gulden)[271].

Im Juni 1703 wurde schließlich in Rom das Todes- und Konfiskationsurteil gegen den Fürsten Caetani publiziert, doch war er der Beschlagnahme der Güter, die auch mit 700.000 Scudi belastet waren, zuvorgekommen, indem er sie notariell an seinen Sohn sowie die verwandte Familie Borromeo in Mailand übertragen hatte lassen[272]. Am 21. Juni kehrte der Sohn des Herzogs, Don Michelangelo, nach Rom zurück, um die Verwaltung seiner Güter zu übernehmen. Da der Palast der Familie am Corso *"gegenwärtig vom kaiserlichen Botschafter Graf von Lamberg bewohnt ist"*, zog der junge Adelige zu seinem Onkel Kardinal Francesco Barberini (Abb. 334) in den Palazzo Barberini. Der Prinz zeigte sich aber in der Folge mehrfach an der Seite des kaiserlichen Botschafters, was bei den frankospanischen Ministern Unmut erregte[273].

Die Behandlung des Fürsten Caetani war jedoch nur ein weiterer Schritt zum späteren Abbruch der diplomatischen Beziehungen zwischen Wien und Rom sowie einer zunehmenden Bevorzugung der französischen Kriegspartei durch den Papst. Das führte wiederum zu einer immer heftigeren Kritik des kaiserlichen Botschafters an den Vertretern der Kurie, da Lamberg offensichtlich seine naiv-idealistischen Vorstellungen vom geistlichen Oberhaupt der Christenheit und seiner Diener zerstört und deswegen sogar seine eigene Religiosität gefährdet sah. So bezeichnete er den Kardinalstaatssekretär Fabrizio Paolucci (Abb. 335), also den päpstlichen Außenminister, als *"stinkend französisch"*[274], und 1721 legte auch Lambergs Nachfolger als kaiserlicher Botschafter sein Veto gegen die Wahl von Paolucci zum Papst ein. Psychologisch verständlich wandelte sich Lambergs Ehrfurcht gegenüber dem Heiligen Stuhl zunehmend in Ärger sowie Wut, und er meinte, im Heiligen Kollegium gebe es mehr Atheisten als Christen, bei denen man nur durch Geld und Stock, also Bestechung und Drohung, etwas erreichen könne[275].

Dennoch kam der kaiserliche Botschafter mit einer antipäpstlichen Einstellung auch in einen Interessenskonflikt zwischen seinem beruflichen Auftrag und dem Bestreben der Familie Lamberg, es sich mit der Kurie nicht zu verscherzen. Da man dort doch eher auf Pfründen hoffen könne als beim Wiener Hof, riet Fürstbischof Johann Philipp von Lamberg in einem Schreiben vom 31. August 1702 seinem Vetter Leopold Joseph zu Mäßigung, weil der Botschafter *"mir als einem Kardinal anverwandt und ein naher Vetter seind, von welchem la Corte di Roma keine Strapazzi in der Gedächtnus behalten möge, sintemalen unser Haus sehr numeros und des päpstlichen Stuhles Assistenz noch in Secula, si Altissimo familiam nostram in ea propagare placuerit, benötiget ist. Und was Vorlohn hat man von vigorosen Entreprisen vom kaiserlichen Hof zu gewarten? Ich finde wahrhaftig intuitu dessen, daß facere offitium suum taliter qualiter et sincere vadere res quomodocunque vadant verträglicher zu sein also opera superogatoria, sub spe e condigno davor compensiret zu werden, unternehmen zu wollen."*[276] Tatsächlich hatte Graf Lamberg erst weni-

333. Hauptportal des Palazzo Caetani-Ruspoli; Rom, Via della Fontanella di Borghese

ge Monate vorher vom Papst die Zusage für ein Kanonikat in Passau für seinen Vetter Florian Graf von Sprinzenstein erhalten, und später war der Passauer Bischof nicht nur Gastgeber des päpstlichen Nuntius als dieser in Wien unerwünscht war, sondern auch einer jener Kardinäle, die der Papst 1705 um Vermittlung im Konflikt mit dem Kaiser bat[277]. Das Haus Lamberg durfte also auch weiterhin auf kirchliche Pfründe hoffen…

Am 29. Oktober 1702 feierte man in der Residenz des Botschafters den Geburtstag der spanischen Königinwitwe Maria Anna von Pfalz-Neuburg („*Diesen Abendt ist eine schöne Serenata bei mir gehalten worden, wobei der Cardinale Grimani und vill ‚Cavallieres' gewesen.*") und am 15. November den Namenstag des Kaisers in der Nationalkirche mit aufwendiger Dekoration und festlicher Musik sowie mit einem Fest in seiner Residenz („*Diesen Abend hab eine Cantata gehalten in Lob Ihr Mayt. des Kaysers*")[278].

Offensichtlich selbst für den kaiserlichen Botschafter überraschend verließ sein Partner Kardinal Grimani am 11. Dezember 1702 in einer nächtlichen Abreise Rom, und auch der befreundete Marchese Santacroce (Abb. 17) „*disapprobirte den ‚Modum'; sagte es werde von einer ‚Fuga' [= Flucht] gesprochen werden, es hab ihm auch gedünkkhet, daß er [= Grimani] in die Spesa ibel gestanden.*"[279] Der Kardinal war jedenfalls keineswegs der einzige Diplomat, der Rom aus Angst vor den Gläubigern Hals über Kopf verlassen musste.

Seit Ende 1702 rechnete jedoch der Botschafter selbst ebenso wie der Wiener Hof mit seiner Abberufung aus Rom, wobei Lambergs Cousin im Kardinalsrang als Nachfolger im Gespräch war. Leopold Joseph plädierte ebenfalls für diese Variante. Denn „*wan der Kayser vermainet dem Pabsten mit Liebe und ohne Violenz vor sich erwerben zu können, solle er sich der franzos. ‚Maxime' gebrauchen, welcher allzeit Cardinales zu ‚Legaten' machet, wan er dem Pabsten schmeicheln, und dadurch von selben ‚Favores' erhalten will, in anderen Begebenheiten aber wo Franckreich die Oberhand hat, und die ‚Preti di Roma' in Forcht und Schröckhen zu halten entschlossen, werden darzu weltliche Pottschaffter gebrauchet.*"[280] Graf Lamberg hoffte hingegen schon im Jänner 1703 auf ein Ministeramt in Wien oder auf die Betrauung mit der Leitung der künftigen Friedensverhandlungen mit Frankreich und Spanien.

Da dem kaiserlichen Botschafter aufgrund seiner zunehmenden zeremoniellen Isolation – nach der Abreise des Kardinals Grimani verkehrte nur

334. Kardinal Francesco Barberini, Ottensteiner Kardinalsserie, römischer Maler, 1700/1701; Maria Enzersdorf, EVN

mehr der Botschaftssekretär Dalberg mit dem Papst – die politische Kommunikation mit der Kurie versiegte, war Lamberg erst recht auf die nonverbale Kommunikation mittels Zeremoniell, Festlichkeiten und Porträts angewiesen, um die habsburgischen Ansprüche am Tiber präsent zu halten, zumal Leopold Joseph von Lamberg am 23. April 1704 von Erzherzog Karl auch offiziell „*pro interim zu dero Ambassadeur*" beim Heiligen Stuhl ernannt wurde[281].

Unter diesen Umständen scheinen der 15. und 16. März 1703 besonders erfreuliche Tage für Leopold Joseph gewesen sein, erhielt er doch nicht nur von Kardinal Medici einen afrikanischen Kindersklaven geschenkt, sondern konnte auch noch ein schönes Oratorium hören: „*Diesen Abendt hat H. Cardinale Medices mir seinen ‚Ministrum', den Abbate Stuffa, zu mir geschickht, und mir einen Mohren vor meine Gemahlin verehrt, so ungefähr 7 Jahr alt ist, welchen [er] reich und wol gekleidet gehabt.*"[282] Der kleine Afrikaner wurde schließlich Anfang Mai gemeinsam mit einem Affen per Post nach Österreich expediert, „*hab 19 Scudi bis Venedig bezahlt*"[283]. Am nächsten Abend ist der Botschafter „*a S. Marcello gewesen, ein Oratorio alldorth zu hören, so wol gesungen worden.*" Zwei Wochen nach dem Besuch der Kirche am Corso mit der 1682–86 von Carlo Fontana geschaffenen Fassade stand am 1. April in der Chiesa Nuova (Abb. 336) eine – in der Literatur anscheinend unbekannte – Wiederaufführung einer Kirchenoper von Alessandro Scarlatti auf dem Programm²⁸⁴, „*wo der Matheuci aus Spannien gesungen; das Oratorium ware von der ‚Annuntiata' gemacht Anno 1700 v. Cardinale Ottoboni, der verwittibten Königin in Pohlen*"²⁸⁵. Das Oratorium *La Santissimia Annunziata* mit dem Libretto des Kardinals und den zahlreichen Soli für den Violinisten Arcangelo Corelli war am 25. März 1700 im Palazzo della Cancelleria uraufgeführt worden. Eine Wiederholung dieses meisterhaften Werkes des damals als Erster Hofkapellmeister in Neapel und seit 1702 als Kapellmeister von S. Maria Maggiore in Rom tätigen Komponisten war bisher nur aus dem Jahr 1708 im Palazzo Ruspoli (Bonelli) bekannt, wo es zu einem Wettstreit mit Georg Friedrich Händels Oratorium *La Resurrezione* kommen sollte.²⁸⁶

Am 10. April 1703 hob der kaiserliche Botschafter in Vertretung von Erzherzog Karl in der deutschen Nationalkirche den Sohn seines Hofmeisters Lorenzo dell'Anguillara, Angehöriger „*einer der ältesten und nobelsten Familien Roms*", aus der Taufe, wobei Graf Lamberg von einem prächtigen Hofstaat umgeben und die Kirche festlich geschmückt war. Es hat also – schreibt der Botschafter an den Erzherzog – „*auch sonsten nichts ermanglet, so zu ‚Decor' Eurer Durchl. Höchsten Persohn etwas hette beytragen können*"²⁸⁷. In seinem Tagebuch beschrieb Lamberg die Ereignisse etwas weniger euphorisch: „*Heuth hab ich des Conte Anguillara Sohn aus der Tauff gehöbt, im Nahmen Ihr Durchlaucht des Erzherzoges; ein Bischoff hat ihn getaufft; waren die befreundete Damesen darbei als S. Croce, Cavaglieri, Mosca. Ich bin nach der Tauff nach Hause gefahren, und mich mit einen ‚Courrier' exculpirt abzufőrtigen, da die Damen vor ein Jahr in des Marchese Ottieri Tauff, bei meiner Besuchung alle weggangen unter Pretext eine Music alla Piazza di Spagna zu hören; hab also waisen wollen, daß ich es ‚resentire'.*"²⁸⁸ Das Fest war also offensichtlich noch immer von zeremoniellen Spannungen überschattet, obwohl der Botschafter „*incognito*" auftrat. Drei Tage später stattete der kaiserliche Botschafter im selben Auftrag der Mutter des Täuflings einen Höflichkeitsbesuch ab und überbrachte ihr „*eine Juwelengarnitur von grossem Wert*"²⁸⁹.

Am 1. Oktober 1702 gab es für die kaiserliche Partei wieder einen Grund zu feiern, nämlich die Rückeroberung der von den Franzosen besetzten Stadt Landau in der Pfalz, an der Joseph I. gegen den Willen seines Vaters persönlich teilgenommen hatte: „*Diesen Morgen bin ich ‚all'Anima' gewesen alldorten das Fest ‚celebriren' lassen zur Danckhsagung wegen Landau mit einem Lobambt der Muttergottes umd Lobpredig derselben, welche […] allzeit eine Beschützerin des durchleuchtigsten Ertzhauses gewesen. Die Predig hat der Abbate Mancini gehalten, das Lobambt aber d. P. Slawata. Währenden Gottesdienst ist denen Armen das Allmosen ausgetheilet worden. Der ‚Concurs' des Volckhes ware sehr gross, entgegen von den Prelaten und Nobilitet [ge]ring. Die Kirchen ware ganz ausspalliret, die ‚Musique' kostete 47 Scudi. Ich bin mit meiner neuen ‚Stuffiglia' gefahren. Zu Mittag 15 Personen bei der Taffel ‚tractirt'. Der ‚Palazzo' [= Vatikan] hat es ungern gesehen, insonders aber die Franzosen, da sie auch nichts darwider sagen kunten.*"²⁹⁰ Valesio, der über die politischen Hintergründe informiert war, berichtet von der Verteilung von 60 Scudi Almosen auf der Piazza della Pace, kritisiert aber die Musik des jungen und unerfahrenen Kapellmeisters, eines Bruders der für Lamberg tätigen Sängerin Costanza Maccari²⁹¹. Beim Zelebranten handelte es sich um den kaiserlichen Briefpartner und Karmeliterpater Karl Felix a Sancta Theresia (= Johann Karl Joachim Graf von Slawata). Die Festpredigt des kaiserlichen Hofpredigers Tomasso Mancini auf die Gottesmutter als Beschützerin des Hauses Österreich wurde vom Botschaftsdrucker Komarek publiziert, um Lambergs Dankbarkeit an die Gottesmutter weiteren Kreisen bekannt zu machen (Abb. 337)²⁹².

Es verwundert jedenfalls nicht, dass mehr als ein Jahr später, als das Kriegsglück wieder auf Seiten der Franzosen stand, Kardinal Janson das jährliche Hochamt zu Ehren der hl. Lucia und des

335. Kardinal Fabrizio Paolucci, Erzbischof von Ferrara, Ottensteiner Kardinalsserie, römischer Maler, 1700/1701; Maria Enzersdorf, EVN

französischen Königs in S. Giovanni in Laterano dazu nutzte, die neuerliche Eroberung Landaus durch die Franzosen zu feiern und aus diesem Anlass am Abend auch eine *Serenata* aufführen ließ[293].

Unter diesen Umständen konnte in Rom natürlich jede Teilnahme oder Nichtteilnahme an einem Festgottesdienst zu einer politischen Stellungnahme werden. Kaum hatte Graf Lamberg von seinem Amtskollegen in Lissabon, Graf Waldstein, von der knapp bevorstehenden Unterzeichnung des Bündnisvertrages zwischen dem portugiesischen König und dem Kaiser erfahren, „glaubte ich richtig zu handeln, weil ja der hl. Antonius der Schutzpatron dieser Nation ist, mich an dessen Festtag [13.6.] dort zu zeigen, und ich begab mich an diesem Abend in deren Nationalkirche, um die üblichen Gebete zur Erlangung der Ablässe zu verrichten. Dabei traf man so viele Verbündete und Portugiesen, die am nächsten Tag in mein Haus kamen, um mich mit großer Ausdruckskraft ihrer Devotion gegen Ihre Majestät zu versichern". Doch auch der Papst merkte die politische Absicht und war verstimmt: Er fragte den Botschaftssekretär „gleich, was bedeutete, daß ich in der Portugeser Kirchen gewesen, ob es aus Verdacht ‚ad politica' beschehen, fragte, ob die Lega mit Portugal richtig, er hoffe daß sie nicht solle erkläret werden bis der Erzherzog in Lisbona werde angelanget sein." [294]

Am 5. Juli 1703 besuchte Lamberg das Collegio Romano der Jesuiten, „wo die adeliche Jugend ihre ‚Exercitia' gemacht, untermänget mit Sonneten, Epigrammen und Discursen." An dieser „solenne accademia di lettere et arma" nahmen fünf Kardinäle und viele Prälaten sowie Adelige teil. Die dem Kardinalnepoten Annibale Albani gewidmeten Texte wurden in lateinischer, griechischer, italie-

336. Santa Maria in Vallicella (Fassade von Fausto Rughesi, um 1600) und Oratorio dei Filippini (Fassade von Francesco Borromini, 1637–44), Rom, Piazza della Chiesa Nuova

nischer sowie französischer Sprache rezitiert, und die sportlichen Übungen umfassten Schaukämpfe mit Schwert, Degen, Hellebarde, Muskette und Picke[295]. Anschließend fuhr Graf Lamberg mit dem venezianischen Botschafter zur Contessa Adelaide de Paleotti, der späteren *Lady of the Bedchamber* der englischen Königin Anna. Dort traf man deren nachmaligen (1705) Gatten Charles Talbot Duke of Shrewsbury (Abb. 324) und es gab ein Konzert mit Gesang sowie einen Herrn von Salburg, der *Viola d'amore* spielte[296]. Zu den Gästen Lambergs im Jahre 1703 zählte auch Johann Philipp Franz von Schönborn, der Neffe des Kurfürsten, der 1703 gemeinsam mit dem späteren Göttweiger Abt Gottfried Bessel nach Rom gereist war, um beim Papst die Ernennung zum Dompropst von Würzburg durchzusetzen. Dies war die Voraussetzung für die spätere Wahl zum Fürstbischof und den Neubau der Residenz durch Johann Philipp Franz ab 1720[297].

Doch auch an seinem neuen Wohnort war der kaiserliche Botschafter nicht vor Störungen seiner Immunität und Nachtruhe sicher und schon am 16. Juli 1703 kam es wieder zu einem Zwischenfall: *„Heuth Nacht um 3 Uhr seind 20 Sbirri [= päpstliche Polizisten] gegen mein Fenster über in den Cafféladen eingedrungen"*, notierte Lamberg in seinem Tagebuch. Dabei kam es zu Übergriffen gegen Leibwache und Personal des Botschafters. Tatsächlich waren in dieser Nacht etwa 120 bewaffnete Soldaten in der Strada Ferretina sowie der Strada dei Condotti aufmarschiert, während 60 Polizisten in das im gegenüberliegenden Palazzo des Kardinals Grimani untergebrachte Kaffeehaus eindrangen, Die Polizisten verhafteten den Pächter des Lokals sowie den Abt Fabri, einen deutschen Kanoniker von S. Marco und zwei andere Äbte, die sich zufällig hier befanden. Sie arrestierten auch den aus dem Palazzo des Botschafters zum falschen Zeitpunkt herausgekommenen Unterkoch Lambergs.

Der Anlass für diese Aktion hatte sich schon zwei Tage vorher abgespielt: Als die päpstliche Polizei den Diener eines neapolitanischen Adeligen bis in das der Residenz Lambergs gegenüberliegedne Vorhaus des Palastes des Kardinals Grimani verfolgte, fühlte sich der kaiserliche Botschafter in seiner Ruhe und Immunität gestört. Als der Anführer der Truppe – laut Lamberg ein Geheimpolizist (*„Spia del Governo"*) – später noch einmal in das *„Caffé Tedesco"* zurückkehrte, wurde er *„auf Befehl des Herrn Abgesandten zur Straffe seines Übermuths und Verwegenheit mit ziemlich empfindlichen Schlägen zugedecket"*. Anschließend sandte Lamberg seinen Legationssekretär zum Kardinalstaatssekretär Paolucci (Abb. 335), um dagegen zu protestieren, dass der Gouverneur von Rom *„als ein abgesagter Feind des Allerdurchlauchtigsten Hauses Österreich jederzeit nichts anders suche, als Ihro Verdruß zu erweisen, indem er nur itzo gewaffnete Sbirri unter dero Fenster geschicket habe, da hingegen der Herr Abgesandte aus grossen ‚Respect' gegen Ihro Päbstliche Heiligkeit, sich aller Thätlichkeit enthalten, in der Hoffnung, es würden Ihre, des Herrn Cardinalen ‚Eminenz' dieserwegen Recht und billige ‚Satisfaction' verschaffen"*[298].

Obwohl die Täter durch ihre Uniformen (*„Livrea del Signor Ambasciator Cesareo"*) eindeutig zu identifizieren waren, erboste die Polizeiaktion und die dabei mittels Anschlag bekannt gemachte Androhung der Todesstrafe für den für die Prügel Verantwortlichen Lamberg umsomehr, da angeblich eine Bestrafung desselben Spions durch den spanischen Botschafter wenige Monate zuvor folgenlos geblieben war. Schon am nächsten Tag sandte der Botschafter einen Sekretär nach Wien, um diesen Vorfall beim Kaiser zu melden. Kardinalstaatssekretär Paolucci rechtfertigte sich aber in einem Schreiben vom 28. Juli an den Wiener Nuntius mit der Information, dass entgegen Lambergs Darstellung sehr wohl ein *„monitorio simile contro alcuni familiari del Sig-*

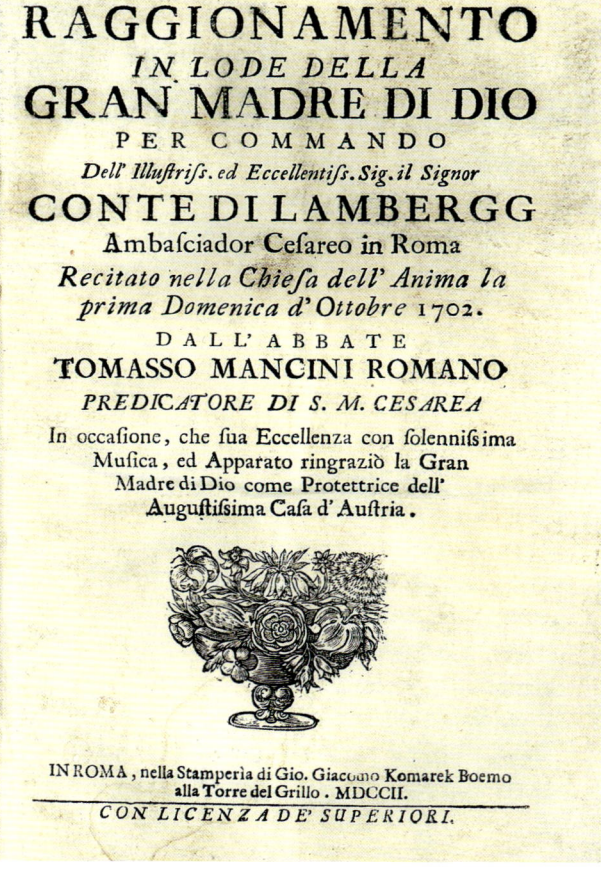

337. Festpredigt auf die Gottesmutter als Schirmherrin des Hauses Österreich, im Auftrag des Botschafters vom Abbate Tommaso Mancini, kaiserlicher Hofprediger, in der deutschen Nationalkirche gehalten, Druck von Johann Jakob Komarek, 1702; Göttweig, Stiftsbibliothek

nor Ambasciator di Spagna, che insultarono alcuni sbirri del Governo" erlassen worden sei²⁹⁹. Als jedoch am 20. Juli ein *„ziemlich bissiger"* Brief *„in Form eines Manifestes"* gegen die Gefangennahme des Kaffeehausbesitzers und über die dadurch entstandene Missstimmung zwischen dem Römischen und dem Wiener Hof bekannt wurde, distanzierte sich Graf Lamberg von dieser Aktion und bestritt jedes Wissen davon³⁰⁰.

Der über Wochen die beiden Staatskanzleien beschäftigende Vorfall wurde für Lamberg noch kritischer, da die päpstlichen Gerichte gleichzeitig die Todesstrafe gegen einen gewissen Francesco Mancini wegen verbotenen Glücksspieles publizierten. Den gerichtlichen Erhebungen zufolge hatte dieser nämlich von März bis Dezember 1702 mit zwei Komplizen in der Residenz – und damit im Schutz der Immunität – des kaiserlichen Botschafters öffentlich in einem Zimmer beim Eingang des vom kaiserlichen Botschafter bewohnten Palastes das Lotteriespiel praktiziert und dadurch einen großen Skandal verursacht³⁰¹. Ob es hier um unterschiedliche Rechtsauffassungen ging oder der Diplomat auf diese ungesetzliche Weise vielleicht nur sein oder seiner Angestellten Salär aufbessern wollte, bleibt mangels eigener Aussagen ungewiss. Eine ‚Dienstreise' im Oktober 1703 führte den kaiserlichen Botschafter in die Toskana. Einerseits diente die Fahrt dazu, den Marchese Scipione di Santacroce (Abb. 355) mittels diplomatischer Immunität außer Landes zu bringen und so der pästlichen Gerichtsbarkeit zu entziehen, andererseits sollte Graf Lamberg mit den in Livorno (Abb. 338) stationierten Vertretern der englischen und holländischen Verbündeten Kontakt aufnehmen³⁰². Die Abreise in Rom erfolgte am 4. Oktober und führte über Siena, wo Graf Lamberg in San Domenico die Messe hörte, in die toskanische Hafenstadt, wo er bei Carlo Antonio Gianelli logierte. Schon vor der Ankunft sah Leopold Joseph von Lamberg die alliierte Flotte im Meer, die ihm *„wie ein Wald oder Statt mit Thurm"* erschien. In Livorno wurde er vom englischen Botschafter beim Großherzog, Sir Lambert Blackwell, empfangen. Am nächsten Morgen, dem 9. Oktober, wurde der kaiserliche Botschafter von einem englischen Ruderboot in Begleitung einer großherzoglichen *„Gondola"* und unter Salutschüssen der Festung auf das Schiff des englischen Oberbefehlshabers gebracht. Der berühmte Admiral Sir Cloudesley Shovell (Abb. 339) entstammte einfachen Verhältnissen, war aber schon in jungen Jahren zur See nach Westindien und Südamerika gefahren. Nicht zuletzt aufgrund seiner Erfolge über die

Seeräuber kletterte er die Karriereleiter in der englischen Marine empor, wurde 1689 geadelt und 1695 ins Parlament berufen. Wenige Monate nach Lambergs Besuch sollte er als Rear-Admiral an die dritte Stelle der Navy aufsteigen und 1705 zum Oberbefehlshaber der englischen Flotte ernannt werden. Nach seiner Beteiligung an der Eroberung von Barcelona für Erzherzog Karl rammte sein Schiff 1707 jedoch einen Felsen vor Sizilien, wobei nicht nur die 800 Mann Besatzung, sondern auch der Admiral im Rettungsboot ums Leben kamen³⁰³. Da Shovell, *„ein grosser wol formirter Mann von ungefähr 55 Jahren […] nichts als die englische Spraach verstehet und von einem simplen ‚Marinier' durch seine Dapferkeit zu diesen hohen ‚Posto' gestiegen"*, fungierte der englische Gesandte als Dolmetscher. Der Marineoffizier berichtete von der unglaublichen Verehrung der spanischen Fürsten für das Haus Österreich und als er von Lamberg erfuhr, dass Erzherzog Karl schon an der hol-

338. Ansicht des Hafens von Livorno und Porträt von Großherzog Cosimo III. de' Medici, Vorder- und Rückseite einer Medaille (1680), Kupferstich in „Historische Remarques" vom 7. November 1702; Wien, Universitätsbibliothek

339. Sir Cloudesley Shovell, englischer Admiral, Ölgemälde von Michael Dahl, um 1703; London, National Maritime Museum Greenwich BHC 3025

353

ländischen Grenze eingetroffen sei, ließ er Salve schießen und *„nahmen alle ein Glass Wein in die Handt .und trunckhen Caroli 3. Gesundheit. Darauf nahme ich ein anderes und trunckhe der Königin in England Gesundheit. Vorhero gabe es ‚Ciocolato' und giessete einen jeden bei zehn Tropfen starckh ‚Aquavita' darin."*

Anschließend besichtige Graf Lamberg das nach dem englischen Landespatron Georg benannte Kriegsschiff, *„so das größte und das schönste von allen"*. Tatsächlich war die 50 Meter lange HMS St. George aus dem Jahre 1668 erst 1701 erneuert und mit 90 Kanonen versehen worden. Dort wurden die Gäste, darunter auch eine Prinzessin Pamphilj (geb. Giallo) und Patrizier aus Lucca, mit Schinken und anderem kalten Fleisch bewirtet. Ein weiterer Besuch Lambergs galt Admiral Alemonde von der kleineren holländischen Flotte, der seinem englischen Kollegen zwar *„in militaribus"*, aber nicht *„in ceremonialibus"* untergeordnet war. Am 12. Oktober erwiderte der englische Admiral in Begleitung des Mylord Dorselet, des Vizeadmirals Sir Stafford Fairbon und 50 weiterer Offiziere auf dem Festland *„solenniter"* den Besuch des kaiserlichen Botschafters. Am nächsten Tag reiste Lamberg über Pisa nach Poggibonsi ab, wo ein Brief von Großherzog Cosimo III. (Abb. 338) für ihn eintraf, der *„aber nichts als ein ‚Compliment', auff das ‚Negotium' aber kheine Antworth"* enthielt. In Siena wurde Lamberg im Auftrag des toskanischen Landesfürsten vom Cavaliere Banchini bewirtet, und am 16. Oktober traf er wieder in Rom ein[304].

Zeigte sich also selbst der mit den Habsburgern und mehreren Reichsfürsten verwandte Herrscher der Toskana freundlich, aber abwartend, so vermieden die frankophilen Kreise Roms jeden direkten Kontakt mit dem kaiserlichen Vertreter. Als etwa Lamberg am 10. Jänner 1704 ebenso wie Kardinal Ottoboni zu einer musikalischen Aufführung beim venezianischen Botschafter eingeladen war, ging ihm der Kirchenfürst aus politischen Gründen aus dem Weg: *„bevor ich kommen, hat sich der Cardinal Ottoboni zu denen Damesen ‚retirirt', da er als gutt französisch alles ‚Commercium' mit mir fliehet."*[305]

Am Sonntag, dem 8. März 1704, war der kaiserliche Botschafter mit seinem Hofstaat (*„servito da molti cavalieri"*) Ehrengast der Uraufführung eines Oratoriums in der Kirche S. Girolamo della Carità unweit des Palazzo Farnese. Das 1654–60 erbaute Gotteshaus der Oratorianer besaß eine Fassade und einen Hochaltar von Carlo Rainaldi,

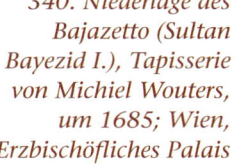

340. Niederlage des Bajazetto (Sultan Bayezid I.), Tapisserie von Michiel Wouters, um 1685; Wien, Erzbischöfliches Palais

341. Bajazetto (Bayezid I.) beim Festmahl des Tamerlan (Timur Lenk), Tapisserie von Michiel Wouters, um 1685; Wien, Erzbischöfliches Palais

das bemerkenswerteste Kunstwerk war jedoch die vielleicht von Francesco Borromini entworfene Capella Spada mit ihren illusionistischen Marmordekorationen[306]. Für Besichtigungen hatte Lamberg an diesem Abend aber wohl weniger Zeit, denn die neue Kirchenoper des Komponisten Cinzio (Cynthio) Vinchioni war Kaiser Leopold I. gewidmet und hatte eine direkte politische Aussage. Der zur Accademia dell'Arcadia gehörende Librettist Giovann Battista Grappelli hatte unter dem Titel *Il Trionfo della Fede* nämlich den Sieg des christlichen Kaisers Konstantin über seinen heidnischen Rivalen Maxentius verherrlicht[307]. Dieses bei den Habsburgern häufige Thema war natürlich ein klarer Hinweis auf den gerechten Kampf der Österreicher gegen ihre französischen Widersacher[308].

Besonders deutlich wurden die Spannungen und Spaltungen der römischen Gesellschaft bei einer ‚Parallelaktion' der gegnerischen Botschafter im Sommer dieses Jahres. Am 26. Juli 1704 meldete der kaiserliche Diplomat nach Wien, dass Rom den Geburtstag des ersten Herzogs der Bretagne, also des ersten Urenkels Ludwigs XIV., mit zahlreichen Festen, Feuerwerken und Beleuchtungen feiern würde und damit einmal mehr die innere, d.h. profranzösische Einstellung des Papstes deutlich werde. Und als Clemens XI. den französischen Kardinal auch noch beschenkte, ließ Graf Lamberg Seiner Heiligkeit ausrichten, *„dass diese Demonstrationen zeigen, dass seine Gesinnung allzu französenfreundlich sei"*[309]. Trotz der *„mit hohen Kosten und großer Magnifizenz"* veranstalteten Feiern der Spanier ließ sich der kaiserliche Botschafter nicht entmutigen und *„ergriff die Gelegenheit des Geburtstages Seiner Majestät des Römischen Königs"*, um am selben Tag ebenfalls ein Fest zu veranstalten. Auf der zur Piazza di S. Lorenzo in Lucina gerichteten großen Gartenloggia des Palazzo Caetani veranstaltete Lamberg eine Serenata mit Windlichtern und guten Sängern. Weil jedoch – schreibt Lamberg dem Kaiser – die Vorbereitungszeit zu kurz gewesen war, eine eigene Komposition dafür anzufertigen, wählte er eine Pastorale. Der große Platz sei so gesteckt voll Menschen gewesen, dass man auf ihren Köpfen hätte gehen können. Und als die von Francesco Paolucci gesungene Arie zu Ende war, ertönte die Luft im selben Augenblick vom Widerhall eines so allgemeinen ‚Viva', als ob es aus einem Mund gekommen wäre[310]. Es seien auch Adelige in Karossen gekommen, denen der Botschafter reichlich Erfrischungen servieren ließ, doch blieben auch zahlreiche Aristokraten der Veranstaltung fern, da sie die Anhänger der französischen Partei fürchteten. Und selbst das Volk konnte sich den materiellen Verlockungen der Franzosen nicht ganz entziehen, wie es in einem Spottgedicht zum Ausdruck kam:

Frankreich lebe hoch solange der Bauch voll ist,
Der Dauphin lebe hoch, wenn der Wein gut ist,
Der Herzog von Bretagne lebe hoch, solange das Schlaraffenland dauert,
Aber in meinem Herzen bleibt immer der Kaiser. [311]

Sowohl in seinem Tagebuch als auch im Brief nach Wien verschwieg der Botschafter allerdings, dass offensichtlich schon das Engagement der Sänger von politischem Zwist überschattet war. Denn die *„bellissima serenata"* war für zwei Singstimmen konzipiert gewesen und – wie Valesio berichtet – hatte auch der Hofsänger des Kardinals de la Grange bereits die Partie übernommen. Aber dann hatte ihm offensichtlich die polnische Königin (die Tochter des Kardinals) verboten, an diesem Konzert der gegnerischen Partei mitzuwirken.

Die Gartenmauer von Lambergs Residenz war an diesem Abend mit *„sechs schönen Tapisserien"* der Geschichte des Sieges von Tamerlan über Baiazetto und zahlreichen mit 12 Kerzen bestückten Armleuchtern geschmückt[312]. Bei den etwa 350 cm hohen Wandteppichen handelt es sich um eine aus insgesamt acht Stücken bestehende Serie, die den Kampf des kirgisischen Fürsten Tamerlan (recte Timur Lenk) gegen den osmanischen Sultan Bajazetto (recte Bayezid I.) im Jahre 1402 zum Inhalt hatte. Die Vorlagen dieser ungewöhnlichen Thematik entstanden um 1670 in Antwerpen, und die zuerst von Andries van Boetsel, nach 1685 aber von Michiel Wouters gelieferten Bildteppiche wurden vorwiegend nach Wien geliefert[313], wo man im Zeichen der Türkengefahr natürlich an solchen Darstellungen besonders interessiert war. Schon 1673 wurde eine Serie an den Grafen Ferdinand Bonaventura von Harrach verkauft und 1678 erwarb das Stift Kremsmünster einen noch erhaltenen Satz[314]. Die Serie des Grafen Lamberg – vermutlich die „Niederländisch Spallier", die der Botschafter 1699 von Reichshofrat Maximilian Karl Fürst zu Löwenstein-Wertheim-Rochefort um 1600 Gulden gekauft hat[315] – könnte möglicherweise jene des Wiener Erzbistums sein (Abb. 340 und 341), es gibt aber ein Einzelstück der Hochzeitsszene auch im Kunsthistorischen Museum (Inv.-Nr. XLI, 370 x 395 cm) sowie eine Serie in St. Petersburg[316].

Die feindliche Stimmung machte selbst vor kirchlichen Ereignissen nicht halt. Am 23. August soll der spanische Botschafter in allen Klöster angedroht haben, dass alle spanischen Untertanen, die am 8. September bei den Österreichern eine Predigt halten, *„alle königl. Ungnad erfahren"* werden; *„iber welches Procedere gantz Rom sich sehr ‚scandalisirte', das Lob der Mutter Gottes zu verhindern"*. Am selben Tag wurde bekannt, dass Msgr. Pico della Mirandola sogar aus der *Congreatione dell SS. Nome di Maria* ausgetreten sei, *„denen Franzosen seine Treue zu erwaisen"*. Es war daher wohl auch ein politisches Zeichen, dass der Papst, der die Festmesse an diesem Marienfeiertag in S. Maria del Popolo zelebrierte, bei der Prozession am Corso dem am Fenster seines Palastes stehenden Grafen Lamberg den Segen spendete. Dieser ließ das Fest Mariä Geburt in der kaiserlichen Kirche dell'Anima wieder mit großer Kirchenmusik und schönen Motetten feiern. Dabei hat der Botschafter *„die Musique mit 10 Scudi vermehrt"*, um eine zugkräftigere Aufführung zu ermöglichen[317]. Wie üblich waren aus diesem Anlass in der ganzen Stadt Altäre bei bzw. mit Marienbildern errichtet worden. Eine solche Festdekoration befand sich auch in der Nähe der kaiserlichen Kirche. Dies verleitete einen dort wohnenden Franzosen dazu, in seiner Wut das Marienbild zu attackieren[318]. Und da ein weiterer Altar, den deutsche Handwerker errichten wollten, von der Stadtverwaltung untersagt wurde, nutzte Graf Lamberg daher den folgenden Sonntag zu einer ‚Gegendemonstration'.

Am 14. September 1704 wurde nämlich das Fest des Namens Mariä zur Erinnerung an die Befreiung Wiens 1683 feierlich begangen. Wohl als Zeichen des guten Willens den Habsburgern gegenüber (und vielleicht auch infolge der militärischen Erfolge der Alliierten) begab sich damals sogar der Papst *„unversehens"* in die Kirche, und auch der Kardinalnepote Francesco Pignatelli, der Erzbischof von Neapel (Abb. 342), nahm an der Feier teil, obwohl die Spanier eigentlich die Teilnahme ihrer Kardinäle an solchen habsburgischen Festen verboten hatten. Dazu ließ der Botschafter *„mit großer Magnifizenz und Kostbarkeit"* einen *„sehr schönen Altar in Form eines majestätischen Thrones"* auf einer Tribüne an der Gartenmauer des Palazzo Caetani zur Piazza di S. Lorenzo in Lucina errichten. Die acht Stufen waren von zahlreichen Silberleuchtern mit Wachskerzen und Windlichtern besetzt, sodass das ganze Festgerüst gleichsam *„eine große Pyramide aus Feuer"* bildete. Über das *„vornehme Mutter Gottes Bild"* (Lamberg) des Altares gibt es hingegen einander widersprechende Beschreibungen. Francesco Valesio bezeichnet das unter einem prachtvollen Golddamastbaldachin präsentierte Madonnenbild als ausgezeichnetes Gemälde von Correggio, das aus dem Besitz der Königin von Schweden in jenen des Fürsten Livio Odescalchi übergegangen sei (*„dipinta dal Correggio, quadro primarissimo già della regina di Svezia et hora del principe Livio Odescalchi"*), während Ancona de Amadoris sogar von einem wertvollem Werk des berühmten Raffael von unschätzbarem Wert spricht, in dem man die göttlich dargestellte glorwürdigste Jungfrau mit dem Kind auf dem Schoß sieht, das mit einer weißen Taube spielt (*„prezioso quadro d'inestimabile valore, pittura del famoso Raffaello d'Urbino, in cui si vedea divinamente effigiata la gloriosissima Vergine col bambino in seno, fra le di cui mani scherzava candissima colomba"*).

Die Gartenmauern seitlich der Altarvorhänge waren ebenso wie die Mauern des gegenüberliegenden Palastes des Papstneffen Don Marco Ottoboni, Herzog von Fiano[319], wieder bis zum Boden mit schönen Tapisserien geschmückt. Um Mitternacht erklang aus der über der Gartenmauer errichteten Loggia das von 50 Musikern und den berühmtesten Sängern der Stadt dargebotene *Salve Maria*, dann eine Symphonie sowie ein kurzes Oratorium zum Dank an die Gottesmutter für die Befreiung Wiens. Es folgten Gebete der zwölf Kapläne von S. Maria dell'Anima und ein Rosenkranz, an dem sich das Volk mit selten gesehener Andacht beteiligte. Als um halb drei Uhr morgens die liturgische Feier zu Ende war, folgte ein Feuerwerk, das drei Berge unter einem Stern vorführte – das Wappen des regierenden Papstes – sowie einen Regenbogen und die Personifikation des Friedens mit der Devise FIAT PAX IN VIRTUTE TUA[320]. Das Feuer erleuchtete fast den ganzen Platz und am Ende rief die nicht nur dort, sondern auch in den benachbarten Straßen versammelte, angeblich 3.000 Menschen zählende Menge mit solcher Begeisterung *„'Viva l'Imperatore!'"*, dass sogar dem von seinem Balkon aus das Geschehen verfolgenden Grafen Lamberg *„vor Rührung die Tränen kamen"*[321].

In seinem Tagebuch beschrieb Graf Lamberg den Verlauf der Feier ausführlich: *„Ist also umb halb*

zwei Uhr der Anfang gemacht worden. Der Motetto von Erledigung [= Befreiung] Wien gesungen worden, so 3 Viertel Stund gedauert mit Trompeten und Pauckhen. Nachdem haben die Priester angefangen lauth den Rosencranz zu betten mit dem Volckh, und letztlich wurde die Litanei und Salva Regina gesungen mit völliger ‚Musique'. Ein Wunder war zu sehen, da bei 10.000 Seelen auff dem Platz waren, da alles zum Rosenkranz auff die Knüe gefallen und alle verbleiben, da allhier offentlich zu betten nicht der Brauch ware. Zuletzten ware ein solches ‚Vivo l'Imperatore, Viva Rè Carlo', das ohne Auffhören ware. In diesem Geschrei wurde der Altar brennend, da wurde das Geschrei noch grösser, indeme sie darvor gehalten, dass Gott das Gebett erhöret hette, und dieses mit dem Zaichen des Feuers zu erkennen gebe. Die ganze Nacht, was nicht spannisch und französisch erklärt, brenneten Fackheln und Latern, und continuirte das Viva. In Trastevere war alles ‚illuminirt', wohin doch nichts ist ‚insinuiret' worden. Die Affection des Volckhs ware genugsahm gegen das

342. Kardinal Francesco Pignatelli, Kupferstich als Beilage zum Schreiben Lambergs an den Kaiser, 1703; Wien, HHStA, Rom. Korr., Kart. 84

Haus Österreich zu ersehen, entgegen der Iberest von Adl und Prelatur sich nicht rühret, da auch ein oder anderer wäre."[322]

In seinem Schreiben an den Kaiser berichtete der Botschafter ebenfalls von der Musik mit den besten Stimmen, von der zur Befreiung Wiens komponierten Motette sowie vom *Salve Regina*, das der „berühmte Paulucio" gesungen habe. Die allgemeine Rührung und auch seine eigenen Tränen seien nicht zuletzt durch ein Aufflackern des Feuers verursacht worden, von dem man überzeugt war, *„dass Gott mit diesem Feuer ein Zeichen gegeben habe, dass er unsere Gebete und unsere Wünsche erhört habe"*. Und der Botschafter schloss seinen Brief an Leopold I. mit der Hoffnung, *„dass Eure Majestät mit ihrer Gnade meinen ehrerbietigen Eifer für ihren kaiserlichen Dienst nicht missbilligen werde"*[323].

Zur Verstärkung und Verbreitung der propagandistischen Wirkung der Veranstaltung ließ der Botschafter sogar einen von Giovanni Battista Ancona de Amadoris verfassten Festbericht in Druck geben. An diesen Festbeschreibungen fällt natürlich einmal mehr die sorgfältig-lobpreisende Beschreibung des Altarbildes ins Auge, die vielleicht aus der römischen Tradition öffentlicher Kunstausstellungen an solchen Festtagen resultiert, die immer wieder mit privaten Leihgaben aufgewertet wurden[324]. Tatsächlich besaß Fürst Odescalchi allein sechs Werke von Raffael und zwölf von Correggio aus dem Nachlass der schwedischen Königin[325]. Da die Beschreibung des Lambergischen Altargemäldes auf Raffaels berühmte *Madonna del Passeggio* (Edinburgh) nicht zutrifft, dürfte es sich tatsächlich um das im Inventar von 1703 auf einen Wert von 7125 Scudi geschätzte Marienbild von Correggio gehandelt haben, obwohl auch hier ein hl. Joseph anstelle der Taube beschrieben wird: *„Die Heilige Jungfrau mit dem Kind, und der hl. Joseph in einer Landschaft, von bewundernswerter Arbeit und lebhaftem Ausdruck mit wechselweisen Affekten, ca. 35 cm hoch, mit einem schwarzem Rahmen samt vergoldeten Schnitzarbeiten sowie Laubwerk an den Ecken. Obgleich das Gemälde klein ist, wird sein Wert aufgrund der grossen Arbeit und Lieblichkeit auf 1500 Luis d'Or geschätzt."*[326]

Auch in der Bernhardskirche wurde zur Oktav des Mariennamenfestes ein *„mutetto Hochambt und Te Deum"* abgehalten, dem der Botschafter und Monsignore Kaunitz auf dem „coretto" beiwohnten. Die Nachricht vom Sieg der alliierten Armee bei Höchstätt (13. August) und von der Akklamation Erzherzog Karls zum spanischen König Karl III. in Sevilla versetzte die Österreicher sicher in besondere Feststimmung[327].

Weniger Freude dürfte Graf Lamberg hingegen mit einer anderen Nachricht gehabt haben, die am nächsten Tag ebenso in der ganzen Stadt bekannt wurde. Es hieß nämlich, dass der kaiserliche Botschafter *„bei sich eine sehr schöne junge Sängerin habe, eine Nichte des berühmten Schweizergardistenobersten Creuter"*, die seit einigen Monaten in einem Haus an der Piazza di S. Lorenzo neben dem Palazzo Caetani wohne und dass er ihretwegen nun eine Tür von seinem Garten zum Platz habe ausbrechen lassen[328]. Die offensichtlich nicht so heimlichen Besuche der jungen Sängerin scheinen dem Grafen aber nicht gut bekommen zu sein: nur wenige Tage nach der Rückkehr von der *„villeggiatura di Frascati"* wurde der kaiserliche Botschafter am 6. November 1704 von einem *„gefährlichen Blutsturz heimgesucht; und da er sowieso korpulent und sehr unmäßig beim Essen und Trinken ist, herrscht große Angst um seine Gesundheit"*. Zum Glück bewirkten schon zwei Tage später die Tabletten des Arztes Bianchini eine Verbesserung des Gesundheitszustandes und man hoffte in Rom, dass er bald außer Lebensgefahr sein werde. Tatsächlich konnte Leopold Joseph von Lamberg schon am 15. November das Bett wieder verlassen, um am Festgottesdienst in der Anima zur Feier des kaiserlichen und seines eigenen Namenstages teilzunehmen. Auch diesmal gab es wieder am Vormittag eine *„solennissima musica alla messa cantata"* und für den Abend hatte der kaiserliche Botschafter ein Feuerwerksdekoration (*„una machina di fuochi artificiali"*) vorbereiten lassen. Das Feuerwerk wurde aber aufgeschoben, da Lamberg hoffte, in Kürze die Rückeroberung von Landau feiern zu können[329]. Die Schwere der Krankheit war Graf Lamberg jedoch bewusst, und er beendete mit diesem Augenblick auch die eigenhändigen Eintragungen in seinem Tagebuch. Ein weiterer Schicksalsschlag hat aber wohl Lambergs Gesundung und Festesfreude endgültig beeinträchtigt: am 28. November 1704 starb seine erst am 27. September in Wien eingetroffene Gattin gemeinsam mit ihrer Schwester binnen kürzester Zeit an den Pocken[330]. Daher bat Lamberg am 13. Dezember 1704 den Kaiser, seinen Dienst in Rom beenden und in die Heimat zurückkehren zu dürfen[331]. Dem Ansuchen wurden jedoch nicht stattgegeben. Doch auch der für die rasche Gesundung des kaiserlichen Botschafters verantwortliche Mediziner konnte seine Ernennung zum kaiserlichen Hofmedicus nicht ungetrübt genießen.

Die Freude über die Nachricht am 5. Jänner 1705 war dem Herrn Doktor nämlich durch die Tatsache verleidet worden, dass in der vorhergehenden Nacht Diebe durch den Kamin in sein Haus eingedrungen waren und Silbergeld im Wert von 800 Scudi gestohlen hatten[332].

Aber auch dem alten Kaiser sollte die Ernennung eines zusätzlichen Hofarztes schließlich ebenso wenig helfen wie die Aussetzung des Allerheiligsten ab 14. Mai und ein von Lamberg angesetzter Mariengottesdienst in der Anima sowie die vom Botschafter nach Loreto unternommene Wallfahrt: am 20. Mai 1705 wurde in Rom bekannt, dass Leopold I. am 5. d. M. *„ins andere Leben eingegangen ist, mit christlicher Frömmigkeit, in den Armen der Kaiserin, in Anwesenheit des Römischen Königs"*, aber unter Ablehnung des Nuntius, der ihm den päpstlichen Segen überbringen wollte[333].

Noch ein letztes Mal hatte der kaiserliche Botschafter höchstoffiziell seines Amtes zu walten: am 28. Mai traf die vom Reichskanzler und Kurfürsten von Mainz Lothar Franz von Schönborn ausgestellte offizielle Nachricht vom Tod des Kaisers und vom Amtsantritt seines Nachfolgers Joseph I. für Seine Heiligkeit in Rom ein, die Graf Lamberg umgehend dem Kardinalstaatsekretär Paolucci (Abb. 335) zustellen ließ. An den nächsten beiden Tagen wurden auch alle Kardinäle entsprechend informiert – mit Ausnahme des französischen Vertreters Kardinal Janson, des ebenfalls der gegnerischen Partei angehörenden Kardinals Omodei und des neapolitanischen Kardinals Pignatelli, der nicht zu Hause angetroffen wurde, *„vielleicht um nicht die Eifersucht der Spanier zu erregen, deretwegen er sich auch nie nach Neapel zur Inbesitznahme seines Bischofsthrones begeben hat"*. Zum Zeichen der Trauer verließ der Botschafter erst am 31. Mai wieder seine Residenz, ganz in schwarz gekleidet[334].

Die Zurückgezogenheit Lambergs hatte offensichtlich zeremonielle Ursachen: Noch Anfang Juli bat der Graf in seinem Schreiben nach Wien den Kaiser *„neuerlich, ihm zubefehlen, in welcher Weise ich ich die genannte Scorruccio [= Trauer] anzuordnen habe, also einerseits die schwarzen Verkleidungen in den Zimmern, ob man auch denen [von der Dienerschaft] Trauerkleidung geben muß, die sich in den Vorzimmern, im Saal und im Stall befinden, da es kein Beispiel gebe, nach dem ich meine Maßregeln ausrichten könnte. Denn nach dem Tod Ihrer Majestät Karl II. habe der Herzog von Uceda in Entsprechung zur Gepflogenheit Spaniens nur sich selbst, mit Gattin und Kindern schwarz gekleidet. Und wegen dieser Ungewissheit scheint es mir auch nötig zu sein, die Exequien in der Nationalkirche der Anima aufzuschieben, bis ich gütige Befehle Ihrer Majestät erhalten haben werde."*[335]

Die Politik des neuen Kaisers, die dem Papst und Kirchenstaat noch kritischer gegenüberstand als die seines Vaters, sollte auch bald einen Grund finden, den kaiserlichen Botschafter endgültig aus Rom abzuberufen. Den Anlass bildeten wieder Eingriffe der päpstlichen Polizei in die exterritoriale Sphäre des Gesandten bzw. seiner Mitarbeiter[336]. Allerdings lieferte Graf Lamberg mit einer keineswegs diplomatischen Vorgangsweise Munition für das politische Feuerwerk zwischen Papst und Kaiser. War es zunächst die Ehre einer römischen Hofdame der Kaiserin-Witwe deretwegen der kaiserliche Botschafter zum Marchese Buongiovanni *„etliche mit Prügeln abschickte/ ihn abzuschmieren/ welches auch weidlich geschehen seyn dörffte"*, wenn ihn nicht die päpstliche Polizei in Sicherheit gebracht hätte. Und als am 6. Juni 1705 zwei päpstliche Exekutoren um 22 Uhr wegen ausstehender Schulden von 13.000 Scudi in einem Erbschaftssreit in das Haus des römischen Edelmannes Mario Cavaletti eindrangen, verprügelte dessen Sohn Ermes die Polizisten[337]. Daraufhin wurde der in Diensten Lambergs stehende junge Cavaletti vorübergehend inhaftiert. Da damit neuerlich die Immunität der *Famiglia* des kaiserlichen Botschafters verletzt wurde, forderte der Graf vom Papst dem Kaiser bzw. seinem Vertreter *„di dare con decoro sodisfazzione"*.

Karossen und Konkurrenten

Das von Lamberg hier für die Entschuldigung eingeforderte *Decorum*, also eine dem Rang der Betroffenen entsprechende Form, manifestierte sich im doppelten Sinne des Wortes gerade in Rom besonders deutlich bei den Kutschen der Botschafter sowie der einheimischen Adeligen und Kirchenfürsten[338]. Obwohl diese Fahrzeuge noch im späten 16. Jahrhundert als nur für Damen adäquates Fortbewegungsmittel angesehen wurden, war der Triumph der neuen Statussymbole nicht aufzuhalten. Bereits 1644 galten die römischen Karossen als die größten und teuersten in ganz Europa und mussten daher bei der Planung der Paläste berücksichtigt werden[339]. Die Steigerung betraf zunächst den hohen dekorativen und materiellen Wert dieser aus vergoldetem Schnitzwerk, teuren Stoffen und silbernen Metallteilen bestehenden Luxusfahrzeuge, deren Gestaltung und Ikonographie in der zweiten

Hälfte des 17. Jahrhunderts vielfach von bedeutenden römischen Malern und Bildhauern wie Gianlorenzo Bernini, Pietro da Cortona, Johann Paul Schor oder Ciro Ferri entworfen wurden[340]. Die offiziellen Einzüge erfolgten nach der Aufstellung in der Villa Giulia durch die 1655 erneuerte Porta del Popolo, „so Alexander VII. zur Gedächtnus der Königin in Schweden Einzug halber sötzen lassen"[341] (Abb. 343). Die ältere Tradition, wonach die Kutschen nicht als Fahrzeuge für die Botschafter, sondern im Festzug hinter den auf einem ebenso prunkvoll geschmückten Pferd einreitenden Diplomaten mitgeführt wurden, wird auch noch aus der Beschreibung vom Einzug bzw. der Audienz des Fürsten von Eggenberg als kaiserlicher Sonderbotschafter in Rom im Jahre 1638 ersichtlich: „Darauff kam nach der Schweitzer Hauptmann/ unnd Ihr Heyl[igkeit] Magistri Ceremoniarum/ nach diesem 2 Leibpferdt Ihr Fürstl. G[nade]n mit Goldstückenen Decken/ 30 Laggeyen in schwartz Sammet/ mit Gold gebraimet/ Goldstück gefüttert/ guldenen Hutschnieren/ unnd gelb seydenen Strimpffen; in gleicher Klaidung 24 Pagi oder/ Edelknaben/ mit Goldstuck gefütterten Cappoten schwartz Sammeten Barreten/ Feder und guldenen Hutschnieren. Auff diese folgte Ihr Fürstl. Gn. zwischen Herrn Gonzaga Ertzbischoffen von Rhodo/ unnd Herrn Proti Ertzbischoffen zu Messina/ auff einem Edlen Pferd/ schwartzen gestickten Valdrappen/ mit Gold beschlagen. Es war Ihr Fürstl. Gn. in schwartz Sammeter von schwartz Seyden gestückter Bekleidung/ auff dem Hut trugen Sie ein über die massen kostbarliches Clainot [= Kleinod]. Nach Ihr Fürstl. Gnaden zoge ein der Herzog von Pozzolo [...]/ folgents viel unzehlbare Herrn Praelaten schliesseten den Eintritt/ neben zween Carotzen/ eine gehörete Ihr

Fürstl. Gn. dergleichen in der Kunst und köstligkeit nie gesehen worden/ er war gefüttert mit schwartzem Sammet gantz verguldet/ reich und hoch mit gestikkter Arbeit erhebt/ der Krantz gantz gulden mit 144 guldenen Schlingen/ an etlichen orten gantz guldene bilder/ und kleine guldene Blatten. In dem Wagen vier gestickte Sessel/ die stangen und kugeln von bestem Silber verguldet/ alles Eysenwerck war mit Silber überzogen und verguldet/ wie auch die Schienen an Rädern und die Teychsel. Diesen Wagen zogen 6 schöne schwartzbraune Pferd/ mit schwartz sammeten und vergulden Geschirr wie auch gantz silbern Biß und Huffeysen/ die Sättel gestickt mit Gold/ und die Gutschier mit schwartz sammeten Röcken mit Goldstück gefüttert."[342] Der für angeblich nicht weniger als 48.000 Scudi von Giuseppe Fiocchini angefertigte vergoldete Prunkwagen hat sich ebenso wie einige römische Kutschen der portugiesischen Gesandten von 1715 und 1716 erhalten[343].

Mehrere Entwurfszeichnungen und vor allem Kupferstiche der Karossen von Ciro Ferri für den englischen Botschafter Earl of Castlemaine (Abb. 344) und für den Kardinal de' Medici aus dem Jahre 1687[344] sowie für den Fürsten von Liechtenstein von Antonio Creccolini[345] – in einer Publikation von Johann Jakob Komarek – von 1694[346] (Abb. 345) überliefern nicht nur die hochbarock vegetabile Gestaltung, sondern belegen auch den repräsentativ-propagandistischen Stellenwert der Luxusfahrzeuge in der europäischen Politik dieser Zeit[347]. Hatte Liechtenstein für die Überreichung des Beglaubigungsschreibens am 20. September 1689 zehn Kutschen des Kardinals de' Medici, darunter wohl auch eine von Ciro Ferri, zur Verfügung, so bestellte er für

343. Einzug des polnischen Gesandten Fürst Michael Casimir Radziwill auf der Piazza del Popolo, Ölgemälde von Pieter van Bloemen und Niccolò Codazzi; 1680; Warschau, Museum Schloss Wilanow

die Neujahrsaudienz bei Innozenz XII. am 27. Dezember 1691 drei neue Karossen in Rom (Abb. 346–347 und 345–351), die mit besonders schönen Pferden aus dem liechtensteinischen Gestüt in Mähren bespannt wurden. Die größte der drei vergoldeten Prunkkarossen führte mit lebensgroßen Figuren „von perfektester Zeichnung und Schnitzerei" mittels der allegorischen Figuren von Gerechtigkeit und Milde sowie Rat und Tat (Devise Leopolds I.) samt einem über einen Türken triumphierenden Jupiter den kaiserlichen Triumph über die Osmanen vor (Abb. 345)[348]. Die vierte und fünfte Kutsche Liechtensteins unterschieden sich in ihrer Gestaltung grundsätzlich von diesen Wägen und waren offensichtlich französischer Herkunft (Abb. 352 und 353). Am 7. September 1694 hielt Graf Lamberg in seinem Regensburger Tagebuch fest, dass Fürst Liechtenstein nach seiner Abschiedsaudienz beim Papst den ersten Wagen Kardinal de' Medici, den zweiten Herzog Federico Sforza Cesarini[349] (Abb. 284) und die dritte Kutsche dem Fürsten Caetani, also Lambergs späterem Gastgeber, überlassen hat. Aus einer weiteren Eintragung erfahren wir, dass die Karosse samt sechs Pferden für den erstgenannten Adeligen als Abgeltung für die Miete von dessen Palais durch Liechtenstein diente und der Fürst dazu noch eine vergoldete „Credenz" gab. Der Kardinal nahm den Wagen aber nicht an[350]. Die festliche Einholung eines Botschafters diente in Rom ebenso wie in Wien (Abb. 27) nicht nur der Selbstdarstellung des ankommenden Diplomaten, sondern auch der Repräsentation der wichtigsten Minister des einheimischen Hofes, da diese mit ihren eigenen Prachtkarossen den Gesandten begleiteten. Darüber hinaus konnten die Anzahl und Auswahl der römischen Kardinäle und Adeligen auch die Beliebtheit und den Einfluss des jeweiligen Hofes bei der römischen Gesellschaft vor Augen führen. Den Habsburgern ergebene oder durch ein Reichslehen verbundene Adelige wie die Fürsten Colonna, Savelli, Borghese, Cesarini, Santacroce, Caetani und Odescalchi, befreundete Gesandte sowie wohlgesonnene Kardinäle schickten daher wenigstens eine Kutsche mit Dienerschaft zum Empfang des kaiserlichen Botschafters in die Via Flaminia[351].

Der hochpolitische Stellenwert solcher Botschaftereinzüge geht auch aus den Aufzeichnungen des Grafen Lamberg deutlich hervor, der die entsprechenden Aktionen seiner Konkurrenten sorgfältig verfolgte und auch dem Kaiser darüber berichtete. Im Zusammenhang mit dem offiziellen Einzug des gegnerischen Sonderbotschafters der spanischen Königin, Fürst Carmine Nicolò Caracciolo di Santobuono, am 16. Februar 1702 beschrieb der Botschafter Leopold I. nicht nur die von Kardinal de' Medici geliehenen Kutschen[352], die Pferde und die „schöne Liberey von scharlachfarb mit guldenen Porten", sondern legte zwei Tage später seinem Schreiben nach Wien auch genaue Listen bei, die die Anzahl der Kutschen (80), deren Besitzer aus dem Kardinals- oder Adelsstand und sogar die in den einzelnen Wägen sitzenden Prälaten festhielt (Abb. 348): Nur Kardinal Grimani und die Fürsten Odescalchi sowie Colonna hätten keine Wagen gesandt, letztere, „weiln sie nicht durch Edelleuth seind invitirt worden"[353].

Als fünf Monate später Don Giovanni Battista Borghese als Sonderbotschafter Philipps V. zur Audienz beim Papst fuhr, führte Graf Lamberg ebenfalls genau Buch: „Es wurden 74 ,Mutte' [= Gespanne] gezöhlet, so ihn beglaittet. Sein Equipage bestunde in 3 Wagen, 20 Laqueien, 12 Pages und 2 Trompeter. Die Livrée ware gutt dunckhles Tuch mit guldenen Porthen". Aus dem Schreiben an den Kaiser erfahren wir, dass die 100 livrierten Diener des Fürsten Borghese „alla Spagnuola gekleidet waren mit schwarzen Daschi [= Taschen?], die großen Griffe und Degenscheiden aus Goldbrokat". Bei der ersten Audienz desselben Adeligen als außerordentlicher spanischer Gesandter am 30. Juli 1702 erwies sich Graf Lamberg wieder als Kenner des römischen Kutschenwesens, da er einen

344. Rückseite der ersten Botschafterkarosse des englischen Gesandten Roger Palmer Earl of Castlemaine mit den Figuren der Britannia und des Meeresgottes Neptun nach einem Entwurf von Ciro Ferri, Radierung von Arnold van Westerhout nach Giovanni Battista Lenardi, 1687; Rom, Bibliotheca Hertziana

345. Rückseite der ersten Botschafterkarosse des Fürsten Anton Florian von Liechtenstein mit Darstellung des siegreichen Jupiters und den Personifikationen der Devise Leopolds I. („Mit Rat und Tat"), Radierung von Hubert Vincent nach Antonio Creccolini, 1694; Vaduz-Wien, Sammlungen des Fürsten von und zu Liechtenstein, Bibliothek

‚Gebrauchtwagen' aus dem Nachlass des französischen Botschafters identifizierte: „*der erste Wagen ware der ‚Carro' oder das Gestell vom Prencipe Monaco seelig seinen, die ‚Cassa' ware reich und wolgemacht von roth Sameth aussenher und gulden ‚almaren' und ‚crepinen'. Der anderte und dritte von gutter ‚chioderia', die andere aber alle ohne ‚chioderia', auch der Imperial.*"[354] Im Unterschied zu Valesio registrierte Graf Lamberg allerdings nicht, dass das Figurenprogramm mit den einander die Hände reichenden Personifikationen von Frankreich und Spanien auf die Vereinigung der beiden Länder anspielte.

Bei der Einzugskavalkade des Kardinals Carlo Barberini (Abb. 331) als *Legatus a latere* am 20. Juli 1702 beobachtete Graf Lamberg nicht nur die Zahl der vom Papst aus politischen Gründen möglichst zahlreich erwünschten Luxuskutschen, sondern ebenso deren Gestaltung. So gab es etwa einen älteren Wagen „*gemacht wie eine ‚Gondola' oben rund mit Leder, geheten Steckhen durch und ware offen, wo zu End der Stöckhen grosse verguldte geschnittene Rosen waren. Die Liberey ware schwarz ‚Damasque', die Mantel mit guldenen ‚Moir' [= Moiré] ausgeschlagen, und die Wämssel von ‚Brocard' aurora, wais und blau. Ausser allen Gebrauch hat der ‚Maestro de camera' denen Cavalliren' die ‚Cavalcada' ansagen lassen mit dem positiven päbstlichen Befehl, sie sollen mitreutten, also dem Pabsten angelegen gewesen, daß numeros sein solle.*"[355]

Vom Aussehen der Kutschen des Grafen Lamberg haben sich leider weder ausführlichere Beschreibungen noch bildliche Darstellungen erhalten. Aber neben einer nicht näher einzuordnenden technischen Zeichnung (Abb. 349) bieten uns doch einige Quellen Hinweise dazu. So soll bereits der Einzug des Botschafters zur ersten offiziellen Audienz am 11. Februar 1700 für entsprechende Kosten und Aufmerksamkeit gesorgt haben. Wisgrill (1804) zufolge waren damals „*an den Gallawägen alle Beschläge, die Reiffe der Räder, sogar die Hufeisen der Pferde von gegossenen und geschlagenen Silber, anstatt Eisen. Jede einzelne Gallalivree der zahlreichen Dienerschaft an Laqueyen, Kutschern etc. soll über tausend Gulden gekostet haben*"[356]. Diese Angaben erscheinen zunächst nicht durch entsprechende Quellen verifizierbar und man möchte eine Verwechslung mit der Karosse Eggenbergs vermuten. Tatsächlich erwarb das Ehepaar Lamberg schon vor seiner Abreise aus Wien einige ‚gebrauchte' Fahrzeuge, die dann überholt oder teilweise mit neuen Textilien versehen wurden, wie aus dem Rechnungsbuch (NÖLA, LA Hs. 51) hervorgeht:

August 1698:
kaufft die Graffin einen Wagen v. portugesischen Gesandten in 6 geschieren per 1405 fl. [S. 499]

November 1698:
für die 2 schwanenhals zu dem pariser Wagen zu schneiden 18:- [S. 505]

August 1699:
durch Mr. Guichet und Ziegler in Augspurg auff zwei mal nach Lion und Paris per Wexl ibermacht 12.000 fl v. ersten 6000 geben 8 procento v. anderen 6000 7 1/2 macht 12930: [S. 522]
dem Gürtler in abs. d. 230 fl. vor die 4 fordern geschirr 150:-
240 Brabander Elln roth liberey tuch 1074:-

Dezember 1699:
dem Graff Halleweil vor den portugeser wagen 7024: [S. 526]
dem Vergulder vor den wagen 200:
des Graff Cauniz wagen 5000: [S. 527]

Jänner 1700:
dem Bussi in Wien vor 800 Ellen Sammeth und 600 Damasth 8000: [S. 528]
dem Joseph du Fraisne seinen rest in Wien 4800:
dem vergulder 150:
dem gürtler zu Augsburg seinen rest 530:
meine chaise so dem B. Halten zahlen lassen, welche in Innspruckh machen lassen 223: [S. 530]
dem Vergolder seinen rest vor den Portugeser wagen 225: [S. 531]
des Gürtlers Rest vor den portugeser wagen 100:

Die Bezahlung an einen Grafen Halleweil für einen ‚portugiesischen' Wagen führt aber auf eine Spur, die die Beschreibung Wisgrills als zutreffend erscheinen lässt. Denn es handelte sich offensichtlich um das Pariser Luxusgefährt, das der portugiesische Gesandte Fürst Charles Joseph Procope de Ligne Marquis d'Aronches (Abb. 212) 1695 für seinen Einzug in Wien (siehe oben Seite 58) anfertigen hatte lassen. Der berühmt-berüchtigte Botschafter lebte angeblich so verschwenderisch, dass selbst „*Indien würde dem König in Portugall nicht so viel Einkünffte gegeben haben/ diesen eintzigen kostbaren ‚Minister' ein Genüge zu tuhn/ bis endlich ein unerhörtes Unglück die Rechnung verkürzte/ und den ungwissenhafften Verschwender so grausam stürtzte/ als prächtig er sich vorher durch Hoffart und Sünden erhoben.*" Unter den Freunden des Gesandten befand sich auch der kaiserliche Kammerherr Ferdinand Leopold Graf von Halleweil, der ebenfalls nicht nur ein besonders Interesse für Antiquitäten und eine schöne Sammlung antiker Medaillen, sondern auch eine Leidenschaft für das Glücksspiel besaß. Am 10. August 1696 lud der aus den Niederlanden stammende polyglotte Aristokrat nun seinen Freund zur gemeinsamen Jagd ein, kehrte aber am Abend ohne ihn in die Stadt zurück. Als die Leiche des ermordeten Grafen zwei Tage später im Wienerwald gefunden wurde, war die ganze Stadt überzeugt, der Botschafter habe Halleweil wegen seiner Spielschulden bei diesem in der Höhe von 51.000 Gulden ermorden lassen. Da der Kaiser eine Verletzung des Völkerrechtes zu vermeiden trachtete, wurde die Botschaft vor der aufgebrachten Bevölkerung sowie der Rache der Familie Halleweil geschützt, und der Fürst konnte als Trinitariermönch verkleidet entkommen[357]. Offensichtlich als Entschädigung zumindest für einen Teil der Spielschulden erhielt die Familie Halleweil damals das verbliebene Vermögen des portugiesischen Gesandten ausgefolgt und verkaufte die Luxuskutsche 1698 an die Gräfin Lamberg weiter. Die Hervorhebung der Metallteile aus Silber bei Lambergs „portugeser wagen" in Rom findet sich auch in der Beschreibung der

Karosse von 1695: „Hierauf folgte die erste Carosse des ‚Ambassadeurs', welches die prächtigste/ so jemalen in der Welt bey dergleichen Begebenheit gesehen worden. Aussewendig war sie über und über mit den Wappen des Königs/ des Hauses ‚Aronches', und des ‚Ambassadeurs' in erhobener Arbeit auf das trefflichste belegt und vergoldet/ welche die kostbarsten Schildereyen/ Triumph=Bögen/ und andere Zierrathen wieder unterbrochen. Innewendig war sie von einem goldenen Stoff/ worinn mit der Nadel gestickt war/ ausgeschlagen/ wie dann auch der auswendige Himmel und der Kutscher=Sitz eben damit prangte. Alles war dabey mit den dicksten Fransen von Gold und Silber behangen/ und durch die Hände der größten Künstler von Paris verfertiget/ die allein 200 Mark Silber und Gold dabey angewendet. Die Auffsätze an den Ecken des Himmels/ wie auch die Nägel an der Kutsche/ und das übrige Geschirr der Pferde/ war von Massiv=Silber und vergoldet/ das Geschirr selbst war Carmesin/ samt mit Gold besetzt/ welchers auf 6 Isabellen sehr prächig vorschien. Die Gläser der Carosse waren ungemein groß/ von der besten Venetianischen Arbeit." [358] Eine solche Weiterverwendung zumindest der Wagengestelle war ja auch in Rom üblich, sodass nur die heraldischen oder allegorischen Dekorationen aus Holz oder Goldstickerei ausgetauscht werden mussten.

Entweder hat der kaiserliche Botschafter an den aus Wien mitgebrachten bzw. den in Rom vom Grafen Martinitz und von Kardinal Girolamo Casanate (Abb. 214) übernommenen Fahrzeugen zusätzliche Verbesserungen vornehmen lassen oder neue Wägen bestellt, da Lambergs Rechnungsbuch folgende Ausgaben vom Frühjahr 1700 bis zum Jahre 1704 auflistet:

März 1700:
dem Bildhauer in abschl. d. 2135 Scudi N.1   150: [S. 537]

April:
2 wagen v. Casanate   300: [S. 535]
l'ottonaro vor seine arbeith   100: [S. 538]
Bildhauer iber die 250 Scudi N.2   200:
des Graff Martinitz dritten Ambassada wagen   1050:
Für 35 Cannen Sameth dem Giudici kaufmann zu denen Parada wagen   311:20
dem Ottonaro iber die 100 Scudi   300:

346. Auffahrt des kaiserlichen Botschafters Fürst Anton Florian von Liechtenstein zur päpstlichen Audienz im Quirinalspalast am 27. Dezember 1691, Ölgemälde nach dem Kupferstich von Gomar Wouters (1692), 18. Jh.; Vaduz-Wien, Sammlungen des Fürsten von und zu Liechtenstein, Inv.-Nr. GE 1411

365

dem Bildhauer iber die 250 Scudi	150:		

Mai:
dem Stickher vor die adler 100: [S. 539]
Dem Schnürmacher vor die rotgoldene Schnur 265:
2 Cornici und 2 Cristall zu dem 4ten wagen 36:

Juli/Juli:
Bildhauer 100: [S. 540]
Bildhauer iber empfang 500 Scudi 300: [S. 541]

dem Handlsman Giudici in abs. d. Somer liberey 500:
Bildhauer iber die 800 Scudi 200: [S. 544]
des Bildhauer Gesellen trinckhgeld 1:
dem ottonaro iber die 900 Scudi 100:

August:
152 St. Federn zu denen wagen 19:37
dem Vergulder vor die Wagen d. erste mahl 228: [S. 545]
dem Bildhauer iber die 1000 Scudi 200:
l'ottonàro iber die 1000 Scudi 300:
für 61 cannen guldene porthen zu denen wagen
44 Oncie [= Unzen] 71:60

September:
bordenwürckher Simi in abschl[ag] d. wagen 50: [S. 546]
L'ottonaro iber die 1300 Scudi 250:
Spadaro iber die 400 Scudi 250:
Bildhauer in abschl. d. 1200 Scudi 200:
L'ottonaro in abschl. d. 1550 Scudi 300:
Bildhauer iber die 1400 Scudi 150: [S. 548]
dem Corallo vor den goldschlager 250:
Sattler vor geschür eine mutta den kleinen wagen etc. 120:5
Orilia vor die 4 erste wagen damasc. 222:
L'ottonaro in abschl. d. 1850 empfangen Scudi 200:
Spadaro in abschl. d. empfangenen 650 Scudi 150:

Oktober:
dem bortenwürckher Zimi in abschl. wider 50:
dem Ottonaro iber die 2050 Scudi 200: [S. 549]
dem Bildhauer iber die 1550 Scudi 200:
dem Stückher iber die 120 Scudi für die adler
für den anderen wagen ‚a conto 100:
die ‚point d'Espagne' zu denen anderen wagen 27:28
bildhauer iber die 1400 Scudi 150: [S. 550]
für die rimessa wo der erste Carro ibergüldet worden 6:
dem stückher iber die 220 Scudi 100:
Spadaro iber die 800 Scudi 150:
Corallo Vergulder iber die 448 Scudi 150:
Bildhauer iber die 1750 Scudi 150:
dem l'ottonaro iber die 2250 Scudi 200: [S. 551]
160 marck gold zu denen wagen dem Giudici iber
die 1000 500: [S. 552]
dem ottonaro iber die empfangen 2450 Scudi 300:

Dezember:
Stückher für die 2 wagen iber die 320 Scudi 100:
Bracci bildhauer iber die 1900 Scudi 250: [S. 553]
Corallo Vergulder iber die 598 Scudi 50: [S. 554]

Jänner 1701:
Bordenwürckher bei Madalena à conto 400: [S. 557]
Bordenwürckher Franzosen à conto 200:
Stückher am anderten wagen iber die 200 200:
die Cristall glass in die wagen à conto 100:
l'ottonaro iber die 2750 empfangene Scudi 300: [S. 558]
7 palmi guldenen Zeug zum ersten Wagen so genagelt 21:

Februar:
dem Fa und ferracocchio iber die 450 120:
dem l'ottonaro iber die 3050 Scudi 200:
Corallo iber die 778 Scudi 200:
Gaffé Spadaro iber die 1050 Scudi 200:
Bildhauer iber die 2225 Scudi 200:
dem Maestro Onufrio Sattler in abs.
iber die 300: 200 [S. 559]
dem Gaffi iber die empfangenen 950 100:
Braci bildhauer 100:
Corallo Vergulder 100:
Dem Trinarolo Zimi iber die 100 Scudi 30: [S. 560]
Fa`und ferracocchio iber die 350 Scudi 100:

April:
Andrea Feretti in abschl. 200: [S. 563]
für die Cristall in die Wagen iber die 100 Scudi 50:

Dezember :
das stuck drap d'or v. Lion zu denen wagen 254:54 [S. 566]
Corallo Vergulder bleibet mit abbruch 345 Scudi
100: [S. 578]
dem Ferrieri Gürtler so 5113 Scudi austragen [...] 250:
Braci bleiben mit abbruch rest 574 Scudi 100:
Zimi bordenwürckher zu seinem rest d. 195 Scudi 75:
dem Schlosser wegen d. wagen völlig bezahlt mit 69:
dem Cristallaro für alle wagen völlig zahlt 50:
dem knöpfmacher in abs. d. 278 Scudi 100:

März 1702:
dem Corallo in abschl. d. 245 Scudi 100: [S. 582]
den l'ottonari in abschl. d. 780 Scudi 150:
dem Bildhauer Braci in abschl. d. 574 Scudi 75:
dem Bagni in abschl. d. 839 Scudi 150:
den stickher à conto 445 Scudi 145:

April 1704:
bortenwürckher zu d. gelben Livrée in abs. 111: [S. 619]
Livrée hüth 22:

November:
Gatti rest wegen d. Stufiglia 30: [S. 627]
Corallo auch deswegen sein Rest 80:
Fa und Ferracocchio in abs. d. 160 70:

Mehrere der von Graf Lamberg beschäftigten Kunsthandwerker lassen sich mit großer Wahrscheinlichkeit identifizieren. So war der Holzbildhauer Bartolomeo Cesare Bracci ebenso wie später sein berühmter Sohn Pietro u.a. mit Schnitzarbeiten für päpstliche Kutschen betraut[359]. Der Messingschmied ist wohl mit dem römischen Bronze- und Messinggießer Filippo Ferr(i)eri zu identifizieren, der Mitarbeiter an der Bauhütte von St. Peter war, und auch 1672 anlässlich der Vergoldung einer Kutsche von Sigismondo Chigi als „ottonaro" bezeichnet wurde[360]. Dieser Name scheint nämlich auch 1703 neben jenem von Bracci in Lambergs Rechnungsbuch auf (siehe unten S. 484). Der *spadaro* Girolamo Gaffi wurde 1684 als Mitarbeiter der von Filippo Passerini entworfenen Karosse des spanischen Gesandten für die Chinea erwähnt, und 1706 gemeinsam

mit Ferrieri für Metallarbeiten am Grabmal des Papstes Innozenz XI. (Abb. 426) honoriert[361].

Aus dem Umkreis der Chigi stammt der Vergolder Francesco Corallo in dessen großer Dekorationswerkstätte u.a. Michelangelo Ricciolini, Domenico Paradisi und Giovanni Stanchi gearbeitet haben. Da Corallo auch für die Kardinäle Benedetto Pamphilj und Francesco Maria de' Medici, also Lamberg Bekannte tätig war, scheint diese Identifizierung nahe liegend, obwohl der Dekorationskünstler bisher nur von 1671 bis 1695 in Rom nachweisbar war[362]. Ein Bildhauer namens Antonio Ferretti arbeitete 1698–1703 für Kardinal Spada[363].

Kardinal Francesco Maria de' Medici, der 1687 für seinen Einzug in Rom eigens eine Prunkkarosse mit den lebensgroßen Personifikationen des Arno und des Tiber nach Entwürfen des auch für den englischen Gesandten tätigen Cortona-Schülers Ciro Ferri (Abb. 344) hatte anfertigen lassen[364], griff aber als Kronkardinal des Reiches am 4. Oktober 1700 auf die offensichtlich diesem Standard entsprechenden Kutschen und das livrierte Personal des kaiserlichen Botschafters zurück, als er zur *Congregazione* fuhr[365].

Bei der Reise nach Lucca im Juni 1702 benutzte Graf Lamberg eine *„neue Chaise"*, und im Herbst dieses Jahres berichteten die römischen Chronisten anlässlich des Festgottesdienstes in der Anima von einer neuen Prunkkutsche des Botschafters. Beschrieben die *Avvisi Romani* den Wagen als *„so stolze Karosse, dass der Glanz dem Sonnenwagen gleicht"*, so befand Valesio das Importstück trotz vergoldeter Schnitzerei offensichtlich als nicht dem römischen Geschmack oder der dortigen Qualität der Bildhauerarbeiten entsprechend, hob aber die sehr kostbare Brokatauskleidung hervor[366].

Der hohe Wert der lambergischen Kutschen geht jedenfalls aus den Überlegungen zum Abbau seiner Schulden hervor. In einem Brief vom 1. Mai 1706 berichtet der Botschafter seinem Sohn von den Überlegungen, zuerst die *„Helfte von meinem ,Train' […] so gleich wol bei 40.000 [Gulden] sich belaufen solle"*, zu verkaufen[367].

Auch am päpstlichen Hof war der Status und die Bespannung der Kutschen vom zeremoniellen Rang abhängig: Am 15. Mai 1700 fuhr Lamberg zwar *„mit ,Corteggio' der teutschen ,Cavallier'"* zur Audienz beim Papst, aber *„wie gebräuchlich mit 4 Wagen, da man noch ,incognito' stehet"*[368]. Zum ‚Neujahrsempfang' am 3. Jänner 1702 rückte Graf Lamberg hingegen mit mehr als dreißig Karossen sowie einem Gefolge von 100 deutschen Adeligen aus[369]. Als der Diplomat 1702 nicht mehr offiziell als Vertreter des Kaisers zur päpstlichen Audienz *„a Palazzo"* kommen durfte und der Papst den Botschafter äußerst besorgt darüber

347. Seitenansicht der ersten Botschafterkarosse des Fürsten Anton Florian von Liechtenstein, Radierung von Hubert Vincent nach Antonio Creccolini, 1694; Vaduz-Wien, Sammlungen des Fürsten von und zu Liechtenstein, Bibliothek

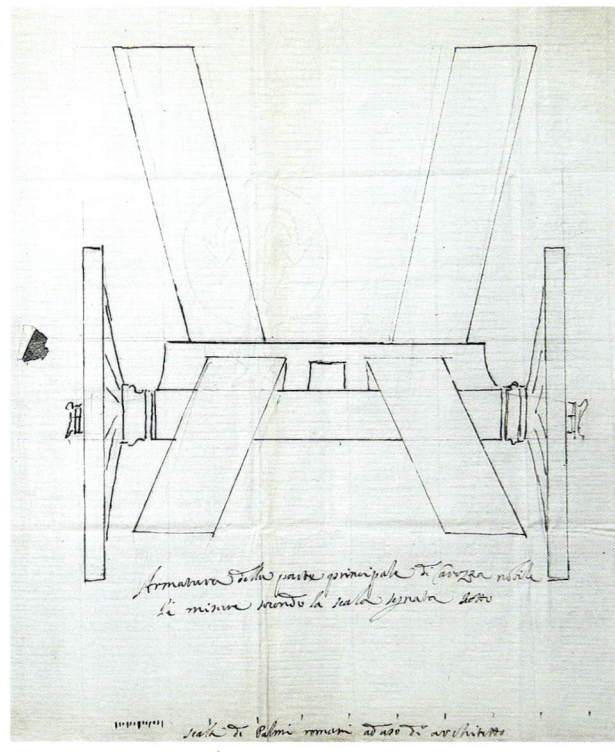

348. Von Graf Lamberg an den Kaiser gesandte Liste der 80 Karossen, deren Besitzer und Insassen, die am offiziellen Einzug des spanischen Gesandten Fürst Carmine Nicolò Caracciolo di Santobuono teilnahmen, 16. Februar 1702; Wien, HHStA, Rom Korr. Kart. 84

349. Konstruktion einer römischen Kutsche, Federzeichnung, um 1700; St. Pölten, NÖLA Lamberg-Archiv Kart. 71

am 14. März mehrfach einlud, antwortete Lamberg, *„dass er zwar Ihro Heiligkeit besuchen wolte, jedoch nicht anders als Graf von Lamberg und sonder 'Character', wie er denn auch nur in einer zweispännigen Kutschen und kleinen Gefolge seiner ‚Domestiquen' nach Hofe gienge und sich daselbsten über anderthalb Stunden mit Ihro Heil. unterrredete"*[370]. In diesem Falle war Graf Lamberg also durch die einfache Kutsche als Privatperson gekennzeichnet. Sobald der Botschafter bzw. seine Angehörigen jedoch sechsspännig unterwegs waren, ging es nicht nur um den Vorrang und die Reputation der gräflichen Familie, sondern um das öffentliche Ansehen des Kaisers. Tatsächlich bildeten die offiziellen Prunkkarossen eines von vier Statussymbolen europäischer Botschafter und sie genossen ebenso diplomatische Immunität wie die Residenzen. Jeder Angriff auf einen Botschafterwagen und sein Personal erfüllte daher nach zeitgenössischem Verständnis den Tatbestand einer Majestätsbeleidigung[371]. Dies lässt vielleicht die sonst unverständliche Aufregung infolge von frühneuzeitlichen Verkehrsunfällen besser verstehen. Denn vor allem in der Reihenfolge und beim Vorrang auf den Straßen entzündete sich die hochpolitische Frage der Präzedenz, d.h. des Ranges innerhalb des Hofes oder in der europäischen Staatengemeinschaft. So hatte sich der folgenschwere Streit um den Vorrang zwischen Frankreich und Spanien 1661 in London bei einem Zusammentreffen der Kutschen der beiden Botschafter und einer dabei entstandenen Rauferei der Lakaien entwickelt, oder war vermutlich sogar als eine „symbolische Demonstration der Überlegenheit des französischen Monarchen über seinen spanischen Kollegen, Ludwigs Onkel und Schwiegervater, Philipp IV." geplant worden. Die daraufhin erzwungene Entschuldigung des spanischen Botschafters in Versailles, die auf einer Tapisserie, in einem Deckengemälde der Spiegelgalerie in Versailles sowie am Denkmal der Place des Victoires verewigt wurde (Abb. 45 und 243), machte der europäischen Öffentlichkeit den politischen Triumph Frankreichs über seinen südlichen Nachbarn offensichtlich[372]. Aufgrund dieser großen Bedeutung der Diplomatenkarossen sowie der aufgeheizten Stimmung zwischen den verfeindeten Parteien in Rom, entluden sich auch in diesem Bereich die Spannungen mehrfach auf offener Straße.

Am 22. August 1701 hatte etwa ein Zusammentreffen zwischen dem kaiserlichen Botschafter und Alexander Sobieski (Abb. 319) bzw. einer von dessen Begleitkutschen in der Nähe des Quirinals unliebsame Folgen: *„Diesen Abend bin ich spazieren gefahren und da ich nechst bei der Fontana de Trevi vorbeifahrete, begegnete mir der Printz Aleksander aus Pollen. Wir grüsseten einander auff das höfflichste. Nachdem komet ein alter Wagen mit einem Gutscher in Hembd. Dieser fuhr mir in meinen Wagen und wolte mit Gewalt vorfahren, also daß er einem Öbstler seinen Stand iber den Hauffen gefahren; meine Laqueien prügelten den Gutscher, da sprangen 2 Laqueien heraus mit der Königin Liberey; der Gutscher legete auch erst darauff den Liberejrockh an. Ich schückhete darauf den [Botschaftsekretär] Chassignet zu dem Abbate Scarlatti, ihm diese ‚Insolentz' zu hinterbringen, und daß er es Ihr. Mayt. der Königin wolte sagen, daß der Gutscher dieses gethan,*

Antonius Creccolini del. Hubertus Vincent sc.

im Hembd gewesen, also ihm nicht erkennete. Die Königin schückhte den Baron [Filippo Massimiliano] Scarlatti zu mir, lässt sagen, sie hätte kheine andere Mainung von mir, hätte also den Gutscher wegen seiner ‚Insolentz' abgefärtiget." Auch eine Entschuldigung und die Bitte des kaiserlichen Botschaftssekretärs Baron Chassignet, den Bediensteten wieder einzustellen, konnte Ihre Majestät nicht umstimmen, da ihre Livree niemand das Recht gäbe, sich *„Impertinenzen"* zu erlauben[373]. Im Schreiben vom 27. August informierte der Botschafter den Kaiser von diesem Ereignis[374].

Diplomatischen Ärger verursachte auch ein Vorfall am 27. Jänner 1702. Als die Gräfin Lamberg *„wie gewöhnlich mit 4 Kutschen"* zur Jesuitenkirche Il Gesù fuhr, wo das Allerheiligste ausgestellt war, fand sie dort die Karosse des päpstlichen Kämmerers Domenico Maria Orsini Marchese della Penna, Hofmeister des französischen Kardinals d'Estrées, vor, der *„impertinamente"* nicht Platz machen wollte, worauf es zu einem Handgemenge der Kutscher kam[375].

Am 2. Juli 1702 waren es die Söhne des kaiserlichen und des spanischen Botschafters, die einander am Corso entgegenkamen und offensichtlich wegen überhöhter Geschwindigkeit nicht rechtzeitig ausweichen konnten. Da die Pferde mit Peitschen angetrieben wurden, touchierte die österreichische Kutsche mit dem Vorderrad das spanische Fahrzeug. Die robusten Pferde zogen ohne anzuhalten weiter, aber der spanische Kutscher verlor seinen Posten[376]. Als daher zwei Wochen später beim Fest der Madonna del Carmine die Eltern der beiden ‚Rennfahrer' einander *„con tutto gala"* auf dem Corso begegneten, ließ zuerst der kaiserliche Botschafter der spanischen Botschafterin den Vorrang, während der spanische Herzog daraufhin diese Höflichkeit erwiderte, indem er dem Grafen Lamberg die Vorfahrt gewährte[377].

Politisch brisanter war ein Vorfall am 5. August 1702, als nach einer Prügelei von Kutschern gleich vier europäische Höfe in einen Streit verwickelt zu werden drohten: *„Heuth hat ‚al Angelo Custode' die span. Bottschafferin die Königin [von Polen] begegnet, womit sie der Königin die ‚Fila' unterbrochen; der Königin Wagen wollte ausfahren, damit seind der Bottschafferin ‚Gentilhuomini' und ‚Pages' aus denen Wagen mit dem Degen in der Hand gesprungen und mit Schlägen der Königin Leuth ‚tractiret', worauff der Königin ‚Guardi' mit ihren Hackhen sich gegen die Spanier gewendet. Die Königin hat aber geschrien, sie sollen zuruckhgehen, sonsten wären die Spannier ibel zugerichtet worden. Nun hat sich der Cardinale Janson gleich in Handel gemischt, zu der Königin gangen und gesagt, dass dergleichen ‚Bagatelle' sie nichts angehen; sie wäre gebohren, zu beherrschen, also dergleichen Kleinig-*

350. Seitenansicht der zweiten Botschafterkarosse des Fürsten Anton Florian von Liechtenstein, Radierung von Hubert Vincent nach Antonio Creccolini, 1694; Vaduz-Wien, Sammlungen des Fürsten von und zu Liechtenstein, Bibliothek

kheiten nicht anstellen muess. Es seye auch Zeit, Franckhreich und Spanien nicht zu Feind zu machen, da anietzo zu ‚tractiren', daß einer von ihren Söhnen auff den Polnischen Thron komme. Mit dergleichen Thorheiten hat er die Königin zu ‚persuadiren' gesucht, [...]; es sollte aber der Pabst zu ihme Giansone geschückhet haben, mit Vermeldung, er wolle auff alle Weis, dass der Königin billiche ‚Satisfaction' gegeben werde."[378]

Die Unterbrechung der natürlich möglichst langen Wagenkolonne, bildete auch den Ausgangspunkt für einen anderen diplomatischen Streit der Herzogin von Uceda. Als am Abend des 5. November 1702 die Karosse der spanischen Botschafterin mit jener des Kardinals Grimani an einer engen Stelle des Corso zusammentraf, ließ der habsburgische Vertreter der Spanierin höflicherweise den Vorrang. Als Grimani jedoch bemerkte, dass auch die Kutschen des spanischen Gefolges den Vorrang beanspruchten, befahl er seinem Kutscher anzufahren. *„Er musste aber bald zu seiner nicht geringen Bestürzung wahrnehmen, daß einige Bediente der Hertzogin, indem sie denen Pferden in den Zügel gefallen, ihn aufhielten. Es grieffen derowegen die ‚Laquayen' des Cardinals zu den Degen, welches von der Hertzogin ihren auch geschahe"*[379]. Die Auseinandersetzung hatte drei Verletzte zur Folge, und beide Streitparteien forderten umgehend beim Papst *„‚Satisfaction'"*. Graf Lamberg wurde selbst Augenzeuge des Zwischenfalls: *„Diesen Abend bin Spazierengefahren à S. Gregorio, wo der Corso der Wagen gewesen. Es befande sich auch H. Cardinale Grimani, wie er nach meiner zuruckhkommen, so folgte ihm in Corso die Spann. Bottschafferin mit 5 Wagen zu 2 Pferden. Die Laquey lauffen voran und schreyen Platz, die Gutsche waichte auf die Seithen, die Pottschafferin passirte, der Laquey mit dem Degen in der Hand, des Cardinals seine ingleichen, der anderte spannische Wagen henghete sich an des Cardinal seinen an, der dritte Gutscher hatte die Pistolen in der Hand, die Spann. Edelleuth und ‚Pages' springten auch aus dem Wagen mit dem Degen in der Hand, laufen aber durch ein anderes Gassel, und liessen den Wagen der Pottschafferin lehr folgen mit offenen Portieren. Der Cardinale kommete zu mir, was zu thun wäre. Ich sagte, als ‚Minister' solle er sich am Pabst halten, als Cardinale am Cardinale Aciaoli, als Capo des Collegij. Also [hat Grimani] seinen Maestro di Camera zu jenen und zu dem anderen geschückhet, als nemlich zu dem Segretario di Stato Cardinale Pauluci, welcher aber sich ganz freddo [= kalt] erwisen, mit Vermeldung, daß er es Ihr. Heyligkeit hinterbringen werde."* Tatsächlich wurden am nächsten Morgen nicht nur der Kardinalstaatssekretär, sondern auch der Venezianische Botschafter als Vermittler in dieser Angelegenheit aktiv: *„Der Venetian. Bottschafter ist heuth bei dem Cardinale Grimani gewesen, ihme seine ‚Assistenz' angetragen, und von einen ‚Accommodement' gesprochen. H. Cardinale hat geantworttet, sich des einen bedanckhet, des anderen aber vermeldet, daß der Cardinale Pauluci seinen ‚Auditore' zu ihm geschückhet mit der ‚Proposition', daß er gutt thäte zu der spann. Bottschafterin mit einem ‚Compliment' zu schückhen; er aber geantworthet, dass er es nicht thun könnte, da er vorsötzlich wäre ‚insultiert' worden, und das ‚Compliment' zu interpretiren wäre, als wan er einer einer solchen ‚Dama' eine Unhöflichkeit erwisen hette, so H. Bottschaffter [an]erkennet und von dergleichen ‚abstrahiret'. Ich hab gesagt, man solle nicht waichen, sonsten bleibet uns das Torto [= Unrecht], da wir anjetzo ‚Avantage' haben von der Gewalt, so wür widerstanden, wolte es der Pabst iber sich nehmen ‚in primo gradu' kunte man es geschehen lassen, ‚in secundo' aber Sicherheit haben vom Pabst. Heuth Nacht hat der Pabst 100 Man ‚rondiren' lassen umb mein, Grimani und spann. Bottschaffters ‚Palazzi', wie auch mitten der Strada Fratina ein Corpo di Guardia gesötzet, die Distanz von mir gegen Spannien abmessen lassen. Der Spann. Bottschaffter macht ‚Mina' zu werben, allein es scheinet mehr Apparenz als Realität zu sein, da sie khein Geld haben [...]"*[380]. Da sich der Kardinal also weigerte, sich für eine nicht begangene Unhöflichkeit zu entschuldigen, und die Gefahr bestand, dass die beiden Botschafter Söldner anwerben, ließ der Papst in der Via Bocca di Leone, also auf halbem Wege zwischen der spanischen Botschaft und der Residenz Grimanis bzw. Lambergs am Corso eine Wache in der Stärke von 100 Mann aufstellen und die Garnison in Bereitschaft setzen, wie Lamberg am 11. November dem Kaiser berichtete[381]. Zur Information der beiden zuständigen Souveräne durch den Heili-

351. Seitenansicht der dritten Botschafterkarosse des Fürsten Anton Florian von Liechtenstein, Radierung von Hubert Vincent nach Antonio Creccolini, 1694; Vaduz-Wien, Sammlungen des Fürsten von und zu Liechtenstein, Bibliothek

gen Vater wurden entsprechende topographische Skizzen nach Paris (!) und Wien gesandt (Abb. 354)³⁸². Zwei Tage später schickte Kardinal Santacroce (Abb. 467) seinen Auditor zu Grimani und hat „ihm rathen lassen, er solle zu der spann. Bottschaffterin als einer ,Dama' mit einem ,Compliment' schückhen, er könne niemalen was damit verlühren. Grimani hat antwortten lassen, er solle sich der kaysl. Bottschaffterin erinnern mit dem Penna wegen des Cardinale d'Estrè, so werde er ihm dieses nicht rathen wollen. Darauff der Cardinale S. Croce wider geschückhet mit Vermelden, er hette auf Begehren des Palazzo den Passo gethan, sonsten erkenne er gar wol dass er alles Recht habe, wie dann Monsignore [Curzio] Origo auch, so zu ihm vom Pabst geschückhet worden."³⁸³

Unter Hinweis auf den Streit zwischen der Gräfin Lamberg und dem Marchese Penna im Jänner 1702 (siehe oben S. 369) lehnte Kardinal Grimani die Entschuldigung neuerlich ab, sodass es schließlich der offiziellen diplomatischen Einschaltung des venezianischen Kollegen bedurfte, um die Affäre aus der Welt zu schaffen: „der Venetianis. ,Ambassadeur' hate wiederum alle seine hände voll zu thun/ die streitigen partheyen zu vergleichen. Zu solchem ende entwarff er ein briffgen/ welches der Cardinal Grimani, an des Duc d'Uceda seine Gemahlin schreiben sollte/ das so bescheiden und glimpflich eingerichtet war/ daß beyde theile darmit konten zufrieden seyn. Alleine diese Dame/ die mit ihrem munde vor ihren Duc d'Anjou ebenso hefftig fochte/ als seine soldaten mit den degen thaten/ wollte nicht zufrieden seyn/ daß man sie in selbigen nicht ,Ambassad[atrice]' sondern bloß Hertzogin genennet habe. Der Herr Cardinal Grimani aber versetzte hierauff: weil er ein Käyserl. ,Ministre' sey/ so erkenne er auch keinen andern vor einen König Spanien/ als Ihr. Käyserl. Maj."³⁸⁴ Der Vergleich scheiterte also lange an der politischen Frage der rechtmäßigen spanischen Erbfolge, da Kardinal Grimani die Herzogin von Uceda „durchaus nicht als eine Spanische Abgesandtin erkennen, und ihr diesen Titel beylegen wolte". Der durch die Abschiebung der Verantwortung auf die Dienerschaft sozial verträgliche, in der Sache aber zugunsten der spanischen Partei ausfallende Kompromiss bestand schließlich darin, dass der Kardinal der Herzogin versicherte, „er habe an dem Verfahren seines Kutschers und seiner drey ,Laquayen' womit sie die Herzoglichen Bedienten beleidiget, keinen Antheil daher er sie auch sofort ihrer Dienste erlassen"³⁸⁵.

Mit zwei Todesopfern endete schließlich ein Kutschenzwischenfall in der Nacht des 2. September 1703 im Bekanntenkreis von Lamberg, über den

352. Seitenansicht der vierten Botschafterkarosse des Fürsten Anton Florian von Liechtenstein, Radierung von Hubert Vincent nach Antonio Creccolini, 1694; Vaduz-Wien, Sammlungen des Fürsten von und zu Liechtenstein, Bibliothek

der Botschafter ebenfalls ausführlich nach Wien berichtete. Als die polnische Königin auf dem damals von ihr neu erbauten Balkon des Palazzo Zuccari³⁸⁶ bei S. Trinità dei Monti eine „*musica di notte*" veranstaltete, zu welcher der einheimische Adel und die Fremden strömten, kam es um zwei Uhr morgens zu einem ‚Zusammenstoß' zwischen Marchese Scipione di Santacroce (Abb. 355) und Marchese Camillo Corsini. Da der erstgenannte, offensichtlich besonders musikbegeisterte Adelige keinen geeigneten Parkplatz fand, sagte er „aufgrund seiner hitzigen Natur bei der Türe seiner Kutsche zu den in seinem Wagen sitzenden Markgräfinnen Prizzi und Cavalieri ‚Von einer Missgeburt kann man keine Höflichkeit erwarten', was von einem Diener des im anderen Wagen sitzenden Angelo Gavotti gehört und seinem Herrn berichtet wurde" ³⁸⁷. Gavotti, ein Schwager des Marchese Ruspoli (Abb. 19), forderte Santacroce daraufhin am nächsten Tag zum Duell, was ihm aber sein 42-jähriges Leben kostete: „Diesen Abendt gegen 23 [Uhr] seind à ‚campo vacino' erschienen Don Angelo Gavotti, und Marchese Scipione Sᵃ. Croce, ein

353. Seitenansicht der fünften Botschafterkarosse des Fürsten Anton Florian von Liechtenstein, Radierung von Hubert Vincent nach Antonio Creccolini, 1694; Vaduz-Wien, Sammlungen des Fürsten von und zu Liechtenstein, Bibliothek

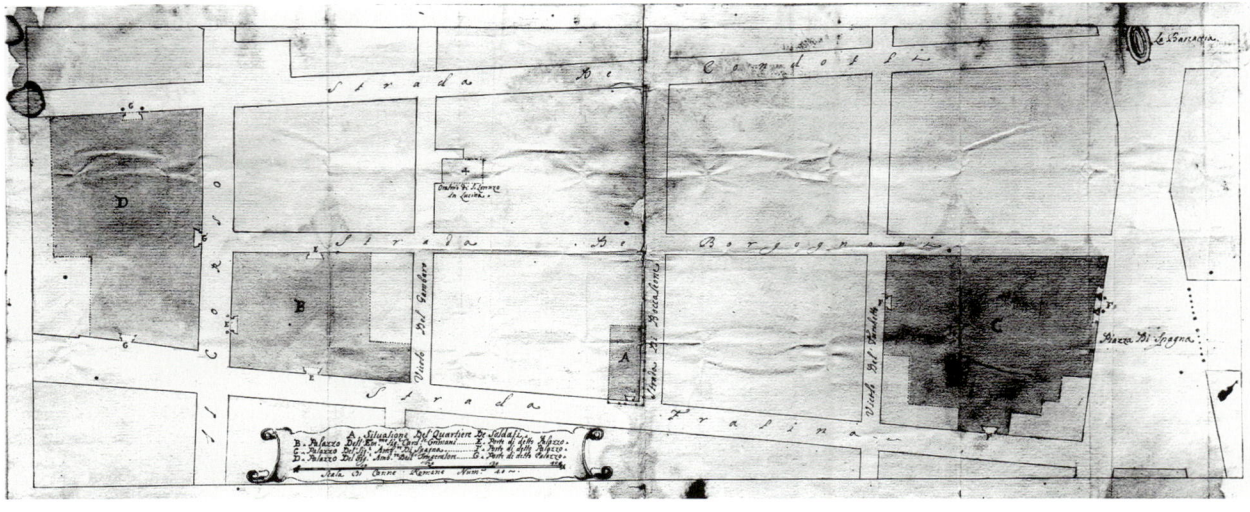

354. Plan des römischen Zentrums mit der Lage der Spanischen Botschaft an der Piazza di Spagna (C) und den Residenzen der kaiserlichen Vertreter Grimani (B) und Lamberg (D) am Corso sowie der dazwischen liegende Standort der päpstlichen Soldaten (A) zur Verhinderung eines „Kutschenkrieges" zwischen der österreichischen und der französischen Partei, 1702; Wien, Albertina, AZ Rom 28

jeder mit einen ‚Cavaglier'; der erste mit dem Marchese Corsini, der andere mit dem Conte Filippo Bentivoglio. Wie sie die Degen gezogen, so stossete der Gavotti anfangs, Santa Croce parirte und stossete darauf den andern tödlich. Wie dieses ein Laquay von Gavotti gesehen, ziehete den Degen und wolte rückwerths den S. Croce einen Stoss geben. Bentivoglio dieses sehend stossete den Laquay durch den Leib, daß er zugleich mit seinem Herren gestorben."[388] Der des Mordes angeklagte und ebenso wie die Sekundanten von der Konfiskation bedrohte Santacroce floh daraufhin in das Gotteshaus S. Pietro in Vincoli[389], von wo er nach mehrtägigen Verhandlungen der Familie Santacroce sowie Lambergs mit dem Papst wieder freikam. Um einer Haftstrafe in Rom zu entgehen, wurde der Adelige von Lamberg mittels der diplomatischen Immunität seiner Kutsche am 5. Oktober außer Landes gebracht. Der Marchese begab sich unverzüglich an den Wiener Hof ins Exil[390], und dort konnte er in seiner Funktion als kaiserlicher Oberstküchenmeister und Hofmusik-Oberdirektor von 1709 bis 1711 auch seine Musikleidenschaft ohne weitere Totschläge ausleben[391].

Im Juni 1704 meldete der kaiserliche Botschafter einen weiteren, ihn allerdings nicht betreffenden Kutschenstreit nach Wien: Als Karossen der Königinwitwe von Polen mit jener der Herzogin von Zagarola, Maria Camilla Pallavicini Rospigliosi[392], beim Palazzo di San Marco aneinandergerieten, kam es zu einer Schlägerei zwischen den Dienern, wobei ein Kutscher der Herzogin getötet wurde[393].

Am Dreikönigstag des Jahres 1704 konnte der kaiserliche Botschafter die römische Gesellschaft mit neuen Livreen seiner Diener beeindrucken. Sie waren von feinem gelben Tuch, mit roter Seide gefüttert, mit schwarzen und roten Streifen auf weißem Grund, und erst im März des Jahres ließ Graf Lamberg seine „carozze nobili", die offensichtlich bis zu diesem Zeitpunkt im Palazzo Bonelli untergebracht waren, in den Palazzo Caetano überstellen, da der Herzog Bonelli den Platz selber beanspruchte[394].

Eine weitere Beschreibung verdanken wir der Tatsache, dass Lamberg nicht zuletzt aufgrund seiner überraschenden Abreise seine Luxuskutschen in Rom zurückließ und diese von Kardinal Grimani übernommen wurden. Zum Fest des hl. Karl Borromäus in der Nationalkirche der 1706 von den Österreichern zurück eroberten Stadt Mai-

355. Marchese Scipione Publicola di Santacroce mit dem Orden vom Goldenen Vlies, Relief des Grabmals von Giovanni Battista Maini, 1749; Rom, S. Maria in Publicolis

land fuhr der interimistische Vertreter des Hauses Österreich nämlich in einer „*sehr schönen Karosse*" von rotem Samt mit Goldstickerei sowie mit sechs anderen „*neuen Kutschen*" mit schwarzen und vergoldeten Schnitzereien, die aus dem Wagenpark des ehemaligen kaiserlichen Botschafters Graf Lamberg stammten[395].

Die Kutschen-Konkurrenz zwischen den beiden verfeindeten Mächten überdauerte jedoch selbst den ‚Spanischen Erbfolgekrieg': Bei der Unterzeichnung des Friedensvertrages von Utrecht im Jahre 1714 setzte der spanische Gesandte Francisco Maria Téllez-Girón Duque de Ossuna alles daran, seinen Einzug in einem ‚besseren Wagen' als sein Gegenspieler, der kaiserliche Gesandte Philipp Ludwig Wenzel Graf von Sinzendorf, durchführen zu können[396].

Stellvertreterkriege und Propagandaschlachten

In den zwischen kurialen Intrigen und europäischen Kriegen oszillierenden Auseinandersetzungen um das spanische Erbe auf römischen Boden war es ebenso wichtig die politische Elite zu überzeugen und mit schriftlichen Stellungnahmen zu argumentieren wie das einfache Volk auf seine Seite zu ziehen und mit nonverbaler Kommunikation und Witz Propaganda zu betreiben. Neben den schon beschriebenen Veranstaltungen bediente man sich auch gedruckter Flugschriften zur direkten Informationsvermittlung sowie der symbolischen Medien Wappen und Bildnis[397]. Tatsächlich dienten Herrscherporträts und Wappen seit dem Mittelalter dazu, die Zugehörigkeit eines Territoriums oder die Loyalität einer Familie zu einem bestimmten Fürsten öffentlich sichtbar zu machen: „*Man erkennt normalerweise, von wem ein Ort abhängig ist, sei es am Bild des Fürsten, das dort ausgestellt ist, oder an seinem Wappen, das dort angebracht ist*", heißt es etwa 1688 im *Traité des statües* von François Lemée[398]. Tatsächlich scheint auch in diesem Zusammenhang Ludwig XIV. Auslöser oder zumindest Vorreiter einer quantitativen und qualitativen Aufwertung der Stellvertreterfunktion des Herrscherporträts gewesen zu sein, seit ganz Frankreich ab den 1680er Jahren von einem ‚Fieber' erfasst wurde, Bildnisse des Herrschers ‚in absentia' aufzustellen[399].

Schon die Anbringung eines Wappens an einem Palast war ein rechtlich sehr sensibler Bereich und führte immer wieder zu Kontroversen. Innerhalb der römischen Gesellschaft wurde durch ein solches „Devotionswappen" des *Padrone* neben dem eigenen Wappen zunächst das Klientelverhältnis des Besitzers veranschaulicht[400]. Dies galt für die protegierenden Päpste und Kardinäle, aber natürlich auch für die ausländischen Herrscher, denen der Besitzer des Palastes oder die Kirche verpflichtet war. Diese rechtliche Verbindlichkeit geht aus einer Tagebucheintragung Lambergs im Vorfeld der Akklamation Erzherzog Karls zum spanischen König hervor, wo ein entsprechender Wappenwechsel der unter spanischer Patronanz stehenden Malteserkirchen diskutiert wurde: „*da der Erzherzog Monarch in Spannien ‚acclamirt' wird, so müsste man […] auch die ‚Feuda' und ‚Benefitien', so die ‚Religion' von Malta von der Cron Spannien genüsset, melden, da sie obligirt die Spann. Standard allzeit auszustöckhen […]. Die Haubtkirchen ist ein Patronat von Spannien, also die Wappen heraus aufhengen müsse […]*"[401].

Im Falle der Residenzen der Botschafter kam dem Wappen darüber hinaus eine staatsrechtliche Qualität zu, da dieses nicht nur Ausdruck der Protektionsverhältnisse war, sondern damit auch heute noch der Gültigkeitsbereich der diplomatischen Exterritorialität markiert wird[402] (Abb. 356 und 357). Besonders deutlich wird dies aus der Tatsache, dass Graf Lamberg schon im Dezember 1699 um 27. fl. „*18 wappen auff die rais in die wirtshäuser*" angeschafft hatte, um damit seine jeweilige Unterkunft als Botschaftsresidenz zu kennzeichnen.

In Rom zog sich etwa der Streit um die Anbringung der Wappen am Palast des Malteser-Kardinals Virgilio Orsini über ein halbes Jahrzehnt hin, da der Kardinalprotektor von Polen und Portugal 1667 aufgrund seiner Zugehörigkeit zur französischen Fraktion mit dem Lilienwappen ausgezeichnet worden war und dieses eine bessere Position an der Fassade einnehmen sollte als die Staatssymbole der Kronen Portugals und Polens. War der Kirchenfürst zunächst in einen Erklärungsnotstand gegenüber dem portugiesischen Botschafter geraten, so beschwerte sich dann auch der polnische König über die Zurücksetzung seines Wappens, sodass sogar Ludwig XIV. allerhöchstpersönlich vermittelnd eingreifen musste. Der nicht ganz glückliche Kompromiss sah schließlich die Anbringung der Wappen an zwei Portalen vor. 1699 kam Fürst Antonio Maria Salviati Duca di Giuliano in ähnliche Schwierigkeiten: als der französische Kardinal Emmanuel Théodose de la Tour d'Auvergne de Bouillon (Abb. 358) in den Palast der aus Florenz

356. Ansicht der Spanischen Botschaft mit Wappen des Papstes (Urban VIII.) und des spanischen Königs, davor Reiterporträt Kaiser Ferdinands III. als Feuerwerksdekoration anlässlich der Krönung des Herrschers, Radierung von Claude Lorrain, 1637; London, The British Museum, Department of Prints & Drawings

stammenden Familie an der Lungara einzog, sollte an der Fassade auch das französische Wappen neben jenem des Papstes und des Großherzogs der Toskana aufscheinen, und zwar vor allem an besserer Stelle als jenes der Medici. Auch in diesem Falle war der französische König direkt in die Entscheidung eingebunden, sein Wappen im Februar 1700 neben dem des Papstes an der

357. Wappen des Papstes und des spanischen Königs über dem Portal der Spanischen Botschaft beim Heiligen Stuhl, 2009; Rom, Piazza di Spagna

Hauptfassade anzubringen und jenes der Toskana an die Seitenfassade abzuschieben[403]. Ebenso deutlich war die Symbolik als derselbe französische Kardinal im Sommer 1700 bei Ludwig XIV. in Ungnade fiel und aus Rom abreisen sollte: Zum Zeichen seiner Degradierung wurde er aufgefordert, nicht nur den Orden vom Hl. Geist zurückzugeben, sondern auch das königliche Wappen von seinem Palast zu entfernen[404]. Lamberg verfolgte auch diesen politischen Skandal mit[405]. Lambergs Kollege Kardinal Grimani (Abb. 315) geriet ebenfalls in einen Wappendisput, der Ausdruck einer politischen Schwierigkeit war: Aufgrund seiner diplomatischen Dienste für Kaiser Leopold I. wurde der gebürtige Venezianer vom Rat der Serenissima als „Rebelle tractiret". Trotzdem ließ der Kardinal an seinem römischen Palast neben dem kaiserlichen auch das venezianische Wappen anbringen, „umb zu beweisen/ dass er alles üblen ‚Tractaments' ungeachtet/ dennoch sein Vaterland liebe. Seine Landsleute widersetzten sich zwar Anfangs diesem Unternehmen / und wollten/ dass er das Wapen von diesem oder jenem erwehlen/ und das andere weglassen sollte. ‚Aut Caesar aut Venetus', wie es damahls hieß. Allein es ward diese Sache durch Vermittlung der beyden Cardinäle Spada und Ottoboni, dahin gebracht/ dass Grimani noch biß auff diese Stunde beyde Wapen führet." 1701 gewann die Frage neue Brisanz, da Kardinal Grimani als Nachfolger des Kardinals de' Medici von Leopold I. zum Protektor des Heiligen Römischen Reiches und der Erbländer ernannt wurde[406].

Rom war aber auch die einzige Hauptstadt, wo es eine lange Tradition gab, nicht nur Bildnisse des Papstes als Landesherrn, sondern auch die Porträts fremder Souveräne in mehr oder weniger offizieller Form auszustellen[407]. Das Spektrum der Verwendung von Herrscherporträts war vielfältig. Wie in den Schlössern und Palästen des mitteleuropäischen Adels gab es auch in Rom einerseits Bildnisse des regierenden Herrschers, die sich zu Serien ansammeln konnten, andererseits Porträts von Päpsten gemeinsam mit solchen ausländischer Fürsten in den Zyklen der *viri illustri*. In den Palästen der Farnese wurden habsburgische Bildnisse seit dem 16. Jahrhundert präsentiert, um auf die Verwandtschaft mit der kaiserlichen Familie hinzuweisen. So verzeichnet ein Inventar des Palazzo Farnese von 1644 ganzfigurige Gemälde der Kaiser Karl V. (Großvater des Bauherren Alessandro Farnese) und Ferdinand I. sowie von deren Nachkommen[408].

Ebenso eine Leistungsschau wie halboffiziellen Charakter verkörperten hingegen die Porträts der

Kaiser, der Könige von Spanien, Frankreich u.a. in den Residenzen jener römischen Aristokraten die erblich durch ein Lehen oder *ad personam* durch ein Kardinalsprotektorat, eine Botschafterfunktion oder eine einmalige Gesandtschaft mit einem europäischen Herrscher Kontakt hatten. Die Überreichung solcher Porträtgeschenke in den Abschiedsaudienzen der Botschafter bildete eine weitverbreitete europäische Praxis[409]. Während daher im Palazzo Barberini alle Quattro Fontane die Porträts der französischen Königsfamilie als Ausdruck der politischen Loyalität zu Frankreich dominierten, verhielt es sich im Palazzo Colonna ai SS. Apostoli (Abb. 316) umgekehrt. Dort befanden sich im 17. Jahrhundert die Bildnisse der spanischen Herrscher von Karl I. (= V.) bis zu Karl II. zur Demonstration der Funktion der Familienmitglieder als Kardinalkronprotektoren Spaniens oder als *Gran Contestabile* (militärischer Oberbefehlshaber) sowie Vizekönige von Neapel oder Aragon. Mehrere Gemälde der habsburgischen Kaiser bis hin zu Leopold I. und später Karl VI. visualisierten deutlich die – von Ausnahmen abgesehen – habsburgerfreundliche Haltung dieser alten römischen Familie[410]. Je nach der politischen Großwetterlage konnte eine allzu öffentliche Zurschaustellung der Loyalität daher zu Widerspruch führen, vor allem die zeremonielle Inszenierung von Staatsporträts unter einem Baldachin, wie sie in Rom zunächst nur dem jeweils regierenden Papst zustand und in manchen Palästen noch heute im Thron- oder Audienzsaal mit einem zur Wand gedrehten Thron vorgeführt wird[411].

Entweder parallel zu einem Papstbildnis oder auch alleine durften die Staatsporträts ausländischer Herrscher nur in gleichsam stellvertretender Funktion im Kontext einer Botschafterresidenz oder im Rahmen einer zwischenstaatlichen Feier präsentiert werden[412]. Als etwa der englische Botschafter Roger Palmer Earl of Castlemaine (Abb. 27) im Palazzo Pamphilj im Jahre 1687 ein Bankett gab, wurde das lebensgroße Gemälde von König Jakob II. dabei durch einen Baldachin als Staatsporträt gekennzeichnet (Abb. 359)[413].

Noch kritischer wurde die Porträtpräsentation, wenn es sich nicht um Innenräume eines Palastes handelte, sondern um öffentliche Gebäude wie Kirchen und Refektorien, selbst wenn dabei das Stiftergedächtnis im Vordergrund stand. Dies gilt etwa für den 1615–18 begonnenen Zyklus der französischen Könige in S. Trinità dei Monti oder die 1633 einsetzende Serie spanischer Könige unter den Wohltätern von S. Maria Maggiore[414].

358. Kardinal Emmanuel Théodose de la Tour d'Auvergne de Bouillon mit dem Orden vom Heiligen Geist, Ottensteiner Kardinalsserie, römischer Maler, 1700/1701; Maria Enzersdorf, EVN

Die Anzahl öffentlicher Denkmäler ausländischer Könige in Rom blieb auf einzelne Beispiele beschränkt und zog immer kontroversielle Diskussionen nach sich[415]. So konnten die Chorherren von S. Maria Maggiore, die 1643 eine Bronzestatue König Philipps IV. von Spanien in der Vorhalle ihrer Basilika aufstellen wollten, erst nach dessen Tod 1666 den Guss der Statue erreichen und nur durch die Vakanz auf dem Papstthron im Jahre 1691 die Aufstellung der Statue realisieren[416] (Abb. 360).

Die öffentliche Präsentation solcher Denkmäler wurde von den Päpsten prinzipiell abgelehnt. Dies gilt vor allem für die von Kardinal Jules Mazarin betriebene Errichtung eines von Bernini entworfenen Reiterstandbildes Ludwigs XIV. von Frankreich auf der Treppenanlage von S. Trinità dei Monti im Jahre 1661, die Papst Alexander VII. nicht nur wegen der Nichtanerkennung des vor der spanischen Botschaft liegenden Kirchenhügels als „französisches Territorium" verweigerte, sondern auch weil es sich um öffentlichen Raum handelte[417]. Die damit beabsichtigte Provokation von Seiten des französischen Königs wurde zwei Jahre später bestätigt, als in der französischen Nationalkirche S. Luigi dei Francesi die Bildnisse des französischen Königspaares ohne das in Rom dazugehörige Papstporträt ausgestellt wurden[418]. Der diplomatische Konflikt kulminierte einige Monate später tatsächlich an der Frage der topographischen Immunität, als es zwischen der korsischen Miliz des Papstes und der Garde des französischen Botschafters Herzog

rechte Seite: 360. König Philipp IV. von Spanien, Bronzestatue von Gianlorenzo Bernini und Girolami Lucenti (1664–66), Aufstellung und Sockel 1692; Rom, S. Maria Maggiore, Vorhalle

Charles de Blanchefort zu einer Straßenschlacht mit zwei Toten und einer anschließenden Belagerung des Palazzo Farnese (Abb. 26) kam. In den zwei Jahre dauernden Friedensverhandlungen forderte Ludwig XIV. daraufhin die Errichtung eines „Schanddenkmales" zur öffentlichen Entschuldigung („*un monument à la posteriorité pour lui témoigner l'indignation que Sa Sainteté avait d'un si barbare violement du droit des gens*") und zur Erinnerung an die Abschaffung der korsischen Garde. Die ganze Angelegenheit war von einer publizistischen Kampagne begleitet und 1664 wurde schließlich das pyramidenförmige Denkmal in der Nähe des Palazzo Farnese aufgestellt, aber schon vier Jahre später wieder abgetragen[419]. Diese Niederlage des Papstes war übrigens ein Hauptgrund dafür, dass Alexander VII. seinen Hofkünstler Bernini nach Frankreich reisen lassen musste[420] und sie wurde auch in einem der Bilder von Le Brun an der Decke der Spiegelgalerie von Versailles dokumentiert (Abb. 45).

Wie die Beispiele zeigen, war in Rom also auch die vorübergehende Präsentation von Staatsporträts im Rahmen von Festlichkeiten nationalpolitischer Art sowie die Verbreitung gedruckter Herrscherporträts nicht weniger problematisch als die Errichtung von Standbildern, sobald sie die Integrität des päpstlichen Vorherrschaftsanspruches oder dessen politische Linie zu gefährden drohten. Das galt natürlich vor allem, wenn der mit dem Porträt zum Ausdruck gebrachte Herrschaftsanspruch umstritten war[421].

359. Porträt König Jakobs II. von Großbritannien unter einem Baldachin beim Festbankett des englischen Botschafters Earl of Castlemaine im Palazzo Pamphilj, Kupferstich von Arnold van Westerhout in der gedruckten Botschaftsrelation von John Michael Wright, Ausschnitt, 1687; Rom, Bibliotheca Hertziana

Mit der politischen Symbolik hing auch ein die europäischen Staatsspitzen beschäftigender Diskurs zusammen, der sich 1697 anlässlich der Anfertigung eines lebensgroßen Standbildes des französischen Königs durch Domenico Guidi entspann (Abb. 361). Der Auftraggeber Guido Vaini Principe di Cantalupo Duca di Selci hatte die wertvolle Marmorskulptur für seinen römischen Palast in Auftrag gegeben, um seine Loyalität und Dankbarkeit gegenüber dem französischen König zum Ausdruck zu bringen, der ihn 1696 in Paris wohlwollend empfangen und 1698 mit dem Orden vom Hl. Geist ausgezeichnet hat. Der früher für den Kardinal von Hessen-Darmstadt tätige Künstler (Abb. 31) hatte den Herrscher mit einem Globus sowie dem Löwenfell des Herkules, also zwei typisch habsburgischen Symbolen, dargestellt und damit wohl nicht unbeabsichtigt den Ärger des kaiserlichen Botschafters auf sich gezogen. Wie Graf Martinitz schon im September 1697 Kaiser Leopold I. informierte, würden die römischen Gazetten berichten, dass man von österreichischer Seite dem Bildhauer den Tod angedroht habe, sollte er fortfahren, bei seiner Skulptur den französischen König mit den dem Kaiser zustehenden Herrschaftszeichen auszuzeichnen. Am 31. November und am 7. Dezember 1697 berichtete die *Gazette de Rotterdam* ihren Lesern, dass Guidi tatsächlich die Arbeit an der Skulptur eingestellt habe und dass Fürst Vaini darüber sehr erbost sei, weil der Künstler ja schon eine Vorauszahlung erhalten habe. Die Statue wurde schließlich 1699 vom französischen Bildhauer Pierre Le Gros vollendet. Als Vaini nun seine Genugtuung durch einen Kupferstich des Standbildes einer größeren Öffentlichkeit bekannt geben wollte, spitzte sich die Affäire wieder zu. Mit einem Brief vom 19. Mai 1699 informierte Kardinal de Bouillon (Abb. 358) König Ludwig XIV. über die Angelegenheit und den Protest des kaiserlichen Botschafters Martinitz, weil Guidi den französischen König mit einem Bein auf dem Globus und damit als Weltbeherrscher dargestellt hatte. Der für die Zensur im Kirchenstaat zuständige *Maestro del Sacro Palazzo* verweigere nun nicht nur aus diesem Grunde die druckgraphische Reproduktion, sondern auch, weil Ludwig XIV. mit einem Lorbeerkranz porträtiert worden sei. Nach Meinung des französischen Kardinals behaupte der päpstliche Beamte fälschlicherweise, dass allein der Kaiser das Anrecht habe, in Rom mit dieser Auszeichnung dargestellt zu werden. Kardinal de Bouillon ließ dennoch die Reproduktion des Standbildes anfertigen und sandte auch dem französischen König ein Exemplar des Kupferstiches[422]. Die internationale Aufregung um dieses Kunstwerk und die dahinter stehenden politischen Gründe am Vorabend des Spanischen Erbfolgekrieges wurden am 25. Mai 1700 auch in der deutschen Kulturzeitschrift *Historische Remarques* erwähnt (Abb. 362). Und als 1702 ein Teil des Palastes des Fürsten Vaini einstürzte, in dem sich die Statue des *„von ihm so verehrten Königs von Frankreich"* befand, meinten die spitzzüngigen Römer, das sei sowohl für den Herrscher als auch für dessen Verehrer ein schlechtes Omen[423].

Obwohl der künstlerische *concetto* der Königsstatue vielleicht sogar im Sinne einer Allegorie der Wahrheit gedacht war, musste die Darstellung den Wiener Hof beunruhigen, da Ludwig XIV. in den Jahren zuvor schon mehrfach seinen Triumph über das Reich und Spanien sowie seine weltweiten Ambitionen visualisieren hatte lassen[424] (Abb. 44 und 46). In der Tat wurde der Globus ebenso wie die Personifikationen der vier Erdteile damals als Sinnbild des habsburgischen Anspruches auf die universale Macht des Kaisertums sowie vor allem auf die weltweiten Besitzungen des spanischen Erbes verwendet[425]. Dies beweisen auch zahlreiche römische Beispiele[426] und gerade im Dezember 1700 zeigte das in S. Giacomo degli Spagnoli an der Piazza Navona von Tommaso Mattei[427] zu Ehren Karls II. errichtete Trauergerüst den letzten spanischen Habsburger auf einer großen Weltkugel über den Personifikationen der vier Erdteile[428] (Abb. 363). Die Erklärung für dieses Motiv liefert uns auch eine Wiener Quelle desselben Jahres aus der Feder des Geschichtsprofessors der landständischen Akademie. Noch zu Lebzeiten wurde König Karl II. von Spanien darin mit einem Globus dargestellt, *„als Zeichen seiner weitläufigen Monarchie, die sich in der alten und neuen Welt ausbreitet und weil es die größte Glorie des Hauses Österreich darstellt, Souverän in den zwei Hemisphären zu sein und ein Drittel der Erde zu besitzen, als ein authentisches Zeugnis dafür, in welcher Weise Gott schon in diesem Leben jene belohnt, die ihm dienen; ganz zu schweigen von den ungeheuren Schätzen, die er ihnen in der anderen Welt bereit hält. Es hat niemals eine Monarchie gegeben, die jener des Hauses Österreich vergleichbar war; es hat niemals eine Tugend gegeben, die dieser entspricht."* Abschließend zitiert der Autor daher auch die bekannte Devise Kaiser Friedrichs III. AEIOV, die er mit *„Alles Erd=Reich Ist Oesterreich Unterthan"* auslegt[429].

Doch auch die Anhänger der Habsburger in Rom blieben nicht tatenlos. Im Jahre 1700 stiftete

361. König Ludwig XIV. von Frankreich mit dem Globus, Marmorstatue von Domenico Guidi und Pierre Le Gros d. J., 1697–99; Rom, Villa Medici

362. Zeitungsbericht über den von der Statue des französischen Königs in Rom verursachten politischen Skandal, „Historische Remarques" vom 25. Mai 1700; Wien, Universitätsbibliothek

Francisco de San Juan y Bernedo, ein spanischer Kaplan an der Capella Paolina in S. Maria Maggiore, in S. Bibiana eine Kapelle zu Ehren des hl. Flaviano sowie eine großzügige Messstiftung für das spirituelle und körperliche Wohl des (damals todkranken) spanischen Monarchen und für das Wohlergehen seiner Monarchie („*salute spirituale e corporale della Maestà del Re cattolico e prosperita della Sua Monarchia*"). An den Seitenwänden der Kapelle waren die Vertreter der beiden Linien der *Casa de Austria*, Kaiser Leopold I. und König Karl II. von Spanien dargestellt, wie sie von den heiligen Johannes Evangelist, Johannes der Täufer und Jakobus bzw. Filippo Neri, Karl Borromäus und Franz Xaver, der Gottesmutter und den anderen Altarheiligen der Kapelle präsentiert werden[430] (Abb. 365).

Im Jahre 1700 hatte Graf Martinitz die Umstrukturierung der deutschen Nationalkirche und Unterordnung unter die Gewalt des kaiserlichen Botschafters mit der Übergabe eines Bildnisses Kaiser Leopolds I. an die Anima „als äußeres Sinnbild für den neuen Zustand" besiegelt[431] (Abb. 364). Anlässlich der schon erwähnten Geburt eines Enkels Kaiser Leopolds I. am 8. Dezember 1700 ließ dann Monsignore Philipp Karl Graf von Fürstenberg, der von Martinitz gegen den Widerstand der Niederländer eingesetzte Regent der Anima und wegen seiner Liebschaften berüchtigte spätere Suffraganbischof von Lavant[432], eine entsprechende Festdekoration an seiner Residenz errichten. Die von Carlo Fontana (Abb. 419) entworfene Fassade bestand aus drei ikonographischen Reihen: im Piano Nobile verwiesen vier Reliefmedaillons der vier Erdteile auf die Ausdehnung des Reiches[433]; darüber befanden sich fünf Büsten habsburgischer Fürsten, vermutlich Leopold I. und seine Gattin Eleonora Magdalena Theresia, Joseph I. und seine Gemahlin Amalia Wilhelmine sowie Erzherzog Karl. Bekrönt wurden diese Darstellungen von einem Porträt des neuen Papstes unter einem Baldachin, wie es der römischen Tradition entsprach[434]. Graf Lamberg hat ebenso wie die Kardinäle Lamberg und Grimani an diesem Abend im Haus Fürstenbergs der „'musique' beigewohnt", schreibt aber nichts über die Fassadendekoration[435].

Das war jedoch nur der Auftakt für den ‚Krieg der Bildnisse', da entsprechende Gemälde, Skulpturen oder Druckgraphiken natürlich während des Spanischen Erbfolgekrieges die Zugehörigkeit eines Gebäudes oder die Loyalität einer Person oder einer Familie zu Karl von Österreich bzw. zu dessen Gegenspieler Philipp V. von Frankreich demonstrierten[436]. Aufgrund seiner Funktion und seiner Sozialisation – wie wir bei der Ausstattung von Ottenstein gesehen haben – war Graf Lamberg für das Medium des Bildnisses und dessen politischen Einsatz besonders prädestiniert. Tatsächlich hat Lamberg offensichtlich ein schon vorhandenes Bildnis Leopolds I. nach Rom mitgenommen. Zusätzlich dazu bestellte er im Dezember 1699 je ein Bildnis der beiden Söhne

363. Trauergerüst für König Karl II. von Spanien von Tommaso Mattei in S. Giacomo degli Spagnoli in Rom, 1700, Kupferstich von Luigi Gommier nach Giuseppe Rubeis in der Stadtchronik von Valesio; Rom, Archivio Capitolino, Cod. 1159

des Kaisers, die von zwei Hofmalern angefertigt wurden: laut Rechnungsbuch bezahlte Lamberg nämlich damals 22 Gulden 30 Kreuzer für „*des Ertzhertzogs ‚contrefait' v. Sconiangs*" sowie „*Hamilton vor des Königs und Königin bild*"[437]. Der kaiserliche Kammermaler Anthonis Schoonjans war um 1655 in Antwerpen geboren und vom Rubens-Schüler Erasmus Quellinus ausgebildet worden. Um 1675 scheint er in Rom als Mitglied bei den *Bentvueghels* auf, und er könnte damals auch Lamberg oder einen anderen seiner späteren Auftraggeber (z.B. Kurfürst Johann Wilhelm von der Pfalz) kennengelernt haben. Um 1692 kam er nach Wien, wo zunächst mehrere Bildnisse von Joseph I. entstanden. 1699 schuf Schoonjans das Gemälde des Josephsaltares des Wiener Stephansdomes. Nach Aufenthalten an den damals mit dem Kaiser gegen Frankreich verbündeten Höfen in Berlin, Den Haag und vor allem Düsseldorf kehrte er nach Wien zurück, wo er 1726 verstarb[438]. Das von Lamberg erworbene Bildnis von Erzherzog Karl dürfte sich in Drosendorf erhalten haben[439] (Abb. 366). Das Gemälde des Habsburgers aus der Zeit um 1700 passt nämlich auch stilistisch gut ins Œuvre des Niederländers: eine ähnliche Pose mit dem Blick über die Schulter zeigt schon das Gemälde Josephs I. in Heidelberg, und beim Bildnis des preußischen Kronprinzen Friedrich Wilhelm von 1702 finden wir eine vergleichbare Farbenpracht und Stofflichkeit von Haut und Haaren, vom Metall der Rüstung und flotter Malweise des Samtes. Die ausgeprägte Plastizität des Gesichtes mit der kräftigen Unterlippe und dem etwas hochgezogenen linken Augenlid kennzeichnet vor allem zwei ebenfalls 1702 in Berlin entstandene Musikerporträts von Schoonjans[440].

Auch ein Porträt des Römischen Königs befindet sich in Drosendorf. Dabei handelt es sich allerdings um eine schwache Kopie eines möglicherweise jüngeren Originals eines Wiener Hofmalers[441]. Da der als Maler des Lambergischen Bildnisses genannte Künstler aus der schottischen Familie Hamilton, wahrscheinlich der kaiserliche Hofmaler Johann Georg von Hamilton, zwar vorwiegend als Pferdemaler bekannt ist und 1698 auch ein Reiterporträt Josephs I. schuf[442], wäre eine solche Zuschreibung nicht auszuschließen[443]. Aus der Schilderung des großen Erdbebens am 14. Jänner 1703 wissen wir jedenfalls, dass im Audienzsaal des Botschafters im Palazzo Caetani ein Staatsporträt des Kaisers unter dem Baldachin installiert war: „*Umb 2 uhr nachts sitzete mit Marchese Santa Croce, Monsign. Caunitz und 8 anderen teutschen ‚Cavaglieren' in Audienzzimmer zu discurriren, da kommen unversehens ein so starckhes Erdbböen, daß das Contrefait unter dem ‚Baldaquin' ein solches Schlagen und Brechen machete, daß grausam ware; sehr grosse schwäre Sessel, wo wier darauff sassen, wiegete es, da wür iber ein ‚Pater noster' uns auffhielten biss wür uns recolligirten, daß ein Erdbböen seie, womit ich auffgestanden, mich unter ein Fenster gestöllet; M. Caunitz, mein Sohn und ein Graf Althann seind darvor gelauffen aus Schröckhen. Ein Spiegl mit cristallenen ‚Pendanten' schluge zusammen, die Glockhen leutheten, also daß wol bei 5 Paternoster die ‚Force continuirte'. Darauff hat man in der ganzen Stadt geleuthet, alle Leuth in die Kirchen geloffen, alle Beichtstüll waren voll. In Summa, es war der größte Schröckhen der Welt. Nach Mitternacht ist wieder eine kleine ‚scossa' [= Stoß] verspühret worden, und da die ‚coniunctio massima' eingangen, saget man nach 40 Stund der gleichen Erwiederung; alle Dames, Cardinal und mehreste Adel haben in ihren Wagen auff den Platzen ibernachtet.*"[444]

Das Audienzzimmer mit Staatsporträt unter Baldachin und dessen stellvertretende Funktion wird auch aus Lambergs Bericht über die Verleihung eines kaiserlichen Titels an den Marchese Antonio Publicola di Santacroce (Abb. 17) im April 1704 deutlich: „*Vergangenen Donnerstag hab die Funktion gehalten, dem Marchese S. Croce als gehaimen Rath das ‚Iurament' ablegen zu lassen, wie dero wegen Ihr Mayt. mich allergnädigst darzu ‚deputirt' haben. In meinem Audienzzimmer bin ich unter dem ‚Baldaquin' gesessen mit dem Hueth auff dem Kopff. [...] gegenüber war ein Altar mit einem Cruxifix und 6 grossen silbernen Leuchtern; auf den Altar lage ein ‚Missal' [...]; inmittels haben sie 2 Sessel gesötzet, und ihn als ein Prencipe Romano, die Sessel in einer reuw [= Reihe] gegeneinander stehend, tractiret.*"[445]

364. Kaiser Leopold I., vom kaiserlichen Botschafter Graf Martinitz an die deutsche Nationalkirche gestiftetes Ölgemälde, 1700; Rom, S. Maria dell'Anima

365. Porträts von Kaiser Leopold I. und König Karl II. von Spanien auf dem Altargemälde der Flaviano-Kapelle, 1700; Rom, S. Bibiana

In Spanien waren druckgraphische Propagandabildnisse des französischen Kandidaten bereits vor dem Tod des letzten spanischen Habsburgers in Umlauf gebracht worden, und ein Staatsporträt des Bourbonen vertrat diesen bei der Proklamation in Madrid am 24. November 1700[446]. In Neapel hatte man noch im Oktober die Wiedergenesung des spanischen Königs mit Porträts Karls II. in den Auslagen der Geschäfte sowie über der Karmeliterkirche gefeiert. Am Dreikönigstag des Jahres 1701 wurde die Ausrufung von Philipp V. zum Nachfolger des verstorbenen Habsburgers ebenfalls durch sein Porträt an der Fassade der Kirche und in den Schaufenstern sowie durch Auswurfmünzen mit dem Bildnis des Bourbonen und der Umschrift „*Filippus V. Dei Gratia Rex Hispaniarium et Napolis*" demonstriert[447]. Laut Schreiben Lambergs vom 8. Jänner an den Kaiser hatte man „*umb 50.000 Scudi Außwurffmünzen mit deß ,Duca d'Anjou' seinem Bildnuß prägen lassen, so alle unter das gemaine Volckh an bestimbten Tag hat sollen außgeworffen werden, umb desselben Gemüthes einigermassen zu ,captiviren', welche sonsten der französischen Parthei gar nicht anzufangen erlaubet [?]*"[448].

Ende Jänner 1701 wurden auf den Straßen Neapels Flugblätter mit dem Bildnis des Kaisers und dem trotzigen Aufruf „*Non habbiamo altro re che Cesare*" /"wir haben keinen König/ als den Kayser" gefunden. Sogar im Vorzimmer des Vizekönigs tauchten mehrere der am Dreikönigstag verteilten Münzen mit dem Herrscherporträt auf, bei denen man die Inschrift auf Philipp V. durch eine auf Karl III. von Österreich ersetzt hatte[449], wie auch Lamberg berichtet: „*Ohne Achtung der Strenge und des eigenen Lebens schnitt man die neuen Münzen Philipps V. in Stücke und brachte andere in Umlauf mit der Inschrift ,Carolus Tertius Archidux Austriae, Rex utriusque Siciliae'*"[450].

Zur gleichen Zeit tat Graf Lamberg den Anspruch der Habsburger auf das spanische Erbe auch an seinem Palast kund: Während das kaiserliche Wappen in Rom (Abb. 367) bis dahin immer durch den Doppeladler mit dem rot-weiß-roten Bindenschild kenntlich gewesen war, fügte man nun am 31. Jänner 1701 dem Wappen über dem Portal des Palazzo Bonelli an der Piazza dei SS. Apostoli auch die heraldischen Symbole der spanischen Königreiche des Hauses Österreich wie Kastilien, Aragon hinzu, – nach Valesio – „*um den lebhaften Anspruch auf diese Königreiche und auf die Nachfolge in der spanischen Monarchie zu zeigen*"[451]. Die Symbolik wurde auch so verstanden und von den politischen Gegnern kritisiert, obwohl Graf Lamberg Anfang April in seinem Brief an den Kaiser seine Absicht herunterspielte: „*Ich habe auf meinem Palazzo vor einigen Wochen Euer Kayl: Mayt: Wappen aufmachen lassen, und wie vor Zeiten gewöhnlich das Spanisch Königliche Wappen miteinverleibet. Dieses hat bey denen Spa-*

nier und Franzosen einen solchen Widerwillen verursachet, daß sie dieselbe ‚copiren' lassen, und an Ihre Höffe geschicket. Außer deß Graffen von Martiniz Zeiten, welcher das Österreichische Schild allein im Adler geführet, hat man es allezeit dergestalt ‚practiciret' und anizo wollen sie es für eine Neuerung außbreitten, alß wan es niemahlen gesehen wäre. Dem Vernehmen nach, wollen sie denienigen, als den Fürsten D. Livio, Contestabile und anderen, welche den Kayl. Adler führen, anmuethen, daß sie denselben von ihren Häusern herabnehmen sollen."[452]

Tatsächlich brach damals ein regelrechter Wappenkrieg in Rom aus, dessen erste Zielscheiben die auf Seite der Österreicher stehenden Fürsten Caetani und Odescalchi wurden. Schon am 15. April 1701 berichtete Valesio vom Wunsch der Franzosen, dass das kaiserliche Wappen vom Portal des Palazzo Caetani entfernt werde, weil der Besitzer aufgrund seiner spanischen Protektion nur das spanische Wappen zeigen dürfe. Und um demselben Druck zu entgehen, habe Don Livio schon geäußert, er wolle alle seine Besitztümer im Herzogtum Mailand lieber seinem ebenfalls habsburgertreuen Neffen Giovanni Benedetto Borromeo Arese[453] überlassen, als das kaiserliche Wappen von seinem Palast zu entfernen[454]. Am 23. April schreibt Lamberg von einer ähnlichen Aufforderung an das Kloster des spanischen Ordens der Karmeliten (vermutlich S. Maria della Vittoria): *„Die P. Cameliter Calceati haben der Cron Spannien Wappen allzeit ob ihrer Einfahrt gehabt, nachts ist ungeföhr dasselbe wegkommen und des Papstes hinauff gehenget worden. Der Spanische Pottschaffter hat den P. General ruefen lassen, sich dessen angefragt, er sagte es seye unwissend geschehen. Der Pottschaffter sagte, er solle diesen Tag das königl. [Wappen] wider hinaufmachen und das Päpstl. wegnehmen. Der General sagte, er wäre bereit, das königl. hinauf zu machen, das päpstl. aber kunte er nicht wegthun als ein gebohrner Vasall des Papstens. Er gehete zur Audientz des Papsten, erzöhlte den ‚Casum'. Der Papst sagte, er thätte wol, solle es nicht thun. Darauf hat der Pottschaffter [erklärt], in Spanien gebürt denen Geistlichen verbotten die ‚Obedienz' dem General, wie dann bei dem ‚Capitulo' zu Neaple er oder seine ‚Commissarij' weg geschaffet worden biss der Cron Wappen wider allein aufgemacht werde."*[455]

Tatsächlich standen die Karmeliter aber damals nicht nur von spanischer, sondern auch von kaiserlicher Seite unter politischem Druck. Denn mittels Schreiben vom 5. Februar 1701 an die Ordensoberen sowie an seinen römischen Botschafter forderte Kaiser Leopold I. die Gründung einer österreichischen Ordensprovinz durch Trennung aller Karmeliterklöster, *„so immediate in meinen 6 Erb-Königreichen Fürstenthumb und Landten, alß Hungarn Bohaimb, Österreich unter und ob der Ennß wie auch Mähren und Schlesien, item Steyr, Kärnthen, Crain, Görtz und Tyrol der Zeit actualiter befindlich seyndt, oder auch noch inskünftig alda fundirt, und auffgerichtet werden mögten"*, von der deutschen Provinz des Ordens. Die dafür entscheidende Abstimmung war für den 24. April angesetzt, und am Tag vorher war der Botschafter daher auch mit entsprechenden Interventionen beschäftigt. Die Bemühungen des Kaisers und Lambergs waren erfolgreich und am 3. Juli 1701 wurde die neue Ordensprovinz ins Leben gerufen und bezeichnenderweise dem hl. Leopold gewidmet[456].

Die nächste Gelegenheit zur Loyalitätsdemonstration bot sich am 1. Mai 1701, dem Namenstag Philipps V. von Spanien. Schon am Tag vor dem Fest informierte Graf Lamberg den Kaiser nicht nur über die Interessenskonflikte der römischen Adeligen, sondern auch über die angeblich antihabsburgische Symbolik der Festdekoration: *„Da Morgen die Spannischen Fest[e] angehen, hat der Prencipe D. Livio [Odescalchi] und der Prencipe Savelli zu mir geschicket mit Entschuldigung, daß sie ihre ‚Pallatia illuminiren' werden, das Herz aber zu Euer Kayl: Mayt: ‚Devotion' allzeit gewidmet bleibe."* Bezüglich der Festdekoration hatte der Botschafter Kardinal Grimani gebeten, genauere Informationen einzuholen und gegebenenfalls den Papst zur Untersagung des Feuerwerkes aufzufordern, wobei Lamberg auch vor Drohungen eines Aufruhrs nicht zurückschreckte. Dem Grafen war nämlich *„hinterbracht worden, daß auf dem Spann. Feuerwerckh sich ein ‚Hercules' befinde, welcher auf einen Adler und Löwen schiesse, und darauf eine Taube fliegen solle, und so er [= Grimani] es also wahr befinde, den Papsten ersuche, dieses hinterstellig zu machen, da dieses nicht allein eine unbillich ‚Satyrische' Sache, sondern auch zu besorgen, daß leichtlich von denen Euer Kayl. Mayt. wohlgesinnten im Volckh ein Auffstand sich ereignen kunte."*[457]

Tatsächlich ließ der spanische Botschafter Duque de Uceda auf der Piazza di Spagna die Herrschaftsübernahme der Bourbonen mit einem Feuerwerk feiern. Das von Tommaso Mattei entworfene und bunt gefasste sowie mit den Heldentaten des Herkules[458] verzierte Festgerüst zeigte nach dem Vorbild jenes Kaiser Ferdinands III. (Abb. 356) jedoch als zentrales Motiv ein Reiterstandbild des jungen Königs. Dies bot einem

366. Erzherzog Karl von Österreich, Ölgemälde von Anthonis Schoonjans (?), 1699 (?); Privatbesitz

offensichtlich der österreichischen Partei angehörenden „*cavaliere forestiero*" den Anlass, zu spötteln, man habe gut daran getan, König Philipp auf ein Pferd zu setzen, da er ohnehin bald nach Paris zurückkehren müsse[459]. Diese Begebenheit hielt Lamberg ebenso schadenfroh in seinem Tagebuch fest, wie er sorgfältig die Teilnahme der einzelnen Kardinäle und Fürsten an der Feier sowie die Zahl der Fackeln der Festdekorationen notierte: *„Gestern ist die Musique auff dem Spanischen Platz gehalten worden, wobey erschienen die Cardinalen in der Zimarra [= klerikaler Alltagsmantel] Rudolovich, Giudice, Janson, Moriggia, Ferreri, Imperiali, Bichi, Carlo Barberino, Pamphiljo, [d'] Arquien, Rubini und Ottoboni. V[on den] Fürsten D. Livio Odescalchi und [der Duca di] Paganica; von Fürstinnen Savelli, die junge [Barberini di] Palestrina, Rosano, Orsini in des Legations Secretario hauß, und die [Duchessa di] Paganica. Die Königin in Pohlen ware [im Palazzo] ,De Propaganda Fide'. Fackheln waren auf dem ,Palco' der Musicanten 284, auff den Palazzo [des Botschafters] 44. Der Duc d'Anjou ist auff einen Pferd sitzend vorgestöllet worden. Da haben sie eine ,Pasquinada' angemacht […] ,cavallo di ritorno per Parigi' [Pferd zurück nach Paris].*"[460] In der ganzen Stadt waren die Paläste der Anhänger der spanischen Partei drei Nächte lang illuminiert, *„nur der Palast des kaiserlichen Botschafters auf der Piazza dei SS. Apostoli und derjenige des Kardinals Grimani am Corso waren ohne jedes Licht und Zeichen der Zustimmung zu diesem Fest"*. Fürst Odescalchi kam daher nachträglich *„incognito"* zum Botschafter, um *„sich wegen des Spannisch. Festes zu entschuldigen"*[461]. Doch sogar die Serenade zu Ehren Philipps V. wurde durch das Ausstreuen von Propagandaflugblättern für den Erzherzog gestört – vermutlich von den Dienern oder Pagen des kaiserlichen Botschafters, die auch kleine Münzen verteilt haben sollen[462]. Ein anderer Anhänger der Habsburger betätigte sich damals poetisch und ließ Graf Lamberg ein Anagramm auf den Namens des Kaisers zukommen, das auf die Frömmigkeit und den göttlichen Beistand der Habsburger anspielte: *„Leopoldo I. d'Austria Imperatore/ Traditio è il Pio ma lo preserva Dio."*[463]

Am 2. Mai berichtete Lamberg von Frascati aus dem Kaiser von den Ereignissen und vor allem vom zwispältigen Verhalten des römischen Adels und des Volkes: *„Der ,Concursus' bey dem Spännischen Pottschafter ist groß gewesen, da die ,Dependenten' von der Cron Spannien zahlbar, welche Lehen oder ,Beneficia' genüssen. Der Don Livio fande sich auch ein, untern ,Praetext', daß [es] alle ,Vassalen' gethan, undt ihm hätte mögen mit Gewalt aufgetragen werden, daß er Euer Kayl. Mayt. Wappen von seinem Haus herabthun solle, welchem er sintemahlen ,pariren' werde; […]. Sonsten ist der Jubel bey dem Volck sehr khlein gewesen, und hat man wenig ,Viva' schreien gehört, auf den Plätzen hin undt her haben sie geschryen ,Viva il Rè di Spagna', andere ,Viva l'Imperatore' und darauf aneinander wohl abgeprügelt. Es ist dem [spanischen] Pottschafter hinterbracht worden, alß ob ich veranstalltet hätte, seine ,Machinen' in Feuer zu bringen, derowegen einige hundert Mann Tag und Nacht zu wachten bestöllet; mit aller Wacht aber ist nicht verhindert worden, da ein ,Figur' war, welche ,repraesentirte' den Duc d'Anjou zu Pferdt, also demselben Pferd ein Zettl angehenkht worden, worauf zu lesen war, ,Cavallo di ritorno per Parigi', welches dem Pottschaffter nicht wenig ,mortificirte'. […]. Des Duca Lanti Bruder, so in Ihro Mayt. Kriegsdiensten gewesen, der Duca aber in Französischer ,Protection' stehet, hat mich gebeten in Euer Mayt. ,Protection' zu ne[h]men, undt ihm verlauben Euer Mayt. Kayl. Wappen auf sein Haus aufmachen zu dörfen. Ich hab erachtet, es nicht abzuschlagen, undt ihm dasselbe zuzugeben."*[464]

Mit gleicher Post schilderte Graf Lamberg dem Kaiser jedoch auch seine ‚geheimdienstlichen' Aktivitäten, die natürlich nicht ohne Bestechungsgeld möglich wären: *„Durch einen guethen Freyndt bin ,advertiret' worden, daß ein Buch im Werkh seye mit dem Titolo ,L'Austria Smascherata, overo i perversi dissegni di casa d'Austria dell'anno 1500 sin al 1701 resi manifesti al mondo'. Er wolle mir den Authorem eröffnen, wie auch eine ,Copia' zuweeg bringen, da [d.h. wenn] ich ihm Geldt gebe, den ,Copisten' darzu bewegen zu khönnen. Ich werde es thun undt nachdem der Author seyn würdt, seine Mühe auch bezahlen lassen, wie nicht weniger mich befleissen, diese ,Satyram' wüderlegen zu lassen, damit es möglich wäre, eines undt das andere zugleich möchte an das Tagesliecht khommen. Vor ,Manuscripta', dergleichen Leuth zu zahlen undt andere Notwändigkeiten hab ich schon vill Geldt ausgegeben zu Ihro Mayt. Diensten. Khan aber auf so villfältiges Anhalten weder vor Post, ,Illumination' undt dergleichen kheine Bezahlung erhalten, weniger also vor dise wo Euer Mayt. ,Reputation' leydet, nicht darauf zu ,invigiliren'. Bitte also allerunterthänigst Euer Kayl. Mayt. wollen es allergnädigst anbefehlen, daß es beschehe, sonsten wären meine Kräfften nicht, es ,continuiren' zu khönnen, da ich nichts vor meiner Mühen begehre."*[465]

Während Graf Lamberg den Kaiser eindringlich, aber gefasst um Finanzmittel bat, schrieb er sich in einem am selben Tag an seinen Freund Anton Florian von Liechtenstein gesandten Brief hingegen den Ärger ohne Zurückhaltung von der Seele: „*Im übrigen befinde ich mich hier ohne Instruction, ohne Information und ohne Geld, wie auch ohne Beistand [...]. Die Spannier und Franzosen bekommen wöchentlich ‚Affairen' mit drei und mehreren ‚Currieren', womit sie eyffrig tractiren, und ich mache eine Figur, als wenn unser Hoff in Moscau wäre.*"[466]

Der Wiener Hof war also in die Defensive geraten und musste reagieren. Am 20. Mai 1701 sandte der Kaiser daher eine Zusammenstellung der Argumente für die habsburgische Erbfolge in Spanien nach Rom und befahl seinem Botschafter, „*weilen viel daran gelegen, daß solche kundbahr werde, hast du alsobald einige Abschrifften machen zu lassen, umb wenigst Ihro Päbstl. Heyl. und wo es am nöthigsten zu seyn erachtest, übergeben zu können, inmittels aber auch sothane ‚Deduction' in Truckh zu geben, damit selbige aller Orthen publicirt werden könne, dan obschon zu Rom, undt in dem Kirchenstaat, dem Vernehmen nach des Truckhs halber einige Difficultät gemacht werden will, so ist doch nicht zu zweiffeln, es werde solches in der Nachbarschafft in ‚loco tertio' füglich beschehen können.*" Die strengen Zensurbestimmungen des päpstlichen Hofes sowie deren Umgehungsmöglichkeiten waren also in Wien bekannt, und Lamberg wurde nahegelegt diesbezüglich wie „*es der Spanische Bottschaffter practiciret*" vorzugehen und auch mit Kardinal Grimani und anderen „*in Stylo Curia wohl erfahrenen*" Beratern Rücksprache zu halten[467]. Über seine Vorgangsweise informierte Lamberg den Kaiser in seinem Brief vom 11. Juni: „*Bey Empfang also dero allergnädigsten Befelch habe erstlich umb das ‚Manifest', so ich schriftlich allergehorsambst erhalten, in Druckh zu bringen, zu dem Kardinal Paulucci geschickht umb Erlaubnus dessen auszuwürckhen, mit Vermelden, daß ich kein Bedenckhen haben würde, da die Spannier dergleichen begehren sollten. Er hat sich entschuldiget, daß nicht in seiner Macht stünde, sondern es gehöre dem ‚Maestro di S. Palazzo' dieses zu bewilligen. Mein abgeschückhter ‚Offizier' hat geantworthet, ich hette nicht gern mit diesem scrupulosen Mönch zu tun, bittete seine Eminenz, er wollte sich zu Ihrer Päbstl. Heyl. begeben, deroselben es vortragen, und das geschriebene ‚Manifest' vorweisen; welches auch gleich also vollzogen. Der Pabst hat es bey einer Stund behalten und meinem ‚Offizier', so in der ‚Anticamera' gewarttet, mit geheimer Erlaub wiederumb zustellen lassen. Habe solches also gleich einem Buechdruckher, so Euer Kayl. Vasall aus Böhmen ist, anvertraut, welcher mir dato schon über die Helffte zugestellet. Lasse beyneben dasselbe durch*

den P. Crema in das Italienische versetzen, umb allen desto besseren ‚Contento' zu geben, und durch Überschickhung desselben nacher Neapl und Mayland Euer Kayl. Mayt. nicht gleich bloß geben, sondern denen Spanniern folgen, welche den ‚Arborem Genealogiam' deß Allerdurchleuchtigsten Erzhauß mit dem ‚Extract d. Bulla Julii Secundi' außgefärdiget, dieselbe aber auf ihre ‚Manier expliciret'; glaubete also wir solten uns erklären, daß wir diese ‚Congregation' und vorderist Ihr Päbstl. Heyl. ‚pro Judice Competenti' erkenneten*"[468]. In der vom 21. Juni stammenden Instruktion des Wiener Hofes für den kaiserlichen Oberst Marchese Vincenzo Colonna (den Lamberg für einen Scharlatan hielt) wurde diesem ebenfalls aufgetragen, in Neapel die Erbrechte des Hauses Habsburg zu propagieren, wofür er in Rom entsprechende Druckschriften erhalten werde[469].

Tatsächlich wurde – gleichzeitig mit einer Audienz Lambergs beim Papst – am 23. Juni die lateinische Druckschrift mit den Argumenten für den habsburgischen Anspruch auf das spanische Königreich verbreitet, die der kaiserliche Botschafter in Rom beim Buchdrucker Johann Jakob Komarek in Auftrag gegeben hatte[470]. Der aus Königgrätz/ Hradec Králové stammende „*Boemo alla Fontana di Trevi*" – wie er sich meist im Impressum bezeichnete – hatte seit 1667/68 in der Druckerei der *Propaganda Fidei* gearbeitet und sich 1686 selbstständig gemacht, wobei er sowohl für die päpstliche Kammer als auch für die kaiserlichen Botschafter Liechtenstein und Martinitz tätig war sowie Kompositionen von Corelli und Scarlatti verlegte[471]. Unter den von Komarek gedruckten archäologischen und kunsthistorischen Werken sei in unserem Zusammenhang vor allem der 1693 erschienene erste Band

367. Entwürfe für Wappenkartuschen des Kaisers, des Papstes, eines Kardinals, eines Bischofs, eines Fürsten, eines Grafen, eines Ritters und eines Patriziers, Radierung von Filippo Passarini, 1698; Rom, Bibliotheca Hertziana

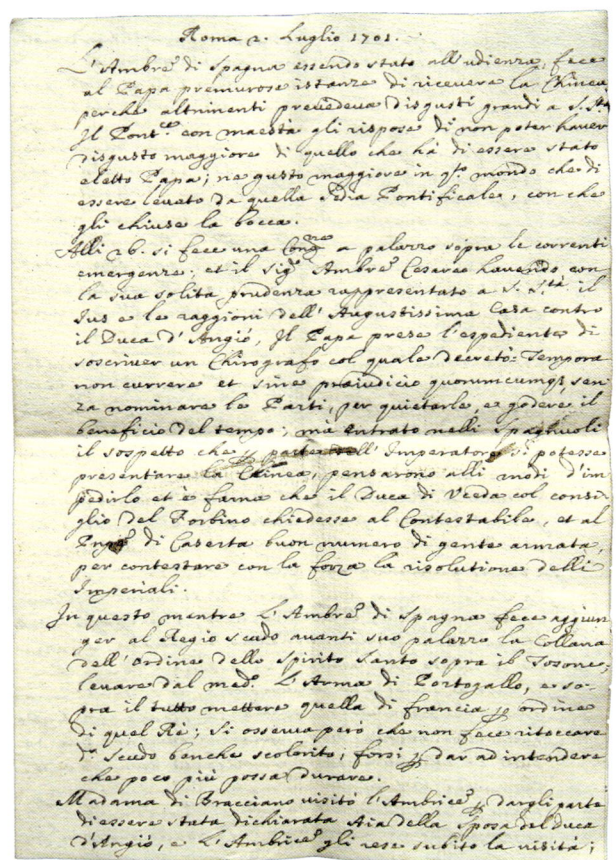

368. Die Wappenänderungen an den Palästen, z. B. am Palazzo di Spagna (Abb. 357), waren in der Berichterstattung der römischen Zeitungen ebenso wichtig wie die Audienzen des kaiserlichen Botschafters beim Papst: „Avvisi Romani" vom 2. Juli 1702; St. Pölten, NÖLA Lamberg-Archiv Kart. 77

des Perspektivtraktates des Jesuiten Andrea Pozzo genannt, der wohl über Vermittlung des Fürsten Liechtenstein dem Kaiser dediziert wurde[472]. Am 22. Juli 1701 ließ Lamberg einen „wahren" Bericht über die Erfolge der kaiserlichen Truppen bei Carpi in Druck geben, der die zuvor von den Frankospaniern verbreitete Schilderung der Ereignisse aus deren Sicht korrigieren sollte[473].

Gleichzeitig wuchs auch der Druck auf die römischen Adeligen, sich mittels Wappen für eine der beiden Parteien zu deklarieren. Am 7. August ließ Fürst Caetani Lamberg mitteilen, dass „er sein Gutt und Bluth ‚pro Cesare offerirt'. Fraget sich an, was er thun solle, da der spannische Pottschaffter verlangt, hier auf seinen ‚Palazzo' [Caetani am Corso] das königl. spannische Wappen zu ändern mit den borbonischen Schild und der ‚Collana' des Heyl. Geists. Sein[e] Freund hätten ihn verlassen, als der Contestabile [Colonna] und Principe Savelli, so es [= die Wappenänderung] bereits gethan". Die von Caetani verlangte „‚entreveue' [= Unterredung] durch seine Schwestern in Kloster" hielten Lamberg und Kardinal Grimani, die ja damals bereits den Aufstand in Neapel planten, für zu gefährlich. Sie teilten dem Herzog von Caserta daher fürs erste mit, „es hätte khein Bedeuthen die Änderung des Wappens, da es sonsten nur Argwohn erwöckhet"[474]. Abgesehen von Druckschriften bediente sich Lamberg auch der ‚Mundpropaganda': ebenfalls am 7. August 1701 gingen Lakaien im Auftrag des Botschafters durch alle Kaffeehäuser und „luoghi di conversazione" auf der Piazza Navona, darunter das als Treffpunkt der Österreicher bekannte Caffé degli Austriaci[475], sowie in anderen Teilen der Stadt, und verkündeten, dass der Botschafter nicht beabsichtige, die freie Meinungsäußerung über den aktuellen Krieg zu behindern: „Gestern hab ich Laquaien in die Caffèheuser geschückhet, denen ‚Padrone' jeden Orths sagen lassen, dass sie frei sein nach ‚Genio' eines jeden reden sollen. Ihro Kayl. Mayt. sehetenauf kheine solche ‚Bagatellen'; die Freyheit seie in hiesiger Statt Herkommens, also dieselbe nicht zu hindern suchen werde. Welches bereits wol genohmen worden, und odios auff die Spannier kombt, welche es verbütten und straffen lassen."[476] Tatsächlich betonte auch Valesio in diesem Zusammenhang die Schande der Franzosen und Spanier, da diese, weil sie trotz ihres schlechten Verhaltens eine gute Nachrede haben möchten, die Verhaftung mehrerer Personen durch den Papst veranlasst haben[477].

Doch entgegen dieser heren Verteidigung der Meinungsfreiheit war der kaiserliche Botschafter später nicht zimperlich, wenn es um seinen eigenen Ruf ging, wie zwei nüchterne Einträge in seinem Tagebuch belegen: „Diesen Morgen hab ich einen Agenten, so ein Lütticher, prügeln lassen, der wider die ‚Concordata Germaniae' geschrieben wegen Breslau."[478] Als am 1. August 1704 in einem Kaffee in der Nachbarschaft seiner Residenz von einigen Frankospaniern „ohne Grund" über die Österreicher und insbesondere über Graf Lamberg hergezogen wurde, ließ er fünf Mann seiner Garde mit großen Stöcken vor dem Lokal zur Einschüchterung aufmarschieren[479]. Und als in der Nacht zum 23. September bei der Statue des Pasquino ein Zettel mit einer Schmähschrift gegen den kaiserlichen Botschafter angebracht wurde, haben Lambergs Leute diesen so rasch entfernt, dass nicht einmal Valesio über den Inhalt des mit „pöbelhafter Feder" geschriebenen Pamphlets Bescheid wusste[480]. Die in der Mauer eingelassene antike Steinskulptur war nämlich von altersher der Ort, an dem man anonyme Nachrichten veröffentlichen konnte[481].

Aber auch manche andere Anhänger der Habsburger waren nicht zimperlich und ließen ihren Affekten freien Lauf, wie Lamberg in seinem Bericht vom 13. August 1701 dem Kaiser mitteilte: „In Vigila Sancti Laurentii ist mit Zulauff grossen Volckhs dasselbe Fest clebrirt worden, und in der sogenannten Strada Frattina alle Häuser auswendig *geziret, unter anderen ware ein Bürger, welcher ein Bildt, so den Entsatz von Wienn ‚repraesentirte' aufgehenckhet, ober demselben deß Innocentii XI. seel. Andenckhens und darneben Euer Kayl. Mayt. Bildnussen hervorgethan, welche er in der Nacht, da die Menge Wägen passiren, und das Volck spaziren gehet, mit vielen Lampen und Liechtern behanget. Vor diesen hielte sich einer auf, es zu besehen und zu betrachten, da passirte ein Lackhey vom Spann. Bottschaffter und sagte 2- oder 3 mahl zu ihm hönisch, er solle niderknien, womit er denjenig in Zorn gebracht, daß er den Degen entblösset und dem Spann. Lackhey durch den Leib gestossen."*[482]

Einige Tage später referierte Graf Lamberg in seinen Berichten nach Wien den Stand der Wappenfrage. Was die kaiserliche Heraldik betreffe, würden die Spanier sich nicht einmischen, jene Römer *„welche aber das Spannische mit oder allein geführt, haben alle dem Spann. Bottschaffter gefolget auf seine ‚Insinuation'; welcher das Österreichische gelassen, das Portugesische aber ausgelöscht und das Bourbonische anstatt hineinmachen lassen. Zu diesem auch neben der Toison den Orden des Heyl. Geistes zugesetzt.* [Abb. 368] *Inzwischen machet der Madame Ursini Wappen Veränderung dahir grossen ‚Strepito', und gibt nicht allein zu verschieden ‚Discursen', sondern auch denen ‚Italienischen Speculationibus' Anlaß, [...] da sie vorhero vor ihrer Behausung nur das Pabstl., Spann. und Romanische Wappen geführt, demselben das Französische zugefüget und zwar solcher Gestalten, daß das Päbstl. den Ersten, das Französ. den anderten, das Spann. den dritten und das Romanische den vierten Plaz ‚occupiret', mithin der so berümbt Praecedenz-Streit zwischen beyden Cronen durch diese ‚Demarche' wohl möge ‚decidiret' werden, weilen man der Mainung, daß die mehriste Spannische ‚Vasallen' alhier diesem Exempl mit nechstem folgen werden, und erwehnte Madama Ursini sich verlautten lassen, daß sie vorhero die ‚Pianta' auffgemachte Wappen denen Cardinalen Gianonen und Giudice, als auch dem Spann. Bottschaffter gezaiget, und folglich alles mit ihrem ‚Consens' vollzogen habe. Es seindt zwar vile Spannier, so heimlich wider dieses Verhalten ein Missvergnügen bezeigen, welches aber nicht hindern wirdt, dass Frankhreich sich dieses ‚Actus' wird zu praevaliren wissen."*[483]

Auch in Neapel spitzte sich der ‚Bilderstreit' weiter zu. Schon bei seinem Aufenthalt am Kaiserhof hatte der wegen mehrfachen Totschlags aus der Stadt 1701 nach Wien geflohene Giuseppe Capece, einer der mit Lamberg die Verschwörung vorbereitenden neapolitanischen Adeligen, von Erzherzog Karl dessen in Diamanten gefasstes Bildnis überreicht bekommen, um gleichsam immer an die diesem geschworene Treue erinnert zu werden[484]. Eine ähnliche Funktion erfüllte das Gemälde Erzherzog Karls, das Anton Florian von Liechtenstein Ende Juli 1701 nach Rom sandte. Wie Lamberg in seinem Tagebuch festhielt, hat der Gesandtschaftssekretär Chassignet dem Botschafter *„auch von Ihro Durchlaucht dem Erzherzog ein Portrait mitgebracht, welches gar wol gleichet, wie der Fürst mir schreibet"*[485]. Graf Lamberg bedankte sich mit folgenden Worten dafür: *„Vor das iberschückhte Bildnuss Ihro Durchleücht Unseres Gnädigsten Herren sage gehorsambsten Danckh, bitte mich als einen unterthänigsten Diener zu dero Füssen zu legen mit Versicherung, daß ich in meiner unterthänigsten Trey und Eyfer vor dero Dienst niemallen ermüden werde."*[486]

Dieses Gemälde sollte bald auch eine wichtige Rolle im Rahmen der Rebellion in Neapel spielen. Beim Einmarsch der Aufständischen in die Stadt am 23. September 1701 wurde dem antiken Brauch folgend das Bildnis Erzherzog Karls auf einer Stange von Lambergs Sekretär Chassignet[487] unter Rufen *„Es lebe das Haus Österreich! Es lebe König Karl! Zehn Jahre Steuerfreiheit!"* vorangetragen: *„Der Chassignet hat des Ertzherzogs ‚Contrefait' in der Höhe geführt, stehet also dass mehreren zu Verehrung [?]; sie schreyeten auch ‚Franca la gabella della Farina, pagnole grosse' [Zollfreiheit auf Mehl, größere Brotleibe]."*[488] Vor dem Porträt des Habsburgers auf dem Balkon des Klosters San Lorenzo, wo die Gemeindeverwaltung ihren Sitz hatte, verlas Chassignet anschließend das Patent über die habsburgische Machtübernahme und mit Trompetenschall, Glockengeläute sowie Volksjubel wurde der Erzherzog als Karl VI. zum König von Neapel ausgerufen[489]. Als man den Aufstand aber schon nach zwei Tagen blutig niedergeschlagen hatte, wurde das Porträt des Habsburgers nach Erstürmung des Klosters von den spanischen Soldaten in Fetzen gerissen[490]. Bei dem in Neapel verwendeten Bildnis hatte es sich um das Gemälde gehandelt, das Lamberg vom Fürsten Liechtenstein aus Wien erhalten hatte, wie er diesem danach mitteilte: *„Der ehrli-*

369. Brief Graf Lambergs an Anton Florian von Liechtenstein, in dem er über den Einsatz des aus Wien gesandten Porträts von Erzherzog Karl beim Aufstand in Neapel berichtet, 24. September 1701; Vaduz-Wien, Sammlungen des Fürsten von und zu Liechtenstein, Hausarchiv FA Kart. 154

370. Inschrift eines Schanddenkmals anstelle des abgetragenen Palastes des am Aufstand in Neapel beteiligten Herzogs Bartolommeo Grimaldi, Tagebuch des Grafen Lamberg, 19. November 1701; St. Pölten, NÖLA Lamberg-Archiv, Hs. 54

rechte Seite: 371. Kaiser Leopold I. vor dem Kapitol, Ölgemälde auf Kupfer von Christian Reder oder Antonio David, 1700/01; Privatbesitz

che Chassignet ist Fendrich gewesen, hat Ihr Mayt. Bildnuss zu Pferd in der Höhe getragen. Ich hab das meinige hergeben, so Euer Fürstl. Gnaden mich begnadet."[491] (Abb. 369).

Die bedeutende Symbolik des Bildnisses beweist auch die Tatsache, dass der Vater des aufständischen Fürsten Tiberio Carafa dessen *effigie* öffentlich verbrennen ließ, um die Vasallentreue zu Philipp V. zu bekunden und den Familienbesitz zu retten[492]. Bartolomeo Ceva Grimaldi Duca di Telese hatte hingegen weniger Glück: sein Palast wurde abgerissen und an dessen Stelle ein Schanddenkmal errichtet, dessen Inschrift auch der kaiserliche Botschafter überliefert hat (Abb. 370)[493].

Parallel dazu bildeten auch wieder die Nationalkirchen in Rom das Forum für den Bilderstreit. Als die Mailänder nämlich am 4. November 1701 den Namenstag ihres Landespatrones Karl Borromäus in SS. Carlo e Ambrogio al Corso (Abb. 385) feierten, wurde die Kirche mit den Bildnissen Philipps V. und dessen frisch vermählter Gattin Maria Luisa von Savoyen geschmückt[494]. Den Protesten der kaiserlichen Partei begegnete der Papst mit dem Argument, Philipp V. sei der legitime Besitzer Mailands und daher auch der Protektor der Kirche der Mailänder in Rom[495].

Der öffentliche Wirbel um die Porträts der spanischen Herrscher lockte offensichtlich auch findige Kupferstecher auf den Plan, und es wurde kurzerhand ein Porträt eines französischen Adeligen als jenes des Erzherzogs ausgegeben. Dies scheint vom päpstlichen Hof den Österreichern als ein Verstoß gegen die Zensurbestimmungen zur Last gelegt worden zu sein. Denn am 7. November notierte Lamberg Folgendes in seinem Tagebuch: *"Der Papst hat diesen Abend den Abbate Tuci [= Ex-Auditor der Wiener Nuntiatur/ Francesco Tuzii SJ] rueffen lassen und gesagt, daß er wegen des Kupferstich nachsehen lasse; also hat der Kupferstecher den Kupfer geschückht von ‚Chevalier Bouillon' und das Blath so er nachgestochen und ‚Carlo Archiduca d'Austria' darunter gesözet, umb es öffters verkauffen zu können."*[496]

Der Verdacht der päpstlichen Zensurbehörde war allerdings nicht unbegründet, denn nur eine Woche später setzte auch Lamberg erstmals in Rom das Porträt als direktes Propagandamittel ein. Am 14. November wurde nämlich der Festtag des österreichischen Landespatrones Leopold in S. Maria dell'Anima gefeiert. Das lockte wieder viele Menschen an – wie Valesio schreibt – mehr aus Neugier denn aus Frömmigkeit. Die Besucher sollten auf ihre Rechnung kommen, handelte es sich dabei doch vor allem um eine Präsentation von Herrscherporträts mit eindeutig tagespolitischem Anspruch: Über dem äußeren Portal der Kirche befanden sich das Wappen des Kaisers und links das der Kronen Spaniens mit jenem Portugals in der Mitte wie es vor der Ausrufung des neuen französischen Königs von Spanien üblich war. Die Kirche war sehr reich mit Goldbrokat geschmückt, und über dem inneren Portal hing das lebensgroße Porträt des Pontifex, rechts davon befand sich jenes des Kaisers Leopold (Abb. 371) und links das der Kaiserin. Sie wurden von den Bildnissen des Römischen Königs Joseph und seiner Gemahlin flankiert. Am ersten rechten Pilaster der Kirche befand sich ein ebenfalls lebensgroßes Gemälde des Erzherzogs Karl von Österreich, *„der die Nachfolge der Kronen Spaniens beansprucht"*. Man hatte ihn mit Harnisch und Feldherrnstab voranschreitend dargestellt mit einem roten erzherzoglichen Mantel über der Schulter, der mit Hermelinpelz samt schwarzen Schwänzchen gefüttert war. Auf einem Tischchen befanden sich ein geöffneter Helm und eine erzherzogliche Bügelkrone mit Hermelinbesatz und einem kleinen Goldglobus samt Kreuz[497]. Aufgrund dieser Beschreibung lässt sich vermuten, dass es sich bei dem Gemälde der Anima um ein Bildnis des seit 1698 als Hofmaler in Wien tätigen Antwerpener Künstlers Frans van Stampart[498]

sowie um eine Variante des von Lamberg in Rom in Auftrag gegebenen Kupferporträts handelte (Abb. 372).

Der zeitgenössische Chronist notierte, dass das Bildnis Erzherzog Karls nicht nur wegen seines großen Formates, sondern auch wegen der Anbringung in der Nähe des Altares bei den Besuchern heftige Diskussionen auslöste[499]. Und Lambergs *Avvisi Romani* berichteten, dass viele Menschen aller Nationen, darunter Kardinäle, Prälaten und Adelige in der Kirche zusammenliefen, *„um das neue Gestirn zu sehen, das unter den größeren Lichtern des Allererhabendsten Hauses zum erstenmal vor unsern Augen aufleuchtete: den durchlauchtigsten Erzherzog im Kriegerkleide, der wie belebt mit der Hand auf dem Schwerte zu sagen schien: Siehst du schon, römisches Volk, unsere Triumphe? Es sah und staunte jedes Alter [...]. Kurz war der Tag und zu groß das Gedränge [...]. Es kamen viele Spanier, schauten und seufzten"*[500].

Offensichtlich hatte der kaiserliche Botschafter diese Aktion schon von langer Hand vorbereitet, oder sogar schon früher realisieren wollen. Denn sein Ausgabenverzeichnis führt bereits im Juni 1701 eine Summe von 2:5 Scudi *„In Abschlag des contrefait all anima – von Angelo ein Buch mit kupffer"* an. Im August folgen weitere neun Scudi *„in abschl[ag] über die 18 S[cudi] noch 18 der 3 contrefait all'anima"*, die parallel mit den Ausgaben für die Familien-Kupferporträts (siehe unten S. 454) eingetragen wurden[501]. Bei den drei Bildnissen handelte es sich offensichtlich um die ganzfigurigen Porträts von Joseph I., Wilhelmine Amalia und Erzherzog Karl, die Graf Lamberg im Anschluss an die Feier der deutschen Nationalkirche zur Ergänzung der in der Anima schon vorhandenen Bildnisse des Kaiserpaares widmete, wie er in seinem Tagebuch festhielt: *„Ich habe gestern Ihr Mayt. des Königs, der Königin und Ihr Durchlaucht des Ertzherzogens ‚Contrefaits' lebensläng all' Anima vor eine Gedächtnuess verehret, so das erste Mahl ‚exponiret' worden; wegen des Erzherzogs seind sehr vill Leuth komen denselben zu sehen."*[502]

Der öffentliche Wappen- und Bilderkampf in Rom war auch weiterhin durch ein auf und ab für Lamberg gekennzeichnet. Zunächst schien jedoch sogar der Himmel Partei für die Kaiserlichen zu ergreifen. Am 2. Dezember schlüpfte bei einem niederländischen Apotheker aus einem Taubenei ein nur drei Stunden lebender Vogel in Form eines Doppeladlers: *„wie ein Adler mit 2 halbe und 2 volkommenen Köpfen, 2 Flügel, ein Leib und 2 Füssen, so gewiss ein Wunder anzusehen"*[503]. Daraufhin ließ der böhmische Student Joseph Benedikt Graf von Sternberg aus Patriotismus einen dem Grafen Lamberg gewidmeten Kupferstich anfertigen, der dieses Wunder der Natur festhielt[504] (Abb. 373).

Gleichzeitig kam es jedoch wieder zu zwei mittels Wappen öffentlich deklarierten Seitenwechseln, die auch Graf Lamberg registrierte. Am 5. Dezember haben nämlich die Spanier an ihrer Nationalkirche S. Giacomo das Wappen *„wie die andere mit denen [französischen] Lilien ‚mutieren' lassen"*, und der junge Fürst Francesco Pio di Savoia di Carpi *„hat also gleich den kayserl. Adler von seinem ‚Portone' herabnehmen lassen"*[505]. Der Aristokrat, dessen Vater kaiserlicher Feldmarschall und dessen Onkel, Kardinal Carlo Pio di Savoia, 1676–89 Kronprotektor und Gesandter des Reiches gewesen war[506], zog nämlich auf Seite der Spanier in den Krieg. Zur öffentlichen Demonstration des familiären Seitenwechsels ließ Fürst Francesco an seinem auf dem Areal des Pompeiustheaters errichteten Palazzo am Campo di Fiore[507] von

372. Erzherzog Karl von Österreich, Ölgemälde auf Kupfer von Christian Reder oder Antonio David, 1700/01; Privatbesitz

den Wappen des Papstes, des Kaisers, des Königs von Spanien und des Römischen Volkes jenes des Kaisers entfernen – wie man vermutete, auf Bitte des Botschafters Spaniens[508]. Zur Widergutmachung für die profranzösische Einstellung des erstgeborenen Sohnes des Fürsten von S. Gregorio gab der jüngere, Luigi Antonio Pio di Savoia, im April seinen Prälatenstand auf. Denn *„er wüßte die Obligation und Devotion, so seine Vorfahrer allzeit dem Hauß Österreich erwiesen und schuldig wären. Diesen Feller seines Bruders zu repariren, wäre ihm khein anderer Weg offen, als seinen geistl. Stand zu quittiren [...] und sein Leben in Ihr Kaysl. Mayt. Diensten aufzuopfern, bittete also Ihr Mayt. sollen mit ihm disponiren"*, damit er für den Kaiser *„ad immitazione del Padre [...] come suo umilissimo Servo e Vasallo"* in den den Krieg ziehen könne[509].

Am 14. Dezember 1701 wurde in Rom bekannt, dass man in Neapel begonnen hatte, den prunkvollen Palast des Fürsten Caetani in Chiaia zu demolieren, um an dessen Stelle eine Schandsäule mit einer Inschrift, die den Herzog von Caserta zum Rebellen erklärt, aufzustellen[510]. Die von Valesio überlieferte Nachricht musste den römischen Adeligen den Ernst der Lage deutlich vor Augen führen. Doch auch die habsburgische Partei blieb nicht tatenlos. Schon im Oktober war ein Manifest von Francesco Spinelli Duca di Castelluccio veröffentlicht worden[511], in dem die Nichtbelehnung Philipps V. mit Neapel durch den Papst als Argument für die habsburgische Seite angeführt wurde. Dagegen nahm eine Flugschrift der Franzosen im Dezember Stellung, was wiederum Lamberg zu einem Protest beim Papst veranlasste. Alle diese Publikationen sandte Lamberg umgehend nach Wien[512]. Gleichzeitig ließ er das prohabsburgische Flugblatt des neapolitanischen Herzogs in Rom nachdrucken und verbreiten[513]: *„Des Duca Castelucci Manifest hab ich nachdrukhen lassen und werde dasselbe mehrers ‚publique' machen. Ich werde der Spannier Antworth darauf iberkommen [?] und sehen, ob es werde zu ‚retorquiren' sein."* Die Antwort erschien schon am nächsten Tag, wobei sie aber nach Meinung Lambergs *„wenig ‚Approbation' findet wegen der satirischen Wais"*. Einige Tage später notierte der kaiserliche Botschafter, dass Gregorio Boncompagni Ludovisi Duca di Sora angeblich der Autor und *„wenig ‚Esprit' dabei zu sehen"* sei. Am 3. Februar 1702 kam Lamberg hingegen zu Ohren, dass der spanische Botschafter *„die Antworth auff des D. Castelucci Manifest selbst gemacht habe"*[514].

Eine Wiederaufnahme des Bilder- und Wappenstreites ergab sich anlässlich des Besuches des

373. Wunderliche Taube in Form eines Doppeladlers, Flugblattdruck von Luigi Neri mit Widmung an den kaiserlichen Botschafter im Auftrag des Grafen Joseph Benedikt von Sternberg, 1701; St. Pölten, NÖLA Lamberg-Archiv, Kart. 65

neuen bourbonischen Königs im April 1702 in Neapel. Damals schwenkte in Rom nämlich mit der Kurie, auch das Kapitel von S. Maria Maggiore sowie der römische Hochadel (Barberini, Borghese) fast geschlossen auf die Seite der Bourbonen, während vor allem die Bevölkerung Roms weiterhin zu den Habsburgern hielt[515]. Zu den wenigen habsburgertreuen Adeligen Roms gehört der kaiserliche Geheimrat Antonio di Santacroce (Abb. 17), der seine Treue zum Haus Österreich durch Gemälde Leopolds I. und seiner Söhne in seinem Palazzo (Abb. 468) demonstrierte[516]. Daher wurde der Druck auf die Anhänger der Österreicher in Rom verstärkt, sich symbolisch für die Bourbonen zu deklarieren oder Kundgebungen für die Habsburger zu unterlassen. So berichtet Valesio, dass am Morgen des 19. April auf Intervention des spanischen Botschafters sowie des Kardinals Janson die kaiserlichen Wappen von den Fassaden der Paläste des Gran Condestabile Filippo II. Colonna, des Fürsten Savelli (Abb. 290) sowie des Giuseppe Maria Altemps Duca di Gallese entfernt worden seien, während Fürst Caetani und Don Livio Odescalchi entsprechende Maßnahmen verweigerten. Entweder aufgrund seiner guten Kontakte oder als Teil eines bewussten zeremoniellen Doppelspiels berichtet der römische Chronist jedoch auch, dass die Erstgenannten dies nur unter Zwang getan und sich beim kaiserlichen Botschafter dafür entschuldigt hätten[517]. Diese (in)offiziellen Trueschwüre dem Haus Habsburg gegenüber bestätigt auch Lamberg: *„Diese Nacht hat der Contestabile [Colonna] das Kayserl. Wappen abgenohmen – hat vorhero zu Monsign. Caunitz […] seiner ‚Confidenten' einen geschückhet mit ‚Protestation' daß er in Herzen gutt kayserl. seye, seye aber ‚obligiret' mit Ankunfft des Duca d'Anjou in Neaple auff ‚expresse Ordre' dieses zu volfiehren. […] Der Prencipe Savelli hat mir auch die ‚Violenz' berichten lassen, wie daß er die kayserl. Wappen abnehmen müssen, er seye ein alter unvermögender Herr und hette sonsten nicht zu leben. Don Livio schückhete heute auch zu mir, weilen man ‚illuminiren' müsse; ob er es thun solle. Der Papst hätte ihn durch den jungen Conte Borromeo zu verstehen geben, daß er es gerne sehete. Ich hab geantworthet, eine Verfolgung zu meiden, thette dieses nichts zur Sach. Alla Piazza di Navona haben sie ‚mezzi grossetti' ausgeworffen, daß sie 'vivat Filippo' schreyen sollen; sie schreyeten aber ‚viva l'Imperatore', worauf die Spanier Steine geworffen, die Leuth ‚retirirten' sich und pfeifeten die Spanier aus.*"[518]

374. Fassade der spanischen Nationalkirche S. Giacomo degli Spagnoli (heute Nostra Signora del Sacro Cuore) von Bernardo Rossellino, 1450; Rom, Piazza Navona

Die Auseinandersetzungen und Parteiungen machten sich also auch anhand der Beteiligung oder Nichtbeteiligung bei ephemeren Dekorationen im Stadtbild bemerkbar. Daher gab es am 20. April 1702 zahlreiche Feuerwerke und Festbeleuchtungen anlässlich der „glücklichen Ankunft des Königs [Philipp V.] von Spanien in Neapel", die natürlich zahlreiche Neugierige anlockten. Festlich geschmückt bzw. beleuchtet waren u.a. die spanische Nationalkirche S. Giacomo an der Piazza Navona (Abb. 374), die französische Nationalkirche, die spanische Botschaft, die Paläste Orsini und De Cupis, die Residenzen des Kardinals Janson sowie der polnischen Königinwitwe und des Herzogs von Modena. Die „*Minister des Kardinals de' Medici waren im Zweifel, ob sie Kerzen anzünden sollten, und schließlich stellten sie solche um 1 Uhr 30 nachts am Palazzo Madama auf. Ähnlich machten es Don Livio Odescalchi und Kardinal Ottoboni*". Während also diese drei Paläste gleichsam Neutralität signalisierten, „*machten der kaiserliche Botschafter und Kardinal Grimani, die Filini im Palazzo Farnese von Parma und der Herzog Caetani überhaupt keine Freudenskundgebungen*".

Fürst Odescalchi (Abb. 322) kam damals wegen seiner prohabsburgischen Gesinnung in besondere Schwierigkeiten und bat den kaiserlichen Botschafter um Unterstützung. Denn der proklamierte Herrscher sei verärgert über ihn, weil er nicht nach Neapel zur Huldigung gefahren, nicht das Wappen Spaniens gewechselt und weiterhin jenes des Kaisers ausgestellt habe: *„Don Livio hat zu mir geschückht und auch abendts bei mir gewesen. Von Neaple schreiben sie ihm, der König seye auf ihn erzürnet, daß er die kayserl. Wappen nicht abnehme und nicht zum Handkuss komme. Man werde nicht zufrieden sein, ihm seine Güter in Mayland zu nehmen, sondern wie der Cardinale Cantelmi gesagt, auch sein Leben, über welches er sehr entrüstet. Sagte die Spanier wären alles ‚capable' zu thun, sorge [sich] also, es möchte ihn ein Spoth [= Spott, Schande] widerfahren wie dem M. del Vasto beschehen; er wolte also nicht mit dem Pabsten reden, da er sorgte, er möchte ihn ‚persuadiren' wollen, sich mit den Spanniern zu verstehen […]; wüsste er auch nicht, ob es rathsamb, da sie ‚Violenz' brauchen und Hendl [= Streit] zu machen suchen werden, sonderlich der Gianson [= Janson], so den Hass wider ihn hözet von Innocentio XI. her.*"[519]

Am 9. Juni 1702 wurden tatsächlich alle Güter des Herzogs von Bracciano im Herzogtum Mailand vom spanischen König konfisziert, mit der ausdrücklichen Begründung im Dekret, dass dieser dem Kaiser ergeben sei und das kaiserliche

Wappen nicht von seinem Palast entfernt habe: „*Der Duca Bracciano D. Livio ist bei mir gewesen, und gewiesen wie Philippo V. den 9ten Juni in Finale ihm alle seine Gütter ‚confiscirt'; in ‚Decreto stehtet, weilen er sich vor den Kayser ‚partial' erwaiset, seine Wappen an seinem Hauss behaltet und anderes mehr.*"[520] Weil Fürst Odescalchi im Mai 1703 schließlich kaiserlicher Hofrat „*mit zahlreichen Privilegien*" wurde, hat er jedoch seine Rangerhöhung durch den Kaiser und seine Loyalität zu den Habsburgern ebenfalls gleich am 25. d. M. an der Fassade seines Palastes durch die Anbringung des kaiserlichen Wappens demonstriert[521]. Als Graf Lamberg nach dem ‚Exil' in Lucca nach Rom zurückkehrte und im Juli 1702 den Palazzo Caetani bezog, ließ er an seinem Palast natürlich sofort „*das Käyserl. Wappen/ nebst dem Päbstl. und seinem eigenem auffhencken/ und hingegen das Römis[che] herunter nehmen. Er maßte sich zugleich alles vermögens/ und lehen/ des Fürsten von ‚Caserta' an/ welche dieser an Ihr Käyserl. Maj. überlassen/ und abgetreten hatte.*"[522]

Die Spaltung Roms in eine habsburgische und eine bourbonische Partei manifestierte sich sogar in öffentlicher Farbkennzeichnung, wie es heute bei den Anhängern von Fußballmannschaften üblich ist. Als die Franzosen und Spanier – wie Lamberg dem Kaiser berichtete – „*um der ganzen Welt ihr Bündnis zu demonstrieren, ein Zeichen ihrer vereinigten Farben, also Rot und Weiß, ins Haar steckten*", ließen nicht nur Kardinal Janson und der spanische Botschafter ihre Diener entsprechend ausstaffieren, sondern gaben dies auch an die diesen Nationen verbundenen Handwerker und Freunde weiter. „*Diesen Triumph sehend, ohne daß der Palazzo [= päpstliche Hof] reagierte, habe ich*" – schreibt Lamberg – „*auch ein schwarz-grünes [Zeichen] gegeben, aber nur meinem Personal, was aber sofort von allen Nationalen und Befreundeten imitiert wurde*"[523].

Vor diesem Hintergrund wurde auch der feierliche Einzug des Kardinallegaten Barberini am 20. Mai in Neapel von Lamberg aus der Ferne genau beobachtet, wobei sein Augenmerk der heraldischen Symbolik und der Teilnahme römischer Kardinäle und Adeliger am Fest galt: „*der Nuntius v. Neaple berichtet, wie das der 20ten Nachmittag die solenne Cavalcate seye gehalten worden. Es ist ein Standard vorgetragen worden, worinnen allein das französische ohne dem spanischen [Wappen] gewesen; so in dem Reich ein grosses Nachdenckhen erweckhet. Es sind 120 ‚Cavalliers' mitgeritten, darunter zwei ‚Romano' gewesen als der Contestabile Colonna und der Duca di Sora wie auch die 3 Cardi-*

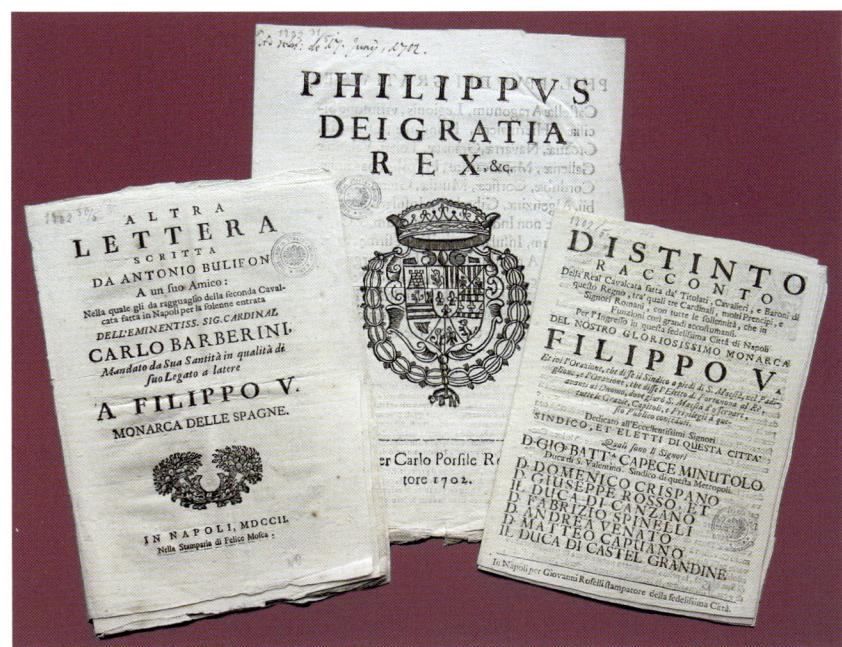

375. Druckschriften über den Empfang König Philipps V. von Spanien in Neapel, Beilagen zum Brief Graf Lambergs an den Kaiser vom 17. Juni 1702; Wien, HHStA, Rom Korr., Kart. 83

nale Cantelmi, Forbin [Janson] und Medices, welcher sehr wol vom Duc d'Anjou angesehen wird. Es ist Geld ausgeworffen worden, doch wenig Freund oder Viva gehöret worden. Iber 70 waren ‚Pretendenten' das ‚Grandat' zu erhalten, bis[her] hat es aber niemand als der Conte d'Estrées iberkommen mit aller Verwunderung."[524]

Auch den Besuch des feindlichen Königs in Neapel verfolgte Graf Lamberg mit Argusaugen. Tatsächlich waren dafür zahlreiche Festdekorationen errichtet und Feierlichkeiten organisiert worden, deren gedruckte Beschreibungen Lamberg umgehend nach Wien sandte (Abb. 375). Zur Huldigung Philipps V. am 20. Mai präsentierte man im Seggio di Capua eine Statue des Königs auf dem Thron, am Dom prangte ein großes Gemälde, das den Stadtpatron Januarius als Beschützer des Bourbonen zeigte, und vor San Lorenzo hatte man ein Reiterstandbild des neuen Herrschers errichtet. Die Festdekoration der Seggia di Montagna umfasste ebenso wie jene bei der Porta di S. Angelo eine Statue Seiner Majestät, und im Hafenviertel gab es ein lebensgroßes Porträt des neuen Herrschers. Im Palast des Duca di S. Valentino war der Saal mit grünem Damast ausgeschlagen und auch hier befand sich das Bildnis des Königs unter einem prächtigen Baldachin[525]. Herrscherporträts säumten jedoch nicht nur den Weg Philipps V. in Neapel, sondern auch seine Gattin wurde beim Einzug in Madrid am 29. Juni 1702 von den Bildnissen der französischen Königsfamilie begrüßt. Dies geht aus einem von Lamberg dem Kaiser übermittelten Bericht über ein dabei vorgefallenes und als unglücksverheißend gedeutetes Missgeschick hervor. Bei der

Porta Alcala *„wurden auffgemacht die Bildnussen des Königs in Frankhreich, Spannien, Dauphin, [der Herzöge von] Bourgogne und Berry, und ohne zu wissen wie, fallete das erste herab, also dass die Rahm in Stuckh zersprungen, welche Stückhe das Bild durchlöcherten, dass man es kaum mehr erkennen können. Dieses ‚Accident' bewunderten alle Umbstehende, da man besahe, dass dieses Bild mit einem starckhen Nagel und gleicher starckh seidenen Schnur angemacht ware wie die andere; es ware auch khein Wind, dass das Bild hette können aufgehoben werden".* Dies war jedoch nur der Auftakt für eine von Menschenhand verursachte Zerstörung eines Herrscherporträts, über die derselbe Bericht gleich anschließend informiert: *„Den 3ten darauff beschahe ein rarer ‚Casul', da im innerlichen Hoff des königl. ‚Palazzo' [Abb. 33] umb Mittag, wo der grössere Zulauf des Volckhs ware, kame ein Stalljung in königl. ‚Livree' zu einem der Hauptmansgewölber [...], allwo Filippi V. ‚Contrefait' hangete, wo er mit grosser ‚Attention' sich auffgehalten, darauff in alle ‚Iniurien' wider das Bild ausgebrochen, und in Zorn ibergangen nahme er den Brügel, so er in der Hand gehalten, und brügelte sehr das Bild bis es zur Erden gefallen. [...] Hatte aber Glückh zu entrinnen, daß ihm nicht wie dem Bild widerfahren ist. Darauff ist er zu einer anderen ‚Botega' gangen, in welcher das Bildnuss Caroli 2^{di} seel. Andenckhens ware, alldorten knüete er nieder und weinete bitterlich, schreyete auff, bittend, er [= der verstorbene König] wolte doch kommen, Spanien von der Dienstbarkeit zu erlösen, in welche es sich befindete."*[526] Beide Ereignisse, die Gottes und des Volkes Stimme auf Seiten der Habsburger zu zeigen schienen, wurden vielleicht gerade deshalb in spanischen Quellen nicht referiert[527].

Inzwischen war jedoch die Propagandaschlacht auch an anderer Front wieder eröffnet worden: Im Juni hatte man von französischer Seite das Gerichtsurteil gegen den Marchese del Vasto in einer Druckschrift verbreitet, in der Graf Lamberg beschuldigt wurde, den geplanten Mordversuch erfunden zu haben. In einem Schreiben an den Fürsten Liechtenstein beklagte sich der Botschafter, *„wie infam sie ein Büchel gedruckht mit dem ‚Monitorio', Sentenz und Process, zu zu End sie meinen Nahmen sötzen, daß ich auf Hass gegen den Janson es alles erdichtet gehabt".* Der Diplomat griff den Fehdehandschuh auf und berichtete Fürst Anton Florian am 15. Juli 1702 selbstbewußt: *„Nun seindt wir im Werkh begriffen, auf den infam ergangenen Druckh zu antwortten mit dem Unterschiedt, daß das unsrige mit Wahrheit wirdt behaubtet werden können"*[528].

Der kaiserliche Botschafter nutzte daher jede Gelegenheit zur Demonstration der habsburgischen Ansprüche durch Bildnisse und weitere Druckschriften. Am Sonntag, dem 1. Oktober 1702, wurde wieder in der Anima gefeiert – das Fest der Gottesmutter als Rosenkranzkönigin und *„besondere Schutzherrin des Hauses Österreich"*, aber auch der Geburtstag des Erzherzogs sowie die erfolgreiche Eroberung Landaus am 12. September durch die kaiserlichen Truppen, die von Markgraf Ludwig Wilhelm von Baden-Baden (Abb. 211) und dem Römischen König angeführt wurden. Seine diesbezüglichen Intentionen formulierte Graf Lamberg in einem Brief an den Fürsten Anton Florian von Liechtenstein: Da *„von Ihrer Mayt. des Röm. Königs grossen Dapferkeit und höchst ruhmreiche ‚Conduite' nicht das geringste allhier geredet worden, sondern allein von [...] dem Duca d'Anjou, [...] also habe ich eine ‚Demonstration' zu bezeugen, auf Morgen all'Anima ein Danckhfest der Mutter Gottes mit einem Hochambt und ‚Panegiricus' vom Abbate Mancini angestellet, und nach dem Gottesdienst denen Armen Allmosen außzutheilen. Unsere Parthei ist so starckh, daß ich nicht einen Praelaten gefunden, welcher das Lob der Mutter Gottes singen wollen, auß Forcht von Franzosen verfolgt zu werden; sie haben mir einige vorgeschlagen, so hab ich geantworttet, ich hette schon einen erwöhlet, welchen ich mehrers aestimire alß sie alle, und habe den P. Slavata darzu erbetten. Ich habe morgig Tag erwöhlet, da gleichfalls Ihr Durchlaucht des Erzhertzogs meines Gnädigsten Herrns Geburhtstag einfallet, zu welchem Ew. Fürstl. Gnaden von Herzen gratulier, da auß ‚Respect' gegen Ihre Durchlaucht schriftlich zu thun es unterlasse, wünschendt, daß Gott der Allmächtige dieselbe in aller hohen Glückseligkeit in Methusalems Jahr erhalten möge."*[529] Die mit Damast ausgekleidete Kirche war abermals mit den Porträts des Papstes, des Kaisers, des römischen Königs (Abb. 376) und des Erzherzogs geschmückt. Obwohl Lamberg kein *Te Deum* abhalten ließ, weil es in Rom verboten war, den militärischen Sieg über einen christlichen Fürsten zu feiern, war dennoch – wie die *Avvisi Romani* schreiben – *„aller Welt"* bekannt, dass der kaiserliche Dankgottesdienst der *„glorreichen Eroberung"* von Landau galt, mit der *„Ihre Majestät der König der Römer seinen ersten Feldzug begonnen hat"*. Das Fest sei durch eine *„besondere Klugheit, Bescheidenheit und großzügige Nächstenliebe"* des kaiserlichen Botschafters gekennzeichnet gewesen, der nicht wie die französische Partei beim ersten Feldzug des Dauphin Feuerwerke, Illuminationen und Weinbrunnen anfertigen

376. *König Joseph I., Ölgemälde auf Kupfer von Christian Reder oder Antonio David, 1700/01; Privatbesitz*

und in der Kirche außergewöhnliche Motetten singen, sondern wohlüberlegt während der Messe große Allmosen an die Armen verteilen ließ. Daher wurde der Prediger mit großem Applaus bedacht und Graf Lamberg beim Verlassen der Kirche von dem sich vor der Kirche drängenden Volk mit dem Ruf „*Viva l'Imperatore e suo Ambasciatore*" begrüßt[530].

Inzwischen hatte der kaiserliche Diplomat auch die Mittel seiner psychologischen Kriegsführung verfeinert und nur fünf Tage nach dem Fest in der Anima ließ der Botschafter vierhundert Exemplare des Druckes von drei von den kaiserlichen Truppen in Mailand abgefangenen Briefen des spanischen Botschafters sowie der Kardinäle d'Estrées und Janson verteilen. Diese Pamphlete

sollten die Diplomaten der Gegenpartei in Misskredit bringen und waren – wie Graf Lamberg dem Kaiser nicht ohne Stolz berichtete – zweifach getarnt worden: einerseits ließ der Diplomat die abgefangenen Brief gleich mit einer Kritik daran, „*so als ob ein Freund einem anderen geschrieben hätte*", veröffentlichen, andererseits täuschte er durch den Postversand aus Venedig ausländische Urheber vor. Und diese Aktion sei beim römischen Publikum gut angekommen[531].

Zu Jahresende verlagerte sich der öffentliche Streit wieder auf die Wappensymbolik, da Kardinal de' Medici offiziell zum Kronprotektor Frankreichs und Spaniens ernannt wurde. Als der ehemalige Mitstreiter Graf Lamberg mitteilte, dass er in Hinkunft zwar nicht mehr mit ihm korrespondieren dürfe, ihm aber „*weiter die Veneration hochhalten werde*", begann sich der kaiserliche Botschafter Gedanken über die Zukunft des kaiserlichen Wappens am Palazzo Madama (Abb. 377) zu machen. Am 30. Dezember 1702 informierte Graf Lamberg den Kaiser von einem Brief des Kardinals, wonach dieser trotz der geänderten politischen Umstände das kaiserliche Wappen nicht von seinem Palast entfernen möchte[532]. Am Silvestertag diskutierte der Botschafter mit Msgr. Lonni, ob Medici nun „*das kaysl. Wappen von seinem ‚Portone' abnehmen und das französische anstatt aufmachen wird, womit dasselbe auf die rechterhand der Spann. Cron kommen wird, und damit der Madamae Orsini ‚factum authentisiren'*[533], glaubete also eine Protesta zu formiren und dieselbe gedruckhter zu publiziren, bittete ihn also, er wolle seine Gedanckhen auf das Papier sözen, ich wolte es auch thun und alsdan es ‚combiniren', so er auch versprochen, welches dann heute abendts ihm zugeschückhet. Ich hab auch diesen Abendt mit Marchese Antonio S. Croce [Abb. 17] geredet, so nicht ibel den ‚punto cavalleresco' verstehet, der meinen Gedanckhen ‚approbiret', daß nichts anderes als Ihr Mayt. gefallen und die Spann. Nation ‚obligiren' werde*". Daraufhin ist von Lamberg am Neujahrstag 1703 „*folgende ‚Protesta' auffgesötzet worden, so gedrukkhet werden solle: ‚Leopoldo Gioseppe de S.R. Impero Conte de Lamberg […]'. Dieses ist alsdan mit Anführung des ‚Instrument' mit Zuziehung [?] eines ‚Notarii' und Zeugen zu ‚authentisiren'*". Am nächsten Tag wurde das Manifest offensichtlich gedruckt (Abb. 378), und am 3. Jänner hat Graf Lamberg „*anbefohlen auff Morgen den Bartoli, daß er zu alle Cardinalen gehe und ihnen das vorgestern beschriebene ‚Manifest' austheile, hab auch abendts mit dem Abbate Battessini geredet, daß er mir umbsehe, einen ‚Notarium publicum' zu erfragen, der mir das ‚Manifest authentisire', so allein ‚pro aula ad acta' seye.*" Am 4. Jänner wurde Lambergs Manifest den Kardinälen zugestellt: „*Diesen Morgen hab dem Bartoli die ‚Protesta' wegen des Wappen allen Cardinalen austheilen und das gedruckhte ibergeben lassen.*"[534] Mit dieser Druckschrift, die offensichtlich auch an die Fürsten Roms verteilt wurde, protestierte Graf Lamberg im Namen des Kaisers dagegen, dass am Palazzo Madama (Abb. 377) jetzt das spanische Wappen gemeinsam mit dem französischen angebracht sei, wobei ersteres den heraldisch geringeren linken Platz einnehme. Dies sei ein klares Präjudiz dafür, dass von der beschworenen Trennung der beiden Monarchien keine Rede sein könne und es komme hier auch deutlich zum Ausdruck, dass Spanien seinen Rang und seine Selbstständigkeit eingebüßt habe. Der Kaiser würde hingegen für die Freiheit und Unabhängigkeit der spanischen Nationen bürgen, sobald er die Macht übernehmen würde. Wie wichtig die Wappensymbolik genommen wurde, verrät der offizielle Charakter, den Lamberg für seine gedruckte Beschwerdeschrift gewählt hat: „*Leopold Joseph des Heil. Röm. Reichs Graff von Lamberg, Ritter des gülden Schlüssels/ Sr. Kayserl. Maj. Staats=Rath/ Ritter des güldenen Fliesses/ und Sr. Käys. Maj. Abgesandter bey Ihr. Päbstl. Heil[igkeit] Clement XI. Nachdem man mich versichert/ daß man gesonnen/ an dem ‚Mediceeischen' Pallaste […] das wappen von Franckreich/ nebenst dem Spanischen anzuhefften; Ein solches verfahren aber dermahleins vor eine ohnfehlbare folgerey angezogen werden könte/ weil dieses denen andern ‚praerogativen' dieser ‚Monarchie' zum höchsten nachtheil gereichen würde/ ob man schon dasjenige/ was in einer eben dergleichen begebenheit die Fürstin von ‚Ursini' an der thür ihres pallastes gethan/ eben so gar hoch nicht geahndet/*

linke Seite:
377. Fassade des Palazzo Madama, Lambergs Residenz im Jahre 1700, von Paolo Marucelli, 1638–45; Rom, Piazza Madama

378. Protestschrift des kaiserlichen Botschafters gegen die Anbringung des spanisch-französischen Wappens am Palazzo Madama, der Residenz des Spanischen Kronprotektors Kardinal Francesco Maria de' Medici, Beilage zum Brief Graf Lambergs an den Kaiser vom 6. Jänner 1703; Wien, HHStA, Rom Korr. Kart. 84

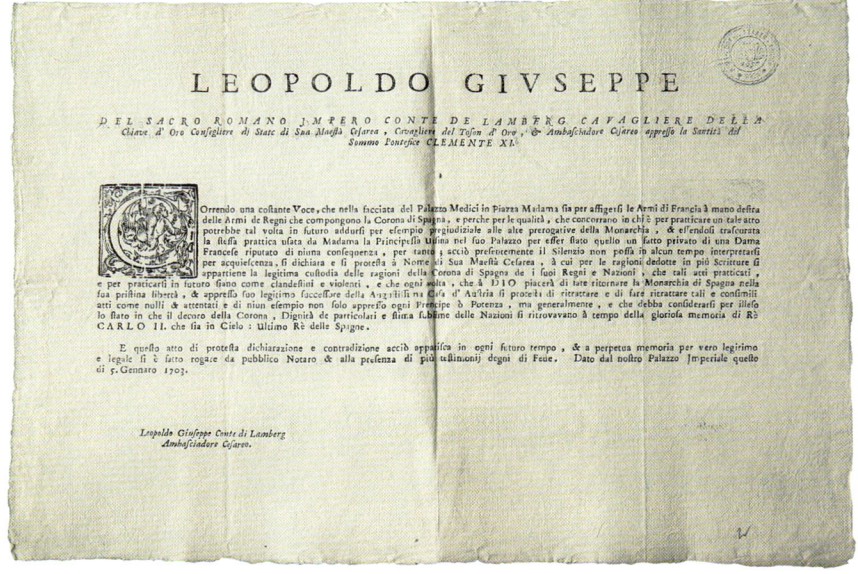

weil es eine sache war/ die eine Französische ‚Dame' nur vor sich thate/ aus der gantz keine folge gemachet werden kan. Damit aber unser stillschweigen niemahln vor einen heimlichen beyfall möge gehalten werden; als erkläre und' protestire' ich hiemit/ im Namen Ihr. Käyserl. Maj. welcher, wie ich bereits in vielen schrifften ausgeführet habe/ die rechtmäßige vertretung der Cron Spaniens/ und aller dahin gehörigen Reiche/ ‚Nationen' und zuständigen Rechten/ eintzig und alleine zukommt/ daß alle dergleichen bißher geschene oder inskünfftige noch befahrenden dinge/ nicht anders sollen und können angesehen werden/ als heimliche/ gewaltsame beinträchtigungen/ und daß man allezeit/ und wann es Gott gefallen wird/ die Spanische ‚Monarchie' in ihre vorige freyheit wieder herzustellen und selbige ihrem rechtmäßigen nachfolger von dem Allerdurchl. Hause Oesterreich einzulieffern/ alle und jede dergleichen bescheene ‚actus' vor ungültig erkennen/ vor unrichtig/ unbefugte unternehmungen die gantz keinen schluß machen [...] betrachten und ansehen müsse/ [...]. Und damit gegenwärtige ‚protestation declaration' und ‚contradiction' vor wahr gehalten werde/ als welche vermöge der rechte und gesetze zu ihrer behörigen zeit zum ewigen andencken eingegeben worden/ so haben wir solche durch einen öffentl. ‚Notarium' und glaubwürdige zeugen verfertigen lassen. Gegeben in dem Käyserl. Pallast, den 5. Jan. 1703. Leopold Joseph Graf von Lamberg, kaiserlicher Botschafter"[535].

Am 6. Jänner informierte Lamberg den Kaiser darüber, dass Kardinal de' Medici nach seiner Ernennung zum Protektor der vereinigten Kronen (Frankreich und Spanien) zu den Wappen des Papstes, des Kaisers und Spaniens an seinem Palast dasjenige Frankreichs und zwar zur Rechten des spanischen dazugefügt habe. „Diesen Akt erwägend" – schreibt der Botschafter – „schien es mir sehr präjudizirlich bezüglich der Vorrechte Euer Majestät und der Krone Spaniens", weshalb er nach eingehender Information 1000 Abzüge eines Protestschreibens habe drucken lassen, dessen letztes Exemplar er seinem Brief beilege[536].

Die politische Bedeutung dieser Aktion Lambergs beweist nicht nur die Archivierung des Flugblattes in den Akten des vatikanischen Zeremonialarchives[537], sondern auch eine Lamberg zugetragene indirekte Anerkennung durch den Papst: „Der Pabst hat zu Mons. Caunitz gesagt, ihr habt ein starckh Ohrfeig denen Franzosen geben mit eurer ‚Protesta', da es zwischen beiden ‚Nationen' starckhe ‚Dissidenzen' verursacht.". Aber offensichtlich nur vorübergehend hatte diese „‚Protestation' so viel Würckung/ daß der Cardinal von Medicis weder das Französische noch Spanische Wappen auffsetzen/ sondern sie beyderseits weg ließ."[538] Am 7. April 1703 musste Graf Lamberg jedoch feststellen, dass man am Palazzo Madama das französische Wappen rechter Hand des spanischen angebracht hat und die Auswechslung erst erfolgt war, nachdem die finanzielle Zusage Frankreichs fixiert war: „Man redet mit Verwunderung, daß der Grossherzog ‚in suspenso' diese ‚Decision' gelassen und sobald der König in Frankreich dem H. Cardinal die Abtei verliehen, sobald ist durchaus die ‚Execution' beschehen." Noch am selben Tag informierte der Botschafter auch den Kaiser, dass „schließlich an diesem Morgen das Wappen von Spanien am Palazzo Medici den Streit um die Vorherrschaft mit dem Wappen Frankreichs verloren hat, wegen der insgeheim von Frankreich [dem Kardinal] überlassenen Abtei mit Einkünften in der Höhe von 40.000 Livre"[539]. Später sollte der Botschafter diese Begebenheit als Beispiel für die französenfreundliche Gesinnung der päpstlichen Kurie auch in seiner spanischen Rechtfertigungsschrift anführen[540].

Inzwischen hatte Graf Lamberg offensichtlich auch gute inoffizielle Kontakte zum päpstlichen Staatssekretariat aufgebaut, doch wurden seine römischen Spionageerfolge zunehmend durch die Geschwätzigkeit oder undichten Stellen des Wiener Hofes gefährdet: „Ich hab à Palazzo erfahren, wie ein grosses ‚Strepito' [= Aufsehen] seye in der ‚Segretaria di Stato', da der Nuntius Davia sich hier beklagte, daß alles was in ‚chiffre' ihm geschrieben wird, er es eine Wochen vorhin in Wien vernehme,

379. Erzherzog Karl als König von Spanien, von Wien nach Rom gesandtes Schabkunstblatt von Jakob Männl nach Frans van Stampart, 1703; Privatbesitz

also müsse ich ‚Correspondenz' mit der ‚Segretaria' allhier haben. Derowegen grosse Nachforschung gemacht wurden. Es ist einer, nämlich Abbate Gavoni, so unter denen ‚Insinuanten' [= Verdächtigen] begriffen. Dieser ist in grossen Argwohn verfallen; ich sagte aber, daß ich ihn nicht kennete, wie es auch wahr ist. Dem Freund habe ich parte gegeben, behutsamb zu gehen, damit der Argwohn nicht auf ihn verfalle. Er bittete entgegen auch, mit seinen Nachrichten ‚discret' zu gehen, damit er ‚continuiren' könne zu dienen."[541]

Am 27. Jänner 1703 übermittelte der kaiserliche Botschafter Leopold I. eine Schrift, die die „gallospani" heimlich verteilten, *„um mit wenig Grund von ihrem Recht zu überzeugen"*. Lamberg ließ daraufhin eine Gegenschrift verfassen, die ebenfalls *„anonym unter der Hand"* in Rom verbreitet wurde, und die er gleichfalls seinem Schreiben beilegte. Im gleichzeitigen Brief an den Fürsten Liechtenstein erläutert Lamberg seine Beweggründe ausführlicher: „*Es haben die Gallispanier ein Schrüft druckhen lassen vor einigen Tagen hier, habe also einer vertraulichen Feder die Materi an die Hand geben, gegenwärtige Antworth zu verfassen, so auch unter der Hand gehen lassen. Bei uns würde dergleichen wenig geachtet, allein Euer Fürstl. Gnaden ist bewusst, daß dergleichen die Neapolitaner animirt und die wol Affectionirte erfreuet und erfrischet. Bitte Sie wollen derselben ein Occhiata [= Auge] gönnen, und so Sie es approbiren, Ihr Kaysl. Mayt. unter die Augen legen. Glaube seye alles gesagt, was man derzeit sagen könne; der Schreiber war hitzig, hab viel corrigirt, da [ge]crönten Häubtern wie Frankreich ist, der Respect allzeit meines Erachtens muss observirt werden."*[542]

Die kaiserliche Zustimmung und der offensichtliche Propagandaerfolg dieser Aktion wird aus Lambergs Bericht an den Fürsten Anton Florian von Liechtenstein vom 8. Februar 1703 ersichtlich: *„Ihro Kayl. Mayt. allergnädigste Approbation wegen beschehener Protesta consolirt mich höchstens in diesen unseren Zirkulationen. Ihr Fürstl. Gnaden können nicht glauben, wie die Spannier darumb gelauffen, ich hab 2000 truckhen lassen, glaube gewiss, daß 1200 in Spannien gangen."*[543] Mehrere Wochen später wurde in Wien in mehreren Sprachen ein Manifest des Don Francesco Moles Duque de Pareti y Calatrava, des früheren spanischen Botschafters in Wien, zur Verteidigung der habsburgischen Erbrechte publiziert, das Lamberg umgehend in Rom nachdrucken ließ[544].

Die nächste Gelegenheit zum Bilderstreit bot die Fronleichnamsprozession der deutschen Nation am 10. Juni 1703. Nachdem der Botschafter am Morgen Monsignore Kaunitz und zwölf österreichische Kavaliere zum Essen geladen hatte, nahmen dreizehn Kardinäle am Umzug teil und demonstrierten damit ihre Loyalität zum Erzhaus. Sie wurden in der Kirche vom Sohn des Reichsvizekanzlers begrüßt. Die Kardinäle Ottoboni und de la Grange d'Arquien waren entschuldigt, während die Kardinäle Janson – *„Minister des Königs von Frankreich"* – und Luigi Omodei gar nicht eingeladen worden waren. Auch diesmal war die Nationalkirche mit den Wappen des Papstes, des Kaisers sowie der Krone Spaniens und mit den Bildnissen des Papstes, des Kaisers, des Römischen Königs, der Kaiserin, der Römischen Königin und des Erzherzogs von Österreich geschmückt. Darüber hinaus hatte der kaiserliche Botschafter diesmal auch den Stadtraum und Prozessionsweg in der Umgebung der deutschen Nationalkirche für seine Zwecke offensichtlich mit der Ottensteiner Serie der Kardinalporträts (Abb. 294–315) dekoriert. Dabei kam es zu einem Zwischenfall: *„als die Kardinäle das Karree passierten, das die Ecke um den Palazzo De Cupis bildet, gegenüber der anderen Ecke des Seminars von S. Agnese, das über dem Portal und der Fassade seines Ladengewölbes die Bildnisse des Papstes, Kaisers, Römischen Königs und Erzherzogs von Österreich sowie aller lebenden Kardinäle nach ihrem Rang ausgestellt hatte, fiel das Porträt des Kardinals d'Estrées herab."*[545]

Das böse Omen hätte auch Lamberg vorsichtiger werden lassen sollen. Wenige Monate später war der Botschafter nämlich in einen veritablen Porträtkrieg verwickelt, als er nach der offiziellen Ausrufung von Erzherzog Karl zum König von Spanien mit dessen Bildnis den Anspruch der Habsburger in Rom öffentlich dokumentieren wollte[546]. Abermals hatte der kaiserliche Diplomat die politische Demonstration planmäßig vorbereitet. Schon am 18. August bat Graf Lamberg Karls Obersthofmeister Fürst Liechtenstein, *„mir bey Ihr Durchlaucht dem Erzherzog die Gnadt außzuwürckhen, dero ‚Contrefait', wie sie aniezo seindt, zu überkommen, da ich es zu dero Diensten zugebrauchen, mich befleissen werde"*[547].

Die Postsendung mit dem graphischen Bildnis des Thronprätendenten war aber offensichtlich langsamer als die Mundpropaganda Lambergs. Denn anlässlich des Festes Mariä Geburt am 8. September 1703 waren in der Anima nur die üblichen Bildnisse der Habsburger ausgestellt. Diesmal war der Andrang des Volkes jedoch besonders groß aufgrund des Gerüchtes, dass das Porträt des Erzherzogs in spanischer Kleidung ausgestellt sei. Aber das war nicht der Fall, es wurde nur das bekannte Bildnis Karls im erzherzoglichen Kostüm gezeigt[548].

380. Blick ins Langhaus der deutschen Nationalkirche, 1500–23; Rom, S. Maria dell'Anima

Tatsächlich erwartete man auch in Rom jeden Tag die Erklärung des Habsburgers zum Erben Spaniens, nachdem schon am 28. Juli in Wien der Entschluss gefallen war, den jüngeren Sohn des Kaisers zum König von Spanien auszurufen. Schon am 18. August hatte Kardinalstaatssekretär Paolucci den Wiener Nuntius instruiert, in diesem Fall jeden Akt zu unterlassen, der eine Anerkennung bedeuten würde, und am 6. September konferierte der kaiserliche Botschafter mit Msgr. Lonni, „was anietzo, da der Erzherzog König in Spanien acclamirt werden wird, hier zu thun wäre zu Beförderung des Interesse."[549]

Die politische Unruhe trieb auch künstlerische Blüten, und dem Botschafter wurde eine „composition [...] communicirt", die eine fiktive Gemäldegalerie zu Ehren des habsburgischen Thronfolgers beschreibt. In der damals gerade in den Kreisen der Jesuiten und der Universitäten beliebten Weise wurden dabei bekannte biblische Motive in einer politischen Typologie aktualisiert und zeitgenössische Personen mit historischen Helden gleichgesetzt:

„Verzeichnis der Gemälde, die Seine Majestät der König von Portugal für die Galerie Karls III. vorbereitet hat:
Die Verklärung Christi auf dem Berg Tabor.
Bild der feierlichen Besitzergreifung der Spanischen Monarchie durch Karl III.
Mit dem Motto: ‚[Dies ist mein geliebter Sohn,] An dem ich Gefallen gefunden habe: [auf den sollt ihr hören' Mt 17,5].
Der hl. Petrus verspricht dem Herrn, zu jedem Leid bereit zu sein.
Bild des Kardinals Albano, der Papst werden möchte.
Mit dem Motto: ‚Der nicht von Gott berufen wird wie Aaron' [Hebr 5,4]
Der hl. Petrus beweint, dass er seinen Herrn verraten hat.
Bild des Papstes in der Ungnade des Kaisers.
Mit dem Motto: ‚Und er ging hinaus und weinte bitterlich' [Lk 22,62]
Jonas wird ins Meer geworfen.
Bild des aus Spanien verjagten Philipps V.
Mit dem Motto: ‚Durch dich ist dieses große Unwetter gekommen' [Jona 1,12].
Der im Meer ertrunkene Pharao.
Bild des im französischen Blut ertränkten Königs von Frankreich.
Mit dem Motto: ‚Die rechte Hand des Herrn hat die Feinde zerschlagen' [Exod 15,6]
Judith ergreift das Haupt des Holofernes.
Bild der Königin von England, die das Haus Frankreich zerstört hat.
Mit dem Motto: ‚Er gab sie der Vernichtung Preis durch die Hand einer Frau' [Judith 16,7]
Die Mädchen gehen freudig David entgegen.
Bild des Königreiches Spanien bei der Ankunft Karls III.
Mit dem Motto: ‚Er befreite unser Volk von der Schmach' [Sirach 47,4]
Der Himmel vom Herrn erleuchtet.
Bild des verjagten Herzogs von Savoyen.
Mit dem Motto: ‚Nun kann ich sehen' [Joh 9,25].
Saul, der vom Soldaten getötet werden möchte.
Bild des verzweifelten Herzogs von Bayern.
Mit dem Motto: ‚[Komm her und töte mich,] Denn meine Kräfte verlassen mich [2 Sam 1.9].
Judas, der an einem Baum hängt.
Bild des Kardinals Portocarrero.
Mit dem Motto: ‚Ich habe übel getan [dass ich unschuldiges Blut verraten habe' Mt 27,4].[550]

Der von König Karl II. zum Vorsitzenden des spanischen Staatsrates ernannte und dann die Übergabe an die Franzosen vorbereitende Kardinal-Erzbischof von Toledo Luis Manuel Fernández de Portocarrero (Abb. 307) wurde also in dieser Satire als Verräter gebrandmarkt.

Schließlich verzichteten Kaiser Leopold I. und Joseph I. am 12. September 1703 in der kaiserlichen Sommerresidenz Favorita offiziell auf das Erbe König Karls II. von Spanien zugunsten von Erzherzog Karl. Der Bericht über dieses Ereignis in deutscher und italienischer Sprache traf am 26. September in Rom ein. Im Gegensatz zur Wiener Zeitungsmeldung, notierte Graf Lamberg in seinem Tagebuch die Abwesenheit des Nuntius und der Gesandten mehrerer europäischer Mächte: *„Wien den 15. 7bris. Alhier ist den 12ten der Erzherzog zum Monarchen von Spannien erklärt worden und zuletzt folgende ‚Ceremonien' observiret worden. Denselben Tag der Erklärung hat zu Mittag Ihr Mayt. der Kayer und Röm. König bei ihme neuen König gespeiset. […] Die Erklärung ist also beschehen an den Tag, da vor 20 Jahren Wien von der türkhischen Belagerungen ist befreyet worden, und auch des Königs Alter id est 18, da Carolus V. auch die Spann. Monarchie angetrötten. […] Bei beschehener Erklärung seind alle frembde ‚Ministri' erschienen und [haben] die ‚Compliment' abgelegt, ausser des Nuntius, so sich kranckh gestöllet, der Venedische Pottschaffter, so auch ‚malice' sich vorhereo nicht in das ‚Publicum' gestöllet […]. Der Polnische und Dännische waren auch nicht gegenwärtig, sollen aber vor der Abreise [Karls] die Hand küssen. […] In der Statt [Wien] hat man kheine ‚Illuminationen' angestöllet ausser die Neapolitanische Herren; man glaubt, es seye geschehen, weilen man vom Volckh einen Auflauff besorgte, gegen diejenige, so nicht ‚illuminirt' hetten. Der kayserliche Hoffmarschall Graf v. Martinitz hat ‚nomine Caesaris' die ‚Ambasciada' bei dem Nuntio gehabt, und ziemlich starckh zugesprochen, dieser aber ‚de fectu instructionis' sich entschuldiget. Iber den Florentinischen Gesandten [Marco] Martelli wundern sich alle, daß er nicht erschienen, und daß das Hauss Medices dem Hauss Bourbon so ergeben, da es doch vom Hauss Österreich auf den Stamb ist erhöhet worden."*[551]

Mit gleicher Post aus Venedig kamen zahlreiche druckgraphische Porträts des neuen Königs in spanischem Kostüm mit folgender Inschrift an: *„Carolus III D.G. Hispan. Et Ind. Rex. Te Carolum Caroli phoenicem Astrea Secundi Declarat Rex es Sanguine Iure Deo. Tertius e serie Quintum Superabis et ultra Hesperidum fines non Tibi finis erit. F. Stampart, ad vivum pinx. H. Van den Brundt compos. J Mannl S.E.M. calcographus fe."*[552]

Es ist naheliegend, dass im Rahmen der publizistischen Auseinandersetzungen des spanischen Erbfolgekrieges, die von illustrierten Flugblättern und Karikaturen vielfach niederländischer Provenienz unterstützt wurden, graphische Porträts der Thronprätendenten ebenfalls eine wichtige Rolle spielten[553]. Aufgrund der sorgfältigen Beschreibung der Signatur durch Valesio läßt sich der von Lamberg in Rom verteilte Kupferstich eindeutig als Werk des seit 1699 in Wien als Hofkupferstecher tätigen Jakob Männl identifizieren[554], während das Bildnis von Karl als *HISPAN(IARUM) et INDIAR(UM) REX* auf der Porträtaufnahme von Frans van Stampart basiert (Abb. 379)[555]. Die Verse des *„in schwartzer Kunst gezeichneten ‚Portrait'"* stammen von Johann Jacob Haakius/von Haack[556], einem Bewerber um die Hofbibliothekarsstelle, der 1699 auch das Programm der Fischerschen Triumphbögen sowie die Inschrift der Medaille zur Hochzeit Josephs I. verfasst hatte[557].

Die anscheinend ebenso planmäßige wie rasche Verbreitung der druckgraphischen Bildnisse des neuen spanischen Königs bildete zweifellos ein neue Qualität in der Öffentlichkeitsarbeit des Wiener Hofes, die sich unter Leopold I. von einigen Ausnahmen abgesehen eher durch einen

381. Von Graf Lamberg in Rom in Auftrag gegebene und an alle Kardinäle verteilte Druckschrift über die Ausrufung Erzherzog Karls zum König von Spanien am 12. September 1703 in Wien, Exemplar in der römischen Stadtchronik von Valesio; Rom, Archivio Capitolino, Cod. 1162

nicht sehr effektvollen Einsatz der modernen Propagandamedien ausgezeichnet hatte[558]. Aufgrund der französischen Herausforderungen hatte der Wiener Hof aber offensichtlich auch in diesem Bereich seine Taktik seit dem Ende des 17. Jahrhunderts geändert, und der kaiserliche Gesandte in Rom scheint durchaus ebenso flexibel wie engagiert dabei mitgewirkt zu haben. Denn dem Bericht von Valesio zufolge wurden die graphischen Bildnisse des Habsburgers noch am selben Tag, an dem sie per Post in Rom eintrafen, zur Störung einer profranzösischen Demonstration eingesetzt: Am Abend dieses 26. September fand nämlich im Hof des Collegio Clementino der feierliche Studienabschluss eines jungen neapolitanischen Adeligen aus dem Haus Cicinelli statt, der – ebenso wie auf habsburgischer Seite – unter der Patronage des Herrschers stehen oder zu einer Loyalitätsdemonstration für diesen genutzt werden konnte[559]: zu diesem Zweck war an einer mit Golddamast verkleideten Wand ein Baldachin mit dem Bildnis Philipps V. von Spanien errichtet worden, dem die Thesenverteidigung gewidmet war. Das Thesenblatt zeigte den natürlich ebenfalls tagespolitisch zu interpretierenden Sieg des Kaisers Konstantin über seinen Rivalen Maxentius an der Milvischen Brücke, und der französische Kardinal Janson mit seinem Hofstaat zeichnete die Feier durch seine Anwesenheit aus. Es war daher wohl ein besonderes Ärgernis, als man mitten in der Schlussdiskussion ein „aus Deutschland gekommenes" Porträt Karls III. von Hand zu Hand wandern sah, das große Unruhe bei den Umstehenden verursachte, und nicht geringe Empörung beim französischen Kardinal auslöste[560]. Das habsburgische Porträt könnte durch Joseph Dominik von Lamberg, den jüngeren Vetter des Botschafters (Abb. 458), in die päpstliche Ritterakademie eingeschmuggelt worden sein, da dieser damals dort studierte.

Doch das war nur der Anfang, denn – wie es der kaisertreue Autor Christian Gottlieb Buder 1720 in seiner Biographie des Papstes Clemens XI. formulierte – der „ruhmwürdige Kayserliche ‚Ambassadeur' Herr Graf von Lamberg" war gesonnen, wegen der Erklärung des Erzherzogs „zu einem allein rechtmässigen Könige in Spanien" in der deutschen Nationalkirche (Abb. 380) am 1. Oktober „als dem Geburts=Tage Ihro Catholischen Majestät ein ‚solennes' Danck=Fest" abzuhalten[561] und geriet damit in einen diplomatischen ‚Hexenkessel'. Schon zwei Tage vorher ließ der kaiserliche Botschafter in der Stadt die Nachricht verbreiten, dass am kommenden Montag aus diesem Anlass eine feierliche Messe mit Musik samt *Te Deum* gehalten und erstmals das Porträt des Habsburgers in königlichem Gewand ausgestellt werde. Es kam daher auch dem Papst zu

382. Bericht über den von Lamberg ausgelösten ‚Porträtkrieg' in Rom (1703) in „Theatrum Europaeum", 16. Bd., 1717; Wien, Universitätsbibliothek

Ohren, Lamberg „wolte in der Kirchen ein Föst halten mit ‚Exposition' des Erzherzogens ‚Contrefait' in spann. Tracht und mein ‚Palazzo illuminiren', [der Papst] bittet, ich wolte die ‚Exposition' und ‚Illumination' unterlassen. Ich antworthete darauf, die ‚Illumination' wäre in meinem ‚Arbitico', die ‚Exposition' aber nicht, da dieses ein gewöhnliches Zaichen ist, worumb das Föst gehalten wird. Von dieser Materie wurde unterschiedlich gesprochen, […] so der Erzherzog für ein König in Spannien ist erkläret worden, gehöre er nicht mehr in die teutsche Kirchen, sondern in die Spannische; also ich leicht das ‚Portrait' auslassen könnte."[562]

Natürlich brachte Lambergs Plan vor allem „dem sogenanten Spanis. ‚Ambassadeur' dem herzoge von Uceta, die wespen seiner Ungedult in volligen auffruhr/ und beklagte er bey Sr. Päbstl. Heiligkeit sich hierüber auff das hefftigste." Der schon verärgerte Kardinal Janson machte ebenfalls „nicht wenig Gepolter", um das Fest in der Anima und die Ausstellung des Bildnisses zu verhindern. Den *Avvisi Romani* zufolge stürmte der französische Botschafter wutschnaubend zum Papst und drohte mit einem französischen Angriff auf den Kirchenstaat in Bologna und Ferrara. Clemens XI. bat daher den kaiserlichen Botschafter von der Ausstellung des Königsporträts Abstand zu nehmen, da weder in S. Luigi dei Francesi das Bildnis Philipps V. präsentiert, noch in der deutschen Nationalkirche jemals ein Porträt eines spanischen Königs ausgestellt gewesen sei[563].

An diesem Tage wurde aber auch schon eine vierseitige Druckschrift über die Akklamation des Habsburgers zum König von Spanien verteilt, die Lamberg bei seinem Hausdrucker Komarek in Auftrag gegeben hatte (Abb. 381)[564]. Weil diese Schrift ohne offizielle Genehmigung publiziert worden war, wurde der Böhme, der „die in Wien gedruckte Relation" nachgedruckt hatte, noch in derselben Nacht – wie der Botschafter sofort dem Kaiser schrieb – „mit großer Unmenschlichkeit" verhaftet. Außerdem ließ der Papst die Anfertigung von Kupferstichen, die Erzherzog Karl als spanischen König zeigen, verbieten[565].

Um vier Uhr morgens wurden Briefe des päpstlichen Kardinalstaatssekretärs an den Wiener Hof und an den Nuntius abgesandt, die das Missfallen Seiner Heiligkeit an der Vorgangsweise Lambergs zum Ausdruck bringen sollten. In diesem Schreiben vom 29. September berichtetete Kardinalstaatssekretär Paolucci dem Wiener Nuntius von den Vorbereitungen Lambergs „für ein grosses Fest" anlässlich des Geburtstages – „ich weiß nicht, entweder des Römischen Königs oder des Erzherzogs". Dabei solle neben den Bildnissen des Kaisers und Königs „auch jenes des Erzherzogs in königlichem

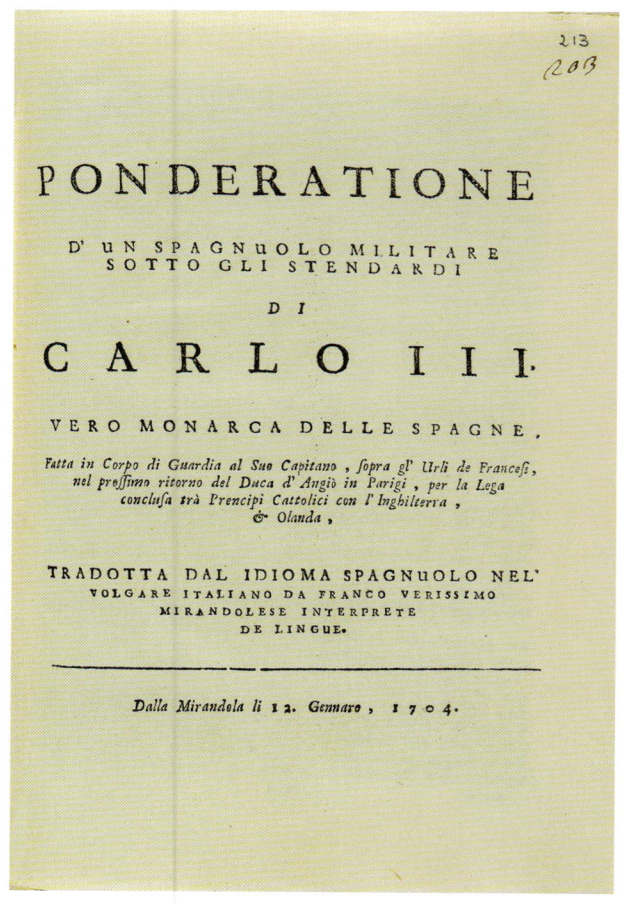

383. Von Graf Lamberg in Rom verbreiteter Bericht über den Empfang von Erzherzog Karl als König von Spanien am englischen Hof, 1703; Exemplar in der römischen Stadtchronik von Valesio; Rom, Archivio Capitolino, Cod. 1163

384. Von Graf Lamberg in Rom verbreitete Druckschrift über Erzherzog Karl als „wahrer Monarch Spaniens", 12. Jänner 1704, Exemplar in der römischen Stadtchronik von Valesio; Rom, Archivio Capitolino, Cod. 1163

385. Die National-
kirche der Lombarden
SS. Carlo e Ambrogio
al Corso, 1612–84;
Rom, Via del Corso

Gewand ausgestellt werden". Seine Heiligkeit befürchtete Missstimmung, „*wenn man in einer öffentlichen Kirche Roms das Porträt des Erzherzog in der Kleidung des Königs ausgestellt sehe, obwohl der Hl. Stuhl diesen nicht als solchen anerkannt habe*". Deswegen habe man dem Botschafter mitgeteilt, dass Seine Heiligkeit weder die Messe noch die Funktion untersagen wolle, aber „*die Ausstellung des Bildnisses des Erzherzogs in königlichem Kleid in der Kirche absolut nicht erlauben könne noch dürfe*". Dabei berief sich der Papst auf das Beispiel Papst Urbans VIII., der 1642 untersagt habe, dass das Porträt des Herzogs von Braganza als König von Portugal in der Nationalkirche S. Antonio ausgestellt werde, weil der Hl. Stuhl Philipp IV. als rechtmäßigen König ansah. Außerdem – fährt das Schreiben des Kardinalstaatssekretärs fort – müsse man den Nuntius über die beiliegende *Relation* informieren, von der es heißt, dass sie im Hause des Botschafters ohne Erlaubnis der Behörden gedruckt worden sei, was

an sich schon strafbar wäre. Dies gelte umsomehr, da der Inhalt des Pamphletes in der Tat intolerabel sei[566].

Aufgrund der vorausgehenden Propaganda strömten jedoch schon am Sonntagabend, dem 30. September 1703, viele Neugierige in die deutsche Nationalkirche, die wieder zur Gänze mit Goldbrokat ausgeschlagen war[567]. Auf der Evangelienseite befand sich unter der ersten Arkade des Langhauses zum Altar hin eine Tribüne mit vergoldetem Holzgitter für den Botschafter und andere Ehrengäste, auf der gegenüberliegenden Seite hingegen eine Holztribüne für die Musiker, die aufgrund ihrer Länge nicht weniger als drei Joche beanspruchte. Über dem Portal hingen diesmal allein die Porträts des Papstes und des Kaisers, während unten zu beiden Seiten des Einganges die Bildnisse des spanischen Königs Karl III. sowie des Römischen Königs Joseph I. aufgestellt waren, die von vielen Neugierigen besichtigt wurden[568]. Dadurch verstärkte sich der

Druck auf den Botschafter, der sich schließlich der Meinung der Verwalter der Nationalkirche beugte: „*Heuth schückhete der Pabst den H. Melchiori [= Abbate Giuseppe Antonio Melchiori, Regent der Anima] wider, bedanckhete sich wegen der ‚Illumination', daß ich sie unterlasse, bittete aber auch wegen des ‚Portraits', und da ich es nicht thun wolte, so wolle er der Kirchen das ‚Interdictum' [= Kirchenbann] schickhen noch diesen Abendt. Ich sagte, da Melchiori ‚Regente provisore' ware, er solle die Congregatione dell'Anima ‚convociren', und ihr ‚Parere' vernehmen, alsdan wolte ich meine ‚Resolution' sagen; so auch beschehen, und brachten, sie glaubten, man könne das ‚Contrefait' unterlassen, weilen der neue König in Spannien die ‚Precedenz' dem Röm. König zu gestatten geschworen. Den Röm. König könne man nicht auslassen, also in ersten ‚Actu' dieses denen Spanniern zu waisen, würden wenig ‚Applauso' wür von der Spann. Nation haben, also besser das Fest ohne ‚Portrait' zu halten. Wie ich dieses vernohmen, sagte [ich], sage der Herr dem Pabsten, ein jeder Bischoff könne seine Kirchen ‚interdiciren', also an Ihr Heyligkeit nicht zu zweiffeln; werde also das Fest gar nicht halten lassen, und auf bessere Zeit verschieben.*"[569]

Im Gegensatz zur Tagebucheintragung Lambergs berichtet Valesio von einer Vermittlung des venezianischen Botschafters sowie von einer Drohung der Francospanier, einen Anschlag auf das Porträt zu verüben, und es gab auch Gerüchte, im neben der Anima liegenden Palazzo De Cupis, der vom spanischen *Auditor di Rota* Monsignore Molines bewohnt wurde, seien schon Feuerwaffen gesammelt worden[570]. Braun schreibt hingegen später, dass der Papst Graf Lamberg durch Kardinal Carpegna (Abb. 438) mitteilen ließ, „*daß/ soferne er Ihr. Majestät CAROLI III. ‚Portrait' nicht also balden hinweg nehmen ließe/ diese Kirche in den Bann gethan werden sollte*". Der Botschafter, „*der wohl sahe/ daß St. Petrus dermahln gut ‚Anjouisch'; ließe es darbey bewenden/ sendete aber doch einen ‚Courier' nach Wien ab/ und gabe Ihr. Käyserl. Majestät von sothanen verfahren gehörige nachricht.*"[571]

Mangels Tagebuchaufzeichnungen für die Zeit vom 1. bis zum 3. Oktober 1703 lässt sich auch nicht verifizieren, ob Lamberg tatsächlich aus der Not eine Tugend gemacht hat und anordnete, das Gemälde Karls „*öffentlich unter dem Schall Musicalischer Instrumente, und Begleitung 60 Mann von seiner Guarde/ in sein Quartier [im Palazzo Caetani al Corso] tragen zu lassen/ allwo in einen grossen Saal drey Tag über/ unter einem prächtigen Himmel/ allen die es zu sehen kommen wollten/ zur Schau ausgestellet wurde/ darum einige Oesterreichisch-gesinnte Neapolitaner gleichsam Wache hielten/ die denen Französisch-Gesinnten/ wenn sie das Bild sehen und doch nicht begrüßen wollten/ derbe Stösse mittheilten, und selbige zum Saal hinaus förderten*"[572] (Abb. 382). Auf jeden Fall wurde zur Feier des Geburtstages des neuen spanischen Königs am Abend dieses 1. Oktober im Palazzo Caetani eine „*solenne cantata*" aufgeführt[573].

Höchstwahrscheinlich wurde das Gemälde zu diesem Anlass im großen Festsaal auf einem Podest unter einem Baldachin, also als zeremonielles Staatsporträt, ausgestellt. Lambergs Ausgabenverzeichnis gibt die Kosten für das zum Leopoldfest angefertigte „*Caroli 3. Contrefait in spann[ischer] tracht*" mit 12 Scudi an, leider aber ohne den Namen des Malers zu nennen[574]. Aus den römischen Quellen erfahren wir, dass das Gemälde offensichtlich eine direkte Paraphrase der bekannten Bildnisse von Karl II. in schwarzer Kleidung mit dem Globuslöwen im Spiegelsaal des Alcázar[575] war und auch die drei wichtigsten Kennzeichen oder Insignien des spanischen Königtums aufwies[576]: „*Der König war von einem Exzellenten Meister im schwarzen Habit alla spagnola gemalt worden, die linke Hand mit dem um den Arm gewickelten Mantel in die Hüfte gestützt; die*

386. John Churchill Duke of Marlborough, der nach dem Sieg von Höchstädt in Wien im Palais Lambergs wohnte, Schabkunstblatt von Elias Christoph Heiß nach Sir Godfrey Kneller, um 1704; Privatbesitz

Rechte ruhte auf einem Tischchen, unter dem man auf einem Scheinrelief einen Löwen sah, der eine Pranke auf den Globus legt"[577]. Die Königskrone mit Lilien und perlenbesetzten Spangen, welche jedoch eine reine Fiktion war und seit Philipp II. als heraldische Krone Spaniens diente; das spanische Mantelkleid mit der Gollila, dessen meist schwarze Farbe ebenfalls seit Philipp II. als ebenso vornehmes wie asketisches Kennzeichen der spanischen Herrscher galt, und der Orden vom Goldenen Vlies als Hausorden der spanischen Könige, alle diese Kennzeichen des spanischen Königtums waren schon 1701 in das Staatsporträt Philipps V. von Hyacinthe Rigaud übernommen worden[578]. Die Präsentation des römischen Gemäldes unter einem Baldachin sowie die Aufforderung an die zahlreichen Besucher, vor dem Bildnis ihr Haupt zu entblößen, der ebenfalls bezeugte Kniefall und die Dekoration mit duftendem Jasmin zeigen deutlich, dass hier dem Herrscherbildnis eine fast sakrale Präsenz zugeschrieben wurde[579]. Der Zulauf von Spaniern, Sarden, Neapolitanern usw. war auch in den beiden nächsten Tagen sehr groß, weshalb sich der spanische Botschafter veranlasst sah, die Namen aller Untertanen der spanischen Monarchie, die zur Besichtigung des Bildes gekommen waren, notieren zu lassen. In einem anderen Bericht wird hingegen überliefert, dass die Gemälde drei Tage in den Fenstern des Palastes ausgestellt wurden, *„um den Hang der Neugierigen zu befriedigen"*[580].

Ob mit oder ohne aktiver Beteiligung von Lamberg sprudelte die Gerüchteküche lange sowie heftig, und noch in einem Brief vom 17. November musste Kardinalstaatssekretär Paolucci (Abb. 335) dem Wiener Nuntius versichern, dass nicht einmal im Traum daran gedacht worden sei, den Maler für die Ausführung des Porträts des Erzherzogs in königlichem Gewand zu bestrafen, oder den Bildhauer und den Vergolder, die den Rahmen für das Gemälde ausgeführt hätten[581].

In anderen Fällen kam es hingegen durchaus zu Handgreiflichkeiten: Am 13. Oktober 1703 entstand um drei Uhr morgens ein Streit zwischen einem kaisertreuen jungen Mann und zwei Franzosen, bei welcher Erster geschlagen wurde. Daraufhin sandte Graf Lamberg einige seiner Wachsoldaten, die wiederum die Franzosen verprügelten[582].

Beim Leopoldfest am 15. November 1703 wurden in der Anima neben einer *„bellisima musica"* neuerlich die Bildnisse des Papstes, des Kaiserpaares und des Römischen Königspaares präsentiert, aber nicht mehr jenes Karls. Allerdings hat-

387. Prinz Eugen von Savoyen als Sieger der Schlacht von Höchstädt, Silbermedaille von Philipp Heinrich Müller, 1704; Wien, Kunsthistorisches Museum, Münzkabinett 6.495 bß

te Lamberg an der Fassade neben dem Wappen des Kaisers auch jenes Spaniens anbringen lassen[583]. Lambergs *Avvisi Romani* formulierten jedoch die Hoffnung, dass das Bildnis des Königs von Spanien *„sehr bald in der spanischen Nationalkirche zu sehen sein werde"*[584]. Graf Lamberg selbst hatte dieser *„pomposen"* Feier allerdings *„wegen starckher Magenschmerzen"* nicht beigewohnt[585] – was einen wohl unter den vorangehenden Umständen nicht verwundern kann …

Zehn Tage später ließ der kaiserliche Botschafter allen Kardinälen offiziell mitteilen, dass Erzherzog Karl zum König von Spanien proklamiert worden und auf der Reise in sein Königreich sich befinde. Dem Schreiben an den Kaiser legte Graf Lamberg eine Liste jener 26 Kardinäle bei, denen

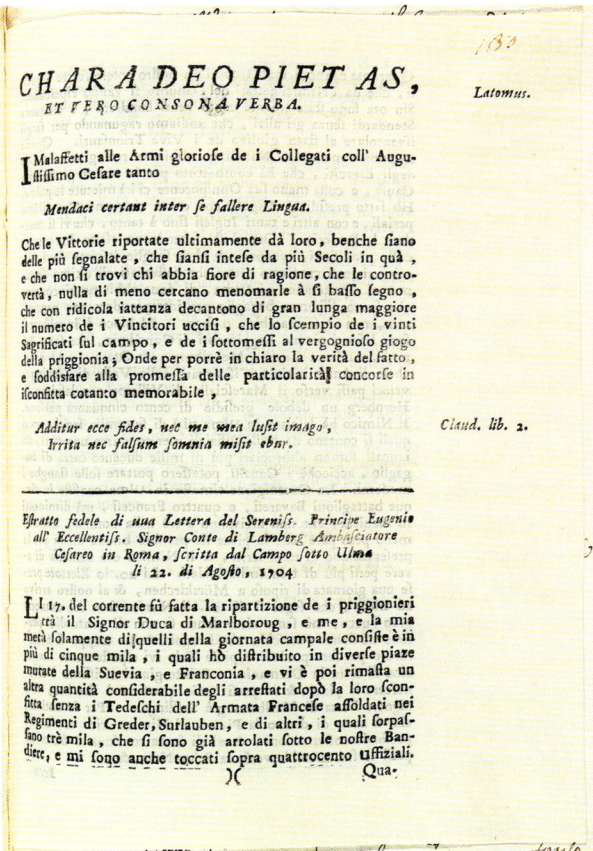

388. Von Graf Lamberg nach der Schlacht von Hochstädt in Rom publizierter ‚Feldpostbrief' des Prinzen Eugen von Savoyen vom 22. August 1704; Druckschrift in der Stadtchronik von Valesio; Rom, Archivio Capitolino, Cod. 1163

diese Nachricht zugestellt worden war[586]. Tatsächlich war der Habsburger noch im September nach Spanien aufgebrochen. Die Reise führte ihn zunächst zu den verbündeten Höfen in Holland und England und von dort per Schiff nach Portugal. Schon bei der Ankunft in Den Haag am 3. November 1703 ließ der junge Herrscher Medaillen mit seinem Bildnis verteilen[587].

Solche politischen Porträtgeschenke waren damals auch in Rom üblich. So berichtet der kaiserliche Botschafter im Februar 1704 nach Wien, dass Kardinal Janson *„im Namen seines Königs"* (Ludwig XIV.) Kardinal Ottoboni ein Malteserkreuz *„mit dem königlichen Porträt und dicht besetzt mit Diamanten im Wert von 16.000 Scudi"* überreicht habe. Lamberg, der das wertvolle Stück zuvor in der Werkstatt des Juweliers (Gelpi?) gesehen hatte, war überzeugt, dass der Kirchenfürst aufgrund des außerordentlich hohen Wertes des Geschenkes seine Freiheit verkauft habe[588]. Ottoboni bedankte sich dafür beim französischen König übrigens mit einem Geschenk der Gemälde *Madonna mit Kind* und *Hochzeit zu Cana* von Francesco Trevisani[589].

In Rom hielt Graf Lamberg inzwischen die politische Öffentlichkeit weiterhin mit Flugschriften auf dem Laufenden und er observierte auch alle anderen, vor allem gegnerische Meinungsäußerungen und Publikationen. Am 20. Jänner 1704 ließ er in seiner Residenz das Pamphlet *L'urlo de' francesi per i ritorno del Duca d'Angio in Parigi* (Der Ruf der Franzosen nach der Rückkehr des Herzogs von Anjou nach Paris) drucken, und vier Tage später traf die Nachricht vom Schicksal der Stadt Passau ein[590]. Aufgrund der Verbindung des Bistums und seines Herrn, *„S.E. Sign. Card. di Lamberg nostro benigno Signore"*, wurde der an Bayern grenzende Bischofssitz des Vetters des Botschafters vom bayerischen Heer belagert, stand ja Kurfürst Max Emanuel (Abb. 203) im Spanischen Erbfolgekrieg auf Seite der Franzosen[591]. Die Königinwitwe von Polen, die Schwiegermutter des Kurfürsten, hatte daher aus demselben Anlass in ihrem römischen Kloster zum Ärger des Botschafters ein *Te Deum* für die bayerischen Waffen singen lassen. Mitte Februar sandte Graf Lamberg nicht nur einen Druck des Gouverneurs von Lothringen nach Wien, aus dem *„Ihre Majestät sehen werden, wie dieser Hof fortfährt, die Franzosen zu bevorzugen"*, sondern ließ im Gegenzug auch ein spanisches Flugblatt für die Habsburger nachdrucken[592]: *„Heuth hab ich die ‚stampa ponderatione d'un spagnuolo militare sotto gli Stendardi di Carlo III vero Monarca delle Spagne' genannt publiciren lassen, waren 500 ‚Exemplaria' so gleich in einen Tag fortgegangen."*[593] (Abb. 384).

Am 21. Februar traf der Bericht des Fürsten Anton Florian von Liechtenstein über die Ankunft von Erzherzog Karl in Windsor vom 18. Jänner in Rom ein und parallel dazu kam offensichtlich auch aus Wien ein entsprechender Bericht an. Daraufhin konnte Lamberg am 5. März 1704 den Römern wieder bessere Nachrichten bekannt geben. In einem Flugblatt unter dem Titel *RELAZIONE DEL VIAGGIO DEL RE CATTOLICO CARLO TERZO* informierte er über die ehrenvolle Aufnahme des Habsburgers in Holland sowie England und damit über die Anerkennung seines Königtums durch diese Staaten sowie die erfolgreiche Schiffsreise nach Portugal, dessen König ebenfalls auf Seite der habsburgischen Verbündeten kämpfte[594]. Der Text basiert offensichtlich auf der im Wiener Universitätsverlag Johann Baptist Schönwetter gedruckten *Relation Dessen/ was sich bey der Abreiß Ihrer Kön. Majest. Von Spanien auß Holland/ deren Anländung in Engelland und dortigen Empfang zugetragen*. Am 10. Mai 1704 ließ Lamberg den Fortsetzungsbericht *CONTINVAZIONE DEL VIAGGIO DEL RE CATTOLICO CARLO TERZO* über den Empfang des habsburgischen Thronprätendenten in Lissabon am 9. März drucken[595].

Doch selbst die Verbreitung oder Beschädigung solcher Drucke wurde damals in Rom geahndet. Denn am 7. März notierte Lamberg in seinem Tagebuch die Rückkehr seines Kammerdieners Franz aus Livorno, wo er zwei deutsche Goldschmiede befreit hatte, *„so auff die ‚Galeren condemnirt' waren, weilen sie ein Kupferstich von Philippo V. herabgerüssen. Sie waren in ein Kirchen refugiert und von Sbirri herauff verwacht."*[596] Lamberg musste die Landsleute also mithilfe seiner Immunität aus dem Kirchenexil befreien. Doch die Porträtpräsentationen und die Reaktionen des Volkes darauf gingen weiter. Als etwa während der Ausstellung des Allerheiligsten im Rahmen des Vierzigstündigen Gebetes in der Kirche SS. Carlo e Ambrogio al Corso (Abb. 385), wieder ein Bildnis des spanischen Königs Philipp V. zu sehen war, fand man am 20. April darunter einen Zettel mit dem boshaften Kommentar, dass das Bild und der darauf dargestellte König bald ausgewechselt würden[597].

Im Gefolge des Fronleichnamsfestes in S. Maria dell'Anima kam es neuerlich zu einem Porträtdisput: *„In der Octava Corpus Domini ist des Königs Carl Bildnuss auffgehenget worden, und da der Pren-*

cipe S. Buono alldorth sich auffhaltet […], begehrte er vom Cardinale legato, man solle es abnehmen lassen, während ‚Procession', und da er es nicht gethan, begehret er Satisfaction vom Pabst, widrigens werde er in Mailandt wider ihn processiren lassen, da er ein ‚Suddito' gebohren. Der Pabst solle verbotten haben, weilen er Filippo V. erkennet, so solle man ihn in seinen Staat nicht anderst als ‚Arciduca' nennen, so lang er nicht weithers kombt"[598].

Ende Juni 1704 versandte der kaiserliche Botschafter einen gedruckten Bericht an alle Kardinäle sowie Fürsten Roms über die Neutralitätsverletzung des Papstes bzw. des päpstlichen Generals Graf Luigi Paolucci in Ficarolo am Po, einem Besitz des Kirchenstaates, wo sich die feindlichen Heere an beiden Seiten des Flusses gegenüber standen[599]. Dabei handelte es sich um einen in Wien in italienischer und deutscher Sprache veröffentlichten Bericht unter dem Titel „Wahrhaftige aber umso viel abscheulichere That, welche unter gegebener Treu, denen deutschen Truppen in Figarol, einem Ort dem Kirchen-Staat zugehörig und an dem Ufer des Po liegend, begegnet", der als Beilage zum Wiener Diarium Nr. 105 vom 2./6. August verbreitet wurde[600].

Am 6. September konnte Lamberg den Römern schließlich in einer BREVE, E SUCCINTA RELAZIONE den Sieg der alliierten Truppen unter dem Kommando des Herzogs von Marlborough (Abb. 386) und des Prinzen Eugen (Abb. 387) über Franzosen und Bayern am 13. August „presso Pleintheim" (Blindheim/Höchstätt) bekannt geben[601]. Nur eine Woche später, am 14. September, ließ der kaiserliche Botschafter ein Festgedicht auf den Erfolg der verbündeten Heere sowie einen den kaiserlichen Triumph bestätigenden ‚Feldpostbrief' „del Seroniss. Principe Eugenio all' Eccellentiss. Signor Conte di Lamberg Ambasciatore Cesareo in Roma, scritta dal Campo sotto Ulma li 22. di Agosto 1704" publizieren[602] (Abb. 388).

Ein Meisterstück politischer Propaganda gelang Graf Lamberg im Zusammenhang mit der pompösen und politisch instrumentalisierten Feier des Marienfestes am 8. September 1704 (siehe oben S. 356). Während der abendlichen Kirchenmusik wurden dort nämlich Sonette von Nicola Gori und Giovanni Battista Bocaletti verteilt, die Graf Lamberg in großer Zahl in der Druckerei des mehrfach für Diplomaten tätigen Domenico Antonio Ercole im Stadtviertel Parione[603] hatte drucken lassen und deren Anfangsbuchstaben die Worte VIVA CARLO TERZO (Karl III. lebe hoch) ergaben:

'Viva' gridate, angeli puri e santi,
Ite e fate palese al mondo tutto
Vittoria grande, il benedetto frutto
A noi gloria maggior sempre decanti.
Contro il commun nemico ei più non vanti
Allegrezza per lui l'inferno brutto.
Regina nasce e questa sempre in lutto
Lo farà star giù nell'eterni pianti.
O ciel, che gran prodigio hoggi vegg'io!
Tu nasci Madre del gran Verbo eterno
E che porti la pace al mondo rio.
Resti con noi la pace im sempiterno
Zona benigna e tu, clemente Dio,
Occidi con la pace il crudo Averno.

Lamberg übersandte dem Kaiser ein auf blaue Seide gedrucktes Exemplar dieser dem Botschafter gewidmeten Sonette (Abb. 389) und informierte seinen Herrn auch über den dadurch verursachten Skandal: Nach Erhalt der Druckerlaubnis hatte man festgestellt, dass beim zweiten Gedicht die Anfangsbuchstaben die Parole ‚Viva Carlo Terzo' ergeben und darunter ‚Mit Drucker-

389. Graf Lamberg gewidmetes Sonett von Giovanni Battista Bocaletti zu Ehren der Gottesmutter, dessen Anfangsbuchstaben die Worte VIVA CARLO TERZO ergeben, Seidendruck von Domenico Antonio Ercole, Beilage zum Brief an den Kaiser vom 13. September 1704; Wien HHStA, Rom Korr. Kart. 84

390. Wiener Zeitungsbericht über den von diesem Sonett in Rom ausgelösten Skandal, weil der päpstliche Zensor die versteckte Huldigung an den Habsburger übersehen hatte, „Foglio aggiunto all'ordinario" vom 4. Oktober 1704; St. Pölten, NÖLA Lamberg-Archiv, Kart. 73

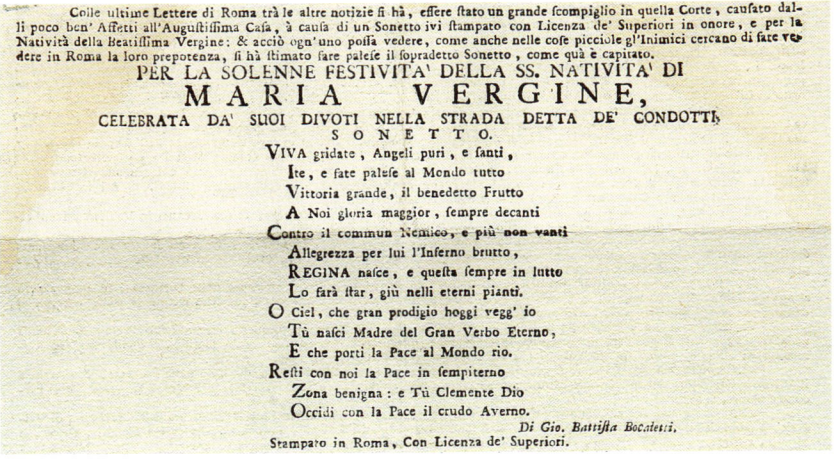

laubnis der Obrigkeit' steht. Das habe natürlich große Heiterkeit beim Volk und große Beschämung bei den Francospaniern hervorgerufen, die den für die Zensur zuständigen *Maestro del Sagro Palazzo* beschuldigten, ein österreichischer Parteigänger zu sein, und gleich den Sekretär der Spanischen Botschaft mit einer Beschwerde zum Papst sandten[604]. Da entgegen der Gewohnheit die Anfangsbuchstaben der einzelnen Zeilen dieses Akrostichons nicht fett hervorgehoben waren, blieb die versteckte politische Botschaft dem päpstlichen Zensor zunächst verborgen. Als der Skandal aber bekannt wurde, drohten die francospanischen Vertreter dem Dichter die Prügel- und dem Drucker eine Haftstrafe an. So weit kam es nicht, aber am folgenden Tag ließ der päpstliche Zensor in der Druckerei die inkriminierten Sonette vernichten. Der angefeindete Poet Boccaletti wurde von Lamberg hingegen als Gardist in seinen Dienst und damit in den diplomatischen Schutz gestellt[605]. Die Propagandaschlacht ging aber noch weiter: am 4. Oktober berichtete nämlich der in Wien erscheinende *Foglio aggiunto all'ordinario* über den römischen Skandal und druckte auch das Gedicht schadenfroh nach (Abb. 390). Am 19. September kam es auf den Straßen und bei der Informationsverbreitung neuerlich zu Kundgebungen sowohl gegen als auch für die beiden Kriegsparteien. So ließ der aus Marseille stammende Abbate Villanelle anlässlich eines französischen Sieges vor seinem Haus Brot und Geld verteilen und rief von seinem Fenster „*Viva Francia!*". Als die Aktion aber auf Anordnung des städtischen Gouverneurs eingestellt wurde, schrie die um ihre Gaben betrogene und aufgebrachte Menge plötzlich „*Viva l'imperatore e Carlo III!*". Am Abend desselben Tages traf bei Lamberg aus Genua die Nachricht von der Niederlage der französischen Marine unter der Führung des unehelichen Sohnes des französischen Königs, Louis Alexandre Comte de Toulouse, ein. Daraufhin informierte der Botschafter nicht nur die in seinem Palast weilenden Gäste, sondern auch die auf der Straße „*Viva l'imperatore!*" rufende Menge über diesen Erfolg und die Anerkennung Karls III. in Sevilla. Durch Boten wurde diese Nachricht auch gleich den habsburgerfreundlichen Kreisen in der Stadt mitgeteilt. Der französische Botschafter und Kardinal Janson ließ hingegen zur gleichen Zeit die frankophilen Adeligen der Stadt vom Gegenteil, nämlich vom Sieg der französischen Seetruppen, informieren[606].

Trotz des Todes seiner Gattin und des Wunsches nach Heimkehr verfolgte der kaiserliche Botschafter auch in den letzten Monaten seiner Dienstzeit penibel alle in Rom bekannt gewordenen politischen Äußerungen, auch solche, die ihn nicht direkt betrafen. Im Dezember 1704 informierte er den Wiener Hof über ein „*manifesto infame*", das unter dem Namen des Herzogs von Bayern in Rom gedruckt und vom Papst nicht verhindert worden sei. Im Jänner 1705 berichtete Lamberg über die rigorosen Nachforschungen, die man gegen die Satiriker unternehme, da man fast jede Nacht neue Schmähschriften gegen den Papst finde. Und im Februar beklagte er die Schwierigkeiten, welche die römische Verwaltung beim öffentlichen Verkauf von Druckschriften über die Siege des kaiserlichen Heeres gegen die Rebellen in Ungarn machte[607]. Anfang Juni 1705 bezog wieder die französische Seite mittels Porträtpropaganda Stellung gegen die Habsburger: Diesmal war es ein französischer Graphikhändler im Palazzo Capranica bei S. Maria Maggiore, der „*zur Betrachtung aller*" das in Frankreich gedruckte Bildnis des ungarischen Rebellenführers Franz II. Rákóczi als Fürst von Transsilvanien und damit eines Gegners der Habsburger in seiner Auslage präsentierte. Sobald dies amtlich bekannt wurde, schritt der *Maestro del Sacro Palazzo* ein und untersagte die weitere Schaustellung und Verbreitung dieser Graphiken[608].

Weniger Verständnis hatte Lamberg natürlich für die Tatsache, dass ein „*Ragazzo Valenziano*", der in Rom als Straßenhändler Drucke des Porträts des neuen Herrschers Josephs I. verkaufte, auf der Piazza di Spagna von einem Adjutanten des spanischen Botschafters Duque de Uceda angeschrien und so übel mit Schlägen traktiert wurde, während ihm andere die Bildnisse wegnahmen, dass er mit einem Schädelbruch ins Spital kam. Lamberg hat zwar beim Botschafter gegen diese Tat protestiert, aber man antwortete ihm nur, dass man bloß die Impertinenz des Delinquenten bestraft habe[609].

Bei den Fronleichnamsprozessionen der französischen und der österreichischen Nationalkirche am 14. Juni 1705 wurden die militärischen Erfolge der kaiserlichen Truppen und ihrer Verbündeten wohl auch schon deutlich sichtbar: während in S. Luigi dei Francesi Kardinal Janson der einzige Purpurträger blieb, konnte die Kirche „*della nazione tedesca*" zwölf Kardinäle aufbieten. Der Andrang des Volkes war nicht zuletzt sehr groß, weil nun erstmals die Bildnisse des neuen Kaisers Joseph I. und seiner Gattin ausgestellt waren[610].

391. Einzug der österreichischen Truppen nach der Eroberung von Neapel mit einem Porträt von Erzherzog Karl (1707), Kupferstich von Johann August Corvinus nach Paul Decker sen. und jun., Ausschnitt, 1716; Privatbesitz

Aufgrund der wechselnden militärischen Situation ist es verständlich, dass die Bildnisse der beiden Rivalen um die spanische Krone in Italien auch nach der Abreise Lambergs eine wichtige Rolle bei vielen Festlichkeiten spielten. Als nach der Besetzung Mailands durch die kaiserlichen Truppen am 4. November 1706 in der römischen Nationalkirche der Lombarden der Namenstag des hl. Karl Borromäus gefeiert wurde, wollte man nun das Porträt Josephs I. bzw. Karls III. ausstellen, während die französische Partei wie gehabt ein Bildnis Philipps V. forderte. Der spanische Botschafter begründete dies mit der Tatsache, dass die Festung in Mailand und auch andere Städte des Herzogtums noch in spanischer Hand seien. Daher verbot der Papst per Dekret der Staatskongregation nach langen Verhandlungen beiden Parteien ihre Herrscherbilder auszustellen. Stattdessen erteilte Clemens XI. Ablässe, um zum Gebet für den ersehnten Frieden unter den christlichen Fürsten („*tanto sopirato Pace fra Prencipi Cristiani*") aufzurufen[611]. Gleichzeitig wurden jedoch auch Karikaturen gegen den Bourbonen, die ein römischer Bilderhändler in sein Schaufenster gestellt hatte, konfisziert[612].

Als 1707 Neapel von den habsburgischen Truppen zurück erobert wurde, hat man die erst im Dezember 1705 eingeweihte Reiterstatue des bourbonischen Herrschers von Lorenzo Vaccaro zerstört[613], und die Bevölkerung der Stadt kam dem Feldherrn und späteren Vizekönig Wirich Philipp Graf Daun, mit den Schlüsseln der Stadt sowie mit einem Porträt Karls III. auf einer Stange entgegen: „*Die Strassen waren mit viel 1000 Mannes= und Weibes=Personen und Kindern gefüllet/ worbey das ‚Portrait' des Königs in Spanien/ Carl III. hin und wieder auf langen Stangen vorgetragen wurde.*"[614] Der diese Begebenheit schildernde Augsburger Kupferstich berichtet ebenfalls, dass die Bevölkerung der Stadt „*zum Zeichen ihrer treu und Devotion gegen das Haus Österreich das Bildnis Caroli III. auf langen Stangen vor dem zug*" hertrug (Abb. 391)[615]. Beim Einzug des neuen Vizekönigs Georg Adam Graf von Martinitz[616] im Jahre 1707 kamen auch Auswurfmünzen mit der Darstellung Karls III. zum Einsatz, an denen Lambergs Vorgänger als Botschafter in Rom (Abb. 277) jedoch bemängelte, „*dass der Meister seine Kunst nicht gar zu wohl verstehen thuet, indeme er die Gleichheit nicht getroffen.*"[617]

An den Fassaden der römischen Paläste wurden aufgrund des Herrschaftswechsels in Neapel die Wappen nun neuerlich ausgetauscht, wie auch die *Historischen Remarques* ihren Lesern nicht ohne Ironie berichteten: „*Rom. Der Connestabile Colonna hat das Wappen Philippi V. vor seinem Palast abnehmen lassen/ und soll an statt dessen das Oesterreichische wieder aufgerichtet werden. Indes-*

sen wie der Graf von Altheim [=Altemps?] das Spanische Wappen mit denen [französischen] Lilien herab nahm/ und solches ohne Lilien wieder hinauf setzen lassen wollte/ ward demselben Ordre zugesandt/ solches wieder herab zu nehmen/ weil der [päpstliche] Hoff den Ertz-Hertzog von Oesterreich als König von Spanien nicht [an]erkenne. Gleichwohl haben viele Herren das Wap[p]en Philippi V. herunter genommen. Bey denen Römischen ‚Baronen', sonderlich denen/ so Lehen in Königreich Neapoli besitzen/ heißt es itzo wohl recht: ‚Tempora mutantur, & nos mutamur in illis'."[618] Fürst Colonna zögerte aber die Anbringung des österreichischen Wappens hinaus, indem er das Portal seines Palastes umbauen ließ[619].

Paläste und Gärten

Nach der Skizzierung der politischen Tätigkeit des kaiserlichen Botschafters und der Darstellung seiner Repräsentation durch Zeremoniell, Feste und Musik sowie der Schilderung seines Einsatzes von Bildnissen und Druckschriften zur politischen Propaganda, soll im folgenden Abschnitt wieder der kunsthistorische Aspekt im Vordergrund stehen. Abermals soll aufgrund der Quellenhinweise rekonstruiert werden, welche Bauten in Rom und seiner Umgebung Leopold Joseph von Lamberg während seiner Tätigkeit als Botschafter kennengelernt oder wieder gesehen hat. Zunächst möchten wir die Paläste näher vorstellen, in denen der kaiserliche Botschafter während seiner römischen Dienstzeit residierte. Vom 13. Jänner bis zum 29. September 1700 wohnte er als Gast des Großherzogs der Toskana und des Kardinals de' Medici, die er von seiner Kavalierstour her kannte, in deren Familienpalast an der Piazza Madama (Abb. 285). Der nach Margaretha von Parma, der unehelichen Tochter Karls V., benannte Palast befand sich seit dem frühen 16. Jahrhundert im Besitz der Familie Medici und dient heute als Sitz des Senates[620]. Der Palazzo wurde nicht zuletzt in Folge der Ernennung des Kardinals Giancarlo de' Medici zum spanischen Kronprotektor im Jahre 1635 von Paolo Marucelli 1638–45 durch eine neue Fassade mit reichen Fensterbekrönungen und Stuckreliefs aufgewertet (Abb. 377), während die Innenausstattung hauptsächlich durch gemalte Friese unter den Holzdecken mit Historien der vier Medici-Päpste sowie Tugendallegorien ergänzt wurde. Zu größeren Erneuerungen der Innenräume kam es dann in den 1680er Jahren[621]. Trotzdem haben sich bis heute einige der prachtvollen vergoldeten Kassettendecken des 16. und frühen 17. Jahrhunderts erhalten. Dies spricht dafür, dass diese traditionelle Form der Dekoration um 1700 in Rom ebenso wie in Wien noch immer akzeptiert und geschätzt wurde. Der Palast war offensichtlich nur teilweise möbliert, da Graf Lamberg im Mai 1700 zahlreiche Möbel um insgesamt 170 Scudi ankaufte, nämlich „*5 paar Eyserne bettfuss, 2 Madratzen, 29 tischl, 6 schwartze tisch, 5 spilltisch, 14 rothe stüll, 12 gemaine stühl, 6 genahete [?] sesseln, 18 andere sesseln, 4 lederne sessel, [...], 3 kasten*"[622].

Abgesehen von den mehrfach erwähnten prunkvollen Textilien gibt es jedoch keine Hinweise auf das Aussehen der Möbel, mit denen Graf Lamberg seine Wohnungen ausgestattet hat. Allerdings befanden sich in Ottenstein zwei Möbelstücke, die 1911 mit dem Botschafter in Zusammenhang gebracht wurden[623]. Während jedoch der ‚römische' Tisch mit Marmorplatte und Bronzeornamenten stilistisch nicht vor 1706 entstanden sein kann, könnte das Ruhebett (Abb. 392) zumindest auf ein italienisches Vorbild des 17. Jahrhunderts zurückgehen, auch wenn es kein direktes Vergleichsbeispiel zu geben scheint[624]. In Lambergs Rechnungsbuch werden jedenfalls 1703 hohe Ausgaben für offensichtlich künstlerisch gestaltete Möbel genannt (siehe unten S. 484–485).

Nach dem provisorischen Aufenthalt im Palazzo Manfroni am Corso übersiedelte Leopold Joseph von Lamberg mit seiner Familie und seinem Hofstaat am 17. Oktober 1700 in den Palast des Herzogs Bonelli (später Valentini) an der Piazza dei SS. Apostoli[625] (Abb. 316), in dem heute die römische Provinzialverwaltung untergebracht ist (Abb. 393). Der um 1590 von Martino Longhi d. Ä. und Domenico Fontana für den Kardinal Michele Bonelli begonnene Bau konnte zunächst nur etwa zur Hälfte des geplanten bzw. heutigen Umfanges ausgeführt werden[626]. Dennoch wurde der Palazzo bereits 1655 im ersten Band der von Pietro Ferrerio sowie Giovanni Giacomo Rossi gezeichneten und von Giovanni Battista Falda veröffentlichen *Palazzi di Roma De Piu Celebri Architetti* nicht nur mit einer Ansicht der Hauptfassade, sondern auch mit einem Grundriss und einem Aufriss der Hoffassade vorgestellt[627] (Abb. 394). Der Bau sollte noch stärker als der Palazzo Madama eine geschlossene, blockhafte Struktur mit auf drei Seiten gleich hohen Trakten aufweisen, zwar nicht über rechteckigem Grundriss, aber doch eine rundum von Straßen bzw. Freiraum umgebene *Isola* bildend, wie es seit dem Palazzo Farnese idealtypisch war. Im Unterschied

392. Parade- oder Tagesbett aus dem Schloss Ottenstein, Rom (?), um 1700 (?); ehemals Wien, Dorotheum

zum Palast der Medici hat der Palazzo Bonelli jedoch bis heute seine ältere, klassisch-schlichte Fassadengliederung erhalten, und auch der Innenhof besitzt noch großteils die elegante Gliederung durch rundum laufende Arkaden mit ionischen Pilastern im Erdgeschoß sowie fingierten Arkadenbögen mit dorischen Pilastern bzw. Lisenen in den beiden oberen Geschoßen (Abb. 395). Erst eine reiche Mitgift ermöglichte es Herzog Michele Ferdinando Bonelli und Kardinal Carlo Bonelli im Jahre 1658, die Vollendung des Palastes in Angriff zu nehmen. Der Hausarchitekt der Papstfamilie Chigi, Felice della Greca, konzipierte damals die vollständige (aber unregelmäßigere) Bebauung des trapezförmigen Grundstückes um den rechteckigen Innenhof, plante allerdings, die Hauptfassade und den größeren Eingangsbereich nach Süden zur Trajanssäule hin auszurichten[628]. Doch dieses Projekt war um 1700 ebenfalls noch nicht realisiert (Abb. 328), und die Umorientierung des Baukomplexes wurde auch bei der endgültigen Vollendung des Gebäudes im 19. Jahrhundert nicht durchgeführt[629]. Während die Hauptfassade dem Platz und damit den Residenzen der Fürsten Colonna sowie Odescalchi zugewandt blieb, grenzte die Rückseite des Palastes an die Kirche S. Bernardo alla Colonna Trajana, weshalb die Gräfin Lamberg im Dezember 1701 eine Verbindungstür vom Hof ihrer Residenz in die Kirche durchbrechen ließ und Lamberg von *„meiner Hausskirchen à S. Bernardo"* sprach[630]. Das Marienbild der Kirche bedachte die Gattin des Botschafters mit *„pretiosi ornamenti"* und in der Oktav vor Maria Geburt 1702 ließ sie jeden Abend dort die Litanei singen[631].

Das Vestibül des Palastes wird nur durch glatte Gurtbögen strukturiert, aber die Pfeiler des zum Treppenhaus führenden Arkadenganges sowie das – an derselben Stelle wie im Palazzo Farnese liegende – Treppenhaus selbst waren auch schon im 17. Jahrhundert mit antiken Statuen geschmückt[632]. Von der originalen Ausstattung haben sich jedoch nur die Fresken von Iris und

Aurora in zwei Gemächern des zweiten Stockwerkes erhalten[633].

Am 25. Juni 1702 zog der kaiserliche Botschafter nicht zuletzt aus politischen Gründen (siehe oben S. 347) in den zwar nicht so modernen, aber auch sehr repräsentativen Palast des Fürsten Caetani. Der heute u.a. die Fondazione Memmo beherbergende Palazzo an der Ecke Via del Corso/ Via Fontanella Borghese war 1583 vom Diplomaten Orazio Rucellai erworben und danach vom Florentiner Bildhauerarchitekten Bartolomeo Ammanati erweitert worden. Von 1605 bis 1609 war der Palazzo an die französischen Diplomaten Kardinal Jacques Davy du Perron, Charles de Neuville d'Halincourt Marquis de Villeroy sowie den Herzog von Nevers vermietet und seit 1618 an den spanischen Botschafter Kardinal Gaspare Borja[634]. Nach dem Verkauf an die Familie Caetani im Jahre 1627 wurde das Gebäude in den Dreißiger und Vierziger Jahren des 17. Jahrhunderts von Bartolomeo Breccioli und Martino Longhi d. J. modernisiert: Die Fassade wurde einerseits durch die Verkleinerung des Portals samt Balkon und Hinzufügung von zwei Fensterachsen sowie Vereinheitlichung der Fensterverdachungen als ‚endlos lang' charakterisiert; andererseits hat man durch die Entfernung der Sohlbankgesimse sowie der Fenstergiebel des obersten Geschoßes das Piano Nobile deutlicher hervorgehoben. Statt der früheren zwei Aussichtstürmchen wurde nun durch ein einziges über dem Mittelportal sitzendes Belvedere aber auch wieder eine Akzentuierung der Hauptachse erreicht (Abb. 396 und 397)[635]. Die Grundfläche des Palastes ist durch einen Quertrakt zweigeteilt: auf der rechten Seite gibt es einen Hof, auf der linken befand sich ein Garten. Anstelle des unvollendeten Traktes zur Piazza di S. Lorenzo in Lucina stand eine mit Statuen und einem Brunnen geschmückte Gartenmauer, auf der sich eine Loggia befand.

Im Reiseführer von 1703 wird der Palast als groß sowie sehr prachtvoll charakterisiert und vor allem dessen Haupttreppe als *„die schönste, die es in Italien gibt"*, gelobt[636]. Das ebenfalls von Longhi stammende Treppenhaus von 1640 umfasst vier Läufe mit jeweils 30 aus einem Stück bestehenden Marmorstufen sowie zwei im rechten Winkel dazu liegende und zum Hof ursprünglich offene Korridore[637] (Abb. 398). Als eine der Sehenswürdigkeiten der Stadt wurde diese gegenüber jener des Palazzo Bonelli schon reicher instrumentierte Prunktreppe nicht nur in einem populären, auf die architektonischen Eigenhei-

393. Hauptfassade des Palazzo Bonelli-Valentini von Martino Longhi d. Ä. und Domenico Fontana, um 1590; Rom, Via Quattro Novembre

ten der größten Paläste der Stadt Bezug nehmenden Spruch verewigt (*„Lo scalone di Caetani, il portone di Carbognani, il cembalo di Borghese, il dado di Farnese/ Die Treppe der Caetani, das Portal der Carbognani, das ‚Cembalo' der Borghese, der ‚Würfel' der Farnese"*), sondern im Sommer 1673 auch von Nicodemus Tessin gezeichnet[638]. Klaute verweist in seinem Reisebericht des Landgrafen von Hessen-Kassel von 1700 ebenfalls auf die Treppe, *„so die schönste in gantz Rom ist"* und 8960 Scudi gekostet haben soll, auf die *„wegen der vielen regulieren fenster schöne ‚façade'"* und die antiken Statuen.

Auch in Rossinis Romführer des Jahres 1704 wird das Treppenhaus mit seinen Antiken hervorgehoben: *„Dieser Palast besitzt eine schöne Fassade gegen Osten zum Corso, und der Haupteingang ist gegen Norden; es gibt einen schönen Hof, unter dem Portikus befindet sich die schöne Statue Alexander des Großen. Das Treppenhaus dieses Palastes ist das schönste von allen in Rom und aus vier Treppenläufen zusammengesetzt; es gibt 120 Stufen, die 10 Fuß lang und 2 Fuß breit sind. Am Fuß dieser Treppe sieht man drei Statuen, nämlich des Bacchus, des Konsuls Marcello und des Hadrian; auf der Treppe Äskulap, im ersten Geschoß sind sechs Statuen mit Alabastersockeln, darunter Merkur, Apollo sowie eine schöne Dame mit dem Fell und dem Haupt des Löwen auf dem Kopf sowie mit der Keule des Herkules am linken Arm, die für Iole, die Gattin des Herkules gehalten wird; es gibt hier auch schöne Gemälde von Carracci, Tizian und anderen."*[639] Die antiken Statuen und Büsten aus dem Stiegenhaus des Palazzo Caetani wurden auch in einem für die Touristen des Jubeljahres 1700 wieder aufgelegten Reiseführer von Antonio de Rossi gewürdigt. Dem Adressatenkreis des Buches entsprechend fällt die Beschreibung der Skulpturen des Palastes, der unter den *„bellissimi Palazzi"* des Corso an erster Stelle genannt wird, kürzer aus. Dafür gibt es aber einige Holzschnittabbildungen, dar-

394. Aufriss der Hoffassade des Palazzo Bonelli, Kupferstich nach Pietro Ferrerio (1655) in „Des Alten und neuen Roms Schau-Platz" von Joachim von Sandrart, 1685; Privatbesitz

395. Heutiger Zustand des Hofes des Palazzo Bonelli-Valentini; Rom

396. Ansicht des Palazzo Caetani, Kupferstich von Alessandro Specchi im 4. Bd. des „Nuovo Teatro delle Palazzi in prospettiva di Roma Moderna", 1699; Privatbesitz

unter vom Bronzepferd des geplanten Reiterstandbildes des französischen Königs Heinrichs II. von Daniele da Volterra[640]. Die Antiken des Palazzo Caetani befinden sich heute großteils in den Vatikanischen Museen sowie in der Münchner Glyptothek und auch von den 560 Gemälden, die sich 1665 im Palast befanden, blieb nur ein kleiner Teil in Familienbesitz erhalten[641].

Steht das Treppenhaus des Palazzo Caetani mit seinen Statuen in der Tradition jenes des Palazzo Farnese, so bildet umgekehrt die Galerie der Carracci im Palazzo Farnese (Abb. 80) eine Weiterentwicklung der 1589–92 von Jacopo Zucchi freskierten Galerie des Palazzo Caetani (Abb. 399). In dem aus Scheinarchitektur und *Stucco finto* aufgebauten Gerüst sind an der Decke des 28 Meter langen Raumes die Sternkreiszeichen und die olympischen Götter dargestellt. Das Programm der Wände beginnt mit einer Personifikation der Roma mit den Symbolen des Papst- und des Kaisertums. In die Wände sind zwölf Büsten von antiken Kaisern eingelassen, die von gemalten Personifikationen der Tugenden und Laster flankiert werden[642]. Die zeremoniell höherrangigen Säle des Palastes besitzen jedoch wie im Palazzo Madama keine Freskenausstattung, sondern die alten vergoldeten Holzdecken, während an den Wänden die wesentlich wertvolleren Tapisserien oder rein dekorative Textiltapeten angebracht wurden[643].

Einen Eindruck von der Raumfolge und der Möblierung der Wohnung Lambergs liefert uns eine undatierte „Lista welche Antonio Cancellieri dem Duce nach Wien schickt". Sie diente offensichtlich der Aufzeichnung der Schäden und Fehlbestände an den Möbeln (vor allem fehlenden Goldfransen und Tapisserien), die beim Auszug des Botschafters festzustellen waren. Das Piano Nobile im ersten Stock umfasste folgende Räume: Die „Galleria" mit drei Sesseln mit Goldbrokatbezug, die „Seconda Stanza dalla parte del Giardino" mit zwölf Brokatsesseln, das Schlafzimmer des Botschafters, die Kapelle, die „Seconda Stanza dalla parte del Cortile", die „terza Stanza, che seque, das ist, wo die Guardarobba war". Im ersten Vorzimmer befanden sich dreizehn Stühle, im ersten und im zweiten Vorzimmer jeweils ein „apparato levato", offensichtlich ein erhöhter Baldachin, im dritten Zimmer ein Baldachin aus grünem oder gelbem Damast. Das vierte Zimmer enthielt einen Baldachin aus karmesinrotem Samt mit Goldstickerei sowie ein Cembalo mit zwei Registern. Im siebenten Zimmer gab es Sessel mit Satin „alla Persiana" und im elften Raum u.a. zwei Andachtsbilder. Zu dieser Wohnung des Botschafters kamen noch die „Stanza al Pian terreno", die „Stanziolini dove habitanano l'ill. Signorine", ein „Stanziolino à canto", eine „Stanza Superiore" für den Arzt, die Schlafzimmer der Fräulein (= Hofdamen/Sängerinnen?), die Unterkunft des

rechte Seite: 397. Hauptfassade des Palazzo Caetani-Ruspoli von Bartolomeo Broccioli, um 1635; Rom, Via del Corso

398a–c. Treppenhaus und Loggia des Piano Nobile von Martino Longhi d. J., um 1640; Rom, Palazzo Caetani-Ruspoli

Hofmeisters sowie vier Zimmer im Erdgeschoß in Richtung San Lorenzo. Aus dem anschließenden Kommentar des Sekretärs oder Verwalters Lambergs geht hervor, dass es eine Wohnung für „die Mahler" und „des Rosa [da Tivoli] Zimmer" gegeben hat[644]. In der Notiz zum Erdbeben wurde außerdem am 2. Februar 1703 neben der Kapelle ein Kabinett erwähnt[645].

In diesem Zusammenhang notierte Graf Lamberg auch, dass Papst Clemens XI. wegen der Beschädigung seiner eigenen Wohnung im Vatikan in das „Apartamento di Sisto" übersiedelt sei. Und tatsächlich war der kaiserliche Botschafter wohl gut mit den päpstlichen Residenzen im Vatikan und auf dem Quirinal[646] vertraut, die der Papst im jahreszeitlichen Wechsel bewohnte[647]. Der Reiseführer von Giacomo Pinarolo und Gaetano Capranica aus dem Jahre 1703 liefert nicht nur einen guten Eindruck vom Zeremonialweg der Botschafter im vatikanischen Palast (Abb. 400) in der zweiten Hälfte des 17. Jahrhunderts, sondern auch von den mit diesen Räumen verbundenen ikonographischen Botschaften und kunsthistorischen Informationen[648]: *„Über dem Hauptportal des großen Palastes sieht man im Mosaik „gemalt" die Jungfrau Maria mit dem Jesukind, und an deren Seite die heiligen Petrus und Paulus […] nach dem Entwurf vom Cavalier Giuseppe d'Arpino gemacht. Hier befinden sich die ersten Schweizergardisten, und nach einem weitläufigen und prächtigen Gang gelangt man zur Haupttreppe, die durch eine vornehme und majestätische Architektur von Cavalier Lorenzo Bernino vollständig erneuert wurde, ebenso wie die Einfahrt und alles was man hier sieht, auf Anordnung von Alexander VII. Über zwei aufsteigende Flügel der Treppe, die ganz mit Säulen und Stuck sowie anderen Arbeiten und Putti verziert sind, gelangt man in den königlichen Saal, der als besondere Auszeichnung ebenso reich mit Freskomalerei wie mit Stuck verziert ist. Den Rundgang zu linker Hand beginnend sieht man über dem Portal, durch das man eintritt, den Papst mit vielen Figuren gemalt, der die Häresie verdammt, eine Malerei von Giorgio Vasari. Es folgt eine grosse historische Seeschlacht, die den Sieg bei Lepanto gegen die Türken darstellt, von [Taddeo] Zuccaro gemalt, und von Livio Agresti da Forli sowie anderen. Die große Figur in einer Ecke ist von Donato da Formelio und stellt den Glauben dar; die Geschichte, die über dem Portal folgt, von dem genannten Livio Agresti. Die anderen beiden Malereien an der Seite der Capella Paolina wurden von Federico Zuccaro gemalt: über dem Portal, das zur Loggia führt, wo der Papst den öffentlichen Segen erteilt und wo Livio Agresti gemalt und*

die große Geschichte fortgesetzt hat, stellte man dar, wie der Papst den päpstlichen Thron von Avignon nach Rom verlegte; dies wurde mit großer Meisterschaft von Giorgio Vasari gemalt[649]. *Wenn man den Rundgang fortsetzt, sieht man über einer anderen Tür Carolus Magnus abgebildet, der die Stiftungsurkunde unterzeichnet, ein Gemälde von Taddeo Zuccaro, und daneben das andere große Gemälde, das zeigt, wie Kaiser Friedrich dem Papst den Fuß küßt, wurde von Giuseppe Salviati Garsagnino gemalt. […] Die Architektur dieses Saales stammt von Antonio Sangallo, und von diesem war auch die Treppe, bevor sie vom Cavalier Lorenzo Bernini erneuert wurde."*[650]

399. Galleria Rucellai mit Fresken von Jacopo Zucchi, 1589–92; Rom, Palazzo Caetani-Ruspoli

Dass auch die triumphale Programmatik der Fresken der *Sala Regia* deutlich verstanden wurde, zeigt der Ärger der protestantischen Reisegesellschaft des Landgrafen von Hessen-Kassel im Jahre 1700 über die Darstellung der Ermordung ihrer französischen Glaubensgenossen in der Bartholomäusnacht: *„Was aber am meisten ärgerlich scheinet/ sind die 3 Gemählde wie der Admiral Coligni und sein Eydam Teligni bey der ‚massacre' von St. Barthelemi sind ermordet worden. Unter dem*

400. Loggien des Damasushofes von Donato Bramante und Raffael, ab 1513; Vatikan, Apostolischer Palast

rechte Seite:
401. Scala Regia des Apostolischen Palastes von Gianlorenzo Bernini (1663–66), Kupferstich von Alessandro Specchi in „Numismata Summorum Pontificum Templi Vaticani Fabricam Indicantia" von Filippo Bonanni, 1696; Rom, Bibliotheca Hertziana

ersten sind folgende Worte: ‚Gaspar Colignius Amiralius accepto vulnere domum refertur. Greg. XIII. Pont. Max. 1572.' Unter dem zweyten: ‚Caedes Colignii & sociorum ejus'. Unter dem dritten: ‚Rex Colignii necem probat'."[651]

Der Zugang zum apostolischen Palast erfolgte über die von Bernini 1663 bis 1666 als Abschluss des Triumphweges durch die Stadt neu erbaute majestätische *Scala Regia* mit der Reiterstatue Kaiser Konstantins, die durch ihre perspektivischen Säulen den Eindruck vermittelt, man steige zum Himmel empor[652] (Abb. 401). Von dort betraten Graf Lamberg und die anderen kaiserlichen Botschafter die von Papst Paul III. unter der Bauleitung von Antonio da Sangallo d. J. um 1540 ausgestattete 34 x 18 Meter große und 11 Meter hohe *Sala Regia*, die wie der Name schon sagt, den offiziellen Audienzen des kaiserlichen und der königlichen Gesandten vorbehalten war, während die Diplomaten der kleineren Staaten in der *Sala Ducale* empfangen wurden[653]: „Ist derselbe von einem gecrönten Haupte/ Kayser/ Könige von Spanien/ Portugal/ Franckreich/ Polen/ Ungarn/ Böheim und der Republique Venedig etc. abgeschicket/ so bekommt er sothane seine audientz in der ‚sala regia' oder Königs=saal zu Rom. Ist er aber von einem andern Staate/ souverainen Printzen/ auch Republique/ so nicht ‚honorios regios' hat/ abgesendet/ so empfänget er die audientz beym Pabste und ‚in pleno cosistorio' nur allein in der ‚sala ducale' oder Fürsten=saale. […] Ein solcher Käyserlicher/ […] ambassadeur stehet entdecket [= ohne Kopfbedeckung] zu anfang der audientz/ so lange nemlich er seine ‚proposition' thut/ oder durch eine neben=peksohn/ ‚l'orateur' a gages', thun lasset. Hernach setzet er sich auf den ihm gesetzten stuhl nieder. Welcher stuhl aber ohne ‚apoggio' oder lehne ist. Wann die audientz geendiget/ und der Pabst in begleitung der Cardinäle abtritt/ so gehet der ambassadeur hinter dem Pabste her/ und träget demselben die schleppe des päbstlichen Mantels nach; der Pabst behält hernach denselben mittages bey sich zur mahlzeit. […] Wann der Pabst einem Käyserlichen/ Königlichen/ Venetianischen/ oder sonst denen von grossen Poten-

zen/ so ‚regios honores' haben/ abgeschickten ambassadeur ‚cum caractere repraesentativo particulaire' audientz giebet/ so sitze der Pabst auf einem erhabenen mit rothem sammet bezogenen stuhle/ unter einem baldachin; zu des Pabstes füssen ist eine scharlachne fuß=decke geleget. Dem ambassadeur ist eine ‚scabelle senza appoggio', oder ein kleiner sessel ohne lehnen gesetzet"[654]. Eine solche päpstliche Audienz sieht man auf dem bekannten Gemälde von Pietro da Cortona in Schloss Rohrau: es zeigt den Empfang des kaiserlichen Sonderbotschafters Paolo Savelli im Jahre 1620, bei dem Ernst Adalbert von Harrach, der damalige Student am Germanicum und spätere Erzbischof von Prag, eine Rede hielt[655].

Von der *Sala Regia* führt ein Portal in die Sixtinische Kapelle mit dem *Jüngsten Gericht*. Der Reiseführer von 1703 bezeichnet das Fresko von Michelangelo als *„Werk, das ihn unsterblich gemacht hat und im Bereich der Malerei einen der wertvollsten innerhalb der zahlreichen Schätze dieser Stadt darstellt"*, wenngleich bei zahlreichen Figuren *„die obszönen Teile"* von Daniele da Volterra übermalt worden seien. An den Wänden sah man die Fresken von Pietro Perugino, die bei festlichen Anlässen von den wertvollen Goldtapisserien der Apostelserie – „alles nach dem Entwurf des Raffael von Urbino" – verdeckt wurden. Die Decke der Sixtina schmückten hingegen die „unverfälschten vornehmen Werke des Buonaroti". Weitere künstlerisch bemerkenswerte Räume waren die *Capella Paolina* mit den Fresken von Federico Zuccari (um 1580), die von Gregor XIII. 1578–82 eingerichtete Landkartengalerie sowie die von dort zugänglichen *apartimenti* und *stanze* des *Palazzo vecchio*. Dort sah man die *„allerbesten Werke, die alle nach dem Entwurf und der Invention des Raffael von Urbino ausgeführt wurden; die Grotesken aber sind von Giovanni da Udine"*[656].

Die von Raffael und seiner Werkstatt freskierten päpstlichen Wohnräume (Abb. 402 und 403) im zweiten Obergeschoss[657] hat Graf Lamberg einmal aus politisch-künstlerischer Neugier besichtigt, nämlich am Heiligen Abend des Jahres 1702, als sie für einen möglichen Besuch des spanischen Königs Philipp V. vorbereitet waren. Obwohl der Diplomat als Privatmann in den Vatikan kam, wurde er dort vom Quartiermeister Urbano Rocci empfangen und der Besuch blieb auch dem Stadtchronisten Valesio nicht verborgen[658]: *„Gegen Mittag bin ich à S. Pietro gefahren, alldorten das ‚Appartement' zu sehen, so der Pabst vor den Duca d'Anjou zurichten lassen; hab es gesehen, weilen es*

402. Sala di Constantino mit den Fresken von Giulio Romano, 1520–24; Vatikan, Apostolischer Palast

403. Stanza della Segnatura mit den Fresken von Raffael, 1508–11; Vatikan, Apostolischer Palast

mit Silber eingerichtet ware vor die heuthige Nacht, da die Cardinalen alldorthen speisen werden. Von der Stiegen seind 2 Sall; der erste, wo die Schweitzer sehr köstlich von Giulio Romano gemahlt mit Schlachten [Sala di Constantino], der andere vor die Bediente [= Sala de Palafrenieri mit Fresken von Taddeo und Federico Zuccari[659]] auch wol gemahlen, darauf kommen 3 Zimmer von Rafaele [Stanza d'Eliodoro, Stanza della Segnatura, Stanza dell'Incendio] ziemlich dunkkhl, darauf wieder einige Zimmer gemahlt, und mit niederländt. Spalliren von des Rafaele ‚Disegno'[660], schwarz [?] und von ganz kheinen Ansehen. In jeden Zimmer 2 silberne ‚Gueridons' mit einen Leichter von 3 Kerzen besötzt. Im Zuruckhgehen ist man vom Schweitzer Saal [= Sala degli Svizzeri] durch eine ‚Antesalla' gangen; das obige von Guido Reno gemahlt[661]. Darauf durch ein finster Zimmer, worinnen 2 Betten stunden, da einige Cardinal ruhen wolten. Darauf in ein grosses, wo Sessel stunden, gegen die Capella Pia [= Kapelle von Nikolaus V.], da die Cardinalen singen, rechter Hand durch andere, wo in einem die ‚Credentz' gemacht worden; bestunde von 6 vergulden Beckhen oben mit denen Kandln und darauf vier verguldene Flaschen. Es stunden 4 ‚Piramiden' mit ‚Pomeranchen' und ‚Cedraten' [= Orangen und Zitronen], in der Mitten ein ‚Cornucopia' und grosse ‚Macchine', voll mit dergleichen Früchten, so alle der Großherzog geschückhet, also die 3 Lilien gemacht anstatt der Kuglen. Darauf folgte das Zimmer mit der Taffel, in der Mitte ware sie besötzt mit Triumphen voll hinauf. Das Zimmer ware spallirt mit rothen Damast. Vorhero in der langen ‚Galleria', so von Urbano VIII. gemahlet worden mit Landkarten von ganz Italien[662], stunden voll silberne ‚Gueridons' mit silbernen Focons, so alle al Monte di Pietà gehörig waren. Zu End der ‚Galleria' standen einige Pabstl. ‚Bussolanti' [= Cavalieri della Bussola], so ‚Ciocolata' ‚Rinfreschi' und ‚Dolci' brachten; mit diesen bin ich zu dem Mittagmall nach Hauss gefahren."[663]

Zumindest bis zum politischen Bruch mit dem spanischen Botschafter war Graf Lamberg auch gerngesehener Gast im *Palazzo di Spagna* (Abb. 40), dessen zeremonielle Raumfolge seit der zweiten Hälfte des 17. Jahrhunderts aus Prunktreppe, *Sala dei Palafrenieri* (Gardesaal), drei Vorzimmern und dem Audienzsaal mit dem Thron unter dem Baldachin auf der einen und zwei *Anticamere*, Audienzzimmer mit Paradebett, Schlafzimmer und Kabinett auf der anderen Seite bestand[664].

Die Besuche des kaiserlichen Botschafters im Palazzo Venezia, dem aus dem Quattrocento stammenden und seit 1564 als Sitz der venezianischen Botschafter dienenden Palast⁶⁶⁵, gingen während der ganzen Amtszeit weiter (Abb. 404–406). Denn der Vertreter der Republik Venedig trat mehrfach als Vermittler zwischen der österreichischen und der französischen Partei bzw. dem päpstlichen Hof auf. Der venezianische Botschafter Giovanni Francesco Morosini ließ sogar am 18. Februar 1705 in seiner Residenz zu Ehren Lambergs eine musikalische Komödie für Marionetten aufführen und lobte 1707 in seiner *Relazione* auch Lambergs angenehmes Wesen⁶⁶⁶.

Eine weitere Besichtigung Lambergs war ebenfalls direkt mit der Politik verbunden. Im April 1701 hat nämlich Don Ludovico Lante, *„des Duca Lanti Bruder"*, Lamberg *„seine Devotion zu Ihr Kayl. Mayt. Diensten contestirt"*. Der Botschafter zeigte sein Entgegenkommen, indem er seinen Besucher, den Duca di Bomarzo Principe di Belmonte, *„in der ‚Antecamera' nicht warthen lassen"*⁶⁶⁷. Knapp drei Wochen später, am 13. Mai 1701, hat Lamberg dann das Casino bei der Porta di S. Pancratio (Abb. 407–408) besichtigt, da der Besitzer die Bitte um eine mittels Wappen an der Fassade sichtbar gemachte kaiserliche Protektion mit dem Angebot verband, Graf Lamberg seinen Sommersitz am Stadtrand von Rom zur Verfügung zu stellen: *„Don Ludovico Lanti hat kayserliche Protection begehrt und den Adler aufzumachen begehrt. Hat mir auch sein Casino in Rom zu bewohnen angetragen."*⁶⁶⁸ Eine Nutzung der 1518 bis 1527 von Giulio Romano erbauten Villa Lante, die von ihrer mit drei Serlianen versehenen Loggia einen prachtvollen Blick über die Stadt bot, durch den Botschafter scheint jedoch nicht erfolgt zu sein⁶⁶⁹. Aber das Beispiel zeigt, dass die Inanspruchnahme oder Anmietung eines Landhauses in Rom offensichtlich ebenso ein Politikum war wie die Stadtresidenz eines Botschafters.

Wegen einer Besprechung mit dem Prinzen Jakub Sobieski (Abb. 319) respektive mit dem venezianischen Gesandten ist der kaiserliche Botschafter am 13. Mai 1700 und am 27. Juli 1703 in der Villa Borghese gewesen, deren Park unter Fürst Giovanni Battista Borghese mit dem markanten Vogelhaus von Carlo Rainaldi und Tommaso Mattei bereichert worden war⁶⁷⁰ (Abb. 409). Als Ort einer mehr oder weniger geheimen Unterredung (*„un longo congresso"*) des kaiserlichen Bot-

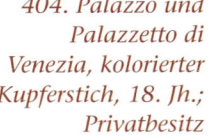

404. Palazzo und Palazzetto di Venezia, kolorierter Kupferstich, 18. Jh.; Privatbesitz

schafters mit dem Gesandten der Serenissima am 26. Februar 1703 sind auch die berühmten Horti Farnesiani auf dem Palatin dokumentiert[671]. Die Anlage galt 1704 im Werk von Rossini als *„einer der schönen Punkte Roms"* und wurde wegen ihrer Statuen, Wasserspiele und herrlichen Ausblicke nach drei Seiten über das Forum, zum Kolosseum sowie zu den Grotten des antiken kaiserlichen Palastes gelobt (Abb. 410). Besonders hervorgehoben werden u.a. die *„rare"* Statue der Agrippina, die *„einzigartigen"* Skulpturen zweier Barbarenkönige sowie die Treppenanlage nach einem Entwurf von Michelangelo[672]. Der aufgrund der Ausgrabungen ab 1883 weitgehend zerstörte weitläufige Garten mit Terrassen, Grotten und Brunnenanlagen war in mehreren Phasen der zweiten Hälfte des 16. und in der ersten Hälfte des 17. Jahrhunderts entstanden, großteils nach dem Tode Michelangelos, aber immerhin mit gewissen Ähnlichkeiten des ältesten Teiles mit dessen Projekt für den Palazzo Farnese. Die letzten Arbeiten – darunter die beiden bekrönenden Vogelhäuser mit dem dazwischen liegenden Brunnen – entstanden vermutlich in den 1630er Jahren, als der Stadtpalast und wohl auch der Garten der Familie Farnese dem französischen Gesandten Kardinal Alphonse du Plessis de Richelieu, dem Bruder des französischen Premierministers, zur Verfügung gestellt wurden[673]. Weitere Besprechungen Lambergs mit dem Botschafter der Serenissima sowie mit Kardinal Barberini fanden 1704 in der Villa Costaguti, in der Villa Torri, in der Vigna Rondanini an der Via Appia sowie in der *Villa Mattei alla Navicella* statt[674]. Der letztgenannte Garten mit dem 1582 von Marchese Ciriaco Mattei erbauten Casino am Monte Celio[675] wurde im Jahre 1700 von Klaute als etwas vernachlässigt beschrieben: *„Im heineingang siehet man in einem runden garten=platz eine Säule von Orientalischem Granit, und auf derselben einen Adler von Metall. Auf der maur in dem grossen gang stehen allerhand ‚statuen', wie auch etlich und 60 ‚curieuse antique urnen', und nahe darbey viele andere ur=alte arbeit aus Marmor. Ein Labyrinth ist auch hierinnen/ wird aber mit genugsamer Fürsorg nicht unterhalten/ wie auch die sonst wohl=angelegte fontainen und jets d'eau. Der Kopf von Alessandro Magno in form eines ‚colossi' meritiret gesehen zu werden/ nebst dem kleinen marmornen Grabmahl/ auf welchem die neun Musen in einem schönen ausgearbeiteten bas-relief mit ihren musicalischen Instrumenten sich zeigen. In dem Garten=hauß selbsten findet man eine raisonnable anzahl von antiquen und modernen colonnen, vasen, statuen, busti, köpffen usw. wie auch einen Satyr, welcher dem Sileno einen dorn aus dem fuß ziehet/ item die an einen felsen angeschlossene Andromede, den Gott Apollo wie derselbe den Satyr Marsyas an einen baum bindet/ und ihm mit einem messer die haut abschinden wil/ drey kleine sich embrassirend eingeschlaffene Cupidines etc."*[676]

Daneben besuchte Leopold Joseph jedoch in Rom verschiedene Gartenanlagen aus reinem Interesse. Im Oktober 1701 sind etwa 5:55 Scudi

405. Innenhof mit der Loggia des Kardinals Marco Barbo, 1467–68; Rom, Palazzo di Venezia

406. Übergabe des Palazzo di Venezia durch Papst Pius IV. an den Botschafter der Republik Venedig (1564), Fresko auf Leinwand, 18. Jh.; Rom, Palazzo di Venezia

407. Villa Lante von Giulio Romano, 1518–27; Rom, Gianicolo

als „*trinckhgeld in Villa Madama und Barberini garthen*" vermerkt[677]. Während die nach Plänen Raffaels erbaute Medicivilla mit ihren feinen Grotesken eindeutig zu identifizieren ist[678], war mit dem zweiten Bau aufgrund der Bezeichnung ‚Garten' entweder der mit dem Palazzo alle Quattro Fontane 1678 durch die „Ruinenbrücke" verbundene „Giardino Barberini" (Nolli-Plan) gemeint[679], oder die auf demselben Tiberufer wie die Villa Madama liegende *Vigna* des Kardinals Carlo Barberini in der Nähe des Petersdomes. Dabei handelte es sich ebenfalls um eine Gartenanlage mit antiken Wurzeln, deren Renaissancebauten, der Palazzetto Vercelli mit einer Grotte sowie das Casino della Palma, im dritten Viertel des 17. Jahrhunderts nur erweitert und mit einem Brunnen nach einem Entwurf von Bernini ergänzt wurden. Der „Giardino del Signore Cardinal Barberini" besaß dem Reiseführer von 1703 zufolge „*schöne Wege mit verschiedenen Ausblicken und Boschetten; er ist geschmückt mit großartigen Brunnen, umgeben von den Mauern Roms und es dominiert der Prospekt des Palazzo Vaticano und auf der anderen Seite die Engelsburg mit dem Tiber. Der Palast dieses Gartens ist klein, aber schön, weil er die ganze Umgebung beherrscht und in seinem Inneren verschiedenartige Galanterien besitzt. Er ist mit verschiedenen Gemälden guter Künstler geschmückt, mit einigen Majolikaplatten die von Raffael von Urbino gemalt wurden, sowie mit einer Treppe, deren Boden aus Fliesen in verschiedenen Farben besteht.*"[680]

Ebenso wie über die vom Botschafter bewohnten und besuchten Paläste in der Stadt, haben wir auch zahlreiche Informationen über die Villen, die er während seiner Landaufenthalte in der Umgebung Roms benutzt und besichtigt hat. Denn zwischen Frühjahr und Herbst zogen sich Graf Lamberg und seine Familie ebenso wie der römische Adel immer wieder längere Zeit aufs Land zurück. Besonders beliebt für solche Landaufenthalte war der Weinort Frascati (Abb. 67), dessen in ganz Europa bekanntes mondänes Image aber um 1700 offensichtlich etwas an Glanz verloren hatte und

408. Gewölbfresko von Vincenzo Tamagni, 1525–27; Rom, Villa Lante

409. *Garten an der Rückseite des Casino; Rom, Villa Borghese*

schon von Versailles überstrahlt wurde: „*Die Stadt selbst ist weder schön noch Volckreich; aber die vielen daselbst von den Cardinälen und Päbstlichen ‚Nepoten' angebaute Paläste und Gärten/ machen sie durch ganz Europa bekannt. […]. Weil aber Rom ein wenig zu weit/ als daß man es mit ‚plaisir' betrachten kann; die dazwischen liegende Fläche aber ausser ihrer Grüne auch wenig Veränderliches vorstellet/ so meinet Mr. Misson, es […] wäre der ‚Prospect' von S. Cloud nach Paris unvergleichlich schöner; […] und hält er weder die Gärten/ noch die ‚Fontainen' zu der Zeit als er es gesehen (1688) beschreibens würdig. Und ich erinnere mich nicht/ daß unterdessen was daran gebessert worden. […] Die ‚Meubeln' aber in allen dreyen [Villen] sind/ nach des ausgeführten Autoris Bericht/ nur mittelmäßig. Insgemein aber sagt er von allen/ daß sie Versailles, als eine Feld=Blume gegen eine schöne Rose oder Neglein; als Frescati gegen Rom, oder als zwei oder drei Bäume gegen eine Landschaft/ achten.*"[681]

Diese Einschätzung war offensichtlich auch den Römern bewusst und gerade in den Jahren vor 1700 war es zu einigen, durch Besitzwechsel ausgelösten Modernisierungen der Villen in Frascati gekommen.

Schon am 24. Mai 1700 hat sich der kaiserliche Botschafter „*das erste mal in die Villegiatura nach Frascati begeben einige Zeit zu verbleiben in des Mons. Visconti Casino Belpoggio genannt*"[682]. Graf Lamberg, der Frascati ja schon von seiner Studienzeit her kannte, bewohnte also dort die schon von seinen Vorgängern Liechtenstein und Martinitz benützte[683], aber im 2. Weltkrieg zerstörte Villa Belpoggio (Abb. 411). Sie war zwischen 1570 und 1610 als Vierflügelanlage mit zwei Belvederes errichtet worden und besaß u.a. eine Galerie mit Gemälden nach den Metamorphosen des Ovid sowie allegorische Darstellungen der vier Jahreszeiten. Die Anlage war 1677 vom Kölner Nuntius Ercole Visconti aus dem Besitz der mit diesem verwandten Familie Borromeo erworben und nach 1697 von Carlo Fontana modernisiert worden[684].

Diese Landaufenthalte dienten nicht nur für ein ebenfalls reges gesellschaftliches Leben, sondern auch für Besichtigungen. Schon am Tag nach seiner Ankunft ist der Botschafter in „*des D. Pamphilj Casino Belvedere genannt spazieren gewesen*"[685]. Dabei handelt es sich um die unter dem Namen ihres Bauherren Aldobrandini bekannte monumentale Anlage[686] (Abb. 68), die in der deutschen Ausgabe von Faldas Stichwerk über die römischen Wasserkunstwerke 1685 folgend beschrieben wird: „*Bey mehrgemeldtem Städtlein Frescada befindet sich auch als ein Welt=Wunder/ der fürtreffliche Pallast des Cardinals Aldobrandini; in solchem nun sind bey dem ersten Eingang des Pallasts* zu beobachten/ zwey auf beeden Seiten gleichförmige ‚Facciaten' und ‚Fontanen' [...]/ und im andern Eingang sind ebenfalls zu beeden Seiten zwey gleichförmige ‚Fontanen' und ‚Facciaten' zu bemerken. Oberhalb aber des andern Eintritts/ ist eine grosse Ebene/ und darauf eine überaus zierliche ‚Altane' gebauet/ welches man billig ein ‚Belvedere' nennen mag/ weiln zumaln der ‚Prospect' von dannen überall hin/ in die völlige ‚Campagne', auf die Stadt Rom/ auf das Gebürge Tivoli, in das ebene Land/ bis Ostia, Civita Vecchia und gar in die Mittelländische See gehet". Die Hauptattraktion der Anlage bildeten der Wasserfall und das darunter befindliche *Theatrum*, „mit seiner unvergleichlich-schönen Ersinnung dessen alles/ was durch Wasser=Kunst zu dienen nützlich seyn kan". Über eine sechs Meilen lange Zuleitung gelangte das Wasser auf den Höhenrücken, von wo es „gewaltig schnell hoch abfället/ mit seinem grossen Geräusch abermal einen grossen Abfall verursachet/ zwischen zweyen hohen ‚Colonnen', dazu oberst deren starke Wasser=Strahlen in zwey Manns=Höhe aufsteigen/ auch solches Wasser zu Seiten zierlichst um die ‚Colonnen' Schneckenweiß herum lauffet/ zwischen obgedachten ‚Colonnen' aber alles übrige mit diesem Wasser/ auf einer steinernen Stiegen hinunter rauschet/ zusamm ab/ in das dritte niedere Haupt=Werk wieder zusammen kommt. Darinnen erstlich in Mitten der grossen ‚Fontanen' das grosse Bild ‚Atlas' der Welt=Kugel träget/ vergesellschafftet mit ‚Hercule', aus welcher Welt=Kugel auch sonsten allda überall herum mit grosser Gewalt und verwunderlich=starkem Thon allerley Wasser=Sprünge erfolgen."[687] Die *Historischen Remarques* von 1699 berichten allerdings mit süffisanten Bemerkungen gegen die Gesellschaft Jesu, dass die „'admirablen' Statuen" der Villa Pamphilj ziemlich verunstaltet seien, denn der jetzige Besitzer ließ in seiner Jugend unter dem Einfluss der Jesuiten „seinen nackendem Volcke/ Männern/ Frauen und Kindern/ Hembden von Gyps anziehen. [...] Alles wurde ohne Barmherzigkeit übertüncht und übergypset/ ausgenommen ein kleiner Bacchus, der wie der junge Herr/ nachmahls Herzog de la Force von der Pariser Blut=Hochzeit/ ‚echappiret'. [...]. Endlich aber begab sichs/ das der Prinz ‚changirte', und die Gesellschaft seiner Prinzessin der Jesuiter Gesellschaft vorzog/ und war zugleich begierig seine Marmorsteinerne Völcker wieder in die vorige Freyheit zu setzen. Derohalben ließ er ihnen die Vilainen=Kleider/ so man ihnen angeleget/ wieder abziehen; welches aber dennoch sehr unglücklich ablieff/ indem die Maurer/ damit ihre Schmiralien besser hafften sollten/ öffters die Bilder grob zerstümmelt, daß also die meisten von diesen schönen Stücken sehr geschändet sind."

Vermutlich hat auch Graf Lamberg seinen Gästen diese Geschichte mit Vergnügen erzählt, da er während der Sommerfrische als ‚Fremdenführer' tätig war. So notierte er etwa am 1. Juni 1700 in sein Tagebuch: *„Heuth kamen zu mir der Graf v. Töring Seefeld und sie, die Contessa Adelaide Paleoti,*

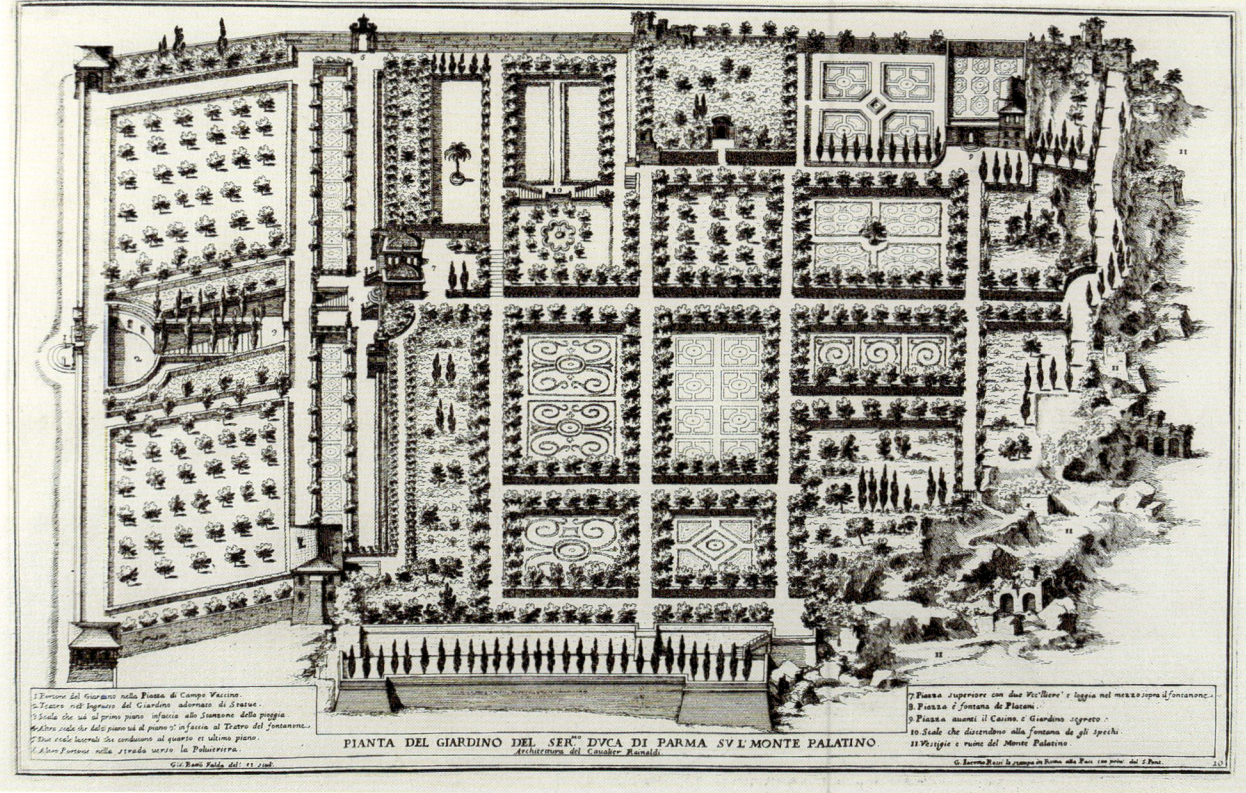

410. Orti Farnesiani, Kupferstich von Giovanni Battista Falda in „Li Giardini di Roma", um 1683; Rom, Bibliotheca Hertziana

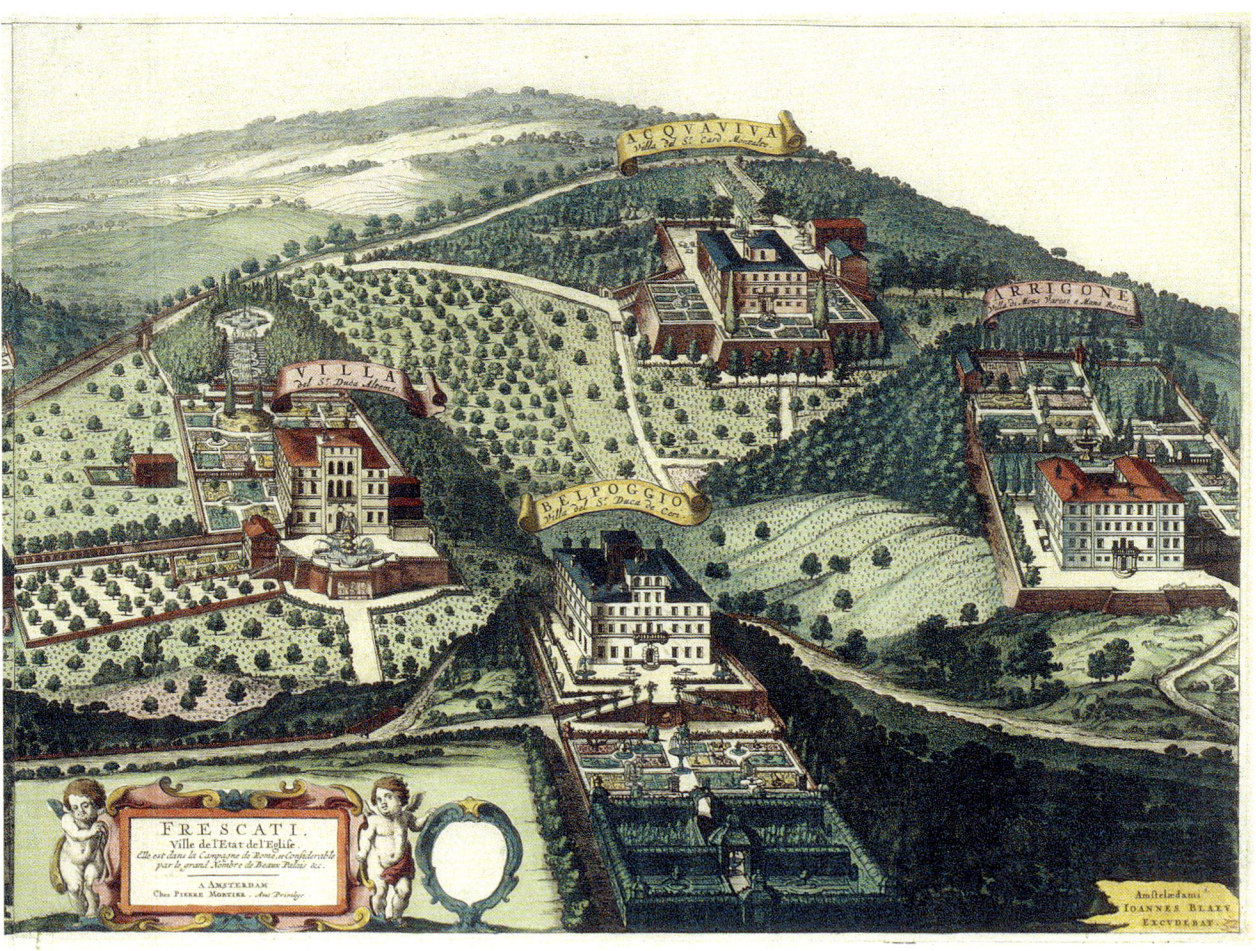

411. Frascati mit den Villen Ludovisi, Belpoggio, Acquaviva und Arrigoni, kolorierter Kupferstich von Pierre Mortier in „Nouveau Théatre d'Italie" von Joan Blaeu, 1704; Wien, ÖNB (aus dem Besitz des Prinzen Eugen von Savoyen)

Graf Caunitz und Sternberg wie auch Monsign. Fürstenberg; die drei letzte seind abends wieder nach Rom, die anderen verblieben in Villa Vaini[688] logiert. Nachmittag hab [ich] ihnen das Belvedere gewisen." Am nächsten Tag hat der Botschafter die Damen „in die Villa Poli und nach Mondragone geführt, Mittag und abends haben sie bei mir gespeiset. Zu Mittag waren da der P. Slawata und Graf Saur."[689]. Bei Lambergs Gästen handelte es sich um P. Karl Felix a Sancta Theresia Graf von Slawata, um den späteren bayerischen Vliesritter Maximilian Gaetan Graf von Törring-Seefeld sowie um die schon genannte Gräfin Adelaide de Paleotti.

Die von dieser Gruppe besichtigte Villa Mondragone im Besitz der Borghese war nach deren Wappentier benannt und verfügte damals nicht nur über Fresken nach dem *Orlando Furioso* und eine 6 x 60 Meter große Galerie, sondern auch zahlreiche Skulpturen: „Sie ist in circa 1000 Schritt von dem Städtlein oben an der Höhe gelegen/ so daß man von dieser die andere Villa Borghese und übrige dem Prencipi Borghese zugehörige Dörffer davon sehen kan. Man sagte uns/ der daselbst stehende weitläufftige Pallast habe 374 Fenster/ ist demnach so räumlich und mit so vielen wohlgebauten Zimmern versehen/ daß eine vollkomne Fürstliche Hoffstaat gar bequemlich darin ‚logiren' könte […] Es ist in diesem ‚palazzo' eine lange ‚galerie' in welcher/ wie auch in andern Gemächern/ man allerhand ‚rare' Gemählde/ ‚statuen, bas-reliefs, bustes' und dergleichen findet. Unter andern zeigte man uns zwo grosse ‚busti' von Marmor/ eins von des Kaysers Hadriani Gemahlin/ das andere von Antonio Pio. Wiederum des Papstes Pauli V. ‚bust' von ‚bronze', und gegen über das vom Cardinal Scipione Borghese so von Marmor ware/ wie auch die marmorne ‚statuen' von Baccho und Venere."[690] Außerdem besaß die Villa ein „vortrefflich ‚Theatrum' mit allerhand Wasser=Fällen/ künstlichen so wol öffentlich als verborgenen Spritzen und Röhren/ welche zur Erfrischung und Kurzweil anzustellen dienen. Der ‚Architect' hiervon ist gewesen Johann Fontana."[691] (Abb. 412).

Der von Lamberg ebenfalls seinen Gäste gezeigte Landsitz des Don Giuseppe Conti Duca di Poli ist die heute unter dem Namen Torlonia bekannte Villa am Standort jener des Lucullus. Das Gebäude war 1621 für die Familie des Papstes Gregor XV. Ludovisi erbaut worden, und Klaute sowie Pinarolo/ Capranica beschreiben die um 1700 verpfändete Anlage als nicht besonders eingerichtet, loben aber den Garten wegen seiner Laubengänge und Brunnenanlagen[692].

Am 29. April 1701 reisten Graf Lamberg sowie Kardinal Grimani abermals „alla villegiatura" nach

412. Gartentheater der Villa Mondragone in Frascati von Giovanni Fontana (1618–20), Kupferstich von Giovanni Battista Falda in „Le Fontane delle Ville di Frascati", 2. Teil, 1675; Rom, Bibliotheca Hertziana

413. Villa Acquaviva-Montalto-Grazioli von Martino Longhi d. Ä. (1578–80) und Giovanni Battista Fontana (1696–98); Frascati-Grottaferrata

414. Wappen von Kardinal Ottavio Aquaviva d'Aragona, Fresko von Agostino Giampelli (?), um 1605; Frascati-Grottaferrata, Villa Acquaviva-Montalto-Grazioli, Stanza delle Virtù

Frascati. Der Botschafter kehrte mehrfach nach Rom zurück (zu Audienzen, Verhandlungen und zur Fronleichnamsprozession), während Frau und Sohn in der Sommerfrische blieben[693]. Auch während dieser Zeit sind Ausgaben für die Besichtigung der Villa Mondragone[694] *(„montedragone trinckhgeld 1:80")* im Rechnungsbuch vermerkt[695]. Nach den heftigen Auseinandersetzungen um das Bildnis Karls III. in der Anima 1703 hatte sich der kaiserliche Botschafter wieder einen Erholungsurlaub in Frascati verdient. Am 27. Oktober ist Graf Lamberg aufgebrochen und hat die Grafen von Würben[696], Kuenburg und Seilern[697] *„zu meiner Unterhaltung mitgenohmen."* Am 29. trafen außerdem die Domherren Anton Lothar Graf von Hatzfeld und Michael Friedrich Graf von Althann in Frascati ein, *„mich zu besuchen in der ‚Campagna'";* einen Tag später kamen der Botschafter von Malta, Marchese Marcello Sacchetti[698], sowie Franz Karl Joseph von Kolowrat-Liebsteinsky vorbei[699].

Im Unterschied zu seinen ersten Aufenthalten hat Graf Lamberg bis zum 31. Oktober 1703 *„à Montalto logiret".* Die Villa Acquaviva-Montalto (heute Grazioli in Grottaferrata) hatte Don Livio Odescalchi, der zur österreichischen Partei gehörige Fürst, 1683 erworben. Sie war 1578–80 von Martino Longhi d. Ä. errichtet worden und bestand nach einem Umbau von 1696–98 aus einem dreigeschossigen Bau mit Loggia, Saal und Galerie im Mittelteil auf einem kreuzförmigen Terrassengarten (Abb. 413). Die am reichsten dekorierte Villa Frascatis bietet heute einen kleinen Überblick über die Entwicklung der Dekorationskunst vom Beginn des 17. bis zum frühen 18. Jahrhundert. Die ältesten Fresken wurden vermutlich von Agostino Giampelli ausgeführt und stehen in der Tradition der Groteskenmalerei des 16. Jahrhunderts. In der *Stanza delle Virtù* werden der Bauherr Kardinal Ottavio Aquaviva d'Aragona sowie Papst Paul V. Borghese und ihre ‚Kardinaltugenden' inmitten von Elementen und Jahreszeiten gepriesen (Abb. 414). Die Fresken der *Stanza di Eliseo* zeigen Szenen aus dem Leben der Propheten Elias und Elisäus sowie eine zeitgenössische Ansicht des Gebäudes umgeben von fingierter Stuckdekoration in der Carracci-Nachfolge (Abb. 415). In den Fresken von Giovanni P. Pannini in der Galerie wurde das kosmologische Programm 1737 schließlich im Rahmen einer theatralischen Scheinarchitektur präsentiert[700]. Die *Historischen Remarques* beschreiben 1699 die Ausstattung dieses Casino (nicht mehr ganz aktuell) folgend: *„Und ist solches wegen der Statuen und schönen Gemählde eins von den ‚considerablesten'. Man siehet daselbst noch die kleine graue Kammer/ Papsts Sixti V. als er noch Cardinal von Montalto und ein Franziskaner gewesen. Unter den Statuen werden Germanicus [heute im Louvre], Pescennius, Niger, Scipio, Adonis, die Göttin Naenia und der fechter aus Probierstein (‚lapis lydius') gehauen/ unter die ältesten von Italien gerechnet. Unter denen Gemählden aber ‚meritiren' der verstorbene Christus von Raphael, S. Franciscus von Carache, die Jungfrau Maria und der Bacchus von Guido [Reni], und S. Johannes von Pomarancio gemahlet/ die Oberstelle."*[701]

Vor und zwischen den Aufenthalten in Frascati kam es jedoch zu weiteren Ortsveränderungen des Grafen Lamberg. Am Donnerstag, dem 31. März 1701, begab sich der Botschafter mit Familie, Personal und fünf Zug Pferden nach Nettuno, dem 60 km südlich von Rom gelegenen Badeort, der schon von den antiken Kaisern aufgesucht

415. Ansicht der Villa umgeben von fingierter Stuckdekoration, Fresko der Stanza di Eliseo, 1. Drittel d. 17. Jhs.; Frascati-Grottaferrata, Villa Acquaviva-Montalto-Grazioli

wurde[702], um *„in des Cardinal Costagutti Palazzo einige Tag zu wohnen; seind umb halbe 8 von Rom [aufgebrochen] und umb 4 Uhr Nachmittag alldorten ankommen."*[703] Am 6. April kehrte der österreichische Diplomat nach Rom zurück[704].

Der auf halbem Weg zwischen Nettuno und Anzio am Meer gelegene und heute als Villa Borghese bekannte Landsitz war von Kardinal Vincenzo Costaguti 1648 zu Ehren von Christina von Schweden gebaut worden (Abb. 417)[705]. Anlässlich einer Reittour in der Gegend hatte die Königin – so überliefert es die Tradition – angesichts des Blickes über das Meer gemeint, dass dies ein idealer Platz für eine fürstliche Villa sei. Worauf der Kardinal versprach, binnen eines Jahres einen solchen Bau errichten zu lassen. Als Christina ein Jahr später an den Ort zurückkehrte, soll sie voll Begeisterung *„Che bell'aspetto!"* ausgerufen haben, und diese Anekdote verhalf der Villa auch zu ihrem Namen *Bellaspetto*[706]. Tatsächlich lässt sich von diesem Casino die ganze Meeresbucht überblicken. Eine Verbindung der Marchese Costaguti zu Lamberg ergab sich wahrscheinlich durch die in Lambergs Residenz verkehrenden Cavalieri und Theodoli, die ebenso wie die Costaguti zu den insgesamt nur fünf römischen Familien zählten, die den besonderen Titel eines *Marchese di Baldachino* führten, wodurch ihnen die sonst den Fürsten vorbehaltene Anrede ‚Exzellenz' zustand. Der Bruder des Bauherrn und damalige Besitzer, Kardinal Giovanni Battista Costaguti, ist übrigens nicht nur in der Ottensteiner Kardinalsserie (Abb. 416), sondern mit einer berüchtigten Episode auch in Lambergs Tagebuch verewigt: noch während Papst Innozenz XII. auf dem Sterbebett lag, hat den Kardinal *„die Vernunfft verlassen"* und er sah sich schon als neuer Papst Urban IX., bestellte Pontifikalgewänder und erteilte den päpstlichen Segen[707].

Im März 1704 kamen sich der französische und der kaiserliche Vertreter wegen des Urlaubsdomizils in Nettuno ins Gehege: Kardinal Janson plante sich zur Rekonvaleszenz in den Badeort zu begeben und wollte sich in der Villa des Marchese Costaguti einquartieren. Doch dieser entschuldigte sich, *„S. Eminenz nicht dienen zu können"*, da er die *„villeggiatura"* schon dem kaiserlichen Botschafter versprochen habe. Graf Lamberg wollte daraufhin auf die Villa zugunsten des Kardinals verzichten, was dieser allerdings nicht akzeptierte, sodass die Angelegenheit *„in reciprochi complimenti"* endete. Am 22. April brach der kaiserliche Botschafter schließlich *„alla villeggiature di Nettuno"* auf, wozu er auch zwei Grafen von Dietrichstein, Graf Trauttmanstorff, Graf Wallenstein, Graf Wratislaw und Baron Seilern einlud. Am 27. d. M. kehrte die kleine Reisegruppe wieder nach Rom zurück[708].

Am 19. Mai 1704 fuhr Lamberg nach Palo, *„den Msgr. Caunitz haimbzusuchen"*. Das etwa 40 km nördlich von Rom am Meer gelegene Palo Laziale war ein zu Odescalchis Herzogtum Ceri (Cerveteri) gehöriger Herrschaftssitz, wo die Vorbesitzer der Familie Orsini neben der renovierten Burg nach 1662 ein Gästehaus hatten errichten lassen (Abb. 418). Dieses diente nicht nur 1696 Papst

Innozenz XII. und später mehrfach der polnischen Königinwitwe[709], sondern 1960–75 auch Jean Paul Getty als Unterkunft und wird heute als Luxushotel geführt[710]. Am Morgen nach der Ankunft besichtigte der Botschafter den neuen Hafen und informierte sich über die großen Investitionen des Fürsten: *„Diesen Morgen hab ich hiesigen ‚Porto' gesehen, so D. Livio Odescalchi angefangen, es scheinet ein Kinderspiel zu sein. Hat schon iber 60.000 Scudi angewendet, hat für dieses Jahr wider 16.000 angeschafft, für das was das Meer ruiniret, zu repariren. Hat ein Palazzo für Gäst von Grundt erbauet, den Orth mit 2 Gassen gebaut, den 500 bis 600 Persohnen es anjetzo bewohnen. Hat ein Pfahr gestüfftet, und wider ein Palast prächtig für sich angefangen, also dass das Schloß so schön Gelegenheiten hat, nur für die Familie [= das Personal] solle destinirt bleiben, also unnütz er sein Geld anwendet."*[711]

Auch in den letzten Monaten von Lambergs Tätigkeit in Italien sind Landaufenthalte nachweisbar. So begab sich der Botschafter am 21. Oktober 1704 *„in Gesellschafft teutscher ‚Cavaglieren' nach Frascati umb etliche Tag zu verbleiben und des gutten Luffts zu genüssen"*. Er blieb schließlich bis zum 28. d. M., um sich *„zu ‚divertiren'"* und wurde dort auch von *„unterschiedliche Romanische ‚Cavallieres'"* besucht. Weiters hielt sich der Botschafter am 24. Dezember 1704 zu seinem Vergnügen (*„a divertirsi"*) sowie am 2. Juni 1705 zu Verhandlungen mit einem Abgesandten des Herzogs Leopold Joseph von Lothringen in Albano auf, und die Zeit vom 18. bis zum 22. April 1705 verbrachte er auf Einladung des Fürsten Odescalchi im Schloss in Palo, *„um die gute Luft zu genießen"*[712].

416. Kardinal Giovanni Battista Costaguti, Ottensteiner Kardinalsserie, römischer Maler, 1700/1701; Maria Enzersdorf, EVN

Parallel zu Besichtigungen ist Lambergs Beschäftigung mit der Baukunst durch den Ankauf von *2 Architecturbücher für Graf Breuner* um 8 Scudi im April 1702 indirekt nachweisbar[713]. Dabei handelte es sich wohl um eines der Ende des 17. Jahrhunderts verstärkt auf den Markt gebrachten römischen Stichwerke aus dem Verlag Falda, wo sowohl die zeitgenössischen römischen Paläste als auch die älteren Gartenanlagen in Frascati und Tivoli nahezu vollständig dokumentiert wurden (Abb. 82 und 412).

417. Villa Costaguti (1648) und Villa Pamphilj (links) zwischen Nettuno und Anzio, Ölgemälde von Paolo Anesi, Ausschnittt, Mitte 18. Jh.; Rom, Galleria Lampronti

418. Castello und Casino Odescalchi (1662) in Palo Laziale, Ölgemälde von Caspar van Wittel, Ausschnitt, um 1710; Rom, Galleria Lampronti

Carlo Fontana und Carlo Maratta

Auch wenn man von diesen Villen in und um Rom absieht, die großteils noch das architektonische Erscheinungsbild des Manierismus und Frühbarock verkörperten, hatte sich in den 25 Jahren zwischen dem Besuch Lambergs im Heiligen Jahr 1675 sowie seiner Ankunft als Botschafter auf dem Gebiet der Profanarchitektur nicht sehr viel getan. Diese ‚rationale' Baupolitik resultierte einerseits aus einer gewissen künstlerischen Ermüdung nach dem Tode von Cortona, Borromini und Bernini, andererseits aus der Erschöpfung der päpstlichen Finanzen und dem Wandel des Zeitgeistes. Nicht zuletzt die offizielle Abschaffung des Nepotismus durch Innozenz XII. (Abb. 278) hatte dazu geführt, dass den baufreudigen Verwandten der Päpste am Ende des 17. Jahrhunderts weniger Mittel für repräsentative Neubauten zur Verfügung standen als ihren Vorgängern.

Der Pignatelli-Papst selbst hat seine Mittel trotz ursprünglicher Absichten zur Verschönerung der Stadt vorwiegend für Nutzbauten eingesetzt, darunter Armenhospize und Arbeitshäuser, die Erneuerung der Aqua Paolina sowie – besonders bezeichnend – die Umwidmung des Palazzo Ludovisi auf dem Montecitorio in ein Amtsgebäude, die Curia Innocenziana[714]. Der von Bernini 1653–55 für die Familie von Papst Innozenz X. Ludovisi errichtete Palast war unvollendet geblieben und wurde 1694 von der Erbin Anna Maria Ludovisi an ein Hospiz verkauft. Auf Wunsch von Innozenz XII. sollte dort neben dem Zollamt auch der römische Gerichtshof untergebracht werden, weshalb der päpstliche Hofarchitekt Carlo Fontana (Abb. 419) im Februar 1694 mit der Erweiterungsplanung beauftragt wurde. Nach mehrfachen Modifikationen wurde die Curia bis 1695 nur in einer reduzierten Form ausgeführt, da vor allem die immensen Kostensteigerungen auf das Dreifache der ursprünglich geplanten Summe zu einer Skandalisierung geführt und den Papst zum Ärger des Architekten zur vorzeitigen Einstellung der Bauarbeiten bewogen hatten[715] (Abb. 420). Die offensichtlich in diesem Falle in Rom besonders hoch gehenden Wogen der öffentlichen oder veröffentlichten Meinung erreichten sogar den damals in Regensburg tätigen Grafen Lamberg. Wie aus seiner Tagebucheintragung vom 27. Juni 1694 hervorgeht, besichtigte der Papst am Fronleichnamstag *„das*

419. Cavaliere Carlo Fontana, päpstlicher und kaiserlicher Hofarchitekt, Radierung von Robert van Audenaerde, 1700; Privatbesitz

neue erkauffte Palazzo Ludovisio, so ihm gefallen. Er erkauffte es von denen Ludovisischen Schwestern under den Titl einer ‚Donation per le opere pie', damit könfftig khein Streitt entstehen möge wegen des erlegten Werths der 30.000 Scudi, da das Erbauwte ohne der ‚Fundament' iber 80.000 Scudi gekostet. Ihr Heyligkeit haben dessen ‚Possess' nehmen lassen in Nahmen der Armen des Hospitij Lateranensis; wohin nicht allein solle das Mauthhauss ‚di terra ferma' kommen, sondern auch wohnen der ‚Governatore di Roma, l'Auditor' von der Camer mit denen 2 ‚luogo tenenti', der ‚Vicegerente', und der ‚Commissari' von der Camer mit allen ‚Offitiaren der Notarii civili, criminali' und des ‚Vicarij', damit alle Richter beisammen bleiben, wie in der ‚Vicaria' zu Neaple es sich eingerichtet befindet, so von der gantzen Statt gerühmet wird."[716] Das Projekt des Papstes wurde schon von Beginn an nicht nur wegen der Kosten von 150.000 Scudi heftig diskutiert, sondern auch aufgrund der Frage des Decorums: *„Zweiffelt man also an der Ex[ecuti]on, absonderlich da einige es tadlen, daß ein Mauthhauss zu einer Gedächtnuss als ein odioses Werckh solle in ein Haubtgebauen gesötzet werden"*. Doch auch die Kritik am Widerspruch zwischen der allzu weltlichen Funktion und der vornehmen Architektur des Bauwerkes beindruckte Papst Innozenz XII. nicht, wie Graf Lamberg in seinem Regensburger Tagebuch festhielt: *„Der Papst ‚sollicitirt' starkh das Gebauen Ludovisia, er lasset es mehrers erweittern, alß man geglaubet. Mit einer ‚Perspectiv' [= Fernglas] schauete er von seinem Fenster darauf, und beklagete sich, daß er so wenig Arbeiter sehe, da er das End verlange inner eines Jahrs, da er verlanget, neben der Mauth die […] Criminalämbter hin zu transferiren."*[717]

Wie Graf Lamberg am 12. September 1694 in sein Tagebuch schrieb, zog Papst Innozenz XII. dann jedoch einen Fachmann zu Rate und schließlich die ‚Notbremse': *„Der Obrist Ceruti, berühmter Architect, hat auf Anfragen dem Papsten geantwort, daß nach dem Riss des Cavaliers Fontana das Gebäu zu ändern nicht 50.000 Scudi, wie er vorgibt, sondern mehr dan 300.000 kosten werde. Deswegen sich der Papst alterirte und das Gebäu immittels eingestöllt."* Doch auch die Befürworter der

420. Curia Innocenziana von Gianlorenzo Bernini (1653–55) und Carlo Fontana (ab 1694); Rom, Piazza di Montecitorio

421. Capella Cybo von Carlo Fontana mit Altargemälde von Carlo Maratta, 1682–87; Rom, S. Maria del Popolo

päpstlichen Bautätigkeit gaben nicht auf. Laut Tagebucheintrag des Botschafters vom 19. September, intrigierte sogar Cosimo III. de' Medici zugunsten der Curia, um damit den vom Großherzogtum der Toskana unerwünschten Ausbau des päpstlichen Hafens zu verhindern: *„Der Cardinal Negroni [Abb. 302] solle dem Papsten geschrieben haben, er seye mit ‚Ministris' umgeben, die ihn mit unnöthigen Gebäuwen, so der Kirchen nichts nutz sein, underhalten. Er hätte auch in sichere Erfahrung gebracht, daß der Großherzog des Papsten ‚Ministros' einige gewonnen, so zu solchen Gebäuwen einrathen sollen, damit es zu Civita Vecchia hinterbleibe. Der Monsignore Nucci ‚Cammercommissari' und des Papst ‚Confident', so den Cardinalhuth [er]hoffet, hat den Obrist Ceruti eingerathen, er solle aus seinen Gewissen dem Papsten zureden, und ihn dieses kostbahre Gebäuw widerrathen. Also ist es mit ‚Content' des Volckhs dasselbe aufgehoben worden. Man glaubt, es werde nur ein Theil gemacht werden."*[718] Der vom Papst zur Beurteilung der Bauarbeiten Fontanas berufene Militäringenieur Giulio Cerruti stammte ebenso wie dieser aus dem alpinen Bereich Italiens und aus der Werkstatt Berninis. Er wirkte mehrfach in päpstlichen Baukommissionen mit, u.a. 1668/69 bei der Evaluierung von Fontanas Projekt einer Tiber-Regulierung. In den letzten Jahren des 17. Jahrhunderts war Ceruti neben Fontana außerdem Lehrer des angehenden Militäringenieurs Johann Lucas von Hildebrandt[719].

Ungeachtet der heftigen Kritik an seinem Projekt der Curia war Berninis Werkstattmitarbeiter und Nachfolger Carlo Fontana jedoch der sowohl aufgrund seiner Funktionen als auch wegen seiner künstlerischen Qualität führende Architekt Roms in den Jahren vor und nach 1700[720]. Er fungierte von 1694 bis 1699 als Leiter der Accademia di San Luca und seit 1697 als *Architetto della Fabbrica di S. Pietro*, also als Dombaumeister. Seit der Vollendung des Palazzo Chigi (Abb. 82) hatte er jedoch nur zwei Paläste in Rom verwirklichen können: 1677–81 den von Felice della Greca begonnenen Palazzo in der Via Rasella für Pietro Grimani, den Onkel des mit Lamberg eng kooperierenden venezianischen Kardinals[721], sowie etwas später den Palazzo Bigazinni an der Piazza di San Marco. Dieser 1678–83 ausgeführte Bau lag nicht nur unmittelbar neben dem von Lamberg länger als ein Jahr bewohnten Palazzo Bonelli, sondern zeigte auch eine fast ebenso schlichte Fassadendekoration. Nur die stärkere Betonung der Mitte durch eine triumphbogenartige Portallösung sowie die Akzentuierung der Flanken durch einachsige Seitenrisalite verraten den fast ein Jahrhundert jüngeren Zeitstil.

Eine weniger konjunkturabhängige Bauaufgabe und „neben dem Familienpalast in der Frühen Neuzeit wichtigster Ort öffentlicher Selbstdarstellung" der Adelshäuser waren in Rom die Familienkapellen mit den Gräbern für die verstorbenen Angehörigen[722]. Im März 1703 wurde dem Botschafter etwa berichtet, dass Fürst Odescalchi in SS. Apostoli *„die Capellen S. Antonii zu bauen versprochen, so über 40.000 Scudi kosten wird"*[723]. In diesem Bereich konnte Fontana ebenfalls zwei wichtige Beispiele verwirklichen. Steht die Capella Ginetti in S. Andrea delle Valle mit ihrem Altarrelief noch stark in der Tradition Berninis, so beeindruckt die für Kardinal Alderano Cybo (Abb. 8) von 1682 bis 1687 errichtete Kapelle in

S. Maria del Popolo ebenso durch den Farbreichtum ihrer Marmordekoration wie durch die Eleganz des Altarbildes von Carlo Maratta (Abb. 421). Graf Lamberg registrierte nicht nur die Beisetzung des Purpurträgers am 24. Juli 1700 „*a S. Maria del Popolo, wo er eine Capelle erbauwte*", sondern er hat anlässlich der Abreise seines Vetters Johann Philipp am 5. Jänner 1701 im Gotteshaus „*die 2 Capellen von Chigi mit denen schönen Statuen [von Bernini] und die neuwe von Cybo besichtiget*"[724]. Während der klassisch-strenge Fassadenstil der römischen Paläste bereits um 1690 mit Domenico Martinelli und dessen Palais für Lambergs Vetter Harrach in Wien bekannt und richtungsweisend wurde, machte die neue Gestaltung der Sakralräume mit (teilweise künstlichem) Buntmarmor anstelle von Stuckdekorationen zunächst in Breslau (Abb. 31) sowie Prag (Abb. 231) und erst nach 1700 durch Andrea Pozzos Umgestaltung der Jesuitenkirche auch in Wien Furore[725].

Trotz zahlreicher päpstlicher Aufträge, darunter die Kapelle des Collegio Clementino (wo Lambergs junger Vetter studierte), die Taufkapelle von St. Peter (Abb. 213) und die Curia, war Carlo Fontana mit der Auftragslage in Rom jedoch nicht zufrieden und arbeitete daher auch immer wieder für ausländische Auftraggeber. Vermutlich aufgrund von Informationen seines Cousins Anton Florian wandte sich Fürst Johann Adam Andreas von Liechtenstein (Abb. 21) im Jahre 1696 an den päpstlichen Architekten, um ein Projekt für ein Landschloss in Landskron/Lanškroun in Mähren ausarbeiten zu lassen. Die Vermittlung erfolgte über Anton Florians Nachfolger und Lambergs Vorgänger als kaiserlicher Botschafter in Rom, Graf Georg Adam von Martinitz[726] (Abb. 277). Diese Planserie sollte jedoch nicht das einzige Beispiel von „Korrespondenzarchitektur" mittels Diplomatenpost aus Rom bleiben. Fontana fertigte Pläne für einen Palast des kaiserlichen Geheimrates Ignaz Karl Graf von Sternberg auf dem Hradschin an, und der kaiserliche Botschafter Martinitz selbst ließ sich ebenfalls einen solchen Stadtpalast für Prag (nach dem Vorbild des Palazzo Chigi-Odescalchi) planen[727]. Trotz seiner Feindschaft zu Martinitz könnte Lamberg darüber informiert gewesen sein, weil er nicht nur mit den Fürsten Liechtenstein bekannt war, sondern auch mit der Familie Sternberg[728].

Da sich Fontana schon im Jahre 1696 bei der Widmung seines Buches *Utilissimo trattato dell'Acque correnti* an den Römischen König Joseph I. auf eine Ernennung zu Leopolds I. „*principale*

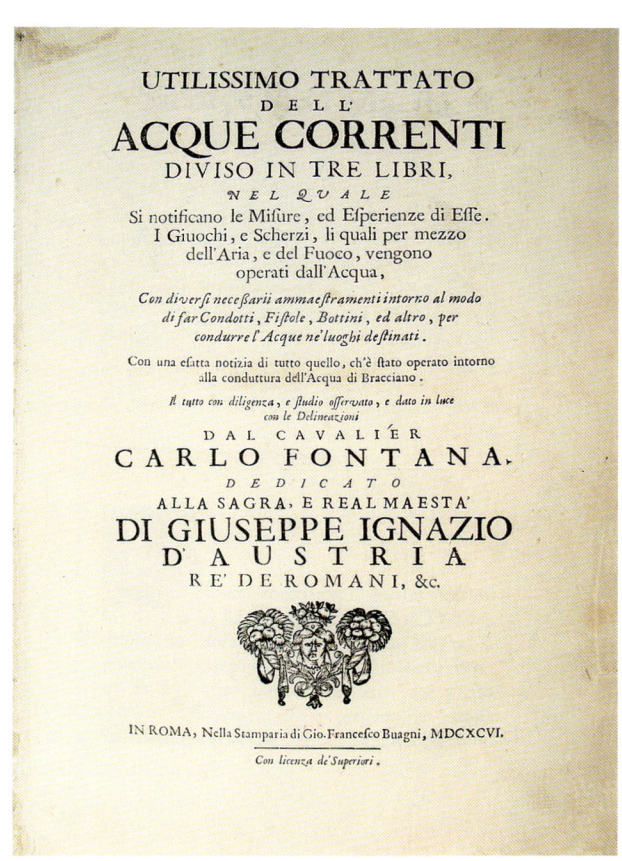

422. Traktat über die Wasserbaukunst von Carlo Fontana mit einer Widmung an König Joseph I., 1696; Rom, Bibliotheca Hertziana

Architetto, ed Ingegnero" berief[729] (Abb. 422), waren die kaiserlichen Botschafter für solche Arbeitsbeschaffungsmaßnahmen natürlich naheliegende Ansprechpartner. Schon im Sommer 1700 besuchte Carlo Fontana daher den Grafen Lamberg, um Aufträge oder sogar eine besoldete Stelle durch den Wiener Hof zu bekommen. Die bisher unbekannte Eintragung im Tagebuch des kaiserlichen Botschafters vom Dienstag, dem 17. August, liefert darüber hinaus einen guten Eindruck von der Persönlichkeit des offenbar ebenso selbstbewussten wie frustrierten Architekten (Abb. 423): „*Heuth fhrue ware bei mir der ‚Cavallier' Fontana; hat begehret ich solle schreiben, daß er in kayserliche Dienste ibertrötten wolle, da er unter 6 Papsten in 40 Jahren gedienet und nichts als Undanckh erworben, da doch von Nicolao V seine Vorfahren und er hiesigen Hoff gedienet*[730]. *Ist auch in Gebäuwen, Wassern, und Guglien [= Obelisken] was zu sehen von ihnen gemacht worden. Er hab sonderlich von diesen Papsten Unbilliches erfahren, da er den Palazzo in Monte Citorio erbauwet [Abb. 420], der Papst seinen Lohn zu wissen begehret, da hat er das genaueste begehret 7 Mille Scudi; der Papst sagte, verehret es schrüfftlich denen Armen, ich verspreche euch als höchster Priester, daß ich à San Pietro euern Sohn ‚Canonico' machen will; er [= Fontana] hat es [= die Armenstiftung] gethan, alsdan hat der Papst nichts wissen wollen von dem ‚Canonicat' sagend er hab niemallen daran gedacht. Er [= Font-*

ana] hat auch dem Röm. König ein Buch ‚dedicirt' von denen Wassern; da sagte der Papst, was habet ihr damit vor ein Absehen [= Absicht]; er antworth, weilen ich ein Mayländer und Vasall [der Habsburger], so khan ich ein Stuckh Brod einstmaln alldort suchen. Da antwortet er, sie seind verderbt mit Krieg in Teutschland, sie haben khein Geld. Die Franzosen haben ihm 8 Mille Livres [?] jahrlich offerirt, so hat er gesagt kheine Fellonia [= Untreue] wolle er umb alles Geld der Weld nicht begehen, und niemand als dem Papsten und Hauss Österreich dienen; da hat der Cardinale Giansone [= Janson] ihm von der Arbeith Nettuno weg gebracht und einen anderen dem Papsten vorgeschlagen[731]. Er ‚offeriret' sich in ‚Architectura militari civili et Theatrali' zu dienen Ihr Mayestät dem Kayser oder König."[732]

Als Lombarde war Carlo Fontana direkt von den politischen Spannungen des Spanischen Erbfolgekrieges betroffen. Vielleicht hat er jedoch zunächst auch nur versucht, vor diesem Hintergrund seine Auftraggeber gegeneinander auszuspielen[733]. Denn auch nach seinem Treueschwur vor dem Grafen Lamberg hat Fontana einen Entwurf für die Gegenpartei geschaffen. Mit der Proklamation oder der Feier des Geburtstages des bourbonischen Herrschers am 1. Mai in Neapel dürften nämlich zwei nicht realisierte Entwürfe des Architekten aus dem Jahre 1701 für eine Festdekoration mit dem Bildnis Philipps V. und dessen Wappen zusammenhängen (Abb. 424). Die handschriftliche Ergänzung „*ma non si volse maj dare da me Fatte*"(man wollte es mir nicht zur Ausführung übergeben)[734] verweist wohl ebenfalls auf die Involvierung des Architekten in die Parteiungen des Spanischen Erbfolgekrieges.

Tatsächlich entschied sich der päpstliche Hofarchitekt schließlich eindeutig für die habsburgische Kriegspartei. Im Jahre 1701, als sich Prinz Eugen anschickte, nach dem Überraschungssieg über die Franzosen an der Etsch Richtung Westen weiter zu marschieren[735], trug Fontana, dessen Wohnung und Studio sich übrigens in unmittelbarer Nachbarschaft des von Lamberg damals bewohnten Palazzo Bonelli befanden[736], dem Botschafter jedenfalls eine Unterstützung der kaiserlichen Truppen an. Wie der Botschafter in seinem Brief vom 16. Juli an den Kaiser ausführte, bot Fontana genaue Landkarten von Mailand an: „*Es hat auch der ‚Cavallier' Fontana eine beykomende Land-Carthen von dem Stato Milano, welche sehr exact seyn sollte, übergeben, mit Ersuchen neben nochmahliger Offerierung seiner allerunterthänigsten Dienste derselbe Euer Kayl. Mayt. allergehorsambst beyzulegen. Es hat ihn der Spann. Bottschaffter kürzlich beruffen lassen und gefraget, warumb er so österreichisch verbleibe; da er doch aniezo ein anderen König habe, welcher ihm mehr begnaden könne alß Euer Kayl. Mayt. Er hat ihm geantwortet, er seye ein Österreicher und kein Bourbonischer Unterthan geboren, und wolle in seinen alten Tägen nicht als ein Meineidiger sterben und wiewohlen er mit der Kayl. Mayt. in Proceß stehe, so wollte er gleichwohl ein treuer Vasal bleiben. Der Botschaffter befragte ihn, in was der Proceß bestünde, so sagte er, ob Euer Mayt. oder er mehr Österreicher seye. Der Bottschaffter lachte darüber, und sagte, er halte ihn für einen ehrlichen Mann. Seinen Eyfer auch besser zu bezeugen, hat er dieser Tagen einen Romaner, welcher übel wider Eure Kayl. Mayt. geredet, auf dem Platz vor meinem Palazzo begegnet, und denselben geprügelt.*"

Beim Versand des Berichtes nach Wien wurde jedoch auf den Plan vergessen, wie Lamberg eine Woche später schrieb: „*Bitte auch Euer Kayl. Mayt. allerunterthänigst zu vergeben, daß vor 8 Tägen aus*

423. Bericht über die Audienz Fontanas beim kaiserlichen Botschafter (und ein Spottgedicht gegen Königinwitwe Maria Casimira) im Tagebuch Lambergs, 17. August 1700; St. Pölten, NÖLA Lamberg-Archiv, Hs. 54

Übersehung der Cantzley die angezogene Landcarthen vom Herzogthumb Maylandt seindt vergessen worden zu überschicken. Es hat auch indessen der Cavallier Fontana mir noch eine neue Carthe zugestellet, welche gleichermassen hiermit Euer Kayl. Mayt. allerunterthänigst beylege. Es sagte mir auch erwehnter Cavallier Fontana, daß der hiesige Spannische Bottschaffter ihm einen ‚Affront' zu erweisen gesinnet seye, auß Ursachen, daß er dem Prencipe Eugenio eine ‚Mappam' von Maylandt, wie diese gegenwärtige ist, überschücket habe. Derohalber umb dieses Bottschaffters ‚Capriz' und üblen ‚Intention' gegen ihn nicht ‚exponirt' zu seyn, bittete er Euer Kayl. Mayt. allerunterthänigst ihme dero allerhöchste Kayl. ‚Protection' zu erthailen, unter welcher er aller dieserseits besorgendes Spotts befreyet leben könne."[737] In seinem Tagebuch vermerkte Graf Lamberg am 23. Juli, dass er an den Kaiser *„auch eine blechene Canna mit Mappen v. Cav. Fontana iberschückht"* habe. Am 6. August sandte der Botschafter Leopold I. einen Fortsetzungsbericht in der Causa Fontana: *„Der Cavallier Fontana ‚continuiret' annoch mit grossem Eyfer Euer Kayl. Mayt. ‚Interesse' zu ‚promovieren', wie dan er mir von denen Mayländtischen Vestungen eine ‚Pianta' umb die andtere liefert, dieselbe H. P. Eugenio zu überschücken. Er ist vor eingen Jahren von Spannien dahin beruffen worden, alle Vestung in Grundt zu legen; also keiner sie in diesem Standt, wie sie sich befinden, alß er haben kann. Ihm also Euer Kayl. Mayt. Gnadt versichert und glaubete nüzlich zu seyn, daß Euer Mayt. mir verlaubeten, daß ich ihm ein Andenckhen verehren dörffe, da er hinfüro noch viel dienen könte."*[738]

Als der kaiserliche Botschafter Seiner Heiligkeit m 14. August die Nachricht vom plötzlichen Tod des einjährigen Sohnes Josephs I. am 4. des Monats überbringen musste, skizzierte Carlo Fontana schon am nächsten Tag eine Trauerdekoration, die allerdings nur durch die Aufzeichnungen in dessen Skizzenbuch bekannt ist: *„15. August 1701 Zeichnungen der Casse für die fascie für den kleinen Sohn des Römischen Königs, dessen Todesnachricht am 14. hier bekannt wurde."*[739]

Wenn es auch noch ein paar Jahre dauern sollte, bis Mailand von Prinz Eugen zurück erobert wurde, so konnte der römische Architekt doch statt finanzieller Mittel im Februar 1702 den Titel eines kaiserlichen Ingenieurs und Pfalzgrafen erlangen[740]. Lamberg stand auch weiterhin in Kontakt mit Fontana. So berichtet der Botschafter dem Kaiser im Februar 1703, dass sich der Vatikan nach dem Erdbeben in gutem Zustand befinde, *„wie mir der Cavaliere Fontana sagte"*,

424. Entwurf für eine Festdekoration oder Gedenktafel zu Ehren König Philipps V. von Spanien in Neapel, lavierte Bleistift- und Federzeichnung von Carlo Fontana 1701; Leipzig, Museum der bildenden Künste, Inv.-Nr. NI 7458, Slg. Rienzi Bd. 26, S. 99

und im November dieses Jahres notierte Lamberg, dass dieser, *„so als erster ‚Architect' hier practicirt"*, ihm berichtet habe, dass er offensichtlich im Rahmen einer Stadterfassung in Rom 22.000 Häuser gezählt hätte, von denen nicht weniger als 14.000 in geistlichem Besitz stünden. Im Februar 1704 schrieb der Botschafter nach Wien, dass die Ausführung der *„vom Cavaliere Fontana entworfenen"* päpstlichen Hofstallungen der Curia beschlossen worden sei[741].

Die berufliche Situation für Fontana sollte sich jedoch auch unter dem neuen Papst nicht grundlegend verbessern. Denn der nach seinem frühchristlichen Vorgänger benannte Clemens XI. war mehr an Kunst sowie Wissenschaft als an großartigen Bauprojekten interessiert, und scheint zudem persönlich Fontanas Stil im Gegensatz zu jenem Marattas zunehmend weniger geschätzt zu haben[742]. Zu einer direkten Konkurrenz der beiden großen künstlerischen Gegenspieler kam es um 1700 auch bei den Grabmälern für das Langhaus von St. Peter. Während Fontanas Entwurf für das 1697 bis 1702 ausgeführte Denkmal der Königin Christina von Schweden (Abb. 425) laut Valesio zwar hohe Kosten verursachte, aber von Kritikern wenig Applaus erhielt[743], fand Graf Lamberg – vielleicht aufgrund einer Sehanleitung des

439

Künstlers selbst – durchaus Gefallen an dem Monument, wie er am 18. Februar 1703 seinem Tagebuch anvertraute: „*Diesen Abend bei dem SS^mo [= Allerheiligsten] zu St. Peter gewesen, und hab der verstorbenen Königin in Schweden allhier dero Mausoleum gesehen, die grosse ‚Medaglien' ist gar sauber, wie auch das ‚Bassorilievo', wo die Königin kniend ihrer Religion in Frankreich ‚abiuriret', hinter ihrer stehet die Königin in Frankreich, bei dem ‚Nuntio' aber stehet der König in Frankreich.*"[744] Das Relief des (tatsächlich in Innsbruck durchgeführten) Glaubensübertrittes der schwedischen Königin stammt von Jean-Baptiste Théodon[745].

425. Grabmal der Königin Christina von Schweden nach einem Entwurf von Carlo Fontana mit Porträtmedaillon von Jean-Baptiste Théodon, 1697–1702; Vatikan, Petersdom

Im Gegensatz zu diesem Grabmal folgt das von Carlo Maratta entworfene und von Pierre-Étienne Monnot in den Jahren 1697–1704 ausgeführte Grabmal für Papst Innozenz XI. Odescalchi der Tradition mit der segnenden und thronenden Monumentalfigur des Papstes, die von den Personifikationen der Religion und der Gerechtigkeit flankiert wird[746] (Abb. 426). Am 26. Juli 1701 wurde der Leichnam des Verstorbenen im Rahmen einer feierlichen Prozession der Kardinäle in seine neue Grabstätte am Fuße der Porträtstatue überführt. Auf der Tumba zeigt ein weißes Marmorrelief die Befreiung Wiens von den osmanischen Belagerern im Jahre 1683, hatte doch der Papst durch seine politische und finanzielle Unterstützung wesentlich zu diesem Sieg „*der christlichen Waffen bei Wien gegen den gemeinsamen Feind*" beigetragen. Geleitet wurde die Feier von Kardinalstaatssekretär Paolucci, von Kardinal Giuseppe Sacripante sowie von zwei von Innozenz ernannten Kardinälen, Benedetto Pamphilj und Leandro Colloredo (Abb. 335, 451, 469 und 301). Die politische Dimension dieses Ereignisses und das entsprechende Wirken dieses Papstes wurde durch die Anwesenheit der polnischen Königin Maria Casimira, Witwe nach dem in Wien federführenden König Jan III. Sobieski (Abb. 319), des kaiserlichen Botschafters und seiner Gattin, des Gran Contestabile und Vliesritters Don Filippo Colonna sowie des Papstneffen Don Livio Odescalchi (Abb. 322) verdeutlicht[747]. Auch über dieses Ereignis informierte Lamberg sofort den Kaiser: „*Vergangenen Dienstag alß in Festo S. Anna hat der D. Livio den Cörper Innocenti XI. seel. Andenckhens in sein neues Grab transportieren lassen, worbey eine Menge Volckhs erschienen. Die ‚Function' [hat] auch biß umb Mitternacht gedauret, die Cassa ist weiters nicht eröffnet worden, da an dem Prozeß der ‚Beatification' gearbeitet wirdt, also diese Eröffnung ‚praeiudicirlich' gewesen wäre.*"[748] Der für die Kosten des Grabmals seines Onkels von insgesamt 7500 Scudi aufkommende Fürst von Bracciano hat bei einem seiner zahlreichen Treffen mit dem kaiserlichen Botschafter diesem sicher auch von dem Projekt erzählt. Am 7. August fuhr Graf Lamberg sogar eigens zum Petersdom, um das neue Papstgrabmal in Ruhe besichtigen zu können: „*Heuth abendts bin ich bey St. Peter gewesen, alldorten das ‚Depositum' Innocentij XI. gesehen, welches schön ist wegen des ‚Bronzo d'orato', der 3 Statuen von Marmel und des Basrilief des Entsatzes Wien.*"[749]

Noch enttäuschender als die Niederlage bei der Konkurrenz um die Grabmäler in St. Peter dürfte für Carlo Fontana aber wohl der Verlust des Akademievorsitzes an seinen Rivalen Maratta (Abb. 427) gewesen sein⁷⁵⁰. Die Wertschätzung des ‚Malerfürsten' durch Papst Clemens XI., aber auch dessen Bestrebungen zur Erhaltung des römischen Kunstbesitzes gehen auch aus einem Zeitungsbericht vom April 1703 im Archiv des Botschafters hervor: Als der Papst erfahren hatte, dass der „*berühmte*" Maler Carlo Maratta wegen seines fortgeschrittenen Alters für 5.000 Scudi sein ‚Malereistudio' an einen Engländer verkauft habe, ließ er ihn rufen und sagte ihm, dass er nicht wolle, dass solche Studiensammlungen seltener Dinge aus Rom wegkommen. Als Maratta antwortete, dass er schon tausend Scudi als Anzahlung erhalten habe, erklärte der Papst, dass er es für denselben Preis kaufen wolle⁷⁵¹.

Es gibt keinen Hinweis, dass Graf Lamberg den Künstler persönlich kannte, aber er besaß nicht weniger als fünf Gemälde von oder nach Maratta (siehe unten S. 509). Im Tagebuch des Botschafters findet sich außerdem unter dem 29. Mai 1703 eine Notiz über den bekannten Überfall auf Francesca und Faustina Maratta, Gattin und Tochter des Malers⁷⁵²: „*Diesen Morgen ist des berühmten Mahlers Carlo Maratti Weib und Tochter a S. Anna in die nächste Kirchen zu Fuß gangen. Don Giorgio Cesarini begnete sie alle Quattro Fontane in einer ‚biscocio' [= Landkutsche], staigete aus und wollte mit Gewalt die Tochter reinsötzen und entführen. Die Mutter und die Tochter aber widersötzten sich solcher Gestalt, daß er nichts ausrichten konnte, daß er in Zorn gangen, den Degen gezogen, beide mit Hauen blessiret doch aber dem Gesicht kheinen Schaden gethan.*"⁷⁵³ Das Ereignis wurde umgehend dem Fürsten Liechtenstein berichtet, der ja im väterlichen Palast des Übeltäters residiert und dem Herzog Sforza Cesarini dafür eine seiner Prunkkutschen hinterlassen hatte: „*Sonsten ist diese Wochen nichts Wesendliches vorgefallen, ausser daß des Duce Cesarini Sohn Don Giorgio deß Mahlers Carl Marata Weib und einzige Tochter, wie sie frühe in die Kirchen gegangen, mit Leuthen angefallen, die Tochter mit Gewalt entführen wollen, welche sich also gewehrt, daß er sie nicht hat können in die ‚biscoccio' bringen. Er darüber ergrimmet beyde mit dem Degen gehauet, daß der Tochter ein Bein von dem ‚cranio' [= Schädelknochen] mueß herausgenohmen werden, und da die Geistliche von S. Carlo de Catenari nicht wehren zu Hülff kommen, hette er sie gar umb das Leben gebracht. Dieses hat er mit aigner Handt gethan.*"⁷⁵⁴

Nicht nur durch die Ernennung Marattas zum Präsidenten hat der Papst im Jahr 1702 der Accademia di San Luca wieder neues Leben eingehaucht und die schon länger bestehende Künstlerkonkur-

renz zu einer mondänen Festlichkeit umgestaltet. Bei diesen nach ihrem Stifter benannten *Concorsi Clementini* wurden die besten Einreichungen der Studenten im Konservatorenpalast öffentlich ausgestellt und die Preisträger in einer mit Musik und Literatur umrahmten Feier mit den Medaillen prämiert⁷⁵⁵ (Abb. 428). Auch dieses Ereignis ist in Lambergs Privatarchiv dokumentiert: „*Am 25. wurden die Preismedaillen aus Gold, Silber und vergoldeter Bronze an die virtuosesten jungen Künstler der Akademie der Malerei, Architektur und Skulptur in einem [von Carlo Fontana] aufwendig dekorierten Saal des Kapitols verteilt; in Anwesenheit von vielen Kardinälen und Prälaten, wobei man Reden hielt und verschiedene Gedichte mit Musik rezitierte sowie Instrumentalmusik spielte. Und im Vorzimmer sah man die ausgestellten Proben der Farbe, die die Preise erlangt hatten, weshalb es drei Tage einen grossen Zulauf gab, um diese zu sehen.*"⁷⁵⁶

Ähnlich verlief die Preisverleihung des Jahres 1704, bei der Kardinalnepot Annibale Albani die Festrede hielt und Carlo Maratta für die Reinigung der Fresken Raffaels im Vatikan zum Ritter des Christusordens ernannt wurde: „*Am Donnerstag hielt man nach dem Abendessen die Akademie für*

426. Grabmal des Papstes Innocenz XI. Odescalchi von Pierre-Étienne Monnot nach einem Entwurf von Carlo Maratta, 1697–1704; Vatikan, Petersdom

rechte Seite:
429. Trauergerüst für Kaiser Leopold I. in der deutschen Nationalkirche in Rom, lavierte Federzeichnung von Pietro Rasina nach Carlo Fontana, 1705; Rom, Archiv von S. Maria dell'Anima

427. Carlo Maratta, Selbstporträt, Rötelzeichnung, 2. Dezember 1684; London, The British Museum, Department of Prints & Drawings

428. Allegorie auf die Förderung der Künste durch Papst Clemens XI. durch die „Concorsi Clementini" im Kapitol, Kupferstich von Pier Leone Ghezzi

Malerei, Bildhauerei und Architektur in einem pompös dekorierten Saal des Kapitolspalastes mit Verteilung der Preismedaillen in drei Klassen an die Studenten verschiedener Nationen; es waren Medaillen aus vergoldetem Silber. 19 Kardinäle nahmen daran teil, Eminenz Pignatelli sowie Vertreter der Prälatur und in einer Loge der venezianische Botschafter mit einigen Kavalieren. Es begann mit einer schönen Symphonie verschiedener Instrumente. Dann hielt Herr Don Annibale [= Papstnepote] eine schöne Rede, von der man glaubt, dass sie vom Papst selbst verfasst wurde. Deren Aussage war, dass man sich in Kriegszeiten mit umso größerem Eifer dem Studium der modernen Künste widmen sollte. Anschließend wurden von einer Reihe von Poeten verschiedene Gedichte zum Lob der genannten Künste rezitiert, da der Papst verboten hat-te, irgendwelche Lobeshymnen auf den Nepoten-Redner vorzutragen. Der Festakt schloss mit einer musikalischen Cantate, und da Don Annibale dem Kardinal Acciaioli [Abb. 434] als würdevollster Person der Versammlung ein Kreuz mit einer Goldkette in einem Behälter gebracht hatte, nahm dieser sie und legte sie um den Hals des berühmten Malers Carlo Maratta, dem ersten in dieser Zeit, und ernannte ihn zum päpstlichen Ritter. Es war auch beschlossen worden, ihn mit Lorbeer zu bekränzen, doch erschien dies unangebracht und es gab auch Unstimmigkeiten bezüglich der Person, die ihm den Kranz überreichen sollte. Der Maler ist im Alter von 80 Jahren, schafft sehr schöne Gemälde und ist seit vielen Jahren ein Freund des Papstes [...]"[757].

In einem weiteren Zeitungsbericht im Archiv des kaiserlichen Botschafters wird gleichfalls betont, dass der Papst mit großer Begeisterung die „vornehmen Künste" fördere, aber den erwünschten Ankauf des Palazzo della Longara der schwedischen Königin für die Kunstakademie aufgrund der hohen Kosten von 250.000 Scudi „in diesen Zeiten" nicht verwirklichen könne[758]. Graf Lamberg verfolgte also das aktuelle künstlerische und kunstpolitische Geschehen Roms sorgfältig, sodass wir ihm ein gewisses kunsthistorisches Interesse unterstellen dürfen.

Carlo Fontana und sein Atelier waren auch nach der Abberufung des Grafen Lamberg aus Rom im Sommer 1705 in habsburgischen Diensten tätig. Die Ereignisse um die Errichtung der Trauergerüste für die Kaiser Leopold I. und Joseph I. in den Jahren 1705 und 1712 sind dabei besonders symptomatisch für die weitere Entwicklung der kaiserlichen Repräsentation in Rom: Die Kongregation der Nationalkirche hatte für die Gedenkfeierlichkeiten am 19. Dezember 1705 vom päpstlich-kaiserlichen Hofarchitekten schon zwei Entwürfe (am 30. Juni und am 8. Juli) für ein aufwendiges Trauergerüst ausarbeiten und die gesamte Kirche prächtig schmücken lassen[759] (Abb. 429). Das bis an die Decke reichende und durch acht Weihrauchkanonen Rauchwolken speiende *Castrum doloris* lockte sogar den Papst in die Kirche. Die Wirksamkeit dieser ephemeren Dekoration wurde durch die Herausgabe einer eigenen Druckschrift mit ausführlicher Beschreibung und Darstellung der Architektur des Trauergerüstes und seiner Themen („*Con Disegno, Disposizione, & Invenzione dell'Illustrissimo Sig. Cavalier Carlo Fontana Architetto, & Ingegnero Pontifico, e di Sua Maestà Cesarea, con la spiegazione di tuto il figurato, con i Motti, e con le Inscrizzioni, e con quanto di artificioso, e di mirabile osservavassi nella detta Machina lugubre*") gesteigert

und für die Nachwelt festgehalten⁷⁶⁰. Eines der Medaillons zeigte etwa den Besuch einer türkischen Gesandtschaft schon bei dem in der Wiege liegenden kaiserlichen Kind.

Der ursprüngliche Entwurf unterscheidet sich von der ausgeführten Version vor allem durch die etwas schlankeren Triumphsäulen und geringere Stoffdraperien beim Porträtmedaillon. Erst in der zweiten Planungsphase kamen offensichtlich auch Fahnen und die Kaiserkrone als Bekrönung auf den Baldachin, und die seitlichen Fahnen wurden nun von Putti getragen⁷⁶¹. Die hier erstmals publizierte besonders malerische Zeichnung war offensichtlich von vornherein für die Publikation intendiert und wurde ebenso wie die Stichvorlagen des ausgeführten Trauergerüstes nicht mehr von Fontana selbst angefertigt, da dieser damals aufgrund seiner Gicht kaum mehr zeichnerisch tätig war⁷⁶². Als Zeichner signierte der Maler Pietro Rasina⁷⁶³, der bisher nur durch die Anfertigung der Stichvorlagen von Fontanas Trauergerüst für König Johann V. von Portugal im Jahre 1707 sowie seine späteren Deckengemälde in S. Clemente bekannt wurde⁷⁶⁴.

Im Text über das kaiserliche Trauergerüst werden von dem seit 1696 mit Fontana kooperierenden Kunstschriftsteller Francesco Posterla⁷⁶⁵ die großartigen Ideen („*magnanime idee*") und geistvollen Erfindungen („*spiritose Inventioni*") Fontanas abermals betont und hervorgehoben, dass die Großzügigkeit der auftraggebenden Bruderschaft sowie die Erhabenheit der Invention („*sublimità dell'Inventione*") des Architekten der „*Grandezza*" und „*Maestà*" des Kaisers entsprechen würden⁷⁶⁶. Das waren nun allesamt übliche Klischees der barocken Panegyrik, aber genau jene Kriterien der zeitgenössischen Zeremonial- und Kunsttheorie, die von Gleichwertigkeit und Entsprechung zwischen dem Rang eines Herrschers und seiner Repräsentation ausgehen⁷⁶⁷. Obwohl offensichtlich manchen Kritikern die Überfülle der Inschriften missfiel, war die Trauerfeier insgesamt propagandistisch ein voller Erfolg, kostete aber fast 4.000 Scudi. Da auch Lamberg nicht mehr mit seinem Privatvermögen dafür aufkommen konnte, musste die Kirchenverwaltung einen Teil ihrer Besitzungen veräußern.

Als die Provisoren daher nach dem Tode Josephs I. zögerten, sich abermals in solche Unkosten zu stürzen, kam ein vorwurfsvoller Brief der Kaiserin, in dem sie beklagte, dass man die Sparsamkeit „*der Liebe zum Fürsten und der deutschen Nationalehre*" vorziehen würde und sich sogar von den Franzosen durch die Exequien für den Dauphin übertreffen ließe. Als Kaiser Karl VI. über den Botschafter Prié eine Trauerfeier für seinen Vorgänger anordnete und versprach, die Hälfte der Kosten zu übernehmen, wurde die Kongregation umgestimmt. Die Festdekoration für die Feier vom 23. bis zum 25. Mai 1712 (Abb. 430), die die Tugenden des Verstorbenen verherrlichte (darunter die *Pietas Eucharistica*), die zahlreichen Länder der Habsburger vorführte und durch die Allegorien der vier Weltteile auf die universale Macht des Kaisertums und die weltumspannenden Besitzungen der *Casa de Austria* verwies, war bisher nur durch die in England erhaltenen Detailzeichnungen bekannt⁷⁶⁸. Die hier erstmals publizierte Gesamtansicht zeigt, dass das Trauergerüst stärker skulptural und weniger architektonisch als das Vorgängermodell für Leopold I. (Abb. 429) ausgefallen ist. So nahmen die monumentalen Sitzfiguren der Allegorien der vier Erdteile mit ihren Tierattributen den Platz der vier Triumphsäulen ein, und anstelle des traditionellen Baldachins überwölbt nun eine riesige Kaiserkrone den ebenfalls größer gestalteten Katafalk. Da auch die Wände mit zusätzlichen Statuen, Reliefs, Engelchen und Kandelabern geschmückt wurden, beliefen sich die Gesamtkosten diesmal auf fast 6.500 Scudi! Da der Kaiser aus finanzieller Not seinem Versprechen, die Hälfte der Kosten zu übernehmen, nicht nachkommen konnte, sah sich die Kirchenleitung 1713 gezwungen, alle ordentlichen und außerordentlichen Almosen für Ansässige wie für Pilger für ein ganzes Jahr einzustellen. Dies erzürnte sogar Reichsvizekanzler Friedrich Karl Graf von Schönborn so sehr, dass er in Briefen an den Botschafter und die Kaiserinwitwe Eleonore beklagte, es zieme sich nicht, dass die für Arme gestifteten Gelder für „*eitlen Pomp*" ausgegeben würden. Als immer mehr Gläubiger ihr Geld forderten, musste die Anima sogar das Pilgerhospiz schließen, und die Finanznot zog sich noch Jahre hin⁷⁶⁹.

Hofmaler und Gemäldeerwerbungen

Doch kehren wir nach diesem Ausblick wieder zum Mäzenatentum des Grafen Lamberg zurück. Während seines fünfjährigen Aufenthaltes in Rom hat der kaiserliche Botschafter sowohl Aufträge an bedeutende Künstler der Stadt vergeben als auch weniger bekannte bzw. junge Maler als Hofkünstler beschäftigt. Schon ab April 1700, also dem Zeitpunkt seiner offiziellen Tätigkeit, bezahlte Lamberg offensichtlich einen eigenen Hofmaler mit einem Gehalt von einem Scudo pro Tag:

*linke Seite:
430. Trauergerüst für Kaiser Joseph I. in der deutschen Nationalkirche in Rom, Entwurfszeichnung von Pietro Rasina nach Carlo Fontana (?), 1711; Rom, Archiv von S. Maria dell'Anima*

rechte Seite:
432. Freiherr (später Graf) Jan Jachym Pachta von Rájov auf seiner Kavalierstour in Rom, Gemälde von Francesco Trevisani, 1696; Prag, Narodni Galerie, Inv.-Nr. O 8659

April 1700:
dem Altel meinen mahler 14 tag   14: [S. 537]
4 Rahmen zum mahlen   6:

Mai:
meinen mahler Altel 21 tag bezahlt   21: [S. 540]

Juni/Juli:
dem Mahler Altel so 4 Stuckh gearbeithet iber die gegebene 35 Scudi abgeförtiget mit   25: [S. 544]

Durch die Liste der römischen Erwerbungen des Grafen wird diese kryptische Information besser verständlich, da dort *„des Alto seine 4 Landschaften marina"* mit einem Wert von 120 Scudi aufgelistet sind. Es handelte sich also um vier Meereslandschaften des in Rom tätigen, niederländisch beeinflussten Marinemalers, der in Italien als Monsù Alto aufscheint und eigentlich nur als Autor zweier Marinestücke der Galleria Pitti in Florenz sowie als Lehrer von Andrea Locatelli

431. Francesco Trevisani, Selbstporträt, Kreidezeichnung, um 1720; Stockholm, Nationalmuseum, Inv.-Nr. 3038/1863

bekannt ist[770]. Hinter dem Künstlernamen Alto (= Hoch) verbirgt sich entweder der Niederländer Pieter Hoogh (†1712) oder der 1705 im Pfarrsprengel von S. Lorenzo in Lucina wohnende Venezianer Giovanni Battista Giacconi[771]. Die Angaben im Inventar Lambergs sind vielleicht auf vier Hafenlandschaften vom Ende des 17. Jahrhunderts zu beziehen, die sich ehemals im Schloss Ottenstein befanden, von der Kunsttopographie allerdings als von geringer Qualität eingeschätzt wurden[772]. Erst 2004 wurden zwei Alto zugeschriebene Hafendarstellungen in Australien bekannt. Theoretisch könnten sie ebenso aus der Sammlung Lambergs stammen wie ein Einzelstück dieser Thematik im Wiener Dorotheum, das als Werk des stilistisch verwandten und ebenfalls in Rom tätigen Utrechter Malers Jacob de Heusch gilt[773]. Die mangelnde Qualität oder eher die extreme Spezialisierung war vermutlich auch der Grund für die Nichtweiterbeschäftigung des Malers durch den Grafen Lamberg.

Offensichtlich noch im Juli des Jahres 1700 gab der Botschafter nämlich ein ganzfiguriges Porträt in seiner neuen Würde als Ritter im Ornat des Ordens vom Goldenen Vlies bei Francesco Trevisani (Abb. 431) in Auftrag, das schon im August 1700 wie bei prominenten Künstlern häufig üblich nicht mit einfachem Geld, sondern in veredelter Form abgegolten wurden: *„4 Medallien, eines zu 50 duggaten vor dem Trevigiano so mich gemahlet, [...] 207 fl."*[774] Das römische Gemälde hat sich im Schloss Drosendorf erhalten[775] (Abb. 291).

Der 1678 von Venedig nach Rom übersiedelte Trevisani war zunächst hauptsächlich für die Kardinäle Flavio Chigi und Pietro Ottoboni als Maler von Historien tätig, schuf aber zwischen 1708 und 1723 auch mehr als zwanzig Gemälde für den Mainzer Kurfürsten Lothar Franz von Schönborn sowie 1721 ein Altarbild für den um 1700 in Rom weilenden Grafen Franz Wenzel von Trauttmansdorff[776]. Seit Ende der 1690er Jahre entwickelte sich Trevisani zum bedeutendsten römischen Porträtisten neben und nach Carlo Maratta, wobei er nicht nur Papst (Benedikt XIII.) und Kardinäle (Ottoboni, Imperiali, Falconieri, Alberoni), sondern auch viele *„cavalieri Inglesi, Tedeschi, e Oltramontani"* porträtierte, von Adeligen auf Kavalierstour über Lambergs Nachfolger als Botschafter, Marchese Priè und dessen Gattin, bis zum englischen Prinzen James Stuart[777].

Das monumentale Bildnis des Grafen Lamberg (242 x 168 cm) scheint jedoch eines der wenigen

bekannten und vor allem das früheste Ganzfigurenporträt Trevisanis zu sein. Vergleichbar sind diesbezüglich vor allem die auf Kavalierstouren entstandenen Standesporträts des Regensburger Bischofs Clemens-August von Bayern sowie des Henry Somerset Duke of Beaufort, die 1718 respektive um 1725 entstanden und nicht nur ein ähnliches Format (229 x 131 und 236 x 145 cm) aufweisen, sondern den späteren Kurfürsten von Köln und den englischen Herzog ebenfalls stehend im Ornat ihres Standes zeigen[778]. Davon abgesehen fügt sich das Drosendorfer Bildnis sowohl durch die Komposition, das Beiwerk und auch den Stil gut ins Oeuvre des römischen Malers ein: Der kaiserliche Botschafter trägt den aus weißer Seide und goldbestickten rotem Samt bestehenden Ornat sowie die Kollane des Ordens vom Goldenen Vlies und steht neben einem Prunktisch, auf den er soeben mit seiner rechten Hand einen Brief gelegt hat oder aufnehmen wird[779]. Die markante Pose mit dem in die Hüfte gestützten linken Arm sowie der extrem gebogenen Hand in der Tradition Tintorettos und van Dycks verwendete Trevisani schon vier Jahre vorher beim Bildnis des böhmischen Freiherrn Jan Jachym von Pachta[780] (Abb. 432), und das Modell des vergoldeten geschnitzten Tisches kehrt beim Bildnis des jugendlichen Thomas Coke Earl of Leicester wieder, das während dessen Kavalierstour 1717 entstand[781]. Die Schreibtischutensilien Brief, weiße Schreibfeder im Tintenfass und vor allem die Konferenzglocke als Attribute eines Politikers malte Trevisani auch beim Bildnis des Kardinals Ottoboni[782], und der Hintergrund besteht in vielen seiner Gemälde aus einem dunklen Vorhang in der linken Hälfte sowie einem architekturgerahmten Landschaftsausblick auf der rechten Seite. Ähnliche Gartenansichten finden wir bei den Bildnissen des Abtes Carlo Colonna (1691) sowie des Sir Edward Gascoigne und des Duke of Beaufort – beide um 1725, wobei die hellgraue Architektur des gemalten Innenraumes im Gemälde Lambergs dem frühesten hier genannten Beispiel am nächsten kommt. Sowohl die Gestaltung des Himmels und der Bäume als auch die großzügige Malweise der Draperie, die sorgfältige Zeichnung der Spitzen und die leuchtende Stofflichkeit von Samt, Seide und Vergoldung passen ebenfalls gut zu anderen Werken des römischen Meisters, war doch Trevisani seinem Biographen Nicola Pio zufolge für seine *„in der realistischsten und lebendigsten Weise gemalten"* Darstellungen prunkvoller Kostüme und Accessoires berühmt[783].

Schon unmittelbar nach der Anfertigung seines eigenen Bildnisses durch Trevisani oder vielleicht auch schon davor gab der kaiserliche Botschafter im Sommer 1700 die Serie der Kardinalporträts in Auftrag (Abb. 434–454). Dafür wurde zunächst ein römischer Maler namens *„Michaelangelo"* fix angestellt und später hat Lamberg offensichtlich noch zwei weitere Künstler, *„David"* und den *„Säxischen Christian"*, zusätzlich als Porträtmaler beschäftigt. Leider sind Lambergs Angaben über die sich mehrere Jahre hinziehenden Arbeiten im Diarium so ungenau, dass sich damit weder die Maler eindeutig identifizieren lassen, noch der Anteil der drei Künstler an den verschiedenen Bildnissen bzw. den offensichtlich parallel dazu angefertigen Kopien genau festzulegen ist. Daher seien zunächst die Angaben über Material- und Arbeitskosten in chronologischer Folge aufgelistet:

433. Michelangelo Cerruti, Selbstporträt, Rötelzeichnung, um 1720; Stockholm, Nationalmuseum, Inv.-Nr. 3043/1863

August 1700:
30 Contrefait v. Cardinalen	*24:* [S. 548]

Jänner 1701:
mein Contrefait in migniatur	*20:* [S. 557]

März 1701:
meinen mahler Michael Angelo vor 2 monath hab ich geben 2 monath, anjetzo wider 2 also 4 folglich biss End Junii bezahlt zusammen	*32:* [S. 562]
dem Michael Angelo v. 1½ unzen oltramarin und farben, leinwath etc.	*11:8*
vor 10 Cardinal contrefait	*9:*
Vor 15 andere dem Hoffmaister	*12:*
leinwath dem mahler	*1:50*

April 1701:
2 kupfferne blatten zum mahlen 13 Lot	*4:52* [S. 564]

Mai 1701:
für 15 Cardinal contrefait	*12:*
Michael Angelo für leinwath und farben	*8:30*
für die 2 schlachtel	*2:50* [S. 565]
für oltramarin	*2:*
für 2 telani [= Leinwände] zum mahlen	*3:*
Item ein anderes	*1:40*

Juni 1701:
den Angelo mahler vor die 7 kleine biltel v. […]	*26:* [S. 566]
dem Angelo vor den mahler, so die 4 bilder macht […] in Rom	*6:* [S. 567]
in abschl. d. contrefait all anima von Angelo ein buch mit kupffer	*2:50*
Angelo July und August besoldung	*16:*
für das blumenstuckh und die Europa	*21:* [S. 568]

August 1701:
dem Michael Angelo meinen mahler 7ber und 8ber	*16:* [S. 571]
vor die 3 all'anima König, Königin, Ertzhertzog in abschl. d. 36 Scudi	*18:*
des Ertzhertzog contrefait auff kupffer fürniess	*30:* [S. 572]
in abschl. über die 18 S noch 18 der 3 contrefait all'anima	*9:*
des Kaysers contrefait auff kupffer fürniess	*30:*
des Carls Contrefait v. David	*12:*
des Pabsten, röm. Konig und mein Contrefait auf kupffer mit fürniess	*90:*
den Michael Angelo Januar und Febr.	*16:*
des Michael Angelo ausgaaben mit dem ersten bild von denen figuren so in Wien Vorhanten [?]	*25:*

September 1701:
2 schlachtel auff kupffer mit 3 […]	*40:* [S. 573]

November 1701:
meinen mahler für seine ausgab	*9;20* [S. 576]

Juni 1702:
Meinem mahler May und Juny	*16:* [S. 588]
dem saxischen mahler in abschl. d. 3 contrefaits	*50:*
Michael Angelo July August	*16:*
dem Saxischen mahler iber die 50 Scudi in abschl. d. 90	*20:*
dem Michael Angelo mahler seine ausgaab	*11:60* [S. 588]

Juli 1702:
Michael Angelo für […] einer Callesch	*8:* [S. 590]

434. Kardinal Niccolò Acciaioli; Bischof von Frascati, Ottensteiner Kardinalsserie, römischer Maler, 1700/1701; Maria Enzersdorf, EVN

435. Kardinal Giuseppe Archinto, Erzbischof von Mailand, Ottensteiner Kardinalsserie, römischer Maler, 1700/1701; Maria Enzersdorf, EVN

436. Kardinal Giacomo Boncompagni, Erzbischof von Bologna, Ottensteiner Kardinalsserie, römischer Maler, 1700/1701; Maria Enzersdorf, EVN

rechte Seite:
Ottensteiner
Kardinalsserie,
römischer Maler,
1700/1701; Maria
Enzersdorf, EVN:

437. Kardinal
Francesco Buonvisi,
ehemaliger Nuntius
in Wien,

438. Kardinal
Caspare Carpegna

439. Kardinal Baldassare Cenci,
Erzbischof von
Fermo

440. Kardinal
Giorgio Cornaro,
Bischof von Padua

441. Kardinal
Marcello D'Aste,
Päpstlicher Legat in
Urbino

442. Kardinal Taddeo
Luigi dal Verme,
Bischof von Imola

443. Kardinal
Marcello Durazzo,
Apostolischer Nuntius
in Sapnien

444. Kardinal
Tommaso Maria
Ferrari, Dominikaner
und Maestro del
Palazzo Apsotolico

445. Kardinal
Giovanni Maria
Gabrielli,
Zisterzienser

Oktober 1702:		
Michael Angelo ein Auszügl	11:60	[S. 594]
November 1702:		
die kupfferne blatten zu des Rafaele bild	4:70	[S. 596]
für die Cardinal bilder in ihrer beschreibung	3:60	
Dezember 1702:		
Michael Angelo bis end Xbris und seine ausgaben	20:25	
Februar 1703:		
dem Michael Angelo zu denen „Bambocciati"	4:	[S. 599]
März 1703:		
auff 2 mahl den mahler Christian	70:	[S. 602]
April 1703:		
Michael Angelo mahler	2:40	[S. 603]
Ein kupffer zu dem H. Joseph zu mahlen	3:	
Juni 1703:		
Cardinalen alte in kupffer	3:80	[S. 606]
dem Cristian garmann den rest für die contrefaits	82:30	
November 1703:		
dem mahler so contrefait copiert	7:	[S. 612]
Caroli 3. Contrefait in spann[ischer] tracht	12:	
Dezember 1703:		
oltramarin in d. S. Peter Altarblatt	1:	[S. 614]
dem […] mahler so copirt	9:	
2 telani	6:	

Immerhin lassen sich aus diesen Angaben einige Informationen eindeutig oder zumindest plausibel herausfiltern. Offensichtlich der größere Teil der 70 Kardinalsbilder wurde von dem mit einem Monatsgehalt von acht Scudi besoldeten Hofmaler „Michael Angelo" zwischen August 1700 und Mai 1701 angefertigt. Wer dieser Maler war, lässt sich leider nicht so eindeutig feststellen, da vor allem zwei gebürtige Römer dafür in Frage kommen: der 1654 geborene Michelangelo Ricciolini und der neun Jahre jüngere Michelangelo Cerruti[784]. Keiner der beiden ist allerdings als Porträtist bekannt, sondern sie haben fast ausschließlich Fresken und Altarbilder geschaffen, deren Urheberschaft mitunter sogar beiden Künstlern wechselweise zugeschrieben wurde. Beide waren in den 1690er Jahren für Kardinal Ottoboni tätig, der auch Trevisani an Lamberg vermittelt haben dürfte[785]. Mir scheint jedoch die zweite Möglichkeit plausibler zu sein. Cerruti wurde zunächst von Giuseppe Passeri in Rom ausgebildet und wirkte zwischen 1691 und 1693 an der Ausstattung des Palazzo della Cancelleria mit. Nach einer längeren Tätigkeit in Turin begab er sich zum Studium der Perspektivmalerei in die Werkstatt von Andrea Pozzo. Dementsprechend schuf Cerruti später für den Fürsten Ruspoli 1708 die Bühnenbilder für Händels Oratorium *Der Auferstandene* im Palazzo Bonelli sowie 1715 Fresken im Palazzo Caetani[786] – in beiden Fällen also in

vorher von Lamberg bewohnten Palästen. Cerruti weist außerdem zwischen 1698 und 1707 eine Lücke im Oeuvre auf, während Ricciolini in den Jahren 1698 bis 1704 für die Familie Spada tätig war[787]. Neben diesen historischen Umständen spricht m. M. auch der stilistische Befund eher für Cerruti als für Ricciolini. Denn der von Maratta angeregte Stil des Jüngeren und insbesondere jener des Selbstporträts in Stockholm (Abb. 433) mit der plastischen Gestaltung des Gesichtes sowie der starken Betonung der Augen und deren Höhlen passt m.M. nach besser zu den Ottensteiner Porträts als der stärker malerische Duktus von Ricciolinis Selbstbildnis in den Uffizien[788].

Da der Restaurierungsbefund dem Augenschein entsprechend von der Tätigkeit zweier Künstler ausgeht[789], dürfte auch der Maler „David" an der Kardinalsserie beteiligt gewesen sein, der zuerst nur als anonymer Kopist aufscheint und dann im August 1701 als Urheber des Gemäldes von Lambergs Sohn Karl angeführt ist. Obwohl Lamberg in den anderen Fällen jeweils den Vornamen des Künstlers nennt, möchten wir diesen Porträtmaler mit Antonio David, den Sohn des oberitalienischen Malers, Kupferstechers und Kunstschriftstellers Ludovico David[790], identifizieren, der in Rom als „Monsù David" bekannt war[791]. Er wurde 1680 in Venedig geboren und übersiedelte mit seinem Vater 1686 nach Rom, wo er 1737 verstarb. Da schon der Vater als Porträtist von Päpsten, Kardinälen und Botschaftern wie Anton Florian von Liechtenstein (Abb. 276) tätig war und ein wahrscheinlich 1701 entstandenes Staatsporträt von Papst Clemens XI. sowohl dem Vater als auch dem Sohn zugeschrieben wird, scheint es naheliegend, dass Antonio schon vor 1700 „con direzzione del padre" das Handwerk des Porträtierens erlernt hat[792]. Die von David senior offenbar nur bis 1697 durchgeführte Tätigkeit als Serienporträtist von Kardinälen für den Verlag De Rossi wurde spätestens ab 1706 von seinem Sohn fortgesetzt (Abb. 329). Tatsächlich brachte es Antonio David im frühen 18. Jahrhundert zu einem erfolgreichen Porträtisten, „dessen dem Rokoko verhaftete Bildnisse bereits einen gemäßigten Klassizismus vorbereiten"[793]. Seine Porträts bilden ähnlich jenen von Trevisani sozusagen die stilistische Verbindung zwischen den spätbarocken Werken eines Voet und den frühklassizistischen Bildnissen eines Batoni. Antonio porträtierte nicht nur Päpste, Kardinäle, Mitglieder der Familien Farnese, Borghese, Ruspoli, Corsini sowie englische Kavaliersreisende und 1715

AÑO 1701 FRANCISCVS BONVISIVS LVCENSIS E[PI]
EPVS. IBIDEM CREAT. INNOC. XI. ÆTAT. LXXV.
MORT. 1700.

AÑO. 1701. GASPAR CARPINEVS ROMANVS
EPVS. SABINENSIS VICARIVS GEÑLIS CREAT.
CLEMEN. X. ÆTAT. LXXVI.

AÑO 1701 BALTHASSAR CINCIVS ROMANVS TIT. S.
PETRI IN MONTE AVREO PBR. CARD. ARCHIEPVS. FIR
MANVS CREAT. INNOC. XII. ÆTAT. LIII.

AÑO 1701 GEORGIVS CORNELIVS VENETVS TIT.
S.S. XII APOST. PBR. CARD. EPVS PATAVINVS CRE
AT. INNOC. XII. ÆTAT. XLIII.

AÑO 1701 MARCELLVS DE ASTE ROMANVS
TIT. S. MARTINI IN MONTIBVS PBR. CARD. AR
CHIEPVS. ANCONIT. LEGATVS VRBIN. CREAT
INNOC. XII. ÆTAT. XLIV.

AÑO 1701 TADDEVS ALOYSIVS DEL VERME PLA
CENTINVS TIT. S. ALEXY PBR. CARD. CREAT.
INNOC. XII. ÆTAT. LX.

AÑO. 1701. MARCELLVS DVRATIVS TANVENSIS. TIT.
S. PRISCÆ. PBR. CARD. LEGAT. ROMAG. CREAT.
IN NOC. XI. ÆTAT. LXVIII.

ANNO 1701 FR. THOMAS MARIA FERRARI ORD.
PREDIC. MANDVRIENSIS TIT. S. CLEMENTIS PBR.
CARD. CREAT. INNOC. XII. ÆTAT. LII.

AÑO 1701 IOANNES MARIA GABRIELLIVS
ORD. CISTERCI ENSIS TIFERNA
TIT. S. PVDEN TIANÆ. PBR.
CARD. CREAT. INNOC. XII.
ÆTAT. XLVII.

rechte Seite: Ottensteiner Kardinalsserie, römischer Maler, 1700/1701; Maria Enzersdorf, EVN:

446. Kardinal Francesco Maidalchini

447. Kardinal Enrico Noris, Bibliothekar der Römischen Kirche

448. Kardinal Opizio Pallavicino, Apostolischer Nuntius in Polen

449. Kardinal Niccolò Radulovich

450. Kardinal Urbano Sacchetti, Generalschatzmeister der Kurie

451. Kardinal Giuseppe Sacripante, Präfekt der Konzilskongregation

452. Kardinal Luiz de Sousa, Erzbischof von Lissabon

453. Kardinal Sperello Sperelli, Assessor der Heiligen Inquisition

454. Kardinal Giovanni Battista Spinola jun.

sowie 1724 den kaiserlichen Diplomaten Antonio Rambaldo Graf von Collalto[794], sondern wurde Anfang der 1730er Jahre zum offiziellen Hofmaler des englischen Exilkönigs James III. Stuart ernannt[795].

Die Verbindung zwischen der Familie David und der Familie Lamberg, die übrigens 1703–05 im selben Pfarrsprengel von S. Lorenzo in Lucina wohnten[796], könnte auch über das Collegio Romano und dessen Kardinalprotektoren Pamphilj sowie Ottoboni[797], über Vermittlung durch die Familie Sacchetti[798] oder die Fürsten Odescalchi und Ruspoli erfolgt sein[799]. Stilistisch fügen sich die scharf geschnittenen Gesichter mancher Kardinalsporträts mit ihren kräftigen Schattenlinien neben den Nasen sowie den stark hervortretenden Augäpfeln und die nur mit wenigen Weißhöhungen angedeuteten Falten der roten Gewänder gut zum Stil der Porträts von Ludovico und Antonio David, wenn man etwa das Ottensteiner Bildnis von Clemens XI. mit den beiden anderen Porträts dieses Papstes aus der David-Werkstatt vergleicht[800]. Ähnlichkeiten gibt es auch zu zwei 1709 datierten Bildnissen des Fürsten Ruspoli (Abb. 19), die bislang als die ältesten erhaltenen Porträts von der Hand des jungen David galten[801]. Als weiteres Argument kann die Tatsache gelten, dass mindestens zwei der vorbildlichen Kupferstiche auf Gemälden des älteren David basieren, nämlich jene der Kardinäle Giovanni Antonio Morigia und Tommaso Maria Ferrari OP[802] (Abb. 456 und 457). Da von Antonio David bisher keine Frühwerke bekannt sind, würde eine jahrelange Tätigkeit für Lamberg diese Lücke erklären.

Abgesehen von vereinzelten echten Porträtsitzungen vielleicht des Botschafters und seiner beiden in Rom anwesenden Vettern dienten in den meisten Fällen jedoch druckgraphische Bildnisse als Vorlagen für die Kardinalporträts und wohl nur gelegentlich ebenso wie bei den Bildnissen der Habsburger und der Familienangehörigen Originalgemälde. Dabei handelte es sich großteils um die Kardinalporträts der erstmals 1657 im römischen Verlag des Giovanni Giacomo De Rossi unter dem Titel *Effigies nomina et cognomina S.D.N. Alessandri Papae VII et R.R.D.D.S.R.E. Cardd nunc viventium* erschienenen Serie von Kupferstichen. Die päpstlich privilegierten Bildnisse in neuer künstlerischer Qualität waren offensichtlich nicht nur Teil der Bestrebungen Alexander VII., das Image der Kardinäle in der Öffentlichkeit zu verbessern und populärer zu machen, sondern bildeten sozusagen auch das Vorspiel für die berühmten Architekturveduten des alexandrinischen Rom[803]. Die Serie wurde regelmäßig aktualisiert und im 18. Jahrhundert weitergeführt[804]. Als Graf Lamberg etwa im Jänner 1704 dem Kaiser über den Einzug des neuernannten Kardinals und Papstneffen Francesco Pignatelli berichtete, legte er seinem Schreiben einen damals für die Serie angefertigten Porträtkupferstich bei (Abb. 342)[805]. Die Rechnungsangabe *„von Angelo ein Buch mit kuppfer"* (nach Beendigung der Arbeiten an den Porträts im Juni 1701) bezieht sich wohl auf diese Vorlagen, und auch die Bezahlung *„für die Cardinal bilder in ihrer beschreibung"* an den Buchdrucker Komarek ist wahrscheinlich in diesem Sinne zu interpretieren, da von einer gedruckten Beschreibung der Lambergischen Kardinalporträts bisher nichts bekannt ist. Grundsätzlich lassen sich drei Arten der Übereinstimmung zwischen dem Ottensteiner Gemälde und dem entsprechenden Kupferstich nachweisen: direkte Übereinstimmungen etwa bei den Porträts der Kardinäle Paolucci, Noailles und Ottoboni sowie den beiden von David sen. gemalten Kirchenfürsten (Abb. 456)[806] verweisen wohl auf eine gemeinsame Originalvorlage; Abweichungen in der Haltung oder Kleidung wie beim Kardinal Janson oder dem ebenfalls von Ludovico David porträtierten Kardinal Giorgio Cornaro (Abb. 323 und 440)[807] sind entweder dem Wunsch des Malers nach Abwechslung oder der Verwendung eines von der Kupferstichvorlage abweichenden Originalgemäldes zu verdanken; bei den meisten Ottensteiner Gemälden handelt es sich um seitenverkehrte Kopien und dies spricht dafür, dass Lambergs Maler eine Serie von Originalgemälden (von Maratta, Gaulli und Voet) oder einen seitenverkehrten Nachdruck der Kupferstichausgabe als Vorlage heranzogen[808]. Da auch die beiden Papstbildnisse der Serie angepasst wurden, griff man dabei auf die an sich eher seltene Form des reinen Brustbildnisses des Pontifex Maximus mit Camauro sowie Mozzetta mit Hermelinbesatz zurück. Die Gemälde des Papstes Innozenz X. von Giovanni Battista Gaulli um 1670 bilden die unmittelbare Vorstufe dafür[809].

Die Gemälde auf Leinwand waren trotz größeren Formates billiger, da die zwischen April 1701 und Juli 1702 entstandenen Kupfergemälde der Familienserie (Abb. 1, 48, 50, 53, 288, 321, 371–372, 376, 458 und 459) mit 30 Scudi verrechnet wurden. Bei der Gesamtaufstellung der römischen Gemälde werden dementsprechend die 70 Kardinalporträts mit insgesamt nur 65 Scudi bewertet,

AÑO 1701 FRANCISCVS MAIDALCHINVS VITER
BI. PRIOR PBR. PENSIONARIVS GALLVS CREAT.
INNOC. X. ÆTAT. LXX. MORT. 1700.

AÑO 1701 HENRICVS NORIS ORD. S. AVGVST.
EREMIT. VERONENSIS TIT. S. AVGVSTINI PBR.
CARD. CREAT. INNOC. XII. ÆTAT. LXX.

AÑO 1701 OPITIVS PALLAVICINVS IANVENSIS
CARD. PBR. CREAT. INNOC. XI. ÆTAT. LXVIII.
MORT. XII. IAN. 1700.

AÑO 1701 NICOLAVS RADOLOVICVS NEAPOLITVS.
TIT. S. BARTHOLOMÆI IN INSVLA PBR. CARD. CREAT.
INNOC. XII. ÆTAT. LXXV.

AÑO 1701 VRBANVS SACCHETTVS FLORENT. TIT.
S. BERNARDI PBR. CARD. CREAT. INNOC. XI. ÆTAT.
LXI.

AÑO 1701 IOSEPHVS SACRIPANTES NARNIENSIS
TIT. S. MARIÆ TRANSPONTINÆ. PBR. CARD. PRODA
TARIVS CLEMENT. XI. CREAT. INNOC. XII.
ÆTAT. LIX.

AÑO 1701 ALOYSIVS SOVSA LVSITANVS EPVS
VLLYSIPONENSIS CREAT. INNOC. XII.

AÑO 1701 SPERELLVS DE SPERELLIS ASSISIENSIS
TIT. S. IOAN. ANTE PORTAM LATINAM PBR. CARD.
CREAT. INNOC. XII. ÆTAT. LXII.

AÑO 1701 IO. BAPTISTA SPINVLA IANVENSIS
S. CESAREI DIAC. CARD. S.R.E. CAMERARIVS
CREAT. INNOC. XII. ÆTAT. LV.

während die zehn Kupferbildnisse mit einem Wert von 390 Scudi eingetragen sind. Dazu kamen allerdings noch die Gehälter für den Hofmaler für zwei Jahre mit insgesamt 360 Scudi sowie die Materialkosten (Leinwand, Kupfertafeln, Farben) mit „wenigstens" 150 Scudi. Tatsächlich sind diese Kunstwerke auch aufgrund ihrer dreiviertelfigurigen Darstellungen mit Beiwerk aufwendiger als die Brustbilder der Kardinalsserie. Die Vorbilder kommen dementsprechend direkt aus dem Bereich der Staats- und Standesporträts: So übernimmt das Kupfergemälde des Kardinals Lamberg (Abb. 288) den Demutsgestus der linken Hand und das Taschentuch in der Rechten direkt von einem ganzfigurigen Porträt Marrattas von Kardinal Antonio Barberini aus der Zeit um 1670. Eine leicht veränderte Form ebenfalls mit topographischem Kirchenausblick im Hintergrund schuf Antonio David um 1720 für Kardinal Francesco Acquaviva d'Aragona. Dieser Maler auch den Zeigegestus des Botschafters sowie den Ausblick auf ein römisches Monument später beim Bildnis des William Perry aufgriff[810], scheint es naheliegend, einzelne Werke der Familienserie auf Kupfer (in Frage kommen dafür insbesondere Leopold Joseph, Johann Philipp und Hans Franz) ebenfalls diesem Porträtisten zuzuschreiben. Noch plausibler ist dies für die Darstellung von Clemens XI., die eine Paraphrase von Marattas Bildnis des Papstes Clemens IX. von 1669 im Vatikan darstellt. Sowohl das Brustbild der Ottensteiner Kardinalsserie (Abb. 6) als auch das Kniestück der lambergischen Familienserie (Abb. 321) gehen nämlich direkt auf ein ganzfiguriges Bildnis des Albani-Papstes in der Sammlung Lemme zurück (Abb. 455), das aufgrund unserer Hinweise von Fabrizio Lemme der David-Werkstatt zugewiesen wurde, allerdings dem Vater Ludovico[811].

Zehn von den insgesamt dreizehn Bildnissen auf Kupfer (zwei Päpste, drei Habsburger, acht Familienmitglieder[812]) können allerdings quellenmäßig als Werke des „Säxischen Christian" belegt werden. Der Maler selbst ist mit dem aus Leipzig stammenden Christian Reder (Röder/Reuter) zu identifizieren (Abb. 460), der damals wie Lamberg im Pfarrsprengel von S. Lorenzo wohnte[813]. Zuerst als Soldat tätig, ist er über England, Holland und Venedig 1686 nach Rom gekommen, wo er 1691 geheiratet hat und 1721 in die Akademie aufgenommen wurde. Reder ist vor allem durch den Künstlernamen *Monsù Leandro* und durch Schlachtenbilder (u. a. von Kämpfen kaiserlicher Truppen gegen Türken) in den Sammlungen der Borghese, Doria Pamphilj oder Pallavicini Rospigliosi sowie als Dekorationsmaler bekannt[814]. Für die Identifikation spricht aber, dass Reder zunächst neben Paradisi für die Chigi und ebenso wie Cerruti in den 1690er Jahren für Kardinal Ottoboni sowie 1713–15 im Palazzo Caetani für Fürst Ruspoli tätig war. Der Sachse arbeitete außerdem für den portugiesischen Gesandten, den kaiserlichen Botschafter Priè und für den vom Papst 1711 zu Karl VI. nach Mailand gesandten Legaten Imperiali, also in der unmittelbaren sozialen Umgebung von Lamberg[815]. Nicht zuletzt berichtet der römische Kunstschriftsteller Nicolà Pio 1724, dass Reder in Dresden Schüler eines „berühmten Malers von Bildnissen" war und sich auch selbst „im Anfertigen von Porträts geschult hat"[816]. Für den Fürsten Rospigliosi malte Reder außerdem ein Genrebild mit Pferden[817], sodass vermutlich nicht nur die in Lambergs Liste direkt unter den Kupferporträts

455. Papst Clemens XI. Albani, Ölgemälde von Ludovico David, 1700; Rom, Slg. Lemme

genannten zwei „Bataillen auf kupfer" (48 Scudi), sondern sicher auch die beiden „landschaften mit Pferden v. Leander" (36 Scudi) dem Leipziger Maler zuzuschreiben sind.

Abgesehen von den Porträtaufträgen hat Lambergs Hofmaler aber im Jänner 1703 auch zwei oder mehrere Genrebilder mit römischer Thematik, sogenannte *Bambocciate*, geliefert („*dem Michael Angelo zu denen Bambociatti 4:*") und zwei Altarbilder für die Lambergische Patronatskirche im niederösterreichischen Döllersheim (Abb. 128) ausgeführt. Das Kassabuch nennt im August 1703 die Ausgabe von 3:60 Scudi für „*Tellani [= Leinwände?] umb 2 altar blätter nach Döllershaimb*" und im Jänner 1704 das Honorar von 24 Scudi für „*Michael Angelo d. altarbild nach Döllersheimb*"[818]. Leider wurden die barocken Altäre dieser Pfarrkirche schon im Zuge der Regotisierung um 1900 entfernt und die Kirche selbst ab 1938 in Folge der Errichtung des Truppenübungsplatzes der Deutschen Wehrmacht zur Ruine. Eines der beiden Altarbilder für die Pfarrkirche Döllersheim könnte allerdings schon von Lamberg selbst oder später für den Altar der Schlosskapelle Ottenstein umgewidmet worden sein, da dessen offensichtlich italienisches Schutzengel-Gemälde (Abb. 119) nicht dem ursprünglichen Patrozinium der Kapelle entspricht.

Bildete die Tätigkeit für die Arkadier Ottoboni (Abb. 18), Pamphilj (Abb. 469) und Ruspoli (Abb. 19) ein Verbindungsglied der für Lamberg arbeitenden Künstler[819], so bestand ein anderes in der gemeinsamen Mitgliedschaft bei den *Virtuosi al Pantheon* sowie der antifranzösischen Künstlervereinigung *Schilderbent*[820]. Zu diesen *Bentvueghels* gehörten neben dem schon genannten Reder (Leandro) auch zwei weitere von Lamberg beschäftigte deutsche Maler, nämlich Philipp Peter Roos (Merkur) und Christian Berentz (Goudtsbloem)[821].

Die ersten Gemäldeankäufe Lambergs im April 1700 betrafen „*zwey blumenstuckh*" um 10 Scudi sowie „*zwey fruchtstuckh v. max*" um nicht weniger als 90 Scudi[822], also Werke des in der späteren Liste namentlich genannten deutschen Malers Maximilian Pfeiler. Mit einiger Wahrscheinlichkeit können die zwei auch im Inventar Lambergs wiederkehrenden Blumenstillleben „*von Max*" mit den beiden 198 x 148 cm großen Gemälden in der Wiener Akademiegalerie identifiziert werden, die als Gegenstücke konzipiert sind und 1822 aus Lambergbesitz an die Akademie kamen. Die Fruchtstücke von Pfeiler, die unmittelbar danach genannt sind, dürfen in den 72 x 99 cm großen Gemälden dieses Malers mit derselben Provenienz vermutet werden[823] (Abb. 461). Da Gemälde von Pfeiler schon um 1714 in einem Lamberg-Inventar aufscheinen[824], wurden sie bereits von Klára Garas als Auftragsarbeiten des kaiserlichen Botschafters zur Diskussion gestellt[825]. Die Gegenstücke verraten sowohl in der Wahl der Objekte als auch im Stil eine große

456. Kardinal Giacomo Antonio Morigia, Kupferstich von Arnold van Westerhout nach Ludovico David, 1695; Privatbesitz

457. Kardinal Giacomo Antonio Morigia, Erzbischof von Florenz, Ottensteiner Kardinalsserie, römischer Maler, 1700/1701; Maria Enzersdorf, EVN

Nähe zu den Werken von Christian Berentz (Abb. 465), unter dessen Schülern laut Pascoli *"es sicher Maximilian war, der ihm am meisten Ehre einbrachte, und ihn ziemlich gut imitierte"*[826]. Tatsächlich scheint Pfeiler schon seit der zweiten Hälfte der 1680er Jahre in der Werkstatt des Hamburgers gearbeitet zu haben. Später ist auch eine Kooperation des deutschsprachigen Künstlers mit Trevisani belegt, während Herkunft und Lebensdaten nicht gesichert sind: 1683 wird ein Maler dieses Namens in den Akten der Prager Malerzunft genannt und um 1723 scheint Maximilian Pfeiler relativ jung in Rom verstorben zu sein[827]. Aufgrund der mitteleuropäischen Wurzeln war er jedenfalls nicht nur für italienische Auftraggeber tätig, sondern Werke von Pfeiler befanden sich auch im Besitz des Bischofs Pál Forgách, in der Galerie der Fürsten Esterházy sowie in Prager Sammlungen[828]. Franz Georg Graf von Schönborn, der Neffe des Kurfürsten, hatte auf seiner Kavalierstour in Rom um 1705 offensichtlich nicht nur Trevisani und Berentz, sondern auch *"den Teutschen mahler Maximilian Pfeyler"* kennen- und schätzengelernt[829]. Es fanden sich daher bald neun Stillleben von dessen Hand in den Galerien von Lothar Franz in Pommersfelden und Gaibach und vier Gemälde in den Sammlungen von Friedrich Karl von Schönborn, dem älteren Bruder des Franz Georg, im Wiener Gartenpalais sowie in Schloss Göllersdorf[830]. Lamberg dürfte jedoch einer der ersten oder sogar der erste Sammler des römischen Malers aus dem Umkreis des Wiener Hofes gewesen sein. Philipp Peter Roos (Abb. 462) wurde 1657 in Heidelberg als ältester Sohn des pfälzischen Hofmalers Johann Heinrich Roos geboren, der für seine italienischen Hirtenlandschaften und Tierstücke bekannt wurde. Der Sohn lebte im Unterschied zu seinem Vater nicht nur lange in Rom, sondern hat diesen an „internationaler Berühmtheit wohl noch übertroffen". Seine Studien von Tieren in der Landschaft der römischen Campagna finden sich im 18. Jahrhundert sowohl in den Galerien der Corsini, Pamphilj, Liechtenstein, Nostitz oder Schönborn als auch in jenen von Fürsten und Adeligen in Russland, England und Schweden. Philipp Peter wurde zunächst von seinem nach Frankfurt am Main übersiedelten Vater unterrichtet, und bekam 1677 vom Landgrafen Ernst von Hessen-Kassel eine Studienreise nach Rom und Neapel finanziert. Dort heiratete er nach seiner Konversion zum Katholizismus 1681 in S. Lorenzo in Lucina die Tochter des Malers Giacinto Brandi, wurde 1683 in die *Congregazione dei Virtuosi al Pantheon* aufgenommen und war damals häufig für Kardinal Benedetto Pamphilj tätig. 1684 übersiedelte Roos in eine römische Ruine in Tivoli, wo er auch zahlreiche Haustiere als Modelle für seine Gemälde hielt und der er seinen Künstlernamen *Rosa da Tivoli* verdankt. 1691 kehrte der Maler wieder in die Via dei Condotti zurück, betrieb aber bei S. Maria Maggiore eine Landwirtschaft. Seine Gattin starb 1703 und wurde in S. Lorenzo begraben. Philipp Peter folgte ihr am 17. Jänner 1706 in die Ewigkeit[831]. Neben seinen Geldnöten und einer angeblichen Neigung zum Trinken betonen die zeitgenössischen Lebensbeschreibungen vor allem seine Schnelligkeit beim Malen, die ihm dem Spitznamen *Merkur* eingebracht hatte. Zur Illustration dieses Sachverhaltes dient eine Anekdote, bei der Lambergs Vorgänger als Botschafter eine Hauptrolle spielt: Graf Martinitz soll nämlich mit dem schwedischen General Karl Gustav Roos gewettet haben, dass dessen Namensvetter ein Gemälde schneller fertig stellen könne als die beiden Adeligen ein Kartenspiel beenden würden. Tatsäch-

458. Der spätere Passauer Fürstbischof und Kardinal Joseph Dominik Graf von Lamberg als päpstlicher Kaplan in Rom, Ölgemälde auf Kupfer von Christian Reder oder Antonio David, 1700/01; Privatbesitz

459. Karl Joseph von Lamberg(-Sprinzenstein), der Sohn des Botschafters, als Ritter des spanischen Santiago-Ordens, Ölgemälde auf Kupfer von Christian Reder oder Antonio David, 1700/01; Privatbesitz

lich hatte der Maler noch vor dem letzten Atout, also etwa in einer halben Stunde, „zwei oder drei Ziegen oder Schafe, eine halbe Figur mit dem üblichen Beiwerk oder Landschaft zum Staunen des schwedischen Generals gemalt, der seine Wette verloren gab". Wie die Erzählung weiter berichtet, erhielt der Maler einige der Goldstücke, um die man gewettet hatte[832]. Der römische Kunst-schriftsteller Nicola Pio überliefert 1724 nicht nur eine ähnliche Anekdote mit Lamberg als Hauptfigur, sondern auch die Nachricht, dass Rosa da Tivoli sogar einige Zeit im Haus des kaiserlichen Botschafters gelebt hat – vermutlich nach dem Tod seiner Gattin im Sommer 1703. Dieser Quelle zufolge war Roos „*ein Mann von großem Geist, schönem Aussehen, gutem Benehmen und großer Bravour seines Pinsels, sodass ihm wegen der Schnelligkeit seines Arbeitens und der Ausführung seiner Sachen mit solcher Freiheit und Entschlossenheit vom kaiserlichen Botschafter Lamberg, der ihn einige Zeit in seinem Haus beherbergte, der Spitzname ‚Blitz' gegeben wurde"*[833].

Philipp Peter Roos malte „fast ausschließlich Ziegen, Schafe, Widder, Rinder, Pferde und Hunde mit oder ohne Hirt oder Hirtin vor der Kulisse einer weiten zerklüfteten Campagna-Landschaft". Unter den hunderten Werken von Roos findet man kleinformatige Tierstücke ebenso wie Landschaften mit Tierstaffage in einer Breite von über zwei Metern. Trotz gleicher Thematik unterscheiden sich die Bilder laut Jedding in den einzelnen Entwicklungsphasen. Kennzeichen der früheren Gemälde von Rosa da Tivoli sind beleuchtete Ziegen oder Schafe vor düsterer Landschaft, die „verwegene Wildheit und kraftvolle Vitalität" ausstrahlen. Später werden die Darstellungen um eine meist sitzende Hirtenfigur erweitert. In der ersten Hälfte der 1690er Jahre finden sich verstärkt Pferde sowie Kühe, und im Spätwerk gewinnt die Landschaft mit Ruinen, Felsen oder Wasserfällen die Oberhand gegenüber der Tierstaffage im Vorder- und Mittelgrund. In Lambergs Rechnungsbuch sind nun während des fünfjährigen Aufenthaltes in Rom mehrere Bezahlungen an Rosa da Tivoli eingetragen, die vielleicht nicht nur eigene Werke des Tiermalers betrafen, sondern auch Gemälde anderer Maler aus seinem Besitz:

Mai 1700:
die 2 Viehstuckh v. Rosa   *120:* [S. 540]

August 1700:
dem Rosa in abschl. d. 2 schlachten   *30:* [S. 545]

Jänner 1701:
dem Rosa mahler vor ein schlacht in ab[schlag] 110 Scudi   *110:* [S. 557]
5 stuckh v. Rosa ausgelöset   *35:*

Februar 1701:
dem Parelle vor den Rosa mahler iber   *21:* [S. 559]

März 1701:
die ‚cacia' bezahlt v. Rosa […]   *30:* [S. 562]

Juni 1701:
dem Parelle geben so er den Rosa zahlt   *18:* [S. 565]
durch den Hoffmeister den Parelle   [S. 566]
dem Rosa völlig   *39:*

Mai 1703:
eine Dispens v. Rosa   *25:* [S. 606]

Juni 1703:
eine Credenz v. Rosa   *25:*
2 schatzeryen v. Rosa   *50:*
Schlafrockh dem Rosa   *1:80*

November 1703:
zwey grosse Teleni vor den Rosa   *16:* [S. 612]

März 1704:
2 tellani dem Rosa   *-:80* [S. 618]

Juni 1704:
die 2 grosse bilder v. Rosa   *60:* [S. 622]

Mai 1705:
dem Rosa anticipirt   *10:* [S. 635]

Zumindest die beiden erstgenannten Werke sind im Verzeichnis der römischen Erwerbungen Lambergs eindeutig als „*2 Viehstuckh v. Rosa v. 10 palmi*"[834] mit einem Wert von 90 Scudi und damit als eigenhändige Werke von Rosa da Tivoli zu identifizieren. Bei zwei „*Schlachten v. Rosa*" im Wert von 220 Scudi sowie den zwei „*Stuckh v. Rosa eine dispens [= Küchenstück] und eine credenz*" (= *Credenziere*[835]) zum Preis von 50 Scudi handelt es sich zwar um die 1701 und 1703 von Philipp Peter Roos erworbenen Gemälde, aber nicht not-

460. Christian Reder gen. Leandro, Selbstporträt, lavierte Federzeichnung, um 1720; Stockholm, Nationalmuseum, Inv.-Nr. 3038/1863

wendigerweise um dessen eigene Arbeiten, da nur ganz wenige Stillleben und Schlachten von seiner Hand bekannt sind[836].

Da Philipp Peter seine Gemälde nur selten signiert hat, ist es auch nicht leicht, seine Werke von jenen seines Vaters, seiner Brüder Johann Melchior und Franz sowie seiner Söhne Jakob (Rosa da Napoli) und Cajetan (Caetano de Rosa) zu unterscheiden, die gleichfalls hauptsächlich Campagnalandschaften und Tierstücke geschaffen haben. Dennoch soll der Versuch unternommen werden, einige der in Lambergs Umkreis erhaltenen Tierstücke der Familie Roos zuschreiben und als möglicherweise aus dem Besitz Lambergs stammend zur Diskussion zu stellen. Während ein Gemälde „schwarz-weißer Ziegenbock mit gespaltenen Hörnern. Gut, Ende des XVII. Jhs." aus dem Schloss Ottenstein nur mehr in der Kunsttopographie dokumentiert ist[837], haben sich in dem von Lambergs Urenkel im 19. Jahrhundert an die verschwägerte Familie Hoyos vererbten Schloss Drosendorf ein *Hirtenstück* in der Größe von 180 x 285 cm, also einer Länge von ungefähr 10 *palmi*, sowie Gegenstücke mit Darstellungen einer Rinderherde und einer Schafherde mit jeweils 120 x 166 cm erhalten, die bereits in der Kunsttopographie als in der „Art des Rosa da Tivoli" bezeichnet wurden[838]. Zwei weitere Werke dieser Art in Horn, dem Stammsitz der Familie von Lambergs Schwager (Abb. 158), dürften aufgrund der Rahmung ebenfalls aus Drosendorf stammen und bezeugen die weite Verbreitung der Viehstücke der Familie Roos beim österreichischen Adel. Das in die erste Werkgruppe des Malers passende und gut mit den gleich großen Gemälden im Kunsthistorischen Museum sowie in den Staatlichen Kunstsammlungen Kassel vergleichbare Gemälde in Drosendorf (Abb. 463) zeigt schön Rosas collageartige Komposition aus einzelnen Tierstudien. Ebenso deutlich wird die sprichwörtliche flotte Malweise, die natürlich heute an vielen Stellen den nur spärlich abgedeckten Malgrund sichtbar werden lässt. Das Horner Gemälde (Abb. 464) folgt den Prinzipien der mittleren Werkgruppe laut Jedding. Ein Schimmel und eine Schafherde haben sich mit den Hirten bei einem Brunnen in der Campagna eingefunden. Im Hintergrund ragt eine antike Ruine

461. Stillleben mit Früchten, Prunkkanne und Gläsern in einer Landschaft, Ölgemälde von Maximilian Pfeiler, um 1700; Wien, Gemäldegalerie der Akademie der bildenden Künste, Inv.-Nr. 320 (aus der Slg. Lamberg-Sprinzenstein)

auf. Hier hat Philipp Peter Roos einen von seinem Vater vor allem in den 1680er Jahren bevorzugten Bildtypus aufgegriffen, aber durch den engeren Bildausschnitt wird die Tierherde zum Hauptthema. Hintergrundlandschaft und Wolkenhimmel bieten aber mehr atmosphärische Qualitäten als die ‚reinen' Tierstücke der erstgenannten Werkgruppe. In der Kompositionsweise und auch in der Form des Brunnens gut vergleichbar ist etwa das Gemälde der Hamburger Kunsthalle[839].

Ein weiteres Gemälde von Rosa da Tivoli lässt sich aufgrund des für den Künstler seltenen Themas mit ziemlicher Sicherheit als Werk aus dem Besitz Lambergs identifizieren, nämlich die Damhirschjagd aus dem Jahre 1692 in St. Petersburg (Abb. 513)[840]. Die 1701 von Leopold Joseph von Lamberg um 30 Scudi angekaufte „cacia" wird nämlich schon in dessen *Specification* von 1705/06 als „Jagd mit einem weissen thamhirschen" genauer beschrieben. Als *„ein St. von obigen Meister [= der Romanische Rosa] ein Thamhirsch Jagt mit Hundten vorstellend"* findet sich das Gemälde um 1740 in einem Gemäldeverzeichnis von Lambergs Sohn. Diese Beschreibung entspricht nicht nur genau jener des Werkes von Roos in der Eremitage, sondern fügt sich gut zur möglichen Herkunft eines weiteren Gemäldes der russischen Sammlung aus dem Besitz von Karl Joseph von Lamberg-Sprinzenstein[841].

Das zweifellos bedeutendste Werk, das der kaiserliche Botschafter in Rom in Auftrag gab, war jedoch ein wunderbares Gemälde von Christian Berentz, dem wichtigsten Stilllebenmaler der Stadt (Abb. 465). Der zunächst in seiner Heimatstadt Hamburg ausgebildete Künstler unternahm Wanderungen durch Deutschland, Flandern und Italien, um sich nach einem längeren Aufenthalt in Venedig um 1680 in Rom niederzulassen. Schon bald erhielt er Aufträge der adeligen Familien Rezzonico, Rospigliosi und vor allem Pallavicini, wobei sich ein Einfluss der prunkvollen Stillleben von Cristoforo Munari vermuten lässt[842]. Der schon in den Niederlanden durch den Beinamen „Goldblume" charakterisierte Künstler malte – wie es Pascoli 1736 formulierte – die *„Früchte so natürlich, dass sie den Wunsch, sie zu berühren hervorriefen, und gleichsam zweifeln ließen, ob sie gemalt oder echt seien"*, und die *„Kristallgläser voll Wein so gut, dass sie den Durst anregten und zum Trinken einluden"*[843]. Die offensichtlich vom Marchese Nicolò Maria Pallavicini angeregte Zusammenarbeit von Berentz mit Maratta führte 1689 zur Ausführung eines großformatigen „Prunkpicknicks", dessen „vornehme Nonchalance" sofort Furore machte. Selbst der Papst bestellte sogleich zwei ähnliche Gemälde (eines davon heute vermutlich in der Eremitage). Das 1696 datierte Werk in Neapel zeigt die Kombination von Garten mit antiken Spolien, Früchten, Rosen, Goldgefäßen, Kristallgläsern auf Silbertablett und Teppich bereits im Hochformat, wie es der Künstler später mehrfach variierte[844].

Diesem Typus folgt auch das Gemälde für den kaiserlichen Botschafter. Erinnert das antike Kapitell *primavista* an Rom, so verweisen die vergoldete Konfektschale und eine große Goldkaraffe mit den Wappen der Familien Lamberg und Sprinzenstein auf den Auftraggeber und seine Gattin. Dadurch und durch die Beschreibung sowie Abbildung in der Kunsttopographie war das Werk seit jeher mit Leopold Joseph von Lamberg in Beziehung gebracht worden[845]. Im Rechnungsbuch des Botschafters lassen sich nun auch die Bezahlung sowie der Inventarvermerk für das Stillleben nachweisen:

462. Philipp Peter Roos, gen. Rosa da Tivoli, Kreidezeichnung von Luigi Garzi, um 1720; Stockholm, Nationalmuseum, Inv.-Nr. 638/ 1863

463. Junger Hirt mit Herde, Ölgemälde von Philipp Peter Roos, Ausschnitt, um 1690–1695; Privatbesitz
464. Hirten mit Herde bei der Rast am Brunnen in der Campagna, Ölgemälde von Philipp Peter Roos, um 1695–1700; Privatbesitz

rechte Seite:
465. Stillleben für den Grafen Leopold Joseph von Lamberg und seine Gattin, Ölgemälde von Christian Berentz, 1704; Augsburg, Stadtsparkasse/ Städtische Kunstsammlungen

März 1703:
auf 2 mall den mahler Christian 70: [S. 602]

Mai 1703:
dem Christian fruchtmahler iber die 70 S[cudi] 20: [S. 605]

August 1704:
iber die 90 Scudi dem Cristian 20: [S. 624]

Februar 1705:
den rest iber die 110 Scudi dem Christian mahler 20: [S. 631]

In Lambergs Gemäldeinventar kann das Werk als *„Frucht und blumenstuckh v. teutschen Christian"* mit einem Wert von 130 Scudi ebenfalls eindeutig identifiziert werden (siehe unten S. 507). Das *„Christianus Berentz F[ecit] Roma 1704"* bezeichnete Gemälde gehört mit 95,5 x 73,5 cm zwar nicht zu den größten, aber wohl zu den besten Werken von Berentz.

Dominierendes Motiv ist die vergoldete Prunkkanne im Zentrum des Bildes, deren Vorderseite das vom Goldenen Vlies umgebene Lamberg-Wappen zeigt. Dieser Teil einer Lavabogarnitur wurde so detailgetreu gemalt, dass Kommer ein „real existierendes Vorbild" und sogar ein Werk des Augsburger Goldschmieds Christoph Lencker annimmt. Sowohl die Tatsache, dass dieser Kunsthandwerker zahlreiche Aufträge des Wiener Hofes erhielt und 1592 zwei Lavabogarnituren als diplomatische Geschenke des Kaisers für den Sultan lieferte, als auch die Existenz süddeutscher Silbergefäße der Zeit um 1600 in Ottenstein noch zu Beginn des vorigen Jahrhunderts, scheinen für diese These zu sprechen[846]. Ein weiteres Argument für die Darstellung konkreter Luxusobjekte aus dem Besitz des kaiserlichen Botschafters auf dem Gemälde von Berentz bildet die vergoldete Konfektschale auf zwei heraldischen Lamberg-Hunden, die farbige Emailschildchen mit dem Sprinzenstein-Wappen halten. Die Anbringung der erst 1700 verliehenen Ordensinsignien sowie die Verwendung derselben Kanne ohne Lamberg-Wappen auf anderen Bildern von Berentz sprechen jedoch wohl gegen eine solche Annahme. Die gleichen Motive – eine ganz ähnliche Prunkkanne und Gläser auf einem Teppich über einem antikem Kapitell finden wir etwa auf dem ebenfalls 1704 entstandenen Gemälde *Vorbereitungen eines Festmahles* der Galleria Corsini wieder, allerdings aus größerer Entfernung und vor dem Hintergrund einer barocken Parklandschaft bzw. Architektur[847]. In einem um 1717 datierten Gemälde der Corsini-Sammlung mit dem Titel *Die Fliege* sieht man eine verwandte Konfektschale[848]. Tatsächlich hat Berentz selbst Obstdarstellungen wie den links vorne liegenden Pfirsich in einem anderen Bild wieder verwendet, sodass man von einer Modellsammlung von Einzelmotiven ausgehen muss[849]. Andererseits scheint aber das Relief der *Ara Pacis Augustae* in der Villa Medici auf einem heute ebenfalls in Augsburg befindlichen späteren Gemälde von Berentz eigens für einen bestimmten Auftraggeber ins Bild gesetzt worden zu sein[850]. Ungeachtet der möglicherweise nur virtuellen Existenz der gemalten Objekte im Gemälde Lambergs, verkörpern sowohl die Kristallgläser und die Goldschmiedearbeiten mit den Familienwappen als auch die antike Spolie eindeutig bewusst gewählte Statussymbole des kaiserlichen Botschafters. So verwies die altertümliche Wasserkanne vielleicht auf die Tradition der Familie, sicher aber auf den Rang des Diplomaten, da die Zeremonie der Handwaschung nur dem bzw. den ranghöchsten Teilnehmern einer Fürstentafel zustand. Durch diese Funktion des Lavabos als höfische Tafelinsignie erinnerte Graf Lamberg an seine Funktion als Stellvertreter des Kaisers, an dessen Hof die Reichung des Wasserbeckens durch einen Kämmerer fester Bestandteil des Tafelzeremoniells war[851]. Solches Silbergeschirr für eine Kredenz bildete aber auch in Rom ein allgemein bekanntes Statussymbol[852]. Das antike Kapitell, das Berentz vermutlich ebenfalls nach einem Modell in einer römischen Sammlung malte, erinnerte an Lambergs Tätigkeit am päpstlichen Hof, war aber wohl auch Ausdruck von dessen archäologischem Interesse (siehe unten S. 472 ff.). Krämers Interpretation als „Graf Lambergs Hochzeitsbild" scheint aufgrund des ins Jahr 1704 fallenden 25. Hochzeitstages nahe liegend.

Berentz sollte bald auch in Deutschland berühmt werden. 1708 berichtet etwa Franz Georg Graf von Schönborn in einem Brief an seinen Onkel Lothar Franz, dass *„monsieur Christian"* als *„in früchten für den besten maler, so jemahl gewesen, gehalden würd"* und dass er daher ein Gemälde mit einer *„credenzschal[e]"*, Weingläsern, Obst und einem Teppich gekauft habe[853].

Ebenso nahe liegend wie die Beratung durch und der Gedankenaustausch Lambergs mit den in seinem Haus lebenden Künstlern war wohl auch die kunsthistorische Konversation mit seinen Partnern, Kollegen und vor allem Freunden in der römischen Gesellschaft. Konnten bisher keine Hinweise auf Kunstkontakte mit Aristokraten des Wiener Hofes gefunden werden[854], so enthält Lambergs Diarium doch einige Angaben über Kunstankäufe und Geschenke aus römischen Sammlungen, die darauf schließen lassen, dass Lambergs entsprechendes Interesse in der Stadt

462

466. Hochzeit zu Kanaa, Kopie nach Paolo Veronese, Ölgemälde, 17. Jh.; Wien, Gemäldegalerie der Akademie der bildenden Künste, Inv.-Nr. 307 (aus der Slg. Lamberg-Sprinzenstein)

bekannt war. Tatsächlich war es in Rom naheliegend, bei der Suche nach Geschenken die Kunstsammlungen als „kulturelle Dispositionsmasse" heranzuziehen und einen „'Loyalitätstransfer' mittels Bildgeschenk" zu erzielen[855]. Ein erstes Beispiel für diese Vorgangsweise überlieferte Graf Lamberg am 19. September 1694 in seinem Tagebuch, als er die Abschiedsgeschenke des Fürsten Odescalchi an den Fürsten Liechtenstein notierte: *„Don Livio hat den Kaysl. Pottschaffter ‚regalirt' mit 2 Silber getriebenen Beckhen voll mit Agnus Dei von Innocentio XI., ein Trühel mit Edelgestein versözt voller Öhl und ‚Pomaden', welches der Großherzog dem Papst Innocenzio verehrt, wie auch ein Bild von Guido Reno, das er umb 500 Scudi erkaufft."*[856] Aber auch bei den ersten beiden der drei bei Lamberg dokumentierten Kunstgeschenke lassen sich ähnliche Überlegungen vermuten.

Dem Chronisten Valesio verdanken wir die Information, dass der aus einer alten oberitalienischen Fürstenfamilie stammende Monsignore Pier Luigi Antonio Pio di Savoia di Carpi, der am 1. Juli 1701 seinen Prälatenstand aufgab, um in den kaiserlichen Kriegsdienst zu treten, am nächsten Tag dem kaiserlichen Botschafter sowie zwei weiteren Mitgliedern des Wiener Hofes in Rom je ein *„berühmtes Werk von Paolo Veronese"* schenkte. Dies geschah *„zum grossen Mißfallen der Familie"*, offensichtlich weniger, weil der ältere Bruder von Luigi im Spanischen Erbfolgekrieg auf der Gegenseite engagiert war, sondern vielmehr weil die drei Gemälde aus dem Fideikommiss der Familie stammten und daher mit einem Veräußerungsverbot belegt waren[857]. Tatsächlich hatten die beiden Kardinäle der Familie, Carlo Emanuele und Carlo Francesco, im Laufe des 17. Jahrhunderts eine beachtliche Sammlung zusammengetragen, die neben zahlreichen Antiken so bedeutende Gemälde wie Giorgiones *Doppelporträt*, Tizians *Taufe Christi* und *Venus mit Lautenspieler*, Veroneses *Raub der Europa* und *Vision der hl. Helena*, Tintorettos Passionsbilder, den *Franziskus* von Annibale Carracci, Caravaggios *Wahrsagerin* und *Johannes d. Täufer*, Renis *Sebastian*, Guercinos *Hl. Matthäus* sowie Rubens' *Romulus und Remus* umfasste und u.a. von den Sammlungsführern Belloris und de Sebastianis (Abb. 23) gewürdigt wurde[858]. Die Generation der Familie um 1700, vor allem die Brüder Francesco und Pier Luigi, hatte nicht zuletzt aufgrund ihrer ausländischen Engagements zunehmend weniger Interesse an der Gemäldegalerie, und im Jahre 1750 wurden schließlich 126 Bilder, etwa ein Viertel der Sammlung, um 60.000 Scudi an Papst Benedikt XIV. verkauft. Sie bilden bis heute einen wichtigen Grundstock der Pinacoteca Vaticana sowie der Pinacoteca Capitolina[859].

Lambergs römisches Verzeichnis nennt tatsächlich mehrere Gemälde von Veronese, die allerdings alle als Kopien bezeichnet werden. Den Angaben Valesios zufolge könnte es sich beim Geschenk Pios um eines der im Inventar genannten *„4 grosse Stuckh copien v. Paolo Veronese"* gehandelt haben, vielleicht die *Hochzeit zu Kanaa* nach dem Gemälde im Louvre in der Sammlung des Urenkels des Botschafters[860] (Abb. 466). Das ebenfalls im Inventar Lambergs genannte Bild *„Ein Imperial die Rebecca copia v. Paolo Veronese"*[861] ist vielleicht identisch mit, bzw. eine Kopie nach dem heute in Washington (National Gallery, Kress Collection) oder dem in der Sammlung des

467. Kardinal Andrea Santacroce, ehemaliger Nuntius in Wien, Ottensteiner Kardinalsserie, römischer Maler, 1700/1701; Maria Enzersdorf, EVN

468. Palazzo Santacroce (heute Pasolini dall'Onda) von Carlo Maderno (1598–1602) und Francesco Peperalli (1630–40); Rom, Via de' Giubbonari/ Piazza Cairoli

Earl of Yarborough befindlichen Werk des venezianischen Malers[862]. Pier Luigi Pio, der Schenker des Gemäldes, sollte schließlich zu einem Kollegen Lambergs werden: in Wien 1722 mit der oberösterreichischen Gräfin Anna Maria von Thürheim vermählt und 1721–32 als kaiserlicher Hoftheater- und Hofmusikdirektor tätig, vertrat Pier Luigi Pio di Savoia nämlich von 1732–43 als Diplomat den Kaiser in Venedig[863].

Ein ähnliches Schicksal wie der Gemäldegalerie Pio di Carpi war auch der nicht so bedeutenden Kunstsammlung der Familie Santacroce beschert, aus der der kaiserliche Botschafter ebenfalls mindestens ein Stück, vielleicht eine Majolicaschüssel, besaß. Lambergs Inventareinträge *„Eine schüssel die historie v. Sabini original v. Barozi Geschenckht v. Marchese S. Croce"* bzw. *"3 schüssel mit Rahmen v. des Raphaele schule v. Marchese S. Croce"* sind zwar sachlich verwirrend[864], verweisen aber eindeutig auf eine Dankesgabe des Marchese Antonio di Santacroce (Abb. 17), für die Hilfestellung des Botschafters bei der Auszeichnung des Römers und seines Sohnes mit kaiserlichen Titeln oder für die Rettung von Scipione (Abb. 355) vor der Gefängnisstrafe, die diesem 1703 wegen eines Duells gedroht hatte (siehe oben S. 372)[865]. Tatsächlich verfügte diese römische Familie über einen nicht unbedeutenden Kunstbesitz, der vor allem von Kardinal Antonio Santacroce in der ersten Hälfte des 17. Jahrhunderts zusammen getragen worden war. Die Sammlung umfasste vorwiegend religiöse Gemälde Bologneser Meister wie Guido Reni, Guercino und Francesco Albani, aber auch ein Bild von Simon Vouet und zahlreiche Kopien älterer Künstler. Der Schwerpunkt lag aber auf Zeichnungen von Raffael, Giulio Romano, Tizian, Veronese, Michelangelo, Primaticcio und Correggio bis hin zu den Carracci und anderen Zeitgenossen des Sammlers. Über Pierre-Jean Mariette, den schwedischen Botschafter in Paris, Carl Gustav Tessin, sowie Herzog Albert von Sachsen-Teschen gelangten zahlreiche der Meisterzeichnungen der Sammlung Santacroce schon im späten 18. Jahrhundert in die großen Graphiksammlungen in Paris, Stockholm und

469. Kardinal Benedetto Pamphilj, Erzpriester der Lateransbasilika, Ottensteiner Kardinalsserie, römischer Maler, 1700/1701; Maria Enzersdorf, EVN

rechte Seite: 470. Hl. Franziskus von Assisi über das Kreuz meditierend, Ölgemälde von Francesco Barbieri, gen. Guercino, um 1620; Bremen, Kunsthalle, Inv.-Nr. 1048–1971/17. Dieses oder ein gleichartiges Gemälde kam als Geschenk des Kardinals Pamphilj an Lamberg.

Wien[866]. Um 1700 waren die Graphiken in Rom zwar hauptsächlich in Klebebänden verwahrt, viele der Zeichnungen wurden jedoch in den Wohnungen des Marchese sowie des Kardinals Andrea Santacroce (Abb. 467) in dem um 1600 von Carlo Maderno begonnenen und 1668 vollendeten Familienpalast an der Piazza Cairoli gegenüber der Kirche S. Carlo ai Catinari präsentiert (Abb. 468). Die Kardinalswohnung umfasste neben einer Kapelle und dem Salon mit den Fresken Grimaldis auch die Galerie mit den wertvollsten Gemälden[867]. Graf Lamberg und seine Gattin waren sowohl mit dem Marchese und dessen Schwestern in Kontakt, als auch mit deren Onkel, dem früheren Nuntius in Polen und Österreich. Andrea Santacroce hatte nicht nur als päpstlicher Legat in Wien ab 1696 die Ablösung des Grafen Martinitz und damit zumindest indirekt die Beförderung des Grafen Lamberg betrieben[868], sondern auch beim Konklave des Jahres 1700 *„sich wie alle anderen ‚Innocenziani nuovi' mit den Österreichern verbündet"*[869]. Noch im Rahmen der Kriegshandlungen in Ferrara im September 1704 trat der Kardinal als Vermittler zwischen dem Papst und dem kaiserlichen Botschafter auf[870]. Da Graf Lamberg etwa am 27. Dezember 1701 den *„Marchesinen S. Croce eine ‚Visit' gegeben und die Feiertag angewünscht"*, am 19. Februar 1702 das Dekret über die Ernennung des Markgrafen zum kaiserlichen Geheimrat überbracht und u.a. am 13. Februar 1702 sowie 2. September 1703 den Kardinal besucht hat, ist anzunehmen, dass der kaiserliche Botschafter auch die u.a. in der Bibliothek, in der Galerie und in einem Kabinett des Palazzo Santacroce ausgestellten Gemälde und Zeichnungen gesehen hat[871].

Die Information der älteren Literatur, dass Kardinal Benedetto Pamphilj (Abb. 469) am 29. August 1683 dem *„ambasciatore cesareo conte Lamberg"* ein Gemälde des *„hl. Franziskus mit einem Kruzifix und einer Hand auf die Wange gestützt"* im Tausch gegen ein Pferd überlassen habe[872], kann offensichtlich nicht stimmen. Das Gemälde stammt ebenso wie das Gegenstück, ein *Hl. Hieronymus mit dem Kruzifix,* von Guercino und aus dem Besitz des Kardinals Carlo Barberini (Abb. 331). Lambergs Tagebuch beweist jedoch, dass das Faktum richtig und dem Autor nur ein Irrtum beim Datum unterlaufen ist. In den Listen der vom kaiserlichen Botschafter in Rom erworbenen Gemälde finden sich nämlich folgende Einträge: *„Ein h. Francesco v. Guercini v. Cardinal Pamfilio"* bzw. *„Ein Bild v. Guercini S. Francesco v. Card. Pamphiljo"* jeweils ohne Preisangabe (siehe unten S. 507). Der Bologneser Maler Giovanni Francesco Barbieri dürfte die lebensvolle Darstellung des über die Passion Christi meditierenden Ordensgründers erstmals in seiner ersten Blütezeit um 1619 für den ehemaligen Nuntius in Ungarn und damaligen Legaten in Ferrara Kardinal Giacomo Serra gemalt haben[873]. Lambergs Gemälde hat sich vermutlich in der 67,5 x 51 cm großen Version Guercinos der Kunsthalle Bremen erhalten (Abb. 470)[874].

Tatsächlich hatte der prominente Kardinal Pamphilj eine ebenso große Vorliebe für Pferde und Kutschen wie für die Musik und Malerei. Der Erzpriester der Basilika S. Maria Maggiore (seit 1694) und S. Giovanni in Laterano (seit 1699) zählte nicht nur zu den wichtigsten Sammlern in Rom um 1700, sondern auch zu den einflussreichsten ‚Bauministern' des päpstlichen Hofes: 1696 wurde er zum *„sopraintendente"* der Arbeiten für Civitavecchia und 1697 für den unter der architektonischen Leitung von Carlo Fontana (Abb. 419) stehenden Neubau des Hafens in Anzio/Nettuno (Abb. 417) ernannt. Als sein langjähriger Kollege in der *Arcadia* förderte Clemens XI. den Kardinal ebenfalls und übertrug ihm etwa 1704 das Kardinalprotektorat über die Biblioteca Apostolica Vaticana[875].

Neben den eben genannten Aufträgen und Geschenken verzeichnet Lambergs Diarium auch immer wieder die Anfertigung von Kopien bekannter Galeriestücke oder echte Kunstankäufe ohne nähere Angabe der Herkunft[876]. Vielleicht weil er durch den Fürsten Odescalchi neu-

erlich auf die fürstliche Wertschätzung einer Schönheitengalerie aufmerksam gemacht wurde, erwarb er aus dem Nachlass des französischen Porträtisten Henri Gascar(d) im Juni 1701 mehrere Damenporträts, die aus so einem Zusammenhang stammen dürften. Der Kauf umfasste mehr als ein Dutzend Gemälde, deren Beschreibung jedoch kaum zu lesen ist: *„Von Cascard ‚contrefait'. Die M. Rabutin*[877]*, Fürstin von Oetting[?], M. Montespan. M. Valliere. 2 Graffin v. Caunitz, eine die sich kampelt [= kämmt], eine mit dem Fux [?]. Die Belucia, die Comarin des Grossfeldm[arschall?] in Pohlen tochter, graff Martinitz. Monsign. Darvany, Grf. Bengt Oxenstirn, M. Blotwill, Ronquillo, einen jungen menschen [?] M. Fontange klein; der itzige könig in Danamarckh. Bischof v. Gurkh. M. Franceskini v. Viterbo. 2 hollandt. Gesandt v. Nimög etc. 50:"*[878]

Tatsächlich hatte auch dieser 1635 in Paris geborene Maler schon eine lange und ihn durch halb Europa führende Karriere hinter sich, als er sich Ende des 17. Jahrhunderts in Rom niederließ, wo er am 18. Jänner 1701 in der Pfarre S. Lorenzo in Lucina verstorben ist. Nach einem ersten Aufenthalt in Rom von 1659 bis 1667 kehrte er nach Paris zurück, um 1674 Hofmaler des englischen Königs Karl II. zu werden. 1680 wurde Gascar Mitglied der königlichen Kunstakademie in Paris, begab sich aber schon 1681 nach Venedig, wo er u.a. Mitglieder des Fürstenhauses Braunschweig-Lüneburg porträtierte[879]. 1688/89 hat Gascar in Wien Bildnisse von Kurfürst Max Emanuel von Bayern und dessen habsburgischer Gattin Maria Antonia geschaffen[880], 1691 entstand ein Bildnis der polnischen Königsfamilie[881] (Abb. 319).

Aufgrund der Liste der römischen Bilder Lambergs lässt sich ein wenig Klarheit in dieses Durcheinander bringen, wenngleich zusätzliche Widersprüche auftauchen. Als eigenhändige Werke des Franzosen können demzufolge die zwei *„contrafait original v. Gasckars Churfürst v. Bayern und sie"* um 6 Scudi sowie die beiden Gruppenporträts des Hauses Hannover (*„d. Churfürst v. Hannover auch v. Gasckar im original/ Eine conversation die Churfürstin v. Hannover mit 5 figuren ab eodem"*) um insgesamt ebenfalls 6 Scudi gelten. Erfreulicherweise sind die beiden erstgenannten Gemälde Gascars noch erhalten und durch ihre Provenienz als jene aus dem Besitz Lambergs gesichert (Abb. 203 und 217)[882].

Die zwei *„Contrefait eine Engeländerin*[883] *und eine teutsche die v. Mösbu [?], Eine Jagerin mit einer schönen Waldung, die andere die Madame Montespan und de Fontange und Kinder, ein kleines schönes portrait v. der Duchesse de Cleveland"* dürften ebenfalls eigenhändige Werke Gascars gewesen sein. Denn von Françoise de Rouchechouart Marquise de Montespan, Mätresse und heimliche Ehefrau Ludwigs XIV., sowie von den früheren Geliebten des Sonnenkönigs, Marie-Angélique de Scoraille de Roussile Duchesse de Fontanges und Louise Françoise de La Baume Le Blanc, Duchesse de La Vallière, sind Bildnisse dieses Malers bekannt. Ein nur 43 x 38 cm großes Gemälde der Barbara Villiers Duchesse de Cleveland, der Mätresse Karls II. von Großbritannien und Gattin des britischen Gesandten in Rom, Earl of Castlemaine (Abb. 27), von Gascar im Londoner Kunsthandel könnte vielleicht sogar dasjenige aus Lambergs Besitz sein[884].

Der *„General zu Pferd vor Offen [?], ein conversation die Graffin v. Sallaburg*[885] *mit ihrer tochter"*, die beiden Kaunitz-Porträts sowie das *„portrait v. Grf. Stratman so in meines verändern lassen"* (*Specification meiner Bilder*), müssten hingegen beim Aufenthalt des französischen Malers in Wien im Jahre 1689 entstanden oder zufällig in dessen Nachlass bzw. in die Aufzählung Lambergs geraten

471. Allegorisches Porträt des Fürsten Livio Odescalchi als Mäzen von Kunst und Wissenschaft, Kupferstich von Carl Gustav von Amling (1702); Vorsatzkupfer in „Museum Odescalcum", 1747; Wien, Universitätsbibliothek

sein. Sollte dem Ankauf der Porträts von Gascar eine bewusste Auswahl zugrundegelegen haben, so lässt sich einerseits ein Schwerpunkt im Bereich von wichtigen Fürsten und Diplomaten aus dem habsburgischen Milieu konstatieren[886], andererseits eine Art Schönheitengalerie von vorwiegend königlichen Mätressen aus dem anglofranzösischen Bereich[887].

Neben diesem Ankauf aus dem Nachlass von Gascar sind in Lambergs Rechnungsbuch noch drei andere Erwerbungen von Gemälden angeführt, allerdings ohne Angabe der Verkäufer:

März 1701:
vor die Europa copia v. Albano   12: [S. 562]

Mai 1703:
Transito S. Francesco Xaverio v. Philippo Lauro 20: [S. 605]

August 1703:
d. bild v. des Rubens schul   3:60 [S. 609]

472. Danaä, Ölgemälde von Antonio Allegri di Correggio aus dem Besitz Kaiser Rudolphs II. und der Königin Christina von Schweden sowie der Slg. Odescalchi, um 1532; Rom, Galleria Borghese

Die beiden erstgenannten Gemälde finden sich auch auf der römischen Liste wieder, während das Bild der Rubenswerkstatt fehlt oder unter einer anderen Zuschreibung geführt wird. Francesco Albani hat das Thema *Raub der Europa* mehrfach aufgegriffen, wobei das spät datierte und qualitativ als kaum „more than a replica" der Werkstatt charakterisierte Exemplar im New Yorker Kunsthandel als die Kopie aus dem Besitz Lambergs in Frage käme[888]. Das Gemälde von Filippo Lauro wird im Gesamtverzeichnis Lambergs ausdrücklich als original charakterisiert (siehe unten S. 507) und könnte mit dem auf der Rückseite „1702" bezeichneten und auf Metall gemalten *Tod des hl. Franz Xaver* identisch sein, der 1975 von Sotheby's in London versteigert wurde[889] (Abb. 492).

Die zweifellos bedeutendste Kunstsammlung, die Graf Lamberg in Rom zugänglich war, befand sich im Besitz von Don Livio Odescalchi, Herzog von Bracciano, der trotz anfänglicher Vorbehalte Lambergs gegen ihn als enger Verbündeter der Habsburger galt (Abb. 471). Tatsächlich verkörpert der Fürst eine „figura anomala" (Pizzo) in der römischen Kulturszene des späten 17. Jahrhunderts, da er sich zunächst mehr für den Krieg als für die Kunst begeistert hat. Zwar hatte sich Livio Odescalchi schon ab 1676 für Kunstankäufe zu interessieren begonnen und 1688 berichtete ihm etwa sein venezianischer Agent aus Brüssel, dass dort *„die galantesten und schönsten Porträts der bekanntesten und schönsten Damen"* in großer Zahl dafür verwendet würden, *„um eine weitläufige Galerie eines Palastes auf dem Land zu schmücken und zu verschönern"*[890]. Aber erst seit der Erhebung in den Reichsfürstenstand strebte Don Livio offensichtlich danach, seinen sozialen und politischen Rang auch mit einem den Kunstsammlungen der Borghese, Barberini, Pamphilj, Chigi oder Rospigliosi ebenbürtigem Statussymbol zu demonstrieren. Daher nutzte er 1692 die Gelegenheit, den Nachlass der Königin Christina von Schweden in Bausch und Bogen um wohlfeile 123.000 Scudi zu erwerben[891]. Die in ganz Europa berühmte Sammlung umfasste zuletzt etwa 1.600 Gemälde, 10.000 Zeichnungen, ein Münzkabinett, die Bibliothek, antike Skulpturen, Tapisserien sowie zahlreiche kunstgewerbliche Objekte, die vielfach aus der Prager Sammlung Kaiser Rudolphs II. stammten (Abb. 472). Zur standesgemäßen Unterbringung der Kunstschätze mietete Don Livio 1694 den Palazzo Chigi an der Piazza dei SS. Apostoli an (Abb. 316), der erst von seinen Erben 1745 endgültig erworben und vergrößert wurde. Darüber hinaus vergab Don Livio auch Aufträge an wichtige zeitgenössische Künstler wie Carlo Maratta oder Pierre Étienne Monnot (Abb. 322 und 426)[892].

Graf Lamberg war nun nachgewiesenermaßen nicht nur auf mehreren Landsitzen des Herzogs von Bracciano zu Gast, sondern auch in dessen Stadtresidenz, seit sich Fürst Odescalchi unter oder trotz des französischen Druckes noch deutlicher auf die habsburgische Seite geschlagen und daher die polnische Königinwitwe zum Auszug genötigt hatte. Während Lamberg im benachbarten Palazzo Bonelli residierte, konnte Don Livio in seinem Palast am 24. Juli 1702 bei einer *„solenne serenata"* zu Ehren *„del partito austriaco"* u.a. den kaiserlichen Botschafter sowie Kardinal

Grimani mit köstlichen Erfrischungen erfreuen. Am 31. Oktober dieses Jahres ist Graf Lamberg „*in der 'Musique' bei dem Duca Bracciano gewesen*"[893]. Der von Bernini und Fontana gebaute Palast, den Lamberg ja von seiner Kavalierstour her kannte (Abb. 82), war aber inzwischen mit den Kunstwerken der schwedischen Königin ausgestattet worden, wie aus zwei Beschreibungen des Jahres 1700, als bereits die polnische Königin (Abb. 319) einen Teil des Palastes bewohnte, deutlich hervorgeht. Der Reiseführer von Rossini (Abb. 79) betont vor allem die Einzigartigkeit der antiken Skulpturen, hebt aber auch einzelne besonders bekannte modernere Kunstwerke hervor, darunter die Porträtskulptur der Königin Christina von der Hand Berninis, die *Ehebrecherin* von Tizian, das Bildnis des *Thomas Morus* von Hans Holbein d. J. (heute New York, Frick Collection) oder die wertvollen Tapisserien nach Entwürfen von Raffael und Giulio Romano, von denen der neue Besitzer umgehend einen eigenen Katalog drucken ließ (Abb. 473). Abschließend verweist der Autor des Reiseführers die „*Signori Curiosi*" noch einmal ausdrücklich darauf hin, dass alle diese einzigartigen Kunstwerke des Palastes aus dem Besitz der schwedischen Königin stammen[894]. Kennerschaftliche Aspekte stehen also bei dieser Beschreibung im Vordergrund, obwohl auch Rossini nicht verschwieg, dass die Goldbrokat-Ausstattung im Audienzzimmer der polnischen Königin nicht weniger als 12.000 Scudi gekostet habe. Nicodemus Tessin d. J., der die Sammlung der schwedischen Königin gesehen hatte, aber auch über die Ergänzungen des Herzogs von Bracciano informiert war, bezeichnet vor allem die Gemälde als die schönsten, die man in einem römischen Palast sehen könne[895].

Der unvorstellbare Wert vor allem der materiellen Ausstattung der Räume und die Hervorhebung der bekanntesten Werke der größten Künstler als Statussymbole des fürstlichen Besitzers und seiner königlichen Untermieterin stehen in einer anderen Schilderung des Palastinterieurs im Vordergrund. Diese erschien im Jahre 1700 im Rahmen eines von Kardinal Carlo Barberini jun. (Abb. 331) in seiner Eigenschaft als polnischer Kronprotektor herausgebrachten Berichtes über die Reise und Ankunft der Königinwitwe Maria Casimira in Rom. Im Unterschied zu den meisten Reiseführern nennt dieser Bericht nicht nur sorgfältig die Nutzung der einzelnen Räume, sondern verweist auch explizit auf die der zeremoniellen Abstufung entsprechende zunehmende Wertigkeit der Dekoration und Kunstschätze, die wohl das modernste und aufwendigste Interieur der Zeit um 1700 in Rom bildeten. Im Zusammenhang damit wurden sowohl der Weg zum Fürsten, bzw. dessen Thronbereich als auch einzelne besonders wertvolle Kunstwerke in einem ausgeklügelten Einsatz und Zusammenwirken aller Kunstgattungen ganz bewusst inszeniert und dies auch als – noch nicht abgeschlossene – geistig-künstlerische Leistung des Fürsten Odescalchi ausgewiesen, der sich damit auch als direkter Nachfolger der schwedischen Königin präsentieren wollte: „*Von einem ziemlich weitläufigen und vornehmen Treppenhaus betritt man einen großen quadratischen Salon, den man eher Galerie nennen könnte, weil er von oben bis unten mit Gemälden der berühmtesten Maler gefüllt ist, alle mit vergoldeten und ihrer Größe entsprechenden Rahmen. Darunter befinden sich auch die fünf berühmten Kartons von Giulio Romano, die eine Zierde in der Galerie der Königin von Schweden bildeten; zwei sehr große*

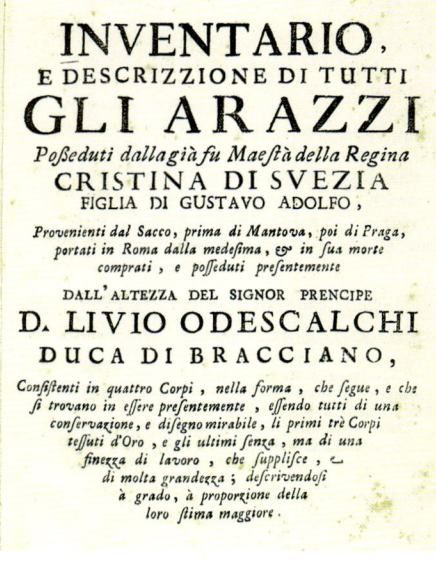

473. Katalog der (aus der Kriegsbeute von Mantua und Prag stammenden) Tapisserien nach Entwürfen von Raffael und Giulio Romano im Besitz des Fürsten Livio Odescalchi, um 1700; Rom, Bibliotheca Hertziana

Stücke, eines von Carlo Maratta, das andere von Monaville, und vier von Rubens. In der Mitte war ein majestätischer Baldachin befestigt, [...] mit dem Wappen des Fürsten D. Livio Odescalchi Duca di Bracciano [...]. Bei den sechs Türen hängen majestätisch einheitliche Vorhänge, die sich zu einem schönen Konzert eines großartigen Einganges zusammenfügen [...]. Von der linken Seite betritt man die erste Anticamera bestimmt für die Leibgarden Ihrer Majestät, die mit Goldtapisserien versehen ist [...]. In der Mitte sieht man eine majestätische, aber eher fromme Figur aus Carraramarmor, die den SALVATOR darstellt, ein wie lebend wirkendes Werk, das mit gutem Recht als das perfekteste gilt, das der gelehrte Meißel des Cavaliere Bernini geschaffen hat[896]*; getragen von zwei ziemlich großen vergoldeten Engeln von feinster Schnitzarbeit. Die verehrungswürdige Büste ruht auf einer Säule aus sizilianischem Alabaster als wertvolle Stütze dieses Bildnisses. Man geht dann in die zweite Anticamera, die für die Kammerherrn und vornehmen Diener Ihrer Majestät bestimmt ist und gleichermassen von Goldtapisserien geziert, die aber noch wertvoller sind und nach einem Entwurf von Raffael von Urbino [...]. Das dritte Zimmer, wo der ‚Cavaliere di guardia' steht, um zur Audienz bei Ihrer Majestät einzuführen, ist wie üblich ohne Stühle und mit den restlichen Teppichen der Tapisserien von Raffael in ähnlicher Gestaltung [...]. Hier befindet sich ein Tischchen aus sehr schönem Verde antico mit einem vergoldeten Fuß von sehr schöner Schnitzarbeit, und darauf steht eine Uhr aus verblüffend bearbeiteten Bergkristall, mit zwei Ebenholzsäulen und mit Flechtwerk aus Silberfiligran verziert. [...] Es folgt das Zimmer der gewöhnlichen Audienzen Ihrer Majestät mit den schon genannten Goldtapisserien ausstaffiert; dort steht der Baldachin königlich erhöht und aus karmesinrotem Samt mit Fransen und Goldborten, unter diesem befindet sich der Königliche Thron aus Samt mit Fransen und ebenfalls goldenen Borten, der Rahmen ebenso geschnitzt wie die Armlehnen, Knäufe und Beine vergoldet [...]. Als Supraporten gibt es hier fingierte Tapisserien, die sich von den echten nicht durch den Wert und die Kunst unterscheiden und der Ordnung der Geschichte des Teppichs folgen. [...]. Von diesem Raum betritt man den Saal der feierlichen Audienzen, dessen Zierrath reicher und noch mehr voll Gold strahlend ist, um mit dem anderen übereinzustimmen, der neuerlich ganz in Gold gehalten ist [...]. Ähnlich geziert ist der Baldachin [...]. Unter diesem befindet sich der Stuhl in Form eines Thrones aus demselben Material wie der Baldachin mit Fransen und doppeltem Laubwerk, dessen Arbeit von unbeschreiblichem Wert und Reichtum ist; die Armlehnen*

474. Angebliches Bildnis von Alexander dem Großen und seiner Mutter Olympia, antiker Sardonyx-Kameo aus dem Besitz von Isabella d'Este, Kaiser Rudolph II. und Königin Christina von Schweden, Kupferstich von Pietro Santo Bartoli (um 1702) in „Museum Odescalcum", 1747; Wien, Universitätsbibliothek

und Füße sind von feinster Schnitzarbeit, hervorragend vergoldet, und als Vasen gibt es Kaiserliche Adler ganz aus Gold. Unterhalb befindet sich ein großer Fußschemel geräumig für viele Plätze für die Kardinäle und andere Fürsten sowie Untergebene, die der öffentlichen Auftritte und feierlichen Audienzen Ihrer Majestät würdig sind [...]. Die Tapisserien dieses Zimmers sind umso wertvoller als alle anderen wie auch die Textilien vielfach mit reichen Goldstickereien versehen und von der sublimsten Zeichnung des berühmten Giulio [Romano] mit der Geschichte der Cleopatra. Es gibt außerdem zwei ziemlich massive Silbersäulen & in der Mitte prangt ein großer Kamin, der auf spanische Art von vier Adlern aus reinem Silber gestützt wird."

Es folgten weitere Zimmer mit Stuckdecken und Tapisserien, mit Gemälden in vergoldeten Rahmen und Spiegeln in bizarren Einfassungen, mit geschnitzten Mohren als Leuchterhaltern sowie mit einem „großen Spiegel mit einem prächtigen Rahmen und inmitten des Lichtes des weitläufigen Spiegelglases erscheint eine Blumenvase des genannten Mario", also offensichtlich ein vom Blumenmaler Mario dei Fiori bemalter Spiegel, wie er sich in der Galleria Colonna erhalten hat. „Von dort geht man in das Schlafzimmer Ihrer Majestät, das einen Plafond wie ein Himmel besitzt, weitläufig verziert mit unvergleichlichem Stuck und alles mit verschiedenen Formen von Vergoldungen. An einer Seite befindet sich der Alcoven mit zwei prunkvollen kannellierten Säulen, die ebenso wie die Kapitelle ver-

goldet sind [...]. Wenn man in den ersten schon genannten grossen Saal zurückkehrt, betritt man auf der rechten Seite das Appartement des Kardinals de la Grange d'Arquien, des Vaters Ihrer Majestät, wo die erste Anticamera mit lauter Gemälden geschmückt ist, die zur größten Zierde der schon genannten Königin von Schweden dienten, von den berühmtesten Malern der vergangenen Jahrhunderte, unbezahlbar und unvergleichlich. Da gibt es ein modernes ziemlich grosses Gemälde des bekannten Maratta, das ihm ebenfalls vornehmen Prunk verleiht [...]. Das letzte Zimmer ist das der Audienzen, und hier sieht man die Macht der Kunst mit der Natur wetteifern in vortrefflicher Form der erhabensten Maler [...], sodass es nach allgemeiner Meinung im Reich der Welt keine vergleichbare Sammlung von solcher außergewöhnlicher Qualität gäbe: Tizian, Paolo [Veronese], Rubens, Correggio und andere aus dieser Sphäre bilden hier einen großen und glorwürdigen Prunk durch ihren Wert[897]. *Der Plafond dieses Zimmers ganz in verschiedenen Goldtönen bleibt bewundernswert durch vier berühmte Gemälde von Paolo [Veronese], die als größte Zierde dieses Zimmers angebracht wurden. [...]. Man geht von diesem Raum durch eine ziemlich angenehme Galerie ins Appartement der Königin, reichhaltig geschmückt mit den schönsten Gemälden von oben bis unten".*

Im Erdgeschoss befanden sich die fünf Zimmer oder Galerien mit den Antiken der schwedischen Königin, darunter eine Büste des Antinous, die das Lieblingsstück von Christina war[898]. Den Höhepunkt bildete die *Stanza delle Muse*, den schon die schwedische Königin im Palazzo Riario mit antiken und modernen Statuen Apollos und der neun Musen zwischen Stucksäulen mit vergoldeten Kapitellen zu einem Tempel der Kunst gestaltet hatte[899]. „*Im fünften Raum, der die Form einer Galerie hat und den Saal dieses Appartements bildet*", befanden sich schließlich „*zwei antike Büsten und eine moderne, die diesen vornehmsten Fürsten so gut darstellt, als ob er leben würde, ein Werk des Maratti [recte: Monnot]. Alle vorher genannten Statuen und Büsten ruhen wie in der Antike auf freistehenden Sockeln in großer Gleichförmigkeit, teilweise vergoldet und mit Basreliefs, teilweise geschnitzt mit Basreliefs und Teilvergoldungen, die wegen der Kürze der Zeit nicht beendet werden konnten nach der gelehrten, großzügigen und sublimen Idee dieses Herzogs, der auch mit den Werken der Malerei in allen anderen Zimmern nach dem Muster des Musenzimmers fortfahren will. Für diesen Fürst gibt es ein Appartement im Obergeschoß mit sieben Zimmern voll von Gemälden der sicher gesuchtesten und ihm am teuersten alten und modernen Maler, besonders jene, die er in seinem eigenen Privatzimmer hat und die großteils von Raffael, Carracci, Guido Reni und Tizian stammen; ganz besonders bewundernswert ist außerdem das Studio der Medaillen der ehemaligen Königin von Schweden von unvergleichlichem Wert.*" Der Autor schließt seine Beschreibung mit den Worten, dass man diesen „*vornehmsten Palazzo*" aufgrund der Überfülle seiner Schätze und Sinneseindrücke nicht anders verlassen könne wie „*ein Labyrinth der Augen und des verwirrten Geistes*"[900].

Trotz seiner panegyrischen Übertreibung liefert uns der Text eine sehr gute Hilfe für die Interpretation von Kunstwerken in den Palästen nicht nur eines Fürsten Odescalchi und eines Kardinals Barberini in Rom, sondern auch eines Grafen Lamberg in Wien, der genau in diesem Milieu vor allem gelernt hat, Kunst und deren Qualität als materiellen Wert sowie als soziales Statussymbol zu sehen, zu verstehen und einzusetzen. Während Graf Lamberg aber dem konservativ-protzigen Gemäldegeschmack des Fürsten Odescalchi nur bedingt folgen konnte oder wollte, scheint die antiquarische Tradition dieser Sammlung eher den Vorlieben des kaiserlichen Botschafters entsprochen zu haben. Tatsächlich bildeten die antiken Gemmen und Münzen aus dem Besitz der Königin von Schweden einen Schwerpunkt der Sammlung Odescalchi. Der Stolz des neuen Besitzers auf die antiquarischen Objekte wie den Gonzaga-Kameo mit dem Porträt Alexanders des Großen wird vor allem aus der Tatsache ersichtlich, dass Don Livio seine Gemmen von Pietro Santo Bartoli zeichnen und schon 1702 eine *Collezione di Gemma* mit 53 Tafeln drucken ließ. 1708 gab Fürst Odescalchi eine Beschreibung seiner Sammlung in Auftrag, während das umfangreiche Tafelwerk *Museum Odescalc(h)um* erst posthum 1747 erschien[901] (Abb. 474).

Antiquitäten und Reliquien

Als früherer Berater der Königin Christina von Schweden setzte Papst Clemens XI. neue und besonders zukunftsweisende Akzente in der römischen Kulturpolitik, da er eine stärkere Bewahrung und Pflege des im Laufe des 17. Jahrhunderts erforschten antiken und frühchristlichen Kunsterbes der Stadt zum Ziel hatte[902]. Schon anlässlich des Verkaufes der Statuen des *Germanicus* und des *Cincinnatus* durch den Fürsten Savelli an Ludwig XIV. im Jahre 1685 ging in Rom die Angst vor einem Ausverkauf des antiken

Erbes durch Frankreich um, und ein Jahr später erließ Papst Innozenz XI. ein Ausfuhrverbot[903]. Vielleicht nicht zuletzt mit dem Hintergedanken auf eine internationale Anerkennung der Rolle Roms als Kulturhauptstadt Europas im Ausgleich für den gerade im Spanischen Erbfolgekrieg wieder deutlicher werdenden politischen Machtverlust des Kirchenstaates, erließ der Papst am 18. Juli 1701 und am 30. September 1704 neuerlich Edikte, die den Export von antiken Kunstwerken aus Rom verboten[904]. Tatsächlich waren in den Jahrzehnten zuvor etwa durch die Ausfuhr der Sammlung der Medici und des Marquès del Carpio oder den Verkauf der Sammlung Bellori 1696 nach Berlin der Stadt wertvolle Skulpturen abhanden gekommen[905]. 1703 wurde der Bibliothekar des Kardinals Ottoboni, Francesco Bianchini, zum *Presidente della Antichità* ernannt[906]. Wie streng das Verbot zumindest in politisch opportunen Fällen eingehalten wurde, zeigt die Verhaftung einiger Angestellter von Herzog Bonelli, Lambergs früherem Gastgeber, im Februar 1704 wegen der Ausfuhr von Kunstgütern. Dem Bericht des Botschafters an den Kaiser zufolge, handelte es sich allerdings beim Vergehen um eine „*bagatelle*", da der Adelige nur einige Gemälde aus der Stadt bringen wollte, um damit anlässlich seiner Hochzeit eines seiner Landgüter zu dekorieren, wobei sich seine Dienerschaft dem Einschreiten der Wache am Stadttor widersetzte[907].

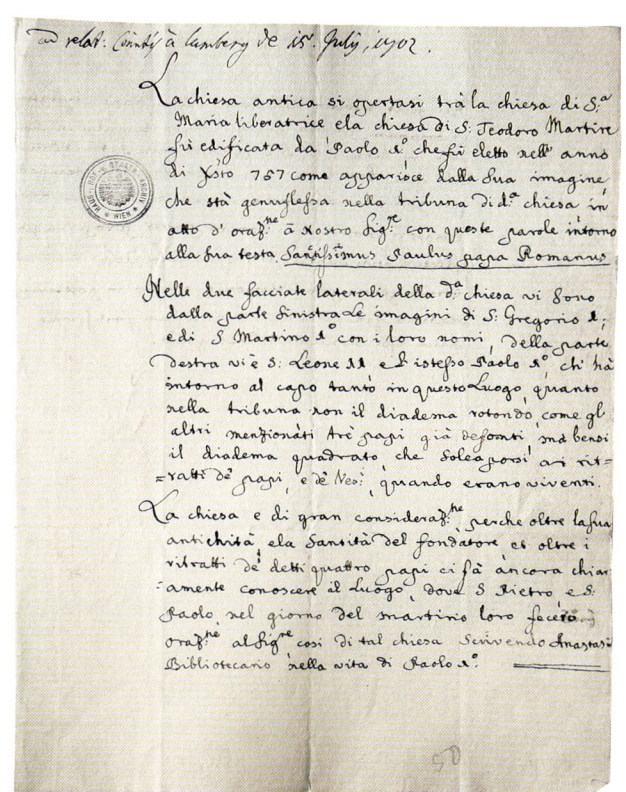

475. Beschreibung des Freskenfundes von S. Maria Antiqua, Beilage zum Brief Graf Lambergs an den Kaiser vom 15. Juli 1702; HHStA, Rom Korr. Kart. 83

Gleichzeitig mit diesen Ausfuhrverboten setzten neue Bestrebungen zur archäologischen Erfassung und wissenschaftlichen Bearbeitung der antiken Monumente ein und parallel dazu startete Papst Clemens XI. ein Programm zur Restaurierung bzw. inhaltlichen Akzentuierung mehrerer frühchristlicher Basiliken[908]. Schon im Jänner

476. Ansicht der durch einen Einsturz zugänglichen Kirche S. Maria Antiqua, Aquarell in der römischen Stadtchronik von Valesio, 1702; Rom, Archivio Capitolino, Cod. 1161

1701, also nur wenige Wochen nach Amtsantritt des Pontifex Maximus, begannen die Planungen zur Aufstellung der zwölf monumentalen Apostelfiguren in S. Giovanni in Laterano, die zum Preis von jeweils 5000 Scudi von den europäischen Monarchen und Kirchenfürsten finanziert werden sollten. Im Februar 1705 erging ein entsprechendes Schreiben auch an den Mainzer Kurfürsten Lothar Franz Graf von Schönborn und zwar offensichtlich von Abbate Giuseppe Antonio Melchiori, der als Regent der Anima in der Porträtaffäre zwischen Lamberg und dem Papst vermittelt hatte[909]. Die Ausführung der teilweise von Carlo Maratta entworfenen Monumentalfiguren durch Pierre Le Gros und andere vorwiegend französische Bildhauer zog sich jedoch aufgrund künstlerischer und finanzieller Probleme bis 1723 hin[910].

Im Sommer 1701 wurde mit dem Neubau des Porticus von S. Maria in Trastevere begonnen, wobei der Papst *„nachdem er viele Entwürfe gesehen hatte, sich für einen des Cavaliere Fontana entschied, der von mittelmäßigen Kosten ist"*[911]. Diese Kirche galt als die erste in Rom, die öffentlich dem „Kult des wahren Gottes" gewidmet worden war und zwar durch den hl. Calixtus im Jahre 224[912]. Am 27. Februar 1702 notierte Graf Lamberg in seinem Tagebuch die Grundsteinlegung bei SS. Apostoli[913], *„so wieder von neuwen erbauet wird"*, und im selben Jahr begann die Restaurierung von Santa Maria in Cosmedin ebenfalls unter der Leitung von Fontana (Abb. 419), während die Restaurierung der dem gleichnamigen Amtsvorgänger des Papstes gewidmeten Kirche S. Clemente erst ab 1709 realisiert werden konnte[914].

Im Mai 1702 wurde auf dem Forum Romanum mehrere Meter unter der Erde die Kirche S. Maria Antiqua mit Fresken aus dem 7. und 8. Jahrhundert entdeckt[915] (Abb. 476). Diese wissenschaftliche Neuigkeit leitete der Botschafter umgehend nach Wien weiter. Mit Schreiben vom 15. Juli berichtete Lamberg Kaiser Leopold I., nicht nur dass im vergangenen Monat unter der Erde eine antike, von Paul I. gegründete Kirche gefunden worden sei, sondern auch, dass er untertänigst eine Beschreibung derselben beilege (Abb. 475). Diesem Bericht zufolge zeige die Kirche die Bildnisse der Heiligen Gregor I. und Martin I. sowie der Päpste Leo II. und Paul I. und sei *„von großer Bedeutung, weil außer ihrem Alter und der Heiligkeit ihres Stifters und außer den Bildnissen dieser vier Päpste man damit den Ort bekannt macht, wo die Hll. Petrus und Paulus am Tag ihres Martyriums zum Herrn beteten, wie der Bibliothekar Anastasius in der Vita von Paul I. zu dieser Kirche schreibt"*[916]. Die vom Papst geplante Zugänglichmachung scheiterte jedoch an der Einsturzgefahr der umgebenden Bauten.

Anfang des Jahres 1704 berichtete ein im Lamberg-Archiv erhaltener Zeitungsbericht von der Absicht des Papstes, unter der Leitung Fontanas die Galerie des Quirinals mit den Marmorbüsten von 24 Päpsten zu schmücken, die in verschiedenen Zeiten mit ihren Werken die Kirche besonders gefördert haben. Doch selbst dieses Projekt geriet in den Schatten des Spanischen Erbfolgekrieges und dem Bericht zufolge meinten einige boshafte Zeitgenossen, es würden dafür gerade jene Päpste ausgewählt, die *„amici della Francia"* (und damit Gegner der Habsburger) waren[917]. Spätestens 1706 begann Bianchini neben der ebenfalls von Fontana betreuten Restaurierung und Neuaufstellung der antiken Statuen im Belvederehof mit der Planung eines „Museo Ecclesiastico", das die Kunst der beiden ersten christlichen Jahrhunderte und die Ausbreitung des katholischen Glaubens veranschaulichen sollte, aber 1710 aus finanziellen Gründen eingestellt wurde[918].

Die am meisten Aufsehen erregende Aktion dieser Jahre war jedoch die geplante Wiederaufstellung der Kolossalsäule des Antoninus Pius († 161 n. Chr.), von der Anfang des 18. Jahrhunderts nur mehr ein sechs Meter hohes Säulenstück sichtbar war. Anlässlich des Neubaues des Missionshauses neben der Curia Innocenziana wurde jedoch 1703 die Bergung des antiken Monumentes beschlossen. Nachdem der Schaft und die Basis mit der Darstellung der Apotheose des Kai-

477. Unter der Leitung von Carlo und Francesco Fontana errichtetes Gerüst zur Aufstellung der Colonna Antonina, Kupferstich einer Medaille zu diesem Anlass (1705) von Francesco Aquila in „Stylobatus Columnae Antoninae", 1708; Rom, Bibliotheca Hertziana

sers (Abb. 478) freigelegt waren, gab es eine Arbeitsunterbrechung, da die weitere Verwendung durch den Papst noch nicht festgelegt war[919]. Man einigte sich schließlich auf die Aufstellung vor der benachbarten Curia. Der erste Versuch, die Säule auf die Piazza di Montecitorio zu transportieren, wurde nach einer Kostenschätzung von 45.000 Scudi im Oktober 1704 unternommen und geriet zu einem gesellschaftlichen Ereignis ersten Ranges. Zwei Wochen vor dem geplanten Termin besichtigte Graf Lamberg die Baustelle und wurde anschließend vom Duke of Shrewsbury in dessen Villa zum „banchetto" empfangen[920]. Wenige Tage vor dem Ereignis begab sich der Papst mit zwei Kardinälen in die *Casa della Missione*, um Geld an die beteiligten Arbeiter zu verteilen und diese zum Sakramentenempfang aufzufordern, während Graf Lamberg am 16. Oktober eine Privatführung durch den Architekten Carlo Fontana (Abb. 419), *sopraintendente dell'opera*, erhielt: *„Heuth bin ich mit denen Teutschen ‚Cavallieren' die Säule, so sie hinter dem Monte Citorio ausgraben und Sambstag reconstruiren wollen, zu sehen gegangen, wo der Cavaglier Fontana mir alles ausgelegt."*[921] Einen Tag vor dem geplanten Termin gab es abschließende Beratungen der für die Arbeiten zuständigen *Fabrica di S. Pietro* unter dem Vorsitz des Papstes, und die Arbeiter wurden zur Beichte und Kommunion geführt sowie mit einer silbernen Segensmedaille „in articulo mortis" bedacht. Am 18. Oktober 1704 war es dann soweit: Soldaten und Gendarmen waren im Einsatz, um die neugierigen Massen in Zaum zu halten, und vor dem Missionshaus, von dem aus die Ehrengäste das Ereignis verfolgen sollten, war die Schweizergarde aufmarschiert. An der Spitze der Festgäste standen die Königin von Polen und der kaiserliche Botschafter Lamberg sowie die Gesandten von Malta, Venedig und Spanien. Außerdem war eine große Zahl von Kardinälen, Damen und Kavalieren extra aus der Sommerfrische angereist. Von einer eigenen Tribüne aus verfolgten Carlo und Stefano Fontana sowie der für den öffentlichen Raum zuständige Monsignore del Giudice das Ereignis. Schon während der Veranstaltung wurden der darüber von Giovanni Mario Crescimbeni, dem Gründungssekretär der Gelehrtenakademie *Arcadia*,

478. Apothese des Kaisers Antoninus Pius († 161 nach Chr.), Relief am Sockel der 1704/5 freigelegten Säule des Antoninus Pius, mit Ergänzungen von Vincenzo Felici (1706); Vatikan, Vatikanische Museen

verfasste Bericht sowie mehrere darauf bezugnehmende Sonette verteilt. Nachdem um 17 Uhr dreißig Böller den Startschuss gegeben hatten, gingen die dreihundert Arbeiter und 50 Pioniere ans Werk[922]. Doch obwohl Seine Heiligkeit an die Ehrengäste Schokolade verabreichen ließ, konnte der Transport der Säule nicht durchgeführt werden, wie Lamberg in seinem Tagebuch notierte: *„Diesen Morgen ist alles bei der Säulen bei denen ‚Missionariis' gewesen, wo dieselbe hette mit den grossen Gerüst oder Castel sollen aus der Erden gehoben werden; das Castel hat 9.000 Scudi gekostet, ware aber zu schwach, da allzeit die Tram gebrochen. Hab es 4 mal gesehen, nach 20 Uhr aber darauff nach Hause gangen."*[923] Die Hebung des antiken Monumentes gelang schließlich erst ein Jahr später unter der Leitung von Bianchini und Francesco Fontana[924] (Abb. 477).

Die Vermutung von Christopher Johns, die Existenz der *Avvisi* von 1704 über die päpstliche Porträtgalerie im Archiv des kaiserlichen Botschafters in Ottenstein verweise auf eine Kreuzzugsidee, da die Habsburger an der Spitze des Glaubenskampfes gegen den Sultan standen, ist wohl eine Fehlinterpretation, auch wenn der Papst im selben Jahr Gemälde der Befreiung Wiens im Jahre 1683 aus dem Besitz der polnischen Königin im Rahmen der alljährlichen Gemäldeausstellung zeigen ließ[925]. Aber die Sammlung dieser und zahlreicher anderer kulturpolitischer Nachrichten durch Lamberg sowie deren Archivierung im Privatarchiv (!) des Botschafters beweisen vielmehr, dass der österreichische Graf die päpstliche Kulturpolitik im Allgemeinen und deren archäologische Ausrichtung im Besonderen nicht nur aus Diensteifer, sondern aus privatem Interesse verfolgte. Dabei mag durchaus Papst Clemens XI. selbst das für den kaiserlichen Botschafter gleichermaßen kulturpolitische wie standesgemäße Vorbild abgegeben haben. Denn zwei im Privatarchiv Lambergs verwahrte Zeitungsmeldungen berichten, dass der Nachfolger Petri persönlich seine Freizeit in seiner privaten Sammlung und Bibliothek mit antiken Statuetten und Münzen verbringe. Dort verwahrte man zumindest einen Teil der 1703 um 5.000 Scudi von den Erben des Cavaliere Cassiano dal Pozzo erworbenen Nachlasses mit den Antikenzeichnungen des *Museo Cartaceo*[926], zwei große Bände mit Zeichnungen *„von bedeutenden und hochgeschätzen Männern"* und die oben genannte Studiensammlung von Carlo Maratta[927]. Als im Sommer 1704 beim Abbruch eines mittelalterlichen Turmes an der Ripa Grande kostbare Funde aus Alabaster, *Verde antico*, Lapislazuli und Marmor gemacht wurden, ließ der Papst diese *„wie einen kleinen Schatz"* ebenfalls umgehend in den Familienpalast der Albani verbringen[928].

Für das persönliche Interesse des kaiserlichen Botschafters an diesen kulturpolitischen Entwicklungen sprechen neben den Ankäufen von antiken Kleinsulpturen auch die Ausgaben von 12 Scudi im Jänner 1703 für zwei archäologische Standardwerke: *„die Colonna Trajana"* und *„sepulchrum lucerna p. 4 Bücher"*[929]. Dabei handelte es sich einerseits um das 1672 von Pietro Santo Bartoli veröffentlichte monumentale Stichwerk *Colonna Traiana eretta dal senato e popolo romano all'Imperatore Traiano Augusto nel suo foro in Roma: scolpita con l'historie della guerra dacica la*

479. Überquerung der Donau durch Soldaten Trajans mit einer Schiffsbrücke, Kupferstich nach einem Relief der Trajan-Säule von Pietro Santo Bartoli in dem von Graf Lamberg erworbenen Werk „Colonna Trajana" von Giovanni Pietro Bellori, 1674; Rom, Bibliotheca Hertziana

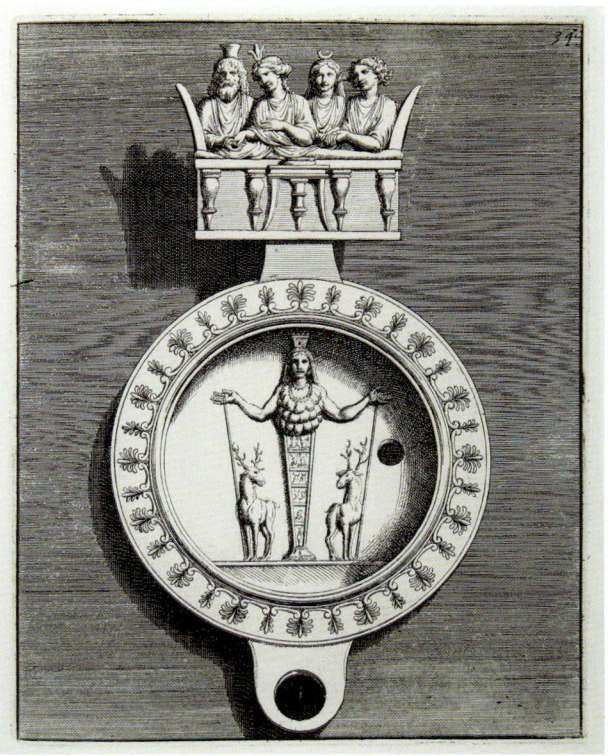 

480. Antike Öllampen mit Darstellungen der Diana Ephesia und des Guten Hirten in den Sammlungen Bartoli und Bellori, Kupferstiche in „Le antiche lucerne" von Giovanni Pietro Bellori und Pietro Santo Bartoli, 1704; Wien, Universitätsbibliothek

prima e la seconda espeditione, e vittoria contro il Re Decebalo[930] (Abb. 479), das der Botschafter vielleicht auch zur Erinnerung an seinen Aufenthalt im Palazzo Bonelli mit Blick auf dieses Monument erworben hat (Abb. 328). Das andere Buch war hingegen ein Bildband über römische Öllampen, dessen Text ebenfalls von Giovanni Pietro Bellori stammt. Das Werk war erstmals 1691 unter dem Titel *Le Antiche Lucerne sepolcrali figurate. Raccolte dalle Cave sottoterranee, e grotte di Roma* erschienen und 1702 vom Berliner Antiquarius Lorenz Beger in lateinischer Sprache herausgebracht worden[931] (Abb. 480).

Lambergs Ankauf dieser wissenschaftlichen Publikationen korrespondiert mit der Erwerbung von zahlreichen antiken oder als antik geltenden Kleinfunden sowie einem Sammlungsbesuch zu Allerheiligen 1702: „*Heuth bin ich in ‚Collegio Romano' gewesen des P. Bonani sein ‚Musaeum' zu sehen, welches von allen ‚Curiositeten' sehr rar ist; hat 600erlej differenten steinerne Muster.*"[932] Das von Lamberg besuchte Museum war das berühmte Museum, das der deutsche Jesuitenpater Athanasius Kircher 1651 am Hauptsitz seines Ordens eingerichtet und bis zu seinem Tod im Jahre 1680 betreut hatte. Trotz einer gewissen Spezialisierung auf antike und ägyptische Funde, Objekte aus den Missionsgebieten der Jesuiten, naturwissenschaftliche Objekte und Instrumente sowie einer Gemäldegalerie stand dieses „*Theatro dell'arte & della natura*" (G.P. Bellori) noch stark in der Tradition der Kunst- und Wunderkammern[933]. Bei der Neuaufstellung und Erweiterung durch P. Filippo Bonanni[934] im Jahre 1698 kam es jedoch zu einer deutlich moderneren Ausrichtung und 1709 wurde auch ein Katalog publiziert (Abb. 19). Die Gliederung nach thematischen Schwerpunkten wie „*Idola, Instrumenta, ad Sacrificia Ethnicorum Spectantia*", also liturgische Geräte und Darstellungen, oder „*Lucernas Sepulcrales*", also Grablampen, entsprach der aktuellen antiquarisch-archäologischen Systematik[935], und eine Steinskulptur der *Diana ephesia* verkörperte das Verbindungsglied zwischen Natur und antiker Kultur[936] (Abb. 481).

Während Klaute, der das Museum der Jesuiten im Jahre 1700 mit dem Landgrafen von Hessen-Kassel besuchte, bedauerte, dass ein Teil der von Kircher beschriebenen Instrumente und *Inventionen* von seinen Nachfolgern „*theils aus Neyd/ theils gegen Geschenke verdistilliret worden sind*"[937], scheint die Sammlung hingegen auf Lamberg großen Eindruck gemacht zu haben. Denn nur drei Tage später erwarb der kaiserliche Botschafter gleiche eine über 100 Objekte umfassende Sammlung antiker Steinschnitte und Bronzeskulpturen: „*Heuth hab ich etlich und 80 ‚Camei', bei etlich und 30 kleine metallene Statuen, und eine Gaisslung Xti, so kupfer und verguldt auff einer alabasternen ‚piede distallo' ist, umb 320 Scudi erkaufft.*" Ein Monat später folgte ein noch kostspieligerer Ankauf weiterer antiker Objekte, die Lamberg in seinem Tagebuch ebenso wie die ersten Erwerbungen ausdrücklich als wissen-

477

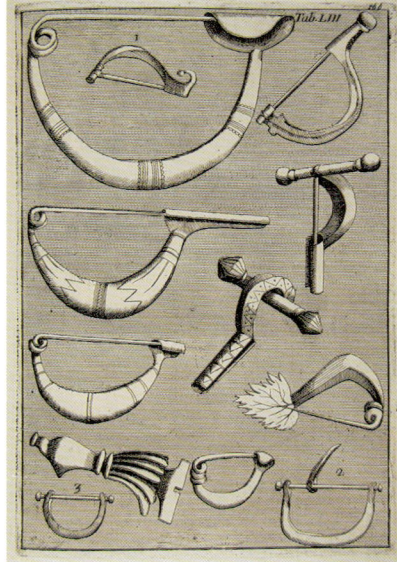

481. Bronzefibeln und Korallen, Kupferstiche in „Musaeum Kircherianum" von P. Filippo Bonanni, 1709; Rom, Bibliotheca Hertziana

schaftliche Sammlung charakterisiert: „Heuth hab ich das ,Studium der Antiquiteten' erkaufft zu meinen anderen, so ich gehabt, umb 580 Scudi."[938] Leider nennt uns Lamberg in beiden Fällen den Verkäufer nicht.

Diese beiden Großeinkäufe waren jedoch keine singulären Ereignisse innerhalb der Sammlungspolitik des Grafen. Die Eintragungen im Rechnungsbuch verraten vielmehr über mehrere Jahre hinweg ein kontinuierliches Interesse an ,antiquarischen' Objekten:

September 1701:
2 guldene medaillen   70:20 [S. 572]

Juni 1702:
6 kayser köpf v. metall v. Monte   5: [S. 588]
etlich und 40 alte statuen alle klein v. Bronzo   90: [S. 589]

September 1702:
4 Statuen v. giallo antico mit klaidung von
Alabaster ,le quattro donne celebri'   120: [S. 593]
2 Busti mit mohren köpf v. Pietra Africana   40:
die Camei in abschl. d. 180 Scudi   80:
Ein Kopff v. alten stein, eine statua v. Bronzo
wo ein weib in löwenkopf Stehet und
ein schlang an der brust hat   7:
Ein guldene medaille v. Trajano   5:
2 Camej   1:
Ein bronzo statua ein Egyptischer Fischer   3:
die Camaeos völlig mit   100:
den metallenen brunn   60:
4 Zauckhen [?] Corallen   30:
das völlige ,Musaeum' v. Paradis   580:

Jänner 1703:
Cammerdiener Matthias per Idolo priapo   3: [S. 599]

Februar 1703:
antiqualien   1.50 [S. 600]
den M. Aurelio zu pferd v. Bronzo ohne Vergulden   15:
,statuetta figlio del Dio Pan' ohne ,piedestallo'   30:

März 1703:

482. Marc Aurel zu Pferd, Bronze-Statuette, Italien, 2. Hälfte des 16. Jhs.; Wien, Kunsthistorisches Museum, Kunstkammer Inv.-Nr. 6001

4 Chamai   5:40 [S. 601]

April 1703:
die Zierath an meine 4 Statuen zu Vergulden
in absl.   15: [S. 602]
des Dio Pan postament   6: [S. 603]
für 3 Chamaj   1:

Mai 1703:
2 Camèi   5: [S. 604]
d. Ziervergulden an meinen 4 Statuen iber
die 15 Scudi   10: [S. 605]

Juni 1703:
v. porphir eine urna und eine taza   65: [S. 606]
1 camè den Socrate   6:
camei   5:50

Juli 1703:
camei   5: [S. 607]
cameo den Socrate   6:
medaille Antonino Pio wögt 4 Scudi   6:66

August 1703:
2 Statuen zu denen helfenbeinernen rösseln   24: [S. 608]
2 piedestall v. schwartz Stein zu denen rösseln   12:
den rest d. Zierathen d. Statuen v. alabaster und gialo 9:
Statua v. Bronzo so die flauten hat   50: [S. 609]
medaglia d'oro v. Antonino pio   3:

Dezember 1703:
den Hercole v. Bronzo   100: [S. 613]
ein cameo d. Mutio Scaevola   18:
cameo   1:

Jänner 1704:
dem Cammerdiener für Cameè und Stein   9:50 [S. 616]

Februar 1704:
Cameè 5   6:
v. Bronzo und verguldt ein Delphin worauf
ein kind à monte   14:
Eine schlangen v. Bronzo mit ein aaffen und thier   2:10

März 1704:
Medaillen […]   8:20 [S. 618]

Mai 1704:
den greiß v. Metallo corinto und vergulden
piedestal   12: [S. 620]
ein camè ein frauwenkopf eingefasst ablagend [?]   20:
ein camè ein kopf so roth d. gesicht wais   19:
ein Camè wie Jupiter kopf   11:
ein Camè schöner weibskopf so oben wenig ein schaden   10:

Juni 1704:
ein mohren kopf cameo   10: [S. 622]

Jänner 1705:
Ein guldene Medaglia v. Theodosio […]   1: [S. 630]
Einen Toro v. metall mit einen piedestal v. Lapislazaro 24:
Ein tanzenden Satiro v. Bronzo   77:
für d. bettl des hermaphrodit in abschl. d. 36 Scudi   20:

Die vier Statuen der berühmten Frauen aus gelbem Marmor und Alabaster, die beiden Büsten von Afrikanern aus ägyptischem Stein, die beiden Gefäße aus Porphyr, die Goldmedaille des Antoninus Pius und die Kameen des römischen Helden

Mucius Scaevola sowie jene von Sokrates kehren auch in der lambergischen Liste der in Rom erworbenen Skulpturen wieder (siehe unten S. 518). Und es verdient betont zu werden, dass die afrikanischen Steinsorten *giallo* und *africano* sowie Alabaster wie auch das päpstliche Beispiel zeigt, damals besonders geschätzt waren[939]. Der Bronzeherkules wird im Inventar allerdings als Werk von Michelangelo ausgegeben, und die Plastik „sitzende Venus und ein bauer so moderno" dürfte ein neuzeitliches Werk oder sogar eine Arbeit des Bronzegießers Galeazzo Mondella, gen. Moderno, gewesen sein[940]. Auch bei vielen anderen Bronzeskulpturen, die damals als antike Produkte verkauft wurden, handelte es sich um neuzeitliche Paraphrasen oder Fälschungen. Trotz der entsprechenden Warnungen in den Reiseführern sind auch die meisten der in Graf Lambergs Besitz nachweisbaren Kleinbronzen antikisierende Werke des 16. oder 17. Jahrhunderts, die allerdings erst im 19. Jahrhundert als solche erkannt wurden. Zumindest im Falle der bronzenen, 45,5 bzw. mit Postament 72,6 cm hohen Reiterstatuette des Marc Aurel aus der zweiten Hälfte des 16. Jahrhunderts[941] (Abb. 482) ist dies unproblematisch, da es sich in jedem Falle nur um eine der zahlreichen verkleinerten Kopien der antiken Monumentalskulptur auf dem Kapitol gehandelt hat[942]. Bei dem ebenfalls in der Liste genannten „brunnen mit 3 figuren so das stuckh zusammenhalten" im Wert von 60 Scudi könnte es sich hingegen um das bis ins 20. Jahrhundert im Schloss Ottenstein befindliche 46 cm hohe Marmor-Hekataion handeln, ein Kultbild der von Chariten umtanzten dreigestaltigen Hekate aus dem Anfang des 4. Jahrhunderts vor Christus (Abb. 483)[943]. Das bekannteste Stück dieses Typus einer Hausgottheit zur Abwehr böser Geister und Hexenzauber, ein bronzenes Hekataion des Capitolinischen Museums, befand sich im 17. Jahrhundert im Kuriositätenkabinett des Kardinals Flavio Chigi und wurde schon in den 1690er Jahren sowohl in einem Kupferstich als auch in der Zeichnung im Besitz des Fürsten Odescalchi reproduziert[944].

483. Attisches Hekataion, Marmor, Anfang des 4. Jhs. vor Chr.; ehemals Schloss Ottenstein

Aus dem Gesamtverzeichnis erfahren wir, dass Lamberg die 40 Statuetten, zwei Schachteln mit Kameen und eine Kassette zum Aufbewahren solcher Schätze von einem gewissen Uhlingh oder Vlselingo erworben hat, der sich nicht identifizieren ließ. Als Verkäufer des „Musaeums", d.h. der Medaillen-Serien der zwölf römischen Imperatoren in einer Gold- und in einer Silberversion im beachtlichen Wert von 580 Scudi mit dem Namen „Paradis", kommen hingegen zwei Männer in Frage. So war der venezianische Künstler Domenico Paradisi ab 1680 in Rom nicht nur als Dekorationsmaler, Entwerfer von Architektur und Festgerüsten für den spanischen Botschafter sowie als Restaurator u.a. gemeinsam mit den schon genannten Malern Reder und Cerruti für die Kardinäle Ottoboni und Pamphilj tätig[945], sondern wirkte 1702 auch bei der von Papst Clemens XI. angeregten Einrichtung eines der Accademia di San Luca als Lehrmittelsammlung dienenden Museums von Architektur- und Skulpturmodellen im Vatikan unter der Leitung von Francesco Fontana mit[946]. Vor allem aber trat

Paradisi 1714 auch gegenüber dem bayerischen Kurfürsten als Kunsthändler auf[947]. Eine ähnlich vielseitige Persönlichkeit war der Blumen- und Früchtemaler Esaias (Ezaias) Terwesten, der bei den *Bentveugels* unter dem Namen „Paradiso" oder „Ucello del Paradiso" bekannt war. Er war ein Bruder des Berliner Hofmalers Augustin Terwesten und kam 1694 nach Rom, um dort Gipsabgüsse für die Berliner Akademie sowie 1696 die Sammlung Bellori zu erwerben[948].

Mit dem Kauf gleich zweier Kollektionen antiker Kameen, Münzen und Kleinbronzen stellt Lambergs Skulpturensammlung sicher ein vom römischen Ambiente, nicht zuletzt wohl durch das Vorbild des Papstes, des Fürsten Odescalchi und des Kardinals Ottoboni[949] angeregtes frühes Beispiel und sozusagen kleines Vorspiel für die bedeutende Sammlung antiker Vasen seines Urenkels dar[950].

Die gleichermaßen politisch wie wissenschaftlich motivierte Beschäftigung mit dem Frühchristentum und den künstlerischen Zeugnissen dieser Epoche in der Regierungszeit von Clemens XI. bedingte auch eine neue Wertschätzung der spätantiken Märtyrer und deren Reliquien. So besuchte der Papst etwa am 24. Juni 1702 S. Silvestro in Capite, um das dort aufbewahrte Haupt des hl. Johannes des Täufers zu verehren. Die wegen des Gebäudes und Alters als bedeutend geltende frühere Titularkirche des Papstes hatte 1696 eine neue Fassade erhalten[951]. Erst wenige Wochen vorher war das Gotteshaus von Msgr. Lamberg (Abb. 458) in Vertretung seines Onkels als Kardinalskirche in „*posess*" genommen worden, und der Vetter des Botschafters begrüßte den Papst nun auch in Vertretung des Passauer Fürstbischofs[952].

Der Konflikt um das Spanische Erbe verschonte jedoch selbst religiöse Kultbilder nicht von einer politischen Stellungnahme, wie aus einer von Lamberg in seinem Tagebuch festgehaltenen Episode während des Neapel-Besuches Philipps V. hervorgeht. Als nämlich der Erzbischof Kardinal Giacomo Cantelmo (Abb. 270) dem neuen Herrscher das „'*Miracle*' des Bluths des Heil. Januarii Patron des Königreiches" zeigen wollte, hat dieses „nicht würckhen wollen", und dadurch den Herzog von Anjou „ziemlich entrüstet". Erst in der sechsten Messe wurde das wunderbare Blut flüssig, „*also den Neapolitanern eine ,Impression' geblieben, daß Gott wolle dadurch andeutten, weilen in Gegenwarth des Duc d'Anjou als Filippi V. in Spannien das ,Miracle' nicht gewürckhet, also in der sechsten sagen wollen Carolus VI.*"[953]

484. Volto Santo, Holzkruzifix um 1200; Lucca, Dom San Martino

Von diesem tagespolitischen Interesse an christlichen Reliquien abgesehen, hatte sich die Praxis der Überreichung von Ganzkörper- oder Teilreliquien frühchristlicher Heiliger als Ehrengeschenke des Papstes[954] und deren stolze Entgegennahme durch Diplomaten, ausländische Fürsten und Geistliche sowie Romreisende wohl seit dem durch den Einsturz einer Katakombe im Jahre 1578 ausgelösten Wiederaufleben dieser Praxis im Zuge der katholischen Reform nicht grundlegend geändert[955]. Sowohl aufgrund seiner traditionellen Religiosität als auch seines archäologischen Interesses hat sich Graf Lamberg daher um den Erwerb von römischen Reliquien bemüht und solche vom Papst zum Geschenk erhalten. Lambergs Interesse an alten Kultbildern und frommen Legenden verrät vor allem jene Passage seines Tagebuches, wo er über die Besichtigung des *Volto Santo* in Lucca (Abb. 484) am 22. Mai 1702 berichtet[956]: „*Diesen Morgen haben wür in Thom [= Dom] das heil. Crucifix gesehen, welches von Cedro der heil. Nicodemus solle gemacht haben, und wunderlich vor ungefähr 700 Jahren auf den Meer in einen Schiff ankommen, und vom hiesigen Bischoff hieher gebracht worden, in eine andere Kirchen transportirt, aber von sich selbst wieder in diese kommen. Darauff ein Pabst Alexander, so ein Luceser war, hieher den Thomb erbauwet hat. Das heyl. Bildnuss solle voller heyl. Reliquien sein und da ein hiesiger Bischoff ein Vaso mit dem kostbahresten Bluth Xti [= Christi] herausgenohmen, ist er dariber erblindet. Das Haubt ist beweglich anzusehen, sonderlich die glanzende Augen; also sie sagen ,Rex tremendae Maiestatis'.*"[957]

481

Nachdem Lamberg schon im April 2,40 Scudi *„Trinckhgeld vor die Heyligen Leiber"* (in der Karmeliterkirche?) bezahlt hatte, besuchte er am 15. Oktober 1702 anlässlich des Namenstages der hl. Theresia von Avila die Karmeliterkirche S. Maria della Scala in Trastevere, wo *„sie mir der heil. Theresia rechten Fuß eingefaster gewiesen"*[958].

Die zunächst recht freizügige Praxis der Reliquienerhebung – 1606 hatte etwa auch der spanische Botschafter Juan Fernández Pacheco Duque de Escalona die päpstliche Genehmigung dazu erhalten – war 1669 einer neugegründeten Kongregation übertragen worden. Ab 1672 standen die Hebung und Verteilung der römischen Gebeine unter der Kontrolle des Präfekten des *Sacrarium Apostolicum* oder des *Vicars in Spiritualibus Generalis* und mussten sorgfältig untersucht und zertifiziert werden. Sie sollten auch nicht in privaten Gebäuden ausgestellt werden, wobei man bei Fürsten und Prälaten Ausnahmen erlaubte[959]. Der Wertschätzung dieser christlichen Zeugnisse folgend waren auch im 17. und 18. Jahrhundert noch entsprechende diplomatische Geschenke in Rom üblich. Anton Florian Fürst Liechtenstein bekam etwa zu seinem Abschied als kaiserlicher Botschafter 1694 von Innozenz XII. *„in einer schönen Einfassung einen heiligen Leib, ein Beckh [?] mit Agnus Dei, ein silbernes Bild von Basso Rilievo"*. Und Großherzog Cosimo III. erhielt im Mai 1700 vom Hl. Vater – wie Lamberg ebenfalls in seinem Tagebuch festhielt – nicht nur eine *„sehr reiche ‚Tazza' von Aggstein [= Achat], sehr groß und künstlich gearbeith, welche die verwittibte Königin in Pollen hier dem Papsten verehret und vom Churfürsten v. Brandenburg herkombt"*, sowie deren mit Zobelfell gefütterte Decke, die Seine Heiligkeit als Geschenk des Zaren vom Moskauer General Zeremet erhalten hatte, sondern auch die *„‚Cathedra S. Stephani' des ‚Protectoris' des Florentinischen Ordens, worauff er die Marter empfangen und man noch die ‚Macchie' [?] des Bluths sehen thut. Item ein reiches ‚Ostensorium', worinnen ein groß ‚Particola della SS. Croce'"*[960].

Am 15. Oktober 1703 wurden im Palazzo Chigi an der Piazza Colonna die Geschenke zur öffentlichen Besichtigung ausgestellt, die der päpstliche Nuntius in Spanien, Antonio Felice Zondadari, für König Philipp V. vorbereitet hatte. Die auf mehrere Zimmer aufgeteilten Geschenke im Wert von 12.000 Scudi umfassten neben zwei Gemälden von Pietro da Cortona, Bergkristallluster und einer Achatschale ebenfalls den Körper eines Märtyrers in einem Behälter aus Metall und Bergkristall sowie mehrere wertvolle Reliquiare[961]. Und selbst der spätere Kaiser Joseph II. wurde noch 1769 vom Papst nicht nur mit zwei großen Tapisserien, vier antiken Mosaiken, mit einer Serie der Kupferstiche der päpstlichen Calcographia sowie der Druckgraphiken Piranesis, sondern auch mit einem *„wertvollen Goldreliquiar mit der Reliquie des allerheiligsten Kreuzes für Ihre Majestät"* und einem *„Heiligenkörper in einer vornehm verzierten Kassette"* beschenkt[962].

Am 13. Mai 1702 wurde dementsprechend auch die Gräfin Katharina Eleonora von Lamberg in der offiziellen Abschiedsaudienz beim Papst mit einer wertvollen Krone und anderen Reliquien bedacht. Ihr Vetter Monsignore Lamberg sandte daraufhin aus Siena ein Dankschreiben an Seine Heiligkeit[963]. Unmittelbar nach ihrer Ankunft in Wien gab die Gattin des Botschafters beim kaiserlichen Hofgoldschmied Jakob Michael Loreck[964] mehrere Fassungen für die päpstlichen *Agnus Dei* sowie Reliquiare in Auftrag, denen im nächsten Jahr weitere folgten. Eine Gesamtabrechnung vom 28. April 1705 nennt neben Schmuck auch folgende Objekte:

„Anno 1702 den 18. July in Wien.
Empfang erstens 4 mit Diamanten verversezte Agnus Dei;
so die Diamanten darzue empfangen, Von Silber
Vergolten samt dem Macherlohn Vor jedes 4fl
macht   16 fl
So dann 9 Agnus Dei so von beeden Seithen mit
Diamanten Carmisiret, 94 darzu Geben,
wiegen 2 3/8 Carath,
jedes pro 20 Thaller, macht   91,15
Folgends ein mit Smarac und Diamanten verziertes
Piramit [= Reliquienpyramide], worzue 11 große
Smarac in schnür Kästen oben in gold, unten
in Silber gefaßet, vor jeden 1 fl. machen   11,-
Wie ingleichen auch 11 Diamanten in schnür
Kästen gefaßet, von jeden 24 Xr, machet   2,24
Vor Silber samt macherlohn des Piramit   12,-
Item 3 mit Diamanten versezte Käpsel
zu den Reliquien, eines von gold, das andere
Silber und vergoldet, vor beede samentlich   30,-

Anno 1703:
So dann 5 S. Antonj in silber gefaßet und zu jedem
ein geschnittenes Glas geben, vor
Silber vergolten und macherlohn,
vor jeden 1 fl. 15 xr.   6,15"[965]

Die Darstellungen des Lammes Gottes sowie die kleinen Reliquienbehälter dienten wohl als ‚Mitbringsel' aus Rom bzw. Padua für Freunde der Familie oder für kleine Kapellen des Herrschaftsgebietes. Die Ganzkörperreliquie, die Katharina Eleonora von Lamberg, die Gattin des Botschafters, vom Papst bei der Abschiedsaudienz bekam, hat sich in einem offensichtlich von einem einheimischen Tischler stammenden 160 x 82 x 60

485. Ganzkörperreliquie der hl. Valentina aus Rom († 317), Geschenk der Gräfin Lamberg an die Patronatskirche, 1704; Drosendorf, Stadtpfarrkirche

cm großen Glasschrein in Drosendorf erhalten (Abb. 485). Die am 1. Mai 1702 vom päpstlichen Generalvikar Kardinal Gaspare di Carpegna (Abb. 438) ausgestellte Schenkungsurkunde bestätigt, dass es sich um den Leib der hl. Valentina handelt und der Leichnam aus der Ciriaca-Katakombe bei S. Lorenzo fuori le mura stammt[966]. Der nach der Römerin Ciriaca, die das Grab des hl. Laurentius bereitet hatte, genannte Friedhof war erstmals 1656 im Auftrag des Papstes Alexander VII. von Leonardo Agostini nach Reliquien durchsucht worden[967]. Eine kleine Steinplatte aus grün-weißem Marmor vom Grab der Märtyrerin berichtet, dass Valentina 36-jährig am 18. März 317 verstorben ist: „BALENTINE . QUAE . VI/ XIT . ANNOS . XXXVI . DI/ SCESSIT . VX . KAL . MA/ R . DIAE . VENERIS . L/ VNA . XVII." Die auf der Tafel angebrachte Darstellung eines Fisches als Symbol Christi und ein Glasgefäß mit Blutspuren bezeugten nach zeitgenössischer Auffassung den Märtyrerstatus der Verstorbenen. Das Kultobjekt war zunächst in der Schlosskapelle der lamberg-sprinzensteinschen Stadt (Abb. 148) ausgestellt, wurde jedoch schon am 15. Mai 1704 der Schenkungsurkunde entsprechend in feierlicher Weise in die Drosendorfer Martinskirche übertragen. Heute genießt die Reliquie jährlich am Valentinstag besondere Verehrung[968].
Die ehemals im Schloss Ottenstein befindlichen Reliquienbehälter römischer Provenienz, die Daten der darin enthaltenen Zertifikate sowie die Eintragungen über entsprechende Ausgaben in Lambergs Diarium sind leider nicht gänzlich zur Deckung zu bringen. Zwei gleichartige Reliquiare, „Bronze vergoldet, mit unechten Steinen, in Form kleiner Monstranzen, jede 23 cm hoch. Mehrfach gegliederter Fuß, darauf Akanthusblattrahmen um das herzförmige kristalline Reliquiengehäuse, darüber Krone. Römische Arbeit aus dem Anfange des 18. Jhs.", haben für den Botschafter ausgestellte Authentiken vom 4. April 1702 und 13. Jänner 1705 enthalten[969].
Eindeutig zu identifizieren ist nur ein als Reliquienbehälter dienendes 160 cm hohes Holzkreuz mit vergoldetem Bronzecorpus in der Tradition Berninis[970] und zwei „lebhaft bewegten berninesken Engeln", das in der Kunsttopographie als „vorzügliche römische Arbeit vom Anfang des XVIII. Jhs." bezeichnet wird (Abb. 486)[971]. Denn im Juni 1702 bezahlte der Botschafter für „Ein Cruxifix verguld v. Bronzo mit 2 Engeln in abschl[ag] d. 450 Scudi 100:", wenig später noch einmal 20 Scudi für ein „Crucifix in abschl. d. 50"[972]. Das Reliquienkreuz aus dem Papstzimmer des Schlosses Ottenstein blieb erhalten, aber leider ohne den Totenkopf am Fuß des Kreuzes, ohne Originalreliquien sowie ohne die beiden bronzenen Engelchen. Wie das Bronzeschildchen „S. Claudius M.

*486 a–b.
Altarkreuz und
Reliquiar für das Blut
des Märtyrers
Claudius mit
vergoldeten Bronze-
figuren von Pietro
Paolo Gelpi oder
Francesco Monti (?)
aus dem Schloss
Ottenstein, 1703;
Privatbesitz;
Foto des ursprüng-
lichen Zustandes
(1911)*

proprio nomine" und die am 8. August 1703 in Rom für den Grafen Lamberg ausgestellte Authentik besagt, handelte es sich bei der ursprünglichen Reliquie um das Blut dieses frühchristlichen Märtyrers, denn die Beigabe solcher Blutampullen galt seit 1668 als offizielles Zeugnis des Martyriums. Diese Praxis wurde zwar 1698 vom Archivwissenschaftler Jean Mabillon als leichtfertig kritisiert, doch musste er seine Kritik 1705 auf Druck der Ritenkongregation zurücknehmen[973].

Als Autoren der Metallarbeiten kommen die Goldschmiede Francesco Monti[974] oder Pietro Paolo Gelpi in Frage. Ein Kunsthandwerker namens Monti scheint erstmals im Dezember 1701 in Lambergs Rechnungsbuch auf. Damals vermerkte der Botschafter nämlich die Ausgabe von 190 Scudi für ein *"schmaragdes und diamantenes Kreutz mit einem grossen ring v. smaragd auch dem Monte"*, und im Juni 1702 sind außerdem Ausgaben von 6 Scudi für *"ein diamantenes Kreuzel v. Monte"* festgehalten[975]. Der Name Gelpi findet sich bereits im Herbst 1702 mit Restzahlungen im Rechnungsbuch Lambergs. Darüberhinaus gibt es in den Jahren 1702 bis 1704 im Diarium Lambergs weitere Bezahlungen an Kunsthandwerker, die sich teilweise auf Reliquiare, teilweise jedoch auch auf Möbel beziehen:

Oktober 1702:
Goldschmid Gelpi von der Pottschaffterin rest   30: [S. 594]

November 1702:
Mein reliquiarium v. rothen sammeth   4: [S. 595]

Jänner 1703:
orfice Ghelpi   40: [S. 601]

Mai 1703:
Braci Bildhauer völlig [= vollständig]   250: [S. 604]
Ferrieri l'Ottonaro völlig   445:
Bagni stückher völlig   440:
Ferretti völlig auch das Florinene Bett mit   770:
dem Corallo Vergulder ein neuwes Skezzetto [?]
umb 120 Scudi und den völligen rest mit   30:
Zimi à conto geben   30:

Juni 1703:
dem Spadaro so die ornamenta zum tisch
machet das alte   30: [S. 606]
den Spadaro so den tisch macht das alte   20:
Ferretti   10: [S. 607]
Gatti in abschl. der 312 Scudi   150:
Briotti in abschl. der 70 S[cudi]   50:
l'ottonaro in abschl d. 100 S[cudi]   50:
Gelpi goldschmid in abschl. d. 130 S.   60:
Zimi borthen würckher in abschl. 120   50:

August 1703:
helfenbein zu dem Crucifix   20: [S. 609]

Dezember 1703:
gelpi goldarbeiter   64: [S. 615]

März 1704:
In abschl. d. ‚reliquiarij' d. 100 Scudi   30+30: [S. 617]

Mai 1704:
*Ein Cristallenes reliquiarium mit d. grossen
particularibus SS: Crucis*   24: [S. 620]

Juni 1704:
reliquiarium iber die 60 Scudi   20: [S. 622]
intagliatore völlig für den tisch   15:

August 1704:
die reliquien in d. crucifix zu sötzen   1:50 [S.624]

Oktober 1704:
*den rest wegen des grossen reliquiarij iber
die bezahlte 150 Scudi*   100: [S. 627]
Uhlingh [?] wegen genohmener reliquiarien   40:

Dezember 1704:
d. reliquiarium iber die 150 Scudi den rest   100: [S. 629]
dem Ghelpi seinen alten Rest   20:
dem Goldschmidt wegen 2 leichter   24:

Februar 1705
*dem Goldschmidt so 100 deller, 12 assiet und 12
mittlere schüssel machet. Das Silber in ‚carlin'
Silber zu verwenden à conto*   700: [S. 632]
*Diamant zu dem tobackh pixlen dem Livio
In abschl. d. 226 Scudi*   200:

Einige der Ausgaben dürften sich auf ein 70 cm hohes „reliquiarius mit den 12 Apostel" im Wert von 200 Scudi (vorläufiges Inventar) beziehen, das in der Kunsttopographie folgend beschrieben wird: „Reich mit Blumen, Voluten usw. verzierter massiver Fuß aus vergoldeter Bronze; darauf in holzumrahmten, verglastem Gehäuse Reliquientafel in reicher Umrahmung von Glaskörpern und aus Silbern- und Goldblech hergestellten Blättern und Blumen. Sehr gute römische Arbeit aus dem Anfange des XVIII. Jhs." Die darin enthaltene Authentik wurde am 13. Jänner 1705 für den Grafen Lamberg ausgestellt[976].

Einige der Kunsthandwerker kennen wir bereits von Lambergs Kutschen: den Bildhauer Bartolomeo Cesare Bracci, den Gold- und Silberschmied sowie Bronze- und Messinggießer Filippo Ferr(i)eri, der als einer der herausragendsten Goldschmiede der Stadt 1697 Silberfiguren und Bronzegüsse für den von Andrea Pozzo entworfenen Ignatiusaltar der Jesuitenkirche lieferte[977], sowie den Vergolder Francesco Corallo und den Bildhauer Ferretti. Beim „orefice Gelpi", dem Lamberg laut eigener Schuldenstandliste vom 16. März 1704 „wegen der 2 letztgemachte Ring und Malteser Creutz" noch 20 Scudi schuldete[978], handelt es sich wohl um keinen geringeren als den aus Mailand stammenden Juwelier Pietro Paolo

487 a-b. Reliquiare mit Büsten eines Papstes, eines Bischofs und zweier Märtyrer, Holz versilbert, um 1700; Ottenstein, Schlosskapelle

Gelpi. Dieser erhielt 1685 seinen Meisterbrief, und schuf u.a. das Kristallostensorium für die Kreuzpartikel, die der Papst 1711 in Mailand Kaiser Karl VI. überreichen ließ (Wien, Schatzkammer)[979].

Während die Metallreliquiare nicht in Ottenstein erhalten blieben, befinden sich zwei hölzerne Reliquienbehälter mit den Halbfiguren eines Papstes, eines Bischofs und zweier Priester mit Märtyrerpalmen aus der Zeit um 1700 noch heute in der Schlosskapelle (Abb. 487). Eine einfache Entwurfszeichnung mit zwei Varianten eines Glassarges für eine Ganzkörperreliquie hat sich im Lamberg-Archiv erhalten[980], zählten solche Reliquien doch seit dem späten 17. Jahrhundert zu den bevorzugten Kultobjekten mitteleuropäischer Gotteshäuser[981].

Abgesehen vom Leichnam der hl. Valentina in Drosendorf brachte das Ehepaar nämlich mindestens zwei weitere Ganzkörperreliquien nach Österreich mit. Ein männlicher Heiliger wurde bis in die erste Hälfte des 20. Jahrhunderts auf dem Hochaltar der Schlosskapelle Ottenstein präsentiert: „Großer sargförmiger Reliquienschrein, Rahmen der Verglasung aus Holz geschnitzt und vergoldet, mit Cherubsköpfchen und Blattgewinden. Innen Gerippe eines Heiligen, in ein Goldbrokatgewand gehüllt."[982] Einen dritten Märtyrerleib schenkte der Botschafter 1705 der Pfarrkirche seiner Herrschaft Kottingbrunn. Es handelt sich dabei um die Gebeine des hl. Prosper aus den Calixtus-Katakomben[983] (Abb. 488).

488. Ganzkörperreliquie des Hl. Prosper aus der Calixtus-Katakombe in Rom, Geschenk des Grafen Lamberg an seine Patronatskirche, 1705; Kottingbrunn, Pfarrkirche

Gemeinsam mit den angeblich antiken Skulpturen erwarb Lamberg im November 1702 auch zwei neuzeitliche religiöse Kunstwerke, nämlich „das bild zum betstuhl v. Bronzo verguld" um 60 Scudi sowie „die gaislung Cristi v. kupfer auff alabaster" um 40 Scudi[984]. Bei ersterem handelt es sich vermutlich um das im vorläufigen Inventar als „Vesperbild mit Lapislazzaro" im Wert von 60 Scudi bezeichnete Bildwerk. Dieses Bronzerelief der den Leichnam Christi betrauernden und verehrenden Gottesmutter in „achteckigem Holzrahmen mit bronzegefassten Lapislazulieinlagen" (Abb. 489) wird in der Kunsttopographie als „sehr gute römische Arbeit, um 1700" bezeichnet[985] und geht auf ein Modell von Alessandro Algardi aus der Zeit um 1635 für ein Relief im Besitz von Kardinal Francesco Barberini sen. zurück, das nur in drei Repliken bekannt ist[986]. Eine befindet sich in der Galleria Pallavicini, eine andere in der Frick Collection in New York, während das Ottensteiner Exemplar als verschollen gelten muss. Die bei der Gestaltung der Wolken und der Mauer des Grabes sich von den anderen unterscheidende Version Lambergs lässt sich jedoch durch den prunkvollen, mit Steinintarsien versehenen Rahmen ebenso wie die Pieta des Kardinals in die Mitte des 17. Jahrhunderts datieren.

Bei der auch im Tagebuch eigens erwähnten „Gaisslung Xti, so kupfer und verguldt auff einer alabasternen ‚piede distallo'"[987] könnte es sich um eines der in mehreren Versionen oder Kopien erhaltenen Werke von Alessandro Algardi bzw. François Duquesnoy aus der Zeit um 1640 gehandelt haben. Solche Skulpturen dienten zunächst der Privatandacht hochgestellter Persönlichkeiten, kamen aber wohl aufgrund ihres materiellen Wertes bald auch in die fürstlichen Schatzkammern. Die Geistliche Schatzkammer der Habsburger besitzt sogar zwei dieser vergoldeten Geißelungsgruppen, die ebenfalls Sockel aus Halbedelsteinen aufweisen[988].

489. Beweinung Christi, vergoldetes Bronze-Relief von Alessandro Algardi in Rahmen mit Bronze- und Lapislazuli-Einlagen, Mitte des 17. Jhs.; ehemals Schloss Ottenstein

Heimliche Abreise und päpstliche Tränen

Als nach dem Tode Kaiser Leopolds I. am 5. Mai 1705 dessen ältester Sohn die Regierung übernahm, verfolgte der Wiener Hof nicht nur einen härteren Kurs gegenüber dem Papst, sondern es rückten auch die offensichtlich vorwiegend „dem jungen Hof" angehörenden seinerzeitigen Kritiker Lambergs in die führenden Ministerposten vor – obwohl der 1707 in den Fürstenstand beförderte Favorit des Kaisers ebenfalls ein Vetter Lambergs war. Mit noch größerem Nachdruck als sein Vater forderte daher Joseph I. vom Papst Genugtuung für die Eingriffe in die Immunität der kaiserlichen Botschaft durch Absetzung der dafür verantwortlichen Minister. Gleichzeitig erteilte der Kaiser am 15. Juli 1705 seinem römischen Vertreter den Befehl, unverzüglich mit seinem ganzen Hofstaat *„das dem kayserlichen Interesse so widrige Rom"* heimlich zu verlassen und sich nach Lucca zu begeben. Lamberg leistete dieser Anordnung noch in derselben Nacht Folge, da er selbst befürchten musste, im Kirchenstaat als Geisel für den Wiener Nuntius festgehalten zu werden. Natürlich blieb auch die heimliche Abreise des Botschafters nicht wirklich geheim, wie Valesio berichtet: Nachdem um 18 Uhr die Post aus Wien eingetroffen war, habe Graf Lamberg sofort einen Teil seines Personals nach Bracciano gesandt, und sich um 5 Uhr nachts auch selber ins Schloss des Fürsten Odescalchi [989] (Abb. 490) begeben, ohne den Grafen Fede, den Gesandten des Großherzogs der Toskana, anhören zu wollen, der von Seiner Heiligkeit geschickt worden war, um die Gründe für diese spontane Abreise zu erfahren [990].

In einem Schreiben an seinen Vater berichtete Lambergs Botschaftssekretär Peter Dalberg am 22. Juli aus Siena über diesen überstürzten Aufbruch: „Des H. Pottschafters Gentiluomo ist von Wienn in

490. Bracciano mit dem Castello Odescalchi, Ölgemälde von Caspar van Wittel, Ausschnitt, 1696 (?); ehemals Sotheby's Milano

aller still expedirt und mit Kayl. Befelch nacher Rom geschickht worden, daß Ihro Excell. mit seiner völligen Familie in höchster Secretta von Rom nacher Lucca sich begeben solle, dabey aber alle Praecautiones gebrauchen, damit dieselbe auff denen Päbstl. Gräntzen nicht möchte angehalten werden; woraus wol abzunehmen ware, daß man dem Nuntio eine Affront zu thun gedenckhe. Die Kayl. Ordres waren sehr pressant, mueste dahero des H. Pottschaffters Persohn vor allem anderen in Sicherheit gebracht werden. Zu welchem Endt kein besser Mittel vorhanden ware, als denen Pfaffen die Zeit abzugewinnen, damit sie zu Rom oder auch von Wien aus keinen Lufft von der Sach bekommen möchten. Es ist alles so geheimb von staten gangen, daß Ihre Excell. nachdem der Currier den 15ten dißes in Rom angelangt und ich sambt 4 Bedienten unter anderen Vorwandt noch selbige Nacht aus Rom gezogen, und in aller möglicher Eylfertigkeit in das Florentinische Gebieth gelanget seynd, und weilen nun gestern Nachricht eingeloffen, daß die übrige Familie gleichfalls schon die Päbst. Fines passiret haben, so berichtet Se. Excell. hiervon Ihre Kayl. Mayt. per Expressum, gleichwie es ist befohlen worden. Wir stunden unserer Reiß wegen in so grösseren Sorgen alß der Pabst vor einiger Zeith sich hat verlauthen lassen, Er könte den Potschaffter nicht aus dem Land lassen, es seye dan zuvor der Nuntij Davia in finibus Italiae angelanget. Basta, der Kayl. Befelch ist glücklich volzogen worden, aber mit solcher Eylfertigkeit, dass wir in Rom alles haben müssen liegen und stehen lassen, und kaum so vill mitgebracht haben, alß höchstnöthig ist."[991]

Am 18. Juli brachen auch die noch in Rom verbliebenen österreichischen Mitarbeiter Lambergs gemeinsam mit jenen, die sich in Bracciano aufgehalten hatten, nach Lucca auf, und zwei Tage später wurden die in Rom verbliebenen Bediensteten entlassen – ohne ihre monatliche Bezahlung zu bekommen. Die zurückgelassenen Pferde sollten verkauft werden, und die schöne Hofsängerin des Grafen („la bella Greuter, cantarina di S. Eccellenza") musste sich einen neuen Liebhaber ihrer gesanglichen und anderweitigen Qualitäten suchen[992]. Auch Lamberg berichtete seinem Sohn am 31. Juli aus Lucca, dass er „all mein Silber und Meublen in Stich gelassen und das Silber bei Don Livio ‚depositiret'" habe[993].

Papst Clemens XI. soll ob der plötzlichen Abreise des kaiserlichen Botschafters in Tränen ausgebrochen sein[994], und am 26. September 1705 erging der Befehl an Lamberg, Italien endgültig zu verlassen. Dabei hat Joseph I. seinem Vertreter jedoch aufgetragen, eine Heimreise aus privaten Gründen vorzutäuschen, „damit man am päpstlichen Hof nicht vermeine, daß wir Dich völlig abberufen, mithin alle Handlung zwischen uns und dem römischen Hof abbrechen wollen."[995]

Tatsächlich wurde das Wappen des kaiserlichen Botschafters erst am 22. April 1706 vom Portal des Palazzo Caetani entfernt, aber damit war auch Valesio klar, dass der kaiserliche Botschafter nicht mehr nach Rom zurückkommen wird. Die „Differenzen zwischen dem hiesigen und dem Wiener Hof" waren damit auch auf der symbolisch-zeremoniellen Ebene unübersehbar, und als im Juni schließlich Lambergs Hofmeister mit den restlichen Pferden aus Lucca nach Rom zurückkehrte, war die kaiserliche Botschaft beim Heiligen Stuhl endgültig verwaist[996].

Anmerkungen

1. Brief von Johann Philipp an Katharina Eleonora von Lamberg vom 8.5.1694 zitiert in: Müller: Lamberg, 90.
2. So wurden im Mai 1700 Lamberg 2000 fl. geboten, wenn er einem Kapuziner zu einem Amt in Kärnten verhelfe. Der Botschafter lehnte das ‚Schmiergeld' aber ab: Müller: Gesandtschaftswesen, 294. Zu Verhandlungen Lambergs mit den Kardinälen Marescotti, Panciatici und Ottoboni bezüglich der Koadjutorenstelle des Grafen Harrach in Salzburg am 30.1.1703 siehe auch: Valesio: Diario II, 498.
3. Zur langwierigen Vermittlung Lambergs zur Erlangung einer Dispens vom Subdiakonat zur Verehelichung 1704/05 siehe: Die Verehelichung des Kanonikus Hermann Friedrich von Hohenzollern mit Eleonore Magdalene Prinzessin von Brandenburg-Baireuth. In: Historische Zeitschrift 9 (1863), 127–137; zur Verwandtschaftsheirat innerhalb der Familie Liechtenstein im Jahre 1703: Lamberg: Römisches Diarium II, 1028, 1030 und 1047. Im Lamberg-Archiv hat sich neben Briefen auch ein entsprechender Liechtenstein-Stammbaum erhalten: NÖLA, LA Kart. 66, fol. 43–56.
4. Zur Karriere von Martinitz siehe u.a.: Zedler: Universallexicon 19. Bd., Sp. 1849, Sienell: Geheime Konferenz, 206–207.
5. Müller: Gesandtschaftswesen, 220.
6. Kaiserliches Schreiben an Lamberg vom 19.8.1699: NÖLA, LA Kart. 65 und Urkunde Ottenstein, Nr. 995: Bauer: Ottenstein, 77; Müller: Lamberg, 96.
7. Lamberg: Relazione 1. Bd., 3.
8. Landau: Wien, Rom, Neapel, 267–268; Pastor: Päpste 14/II, 1150–1153, 1159–1160.
9. Zur Tätigkeit Liechtensteins in Rom siehe Sigismund von Bischoffshausen: Papst Alexander VIII. und der Wiener Hof, Stuttgart/ Wien 1900; Garms Cornides: Rappresentazione imperiale.
10. Zum zeremoniellen Vorrang des Prefekten von Rom siehe: Visceglia: Il Ceremoniale, 154–162.
11. Pastor: Päpste 14. Bd./II, 1148 und 1161; Galland: Papstwahl, 214–217; Garms Cornides: Rappresentazione imperiali, 522. Siehe dazu auch die Akten im vatikanischen Zeremonialarchiv: ACP Bd. 45, fol. 70–121.
12. Zum historischen Hintergrund siehe zuletzt: Alvarez-Ossorio u.a.: La guerra de Sucesión; Bérenger: la Succession; Duchhardt: Staatenkonkurrenz, 3–11; Hugon: méthodes de lutte; Sobrequés i Callicó: Guerra de Successió.
13. Einen Überblick über Lambergs Tätigkeit in Rom und deren historische Bewertung bietet: Bauer: Ottenstein, 76–154.
14. NÖLA, LA Hs. 1–48.
15. Lamberg: Relazione 1. Bd., 3 („Differenze col Co: di Martiniz").
16. So versuchte der Fürst den Botschafter brieflich zu trösten, als am Wiener Hof gegen ihn intrigiert wurde. Laut Bauer (Ottenstein, 119) bzw. gemäß Tagebuch zum 27. September 1704 schrieb Liechtenstein, dass „es bey Unserm Hoff leider also der gebrauch ist, daß derjenige, welcher mit threu, fleiß, Eyffer und attention dienet, nichts als hass und Neyd verursache. E.E. khönnen davon die prob an sich selbst machen". Zu den Briefen Lambergs an Liechtenstein aus Rom siehe: SL-HA FA Kart. 154 und 155.
17. Zu Rom als Informationsdrehscheibe siehe: Seidler: Relationen vom römischen Hof.
18. Lamberg: Römisches Diarium I, 124 (25.8.1700). Zu den politischen Beziehungen zwischen Italien und dem Reich siehe zuletzt: Schnettger: Impero Romano, 56–62; zu den Entscheidungsstrukturen in der Spanischen Frage: Sienell: Beratungsgremien.
19. Die zunächst eigenhändigen, aber wegen der auch Lamberg nicht lesbaren kaiserlichen Handschrift später von Schreibern verfassten Privatbriefe Leopolds I. sind erhalten: NÖLA, LA Kart. 66.
20. Zur Tätigkeit von Goess in den Jahren 1697–1707 siehe: Jarren: Niederlande.
21. Vgl. Christl **Bott**: Maximilian Carl Graf zu Löwenstein-Wertheim-Rochefort und der fränkische Kreis 1700–1702. Eine Studie zur Reichs- und Kreispolitik in zwei Bänden, Diss. Würzburg 1968.
22. Müller: Gesandtschaftswesen, 44–45. Originalbriefe sind ebenfalls erhalten: NÖLA, LA Kart. 66 und 67.
23. Lamberg: Römisches Diarium I, 477 und 496. Zur preußischen Krönung bzw. deren Beschreibungen siehe u.a.: Meiner: Diarium und Meiner: Krönungsfeierlichkeiten.
24. Zur Notwendigkeit des höfischen Adels auf diese Weise wenigstens teilweise über Vorgänge und Entscheidungen am Wiener Hof informiert zu sein siehe: Müller: Lamberg, 80.
25. Lamberg: Römisches Diarium I, 96 und 378. Vgl. Gutkas: Persönlichkeiten, 74 und 86.
26. Lamberg: Römisches Diarium II, 983 (1.3.1703) und 1059 (19.3.1703).
27. Im Lamberg-Archiv sind mehrere Dechiffrierungsschlüssel erhalten: NÖLA, LA Kart. 69.
28. Lamberg: Römisches Diarium III, 763; Pastor: Päpste 14. Bd./II, 1161, Anm. 3; Rill: Staatsräson, 327, Anm. 48. Zur Tradition siehe: Seidler: Relationen vom römischen Hof.
29. Das Rechnungsbuch (NÖLA, LA Hs. 51, 642) verzeichnet damals 3 fl. 8 xr „dem buchbinder und buchdruckher meiner relation".
30. Lamberg: Regensburger Diarium II, 117 (4.9.1694).
31. Valesio: Diario II, 274 und 570; Müller: Gesandtschaftswesen, 107 und 111. Zur Familie Anguillara siehe: Carpaneto: Famiglie nobili, 35–42.
32. Noack: Deutschtum 1. Bd., 166–169.
33. NÖLA, LA Kart. 69.
34. *Notizie per il futuro S^{re} Ambasre Cesareo/ Famiglia che tiene il moderno S^{re} Ambas^{re} Conte di Martiniz*: NÖLA, LA Kart. 69.
35. Noack: Deutschtum 1. Bd., 166–169. Zu diesem Gesandten siehe jetzt: Scherbaum: Die bayerische Gesandtschaft, 208.
36. Schreiben Lambergs an die Hofkammer vom 16.6., 24.6. und 30.7.1701; Auszüge aus den Berichten Lambergs an Grimani vom 8.7.1702: HHStA, Rom Varia Kart. 16.
37. Briefe von Johann Philipp an Leopold Joseph vom 8.5. und 26.12.1694 zitiert in: Müller: Lamberg, 90.
38. Zu den erhofften bzw. erreichten einträglichen Posten Wiener Adeliger nach einer diplomatischen Mission siehe: Müller: Gesandtschaftswesen, 197–199.
39. Bourdieu: Die feinen Unterschiede, 193–209.
40. Zitiert in: Müller: Lamberg, 104, FN 124.
41. Zitiert in: Müller: Lamberg, 98–99.
42. Lamberg: Römisches Diarium II, 451 (16.8.1702).
43. Müller: Gesandtschaftswesen, 176.
44. NÖLA, LA Hs. 51, 615.
45. Botschaftsinstruktionen für Gallas 1717 und Althann 1720 zitiert in Müller: Gesandtschaftswesen, 128.
46. HHStA, Rom Korr. Kart. 81, Leopold I. 1700 I 9–XII 29, fol. 64v-65r. Lamberg: Relazione, 60: „Li 24. di Ottobre arrivò finalmente il tanto desiderato Corriere, il quale [...] ordini Clementissimi a me di regolarmi nel Ceremoniale conforme l'Ambasciatore di Spagna, e di fare le guardie uggiali a quello di Francia."
47. Vermutlich schon in Wien hatte Lamberg zwei Zeremonial-Informationsschriften erhalten, ein *Ceremoniale per l'Ambasciatrice Cesarea, fatto dal Conte Nappi ch' hà Servicio di Maestro di Camera La Principissa di Liechtenstein Ambasciatrice in Roma L'anno 1692* sowie ein *Ceremoniale Per l'Ambasciatori di Sua Maestà Cesarea nella Corte di Roma*, in dem die 25 wichtigsten öffentlichen Auftritte von der Krönung des Papstes bis zur Festakademie am Collegio Romano und Collegio Clementini genannt sind: NÖLA, LA Kart. 70, Fasz. 381. Zur Bedeutung des Zeremoniells in Rom siehe u.a.: Ago: Sovrano pontefice; Andretta: Ceremoniale e diplomazia; Seidler: Relationen vom römischen Hof, 113–120 („Protokollfragen als Machtfragen"); Visceglia: Il Ceremoniale; Wolf: Symbolische Kommunikation; Zunckel: Rangordnungen.
48. Instruktion vom 28. November 1699: HHStA, Rom Korr. Kart. 81, fol. 1–27.
49. Theatrum Europaeum, 15. Bd., Frankfurt am Main 1707, 855.
50. Theatrum Europaeum, 15. Band, Frankfurt am Main 1707, 855.
51. Noack: Deutschtum 1. Bd., 168.
52. Vatikanisches Zeremonialarchiv: ACP Bd. 42, fol. 1004r Zur Tradition römischer Lebensmittelgeschenke siehe: Ago: Il Gusto, 15–19.
53. Zu den kulturellen Aktivitäten des nach zweimaligem Seitenwechsel in Wien verstorbenen Diplomaten siehe: Tedesco: Duca de Uceda.
54. Noack: Deutschtum 1. Bd., 161.
55. Lamberg: Relazione 1. Bd., 3. Zur traditionellen Zusammenarbeit dieser Botschafter siehe: Müller: Gesandtschaftswesen, 276–277.
56. Noack: Deutschtum 2. Bd., 343. Zur

57 architektonischen Präsenz der Florentinischen Familie in Rom siehe: Fumagalli: Luoghi medicei, 102.
57 Noack: Deutschtum, 2. Bd., 358; Garms Cornides: Rappresentazione imperiale, 517–518.
58 Lombardo: Palazzi, 8–15 (Palazzo Venezia); Vecchi: Ambasciate, 123–151 (Palazzo Farnese), 383–410 (Palazzo di Spagna).
59 Als Obedienzgesandter des Kaisers Matthias hielt der Bamberger Fürstbischof Johann Gottfried von Aschhausen 1612 im Palast der della Rovere an der Piazza Scossacavelli Hof, Fürst Eggenberg hatte 1638 den Palazzo des Herzogs Ceri bei der Fontana di Trevi angemietet. Der Kardinal von Hessen-Darmstadt hatte im Palazzo Mellini-Cesi am Corso residiert, Graf Gallas bezog 1714 den Palazzo Chigi-Odescalchi (Abb. 82) und Kardinal Michael Friedrich Graf von Althann wohnte 1720 im gegenüberliegenden Palazzo Colonna, bzw. dessen Teil an der Piazza Pilotta. Siehe dazu: Noack: Deutschtum 1. Bd., 107 und 176; zum Palazzo bei S. Marcello: Rendina: Palazzi, 533. Dandelet: Baroque Rome, 44; Fagiolo: Corpus 2. Bd., 32–33. Heyink: Fest, 293; zum Palazzo Colonna: Rendina: Palazzi, 498–502.
60 Rendina: Palazzi, 537–538; Vincenti/ Benzi/ Schezen: Römische Paläste, 66–75; Cristiano **Tessari**: Baldassarre Peruzzi e il Palazzo Savelli sul Teatro di Marcello. In: Christoph L. Frommel u.a. (Hg.): Baldassarre Peruzzi 1484–1536, Venezia 2005, 267–271.
61 Lamberg: Römisches Diarium I, 24 (29.5.1700) und 413 (19.1.1701); Müller: Gesandtschaftswesen, 112.
62 Valesio: Diario I, 37–39 und 57. Lamberg (Römisches Diarium I, 144 u. 176–179) vermerkt diese Vorkommnisse nicht.
63 Müller: Gesandtschaftswesen, 156–157.
64 Steinhuber: Kollegium Germanikum Hungarum 2. Bd., 160–163.
65 Filippi: Collège Romain; Rice: Jesuit Theses Prints; Appuhn-Radtke: Thesenblätter als Dokumente barocken Mäzenatentums.
66 Auszüge aus den Berichten des Grafen Lamberg vom 22. Mai: HHStA, Rom Varia Kart. 15, fol. 398; Lamberg: Römisches Diarium I, 26 und 27. Vermutlich ein Sohn des 1690 geadelten Jakob Ernst Plöckner.
67 Wien, HHStA, Rom Korr., Kart. 81: Joseph I 1700 VIII 7- X 29, fol. 1.
68 Brief Leopolds I. an Graf Lamberg vom 26.3.1705: NÖLA, LA Kart. 66, fol. 141.
69 Baumüller: Anima; Ursula Verena/ **Fischer-Pace**/ Hubertus **Günther**: S. Maria dell' Anima, Regensburg 2008; Knopp: Anima, Knopp/ Hansmann: Anima.
70 Zu den französischen Feiern in S. Luigi siehe u.a.: Erben: Paris und Rom, 255–258.
71 Corriere ordinario Nr. 55 vom 11.7.1686: NÖLA, LA Kart. 74. Zur Situation in den 1690er Jahren siehe: Garms Cornides: Rappresentazione imperiali.
72 Schmidlin: Anima, 546, 576–596; Heyink: Fest und Musik.
73 Aus einem ähnlichen Anlass (Ostern?) im April 1701 verzeichnet Lambergs Rechnungsbuch Kosten von 1:20 Scudi für *"sessel und arrazzi all'anima zu tragen"*: NÖLA, LA Hs. 51, 564.
74 Valesio: Diario I, 390–391.
75 Lamberg: Römisches Diarium I, 31.
76 Lamberg: Römisches Diarium I, 38–39; Bauer: Ottenstein, 88–89; Lamberg: Rechnungsbuch: NÖLA, LA Hs. 51, 543 (Juni/Juli 1700).
77 *Nota* vom 21.6.1700: NÖLA, LA, Kart. 69.
78 Lamberg: Römisches Diarium I, 52.
79 Dorotheum: Zwei Päpste; Heike Maier-Rieper: Kirchenfürstenportraits, 40.
80 Zu einem vermutlichen Porträt Savellis mit dem Vliesorden von Voet siehe: Petrucci: Voet, 209, Kat.-Nr. 155. Zur Familie: Carpaneto: Le famiglie nobili romane, 237–246.
81 Lamberg: Römisches Diarium I, 36–38. Zu den Ordensverleihungen in Wien im Allgemeinen und jene an Graf Leopold von Lamberg am 5. Mai 1700 im Besonderen siehe: Wielach: Ordensfeste 293.
82 Im Unterschied zu den Ordenskollanen waren diese *„Pendantifs"* Eigentum des Ordensritters: Tresors de la Toison d'Or, AK Brüssel 1987, 196–197. August der Starke besaß daher mehrere mit verschiedenfarbigen Edelsteinen besetzte Garnituren: Ulli **Arnold**: Die Juwelen Augusts des Starken, München/ Berlin 2001, 80–81, 86–103, 115, 130, 156–157.
83 Lamberg: Rechnungsbuch, NÖLA, LA Hs. 51, 545 und 551.
84 Müller: Gesandtschaftswesen, 191.
85 Lamberg: Römisches Diarium I, 66; Müller: Lamberg, 81.
86 Liste nominale des Chevaliers, 32–38.
87 Benocci: Una festa barocca, 26–34.
88 Valesio: Diario I, 176; Fagiolo: Corpus 2. Bd., 4.
89 NÖLA, LA Hs. 51, 690–695.
90 Historische Remarques vom 3. August 1700, 235–236.
91 Buberl: Zwettl, 104–107, Fig. 85–87.
92 Gutkas: Prinz Eugen AK, Kat.-Nr. 1.47–1.49, Farbabb. 21, 25 u. 26.
93 Noack: Deutschtum 1. Bd., 343. Zur Biographie siehe: Gatz: Bischöfe, 257–259 (August Leidl).
94 Zu diesem Fest, das vor allem im 18. Jh. mit aufwendigen Festgerüsten gefeiert wurde, siehe: Fagiolo: Corpus 2. Bd.
95 Lamberg: Römisches Diarium I, 44.
96 *Apertura del Cadavere della Sta. Memoria Innoco. XII fatto in Quirinale il di 28 7bris*: HHStA, Rom Varia Kart. 15, 28.9.1700, fol. 360–361.
97 Lamberg: Römisches Diarium I, 182 (28.9.1700).
98 Valesio: Diario I, 42 und 63.
99 Lamberg: Römisches Diarium I, 187.
100 Rendina: Palazzi, 409.
101 Valesio: Diario I, 65 und 67.
102 Lamberg: Relazione 1. Bd., 60 (*„ne per lo servizio della Cristianità, ne della sua Augustissima Casa"*).
103 Pastor: Päpste 15. Bd., 4.
104 *Nova e distinta relazione*: NÖLA, LA Kart. 69.
105 Misson: Reisen, 706–752.
106 Zur Bedeutung dieser Fraktionsbildung für das politische Lebens Roms im 17. Jahrhundert siehe: Visceglia: Factions; zum Stand der Parteiungen im Jahre 1700: Galland: Papstwahl, 239–254.
107 Zu dieser Gruppe siehe: Signorotto: „Squadrone volante", 177–211.
108 Vatican: Millini.
109 Montalto: Pamphilj.
110 Custoza: Colloredo, 179–183.
111 Zu Fürstenberg siehe: O'Connor: Fürstenberg.
112 Vgl. dazu: Ago: Zealous Popes, 229–246.
113 Konferenzprotokoll vom 11.9.1700: HHStA, Rom Varia Kart. 14, fol. 11.
114 Lamberg: Relazione 1. Bd., 73: *„Carlo Barberini fù giudicato incapace dà tutti per la sua decrepiteza, & irrisoluteza, senza fare menzione del suo genio tutto tutto francese. Colloredo era il vero campione de i Veneziani, mà era oditato da Ottoboni come troppe Francesco, e da altri temuto per lo pedantismo, e finalmente gl'indifferenti lo stimarono più atto ad essere Generale di una Religione, che a fare da condottiere della Navicella di S. Pietro."*
115 Siehe dazu auch die Eintragungen in Lambergs Diarium.
116 Zitiert in: Galland: Konklave, 611 und 599.
117 In der Biographie des Fürstbischofs wird der Romaufenthalt nur kurz behandelt: Niedermayer: Lamberg, 45–47.
118 Landau: Wien, Rom, Neapel, 38–43; Dizionario Biografico degli Italiani 59, Roma 2002, 658–662.
119 Zu Anna Vittoria di Anguillara siehe Weber: Genealogien III, 74–75.
120 Lamberg: Römisches Diarium I, 221 (17. Oktober 1700); Valesio: Diario I, 84.
121 Lamberg: Rechnungsbuch: NÖLA, LA Hs. 51, 550 und 552.
122 Valesio: Diario I, 213–215.
123 Die Bezahlung von 8 Scudi 60 durch Lamberg im Juni 1703 *„Bencini wegen der musique"* bezog sich wohl auf die Tätigkeit des Kapellmeisters beim Fronleichnamsfest: NÖLA, LA Hs. 51, 606.
124 Heyink: Anima, 292–297.
125 Vielleicht Philipp Hyazinth, der in zweiter Ehe mit Anna Maria Wilhemina von Althann verheiratet war.
126 Vermutlich ein Verwandter des Salzburger Erzbischofs Max Gandolph bzw. ein Sohn des Salzburger Grafen Johann Joseph von Kuenburg.
127 Wahrscheinlich ein Sohn von Otto Ehrenreich von Abensberg-Traun, vielleicht Otto Ferdinand. Einen anderen Sohn des nö. Landmarschalls erwähnt der Botschafter in seinem Tagebuch am 31.1.1704: *„Des Fürst Adam v. Liechtenstein ältester Sohn ist an blattern gestorben, und der Graf Julius Traun des Landmarschall Sohn, so dem Graf Christoph v. Althan seine vermögliche Tochter entführt, ist an Entzündung der Lunge gestorben."* (Lamberg: Römisches Diarium III, 166).
128 Der Neugeborene war ein Neffe des Herzogs Rinaldo III. von Modena und seiner Gattin Claudia Felicitas von Braunschweig-Lüneburg, der älteren Schwester der Römischen Königin.
129 Lamberg: Römisches Diarium I, 322–323.
130 Platania: Sobieski, 107–128; Platania: Maria Casimira, 11; Bowron/ Rishel: Art in Rome, 96.
131 Lamberg: Römisches Diarium I, 111. Platania: Maria Casimira, 26 und 30, nennt folgende Version: *„Nacqui da un gallo semplice gallina/vissi tra li pollastri e fui regina/venni a Roma cristiana e non Christina"*.
132 Platania: Sobieski, 97.

133 Vgl. dazu: Valeriano: Fasto nobiliare. In: Fagiolo: La festa a Roma, 120–133; Fagiolo: banchetti. In: ebenda 224–230.
134 Valesio: Diario I, 118. Zu den Kosten von 298 Scudi 88 für „*das Festin des neu gebohrnen Erzherzogs*" siehe: NÖLA, LA Hs. 51, 553.
135 Lamberg: Römisches Diarium I, 352–353.
136 Lamberg: Relazione 1. Bd., 90; Galland: Papstwahl, 380.
137 Lamberg: Römisches Diarium I, 341.
138 Valesio: Diario I, 139 und 141.
139 Lamberg: Römisches Diarium I, 362; Lamberg: Relazione 1. Bd., 104.
140 Tagebuch zum 23. Februar 1702 (?) zitiert in: Bauer: Ottenstein, 110: „*was dem Pabsten iedoch dabey einiger massen vergnueglich ist meine gegen ihn continuirende bescheidenheit, welche er höchlich anrühmet, hingegen mit des Cardinals Grimani conduite gar nicht zufrieden ist.*"
141 Lamberg: Römisches Diarium I, 393–394.
142 Lamberg: Römisches Diarium I, 368, 370–371, 373. Lamberg: Relazione 1. Bd., 108–109: „*I' Francesi sogliano celebrare ogn'anno la festa di S. Lucia in S. Giovanni Laterani, & il Cardinale de Medici mostrò in questa congiuntura il suo zelo per le due Corone, perche non solamente intervenne alle funzioni della Chiesa, mà anche con universale meraviglia andò al banchetto del Cardinale Janson, dove beuvero per la prosperità delle due Corone.*"
143 Valesio: Diario I, 190.
144 Siehe dazu: Michele **Rak**: Il Carnevale. Dal trionfo umanistico alla passeggiata borghese. In: Fagiolo: La Festa a Roma, 98–119; Renato **Diez**: Le Quarantore. Una predica figurata. In: Fagiolo: La Festa a Roma, 84–97.
145 Lamberg: Römisches Diarium I, 393–394.
146 Tedesco: Duca di Uceda.
147 Für diese Hinweise bin ich Frau Dr. Christine Pollerus (Graz) zu Dank verpflichtet.
148 Valesio: Diario II, 566 (3.4.1703).
149 Heyink: Fest, 293.
150 Lamberg: Römisches Diarium I, 447 (11.2.1701) und 576 (23.4.1701).
151 Sedlmayr: Fischer von Erlach, 393, 395 und 397.
152 Brief Lambergs an Joseph I. vom 23.5.1705: HHStA, Rom Korr. Kart. 85, fol. 54r.
153 Garms Cornides: Neapel, 23.
154 NÖLA, LA Kart. 69.
155 Zur sprichwörtlichen Rolle des Corso für das gesellschaftliche Leben Roms siehe: Ulivi: Corso.
156 Lamberg: Römisches Diarium I, 424 (25.1.1701) und 432 (29.1.1701); Valesio: Diario I, 282.
157 Es handelt sich offensichtlich um die Tragödien Polycrete (1643) und Nicomède (1650) von Pierre Corneille.
158 Beim Stück *Héraclius* von Pierre Corneille von 1647 handelt es sich allerdings um eine Tragödie.
159 Lamberg: Römisches Diarium I, 433 (31.1. und 1.2.) und 442 (8.2.1701).
160 Lamberg: Rechnungsbuch: NÖLA, LA Hs. 51, 560.
161 Offensichtlich schon vorausblickend hatte Graf Lamberg im Februar nicht nur einen „*Pfenning v. Papsten und ain Fueterall*" um 2 Scudi erworben, sondern auch nicht weniger als 42:50 Scudi für „*6 Agnus Dei einzufassen mit silber und 10 kleine*" ausgegeben: NÖLA, LA Hs. 51, 559.
162 Ein solches *Agnus Dei* von 1701 hat sich im Kölnischen Stadtmuseum erhalten: Charlotte **Angeletti**: Geformtes Wachs. Kerzen, Votive, Wachsfiguren, München 1980, 121.
163 Valesio: Diario I, 334.
164 Roethlisberger: Odescalchi, 7.
165 Melani: Konklaven, 36–37.
166 Lamberg: Relazione 1. Bd., 49–50.
167 Lamberg: Römisches Diarium I, 296–297.
168 Lamberg: Römisches Diarium I, 367, 536; Brief vom 9.4.1701: HHStA, Rom Korr. Kart. 82, Briefe von Lamberg an Leopold I. 1701 I-VI, fol. 108v.
169 Lamberg: Römisches Diarium I, 892 (15.9.1701).
170 Rinck: Leopold I. 2. Teil, 799.
171 Brief vom 16.4.1701 an den Kaiser: HHStA, Rom Korr. Kart. 82, Briefe von Lamberg an Leopold I. 1701 I-VI, fol. 122v.
172 Lamberg: Diarium I, 650; Brief vom 4.6.1701 an den Kaiser mit Beilage: HHStA, Rom Korr. Kart. 82, Briefe von Lamberg an Leopold I. 1701 I-VI, fol. 170–171.
173 Lamberg: Römisches Diarium II, 266 (18.6.1702), II, 1192 (10.6.1703); Schmidlin: Anima, 587–588.
174 NÖLA, LA Hs. 51, 565.
175 Lamberg: Römisches Diarium I, 684; Franchi: Drammaturgia, 3 (Foglio di Foligno Nr. 23 vom 17.6.1701).
176 Braun: Karl III. 1. Bd., 390–391.
177 Buder: Clemens XI., 244.
178 Valesio: Diario I, 410–416 und 592ff („*Protesta fatta in Camera per parte dell'imperatore Leopoldo I…*"); Pastor: Päpste 15. Bd., 18–19; Landau: Wien, Rom, Neapel, 67–69; Galasso: Napoli, 554–555.
179 Der Marchese verfasste später eine Publikation über den Spanischen Erbfolgekrieg: Istoria delle guerre avvenute in Europa e particolarmente in Italia per la successione alla monarchia delle Spagne dall'anno 1696, all'anno 1725. Scritta dal conte e marchese Francesco Maria Ottieri, Roma 1728–57.
180 Lamberg: Römisches Diarium I, 891–982.
181 Diese *rinfreschi* wurde 1681/82 bei Kardinal Benedetto Pamphilj serviert: Fabri dall' Oglio: Il trionfo, 329–337.
182 Sebastiani: S. Bernardo, 50–60.
183 Valesio: Diario I, 487 und 492.
184 Lamberg: Rechnungsbuch: NÖLA, LA Hs. 51, 576.
185 Die kaiserliche Instruktion für Chassignet war auch in Rom bekannt: Valesio: Diario I, 616–623.
186 Chassignet war schon zuvor einmal in Frankreich gefangen genommen worden: Ziegler: Der Sonnenkönig und seine Feinde, 60 und 253.
187 Dizionario Biografico degli Italiani 24, Roma 1980, 328–329.
188 Dizionario Biografico degli Italiani 18, Roma 1975, 420–421.
189 Valesio: Diario II, 20.
190 Hartlieb-Wallthor: Rosenkavalierpalais Auersperg, 11 und 15–16.
191 Bauer: Ottenstein, 107–108; Lamberg: Römisches Diarium I, 953 (14.10.1701) berichtet hingegen, dass der Kaiser mit Lambergs „*conduite allergnädigst zufrieden*" sei. Landau: Wien, Rom, Neapel 153–172.
192 Valesio: Diario I, 535–536.
193 Als Beitrag Lambergs verzeichnet dessen Rechnungsbuch für die „*Musica am Leopolditag*" 21:80 Scudi: NÖLA, LA Hs. 51, 576.
194 Valesio: Diario I, 564 berichtet bereits am 11. Dezember vom einem „*solenne festino*" bei Lamberg und dem Besuch des venezianischen Botschafters. Zur Person: Dizionario Biografico degli Italiani 43, Roma 1993, 175–179.
195 Lamberg: Römisches Diarium I, 1107 (13.12.1701).
196 Lamberg: Regensburger Diarium II, 59 (29.6.1694).
197 Hunter Somerville: Talbot. Zum Aufenthalt in Rome siehe auch William **Coxe**: Private and Original Correspondence of Charles Talbot, Duke of Shrewsbury, with King William (…), London 1821, 632–649.
198 Lamberg: Römisches Diarium I, 1126 (20.12.1701), 1142 (28.12.1701).
199 L'Adrasto. Favola boscareccia fatta rappresentare dall'illustriss. [….] Caterina Eleonora di Lamberg […] ambasciatrice cesarea nel suo palazzo per il giorno natalizio della sacra reale e cesarea maestà dell'imperatrice Eleonora Magdalena Teresia regnante, Roma 1702. Claudio **Sartori**: I libretti italiani e stampe dalle origini al 1800, Cuneo 1990, 1. Bd. Kat.-Nr. 352. Solche Widmungen von Libretti waren in Rom damals durchaus üblich. Vgl. Lo Bianco/ Negro: Il Settecento, Kat.-Nr. 209 und 210.
200 Heyink: Bencini, 103–109.
201 Sartori: libretti, Indici II, Cunea 1995, 86, 180, 243, 298, 382 und 537; Saverio **Franchi**: Drammaturgia Romana II (1701–1750) (= Sussidi Eruditi 45), Roma 1997, 8–9.
202 Stanley **Sadie** (Hg.): The New Grove Dictionary of Opera, 2. Bd., London/ New York 1992, 327 (Winton Dean). Zu Händels Tätigkeit im Palazzo Bonelli siehe: Kirkendale: Handel with Ruspoli, 301–348.
203 Valesio: Diario II, 20–21.
204 Valesio: Diario II, 30 und 378–379 (Text von Renda). Kurzbericht über das Fest und die „*bella Compositione*" auch in den *Avvisi Romani* vom 22.1.1702: NÖLA, LA Kart. 77.
205 Lamberg: Römisches Diarium I, 1186 (16.1.1702).
206 Siehe dazu: Marco **Spesso**: La cultura architettonica a Roma nel Secolo XVIII: Gerolamo Theodoli (1677–1766), Roma 1991. Zur Familie siehe auch: Carpegna: Le famiglie, 227–236 sowie zur Verantwortung dieser Familie für die öffentlichen Kunstausstellungen in Rom seit 1662: Haskell: Auftraggeber, 184.
207 Petrucci: Voet, 233 und 235.
208 Valesio: Diario II, 40.
209 Valesio: Diario II, 132. Santacroce war zwischen 1731 und 1737 mehrfach als kaiserlicher Gesandter in Rom im Einsatz: Zedler: Universallexicon 33. Bd., Sp. 1805.
210 Valesio: Diario II, 56.
211 Am 29. Dezember 1702 wurden in der Cancelleria die „*comedie all'improvisio dal Trevisani, pittore del Cardinale Ottoboni*" begonnen: Valesio: Diario II, 359. Zu Trevisanis diesbezüglichem Talent siehe: Wolfe: Il pittore e il musicista, 171–172.
212 Valesio: Diario II, 78.

213 Lamberg: Römisches Diarium I, 1270 (22.2.1702) und 1284 (26.2.1702).
214 Zur Feier und zum Katafalk siehe: d'Aquino: Exequialia; Fagiolo: Settecento, 9–10. Zum genauen Programm sowie zu Lambergs Berichten an den Kaiser siehe: Moore: Obsequies for James II.
215 Brief Lambergs an den Kaiser vom 4.2.1702: HHStA, Rom Korr., Kart. 83, fol. 44r-v. Die Leichenpredigt erschien 1702 unter dem Titel *Sacra exequialia in Funere Jacobi II*.
216 Zur Josephsverehrung des Wiener Hofes um 1700 siehe: Mikuda-Hüttel: Vom ‚Hausmann', 130–171.
217 Briefkonzept von Leopold I. an Graf Lamberg vom 11.2.1702: HHStA, Rom Korr. Kart. 86, fol. 38–40.
218 Am 7.3.1702 wurde in dieser Kirche der Festtag des hl. Thomas von Aquin gefeiert – mit Kirchenmusik im Auftrag des Marchese del Vasto, der mütterlicherseits mit diesem Heiligen verwandt war. Der Auftraggeber nahm daher ebenso wie Graf und Gräfin Lamberg auf dem „coretto" der Kirche an diesem Festgottesdienst teil: Valesio: Diario II, 99.
219 Lamberg: Römisches Diarium II, 39–40 (19.3.1702).
220 Auch laut Zeitungsbericht war der Garderobier des Kardinals von diesem beauftragt worden, als Spion in den Hof der Residenz einzudringen: *Avvisi Romani* vom 25.3.1702: NÖLA, LA Kart. 77.
221 Brief Lambergs an Leopold I. vom 25.3.1702: HHStA, Rom Korr., Kart. 83, fol. 155r-v.
222 Valesio: Diario II, 112–113.
223 Lamberg: Römisches Diarium II, 42 (22.3.1702); Landau: Wien, Rom, Neapel, 162–163.
224 Schmidlin: Anima, 589–590.
225 Lamberg: Römisches Diarium II, 519 (6.9.1702).
226 Zu diesem Kardinal und seiner Kunstsammlung siehe: Karsten: Spada; Pierguidi: Fabrizio Spada, 135–152.
227 Dizionario Biografico degli Italiani 4, Roma 1962, 620–621. Zur Kunstsammlung der Familie siehe: Bugli: La collezione d'Avalos.
228 Landau: Wien, Rom, Neapel, 154. Der lateinische Text des kaiserlichen Dekretes wurde in Rom auch vom Chronisten Valesio kopiert: Valesio: Diario II, 376–378.
229 Lamberg: Römisches Diarium I, 1173 (9.1.1702), 1174–1175 (10.1.1702).
230 Die Prozessakten und das gedruckte Urteil bei Valesio: Diario II, 402–427.
231 Valesio: Diario II, 24–25.
232 Lamberg: Römisches Diarium I, 1175 (11.1.1702).
233 Lamberg: Römisches Diarium I, 1269 (21.2.1702), 1281 (25.2.1702) und 1284 (27.2.1702).
234 Valesio: Diario II, 90–91.
235 Valesio: Diario II, 92 (28.2.1702).
236 Valesio: Diario II, 98.
237 Lamberg: Rechnungsbuch, NÖLA, LA Hs. 51, 585.
238 Benedikt: Italien, 228–233.
239 Nach dem Katalog wohl fälschlich als Alfonso Marchese de Vasto geführt: Buberl: Zwettl, 111: „Öl auf Leinwand 59 x 73. Kat.-Nr. 68. Brustbild. Älterer, glatt rasierter Herr mit grauer Allongeperücke, in Panzer, mit Spitzenjabot. Gut, erste Hälfte des XVIII. Jhs.".
240 In Rom wurde diese kaiserliche Entscheidung am 15. April 1702 öffentlich bekannt: Valesio: Diario II, 133.
241 Valesio: Diario II, 128–129.
242 Lamberg: Römisches Diarium II, 179–180 (10. und 11.5.1702).
243 Landau: Wien, Rom, Neapel, 167; Valesio: Diario II, 158.
244 *Avvisi Romani* vom 13.5.1792: NÖLA, LA Kart. 77.
245 Lamberg: Römisches Diarium II, 181 (13./14.5.1702).
246 Lamberg: Römisches Diarium II, 187 (19.5.1702) und 197 (22.5.1702). Zur Gemäldesammlung der Familie siehe: Lucarini: La quadreria Buonvisi.
247 Lamberg: Römisches Diarium II, 195 (19.5.1702). Lamberg: Relazione 2. Bd., 282 und 288: *„Il Confaloniere, & Anziani mi volsero visitare, ‚e pretensero, che io dovesse dare loro la mano, allegando a loro favore l'esempio del Conte Rabatta Ambasciatore Cesareo, che nel 1632 passò per Lucca'. Fecci risponder per il mio Maestro di Camera Conte dell'Anguillara, ‚che li Ambasciatori Cesarei in Roma non cedono la mano a nessuno Principe d'Italia, Che il Conte Rabutta non sarà stato Ambasciatore Cesareo in Roma, mà che se avessero trovato, che il Principe d'Eggenberg nel 1633 avesse ciò praticato, mi sarei regolato colla di lui sequela': E per non entrare in altre contestazioni, feci loro esprimere, ‚che mi dichiaravo soddisfatto, e riguardavo come una visita il ricevimento, che mi feceroalla carozza, e l'accompagnamento all'appartamento favoritomi'. L'Ambasciatrice mia poi litratò nella visita, come i Cardinali in Roma."*
248 Lamberg: Römisches Diarium II, 196–197 (21.-23.5.1702).
249 Valesio: Diario II, 165, 171, 173 und 176.
250 Lamberg: Römisches Diarium II, 197 (23.5.1702).
251 Bittner/ Groß/ Latzke: Repertorium, 534. Pier Antonio Gerini war als *Maestro di Camera* des Großherzogs auch für die Akademie verantwortlich: Ingendaay: Gerini, 85. Zur Kunstsammlung der Familie siehe auch: Ingendaay: La collezione.
252 Lamberg: Römisches Diarium II, 259–260 (11. und 13.6.1702); Valesio: Diario II, 184; Landau: Wien, Rom, Neapel, 168.
253 Brief Lambergs an Fürst Anton Florian vom 7.6.1702: SL-HA, FA Kart. 154, fol. 509a-b.
254 Il Quirinale, Kat.-Nr. 34.
255 Valesio: Diario II, 140–141 und 222–223; Fagiolo: Corpus 2. Bd., 11.
256 Lamberg: Römisches Diarium II, 371 (20.7.1702).
257 Lamberg: Römisches Diarium II, 170 (9.5.1702).
258 „Parti Domenica 14 il Cardinale Barberino [...] della Guardarobba di Sua Casa le cose più rare e preziose, non senza dolore de' nepoti, et in specie Quadri da Pittori di prima classe, due Statue rare per l'opere e per la materia; una Conca di Porfiro col suo piede di Lapis Lazuli [...]": *Avvisi Romani* vom 20.5.1702: NÖLA, LA Kart. 77.
259 Braun: Karl III. 1. Bd., 737; Pastor: Geschichte der Päpste 15. Bd., 23.
260 Los Angeles, The Paul Getty Museum, Inv.-Nr. 87 SA. 42: Hans-Ulrich **Kessler**: Pietro Bernini (1562-1629) (= Römische Studien der Bibliotheca Hertziana 16), München 2005, 340–344, Abb. 142–145.
261 Fiorani: Caetani, 83–85. Zur Familie siehe auch: Carpaneto: le famiglie, 63–72; Weber: Genealogien 1. Bd., 162–163.
262 Valesio: Diario I, 497–601; Buder: Clemens XI., 275–277; Landau: Wien, Rom, Neapel, 110; Benedikt: Neapel, 32.
263 Landau: Wien, Rom, Neapel, 169; Lamberg: Relazione 2. Bd., 272.
264 Lamberg: Römisches Diarium II, 166 (5.5.1702).
265 Lamberg: Römisches Diarium II, 372 (20.7.1702).
266 Valesio: Diario II, 224.
267 Lamberg: Römisches Diarium II, 377 (25.7.1702).
268 Valesio: Diario II, 229.
269 *Avvisi Romani* vom 30.7.1702: NÖLA, LA Kart. 77.
270 Brief Lambergs an Fürst Anton Florian vom 7.4.1703: SL-HA, FA Kart. 155, fol. 105r-106v.
271 Lamberg: Römisches Diarium II, 1163 (27.5.1703).
272 Landau: Wien, Rom, Neapel, 171.
273 Valesio: Diario II, 628 und 655.
274 Schmidlin: Konflikt, 141–159, besonders 142.
275 Pastor: Päpste 15. Bd., 27–28.
276 Zitiert in Müller: Lamberg, 105.
277 Lamberg: Römisches Diarium II, 147 (30.4.1702); Pastor: Päpste 15. Bd., 29.
278 Lamberg: Römisches Diarium II, 704 (29.10.1702) und 731 (15.11.1702); *Avvisi Romani* vom 19.11.1702: NÖLA, LA Kart. 77; Valesio: Diario II, 317.
279 Lamberg: Römisches Diarium II, 812 (11.12.1702).
280 Lamberg: Römisches Diarium II, 993 (15.3.1703); Pastor: Päpste 15. Bd., 25.
281 Lamberg: Römisches Diarium III, 314; Müller: Gesandtschaftswesen, 277 FN 164.
282 Lamberg: Römisches Diarium II, 1001 (16.3.1703); Valesio: Diario II, 548.
283 Lamberg: Römisches Diarium II, 1118 (9.5.1703).
284 Schon am 9.4.1702, dem Palmsonntag, besuchte der kaiserliche Botschafter in der Chiesa Nova die Aufführung eines Oratoriums, „so Don Livio gehalten", wobei auch die Kardinäle Rubini und Ottoboni sowie der venezianische Botschafter anwesend waren: Lamberg: Römisches Diarium II, 91.
285 Lamberg: Römisches Diarium II, 1047 (1.4.1703).
286 Kerkendale: Handel and Ruspoli.
287 Brief Lambergs an den Erzherzog vom 14.7.1703: SL-HA, FA Kart. 155, fol. 117. Berichte darüber auch bei Valesio (Diario II, 570) und in den *Avvisi Romani* vom 17.1.1703: NÖLA, LA Kart. 77.
288 Lamberg: Römisches Diarium II, 1062–1063 (10.4.1703).
289 Valesio: Diario II, 572; Landau: Wien, Rom, Neapel, 171.
290 Lamberg: Römisches Diarium II, 620 (1.10.1702). Siehe dazu auch unten Seite 394.
291 Valesio: Diario II, 293–294.
292 Ein Exemplar der 44 Seiten umfassenden Predigt hat sich in der Stiftsbibliothek Göttweig erhalten: Sign. HP 04-4.

293 *Avvisi Romani* vom 15.12.1703: NÖLA, LA Kart. 77.
294 Brief Lambergs an Leopold I. vom 16.6.1703: HHStA, Rom Korr. Kart. 84, fol. 143v-144r.; Lamberg: Römisches Diarium II, 1199 (16.6.1703). Der Besuch auch erwähnt in den *Avvisi Romani* vom 17.6.1703: NÖLA, LA Kart. 77.
295 Valesio: Diario II, 639; die *Relazione dell'Accademia* ebenda 643–646.
296 Lamberg: Römisches Diarium II, 1230 (5.7.1703).
297 Lamberg: Römisches Diarium III, 72 (11.12.1703); Jürgensmeier: Schönborn, 16–17.
298 Buder: Clemens XI., 526–529; Briefe Lambergs an Leopold I. vom 14.6. und 18.7.1703: HHStA, Rom Korr., Kart. 84, fol. 9–10, 20v.
299 Valesio: Diario II, 652–654. Siehe dazu den Aktenbestand im vatikanischen Archiv: ASV, Segretaria di Stato, Germania, Lettere originali al Nunzio in Vienna, 3 febbraio 1703–29 dicembre 1703, fol. 152r-168r.
300 Valesio: Diario II, 658.
301 „*riteneva publicamente et essercitava con gravissimo scandalo il Giocco del Lotto per l'estrazzioni di Genova, Milano e Turino in una stanza à prima entrata del Palazzo habitato dal S[igno]r Ambasc[iato]r Cesareo à guisa di Banco publico*": Brief und *ristretto* des Kardinalstaatsekretärs Paolucci an den Nuntius in Wien vom 1.9.1703: ASV, Segretaria di Stato, Germania, Lettere originali al Nunzio in Vienna, 3 febbraio 1703–29 dicembre 1703, fol. 200r-201v.
302 *Avvisi Romani* vom 20.10.1703: NÖLA, LA Kart. 77.
303 Simon **Harris**: Sir Cloudesley Shovell – Stuart Admiral, Spellmot 2000.
304 Lamberg: Römisches Diarium III, 3–9.
305 Lamberg: Römisches Diarium III, 125.
306 Olga **Melasecchi**: San Girolamo della Carità. In: Roma Sacra 12, Roma 1998, 33–37.
307 Il Trionfo della fede. Ovvero Constantino trionfatore di Massenzio, musicato da Cinthio Vinchioni Maestro dell'insigne cattedrale di Viterbo e didcato all'Imperatore Leopoldo I., Roma G.Fr. Buagni 1704, 24 Seiten.
308 Staffieri: Avvisi Romani Marescotti, 155; Franchi: Drammaturgia, 20–21. Zum Konstantinthema bei Leopold I. siehe zuletzt: Goloubeva: Leopold I, 133 und 182.
309 Brief Lambergs an Leopold I. vom 26.7.1704: HHStA, Rom Korr. Kart. 84, fol. 30v („*Io feci penetrare al Papa, che queste dimostrazioni mostrino, che il suo animo molto sia placato con i Francesi*").
310 Brief Lambergs an Leopold I. vom 2.8.1704: HHStA, Rom Korr., Kart. 84, fol. 45r („*Io a questo notte anche fare la prova e pigliando il giorno Natalizio della Maestà del Rè de Romani per occasione feci fare su una grande loggia del mio Palazzo una Serenata con torcie e buoni voci, e come il tempo non permetteva à fare una compositzione a tal proposito scelsi una Pastorale aggiungendo alla 'aggiornata arieta; la gran Piazza fù si piena di Popolo, che sù le teste loro si poteva caminare e finta l'aria cantata da Paulucci, in un momento rimbombo l'aria con un Viva universale, come se usciisse da una bocca.*").
311 „*Viva la Francia quanta piena e la pancia/ Viva il Delfino, quanto e buono il vino,/ Viva il Duca di Bretagna, quanto durá la cucagna,/ mà nel mio cuore resta sempre l'Imperatore.*" Lamberg: Römisches Diarium III, 516 (27.7.1704).
312 Valesio: Diario III, 136; Franchi: Drammaturgia, 21.
313 Zur Werkstatt der Familie Wouters siehe: Delmarcel: Tapestry in the Spanish Netherlands, 215–216.
314 Erwin **Neumann**: Tamerlan und Bajazeth. Eine Antwerpner Tapisserien-Serie des 17. Jahrhunderts. In: Miscellanea Jozef Duvager, 2. Bd., Gent 1968, 819–835; Heinz: Tapisseriekunst, 78–83, Abb. 26; Jan **Van der Stock** (Hg.): Antwerp. Story of a metropolis. 16th-17th century, AK Antwerpen 1993, Kat.-Nr. 193.
315 Lamberg: Rechnungsbuch: NÖLA Hs 51, 526 (Dezember 1699).
316 Hans **Tietze**: Geschichte und Beschreibung des St. Stephansdomes in Wien (= Österreichische Kunsttopographie 33), Wien 1931, 507–511.
317 Lamberg: Römisches Diarium III, 590 (23.8.1704) und 625 (8.9.1704).
318 *Avvisi Romani* vom 13.9.1704: NÖLA, LA Kart. 77; Schmidlin: Anima, 593.
319 Zu diesem Palast siehe u.a.: Lombardo: Palazzi, 73–75.
320 Siehe eine Medaille mit dieser Devise und dem päpstlichen Wappen: Buder: Clemens XI., Nr. XXXVIII.
321 Valesio III, 170–172 und 282–285; Schmidlin: Anima, 593; Fagiolo: Corpus 2. Bd., 17.
322 Lamberg: Römisches Diarium III, 640–641.
323 Brief Lambergs an Leopold I. vom 20.9.1704: HHStA, Rom Korr. Kart. 84, fol. 131r-v („*credendo fermamente. Che Iddio habbia dato con questo fuoco segno d'havere esaudito le nostre orazioni e di nostri voti [...]; sperando che Vostra Maestà colla sua Clemenza non disapprovarà il mio riverente zelo per sua Cesareo Servizio*").
324 Dabei kam es mitunter sogar zu Rivalitäten zwischen den Leihgebern, unter denen sich auch einige der Bekannten Lambergs wie die Kardinäle Ottoboni und Grimani oder Fürst Pio di Carpi befanden: Haskell: Auftraggeber, 182–187.
325 Danesi Squarzina: Collezione di Cristina, 53; Danesi Squarzina: Collezione di Cristina - Appendice, 70.
326 Danesi Squarzina: Collezione di Cristina - Appendice, 70: „*La Beata Vergine co'l Bambino, e San Gioseppe in veduta di Paese, di mirabile Lavoro, e viva espressione di mutui affeti, largo un palmo, e mezo, con Cornice negra, ed Intagli d'oro, co' fogliami sù gli angoli. Quadro benche picolo di molto lavoro, e tenerezza si pone per sua stima, e prezzo di luigi d'oro 1500.*"
327 Lamberg: Römisches Diarium III, 660; Valesio: Diario III, 178.
328 Valesio: Diario III, 179.
329 Staffieri: Avvisi Romani Marescotti, 160.
330 Zedler: Universal-Lexikon 39. Bd., Sp. 516.
331 Brief Lambergs an Leopold I. vom 13.12.1704: HHStA, Rom Korr. Kart. 84, fol. 77r.
332 Valesio: Diario III, 206, 210 und 296.
333 Valesio: Diario III, 362–363 und 366–369.
334 Valesio: Diario III, 373–376.
335 Brief Lambergs an Joseph I. vom 11.7.1705: HHStA, Rom Korr. Kart. 84, fol. 8r-v („*Supplico di nuovo la M.V. di comandarmi in che modo io habbia da ordinar detto Scorruccio, ciò e se oltre li paramenti neri nelle stanzi si debbano anchè dar vestiti di lutto a quelli che sono dell'Anticamere, Sala, e Stalla, non essendo esempio secondo il quale potessi pigliare le mie misrue, stante che doppo la morte della Mta. di Carlo II in conformaità della prammattica di Spagna il Duca d'Usseda vesti solamente di nero la propria persona, colla moglie e figlij, e cosi ritrovandomi in questa incertezza, mi conviene anche differire l'esequi alla Chiesa Nazionale dell'Anima, finche havrò ricevuto i benignaname commandi di V.M.*"). Zu den entsprechenden Kleidungsvorschriften in Wien siehe: Kneidinger/ Dittinger: Hoftrauer, 561; Stangl: Tod und Trauer, 367–380.
336 Landau: Wien, Rom, Neapel, 160; Müller: Gesandtschaftswesen, 150.
337 Theatrum Europaeum, 17. Bd., 253.
338 Siehe dazu zuletzt den Vortrag von Martin **Olin** „Diplomatic Performances: International Relations and the Applied Arts" beim Symposion „Performativity and Performance in Baroque Art" im September 2006 in Rom.
339 Waddy: Roman Palaces, 61–66 („Coaches").
340 Fusconi: le carozze, 80–97; Schmidt: Permoser, 675–680; González-Palacios: Decorative Arts, 159–160, Kat.-Nr. 62 (vergoldete Kutsche des portugiesischen Botschafters zu Clemens XI. von 1716); Kräftner: Das Bild und sein Rahmen, Kat.-Nr. 115 (Zeichnung von Schor).
341 Lamberg: Regensburger Diarium II, 62. Siehe dazu: Gori Sassoli: La città, 186–187.
342 Gerardi: Beschreibung, s.p.
343 Kaiser: Eggenberg, 54–57 („Die römische Gesandtschaft"); Delaforce: Giovanni V, 24–25; Apolloni: le carozze, 412–422. Ein ähnliches Bild liefert auch noch der Stich von einer Audienz des spanischen Botschafters beim Papst im Jahre 1676: López Alvarez: Die Wagen der Habsburger Könige, Abb. 12.
344 Ojetti: Ambasciate, 90–93; Fusconi: le carozze.
345 Rückseite der dritten Kutsche des Fürsten von Liechtenstein, Entwurfszeichnung von Antonio Creccolini, 1692; New York, Cooper-Hewitt National Design Museum, Smithonian Institution, 1946-61-1; Albertina Hist. Blätter X.
346 Tozzi: Incisioni barocche, Kat.-Nr. IV.41.
347 Walker/ Hammond: Ambiente Barocco, 15 (Abb. 15), Kat.-Nr. 9–15.
348 Haupt: Diplomatie, 26–31 und 42.
349 Vgl. dazu: Fausto **Pace**: Notizie sulla famiglia Sforza Cesarini a Roma. In: Calabrese: Palazzo Sforza Cesarini, 110–125.
350 Lamberg: Regensburger Diarium II, 116 (7.9.1694) und 129 (19.9.1694).
351 Noack: Deutschtum 1. Bd., 169. Zum Gesandtenzeremoniell siehe u.a.: Waddy: Palaces, 325–328 (Manuskript von ca. 1644 in Florenz); Andretta: Ceremoniale e diplomazia; Visceglia: Il Cerimoniale; Zunckel: Rangordnungen, 108–122.
352 Die Kutschen aus dem Besitz des Kardinals de' Medici kamen auch im Sommer 1704 zum Einsatz, als Kardinal Janson ein Fest anlässlich der Geburt des Herzogs von Bretagne veranstaltete und mit

einem Konvoi von neun ‚Leihwägen' des neuen Kardinalprotektors zur französischen Nationalkirche fuhr: Brief Lambergs an Leopold I. vom 26.7.1704: HHStA, Rom Korr., Kart. 84, fol. 30r.

353 Lamberg: Römisches Diarium I, 1260 (16.2.1702); Brief Lambergs an Leopold I. vom 18.2.1702: HHStA, Rom Korr. Kart. 83, fol. 77r-80v.

354 Lamberg: Römisches Diarium II, 324–325 (9.7.1702), 388 (30.7.1702); Brief Lambergs an Leopold I. vom 5.8.1702: HHStA, Rom Korr., Kart. 83, fol. 83r. Vgl. Valesio: Diario II, 234–236.

355 Valesio: Diario II, 221 Lamberg: Römisches Diarium II, 370 (20.7.1702).

356 Wisgrill: Schauplatz, 410.

357 Rinck: Leopold des Großen 2. Bd., 724–737.

358 Rinck: Leopold des Großen 2. Bd., 719–720.

359 Pampalone: Nota su Pietro Bracci, hier 188, FN 7.

360 AKL Bd. 39, 2003, 84 (Tobias Kämpf).

361 Fagiolo dell'Arca: La festa barocca, 514–515; Olszewski: Ottoboni tomb, 192 und 291.

362 AKL Bd. 21, 1999, 137 (Susanne Christine Martin); Michel: La décoration, 288; Barbolani di Montano: Francesco Maria, 137; Felicia **Rotundo**: I tempi e gli esecutori della decorazione. In: Marco Ciampolini/ Felicia Rotundo: Il Palazzo Chigi-Zondadari a San Quirico d'Orcia, Siena 1992, 45–53.

363 Vicini: Fabrizio Spada, 123 und 126; Enggass: Sculpture, 171; Montalto: Pamphilj, 260, 300 und 324.

364 Schmidt: Permoser, 675–678.

365 Lamberg: Römisches Diarium II, 258 (10.6.1702); Valesio: Diario I, 70.

366 *Avvisi Romani* vom 19.11.1702: NÖLA, LA Kart. 77 („*Carossa così superba che el fulgore parregia il Plaustro Solare*"); Valesio: Diario II, 295.

367 Brief aus Wien vom 1.5.1706: NÖLA, LA Kart. 35, Fasz. 509.

368 Lamberg: Römisches Diarium I, 16–17 (15.5.1700).

369 Lamberg: Römisches Diarium I, 1159–1161; Valesio: Diario II, 14.

370 Buder: Clemens XI, 358–359; Braun: Karl III. 1. Bd., 605–606.

371 Wackernagel: Botschafterwagen, Sp. 385–400.

372 Brassat: Monumentaler Raport, 362–363; Burke: Ludwig XIV., 84–86; Sabatier: Versailles, 483–484, Abb. 162.

373 Lamberg: Römisches Diarium I, 836 und 837; Valesio: Diario I, 470–471.

374 Der politischen Bedeutung des Phänomens entsprechend notierte und berichtete Lamberg dem Kaiser in diesem Zusammenhang auch Vorfälle anderer römischer Diplomaten, z.B. als es am 30. Jänner 1702 im Gefolge des Festes der hl. Martina in der von Pietro da Cortona für die Malerzunft erbauten Kirche SS. Martina e Lucca auf dem Forum zu einem Zwischenfall mit den Kutschen der spanischen Botschafterin sowie jener der Markgräfin Porzia Cenci kam: Lamberg: Römisches Diarium I, 1210 (30.1.1702); Valesio, Diario II, 53–55.

375 Lamberg: Relazione, 2. Bd., 115–116; Valesio: Diario II, 41–42, 57.

376 Valesio: Diario II, 202.
377 Valesio: Diario II, 216.
378 Lamberg: Römisches Diarium II, 419–420 (5.8.1702);Valesio: Diario II, 243.
379 Braun: Karl III. 1. Bd., 931–932.
380 Lamberg: Römisches Diarium II, 715–716.
381 Schreiben Lambergs an Leopold I. vom 11.11.1702: HHStA, Rom Korr. Kart. 83, fol. 170r-176v.
382 Anselmi: Ambasciata di Spagna, 181–182, Abb. 12–13; Valesio: Diario II, 321–323.
383 Lamberg: Römisches Diarium II, 721 (8.11.1702).
384 Braun: Karl III. 1. Bd., 931–932; Valesio: Diario II, 372–374 (Vergleichsschrift); Buder: Clemens XI., 426–429.
385 Buder: Clemens XI., 428–429.
386 Strunck: Rom, 274–278 (Sybille **Ebert-Schifferer**).
387 Brief Lambergs an Leopold I. vom 8.9.1703: HHStA, Rom Korr. Kart. 84, fol. 50r („*il giovanni Marchese Santa Croce dal naturale medesme disse alla portiera della sua Carozza alle Dame: ‚dà un malnato non si può appellare cortesia', sentito questo dà un staffiere fù rapportato à Gavotti*") und 53v.
388 Lamberg: Römisches Diarium II, 1327 (4.9.1703).
389 Valesio: Diario II, 694.
390 Lamberg: Römisches Diarium II, 1340–1341 (9.9.1703), 1352 (16.9.1703) und III, 3 (5.10.1703); Valesio: Diario II, 687–689, 692–694 und 713.
391 Franz **Hadamowsky**: Barocktheater am Wiener Kaiserhof. Mit einem Spielplan (1625–1740). In: Jahrbuch der Gesellschaft für Wiener Theaterforschung 1951/52, Wien 1955, 7–117, hier 27. Theophil **Antonicek**: Die Vollendung des Barock im Zeitalter der höfischen Repräsentation. In: Gernot Gruber (Hg.): Musikgeschichte Österreichs 2. Bd, Wien/ Köln/ Weimar 1995, 24–73, hier 32–33.
392 Zur Kunstsammlung der Herzogin siehe: DiCastro: Maria Camilla.
393 Brief Lambergs an Leopold I. vom 28.6.1704: HHStA, Rom Korr., Kart. 84, fol. 123v.; Valesio: Diario III, 108.
394 Valesio: Diario III, 7 und 55.
395 Valesio: Diario IV, 690–691.
396 Du Duc d'Anjou à Philippe V. Le premier Bourbon d'Espagne, AK Sceaux 1993, 118–119.
397 Wie sehr in Rom auch künstlerische Darstellungen politisch wirksam waren, zeigt der diplomatische Streit zwischen Papst Urban VIII. und der Republik Venedig um die Unterschrift des Freskos *Die Versöhnung zwischen Papst Alexander III. und Kaiser Friedrich Barbarossa* von Francesco Salviati in der Sala Regia des Vatikan im Jahre 1635: Karsten: Bilderkrieg im Vatikan, 154–160.
398 Zitiert in: Bodart: Königliche Porträts, 5. Siehe auch: Bodart: Enjeux de la présence en image; Bodart: Statues royales.
399 Sabatier: Le portrait de César, 221–240; Beaurain: La fabrique du portrait royal, 242–244.
400 Reinhard: Wappenbrauch. So ließ etwa Kardinal Bernardino Spada unmittelbar nach Kauf seines Palastes dort auch das Barberini-Wappen anbringen: Karsten: Bernardino Spada, 137.
401 Lamberg: Römisches Diarium II, 1326 (3.9.1703).

402 Die Wappen der ausländischen Herrscher nahmen auch einen besonderen Stellenwert bei festlichen Fassadendekorationen ein, z.B. jenes des englischen Königs 1687 am Palazzo Pamphilj: Ojetti: Ambasciate, 89–90, Fig. 33.
403 Erben: Paris und Rom, 280–291 („Das Wappen des Königs").
404 Galland: Papstwahl, 233.
405 Ende August notierte er in seinem Tagebuch die ironische Antwort, die der Kardinal dem französischen Botschafter gab, *„wie er ihm die königl. Ungnad ausgedrücket und des Heyl. Geists Ordre abgefordert, ‚ne provinicas à facie tua, et Spiritum Sanctum ne aufferas à me'."* Ähnliche Worte waren wenige Tage später auf einer Medaille zu sehen. Dort erschienen sie auf einem „*memorial*", das der kniende Kardinal seinem König übergibt, während die Rückseite einen gekrönten Hund mit der Inschrift *„De-cane quid times?"* zeigte: Lamberg: Römisches Diarium I, 134 (28.8.1700) und 144 (3.9.1700).
406 *Historische Remarques* vom 23.8.1701, 271.
407 Bodart: Verbreitung und Zensierung; Bodart: Le portrait royal sous le dais, 96–104.
408 Bodart: I ritratti, 310–311. Zur Tradition siehe auch: Ullrich: Karl V.
409 Duchardt: Abschiedsgeschenk; Barta/ Winkler: Porträtgeschenk, 33–35; Bodart: I ritratti, 335; Falcke: Geschenkwesen, 206–209; Müller: Gesandtschaftswesen, 173; Polleroß: Zeremonielldarstellung, 397–399.
410 Bodart: I ritratti, 316–332.
411 Bodart: Le portrait royal, 96–104; Bodart: Königliche Porträts, 36–41.
412 Allgemein: Winkler: Porträt und Gebrauch; Polleroß: Zeremonielldarstellung, 405–407.
413 Gruber: Le festin, 105, Abb. 7; Walker/ Hammond: Ambiente Barocco, Kat.-Nr. 81–82.
414 Bodart: Königliche Porträts, 4–5.
415 Als der französische Botschafter Marquis d'Arlincourt 1608 vom Papst die Genehmigung erhielt, ein Bronzestandbild König Heinrich IV. von Frankreich in der Lateransbasilika aufzustellen, führte der Protest des spanischen Gesandten dazu, dieses Denkmal in einen dunklen Winkel der Kirche zu verbannen: Maser: Statue of Henry IV; Sylvia **Pressouyre**: Nicolas Cordier. Recherches sur la sculpture à Rome autour de 1600 (= Collection de l'École Française de Rome 73), Rome 1984, 1. Bd., 151–158, 255–289, 2. Bd., 401–405; Bodart: La guerre des status.
416 Ostrow: Philip IV in S. Maria Maggiore, 89–118.
417 Lotz: Spanische Treppe, 54–66; Krautheimer: Rome, 99–101; Erben: Paris und Rom, 226–229, Abb. 69.
418 Bodart: Königliche Porträts, 14–15.
419 Brief des Königs an den Botschafter zitiert in: Erben: Schanddenkmal; Erben: Paris und Rom, 229–237.
420 Stanič: Louis XIV et Bernin, 162–167; Karsten: Bernini, 180–185 („Die Korsenaffäire"); Karsten: Kunst der Diplomatie.
421 Während des Unabhängigkeitskrieges der Portugiesen gegen Spanien in den 1640er Jahren präsentierten etwa die Anhänger der Revolte in der portugiesischen Nation-

alkirche Sant'Antonio Abbas am Festtag ihres Landesheiligen das Porträt des Herzogs von Braganza in königlichen Gewändern anstelle jenes des rechtmäßigen Königs Philipp IV. von Spanien. Nach einer Intervention des spanischen Diplomaten Dirck de Ameyden untersagte der Papst daher ebenso wie den Verkauf gedruckter portugiesischer Stammbäume: Bodart: Königliche Porträts, 27 und 32.

422 Bershad: Guidi, 36–42; Bodart: Königliche Porträts, 28–29; Erben: Paris und Rom, 246–251. Ausführlich: Ziegler: Domenico Guidi, 75–89.

423 *Avvisi Romani* vom 22.11.1702: NÖLA, LA Kart. 77.

424 Polleroß: Sonnensymbolik; Sabatier: Versailles, 192–215; Ziegler: Place des Victoires.

425 Zur Bedeutung der habsburgischen Globussymbolik in dieser Zeit siehe: Polleroß: Globus, 45–49.

426 Weltkugel und vier Erdteile begleiteten 1637 das Reiterstandbild Ferdinands III. vor der spanischen Botschaft, 1658 war das lorbeerbekrönte Bildnis Leopolds I. einer Feuerwerksdekoration vor dem Palazzo Colonna von gleich acht Erdgloben umgeben, 1665 flankierten die Personifikationen der Kontinente das Porträt Philipps IV. an der Trauerfassade von S. Giacomo degli Spagnoli: Fagiolo: Corpus 1. Bd., 291–294; Polleroß: Federschmuck, Kat.-Nr. 5.24 und 5.26 (Andrea Sommer-Mathis).

427 Zu diesem auch später für die spanische Botschaft arbeitenden Architekten siehe: Contardi/ Curcio: In urbe architectus, 398–399.

428 Valesio: Diario I, 178–179 (Abb.); Fagiolo: Corpus 2. Bd., 4.

429 [Petrus Thedy] **Le Joueur**: De l'éducation de la Noblesse dans les moeurs, dans les exercices, et dans les belles lettres par maniere de jeu [...], Wien 1700, s.p.: *"pour marque de sa vaste Monarchie, qui s'étend dans le vieux, & le nouveau Monde, & qui fait la plus grande Gloire de la Maison d'Autriche, d'être la Souveraine dans les deux Hémisphéres, & d'y posseder la troisiéme parte de la Terre, par un témoignage authentique de quelle manière Dieu récompense dèja dans cette vie ceux, qui le servent, sans parler des Trésors immense, qu'ils leur réserve dans l'autre. Il n'y a jamais eu Monarchie parelle à celle de la Maison d'Aûtriche: il n'y a jamais eu Vertu semblable à la sienne."*

430 Sandra **Vasco Rocca**: Santa Bibiana (= Le chiese di Roma illustrata NS 14), Roma 1983, 78–85; Garms Cornides: Spanischer Patriotismus, 255–262. Garms Cornides vermutet sogar eine Darstellung Karls III., allerdings verfügte der Erzherzog (zu diesem Zeitpunkt noch) nicht über eine so ausgeprägte ‚Habsburgerlippe' wie sein Cousin.

431 Noack: Deutschtum 1. Bd., 151; Schmidlin: Nationalkirche, 573.

432 Mauerer: Fürstenberg, 107–119, 148–172; Gatz: Bischöfe, 140–141 (France M. Dolinar).

433 Zur politischen Symbolik der vier Erdteile bei den Habsburgern siehe: Polleroß: Sol Austriacus.

434 Fagiolo: Corpus 2. Bd., 3 (Abb.).

435 Lamberg: Römisches Diarium I, 366.

436 Winkler: Bildnis und Gebrauch, 236–251 („Philipp V. und Karl III. im Spanischen Erbfolgekrieg"); Polleroß: Hispaniarum et Indiarum Rex, 125–131; Bodart: Philippe V ou Charles III; Torrione: Felipe V en el grabado; Sabatier: La guerre des médailles.

437 NÖLA, LA Hs. 51, 527. Im Mai 1700 wurde ein *„rahm zu des Königs contrefait"* um 3:33 Scudi angefertigt: ebenda 541.

438 Galavics: Baroque Art, 346–354; Haupt: Handwerk, 727.

439 Tietze: Horn, 172, Fig. 189 („Brustbild eines Knaben, wahrscheinlich Karls VI. [...] Ende des XVII. Jhs.").

440 Gerda Mraz: Prinz Eugen, 68; Preußen 1701, Kat.-Nr. I.4 und VIII.7; Sophie Charlotte, Kat.-Nr. II. 39 und II.43.

441 Eine Variante davon hat sich im Kaiserzimmer in Brixen erhalten: Karl **Wolfsgruber**: Die Brixener Hofburg, Bozen 1983, 77.

442 Mojzer: Metamorphosis, 366–367; Haupt: Handwerker, 480–481.

443 Tatsächlich sind auch Hamiltons Tierbilder durch eine eher derbe, graphische Handschrift gekennzeichnet. Siehe: Mojzer: Metamorphosis, Kat.-Nr. B 87–88.

444 Lamberg: Rechnungsbuch: NÖLA, LA Hs. 51, 541; Lamberg: Römisches Diarium II, 876 (14.1.1703).

445 Lamberg: Römisches Diarium III, 291–292 (13.4.1704).

446 Winkler: Bildnis und Gebrauch, 237–240; Sobréques i Callico: Guerra de Successió, 43.

447 Valesio: Diario I, 250; Galasso: Napoli, 561; Winkler: Bildnis, 240–241.

448 Brief vom 8.1.1701: HHStA, Rom Korr. Kart. 82, Briefe von Lamberg an Leopold I. 1701 I-VI, fol. 3r.

449 Galasso: Napoli, 573.

450 Lamberg: Relazione 1. Bd., 174–175: *„Senza stimas del rigore, e delle proprie vite tagliò in pezi la nuova moneta di Filippo Quinto, e ne mandò in giro altra colla iscrizione, ‚Carolus Tertius Archidux Austriae, Rex utriusque Siciliae'"*. Siehe dazu auch: Braun: Karl III., 373.

451 Valesio: Diario I, 283.

452 Brief vom 16.4.1701: HHStA, Rom Korr. Kart. 82, Briefe von Lamberg an Leopold I. 1701 I-VI, fol. 119r.

453 Borromeo war der Sohn von Livios Schwester Giovanna: Dizionario Biografico degli Italiani 13, Roma 1971, 87–88.

454 Valesio: Diario I, 355–356.

455 Lamberg: Römisches Diarium I, 576–577 (23.4.1701).

456 Raimund **Bruderhofer** OCD: Quellen zur Geschichte der Karmeliten OCD in Deutschland, Österreich, Tschechien, Ungarn und anderen damaligen Erblanden des Hauses Habsburg. Acta Provinciae Germaniae a Sanctissimo Sacramento (1626–1701) (= Monumenta Historica Carmeli Teresiani 28), Aachen 2007, 666–671. Lamberg: Römisches Diarium I, 590 (30.4.1701) und 576 (23.4.1701).

457 Brief vom 30.4.1701: HHStA, Rom Korr. Kart. 82, Briefe von Lamberg an Leopold I. 1701 I-VI, fol. 145v-146r.

458 Zur Herkulessymbolik in Spanien siehe u.a.: Polleroß: Hercules.

459 Fagiolo: Corpus, 2. Bd., 7–8.

460 Lamberg: Römisches Diarium I, 591.

461 Lamberg: Römisches Diarium I, 614 (13. 5. 1701).

462 Valesio: Diario I, 366–371.

463 Lamberg: Relazione 1. Bd., 274.

464 Brief Lambergs an Leopold I., Frascati 7.5.1701: HHStA, Rom Korr. Kart. 82, fol. 149v-151v.

465 Brief Lambergs an Leopold I., Frascati 7.5.1701: HHStA, Rom Korr. Kart. 82, fol. 149v-151v.

466 Brief Lambergs an Fürst Anton Florian vom 7.5.1701: SL-HA, FA Kart. 154, fol. 53r.

467 HHStA, Rom Korr. Kart. 81: Briefe von Leopold I. an Lamberg 1701 I 1- XII 21, fol. 69.

468 Brief Lambergs an Leopold I. vom 11.6.1701: HHStA, Rom Korr. Kart. 82, fol. 193r-194r.

469 Landau: Wien, Rom, Neapel, 98.

470 Valesio: Diario I, 407.

471 Noack: Deutschtum 1. Bd., 193–195; Garms Cornides: rappresentazione imperiali, 531/FN 90; Tinto: Komarek tipografo. Mit diesem böhmischen Buchdrucker beschäftigt sich neuerdings der Musikwissenschafter Stanislav **Bohadlo**.

472 Tietze: Liechtenstein; Lydia **Salviucci Insolera**: Le prime edizioni del Trattato. In: Alberta Battisti (Hg.): Andrea Pozzo 2. Auflage Milano/ Trento 1998, 206–213.

473 Valesio: Diario I, 445.

474 Lamberg: Diarium I, 799.

475 Dort war es schon 1695 zu einer Rauferei zwischen Österreichern und Franzosen gekommen: Noack: Deutschtum 1. Bd., 158.

476 Lamberg: Römisches Diarium I, 800 (8.8.1701).

477 Valesio: Diario I, 459.

478 Lamberg: Römisches Diarium II, 397 (2.8.1702).

479 Valesio: Diario III, 137–138.

480 Valesio: Diario III, 180.

481 *„An diß Bild schlagen die Römer Bossen und Schmähschrifften, daraus offenbar wird, was für schimpffliche Bossen oder Laster durch die gantze Stadt getrieben werden, sowol von Fürsten, Adelichen Matronen, als andern, welches offtmahls vielen zu grosser Schand und Nachtheil gereichet: Dann solche Schrifften schonen keines Namen oder Stand."*: Zeiller/ Merian: Topographia Topographia Italiae, 21–22.

482 Bericht Lambergs an Leopold I. vom 13.8.1701: Zeiller/ Merian: Topographia HHStA, Rom Korr. Kart. 82, fol 86.

483 Berichte Lambergs an den Kaiser vom 20. und 27.8.1701: HHStA, Rom Korr. Kart. 82, fol. 90r-91v.

484 Dizionario Biografico degli Italiani 18, Roma 1975, 421–423 (S. Fodale).

485 Lamberg: Römisches Diarium I, 754 (26.7.1701).

486 Brief Lambergs an Fürst Anton Florian vom 23.7.1701: SL-HA, FA Kart. 154, fol. 74v.

487 Firnhaber: Sassinet.

488 Lamberg: Römisches Diarium I, 910 (24.9.1701; nach einem Brief aus Neapel).

489 Galasso: Napoli, 598 und 602.

490 Valesio: Diario I, 503 („ritratti dell'arciduca d'Austria stampati"); Landau: Wien, Rom, Neapel, 124–126 und 132.

491 Brief Lambergs an Fürst Anton Florian vom 24.9.1701: SL-HA, FA Kart. 154, fol. 167v.

495

492 Winkler: Bildnis, 243. Zur Biographie Tiberios siehe: Dizionario Biografico degli Italiani 19, Roma 1976, 607–611 (C. Russo).
493 Lamberg: Römisches Diarium I, 1051 (19.11.1701); Lamberg: Relazione 1. Bd., 508.
494 Valesio: Diario I, 537.
495 Landau: Wien, Rom, Neapel, 246.
496 Lamberg: Diarium I, 1017.
497 Valesio: Diario I, 543; Schmidlin: Nationalkirche, 589 berichtet hingegen von einem Bildnis Karls „die Krone auf dem Haupte, mit der Hand auf Elmo, die Burg Neapels," zeigend. Fagiolo: Corpus 2. Bd., 9.
498 KHM Inv.-Nr. 7058: Sobrequès i Callicó: Guerra de Succesió, 83. Siehe dazu auch die „F. Stampart ad Vivum pinxit/ Jeremias Wolff excudit Aug. Vind./ Andreas Reinhad sculpsit" sowie „F. Stampart pinxit/ M(anys) Pool (in Amsterdam) sculp." bezeichneten Stiche in Paris, BN (N 3 – Fol. Vol. 17). Zu Stampart siehe: Piuk: Maler, 32–36.
499 Valesio: Diario I, 544–545.
500 *Avvisi Romani* vom 19.11.1701: NÖLA, LA Kart. 77: *„infinito populo, tutte le nationi, Cardinali, Prelati, Dame e Cavalieri concorsero per veder in detta Chiesa il novel Astro che trà i Luminari maggiori dell'Augustissima Casa per la prima volta a nostri occhi risplendeva, il Serenissimo Arciduca in habito guerriero che dal proprio spirito animata pareva e dira con la mano sopra la Spada Cerneti nostros iam plebs Romana triumphos? Mirava ammirava ogni età [...]. Corto fu il giorno, e troppo la calca [...]. Accorsero molti Spagnuoli, viddero, sospiravano."* Schmidlin: Nationalkirche, 589.
501 Laut Lamberg Rechnungsbuch: NÖLA, LA Hs. 51, 567, 572.
502 Lamberg: Römisches Diarium I, 1037 (16.11.1701).
503 Lamberg: Römisches Diarium I, 1109 (14.12.1701).
504 Valesio: Diario I, 555.
505 Lamberg: Römisches Diarium I, 1089.
506 Noack: Deutschtum 1. Bd., 161.
507 Zum Palast siehe: Rendina: Palazzi, 434–435.
508 Valesio: Diario I, 558.
509 Lamberg: Römisches Diarium I, 563 (16.4.1701); Lamberg: Relazione 1. Bd., 217.
510 Valesio: Diario I, 565.
511 Dizionario Biografico degli Italiani 24, Roma 1980, 328–329 (C. Russo).
512 Bericht über den Brief Lambergs vom 10.12.1701: HHStA, Rom Varia Kart 16; Brief Lambergs an den Kaiser vom 28.1.1702: SL-HA, FA Kart. 154, fol. 400–405r. Landau: Wien, Rom, Neapel, 70.
513 Vielleicht bezieht sich eine Ausgabe von 4:47 Scudi für „300 blattl zu druckhen dem buchdruckher" im Dezember 1701 darauf: NÖLA, LA Hs. 51, 575.
514 Lamberg: Römisches Diarium I, 1090 (6.12.1701), 1091 (7.12.1701), 1109 (14.12.1701), 1225 (3.2.1702).
515 Garms Cornides: Spanischer Patriotismus, 266–267.
516 Ago: Il Gusto, 139–140, 149.
517 Valesio: Diario II, 136.
518 Lamberg: Römisches Diarium II, 120 (19.4.1702) und 127 (20.4.1702).
519 Lamberg: Römisches Diarium II, 148–149 (30.4.1702).
520 Lamberg: Römisches Diarium II, 277 (21.6.1702); Lamberg: Relazione 2. Bd., 332.
521 Valesio: Diario II, 601.
522 Braun: Karl III. 1. Bd, 930.
523 Brief Lambergs an Leopold I. vom 2.9.1702: HHStA, Rom Korr. Kart. 83, fol. 115v: *„i Francesi con i Spagnuoli per mostrare al mondo la loro unione, hanno messo in capello un segno de loro colori uniti, cioè il rosso e bianco, ilche si bene il Cardinale di Giansone non solo lo diede alla sua livréa, mà anche ai artigiani ed altri ben'affettionati alla Corona; ilche anche fede l'Ambasciadore di Spagna. Vedendo questo trionfo dà loro senza che il Palazzo si muova, Io ne diedi anche un negro col verde, ma solò alla famiglia mia, ilche dà tutti nationali e geniali fù subito imitato."*
524 Lamberg: Römisches Diarium II, 219–220 (1.6.1702).
525 *Distinto Racconto Della Real Calvalcata [...]*, Napoli s.a.: Beilage zu Lambergs Schreiben an Leopold I. vom 17.6.1702: HHStA, Rom Korr., Kart. 83, fol. 4r-9v.
526 Lamberg: Römisches Diarium II, 395–396 (1.8.1702).
527 Vgl. z.B. Torrione: crónica festiva, Nr. 28.
528 Briefe Lambergs an Fürst Anton Florian vom 17.6. und 15.7.1702: SL-HA, FA Kart. 154, fol. 511v und 526r.
529 Brief Lambergs vom 30.9.1702 an Fürst Anton Florian: SL-HA, FA Kart. 154, fol. 584.
530 Lamberg: Römisches Diarium II, 620 (1.10.1702); *Avvisi Romani* vom 7.10.1702: NÖLA, LA Kart. 77; Valesio: Diario II, 294–295; Schmidlin: Nationalkirche 590.
531 Brief Lambergs an den Kaiser vom 28.11.1702: SL-HA, FA Kart. 154, fol. 616v: *„habiamo creduto utile à farla stampare con una crittica sopra quella, come si un amico scrivesse all'altro e fatto la venire colla posta di Venezia, ilche é riuscito di gran gusto al publico"*. Den öffentlichen Erfolg bestätigen auch die *Avvisi Romani* vom 28.10.1702: NÖLA, LA Kart. 77.
532 Brief Lambergs an Leopold I. vom 30.12.1702: HHStA, Rom Korr. Kart. 83, 215r-v.
533 Damit ist die Fürstin Maria Anna Orsini, geb. de La Tremoille gemeint, die 1700 Maria v. Savoyen, die Verlobte Philipps V. von Turin nach Madrid begleitet hat und als Oberstofmeisterin der spanischen Königin natürlich deren Wappen auch an ihrem römischen Palast anbringen ließ. Lamberg hatte ihr am 22. Juni 1700 einen Besuch abgestattet: Lamberg: Römisches Diarium I, 39.
534 Lamberg: Römisches Diarium II, 846 (31.12.1702), 847–848 (1.1.1703), 852 (3.-4.1.1703).
535 Valesio: Diario II, 475; 753–754 (italienischer Wortlaut der Schrift); Braun: Karl III. 2. Bd., 93–94 (deutsche Fassung).
536 Brief Lambergs an Leopold I. vom 6.1.1703: HHStA, Rom Korr. Kart. 84, fol. 1-2 (*„Considerando questo atto, mi parve molto pregiudiziale à i dretti e prerogative di V.M. e della Corona di Spagna"*).
537 Polleroß: Portraits and Politics, 143, Abb. 5.
538 Lamberg: Römisches Diarium II, 861 (7.1.1703); Braun: Karl III. 2. Bd., 94.
539 Lamberg: Römisches Diarium II, 1061 (7.4.1703); Brief Lambergs an Leopold I. vom 7.4.1703: HHStA, Rom Korr., Kart. 84, fol. 96v. (*„Finalmente questa mattina le armi di Spagna sul Palazzo Medici perdero la lite della precedenza colle armi di Francia per l'Abbazia conferitagli di 40.000 lire d'entrata dalla Francia."*). Siehe auch: Valesio: Diario II, 568.
540 Rill: Staatsräson, 326–327; Lamberg: Römisches Diarium II, 1381.
541 Brief Lambergs an Fürst Anton Florian vom 20. 1.1703: SL-HA, FA Kart. 155, fol. 15r-16r.
542 Brief Lambergs an Leopold I. vom 27.1.1703: HHStA, Rom Korr. Kart. 84, fol. 38r; Brief Lambergs an Fürst Anton Florian vom 27.1.1703: SL-HA, FA Kart. 155, fol. 21r-22r.
543 Brief Lambergs an Fürst Anton Florian: SL-HA, FA Kart. 155, fol. 27r.
544 Beide Versionen: NÖLA, LA Kart. 69.
545 Valesio: Diario II, 617; Fagiolo: Corpus 2. Bd., 13.
546 Garms Cornides: Spanischer Patriotismus, 255–282, hier 281; Winkler: Bildnis und Gebrauch, 246–249; Bodart: Philippe V ou Charles III.
547 Brief Lambergs an Fürst Anton Florian vom 18.8.1703: SL-HA, FA Kart. 155, fol. 278v.
548 Valesio: Diario II, 693.
549 Lamberg: Römisches Diarium II, 1268 (1.8.1703) und 1336 (6.9.1703); ASV, Segretaria di Stato, Germania 469, Lettere originali al Nunzio in Vienna, 3 febbraio 1703–29 dicembre 1703, fol. 186r, 194r, 208r.
550 Lamberg: Diarium II, 1369 (24.9.1703): *„Nota degli Quadri preparati dalla Maestà del Re di Portogallo per la Galleria di Carlo III. La Transfigurazione del Salvatore sopra il Monte Tabor. Ritratto della solennità del possesso alla Monarchia di Spagna di Carlo 3. Col motto: In quo bene complacui. 2. S. Pietro che promette al Signore essere parato ad ogni patimento. Ritratto Del Cardinale Albano, che pretende esser Papa. Col motto: Non vocatus a Deo tanquam Aaron. 3. S. Pietro d'haver che piange d'aver negato il Maestro. Ritratto Del Papa in Disgrazia dell'Imperatore. Col motto: Exivit toras et flevit amare. 4. Giona buttato in Mare. Ritratto di Filippo V. discacciato dalla Spagna. Col motto: Per te mota est tempestas. 5. Faraone sommerso in Mare. Ritratto Del Rè di Francia affogato nel Sangue Francese. Col motto: Dextera Domini percussit. 6. Giuditta com'impugna la testa d'Oliferne. Ritratto Della Regina d'Inghilterra p. la casa di Francia distrutta. Col Motto: Dedisti potentiam in manu feminae. 7. Le Donzelle che giolive precedono David. Ritratto De Regni di Spagna all'arrivo di Carlo 3.Col motto: abstulit obprobrium gentis nostra. 8. Il Cielo illuminato dal Signore. Ritratto Del Duca di Savoia dicchiarato. Col motto: Modo video. 9. Saule, che vuol farsi ammazzare dal Soldato. Ritratto del Duca di Baviera desperato. Col motto: Tenent me angustia. 10. Guida, che sappicra ad un albero. Ritratto Del Cardinale Portocarrero. Col motto: Pecavi tradens."*
551 Lamberg: Römisches Diarium II, 1376–1377 (26.9.1703); Ein Exemplar des *Foglio*

552 Valesio: Diario II, 702; Garms Cornides: Spanischer Patriotismus, 261; Winkler, Bildnis und Gebrauch, 248
553 Cilleßen: Krieg der Bilder, 343–351; Schmoldt: Graphische Portraits, 72–74. Siehe auch eine Allegorie auf die Erfolge der Verbündeten um 1704 sowie den „Traum Ludwigs XIV. von der Sonnenfinsternis": Gutkas: Prinz Eugen AK, Kat.-Nr. 1.53 und 8.19.
554 Torrione: La imagen de Felipe V; Bodart: Philippe V ou Charles III?
555 Dieselbe Vorlage wurde in mindestens sechs anderen Druckgraphiken verwertet. Eine Kopie des Lambergischen Kupferstiches auf Leinwand hat sich im Schloss Horn erhalten. Sie könnte entweder aus dem Besitz des Botschafters oder seines Schwagers Hoyos stammen.
556 Außführliche Relation, s.p.
557 Haselberger-Blaha: Triumphtore, 81–82.
558 Schumann: Kaiserbild, 295–369.
559 Zu dieser Tradition siehe: Bodart: Königliche Porträts, 35–37.
560 Valesio: Diario II, 703; Fagiolo: Corpus 2. Bd., 14.
561 Buder: Clemens XI., 531–532.
562 Lamberg: Römisches Tagebuch II, 1381 (29.9.1703).
563 *Avvisi Romani* vom 6.10.1703: NÖLA, LA Kart. 77.
564 Valesio: Diario II, 709–710; 705–708 (Reprint der Druckschrift).
565 Brief Lambergs an Leopold I. vom 1.10.1703: HHStA, Rom Korr., Kart. 84, fol. 66–67; Landau: Wien, Rom, Neapel, 173.
566 ASV, Segretaria di Stato, Germania 469, Lettere originali al Nunzio in Vienna, 3 febbraio 1703–29 dicembre 1703, fol. 233r-234v.
567 Braun: Karl III. 2. Bd., 454.
568 Valesio: Diario II, 709–710; Faggiolo: Corpus, 2. Bd., 14.
559 Lamberg: Römisches Diarium II, 1381–1382 (30.9.1703).
570 Valesio: Diario II, 704–710.
571 Braun: Karl III. 2. Bd., 454–455; Schmidlin: Nationalkirche, 591–592
572 Theatrum Europaeum 16. Bd., 344.
573 Franchi: Drammaturgia, 16.
574 NÖLA, LA Hs. 51, 612.
575 Siehe z.B. die Bildnisse von Juan Carreño de Miranda von 1673 in Berlin und um 1675 in Madrid sowie jenes vom selben Maler, dass der kaiserliche Botschafter Harrach als Abschiedsgeschenk bekam (Abb. 34). Eine Variante dieses Staatsporträts befindet sich noch heute im Rathaus der Stadt Tarragona.
576 Zur spanischen Tradition des Staatsporträts siehe u.a.: Checa Cremades: Spanish Royal Portraiture, 89–104.
577 Valesio: Diario II, 710.
578 Siehe dazu das Kapitel „Die spanische Erbfolge und die Porträts der bourbonischen Könige: 1700–1702" in: Ahrens: Rigauds Staatsporträt, 9–45 sowie Moran Turina: Felipe V, 21ff; Posner: Rigaud's Portraits, 79–90.
579 Garms Cornides: Span[isch]er Patriotismus, 281.
580 Lamberg: Römisches Diarium II, 1381–1382 (29. u. 30.9.1703); Schmidlin: Nationalkirche, 592. Buder: Clemens XI., 532 schreibt, dass Lamberg anordnete, das Porträt „anfangs in dem Audienz-Saal [...] auszustellen, nachmahlen aber solches drey Tage lang vor die Fenster zu setzen".
581 Brief vom 17.11.1703: ASV, Segr.Stato, Germania, 469, fol. 280r.
582 Valesio: Diario II, 716.
583 Valesio: Diario II, 731; Staffieri: Avvisi Romani Marescotti, 154.
584 „non vi fù veduto il Ritratto del Rè Carlo 3o mà si sposa di vederlo ben presto nella Chiesa dei Spagnuoli": Avvisi Romani vom 17.11.1703: NÖLA, LA Kart. 77; Schmidlin: Nationalkirche, 592.
585 Lamberg: Römisches Diarium III, 42 (15.11.1703).
586 Brief Lambergs an Leopold I. vom 1.12.1703: HHStA, Rom Korr. Kart. 84, fol. 88r; Valesio: Diario II, 734.
587 Winkler: Bildnis und Gebrauch, 246; Polleroß: Hispaniarium et Indiarium Rex, 124–125, Abb. 2.
588 Brief Lambergs an Leopold I. vom 16.2.1704: HHStA, Rom Korr. Kart. 84, fol. 49v („Questi giorni visito il Card. Giansone il Card. Ottoboni, presentandogli in nome del Suo Rè una Croce di Malta col Ritratto Regio tempestata de Diamanti di valore di Sedici mille Scudi. Io lo vidi prima dal gioivelliere, chi la fece, e così gli sarà questa Croce pesante assai, havendo con questo venduto la sua libertà").
589 Olszewski: Inventory, 22–23.
590 Valesio: Diario III, 32, 19; 17–18 (Reprint der Flugschrift).
591 De Schryver: Max II. Emanuel von Bayern und das spanische Erbe; De Schryver: Max Emanuels Ambitionen. Die mit 12. Jänner datierte Druckschrift lag auch Valesio vor: Valesio: Diario III, 287–288.
592 Brief Lambergs an Leopold I. vom 16.2.1704: HHStA, Rom Korr. Kart. 84, fol. 50r („Della aggiunta Stampa vederà V.M. come questa Corte continua à procedere per favorore i Francesi."); Lamberg: Römisches Diarium III, 182 (16.2.1704).
594 Valesio: Diario III, 38–39.
595 Valesio: Diario III, 79–80.
596 Lamberg: Römisches Diarium III, 229.
597 Valesio: Diario III, 66.
598 Lamberg: Römisches Diarium III, 432 (21.6.1704).
599 Vollständig abgedruckt bei: Valesio: Diario III, 238–244.
600 Landau: Wien, Rom, Neapel, 181, FN 3.
601 Brief Lambergs an Leopold I. vom 13.9.1704: HHStA, Rom Korr. Kart. 84, fol. 121r; Valesio: Diario III, 149 (Reprint) und 164. Zur Schlacht siehe: Marcus **Junkelmann**: Feldzug und Schlacht von Höchstädt. In: Erichsen/ Heinemann: Höchstädt, 54–67.
602 Valesio: Diario III, 151 (Reprint) und 172.
603 Dieser Drucker hatte u.a. den Reisebericht der englischen Gesandtschaft (1687) sowie der polnischen Königin (1700) publiziert.
604 Brief Lambergs an Leopold I. vom 13.9.1704: HHStA, Rom Korr. Kart. 84, fol. 122v-123r („Facendosi uno nel mio Luogo di rispetto composero Sonetti in lode della Beat[issi]ma Vergine, di quali uno mi dedicarono, che ne humilio a piedi di V.M. per veder l'affetto che portano, ed essendo obligati a portarle al Mgo. Del Sagro Palazzo alla revista ed attenuto la licenza fù trovato nel Secondo, che le lettere dritte denotano le parole Viva Carlo Terzo, ed abbasso stà con licenza de' Superiori il che causò grand Allegreza trà il popolo, e gran mortificazione de Gallospani, accusando il Mgo del Sagro Palazzo parziale Austriaco, in modo che mandorono il Seg[retar]io Reggio di Spagna al Papa con doglianze.").
605 Valesio: Diario III, 165–166 und 168.
606 Valesio: Diario III, 175–176; Landau: Wien, Rom, Neapel, 169.
607 Briefe Lambergs an Leopold I. vom 20.12.1704, 24.1. sowie 7.2.1705: HHStA, Rom Korr. Kart. 84, fol. 87r („rigorosomente inquisitioni, che si fanno contro i Satirici, si trovano quasi ogni notte nouve pasquinate contro il Papa"); Kart. 85, fol. 31r und 37r-38v.
608 Valesio: Diario III, 378.
609 Brief Lambergs an Joseph I. vom 27.6.1705: HHStA, Rom Korr., Kart. 85, fol. 98v („Un Ragazzo Valenziano ambò per Roma vendendo la Stampa del ritratto d. V.M., i e passando il medesimo per la Piazza di Spagna fu chiamato della Segretaria del Duca d'Usseda e trattato si malamente col bastone, oltre l'havergli levato i ritratti, che stà colla testa rotta nell'ospedale della consolazione. Strepitò bensi l'Ambasciatore contro il fatto, mà non si e sentiro fin'ora, che habbia castigato l'impertineza del Delinquente.").
610 Valesio: Diario III, 387.
611 Druck im HHStA als Beilage zum Bericht vom 2.11.1706: Rom Varia Kart. 18.
612 Landau: Wien, Rom, Neapel, 246; Bodart: Königliche Porträts, 30 und 33.
613 Bodard: Enjeux de la présence en image, 98.
614 Gegeneinander=Haltung II. Bd. 152.
615 Erichsen/ Heinemann: Höchstädt, Kat.-Nr. 10.21. Eine italienische Version dieser Graphik bei: Galasso: Napoli, 732 (Abb.).
616 Martinitz blieb aber nicht einmal ein halbes Jahr auf seinem neuen Posten: Garms Cornides: Das Königreich Neapel, 31.
617 Benedikt: Neapel 54.
618 Historische Remarques Nr. XXXIII (1707), 261–262.
619 Benedikt: Neapel, 8.
620 Lombardo: Palazzi, 100–104; Borsi: Palazzo Madama; Bajard/ Bencini: Paläste, 42–51; Franco **Borsi** u.a.: La Facciata di Palazzo Madama, Roma 1994.
621 Rendina: Palazzi, 222–224; Ruschi: Palazzo Madama, 613–624; Fumagalli: Commitenza, 314–347.
622 Lamberg: Rechnungsbuch: NÖLA, LA Hs. 51, 538.
623 Buberl: Zwettl, 134, Fig. 106.
624 Dorotheum: Möbel und dekorative Kunst, Auktionskatalog vom 27.11.2007, Nr. 588.
625 Valesio: Diario I, 84.
626 Maurizia **Cicconi**: La ,fabbrica' di Palazzo Bonelli-Valentini, residenza cardinalizia del Cinquecento. Il punto di partenze. In: Roberto Del Signore (Hg.): Palazzo Valentini. L'area tra antichità e età moderna: Scoperte archeologiche, progetti di valorizzazione, Roma 2008, 1–27.
627 Pietro **Ferrerio**/ Giovan Battista **Falda**: Palazzi di Roma, 2 Teile, Reprint Farnborough 1967, fol. 26–28.
628 Sladek: Felice della Greca, 209–212, Abb. 10–13.

629 Rendina: Palazzi, 304–305; Amendolea/ Indrio: Bonelli, 39–43.
630 Valesio: Diario I, 577; Lamberg: Römisches Diarium II, 39 (19.3.1702). Laut Lambergs Rechnungsbuch werden schon im Mai 27 Scudi „dem Bonellischen Maurermeister à conto" bezahlt und im Dezember zahlte man „Bonelli Zimmermann über die 125 Scudi 100:/ die summa macht ungefähr 404 Scudi": NÖLA, LA Hs. 51, 564–566.
631 *Avvisi Romani* vom 1.4.1702: NÖLA, LA Kart. 77.
632 Die heute dort befindlichen Antiken sowie zahlreiche Gemälde des 17. Jahrhunderts wurden hingegen großteils erst im 19. Jahrhundert von den damaligen Besitzern der Familie Valentini erworben.
633 Amendolea/ Longobardo/ Indrio/ Bruno: collezioni, 74–118.
634 Benocci: Il Palazzo come „Statussymbol", 296.
635 Lombardo: Palazzi, 68–72; Vincenti/ Benzi/ Schezen: Römische Paläste, 136–145.
636 Pinarolo/ Capranica: L'antichità di Roma, 124.
637 Benedetti: architettura, 139–184; ADSI: Palazzi Storici, 58–61.
638 Brief an seinen Vater vom 3. August 1673: Tessin: Travel Notes, 72.
639 Klaute: Diarium Italicum, 146–147; Rossini: Mercurio, 72: *„Del Palazzo del Duca Gaetani al Corso. Questo Palazzo hà una bella facciata verso l'Oriente nel Corso, e l'entrata principale è verso il Settentrione, hà un bel Cortile, sotto al Portico, vi è la bella statua di Alessandro il Grande, la scala di questo Palazzo è la più bela di tutte le altri di Roma, è composta di quattro capiscale; vi sono 120 scalini, quali sono longhi 10 piedi e larghi 2. A piedi di detta scala si vedono le trè Statue, cioè di Bacco, di Marcello Console, e di Adriano, per la scala Esculapio, al primo piano vi sono sei Statue con li Piedistalli di Alabastro, le statue sono queste, Mercurio, Apollo, una Donna bellissima con pelle, e Teschio di Leone in Testa con la Clava di Hercole nel sinistro braccio, creduta per una Iole moglie di Hercole; vi sono belle Pitture del Caracci, di Tiziano, e d'altri.".*
640 Roberto Paolo **Ciardi**/ Benedetta **Moreschini**: Daniele Ricciarelli Da Volterra a Roma, Milano 2004, 266–268.
641 Picozzi: La collezione di antichità, 235–256; Negro: La collezione dei dipinti, 193–235; Picozzi: La collezione di antichità, 269–275.
642 Fritz **Saxl**: Un ‚Discorso' di Jacopo Zucchi e gli affreschi di Palazzo Rucellai a Roma. In: Claudia Cieri Via (Hg.): La cultura artistica nelle dimore romane fra quattrocento e cinquecento: funzione e decorazione, Roma 1992, 172–284; Strinatti: Zucchi, 185–216; Sica: Genealogia, 217–220; Benzi/ Vincenti Montanaro: Palaces of Rome, 136–145; Lohaus: Galleria Rucellai.
643 Zur Bedeutung der Tapisserien im 17. Jh. Siehe: Campbell: Stately Splendor.
644 NÖLA, LA, Kart. 74.
645 Lamberg: Römisches Diarium II, 876 (14.1.1703) und 923 (2.2.1703).
646 Bajard/ Bencini: Paläste, 184–191; Oy-Marra: Profane Repräsentationskunst, 321–344; Vincentini/ Benzi/ Schezen: Römische Paläste, 146–159; Il Quirinale, AK.
647 So notierte Lamberg etwa am 28.11.1701 in sein Tagebuch, dass der Papst „v. monte cavallo nach S. Pietro in d. Vaticano" übersiedelt sei, um dort „diesen Winter zu verbleiben".
648 Vgl. dazu u.a.: Fagiolo dell'Arco: weltliche Residenz, 194–209; Ago: Sovrano pontefice, 229; Francia/ Malizia: Palazzo Apostolico Vaticano.
649 Vgl. dazu: Böck: Sala Regia.
650 Pinarolo/ Capranica: Roma, 277–279: *„Sopra alla Porta maggiore di si gran Palazzo si vede dipinta à Mosaico Maria Vergine col Bambino Giesù, e da' lati li santi Pietro, e Paolo opera di Fabio Christofaro, fatto nel medesimo disegno di prima dal Cavalier Giuseppe d'Arpino. Quivi risiedono le prime guardie de' Svizzeri, e doppo un corridoro ben grande, e magnifico, si giunge alla scala principale rimodernata tutta con l'architettura nobile, e maestosa del Cavalier Lorenzo Bernino, come anco il portone, e quanto qui si vede, per ordine d'Alessandro Settimo.Salite le due branche di scale tutte ornate di colonne e stucchi, & altri lavori, e putti, si entra nella gran Sala detta Reggia, ricca al maggior segno sì di pitture à fresco, che di stucchi. Cominciando il giro à mano destra si vede sopra la porta dove si entra, colorito il Papa con quantità di figure, che condanna l'Eresia, pittura di Giorgio Vasari. Segue la battaglia Navale historia grande, quale rappresenta la vittoria di Lepanto contro al Truco, dipinta dal Zuccaro, e da Livio da Forli, & altri. La figura grande in un canto è di Donato da Formelio, la quale rappresenta la Fede; e l'historia sopra alla porta che segue, è dipinta da Livio Agresti sudetto. Le altre due colorite da' lati della Capella Paolina sono dipinte da Federico Zuccaro: sopra alla porta che và alla loggia, dove il Papa dà la benedittione in publico, vi hà dipinto Livio Agresti, e l'historia grande contigua, dove si rappresenta, quando il Papa torna la Sede Pontificia d'Avignone à Roma, è diptinto con gran mastria da Giorgio Vasari. Continuando il giro si vede effigiato sopra ad un'altra porta Carlo Magno, che segna il diploma della donatione, dipinto da Taddeo Zuccaro, e l'altra pittura grande appresso à questa, che rappresenta quando Federico Imperatore bacia il piede al Papa, è dipinta da Giuseppe Salviati Garsagnino. […] L'architettura di questa Sala è d'Antonio San Gallo, e del medesimo era quella delle scale, avanti che fossero rinovate dal Cavalier Lorenzo Bernini.".*
651 Klaute: Diarium Italicum, 112.
652 Bussagli: Rom, 507–508; Marder: Scala Regia.
653 Anna Maria De **Strobel**/ Fabrizio **Mancinelli**: Sala Regia, Sala Ducale. In: Pietrangeli: Il Palazzo Apostolico, 73–87.
654 Zwantzig: Theatrum Praecedentiae, 44.
655 Merz: Cortona, 158–159.
656 Pinarolo/ Capranica: Roma, 280–307.
657 John **Shearman**: The Vatican Stanze: Functions and Decorations (= Italian Lecture British Academy 1971), Oxford 1972; Arnold **Nesselrath**: Päpstliche Malerei der Hochrenaissance und des frühen Manierismus von 1506 bis 1534. In: Hochrenaissance im Vatikan. Kunst und Kultur der Päpste I 1503-1534, AK Bonn 1998, 240–258.
658 Valesio: Diario II, 355: „L'ambasciatore cesareo si portò incognito a vedere l'apparato e le tavole."
659 Es könnte sich aber auch um die Sala vecchia dei Palafrenieri (Papageienzimmer) handeln, die um 1518 von Raffael sowie 1582/83 von Giovanni und Cherubini Alberti freskiert wurde: Weddigen: Papageienzimmer.
660 Es handelt sich dabei um die von Pieter van Aelst nach den Kartons von Raffael geschaffene Serie der Apostelgeschichte: Tristan **Weddigen**: Tapisseriekunst unter Leo X. Raffaels ‚Apostelgeschichte' für die Sixtinische Kapelle. In: Hochrenaissance im Vatikan. Kunst und Kultur der Päpste I 1503–1534, AK Bonn 1998, 268–284.
661 Von Guido Reni wurden 1608 die Sala delle Nozze Aldobrandini und die Sala delle Dame freskiert. Siehe Guido **Cornini**: Il braccio di Paolo V. In: Pietrangeli: Il Palazzo Vaticano, 272–275.
662 Die 120 Meter lange Landkartengalerie wurde schon von Gregor XIII. 1580/81 geschaffen, allerdings von Urbano VIII. 1630 umfassend renoviert: Gambi/Pinelli: La galleria.
663 Lamberg: Römisches Diarium II, 826–827 (24.12.1702).
664 Anselmi: Palazzo di Spagna, 86–93.
665 Maria Letizia **Casanova**: Palazzo Venezia, Roma 1992, 226; Rendina: I palazzi, 124–128.
666 Franchi: Drammaturgia, 28; Rill: Staatsräson, 329.
667 Lamberg: Römisches Diarium I, 597 (25.4.1701).
668 Lamberg: Römisches Diarium I, 591 (30.4.1701) und 614 (13.5.1701).
669 Hoffmann: Le ville, 355–362; Randolfi: Villa Lante, 171–227; Rendina: I palazzi, 320–321.
670 Campitelli: Villa Borghese, 201–237.
671 Lamberg: Römisches Diarium I, 15 und II, 1258 (27.7.1703); Valesio: Diario II, 581.
672 Rossini: Mercurio, 123–124.
673 Giess: Farnese-Villa, 208; Bajard/ Bencini: Paläste, 52–61.
674 Lamberg: Römisches Diarium III, 242 (17.3.1704), 291 (12.4.1704), 331 (1.5.1704), 503 (20.7.1704).
675 Benocci: Villa Mattei, 16–93; Cappelleti/ Testa: Palazzi Mattei, 25–52, Abb. 386–387; Hoffmann: Le ville, 229–245; Rendina: I palazzi, 311–313. Siehe auch: Grillitsch: Schlägerei, 271–286.
676 Klaute: Diarium Italicum, 183.
677 NÖLA, LA Hs. 51, 574. Zur Villa Madama siehe: Renato **Lefevre**: Villa Madama, Firenze 1973.
678 Bajart/ Bencini: Paläste, 32–41.
679 Waddy: Palaces, 261–263, Abb. 130 und 173–174; Lombardo: Palazzi, 71–78.
680 Pinarolo/ Capranica: Roma, 252–253: *„Belli viali con varie prospettive, e boschetti; ornato di fontane magnifiche, circondato dalle muraglie di Roma, e domina tutto il prospetto del Palazzo Vaticano, e dall'altra parte Castel Sant'Angelo col fiume Tevere. Il Palazzo di questo Giardino è piccolo, mà é bello, perche domina dutti questi contorni, e dentro sono diverse galanterie, ornato di varii pezzi di quadri di buoni Auttori, con alcuni piatti di Majolica dipinti da Rafael d'Urbino, e la scala col pavimento di mattoni di diversi colori."* Vgl. dazu: Roberto **Battaglia**: Il

680 ... Palazzo di Nerone e la Villa Barberini al Gianicolo, Roma 1943.
681 Historische Remarques vom 21. November 1699, 369–371.
682 Lamberg: Römisches Diarium I, 22.
683 Garms Cornides: rapprensenazione imperiale, 526/ FN 57.
684 Guerrieri Borsoi: Villa Belpoggio, 57–58; Tarditi: Villa e paese, 78–80.
685 Lamberg: Römisches Diarium I, 22 (25.5.1700).
686 Luigi **Devoti**: La Villa Belvedere Aldobrandini di Frascati, Velletri 1990; Bajard/ Bencini: Paläste, 142–151; Hoffmann: Le ville, 179–188; Tarditi: Villa e paese, 164–176; Oy-Marra: Profane Repräsentationskunst, 99–131.
687 Falda/ Sandrart: Fontanen, 9–10.
688 Vermutlich die Villa Sora Boncompagni, denn Fürst Guido Vaini hatte mit dem Palazzo Sora in Rom wohl auch die vom Duca di Sora, dem Sohn des Papstes Gregor XIII. Boncompagni, nach 1600 erbaute Villa in Frascati erworben. Vgl. Benocci: Residenza, 25–28; Tarditi: Villa e paese, 208–214.
689 Lamberg: Römisches Diarium I, 24–25.
690 Klaute: Diarium Italicum, 155; Weinberger: Klaute, 104; Tarditi: Villa e paese, 106–124.
691 Falda/ Sandrart: Fontanen, 10–11.
692 Laut Pinarolo/ Capranica: Roma, 257, befand sich die Villa Ludovisi noch 1703 im Besitz des Duca di Poli. Vgl. dazu Tarditi: Villa e paese, 76–77; Klaute: Diarium Italicum, 155–156; Weinberger: Klaute, 105.
693 Valesio: Diario I, 364, 380 und 390.
694 De Angelis d'Ossat: Tra Villa Mondragone.
695 NÖLA, LA Hs. 51, 564.
696 Vermutlich ein Sohn des oben genannten böhmischen Oberstkanzlers Johann Franz Graf von Würben.
697 Wahrscheinlich Johann Friedrich II. Freiherr von Seilern (1676–1751), der Sohn des späteren (ab 1705) österreichischen Hofkanzlers und Grafen Johann Friedrich I. von Seilern (1646–1715).
698 Zum Mäzenatentum der Familie siehe Zirpolo: Sacchetti.
699 Lamberg: Römisches Diarium III, 24 (27., 29. und 30.10.1703).
700 Barsali/ Branchetti: Ville della Campagna Romana, 288–289; Tarditi: Villa e paese, 140–162; Villa Grazioli. Arte e Storia, Frascati o.J.; Vanessa **Vesey**: Una nuova attribuzione a Martino Longhi il Vecchio: la Villa Carafa, oggi Grazioli, di Grottaferrata. In: Opus 5 (1996), 113–130.
701 Historische Remarques vom 21. November 1699, 370.
702 Zur Tradition dieses Ortes siehe: Lorenzo **Petrassi**: Storia, arte e territorio. In: Il patrimonio culturale di Nettuno: archeologia, storia, natura, Roma 2002, 9–13.
703 Lamberg: Römisches Diarium I, 537.
704 Lamberg: Römisches Diarium I, 539; Valesio: Diario I, 341.
705 Lo Bianco/ Negro: Il Settecento, Kat.-Nr. 62 (Ansicht der Villa von Paolo Anesi).
706 Lotti: Costaguti, 21; Barsali/ Branchetti: Ville della Campagna Romana, 307–308.
707 Lamberg: Römisches Diarium I, 60 (10.7.1700); Gallard: Papstwahl, 363.
708 Lamberg: Römisches Diarium III, 305; Valesio: Diario III, 47, 67 und 70.
709 Lamberg: Römisches Diarium I, 26.
710 Den ursprünglichen Zustand überliefert eine Vedute von Caspar van Wittel aus dem frühen 18. Jahrhundert: Giuliano **Briganti** u.a.: Caspar van Wittel, 2. Aufl., Milano 1996, 218–219, Kat.-Nr. 240–241.
711 Lamberg: Römisches Diarium III, 365.
712 Lamberg: Römisches Diarium III, 713 (21.10.1704), 727 (28.10.1704); Valesio: Diario III, 224, 346, 352 und 378.
713 NÖLA,LA, Hs. 51, 585. Es könnte sich um Philipp Ignaz Graf Breuner (1653–1722) gehandelt haben.
714 Franco **Borsi**: Il Palazzo di Montecitorio dal Bernini al Basile. In: Borsi/ Briganti/ Venturoli: Montecitorio, 15–188; Curcio: Roma tra 1600 e 1775, 141–144.
715 Braham/ Hager: Fontana, 112–125; 156–158, Abb. 250–287.
716 Lamberg: Regensburger Diarium II, 56 (27.6.1694).
717 Lamberg: Regensburger Diarium II, 62 (4.7.1694) und 95 (6.8.1694).
718 Lamberg: Regensburger Diarium II, 122 (12.9.1694) und 129–130 (19.9.1694).
719 Contardi/ Curcio: In urbe architectus, 335.
720 Hager: Fontana, 238–261; Saur: AKL 42. Bd., 135–142 (Saverio Sturm); Villata: Fontana; Fagiolo/ Bonaccorso: Studi sui Fontana, 432–438 (Saverio Sturm).
721 Finocchi Ghersi: Fontana, 117–127.
722 Siehe z.B.: Schütze: Maffeo Barberini, 107–146 („Die Familienkapelle als Instrument sozialen Handelns").
723 Lamberg: Römisches Diarium II, 983 (8.3.1703). Der 1703 begonnene Bau wurde jedoch erst 1722 vollendet: Emma **Zocca**: La Basilica dei SS. Apostoli in Roma, Roma 1959, 116–120.
724 Lamberg: Römisches Diarium I, 83 und 394. Zur Capella Cybo siehe zuletzt: Ruggero: Monumenti funerari, 176–178.
725 Lorenz: Andrea Pozzos Umgestaltung.
726 Lorenz: Fontanas Pläne.
727 Braham/ Hager: Fontana, 125–135.
728 So hatte er etwa am 6. 6.1700 ein gemeinsames Abendessen mit dem Auditor di Rota Franz Karl Graf Kaunitz, dem Sohn des Reichsvizekanzlers, sowie mit dem Reichshofrat Graf Franz Leopold Sternberg, einem Sohn des Grafen Ulrich Adolf Wratislaw (Lamberg: Römisches Diarium I, 26) und am 29. Juni notierte er in seinem Tagebuch die Nachricht vom unglücklichen Tod des Grafen Johann Joseph von Sternberg, einem Neffen der Prager Bauherren (ebenda 44). Dieser war auf der Rückreise von Rom nach dem Besuch von Altötting gemeinsam mit seiner Frau und seiner Tochter im Inn ertrunken: Sedlacek 7. Bd., 783.
729 Coudenhove-Erthal: Fontana, 140; Hager: Le opere letterarie, 37; Hellmut **Hager** (Hg.): Carlo Fontana. Utilissimo trattato dell'acque correnti (Roma 1696), Roma 2001.
730 Offensichtlich ist hier die Tätigkeit von Domenico Fontana für Sixtus V. (und nicht Nikolaus V.) gemeint.
731 Zu den Planungen für den Hafen in Nettuno siehe Braham/ Hager: Fontana, 132.
732 Lamberg: Römisches Diarium I, 110–111 (17.8.1700).
733 Zu Fontanas „constant struggle to obtain commissions" und zur Rolle seiner Herkunft dabei siehe: Eisler: Fontana, 380–382.
734 Leonhard **Griendl**: Carlo Fontanas Sammelbuch in der Leipziger Stadtbibliothek, phil. Diss. Ms. Graz 1925, 40; Coudenhove-Erthal: Fontana, 124, Abb. 57.
735 Peter **Broucek**: Die Feldzüge Prinz Eugens. In: Gutkas: Prinz Eugen, 111–122, hier 112.
736 Bonaccorso: lo studi professionale.
737 Berichte Lambergs an Leopold I. vom 16. und 23.7.1701: HHStA, Rom Korr. Kart. 82, fol. 50v-51r und 58.
738 Lamberg: Römisches Diarium I, 768 (23.7.1701); Berichte Lambergs an Leopold I. vom 6.8.1701: HHStA, Rom. Korr. 82, fol. 74v-75r. Zu den Plänen Fontanas von militärischen Anlagen in Oberitalien siehe Braham/ Hager: Fontana, 198–199.
739 Valesio: Diario I, 462–463; Leonhard **Griendl**: Carlo Fontanas Sammelbuch in der Leipziger Stadtbibliothek, phil. Diss. Ms. Graz 1925, 31; Coudenhove-Erthal: Fontana, 124. Die Dekoration sollte aus drei übereinander gestappelten und nach oben zu kleiner werdenden Blöcken bestehen, wie man sich damals die *pyra* der antiken Kaiserapotheose vorstellte, darüber sollte eine Krone liegen, wie es Carlo Rainaldi ähnlich für das Trauergerüst Philipps IV. in S. Maria Maggiore geplant hatte: vgl. dazu: Popelka: Castrum doloris, 81–84, Abb. 72.
740 Braham/ Hager: Fontana, 150–151.
741 Briefe Lambergs an Leopold I. vom 17.2.1703 und 2.2.1704: HHStA, Rom Korr. Kart. 84, fol. 51v und 36v; Lamberg: Römisches Diarium III, 41 (13.11.1703).
742 So berichtet sogar Valesio, dass der Papst anlässlich der Besichtigung der Baustelle von S. Teodoro am 23. November 1702 *„mostrò di non piacerli molto il disegno posto in opera dal cavalier Fontana architetto"* Valesio: Diario II, 387.
743 Valesio: Diario I, 143 und II, 198; Coudenhove-Erthal: Fontana, 106–107.
744 Lamberg: Römisches Diarium II, 953 (18.2.1703).
745 Braham/ Hager: Fontana, 56–60; Enggass: Sculpture in Rome, 68–69.
746 Walker: Odescalchi, 23–40; Enggass: Sculpture in Rome, 83–84; Ruggero: Monumenti funerari, 181–183.
747 Valesio: Diario I, 448–449.
748 Bericht Lambergs an Leopold I. vom 30.7.1701: HHStA, Rom Korr. Kart. 82, fol. 64r. In seinem gedruckten Tätigkeitsbericht erwähnt der Botschafter die Übertragung der Gebeine am 26.7.1701 ebenfalls: Lamberg: Relazione 1. Bd., 358.
749 Lamberg: Römisches Diarium I, 798 (7.8.1701).
750 Pastor: Päpste 15. Bd., 372; Johns: Clement XI, 28; Rudolph: Direzione artistica, 59–61. Zur Rivalität siehe auch: Merz: Taufe Christi.
751 *Avvisi Romani* vom 28.4. 1703: NÖLA, LA Kart. 77: „Havendo il Papa saputo che il celebre Pittore Carlo Maratta come già invecchiato havesse venduto per cinque mile scudi ad un Inglese il suo Studio di Pittura, lo fece chiamare & gli disse che non voleva che uscissaro da Roma simili Studij e raccolte di cose rare, afine che vi fiorisca; e scasatosi il Maratta con dire di havere già ricevuto mille Scudi per caparva soggiunse il Papa che per il medesmo prezzo lo voleva lui. Per lo che detto Inglese strepita, frame e arrota i denti."

752 Der Sohn des Herzogs von Genzano hatte das Mädchen am dortigen Landsitz Marattas kennengelernt und ihr schon früher nachgestellt. Eine Zeitungsmeldung berichtet im April, dass Maratta eine Lotterie zum Verkauf seines Casino veranstalte, weil er nach dem „caso" seiner Tochter mit dem Sohn des Herzogs Cesarini niemals wieder seinen Fuß dorthin setzen wolle: *Avvisi Romani* vom 7.4.1703: NÖLA, LA Kart. 77.

753 Lamberg: Römisches Diarium II, 1175 (29.5.1703). Siehe zu diesem Überfall auch: Valesio: Diario II, 762–763; Stella **Rudolph** (Hg.): Un Gioiella del Barocco romano a Camerano. La chiesa di Santa Faustina e la capelleria istituita da Carlo Maratti, Milano/ Cambrano 2007, 24.

754 Brief Lambergs an Fürst Anton Florian vom 2.6.1703: SL-HA, FA Kart. 155, fol. 173r.

755 Cipriani: L'Accademia, 69.

756 *Avvisi Romani* vom 4.3.1702: NÖLA, LA Kart. 77: „Alli 25 furono distribuiti li premii di medaglie d'oro, d'argento e di bronzo dorato alli Giovani più virtuosi dell'Academia di Pittura, Architettura e Scultura in una Sala di Campidoglio, vagamente apparata, in presenza di molti Cardinali e Prelati, ove si fece oratione e recita di diverse Poesiae con Musica e Concerti d'Istromenti; e nell'Anticamera si vedevano esposte le Prove di colore, che meritarono li premii, essendovi stato per tre giorni gran concorso a vederle." Pastor: Päpste 15. Bd., 372.

757 „Giovedi doppo desinara si fece L'Academia di Pittura, Scultura et Architettura in una Sala del Campidoglio pomposamente apparata con distributione di premi divisi in trè classi, alli giovani di varie nationi, che furono medaglie d'argento dorato; vi assitarono 19 Cardinali, e venne apposta l'Eminentissimo Pignatelli, la Prelatura e da un palco l'Ambasciadore di Venetia con alcuni Cavalieri; comminciò con balla Sinfonia di varii Istromenti, poi il Sign. Don Annibale recitò un bel discorso che si crede composto dal Papa, l'assunto dal quale fù in tempo di guerra si deve applicare con più fervore allo studio delle moderne Arti. Finito il Discorso furono da un stuolo di Poeti recitate varie compositioni a lodo di dette Arti, essendo stato dal Papa proibito di recitare cosa alcuna in lodo dall'Oratore nepote. Fini con una Cantata di Musica; e poi havendo Don Annibale portato dentro un Bacile una Croce con catenella d'oro al Cardinale Acciaioli come persona più degna di quel congresso, la prese e pose al collo del celebre Pittore Carlo Maratta il primo di questi tempi, dichiarandolo Cavaliere a nome del Pontefice si era deliberato di coronarlo anche di Lauro, mà oltre che parrea poco conveniente vi furono delli disparesie circa la persona che doveva porgli la corona. Il detto Pittor e in età di 80 anni et ha bellissimi quadri, e da molti anni amico del Papa, mà sono giudicati artifici questi honori. Anche si hà la mira al palazzo del Cardinale Nerli benchè habbia fatto sapere di havere già disposto della sua Villa a favore di Don Annibale, e vi sono perciò delle trame; già stà il Maratta vicino a detto palazzo e però sarà più facile il trasporto al medemo delli suoi belli Quadri e galanterie." *Avvisi Romani* vom 26.4.1704: NÖLA, LA Kart. 77.

758 *Avvisi Romani* vom 29.3. und 12.4.1704: NÖLA, LA Kart. 77. Für diese Akademie im Palazzo Riario hatte Fontana 1703 ein Projekt geliefert: Hager/ Braham: Fontana, 183–184; Manfredi: Accademia Albana, 118–122.

759 Heyink: Fest, 297.

760 Valesio äußerte bzw. überlieferte allerdings eine deutliche Kritik an Fontana und seinem Entwurf: Gori Sassoli: La città, 205.

761 Braham: Funeral Decorations, 8–14; Plate 8.

762 Diese Vermutung zu den späten Zeichnungen Fontanas äußerte Elisabeth Kieven schon 1990: Kieven: Architekturzeichnung, 281–281.

763 Rasina war übrigens Schüler von Andrea Lanzani, der damals gerade für den Reichsvizekanzler Kaunitz in Austerlitz/ Slavkov tätig war.

764 John **Gilmartin**: The Paintings Commissioned by Pope Clement XI for the Basilica of San Clemente in Rome. In: The Burlington Magazine 116 (1974), 304–312, hier 305; Guerrieri Borsoi: San Clemente, 113 (Abb.) und 115; Vasco-Rocca/ Borghini: Giovanni di Portogallo AK, 289.

765 Posterla scheint eine Art diplomatischer Auftragsschreiber gewesen zu sein: 1698 publizierte er eine Festschrift für den kaiserlichen Botschafter Martinitz, 1709 eine *Esatta Descrizzione delle sontuose Carozze* des potugiesischen Botschafters und 1711 eine *Esatta Relazione del celebre catafalco* des französischen Dauphins. Zur Zusammenarbeit von Posterla mit Fontana siehe: Bonaccorso: collaborazioni letterarie, 144–151.

766 Valesio: Diario III, 514–516 (mit Wiedergabe der Festschrift).

767 Polleroß: Architektur und Rhetorik, 166–176.

768 Braham: Funeral Decorations, 15–21.

769 Schmiedlin: Anima, 575–580.

770 Marco **Chiarini**: "Monsu Alto", le maitre de Locatelli. In: Revue de l'art 7 (1970), 18; Andrea **Busiri Vici**: Andrea Locatelli e il paesaggio romano del settecento, Roma 1976, 5.

771 AKL 1. Bd., Leipzig 1986, 436; Lorizzo: mercato dell'arte (mit Preisen von nur 6 oder 8 Scudi für eine Meereslandschaft von Alto); Michel: La décoration, 269.

772 Buberl: Zwettl, 118: „172. Öl auf Leinwand. 62 x 107. Phantastische Hafenlandschaft mit hohem Fels im Mittelgrunde. Schwach, Ende des XVII. Jhs. (Turm). 173 Pendant dazu, Hafenlandschaft mit kleiner Flotte. Von der gleichen Hand (Turm). 174. Öl auf Leinwand. 75 x 95. Hafenlandschaft mit großem Rundturm im Mittelgrunde. Schwach, Ende des XVII. Jhs. (Turm). 175. Öl auf Leinwand. 75 x 95. Landschaft mit Bäumen, Teich und Kirche. Schwach. Ende des XVII. Jhs. (Turm)."

773 David R. **Marshall**: „Salvator Rosa" in Tasmania: Monsù Alto and Bartolomeo Pedon at „Woolmers". In: Storia dell'arte 107/ 2004, 104–134, hier 107–110, Abb. 29 (Dorotheum 1973).

774 NÖLA, LA Hs. 51, 545.

775 Tietze: Horn, 171.

776 Glaser: Max Emanuel AK, Kat.-Nr. 506 und 507. Trevisani war sogar einer der Lieblingsmaler des Kurfürsten von Schönborn: Bott: Gemäldesammlung, 7 und 9; Schönborn, AK, Kat.-Nr. 302–305; Rogasch: Schatzhäuser, Taf. 71 und 72; Neumann: Trevisaniho modelletto.

777 DiFederico: Trevisani; Puliti Pagura: Trevisani; Ruggeri: Trevisani; Sestieri: Repertorio della pittura romana, 173–179.

778 DiFederico: Trevisani, 77, Abb. 112; Black: Grand Tour, 189; Miersch: Kurfürstliche Selbstdarstellung, 308–309, Abb. 2 und 3.

779 Polleroß: Kunst-Reisen, 16–17, Abb. 5.

780 Vlnas: The Glory of the Baroque, 157–158, Kat.-Nr. I/4.31.

781 Black: Grand Tour, 188; Connor Bulman: Moral education, Abb. 1; Puliti Pagura: Trevisani, 46 (Abb.).

782 Zum Porträt des Kardinals Ottoboni siehe zuletzt: Bowron/ Rishel: Art in Rome, 443, Kat.-Nr. 291; Lo Bianco/ Negro: Il Settecento a Roma, Kat.-Nr. 158.

783 DiFederico: Trevisani, 20, Kat.-Nr. P 4, P 5, P 10-11, P 18–19.

784 Eine dritte Möglichkeit wäre noch jener Michelangelo Merulli, der gemeinsam mit Paradisi für Kardinal Ottoboni tätig war, aber nicht weiter fassbar ist. Vgl. Olszewski: Inventory, 33.

785 Sestieri: Repertorio, 157–158 und 49–50; Casale: Cerruti, Abb. 6.

786 Dizionario Biografico degli Italiani 24, Roma 1980, 45–46; AKL 17. Bd., 611–612; Michel: La décoration, 293–294.

787 Vicini: Fabrizio Spada, 52–53, 123–132.

788 Sestieri: Repertorio, Abb. 970.

789 Maier-Rieper: Kirchenfürstenportraits, 41.

790 Turner: Dictionary of Art 8.Bd., 563–564; AKL 24. Bd, 444–445; Mauro **Lucco** (Hg.): La pittura nel Veneto. Il Seicento, 2. Bd., Milano 2002, 819.

791 Auch Capelli (David padre e figlio, 231) nimmt an, dass die zahlreichen in römischen Inventaren unter der Bezeichnung „David" aufscheinenden Bildnisse „quasi certamente di Antonio" sind.

792 Cucco: Papa Albani, 139, Kat.-Nr. 2; Capelli: I David, 67 und 77; Spiriti/ Capelli: I David, Kat.-Nr. 31.

793 AKL 24. Bd., 423–424 (U.R.).

794 Das Gemälde befindet sich heute übrigens im mährischen Schloss von Lambergs Neffen: Kazlepka: Bellucci, Abb. 1; Kazlepka: The Portrait of Collaltino, Abb. 2.

795 „I ritratti ‚inglesi'. In: Spiriti/ Capelli: I David, 97–106.

796 Pampalone: San Lorenzo, 24.

797 Dort schuf der Vater zwischen 1688 und 1694 nämlich das Hochaltarbild sowie das Kuppelfresko der vom Grazer Johann Ernst Galler gestifteten und von Fontana erbauten Kapelle. Die Ikonographie sowie Problematik der Kuppelmalerei der Kapelle des Collegio Clementino hat Ludovico David sogar 1695 in einer eigenen Publikation erläutert: Frangenberg: The Geometry of a Dome.

798 Antonio David hat mehrere Mitglieder dieser mit Lamberg befreundeten Familie porträtiert, darunter den Marchese Giovanni Chigi Montoro und dessen Gattin Virginia Sacchetti: Spiriti/ Capelli: I David, 80, Kat.-Nr. 35-37.

799 Wenn die von Lupo vorgeschlagene Zuschreibung und Datierung eines Odescalchi-Porträts an David und die Zeit um 1705 stimmt, wäre dies das – vom

Papstporträt abgesehen – bisher älteste bekannte Bildnis von Antonio: Casazza: Il cammeo Gonzaga, Kat.-Nr. 103 (Michelangelo Lupo).
800 Spiriti/ Capelli: I David, Kat.-Nr. 31 und 32.
801 Kirkendale: Handel and Ruspoli, 348, Fig. 1.
802 Spiriti/ Capelli: I David, 195 (Abb.).
803 Consagra: De Rossi, 187–189; Tozzi: Ritratti incisi, 34–37.
804 Ein offensichtlich gerade aus dem Jahr 1700 stammender Sammelband solcher Stiche – die Bildnisse der im Juni des Jahres ernannten Kardinäle (darunter Lamberg) wurden nachträglich eingeklebt – hat sich in der Österreichischen Nationalbibliothek erhalten, stammt aber laut Exlibris von „*Erzherzogin Elisabeth*": ÖNB Sign. Fid. Pb 11.583.
805 Brief Lambergs an Leopold I. vom 12.1.1704: HHStA, Rom Korr., Kart. 84, fol. 13.
806 Von Noailles existiert ein Gemälde desselben Typus in Versailles (MV 3649); die Vorlage für Ottoboni bildete ein – nicht aus der Kardinalsserie stammender – Stich von Domenico De Rossi nach einem Gemälde von G.B. Gaulli: Olszewski: Ottoboni and the Tomb, 78, Fig. 73.
807 Von Janson gibt es auch einen unsignierten Kupferstich, wo zwar Gesicht und Büste dem Ottensteiner Gemälde entsprechen, aber ein Bereich seitenverkehrt übernommen wurde.
808 Die entsprechenden Kupferstiche bei: Platania: Sobieski, Taf. XII-XVII; Olszewski: Ottoboni and the Tomb, 203, Fig. 149.
809 Papa in Posa, 88–89. Zum Kleidungstypus siehe: Zitzlsperger: Bernini, 48–54.
810 L'Idea del Bello, Kat.-Nr. 7; Petrucci: I ritratti del potere, 20, Abb. 32; Spiriti/ Capelli: I David, Kat.-Nr. 34 und tav. X.
811 Ritratto barocco, 76–77, Kat.-Nr. 24. Zum Vorbild von Maratta: Papi in Posa, 86–87.
812 Buberl: Zwettl, 104–107, Abb. 85–87; Zedinger: Lothringens Erbe, Kat.-Nr. 1.24 und 1.25.
813 Pampalona: San Lorenzo, 40.
814 Thieme-Becker 28. Bd., 1934, 71–72; Neri: Collezione Rospigliosi, 261–262; Sestieri: Repertorio, 155–155.
815 Pascoli: Vite II, 355; Michel: Ruspoli, 221–232.
816 Enggass: Pio, 160–161.
817 Neri: Collezione Rospigliosi, 147, Abb. 43; Petrucci: I volti del potere, Kat.-Nr. 62.
818 Lamberg: Rechnungsbuch: NÖLA, LA Hs. 51, 599, 609 und 617.
819 Michel: La décoration, 293–295.
820 Bonaccorso/ Manfredi: Virtuosi; Levine: Bentvueghels. Seit den 1660er Jahren waren die Franzosen in der Künstlervereinigung „Schilderbent" nicht mehr willkommen: Noack: Deutschtum 1. Bd., 204–205.
821 Noack: Deutschtum 1. Bd., 208.
822 Lamberg: Rechnungsbuch: NÖLA, LA Hs. 51, 557.
823 Inv.-Nr. 320 und 321 sowie 376 und 378: Eigenberger: Gemäldegalerie, 291 (im Lamberg-Katalog 1822 als „Max Pfeiler").
824 Das leider nicht näher einzuordnende Verzeichnis gilt Frimmel als Liste einer steirischen Sammlung, die den Grafen Lamberg zum Kauf angeboten wurde, da einige Gemälde davon im Joanneum erhalten blieben. Wir vermuten hingegen den umgekehrten Fall. Unter der Nr. 162 sind dort „*zwey gleiche frucht-Stuckh von Max Pfeiler*" angeführt. Dieselben oder zwei andere Werke Pfeilers werden um 1820 im „Catalogue" des Grafen Lamberg-Sprinzenstein mit dem Standort Wien genannt: Frimmel: Gemäldesammlungen, 20 und 29.
825 Garas: Pfeiler, 42.
826 Pascoli: Vite, 367.
827 Bocchi: Artisti stranieri, 309–344.
828 Hanna **Seifertová**: Barock-Stilleben in Böhmen und Mähren. In: Mitteilungen der Österreichischen Galerie 21, 1977, 33–66, hier 39–40, Abb. 24; Garas: Pfeiler; Mojzer: Metamorphoses, Kat.-Nr. A 46-48; Kazlepka: In the Garden of Armida, Kat.-Nr. 29–33.
829 Zitat aus einem Brief von 1710 an den Schönbornschen Vertreter in Rom und späteren Göttweiger Abt Bessel, in dem Pfeiler um Vermittlung bei Trevisani gebeten werden soll: Hantsch/ Scherf: Schönborn, 180.
830 Bott: Delitiae imaginum, 95 (Abb. 245), 102 (Abb. 284) und 133–134.
831 Jedding: Roos, 191–228; Bocchi/ Bocchi: Artisti stranieri, 263–276. Siehe auch: Margarete **Jarchow**: Roos. Eine deutsche Künstlerfamilie des 17. Jahrhunderts, AK Berlin 1986, 28–29.
832 Alfred von **Wurzbach** (Hg.): Arnold Houbraken's Grosse Schoubourgh der niederländischen Maler und Malerinnen (= Quellenschriften für Kunstgeschichte und Kunsttechnik des Mittelalters und der Renaissance XIV/1), Wien 1880, 271–272; Noack: Deutschtum 1. Bd., 28.
833 Enggass: Pio, 147.
834 Ein *palmo romano* entspricht ungefähr 28–30 cm.
835 Vgl. zur Gattung und Bezeichnung das Stillleben mit aufgebauten Silbergefäßen von Johannes Hermans in der Galleria Doria Pamphilj.
836 Hingegen war Salvatore Rosa (Neapel 1615–Rom 1673) für seine Schlachtenbilder, Seestücke und Landschaften bekannt. In der Akademiegalerie haben sich einige diesem Maler zugeschriebene Werke erhalten: Inv.-Nr. 237 (Öl auf Leinwand 81 x 132 cm) sowie die beiden Schlachtdarstellungen von Hermann van Lin (Inv.-Nr. 704 und 706, Öl auf Leinwand 22 x 32 cm), die im Lamberg-Sprinzenstein-Inventar als Salvator Rosa bezeichnet wurden: Eigenberger: Akademiegalerie, 326–327 und 231–232.
837 Buberl: Zwettl, 119. Die Beschreibung erinnert an das Gemälde der Slg. Dr. W. Hanne in Berlin, das allerdings 72 x 53,5 cm aufweist (Jedding: Roos, Tafel 21), während beim Ottensteiner Bild 67 x 83 cm genannt wird.
838 Tietze: Horn, 174: „Nr. 24. 285 x 180; Hirt und Hirtin bei einem Laufbrunnen, sie auf einem Pferde sitzend, herum Schafherden und Hunde, Ruinenlandschaft. Art des Rosa da Tivoli, um 1730. Nr. 25. 120 x 166; zwei Pendants, Rinderherde beziehungsweise Schafherde mit Hunden und Hirten, Ruinenlandschaft, von demselben."
839 Siehe dazu die Werke des Vaters u.a. in Wien sowie zahlreiche Gemälde des Sohnes: Jedding: Roos, Abb. 98–104, Taf. 23–24 und Abb. 294–298.
840 Jedding: Roos, 212, Abb. 299.
841 Polleroß: Gemäldesammlungen der Grafen Lamberg, Nr. 82 und Abb. 8.
842 AKL 9. Bd., 277–278 (A. Matteoli); Sitt: Hanseaten, 188–192; Bocchi/ Bocchi: Artisti stranieri, 285–308.
843 Pascoli: Vite 2. Bd., 358 und 360.
844 Ebert-Schifferer: Stilleben, 208–209; Bocchi/ Bocchi: Artisti stranieri, 290–297, Fig. CB.7-11.
845 Buberl: Zwettl, 119, Fig. 95 (mit irrtümlicher Datierung „1702"); Björn R. **Kommer**: Kunstreich. Erwerbungen 1990–2000 (= Augsburger Museumsschriften 11), Augsburg 2001, 116–117, Kat.-Nr. 41; Kockel/ Krämer: Berentz, 107–109.
846 Schommers: Goldschmiede, XX; Buberl: Zwettl, 132–133.
847 Sivigliano **Alloisi**: Christian Berentz. In: Cesare Biasini Selvaggi (Hg.), Kunstproben. Mythische, spirituelle, symbolische und metaphysische Önologie in den öffentlichen Sammlungen von Rom, Rom 2003, 70–71.
848 Alloisi: Corsini Gallery, 67 (Abb.); Bocchi/ Bocchi: Artisti stranieri, 302, Fig. CB.16.
849 Lattuada: Attribuzioni, Abb. 7 und 8.
850 Kockel/ Krämer: Berentz, 110–113.
851 Leonore **Koschnik**/ Michaela **Völkel**: Die Handwaschung. In: Ottomeyer/ Völkel: Tafelzeremoniell, 172–177; Haslinger: öffentliche Tafel, 52.
852 Siehe dazu das Kapitel „La credenza e la bottiglieria come espressione del lusso e del potere" in Fabbri dall'Oglio: Il trionfo, 32–45.
853 Hantsch/ Scherf: Schönborn, 163.
854 Zunächst wäre hier an Ferdinand Bonaventura von Harrach, Prinz Eugen von Savoyen, Fürst Johann Adam Andreas von Liechtenstein und den kaiserlichen Gesandten in Venedig Graf Berka (Abb. 70) zu denken, mit denen Lamberg in Rom in Briefkontakt stand. Es muss aber auch Franz Karl Graf von Kaunitz, der Sohn des Reichsvizekanzlers genannt werden. Dieser hatte 1697 in Lucca und Rom Theologie studiert, seit 1699 als kaiserlicher Auditor di Rota in Rom gewirkt und sollte nach der Abreise Lambergs vorübergehend die kaiserlichen Interessen vertreten. 1711 wurde er zum Bischof von Laibach/ Ljubljana ernannt. Bei seinem frühen Tod im Jahre 1717 hinterließ er seinen Geschwistern auch zahlreiche Kunstwerke: Noack: Deutschtum 1. Bd., 162.
855 Karsten: Künstler und Kardinäle, 199–203 („Das Bild als Gabe, oder: Kunst als Medium sozialer Kontakte").
856 Lamberg: Regensburger Diarium II, 129.
857 Valesio: Diario I, 615–616.
858 Testa: Carlo Emanuele. Zum Palazzo der Familie siehe Rendina: I palazzi, 434–435.
859 Guarino: Qualche quadro, 101–104.
860 Akademie Inv.-Nr. 307: „unvollendete, schwache Kopie des 18. Jahrhunderts", im alten Lamberg-Verzeichnis als Veronese, Öl auf Leinwand 146 x 206 cm: Eigenberger: Akademiegalerie, 435. In Frage käme aber auch Akademie Nr. 468 *Christus und die Ehebrecherin*, „Venezianischer Maler des 17. Jahrhunderts" (Giovanni Antonio Fumiani?) im alten Lamberg-Verzeichnis als P.V., Öl auf Leinwand 250 x 186: ebenfalls unvollendet: Eigenberger: Akademiegalerie, 428–429.

861 Auch bei Guarino: Qualche quadro, 101, FN 4, finden sich keine näheren Angaben über das von Pio an Lamberg gegangene Gemälde.
862 Brown: Veronese, 16–18, Fig. 9–11.
863 Hadamowsky: Barocktheater, 28; Percy/ Baroni: Missione diplomatica.
864 Denkbar wären Majolicateller aus Urbino nach Raffael-Motiven, vgl. Jörg **Rasmussen**: The Robert Lehman Collection X Italian Majolica, New York/ Princeton 1989, Nr. 70, 72, 79 und 109.
865 Am 29.9.1703 stattete Kardinal Santacroce Lamberg einen Dankbesuch wegen der „*Protection, so ich seinem Nepote und ganzen Hauss erweisete*", ab: Lamberg: Römisches Diarium II, 1369.
866 Pazzini: Santacroce. Zur Antikensammlung bzw. zu den späteren Grabmälern der Familie siehe: Vicarelli: Santacroce; Montagu: Santacroce.
867 Zum Palast siehe: Rendina: Palazzi, 449–450; Vicarelli: la fabbrica.
868 Platania: Sobieski, 474–475.
869 Lamberg: Relazione 1. Bd., 74.
870 Valesio: Diario III, 163.
871 Lamberg: Römisches Diarium I, 1141 (27.12.1701), 1248 (13.2.1702) und 1267 (19.2.1702); II, 1326 (2.9.1703). Schon am 13. Mai und 16. August 1700 war Graf Lamberg "*bey dem Card[inal]le S. Croce gewesen*" am 6. Juni vertrat der Kardinal den Botschafter bei der Disputation und am 16. August intervenierte Lamberg zugunsten Santacroces beim Papst wegen einer Abtei: Lamberg: Römisches Diarium I, 16, 26, und 110. Außerdem ist ein Besuch des Botschafters zu politischen Gesprächen im August 1701 im Palast bzw. der Villa des Marchese Santacroce bei San Pietro in Vincoli nachweisbar: Valesio: Diario I, 455 und II, 489.
872 Montalto: Pamphilj, 296. Zur Gemäldesammlung der Familie siehe: Cappelletti; Camillo Pamphilj.
873 Denis **Mahon** u.a. (Hg.): Guercino. Poesia e sentimento nella pittura del' 600, Roma 2004, Kat.-Nr. 34 (Montpellier Musée Fabre). Ein Brustbild des betenden Heiligen befindet sich seit dem 19. Jh. in der Slg. Rospigliosi: Negro: Rospigliosi, 1999, 190–191, Kat.-Nr. 6.
874 Das Exemplar in Bremen (Kunsthalle Inv.-Nr. 1048–1971) gilt dort allerdings als Replik nach dem Original in Montpellier: Corinna **Höper**: Katalog der Gemälde des 14. bis 18. Jahrhunderts in der Kunsthalle Bremen, Bremen 1990, 65. Das Pendant dürfte der 65 x 60 cm große *Hieronymus* der Slg. Doria-Pamphilj sein.
875 Montalto: Pamphilj, 365–369.
876 Zum römischen Kunsthandel in dieser Zeit siehe u.a: Lorizzo: mercato dell'arte; Lorizzo: Mercanti.
877 Vielleicht die Schriftstellerin Marie de Rabutin-Chantal Marquise de Sévigné (1626–1696) oder Dorothea Elisabeth Herzogin von Hollstein, Gemahlin des Feldmarschalls Johann Ludwig Graf Rabutin.
878 NÖLA, LA Hs. 51, 567.
879 Turner: The Dictionary of Art 12, London 1996, 170 (D. Breme). Nachweisbar ist etwa ein Porträt der Herzogin Sophie Dorothe von Braunschweig und Lüneburg, der sog. Prinzessin von Ahlden, mit einem Blumenkranz.
880 Glaser: Kurfürst Max Emanuel AK, Kat.-Nr. 216.
881 Das Gemälde wurde 1693 auch gestochen und diese Graphik von dem damals in Rom tätigen Maler dem Kardinal Janson Fourbin gewidmet: „Throne of relics" in Honour of „His Royal Highness the Invincible Jan III. Sobieski, King of Poland" on the Three Hundredth Anniversary of His Death 1696–1996, AK Warsaw 1996, 68 und 117–118.
882 Gutkas: Prinz Eugen AK, Kat.-Nr. 1.66, Abb. (mit der vermuteten Autorschaft Gascar). Das Brustbild des Kurfürsten diente schon 1688 als Vorlage für Schabkunstblätter von Elias Christoph Heiß.
883 Vielleicht Akademie Nr. 607: Bildnis einer englischen Dame nach Pieter Lely, Öl auf Leinwand 109 x 87 cm, Kopie nach Doppelporträt in der Eremitage; Eigenberger: Akademiegalerie, 229–230.
884 Gascar malte die Herzogin wahrscheinlich um 1675. Es scheint mindestens zwei Versionen in England gegeben zu haben sowie ein vom Maler selbst angefertigtes Mezzotinto, das eine Variante des zuletzt verkauften Gemäldes wiedergibt: MacLeod/ Marciari Alexander: Painted Ladies, 133–134.
885 Maria Josefa Theresia Frfr. v. Lerchenfeld heiratet 1705 Franz Anton Reichsgraf v. Salburg
886 Zwei Namen der Ankaufsliste sind zumindest hypothetisch mit Personen aus dem römischen bzw. diplomatischen Umfeld zu identifizieren: Giuseppe Franceschini hat 1690 die berühmte *Macchina di Santa Rosa* in Viterbo konstruiert, und die Ronquillos waren eine bedeutende spanische Adelsfamilie, von der Don Antonio Ronquillo de Cuevas Duque de Maura, spanischer Botschafter in Köln, Genua sowie in Rom und schließlich Vizekönig von Sizilien war, während sein Sohn Pedro Ronquillo Briceño als kaiserlicher Botschafter in Schweden sowie als spanischer Gesandter in Polen, beim Friedensvertrag in Nijmegen (1697) und in London tätig war.
887 Gascar porträtierte nicht nur Barbara Villiers, sondern auch mehrere andere der „Windsor Beauties": MacLeod/ Marciari Alexander: Painted Ladies, Kat.-Nr. 44, 52,70, 86 und 87. Die Mätressen Ludwigs XIV. waren sowohl im Filigrankabinett von Versailles als auch im Schloss Bussy-Rabutin ausgestellt: Wenzel: Schönheitengalerie, 349–364.
888 Catherine R. **Puglisi**: Francesco Albani, New Haven/ London 1999, Kat.-Nr. 44 (Rom, Slg. Marchese Patrizi); Kat.-Nr. 83 (Florenz, Uffizien) und Kat.-Nr. 135 (New York, Kunsthandel).
889 Sotheby's: Old Master Paintings 19. Februar 1975, London 1975, 7, Kat.-Nr. 13 (Abb.); The Burlington Magazine 117 (1975), 1. Bd., V.
890 Pizzo: Odescalchi, 125 und 146.
891 van Tuyll van Servosskerken: Christina als Sammlerin, 222; Montanari: La dispersione delle collezioni di Cristina, 260; Salort Pons: Colecionismo, 546–549.
892 Lombardo: Palazzi, 61–66; Lepri: Palazzo Odescalchi; Walker: Odescalchi.
893 Valesio: Diario II, 228; Lamberg: Römisches Diarium II, 705 (31.10.1702).
894 Rossini: Mercurio, 30–34.
895 Tessin: Traité, 169–172.
896 Berninis Büste befindet sich heute in San Sebastiano fuori le Mura: Petrucci: Bernini, 78–82 und Kat.-Nr. III.49–50.
897 Zu den zahlreichen Werken dieser Maler in der Sammlung der Königin siehe: Olin: La Regina Cristina; Christina AK, 470–487.
898 Zu den heute großteils im Prado befindlichen Marmorstatuen der Königin siehe: Christina AK, 573–579.
899 Christina AK, 576–579; Olin: Cristina, 161.
900 Il Viaggio di Maria Casimira, 189–203: „*Da un assai amplo e noble Scalone s'entra nella gran Sala quadrata, la quale più tosto si potrebbe chiamare Galleria, per esser da capo a piedi ornata di quadri de più celebri Pittori, tutti con le Cornici à loro proportione di qualificata grandezza coperte d'oro. Frà questi vi sono li cinque famosi Cartoni di Giulio Romano, che erano di fregio alla Galleria della Regina di Suezia, due grandissimi, uno di Carlo Maratta, l'altro del Monaville, e quattro del Rubens: Siegato nel mezo un maestoso Baldacchino di contratagli con l'Arme di esso Prencipe D. Livio Odescalchi Duca di Bracciano […] fregiato de varii trofei, e de' vaghi ben intesi pensieri: Alle sei porte pendono maestosamente le portiere uniformi, che uniscono un bel concerto di magnifico ingresso: […] Dal lato sinistro s'entra nella prima Anticamera destinata per le Lance spezzate di S. M., la quale è parata d'Arazzi d'oro […]. In mezo si vede una maestosa, ma più divota Figura di marmo di Carrara, che rappresenta il SALVATORE, Opera rilevata sì al vivo, che si hà ben giustamente à credere possa essere la più perfetta, che formasse l'erudito Scarpello del Cavaliere Bernini, sostenuto da due Angeli assai grandi indorati, e di finissimo intaglio: Posa quel Venerabile Busto sopra una base di Diaspro di Sicilia per pretioso sostegno di quel Simulacro […]. Si passa poi alla seconda Anticamera destinata per li Gentilhuomini della Camera, e Nobili Servitori di S.M., che è similmente adobbata d'arazzi d'oro più ricchi della prima, ed'impareggiabil disegno di Raffaele d'Urbino […] . La terza stanza dove stà il Cavalier di guardia, per introdurre all'Udienza di S.M., conforme l'uso solito stà senza sedie, & il resto seguita con l'ordine istesso d'Arazzi pure di Raffaele con il freggio consimile, […]. Vi è un Tavolino di Verde antico bellissimo col piede tutto messo à oro di bellissimo intaglio, e sopra vi stà un'Orologio di Cristallo di Rocca stupendamente travagliato, con due Colonne scanellate d'Ebano, contorniate d'un intreccio di filagrana d'argento. […] Seguita la Camera dell'Udienza ordinaria di S.M. con li predetti Arazzi d'oro fornita; dove stà il Baldachino inlazato alla Reale di velluto cremesi con frangie, e trine larghissime d'oro, sotto il quale vi è la Sedia Regia di velluto con frangie, e trine egualmente d'oro, il fusto tutto intagliato come le braccie, mapi, e piedi rilevati d'oro […]. Per sopraporti vi sono pezzi d'Arazzi finti, che non si distinguono da' veri per il valore e l'arte, che seguitano l'ordine dell'Historia dell'Arazzo. […]. Da questa s'entra nella Sala della Solenne Udienza, che hà un fregio più ricco e più lumeggiato d'oro per corrispondere all'altro, che pende di sotto ressuto nuovamente tutto d'oro […].*

Simile al fregio è il Baldachino [...]. Sotto di esso vi è la Sedia à modo di trono della materia istessa del Baldachino con frangia à festone duplicata, il di cui lavoro non si può descrivere per il valore e vaghezza; le braccia e piedi sono d'intaglio finissimo, eccellentemente dorati, e per vasi vi sono Aquile Imperiali con l'ali stese tutte in oro. Sotto vi è una grande pradella capace di starvi molte sedie per i Cardinali & altri Prencepi e Soggetti degni di così publica e solenne Udienza di S.M. [...]. Gli Arazzi poi di questa Camera sono tanto più ricchi di tutti gli altri, quanto oltre l'essere tessuti sono anche in molti luoghi rilevati con ricami d'oro e sono del più sublime disegno del famoso Giulio con l'Historia di Cleopatra. Vi sono pure altre due colonne d'argento assai massiccie & in mezzo pompeggiae un gran Focone basso alla spagnolo sostenuto da quatro Aquile di gettito tutto di argento. [...] gran Specchio con cornice vaghissima pure di specchio & inmezzo alla gran luce risalta un vaso di fiori del nominato Mario. Di qui si passa alla Camera del Letto di S.M. la quale hà un soffitto come un Cielo vagamente dipintto con stucchi incomparabili e tutti co varii e diversi modi coperti d'oro. In faccia vi è l'Alcova con due sontuoso colonne scannellate à rilievo tutte à oro come anche i capitelli [...]. Sopra il Cornice ò sia Architrav di detto Alcova si vede in delicata pittura Endimione, che dorme, e Diana che scende dal Cielo in atto di svegliarlo, opera del famoso Bacciccio. [...]. Ritornando alla prima gran Sala già detta al latro destro s'entra in quello del Card. Della Grange d'Arquyan Padre di S.M. dove la prima Anticamera è adornata tutte di Quadri, che servivano al maggior decoro della già detta Regina di Svetia, de' Pittori più celebri ne' Secoli andati, senza prezzo e verun paragone. Ve n'è uno moderno assai grande del Famoso Maratti, che anch'egli fà la sua nobile pompa. [...]. L'ultima Camera è quella dell'Udienza, e qui si vede la forza dell'arte à garreggiar con la natura in forma eminente de' più sublimi Pittori à farne rimaner immobile la contemplatione, anzi l'inganno di chi li mira, con opinione universale, che nella Reggia del Mondo non vi sia simi raccolta di qualità così eccelsa: Titiano, Paolo, Rubens, Correggio & altri di questa sfera quivi fanno un ampia e gloriosa pompa del lor valore. Il Soffitto medesimo di questa tutto messo in oro ò chiaroscuro resta ammirabile per quattro insigni quadri di Paolo fatti à posta per decorare maggiore di quella stanza. [...]. Si passa da questa per una assai dilettevole Galleria all'appartamento gi`detto della Regina, vagamente ornata di bellissime pitture dalla volta sino al fondo, [...]. Nella quinta, che hà forma di Galleria & è la Sala di questo appartamento [...] due busti antichi & uno moderno, che rappresenta questo Nobilissimo Prencipe cosi bene espresso, che par vivo, opera del Maratti. Tutte le sopranominate Statue e busti come sopra dell'antivchità illustre, sono riposti sopra piedestalli tutti scorniciati con molta simetria, parte indorati con bassi rilievi e parte da indorarsi, che per la brevita del tempo non si è potuto terminare conforme l'erudita, generosa e sublime idea di esso Duca, che vole anche seguitar l'Opera della Pittura in tutte le altre stanze come in quella delle Muse. Per esso Prencipe si è riservato un Appartamento superiore di sette stanze piene di Quadri de'Pittori antichi e moderni al certo i più scelti & à lui più cari, particolarmente quelli, che hà nel suo proprio ritiro, essendo la maggior parte di Raffaele, Carracci, Guido Reni e Titiano; sopra tutto ammirabile poi è lo Studio delle medaglie della fù Regina di Svetia sudetta d'un valore incomparabile [...] un Labirinto degl'occhi e della mente confuso".

901 Lupo: Il cammeo nella collezione di Livio Odescalchi.
902 Johns: Clement XI; Smith: Bianchini, 4.
903 Haskell: Conservation et dispersion, 102–104.
904 Siehe dazu: Kuhn-Forte: Antikensammlungen in Rom; Riegler/ Kunze: Antikenhandel.
905 Cacciotti: La dispersione; Heres: Bellori collezionista.
906 Gasparri: ‚Restitutio', 53; zur Person siehe zuletzt: Kockel/ Sölch: Bianchini.
907 Lamberg: Römisches Diarium III, 181–182; Brief Lambergs an Leopold I. vom 16.2.1704: HHStA, Rom Korr. Kart. 84, fol. 50r. Der Zeitungsbericht über diesen Vorfall berichtet auch vom Ausfuhrverbot von „Quadri Originali" und „Antichità di prezzo": Avvisi Romani vom 16.2.1707: NÖLA, LA Kart. 77.
908 Johns: Clement XI, 94–131.
909 Hantsch/ Scherf: Schönborn, 92–93.
910 Angela **Negro**: La decorazione Clementina in San Giovanni in Laterano. In: Cucco: Albani, 99–109.
911 Valesio: Diario 1, 410. Zu Fontanas Planvarianten siehe: Coudenhove-Erthal: Fontana, 107–113.
912 *Avvisi Romani* vom 29.10.1703: NÖLA, LA Kart. 77.
913 Laut Valesio: Diario II, 89, nahm daran auch die polnische Königin teil.
914 Maria Barbara **Guerrieri Borsoi**: Il restauro della Basilica di San Clemente a Roma promosso da Clemente XI. In: Cucco: Albani, 110–115.
915 *Avvisi Romani* vom 17.6.1702: NÖLA, LA Kart. 77; Pastor: Päpste 15. Bd., 368.
916 „di gran consideratione, perche oltre la sua antichita e la Santità del fondatore et oltre i ritratti de detti quattro papi ci fa ancora chiaramente conoscere il Luogo, dove S. Pietro e S. Paolo nel giorno del martirio loro fecero oratione al Signore cosi di tal chiesa scrivendo Anastasio Bibliotecario nella vita di Paolo 1o": Beilage zum Brief Lambergs an Leopold I. vom 15.7.1702: HHStA, Rom Korr., Kart. 83, fol. 48–50.
917 *Avvisi Romani* vom 23. Februar 1704: NÖLA, LA Kart. 77. Pastor: Päpste 15. Bd., 371; Johns: Clement XI, 8–10. Zum Projekt auch: Braham/ Hager: Fontana, 156–159.
918 Sölch: Museo Ecclesiastico; Liverani/ Picozzi: Antiquari, 102–103.
919 Lise **Vogel**: The Column of Antoninus Pius (= Loeb Classical Monographs), Cambridge MA 1973, 5–6; Matitti: Le antichità di Casa Ottoboni, 208, ill. 31; Sperindei: Antonino Pio.
920 *Avvisi Romani* vom 11.10.1704: NÖLA, LA Kart. 77.
921 Lamberg: Römisches Diarium III, 702.
922 Valesio: Diario III, 196–199; Matitti: Casa Ottoboni, 208.
923 Lamberg: Römisches Diarium III, 712.
924 Pastor: Päpste 15.Bd., 371; La Roma di Papa Albani, 25–28. Zur Technik siehe: Nicoletta **Marconi**: The baroque Roman building yard: Technology and building machines in the reverenda fabbrica of St. Peter's (16th-18th centuries). In: Santiago Huerta (Hg.): Proceedings of the First International Congress on Construction History. Madrid, 20th-24th January 2003, Marid 2003.
925 Johns: Clement XI, 8–11.
926 Zum Ankauf der Bibliothek und Zeichnungen des Gelehrten durch die Vaticana bzw. die Familie Albani siehe: Herklotz: Dal Pozzo, 115–118.
927 *Avvisi Romani* vom 4.10.1704: NÖLA, LA Kart. 77: „Nelli giorni di Vacanza cala il Papa e si trattiene nella Libreria frà li due Portoni di palazzo fatta comprare per 5.000 Scudi dall'Eredità dal Cavaliere dal Pozzo, ornata di Statuette e Medaglie antiche, e frà le belle cose che vi sono si mettone due gran tomi di Dissegni, tutti di valent'huomini e di molta stima, con che e lo studio del celebre Pittore Carlo Maratta si riempirà di cose rare la Casa Albani e dilettandosi Sua Santità di Cose antiche vuole vedere quanto si vá trovando nel cavane [?] anche pezzi di Statue e Canali di piombo antichi, de quali sono stati portati a palazzo alcuni pezzi ove si vedono alcune Lettere impresse."
928 *Avvisi Romani* vom 30.8.1704: NÖLA, LA Kart. 77. Pastor: Päpste 15. Bd., 369.
929 Lamberg: Rechnungsbuch: NÖLA, LA Hs. 51, 599.
930 Vincenzo **Farinello**: Bellori e la Colonna Trajana. In: L'Idea del Bello 2. Bd., 589–604; Herklotz: Trajan's Column.
931 Wolf-Dietrich **Löhr**/ Michael **Thiemann** (Hg.): Bilder im Wortfeld. Siebzig Einsichten in die Bibliothek des Kunsthistorischen Instituts, Berlin 2006, 32–33.
932 Lamberg: Römisches Diarium II, 707 (1.11.1702).
933 Fugazzola Delpino/ Margani: Museo Kircheriano; Findlen: Kircher; Lo Sardo: Kircher; Rezzi: Il Kircheriano.
934 Dizionario Biografico degli Italiani 15, Roma 1972, 142–144.
935 Paris: Antichità romane, 330; Rezzi: Il Kircheriano, 297–300.
936 Lo Sardo: Kircher, 137 und 328.
937 Klaute: Diarium Italicum, 167.
938 Lamberg: Römisches Diarium II, 714 (4.11.1702) und 797 (5.12.1702).
939 Herklotz: Excavations, 61.
940 Tatsächlich findet sich auch in der Slg. De France unter der Nr. 59 eine Darstellung von Herkules und Caccus mit der Signatur „O[pus] MODERNI": Musei Franciani Descriptio II, 124. Ein Modell für ein Bronzerelief einer Venus befindet sich in der Kunsthalle Bremen.
941 Planiscnig: Bronzen, 138–140, Kat.-Nr. 238; Agosti/ Farinella, 116, Nr. 116.
942 Zur neuzeitlichen Rezeption dieses Denkmals siehe u.a.: Haskell/ Penny: Taste, 252–255; Norberto **Grammacini**: Die Umwertung der Antike – Zur Rezeption des Marc Aurel in Mittelalter und Renaissance. In: Beck/ Bol: Natur und Antike, 51–83.
943 Buberl: Zwettl, 126, Taf. XI und XII.
944 L'Idea del Bello 2. Bd., 534–535, Kat.-Nr. 2.
945 Contardi/ Curcio: In Urbe Architectus, 416; Petrucci: I ricomparsi, 145–147; Olszewski: The Inventory, 31–34.
946 Michel: La décoration, 274. Zum Museum siehe: Brink: Paradisi; Hager: museo dei modelli.
947 Noack: Deutschtum 1. Bd., 203.
948 Bocchi/Bocchi: Pittori stranieri, 251–262;

Heres: Bellori, 498; Gerald **Heres**: Die Anfänge der Berliner Antiken-Sammlung. Zur Geschichte des Antikenkabinetts 1640–1830. In: Staatliche Museen zu Berlin: Forschungen und Berichte 18 (1977) 93–130, hier 98. Zu den Antikenzeichnungen des Bruders Mattheus Terwesten (1670–1757), der 1696–98 in Rom war, siehe: Schapelhoumann: Mattheus Terwesten.

949 Zur Bedeutung von Glyptotheken und Münzsammlungen in Rom im 17. und frühen 18. Jh. siehe u.a.: Micheli: Glittica; Molinari: numismatica; Fileri: Gualteri; Alteri: Carpegna; Matitti: Casa Ottoboni, 207–210; Benocci: Carpegna.

950 Siehe zuletzt: Elisabeth **Trinkl**: Zwei Gefäße aus Athen aus dem Besitz des Grafen Anton von Lamberg-Sprinzenstein im Kunsthistorischen Museum. In: Jahrbuch des Kunsthistorischen Museums Wien, 8/9 (2006/2007), 168–177.

951 J. S. **Gaynor**/ Ilaria **Toesco**: S. Silvestro in Capite, Roma 1963.

952 *Avvisi Romani* vom 18.7. und 25.7.1702: NÖLA, LA Kart. 77.

953 Lamberg: Römisches Diarium II, 133 (22.4.1702).

954 1703 übergab der Papst etwa eine Kreuzreliquie in einem wertvollen Ostensorium, das von zwei Silberengeln getragen wird, an die Kreuzbruderschaft seiner Heimatstadt Urbino: Cucco: Papa Albani, Kat.-Nr. 57.

955 Angenendt: Heilige und Reliquien, 250–251; Polonyi: Katakombenheilige, 40–42.

956 Zum aktuellen Forschungsstand siehe: La Santa Croce di Lucca. Il Volto Santo. Storia, Tradizioni, Imagini. Atti del Convegno, Villa Bottini 1–3 Marzo 2001, Lucca 2003; Max **Seidel**/ Romano **Silva**: The Power of Images, the Images of Power. Lucca es an Imperial City: Political Iconography (= Series of the Kunsthistorisches Institut in Florenz, Max-Planck-Institut 12I), München/ Berlin 2007, 91–266.

957 Lamberg: Römisches Diarium II, 196 (22.5.1702). Lamberg: Relazione 2. Bd., 289: *„La Repubblica di Lucca mostrò con ogni solenità il Crocifisso miraculoso, che ivi si conserva, il quale secondo, che raccontano, 700 anni sono approdò con una Nave a Vioreggio per Mare. Il Vescovo andò col Clero alle spiaggie, e con ogni divozione lo portò a Lucca in una Chiesa, dalla quale una notte si trasferì in un altra in cui presentemente si adora, e che Papa Alessandro I. che era stato Vescovo di Lucca, la fabbricò, ed istituì per Cattedrale. Quella Santa Imagine è fatta di legno di cedro, e pretendono, che Nicodemo ne fusse l'artefice. Raccontano, che sia pieno di Reliquie insigni, e che un Vescovo di Lucca avendolo aperto, & estrata fuora una ampulla del Sangue Santissimo di Giesù Cristo, che per anche stà esposto alla venerazione de i Fedeli, immantinente acciecò, e da quel tempo in quà nessuno ha più ardito di toccarlo. L'aspetto di quel Santo simolacro è terribile, e lo chiamano: „Rex tremendae majestatis'."*

958 Lamberg: Rechnungsbuch: NÖLA, LA Hs. 51, 563 (April 1701); Lamberg: Römisches Diarium II, 660 (15.10.1702).

959 Polonyi: Katakombenheilige, 110–117 („Die Römische Praxis der Reliquienerhebung im 17. Jahrhundert").

960 Lamberg: Regensburger Diarium II, 129 (19.9.1694); Lamberg: Römisches Diarium I, 23; Lamberg: Relazione 2. Bd., 22: *„un rico Ostensorio con un pezo di ligno della S. Croce, una taza grande di Ambra gialla, & una coperta foderata di Zibellini donato per lo avanti à Sua Beatudine dal Generale Zeremet Moscovita."* Die Angaben entsprechen den offiziellen Eintragungen im Zeremonialarchiv des Papstes: ACP Vol. 34, Nr. 45, 199.

961 Valesio: Diario II, 717; *Avvisi Romani* vom 20.10.1703: NÖLA, LA Kart. 77. An diese diplomatische Tätigkeit erinnert auch ein Gemälde von Pietro Bianchi: Bowron/ Rishel: Rome, Kat.-Nr. 180.

962 ACP Vol. 34, Bd. 366 AA, Fasz. 11, 626–627.

963 Valesio: Diario II, 160 und 163.

964 Haupt: Handwerk, 558.

965 NÖLA, LA, Kart. 273.

966 P. Giuseppe **Da Bra** OC: San Lorenzo fuori le mura, Roma 1952, 10–13, Fig. 3.

967 Herklotz: Excavations, 59–60, 73.

968 Alphons **Žák**: Die St. Martinskirche zu Drosendorf. In: Blätter des Vereines für Landeskunde von Niederösterreich, Wien 1897, 105–109; Ulfhild **Krausl**: Die heilige Valentina. In: Die Blätter Nr. 11, Drosendorf 1994; Wolfgang **Müller-Funk**: Das Lächeln der Santa Valentina – Eine kulturwissenschaftliche Besichtigung in der Nachbarschaft. In: Waldviertel (= Denkmalpflege Niederösterreich 31), St. Pölten 2004, 12–15.; Derselbe: Unsere schöne Nachbarin. Kulturwissenschaftliche Meditationen über die Santa Valentina zu Drosendorf. In: Begegnungen. Festschrift für Konrad Köstlin zur Emeritierung am 30. September 2008 (= Veröffentlichungen des Instituts für Europäische Ethnologie der Universität 32), Wien 2008, 264–273.

969 Buberl: Zwettl, 133.

970 Vgl. dessen Bronzekruzifixe im Escorial (ein diplomatisches Geschenk!) sowie in römischem Privatbesitz: Petrucci: Bernini, 79–80, Kat.-Nr. 42 und 45.

971 Buberl: Zwettl, 127, Abb. 102.

972 NÖLA, LA Hs. 51, 589.

973 Angenendt: Heilige und Reliquien, 250; Polonyi: Katakombenheilige, 115–116.

974 Anna **Bulgari Calissoni**: Maestri argentieri gemmari e orafi di Roma, Roma 1987, 305.

975 Lamberg: Rechnungsbuch: NÖLA, LA Hs. 51, 576 und 588.

976 Buberl: Zwettl, 133

977 AKL Bd. 39, 84 (Tobias Kämpf).

978 NÖLA, LA, Kart. 65.

979 Anna **Bulgari Calissoni**: Maestri argentieri gemmari e orafi di Roma, Roma 1987, 225; Sperindei: San Nicola, 297; Montagu: Gold, Silver and Bronze, 119–121, Taf. IX.

980 Polleroß: Reiselust & Kunstgenuss – Neue Funde, 116–117, Abb. 9.

981 Legner: Reliquien, 278–315 („Heilige Häupter und Leiber"); Wolf: Die Macht der Heiligen, 288–291.

982 Beschreibung sowie Abbildung bei: Buberl: Zwettl, 85, Fig. 62.

983 Peter **Aichinger-Rosenberger** u.a.: Niederösterreich südlich der Donau (= Dehio Handbuch), Horn/ Wien 2003, 2. Bd., 1101.

984 Lamberg: Rechnungsbuch: NÖLA, LA Hs. 51, 593.

985 Buberl: Zwettl, 126, Fig. 101a.

986 Jennifer **Montagu**: Alessandro Algardi, 2.Bd., New Haven/ London 1985, 342–343, Abb. 188; Ferrari/ Papaldo: sculture del Seicento, 498 (Abb.); Jennifer **Montagu**: Algardi. L'altra faccia del barocco, AK Roma 1999, 124–125, Kat.-Nr. 14.

987 Lamberg: Römisches Diarium II, 714 (4.11.1702).

988 Rotraud **Bauer** u.a.: Weltliche und Geistliche Schatzkammer. Bildführer, Salzburg/ Wien 1987, 296–297.

989 Carla **Michelli Giaccone**: Il Castello Orsini-Odescalchi di Bracciano, Roma 1991, 46–47.

990 Valesio: Diario III, 408–409.

991 Brief vom 22.7.1705 aus Siena: HHStA, Rom Varia Kart. 17. Landau: Wien, Rom, Neapel, 192.

992 Valesio: Diario III, 410–411.

993 Brief von Leopold Joseph an seinen Sohn vom 31.7.1705: NÖLA, LA Kart. 35.

994 Theatrum Europaeum, 17. Bd., 254.

995 Schreiben des Kaisers vom 26. September 1705 zitiert in: Landau: Wien, Rom, Neapel, 195.

996 Valesio: Diario III, 591 und 622.

Geistiger und materieller Nachlass

*"Recomandir ihm auch meine antiqalia,
so in Rom mit grossen Unkosten gesamlet"*

Nach seiner Rückkehr aus Rom sollte Graf Leopold Joseph von Lamberg eine *Finalrelation* verfassen, um seine Vorgesetzten – wie im diplomatischen Dienst üblich – ausführlich über seine Tätigkeit als Gesandter sowie über die Verhältnisse am römischen Hof zu informieren[1]. Da der ehemalige *"Ambasciatore alla Sede Apostolica"* überraschend und jung starb, blieb das Werk unvollendet; allerdings wurde schon im Herbst 1705 ein bis 1702 reichender Teil in italienischer Sprache unter dem Titel *Relazione istorica* in einem Privatdruck veröffentlicht[2] (Abb. 491) und sollte zweifellos auch der eigenen Rechtfertigung dienen. Die Einschätzung der Leistung des kaiserlichen Botschafters war auch in der späteren Geschichtsschreibung umstritten. Während Marcus Landau 1885 schrieb, Martinitz hätte beim Ausbruch des Erbfolgekrieges in Rom dem Kaiser „gewiß bessere Dienste geleistet als sein Nachfolger, der schwache und pedantische Lamberg", vertrat Ludwig von Pastor 1930 die Meinung, dass die Abberufung von Martinitz zu spät erfolgt sei und Leopold Joseph von Lamberg trotz seiner persönlichen guten Eigenschaften mangels Vorkenntnis der römischen Politik und diplomatischen Geschicks diesen Fehler nicht mehr hätte gut machen können[3]. Diese Personalentscheidungen waren aber ihrerseits wieder Ausdruck der organisatorischen Schwerfälligkeit und mangelnden diplomatischen Professionalität des Wiener Hofes, die auch Lamberg bewusst waren. So schrieb der kaiserliche Botschafter am 3. März 1703 in sein Tagebuch: *"nun erkennen wir zu spath unsere Langsamkeit, was dieselbe für Schaden bringet; die Franzosen […] halten es für ein Miracle, daß ihnen so vill Zeit seye gelassen worden."*[4] Lambergs Scheitern resultierte also letztlich ebenso wie die anfänglichen Niederlagen Kaiser Leopolds I. in einer gegenüber der französischen Politik und Diplomatie teilweise altertümlichen, d. h. auf Rechtssicherheit und auf Vertrauen innerhalb der herrschenden europäischen Elite basierenden Einstellung im Gegensatz zu einer auf militärische und finanzielle Mittel gestützten moderneren Machtpolitik[5].

Leopold Joseph von Lamberg wird außerdem ein in der Tradition des Neostoizismus stehendes, kritisches Manuskript zugeschrieben, das in einer spanischen Fassung 1706 an den damals mit Erzherzog Karl in Valencia residierenden Oberst hofmeister Fürst Anton Florian von Liechtenstein (Abb. 276) adressiert war und in einer Abschrift im Nachlass von Lambergs Nachfolger Johann Wenzel Graf Gallas erhalten blieb[6]. Unter dem Titel *Representación hecha su M[a]g[esda]d sobre lo que passa en la Corte de Roma en grave parjuicio de sus reales interesses* berichtet der Text über das der spanischen Krone (der Habsburger) am päpstlichen Hof zugefügte Unrecht. Aus der Desillusionierung seiner idealistischen Vorstellung vom päpstlichen Hof als moralisches Zentrum der Christenheit kommt der Autor zu einer kritischen Haltung der katholischen Kirche gegenüber, in der man die religiöse Einstellung zugunsten weltlicher Güter vernachlässige. Deshalb würden beim Heiligen Stuhl auch Vernunft, Gesetz und Recht egoistischen weltlichen Interessen geopfert, und die Frömmigkeit der Kurie sei nur geheuchelt. Dem Papst werden dementsprechend Nepotismus, Parteilichkeit und Heuchelei vorgeworfen[7]. Da es unwahrscheinlich erscheint, dass Graf Lambergs selbst einen spanischen Text verfasst hätte, gingen in diese frühaufklärerische Schrift vielleicht nur einige seiner Gedanken bzw. Erfahrungen ein. Eindeutig auf eigener Überzeugung basierte hingegen die Erkenntnis, dass zu lange Auslandsaufenthalte der eigenen Karriere nicht unbedingt nützlich sind, wie er seinem Sohn am 6. Juni 1705 schrieb: *"Ich bin 15 Jahr ausser landts in Hoffnung mir ein ‚Meritum' zu machen; nun ist der Herr todt, ich bin bei Hoff anjetzo wenig bekannt, also dir künfftig wollest eine Lehr sein lassen, dich nicht leicht in die Frembde und von Hoff zu begeben, da man nur das seinige thut verlöhren, und [...] gleich einem ‚ex nemo' confidentiret wird. Dienet man wol, so ist es dem Hoff recht, und bedancket einen, dass er anständig, dienet er ibel, so hat er wider nichts zu hoffen."*[8]

Tatsächlich hatte Lambergs Vetter im Kardinalsrang schon 1702 in Wien den Wunsch nach der Oberstkämmererstelle für Leopold Joseph von Lamberg vorgetragen. Wie Johann Philipp von Lamberg von seinem Schwager Harrach (Abb. 35), damals kaiserlicher Oberststhofmeister, erfuhr, habe man den römischen Botschafter dafür auch in Erwägung gezogen, aber *„er könnte ihme nicht vorenthalten, daß mein [= Lambergs] Gemahlin dem Kayser und der Kayserin nicht angenehm wäre, und deswegen ich darzu nicht gelangen würde."*[9] Wenngleich diese Antipathie gegen Eleonora Katharina von Lamberg (aufgrund der nicht altadeligen Herkunft?) möglicherweise nur vorgeschützt war, so kam Leopold Joseph von Lamberg auch bei der Regierungsumbildung des neuen Herrschers nicht zum Zug. Denn die Aufnahme des Botschafters a. D. in den Geheimen Rat im Jänner 1706 ermöglichte zwar eine politische Mitsprache, bot aber keine grundlegende Verbesserung der lambergischen Finanzmisere.

Lambergs ‚römische' Gemäldegalerie

Für unseren Zusammenhang interessanter als die beruflichen Erinnerungen an die römische Dienstzeit und die politischen Enttäuschungen sind jedoch die kulturellen Erkenntnisse und die künstlerischen Souvenirs aus Italien. Auch darüber hat Graf Lamberg Protokoll geführt, und sein Tage- bzw. Rechnungsbuch enthält zwei Verzeichnisse der in Rom erworbenen Gemälde und Skulpturen, deren Analyse und Verbleib uns im Folgenden beschäftigen soll.

Specification Meiner Bilder so ich in Rom zusammen gebracht[10]   Scudi

2 Blumenstuckh in der Länge [?] so der Max[imilian Pfeiler?] ausgebessert	10:-
2 Früchtstuckh v. Max Pfeiler zu Siena	60:-
2 Viehstuckh v. Rosa [= Philipp Peter Roos, gen. Rosa da Tivoli] v. 10 palmi	90:-
2 Schlachten v. Rosa	220:-
1 Jagd mit einen weissen thamhirschen	30:-
1 mein contrafait lebensleng v. Trevisano	120:-
2 contrafait original v. Gasckar [= Henri Gascar] Churfürst v. Bayern und sie	6:-
1 d. Churfürst v. Hannover auch v. Gasckar ein original	3:-
1 Eine conversation die Churfürstin v. Hannover mit 5 figuren ab eodem	3:-
2 Contrafait eine Engeländerin und eine teutsche die v. Mösbu [?]	2:-
1 Eine Jagerin mit einer schönen waldung	2:-
1 Einen general zu Pferd vor Offen [= Budapest]	3:-
2 ein conversation die Graffin v. Sallaburg mit ihrer tochter, die andere die Madame: Montespan und d. Fontange und Kinder	5:-
	554:-

1 ein kleines schönes portraict v. d. Duchesse de Cleveland	2:-
1 portrait v. Grf. Stratman so in meines verändern lassen	2:-
2 kleine schlachtel	2:5
bilder ein Ecce Homo und Mater Dolorosa eine copia v.	
Ein mutter gottes mit dem Kind auff dem Stroh Copia v. Carlo Maratto	
eine mutter gottes allein copia v. Carlo Maratto	
Eine heyl. Rosa mit dem Kind copia v. Carlo Maratto	
Ein grosses Stuckh Ceres und Bacchy mit vill figuren copia v. Carlo Maratto	
1 Ein blumenstuckh tela Imperiale v. ein Neapolitaner	25:-
1 Ein anderes blumenstuckh original	10:-
Eine Arethusa in den Wolckhen mit dem Alpheo copia v. Carlo maratto	
Ein heyl. Stephanus copia v. Philippo Lauri	
1 Eine Europa Copia v. Albano[11]	12:-
Eine Charitas Copia v. Albano[12]	
	53:-

Ein grosses stuckh d. Loth copia v. Antonio Carraci	
Ein Imperial die Rebecca copia v. Paolo Veronese	
1 Eines auff kupfer eine copia v. Correggio magdalena	10:-
1 Eine copia della copola di S. Andrea della Valle v. Lanfranco	12:6
2 Zwei grosse blumenstuckh v. giovane Stanchj [= Giovanni Stanchi]	30:-
Vier Copien v. Nöskerk ein Sacrifitio, eine Dama [?] mit vier alten Frauen etc.	
ein Fabel und eine Cleopatra	
1 Eine Contrefait auff Kupfer v. van dyk	3:-
4 Contrefait v. männern 2 Engl. general und 2 doctores	1:-
1 tela d'Imperatore Ihr majt. der Kayser in harnisch	2:-
1 ein kleines ein Jung so auff ein Staffel [?] steiget in einen Garthen	1:-
1 eines mit 3 figuren klein	1:-
1 eines oval in harnisch	1:-
	61:
	658:-

die Cardinal contrefaiten alle zusammen	65:-
des Alto [= Monsù Alto] seine 4 landschaften marina	120:-
acht contrefaiten v. Saxisch[en] Cristian [= Christian Reder, gen. Leandro]	330:-
2 Bataillen auff kupfer	48:-
Mahler 2 iahr bis 1. Jan. 1703	360:-
für leinwant, kupffer und Farben wenigst	150:-
2 andere contrefaiten v. Saxischen Cristian	60:-
Ein copia auff kupfer v. Raphaele sehr gutt	-
Ein grosses Stuckh v. Luca Giordano	-

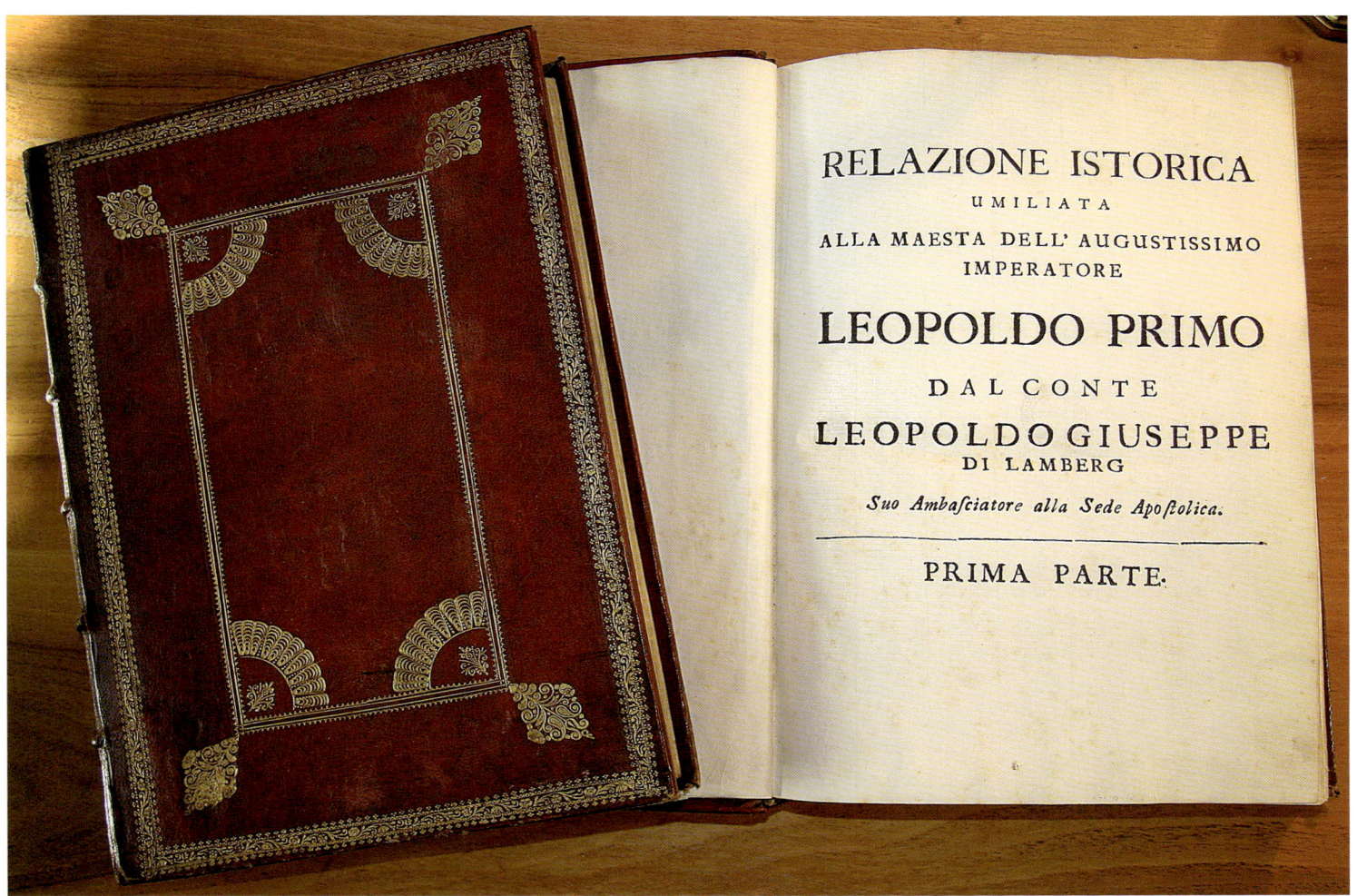

491. Gedruckter Bericht über die Tätigkeit des Grafen Lamberg als kaiserlicher Botschafter in Rom (1700–1702), 2 Bände, 1705; Wien, Österreichische Nationalbibliothek

Ein h. Francesco v. Guercini v. Card[ina]le Pamfilio
2 landschafften mit Pferden v. Leander
[= Christian Reder, gen. Monsù Leandro]   36:-
2 landschafften von Horizonte [= Jan Frans van Bloemen
gen. Orizzonte]   40:-
Ein contrefait Van dük original   3:-
Copia v. Theodoro [= Dirk van Helmbreker]
ein Jesuiter so prediget
Item eine rais Jacob
Item ein weinlesen
Item ein buebel [?]
Item ein schuelmaister
Item ein marckhschreier [?]
4 Copien v. Standard [= Pieter van Bloemen,
gen. Stendardo] so Campo vacino, Postreitter
Ein Frucht und blumenstuckh v. teutschen Cristian
[= Christian Berentz] Imperiale   130:-
Ein S. Francesco copia
2 Stuckh v. Rosa eine dispens und eine credenz   50:-
Ein Transito S. Xaverio v. Philippo Lauri original   90:-
Ein Transito v. S. Giuseppe copia v. Carlo Maratti
Eine schüssel die historie v. Sabini original
v. Barozi Geschenckht v. Marchese S. Croce
4 grosse Stuckh copien v. Paolo Veronese[13].

Abgesehen von den Aufträgen an Trevisani, David, „Michelangelo", Reder und Berentz enthält das Inventar auch mehrere der geschenkten bzw. angekauften Gemälde von Gascar, Rosa da Tivoli, Lauri (Abb. 492), Guercino und Pfeiler (Abb. 493), die wir schon oben behandelt haben. Es verbleiben jedoch noch zahlreiche weitere Bilder, für die sich keine Rechnungsbelege finden könnten und bei denen Graf Lamberg sorgfältig zwischen Original und Kopie unterschieden hat.

Als bemerkenswert fallen zunächst die beiden Bildnisse von Anthonis van Dyck ins Auge und aus der Reihe, eines auf Kupfer gemalt, das andere ausdrücklich als „original" bezeichnet. Bei letzterem könnte es sich um ein Werk in der Akademiegalerie handeln, das aus dem Besitz von Lambergs Urenkel in die Wiener Sammlung überging, vielleicht der ehemals als Werk van Dycks geltende *Männliche Studienkopf* aus dem Umkreis des Caspar de Crayer oder *Don Emanuel Frocas Pereira y Pimentel*[14]. Das in der Liste genannte großformatige Gemälde von Luca Giordano ist wahrscheinlich nicht mit einem der Gegenstücke dieses Malers in der Wiener Akademiegalerie zu identifizieren[15], sondern mit einer *Taufe Christi* im Schloss Drosendorf (Abb. 495). Der wohl auf Guido Renis Wiener Gemälde dieses Themas (1621) zurückgehende Typus wurde in Neapel schon 1643 von Jusepe de Ribera und später auch von dessen Schüler Giordano aufgegriffen. In der Gestaltung der bewegteren Hauptgruppe des Täufers steht das Drosendorfer Querformat dem Fresko der Capella di San Giovanni della Marca in der Chiesa di Santa Maria la Nova zu Neapel von 1655 (Abb. 494) und einem Gemälde gleichen Themas aus der Zeit um 1684 in New Orleans besonders nahe[16]. Die venezianische und römische Einflüsse verbindende hochbarocke Figurenbildung sowie leuchtende Farbigkeit entspricht vor allem Giordanos Werken des letzten Jahrhundertviertels[17].

Lambergs Verzeichnis nennt weiters zwei große Blumenstücke von Giovanni Stanchi. Wie Berentz und Pfeiler gehörten auch die drei Blumenmaler der Familie Stanchi zu den bekanntesten Vertretern der römischen Stilllebenmalerei. Der älteste der drei Brüder war u.a. für Vittoria della Rovere in Florenz sowie für die Familien Barberini, Chigi, Sacchetti und Colonna in Rom tätig. Vom 1608 geborenen Giovanni Stanchi stammt auch ein Teil der gemeinsam mit Carlo Maratta bemalten Spiegel der Galleria Colonna. Als Blumenmaler in der Nachfolge des nur wenig älteren Mario Nuzzi gen. Mario dei Fiori, malte er die ganze Palette barocker Blütenpracht, bevorzugte aber in seinem Werk oft das Motiv der Rosen[18]. Dies legt es nahe, in zwei schönen Blumenstücken des Schlosses Drosendorf die Gegenstücke Lambergs zu vermuten[19]. Denn bei den in antikisierenden Vasen befindlichen Bouquets dominieren weiße und rosarote Rosen sowie Pfingstrosen neben rot-weiß gestreiften Tulpen und roten Nelken, während blaue Hyazinthen und orangegelbe Sonnenblumen einzelne Farbakzente setzen (Abb. 496).

In Drosendorf haben sich auch drei mittelgroße Früchtestillleben erhalten, die offensichtlich ebenfalls römischer respektive neapolitanischer Herkunft und aus dem Ende des 17. Jahrhunderts sind. Ein Gemälde in einem originalen vergoldeten Laubwerkrahmen steht durch seine Darstellung von gefüllten Weingläsern auf Silbertablett, Weintrauben, Wassermelonen, Granatäpfeln und Blumen auf einem Steinpodest vor düsterem Himmel den Werken von Giovanni Paolo Castelli gen. Spadino nahe (Abb. 497). Der gebürtige Römer war vermutlich Schüler von Abraham Brueghel, 1689 für Kardinal Fabio Chigi tätig und wohnte um 1703/5 ebenso wie der Botschafter im Pfarrspengel von San Lorenzo in Lucina[20]. Zwei als Pendants konzipierte Früchtestillleben in Drosendorf entsprechen hingegen durch ihre wie aus ‚horror vacui' mit einer genussvollen Kaskade von opaken Weintrauben, fleischigen Melonen und Granatäpfeln sowie weißgeränderten Weinblättern gefüllten Fläche vor Abendhimmel eher den Werken der Neapolitaner Spezialisten Giovanni Battista oder Giuseppe Ruoppolo[21].

Die gerade bei den Stillleben so häufige Existenz von Pendants verweist auf die dekorative Funktion dieser Gemälde, die in symmetrischer Form in spätbarocken Wandvertäfelungen oder in echter Galeriehängung angebracht wurden[22]. Dies gilt auch für die oft als Supraporten dienenden kleineren Landschafts- und Genregemälde, die in der Lamberg-Liste unter den Künstlernamen ihrer Autoren aufscheinen, nämlich der aus Antwerpen stammenden Brüder van Bloemen[23]. Pieter van Bloemen hatte sich schon 1674 nach Rom begeben und bekam dort aufgrund der vielen Wimpel in seinen Schlachtenbildern den Spitznamen „Stendardo". Er arbeitete u.a. mit dem für Lamberg tätigen Christian Reder zusammen, kehrte jedoch 1694 wieder nach Flandern zurück. Seine Darstellungen von römischen Landschaften sowie von Pferden in Schlachten und in Alltagsszenen haben sich vor allem in der römischen Galleria Pallavicini, aber auch in den aus fürstlichen Sammlungen hervorgegangenen Museen in Karlsruhe, London, München, Paris und Wien erhalten[24]. Graf Lamberg besaß vier Kopien nach Pieter van Bloemen, darunter eine bei Kavalieren sehr beliebte Vedute des Forum Romanum sowie die Darstellung eines oder mehrerer Postreiter.

Der jüngere Bruder Jan Frans van Bloemen kam über Paris 1684 nach Rom und blieb dort bis zu seinem Tode im Jahre 1749 tätig. Die Bentvueghels nannten ihn „Orizzonte" aufgrund seiner zarten und klaren Darstellung der fernen Horizonte bzw. seiner perfekten Luftperspektive. Seine Spezialität bildeten die in der Tradition eines Claude Lorrain sowie Caspard Dughet stehenden ideal-klassischen Landschaftsdarstellungen mit römischen Versatzstücken, antiken Ruinen sowie mythologischen Staffagefiguren, die mehrfach von Filippo Lauri beigesteuert wurden. Jan Frans lieferte seine etwa 400 Gemälde nicht nur in die römischen Galerien der Pallavicini, Ruspoli, Colonna, Doria Pamphilj, Borghese und Ottoboni sowie für das „Caffèaus" des Quirinal, sondern seine Werke waren schon im 18. Jahrhundert in allen wichtigen europäischen Sammlungen von London bis St. Petersburg zu finden[25]. Eines der beiden immerhin mit 20 Scudi bewerteten originalen Landschaftsgemälde von Orizzonte im Besitz des kaiserlichen Botschafters ist vielleicht mit der seit dem Krieg verschollenen *Landschaft mit Teich* der Akademiegalerie zu identifizieren[26].

Von den nicht näher spezifizierten Gemälden, darunter mehrere Bildnisse, sei nur eine einzige Identifizierung zur Diskussion gestellt: Lambergs zwei „kleine schlachtel" könnten die *Reiterattacke* und das *Reiterscharmützel* der Akademiegalerie sein, die im Inventar Jacques Courtois, genannt Le Bourguignon, und heute von Martina Fleischer dem Francesco Graziani zugeschrieben werden[27].
Beim großen Rest der in der ‚römischen Liste' des Botschafters genannten Gemälde handelt es sich ausdrücklich um Kopien, bei denen kein Ankaufspreis angegeben ist. Das spricht dafür, dass Lamberg diese Werke von seinem Hofmaler „Michelangelo", also vermutlich Michelangelo Cerruti (Abb. 433), kopieren ließ. Das Spektrum der Vorbilder reicht von Raffael, über eine *Magdalena* von Correggio[28] und einen *Loth* von Antonio Carracci, dem für Papst Paul V. im Quirinal tätigen unehelichen Sohn des Agostino[29], bis zum (Modello für das?) Kuppelfresko von S. Andrea della Valle von Giovanni Lanfranco[30], das zu den bekanntesten Sehenswürdigkeiten Roms zählte[31].
Von drei weiteren Malern besaß Graf Lamberg gleich mehrere Kopien. Hinter der Inventarbezeichnung „Theodoro" verbirgt sich der 1696 in Rom verstorbene und dort als „Monsù Teodoro" bzw. „Teodoro ollandese" bekannte Haarlemer Dirck van Helmbreker, dessen Spezialität Darstellungen des römischen Volkslebens wie der Auftritt eines Quacksalbers auf dem Marktplatz (Gemäldegalerie Kassel) bildeten[32]. Mit den entsprechenden Gemälden im Besitz des kaiserlichen Botschafters – eine *Jesuitenpredigt*, eine *Reise Jakobs*, eine *Weinlese*, ein *Schulmeister* und ein *Marktschreier* – lassen sich noch am ehesten drei ehemals im Schloss Ottenstein vorhandene Genreszenen in Verbindung bringen. Sie werden in der Kunsttopographie folgend beschrieben: „Öl auf Leinwand. 197 x 222. Drei große Bilder mit je 50 Figuren, italienische Straßenverkäufer darstellend. Unter jedem kurzer italienischer Text. Italienisch, Ende des XVII. Jhs. Mittelmäßig"[33].
Ebenfalls um einen Niederländer muss es sich beim Maler „Nöskerk" (Nieuwskerk?) handeln, der im Lamberg-Inventar mit vier offensichtlich mythologischen Darstellungen vertreten ist: eine *Opferung*, eine *Frauengruppe*, eine *Fabel* und eine *Cleopatra*. In diesem Fall kann man leider weder einen Hinweis auf die Identität des Künstlers noch auf den möglichen Verbleib der Werke geben.
Von, respektive nach Carlo Maratta (Abb. 427) werden insgesamt fünf Werke im Besitz Leopold Josephs angeführt: eine *Madonna*, eine *Madonna mit Kind auf Stroh*[34], eine vielfigurige Darstellung von Ceres und Bacchus[35], *Aethusa und Alpheo in den Wolken*[36], eine *Hl. Rosa von Lima*[37] sowie ein *Tod des hl. Joseph* – vermutlich eine Kopie des für den Wiener Hof gelieferten Altarbildes.

492. Tod des hl. Franz Xaver, Ölgemälde auf Metall von Filippo Lauri, 2. Hälfte 17. Jh.; ehemals Sotheby's London

Original und Kopie

Der Unterscheidung von Original und Kopie war sich Leopold Joseph Graf von Lamberg bei der Abfassung seines Inventars jedenfalls bewusst, spielte diese doch im Kunstdiskurs der Frühen Neuzeit eine zentrale und gegensätzlich bewertete Rolle[38]. Die eine Seite bzw. Argumentation betonte den künstlerischen und finanziellen Primat des originalen Einzelwerkes und die zur Beurteilung notwendige Kennerschaft. Die zunächst anhand von antiken Münzen entwickelten Methoden wurden bereits 1560 von Felipe de Guevara in seinen *Comenatarios de la pintura* zur Unterscheidung der echten Werke des Hieronymus Bosch von jenen seiner sogar bewusst Fälschungen produzierenden Nachahmer propagiert. Die Kunsttheoretiker des

493. Stillleben mit Blumen und Früchten in einer Landschaft, Ölgemälde von Maximilian Pfeiler, um 1700; Wien, Gemäldegalerie der Akademie der Bildenden Künste, Inv.-Nr. 376 (aus der Slg. Lamberg-Sprinzenstein)

frühen 17. Jahrhunderts wie Giulio Mancini oder Franciscus Junius verurteilten die Kopie und Nachahmung als minderwertig gegenüber der natürlichen Schönheit und Überzeugungskraft des Originals und Originellen. Von Filippo Baldinuccis Brief an den Marchese Capponi (1681) bis Jonathan Richardsons *The Connoisseur* (1719) wurde die Meinung vertreten, ein Original zeige den freien Pinselstrich und den ebenso freien Geist des Künstlers, während die sklavische Nachahmung Unfreiheit, Anstrengung und Ideenlosigkeit verrate.

Es war bezeichnenderweise der ‚Kunstfabrikant' Peter Paul Rubens, der schon 1618 einem skeptischen Käufer erklärte, dass die von ihm selbst retuschierten Arbeiten seiner Schüler kaum von ihren Originalen zu unterscheiden seien. Die Gegenpartei argumentierte daher auch mit der Verbreitung wichtiger Ideen, der Berücksichtigung einer größeren Zahl von Sammlern, aber auch der Anerkennung der geistigen Leistung einer mitunter sogar den Urheber täuschenden Reproduktion eines fremden Werkes. Die schon von Giorgio Vasari überlieferte Anekdote einer selbst den Raffael-Schüler Giulio Romano täuschenden Raffael-Kopie von Andrea del Sarto, die ‚Dürer-Fälschung' von Hendrick Goltzius im Jahre 1594 oder die Kopien von Rubens nach Tizian galten als Beweis für die mindestens ebenbürtige künstlerische Leistung des einfühlsamen Kopisten. Unter Berufung auf Kardinal Federico Borromeos *Musaeum* von 1625 verteidigte daher auch Filippo Baldinucci 1681 den Nutzen von Kopien zur Überlieferung verlorener Originale, als kennerschaftliches Vergnügen der Unterscheidung sowie nicht zuletzt als pädagogisches Mittel zur Anleitung der Kunststudenten durch ein gutes Vorbild. Je größer die künstlerische Wirkung durch gute Kopien sei, desto mehr würde auch der Wert des Originals an Bedeutung verlieren, war schon für Baldinucci die logische Schlussfolgerung[39].

Fürst Karl Eusebius von Liechtenstein, der etwa zur gleichen Zeit seine Schrift zur kunsthistorischen Erziehung des Sohnes Johann Adam Andreas (Abb. 21) verfasste, vertrat hingegen deutlich die konservativere und Kopien ablehnende Auffassung:

„Jetzt kommet noch hierzu ein disfallige nothwendigste Erkandtnus in dieser Matheri und Erfahrenheit der Gemahl [= Gemälde], das ist wol und unfehlbar, ohne Irren, hierinnen zu erkennen die Originalien von dehnen Copien; dan die gueten Originalien werden allein geschatzet, verlanget und bezahlet, und umb vil weniger oder gar nichts geachtet die Copien, so die wahren Erkenner und Liebhaber und Curiosi vor nichts halten. [...]; alsdan kommet diese auch in die wahre Besitzung und unfehlendes Juditium, sich hieriber nicht zu irren und zu fehlen, ein Copei vor ein Original zu erkaufen, in welchem die Kunstfiehrer, das ist die jenigen, so mit dergleichen Raritaten handlen, kaufen und verkaufen, die Erkaufende zum efters verfiehren und ein Copei vor ein Original wekgeben und sich hoch bezahlen lassen, warbei ein Schaden und zugleich Spot, betrogen worden zu sein. Als muess diese Erkandtnus erlehrnet werden durch die Iebung und Erfahrenheit. Dan die Copien destwegen minderer Schatzung und Wehrts, dieweil sie nicht von dem Meister selbst gemachet sein, sondern nur von einem gueten Discipl [= Schüler]; dan seint sie nicht von einem sehr gueten Copierer, so seint sie gantz nichts nutz, noch dem Original gleich, und bei dergleichen schlechten kein Betrug sein kann, dan sie gar leicht zu erkennen, dieweil sie nichts nutz sein; die aber guet sein und schier fellig [= geradezu völlig] dem Original gleich, aldorten wiert und kann man leicht fehlen, eines vor das andere zu nehmen und die Copia vor das Original zu schatzen; welche Copia destwegen minder, dieweil sie von einem minderen Kinstler sein wiert, dan die gar gueten Meister und Mahler selbsten werden nie kein Copia selbst nehmen und machen von einem frembden, obleich vornehmen Bildt, auch gar von dehnen ihrigen selbst nicht, dan sie misschatzen und achten es ihnen vor ein zu schlechte Arbeit und Werk vor sie, was nachzumachen und zu copieren, sondern ihre Arbeit und Studium ist nur, selbst zu inventieren und nach ihrem Erdenken und Sinn zu arbeiten, aldieweilen sie die Kunst schon und so hoch besitzen und in dem Verstandt haben, dass sie alles selbst erdenken und aufs perfecteste, das ist natierlich und erhobenste machen konnen [...]. Was nun ein Discipl machet, das wiert keines Meisters Werk selbst gleich sein, und danenhero die Copien zu erkennen und minder zu achten, welche, da sie so ausbindig wehren und dem Original schier fellig gleich an der Giete [= Güte] des Erhobenen, besonders, da sie von solchen vornehmen Stuken, alwo Originalia gantz nicht zu bekommen, konten dergleichen Copien auch erkaufet werden, aber in minderen Wehrt und klahren Nahmen, dass sie Copien sein, und auf die mindere Erdter [= Standorte] zu thun, solche auch zu zieren; unter die Originalia sollen sie aber nie gethan werden, dan es wurde vor ein Unerkandtnus oder Ignorantz von dehnen hierauf Verstendigen ausgedeutet werden, so nur die besten Originalia und kein Copia sehen und haben wollen. Diese Copia aber, da sie gleich auch die besten in der Welt wehren, werden hierdurch erkennet durch ein euserste Praxim, durch welche man siehet, erlehrnet und erkennet den Unterscheidt der Copia und der Original, indehme die Copia nie so frei mit solcher Libertet gemachet und gemahlet ist, sondern der Copia

494. Taufe Christi, Fresko von Luca Giordano, 1655; Neapel, Capella di San Giovanni la Marca in Santa Maria la Nova

Bemslstrich gezwungen und mit Forcht gemachet sein, indehme man sich allezeit im Copieren besorget zu fehlen und alles nicht so ahnlich zumachen, und dahero mit Sorgen und Zwang man arbeitet, nicht zu fahlen, sondern sich auf das Gleichsehen und –sein euserst bemiehet. Dan ein Copia ist nichts nutz, so sie nicht dem Original gantz ahndlich, dennoch aber, wie gesagt, minder ist, dieweil sie aus wenigern Kunst endtspringet und ihre Arbeit forchtsam ist, so man an dem Gemahl erkennet aus langer Erfahrenheit den Unterschidt der gezwungenen Arbeit und Bemslstrich, so das Original nie hat, sondern einen freien Strich."[40]

Liechtensteins Bevorzugung des Originals um jeden Preis verkörperte noch die manieristische Kunstauffassung von der originellen Erfindungskraft und malerischen Freiheit des Künstlergenies. Dem repräsentativen Statusgedanken entsprechend forderte er daher auch, die Kopien nur zum Schmuck zeremoniell untergeordneter Räume einzusetzen.

Bei antiken Skulpturen vertrat jedoch auch dieser österreichische Sammler eine andere Meinung: *"Dieweillen aber wier die Antiquen, wie gemeldet, nicht haben konnen, [...] so kann man nehmen Abgus von dehnen Antiquitäten und uhralten von Rohm und anderst woher, solche stukweis im Gibs abwerfen so gantz natierlich und so guet wiert als das Original selbsten in allem aufs ahnlichste bis auch aufs geringste Harl, so netto fallet. [...] Und disergestalt kann man auch genuegsamme Statuen haben und seine Gallerien anfillen, dehren man auch nicht so vil brauchet als der Bilder."* Fürst Karl Eusebius und sein Sohn Johann Adam Andreas von Liechtenstein erwarben daher in der zweiten Hälfte des 17. Jahrhunderts in Florenz Bronzekopien von antiken Skulpturen, darunter Verkleinerungen von Gianfrancesco Susini oder eine *Venus Medici* in Originalgröße von Massimiliano Soldani Benci[41].

Gerade in Rom hatte sich im Laufe des 17. Jahrhunderts aus pragmatischen ebenso wie aus intellektuellen Gründen die positive Bewertung des Kopierens durchgesetzt, da nicht nur bei antiken Statuen, sondern auch bei den Werken eines Raffael die Nachfrage viel größer als das Angebot war. Die vor allem von Giovanni Pietro Bellori, dem Sekretär der Accademia di San Luca, propagierte Imitatio-Lehre bildete nicht nur die Voraussetzung für die Institution einer Kunstakademie an sich, sondern lieferte auch dem aufblühenden römischen Kunstmarkt und Verlagswesen die theoretische Legitimation[42].

Vor allem den nicht an der Spitze der sozialen und finanziellen Möglichkeiten stehenden Kunstfreunden bot daher die Anstellung eines Kopisten die Möglichkeit, sich eine Sammlung berühmter künstlerischer Gedanken anzulegen[43]. Ein ebenso

495. Taufe Christi, Ölgemälde von Luca Giordano (?), 4. Viertel 17. Jh.; Privatbesitz

instruktives wie frühes Beispiel dafür bietet der mitteleuropäische Kirchenfürst Otto Friedrich Graf von Buchheim, der vielleicht nicht zuletzt aufgrund seiner evangelischen Herkunft den Informationsgehalt einer Kopie höher schätzte als den Repräsentationswert eines Originals. Nach seinem Studium am Germanicum in den Jahren 1622–26 wurde er Kanoniker in Salzburg, Halberstadt sowie Passau und 1641 von Papst Urban VIII. zum Bischof von Laibach/Ljubljana ernannt[44]. Er besaß aber weiterhin ein Haus in Rom, das er gemeinsam mit seiner Sammlung nach seinem Tode dem Collegio Germanico bzw. der Basilika Sant' Apollinare vermachte. Die Sammlung umfasste Originale von Paolo Veronese, Simon Vouet, Paul Bril, Gaspard Poussin oder Lanfranco. Buchheim beschäftigte jedoch in den 1650er Jahren zweieinhalb Jahre in Rom und zwei Jahre in Laibach die Kopisten Janez František Gladič, Orlando Milord und „Paolo Francese", um eine Madonna von Raffael, Domenichinos *Hl. Sebastian* in St. Peter, den *David* von Romanelli, die *Hl. Magdalena* von Reni, einen *Herkules* von Guercino, einen *Schutzengel* von Pietro da Cortona sowie eine *Geburt Christi* von Rubens und zahlreiche andere Werke kopieren zu lassen[45]. Offensichtlich durch einen Besuch der Sammlung der Königin von Schweden angeregt entstand zwischen 1663 und 1669 in Rom eine ähnliche „Gemäldesammlung aus zweiter Hand" von Jacob Ferdinand Voet für den Salzburger Domdechant Wilhelm Reichsfreiherr von Fürstenberg. Unter diesen Werken befand sich ebenso wie bei Lamberg eine Kopie der *Europa* von Albani in der Galleria Colonna[46].

Eine zentrale Figur für das Kopierwesen in Mitteleuropa bildete der Olmützer Fürstbischof Karl von Liechtenstein-Castelcorn, der dabei offensichtlich ebenfalls Erfahrungen seiner römischen Studienzeit aufgegriffen hat. Schon unmittelbar nach Amtsantritt ließ er 1665 bis 1675 bei seiner Residenz in Kremsier/Kroměříž einen 244 Meter langen Portikus anlegen und mit 44 überlebensgroßen Statuen sowie 46 Büsten schmücken. Als gleichsam öffentliches Museum antiker Statuen konzipiert enthielt die Gartengalerie Kopien des *Herkules Farnese*, des *Apoll vom Belvedere*, des *Hermes Ludovisi*, des *Ares Borghese* usw. aus einheimischen Stein. Als Vorlagen dienten Kupferstiche von Sandrart, Santo Bartoli und Bellori, aber auch die Publikation über die Villa Pamphilj (Abb. 85) aus dem Jahre 1649. Parallel dazu bestellte der Fürstbischof eine Sammlung von Kopien der Meisterwerke der Galerien des Kaisers in Prag sowie des Erzherzogs Leopold Wilhelm in Wien[47].

Trotz aller Vorbehalte gegen Duplikate ließen Anfang des 18. Jahrhunderts auch die Grafen Schön-

496. Blumenstillleben, Ölgemälde von Giovanni Stanchi (?), 3. V. 17. Jh. (?); Privatbesitz

born beim Aufbau ihrer Galerien in Wien und Pommersfelden Kopien in der kaiserlichen Gemäldegalerie in Prag anfertigen, vielleicht nicht zuletzt weil der kurmainzische Resident in Rom, Abbate Giovanni Melchiori, im März 1706 ausdrücklich darauf hinwies, dass Kopien (sowie Fälschungen) nach Raffael und Michelangelo auch in den römischen Sammlungen geschätzt würden, weil man eine gute Kopie im Laufe der Zeit immer schwerer vom Original unterscheiden könne (*„non è facile il distinguer la Copia ben fatta, e dal tempo patinata dall'originale, il verisimile in luogo del vero"*)[48].

Alte und moderne Kunst

Die Unsicherheit beim Kauf alter und sehr teurer Werke war vielleicht mit ein Grund, dass sich Lothar Franz von Schönborn und teilweise auch Prinz Eugen zunehmend auf das Sammeln zeitgenössischer Kunst verlegten. Im Unterschied zur Sammlung der schwedischen Königin respektive des Fürsten Odescalchi, die hauptsächlich aus den Werken renommierter Maler des 16. und frühen 17. Jahrhunderts bestand und „kaum oder keine Gemälde der tonangebenden zeitgenössischen Künstler" geschweige denn Beispiele der „niederen" Gattungen enthielt[49], umfassten die Sammlungen der Grafen Buchheim und Lamberg vorwiegend Originale und Kopien von Malern aus der Lebenszeit der beiden Sammler und insbesondere von solchen, die in Rom ansässig waren. Im Gegensatz dazu finden wir in den von der Galerie des Erzherzog Leopold Wilhelm inspirierten Adelssammlungen der Liechtenstein oder Schönborn einen großen Anteil an niederländischen Werken. Dies gilt selbst für die mehr als 400 Gemälde von Lambergs Nachfolger als kaiserlicher Botschafter in Rom, Johann Wenzel Graf Gallas, wenngleich 1719 dort auch Darstellungen des Campo Vaccino, Viehstücke von Rosa da Tivoli, Blumenstücke von Carlo dei Fiori, Hafenansichten und Türkenschlachten zu finden sind[50].

Die vorherrschende Verwendung der Künstlernamen im Verzeichnis des kaiserlichen Botschafters beweist jedenfalls, dass er mit dem Vokabular der römischen Sammler und der über hundert Händler um 1700 bestens vertraut war. Die entsprechenden ‚Quellen' im doppelten Sinne des Wortes scheinen sich sogar näher eingrenzen zu lassen, zählten doch die mit Lamberg befreundeten Markgrafen Theodoli zu den frühesten adeligen Sammlern von Bambocciaden[51]. Und zahlreiche der von Leopold Joseph genannten Maler tauchen „quasi exclusivamente" genau unter denselben Künstlernamen zwischen 1675 und 1679 in den Rechnungsbüchern sowie 1729 im Nachlassinventar des mit Lamberg befreundeten Kardinals Benedetto Pamphilj (Abb. 469) auf, nämlich die Monsù's Alto, David, Leandro, Stendardo, Teodoro, Cristian und Rosa. Der vielleicht persönliche Agent dieser vorwiegend transalpinen Maler, jedenfalls aber der bevorzugte Lieferant des Kardinals war nun wieder einer der wichtigsten Kunsthändler Roms in der zweiten Hälfte des 17. Jahrhunderts, der Genuese Pellegrino Peri. In dessen Nachlassinventar von 1699 kehren nicht nur die gleichen Künstlerbezeichnungen wieder, sondern die Marine-, Schlacht-, Landschafts-, Blumen-, Genre- und Tierstücke der in diesem Dokument genannten Maler, darunter allein mehr als 70 Gemälde von Philipp Peter Roos, bildeten auch den Schwerpunkt des fast 2500 Stücke umfassenden Warenlagers dieses Galeristen[52].

Die von Rom nach Wien verbrachte kleine Gemäldegalerie des Grafen Leopold Joseph von Lamberg repräsentierte also ganz eindeutig die Vorlieben des römischen Kunstmarktes um 1700. Dies gilt insbesondere für die Dominanz von ‚Kleinmeistern' sowohl was das Format als auch was die Bildgattungen betrifft. Dieser Geschmackswandel des späten 17. Jahrhunderts korrespondierte natürlich auch mit dem Zurückdrängen des Nepotismus und dem daraus resultierenden Niedergang des Kunstpatronagesystems sowie dem Imagewandel der führenden Auftraggeber: bestand auf der einen Seite nun weniger Bedarf an individuellen Ausstattungen mit heroisch-allegorischen Programmen, so waren andererseits die wachsende Zahl von Kunsthändlern bzw. deren internationale Kundschaft eher an serienweise produzierten und dadurch billigeren Bambocciaden, Stillleben und Landschaften interessiert[53].

Charakteristisch für diesen Trend sind etwa die Sammlungen des römischen Bankiers Francesco Montioni mit Werken von Maratta, Tamm, Berentz sowie Reder und des mit Kardinal Ottoboni befreundeten Msgr. Marchese Pietro Gabrielli mit Gemälden von *„Monsu Theodoro"* und Rosa da Tivoli[54]. Diese modischen Strömungen rezipierte auch der spätere Hamburger Ratsherr Berthold Heinrich Brockes, der während seiner von 1702 bis 1704 dauernden Kavalierstour in Rom einige Bilder erwarb. In den Hamburger Quellen werden u.a. zwei Landschaften vom *„Römischen ‚Roose'"*, eine weitere *„von ‚Horizonte' aus Rom"*, fünf Viehstücke *„v. ‚Rosa' aus Rom"*, ein Blumen- sowie ein Fruchtstück *„von Pfeiler"*, eine *Geißelung Christi* von Trevisani, eine Schlacht von *„'Leandro'"* und eine *„Zeichnung von ‚German Roma'"* genannt[55].

Es war wohl nicht dem Zufall zu verdanken, dass Graf Lamberg diese aktuellen Tendenzen des römischen Kunstmarktes unmittelbar aufgegriffen hat. Denn neben, oder besser gesagt vor Kardinal Benedetto Pamphilj war der ebenfalls mit dem kaiserlichen Botschafter gut bekannte Kardinal Pietro Ottoboni (Abb. 18) nicht nur der einflussreichste Kunstmäzen Roms und Papst-Berater des frühen 18. Jahrhunderts, sondern auch der führende Kopf der 1690 gegründeten *Accademia degll' Arcadia*. Die Mitglieder dieses intellektuellen Zirkels favorisierten nämlich den „*buon gusto*" mit einer „eher glatten Süßlichkeit" (Haskell). Dies betraf die Malerei ebenso wie die Musik, sakrale und weltliche Themen sowie ein weites Spektrum von Künstlern, unterscheidet sich aber trotz seiner adeligen Förderer von der älteren hochbarocken und hochpolitischen Kunst sozusagen durch einen kennerschaftlich-bürgerlichen Anstrich. Mit der Wahl des Arkadiamitgliedes Clemens XI. und der zunehmenden Verschränkung von literarischer und Kunst-Akademie ab 1702 wurde der „arkadische Stil" gleichsam zur offiziellen Kunstsprache Roms[56]. Dies gilt einerseits für die Bevorzugung kleinerer, intimerer Formate, der speziell für Sammler und Kenner häufig auf Kupfer gemalten ‚Kabinettbilder', andererseits für die Vorliebe für sentimentalere Darstellungen religiöser Gemälde sowie insbesondere für die namengebenden arkadischen sowie capriziösen Themen in Musik und Malerei anstelle heroischer Monumentalität[57]. Bei diesem Geschmackswandel kam den im Palazzo della Cancelleria sowie im Palazzo Caetani-Ruspoli tätigen Künstlern eine entscheidende Rolle zu[58]. Die Beauftragung gerade des Komponisten Pietro Paolo Bencini mit einer arkadischen Operette für eine Festaufführung des kaiserlichen Botschafters bestätigt sozusagen gattungsübergreifend diesen Befund. Es scheint also naheliegend, dass die Tätigkeit eines Bencini, Trevisani, Rosa da Tivoli, Alto, Cerruti, Reder, David, van Bloemen etc. für Lamberg nicht nur dem sozialen Ambiente des kaiserlichen Botschafters zu verdanken ist, sondern dabei auch ästhetische Vorlieben und die aktuellen römischen Kunstdiskurse eine Rolle spielten.

Diplomatie und Kunstgeographie

Die Konzentration der Lambergischen Galerie auf fast ausschließlich römische, bzw. in Rom tätige Maler könnte aber darüber hinaus eine standespolitische Absicht des Diplomaten zum Ausdruck bringen. Zwar scheint es ebenso logisch, dass der kaiserliche Vertreter am päpstlichen Hof in seiner Galerie vorwiegend römische Kunstwerke präsentierte, wie der habsburgische Gesandte in der *Serenissima*, Graf Czernin, durch Gemälde von Pietro della Vecchia, Pietro Liberi und Johann Carl Loth usw. dem „*buon gusto Veneciano*" (Boschini) in seiner Sammlung breiten Raum ließ. Aber mit einer der bedeutendsten privaten Sammlungen spanischer und neapolitanischer Malerei des Barock wollten die Grafen Harrach vielleicht auch die Erinnerung an wichtige Phasen ihres Lebens wachhalten[59]. Es ist nämlich nicht von der Hand zu weisen, dass diese Adeligen durch Bau und Ausstattung ihrer Paläste nach ihrer Rückkehr sozusagen indirekt auch die Kenner unter ihren Gästen an ihre wichtigsten ausländischen Diplomatenposten erinnern wollten. Das gilt zunächst vielleicht für die „Korrespondenzarchitektur" ausländischer Hofarchitekten: ‚entlehnte' Graf Kaunitz (Abb. 36) als Botschafter in Bayern seinen ersten Architekten Enrico Zucalli vom Münchner Hof[60], so konsultierte Graf Sinzendorf während seines Paris-Aufenthaltes Robert de Cotte, und Graf Martinitz nutzte seine Tätigkeit als kaiserlicher Botschafter in Rom, um Entwürfe des päpstlichen Hofarchitekten Carlo Fontana zu bekommen. Es scheint naheliegend, auch die Idee einer geographischen Kunstpatronage bei österreichischen Adeligen den römischen Erfahrungen zuzuschreiben: so präsentierte Kardinal Ottoboni bei den öffentlichen Kunstausstellungen in Rom immer wieder den von ihm favorisierten Landsmann Trevisani, und auch Lambergs ebenfalls aus Venedig stammender Freund Kardinal Grimani beschickte 1707 eine solche Veranstaltung „in einer Aufwallung patriotischer Gefühle" mit 23 Historienbildern „*di maniera veneziana*"[61]. Eindeutige kunstgeographische bzw. topographische Hinweise bot auch die Gemäldesammlung des Grafen Gallas, der 1705–11 als kaiserlicher Botschafter in London und 1712–21 als Gesandter in Rom bzw. Vizekönig in Neapel wirkte. Denn unter den „*Molereyen Welche aus Engelandt gebracht worden*", finden wir neben Porträts der Königin Anna, des Prinzen von Dänemark, des Herzogs von Marlborough auch Darstellungen des Militärspitals von Greenwich, der Schlösser Hamptoncourt und Kensington sowie das „*Contrfe eines Marokischen Bottschafters d. in England gewesen*". Die nach seinem Tode 1721 „*auss Welschlandt gekommene Mahereyen*" umfassten Ansichten der Piazza Navona und des Petersdomes, ein Porträt von Clemens XI., sechs große Bilder „*mit denen Päbstl[iche]n Functionen*", sieben Gemälde auf Papier „*S:r Excell: seel: in Rom gehabte Parrade Wagen*" und nicht zuletzt ein „*Bildt des heyl: Petri Von Sei-*

497. Früchtestillleben mit Weingläsern, Ölgemälde von Giovanni Paolo Castelli, gen. Spadino (?), um 1700; Privatbesitz

den auf Spallier arth gewürcket, mit 1. Glass und Vergoldter Rahm, so Ihro Päbstl Heyligk: S:r Exc: seel: bey der Abschiedts Audienz geschenkt"[62].

Offensichtlich ist, dass auch Gallas' Vorgänger und Nachfolger im Amt des Vizekönigs – Graf Wierich Philipp Daun, Fürst von Teano, und Graf Aloys Thomas Harrach „eindeutig neapolitanische Maler für ihre Dekorationsaufgaben [in Wien] – und Harrach im besonderen auch für seine Sammeltätigkeit – bevorzugten"[63]. Besonders aussagekräftig ist die Tatsache, dass im Wiener Stadtpalast Harrach ein Gemälde von Jusepe de Ribera als Altarbild diente und Vizekönig Aloys Thomas um 1730 die Kapelle im Gartenpalast der Familie dem neapolitanischen Stadtheiligen Januarius widmete und dafür ein Bild von Francesco Solimena verwendete[64]. Analog dazu demonstrierte selbst Kaiser Karl VI. um 1730 die politisch-künstlerische Spannweite seines Imperiums in der Spitalkirche für die Spanier, Neapolitaner, Sizilianer, Mailänder und Flamen, in dem er die von diesen Ländern finanzierten Altarbilder für die Landespatrone von Spanien, Mailand, Neapel und Flandern auch von Malern aus den jeweiligen Regionen (Martino Altomonte, Carlo Innocenzo Carlone, François Roettiers) anfertigen ließ[65].

Die Frage, ob auch durch Prinz Eugens Sammlung „ausschließlich italienischer und niederländischer Werke" im Oberen Belvedere, „über ein persönliches Kunstinteresse an diesen Schulen auch ein politischer Hinweis gegeben werden soll", wurde jüngst von Cornelia Diekamp gestellt[66]. In der Tat könnten die niederländischen Werke durchaus ein Fingerzeig auf die Statthalterei der österreichischen Niederlande in den Jahren von 1716–24 sein. Aber die Gemälde aus Bologna und Venedig als Hinweis auf Eugens Tätigkeit als Gouverneur der Lombardei (1706–16) zu interpretieren, erscheint uns problematisch.

Römische Antiquare und Wiener Antikenkabinette

Eindeutiger bzw. nahe liegender ist dieses politische Provenienzprinzip bei der Sammlung von ‚antiken' Medaillen und Bronzen, die Graf Lamberg aus Rom nach Österreich mitbrachte, bzw. schon vorausssandte. Denn in einem Brief an seinen Sohn vom 18. April 1705 kündigte der Botschafter an, dass seine „*Anticalia und andere Mobilien nach Ottenstein geschickhet*" würden, und am 15. Mai, dass sie gut durch die feindlichen Linien gekommen seien und „*Gottlob nun in Ottenstein ligen*"[67]. Entweder noch in Rom oder erst nach der Rückkehr in Österreich legte Leopold Joseph von Lamberg das folgende Verzeichnis an:

Das Studium Statuarum und deren Zugehör in Rom erkaufft[68]

	Scudi
V. Paradiso lauth der Specification mit dem Buch die kayser 12 in gold und sovill in silber	580:-
V. Vlselino bey 40 stuckh gross und klein	90:-
zwey schachtel v. Camei v. Vlselino	180:-
V. Vlselino ein durchbrochenes trühel die alte integlie zu weysen	16:-
2 kleine camej	1:-
2 kleine statuen Priapos mit klöckheln [?] in handen	1:-
Eine sitzende Venus und ein bauer [?] so moderno	6:-
ein Egiptischer Fischer	3:-
12 Röm. kayser als medaglien in kupfer Verguldet Romulo [?]	42:-
ein statua so die fueß in einem löwen kopf und eine schlangen an der brust	3:-
Ein steinerner kopf so einen Catone presentirt	4:-
Ein guldene medaglia v. Trajano	5:-
4 […] v. Corallen mit 2 piedestallj	30:-
Ein brunnen mit 3 figuren so das stuckh zusammenhalten	60:-
7 medaglien von christlich[en] kaysern wög[en?] 9 Zichini	21:-
Einen stein v. gobas vor sciatica und colica	8:-
Ein termine so gheta Sohn Septimi Severi v. calcedonis	16:-
Ein Gott Priapo so auf einer weld kugl sitzet	3:-
Die Göttin Isis so ein kind haltet und einen priester	6:-
des Hercules ring und eine patena da sie bluth geopfert	2:-
	1077:-
Ein Cameo mutio Scevola	18:-
Ein grosser Hercole v. Michael Angelo	100:-
Ein grosser Dio Pann so sich an ein stockh anlehnet wie ein schilkrott worauff ein mann streittet mit schlangen und crocodil [Abb. 499] zu Caligula zeitten ein schreibzeug wie ein meerfisch ein knab mit 2 staab in handen.	45:-
2 Verguldene figuren und ein hund und noch andere	40:-
Ein klein Dio Pann auf ein felsen von Verd'antico	40:-
Ein schwamm v. stein und einer v. Corallen	4:-
Ein Marc Aurelio zu pferd denselben Vergulden lassen mit denen obigen 2 statuen und den hundt	25:-
2 Busti v. Erzhertzogen und piedistalli	15:-
2 Busti v. Mohren v. Egiptischen stein	40:-
4 Donne Celebri v. gial[llo] antico und alabaster	145:-
Medaglia v. Antonino Pio gold	6:-
Zwey Pferd v. Helfenbein mit 2 Vergulden figuren und denen 2 piedistalli v. schwarzen steinen in Hauss gemacht mit Besoldung [?] und ausgaaben	110:-
Cameo der Socrate	6:-

498. Kurfürstliches Antikenkabinett in Berlin, Radierung von Samuel Blesendorf in „*Thesaurus Brandenburgicus*" von Laurenz Beger, 1. Bd., 1696; Wien, Universitätsbibliothek

499. Gefäßdeckel mit Zwerg, Echse und Schlange, Bronze, Oberitalien, Anfang 16. Jh.; Wien, Kunsthistorisches Museum, Kunstkammer Inv.-Nr. 5903

andere 2 Camei	8:-
Item andere 3	7:-
wider andere	5:50
V. Porphyr eine urna und eine Taza	65:-
2 Camej	5:-
3 kleine Camei	5:40
4 kleine Camei	4:-
Caroli V. statua zu Vergulden	30:-
4 Stockhen corallen kombt schon ein	1:80
1 priapo v. schwarzen holz und lachrimatori v. holz	1:80
Ein lachrimatori v. glas	1:-
Ein priapo v. rubin gefaster Ring mit 2 Diamant	7:-
Ein Ring mit einen Engelsköpfl	5:-
Ein stückhl holz so nicht in feuer sich Verzöhrt [?]	-:60
Ein Jager so ein hund führet	7:-
	1798:30
Ein Delphin worauff ein kind liegt v. Bronzo verguld wolfail in monte erkaufft	14:
5 köpf Cameè	6:

Auch hier gilt ähnlich wie beim Verzeichnis der Gemälde, dass neben mehreren Objekten, die schon in den Rechnungsunterlagen namentlich aufscheinen, auch solche angeführt werden, die dort nicht oder nur korporativ genannt wurden. Trotz einzelner als neuzeitlich ausgewiesener Skulpturen und weniger naturkundlicher Objekte steht Lambergs Sammlung nicht in der Tradition einer Kunst- und Wunderkammer, wie sie noch für das *Musaeum* von Athanasius Kircher sowie für das davon inspirierte *Museo della Curiosità* des Kardinals Flavio Chigi (um 1670) typisch war[69]. Sie resultiert weder aus primär standespolitischem Antikenbezug wie bei den Villen der Borghese oder Pamphilj (Abb. 15 und 85) noch aus einem ästhetischen Interesse an antiker Skulptur wie bei den Fürsten Liechtenstein[70]. Die Münzen, Kameen und Kleinbronzen des kaiserlichen Botschafters repräsentieren hingegen eindeutig den Geschmack und die Vorliebe eines ‚Antiquars', wie das *Museo Vittoriano* des römischen Künstlers und Sammlers Vincenzo Vittoria[71]. Dieser Typus des Sammlergelehrten hatte sich im Laufe des 17. Jahrhunderts aus dem Polyhistor entwickelt, wobei sich das Berufsbild in Rom einerseits in Richtung des Reiseführers und Antiquitätenhändlers wie bei Pietro Rossini (Abb. 79), andererseits zum wissenschaftlichen Archäologen und staatlichen Denkmalschützer wie bei Francesco Bianchini entwickelte[72].

Zwar besaßen auch Kaiser Leopold I. und sein Hofbibliothekar Petrus Lambeck, der Neffe des Vaticana-Bibliothekars Lucas Holstenius, sowie später Karl VI. numismatisch-antiquarische Interessen[73]. Und Lambergs Ankauf antiker Kaisermünzen und Philosophenporträts resultiert wohl auch aus dem Faible des Diplomaten für die historisch-politische Bedeutung dieser Bildgattung[74]. Aber ein eigenes Münz- und Kameenkabinett wie jenes der schwedischen Königin respektive des Fürsten Odescalchi im Palazzo Chigi bildete 1705 in Wien eine sammlungsgeschichtliche Novität. Tatsächlich hat es sich ja beim „*MUSAEUM ODESCALCUM*" nicht nur um einen selbständigen, unter der Leitung der Spezialisten Giovanni Pietro Bellori und Francesco Cameli geschaffenen Sammlungsteil gehandelt, sondern auch um die offensichtlich erstma-

Kleinbronzen, die vermutlich aus der Sammlung Lamberg ins kaiserliche Antikenkabinett kamen; Wien, Kunsthistorisches Museum, Kunstkammer:

500. Ägyptischer Fischer oder Nilgott, Bronzestatuette, Italien 17. Jh.; Inv.-Nr. 5855

501. Verdammte, Bronzestatuette, Padua, Ende 15. Jh.; Inv.-Nr. 5590

502. Meleager, Bronzestatuette von Nicolo Roccataglia, 1. Drittel 17. Jh.; Inv.-Nr. 5625

503. Putto auf Delphin mit Muschel, Bronzestatuette (Tintenfass), Venedig (?), um 1600; Inv.-Nr. 5678

504. Putto auf Delphin, Bronzestatuette, Italien 17. Jh.; Inv.-Nr. 5795

505. Priapus mit Fruchtkranz, Bronzestatuette, Italien 16. Jh.; Inv.-Nr. 5606

506. Priapus mit Fruchtkranz, Bronzestatuette, Italien 16. Jh.; Inv.-Nr. 5616

507. Allegorie der Weisheit, Bronzestatuette, Oberitalien, Anf. 16. Jh.; Inv.-Nr. 5733

508. Sitzender Satyr, Bronzestatuette, Padua oder Venedig, 16.Jh.; Inv.-Nr. 5519

lige und von Kardinal Decio Azzolino angeregte repräsentative Inszenierung dieser Objekte in eigenen Räumen[75]. Die Tatsache, dass es vermutlich erst Fürst Livio Odescalchi war, der diesen Bestand an Münzen, Medaillen und Kameen aus dem Besitz der schwedischen Königin von Pietro Santo Bartoli zeichnen und ab 1702 publizieren ließ[76] (Abb. 474), bestätigt die kulturgeschichtliche Aktualität dieses Phänomens ebenso wie der Verkauf des ‚Antikenkabinetts' von Bellori unmittelbar nach dessen Tod im Jahre 1696 an den Berliner Hof. Die Sammlung des römischen Gelehrten, der ja Graf Lamberg durch zwei seiner antiquarischen Publikationen (Abb. 479 und 480) unmittelbar bekannt war, umfasste etwa 40 Öllampen, 30 Metallgefäße, 80 Kleinskulpturen – darunter wie in der Sammlung des Botschafters auch Darstellungen der *Diana Ephesia*, der ägyptischen Göttin Isis sowie einer Afrikanerin – und 40 Gemmen. Mit der Aufstellung der Sammlung Bellori zu den Themen Funeralia, Theologica und Historica in drei Räumen des neuen Berliner Stadtschlosses im Jahre 1703 verfügte der frisch gekrönte König in Preußen nicht nur über die neben dem Münchner Antiquarium größte Antikensammlung des Heiligen Römischen Reiches Deutscher Nation, sondern auch über eine repräsentative Aufstellung nach modernstem wissenschaftlichen Standard[77] (Abb. 498). Auch beim oben genannten päpstlichen Projekt des *Museo Ecclesiastico* von Bianchini wäre ja die historische Bedeutung eines Objektes wichtiger gewesen als der künstlerische Rang oder der materielle Wert, und Papst Clemens XI. stand als leidenschaftlicher Sammler frühchristlicher Antiquitäten persönlich an der sozialen Spitze des archäologischen Modetrends[78].

Vielleicht nicht zuletzt aus der Vertrautheit ihres Besitzers mit diesem aktuellen diplomatisch-politischen Hintergrund des römischen Sammlungswesens spielte das „*Musaeum*" bzw. „*Studio*" des kaiserlichen Botschafters eine Vorreiterrolle in der Geschichte der Sammlungs- und Adelskultur des Wiener Hofes[79]. 1713 erhielt Prinz Eugen die drei berühmten *Herkuleanerinnen* aus Neapel geschenkt, für die er die Marmorgalerie des Unteren Belvedere einrichten ließ[80]. Das kaiserliche Münz- und Medaillenkabinett, das unter Karl VI. auch von Lambergs Nachfolgern in Rom, Marquis Hercule Joseph Louis de Prié und Johann Wenzel Graf Gallas, mit Objekten versorgt wurde, erhielt hingegen erst 1728 in der Stallburg neben der neu aufgestellten Gemäldegalerie einen eigenen Raum zugewiesen[81]. Damit wurden auch in Wien die antiken Medaillen, Gemmen und Kleinskulpturen unter der Leitung von Claude le Fort Du Plessis in einer repräsentativ-symmetrischen Aufstellung präsentiert, wie sie der kaiserliche Botschafter 25 Jahre zuvor in Rom kennengelernt hatte.

Graf Leopold Joseph von Lamberg verkörperte zumindest als neuer Typus den Wiener Hofadeligen des frühen 18. Jahrhunderts, der sowohl als Rezipient als auch als Auftraggeber mit der Theorie und Ideologie des habsburgischen ‚Kaiserstils' vertraut war. Es sei in diesem Zusammenhang nur auf die jüngeren Höflinge wie die Obersthofmeister Fürst Johann Leopold Donat Trautson und Fürst Adam Franz von Schwarzenberg, den Diplomaten und böhmischen Oberstkanzler Graf Johann Wenzel Wratislaw von Mitrowitz sowie Lambergs Neffen Gundaker Graf von Althann verwiesen, die als Auftraggeber von Festdekorationen und Bauten für Karl VI. oder sogar als Akademiepräsident und kaiserlicher Bauintendant für die Planung bzw. Realisierung entsprechender Programme verantwortlich waren[82]. Es war jedenfalls nur folgerichtig, dass unter Karl VI. nicht nur verstärkt auf antike Motive zurückgegriffen, sondern auch auf deren realhistorische Detailtreue Wert gelegt wurde[83]. Tatsächlich war nicht nur der kaiserliche Hofarchitekt Johann Bernhard Fischer von Erlach zwischen 1670 und 1686 in Rom sowie Neapel mit den neuesten antiquarischen Erkenntnissen vertraut gemacht worden, sondern auch der in den 1720er Jahren als Concettist für die Hofbauten zuständige Conrad Adolph von Albrecht hatte auf seiner Kavalierstour vor 1711 in Rom dieses aristokratisch-gelehrte Milieu kennengelernt, und beide besaßen auch selbst antike Objekte[84].

Über den Umweg des Antikenkabinetts des kaiserlichen Sammlungsleiters Joseph Angelo de France (Abb. 515) landeten 1808 mehrere (oder alle?) Bronzeskulpturen aus dem Besitz des Botschafters in der kaiserlichen Sammlung, wo sie erst 1880 als neuzeitliche Paraphrasen respektive Fälschungen aus dem Antikenkabinett in die Kunstkammer überstellt wurden. Abgesehen von der Reiterstatuette des Marc Aurel (Abb. 482) lassen sich zumindest einige der Kleinskulpturen Lambergs aufgrund ihrer genauen Beschreibung eindeutig identifizieren: das *„schreibzeug wie ein meerfisch ein knab mit zwei staab in handen"* ist ein venezianisches Tintenfass mit einem auf einem Delphin reitenden Putto aus der Zeit um 1600 (Abb. 503), während der *„Egiptische Fischer"* eine Kopie des 17. Jahrhunderts nach einem ägyptischen Mann bildet, der ein Fischopfer bringt, aus der Zeit um 1800 v. Chris-

509. Diana Ephesia, Bronzestatuette, Oberitalien, 2. Viertel 16. Jh.; Wien, Kunsthistorisches Museum, Kunstkammer Inv.-Nr. 5674

tus (Abb. 500). Das Original kam 1673 aus der römischen Sammlung des päpstlichen *„antiquario e commissario di tutte le antichità di Roma e del Lazio"* Leonardo Agostini in den Besitz des Großherzogs Leopoldo de' Medici[85]. Noch klarer ist die Sache im Falle des Objektes *„wie ein schiltkrott worauff ein mann streittet mit schlangen und crododil"* sowie der *„statua so die fueß in einem löwen kopf und eine schlangen an der brust"*. Bei ersterem handelt es sich um den Deckel eines oberitalienischen Gefäßes mit der Darstellung eines gegen eine Schlange und gegen eine Echse kämpfenden Zwergkriegers aus dem Beginn des 16. Jahrhunderts (Abb. 499), bei zweiterem um eine paduanische Statuette einer nackten Verdammten vom Ende des 15. Jahrhunderts (Abb. 501)[86]. Der *„Delphine worauff ein kind liegt"* ist wahrscheinlich eine italienische Arbeit aus der Mitte des 17. Jahrhunderts (Abb. 504), während der *„Jäger so ein hund führet"* vermutlich mit dem *Meleager* des Venezianers Nicolo Roccataglia aus dem zweiten Viertel des 17. Jahrhunderts ident ist (Abb. 502)[87]. Die beiden *„kleine statuen Priapos"*

sind vielleicht die italienischen Arbeiten des 16. Jahrhunderts (Abb. 505 und 506) und die *„sitzende Venus"* könnte in einer der beiden halb nackten Sitzfiguren des 16. Jahrhunderts (Abb. 507) erhalten sein[88]. Der *„kleine Dio Pann"* lässt sich vielleicht mit einem oberitalienischen Figürchen (Abb. 508) in Verbindung bringen, während der *„grosse Dio Pann so sich an ein stockh anlehnet"* gut zu Adriano Fiorentinos Satyr aus dem 15. Jahrhundert (Inv.-Nr. 5851) passen würde, wogegen aber die alte habsburgische Herkunft spricht[89].

Als gesichertes ‚Missing Link' zwischen den Beständen des Kunsthistorischen Museums und der Sammlung des kaiserlichen Botschafters sowie des kaiserlichen Sammlungsleiters de France erweist sich eine Statuette der *Diana Ephesia* (Abb. 509)[90], die zwar in der Liste des Diplomaten nicht eindeutig zuzuordnen, aber 1727 im Besitz von Lambergs Sohn nachgewiesen ist (Abb. 510)[91]. Die 17 cm hohe oberitalienische Bronzefigur aus dem zweiten Viertel des 16. Jahrhunderts reproduziert eine großformatige Skulptur des Kultbildes von Ephesus, das in Rom in einer Version im Besitz der Farnese (heute Neapel, Museo Archeologico) und einer anderen im Besitz des Kardinals Pio di Carpi (heute London, Soane Museum) vorhanden war. Die Göttin mit ihren zahlreichen Stierhoden an der Brust als Symbolen der Fruchtbarkeit galt in der Renaissance als Sinnbild der Natur und wurde in diesem Zusammenhang schon von Raffael in der *Stanza della Segnatura* sowie 1675 auf dem Titelblatt des Stichwerkes über dessen Stanzen dargestellt[92].

Diese Statuette steht daher auch im Mittelpunkt eines längeren Beitrages in einer der ersten gelehrten Zeitschriften Wiens, der auch die Bedeutung des lambergischen *„Musaeums"* im Kontext der Wiener Antikenrezeption belegt. In der der Kaiserin gewidmeten Ausgabe *Das Merckwürdige Wienn oder Monathliche Unterredungen von verschiedenen daselbst befindlichen Merckwürdigkeiten der Natur und Kunst* vom Februar 1727 berichten die nicht namentlich bekannten Besucher der damals im Besitz des Sohnes und Erben des Botschafters befindlichen Skulpturensammlung in Form eines Dialoges über die *„'Antiquitaeten', welche sie unlängst bey Ihro Hochgräfl. ‚Excellenz' (S.T.) Herrn Carl Joseph des Heil. Röm. Reichs Grafen von Lamberg der Römisch=Kayserl. und Königl. Catholischen Majestät würcklichen Cammerern Rath und Regenten des Regiments der Nieder Oesterreichischen Landen, Erb=Land=Stallmeistern in Crain und der Windischen Marck etc. […] gesehen"*. Es handelte sich dabei zunächst um ein *„'Idolum Dianae'*, welches ein Verehrer dieser Göttin in Ertz giessen, und so künstlich ausarbeiten lassen, dass man sich durch dasselbe die ‚Dianam Ephesiam' gar deutlich vorstellen kan." Auf zehn Seiten wird alles Wissenswerte „*von dem Tempel der ‚Dianae Ephesiae' und sonst Merckwürdiges von dieser ‚materie'*" referiert, wobei sich der anonyme Autor auf römische und in Rom tätige französische Fachleute beruft. Genannt werden u.a. Giovanni Pietro Bellori sowie der Antiquar und Sammler Michelangelo de La Chausse, der 1690 in seinem Werk *Museum Romanum sive Thesaurus eruditae antiquitatis* Teile der Sammlung Bellori, 1700 im Verlag Komarek ein Buch über antike Gemmen und 1704 eine Publikation über die Antoninus-Säule veröffentlicht hatte[93]. Hauptinformationsquelle war aber das Buch *Symbolica Dianae Ephesiae Statuae* von 1688 des Jesuiten, Antiquars von Kardinal Barberini und Bildtheoretikers Claude Menestrier[94]. Nach der Beschreibung der Ikonographie, Theologie, des Kultes und der Geschichte der „*Vielbrüstigen*" wird in der Wiener Publikation deren prächtiger Tempel vorgestellt, der „*unter die sieben Wunderwercke der Welt gezehlet wurde*". Die Informationen für diesen Abschnitt waren neben Plinius, Vitruv und dem *Vitruvius Teutsch* von Walther Rivius (1548) auch dem *Entwurff einer Historischen Architektur* des „*gewesenen Kayserl. Ober=Bau=‚Inspectoris' Herrn Joh. Bernhard Fischers von Erlachen zu dancken, aus welchem wir diesen Tempel Fig. XIV. abzeichnen lassen. In der Ordnung der Säulen hat sich der hochberühmte ‚Architectus' an die gemeine Abtheilung nicht gebunden, dieweil er voraussetzet, daß dieser Tempel nicht allein die von Plinio angegebene Höhe der 60 Schuh [...] nach Ionischer Ordnung 9mahl nimmet; sondern auch Vitruvius diesem Tempel eine Ionische Ordnung ausdrucklich zuschreibet, und man sowohl auf einer schönen ‚Medaille Hadriani' in dem ‚Barberinischen Cabinet', als auf andern Antonini Pii und M. Aurelii bey Vorstellung dieses Tempels eine Ionische Ordnung findet. [...] Man kan von der Kostbarkeit und Kunst dieses Tempels leicht urtheilen, wenn man bedencket, daß die ‚Statua' der Dianae selbst an dem Eingange mit vier Säulen, wo nicht von purem Golde, doch von Helffenbein zusammen gefüget gewesen; und daß die ‚Statuen' des Tempels von Praxiteles, die Mahlereyen aber von Thrasonis Hand gekommen sind. Unter andern die ‚Statua Hecatae' oder der unterirdischen Dianae von hellglänzendem Marmor, Apollinis von Ertz [...], wie auch vermuthlich der irdischen Dianae, so in der Königlichen ‚Gallerie' zu Versaille stehet, und einiger ‚Amazoninnen'.*"

Der zweite Teil der fiktiven Unterredung der Wiener Antiquare diente der Analyse einer Medaille

510. Diana-Ephesia der Sammlung Lamberg und Rekonstruktion des Diana-Tempels in Ephesos von Johann Bernhard Fischer von Erlach, Kupferstich von Johann Adam (?) Schmutzer nach Salomon Kleiner in „Das Merckwürdige Wien", 1727; Privatbesitz

(Abb. 511), „*welche sie gleichfalls bey des Herrn Graffens Carl Josephs von Lamberg ‚Excell.' zu erst gesehen hatten. Es war aber dieser ‚Medaillon' ein alter Römischer ‚Nummus Imperatoris', und zwar ‚ad imperium vetus' gehörig, dem Kayser Commodo zu Ehren von den Cyzicenern aus Ertz gemüntzet, von der ersten Größe, (‚maximi moduli') im Diameter 17 Linien Rheinl. haltend.*" Die Medaille zeigte auf dem Avers das Brustbild des Kaisers Commodus mit Lorbeerkrone und Herkuleskeule sowie Löwenfell, auf dem Revers eine „*‚Triremis Praetoria (Admiral=Schiff)' im Lauffe mit neun Ruder=Knechten und dem ‚gubernaculo', Steuer=Ruder [...]*". Das Stück sei im numismatischen Handbuch von Vaillant nicht beschrieben und auf jeden Fall einer ausführlichen Erörterung wert, weil es eine griechische Umschrift besitze. In diesem Zusammenhang wird auch ausführlich auf die antiken Kaisertitel eingegangen und schließlich der ideologische Kern der Kaiserdarstellung analysiert, da „*Commodus aber nicht allein den Nahmen Heraclis führe, sondern auch in Heraclis Habit ‚in nummis & lapidis antiquis' vorkom-*

me. Welches aus dem Leben Commodi, so uns Lampridius, Herodianus und Spartianus hinterlassen, einiges Licht erhält. Wir finden nemlich, daß er von Kayser Antonino Philosopo mit einer ‚Concubine' Faustina genannt, welche sich in einen Fechter verliebet hatte, erzeuget, und von seiner Mutter also sey erzogen worden, daß er besser einen Fechter als Kayser agiret: Und weil er mit einem Wurff=Spisse einen Elephanten und andere wilde Thiere umgebracht hatte, hat er sich selbst ‚Romanum Herculem' […] zu nennen befohlen."[95]

Wenngleich diese Analyse der lambergischen Münze 20 Jahre nach dem Tode des Botschafters entstand, können wir davon ausgehen, dass dieses Wissen auch den römischen Antiquaren der Zeit um 1700 geläufig war. Ein an diesen Fragen interessierter Diplomat, oder vielleicht zutreffender gesagt: nur ein mit solchen antiquarischen Kenntnissen vertrauter kaiserlicher Botschafter konnte wissen, dass ein Lorbeerkranz, wie er 1697 die Statue des französischen Königs krönte (Abb. 361), zumindest historisch ein (nur) dem Kaiser zustehendes Hoheitszeichen war. Das besondere Interesse des Grafen Karl Joseph von Lamberg-Sprinzenstein an den von seinen Vater übernommenen römischen Beständen respektive die Neugier der Wiener Öffentlichkeit verrät auch die Tatsache, dass der Adelige mehrere römische Münzen von Andreas und Joseph Schmutzer in Kupfer stechen ließ[96] (Abb. 514).

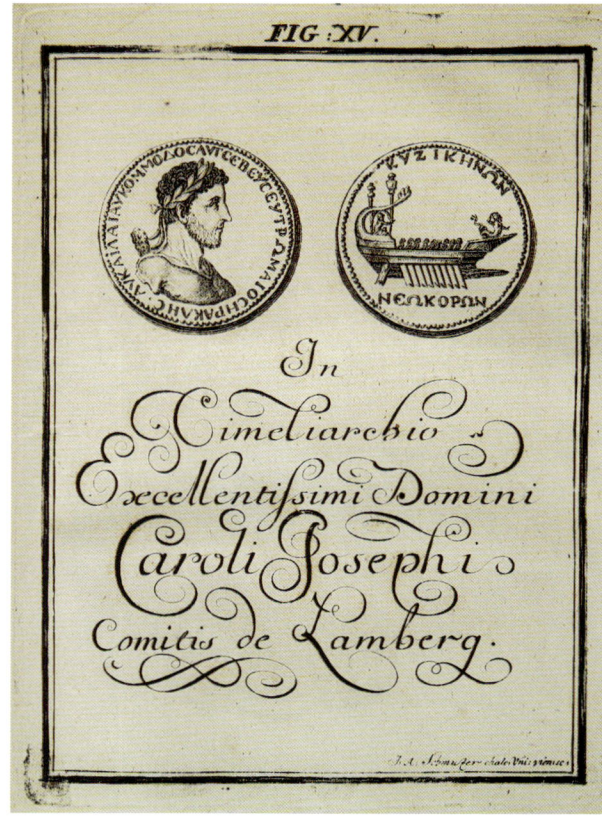

511. Kaiser Commodus als Herkules und Kriegsschiff, Vorder- und Rückseite einer römischen Münze der Slg. Lamberg, Kupferstich von Johann Adam (?) Schmutzer in „Das Merckwürdige Wien", 1727; Privatbesitz

Testament und Erbe

Die lobende Nennung des Grafen Karl Joseph von Lamberg-Sprinzenstein als Besitzer dieser römischen Altertümer spricht wohl ebenfalls für die Wertschätzung des „Musaeums" durch den Sohn des Botschafters. Tatsächlich hatte Leopold Joseph die Antiquitäten im Testament seinem Erben zur besonderen Obsorge anvertraut. Noch während seines Aufenthaltes in Rom hatte Graf Lamberg nämlich am 19. März 1705, also an seinem Namenstag und offensichtlich anlässlich der bevorstehenden Volljährigkeit seines 19-jährigen Sohnes, entsprechende Verfügungen über seinen Nachlass getroffen. „Im Nahmen der Allerheiligsten Dreyfaltigkeit" bestimmte der kaiserliche Botschafter Karl Joseph zum Universalerben sowie die Errichtung einer „Fidei Comissarischen Institution", also einer Familienstiftung, auf den lambergischen Herrschaften Ottenstein, Rastenberg, Lichtenfels, Niedergrünbach, Loschberg und Göttfritz mit allen zugehörigen Besitzungen – ausgenommen die Herrschaft Kottingbrunn. Der Erblasser legte auch die Regeln für deren Vererbung fest, sollte es keine männlichen Nachkommen in direkter Linie geben. Das Erbe umfasste außerdem das außerhalb des Sprinzensteinischen Fideikommisses (d. h. die Herrschaft Drosendorf), stehende Erbe seiner im Jahr zuvor verstorbenen Gattin, nämlich die Güter Waidhofen an der Thaya und Thaya, das „Hauß in Wien" und das Herzogsbad in Baden sowie „alles in Gold, Geld, Jubellen und anderen Mobilien". Danach muss der kaiserliche Botschafter in Rom aber auch „hier nothwendig, von meinen Schulden Meldung thun, und wie dieselbe abzuzahlen Disposition machen. Diese thun zu dieser Zeit sich auf hundert fünfzig Tausend Gulden belaufen, welche zu Dienst Ihro Mayt. des Kaysers in gegenwärtiger Römischen Pottschaft mehrerstens gemachet, da in das fünfzehnte Jahr mich von Genuß des Meinigen mich in Regensburg und Rom derzeiten befunden, alweil die Ehr des Lamberg[ischen] Hauses vor Augen habend dieses getreuen Hauses geleister Diensten Eyfriger Nachfolger zu seyn, da dasselbe vor dem Durchleuchtigsten Erzhauses von Habspurg, auch dem so genanten Lamberg[ischen] Haus als Landtsfürsten gedienet, und in Ehren Ämbtern sich gefunden." Zur Begleichung dieser im Dienste des Kaisers und der Familienehre gemachten Schulden empfiehlt Graf Lamberg, „Erstens mein alhiesige ‚Equipage' von Wägen, so mich über hundert Tausend Gulden gekostet, was nun davor zu bekommen, solle zu Abzahlung der Schulden angewendet werden", dann das Gut Gilgenberg zu verkaufen und schließlich jährlich dreitausend

Gulden von den Einnahmen der Fideikommissgüter heranzuziehen. In diesem Zusammenhang werden auch mehrere Steuereinkünfte der Waldviertler Herrschaften aufgezählt, und die Hoffnung ausgedrückt, dass der Erbe, wenn er einstmals mit Gottes Hilfe ebenfalls „*zu Aufnahm und Glori der Familia*" beitragen werde, auch die jetzt noch freieigenen Güter dem Fideikommissbesitz einverleiben könne. „*Meinen Gartten in der Leopoldstadt, so von denen Pramerischen erkaufft und in Gebäuen vermehret, solle man auch zu Abführung der Schulden anwenden, so ich in meinem Leben nicht ‚effectuieren' konte.*"

Schließlich kommt der Diplomat auf zwei seiner offensichtlich gleichermaßen repräsentativen (!) Steckenpferde zu sprechen: „*Ich hab mich als ein Liebhaber sehr in meinen Lebs Zeiten beflüssen, mehr als ein standtmässiges Silber zusamben zu bringen, welches meinem Sohn als frey aigen hinterlassend, ich denselben ersuche, es soviell möglich zu ‚conservieren', und ohn höchster Noth nicht anzugreiffen. ‚Recomendiere' ihm auch meine ‚antiqualia' so in Rom mit grossen Unkosten gesamlet, und er der selben Zeit eine Lieb darzu gewiesen.*" Weiters verpflichtet Graf Lamberg seine(n) Erben, bei künftigen Eheverbindungen darauf zu achten, dass die „*Brauth mit ihren adelichen Proben auf die Hochstüffter Salzburg und Passau ihrer Seiths mit ihren erzeigenden Kindern gelangen könne, auf das mit der Zeit ersetzt werde, was in meiner Linie wegen Ermangelung der Mittln hinterliches eingeschlichen seyn mag*". Die vom kaiserlichen Botschafter während seiner Dienstzeit selbst gegenüber dem Papst verteidigte Ordnung der großen Hochstifte forderte nämlich für ihre Domherren und damit für die künftigen Bischöfe die Ahnenprobe, d.h. den Nachweis von mindestens 16 adeligen Vorfahren[97]. Dieser logische Zusammenhang zwischen der Gründung eines Fideikommiss für den ältesten Erben und dem Streben nach kirchlichen Pfründen für die jüngeren Söhne lässt sich zur gleichen Zeit auch beim Grafen Kaunitz feststellen, und Lamberg war durch den Sohn des Reichsvizekanzlers darüber direkt informiert[98].

Weitere Verpflichtungen des Testamentes betrafen die Errichtung einer „*Bruderschaft der Schmerzhafften Mutter Gottes*" im Markt Rastenfeld (Abb. 138) und die Anschaffung aller dafür notwendigen „*'apparatus'*" sowie die Stiftung einer wöchentlichen Seelenmesse beim „*Kruzifix Altar*" (Abb. 121) der Schlosskapelle Ottenstein durch einen Kaplan der Pfarre Döllersheim. Zusätzliche Gedenkmessen für das Ehepaar Lamberg sollten durch den Pfarrer von Brand in der Schlosskapelle von Loschberg (Abb. 146) sowie in der Antoniuskapelle des

512. Nachruf auf den Grafen Leopold Joseph von Lamberg, „Historische Remarques" Nr. 27, 1706; Wien, Universitätsbibliothek

513. Damhirschjagd, Ölgemälde von Philipp Peter Roos, gen. Rosa da Tivoli, 1692; St. Petersburg, Eremitage

Herzogsbades in Baden (Abb. 170), *„so ‚ex voto' meiner Gemahlin seel[ig] dieses Jahr erbauet wird"*, abgehalten werden. Tatsächlich wurde die 1662 errichtete Kapelle des Badener Kurhauses im Jahre 1708 erweitert, der ganze Besitz jedoch schon 1716 an die Stadtgemeinde verkauft[99].

Ein letzter Punkt des *„letzten Willens"* des Grafen Lamberg betrifft ebenfalls einen besonderen, in Rom erworbenen Schatz: *„Meine vornehme ‚Reliquien', so in meiner Römischen Pottschafft zu grossen Ehren und mit Unkosten fassen lassen, verlange, daß sie alzeit bey dem ‚Fidei Comiß' in dem Schloss Ottenstein verbleiben sollen."*[100]

Dieses Testament bestätigt mit seiner Nichterwähnung von Architektur und Malerei einmal mehr, dass der kaiserliche Botschafter kein Kunstliebhaber im eigentlichen Sinne war. Aber es beweist ebenso, dass Graf Leopold Joseph von Lamberg den materiellen ebenso wie den repräsentativen Wert zumindest von „angewandter Kunst", d.h. Luxuskarossen, Silberwaren, Antiquitäten und Reliquienbehältern sehr wohl kannte und auch in Zukunft von seinen Erben als Ausdruck der Gloria des Hauses Lamberg erhalten wissen wollte.

Vermutlich schneller als alle Beteiligten dachten, wurde das Testament rechtskräftig. Denn Leopold Joseph starb schon am 29. Juni 1706 an einem Schlaganfall und wurde – nach der Einbalsamierung durch den kaiserlichen Leib- und Hofbarbier Urs Viktor Jauß[101] – am 1. Juli in der Lamberg-Sprinzensteinischen Familiengruft in der Wiener Augustinerkirche beigesetzt. Mit dieser Grabstätte in der kaiserlichen Hofkirche wurde die Stellung des Diplomaten als Hofadeliger einmal mehr und in besonderer Deutlichkeit zum Ausdruck gebracht, gab es doch nicht einmal ein Dutzend Kapellen im Chor derjenigen Kirche, in der nicht nur alle wesentlichen Familienereignisse des Erzhauses gefeiert wurden, sondern auch die Hochfeste und Investituren des Vliesordens stattfanden[102].

Kurze Zeit nach dem Ableben des Diplomaten erschien in den *Historischen Remarques* ein zweiseitiger Nachruf auf Leopold Joseph von Lamberg, in dem vor allem seine politischen Schwierigkeiten in Rom beleuchtet und eigens auf die Streitigkeiten im Zusammenhang mit den Bildnissen König Karls III. von Spanien eingegangen wurde[103] (Abb. 512).

Natürlich war es dem Botschafter in der kurzen verbliebenen Lebenszeit in Wien nicht möglich gewesen, seine Schulden zu verringern, zumal es ihm auch nicht gelang, einen einträglichen Ministerposten übernehmen zu können. Selbst der 1705 verstorbene Reichsvizekanzler Kaunitz (Abb. 36), der in seinen letzten Dienstjahren am Wiener Hof in eine gewisse politische und soziale Isolation geraten war, hinterließ seinen Erben damals 200.000 Gulden Schulden. Auch der mährische Diplomat begründete seine missliche ökonomische Lage nicht zu Unrecht mit der Begründung, dass er *„mit großen Spesen Eurer Kaiserlichen Majestät fleißig aufgewartet und gedienet"* hat[104]. Dabei hatte Graf Kaunitz schon zehn Jahre vorher sein halb fertiges Wiener Stadtpalais an den Fürsten Liechtenstein verkauft bzw. verkaufen müssen. Die Erben des römischen Botschafters konnten ihren Wiener Palast immerhin noch eine Generation länger behalten, aber ebenso wie in Rom war die vom nationalen und internationalen Konkurrenzdruck verursachte unfreiwillige Repräsentation auch in Wien tatsächlich in mehreren Fällen der Grund für den finanziellen Ruin einer Familie. Die Kunstsammlungen spielten in diesem Zusammenhang die geringste Rolle.

Während weder das im Laufe der Zeit eingeschmolzene Tafelsilber noch die in Rom verbliebenen Prunkkarossen weiter verfolgt werden können, lässt sich der (mögliche) Verbleib der römischen Kunstsammlung des Grafen Lamberg zumindest ansatzweise skizzieren. Ein am 20. Dezember 1707 in Ottenstein verfasstes *„Inventarium Über die Verlassenschaft Weyland des Hoch und Wohlgeborenen Herrn Herrn Leopold Joseph Grafen und H: von Lamberg der Römischen Kayserl: Maytt. Gewester Geheimber Rath und Pottschaffter zu Rom"* führte nur die Besitzungen im Waldviertel an und auch diese nur kursorisch. Die Inventarisierung des Herrschaftssitzes Ottenstein lautet etwa: *„daß Schloß ist auf solche weiß mobilirt, wie es auf dem Land seyn kann. Hierinnen befindet sich auch eine mit allerhand stattlich nothwendigen ‚Ornat' und Kellich [ausgestattete]*

Schloß Kappelln. Item seynd auch unter andern Effecten viel schene Gemähl worunter doch meist der Graf Lambergischen ‚Contrafe'. Mehr befindet sich allhier ein wohl eingerichte ‚Bibliothec'." In der Rüstkammer verwahrte man u.a. ein altes türkisches Gewehr, während die Schlösser Rastenberg und Loschberg über kein außergewöhnliches Inventar verfügten[105].

Die wertvollsten Objekte befanden sich damals vermutlich im Wiener Palais sowie im Schloss Drosendorf. Möglicherweise hat aber schon der Sohn des Botschafters Objekte der Kunstsammlungen verkauft respektive innerhalb der Familie weitergegeben. Bereits im Jahre 1708 bot Fürst Franz von Lamberg, der Neffe zweiten Grades des Botschafters, dem Reichskanzler Lothar Franz von Schönborn als Dank für dessen Hilfe bei der Fürstenerhebung einige Gemälde an. Der Kurfürst – der damals gerade in Verhandlungen wegen Werken von Maratta, Berentz, Pfeiler und Trevisani stand – wollte *„nicht zweifelen, dass, wann mir der prinz von Lamberg einige stück gemähl geben will, dass sie auch der mühe werth und originalia von guethen undt berühmbten maistern sein werden"*. Es wäre also nahe

514. *Römische Münzen der Sammlung Lamberg, Kupferstichserie „Numismata rariora ex Cimelio Ill[ustrissi]mi Domini Comitis de Lamberg aeri incisa" von Andreas und Joseph Schmutzer, vor 1740; Wien, Universitätsbibliothek*

515. Joseph Angelo de France, Sammler und Direktor des kaiserlichen Antikenkabinetts, mit Darstellung der Diana Ephesia der Slg. Lamberg, Schabkunstblatt von Johann Gottfried Haid nach Salomon Kleiner und Martin van Meytens, 1755; Wien, Kunsthistorisches Museum

liegend gewesen, die Leidenschaft des Grafen Schönborn für römische Gemälde mit Beständen aus dem Nachlass des Botschafters zu befriedigen. Als im Jahre 1710 die „Lambergische gemähl" endlich in Regensburg eintrafen, handelte es sich dabei aber um Bilder auf Glas von Luca Giordano oder dessen Schule und daher offensichtlich nicht aus dem Besitz von Leopold Joseph[106]. Ebenso unklar ist auch der mögliche Zusammenhang mit einem um 1714 zu datierenden Inventar einer Gemäldesammlung aus einem Lamberg-Archiv, das Theodor von Frimmel als Verkaufsliste eines steirischen Adeligen an einen Grafen Lamberg interpretiert hat[107]. Da einige Objekte dieses Verzeichnisses jedoch im Landesmuseum Joanneum in Graz erhalten sind, scheint es mir nahe liegender, von einem Verkauf von Lamberg-Objekten an andere Adelige auszugehen.

Zumindest ein Teil der römischen Gemälde ist noch im Besitz von Lambergs Sohn nachweisbar: einige der Bilder wurden 1737 in einem Inventar des Schlosses Drosendorf genannt (siehe oben Seite 170), andere um 1740 in einem Verzeichnis der Gemäldesammlung zur Erhebung von deren Wert für die Schuldenabdeckung[108]. Von den hier genannten Werken lassen sich der *Hl. Franziskus* von Guercino (Abb. 470), die Viehstücke, Schlachtendarstellung und das Jagdstück von Rosa da Tivoli (Abb. 513), die Reiterdarstellungen von Christian Reder, die Landschaften von Pieter van Bloemen, die beiden Heiligendarstellungen von Carlo Maratta und Filippo Lauri sowie zwei Porträts von Gascar (Abb. 203 und 217) eindeutig mit jenen Werken identifizieren, die Leopold Joseph von Lamberg vor 1705 in Rom erworben hat. Die Schnittmenge zwischen der Sammlung des Vaters und jener des Sohnes beträgt jedoch wohl nicht mehr als 20 Prozent des jeweiligen Gesamtbestandes an Galeriebildern, was darauf hindeutet, dass Karl Joseph Franz bereits zuvor Teile des väterlichen Erbes veräußert hat.

Aufgrund der Verschuldung der Familie Mitte des 18. Jahrhunderts waren jedoch weitere Verkäufe unvermeidlich. Dies gilt insbesondere für die Sammlung von antiken und neuzeitlichen Skulpturen, die offensichtlich nach dem Tod des Grafen Lamberg-Sprinzenstein 1743 an Joseph Angelo de France verkauft wurde. Dieser Kunstsammler stammte aus einer wohlhabenden Familie in Besançon und war zunächst in Wien als Bankier und Börsenhändler tätig. 1734 trat er in den Hofdienst ein und wurde 1748 von Maria Theresia zum Generaldirektor der kaiserlichen Schatzkammern bestellt. Daneben erwarb er selbst eine über 6000 Objekte zählende Sammlung, die u.a. 1680 Münzen, 3507 Kameen und 735 Bronzeskulpturen umfasste. Auf seinem Porträt von 1755 nach einem Gemälde von Martin van Meytens sieht man de France inmitten seiner Kunstobjekte, darunter eindeutig die *ephesische Diana* der Sammlung Lamberg (Abb. 515). Erst zwanzig Jahre nach dem Tod von de France wurde 1781 in Leipzig eine zweibändige *Musei Franciani Descriptio* publiziert und 1808 wurden die Skulpturen an das kaiserliche Antikenkabinett verkauft. Die Münzen kamen hingegen an das Hunterian Museum der Universität Glasgow, die Gemmen an Kaiserin Katharina II. von Rußland[109].

Zu diesem Zeitpunkt war aber bereits der Urenkel des Botschafters international als Sammler bekannt: Graf Anton Franz von Lamberg-Sprinzenstein hatte bis 1784 während seiner Tätigkeit als kaiserlicher Botschafter in Neapel nicht weniger als 670 antike Vasen erworben, die 1815 gemeinsam mit einem römischen Musensarkophag der Villa Giustiniani um 125.000 Gulden an die kaiserlichen Sammlungen verkauft wurden[110].

Schlechter dokumentiert ist hingegen der Gemäldebestand von Leopold Joseph von Lamberg innerhalb der umfangreichen Galerie seines berühmten Nachkommen, bzw. der Erwerb sowie die Verlagerung im Rahmen der einzelnen Besitzungen der Familie, vor allem nach dem Verkauf des Wiener Palastes an Franz Stephan von Lothringen im Februar 1740. Die Waldviertler Schlösser befanden sich jedenfalls bis 1822 im Besitz der direkten Nachkommen des kaiserlichen Botschafters. Als Graf Anton Franz als letzter seines Geschlechtes seine Sammlungen nach seinem Tod der Wiener Akademie vermachte, gingen jedoch nicht alle Gemälde in öffentlichen Besitz über[111]. Das damals angelegte Inventar des Kunstbesitzes verzeichnete nämlich nicht weniger als 353 „unbedeutende Gemälde" in Ottenstein, 156 Stück in Drosendorf, darunter 43 „Familien-Porträte", 13 „Herrschaftliche Schlösser", acht Tier- und 46 Jagdstücke. Einundzwanzig als galeriewürdig eingestufte Gemälde befanden sich in Gilgenberg. Namentlich genannt werden Werke von Johann Georg oder Philipp Ferdinand de Hamilton, die um 1700 in Wien tätig waren, von dem sowohl in Rom als auch in der kaiserlichen Hauptstadt wirkenden Carl Borromäus Andreas Ruthart, von dem ebenso wie die erstgenannten als Tiermaler bekannten Franz Anton Grafenstein und ein Canaletto zugeschriebenes „*Lustschloß im Meer*" – vielleicht die in Drosendorf erhaltene Ansicht der Isola Bella nach dem Kupferstich von Johann

LEOPOLDUS S:R:I: COM: A´ LAMBERG LEO="POLDI M: CÆS· CONS: INTIM· AD S: S: P· INOCENTY XII A 1700 ET AUR. EL. EQUES.

Bernhard Fischer von Erlach. Offensichtlich verblieben alle diese Kunstwerke auf den lambergischen Schlössern[112].

Der Hauptsitz der Familie kam damals an Franz Philipp Graf von Lamberg zu Csókaho, der 1848 als Stellvertreter des Palatins auf der Donaubrücke zwischen Buda und Pest von den Revolutionären ermordet wurde. Mit dem Tod von dessen Enkel starb die in Ungarn begüterte Nebenlinie 1929 aus, und Ottenstein kam an die Feistritzer Linie der Lamberg. Vollrath Raimund Lamberg (1866–1958), dessen Sohn Raimund (1898–1942) im Konzentrationslager Auschwitz ums Leben kam, war jedoch 1938 zum Verkauf der Herrschaft an die Deutsche Wehrmacht gezwungen, während die Archivalien ins Landesarchiv kamen[113].

Bis in die Dreißiger Jahre des 20. Jahrhunderts befanden sich auch zahlreiche Kunstobjekte aus dem Nachlass des Botschafters, etwa das römische Hekataion (Abb. 483), das Stillleben von Berentz (Abb. 465) und vor allem die beiden römischen Porträtserien, die 1911 in der Kunsttopographie dokumentiert wurden, in diesem Waldviertler Schloss. Während der Herrschaftssitz bzw. dessen Grundbesitz 1938 zur Anlage eines Truppenübungsplatzes herangezogen wurden und heute zur Windhagschen Stipendienstiftung des Landes Niederösterreich gehören, war das Inventar schon vorher an die mit den Grafen Lamberg verwandten Grafen Meran und die Fürsten Auersperg-Breunner vererbt respektive verkauft worden. Von den ehemals dreizehn Gemälden der Familienserie auf Kupfer (Abb. 1) sind daher heute elf Stücke auf vier Besitzer in drei österreichischen Bundesländern aufgeteilt und zwei verschollen, während die Kardinalsserie mit dem Bildnis des Botschafters (Abb. 516) 2003 wieder für Ottenstein respektive vom heutigen Pächter des Schlosses zurück gekauft werden konnte[114].

Das aus dem Sprinzensteinischen Erbe stammende Schloss Drosendorf kam hingegen 1822 vertragsgemäß an die Nachkommen des Schwagers des Botschafters, die Grafen von Hoyos-Sprinzenstein, in deren Besitz es sich noch heute befindet. Der dort 1911 durch die Topographie dokumentierte Kunstbesitz war aber vermutlich ebenfalls zuvor manchen Fluktuationen unterworfen[115]. So verkaufte die Familie Hoyos im 19. Jahrhundert ihre Schlösser Frohsdorf sowie Persenbeug an die exilierte französische Königsfamilie bzw. an die Habsburger und lagerte daher auch Teile der dort im 18. Jahrhundert befindlichen Gemälde (Abb. 158) nach Horn oder Drosendorf an der Thaya aus[116]. Zumindest einige Lamberg-Bilder aus Drosendorf kamen im 20. Jahrhundert hingegen nachweislich in den Hauptsitz der Familie Hoyos-Sprinzenstein in Horn, darunter die beiden Stadtansichten aus dem frühen 18. Jahrhundert (Abb. 150). Die heute im Schloss an der Thaya befindlichen (italienischen) Gemälde können daher aus dem Besitz des Botschafters stammen, aber genauso gut später von dessen Sohn, Urenkel oder von den Grafen Hoyos erworben worden sein[117].

Auch bezüglich der italienischen Gemälde des Grafen Leopold Joseph von Lamberg sind also weitere Recherchen in Waldviertler Archiven und in Museen von San Francisco bis St. Petersburg notwendig. In diesem Sinne sollte das vorliegende Werk nicht nur einen ersten Einblick in die Lebenswelt eines kaiserlichen Diplomaten um 1700 geliefert, sondern auch Anregungen für weitere Forschungen auf regionaler und internationaler Ebene geboten haben.

516. Leopold Joseph Graf von Lamberg als kaiserlicher Botschafter in Rom, Ottensteiner Kardinalsserie, römischer Maler, 1700/1701; Maria Enzersdorf, EVN

Anmerkungen

1. Zu dieser Praxis: Edelmayer: Gesandtschaftsberichte.
2. NÖLA, LA Hs. 51, 642: *„dem buchbinder und buchdruckher meiner relation 3 fl. 8 xr."* (Oktober 1705).
3. Landau: Rom, 267; Pastor: XIV/2, 1153 u. 1160.
4. Zitiert in Bauer: Ottenstein, 146.
5. Duchhardt: Imperium und Regna.
6. HHStA, Botschafts-Archiv Rom-Vatikan I: Nachlass Gallas. Auch Bauer: Ottenstein, 157 zweifelt an der Autorschaft Lambergs.
7. Rill: Staatraison, 317–329.
8. Brief vom 6.6.1705: NÖLA, LA Kart. 35, Fasz. 509.
9. Brief des Kardinals vom 1.8. aus Regensburg referiert in Lamberg: Römisches Diarium II, 450 (16.8.1702).
10. NÖLA, LA Hs. 51, 686–689. Eine offensichtlich vorbereitende Liste mit einigen Abweichungen: NÖLA, LA Karton 86.
11. Vielleicht Akademie Inv.-Nr. 539, *Entführung der Europa*, Öl auf Kupfer 17,5 x 27,5 cm, laut Lamberg-Sprinzenstein-Inventar von Lauri: Eigenberger: Akademiegalerie, 226.
12. Vielleicht Akademie Inv.-Nr. 477, *Venus und Amoretten*, Öl auf Kupfer 23 x 17,5 cm, laut Lamberg-Sprinzenstein-Inventar von Lauri: Eigenberger: Akademiegalerie, 224.
13. Neben der *Hochzeit zu Kanaa* nach dem Bild im Louvre (siehe oben Abb. 466; Öl auf Leinwand 146 x 206 cm: Eigenberger: Akademiegalerie, 435) betrifft dies vielleicht auch Akademie Inv.-Nr. 468: *Christus und die Ehebrecherin*, „Venezianischer Maler des 17. Jahrhunderts" (Giovanni Antonio Fumiani?) im alten Lamberg-Verzeichnis als Paolo Veronese, Öl auf Leinwand 250 x 186 cm: Eigenberger: Akademiegalerie, 428–429.
14. Inv.-Nr. 522 (Öl auf Leinwand, 29 x 24 cm) und Inv.-Nr. 651 (Öl auf Leinwand, 199 x 124 cm): Eigenberger: Akademiegalerie, 9–10 und 122.
15. Inv.-Nr. 291: *Das Urteil des Paris*, Öl auf Leinwand, 230 x 181 cm; oder Inv.-Nr. 310: *Mars und Venus von Vulkan gefangen*, Öl auf Leinwand, 232 x 182 cm: Trnek: Gemäldegalerie, 188–189.
16. Ebert-Schifferer/ Emiliani/ Schleier: Reni, Kat.-Nr. D 49a (Ribera), Nr. D 58 (New Orleans); Luca Giordano y España, AK Madrid 2002, Kat.-Nr. 15 (Toledo); Giuseppe **De Vito**: L'avvio di Luca Giordano fra talento e creatività. In: Ricerche sul' 600 napoletano. Saggi e documenti 2003–2004, Napoli 2004, 169–189, ill. 8 und 9.
17. Giuseppe **Scavizzi**: Giordanos künstlerische Tätigkeit von 1682 bis zum Tod. In: Wilfried Seipel (Hg.): Luca Giordano 1634–1705, AK Wien, Neapel 2001, 39–51.
18. Cottino: Stillleben in Rom, 351–352; Gregori: Stille Welt, 241–242, 357, 380, 477; Ravelli: Stanchi dei Fiori.
19. Tietze: Horn, 171.
20. Bocchi/ Bocchi: Artisti Italiani, 591–624.
21. Vgl. dazu: Gregori: Stille Welt, 206–207, 217; Spinosa: Stillleben in Neapel, 187–188.
22. Dieser verstärkte Trend zu Gegenstücken lässt sich um 1700 auch in Mitteleuropa feststellen: Seifertová: „Kompagnons".
23. Busiri Vici: Van Bloemen, 103–110.
24. AKL, 11. Bd., 553 (U.B. Wegener).
25. Busiri Vici: Van Bloemen, 187–215; AKL 11, 552 (U.B. Wegener); Bowron/ Rishel: Art in Rome, 330–333; Alloisi: Paesaggi, 159–164.
26. Inv.-Nr. 922, Öl auf Leinwand, 74 x 103 cm: Eigenberger: Akademiegalerie, 40.
27. Inv.-Nr. 913 und 914, Öl auf Holz, 13,5 x 19,5 cm: Trnek: Gemäldegalerie, 178–179.
28. Es handelte sich um eine der Repliken der liegenden Heiligen; vgl. Marina **Minozzi**: Correggio nella collezione Borghese. In: Anna Coliva (Hg.): Correggio e l'antico, AK Roma 2008, 58–67, hier 60.
29. Ein solches Werk ist in der Literatur nicht bekannt. Vgl. Clovis **Whitfield**: Antonio Carracci. In: Maria Grazia Bernardini u.a. (Hg.): Studi di storia dell'arte in onore di Denis Mahon, Milano 2000, 132–152; Emilio **Negro**/ Massimo **Pirondini**/ Nicosetta **Roio**: Antonio Carracci, Manerba 2007. Aber 2007 wurde im Wiener Dorotheum ein Werk dieses Themas der Carracci-Schule versteigert, das auf eine 56 x 64 cm große Eisenplatte gemalt war.
30. Eine Gemäldekopie eines Teiles der Kuppel befand sich ehemals bei P. Lucano in Rom: Foto in der Bibliotheca Hertziana Inv.-Nr. 204622. Zum Fresko siehe: Alba **Costamagna**: „...l'aria dipingeva per lui": Giovanni Lanfranco e la Gloria del Paradiso a Sant Andrea della Valle. In: Alba Costamagna u.a.: Sant'Andrea della Valle, Milano 2003, 195–235.
31. Zur besonderen Wertschätzung von Raffael, Correggio, den Carracci sowie Lanfrancos Kuppelfresko im 17. und 18. Jahrhundert siehe: Schudt: Italienreisen, 346–355, 361–362, 367–371 und 375.
32. Andrea **Busiri Vici**: Dirk Helmbreker en zijn voorstellingen van Romeins volksleven. In: Oud Holland 74, 1959, 59–79; Laura **Laureati**: Theodor Helmbreker. In: Briganti/ Trezzani/ Laureati: I Bamboccianti, 340–349; Turner: The Dictionary of Art 14, 366–367; Levine/ Mai: Bamboccianti, 178; Alloisi: Paesaggi, 82–84.
33. Buberl: Zwettl, 120.
34. Vielleicht nach der *Heiligen Nacht* in Dresden.
35. Lambergs Gemälde könnte in einem Bild *Bacchus, Venus und Ariadne* eines „Nachfolgers von Maratta" aus dem Besitz von Dame Shirley Bassey erhalten sein, das 2005 von Sotheby's Monaco versteigert wurde.
36. Eine aus dem Besitz des Kardinals Azzolini bzw. der Königin Christina von Schweden stammende Darstellung dieses Themas von Maratta wurde 2002 von Christie's New York um 660.000 Dollar verkauft.
37. Ein Gemälde dieses Themas aus der Maratta-Werkstatt in der Galleria Nazionale in Rom könnte eine Vorstellung vom Aussehen der südamerikanischen Heiligen vermitteln: Foto in der Bibliotheca Hertziana Inv.-Nr. 161822.
38. Original und Kopie spielten auch eine Rolle während des Aufenthaltes von Bernini 1665 in Paris; sowohl die kennerschaftliche Diskussion über die Eigenhändigkeit von Werken eines Raffael und Michelangelo, als auch die Ausstellung von ausdrücklichen Kopien nach Werken von Raffael, Carracci und Domenichino in der Sammlung Chantelou: Schneider/ Zitzlsperger: Bernini, 199–200; Bruhn: Sammlung, 340–341.
39. Büttner: Echtheitsfragen; Muller: Copies; Loh: Originals, Reproductions. Zur Theorie und Praxis der Kennerschaft bei Mancini und seinen Nachfolgern siehe auch: Bickendorf: Kunstbetrachtung, 35–63.
40. Fleischer: Liechtenstein, 197–199.
41. Fleischer: Liechtenstein, 200; Götz-Mohr: Karl Eusebius, 74–86 („Die Kunst der ‚allieven'. Antonio und Giovanni Francesco Susinis Bronzen nach Giambologna, nach der Antike und eigenen Entwürfen"); Schulze: Johann Adam Andreas, 118–130 („Soldanis Arbeiten für die Galerie Liechtenstein"); Kockel: Abgüsse, 41–42.
42. Zur Entwicklung der (graphischen) Kunstreproduktion in Rom siehe: Haskell/ Penny: Taste, 16–22, 31–36; Borea: Bellori. In diesem Zusammenhang sei auch auf die Sammlung von Kopien nach Raffael, Tizian, Carracci, Reni, Cortona, Lanfranco sowie Guercino hingewiesen, die Kardinal Joseph Fesch (1763–1839) nach Frankreich mitnahm: Olivesi: Cardinal Fesch, 11. Zur Bedeutung des Kopierens in Akademien: Schneider: Nachzeichnungen, 18–22.
43. Erbentraut: Italien-Rezeption, 17–18.
44. Gatz: Bischöfe, 354–355 (France M. Dolinar).
45. Lavrič: Buchheim.
46. Luckhardt: Voet als Kopist, hier 136.
47. Schäfer: Kremsier, 147–153; Slavíček: Artis Pictoriae Amatores, 365. Bott: Pommersfelden, 6.
48. Hantsch/ Scherf: Quellen, 116.
49. Tiyll van Serooskerken: Christina 219–221.
50. Krummholz: Obrazová, 275–280.
51. Haskell: Maler und Auftraggeber, 207.
52. Montalto: Pamphilj, 306–307 und 533; Lorizzo: mercato dell'arte, 329–330; Lorizzo: Peri; Lorizzo: Painting Trade.
53. Haskell: Maler und Auftraggeber, 176–238; Reinhard: Roman Art Market, 86–91.
54. Rudolph: Montioni, 265–270; Frascarelli/ Testa: Gabrielli, 95–116, Taf. IX–XII.
55. Kemper: Brockes, 37–38, 311–314.
56. Haskell: Maler und Auftraggeber, 235–237; Smith: Papal Art, 32; Barroero: L'Arcadia, 11–12; Barroero/ Susinno: Arcadian Rome, 52; Bowron: Painters, 296–297; Negro: Pittura, 54–55.
57. Zur Vorliebe der älteren römischen Galerien für (halbfigurige) Historiengemälde siehe: Gianfreda: Caravaggio, 77–162. Auch in Mitteleuropa waren Landschaften und Stillleben vor 1700 selten in den adeligen Sammlungen vertreten: Seifertová: Kabinettmalerei, 14.
58. Olszewski: The Enlightened Patronage, 52ff.
59. Slavíček: Artis pictoriae amatores, 373–377; Benedikt: Neapel, 610–615; Kräftner: Unter dem Vesuv, 13.
60. Klingenstein: Kaunitz, 60.
61. Haskell: Maler und Auftraggeber, 186. Zur Patronage von Künstlern aus Bologna durch die Ludovisi, von Florentinern durch die Barberini oder von Sieneser Malern durch die Chigi siehe: Karsten: Künstler, 78, 96–97, 181.
62. Krummholz: Obrazová, 280–282.
63. Prohaska: Vienna versus Neapel, 80–83; Bologna: Solimena, 68.
64. Kräftner: Unter dem Vesuv, Kat.-Nr. 7 und 29. Auch Harrachs Vorgänger, Graf Althann, bestellte 1727 zur Erinnerung an seine Tätigkeit in Neapel (1722–28) ein Gemälde des hl. Januarius von Girolamo Pesce für seine Bischofskirche in Vác/ Waitzen.
65. Polleroß: Hispaniarum et Indiarum Rex, 163–165.

66	Diekamp: Sammlung, 24.			
67	Briefe aus Palo und Rom: NÖLA, LA Kart. 35, Fasz. 509.			
68	NÖLA, LA Hs. 51, 696–698.			
69	Lo Sardo: Kircher, 180–189; Karsten: Künstler, 217–222.			
70	Kalveram: Antikensammlungen; Karsten: Künstler, 151–152; Götz-Mohr: Karl Eusebius, 87–92 („Der neue Umgang mit der Antike. Merkur und Apollo von François Duquesnoy"); Schulze: Johann Adam Andreas, 107–110 („Die Antike als Ideal").			
71	Lyons: Virtual Antiquity.			
72	Claridge: Archaeologies; Ferrari: L'antiquario; Gallo: Antiquires romains; Herklotz: Dal Pozzo, 22–29 („Antiquare"); Marzi: Il collezionismo minore; Molinari: Antiquaria numismatica, 562–563. Schnapp: Discovery of the Past, 180–189.			
73	Polleroß: Dieses neue Rom, 9–11.			
74	Micheli: La Glittica, Fig. 1–2. Zu dieser Rolle der Numismatik siehe: Haskell: Die Geschichte und ihre Bilder, 37–93 („Porträts aus der Vergangenheit").			
75	Tuyll van Serooskerken: Christina, 218; Micheli: La Glittica, 552–554.			
76	Christina, Kat.-Nr. 1066–1688.			
77	Heres: Bellori collezionista, 499; De Lachenal/ Marzi: Le „anticaglie", 530–531; Micheli: La Glittica; Segelken: Antiken-, Kunst- und Naturalienkammer; AK Preußen 1701, Kat.-Nr. VIII.47–72.			
78	Liverani/ Picozzi: Antiquari, 101–102; Johns: Papal Art, 36; Sölch: Museo Ecclesiastico, 179–204. Zur Forschung über das Frühchristentum im Rom des 17. Jhs. siehe auch: Bickendorf: Kunstbetrachtung, 65–103.			
79	Auch in Paris entstanden erst um 1720 eigene Antikenkabinette wie jenes von Victor-Marie Duc d'Estrées (1660–1737) oder Kardinal Melchior de Polignac (1661–1741) unter dem Einfluss römischer Antiquare und parallel zur Tätigkeit von Bernard de Montfaucon: Dostert: collections des statues antiques, 170–178.			
80	Noll: Die Antiken; Seeger: Stadtpalais und Belvedere, 318–321. 1733 lässt sich auch in den Czerninschen Sammlungen in Böhmen ein römisches Marmor-Hekataion aus dem Besitz des Kardinals Rodolfo Pio di Carpi (1500–1564) nachweisen: Slavíček: Artis pictoriae amatores, Kat.-Nr. VI/2-26.			
81	Lhotsky: Geschichte der Sammlungen, 2. Teil, 390–396, Abb. 55; Gschwantler: Antikensammlungen, 162; Worel: Prodromus, 8–15.			
82	Matsche: Karl VI.; Hellmut **Lorenz**: Überlegungen zu einer unbekannten Festarchitektur Johann Bernhard Fischers von Erlach. In: Zeitschrift für Kunstgeschichte 57, 1994, 430–439; Matsche: Trautson, 162–164; Polleroß: Geschichte als Mythos, 123.			
83	Polleroß: Dieses neue Rom, 18–25.			
84	Sladek: Fischer von Erlach; Garretson: Albrecht, 29; Polleroß: Von Rom nach Wien, 227–230; Prange: Entwurf und Phantasie.			
85	Planiscig: Bronzeplastiken, 126, Kat.-Nr. 218; 184, Kat.-Nr. 301; Leithe-Jasper: Bronzestatuetten, Kat.-Nr. 125; Gramiccia/ Piantoni: L'Idea del Bello, Kat.-Nr. XIX-4.			
86	Planiscig: Bronzeplastiken, 53, Kat.-Nr. 93 und 13, Kat.-Nr. 16; Leithe-Jasper: Bronzestatuetten, Kat.-Nr.125.			
87	Planiscig; Bronzeplastiken, 182–183 und 124–125, Kat.-Nr. 297 und 214.			
88	KK Inv.-Nr. 5616: Planiscig: Bronzeplastiken, 77, Kat.-Nr. 138 und 139 sowie 91 Kat.-Nr. 160 und 62, Kat.-Nr. 108; Leithe-Jasper: Bronzestatuetten, Kat.-Nr. 19.			
89	Leithe-Jasper: Bronzestatuetten, Kat.-Nr. 56.			
90	De France ließ sich mit dieser Skulptur auch auf seinem Familienporträt von Martin van Meytens aus dem Jahre 1748 darstellen: Birgitta **Lisholm**: Martin van Meytens d.y. Hans liv och hans verk, Malmö 1974, Kat.-Nr. 179, Taf. 49; Leithe-Jasper: Viennese collections, 438 (Abb.).			
91	Martini: Musei Franciani Descriptio 2. Bd., 15 Nr. 122. Der Hinweis auf die Lambergsammlung erstmals bei: Kurt **Gschwantler** u.a.: Guß + Form. Bronzen aus der Antikensammlung, AK Wien 1986, 48, Kat.-Nr. 44. Auch die Katalogeinträge zu einem Delphin mit Kind (Cupido) sowie einem „Vir aegyptus" (Martini: Musei Franciani Descriptio 2. Bd., Nr. 204 und 527) sind wohl auf die Inv.-Nr. 5795 und 5855 der Kunstkammer des KHM zu beziehen.			
92	Planiscig; Bronzeplastiken, 99, Kat.-Nr. 172; Leithe-Jasper: Bronzestatuetten, Kat.-Nr. 33; Beck/ Bol: Natur und Antike, Kat.-Nr. 143 (Dieter Blume); Schudt: Italienreisen, Abb. 106.			
93	Zur Biographie dieses Gelehrten siehe: Brunel: La Chausse.			
94	Zum römischen Diana-Fragment und dessen Bearbeitung durch Menestrier und Bellori (1658) siehe: Gramiccia/ Piantoni: L'Idea del Bello, Kat.-Nr. XIX-4.			
95	Das Merckwürdige Wien, Wien 1727, 195–215.			
96	Polleroß: Gemäldesammlungen der Grafen Lamberg, 695–696, Abb. 6.			
97	Zu diesen Stifts- oder Ahnenproben siehe: Klaus **Graf**: Ahnenprobe. In: Friedrich Jäger (Hg.): Enzyklopedie der Neuzeit, 1. Bd., Stuttgart 2005, Sp. 146–148.			
98	Klingenstein: Kaunitz, 77–79. Lamberg: Römisches Diarium III, 231 (11.3.1704). Zur Bedeutung des Fideikommiss in Rom siehe: Piccialuti: Eine Säule des Nepotismus.			
99	Siebe oben Seite 186–187.			
100	NÖLA, LA Kart. 65, Nr. 344.			
101	Quittung über 150 fl. für die Einbalsamierung vom 26.7.1706: NÖLA, LA Kart. 274.			
102	Index super librum Mortuorum ab Anno M.D.C.XL: Archiv der Augustinerkirche. Zur Tradition der Grablegen in dieser Kirche siehe Hengerer: Adelsgräber in der Residenz, 289–297.			
103	Historische Remarques Nr. XXVII (1706), 114–116.			
104	Klingenstein: Kaunitz, 58.			
105	Ausgefertigt von Adolph v. Andlau und Leopold Hartmann: NÖLA, LA Kart. 65, Nr. 344.			
106	Hantsch/ Scherf: Quellen, 159 und 176.			
107	Frimmel: Gemäldesammlungen, 16–19.			
108	Polleroß: Gemäldesammlungen der Grafen Lamberg, 697–699.			
109	Berghaus: de France; Leithe-Jasper: Master Bronzes, 39–40, Fig. 9; Leithe-Jasper: Viennese Collections, 433–448.			
110	Gschwantler: Antikensammlungen, 165.			
111	Zur Biographie siehe: Christina **Ekelhart-Reinwetter**: Anton Franz de Paul Graf v. Lamberg-Sprinzenstein. In: Neue Deutsche Biographie 13, Berlin 1982, 430.			
112	Frimmel: Gemäldesammlungen, 51–52.			
113	Petrin: Lamberg-Archiv.			
114	Maier-Rieper: Kirchenfürstenportraits, 39.			
115	Tietze: Horn, 171–175, 393.			
116	Eine Überpüfung des Sachverhaltes ist nicht möglich, da das Archiv des Schlosses Drosendorf zur Zeit nicht zugänglich ist.			
117	Zu zwei Gemälden von Massimo Stanzione im Besitz der Grafen Hoyos siehe etwa: Knall-Brskovsky: Lucretia und Cleopatra.			

Quellen- und Literaturverzeichnis:

Archivalien:

Città del Vaticano, Archivio Segreto Vaticano (= ASV):
  Segreteria di Stato, Germania, fasz. 240 und 469

Città del Vaticano, Archivio dell'Ufficio delle Celebrazioni Liturgiche del Sommo Pontefice (= ACP):
  Zeremonialakten, vol. 34 (Reliquie) und 43 (Udienze)

Horn, Familienarchiv der Grafen Hoyos-Sprinzenstein:
  Raisz in fremden Ländern (= Kavalierstour von Leopold Carl von Hoyos)
  Briefe von Leopold Joseph von Lamberg an seinen Schwager Leopold Carl von Hoyos

Rom, Archivio Storico Capitolino (= ACap):
  Cod. 1159 (= Francesco Valesio: Diario di Roma 1700)
  Cod. 1160 (= Francesco Valesio: Diario di Roma 1701)
  Cod. 1161 (= Francesco Valesio: Diario di Roma 1702)
  Cod. 1162 (= Francesco Valesio: Diario di Roma 1703)
  Cod. 1163 (= Francesco Valesio: Diario di Roma 1704)
  Cod. 1164 (= Francesco Valesio: Diario di Roma 1705-7)

St.Pölten, Niederösterreichisches Landesarchiv (= NÖLA), Lamberg-Archiv Ottenstein (= LA):
  Urkunden
  Handschriften (= Hs.), darunter
  50 (= Lamberg: Regensburger Diarium I: [vom 23. Juni 1691 – 28. August 1692] & Rechnungsbuch [1690–1695])
  51 (= Lamberg: Regensburger Diarium II: [vom 18. Mai 1694 – 1. Mai 1695] & Rechnungsbuch [1696–1706])
  54 (= Lamberg: Römisches Diarium I: 23. April 1700 – 26. Februar 1702)
  55 (= Lamberg: Römisches Diarium II: 1. März 1702 – 30. September 1703)
  56 (= Lamberg: Römisches Diarium III: 1. Oktober 1703 – 13. November 1704)
  Akten (Familien- und Herrschaftsakten sowie Diplomatica), darunter
  Karton 25, ad 308: *Rechnungen und Schein. Von Herrn Johann Hegeler gewesten Hoffmaistern beeder Herrn Herrn Leopold Joseph und Carl Adam Graff von Lamberg. Waß derselbe von Frauen Frauen Maria Constantia Gräffin von Lamberg Seel: an Geltern und Wexl in denen Ländern Empfangen, und außgeben hat* (= Reisejournal 1677).
  Karton 77 (*Avvisi Romani*)

Vaduz-Wien, Sammlungen des Fürsten von und zu Liechtenstein, Hausarchiv (= SL-HA):
  Karton 154 und 155: Briefe des Botschafters Leopold Joseph von Lamberg an Fürst Anton Florian von Liechtenstein sowie Kaiser Leopold I., 1700–1705

Wien, Österreichisches Staatsarchiv, Haus-, Hof- und Staatsarchiv (= HHStA):
  Staatskanzlei, Diplomatische Korrespondenz, Regensburg, Österreichische Gesandtschaft:
  Karton 1   (Weisungen 1662 – 1712)
  Karton 14 (Berichte 1690.01 – 1690.11)
  Karton 15 (Berichte 1690.12 – 1691.07)
  Karton 16 (Berichte 1691.08 – 1692.08)
  Karton 17 (Berichte 1692.09 – 1693)
  Karton 18 (Berichte 1694 – 1697.08)
  Karton 19 (Berichte 1697.09 – 1698)
  Karton 20 (Berichte 1699 – 1701.06)
  Staatenabteilung (= StA), Italien, Rom, Diplomatische Korrespondenz (= Korr.):
  Karton 78 (Berichte des Botschafters Martinitz u.a., 1697–1698)
  Karton 79 (Berichte der Botschafter Martinitz und Uceda, 1699)
  Karton 80 (Berichte der Botschafter Martinitz und Lamberg, 1700)
  Karton 81 (Instruktionen von Leopold I. für Lamberg u.a., 1699)
  Karton 82 (Berichte des Botschafters Lamberg u.a., 1701)
  Karton 83 (Berichte des Botschafters Lamberg u.a., 1702)
  Karton 84 (Berichte des Botschafters Lamberg u.a., 1703–1704)
  Karton 85 (Berichte des Botschafters Lamberg u.a., 1705–1707)
  Karton 86 (Instruktionen für Lamberg u.a., 1702–1709)
  Staatenabteilung (= StA), Italien, Rom, Varia:
  Karton 15 (Zusammenfassungen der Berichte, Korrespondenz, 1699–1700)
  Karton 16 (Zusammenfassungen der Berichte, Korrespondenz, 1701–1702)
  Karton 17 (Berichte des Botschafters Lamberg, Korrespondenz, 1702–1705)

Wien, Österreichisches Staatsarchiv, Allgemeines Verwaltungsarchiv (= AVA):
  Familienarchiv Harrach: Hs. 134 (= Tagebuch des Grafen Ferdinand Bonaventura von Harrach 1697–98)

Wien, Österreichisches Staatsarchiv, Finanz- und Hofkammerarchiv (= HKA):
  Akten: Hoffinanz rot Karton 437

Gedruckte Quellen und Literatur:

Abkürzungen:

AK = Ausstellungskatalog
AKL = Allgemeines Künstlerlexikon
EG = Ergänzungsband
MIÖG = Mitteilungen des Instituts für Österreichische Geschichtsforschung
NS = Neue Serie, Nova Seria
Ms = Manuskript/ Typoskript

A:

Cristina **Acidini Luchinat**/ Mario **Scalini** (Hg.): Die Pracht der Medici. Florenz und Europa, AK München/ Wien, München u.a. 1998.

Wolfgang **Adam** (Hg.): Geselligkeit und Gesellschaft im Barockzeitalter (= Wolfenbütteler Arbeiten zur Barockforschung 28), Wiesbaden 1997.

John **Adamson** (Hg.): The Princely Courts of Europe. Ritual, Politics and Culture Under the ‚Ancien Régime' 1500-1750, London 1999.

ADSI (Hg.): Palazzi Storici a Roma. Cortili Aperti 2002, Roma 2002.

Renata **Ago**: Carriere e clientele nella Roma barocca, Roma/ Bari 1990.

Renata **Ago**: Sovrano pontefice e società di corte. Competizioni ceremoniali e politica. In: Maria Antonietta Visceglia/ Catherine Brice (Hg.): Cérémonial et rituel à Rome (XVIe-XIXe siècle), Rome 1997, 223-238.

Renata **Ago**: Hegemony over the Social Scene and Zealous Popes (1676-1700). In: Gianvittorio Signorotto/ Maria Antonietta Visceglia (Hg.): Court and Politics in Papal Rome, 1492-1700, Cambridge 2002, 229-246.

Renata **Ago**: Il Gusto delle Cose. Una storia degli oggetti nella Roma del Seicento, Roma 2006.

Rudolf **Agstner**: Palazzo di Venezia und Palazzo Chigi als k.u.k. Botschaften beim Heiligen Stuhl und am Königlich Italienischen Hofe 1871-1915. Samt Anhang über die österreichischen Gesandtschaften und Botschafter in Rom 1921-1997. In: Römische Historische Mitteilungen 40 (1998), 489-571.

Kirsten **Ahrens**: Hyacinthe Rigauds Staatsporträt Ludwigs XIV. Typologische und ikonologische Untersuchung zur politischen Aussage des Bildnisses von 1701 (= Manuskripte zur Kunstwissenschaft 29), Worms 1990.

Bernard **Aikema**/ Rosella **Lauber**/ Max **Seidel** (Hg.): Il collezionismo a Venezia e nel Veneto ai tempi della Serenissima, Venezia 2005.

Siegfried **Albrecht** u.a., Teatro. Eine Reise zu den oberitalienischen Theatern des 16.-19. Jahrhunderts, Marburg 2001.

Antonio **Aimi**/ Vincenzo **De Michele**/ Alessandro **Morandotti**: Septalianum Musaeum. Una collezione scientifica nella Milano del Seicento, Milano 1984.

Augustí **Alcoberro**: L' exili austriacista (1713-1747), Barcelona 2002.

Ingrid **Alexander-Skipnes** (Hg.): Cultural Exchange between the Low Countries and Italy (1400-1600), Turnhout 2007.

Salvador **Aldana Fernandez**: Saavedra Fajardo y el programa iconografico del palacio de Eggenberg. In: Traza y Baza 3 (1973), 61-74.

Patricia **Allerston**: The Second-Hand Trade in the Arts in Early Modern Italy. In: Marcello Fantoni/ Louisa C. Matthew/ Sara F. Matthews-Grieco (Hg.): The Art Market in Italy 15th -17th Centuries/ Il Mercato dell'Arte in Italia secc. XV-XVII, Modena 2003, 301-312.

Sivigliano **Alloisi**: Arcadie e Vecchi Merletti. Paesaggi della Collezione Corsini, Roma 2002.

Giancarlo **Alteri**: Gaspare Carpegna, un cardinale ‚numismatico'. In: Marco Gallo (Hg.): I Cardinali di Santa Romana Chiesa: collezionisti e mecenati, 5. Bd., Roma 2002, 14-24.

Giancarlo **Alteri**: Summorum Romanorum Pontificum Historia nomismatibus recensitis illustrata: ab saeculo XV ad saeculum XX, Città del Vaticano 2004.

Stefano **Aloisi**: Gli Altan e il Barocco. Comittenza artistica tra Seicento e Settecento di un nobile famiglia friulana, Pasian di Prato 1999.

Antonio **Álvarez-Ossorio**/ Bernardo J. **García García**/ Virginia **León** (Hg.): La pérdida de Europa. La guerra de Succesión por la Monarquía de España, Madrid 2007.

Konrad **Amann**: Das Habsburgische Kaiserhaus und das Fürstbistum Passau im 17. und 18. Jahrhundert. In: Egon Boshof/ Max Brunner/ Elisabeth Vavra (Hg.): Grenzenlos. Geschichte der Menschen am Inn, AK Regensburg 2004, 152-158.

Bruna **Amendolea**/ Laura **Indrio** (Hg.): Palazzo Valentini. Storia di un palazzo e di una istituzione, Roma 2005.

AMISOLA Immobilien AG (Hg.): Palais Daun-Kinsky. Wien, Freyung, Wien 2001.

Gerhard **Ammerer** u.a. (Hg.): Bündnispartner und Konkurrenten der Landesfürsten? Die Stände in der Habsburgermonarchie (= Veröffentlichungen des Instituts für Österreichische Geschichtsforschung 49), Wien/ München 2007.

Jaynie **Anderson**: Count Francesco Algarotti as an Advisor to Dresden. In: Bernard Aikema/ Rosella Lauber/ Max Seidel (Hg.): Il collezionismo a Venezia e nel Veneto ai tempi della Serenissima, Venezia 2005, 275-286.

Ralph **Andraschek-Holzer**: Die Topographische Ansicht: Kunstwerk und Geschichtsquelle. Das Beispiel Waldviertler Städte (= Sonder- und Wechselausstellungen der Niederösterreichischen Landesbibliothek 19), St. Pölten 2000.

Jan **Andres**/ Alexa **Geisthövel**/ Matthias **Schwengelbeck** (Hg.): Die Sinnlichkeit der Macht. Herrschaft und Repräsentation seit der Frühen Neuzeit (= Historische Politikforschung 5), Frankfurt am Main 2005.

Stefano **Andretta**: Cerimoniale e diplomazia pontificia nel XVII secolo. In: Maria Antonietta Visceglia/ Catherine Brice (Hg.): Cérémonial et rituel à Rome (XVIe-XIXe siècle), Rome 1997, 201-222.

Sergej **Androsov**: Le relazioni commerciali e culturali tra la Russia e Genova all'inizio del XVIII secolo. In: Grande Pittura Genovesa dall' Eremitage da Luca Cambiaso a Magnasco, AK Genova 2002, 33-37.

Alessandro **Angelini**: Rapporti artistici tra Siena e Roma ai tempi di Fabio Chigi. In: Alessandro Angelini/ Monika Butzek/ Bernardina Sani (Hg.): Alessandro VII Chigi (1599-1667). Il Papa Senese di Roma Moderna, AK Siena 2008, 31-38.

Arnold **Angenendt**: Heilige und Reliquien. Die Geschichte ihres Kultes vom frühen Christentum bis zur Gegenwart, München 1994.

Martin **Angerer**/ Konrad M. **Fäber**/ Helmut-Eberhard **Paulus**: Das Alte Rathaus zu Regensburg, Regensburg 2. Aufl. 1995.

Anna Maria Luisa Medici. Kurfürstin von der Pfalz, AK Düsseldorf 1988.

Alessandra **Anselmi**: Il Palazzo dell'Ambasciata di Spagna presso la Santa Sede, Roma 2001.

Alessandra **Anselmi**: Roma celebra la monarchia spagnola: il teatro per la canonizzazione di Isidoro Agricola, Ignazio di Loyola, Francesco Saverio, Teresa di Gesù e Filippo Neri (1622). In: José Luis Colomer (Hg.): Arte y diplomacia de la Monarquía Hispánica en el siglo XVII, Madrid 2003, 221-246.

Alessandra **Anselmi**: Il diario del viaggio in Spagna del Cardinale Francesco Barberini scritto da Cassiano dal Pozzo, Aranjuez 2004.

Margherita **Anselmi Zondadari**: La „wunderkammer" e la raccolta d'arte del cardinale Flavio Chigi. In: Marco Gallo (Hg.): I Cardinali di Santa Romana Chiesa: collezionisti e mecenati, 5. Bd., Roma 2002, 56-67.

Eike **Antetomaso**: La Collezione di Stampe: Mercanti, Collezionisti, Bibliofili. In: Eike Antetomaso/ Ginevra Mariani (Hg.): La Collezione del Principe. Da Leonardo a Goya. Disegni e Stampe della Raccolta Corsini, AK Roma 2004, 48-67.

Eike **Antetomaso**/ Ginevra **Mariani** (Hg.): La Collezione del Principe. Da Leonardo a Goya. Disegni e Stampe della Raccolta Corsini, AK Roma 2004.

Aloisio **Antinori**: Scipione Borghese e l'architettura. Programmi progetti cantieri alle soglie dell'età barocca (= Arte e storia 3), Roma 1995.

Aloisio **Antinori**: L'immagine del Casino Borghese. In: Alberta Campitelli (Hg.): Villa Borghese. Storia e gestione, Milano 2005, 93-102.

Marco Fabio **Apolloni**: Le carozze dell'Ambasceria del Marchese de Fontes nel Museo Nazionale delle Carozze a Lisbona. In: Sandra Vasco Rocca/ Gabriele Borghini (Hg.): Giovanni di Portogallo (1707-1750) e la cultura romana del suo tempo, AK Roma 1995, 412-422.

Sibylle **Appuhn-Radtke**: Augsburger Buchillustration im 17. Jahrhundert. In: Helmut Gier/ Johannes Janota (Hg.): Augsburger Buchdruck und Verlagswesen. Von den Anfängen bis zur Gegenwart, Wiesbaden 1997, 735-790.

Sibylle **Appuhn-Radtke**: Sol oder Phaeton? Invention und Imitation barocker Bildpropaganda in Wien und Paris. In: Wilhelm Hofmann/ Hans-Otto Mühleisen (Hg.): Kunst und Macht. Politik und Herrschaft im Medium der bildenden Kunst (= Studien zur visuellen Politik 2), Münster 2005, 94-127.

Sibylle **Appuhn-Radtke**: „Domino Suo clementissimo...". Thesenblätter als Dokumente barocken Mäzenatentums. In: Rainer A. Müller (Hg.): Bilder – Daten – Promotionen. Studien zum Promotionswesen an deutschen Universitäten der frühen Neuzeit (= Pallas Athene. Beiträge zur Universitäts- und Wissenschaftsgeschichte 24), Stuttgart 2007, 56-83.

Luciano **Arcangeli**: La Capella del Battistero nella Basilica di San Pietro. In: Giuseppe Cucco (Hg.): Papa Albani e le arti a Urbino e a Roma 1700-1721, AK Urbino/ Roma, Venezia 2000, 96-98.

Barbara **Arciszewska**: Johann Bernhard Fischer von Erlach's Villa Huldeberg at Weidlingau. Architecture and the Politics of Dynastic Identity within German Empire c. 1700. In: Wiener Jahrbuch für Kunstgeschichte 52 (2002), 95-112, 205-212 (Abb.).

Ulrich **Arco-Zinneberg**: Graf Harrach'sche Gemäldegalerie. Schloßmuseum Rohrau, Rohrau 1995.

Catherine **Arminjon** (Hg.): Quand Versailles était meublé d'argent, AK Versailles 2007.

Antonella **Arnaboldi**: Il cardinale Girolamo Casante e la sua raccolta d'arte. In: Harula Economopoulos (Hg.): I Cardinali di Santa Romana Chiesa Collezionisti e Mecenati, 2. Bd., Roma 2003, 99-124.

Carlo d'**Arquino**: Sacra Exequialia in Funere Jacobii II. Magnae Brittanniae Regis exhibito ab Eminentiss. Et Reverendiss. Principe Carolo Sanctae Romanae Ecclesiae Cardinal Barberino In Templo Sui Tituli Sancti Laurentii in Lucina descripta a Carolo de Aquino Societatis Jesu, Roma 1702 (http://www.archive.org/stream/sacraexequialiai00aqui#page/n0/mode/2up)

L'**arte per i papi** e per i principi nella campagna romana. Grande pittura del ‚600 e del' 700, AK Roma 1990.

Brigitte **Asperger**: Der Einfluß des Prinzen Eugen auf die Gartenkunst seiner Zeit. In: Karl Gutkas (Hg.): Prinz Eugen und das barocke Österreich, Salzburg/ Wien 1985, 313-318.

Ángel **Aterido Fernández**: De reyes, embajadores, pintores y un enano: John Closterman en la Corte de Carlos II. In: José Luis Colomer (Hg.): Arte y diplomacia de la Monarquía Hispánica en el siglo XVII, Madrid 2003, 192-205.

Maria **Auböck** (Hg.): Das Belvedere. Der Garten des Prinzen Eugen in Wien, Wien 2004.

Leopold **Auer**: Diplomatisches Zermoniell am Kaiserhof der Frühen Neuzeit: Perspektiven eines Forschungsthemas. In: Ralph Kautz/ Giorgio Rota/ Jan Paul Niederkorn (Hg.): Diplomatisches Zeremoniell in Europa und im Mittleren Osten in der frühen Neuzeit (= Veröffentlichungen zur Iranistik 52), Wien 2009, 33-53.

Wolfgang **Augustyn**: Augsburger Buchillustration im 18. Jahrhundert. In: Helmut Gier/ Johannes Janota (Hg.): Augsburger Buchdruck und Verlagswesen. Von den Anfängen bis zur Gegenwart, Wiesbaden 1997, 791-861.

Christoph **Augustynowicz**: „Ablegations-negocien von keiner erhöblichkeit"? – Wirken und Wirkung der Moskauer Großgesandtschaft in Wien 1687. In: Mitteilungen des Österreichischen Staatsarchivs 50 (2003), 43-63.

Christoph **Augustynowicz**: Tatarische Gesandtschaften am Kaiserhof des 17. Jahrhunderts – Protokoll und Alltag. In: Marlene Kurz/ Martin Scheutz/ Karl Vocelka/ Thomas Winkelbauer (Hg.): Das Osmanische Reich und die Habsburgermonarchie (= MIÖG EB 48), Wien/München 2005, 315-340.

Rosemarie **Aulinger**: Ikonographie des Reichstags. Zur Darstellung der Ständeversammlung des Heiligen Römischen Reiches deutscher Nation in bildlichen Quellen. In: Rainer Müller (Hg.): Bilder des Reiches (= Irseer Schriften 4), Sigmaringen 1997, 255-274.

Ausführliche Relation alles dessen, was sich sowohl bey der von Ihrer Röm. Käys. Maj. an des Ertz-Hertzogen Carls Durchlaucht beschehenen Cession und Declaration wegen der Succession zur Spanischen Monarchie, als auch was inzwischen vor- und bey Ihro Königl. Maj. Abreiß in Spanien sich zugetragen […], Wien 1703-1704.

B:

Hannah **Baader**: Iconic Turn. In: Ulrich Pfisterer (Hg.): Metzler Lexikon Kunstwissenschaften. Ideen, Methoden, Begriffe, Stuttgart/ Weimar 2003, 143-146.

Rainer **Babel** (Hg.): Le diplomate au travail. Entscheidungsprozesse, Information und Kommunikation im Umkreis des Westfälischen Friedenskongresses (= Pariser Historische Studien 65), München 2005.

Rainer **Babel**/ Werner **Paravicini** (Hg.): Grand Tour. Adeliges Reisen und europäische Kultur vom 14. bis zum 18. Jahrhundert. Akten der internationalen Kolloquien in der Villa Vigoni 1999 und im Deutschen Historischen Institut Paris 2000 (= Beihefte der Francia 60), Ostfildern 2004.

Jean-Pierre **Babelon**/ Claude **Mignot** (Hg.): François Mansart. Le génie de l'architecture, AK Paris 1998.

Astrid **Bähr**: Repräsentieren, Bewahren, Belehren: Galeriewerke (1660-1800). Von der Darstellung herrschaftlicher Gemäldesammlungen zum populären Bildband (= Studien zur Kunstgeschichte 178), Hildesheim u.a. 2009.

Ingeborg **Bähr**: Die Kapelle der „Deutschen Nation" in S. Domenico in Siena. In: Herbert Knittler/ Gottfried Stangler/ Renate Zedinger (Hg.): Adel im Wandel. Politik – Kultur – Konfession 1500-1700, AK Rosenburg, Wien 1990, 426-427.

Winfried **Baer**: Au château royal de Berlin. In: Catherine Arminjon (Hg.): Quand Versailles était meublé d'argent, AK Versailles 2007, 124-141.

Sophie **Bajard**/ Raffaello **Bencini**: Villen und Gärten der Toskana, Paris 1992.

Dante **Balboni**: La Galleria Zucchi in Palazzo Ruspoli, Oklahoma 1975.

Laura **Baldini Giusti**: Gli ampliamenti del Palazzo: progetti e realizzazioni. In: Marco Chiarini (Hg.): Palazzo Pitti. L'arte e la storia, Firenze 2000, 76-86.

Rita **Balleri**: I Soldani del Marchese Clemente Vitelli. In: Paragone 58 (2007) Nr. 74, 62-73.

Hillary **Ballon**: Richelieus Architektur. In: Hilliard Todd Goldfarb (Hg.), Richelieu (1585-1642). Kunst, Macht und Politik, AK Montreal/ Köln/ Ghent 2002, 246-259.

Wolfgang J. **Bandion**/ Rüdiger **Feulner**: Die Apostolische Nuntiatur in Wien, 3. Aufl. Wien 2008.

Ilse **Bankier**: Die spanische Erbfolgefrage und der Gesandtschaftsbericht Graf Philipp Ludwig Sinzendorfs vom Hof zu Versailles von 1699-1701, geisteswiss. Dissertation, Ms., Wien 1994.

Jeri **Bapasola**: Threads of History. The Tapestries at Blenheim Palace, AK London 2005.

Francesca **Barberini**/ Micaela **Dickmann**: I Pontefici e gli Anni Santi nella Roma del XVII secolo. Vita, arte e costume, Roma 2000.

Maria Giulia **Barberini**: Villa Peretti Montalto-Negroni-Massimo alle Terme Diocleziane: la collezione di sculture. In: Elisa Debenedetti (Hg.): Collezionismo e ideologia. Mecenati, artisti e teorici dal classico al neoclassico (= Studi sul Settecento Romano 7), Roma 1991, 15-90.

Bernard **Barbiche**: Les nonciatures en France de Maffeo Barberini. In: Lorenza Mochi Onori/ Sebastian Schütze/ Francesco Solinas (Hg.): I Barberini e la cultura europea del Seicento. Atti del convegno internazionale 7-11 dicembre 2004, Roma 2007, 31-35.

Novella **Barbolanti di Montauto**: Il principe cardinale Francesco Maria. In: Mina Gregori (Hg.): L'età di Cosimo III de' Medici e la fine della dinastia (1670-1743) (= Fasto di Corte. La decorazione murale nelle residenze dei Medici e dei Lorena 3), Firenze 2007, 135-141.

István **Barkóczi** (Hg.): Von Raffael bis Tiepolo. Iitalienische Kunst aus der Sammlung des Fürstenhauses Esterházy, AK Frankfurt am Main, München 1999.

Barock im Vatikan: Kunst und Kultur im Rom der Päpste 1572-1676, AK Bonn/ Berlin, Leipzig 2005.

Giacomo **Barri**: Viaggio Pittoresco in cui si notano distintamente tutte le Pitture famose de' più celebri Pittori che si conservano in qualsivoglia Città dell'Italia, Venezia 1671.

Maximiliano **Barrio Gonzalo**: Las iglesias nacionales de España en Roma en el siglo XVII. In: Carlos José Hernando Sánchez (Hg.): Roma y España. Un crisol de la cultura europea en la edad moderna. Actas del Congreso International en la Real Academia de España del 8 al 12 de mayo de 2007, 2. Bd. Madrid 2007, 641-666.

Liliana **Barroero**: L'Accademia di San Luca e l'Arcadia: Da Maratta a Benefial. In: Angela

Cipriani (Hg.): Aeqva Potestas. Le arti in gara a Roma nel Settecento, Roma 2000, 11-13.

Liliana **Barroero**: Aspetti, tipologie, dinamiche del collezionismo a Roma nel Settecento. In: Oliver Bonfait/ Michel Hochmann (Hg.): Geografia del collezionismo. Italia e Francia tra il XVI e il XVIII secolo (= Collection de l' École Française de Rome 287), Rome 2001, 25-39.

Liliana **Barroero** (Hg.): Collezionismo, mercato, tutela. La promozione delle arti prima dell' Unità (= Roma moderna e contemporanea 13 [2006] Nr. 2-3), Roma 2006.

Liliana **Barroero**/ Stefano **Susinno**: Arcadian Rome, Universal Capital of the Arts. In: Edgar Peters Bowron/ Joseph J. Rishel (Hg.): Art in Rome in the Eighteenth Century, AK Philadelphia, London 2000, 46-75.

Isa Belli **Barsalli**/ Maria Grazia **Branchetti**: Ville della Campagna romana (= Ville italiane: Lazio 2), Milano 1975.

Ilsebill **Barta**/ Hubert **Winkler**: Portraitgeschenke am kaiserlichen Hof. In: Kaiserliche Geschenke, AK Linz 1988, 30-38.

T. **Barton Thurber**: Multiple personalities in Francesco Villamena's portrait print of Giovanni Alto dedicated to Cassiano dal Pozzo. In: Word & Image 19 (2003), 100-114.

Bonaventura **Bassegoda**: Antonio Palomino y la memoria histórica de los artistas en España. In: Fernando Checa Cremades (Hg.): Arte Barroco e ideal clásico. Aspectos del arte cortesano de la segvnda mitad del siglo XVII. Ciclo de conferencias, Madrid 2004, 89-113.

Beatrix **Bastl**: Feuerwerk und Schlittenfahrt. Ordnungen zwischen Ritual und Zeremoniell. In: Wiener Geschichtsblätter 51 (1996), 197-229.

Beatrix **Bastl**: Tugend, Liebe, Ehre: Die adelige Frau in der Frühen Neuzeit, Wien/ Köln/ Weimar 2000.

Beatrix **Bastl**: Der aristokratische Zugriff auf das barocke Wien. In: Wiener Geschichtsblätter 63 (2008), 1-25.

Batthyányak évszázadai/ Die Jahrhunderte der **Batthyány**'s, AK Szombathely/ Körmend 2005.

Franz Ernst **Bauer**: Studien zur Herrschafts- und Familiengeschichte der Lamberg zu Ottenstein im 16. und 17. Jahrhundert, phil. Diss. Ms., Wien 1981.

Michael **Bauer**: Christoph Weigel (1654-1725). Kupferstecher und Kunsthändler in Augsburg und Nürnberg (= Sonderdruck aus Archiv für Geschichte des Buchwesens XXIII, Lieferung 4-6, 1982), Frankfurt am Main 1983.

Rotraud **Bauer**: Studien zur Geschichte der ehemals kaiserlichen Tapisserien-Sammlung im Kunsthistorischen Museum, Wien. In: Jahrbuch des Kunsthistorischen Museums 8/9 (2006/2007), 128-143.

Volker **Bauer**: Hofökonomie. Der Diskurs über den Fürstenhof in Zeremonialwissenschaft, Hausväterliteratur und Kameralismus (= Frühneuzeitstudien NF 1), Wien/ Köln/ Weimar 1997.

Markus **Baumanns**: Das publizistische Werk des kaiserlichen Diplomaten Franz Paul Freiherr von Lisola (1613-1674). Ein Beitrag zum Verhältnis von absolutistischem Staat, Öffentlichkeit und Mächtepolitik in der frühen Neuzeit (= Historische Forschungen 53), Berlin 1994.

Jens **Baumgarten**: Konfession, Macht und Bild. Visualisierung als katholisches Herrschafts- und Disziplinierungskonzept in Rom und im habsburgischen Schlesien (1560-1740), Hamburg/ München 2004.

Barbara **Baumüller**: Santa Maria dell'Anima in Rom. Ein Kirchenbau im politischen Spannungsfeld der Zeit um 1500. Aspekte einer historischen Architekturbefragung, Berlin 2000.

Reinhold **Baumstark** u.a.: Liechtenstein. The Princely Collections, AK New York 1985.

Reinhold **Baumstark** (Hg.): Joseph Wenzel von Liechtenstein. Fürst und Diplomat im Europa des 18. Jahrhunderts, AK Vaduz, Einsiedeln 1990.

Reinhold **Baumstark** (Hg.): Kurfürst Johann Wilhelms Bilder. Band I: Sammler und Mäzen, München 2009.

Reinhold **Baumstark** / Helmut **Seling** (Hg.): Silber und Gold. Augsburger Goldschmiedekunst für die Höfe Europas, AK München 1994.

Ludwig **Baur**: Berichte des Hessen-darmstädtischen Gesandten Justus Eberh. Passer an die Landgräfin Elisabeth Dorothea über die Vorgänge am kaiserlichen Hofe und in Wien von 1680 bis 1683. In: Archiv für Österreichische Geschichte 37 (1867), 271-409.

David **Beaurain**: La fabrique du portrait royal. In: Thomas W. Gaehtgens/ Christian Michel/ Daniel Rabreau/ Martin Schieder (Hg.): L'art et les normes sociales au XVIIIe siècle (= Passages/ Passagen 2), Paris 2001, 241-260.

Philippe **Beaussant**: Le goût du roi. In: Nicolas Milovanovic/ Alexandre Maral (Hg.): Louis XIV. L'homme & le roi, AK Versailles, Paris 2009, 56-63.

Lisa **Beaven**: Cardinal Camillo Massimi (1620-1677) as a collector of landscape paintings. The evidence of the 1677 inventory. In: Journal of the History of Collections 15 (2003) Nr. 1, 19-29.

Lisa **Beaven**: Camillo Massimo: Nuncio, Patron, Courtier, London 2010.

Herbert **Beck**/ Peter C. **Bol** (Hg.): Natur und Antike in der Renaissance, AK Frankfurt am Main 1985.

Jochen **Becker**: „Jeder Jek is anders": Bilder im Gesprächsspiel. In: Wolfgang Adam (Hg.): Geselligkeit und Gesellschaft im Barockzeitalter (= Wolfenbütteler Arbeiten zur Barockforschung 28), Wiesbaden 1997, 453-461.

Ulrich **Becker**: Zwischen „battaglia" und „gevecht". Alexander Casteels und Cornelis de Wael, zwei Schlachtenmaler in der Alten Galerie und am Landesmuseum Joanneum in Graz. In: Acta historiae artis Slovenica 11 (2006), 199-210.

Silvio A. **Bedini**: Citadels of Learning. The Museo Kircheriano and other seventeenth century italian science collections. In: Maristella Casciato/ Maria Grazia Ianniello/ Maria Vitale (Hg.): Enciclopedismo in Roma barocca. Athanasius Kircher e il Museo del Collegio Romano tra Wunderkammer e museo scientifico, Venezia 1986, 249-267.

Christian **Beese**: Markgraf Hermann von Baden (1628-1691). General, Diplomat und Minister Kaiser Leopolds I. (= Veröffentlichungen der Kommission für geschichtliche Landeskunde in Baden-Württemberg B/121), Stuttgart 1991.

Janis **Bell**/ Thomas **Willette** (Hg.): Art History in the Age of Bellori: Scholarship and Cultural Politics in Seventeenth-Century Rome, Cambridge 2002.

José **Beltran Fortes** u.a. (Hg.): Illuminismo e illustración. Le antichità e i loro protagonisti in Spagna e in Italia nel XVIII secolo (= Bibliotheca Italia 27), Madrid/ Roma 2003.

Lucien **Bély** (Hg.): La présence des Bourbons en Europe XVIe-XXIe siècle, Paris 2003.

Lucien **Bély**: La diplomatie européenne et les partages de l'empire espagnol. In: Antonio Álvarez-Ossorio/ Bernardo J. García García/ Virginia León (Hg.): La pérdida de Europa. La guerra de Succesión por la Monarquía de España, Madrid 2007, 631-652.

Lucien **Bély**/ Isabelle **Richefort** (Hg.): L'Invention de la Diplomatie. Moyen Age – Temps modernes, Paris 1998.

Eva **Bender**/ Doris **Herzog**/ Petra **Niehaus**: Die Kavalierstour. In: Jörg Jochen Berns/ Frank Druffner/ Ulrich Schütte/ Brigitte Walbe (Hg.): Erdengötter. Fürst und Hofstaat in der Frühen Neuzeit im Spiegel der Marburger Bibliotheks- und Archivbestände (= Schriften der Universitätsbibliothek Marburg 77), Marburg 1997, 570-619.

Sandro **Bendetti**: L'architettura. In: Carlo Pietrangeli (Hg.): Palazzo Ruspoli/ Fondazione Memmo, Roma 1992, 139-184.

Sandro **Bendetti**: Il primo Settecento nei Castelli Romani: tra Arcadia e ultimo Barocco. In: Bolletino del Centro di Studi per la Storia dell'Architettura 39 (2002), 37-57.

Christian **Benedik**: Zeremonielle Abläufe in habsburgischen Residenzen um 1700. Die Wiener Hofburg und die Favorita auf der Wieden. In: Wiener Geschichtsblätter 46 (1991), 171-178.

Christian **Benedik**: Die herrschaftlichen Appartements. Funktion und Lage während der Regierungen von Kaiser Leopold I. bis Kaiser Franz Joseph I.. In: Österreichische Zeitschrift für Kunst und Denkmalpflege 51 (1997) Heft 3-4, 552-750.

Christian **Benedik**: Die Kupferstichsammlung des Prinzen Eugen in der Albertina. In: Agnes Husslein-Arco/ Marie-Louise von Plessen (Hg.): Prinz Eugen. Feldherr, Philosoph und Kunstfreund, AK Wien, München 2009, 154-159.

Heinrich **Benedikt**: Das Königreich Neapel unter Kaiser Karl VI. Eine Darstellung auf Grund bisher unbekannter Dokumente aus den österreichischen Archiven, Wien/ Leipzig 1927.

Carla **Benocci**: Una festa barocca a Roma all'ombra del Re Sole ed una relazione sulla corte francese del Seicento. In: Strenna dei Romanisti, Roma 1980, 25-38.

Carla **Benocci**: La Villa Mattei. Dal XVI al XX secolo: il palazzetto, il parco, le collezioni. In: Carla Benocci (Hg.): Villa Celimontana, Torino 1991, 16-93.

Carla **Benocci**: Il Palazzo come „Status Symbol". Gli ospiti dal Cinquecento all'Ottocento. In: Carlo Pietrangeli (H.): Palazzo Ruspoli/ Fondazione Memmo, Roma 1992, 295-310

Carla **Benocci** u.a.: Villa Doria Pamphilj, Roma 1996.

Carla **Benocci**: Il Cardinale Gaspare di Carpegna tra rinnovamento religioso e collezionismo archaeologico illuminato: una figura di mediazione attenta al mondo spagnuolo. In: José Beltran Fortes u.a. (Hg.): Illuminismo e illustración. Le antichità e i loro protagonisti in Spagna e in Italia nel XVIII secolo (= Bibliotheca Italia 27), Madrid/ Roma 2003, 65-83.

Carla **Benocci**: La Residenza dell'Ambasciatore di Spagna (= La Spagna sul Gianicolo 2), Roma 2004.

Carla **Benocci** (Hg.): Villa Doria Pamphilj (= Municipio Roma XVI), Roma 2005.

Carla **Benocci** (Hg.): I Giardini Chigi tra Siena e Roma: dal Cinquecento agli inizi dell'Ottocento, Siena 2005.

Carla **Benocci**: I Chigi e la loro cerchia in età barocca a Roma: Domenico Salvetti, il Principe Mario e il Cardinale Flavio nel Giardino alle Quattro Fontane. In: Carla Benocci (Hg.): I Giardini Chigi tra Siena e Roma: dal Cinquecento agli inizi dell'Ottocento, Siena 2005, 117-146.

Carla **Benocci**: Il palazzo Orsini a Campo dei Fiori sotto la proprietà dei Pio di Savoia. In: Strenna dei Romanisti 68 (2007), 53-72.

Carla **Benocci**: Villa Il Vascello, Roma 2. Aufl. 2007.

Jadranka **Bentini** (Hg.): Quadri Rinomatissimi. Il collezionismo dei Pio di Savoia, Modena 1994.

Fabio **Benzi**/ Caroline **Viscenti Montanaro**: Palaces of Rome, Verona 2002.

Gino **Benzoni**: Vienna nelle relazioni degli ambasciatori veneziani. In: Giandomenico Romanelli (Hg.): Venezia Vienna. Il mito della cultura veneziana nell'Europa asburgica, Milano 1983, 9-24.

Jill **Bepler**: Ferdinand Albrecht Duke of Braunschweig-Lüneburg (1636-1687). A Traveller and his Travelogue (= Wolfenbütteler Arbeiten zur Barockforschung 16), Wiesbaden 1988.

Jill **Bepler** u.a.: Barocke Sammellust. Die Bibliothek und Kunstkammer des Herzogs Ferdinand Albrecht zu Braunschweig-Lüneburg (1636-1687) (= Ausstellungskataloge der Herzog August Bibliothek 57), Weinheim 1988.

Jill **Bepler**: Travelling and posterity: the archive, the library and the cabinet. In: Rainer Babel/ Werner Paravicini (Hg.): Grand Tour. Adeliges Reisen und europäische Kultur vom 14. bis zum 18. Jahrhundert. Akten der internationalen Kolloquien in der Villa Vigoni 1999 und im Deutschen Historischen Institut Paris 2000 (= Beihefte der Francia 60), Ostfildern 2004, 191-203.

Jean **Bérenger**: La diplomatie impériale. In: Lucien Bély/ Isabelle Richefort (Hg.): L'Invention de la Diplomatie. Moyen Age – Temps modernes, Paris 1998, 125-138.

Jean **Bérenger**: La question de la Succession d'Espagne au XVIIe siècle. In: Lucien Bély (Hg.): La présence des Bourbons en Europe XVIe-XXIe siècle, Paris 2003, 75-91.

László **Berényi**: Domini de Salamon-Watha dicti Zyrház de genere Salomon. Der Ursprung der Familie Esterházy und ihre frühneuzeitliche Geschichte. In: Die Fürsten Esterházy. Magnaten, Diplomaten & Mäzene, AK Eisenstadt 1995, 19-46.

Eva **Berger**: Adelige Baukunst im 16. und 17. Jahrhundert. In: Herbert Knittler/ Gottfried Stangler/ Renate Zedinger (Hg.): Adel im Wandel. Politik – Kultur – Konfession 1500-1700, AK Rosenburg, Wien 1990, 112-145.

Eva **Berger**: Historische Gärten Österreichs. Garten- und Parkanlagen von der Renaissance bis um 1930, 1. Bd. Wien/ Köln/ Weimar 2002.

Klaus **Bergdolt**/ Giorgio **Bonsanti** (Hg.): Opere e giorni. Studi su mille anni di arte europea dedicati a Max Seidel, Venezia 2001.

Robert W. **Berger**: A Royal Passion. Louis XIV as Patron of Architecture, Cambridge 1994.

Peter **Berghaus**: Joseph Angelo de France (1691-1761). Bankier, Diplomat, Sammler, Galeriedirektor, Lebemann. In: Berliner Numismatische Forschungen 4 (1990), 95-99.

Ellinoor **Bergvelt**/ Debora J. **Meijers**/ Mieke **Rijnders** (Hg.): Kabinetten, galerijen en musea. Het verzamelen en presenten van naturalia en kunst van 1500 tot heden, Zwolle 2005.

Alfred **Bernhard-Walcher**: Geschnittene Steine des 18. und 19. Jahrhunderts in der Antikensammlung des Kunsthistorischen Museums Wien. In: Zeitschrift für Kunstgeschichte 59 (1996), 162-182.

Jörg Jochen **Berns**/ Thomas **Rahn** (Hg.): Zeremoniell als höfische Ästhetik in Spätmittelalter und Früher Neuzeit (= Frühe Neuzeit 25), Tübingen 1995.

Jörg Jochen **Berns**/ Frank **Druffner**/ Ulrich **Schütte**/ Brigitte **Walbe** (Hg.): Erdengötter. Fürst und Hofstaat in der Frühen Neuzeit im Spiegel der Marburger Bibliotheks- und Archivbestände (= Schriften der Universitätsbibliothek Marburg 77), Marburg 1997.

David Leonard **Bershad**: Domenico Guidi, a 17th Century Roman Sculptor, Ph. Diss. University of California, Los Angeles 1971.

Pascal-François **Bertrand**: Les tapisseries des Barberini et la décoration d'intérieur dans la Rome baroque (= Studies in Western Tapestry 2), Brepols 2005.

Pascal-François **Bertrand**: Tapestry Production at the Gobelins during the Reign of Louis XIV, 1661-1715. In: Thomas P. Campbell (Hg.): Tapestry in the Baroque. Threads of Splendor, AK New York, New Haven/ London 2007, 340-355.

Sergio **Bettini**: I ‚feux d'artifice' di Claude Lorrain. Fortuna e altre considerazioni. In: Römisches Jahrbuch der Bibliotheca Hertziana 34 (2001/2002), 221-254.

Alexandra **Bettag**: Die Kunstpolitik Jean Baptiste Colberts unter besonderer Berücksichtigung der Académie royale de peinture et de sculpture, Weimar 1998.

Mario **Bevilacqua**: Il sole e le api: La nuova reggia dei Barberini. In: Marcello Fagiolo/ Paolo Portoghesi (Hg.): Roma Barocca. Bernini, Borromini, Pietro da Cortona, AK Roma 2006, 184-186.

Mario **Bevilacqua**/ Maria Luisa **Madonna** (Hg.): Il Sistema delle Residenze Nobiliari. Stato Pontificio e Granducato di Toscana (= Atlante Tematico del Barocco in Italia), Roma 2003.

Mario **Bevilacqua**/ Maria Luisa **Madonna**: Sistemi di residenze nobiliari a Roma e a Firenze: architettura e città in età barocca. In: Mario Bevilacqua/ Maria Luisa Madonna (Hg.): Il Sistema delle Residenze Nobiliari. Stato Pontificio e Granducato di Toscana (= Atlante Tematico del Barocco in Italia), Roma 2003, 9-39.

Bibliothek der Grafen von Schönborn-Buchheim. Versteigerungskatalog Reiss & Auvermann Teil III, Königstein im Taunus 1994.

Gerlinde **Bichler**: Martin Zeiller. Wie „die Reysen insgemein wol und nutzlich anzustellen seyn", Dipl.-Arbeit Ms., Graz 1990.

Gabriele **Bickendorf**: Die Historisierung der italienischen Kunstbetrachtung im 17. und 18. Jahrhundert (= Berliner Schriften zur Kunst XI), Berlin 1998.

Stephan **Biedermann**: Döllersheim – seine Pfarr-, Markt- und Herrschaftsgeschichte, Zwettl 1929.

Ilaria **Bignamini** (Hg.): Archives & Excavations. Essays on the History of Archaeological Excavations in Rome and Southern Italy from the Renaissance to the Nineteenth Century (= Archaeological Monographs of The British School at Rome 14), Rome 2004.

Alice **Binion**: La Galleria scomparsa del maresciallo von der Schulenburg. Un mecenate nella Venezia del Settecento, Milano 1990.

Martin **Bircher**: Im Garten der Palme. Kleinodien aus dem unbekannten Zeitalter des Barock: Die Fruchtbringende Gesellschaft und ihre Zeit (= Ausstellungskataloge der Herzog August Bibliothek 68), Berlin 1992.

Martin **Bircher**: Im Garten der Palme. Katalog einer Sammlung von Dokumenten zur Wirksamkeit der Fruchtbringenden Gesellschaft (= Wolfenbütteler Arbeiten zur Barockforschung 32), Wiesbaden 1998.

Cordula **Bischoff**: Presents for Princesses: Gender in Royal Receiving and Giving. In: Maureen Cassidy-Geiger (Hg.): Gifts in European Courts, 16th to 18th Centuries (= Studies in the Decorative Arts XV [2007/2008] Nr. 1), New York 2007, 19-45.

Paolo **Bisollini** (Hg.): Carlo e Federico. La luce dei Borromeo nella Milano spagnola, AK Milano 2005.

Mascha **Bisping**: Architektur der Residenzschlösser. In: Jörg Jochen Berns/ Frank Druffner/ Ulrich Schütte/ Brigitte Walbe (Hg.): Erdengötter. Fürst und Hofstaat in der Frühen Neuzeit im Spiegel der Marburger Bibliotheks- und Archivbestände (= Schriften der Universitätsbibliothek Marburg 77), Marburg 1997, 158-195.

Ludwig **Bittner**/ Lothar **Groß**/ Walther **Latzke** (Hg.): Repertorium der diplomatischen Vertreter aller Länder seit dem Westfälischen Frieden (1648), 1. Bd. (1648-1705), Oldenburg i.O./ Berlin 1936.

Per **Bjurström**: Nicola Pio as a Collector of Drawings (= Suecoromana II), Stockholm 1995.

Per **Bjurström**/ Mårten **Snickare** (Hg.): Catalogue des livres, estampes & desseins du cabinet des beaux arts, & des sciences appartenant au Baron Tessin, Stockholm 1712 (= Nicodemus Tessin the Younger. Sources, Works, Collections 1), Stockholm 2000.

Jeremy **Black**: France and the Grand Tour, New York/ Houndmills 2003.

Jeremy **Black**: Italy and the Grand Tour, New Haven/ London 2003.

Kurt **Bleicher**: Die Gräflich Kuefsteinsche Gruftkirche in Röhrenbach. Ein frühneuzeitlicher Hospitaltypus im nördlichen Waldviertel. Eine baugeschichtliche Untersuchung. In: Österreichische Zeitschrift für Kunst und Denkmalpflege 60 (2006) Heft 3-4, 385-401.

Pietro **Boccardo**/ Clario **Di Fabio** (Hg.): Genova e l'Europa continentale. Opere, artisti, commitenti, collezionisti, Genova 2004.

Gianluca **Bocchi**/ Ulisse **Bocchi**: Pittori di Natura Morta a Roma. Artisti Stranieri 1630-1750/ Still Life Painters in Rome. Foreign Artists 1630-1750, Viadana MA 2004.

Gianluca **Bocchi**/ Ulisse **Bocchi**: Pittori di Natura Morta a Roma. Artisti Italiani 1630-1750/ Still Life Painters in Rome. Italian Artists 1630-1750, Viadana MA 2005.

Francesco **Bocchi**/ Giovanni **Cinelli**: Le Bellezze della Città di Firenze dove a pieno di pittura, di scultura di Sacri Templi, di Palazzi, i più notabili artifizj, e più preziosi si contengono. Scritte già da M. Francesco Bocchi, Ed ora da M. Giovanni Cinelli ampliate, ed accresciute, Firenze 1677.

Diane H. **Bodart**: Enjeux de la présence en image: les portraits du Roi d'Espagne dans l'Italie du XVIIe siècle. In: Elizabeth Cropper (Hg.): The Diplomacy of Art. Artistic Creation and Politics in Seicento Italy. Papers from a Colloquium Held at the Villa Spelman, Florence, 1998 (= Villa Spelman Colloquia 7), Milano 2000, 77-99.

Diane H. **Bodart**: I ritratti dei re nelle collezioni nobiliari romane del Seicento. In: Maria Antonietta Visceglia (Hg.): La nobiltà romana in età moderna. Profili istituzionali e pratiche sociali (= Ricerche 3), Roma 2001, 307-352.

Diane H. **Bodart**: Le portrait royal sous le dais. Polysémie d'un dispositif de représentation dans l'Espagne et dans l'Italie du XVIIe siècle. In: José Luis Colomer (Hg.): Arte y diplomacia de la Monarquía Hispánica en el siglo XVII, Madrid 2003, 89-111.

Diane H. **Bodart**: Verbreitung und Zensierung der königlichen Porträts im Rom des 16. und 17. Jahrhunderts. In: Vorträge aus dem Warburg-Haus 8 (2004), 1-67.

Diane H. **Bodart**: Philippe V ou Charles III? La guerre des portraits à Rome et dans les royaumes italiens de la couronne d'Espagne. In: Antonio Álvarez-Ossorio/ Bernardo J. García García/ Virginia León (Hg.): La pérdida de Europa. La guerra de Succesión por la Monarquía de España, Madrid 2007, 99-133.

Diane H. **Bodart**: La guerre des statues. Monuments des rois de France et d'Espagne à Rome au XVIIe siècle. In: Carlos José Hernando Sánchez (Hg.): Roma y España. Un crisol de la cultura europeea en la edad moderna. Actas del Congreso International en la Real Academia de España del 8 al 12 de mayo de 2007, 2. Bd. Madrid 2007, 679-693.

Diane H. **Bodart**: Statues royales et géographie du pouvoir sous les règnes de Charles II et de Louis XIV. In: Gérard Sabatier/ Margarita Torrione (Hg.): ¿Louis XIV espagnol? Madrid et Versailles, images et modèles (= Collection 'Aulica'), Versailles/ Paris 2009, 95-116.

Angela **Böck**: Die Sala Regia im Vatikan als Beispiel der Selbstdarstellung des Papsttums in der zweiten Hälfte des 16. Jahrhunderts (= Studien zur Kunstgeschichte 112), Hildesheim/ Zürich/ New York 1997.

Annemarie **Bönsch**: Adelige Bekleidungsformen zwischen 1500 und 1700. In: Herbert Knittler/ Gottfried Stangler/ Renate Zedinger (Hg.): Adel im Wandel. Politik – Kultur – Konfession 1500-1700, AK Rosenburg, Wien 1990, 168-1193.

Helmut **Börsch-Supan**: Anton Schoonjans in Berlin. In: Zeitschrift des deutschen Vereins für Kunstwissenschaft 21 (1967), 1-19.

Richard **Bösel**/ Christoph Luitpold **Frommel** (Hg.): Borromini. Architekt im barocken Rom, AK Wien, Mailand 2000.

Richard **Bösel**: Ein Projekt im Auftrag Kaiser Ferdinands II. für das Ignatius-Heiligtum in der römischen Kirche Il Gesù. In: Richard Bösel/ Grete Klingenstein/ Alexander Koller (Hg.): Kaiserhof – Papsthof (16.-18. Jahrhundert) (= Publikationen des Historischen Instituts beim Österreichischen Kulturforum in Rom. Abhandlungen 12), Wien 2006, 225-249.

Richard **Bösel**/ Grete **Klingenstein**/ Alexander **Koller** (Hg.): Kaiserhof – Papsthof (16.-18. Jahrhundert) (= Publikationen des Historischen Instituts beim Österreichischen Kulturforum in Rom. Abhandlungen 12), Wien 2006.

Martine **Boiteux**: Fêtes et traditions espagnoles à Rome au XVII siècle. In: Marcello Fagiolo/ Maria Luisa Madonna (Hg.): Barocco romano e barocco italiano: il teatro, l'effimero, l'allegoria, Roma 1985, 117-134.

Martine **Boiteux**: L'hommage de la Chinea. Madrid-Naples-Rome. In: Carlos José Hernando Sánchez (Hg.): Roma y España. Un crisol de la cultura europea en la edad moderna. Actas del Congreso International en la Real Academia de España del 8 al 12 de mayo de 2007, 2. Bd. Madrid 2007, 831-846.

Martine **Boiteux**: Les Barberini, Rome et la France: fête et politque. In: Lorenza Mochi Onori/ Sebastian Schütze/ Francesco Solinas (Hg.): I Barberini e la cultura europea del Seicento. Atti del convegno internazionale 7-11 dicembre 2004, Roma 2007, 345-360.

Michael **Bohr**: Der Chigi-Schatz im Dommuseum zu Siena. Sammelleidenschaft und Mäzenatentum einer päpstlichen Familie. In: Mitteilungen des Kunsthistorischen Institutes in Florenz 45 (2001), 190-262.

Michael **Bohr**: Englische Uhren für Großherzog Cosimo III. und ein Londoner Uhrmacher in Florenz. Europäischer Personen- und Warenverkehr im 17. Jahrhundert. In: Frühneuzeit-Info 16 (2005), 7-17.

Ferdinando **Bologna**: Solimena und seine Zeitgenossen unter den österreichischen Vizekönigen. In: Wolfgang Prohaska/ Nicola Spinosa (Hg.): Barock in Neapel. Kunst zur Zeit der österreichischen Vizekönige. AK Wien, Neapel 1993, 57-75.

Bollwerk Forchtenstein, AK Forchtenstein, Eisenstadt 1993.

Giuseppe **Bonaccorso**: Il luoghi dell'architettura. Lo studio professionale di Carlo Fontana. In: Elisa Debenedetti (Hg.): Roma, le case, la città (= Studi sul Settencento Romano 14), Roma 1998, 95-125.

Giuseppe **Bonaccorso**: L'architetto e le collaborazioni letterarie: Carlo Fontana, Francesco Posterla e Carlo Vesprigani. In: Marcello Fagiolo/ Giuseppe Bonaccorso (Hg.): Studi sui Fontana. Una dinastia di architetti ticinesi a Roma tra Maniersimo e Barocco (= Roma. Storia, cultura, immagine 21), Roma 2008, 141-170.

Filippo **Bonanni** SJ: Musaeum Kircherianum sive Musaeum a P. Athanasio Kirchero in Collegio Romano Societatis Jesu jam pridem coeptum nuper restitutum, auctum, descriptum, & Iconibus illustratum […], Roma 1709.

Oliver **Bonfait** (Hg.): L'idéal classique. Les échanges artistiques entre Rome et Paris au temps de Bellori (1640-1700) (= Collection d'histoire de l'art de l'Académie de France à Rome 1), Rome 2002.

Oliver **Bonfait**/ Michel **Hochmann** (Hg.): Geografia del collezionismo. Italia e Francia tra il XVI e il XVIII secolo (= Collection de l'École Française de Rome 287), Rome 2001.

Evelina **Borea**: Giovan Pietro Bellori e la „commodità delle stampe". In: Elizabeth Cropper/ Giovanna Perini (Hg.): Documentary Culture. Florence and Rome from Grand-Duke Ferdinand I. to Pope Alexander VII, Papers from a Colloquium Held at the Villa Spelman, 1990, Bologna 1992, 263-285.

Linda **Borean**: La quadreria di Agostino e Giovan Donato Correggio nel collezionismo veneziano del Seicento, Udine 2000.

Linda **Borean**/ Stefano **Masson** (Hg.): Figure di collezionisti a Venezia tra Cinque e Seicento, Udine 2002.

Antonio **Bormastino**: Historische Beschreibung Von der Kayserlichen Residentz-Stadt Wienn und ihren Vor-Städten [...], Wien 1719.

Barbara **Borngässer**: Im Blick des Fürsten: Cosimo III. de Medici und die Baukunst in den iberischen Königreichen. In: Gisela Noehles-Doerk (Hg.): Kunst in Spanien im Blick des Fremden. Reiseerfahrungen vom Mittelalter bis in die Gegenwart (= Ars Iberica 2), Frankfurt am Main 1996, 87-108.

Enzo **Borsellino**: La collezione d'arte del Cardinale Dezio Azzolino, Roma 2000.

Franco **Borsi**/ Geno **Pampaloni**: Ville e giardini (= Monumenti d'Italia), Novara 1984.

Franco **Borsi**/ Giuliano **Briganti**/ Marcello **Venturoli**: Il Palazzo di Montecitorio, Roma 1985.

Franz **Bosbach** (Hg.): Feindbilder. Die Darstellung des Gegners in der politischen Publizistik des Mittelalters und der Neuzeit (= Bayreuther Historische Kolloquien 6), Köln/ Weimar/ Wien 1992.

Franz **Bosbach**: Der französische Erbfeind. Zu einem deutschen Feindbild im Zeitalter Ludwigs XIV. In: Franz Bosbach (Hg.): Feindbilder. Die Darstellung des Gegners in der politischen Publizistik des Mittelalters und der Neuzeit (= Bayreuther Historische Kolloquien 6), Köln/ Weimar/ Wien 1992, 117-139.

Dietrich **Boschung**/ Henner von **Hesberg** (Hg.): Antikensammlungen des europäischen Adels im 18. Jahrhundert als Ausdruck einer europäischen Identität. Internationales Kolloquium in Düsseldorf vom 7.2.-10.2.1996 (= Monumenta Artis Romane XXVII), Mainz 2000.

Egon **Boshof**/ Max **Brunner**/ Elisabeth **Vavra** (Hg.): Grenzenlos. Geschichte der Menschen am Inn, AK Regensburg 2004.

Gerhard **Bott** (Hg.): Die Grafen von Schönborn. Kirchenfürsten – Sammler – Mäzene, AK Nürnberg 1989.

Katharina **Bott**: „La mia Galleria Pommersfeldiana". Die Geschichte der Gemäldesammlung des Lothar Franz von Schönborn. In: Gerhard Bott (Hg.): Die Grafen von Schönborn. Kirchenfürsten – Sammler – Mäzene, AK Nürnberg 1989, 112-128.

Katharina **Bott** (Hg.): Rudolf Bys Fürtrefflicher Gemähld- und Bilder-Schatz. Die Gemäldesammlung des Lothar Franz von Schönborn in Pommersfelden, Weimar 1997.

Katharina **Bott** (Hg.): Jan Joost van Cossiau. Delitiae Imaginum. Oder wohl-erlaubte Gemählde Und Bilder-Lust. Die Gemäldesammlung des Lothar Franz von Schönborn in Schloss Gaibach/ Unterfranken. Der Gemäldekatalog von Jan Joost van Cossiau aus dem Jahre 1721, Weimar 2000.

Pierre **Bourdieu**: Die feinen Unterschiede. Kritik der gesellschaftlichen Urteilskraft. Übersetzt von Bernd Schwihs und Achim Russer (= Suhrkamp TB 658), Frankfurt am Main 19. Aufl. 2008.

Jean **Boutier**/ Brigitte **Marin**/ Antonella **Romano** (Hg.): Naples, Rome, Florence: Une historie comparée des milieux intellectuels italiens (XVIIe-XVIIIe siècles), (= Collections de l'École française de Rome 355), Rome 2005.

Edgar Peters **Bowron**/ Joseph J. **Rishel** (Hg.): Art in Rome in the Eighteenth Century, AK Philadelphia, London 2000.

Edgar Peters **Bowron**: Painters and Painting in Settecento Rome. In: Edgar Peters Bowron/ Joseph J. Rishel (Hg.): Art in Rome in the Eighteenth Century, AK Philadelphia, London 2000, 294-303.

Horst **Boxler**: Die Reichsgrafen zu Königsegg im Dienst von Kaiser und Kirche – Territorialherren, Landvögte und Grundbesitzer. In: Mark Hengerer/ Elmar L. Kuhn/ Peter Blickle (Hg.): Adel im Wandel. Oberschwaben von der frühen Neuzeit bis zur Gegenwart, 1 Bd. Sigmaringen 2006, 229-240.

Allan **Braham**: Funeral Decorations in Early Eighteenth Century Rome (= Victoria and Albert Museum Brochure 7), London 1975.

Allan **Braham**/ Hellmut **Hager**: Carlo Fontana. The Drawings at Windsor Castle (= Studies in Architecture 18), London, 1977.

Christoph **Brandhuber**: Auf dem Reichstag in Regensburg. In: Roswitha Juffinger/ Christoph Brandhuber/ Walter Schlegel/ Imma Walderdorff: Erzbischof Guidobald Graf von Thun 1654-1668. Ein Bauherr für die Zukunft, Salzburg 2008, 117-128.

Wolfgang **Brassat**: Tapisserien und Politik. Funktionen, Kontexte und Rezeptionen eines repräsentativen Mediums, Berlin 1992.

Wolfgang **Brassat**: Monumentaler Rapport des Zeremoniells. Charles Le Bruns ‚Tenture de l'Historie du Roy'. In: Jörg Jochen Berns/ Thomas Rahn (Hg.): Zeremoniell als höfische Ästhetik in Spätmittelalter und Früher Neuzeit (= Frühe Neuzeit 25), Tübingen 1995, 353-381.

Wolfgang **Brassat**: Das Gespräch über die Künste im Spannungsfeld von Geselligkeit und Staatsräson. In: Pablo Schneider/ Philipp Zitzlsperger (Hg.): Bernini in Paris. Das Tagebuch des Paul Fréart de Chantelou über den Aufenthalt Gianlorezo Berninis am Hof Ludwigs XIV., Berlin 2006, 313-336.

Max **Braubach**: Prinz Eugen von Savoyen – eine Biographie, 5 Bde. Wien 1963-1965.

Max **Braubach**: Diplomatie und geistiges Leben im 17. und 18. Jahrhundert (= Bonner historische Forschungen 33), Bonn 1969.

Max **Braubach**: Graf Dominik Andreas Kaunitz (1655-1705) als Diplomat und Staatsmann. In: Heinrich Fichtenau/ Erich Zöllner (Hg.): Beiträge zur neueren Geschichte Österreichs, Wien/ Köln/ Graz 1974, 225-242.

Fernand **Braudel**: Modell Italien 1450-1650, Stuttgart 1999 (Originalausgabe Paris 1989).

Heinz-Joachim **Brauleke**: Leben und Werk des Kameralisten Philipp Wilhelm von Hörnigk. Versuch einer wissenschaftlichen Biographie (= Europäische Hochschulschriften III/108), Frankfurt am Main u.a. 1978.

Heinz-Joachim **Brauleke**: Vom Frankfurter Gelehrtensproß bis zum Passauer Mandatsträger in Regensburg. Imposante Stationen auf dem Lebensweg des Kameralisten Philip(p) Wilhelm von Hörnigk. In: Ostbairische Grenzmarken 33 (1991), 76-88.

Guido **Braun**: Kaiserhof, Kaiser und Reich in der *Relazione* des Nuntius Carl Carafa (1628). In: Richard Bösel/ Grete Klingenstein/ Alexander Koller (Hg.): Kaiserhof – Papsthof (16.-18. Jahrhundert) (= Publikationen des Historischen Instituts beim Österreichischen Kulturforum in Rom. Abhandlungen 12), Wien 2006, 77-104.

Guido **Braun**: Deutsch-französische Geschichte 1648 bis 1789 (WBG), Darmstadt 2008.

Johann Friedrich **Braun**: Das Leben Seiner Majestät Caroli des Dritten Königs in Spanien und der Indien, Leipzig 1708.

Horst **Bredekamp**: Die Geschichte der Kunstkammer und die Zukunft der Kunstgeschichte, Berlin 1993.

Horst **Bredekamp**: Kunstkammer, Spielpalast, Schattentheater: drei Denkorte von Gottfried Wilhelm Leibniz. In: Helmar Schramm/ Ludger Schwarte/ Jan Lazardzig (Hg.): Kunstkammer – Laboratorium – Bühne. Schauplätze des Wissens im 17. Jahrhundert (= Theatrum Scientiarum 1), Berlin/ New York 2003, 265-281.

Horst **Bredekamp**: Die Fenster der Monade. Gottfried Wilhelm Leibniz' Theater der Natur und Kunst (= Acta humaniora. Schriften zur Kunstwissenschaft und Philosophie), Berlin 2004.

Arnauld **Brejon de Lavergnée**: Dessins de Jacob Ferdinand Voet. In: Maria Grazia Bernardini/ Silvia Danesi Squarzina/ Claudio Strinati (Hg.): Studi di Storia dell'Arte in onore di Denis Mahon, Milano 2000, 326-332.

Michael G. **Brennan**: The Origins of the Grand Tour. The Travels of Robert Montagu, Lord Mandeville (1649-1654), William Hammond (1655-1658), Banaster Maynard (1660-1663), London 2004.

Geneviève **Bresc-Bautier** (Hg.): The Apollo Gallery in the Louvre, Paris 2004.

Marina **Bressan**: L'ambizione temperata della saggezza: note su Giovanni Battista Verda di Verdenberg. In: Marino de Grassi (Hg.): Gorizia Barocca. Una città italiana nell' imperio degli Aspurgo, AK, Gorizia 1999, 66-73.

Giuliano **Briganti** u.a.: Caspar van Wittel, 2. Aufl. Milano 1996.

Giuliano **Briganti**/ Ludovica **Trezzani**/ Laura **Laureati**: I Bamboccianti. Pittori della vita quotidiana a Roma nel Seicento, Roma 1983.

Attilio **Brilli**: Reisen in Italien. Die Kulturgeschichte der klassischen Italienreise vom 16. bis 19. Jahrhundert, Köln 1989.

Sonja **Brink**: A Design for a Firework Machine by Domenico Paradisi. In: Master Drawings 33 (1995) Nr. 2, 157-159.

François **Brizay**: Touristes du Grand Siècles. Le Voyage d'Italie du XVIIe siècle, Paris 2006.

Alessandro **Brogi**: Una piccola Pommersfelden? Dipinti italiani della collezione Schaumburg-

Lippe I. In: Paragone 55 (2004), Nr. 53, 39-58.

Koenraad **Brosens**: Flemish Production, 1660-1715. In: Thomas P. Campbell (Hg.): Tapestry in the Baroque. Threads of Splendor, AK New York, New Haven/ London 2007, 440-453.

Gritt **Brosowski**/ Britta **Kägler**: Zwischen Zeremoniell und Zerstreuung – Adel am Münchner Hof. Tagungsbericht. In: Mitteilungen der Residenzen-Kommission 18 (2008) Nr. 1, 52-58.

Jerry **Brotton**: The Sale of the Late King's Goods: Charles I and His Art Colletion, London 2006.

Beverly Louise **Brown**: Replication and the Art of Veronese. In: Retaining the Original. Multiple Originals, Copies, and Reproductions (= Studies in the History of Art 20), Washington/ Hanover/ London 1989, 111-124.

Beverly Louise **Brown**: Die Geburt des Barock, Stuttgart 2001.

Christopher **Brown**: The birds of feather. In: Laurie B. Harwood u.a.: Inspired by Italy. Dutch Landscape Paintings 1600-1700, AK London 2002, 34-41.

Christopher **Brown**: Rubens at the Courts of Brussels and London. In: Fernando Checa Cremades (Hg.): Arte Barroco e ideal clásico. Aspectos del arte cortesano de la segvnda mitad del siglo XVII. Ciclo de conferencias, Madrid 2004, 115-129.

Jonathan **Brown**: Kings & Connoisseurs. Collecting Art in Seventeenth-Century Europe (= The A.W. Mellon Lectures in the Fine Arts, 1994 Bollingen Series XXXV/43), Princeton NJ 1994.

Jonathan **Brown**/ John **Elliott** (Hg.): The Sale of the Century. Artistic Relations between Spain and Great Britain, 1604-1655, New Haven/ London/ Madrid 2002.

Matthias **Bruhn**: Unter Kunstfreunden. Die Sammlung Paul Fréart de Chantelou und das Nachleben Nicolas Poussins. In: Pablo Schneider/ Philipp Zitzlsperger (Hg.): Bernini in Paris. Das Tagebuch des Paul Fréart de Chantelou über den Aufenthalt Gianlorezo Berninis am Hof Ludwigs XIV., Berlin 2006, 337-357.

Georges **Brunel**: Michel-Ange de La Chausse. In: Les Fondations Nationales dans la Rome Pontificale (= Collection de l'École française de Rome 52), Rome 1981, 723-747.

Oronzo **Brunetti**: Residenze corsiniane fra Firenze e Roma. In: Mario Bevilacqua/ Maria Luisa Madonna (Hg.): Il Sistema delle Residenze Nobiliari. Stato Pontificio e Granducato di Toscana (= Atlante Tematico del Barocco in Italia), Roma 2003, 95-106.

P. Adalbert **Brunner**: Kirche und Kloster „St. Joseph" der Unbeschuhten Karmeliten in Regensburg, Regensburg 1930.

Michael **Brunner**: Die Kunstförderung der Orsini di Bracciano in Rom und Latium (1550-1650). In: Daniel Büchel/ Volker Reinhardt (Hg.): Die Kreise der Nepoten. Neue Forschungen zu alten und neuen Eliten Roms in der frühen Neuzeit (= Freiburger Studien zur frühen Neuzeit 5), Bern u.a. 2001, 179-202.

Otto **Brunner**: Adeliges Landleben und europäischer Geist. Leben und Werk Wolf Helmhards von Hohberg 1612-1688, Salzburg 1949.

Monika **Brunner-Melters**: Das Schloß von Raudnitz 1652-1684. Anfänge des habsburgischen Frühbarock (= Manuskripte zur Kunstwissenschaft 60), Worms 2002.

Günther **Buchinger**/ Paul **Mitchell**/ Doris **Schön**: Das Palais Collalto – Vom Herzogshof und Judenhaus zum Adelspalast. In: Österreichische Zeitschrift für Kunst und Denkmalpflege 56 (2002), 402-419.

Paul **Buberl**: Die Denkmale des politischen Bezirkes Zwettl (= Österreichische Kunsttopographie 8), Wien 1911.

[Christian Gottlieb **Buder**:] Leben und Thaten des klugen und berühmten Pabsts Clementis des Eilfften. Aus guten Nachrichten mit Anführung einer grossen Anzahl von desselben Bullen, Breven und Reden [...] beschrieben; mit vielen [...] Müntzen erläutert, 3 Teile, Frankfurt am Main 1720.

Daniel **Büchel**: Prolegomena zu Hof und Höfischer Gesellschaft in Kirchenstaat und Königreich Neapel (1550-1700). In: Daniel Büchel/ Volker Reinhardt (Hg.): Modell Rom? Der Kirchenstaat und Italien in der frühen Neuzeit: Köln/ Weimar/ Wien 2003, 203-219.

Daniel **Büchel**/ Arne **Karsten**: (Forschungs-) Modell Rom? In: Daniel Büchel/ Volker Reinhardt (Hg.): Modell Rom? Der Kirchenstaat und Italien in der frühen Neuzeit: Köln/ Weimar/ Wien 2003, 285-295.

Daniel **Büchel**/ Volker **Reinhardt** (Hg.): Die Kreise der Nepoten. Neue Forschungen zu alten und neuen Eliten Roms in der frühen Neuzeit (= Freiburger Studien zur frühen Neuzeit 5), Bern u.a. 2001.

Daniel **Büchel**/ Volker **Reinhardt** (Hg.): Modell Rom? Der Kirchenstaat und Italien in der frühen Neuzeit: Köln/ Weimar/ Wien etc. 2003.

Christiane **Bürger**/ Anna **Karla**/ Regina **Schleuning**: Bourbon und Wittelsbach. Dynastie, dynastische Räson und Transnationalität zwischen dem 16. und 19. Jahrhundert. In: Mitteilungen der Residenzen-Kommission der Akademie der Wissenschaften zu Göttingen 17 (2007), 70-74.

Frank **Büttner**: Der Umbau des Palazzo Medici-Riccardi zu Florenz. In: Mitteilungen des Kunsthistorischen Institutes in Florenz 14 (1969/1970), 393-414.

Frank **Büttner**: „All'usanza moderna ridotto": gli interventi dei Riccardi. In: Giovanni Cherubini e Giovanni Fanelli (Hg.): Il Palazzo Medici Riccardi di Firenze, Firenze 1990, 150-169.

Nils **Büttner**: Herr P.P. Rubens. Von der Kunst berühmt zu werden (= Rekonstruktion der Künste 7), Göttingen 2006.

Nils **Büttner**: Echtheitsfragen. Kunsthistorische Überlegungen zum Begriff des Originals in der Malerei der frühen Neuzeit. In: Reinmar Emans/ Martin Geck (Hg.): Echtheitskritik bei Bach, Dortmund 2008, 9-23.

Marialuigi **Bugli**: Da Capodimonte a Palazzo Grande a Chiaia. La collezione d'Avalos ‚torna' nella prestigiosa dimora. In: Ricerche sul ´600 napoletano. Saggi e documenti 2003-2004, Napoli 2004, 7-54.

Duncan **Bull**: Franceso Trevisani's 'St. Felicity'; a Gift from Cardinal Ottoboni to the Marquis de Torcy. In: The Burlington Magazine 150 (2008) Nr. 1, 4-14.

Marco **Buonocore** u.a.: Camillo Massimo collezionista di antichità. Fonti e materiali (= Xenia Antiqua. Monografie 3), Roma 1996.

Francesco **Buranelli**: Collezionismo a Roma tra pubblico e privato. Le collezioni Colonna, Doria Pamphilj e Pallavicini. In: Giada Lepri (Hg.): Capolavori da scoprire. Colonna, Doria Pamphilj, Pallavicini, AK Roma, Milano 2005, 15-21.

Sabine **Burbaum**: Die Rivalität zwischen Francesco Borromini und Gianlorenzo Bernini (= Artificium 2), Oberhausen 1999.

Hubert **Burda**/ Christa **Maar** (Hg.), Iconic turn. Die neue Macht der Bilder, Köln 3. Aufl. 2004.

Tobias **Burg**: Porzellan und Politik – Die sächsisch-russischen Beziehungen des 18. Jahrhunderts im Spiegel diplomatischer Geschenke. In: Ulrich Pietsch (Hg.): Meißen für die Zaren. Porzellan als Mittel sächsisch-russischer Politik im 18. Jahrhundert, AK Dresden, München 2004, 8-25.

Jill **Burke**/ Michael **Bury** (Hg.): Art and Identity in Early Modern Rome, Aldershot/ Burlington VT 2008.

Marcun B. **Burke**: Luis de Haro as Minister, Patron and Collector of Art. In: Jonathan Brown/ John Elliott (Hg.): The Sale of the Century. Artistic Relations between Spain and Great Britain, 1604-1655, New Haven/ London/ Madrid 2002, 87-105.

Peter **Burke**: Ludwig XIV. Die Inszenierung des Sonnenkönigs. Aus dem Englischen von Matthias Fienbork, Berlin 1993 (Originalausgabe New Haven/ London 1992).

Peter **Burke**: Was ist Kulturgeschichte? Aus dem Englischen von Michael Bischoff, Frankfurt am Main 2005 (Originalausgabe Cambridge 2004).

Johannes **Burkhardt**/ Jutta **Schumann**: Reichskriege in der frühneuzeitlichen Bildpublizistik. In: Rainer Müller (Hg.): Bilder des Reiches (= Irseer Schriften 4), Sigmaringen 1997, 51-95.

Stefan **Bursche**: Tafelzier des Barock, München 1974.

Andrea **Busiri Vici**: Jan Frans Van Bloemen. Orizzonte e l'origine del Paesaggio romano settecentesco, Roma 1974.

Marco **Bussagli** (Hg.): Rom. Kunst und Architektur, Königswinter 2004 (Originalausgabe Udine 1999).

Frédéric **Bussmann**: L'appartement monarchique et princier en France et dans les pays germaniques 1650-1750. Kolloquium vom 8. bis 10. Juni 2006 am Deutschen Forum für Kunstgeschichte Paris. In: Frühneuzeit-Info 18 (2007), 140-145.

Klaus **Bußmann**/ Heinz **Schilling** (Hg.): 1648. Krieg und Frieden in Europa, AK Münster/ Osnabrück, 3 Bde. München 1998.

Enikö **Buzási**: Fiktion und Geschichtlichkeit in der Ahnengalerie und in den Kupferstichen des Trophaeums, der Familiengeschichte der Esterházy. In: Acta Historiae Artium 43 (2002), 227-246.

Franco **Buzzi**: Federico Borromeo. Uomo di cultura, vescovo e principe mecenate. In: Paolo Bisollini (Hg.): Carlo e Federico. La luce dei Borromeo nella Milano spagnola, AK Milano 2005, 80-88.

C:

Beatrice **Cacciotti**: La collezione del VII Marchese del Carpio tra Roma e Madrid. In: Bolletino d'Arte 86-87 (1994), 133-197.

Beatrice **Cacciotti**: La dispersione di alcune antichità della collezione Massimo in Spagna e in Inghilterra. In: Marco Buonocore u.a.: Camillo Massimo collezionista di antichità. Fonti e materiali (= Xenia Antiqua. Monografie 3), Roma 1996, 213-237.

Beatrice **Cacciotti**: Nuovi documenti sulle prima collezione del Cardinale Alessandro Albani. In: Bolletino dei Musei Comunali di Roma NS 13 (1999), 41-69.

Beatrice **Cacciotti**: La collezione di antichità del cardinale Flavio Chigi, Roma 2004.

Donatella **Calabi**/ Stephen Turk **Christensen** (Hg.): Cities and Cultural Exchange in Europe, 1400-1700 (= Cultural Exchange in Early Modern Europe 2), Cambridge/ New York 2007.

Lucia **Calabrese** (Hg.): Palazzo Sforza Cesarini, Roma 2008.

Francesco **Calcaterra**: La spina nel guanto. Corti e cortigiani nella Roma barocca (= Roma. Storia, cultura, immagine 13), Roma 2004.

Alberto **Caldana**: Le guide di Roma. Ludwig Schudt e la sua bibliografia. Lettura critica e Catalogo ragionato, Roma 2003.

Thomas P. **Campbell** (Hg.): Tapestry in the Baroque. Threads of Splendor, AK New York, New Haven/ London 2007.

Thomas P. **Campbell**: Stately Splendor, Woven Frescoes, Luxury Furnishings: Tapestry in Context, 1600-1660. In: Thomas P. Campbell (Hg.): Tapestry in the Baroque. Threads of Splendor, AK New York, New Haven/ London 2007, 106-121.

Thomas P. **Campbell**: Collectors and Connoisseurs. The Status and Perception of Tapestry, 1600-1660. In: Thomas P. Campbell (Hg.): Tapestry in the Baroque. Threads of Splendor, AK New York, New Haven/ London 2007, 324-339.

Thomas P. **Campbell**: Continuity and Change in Tapestry Use and Design, 1680-1720. In: Thomas P. Campbell (Hg.): Tapestry in the Baroque. Threads of Splendor, AK New York, New Haven/ London 2007, 490-507.

Alberta **Campitelli**: Scavi, collezioni, restauri. La commitenza Borghese fra Sette e Ottocento. In: Viewing Antiquity. The Grand Tour, Antiquarianism and Collecting (= Ricerche di Storia dell'Arte 72), Roma 2000, 69-84.

Alberta **Campitelli**: Il sistema residenziale del cardinale Scipione Borghese tra Roma e i colli Tuscolani. In: Mario Bevilacqua/ Maria Luisa Madonna (Hg.): Il Sistema delle Residenze Nobiliari. Stato Pontificio e Granducato di Toscana (= Atlante Tematico del Barocco in Italia), Roma 2003, 63-74.

Alberta **Campitelli**: Villa Borghese. Da giardino del prinicpe a parco dei Romani, Roma 2003.

Alberta **Campitelli** (Hg.): Villa Borghese. Storia e gestione, Milano 2003.

Alberta **Campitelli**/ Alba **Costamagna**: Villa Borghese, l'Uccelleria, la Meridiana e i Giardini Segreti, Roma 2005.

Roberto **Cannatà**/ Maria Lucrezia **Vicini**: La Galleria di Palazzo Spada. Genesi e storia di una collezione, Roma 1992.

Giulia **Cantarutti**: „Noi Sassoni". Gian Lodovico Bianconi: Italiener in Elbflorenz, Sächsischer Ministerresident in Rom. In: Barbara Marx (Hg.): Elbflorenz. Italienische Präsenz in Dresden 16.-19. Jahrhundert, Dresden 2000, 243-268.

Simona **Capelli**: I David a Roma. In: Andrea Spiriti/ Simona Capelli (Hg.): I David: due pittori tra Sei e Settecento, AK Rancate, Milano 2004, 67-89.

Simona **Capelli**: David padre e figlio. Qualche aggiornamento sui pittori Lodovico e Antonio David di Lugano. In: Giorgio Mollis (Hg.): Svizzeri a Roma nella storia, nell'arte, nella cultura, nell'economia dal Cinquecento ad'oggi, Lugano 2007, 224-233.

Giovanna **Capitelli**: The Landscapes for the Buen Retiro Palace. In: Andrés Úbeda de los Cobos (Hg.): Paintings fort he Planet King. Philipp IV and the Buen Retiro Palace, Madrid/ London 2005, 240-261.

Francesca **Cappelletti** (Hg.): Decorazione e collezionismo a Roma nel Seicento, Roma 2003.

Francesca **Cappelletti**: Il Palazzo di Camillo Pamphilj e la nascita della quadreria. In: Andrea G. De Marchi (Hg.): Il Palazzo Doria Pamphilj al Corso, Firenze 2008.

Francesca **Cappelletti** / Laura **Testi** (Hg.): Il trattenimento di virtuosi. Le collezioni secentesche di quadri nei Palazzi Mattei di Roma, Roma 1994.

Alba **Cappellieri**: Filippo Schor e Fischer von Erlach a Napoli: nuovi contributi per la diffusione del barocco romano nel viceregno del Marchese del Carpio. In: Christina Strunck (Hg.): „Un regista del gran teatro del barocco". Johann Paul Schor und die internationale Sprache des Barock (= Römische Studien der Bibliotheca Hertziana 21), München 2008, 193-219.

Carlo **Capra**: Il Palazzo Relae di Milano nella storia. In: Enrico Colle/ Fernado Mazzocca (Hg.): Il Palazzo Reale di Milano, Milano 2001, 11-42.

Guido **Carrai**: Architektur und Diplomatie. Giovanni Pieroni, Berichterstatter der Medici bei General von Waldstein. In: Eliška Fučiková/ Ladislav Čepička (Hg.): Waldstein. Albrecht von Waldstein. 'Inter arma silent musae'?, AK Prag 2007, 312-319.

Marco **Carminati**: Vom Studiolo zum Museum. Ausführungen über das Sammeln in Europa vom 16. bis zum 18. Jahrhundert. In: Rudy Chiappini (Hg.): Passioni d'Arte, AK Lugano/ Milano 2002, 15-33.

Giorgio **Carpaneto**: Le famiglie nobili romane (= Libri della Città 2), Roma 1994.

Giorgio **Carpaneto**: I palazzi di Roma (= Quest'Italia. Collana di storia, arte e folclore 175), Roma 3. Aufl. 1998.

Tancredi **Carunchio**/ Simo **Örmä** (Hg.): Villa Lante al Gianicolo. Storia della Fabbrica e Cronaca degli Abitatori, Roma 2005.

Ornella **Casazza** (Hg.): Il cammeo Gonzaga: arti e preziose alla corte di Mantova, AK Mantova, Milano 2008.

Vittorio **Casale**: Michelangelo Cerruti e le ingratitudini della decorazione. In: Prospettiva 57-60 (1989/1990), 327-333.

Maria Letizia **Casanova**: Palazzo Venezia, Roma 1992.

Maristella **Casciato**/ Maria Grazia **Ianniello**/ Maria **Vitale** (Hg.): Enciclopedismo in Roma barocca. Athanasius Kircher e il Museo del Collegio Romano tra Wunderkammer e museo scientifico, Venezia 1986.

Maureen **Cassidy-Geiger** (Hg.): Fragile Diplomacy. Meissen Porcelain for European Courts ca 1710-63, AK New Haven/ London 2007.

Maureen **Cassidy-Geiger**: Porcelain and Prestige, Princely Gifts and «White Gold» from Meissen. In: Maureen Cassidy-Geiger (Hg.): Fragile Diplomacy. Meissen Porcelain for European Courts ca 1710-63, AK New Haven/ London 2007, 2-23.

Maureen **Cassidy-Geiger** (Hg.): Gifts in European Courts, 16th to 18th Centuries (= Studies in the Decorative Arts XV [2007/2008] Nr 1), New York 2007.

Maureen **Cassidy-Geiger**/ Jochen **Vötsch**: Documents of Court Gifts Collected by Johann von Besser (1654-1729). In: Maureen Cassidy-Geiger (Hg.): Gifts in European Courts, 16th to 18th Centuries (= Studies in the Decorative Arts XV [2007/2008] Nr 1), New York 2007, 114-177.

Maureen **Cassidy-Geiger**/ Michael **Erwee**/ Jill **Deupi**: From Rome to Beijing: A 1729 Document of Musical and Other Papal Gifts to China. In: Maureen Cassidy-Geiger (Hg.): Gifts in European Courts, 16th to 18th Centuries (= Studies in the Decorative Arts XV [2007/2008] Nr 1), New York 2007, 178-189.

João **Castel-Branco Pereira**: Viaturas de Aparato em Portugal, Lisbon 1987.

Stéphane **Castellucio**: La présentation des collections royales durant le régne de Louis. In: Nicolas Milovanovic/ Alexandre Maral (Hg.): Louis XIV. L'homme & le roi, AK Versailles, Paris 2009, 64-71.

Markus **Castor**: ¿Louis XIV espagnol? Madrid et Versailles – Images et Modèles. Colloquium im Château de Versailles, 21. bis 23 Oktober 2004: In: Frühneuzeit-Info 16 (2005) Heft 1, 113-123.

Pierluigi Leone de **Castris**: Die Gemälde. In: Lucia Fornari Schianchi/ Nicola Spinosa (Hg.), Der Glanz der Farnese. Kunst und Sammelleidenschaft in der Renaissance, AK München 1995, 94-109.

Alessandro **Catalano**: L'educazione del principe: Ferdinand August Leopold von Lobkowitz e il suo primo viaggio in Italia / Výchova knížete: Ferdinand August Leopold z Lobkovic a jeho první cesta do Itálie. In: Porta bohemica. Sborník historických prací 2 (2003), 104-127.

Anna **Cavallaro** (Hg.): Collezioni di antichità a Roma tra '400 e '500 (= Studi sulla Cultura dell'Antico 6), Roma 2007.

Franco **Cavarocchi**: Künstler aus dem Val Intelvi in Salzburg und Österreich. In: Mitteilungen der Gesellschaft für Salzburger Landeskunde 111 (1979), 281-301.

Patrizia **Cavazzini**: Painting as Business in Early Seventeenth-century Rome, University Park PA 2008.

Sabina de **Cavi**: 1718-1719. Interventi inediti di Cristoforo Schor a Napoli durante il viceregno austriaco. In: Christina Strunck (Hg.): „Un regista del gran teatro del barocco". Johann Paul Schor und die internationale Sprache des Barock (= Römische Studien der Bibliotheca Hertziana 21), München 2008, 259-276.

Isabella **Cecchini**: Quadri e commercio a Venezia durante il Seicento. Uno studio sul mercato dell'arte (= Presente storico 15), Venezia 2000.

Isabella **Cecchini**: Al Servizio dei collezionisti. La professionalizzazione nel commercio di dipinti a Venezia in età moderna e il ruolo delle botteghe. In: Bernard Aikema/ Rosella Lauber/ Max Seidel (Hg.): Il collezionismo a Venezia e nel Veneto ai tempi della Serenissima, Venezia 2005, 151-172.

Isabella **Cecchini**: Troublesome Business: Dealing in Venice, 1600-1750. In: Neil De Marchi/ Hans Van Miegroet (Hg.): Mapping Markets for Painting in Europe 1450-1750 (= Studies in European Urban History 1100-1800, 6), Turnhout 2006, 125-134.

Ivo **Cerman**: Bildungsziele – Reiseziele. Die Kavalierstour im 18. Jahrhundert. In: Martin Scheutz/ Wolfgang Schmale/ Dana Štefanová (Hg.): Orte des Wissens (= Jahrbuch der Österreichischen Gesellschaft zur Erforschung des achtzehnten Jahrhunderts 18/19), Bochum 2004, 49-78.

Heimo **Cerny**: „Der Oesterreichische Ovid wirstu genennet...". Freiherr Wolf Helmhard von Hohberg (1612-1688) auf Süssenbach und Thumeritz – ein Barockdichter aus dem Waldviertel. In: Das Waldviertel 38 (1989) Heft 4, 301-315.

Heimo **Cerny**: Wolf Helmhard von Hohberg (1612-1688) – Ein niederösterreichischer Landedelmann, Schriftsteller und Agronom. In: Jahrbuch für Landeskunde von Niederösterreich 54/55 (1988/98), 59-84.

Anja **Chales de Beaulieu**: Deutsche Reisende in den Niederlanden. Das Bild eines Nachbarn zwischen 1648 und 1795 (= Europäische Hochschulschriften III/ 866), Frankfurt am Main etc. 2000.

Edward **Chaney**: The Evolution of the Grand Tour. Anglo-Italian Cultural Relations since the Renaissance, London/ Portland OR 1998.

[Paul Fréart de] **Chantelou**: Journal de Voyage du Cavalier Bernini en France. Édition de Milovan Stanič, Paris 2001.

Fernando **Checa**: El Real Alcázar de Madrid. Dos siglos de arquitectura y coleccionismo en la corte de los Reyes de España, AK Madrid 1994.

Fernando **Checa**: La dispersioni spagnola dei quadri di Mantova. In: Raffaella Morselli (Hg.): Gonzaga. La Celeste Galeria. L'esercizio del collezionismo, Mantova/ Milano 2002, 250-259.

Fernando **Checa**: Del gusto delle nazioni. In: Fernando Checa Cremades (Hg.): Velázquez, Bernini, Luca Giordano. Le corti del Barocco, AK Roma 2004, 15-35.

Fernando **Checa Cremades** (Hg.): El coleccionismo de escultura clásica en España. Actas del simposio, 21 y 22 de mayo de 2001 / Museo Nacional del Prado, Madrid, 2001.

Fernando **Checa Cremades** (Hg.): Arte Barroco e ideal clásico. Aspectos del arte cortesano de la segunda mitad del Siglo XVII. Ciclo de Conferencias Roma, mayo-junio de 2003, Madrid 2004.

Fernando **Checa Cremades** (Hg.): Velázquez, Bernini, Luca Giordano. Le corti del Barocco, AK Roma 2004.

Fernando **Checa Cremades**: El Marqués del Carpio (1629-1687) y la pintura veneciana del Renacimiento. Negociaciones de Antonio Saurer. In: Anales de Historia del Arte 14 (2004), 193-212.

Eduard **Cheney**: The Grand Tour and the Great Rebellion: Richard Lassels and 'The Voyage of Italy' in the Seventeenth Century, Genf 1985.

Marco **Chiarini**: Vom Palast zur Villa – die Sammeltätigkeit der Medici im 17. und 18. Jahrhundert. In: Cristina Acidini Luchinat/ Mario Scalini (Hg.): Die Pracht der Medici. Florenz und Europa, AK München/Wien, München 1998, 31-38.

Marco **Chiarini**: Personaggi e ritratti: i Medici, l'Italia e l'Europa. In: Elizabeth Cropper (Hg.): The Diplomacy of Art. Artistic Creation and Politics in Seicento Italy. Papers from a Colloquium Held at the Villa Spelman, Florence, 1998 (= Villa Spelman Colloquia 7), Milano 2000, 45-50.

Marco **Chiarini** (Hg.): Palazzo Pitti. L'arte e la storia, Firenze 2000.

Marco **Chiarini**: Cosimo III e la riunione delle collezioni di famiglia. In: Marco Chiarini (Hg.): Palazzo Pitti. L'arte e la storia, Firenze 2000, 146-149.

Christina Queen of Sweden – a personality of European civilisation, AK Stockholm 1966.

Marjeta **Ciglenenečki** u.a. (Hg.): Dornava. Vrišerjev zbornik, Ljubljana 2003.

Wolfgang **Cilleßen** (Hg.): Krieg der Bilder. Druckgraphik als Medium politischer Auseinandersetzung im Europa des Absolutismus, AK Berlin 1997.

Wolfgang **Cilleßen**: Vorboten des Krieges. Politische Graphik und Bildsatire im späten 17. Jahrhundert. In: Wolfgang Cilleßen (Hg.): Krieg der Bilder. Druckgraphik als Medium politischer Auseinandersetzung im Europa des Absolutismus, AK Berlin 1997, 11-35.

Angela **Cipriani** (Hg.): Aeqva Potestas. Le arti in gara a Roma nel Settecento, Roma 2000.

Alfredo **Cirinei**: Conflitti artistici, rivalità cardinalizie e patronage a Roma fra Cinque e Seicento. Il caso del processo criminale contro il Cavalier d'Arpino. In: Maria Antonietta Visceglia (Hg.): La nobiltà romana in età moderna. Profili istituzionali e pratiche sociali (= Ricerche 3), Roma 2001, 255-305.

Angela **Cipriani**: L'Accademia di San Luca dai Concorsi dei Giovanni ai Concorsi Clementini. In: Anton W.A. Boschloo u.a. (Hg.): Academies of Art between Renaissance and Romanticism (= Leids Kunsthistorisch Jaarboek V/VI [1986/ 1987]), s'Gravenhage 1989, 61-76.

Giorgio **Ciucci** (Hg.): Roma moderna (= Storia di Roma dall'antichità a oggi), Roma/ Bari 2002.

Brigitta **Cladders**: Französische Venedig-Reisen im 16. und 17. Jahrhundert. Wandlungen des Venedig-Bildes in der Reisebeschreibung (= Kölner Romanistische Arbeiten NF 82), Genf 2002.

Amanda **Claridge**: Archaeologies, Antiquaries and the ‚Memoire' of Sixteenth- and Seventeenth-century Rome. In: Ilaria Bignamini (Hg.): Archives & Excavations. Essays on the History of Archaeological Excavations in Rome and Southern Italy from the Renaissance to the Nineteenth Century (= Archaeological Monographs of The British School at Rome 14), Rome 2004, 33-53.

Timothy **Clayton**: The Triumph of Alexander: French prints and polite culture in England. In: Philippe Kaenel/ Rolf Reichardt (Hg.): Interkulturelle Kommunikation in der europäischen Druckgraphik im 18. und 19. Jahrhundert, Hildesheim u.a. 2007, 43-63.

Paolo **Coen**: I "Quadreria" Giovanni Rumi e Giovanni Barbarossa, mercati d'arte professionisti nella Roma del XVIII secolo. In: Liliana Barroero (Hg.): Collezionismo, mercato, tutela. La promozione delle arti prima dell' Unità (= Roma moderna e contemporanea 13 [2006] Nr. 2-3), Roma 2006, 347-363.

Gary B. **Cohen**/ Franz A. J. **Szabo** (Hg.): Embodiments of Power: Building Baroque Cities in Europe (= Austrian and Habsburg Studies 10), New York u.a. 2008.

Maria Celeste **Cola**: Scelte e dinamiche residenziali di una famiglia fiorentina a Roma: i Ruspoli. In: Mario Bevilacqua/ Maria Luisa Madonna (Hg.): Il Sistema delle Residenze Nobiliari. Stato Pontificio e Granducato di Toscana (= Atlante Tematico del Barocco in Italia), Roma 2003, 129-136.

Maria Celeste **Cola**: Francesco Maria Ruspoli mecenate e collezionista (1672-1731). In: Franco Cazzola/ Ranieri Varese (Hg.): Cultura nell'età delle Legazioni. Atti del convegno, Ferrara – marzo 2003 (= Quaderni degli Annali dell'Università di Ferrara. Sezione storia 1), Firenze 2005, 507-535.

Maria Celeste **Cola**: Gli inventari della collezione Ruspoli. La nascita della quadreria settecentesca e l'allestimento nel palazzo all'Aracoeli. In: Elisa Debenedetti (Hg.): Collezionisti, disegnatori e teorici dal Barocco al Neoclassico (= Studi sul Settecento romano 25) 1. Bd., Roma 2009, 29-64.

Anthony **Colantuono**: Guido Reni's Abduction of Helen, the Politics and Rhetoric of Painting in XVIIth-century Europe, Cambrigde 1997.

Anthony **Colantuono**: The Mute Diplomat: Theorizing the Role of Images in Seventeenth-century Political Negotiations. In: Elizabeth Cropper (Hg.): The Diplomacy of Art. Artistic Creation and Politics in Seicento Italy. Papers from a Colloquium Held at the Villa Spelman, Florence, 1998 (= Villa Spelman Colloquia 7), Milano 2000, 51-76.

Anna **Coliva**: Casa Borghese. La committenza artistica del cardinal Scipione Borghese. In: Anna Coliva/ Sebastian Schütze (Hg.): Bernini Scultore. La nascita del Barocco in Casa Borghese, AK Roma 1998, 389-420.

Anna **Coliva**: Scipione Borghese as a Collector. In: Paolo Moreno/ Chiara Stefani: The Borghese Gallery, Milan 2000, 16-23.

Colbert 1619-1683, AK Paris 1983.

José Luis **Colomer** (Hg.): Arte y diplomacia de la Monarquía Hispánica en el siglo XVII, Madrid 2003.

José Luis **Colomer**: Introducción. Los sendero cruzados del arte y la diplomacia. In: José Luis Colomer (Hg.): Arte y diplomacia de la Monarquía Hispánica en el siglo XVII, Madrid 2003, 20-25.

José Luis **Colomer**: Paz política, rivalidad suntuaria. Francia y España en la isla de los Faisanes. In: José Luis Colomer (Hg.): Arte y diplomacia de la Monarquía Hispánica en el siglo XVII, Madrid 2003, 60-88.

José Luis **Colomer**: 1650: Velázquez alla corte pontificia. Galleria di ritratti della Roma ispanofila. In: Fernando Checa Cremades (Hg.): Velázquez, Bernini, Luca Giordano. Le corti del Barocco, AK Roma 2004, 37-55.

José Luis **Colomer**: Arte per la riconciliazione: Francesco Barberini e la corte di Filippo IV. In: Lorenza Mochi Onori/ Sebastian Schütze/ Francesco Solinas (Hg.): I Barberini e la cultura europea del Seicento. Atti del convegno internazionale 7-11 dicembre 2004, Roma 2007, 95-110.

José Luis **Colomer** (Hg.): España y Nápoles: Coleccionismo y mecenazgo de los virreinales en el siglo XVII, Madrid 2009.

José Luis **Colomer**/ Amadeo **Serra Desfilis** (Hg.): España y Bolonia. Siete siglos de relaciones artísticas y culturales, Madrid 2006.

Vera **Comoli**: Turin: an Example for the Town Planning and Architectural Models of European Capitals in the Seventeenth and Eighteenth Centuries. In: Henry A. Millon (Hg.): The Triumph of the Baroque. Architecture in Europe 1600-1750, AK Torino, Milano 1999, 348-369.

Vera **Comoli Mandracci**/ Andreina **Griseri** (Hg.): Filippo Juvara. Architetto delle capitali da Torino a Madrid 1714-1736, AK Torino 1995.

Isabelle de **Conihout**/ Patrick **Michel** (Hg.): Mazarin. Les lettres et les arts, AK Paris 2006.

Joseph **Connors**: Alliance and Enmity in Roman Baroque Urbanism. In: Jahrbuch der Bibliotheca Hertziana 25 (1989), 207-294.

Joseph **Connors**: Borromini and the Marchese di Castel Rodrigo. In: The Burlington Magazine 83 (1991), 434-440.

Joseph **Connors**: Elpidio Benedetti. In: Jane Turner (Hg.): The Dictionary of Art, 3. Band, London 1996, 706.

Joseph **Connors**: Alleanze e inimizie. L'urbanisitca di Roma barocca. Traduzione di Marco Cupellaro, Roma/ Bari 2005.

Joseph **Connors**/ Luise **Rice**: Specchio di Roma barocca: una guida inedita del XVII secolo, Roma 1990.

Louisa M. **Connor Bulmann**: Moral Education on the Grand Tour. Thomas Coke and his Contemporaries in Rome and France. In: Apollo 157/ 2003, 27-34.

Norbert **Conrads**: Ritterakademien der Frühen Neuzeit. Bildung als Standesprivileg im 16. und 17. Jahrhundert (= Schriftenreihe der Historischen Kommission bei der Bayerischen Akademie der Wissenschaften 21), Göttingen 1982.

Francesca **Consagra**: De Rossi and Falda: A Succesful Collaboration in the Print Industry of Sevententh-Century Rome. In: Andrew Ladis/ Carolyn Wood/ William U. Eiland (Hg.): The Craft of Art. Originality and Industry in the Italian Renaissance and Baroque Workshop, Athens/ London 1995, 187-203.

Bruno **Contardi**: Residenze romane dei Pio. In: Jadranka Bentini (Hg.): Quadri Rinomatissimi. Il collezionismo dei Pio di Savoia, Modena 1994, 69-82.

Bruno **Contardi**/ Giovanna **Curcio** (Hg.): In urbe architectus – modelli, disegni, misure. La professione dell'architetto, Roma 1680-1750, AK Roma 1991.

Flavio **Conti**: Palazzi reali e residenze signorili (= Monumenti d'Italia), Novara 1986.

Hans **Cools**/ Marike **Keblusek**/ Badeloch **Noldus** (Hg.): Your Humble Servant. Agents in Early Modern Europe, Hilversum 2006.

Anna **Coreth**: Pietas Austriaca. Österreichische Frömmigkeit im Barock (= Österreich Archiv), 2. Aufl. Wien 1982.

Emmanuel **Coquery**: Le portrait de Louis. In: Visages du Grand Siècle. Le portrait français sous le règne de Louis XIV 1660-1715, AK Nantes/ Toulouse, Paris 1997, 74-89.

Sandra **Costa**: Dans l'imité d'un collectioneur. Livio Odescalchi et le faste baroque (= Archéologie e histoire de l'art 30), Paris 2009.

Alberto **Cottino**: Die Entstehung des barocken Stillebens in Rom. In: Mina Gregori/ Johann Georg Prinz von Hohenzollern (Hg.): Stille Welt. Italienische Stilleben: Arcimboldo, Caravaggio, Strozzi…, AK München, Milano 2002, 350-356.

Eduard **Coudenhove-Erthal**: Carlo Fontana und die Architektur des römischen Spätbarocks, Wien 1930.

Claudia Susanna **Cremer**: Hagedorns Geschmack. Studien zur Kunstkennerschaft in Deutschland im 18. Jahrhundert, phil. Diss., Bonn 1989.

Carlo **Cresti**/ Claudio **Rendina**: Paläste der Toskana, Köln 2000.

Elizabeth **Cropper** (Hg.): The Diplomacy of Art. Artistic Creation and Politics in Seicento Italy. Papers from a Colloquium Held at the Villa Spelman, Florence, 1998 (= Villa Spelman Colloquia 7), Milano 2000.

Eva-Maria **Csáky-Loebenstein**: Studien zur Kavalierstour österreichischer Adeliger im 17. Jahrhundert. In: MIÖG 79 (1971), 408-434.

Peter **Csendes**: Die Stadt Wien als kaiserliche Haupt- und Residenzstadt. In: Karl Gutkas (Hg.): Prinz Eugen und das barocke Österreich, Salzburg/ Wien 1985, 179-186.

Giuseppe **Cucco** (Hg.): Papa Albani e le arti a Urbino e a Roma 1700-1721, AK Urbino/ Roma, Venezia 2000.

Giovanna **Curcio**: Architetture e città. Roma tra 1600 e 1775. In: Alessandro Zuccari (Hg.): La Storia dei Giubilei. 3. Bd. 1600-1775, Prato 1999, 130-161.

Giovanna **Curcio**: Il committente e l'architetto: cantieri e fabbriche nella Roma del Seicento. In: Aurora Scotti Tosini (Hg.): Storia dell'architettura italiana. Il Seicento, Milano 2003, 278-313.

Giovanna **Curcio**: Il maggiordomo e l'architetto (1624-1629). Tracce per una storia dei palazzi vaticani al tempo di Urbano VIII. In: Lorenza Mochi Onori/ Sebastian Schütze/ Francesco Solinas (Hg.): I Barberini e la cultura europea del Seicento. Atti del convegno internazionale 7-11 dicembre 2004, Roma 2007, 521-546.

Gian Camillo **Custoza**: Colloredo – Una famiglia e un castello nella storia europea, Udine 2003.

Hans-Jörg **Czech**: Im Geleit der Musen. Studien zu Samuel van Hoogstratens Malereitraktat "Inleyding tot de Hooge Schoole der Schilderkonst: Anders de Zichtbaere Werelt" (Rotterdam 1678) (= Niederlande-Studien 27), Münster u.a. 2002.

Andrea **Czére**: L'eredità Esterházy: disegni italiani del Seicento dal Museo di Belle Arti di Budapest, AK Roma, Budapest 2002.

D:

Christoph **Dahm**: Johann Wilhelm von Pfalz-Neuburg. In: Biographisch-Bibliographisches Kirchenlexikon 3 (1992), Sp. 171-174.

Falko **Daim**/ Thomas **Kühtreiber** (Hg.): Sein & Sinn, Burg & Mensch, AK Ottenstein/ Waldreichs, St. Pölten 2001.

Martin **Dallmeier**: Kommunikation und Publikation am Immerwährenden Reichstag zu Regensburg. In: Reichsstadt und Immerwährender Reichstag (1663-1806). In: Martin Dallmeier/ Paul Winkler (Hg.): Reichsstadt und Immerwährender Reichstag (1663-1806).-250 Jahre Haus Thurn und Taxis in Regensburg, Kallmünz (= Thurn und Taxis-Studien 20), Kallmünz 2001, 35-190.

Martin **Dallmeier**/ Paul **Winkler** (Hg.): Reichsstadt und Immerwährender Reichstag (1663-1806) – 250 Jahre Haus Thurn und Taxis in Regensburg (= Thurn und Taxis-Studien 20), Kallmünz 2001.

Kiriakoula **Damoulakis**: Schloss Rastatt (= Führer Staatliche Schlösser und Gärten), München/ Berlin 2004.

Silvia **Danesi Squarzina** (Hg.): Natura morta, pittura di paesaggio e il collezionismo a Roma nella prima metà del Seicento. Italia, Fiandre, Olanda; il terreno di elaborazione dei generi, Roma 1996.

Silvia **Danesi Squarzina**: Natura morte e collezionismo a Roma nella prima metà del Seicento. In: Silvia Danesi Squarzina (Hg.): Natura morta, pittura di paesaggio e il collezionismo a Roma nella prima metà del Seicento. Italia, Fiandre, Olanda ; il terreno di elaborazione dei generi, Roma 1996, 9-75.

Silvia **Danesi Squarzina**: Natura morta e collezionismo a Roma nella prima metà del Seicento. Il terreno di elaborazione dei generi. In: Storia dell'arte 93/94 (1998/ 1999), 266-291.

Silvia **Danesi Squarzina**: Velázquez ambasciatore a Roma del re di Spagna. In: Velázquez, AK Roma, Milano 2001, 133-143.

Silvia **Danesi Squarzina**: La collezione Giustiniani. Documenti, 3 Bde., Torino/ Milano 2003.

Silvia **Danesi Squarzina**: La collezione di Cristina di Svezia, un Cupido riconsiderato e due inventari. In: Cristina di Svezia. Le collezioni reali, AK Roma, Milano 2003, 42-68.

Silvia **Danesi Squarzina**: La collezione di Cristina di Svezia, appendice documentaria. In: Cristina di Svezia. Le collezioni reali, AK Roma, Milano 2003, 69-89.

Silvia **Danesi Squarzina**/ Irene **Baldriga** (Hg.): „fiamenghi che vanno e vengono non li si puol dar regola". Paesi Bassi e Italia fra Cinquecento e Seicento: pittura, storia e cultura degli emblemi (= Apeiron. Arte – studi e ricerche 3), Sant'Oreste 1995.

Thomas **Dandelet**: Setting the Noble Stage in Baroque Rome: Roman Palaces, Political Contest, and Social Theater, 1600-1700. In: Stefanie Walker/ Frederick Hammond (Hg.): Ambiente Barocco. Life and the Arts in the Baroque Palaces of Rome, AK New Haven/ London 1999, 38-51.

Thomas James **Dandelet**: Spanish Rome, 1500 – 1700, New Haven u.a. 2002.

Thomas **Dandelet**: Searching for the New Constantine: Early Modern Rome as Spanish Imperial City. In: Gary B. Cohen/ Franz A. J. Szabo (Hg.): Embodiments of Power: Building Baroque Cities in Europe; New York u.a. 2008, 191-202.

Ladislav **Daniel**: Picture Gallery. In: Ladislav Daniel/ Marek Perůtka/ Milan Tolgner (Hg.): Archbishop's Chateau & Gardens in Kroměříž, Kroměříž 2009, 150-170.

Ladislav **Daniel**/ Marek **Perůtka**/ Milan **Tolgner** (Hg.): Archbishop's Chateau & Gardens in Kroměříž, Kroměříž 2009.

Margaret Daly **Davies**: Giovan Pietro Bellori and the ‚Nota delli musei, librerie, galerie, et ornamenti di statue e pitture ne' palazzi, nelle case, e ne' giardini di Roma' (1664): Modern libraries and ancient painting in Seicento Rome. In: Zeitschrift für Kunstgeschichte 68 (2005) Heft 2, 191-233.

Matilde **De Angelis d'Ossat**: Tra Villa Mondragone e Palazzo Altemps. Le residenze di un Cardinale, Roma 2003.

Elisa **Debenedetti** (Hg.): Collezionismo e ideologia. Mecenati, artisti e teorici dal classico al neoclassico (= Studi sul Settencento Romano 7), Roma 1991.

Elisa **Debenedetti** (Hg.): Artisti e Mecenati. Dipinti, disegni, sculture e carteggi nella Roma curiale (= Studi sul Settencento Romano 12), Roma 1996.

Elisa **Debenedetti** (Hg.): Roma, le case, la città (= Studi sul Settencento Romano 14), Roma 1998.

Elisa **Debenedetti**: Le case della piazza e dell'antipiazza di Montecitorio: immagine publica e proprietà privata. In: Elisa Debenedetti (Hg.): Roma, le case, la città (= Studi sul Settencento Romano 14), Roma 1998, 11-35.

Elisa **Debenedetti** (Hg.): Artisti e Artigiani a Roma II. Dagli Stati delle Anime del 1700, 1725, 1750, 1775 (= Studi sul Settencento Romano 21), Roma 2005.

Elisa **Debenedetti**: Quadrerie e decorazione in Palazzo Sforza Cesarini. In. Lucia Calabrese (Hg.): Palazzo Sforza Cesarini, Roma 2008, 68-99.

Christina **De Benedictis**: Per la storia del collezionismo italiano. Fonti e documenti, 3. Aufl. Milano 1998.

Marko **Deisinger**: Die Galerie Erzherzog Leopold Wilhelms und die Schatzkammer Kaiser Leopolds I. Im Jahre 1659. Die Darstellungen eines italienischen Gesandten am Wiener Kaiserhof (kommentierte Edition). In: Jahrbuch des Kunsthistorischen Museums Wien 10 (2008), 400-409.

Christian **Dekesel**/ Thomas **Stäcker** (Hg.): Europäische numismatische Literatur im 17. Jahrhundert (= Wolfenbütteler Arbeiten zur Barockforschung 42), Wiesbaden 2005.

Angela **Delaforce**: Giovanni V di Braganza e le relazioni artistiche e politiche del Portogallo con Roma. In: Sandra Vasco Rocca/ Gabriele Borghini (Hg.): Giovanni di Portogallo (1707-1750) e la cultura romana del suo tempo, AK Roma 1995, 21-39.

Angela **Delaforce**: From Madrid to Lisbon and Vienna: the journey of the celebrated paintings of Juan Tomás Enríquez de Cabrera, Almirante de Castilla. In: The Burlington Magazine 149 (2007), 246-255.

Stefano **Della Torre**/ Tiziano **Mannoni**/ Valeria **Pracchi** (Hg.): Magistri d'Europa. Eventi, relazioni, strutture della migrazione di artisti e costruttori dai laghi Lombardi. Atti del convegno Como 23-26 ottobre 1996, Milano 1998.

Marina **Dell'Omo**: Andrea Lanzani in Moravia. Precisazioni per un capitulo poco noto della sua attività. In: Rivista di Arte Antica e Moderna. In: Nuovi studi 5 (2000) Nr. 8, 93-108.

Guy **Delmarcel**: Tapestry in the Spanish Netherlands, 1625-60. In: Thomas P. Campbell (Hg.): Tapestry in the Baroque. Threads of Splendor, AK New York, New Haven/ London 2007, 207-217.

Neil **De Marchi**/ Hans **Van Miegroet**/ Matthew E. **Raiff**: Dealer-Dealer Pricing in the Mid Seventeenth-Century Antwerp to Paris Art Trade. In: Michael North/ David Ormrod (Hg.): Art Markets in Europe, 1400-1800, Aldershot u.a. 1998, 103-130.

Neil **De Marchi**/ Hans **Van Miegroet** (Hg.): Mapping Markets for Painting in Europe 1450-1750 (= Studies in European Urban History 1100-1800, 6), Turnhout 2006.

Louis **Demoulin**: Numismatique et floriculture au XVIe siècle: Jean Foy Vaillant et le prince Giovanni Battista Borghese. In: Bulletin de l'Institut Historique Belge de Rome 45 (1975), 491-496.

Wilhelm **Deuer**: Das Palais Trautson in Wien. Vom Fürstenpalais zum Justizministerium, Wien 2009.

Kristina **Deutsch**: „Le magnifique château de Richelieu", par Jean Marot. In: Jean-Claude Boyer/ Barbara Gaehtgens/ Bénédicte Gady (Hg.): Richelieu patron des arts (= Passages/ Passagen 17), Paris 2009, 55-74.

Luigi **Devoti**: La Villa Belvedere Aldobrandini di Frascati, Velletri 1990.

Luigi **Devoti**: Itinerari nella Campagna Romana. Le Ville tuscolane. Belvedere – Aldobrandini – Lancellotti Rufinella Tuscolana, Velletri 2001.

Mercedes **Dexeus**: Las colecciones incautadas: las bibliotecas del marqués de Mondéjar y del duque de Uceda. In: Elena Santiago Páez (Hg.): La Real biblioteca pública 1711-1760 de Felipe V a Fernando VI, AK Madrid 2004, 209-218.

Diarium, Oder Beschreibung alles dessen/ was währender Ihrer Königl: Majestät in Spanien **Caroli III**. Reise von Wienn biß in den Haag/ Von Tag zu Tag Merckwürdiges vorgegangen, Wien 1703.

Daniela **Di Castro**: L'abate Elpidio Benedetti. In: Antologia di belle arti NS 33/34 (1988), 78-95.

Daniela **Di Castro**: Abiti, maschere, arredi, libri. L'inventario del 1710 di Maria Camilla Pallavicini Rospigliosi duchessa di Zagarolo. In: Angela Negro (Hg.): Paesaggio e figura. Nuovo ricerche sulla collezione Rospigliosi, Roma 2000, 59-88.

Daniela **Di Castro**/ Anna Maria **Pedrocchi**/ Patricia **Waddy**: Il Palazzo Pallavicini Rospigliosi e la Galleria Pallavicini, Roma 2000.

Cornelia **Diekamp**: Die Sammlung eines Prinzen. Zur Geschichte der Gemäldesammlung des Prinzen Eugen nach 1736 mit einer Rekonstruktion des „Bilder-Saales" im Oberen Belvedere. In: Belvedere. Zeitschrift für bildende Kunst 11 (2005) Nr. 2, 4-43.

Cornelia **Diekamp**: Die Galerie im Oberen Belvedere und die Bildersammlung Prinz Eugens im Belvedere und im Stadtpalais. In: Agnes Husslein-Arco/ Marie-Louise von Plessen (Hg.): Prinz Eugen. Feldherr, Philosoph und Kunstfreund, AK Wien, München 2009, 126-153.

Frank R. **Di Federico**: Francesco Trevisani – Eighteenth-century Painter in Rome. A Catalogue Raisonné (= Art History Series 1), Washington 1977.

Rudolf **Distelberger**: The Habsburg Collections in Vienna during the Seventeenth Century. In: Oliver Impey/ Arthur MacGregor (Hg.): The Origins of Museums. The Cabinet of Curiosities in Sixteenth- and Seventeenth Century Europe, Oxford 1985, 39-46, Abb. 15-18.

Eva **Dittertová** (Hg.): Waldsteiner Bildergalerie im Eggerer Museum, Eger 1999.

Susan M. **Dixon**: Francesco Bianchini's Images and his Legacy in the Mid-Eighteenth Century: From Capriccio to Playing Cards to Proscenium and back. In: Valentin Kockel/ Brigitte Sölch (Hg.): Francesco Bianchini (1662-1729) und die europäische gelehrte Welt um 1700 (= Colloquia Augustana 21), Berlin 2005, 83-106.

Ralph-Miklas **Dobler**: Italienische Wanderkünstler als Familienunternehmer und Dienstleister – Die Familie Carlone aus Scaria. In: Werner Oechslin (Hg.): Architekt und/ versus Baumeister. Die Frage nach dem Metier (= Studien und Texte zur Geschichte der Architekturtheorie), Zürich 2009, 79-90.

Ralph-Miklas **Dobler**: Die Juristenkapellen Rivaldi, Cerri und Antamoro. Form, Funktion und Intention römischer Familienkapellen im Sei- und Settecento (= Römische Studien 22), München 2009.

Mario **Döberl**: „Ein paar schöne wägen nach der Wiennerischen neuesten façon". Zur Geschichte eines Geschenkes Kaiser Karls VI. an den Zarenhof anläßlich der russisch-habsburgischen Allianzverträge des Jahres 1726. In: Jahrbuch des Kunsthistorischen Museums Wien 4/5 (2002/2003), 296-331.

Mario **Döberl**/ Julia **Zangerl**: Diplomatische Praxis und Zeremoniell in Europa und dem Mittleren Osten in der Frühen Neuzeit. Tagungsbericht. In: Frühneuzeit-Info 17 (2006), 160-165.

Fridolin **Dörrer**: Zeremoniell, alte Praxis und „neuer Geist". Zum Verhalten der Herrscher und Regierungen in Wien und Florenz zu den Nuntien. Beispiele aus den Jahren um 1760. In: Römische Historische Mitteilungen 42 (2002), 587-630.

Damian **Dombrowski**: Dresden-Prag: Italienische Achsen in der zwischenhöfischen Kommunikation. In: Barbara Marx (Hg.): Elbflorenz. Italienische Präsenz in Dresden 16.-19. Jahrhundert, Dresden 2000, 65-99.

Fiona **Donovan**: Rubens und England, New Haven/ London 2004.

Elke **Doppler**/ Michaela **Lindinger**/ Frauke **Kreutler** (Hg.): Schau mich an. Wiener Porträts, Wien 2006.

Laurence Bertrand **Dorléac** (Hg.): Le Commerce de l'art de la Renaissance à nos jours, Besançon 1992.

Dorotheum: Zwei Päpste, 69 Kardinäle und ein Schloss in Österreich. In: Alte Meister, Auktion vom 21. März 2002, Wien 2002, Kat.-Nr. 274.

Astrid **Dostert**: „En exil des appartments". Les collections des statues antiques à l'époque rocaille. In: Thomas W. Gaehtgens/ Christian Michel/ Daniel Rabreau/ Martin Schieder (Hg.): L'art et les normes sociales au XVIIIe siècle (= Passages/ Passagen 2), Paris 2001, 165-183.

J. Douglas **Stewart**: 'Prudentia', Patrons and Artists: The Barberini, Sir Anthony van Dyck, Sir Godfrey Kneller, and Emperor Constantine! In: Lorenza Mochi Onori/ Sebastian Schütze/ Francesco Solinas (Hg.): I Barberini e la cultura europea del Seicento. Atti del convegno internazionale 7-11 dicembre 2004, Roma 2007, 619-628.

Heiko **Droste**: Im Dienst der Krone. Schwedische Diplomaten im 17. Jahrhundert (= Nordische Geschichte 2), Berlin 2006.

Frank **Druffner**: Gehen und Sehen bei Hofe. Weg und Blickführungen im Barockschloß. In: Klaus Bußmann/ Florian Matzner/ Ulrich Schulze (Hg.): Johann Conrad Schlaun 1695-1773. Architektur des Spätbarock in Europa, AK Münster 1995, 542-551.

Frank **Druffner**: Beschreibung und Funktion höfischer Sammlungen. In: Jörg Jochen Berns/ Frank Druffner/ Ulrich Schütte/ Brigitte Walbe (Hg.): Erdengötter. Fürst und Hofstaat in der Frühen Neuzeit im Spiegel der Marburger Bibliotheks- und Archivbestände (= Schriften der Universitätsbibliothek Marburg 77), Marburg 1997, 276-293.

Frank **Druffner**: Vom Brennpunkt zum Blickfang. Kamin und Ofen im Schloßbau. In: Peter-Michael Hahn/ Ulrich Schütte (Hg.): Zeichen und Raum. Ausstattung und höfisches Zeremoniell in den deutschen Schlössern der Frühen Neuzeit (= Rudolstädter Forschungen zur Residenzkultur 3), München u.a. 2006, 253-264.

Heinz **Duchhardt**: Das diplomatische Abschiedsgeschenk. In: Archiv für Kulturgeschichte 57 (1975) Nr. 2, 345-362.

Heinz **Duchhardt**: Krieg und Frieden im Zeitalter Ludwigs XIV. (= Historisches Seminar 4), Düsseldorf 1987.

Heinz **Duchhardt**: Die historische Folie einer Biographie: Habsburg, das Reich und Europa 1660-1740. Friedrich Wilhelm Riedel (Hg.), Johann Joseph Fux und seine Zeit. Kultur, Kunst, Musik im Spätbarock (Publikationen der Hochschule für Musik und Theater Hannover 7), Laaber 1996, 25-34.

Heinz **Duchhardt**: Staatenkonkurrenz und Fürstenrivalität – Krieg und Frieden in Europa 1700-1714. In: Johannes Erichsen/ Katharina Heinemann (Hg.): Brennpunkt Europas 1704: Die Schlacht von Höchstädt/ The Battle of Blenheim, AK Höchstädt, Ostfildern 2004, 2-11.

Jeroen **Duindam**: Vienna and Versailles. The Court of Europe's Dynastic Rivals, 1550-1780, Cambridge u.a. 2003.

Thomas H. von der **Dunk**: Das Deutsche Denkmal. Eine Geschichte in Bronze und Stein vom Hochmittelalter zum Barock (= Beiträge zur Geschichtskultur 18), Köln/ Weimar/ Wien 1999.

Marilyn R. **Dunn**: Spiritual Philanthropists. Women as Convent Patrons in Seicento Rome. In: Cynthia Lawrence (Hg.): Women and Art in Early Modern Europe. Patrons, Collectors and Connoisseurs, University Park PA 1997, 154-188.

E:

Martin **Eberle**: Vom zeremoniellen zum geselligen Hof. Der Wandel höfischer Sammlungen und Raumausstattungen im 18. Jahrhundert. In: Peter-Michael Hahn/ Ulrich Schütte (Hg.): Zeichen und Raum. Ausstattung und höfisches Zeremoniell in den deutschen Schlössern der Frühen Neuzeit (= Rudolstädter Forschungen zur Residenzkultur 3), München u.a. 2006, 205-228.

Sybille **Ebert-Schifferer**: Die Geschichte des Stillebens, München 1998.

Sybille **Ebert-Schifferer**/ Cecilia **Mazzetti di Pietralata** (Hg.): Joachim von Sandrart. Ein europäischer Künstler und Theoretiker zwischen Italien und Deutschland (= Römische Studien der Bibliotheca Hertziana 25), München 2009.

Harula **Economopoulos**: „La pietà con l'arte e l'arte con la pietà". Collezionismo e committenze del Cardinale Paolo Emilio Sfondrato. In: I Cardinali di Santa Romana Chiesa Collezionisti e Mecenati, 3. Bd., Roma 2001, 23-53.

Harula **Economopoulos** (Hg.): I Cardinali di Santa Romana Chiesa Collezionisti e Mecenati, 2. Bd., Roma 2003.

Friedrich **Edelmayer**/ Virginia León **Sanz**/ José Ignacio **Ruiz Rodríguez** (Hg.): Der Spanische Erbfolgekrieg/ La Guerra de Sucesión española (= Hispania-Austria III/ Studien zur Geschichte und Kultur der iberischen und angloiberischen Länder 13), Wien/ München 2008.

Anton **Eggendorfer**/ Wolfgang **Krug**/ Gottfried **Stangler** † (Hg.): Altes Landhaus. Vom Sitz der niederösterreichischen Stände zum Veranstaltungszentrum, Wien 2006.

Henning **Eichberg**: Geometrie als barocke Verhaltensnorm. Fortifikation und Exerzitien. In: Zeitschrift für historische Forschung 4 (1977), 17-50.

Robert **Eigenberger**: Die Gemäldegalerie der Akademie der bildenden Künste in Wien, Wien/ Leipzig 1927.

Eigentliche Beschreibung deß prächtigen Ein- und Auffzugs als bey denen Röm. Kays. als Königl. Königl. Majest. [...] Ihrer Ertz-Fürstl. Durchl. Herrn Ertz-Hertzogen Carl Joseph [...] Ihro Excell. Herr Wolffgang Graff von Oettingen [...] Groß-Pottschaffter zu derOttomannischen Porten, den 26. Septemb. 1699 Ihre Abschieds- und Urlaubs-Audienz gehabt [...] Nebst einer Specifications-Beschreibung deren jenigen Praesenten, welche nach gedachter Porten übersendet werden, o.O., 1699.

Frank Wolf **Eiermann**: Requisita Dignitatis. Die deutsche Residenz als Bauaufgabe im 17./18. Jahrhundert an Beispielen im fränkischen Reichskreis, phil. Diss Erlangen 1995.

William **Eisler**: Carlo Fontana and the Maestranze of the Mendrisiotto in Rome. In: Marcello Fagiolo/ Giuseppe Bonaccorso (Hg.): Studi sui Fontana. Una dinastia di architetti ticinesi a Roma tra Manierismo e Barocco (= Roma. Storia, cultura, immagine 21), Roma 2008, 355-384.

Francesco **Eleuteri**/ Antonella **Ranaldi**: Villa „Il Vascello" a Roma: Elpidio Benedetti, Plautilla Bricci e Pietro da Cortona. In: Ville barocche in Toscana (= Quaderni di Storia dell'Architettura e Restauro Nr. 10 [1993]), Firenze 1995, 89-103.

Norbert **Elias**: Die höfische Gesellschaft (Suhrkamp-Taschenbuch Wissenschaft 423), 4. Aufl. Frankfurt am Main 1989.

Miguael Ángel **Elvira Barba**: Los retratos antiguos (y pseudoantiguos) de la colección de Cristina de Suecia. In: José Beltran Fortes u.a. (Hg.): Illuminismo e illustración. Le antichità e i loro protagonisti in Spagna e in Italia nel XVIII secolo (= Bibliotheca Italia 27), Madrid/ Roma 2003, 159-170.

Erwein H. **Eltz**/ Arno **Strohmeyer** (Hg.): Die Fürstenberger. 800 Jahre Herrschaft und Kultur in Mitteleuropa, AK Weitra, St. Pölten 1994.

Birgit **Emich**: Bürokratie und Nepotismus unter Paul V. (1606-1621). Studien zur frühneuzeitlichen Mikropolitik in Rom (= Päpste und Papsttum 30), Stuttgart 2001.

Christoph **Emmendörfer**/ Christoph **Trepesch** (Hg.): Zarensilber. Augsburger Silber aus dem Kreml, AK Augsburg, München 2008.

Christoph **Emmendörfer**: „Unsere so berühmte profession ...". Eine Augsburger Geschichte der Goldschmiedekunst. In: Christoph Emmendörfer/ Christoph Trepesch (Hg.): Zarensilber. Augsburger Silber aus dem Kreml, AK Augsburg, München 2008, 56-89.

Rudolf **Endres**: Adel in der Frühen Neuzeit (= Enzyklopädie deutsche Geschichte 18), München 1993.

Meinrad von **Engelberg**: Reichsstil, Kaiserstil, „Teutscher Gusto"? Zur „Politischen Bedeutung des Deutschen Barock". In: Heinz Schilling/ Werner Heun/ Jutta Götzmann (Hg.): Heiliges Römisches Reich Deutscher Nation 962 bis 1806. Altes Reich und neue Staaten 1495-1806. Essays, AK Berlin, Dresden 2006, 288-300.

Meinrad von **Engelberg**: Wie deutsch ist der deutsche Barock? Vorüberlegungen zu einer neuen „Geschichte der bildenden Kunst in Deutschland". In: Zeitschrift für Kunstgeschichte 69 (2006), 508-530.

Robert **Enggass**: Early Eighteenth-Century Sculpture in Rome. An illustrated catalogue raisoné, University Park/ London 1976.

Catherine und Robert **Enggass** (Hg.): Nicola Pio. Le vite di pittori scultori et architetti. Cod. ms. Capponi 257 (= Studi e testi 278), Roma 1977.

Mario **Epifani**: Il cardinal Antonio Santacroce collezionista di disegna. In: Les Cahiers d'Historie de l'Art 2 (2004), 82-115.

Dietrich **Erben**: Die Pyramide Ludwigs XIV. in Rom. Ein Schanddenkmal im Dienst diplomatischer Vorherrschaft. In: Römisches Jahrbuch der Bibliotheca Hertziana 31 (1996), 427-458.

Dietrich **Erben**: Paris und Rom. Die staatlich gelenkten Kunstbeziehungen unter Ludwig XIV (= Studien aus dem Warburg-Haus 9), Berlin 2004.

Dietrich **Erben**: Erfahrung und Erwartung: Bernini und seine Auftraggeber in Paris. In: Pablo Schneider/ Philipp Zitzlsperger (Hg.): Bernini in Paris. Das Tagebuch des Paul Fréart de Chantelou über den Aufenthalt Gianlorezo Berninis am Hof Ludwigs XIV., Berlin 2006, 358-375.

Dietrich **Erben**: Zum Verständnis des Modellbegriffs in der Kunstgeschichte. Das Beispiel des Invalidendoms in Paris und des Petersdoms in Rom. In: Christoph Kampmann u.a. (Hg.): Bourbon – Habsburg – Oranien. Konkurrierende Modelle im dynastischen Europa um 1700, Köln/ Weimar/ Wien 2008, 284-299.

Regina **Erbentraut**: Aspekte der Italien-Rezeption des 18. und 19. Jahrhunderts in Deutschland und ihre Bedeutung für die Sammlungen von Gemälde-Kopien. In: Kornelia von Berswordt–Wallrabe (Hg.): Von Venedig bis Neapel. Renaissance und Barock in Italien. Sammlungen, Malerei, Zeichnung, Plastik, Majolika, AK Schwerin 1999, 17-27.

Friedrich Wilhelm von **Erdmannsdorff**: Kunsthistorisches Journal einer fürstlichen Bildungsreise nach Italien 1765/66. Aus der französischen Handschrift übersetzt, erläutert und herausgegeben von Ralf-Torsten Speller (= Kataloge und Schriften der Kulturstiftung Dessau-Wörlitz 12), München/ Berlin 2001.

Nina **Ergin**: Tamerlan, Tomyris und andere orientalische Tyrannen. Gedanken zur Ikonographie des Deckengemäldezyklus im Schloss Eggenberg, Graz. In: Österreichische Zeitschrift für Kunst und Denkmalpflege 60 (2006) Heft 3-4, 402-417.

Johannes **Erichsen**: Kaisersäle, Kaiserzimmer: Eine kritische Nahsicht. In: Heinz Schilling/ Werner Heun/ Jutta Götzmann (Hg.): Heiliges Römisches Reich Deutscher Nation 962 bis 1806. Altes Reich und neue Staaten 1495-1806. Essays, AK Berlin, Dresden 2006, 272-287.

Johannes **Erichsen**/ Katharina **Heinemann** (Hg.): Brennpunkt Europas 1704: Die Schlacht von Höchstädt/ The Battle of Blenheim, AK Höchstädt, Ostfildern 2004.

Giovanni Pietro **Erico**: Villa Benedetta. Descritta già da Matteo Mayer. Ed hora con nuova aggiunta aumentata, Augsburg 1694.

Jörg **Ernesti**: Ferdinand von Fürstenberg (1626-1683). Geistiges Profil eines barocken Fürstbischofs (= Studien und Quellen zur westfälischen Geschichte 51), Paderborn 2004.

Bernd **Evers** u.a.: Architekturtheorie von der Renaissance bis zur Gegenwart. 89 Beiträge zu 117 Traktaten, Köln u.a. 2003.

Im Reiche des Goldenen Apfels. Des türkischen Weltenbummlers **Evliyâ çelebi** denkwürdige Reise in das Giaurenland und in die Stadt und Festung Wien anno 1665. Übersetzt, eingeleitet und erklärt von Richard F. Kreutel, Graz/ Wien/ Köln 2. Aufl. 1963.

F:

Martin **Faber**: Scipione Borghese als Kardinalprotektor. Studien zur römischen Mikropolitik in der frühen Neuzeit, Mainz 2005.

Martin **Faber**: Entweder Nepot oder Protektor. Scipione Borghese als Kardinalprotektor von Deutschland (1611-1633). In: Richard Bösel/ Grete Klingenstein/ Alexander Koller (Hg.): Kaiserhof – Papsthof (16.-18. Jahrhundert) (= Publikationen des Historischen Instituts beim Österreichischen Kulturforum in Rom. Abhandlungen 12), Wien 2006, 59-65.

Maria Attilia **Fabbri dell'Oglio**: Il trionfo dell'effimero, Roma 2002.

Lucia **Faedo**/ Thomas **Frangenberg** (Hg.): Hieronymus Tetius. Aedes Barberinae ad Quirinalem descriptae. Descrizione di Palazzo Barberini al Quirinale. Il palazzo, gli affreschi le collezioni, la corte, Pisa 2005.

Konrad M. **Färber**: Von der Reichsversammlung zum Immerwährenden Reichstag. Geschichte und Funktion des ersten deutschen Parlaments. In: Martin Angerer/ Konrad M. Fäber/ Helmut-Eberhard Paulus: Das Alte Rathaus zu Regensburg, Regensburg 2. Aufl. 1995, 56-65.

Marcello **Fagiolo** (Hg.): Il barocco Romano e l'Europa, Atti del Convegno 1987, Roma 1992.

Marcello **Fagiolo** (Hg.): Il Settecento e l'Ottocento (= Corpus delle feste a Roma 2), Roma 1997.

Marcello **Fagiolo** (Hg.): La Festa a Roma dal Rinascimento al 1870. Atlante, Torino/ Roma 1997.

Marcello **Fagiolo**: I banchetti. In: Marcello Fagiolo (Hg.): La Festa a Roma dal Rinascimento al 1870. Atlante, Torino/ Roma 1997, 120-133.

Marcello **Fagiolo**/ Giuseppe **Bonaccorso** (Hg.): Studi sui Fontana. Una dinastia di architetti ticinesi a Roma tra Manierismo e Barocco (= Roma. Storia, cultura, immagine 21), Roma 2008.

Marcello **Fagiolo**/ Maria Luisa **Madonna** (Hg.): Barocco romano e barocco italiano: il teatro, l'effimero, l'allegoria, Roma 1985.

Marcello **Fagiolo**/ Paolo **Portoghesi** (Hg.): Roma Barocca. Bernini, Borromini, Pietro da Cortona, AK Roma 2006.

Maurizio **Fagiolo dell'Arco** (Hg.): Der Vatikan. Goldene Jahrhunderte der Kunst und Architektur, Freiburg i. Breisgau 1983 (Originalausgabe Milano 1982).

Andreas **Faistenberger**: Die Faistenberger. Eine Tiroler (Künstler-)Familie der Frühen Neuzeit (= Schlern-Schriften 338), Innsbruck 2007.

Jeanette **Falcke**: Studien zum diplomatischen Geschenkwesen am brandenburgisch-preußischen Hof im 17. und im 18. Jahrhundert (= Quellen und Forschungen zur Brandenburgischen und Preußischen Geschichte 31), Berlin 2006.

Giovanni Battista **Falda**/ Joachim von **Sandrart**: Der Römischen Fontanen wahre Abbildung, wie solche so wohl auf offentlichen Plätzen und Palatien als auch Frescada, Tivoli und denen Lust-Gütern mit ihren Prospecten allda zu ersehen sind, Nürnberg 1685.

Reindert **Falkenburg** (Hg.): Kunst voor de markt, 1500-1700/ Art for the market, 1500-1700 (= Nederlands kunsthistorisch jaarboek 50/1999), Zwolle 2000.

Marcello **Fantoni**/ Louisa C. **Matthew**/ Sara F. **Matthews-Grieco** (Hg.): The Art Market in Italy 15th-17th Centuries/ Il Mercato dell'Arte in Italia secc. XV-XVII, Modena 2003.

Viviana **Farina**: Collezionismo di disegni a Napoli nel Seicento. Le raccolte di grafica del viceré VII marchese del Carpio, il ruolo di padre Sebastiano Resta e un inventario inedito di disegni e stampe. In: José Luis Colomer (Hg.): España y Nápoles: Coleccionismo y mecenazago de los virreinales en el siglo XVII, Madrid 2009, 339-362.

Fauzia **Farnetti**: Tra realtà e illusione: le architetture dipinte nei palazzi fiorentini. In: Mario Bevilacqua/ Maria Luisa Madonna (Hg.): Il Sistema delle Residenze Nobiliari. Stato Pontificio e Granducato di Toscana (= Atlante Tematico del Barocco in Italia), Roma 2003, 327-348.

Brigitte **Faßbinder**: Der „teufelsbauwurmb" – Der Bauherr Graf Friedrich Karl von Schönborn und der Architekt Johann Lukas von Hildebrandt. In: Christoph Vitali (Hg.): Barocke Sammellust. Die Sammlung Schönborn-Buchheim, AK München 2003, 45-61.

Irene **Favoretto**/ Giulio **Bodon**: Il collezionismo di antichità a Venezia nel Seicento. Tra tradizione e rinovamento. In: Bernard Aikema/ Rosella Lauber/ Max Seidel (Hg.): Il collezionismo a Venezia e nel Veneto ai tempi della Serenissima, Venezia 2005, 209-218.

Enzo-Giorgio **Fazio**/ Emanuele **Kanceff**: Tedeschi in Italia nel' Settecento (= Biblioteca del Viaggio in Italia 50), Moncarlieri 2003.

Helmuth **Feigl**: Grundherrschaften und Gemeinde im alten Baden. In: Jahrbuch für Landeskunde von Niederösterreich 66/68 (2000/2002), St. Pölten 2006, 137-259.

Robert **Felfe**: Umgebender Raum – Schauraum. Theatralisierung als Medialisierung musealer Räume. In: Helmar Schramm/ Ludger Schwarte/ Jan Lazardzig (Hg.): Kunstkammer – Laboratorium – Bühne. Schauplätze des Wissens im 17. Jahrhundert (= Theatrum Scientiarum 1), Berlin/ New York 2003, 226-264.

Sabine **Fellner**: Das adelige Porträt. Zwischen Typus und Individualität. In: Herbert Knittler/ Gottfried Stangler/ Renate Zedinger (Hg.): Adel im Wandel. Politik – Kultur – Konfession 1500-1700, AK Rosenburg, Wien 1990, 498-517.

Mounir **Fendri**: Die Habsburgermonarchie und die „Barbaresken". Die Gesandtschaft des Jusuf Khodscha in Wien (1732/1733) als Nachspiel des ersten österreichisch-türkischen Friedensvertrages von 1725. In: Marlene Kurz/ Martin Scheutz/ Karl Vocelka/ Thomas Winkelbauer (Hg.): Das Osmanische Reich und die Habsburgermonarchie (= MIÖG EB 48), Wien/München 2005, 341-356.

Sylvia **Ferino-Pagden**: Zur Sammeltätigkeit Erzherzogs Leopold Wilhelm (1614-1662). „Verzeichnuss der Zaichnungen und Handrüsz". In: Achim Gnann/ Heinz Widauer (Hg.): Festschrift für Konrad Oberhuber, Mailand 2000, 431-442.

Henry Dietrich **Fernández**: The Patrimony of St Peter – The Papal Court at Rome c. 1450-1700. In: John Adamson (Hg.): The Princely Courts of Europe. Ritual, Politics and Culture Under the ‚Ancien Régime' 1500-1750, London 1999, 140-163.

Jorge **Fernández-Santos Ortiz-Iribas**: Un lote de pinturas de la colección del Marqués del Carpio adjudicadas al Duque de Tursi. In: Reales Sitios 40 (2003) Heft 1, 39-57.

Fernere Fortsetzung Des Königlich-Spanischen Reiß-Diarii. Darinnen Ihrer Königlichen Majestät Caroli III. Glückliche Ankunfft und Aufenthalt im Haag/ wie auch Dero Ubersetzung in Engelland und alldasige Verbleibung/ endlich Dero Fortseglung und Anländung in Portugall/ Von Tag zu Tag auffs fleissigste auffgezeichnet befindlich; Benebens unterschiedlichen höchstgedachter Ihrer Königl. Maj. Zu Dero beglückten Reise unterthänigst überreichten Glückwünschungs-Red- und Gedichten. Insonderheit Ist auch beygedruckt zu sehen/ das von höchstgedächter Ihrer Kön. Majest. Wegen Dero Anzugs in Hispanien offentlich außgegebenes Manifest, Wien 1704.

Stefano **Ferrari**: Un mediatore dei rapporti artistic fra Roma e Vienna: l'agente Giuseppe Dionigio Crivelli (1693-1782): In: Römische Historische Mitteilungen 40 (1998), 445-448.

Stefano **Ferrari**: L'antiquario nella cultura europea del Sei- Settecento. In: Atti della Accademia Roveretana degli Agiati VII/XA, Rovereto 2000, 191-214.

Stefano **Ferrari**: Giuseppe Dionigio Crivelli (1693-1782): La carriera di un agente trentino nella Roma del Settecento. In: Studi Trentini di Scienze Storiche 79 (2000), 571-737.

Paola **Ferraris**: I funebri regali in S. Antonio dei Portoghesi: due schede. In: Sandra Vasco Rocca/ Gabriele Borghini (Hg.): Giovanni di Portogallo (1707-1750) e la cultura romana del suo tempo, AK Roma 1995, 263-274.

Richard Joseph **Ferraro**: The Nobility of Rome, 1500-1700: A Study of its Compositions, Wealth, and Investment, phil. Diss. University of Wisconsin Ms., Madison 1994.

Rupert **Feuchtmüller**: Die Herrengasse (= Wiener Geschichtsbücher 28), Wien/ Hamburg 1982.

Alessia **Fiabane**: Un antiquario nella Roma di fine `600: Pietro Rossini da Pesaro. In: Roma moderna e contemporanea VII (1999) Nr. 1/2, 281-294.

Petr **Fidler**: Zur Bauaufgabe in der Barockarchitektur. Das Palais Questenberg. Ergänzende Forschungen zu einer Prandtauer-Monographie, Innsbruck 1985.

Petr **Fidler**: „… alla moderna gebaut und vom sehr artigen goût …". Das Palais Dietrichstein-Lobkowitz in Wien. Zur Frage des französischen Einflusses in der mitteleuropäischen Architektur des 17. Jahrhunderts. In: Acta historiae artium 37 (1994), 145-174.

Petr **Fidler**: Modus geometricus – sensus allegoricus (Zur Poetik des adeligen Wohnens in der frühen Neuzeit). In: Opera Historica 5, České Budějovice 1996, 443-465.

Petr **Fidler**: Domenico Sciassia und seine Landsleute in Österreich und im Königreich Ungarn. In: Michael Kühlenthal (Hg.): Graubündner Baumeister und Stukkateure. Beiträge zur Erforschung ihrer Tätigkeit im mitteleuropäischen Raum, Locarno 1997, 309-338.

Petr **Fidler**: „Bauen ist eine höhere Lust als Kriegführen". Albrecht Wenzel Eusebius von Waldstein als Bauherr und Mäzen. In: Václav Bůžek/ Pavel Král (Hg.): Aristokratické rezidence a dvory v raném novověku (= Opera Historica 7), České Budějovice 1999, 275-309.

Petr **Fidler**: „weillen er Euer: Kayserl. May: und dem höchlöblichsten Hause schon an die 50 Jahr gedienet und große gebeu verrichtet". Der Hofarchitekt Giovanni Pietro Tencalla (1629-1702) und seine Landsleute. In: Friedrich Polleroß (Hg.): Reiselust & Kunstgenuss. Barockes Böhmen, Mähren und Österreich, Petersberg 2004, 49-62.

Petr **Fidler**: Albrecht Wenzel Eusebius von Waldstein – Bauherr und Mäzen. In: Eliška Fučiková/ Ladislav Čepička (Hg.): Waldstein. Albrecht von Waldstein. 'Inter arma silent musae'?, AK Prag 2007, 79-87.

Eliana **Fileri**: Il Cardinale Filippo Antonio Gualteri (1660-1728) collezionista e scienziato. In: Marco Gallo (Hg.): I Cardinali di Santa Romana Chiesa: collezionisti e mecenati, 2. Bd., Roma 2001, 36-47.

Aleš **Filip**: Zur Verbreitung der Wiener Barockarchitektur in Mitteleuropa. Anton Erhard Martinelli und seine Bauherren. In: Zofia Kowalska (Hg.): Aus der Geschichte Österreichs in Mitteleuropa. Kunstgeschichte (= Schriften des Instituts Janineum 4), Wien 2003, 76-129.

Bruna **Filippi**: „Grandes et petites actions" au Collège Romain. Formation rhétorique et théâtre jésuite au XVIIe siècle. In: Maria Antonietta Visceglia/ Catherine Brice (Hg.): Cérémonial et rituel à Rome (XVIe-XIXe siècle), Rome 1997, 177-199.

Gabriele **Finaldi**: Ribera, the Viceroys of Naples and the King. Some Observations on their Relations. In: José Luis Colomer (Hg.): Arte y diplomacia de la Monarquía Hispánica en el siglo XVII, Madrid 2003, 378-387.

Paula **Findlen**: Possessing Nature: Museums, Collecting, and Scientific Culture in Early Modern Italy, Berkeley 1994.

Paula **Findlen**: Scientific Spectacle in Baroque Rome: Athanasius Kircher and the Roman College Museum. In: Mordechai Feingold (Hg.): Jesuit Science and the Republic of Letters, Cambridge MA 2003, 225-284.

Paula **Findlen** (Hg.): Athanasius Kircher. The Last Man Who Knew Everything, New York/ London 2004.

Lorenzo **Finocchi Ghersi**: Carlo Fontana e i Grimani. Il palazzo di Roma e un progetto di villa in Veneto. In: Arte Veneto 48 (1996), 117-127.

Luigi **Fiorani**: Processioni tra devozione e politica. In: Marcello Fagiolo (Hg.): La Festa a Roma dal Rinascimento al 1870. Atlante, Torino/ Roma 1997, 66-83.

Luigi **Fiorani**: I Caetani nel Palazzo al Corso. In: Carlo Pietrangeli (H.): Palazzo Ruspoli/ Fondazione Memmo, Roma 1992, 81-89.

Luigi **Fiorani**: I Ruspoli. In: Carlo Pietrangeli (H.): Palazzo Ruspoli/ Fondazione Memmo, Roma 1992, 91-136.

Luigi **Fiorani** (Hg.): Palazzo Caetani. Storia, arte e cultura, Roma 2007.

Friedrich **Firnhaber**: Die Mission des Freiherrn von Sassinet, österreichischem Agenten in Rom im Jahre 1701, Wien 1856.

Kurt **Flasch**: Todeskampf, nicht Auferstehung. Das Grabmal des Reichsgrafen von Lamberg. In: Domblätter 7 (2005), 31-37.

Victor **Fleischer**: Fürst Karl Eusebius von Liechtenstein als Bauherr und Kunstsammler (1611-1684) (= Veröffentlichungen der Gesellschaft für neuere Geschichte Österreichs 1), Wien/ Leipzig 1910.

Brinsley **Ford**: The Englishman in Italy. In: Gervase Jackson-Stops (Hg.): The Treasure Houses of Brittain. Five Hundred Years of Private Patronage and Art Collecting, AK Washington, New Haven/ London 1985, 40-49.

Lucia **Fornari Schianchi**: „Venite all'ombra dei gran gigli d'oro". Sammlertätigkeit der Farnese in Parma. In: Lucia Fornari Schianchi/ Nicola Spinosa (Hg.): Der Glanz der Farnese. Kunst und Sammelleidenschaft in der Renaissance, AK München 1995, 68-79.

Lucia **Fornari Schianchi**/ Nicola **Spinosa** (Hg.): Der Glanz der Farnese. Kunst und Sammelleidenschaft in der Renaissance, AK München 1995.

Irene **Fosi**: La famiglia Savelli e la rappresentanza imperiale a Roma nella prima metà del Seicento. In: Richard Bösel/ Grete Klingenstein/ Alexander Koller (Hg.): Kaiserhof – Papsthof (16.-18. Jahrhundert) (= Publikationen des Historischen Instituts beim Österreichischen Kulturforum in Rom. Abhandlungen 12), Wien 2006, 67-76.

Irene **Fosi**: „Roma patria comune?" Foreigners in Early Modern Rome. In: Jill Burke/ Michael Bury (Hg.): Art and Identity in Early Modern Rome, Aldershot/ Burlington VT 2008, 27-43.

François **Fossier**: Les dessins du fonds Robert de Cotte de la Bibliothèque Nationale de France. Architecture et décor, Paris 1997.

Saverio **Franchi**: Drammaturgia Romana II (1701-1750) (= Sussidi Eruditi 45), Roma 1997.

Vincenzo **Francia**/ Gianni **Malizia**: La Casa di Pietro. Ambienti del Palazzo Apostolico Vaticano, Città del Vaticano 2004.

Thomas **Frangenberg**: Der Betrachter. Studien zur florentinischen Kunstliteratur des 16. Jahrhunderts (= Frankfurter Forschungen zur Kunst 16), Berlin 1990.

Thomas **Frangenberg**: The Geometry of a Dome: Ludovico David's ‚Dichiarazione della Pittura della Capella del Collegio Clementino di Roma'. In: Journal of the Warburg and Courtauld Institutes 57 (1994), 191-208.

Thomas **Frangenberg**: The Art of Talking about Sculpture: Vasari, Borghini and Bocchi. In: Journal of the Warburg and Courtauld Institutes 59 (1995), 115-131.

Thomas **Frangenberg**: Andrea Pozzo on the Ceiling Peintings in S. Ignazio. In: Paul Taylor/ François Quiviger (Hg.): Pictorial Composition from the Medieval to Modern Art (= Warburg Institute Colloquia 6), London 2000, 91-116.

Thomas **Frangenberg**: The Beauty of the Images': Pietro da Cortona's Barberini Ceiling in Teti's 'Aedes Barberini'. In: Rodney Palmer/ Thomas Frangenberg (Hg.): The Rise of the Image. Essays on the History of the Illustrated Art Book, Aldershot u.a. 2003, 135-156.

Thomas **Frangenberg**: „As if ...": Pietro Francesco Zanoni on Filippo Gherard's Ceiling in S. Pantaleo. In: Thomas Frangenberg/ Robert Williams (Hg.): The Beholder. The Experience of Art in Early Modern Europe (= Histories of Vision), Aldershot u.a. 2006, 165-181.

Thomas **Frangenberg**/ Robert **Williams** (Hg.): The Beholder. The Experience of Art in Early Modern Europe (= Histories of Vision), Aldershot u.a. 2006.

Christoph **Frank**: Zwischen Frankreich und Preußen. Das Denkmal des Großen Kurfürsten um Andreas Schlüter im Spiegel seiner öffentlichen Rezeption. In: Preußen 1701. Eine europäische Geschichte, AK Berlin, 2. Bd., 341-352.

Birgit **Franke**: Tapisserie als höfisches Ausstattungsmedium. Zwischen Allgemeingültigkeit und Individualität. In: Peter-Michael Hahn/ Ulrich Schütte (Hg.): Zeichen und Raum. Ausstattung und höfisches Zeremoniell in den deutschen Schlössern der Frühen Neuzeit (= Rudolstädter Forschungen zur Residenzkultur 3), München u.a. 2006, 265-279.

Norbert **Franken**: Inter folia frvctvs. Historische Antikenzeichnungen und Stichwerke des 17. bis 19. Jahrhunderts und ihre Bedeutung für die Rekonstruktion der Berliner Bronzesammlung. In: Jahrbuch der Berliner Museen NF 49 (2007), 9-26.

Dalma **Frascarelli**/ Laura **Testi**: La casa dell'eretico. Arte e cultura nella quadreria romana di Pietro Gabrielli (1660-1734) a Palazzo Taverna di Montegiordano, Roma 2004.

Burton **Fredericksen**: Französische Gemälde auf dem deutschen Kunstmarkt vor 1800. In: Pierre Rosenberg (Hg.): Poussin, Lorrain, Watteau, Fragonard. Französische Meisterwerke des 17. und 18. Jahrhunderts aus deutschen Sammlungen, AK Bonn/ München, Ostfildern-Ruit 2005, 39-45.

Dagobert **Frey**: Die Denkmale des politischen Bezirkes Baden (= Österreichische Kunsttopographie 18), Wien 1924.

Thomas **Freller**: Adlige auf Tour. Die Erfindung der Bildungsreise, Ostfildern 2007.

[Casimir **Freschot**:] Relation Von dem Käyserlichen Hofe zu Wien [...] Aufgesetzt von einem Reisenden im Jahre 1704, Köln 1705.

Susanne **Friedrich**: Drehscheibe Regensburg. Das Informations- und Kommunikationssystem des Immerwährenden Reichstags um 1700 (= Colloquia Augustana 23), Berlin 2007.

Theodor von **Frimmel**: Geschichte der Wiener Gemäldesammlungen. Viertes Capitel: Die Galerie in der Akademie der bildenden Künste, Leipzig/ Berlin 1901.

Sabine **Frommel**: Joachim von Sandrart und die Architektur. In: Sybille Ebert-Schifferer/ Cecilia Mazzetti di Pietralata (Hg.): Joachim von Sandrart. Ein europäischer Künstler und Theoretiker zwischen Italien und Deutschland (= Römische Studien der Bibliotheca Hertziana 25), München 2009, 165-192.

Leticia de **Frutos Sastre**: El arte de la posibilidad: Carpio y el coleccionismo de pintura en Venecia. In: Reales Sitios 41 (2004), Heft 4, 55-71.

Leticia de **Frutos Sastre**: Galerías de Ficción. Mercado de Arte y de Prestigio entre dos Príncipes: el VII Marqués del Carpio y el Condestabile Colonna. In: Tiempos Modernos 14 (2006) Nr. 2, 1-20.

Leticia de **Frutos Sastre**: Luca Giordano en la colección napolitana del VII marqués del Carpio.In: José Luis Colomer (Hg.): España y Nápoles: Coleccionismo y mecenazago de los virreinales en el siglo XVII, Madrid 2009, 363-377.

Leticia de **Frutos Sastre**/ Andrés **Sánchez López**: Florilegio Carpiano. El VII marqués del Carpio y el coleccionismo de pintura de flores en Madrid. In: María Condor Orduña (Hg.): In sapientia libertas. Escritos en homenaje al profesor Alfonso E. Pérez Sánchez, Madrid u.a. 2007, 513-525.

Eliška **Fučíková**/ Ladislav **Čepička** (Hg.): Waldstein. Albrecht von Waldstein. 'Inter arma silent musae'?, AK Prag 2007.

Walter **Fürnrohr**: Die Vertreter des habsburgischen Kaisertums auf dem Immerwährenden Reichstag. Teil I. In: Verhandlungen des Historischen Vereins für Oberpfalz und Regensburg 123 (1983), 71-139.

Walter **Fürnrohr**: Die Vertreter des habsburgischen Kaisertums auf dem Immerwährenden Reichstag.Teil II. In: Verhandlungen des Historischen Vereins für Oberpfalz und Regensburg 123 (1984), 117-148.

Die **Fürsten Esterházy**. Magnaten, Diplomaten & Mäzene, AK Eisenstadt 1995.

Maria Antonietta **Fugazzola Delpino**/ Elisabetta **Mangani**: Il Museo Kircheriano. In: Claudia Cerchiai (Hg.): Il Collegio Romano dalle origini al Ministero per i Beni e le Attività Culturali, Roma 2003, 265-319.

Peter **Fuhring**: Ornament Prints in the Rijksmuseum II: The Seventeenth Century, 1. Bd. Rotterdam 2004.

Elena **Fumagalli**: Committenza e iconografia medicea a Roma nel Seicento. Il ciclo di affreschi di Palazzo Madama. In: Mitteilungen des Kunsthistorischen Institutes in Florenz 41 (1997), 314-347.

Elena **Fumagalli**: Il sogno di un „isola". I luoghi medicei a Roma: progetti e realizzazioni. In: Michel Hochmann (Hg.): Villa Medici. Il sogno di un cardinale. Collezioni e artisti di Ferdinando de' Medici, AK Roma 1999, 94-103.

Marc **Fumaroli**: L'école du silence. Le sentiment des images au XVIIe siècle, Paris 1994.

Joseph **Furttenbach**: Architectura Recreationis, Augsburg 1640. Herausgegeben und mit einem Vorwort versehen von Detlef Karg, Berlin 1988.

Giulia **Fusconi**: Per la storia della scultura lignea in Roma: Le carozze di Ciro Ferri per due ingressi solenni. In: Antologia di Belli Arti NS 21-22/ 1984, 80-97.

Giulia **Fusconi**: Philipp Schor, gli Altieri e il Marchese del Carpio. In: Christina Strunck (Hg.): „Un regista del gran teatro del barocco". Johann Paul Schor und die internationale Sprache des Barock (= Römische Studien der Bibliotheca Hertziana 21), München 2008, 175-191.

G:

Alexandre **Gady**: Jacques Lemercier, Architecte et ingénieur du roi, Paris 2005.

Bénédicte **Gady**: Gravure d'interprétation et échanges artistiques. Les estampes françaises d'après les peintres italiens contemporains (1655-1724). In: Studiolo. Revue de l'art de l'Académie de France à Rome 1, Paris 2002, 64-104.

Bénédicte **Gady**: La gravure d'interprétation comme art et critique d'art. La peinture romaine contemporaine selon Benoît Farjat, Nicolas Dorigny et François Spierre. In: Les nouvelles de l'estampe, mars-avril 2005, 6-22.

Arnold **Gaedeke**: Das Tagebuch des Grafen Ferdinand Bonaventura von Harrach während seines Aufenthalts am spanischen Hofe in den Jahren 1697 und 1698 nebst zwei geheimen Instruktionen. In: Archiv für österreichische Geschichte 48 (1872), 163-302.

Martin **Gaier**/ Bernd **Nicolai**/ Tristan **Weddigen** (Hg.): Der unbestechliche Blick. Lo sguardo incorruttibile. Festschrift zu Ehren von Wolfgang Wolters, Trier 2005.

Giuseppe **Galasso**: Napoli Spagnola dopo Masaniello. Politica, Cultura, Società, Napoli 1972.

Géza **Galavics**: Reichspolitik und Kunstpolitik. Zum Ausbildungsprozeß des Wiener Barock. In: Hermann Fillitz/ Martina Pippal (Hg.): Wien und der europäische Barock (= Akten des XXV. Internationalen Kongresses für Kunstgeschichte, Wien, 4.-10. September 1983, 7), Wien u.a. 1986, 7-12.

Géza **Galavics**: Baroque Family Trees and Genealogies. In: New Hungarian Quarterly 30 (1989), 189-191.

Géza **Galavics**: Fürst Paul Esterházy (1635-1713) als Mäzen. Skizzen zu einer Laufbahn. In: Wiener Jahrbuch für Kunstgeschichte 45 (1992), 121-141, 277-279 (Abb.).

Géza **Galavics**: Netherlandish Baroque Painters and Graphic Artists in 17th-century Central Europe. In: Géza Galavics (Hg.): Barockk müvészet közép-európában utak és talákozások/ Baroque Art in Central Europe. Crossroads, AK Budapest 1993, 83-106.

Géza **Galavics**: Barockk müvészet közép-európában utak és talákozások/ Baroque Art in Central Europe. Crossroads, AK Budapest 1993.

Géza **Galavics**: Die frühen Porträts der Familie Esterházy. Typen, Funktion, Bedeutung – eine Auswahl (Ein Forschungsbericht). In: Rudolf Kropf/ Gerald Schlag (Hg.): Adelige Hofhaltung im österreichisch-ungarischen Grenzraum (vom Ende des 16. bis zum Anfang des 19. Jahrhunderts) (= Wissenschaftliche Arbeiten aus dem Burgenland 98), Eisenstadt 1998, 105-112.

Géza **Galavics**: Der Mariazeller Gnadenaltar und Fürst Paul Esterházy. In: Péter Farbaky/ Szabolcs Serfözö (Hg): Ungarn in Mariazell – Mariazell in Ungarn. Geschichte und Erinnerung, AK Budapest 2004, 113-124.

Gunter **Gall**: Ledertapeten – Goldleder. In: Goldleder, AK Offenbach 1989, 6-29.

Joseph **Galland**: Die Papstwahl des Jahres 1700 im Zusammenhange mit den damaligen kirchlichen und politischen Verhältnissen. In: Historisches Jahrbuch der Görres-Gesellschaft 3 (1882), 208-254, 355-387; 596-630.

Lavinia M. **Galli Michero** (Hg.): I principi e le arti. Dipinti e scultura dalle Collezione Liechtenstein, AK, Milano 2006.

Daniela **Gallo**: Pour une histoire des antiquaires romains au XVIIIe siècle. In: Jean Boutier/ Brigitte Marin/ Antonella Romano (Hg.): Naples, Rome, Florence: Une histoire comparée des milieux intellectuels italiens (XVIIe-XVIIIe siècles) (= Collections de l'École française de Rome 355), Roma 2005, 257-275.

Marco **Gallo** (Hg.): I Cardinali di Santa Romana Chiesa: collezionisti e mecenati, 5 Bände, Roma 2001-2002.

Lucio **Gambi**/ Antonio **Pinelli** (Hg.): La Galleria delle Carte Geografiche in Vaticano/ Gallery of Maps in the Vatican (= Mirabilia Italiae), 3 Bände, Modena 1994.

Klára **Garas**: Barockkunst in Ungarn in ihren Beziehungen zu Wien in der ersten Hälfte des 18. Jahrhunderts. In: Hermann Fillitz/ Martina Pippal (Hg.): Wien und der europäische Barock (= Akten des XXV. Internationalen Kongresses für Kunstgeschichte, Wien, 4.-10. September 1983, 7), Wien u.a. 1986, 83-90.

Klára **Garas**: Die Sammlung Buckingham und die kaiserliche Galerie. In: Wiener Jahrbuch für Kunstgeschichte 40 (1987), 111-121, 357-360 (Abb.).

Klára **Garas**: Natures mortes du XVIIIe siècle au Musée des Beaux-Arts. Maximilian Pfeiler, Franz Werner Tamm et Gabriele Salci. In: Bulletin du Musée Hongrois des Beaux-Arts 74 (1991), 31-48.

Klára **Garas**: Italian Painters in Central Europe. In: Géza Galavics (Hg.): Barockk müvészet közép-európában utak és talákozások/ Baroque Art in Central Europe. Crossroads, AK Budapest 1993, 107-115.

Klára **Garas**: Die Geschichte der Gemäldegalerie Esterházy. In: Gerda Mraz/ Géza Galavics (Hg.): Von Bildern und anderen Schätzen. Die Sammlungen der Fürsten Esterházy (= Esterházy-Studien 2), Wien/ Köln/ Weimar 1999, 101-174.

David **García Cueto**: Mecenago y representación del Marqués de Castel Rodrigo durante su embajada en Roma. In: Carlos José Hernando Sánchez (Hg.): Roma y España. Un crisol de la cultura europea en la edad moderna. Actas del Congreso International en la Real Academia de España del 8 al 12 de mayo de 2007, 2. Bd. Madrid 2007, 695-716.

David **García Cueto**: Presentes de Nápoles durante el siglo XVII. Los virreyes y el envio de obras de arte y objetos suntuarios para la corona. In: José Luis Colomer (Hg.): España y Nápoles: Coleccionismo y mecenazago de los virreinales en el siglo XVII, Madrid 2009, 323-338.

Maurizo **Gargano**: Villen, Gärten und Brunnen in Rom. Das Stichwerk des Giovanni Battista Falda. In: Monique Mosser/ Georges Teyssot (Hg.): Die Gartenkunst des Abendlandes. Von der Renaissance bis zur Gegenwart, Stuttgart 1993, 162-164.

Jörg **Garms**: Kaiser – Kirche – Adel – Architekten. Wien und Neapel. Vergleiche und Verbindungen. In: Wolfgang Prohaska/ Nicola Spinosa (Hg.): Barock in Neapel. Kunst zur Zeit der österreichischen Vizekönige, AK Wien, Neapel 1993, 93-107.

Jörg **Garms**: Vedute di Roma. Del Medioevo all'Ottocento. Atlante iconografico, topografico, architettonico, Napoli 1995.

Jörg **Garms**: Le Bernin dans la littérature de voyage européenne d'Ancien Régime. In: Chantal Grell/ Milovan Stanič (Hg.): Le Bernin et l'Europe. Du ‚baroque' triomphant à l'âge romantique (= Mythes, Critiques et Histoire 9), Paris 2002, 129-146.

Jörg **Garms**: Vedute. In: Giorgio Ciucci (Hg.): Roma moderna (= Storia di Roma dall'antichità a oggi), Roma/ Bari 2002, 3-37.

Elisabeth **Garms Cornides**: Spanischer Patriotismus und „österreichische" Propaganda: Habsburger-Porträts in einer römischen Kirche aus der Zeit des Spanischen Erbfolgekriegs. In: Römische historische Mitteilungen 31 (1989), 255-282.

Elisabeth **Garms Cornides**: Scene e attori della rappresentazione imperiale a Roma nell'ultimo Seicento. In: Gianvittorio Signorotto/ Maria Antonietta Visceglia (Hg.): La Corte di Roma tra Cinque e Seicento. „Teatro" della politica europea (= Biblioteca del Cinquecento 84), Roma 1998, 509-535.

Elisabeth **Garms Cornides**: Das Königreich Neapel und die Monarchie des Hauses Österreich. In: Wolfgang Prohaska/ Nicola Spinosa (Hg.): Barock in Neapel. Kunst zur Zeit der österreichischen Vizekönige, AK Wien, Neapel 1993, 17-34.

Elisabeth **Garms Cornides**: Hofmeister auf Grand Tour. In: Rainer Babel/ Werner Paravicini (Hg.): Grand Tour. Adeliges Reisen und europäische Kultur vom 14. bis zum 18. Jahrhundert. Akten der internationalen Kolloquien in der Villa Vigoni 1999 und im Deutschen Historischen Institut Paris 2000 (= Beihefte der Francia 60), Ostfildern 2004, 255-273.

Elisabeth **Garms Cornides**: Liturgie und Diplomatie. Zum Zeremoniell des Nuntius am Wiener Kaiserhof im 17. und 18. Jahrhundert. In: Richard Bösel/ Grete Klingenstein/ Alexander Koller (Hg.): Kaiserhof – Papsthof (16.-18. Jahrhundert) (= Publikationen des Historischen Instituts beim Österreichischen Kulturforum in Rom. Abhandlungen 12), Wien 2006, 125-146.

Elisabeth **Garms Cornides**: „Per sostenere il decoro": Beobachtungen zum Zeremoniell des pästlichen Nuntius in Wien im Spannungsfeld von Diplomatie und Liturgie. In: Ralph Kautz/ Giorgio Rota/ Jan Paul Niederkorn (Hg.): Diplomatisches Zeremoniell in Europa und im Mittleren Osten in der frühen Neuzeit (= Veröffentlichungen zur Iranistik 52), Wien 2009, 97-129.

Edwin P. **Garretson**: Conrad Adolph von Albrecht. Programmer at the Court of Charles VI. In: Mitteilungen der Österreichischen Galerie 24/25 (1980/81), 19-92.

Carlo **Gasparri**: La 'restitutio' della Roma antica di Clemente XI Albani. In: Giuseppe Cucco (Hg.): Papa Albani e le arti a Urbino e a Roma 1700-1721, AK Urbino/ Roma, Venezia 2000, 53-58.

Carlo **Gasparri**: Le sculture farnese. Storia e documenti, Napoli 2007.

Carlo **Gasparri**: Interpretation und Neuinterpretation des Antikenbildes in den römischen Sammlungen des 16. und 17. Jahrhunderts. In: Kathrin Schrade/ Detlef Rößler/ Alfred Schäfer (Hg.): Zentren und Wirkungsräume der Antikenrezeption. Zur Bedeutung von Raum und Kommunikation für die neuzeitliche Transformation der griechisch-römischen Antike, Münster 2007, 215-221.

Erwin **Gatz** (Hg.): Die Bischöfe des Heiligen Römischen Reiches 1648 bis 1803. Ein biographisches Lexikon, Berlin 1990.

Gegeneinander-Haltung der Thaten Caroli III. Königs in Spanien/ und Philippi Herzogs von Anjou. Von dem Tag ihrer Abreise aus Wien und Paris bis jetzt, Frankfurt am Main/ Leipzig 1710.

J. G. van **Gelder**: The Stadholder-King William III as Collector and „Man of Taste". In: William & Mary and Their House, AK New York/ London 1979, 29-41.

Antonio **Gerardi**: Beschreibung deß ansehnlich: und hochberühmten Einzugs in die Stadt Rom und Erster Audientz. Geschehen von Ihr Fürstl: Gnaden Hertzogen zu Cromaw und Fürsten von Eggenberg, Röm: Kay: May: Ferdinandi III. Extraordinari Ambasciatoren und Bottschafftern an Ihr Päpstl: Heyl: Urbanum VIII. Gezogen auß der zu Rom gedruckten Relation Anthonii Gerardi und in Teutsch versetzt, zu benenter Fürstl: Gnaden sondern Ehren und ewigen Gedächtnuß, Graz 1638.

Pierre **Gérin-Jean**: Prices of Works of Art and Hierarchy of Artistic Value on the Italian Art Market (1400-1700). In: Marcello Fantoni/ Louisa C. Matthew/ Sara F. Matthews-Grieco (Hg.): The Art Market in Italy 15th-17th Centuries/ Il Mercato dell'Arte in Italia secc. XV-XVII, Modena 2003, 181-194.

Stefan **Germer**: Kunst – Macht – Diskurs. Die intellektuelle Karriere des André Félibien im Frankreich von Louis XIV., München 1997.

Stefan **Germer**/ Christian **Michel** (Hg.): La naissance de la théorie de l'art en France 1640-1720 (= Revue d'esthétique 31/32), Paris 1997, 17-28.

Andreas **Gestrich**: Höfisches Zeremoniell und sinnliches Volk. Die Rechtfertigung des Hofzeremoniells im 17. und frühen 18. Jahrhundert. In: Jörg Jochen Berns/ Thomas Rahn (Hg.): Zeremoniell als höfische Ästhetik in Spätmittelalter und Früher Neuzeit (= Frühe Neuzeit 25), Tübingen 1995, 57-73.

Sandra **Gianfreda**: Caravaggio, Guercino, Mattia Preti. Das halbfigurige Historienbild und die Sammler des Seicento (= zephir 4), Emsdetten/ Berlin 2005.

Cristina **Giannini**/ Silvia **Meloni Trkulja** (Hg.): Stanze Segreti. Gli artisti dei Riccardi. I ‚ricordi' di Luca Giordano e altre (= Provincia di Firenze: Collana culturale a Memoria 35), Firenze 2005.

Il **Giardino d'Europa**. Pratolino come modello nella cultura europea, AK Firenze, Milano 1986.

Helmut **Gier**/ Johannes **Janota** (Hg.): Augsburger Buchdruck und Verlagswesen. Von den Anfängen bis zur Gegenwart, Wiesbaden 1997.

Hildegard **Gies**: Studien zur Farnese-Villa am Palatin. In: Römisches Jahrbuch für Kunstgeschichte 13 (1971), 179-230.

Céline **Gilard**: Philippe V et Louis XIV. Héroïsme et imagerie populaire dans la littérature de colportage pendant la guerre de Succession d'Espange. In: Gérard Sabatier/ Margarita Torrione (Hg.): ¿Louis XIV espagnol? Madrid et Versailles, images et modèles (= Collection 'Aulica'), Versailles/ Paris 2009, 289-300.

John **Gilmartin**: The Paintings Commissioned by Pope Clement XI for the Basilica of San Clemente in Rome. In: The Burlington Magazine 116 (1974), 304-312.

Silvano **Giordano**: La legazione del Cardinale Franz von Dietrichstein per le nozze di Mattia, re d'Ungheria e di Boemia (1611). In: Richard Bösel/ Grete Klingenstein/ Alexander Koller (Hg.): Kaiserhof – Papsthof (16.-18. Jahrhundert) (= Publikationen des Historischen Instituts beim Österreichischen Kulturforum in Rom. Abhandlungen 12), Wien 2006, 45-57.

Antonio **Giuliano** (Hg.): La collezione Boncompagni, Ludovisi: Algardi, Bernini e la fortuna dell'antico, AK Roma 1992.

Hubert **Glaser** (Hg.): Kurfürst Max Emanuel. Bayern und Europa um 1700, 2 Bde., AK München 1976

Silvia **Glaser**/ Werner Wilhelm **Schnabel**: „Künstliche Lust-Hand-Arbeit". Rudolf Wilhelm von Stubenberg (1643-1677) und seine Scherenschnitte. In: Zeitschrift für Kunstgeschichte 54 (1991), 297-334.

Francesco **Gligora**/ Biagia **Catanzario**: Anni Santi. I Giubilei dal 1300 al 2000, Città del Vaticano 2000.

Burkhardt **Göres**: Silber am Hofe Friedrichs I. In: Preußen 1701. Eine europäische Geschichte, AK Berlin 2. Bd., 367-374.

Brita von **Götz-Mohr**: Karl Eusebius von Liechtenstein (1611-1684). In: Die Bronzen der Fürstlichen Sammlung Liechtenstein, AK Frankfurt am Main 1986, 67-95.

Lisa **Goldenberg Stoppato**: Un granduca e i suo ritrattista. Cosimo III de' Medici e la „stanza de' quadri" di Giusto Suttermans, AK Firenze 2006.

Hilliard Todd **Goldfarb** (Hg.): Richelieu (1585-1642). Kunst, Macht und Politik, AK Montreal/ Köln/ Ghent 2002.

Maria **Goloubeva**: The Glorification of Emperor Leopold I in Image, Spectacle and Text (= Veröffentlichungen des Instituts für Europäische Geschichte Mainz. Abteilung für Universalgeschichte 184), Mainz 2000.

Zsusa **Gonda**: Die graphische Sammlung des Fürsten Nikolaus Esterházy. In: Gerda Mraz/ Géza Galavics (Hg.): Von Bildern und anderen Schätzen. Die Sammlungen der Fürsten Esterházy (= Esterházy-Studien 2), Wien/ Köln/ Weimar 1999, 175-220.

Alvar **González-Palacios** (Hg.): Fasto Romano: dipinti, sculture, arredi dai Palazzi di Roma, AK Roma 1991.

Alvar **González-Palacios**: Arredi e ornamenti alla corte di Roma 1560-1795, Milano 2004.

Alvar **González-Palacios**: Open Queries: Short Notes about the Decorative Arts in Rome. In: Edgar Peters Bowron/ Joseph J. Rishel (Hg.): Art in Rome in the Eighteenth Century, AK Philadelphia, London 2000, 156-163.

Alvar **González-Palacios**: Das Badminton Cabinett. In: Johann Kräftner (Hg.): Das Badminton Cabinet. Commessi die pietre dure in den Sammlungen des Fürsten von und zu Liechtenstein, AK Wien, München u.a. 2007, 68-107.

Alvar **González-Palacios**: Un regala de Pio VI. a los archiduques de Milán. In: María Condor Orduña (Hg.): In sapientia libertas. Escritos en homenaje al profesor Alfonso E. Pérez Sánchez, Madrid u.a. 2007, 601-106.

Pablo **González Tornel**: Antonio Aliprandi, un estucador lombardo en la Valencia de 1700. In: Espacio, Tiempo y Forma. Revista de la Facultad de Geografía e Historia VII/15, Madrid 2002, 127-145.

Pablo **González Tornel**: Arte y arquitectura en la Valencia de 1700 (= Estudis Universitaris 98), Valencia 2005.

Maria **Gori Sassoli**: La città della rappresentazione. Le feste e gli spettaccoli. In: Giorgio Ciucci (Hg.): Roma moderna (= Storia di Roma dall'antichità a oggi), Roma/ Bari 2002, 181-215.

Natalia **Gozzano**: Nature morte e paesaggi nella collezione di Lorenzo Onofrio Colonna (1689). In: Silvia Danesi Squarzina (Hg.): Natura morta, pittura di paesaggio e il collezionismo a Roma nella prima metà del Seicento. Italia, Fiandre, Olanda; il terreno di elaborazione dei generi, Roma 1996, 139-173.

Natalia **Gozzano**: La quadreria di Lorenzo Onofrio Colonna. Prestigio nobiliare e collezionismo nella Roma barocca (= Biblioteca del Cinquecento 111), Roma 2004.

Michael **Göbl**: Bauherr – Käufer – Erben. Die Eigentümer des Palais Daun-Kinsky. In: AMISOLA Immobilien AG (Hg.): Palais Daun-Kinsky. Wien, Freyung, Wien 2001, 10-33.

Henriette **Graf**: Die Residenz in München. Hofzeremoniell, Innenräume und Möblierung von Kurfürst Maximilian I. bis Kaiser Karl VII. (= Forschungen zur Kunst- und Kulturgeschichte VI-II), München 2002.

Henriette **Graf**: Hofzeremoniell, Raumfolgen und Möblierung der Residenz in München um 1700 – um 1750. In: Peter-Michael Hahn/ Ulrich Schütte (Hg.): Zeichen und Raum. Ausstattung und höfisches Zeremoniell in den deutschen Schlössern der Frühen Neuzeit (= Rudolstädter Forschungen zur Residenzkultur 3), München u.a. 2006, 303-324.

Klaus **Graf**: Schatzhäuser des Adels in Gefahr. In: Kunstchronik 58 (2005), Heft 4, 181-184.

Holger Th. **Gräf**: Die Entstehung des neuzeitlichen Gesandtschaftswesens aus dem Geist der ‚Curiositas' – das Diarium des Johann Sebastian Müller als diplomatiegeschichtliche Quelle. In: Katrin Keller/ Martin Scheutz/ Harald Tersch (Hg.): Einmal Weimar-Wien und retour. Johann Sebastian Müller und sein Wienbericht aus dem Jahr 1660 (= Veröffentlichungen des Instituts für Österreichische Geschichtsforschung 42), Wien/ München 2005, 178-191.

Anna **Gramiccia**/ Federica **Piantoni** (Hg.): L'Idea del bello. Viaggio per Roma nel Seicento con Giovan Pietro Bellori, 2. Bde. AK Roma 2000.

Mina **Gregori** (Hg.): L'età di Cosimo III de'Medici e la fine della dinastia (1670-1743) (= Fasto di corte: la decorazione murale nelle residenze dei Medici e dei Lorena III), Firenze 2007.

Mina **Gregori**/ Johann Georg Prinz von **Hohenzollern** (Hg.): Stille Welt. Italienische Stilleben: Arcimboldo, Caravaggio, Strozzi…, AK München, Milano 2002.

Chantal **Grell**/ Werner **Paravicini**/ Jürgen **Voss** (Hg.): Les princes et l'histoire du XIVe au XVIIe siècle (= Pariser historische Studien 47), Bonn 1998.

Anna **Grelle Iusco**: Indice delle stampe De' Rossi. Contributo alla storia di una Stamperia romana, Roma 1996.

Leonhard **Griendl**: Carlo Fontanas Sammelbuch in der Leipziger Stadtbibliothek, Diss. Ms., Graz 1925.

Pascal **Griener**: The Grand Tour. The European Discovery of the Work of Art in Italy in the 17th and 18th Centuries. In: Roland Recht (Hg.): The Grand Atelier. Pathways of Art in Europe 5th-18 th Centuries, AK Brussels 2007, 47-53.

Pascal **Griener**: The Europe of Masters and Collectors. In: Roland Recht (Hg.): The Grand Atelier. Pathways of Art in Europe 5th-18th Centuries, AK Brussels 2007, 224-251.

Pascal **Griener**: The World in a Room: Collectors and Art Dealers. In: Roland Recht (Hg.): The Grand Atelier. Pathways of Art in Europe 5th-18th Centuries, AK Brussels 2007, 252-261.

Norbert M. **Grillitsch**: Anmerkungen zur Landschaftsmalerei in Italien vom Frühbarock bis zur französischen Revolution. In: Thomas Habersatter (Hg.): Sehnsucht Süden. Französische Barock- und Rokokomaler in Italien, AK Salzburg 2002, 23-38.

Norbert M. **Grillitsch**: „…egli morì d'una percossa …". Visuelle Ermittlungen zu einer Schlägerei mit Todesfolge im römischen Seicento. In: Römische Historische Mitteilungen 49 (2007), 255-289.

Ulrike **Grimm** (Hg.): „extra schön". Markgräfin Sibylla Augusta und ihre Residenz, AK Rastatt, Petersberg 2009.

Bruno **Grimschitz**: Wiener Barockpaläste, Wien 1944.

Claudia **Gröschel** (Hg.): Ein Hauch von Gold. Pomeranzen und Gartenkunst im Passauer Land, Regensburg 2005.

Thomas **Grosser**: Reiseziel Frankreich. Deutsche Reiseliteratur vom Barock bis zur Französischen Revolution, Opladen 1989.

Andreas **Grote** (Hg.): Macrocosmos in Microcosmo. Die Welt in der Stube. Zur Geschichte des Sammelns 1450 bis 1800 (= Berliner Schriften zur Museumskunde 10), Opladen 1994.

Maximilian **Grothaus**: Hans Ludwig von Kuefstein und die kaiserliche Grossbotschaft an die Hohe Pforte im Jahre 1628. In: Friedrich B. Polleroß (Hg.): Kamptal-Studien 3, Gars am Kamp 1983, 145-174.

Maximilian **Grothaus**: Eine untersteirische Turquerie, ihre graphischen Vorbilder und ihre kulturhistorische Bedeutung. In: MIÖG 95 (1987), 271-295.

Maximilian **Grothaus**: Die Turquerie von Pettau/ Ptuj, ihre graphischen Vorbilder und ihre kulturhistorische Bedeutung. In: Boris Miočinović (Hg.): Begegnung zwischen Orient und Okzident, AK Ptuj 1992, 69-78.

Alain **Gruber**: Le festin offert par Roger Earl of Castlemaine. In: Gazette des Beaux-Arts 137 (1995), 99-110.

Kurt **Gschwantler**: Antikensammlungen unter den Habsburgern im Wien des 18. Jhs. In: Dietrich Boschung/ Henner von Hesberg (Hg.): Antikensammlungen des europäischen Adels im 18. Jahrhundert als Ausdruck einer europäischen Identität. Internationales Kolloquium in Düsseldorf vom 7.2.-10.2.1996 (= Monumenta Artis Romane XXVII), Mainz 2000, 158-166.

Gianni **Guadalupi**/ Michel **Hochmann**: Palazzo Farnese – Ambasciata di Francia a Roma, Roma 2000.

Sergio **Guarino**: „Qualche quadro per nostro servizio". I dipinti Pio di Savoia inventariati, veduti e dispersi. In: Jadranka Bentini (Hg.): Quadri Rinomatissimi. Il collezionismo dei Pio di Savoia, Modena 1994, 101-107.

Maria Barbara **Guerrieri Borsoi**: I monumenti Santacroce in Santa Maria della Scala. In: Strenna dei Romanisti, Roma 1980, 365-379.

Maria Barbara **Guerrieri Borsoi**: La collezione di dipinti di Fabio e Pietro Paolo Cristofari. In: Elisa Debenedetti (Hg.): Collezionismo e ideologia. Mecenati, artisti e teorici dal classico al neoclassico (= Studi sul Settecento Romano 7), Roma 1991, 111-142.

Maria Barbara **Guerrieri Borsoi**: La collezione del cardinale Gioacchino Besozzi ereditata dalla chiesa di S. Croce in Gerusalemme a Roma. In: Elisa Debenedetti (Hg.): Artisti e Mecenati. Dipinti, disegni, sculture e carteggi nella Roma curiale. (= Studi sul Settencento Romano 12), Roma 1996, 59-94.

Maria Barbara **Guerrieri Borsoi**: Villa Belpoggio a Frascati. Storia della Villa dei Vestri, Cesi, Borromeo, Visconti, Pallavicini, Sciarra dal XVI al XX secolo, Roma 1997.

Maria Barbara **Guerrieri Borsoi**: Le ville suburbane nell'esperienza barocca: La Villa Rufina-Falconieri a Frascati. In: Elisa Debenedetti (Hg.): Borrominismi, Roma 1999, 19-25.

Maria Barbara **Guerrieri Borsoi**: Villa Sora a Frascati, Roma 2000.

Maria Barbara **Guerrieri Borsoi**: Il restauro della Basilika di San Clemente a Roma promosso da Clemente XI. In: Giuseppe Cucco (Hg.): Papa Albani e le arti a Urbino e a Roma 1700-1721, AK Urbino/ Roma, Venezia 2000, 110-115.

Maria Barbara **Guerrieri Borsoi**: Gli Strozzi a Roma: Mecenati e collezionisti nel Sei e Settecento, Roma 2004.

Guido **Guerzoni**: Apollo e Vulcano. I mercati artistici in Italia (1400-1700), Venezia 2006.

Francesco **Gurrieri**/ Patrizia **Fabbri**: Die Paläste von Florenz, München/ Berlin 1996.

Karl **Gutkas** (Hg.): Was von den Türken blieb, AK Perchtoldsdorf 1983.

Karl **Gutkas** (Hg.): Niederösterreich im Türkenjahr 1683, AK Pottenbrunn, St. Pölten 1983.

Karl **Gutkas** (Hg.): Prinz Eugen und das barocke Österreich, Salzburg/ Wien 1985.

Karl **Gutkas**: Die führenden Persönlichkeiten der habsburgischen Monarchie von 1683 bis 1740. In: Karl Gutkas (Hg.): Prinz Eugen und das barocke Österreich, Salzburg/ Wien 1985, 73-86.

Karl **Gutkas** (Hg.): Prinz Eugen und das barocke Österreich, AK Schloss Hof/ Niederweiden, Wien 1986.

H:

Sabine **Haag**: *„[…] weill wir gern der Röm. Kay. Mayst. Unserm allergn[ä]d[ig]sten herrn ein ansehnlich praesent lassen wollen […]"*. Einblicke in die Bernsteinsammlung des Kunsthistorischen Museums. In: Wilfried Seipel (Hg.): Bernstein für Thron und Altar. Das Gold des Meeres in fürstlichen Kunst- und Schatzkammern, AK Wien, Neapel 2005, 14-21.

Hanns **Haas**: Renaissanceschloss Rosenburg. Adelige Lebensführung als Bauprogramm. Wohnen – Feste feiern – Religion ausüben. In: Gustav Reingrabner (Hg.): Adelige Macht und Religionsfreiheit. 1608 – der Horner Bund, AK Horn 2008, 43-83.

Thomas **Habersatter** (Hg.): Sehnsucht Süden. Französische Barock- und Rokokomaler in Italien, AK Salzburg 2002.

Thomas **Habersatter**: Alle Wege führen nach Rom. Grand Tour und französische Reisebeschreibungen Italiens im 17. und 18. Jahrhundert. In: Thomas Habersatter (Hg.): Sehnsucht Süden. Französische Barock- und Rokokomaler in Italien, AK Salzburg 2002, 11-22.

Michael S. **Habsburg-Lothringen**: Die Familie Hoyos. Geschichte und Persönlichkeiten. In: Herbert Knittler/ Gottfried Stangler/ Renate Zedinger (Hg.): Adel im Wandel. Politik – Kultur – Konfession 1500-1700, AK Rosenburg, Wien 1990, 564-583.

Franz **Hadamowsky**: Barocktheater am Wiener Kaiserhof. Mit einem Spielplan (1625-1740). In: Jahrbuch der Gesellschaft für Wiener Theaterforschung 1951/52, Wien 1955, 7-117.

Franz **Hadriga**: Die Trautson. Paladine Habsburgs, Graz/ Wien/ Köln 1996.

Helmut **Hagel**: Bernhard Linck. Beschreibung der Folgen der Niederlage von Jankau 1645 für das Land unter der Enns und das Stift Zwettl. In: Gustav Reingrabner (Hg.): Der Schwed' ist im Land. Das Ende des 30jährigen Krieges in Niederösterreich, AK Horn 1995, 99-106, hier 105.

Herta **Hageneder** (Hg.): Diarium Lamberg 1645-1649 (= Acta pacis Westphalicae: Serie III, Abt. C, Diarien 4), Münster, Westf. 1986.

Herta **Hageneder**: Obderennsische Lebensbilder des 16. Jahrhunderts – Christoph Weiß und Johann Maximilian Lamberg. In: Oberösterreich 18 (1968) Heft 1, 58-62.

Herta **Hageneder**: Ein Rombesuch im Jahre 1650. In: Sabine Weiß (Hg.): Historische Blickpunkte. Festschrift für Johann Rainer (= Innsbrucker Beiträge zur Kulturwissenschaft 25), Innsbruck 1988, 217-220.

Alfred P. **Hagemann**/ Matthew **Winterbotton**: Neue Entdeckungen zum Berliner Silberbuffet. In: Jahrbuch der Berliner Museen NF 49 (2007), 99-105.

Hellmut **Hager**: The Accademia di San Luca and the Precedents of the Concorsi Clementini. In: Hellmut Hager (Hg.): Architectural Fantasy and Reality. Drawings from the Accademia Nazionale di San Luca in Rome, Concorsi Clementini 1700-1750, AK University Park 1981, 1-6.

Hellmut **Hager**: Bernini, Carlo Fontana e la fortuna del 'Terzo Braccio' del Colonnato di Piazza San Pietro in Vaticano. In. Gianfranco Spagnesi (Hg.): L'architettura della Basilica di San Pietro – Storia e costruzione, Roma 1997, 337-360.

Hellmut **Hager**: Clemente XI, il museo dei modelli della Reverenda Fabbrica di S. Pietro e l'origine del museo architettonico. In: Rivista Storica del Lazio 5 (1997) Nr. 7, 137-183.

Hellmut **Hager**: Le opere letterarie di Carlo Fontana come autorappresentazione. In: Bruno Contardi/ Giovanna Curcio (Hg.): In urbe architectus – modelli, disegni, misure. La professione dell'architetto, Roma 1680 – 1750, AK Roma 1991, 154-203.

Hellmut **Hager**: Carlo Fontana. In: Aurora Scotti Tosini (Hg.): Storia dell'architettura italiana. Il Seicento, Milano 2003, 238-261.

Peter-Michael **Hahn**: Thesen zur Rekonstruktion höfischer Zeichensysteme in der Frühen Neuzeit. In: Mitteilungen der Residenzen-Kommission der Akademie der Wissenschaften zu Göttingen 13 (2003) Nr. 2, 19-47.

Peter-Michael **Hahn**: Fürstliche Wahrnehmung höfischer Zeichensysteme und zeremonieller Handlungen im Ancien Régime. In: Peter-Michael Hahn/ Ulrich Schütte (Hg.): Zeichen und Raum. Ausstattung und höfisches Zeremoniell in den deutschen Schlössern der Frühen Neuzeit (= Rudolstädter Forschungen zur Residenzkultur 3), München u.a. 2006, 9-37.

Peter-Michael **Hahn**/ Ulrich **Schütte** (Hg.): Zeichen und Raum. Ausstattung und höfisches Zeremoniell in den deutschen Schlössern der Frühen Neuzeit (= Rudolstädter Forschungen zur Residenzkultur 3), München u.a. 2006.

Edgar **Haider**: Verlorenes Wien. Adelspaläste vergangener Tage, Wien/ Köln/ Weimar 1984.

Géza **Hajós**: Der Barockgarten als Grundidee der Eugen'schen Gesamtanlage in Schloss Hof – europäische Perspektiven. In: Lieselotte Hanzl-Wachter (Hg.): Schloss Hof. Prinz Eugens tusculum rurale und Sommerresidenz der kaiserlichen Familie. Geschichte und Ausstattung eines barocken Gesamtkunstwerkes, St. Pölten 2005, 40-51.

Claudia **Ham**: Die Verkauften Bräute. Studien zu den Hochzeiten zwischen österreichischen und spanischen Habsburgern im 17. Jahrhundert, geisteswiss. Diss. Ms. Wien 1995.

Anders **Hammarlund**: Ett äventuyr i staten. Carl Gustav Heraeus 1671-1725. Från Stockholm till kejsarhovet i Wien, Stockholm 2003.

Anders **Hammarlund**: Entwurf einer historischen Topographie. Carl Gustav Heraeus auf dem Wege von Tessins Stockholm nach Fischers Wien. Bildungsgeschichte eines Konzeptverfassers. In: Andreas Kreul (Hg.): Barock als Aufgabe. (= Wolfenbütteler Arbeiten zur Barockforschung 40), Wiesbaden 2005, 93-108.

Lieselotte **Hanzl-Wachter** (Hg.): Schloss Hof. Prinz Eugens tusculum rurale und Sommerresidenz der kaiserlichen Familie. Geschichte und Ausstattung eines barocken Gesamtkunstwerkes, St. Pölten 2005.

Lieselotte **Hanzl-Wachter**: Appartements in Schloss Hof. In: Lieselotte Hanzl-Wachter (Hg.): Schloss Hof. Prinz Eugens tusculum rurale und Sommerresidenz der kaiserlichen Familie. Geschichte und Ausstattung eines barocken Gesamtkunstwerkes, St. Pölten 2005, 54-67.

Lieselotte **Hanzl-Wachter**: Prinz Eugens „tusculum rurale". Die Wiedererweckung von Schloss Hof als barockes Gesamtkunstwerk. In: Agnes Husslein-Arco/ Marie-Louise von Plessen (Hg.): Prinz Eugen. Feldherr, Philosoph und Kunstfreund, AK Wien, München 2009, 226-233.

Hans-Bernhard **Harder**/ Hans **Rothe** (Hg.): Studien zum Humanismus in den böhmischen Ländern, Teil III: Die Bedeutung der humanistischen Topographien und Reisebeschreibungen in der Kultur der böhmischen Länder bis zur Zeit Balbíns, Köln/ Weimar/ Wien 1993.

James G. **Harper**: Tapestry Production in Seventeenth-Century Rome: The Barberini Manufactury. In: Thomas P. Campbell (Hg.): Tapestry in the Baroque. Threads of Splendor, AK New York, New Haven/ London 2007, 292-323.

Artur **Hartlieb-Wallthor** (Hg.): Ein Wiener Palais erzählt. Das Rosenkavalierpalais Auersperg, Wien/ Köln/ Weimar 1999.

Alexander **Hartmann**: Die Ritterakademie in Liegnitz, Magisterarbeit der FU Berlin, Berlin 2005: http://userpage.fu-berlin.de/~hart/Liegnitz/Ritterakademie.htm

Laurie B. **Harwood** u.a.: Inspired by Italy. Dutch Landscape Paintings 1600-1700, AK London 2002.

Herta **Haselberger-Blaha**: Die Triumphtore Fischers von Erlach. In: Wiener Jahrbuch für Kunstgeschichte 17 (1956), 63-85.

Francis **Haskell**: Die schwere Geburt des Kunstbuchs. Aus dem Englischen von Matthias Fienbork, Berlin 1993 (Originalausgabe London 1987).

Francis **Haskell**: Die Geschichte und ihre Bilder. Die Kunst und die Deutung der Vergangenheit, München 1995 (Originalausgabe New Haven/ London 1993).

Francis **Haskell**: Maler und Auftraggeber. Kunst und Gesellschaft im italienischen Barock, Köln 1996 (Originalausgabe New Haven/ London 1980).

Francis **Haskell**: L'Amateur d'art, Paris 1997.

Francis **Haskell**: Conservation et dispersion du patrimoine artistique italien. In: Francis Haskell: L'Amateur d'art, Paris 1997, 90-146.

Francis **Haskell**/ Nicholas **Penny**: Taste and the Antique. The Lure of Classical Sculpture 1500-1800, New Haven/ London 2. Aufl. 1982.

Ingrid **Haslinger**: „Der Kaiser speist en public". Die Geschichte der öffentlichen Tafel bei den Habsburgern vom 16. bis ins 20. Jahrhundert. In: Hans Ottomeyer/ Michaela Völkel (Hg.): Die öffentliche Tafel. Tafelzeremoniell in Europa 1300-1900, AK Berlin 2002, 48-57.

Ingrid **Haslinger**: Prinz Eugen und die fürstliche Tafel im Barock. In: Lieselotte Hanzl-Wachter (Hg.): Schloss Hof. Prinz Eugens tusculum rurale und Sommerresidenz der kaiserlichen Familie. Geschichte und Ausstattung eines barocken Gesamtkunstwerkes, St. Pölten 2005, 68-79.

Herbert **Haupt**: „Rara sunt cara." Kulturelle Schwerpunkte fürstlichen Lebensstils. In: Evelin Oberhammer (Hg.): „Der ganzen Welt ein Lob und Spiegel". Das Fürstenhaus Liechtenstein in der frühen Neuzeit, Wien/ München 1990, 115-137.

Herbert **Haupt**: Diplomatie und Repräsentation im Dienst des Kaiserhauses. Die öffentlichen Einzüge des Fürsten Joseph Wenzel von Liechtenstein. In: Reinhold Baumstark (Hg.): Joseph Wenzel von Liechtenstein. Fürst und Diplomat im Europa des 18. Jahrhunderts, AK Vaduz, Einsiedeln 1990, 24-53.

Herbert **Haupt**: Bemerkungen zur Charakteristik von Schatz-, Silber- und Kunstkammer in der frühen Neuzeit am Beispiel der habsburgischen Sammlungen. In: Reinhold Baumstark / Helmut Seling (Hg.): Silber und Gold. Augsburger Goldschmiedekunst für die Höfe Europas, AK München 1994, 127-134.

Herbert **Haupt**: Stallungen edler Pferde. Das fürstlich Liechtensteinische Gestüt im 17. und frühen 18. Jahrhundert. In: Charlotte Kreuzmayr (Hg.): Die Sammlungen des Fürsten von Liechtenstein (= Parnass. Sonderheft 11/95), Wien 1995, 96-100.

Herbert **Haupt**: Von der Leidenschaft zum Schönen. Fürst Karl Eusebius von Liechtenstein 1611-1684. Quellenband (= Quellen und Studien zur Geschichte des Fürstenhauses Liechtenstein II/2), Wien/ Köln/ Weimar 1998.

Herbert **Haupt**: Flämische und niederländische Künstler am Wiener Kaiserhof im 17. und im 18. Jahrhundert im Überblick. In: Acta historiae artis Slovenica 11 (2006), 31-46.

Herbert **Haupt**: Das Hof- und hofbefreite Handwerk im barocken Wien 1620 bis 1770. Ein Handbuch (= Forschungen und Beiträge zur Wiener Stadtgeschichte 46), Innsbruck/ Wien/ Bozen 2007.

Herbert **Haupt**: Fürst Karl Eusebius von Liechtenstein 1611-1684. Erbe und Bewahrer in schwerer Zeit, München u.a. 2007.

Wilhelm **Hauser**: Das Geschlecht derer von Althann, phil. Diss. Ms. Wien 1949.

Susanne **Hayder**: „…wie das alt schloß steet und das neu werden soll". Die Geschichte von Schloß Weitra. In: Erwein H. Eltz/ Arno Strohmeyer (Hg.): Die Fürstenberger. 800 Jahre Herrschaft und Kultur in Mitteleuropa, AK Weitra, St. Pölten 1994, 227-230.

Michèle-Caroline **Heck**: Théorie et pratique de la peinture. Sandrart et la 'Teutsche Academie' (= Passages/ Passagen 15), Paris/ Berlin 2006.

Thomas **Hedin**: Tessin in the Gardens of Versailles in 1687. In: Konsthistorisk tidskrift/ Journal of Art History 72 (2003), Heft 1-2, 47-60.

Detlef **Heikamp**: Zur Geschichte der Uffizien-Tribuna und der Kunstschränke in Florenz und Deutschland. In: Zeitschrift für Kunstgeschichte 26 (1963), 193-268.

Georg **Heilingsetzer**: Die Harrach. Ihre Stellung in Politik, Wirtschaft und Kultur des alten Österreich. In: ÖRAG (Hg.): Palais Harrach. Geschichte, Revitalisierung und Restaurierung des Hauses an der Freyung in Wien/ Linz 1995, 81-87.

Dora **Heinz**: Europäische Tapisseriekunst des 17. und 18. Jahrhunderts. Die Geschichte ihrer Produktionsstätten und ihrer künstlerischen Zielsetzungen, Wien/ Köln/ Weimar 1995.

Günther **Heinz**: Katalog der Graf Harrach'schen Gemäldegalerie, Wien 1960.

Günther **Heinz**: Die italienischen Maler im Dienste des Prinzen Eugen. In: Prinz Eugen und sein Belvedere, Wien 1963, 115-141.

Günther **Heinz**: Studien zur Porträtmalerei an den Höfen der österreichischen Erblande. In: Jahrbuch der kunsthistorischen Sammlungen in Wien 59 (1963), 99-224.

Gernot **Heiß**: Integration in die höfische Gesellschaft als Bildungsziel: Zur Kavalierstour des Grafen Johann Sigmund von Hardegg 1646/50. In: Jahrbuch für Landeskunde von Niederösterreich NF 48/49 (1982/83), 99-114.

Gernot **Heiß**: Standeserziehung und Schulunterricht. Zur Bildung des niederösterreichischen Adeligen in der frühen Neuzeit. In: Herbert Knittler/ Gottfried Stangler/ Renate Zedinger (Hg.): Adel im Wandel. Politik – Kultur – Konfession 1500-1700, AK Rosenburg, Wien 1990, 390-427.

Gernot **Heiß**: „Ihro keiserlichen Mayestät zu Diensten… unserer ganzen fürstlichen Familie aber zur Glori." Erziehung und Unterricht der Fürsten von Liechtenstein im Zeitalter des Absolutismus. In: Evelin Oberhammer (Hg.): „Der ganzen Welt ein Lob und Spiegel". Das Fürstenhaus Liechtenstein in der frühen Neuzeit, Wien/ München 1990, 155-181.

Gernot **Heiß**: Die Liebe des Fürsten zur Geometrie: Adelserziehung und die Wertschätzung der höfischen Gesellschaft für Symmetrie und Regelmäßigkeit. In: Peter J. Burgard (Hg.): Barock. Neue Sichtweisen einer Epoche, Wien/ Köln/ Weimar 2001, 101-119.

Gernot **Heiß**: Bildungs- und Reiseziele österreichischer Adeliger in der Frühen Neuzeit. In: Rainer Babel/ Werner Paravicini (Hg.): Grand Tour. Adeliges Reisen und europäische Kultur vom 14. bis zum 18. Jahrhundert. Akten der internationalen Kolloquien in der Villa Vigoni 1999 und im Deutschen Historischen Institut Paris 2000 (= Beihefte der Francia 60), Ostfildern 2004, 217-235.

Katja **Heitmann**: Zeremoniellliteratur. In: Jörg Jochen Berns/ Frank Druffner/ Ulrich Schütte/ Brigitte Walbe (Hg.): Erdengötter. Fürst und Hofstaat in der Frühen Neuzeit im Spiegel der Marburger Bibliotheks- und Archivbestände (= Schriften der Universitätsbibliothek Marburg 77), Marburg 1997, 42-71.

Jutta **Held**: Französische Kunsttheorie des 17. Jahrhunderts und der absolutistische Staat. Le Brun und die ersten acht Vorlesungen an der königlichen Akademie, Berlin 2001.

Mark **Hengerer**: Zur symbolischen Dimension eines sozialen Phänomens: Adelsgräber in der Residenz (Wien im 17. Jahrhundert). In: Andreas Weigl (Hg.): Wien im Dreißigjährigen Krieg. Bevölkerung, Gesellschaft, Kultur, Konfession, Wien 2001, 250-352.

Mark **Hengerer**: Die Zeremonialprotokolle und weitere Quellen zum Zeremoniell des Kaiserhofes im Wiener Haus-, Hof- und Staatsarchiv. In: Josef Pauser/ Martin Scheutz/ Thomas Winkelbauer (Hg.): Quellenkunde der Habsburgermonarchie (16.-18. Jahrhundert). Ein exemplarisches Handbuch (= MIÖG EG 44), Wien/ München 2004, 76-93.

Mark **Hengerer**: Hofzeremoniell, Organisation und Grundmuster sozialer Differenzierung am Wiener Hof im 17. Jahrhundert. In: Klaus Malettke/ Chantal Grell/ Petra Holz (Hg.): Hofgesellschaft und Höflinge an europäischen Fürstenhöfen in der Frühen Neuzeit (15.-18. Jh.) (= Forschungen zur Geschichte der Neuzeit 1), Münster u.a. 2001, 337-368.

Mark **Hengerer**: Kaiserhof und Adel in der Mitte des 17. Jahrhunderts. Eine Kommunikationsgeschichte der Vormoderne (= Historische Kulturwissenschaft 3), Konstanz 2004.

Mark **Hengerer** (Hg.): Macht und Memoria. Begräbniskultur europäischer Oberschichten in der Frühen Neuzeit, Köln/ Weimar/ Wien 2005.

Mark **Hengerer**: Adelsgräber im Wien des 18. Jahrhunderts. Beobachtungen zu einer Archäologie des adeligen Gedächtnisses. In: Mark Hengerer (Hg.): Macht und Memoria. Begräbniskultur europäischer Oberschichten in der Frühen Neuzeit, Köln/ Weimar/ Wien 2005, 381-420.

Mark **Hengerer**: Embodiments of Power? Baroque Architecture in the Former Habsburg Residences of Graz and Innsbruck. In: Gary B. Cohen/ Franz A. J. Szabo (Hg.): Embodiments of Power: Building Baroque Cities in Europe (= Austrian and Habsburg Studies 10); New York u.a. 2008, 9-42.

Mark **Hengerer**/ Elmar L. **Kuhn**/ Peter **Blickle** (Hg.): Adel im Wandel. Oberschwaben von der frühen Neuzeit bis zur Gegenwart, 2 Bde. Sigmaringen 2006.

Michael **Henker** u.a. (Hg.): Bavaria, Germania, Europa – Geschichte auf Bayerisch (= Veröffentlichungen zur Bayerischen Geschichte und Kultur 42), AK Regensburg, Augsburg 2000.

Carl Gutav **Heraeus**: Gedichte und Lateinische Inschriften, Nürnberg 2. Aufl. 1721.

Carl Gutav **Heraeus**: Inscriptiones et Symbola varii argumenti, Nürnberg 1721.

Gerald **Heres**: Bellori collezionista. Il Museum Bellorianum. In: Anna Gramiccia/ Federica Piantoni (Hg.): L'Idea del bello. Viaggio per Roma nel Seicento con Giovan Pietro Bellori, AK Roma 2000, 2. Bd., 499-501.

Gerald **Heres**: Dresdener Kunstsammlungen im 18. Jahrhundert, Leipzig 2. Aufl. 2006.

J. **Heringa**: Philipp von Stosch als Vermittler bei Kunstankäufen François Fagels. In: Nederlands Kunsthistorisch Jaarboek 32 (1981), 55-110.

Ingo **Herklotz**: Neue Literatur zur Sammlungsgeschichte. In: Kunstchronik 47 (1994), Heft 3, 117-135.

Ingo **Herklotz**: Cassiano Dal Pozzo und die Archäologie des 17. Jahrhunderts (= Römische Forschungen der Bibliotheca Hertziana 28), München 1999.

Ingo **Herklotz**: Bellori, Fabretti and Trajan's Column. In: Janis Bell/ Thomas Willette (Hg.): Art History in the Age of Bellori: Scholarship and Cultural Politics in Seventeenth-Century Rome, Cambridge 2002, 127-144.

Ingo **Herklotz**: Excavations, collectors and scholars in seventeenth-century Rome. In: Ilaria Bignamini (Hg.): Archives & Excavations. Essays on the History of Archaeological Excavations in Rome and Southern Italy from the Renaissance to the Nineteenth Century (= Archaeological Monographs of The British School at Rome 14), Rome 2004, 55-88.

Carlos José **Hernando Sánchez** (Hg.): Roma y España. Un crisol de la cultura europea en la edad moderna. Actas del Congreso International en la Real Academia de España del 8 al 12 de mayo de 2007, 2 Bde. Madrid 2007.

Ulrich **Hermanns** (Hg.): Christina Königin von Schweden, AK Osnabrück 1997.

Herrenhausen: 1666 – 1966. Europäische Gärten bis 1700. Jubiläumsausstellung in Hannover, Hannover 1966.

Kristina **Herrmann Fiore**: Scipione Borghese's New ‚All'antica' Villa. In: Paolo Moreno/ Chiara Stefani: The Borghese Gallery, Milan 2000, 24-29.

Kristina **Herrmann Fiore**: Zur „römischen Komposition" von Skulptur und Malerei in der Villa des Kardinals Scipione Borghese. In: Henning Wrede/ Max Kunze (Hg.): 300 Jahre „Thesaurus Brandenburgicus": Archäologie, Antikensammlungen und antikisierende Residenzausstattungen im Barock. Akten des Internationalen Kolloquiums Schloss Blankensee, 30.9.-2.10.2000, München 2006, 355-384.

Kristina **Herrmann Fiore**: The Exhibition of Sculpture on the Villa Borghese Facades in the Time of Cardinal Scipione Borghese. In: Nicholas Penny/ Eike D. Schmidt (Hg.): Collecting Sculpture in Early Modern Europe (= Studies in the History of Art 70), New Haven u.a. 2008, 218-245.

Michael **Hesse**: Klassische Architektur in Frankreich. Kirchen, Schlösser, Gärten und Städte 1600-1800, Darmstadt 2004.

Rainer **Heyink**: Pietro Paolo Bencini, „uno de' più scelti Maestri della Corte di Roma". In: Händel-Jahrbuch XLVI (2000), 101-124.

Rainer **Heyink**: Fest und Musik als Mittel kaiserlicher Machtpolitik in Rom. In: Richard Bösel/ Grete Klingenstein/ Alexander Koller (Hg.): Kaiserhof – Papsthof (16.-18. Jahrhundert) (= Publikationen des Historischen Instituts beim Österreichischen Kulturforum in Rom. Abhandlungen 12), Wien 2006, 285-302.

Sabine **Heym**: Henrico Zucalli. Der kurbayerische Hofbaumeister (= Schnell & Steiner Künstlerbibliothek), München/ Zürich 1984.

Norbert **Hierl-Deronco**: Es ist eine Lust zu bauen. Von Bauherren, Bauleuten und vom Bauen im Barock in Kurbayern – Franken – Rheinland, Krailling 2001.

István **Hiller**: Palatin Nikolaus Esterházy: Die ungarische Rolle in der Habsburgerdiplomatie 1625–1645 (= Esterhazy-Studien 1), Wien u.a. 1992.

Guido **Hinterkeuser**: Blick nach Europa. Die Architektur in Berlin im Zeitalter Friedrichs III./I. In: Preußen 1701. Eine europäische Geschichte, AK Berlin, 2. Bd., 254-268.

Guido **Hinterkeuser**: Das Berliner Schloss. Der Umbau durch Andreas Schlüter, Berlin 2003.

Guido **Hinterkeuser**/ Jörg **Meiner** (Hg.): Aspekte der Kunst und Architektur in Berlin um 1700, Potsdam 2002.

Robert **Hinterndorfer**: Calaminus' ‚Rudolphis' und Reichard Streins Freidegg. In: Jahrbuch für Landeskunde von Niederösterreich 57/58 (1991/92), 1-69, Abb. 1-14.

Jan **Hirschbiegel**/ Werner **Paravicini** (Hg.): Der Fall des Günstlings. Hofparteien in Europa vom 13. bis zum 17. Jahrhundert (= Residenzenforschung 17), Göttingen 2004.

Tomáš **Hladík**: Madonna del Rosario z Cítolib. Památka na jednu kavaírskou cestu? (Madonna del Rosario of Cítoliby. Remember of a Cavalier Journey?). In: Jiří Kroupa, Michaela Šeferisová Loudová, Lubomír Konečný (Hg.), Orbis artium. K jubileu Lubomíra Slavíčka (= Opera Universitatis Masarykianae Brunensis, Facultas Philosophica 382) (Brno 2009), 193-202.

Michel **Hochmann** (Hg.): Villa Medici. Il sogno di un cardinale. Collezioni e artisti di Ferdinando de' Medici, AK Roma 1999.

Michel **Hochmann**: Les collections des familles „papalistes" à Venise et à Rome du XVIe au XVIIIe siècle. In: Oliver Bonfait/ Michel Hochmann (Hg.): Geografia del collezionismo. Italia e Francia tra il XVI e il XVIII secolo (= Collection de l'École française de Rome 287), Rome 2001, 203-223.

Michel **Hochmann**: La famiglia Grimani. In: Michel Hochmann/ Rosella Lauber/ Stefania Mason (Hg.): Il collezionismo d'arte a Venezia dalle origini al Cinquecento, Venezia 2008, 207-223, 244-247.

Corinna **Höper**: Raffael und die Folgen. Das Kunstwerk im Zeitalter seiner graphischen Reproduzierbarkeit, AK Stuttgart 2001.

Michael **Hörrmann**: Fürst Anton Florian von Liechtenstein (1656-1721). Bedingungen und Grenzen adeliger Familienpolitik im Zeitalter Kaiser Karls VI.. In: Volker Press/ Dietmar Willoweit (Hg.): Liechtenstein – Fürstliches Haus und staatliche Ordnung. Geschichtliche Grundlagen und moderne Perspektiven, Vaduz/ München/ Wien 1988, 189-209.

Paola **Hoffmann**: Le ville di Roma e dei dintorni. Storia, arte e curiosità delle affascinanti dimore che, dall'antichità al Novecento, hanno rappresentato con la bellezza dei loro giardini l'anima aristocratica della capitale (= Quest'Italia. Collana di storia, arte e folclore 285), Roma 2001.

Der neu-auffgeführte Politische **Hoff-Meister**/ Das ist: Kurtze und kluge Anführung/ Deren sich Jeder/ wes Standes er auch sey sonderlich aber ein künfftiger Hoffmann/ Mit sonderbahren Nutzen bedienen kann, Frankfurt am Main/ Leipzig 1685.

Wilhelm **Hofmann**/ Hans-Otto **Mühleisen** (Hg.): Kunst und Macht. Politik und Herrschaft im Medium der bildenden Kunst (= Studien zur visuellen Politik 2), Münster 2005.

Wolf Helmhard von **Hohberg**: Georgica curiosa aucta. Das ist: Umständlicher Bericht und klarer Unterricht Von dem Adelichen Land- und Feld-Leben, Nürnberg 1687.

Johann Georg Adam von **Hoheneck**: Die Löbliche Herren Herren Stände Deß Ertz-Hertzogthumb Oesterreich ob der Enns. Als: Prälaten/ Herren/ Ritter/ und Städte/ Oder Genealog- und Historische Beschreibung/ Von deroselben Ankunfft/ Stifft/ Erbau- und Fort-Pflantzung/ Wapen/ Schild/ und Helmen/ Ihren Clöstern/ Herrschaften/ Schlössern/ und Städten/ etc., 1. Teil, Passau 1727.

Jakob **Holderriedt** SJ: Lob- und Leich-Predig Seiner Hoch-Fürstl. Eminenz etc. [...] Johanni Filippo [...] von Lamberg [...], Regensburg 1714.

Ryszard **Hołownia**: Fischers Werke in Schlesien. In: Friedrich Polleroß (Hg.): Fischer von Erlach und die Wiener Barocktradition (= Frühneuzeit-Studien 4) Wien/ Köln/ Weimar 1995, 177-209.

Ryszard **Hołownia**: Johann Lucas von Hildebrandt und Schlesien. In: Frühneuzeit-Info 17 (2006), 117-126.

Elena **Holzhausen**: Das Wiener Porzellankabinett des Reichsvizekanzlers Graf Friedrich Karl von Schönborn. Rekonstruktion, zeitliche Einordnung und Bedeutung, Diplomarbeit Ms., Wien 1992.

Elena **Holzhausen**/ Richard **Kurdiovsky**: Salomon Kleiners Ansichten des Harrachschen Gartens in der Ungargasse – Die Geschichte einer falschen Zuordnung und ihre Konsequenzen. In: Barockberichte Heft 42/43, Salzburg 2005, 812-818.

Zdenek **Hojda**: Le grandezze d'Italia. Die Kavalierstouren der böhmischen Adeligen, die Kunstbetrachtung und die Kunstsammlungen im 17. Jahrhundert. In: Hans-Bernhard Harder/ Hans Rothe (Hg.): Studien zum Humanismus in den böhmischen Ländern, Teil III: Die Bedeutung der humanistischen Topographien und Reisebeschreibungen in der Kultur der böhmischen Länder bis zur Zeit Balbíns, Köln/ Weimar/ Wien 1993, 151-160.

Zdenek **Hojda**: Delitiae Italiae. Bohemian Aristocracy and Baroque Europe. In: Lubomír Slavíček (Hg.): Artis pictoriae amatores. Europa v zrcadle pražského barokního sběratelství/ Europe in the Mirror of Baroque Art Collecting in Prague, AK Praha 1993, 356-362.

Annette **Hojer**: L'Arte del Dono. Scambio culturale tra Italia e Spagna (1550-1650). Internationaler Studientag der Bibliotheca Hertziana, Max-Planck-Institut für Kunstgeschichte, Rom, 14.-15. Januar 2008. In: Frühneuzeit-Info 19 (2008) Heft 1, 131-134.

Annette **Hojer**: Zwischen Zeremoniell und Zerstreuung. Adel am Münchner Hof (17. und 18. Jahrhundert). Kolloquium des Instituts für Bayerische Geschichte, München 11. April 2008. In: Frühneuzeit-Info 19 (2008) Heft 2, 88-91.

Gottfried **Holzschuh**: Zur Baugeschichte des Fürstlich Esterházyschen Schlosses in Eisenstadt. In: Die Fürsten Esterházy. Magnaten, Diplomaten & Mäzene, AK Eisenstadt 1995, 144-155.

Stephan **Hoppe**: Was ist Barock? Architektur und Städtebau Europas 1580-1770, Darmstadt 2003.

Stephan **Hoppe**: Der Raumtypus des „Prunkappartements" als Träger symbolischen Kapitals. Über eine räumliche Geste der zeremonialen Gastfreundschaft im deutschen Schloßbau der beginnenden Neuzeit. In: Peter-Michael Hahn/ Ulrich Schütte (Hg.): Zeichen und Raum. Ausstattung und höfisches Zeremoniell in den deutschen Schlössern der Frühen Neuzeit (= Rudolstädter Forschungen zur Residenzkultur 3), München u.a. 2006, 229-251.

Clare **Hornsby** (Hg.): The Impact of Italy. The Grand Tour and Beyond, Rome/ London 2000.

Mojmír **Horyna** u.a.: Das Waldstein-Palais in Prag, Prag 2002.

Mojmír **Horyna**: Die römischen Inspirationen der Barockarchitektur in Prag im 17. Jahrhundert. In: Barbara Balážová (Hg.): Generationen, Interpretationen, Konfrontationen, Bratislava 2007, 141-149.

Mojmír **Horyna**: Die Schlösser Weltrus und Teinitz. Zwei unbekannte Bauten Giovanni Battista Alliprandis. In: Martin Engel u.a. (Hg.): Barock in Mitteleuropa. Festschrift zum 65. Geburtstag von Hellmut Lorenz (= Wiener Jahrbuch für Kunstgeschichte Bd. LV/LVI), Wien/ Köln/ Weimar 2007, 57-68.

David **Howarth**: Rubens and Philipp IV: a Reappraisal. In: Hans Vlieghe/ Katlijne van der Stighelen (Hg.): Sponsors of the Past. Flemish Art and Patronage 1550-1700. Proceedings of the symposium organized at the Katholieke Universiteit Leuven December, 14-15, 2001, Turnhout 2005, 47-60.

Erich **Hubala**: Die Grafen von Schönborn als Bauherren. In: Gerhard Bott (Hg.): Die Grafen von Schönborn. Kirchenfürsten – Sammler – Mäzene, AK Nürnberg 1989, 24-52.

Erich **Hubala**: Rottmayriana. In: Wiener Jahrbuch für Kunstgeschichte 45 (1992), 143-160.

Martina **Hugl**: Entwicklung und Motivik der Stuckdekoration von 1669-1725 in Niederösterreich – am Beispiel der Stuckateurfamilien Aliprandi und Piazzol, Diplomarbeit, Ms. Wien 1991, 65-69.

Martina **Hugl**: Der Stukkateur Domenico Piazzol und die vergessene Galeria Magna in Stift Zwettl. In: Das Waldviertel 42 (1993), 246-262.

Alain **Hugon**: Les méthodes de lutte entre les maisons de Bourbon et de Habsbourg (1598-1700). In: Lucien Bély (Hg.): La présence des Bourbons en Europe XVIe-XXIe siècle, Paris 2003, 59-74.

Helmut **Hundsbichler**: Zur Wohnkultur des Adels (1500-1700). In: Herbert Knittler/ Gottfried Stangler/ Renate Zedinger (Hg.): Adel im Wandel. Politik – Kultur – Konfession 1500-1700, AK Rosenburg, Wien 1990, 226-249.

Agnes **Husslein-Arco**/ Marie-Louise von **Plessen** (Hg.): Prinz Eugen. Feldherr, Philosoph und Kunstfreund, AK Wien, München 2009.

I:

L'**Idea del bello**. Viaggio per Roma nel Seicento con Giovan Pietro Bellori, AK Roma 2000, 2 Bände.

Im Lichte des Halbmonds. Das Abendland und der türkische Orient, AK Dresden 1995.

Mario **Infelise**: Gli avvisi di Roma. Informazione e politica nel secolo XVII. In: Gianvittorio Signorotto/ Maria Antonietta Visceglia (Hg.): La Corte di Roma tra Cinque e Seicento. "Teatro" della politica europea (= Biblioteca del Cinquecento 84), Roma 1998, 189-205.

Josef **Imbach**: Kirchenfürsten, Künstler, Kurtisanen. Rom – Geschichten einer Stadt, Düsseldorf 2003.

Oliver **Impey**/ Arthur **MacGregor** (Hg.): The origins of Museums. The Cabinet of Curiosities in Sixteenth- and Seventeenth Century Europe, Oxford 1985.

John **Ingamels**: Discovering Italy. British Travellers in the Eighteenth Centruy. In: Andrew Wilton/ Ilaria Bignamini (Hg.): Grand Tour. The Lure of Italy in the Eighteenth Century, AK London 1996, 20-30.

Martina **Ingendaay**: La collezione Gerini a Firenze: documenti relativi a quadri, disegni e incisioni. In: Mitteilungen des Kunsthistorischen Institutes in Florenz 51 (2007) Heft 3-4, 409-476.

Martina **Ingendaay**: Andrea e Giovanni Gerini mecenati fiorentini nel settecento. I cartoni di Marcantonio Franceschini nella collezione Gerini. In: Giusi Testa Granso (Hg.): Marcantonio Franceschini. I cartoni ritrovati, Milano 2002, 81–93.

Gervase **Jackson-Stops** (Hg.): The Treasure Houses of Brittain. Five Hundred Years of Private Patronage and Art Collecting, AK Washington, New Haven/ London 1985.

Bernhard **Jahn**/ Thomas **Rahn**/ Claudia **Schnitzer** (Hg.): Zeremoniell in der Krise. Störung und Nostalgie, Marburg 1998.

Wolfgang **Jahn**/ Margot **Hamm**/ Evamaria **Brokkoff** (Hg.): Adel in Bayern. Ritter, Grafen, Industriebarone, AK Augsburg/ Suttgart 2008.

Axel **Janeck**: Stichfolgen mit Darstellungen der Schönborn-Schlösser und der Gartenanlagen. In: Gerhard Bott (Hg.): Die Grafen von Schönborn. Kirchenfürsten – Sammler – Mäzene, AK Nürnberg 1989, 104-110.

Esther **Janowitz**: Textile Pracht und höfisches Zeremoniell. Der zeremonielle Gebrauch von Prunktextilien am Beispiel der Kaiserzimmer der Münchner Residenz. In: Peter-Michael Hahn/ Ulrich Schütte (Hg.): Zeichen und Raum. Ausstattung und höfisches Zeremoniell in den deutschen Schlössern der Frühen Neuzeit (= Rudolstädter Forschungen zur Residenzkultur 3), München u.a. 2006, 325-350.

Elke **Jarnut-Derbolav**: Die Österreichische Gesandtschaft in London (1701-1711). Ein Beitrag zur Geschichte der Haager Allianz (= Bonner historische Forschungen 37), Bonn 1972.

Volker **Jarren**: Die Vereinigten Niederlande und das Haus Österreich 1648-1748: Fremdbildwahrnehmung und politisches Handeln kaiserlicher Gesandter und Minister. In: Helmut Gabel/ Volker Jarren (Hg.): Kaufleute und Fürsten. Außenpolitik und politisch-kulturelle Rezeption im Spiegel niederländisch-deutscher Beziehungen 1648-1748 (= Niederlande-Studien 18), Münster u.a. 1998, 39-354.

Pawel **Jaskanis** (Hg.): Grand Tour. The Birth of a Collection of Stanisław Kostka Potocki, Warsaw 2006.

Hermann **Jedding**: Roos. Johann Heinrich Roos. Werke einer Pfälzer Tiermalerfamilie in den Galerien Europas, Mainz 1998.

Christopher M. S. **Johns**: Papal Art and Cultural Politics. Rome in the Age of Clement XI, Cambridge 1993.

Christopher M. S. **Johns**: The Entrepôt of Europe: Rome in the Eighteenth Century. In: Edgar Peters Bowron/ Joseph J. Rishel (Hg.): Art in Rome in the Eighteenth Century, AK Philadelphia, London 2000, 16-45.

Christopher M. S. **Johns**: Papa Albani e Francesco Bianchini. Intellectual and Visual Culture in Early Eighteenth-century Rome. In: Valentin Kockel/ Brigitte Sölch (Hg.): Francesco Bianchini (1662-1729) und die europäische gelehrte Welt um 1700 (= Colloquia Augustana 21), Berlin 2005, 41-55.

Koenraad **Jonckheere**: „When the cabinet from Het Loo was sold": the auction of William III's collection of paintings, 26 July 1713. In: Simiolus 31 (2004/2005) Nr. 3, 156-215.

Pamela M. **Jones**: Federico Borromeo's and Ambrosian Collection as a Teaching Facility for the Academy of Design. In: Anton W. A. Boschloo u.a. (Hg.): Academies of Art between Renaissance and Romanticism (= Leids Kunsthistorisch Jaarboek V-VI [1986/1987]), s'Gravenhage 1989, 44-60.

Pamela M. **Jones**: Federico Borromeo and Ambrosiana. Art Patronage and Reform in Seventeenth-Century Milan, Cambridge u.a. 1993.

Pamela M. **Jones**: Italian Devotional Paintings and Flemish Landscapes in the 'Quadrerie' of Cardinals Giustiniani, Borromeo, and Del Monte. In: Storia dell'arte 107/ 2004, 81-104.

Friedhelm **Jürgensmeier**: Politische Ziele und kirchliche Erneuerungsbestrebungen der Bischöfe aus dem Hause Schönborn im 17. und 18. Jahrhundert. In: Gerhard Bott (Hg.): Die Grafen von Schönborn. Kirchenfürsten – Sammler – Mäzene, AK Nürnberg 1989, 11-23.

Roswitha **Juffinger**: Counts Czernin von Chudenitz and Lamberg-Sprinzenstein, Two Illustrious Viennese Collectors: Notes for New Research. In: Roberta Panzanelli/ Monica Preti-Hamard (Hg.): La Circulation des Oeuvres d'art/ The Circulation of Works of Art in the Revolutionary Era 1789-1848, Rennes 2007, 117-123.

Roswitha **Juffinger**: Baroque Comes for the Archbishops: Wolf Dietrich von Raitenau, Johann Ernst Count Thun, and Their Ideal of "Modern Art" and Architecture. In: Gary B. Cohen/ Franz A. J. Szabo (Hg.): Embodiments of Power: Building Baroque Cities in Europe (= Austrian and Habsburg Studies 10); New York u.a. 2008, 43-52.

Roswitha **Juffinger** u.a.: Erzbischof Guidobald Graf von Thun 1654-1668. Ein Bauherr für die Zukunft, Salzburg 2008.

Roswitha **Juffinger**: Guidobald Thun und dessen Gemäldesammlung. In: Roswitha Juffinger u.a.: Erzbischof Guidobald Graf von Thun 1654-1668. Ein Bauherr für die Zukunft, Salzburg 2008, 257-302.

K:

Tobias **Kämpf**: „Aller Künste Vatter": Bildnis des Paolo Giordano II. Orsini als Höfling und Mäzen. In: Daniel Büchel/ Volker Reinhardt (Hg.): Die Kreise der Nepoten. Neue Forschungen zu alten und neuen Eliten Roms in der frühen Neuzeit (= Freiburger Studien zur frühen Neuzeit 5), Bern u.a. 2001, 329-358.

Philippe **Kaenel**/ Rolf **Reichardt** (Hg.): Interkulturelle Kommunikation in der europäischen Druckgraphik im 18. und 19. Jahrhundert, Hildesheim u.a. 2007.

Barbara **Kaiser**: Schloss Eggenberg, Graz/ Wien 2006.

Michael **Kaiser**/ Andreas **Pečar** (Hg.): Der zweite Mann im Staat. Oberste Amtsträger und Favoriten im Umkreis der Reichsfürsten in der Frühen Neuzeit (= Zeitschrift für Historische Forschung. Beiheft 32), Berlin 2003.

Konstanty **Kalinowski**: Die Glorifizierung des Herrschers und des Herrscherhauses in der Kunst Schlesiens im 17. und 18. Jahrhundert. In: Wiener Jahrbuch für Kunstgeschichte 28 (1975), 106-122, Abb. 91-103.

Konstanty **Kalinowski**: Kunstzentrum und Provinz: Wien und die schlesische Kunst des 18. Jahrhunderts. In: Hermann Fillitz/ Martina Pippal (Hg.): Wien und der europäische Barock (= Akten des XXV. Internationalen Kongresses für Kunstgeschichte, Wien, 4.-10. September 1983, 7), Wien u.a. 1986, 103-110.

Konstanty **Kalinowski**: Barock in Schlesien. Geschichte, Eigenart und heutige Erscheinung, München 1990.

János **Kalmár**: Die diplomatische Mission des Fürsten Paul II. Anton Esterházy. In: Die Fürsten Esterházy. Magnaten, Diplomaten & Mäzene, AK Eisenstadt 1995, 185-189.

János **Kalmár**: La déclaration de l'Archiduc Charles de Habsbourg, en tant que Roi d'Espagne (1703) et son intronisation comme Roi d'Aragon (1706). Anne-Marie Cocula/ Josette Pontet (Hg.): Sous le sceau des réformes: entre continuité et ruptures. Mélanges offerts à Philippe Loupès (= Itinéraires spirituels, enjeux matériels en Europe 1), Bordeaux 2005, 399-405.

Petra **Kalousek-Pěška**: Das Palais Clam-Gallas – Johann Bernhard Fischer von Erlach. Ausstellungsbericht. In: Frühneuzeit-Info 19 (2008) Heft 2, 123-130.

Regina **Kaltenbrunner**/ Ulrich **Nefzger**: „So sumptuose als prächtig und herrliche Gebäu". Zu Zeichnung und Stich „Johann Ernst Thun und seine Stiftungen" von Johann Friedrich Perreth. In: Barockberichte 50/ 2008, 326-333.

Katrin **Kalveram**: Die Antikensammlung des Kardinals Scipione Borghese (= Römische Studien der Bibliotheca Hertziana 11), Worms 1995.

Katrin **Kalveram**: Antikensammlungen als Element der Selbstdarstellung und des sozialen Prestiges. Die Antikensammlung Borghese. In: Daniel Büchel/ Volker Reinhardt (Hg.): Die Kreise der Nepoten. Neue Forschungen zu alten und neuen Eliten Roms in der frühen Neuzeit (= Freiburger Studien zur frühen Neuzeit 5), Bern u.a. 2001, 261-296.

Frank Matthias **Kammel**: Heiße Kufen. Schlittenfahren: Repräsentation, Vergnügen, Sport, AK Nürnberg 2007.

Frank Matthias **Kammel**: Von Schlitten und vom Schlittenfahren. Beiträge zu einem kulturgeschichtlichen Forschungsfeld. In: Anzeiger des Germanischen Nationalmuseums (2008), 109-127.

Christoph **Kampmann** u.a. (Hg.): Bourbon – Habsburg – Oranien. Konkurrierende Modelle im dynastischen Europa um 1700, Köln/ Weimar/ Wien 2008.

Thomas **Karl**: Der Einfluß des römischen Hochbarock auf die österreichische Barockmalerei. In: Römische Historische Mitteilungen 30 (1988), 235-267.

Herbert **Karner**: Andrea Pozzo, Johann Michael Rottmayr und die Kutsche des Fürsten von Liechtenstein. In: Österreichische Zeitschrift für Kunst und Denkmalpflege 61 (2007), Heft 4, 568-569.

Herbert **Karner**: Unter dem Stern des Mars. Bildausstattung des Waldsteinpalais zwischen Programm und Pragmatik. In: Eliška Fučiková/ Ladislav Čepička (Hg.): Waldstein. Albrecht von Waldstein. 'Inter arma silent musae'?, AK Prag 2007, 127-143.

Herbert **Karner**: Raum und Zeremoniell in der Wiener Hofburg des 17. Jahrhunderts. In: Ralph Kautz/ Giorgio Rota/ Jan Paul Niederkorn (Hg.): Diplomatisches Zeremoniell in Europa und im Mittleren Osten in der frühen Neuzeit (= Veröffentlichungen zur Iranistik 52), Wien 2009, 55-78.

Arne **Karsten**: Kardinal Bernardino Spada. Eine Karriere im barocken Rom, Göttingen 2001.

Arne **Karsten**: Künstler und Kardinäle. Vom Mäzenatentum römischer Kardinalnepoten im 17. Jahrhundert, Köln/ Weimar/ Wien 2003.

Arne **Karsten** (Hg.): Jagd nach dem roten Hut. Kardinalskarrieren im barocken Rom, Göttingen 2004.

Arne **Karsten**: Gepflegtes Mittelmaß. Die interessante Karriere des langweiligen Kardinalstaatssekretärs Fabrizio Spada (1643-1717). In: Arne Karsten (Hg.): Jagd nach dem roten Hut. Kardinalskarrieren im barocken Rom, Göttingen 2004, 205-215.

Arne **Karsten**: Der Botschafter und der Mörder. In: Arne Karsten/ Volker Reinhardt: Kardinäle, Künstler, Kurtisanen. Wahre Geschichten aus dem päpstlichen Rom, Darmstadt 2004, 30-36.

Arne **Karsten**: Bilderkrieg im Vatikan, oder: Von den Gefahren der Gelehrsamkeit. In: Arne Karsten/ Volker Reinhardt: Kardinäle, Künstler, Kurtisanen. Wahre Geschichten aus dem päpstlichen Rom, Darmstadt 2004, 154-160.

Arne **Karsten**: Der Antikenstich als alternative Prestigequelle: Pietro da Cortonas Deckenfresko in der Sala grande des Palazzo Barberini und Lorenz Begers Thesaurus Brandenburgicus – zwei Modelle frühneuzeitlicher Herrscherpanegyrik. In: Henning Wrede/ Max Kunze (Hg.): 300 Jahre „Thesaurus Brandenburgicus": Archäologie, Antikensammlungen und antikisierende Residenzausstattungen im Barock. Akten des Internationalen Kolloquiums Schloss Blankensee, 30.9.-2.10.2000, München 2006, 307-324.

Arne **Karsten**: Bernini. Der Schöpfer des barocken Rom, München 2006.

Arne **Karsten**: Kunst der Diplomatie. Gianlorenzo Berninis Frankreichreise vor dem Hintergrund der Korsenaffäre 1662/1664. In: Pablo Schneider/ Philipp Zitzlsperger (Hg.): Bernini in Paris. Das Tagebuch des Paul Fréart de Chantelou über den Aufenthalt Gianlorezo Berninis am Hof Ludwigs XIV., Berlin 2006, 304-312.

Arne **Karsten**: Das lang vermisste Kardinalsreihengrab, oder: Der Sonderfall Santacroce. In: Arne Karsten/ Philipp Zitzlsperger (Hg.): Tod und Verklärung. Grabmalskultur in der Frühen Neuzeit, Köln/ Weimar/ Wien 2004, 184-203.

Arne **Karsten**/ Matthias **Pabsch**: Das Grabmal Clemens X. Altieri. In: Städel-Jahrbuch NF 17 (1999), 295-312.

Arne **Karsten**/ Volker **Reinhardt**: Kardinäle, Künstler, Kurtisanen. Wahre Geschichten aus dem päpstlichen Rom, Darmstadt 2004.

Arne **Karsten**/ Philipp **Zitzlsperger** (Hg.): Tod und Verklärung. Grabmalskultur in der Frühen Neuzeit, Köln/ Weimar/ Wien 2004.

Natalia **Kasakiewitsch**: Geschenke des Wiener Hofes an den Großfürsten Pawel. In: Keramos 148/ April 1995, 45-52.

Wolfgang **Katzenschlager**: Die Schloßbibliothek in Weitra. In: Erwein H. Eltz/ Arno Strohmeyer (Hg.): Die Fürstenberger. 800 Jahre Herrschaft und Kultur in Mitteleuropa, AK Weitra, St. Pölten 1994, 231-234.

Christiane **Kauer**: Brandenburg-Preußen und Österreich 1705-1711 (= Philosophie und Gesellschaft 8), Bonn 1999.

Thomas DaCosta **Kaufmann**: Das Problem der Kunstmetropolen im frühneuzeitlichen Ostmitteleuropa. In: Evamaria Engel/ Karen Lambrecht/ Hanna Nogossek (Hg.): Metropolen im Wandel. Zentralität in Ostmitteleuropa an der Wende vom Mittelalter zur Neuzeit (= Forschungen zur Geschichte und Kultur des östlichen Mitteleuropa), Berlin 1995, 33-46.

Thomas DaCosta **Kaufmann**: Höfe, Klöster und Städte. Kunst und Kultur in Mitteleuropa 1450-1800, Köln 1998 (englische Originalausgabe London 1995).

Thomas DaCosta **Kaufmann**: Nicodemus Tessin the Younger – Sweden's First Art Historian. In: Konsthistorisk tidskrift/ Journal of Art History 72 (2003) Heft 1-2, 16-22.

Thomas DaCosta **Kaufmann**: Toward a Geography of Art, Chicago/ London 2004.

Hans-Martin **Kaulbach**: Peter Paul Rubens: Diplomat und Maler des Friedens. In: Klaus Bußmann/ Heinz Schilling (Hg.): 1648. Krieg und Frieden in Europa, AK Münster/ Osnabrück, 2. Bd. München 1998, 565-574.

Ralph **Kautz**/ Giorgio **Rota**/ Jan Paul **Niederkorn** (Hg.): Diplomatisches Zeremoniell in Europa und im Mittleren Osten in der frühen Neuzeit (= Veröffentlichungen zur Iranistik 52), Wien 2009.

Zdeněk **Kazlepka**: Celeberrimus pictor z Belluna a moravští Collaltové (Der ‚Celeberrimus pictor' aus Belluno und die Collalto in Mähren). In: Jiří Kroupa (Hg.): Ars naturam adiuvans. Sborník k poctě prof. PhDr. Miloše Stehlíka, Brno 2003, 105-116.

Zdeněk **Kazlepka**: „Se ancor del tutto fosse inesperto il mio talento dell'arte liberale della pintura...". Die Maler Giovanni Battista Bellucci und Antonio Lucino in der Korrespondenz mit Antonio Ramboldo, Graf Collalto e San Salvatore (1718-1722). In: Römische Historische Mitteilungen 48 (2006), 395-407.

Zdeněk **Kazlepka**: In the Garden of Armida. Italian Baroque Still Life in Bohemia and Moravia, AK Brno 2007.

Zdeněk **Kazlepka**: The Portrait of Collaltino by Paolo Veronese, in the Light of the Reissue of Gaspare Stampa's „Rime" from 1738. In: Umění/Art 56 (2008) Nr. 3, 182-192.

Zdeněk **Kazlepka**: Gallerie Collalto. Několik skic jedné „Kunstkomory" období biedermeieru (Gallerie Collalto. Several Drafts of a „Kunstkammer" in Biedermeier Period). In: Jiří Kroupa, Michaela Šeferisová Loudová, Lubomír Konečný (Hg.), Orbis artium. K jubileu Lubomíra Slavíčka (= Opera Universitatis Masarykianae Brunensis, Facultas Philosophica 382) (Brno 2009), 687-698.

Marike **Keblusek**: Cultural and political prokerage in Seventeenth-century England: the Case of Balthazar Gerbier. In Leids Kunsthistorisch Jaarboek 13 (2003), 73-82.

Marike **Keblusek**: Agenti e mediatori nell'Europa moderna (= Quaderni storici NS 122), Roma 2006.

Christiane **Keisch**: Das große Silberbuffet aus dem Rittersaal des Berliner Schlosses, Berlin 1997.

Hermann **Kellenbenz**: Die Anfänge der Militärakademie in Turin. In: Archiv für Kulturgeschichte 43 (1961), 299-316.

Katrin **Keller**: „Mein Herr befindet sich gottlob gesund und wohl." Sächsische Prinzen auf Reisen, Leipzig 1994.

Katrin **Keller**: Zwischen Zeremoniell und „desbauche". Die adlige Kavalierstour um 1700. In: Wolfgang Schmale/ Reinhard Stauber (Hg.): Menschen und Grenzen in der Frühen Neuzeit (= Innovationen 2), Berlin 1998, 259-282.

Katrin **Keller**: Von der Nützlichkeit des Reisens. Bemerkungen zu Erscheinungsbild und Konsequenzen der Kavalierstour am Beispiel kursächsischer Befunde. In: Rainer Babel/ Werner Paravicini (Hg.): Grand Tour. Adeliges Reisen und europäische Kultur vom 14. bis zum 18. Jahrhundert. Akten der internationalen Kolloquien in der Villa Vigoni 1999 und im Deutschen Historischen Institut Paris 2000 (= Beihefte der Francia 60), Ostfildern 2004, 429-454.

Katrin **Keller**: Hofdamen. Amtsträgerinnen im Wiener Hofstaat des 17. Jahrhunderts, Wien/ Köln/ Weimar 2005.

Katrin **Keller**: Die Damen der Kaiserin. Frauen aus dem Waldviertel in Wiener Hofämtern im 17. Jahrhundert. In: Das Waldviertel 55 (2006), 109-125.

Katrin **Keller**: Eine Reise durch das Waldviertel im Jahre 1655. In: Das Waldviertel 58 (2009), 142-160.

Katrin **Keller**/ Alessandro **Catalano** (Hg.): Die Diarien und Tagzettel des Kardinals Ernst Adalbert von Harrach (1598-1667) (= Veröffentlichungen der Kommission für neuere Geschichte Österreichs 104/I-VII), Wien/ Köln/ Weimar 2010.

Wolfgang **Kemp**: „…einen wahrhaft bildenden Zeichenunterricht überall einzuführen". Zeichnen und Zeichenunterricht der Laien 1500-1870. Ein Handbuch, Frankfurt/Main 1979.

Hans-Georg **Kemper** u.a. (Hg.): Barthold Heinrich Brockes (1680-1747) im Spiegel seiner Bibliothek und Bildergalerie (= Wolfenbütteler Forschungen 80), Wiesbaden 1998.

Max Eugen **Kemper**: Clemens X. In: Barock im Vatikan: Kunst und Kultur im Rom der Päpste 1572-1676, AK Bonn/ Berlin, Leipzig 2005, 341-348.

Markus **Kersting**: Die Kunstleidenschaft der Schönborn. In: Christoph Vitali (Hg.): Barocke Sammellust. Die Sammlung Schönborn-Buchheim, AK München 2003, 23-36.

Thomas **Ketelsen**: Art Auctions in Germany during the Eighteenth Century. In: Michael North/ David Ormrod (Hg.): Art Markets in Europe, 1400-1800, Aldershot u.a. 1998, 143-151.

Thomas **Ketelsen**/ Tilman von **Stockhausen** u.a.: Verzeichnis der verkauften Gemälde im deutschsprachigen Raum vor 1800, München 2002.

Marcus **Kiefer**: Die Galleria Farnese in platonischer Sicht. Belloris Deutung von 1657 und ihr historischer Erkenntniswert. In: Sebastian Schütze (Hg.): Kunst und ihre Betrachter in der Frühen Neuzeit. Ansichten – Standpunkte – Perspektiven, Berlin 2005, 175-211.

Elisabeth **Kieven**: Die römische Architekturzeichnung im 17. und 18. Jahrhundert. Ihre Entwicklung und Ästhetik, Habilitationsschrift der Universität Augsburg, Ms. Augsburg 1991.

Elisabeth **Kieven**: „Il Gran teatro del mondo". Nicodemus Tessin the Younger in Rome. In: Konsthistorisk tidskrift/ Journal of Art History 72 (2003) Heft 1-2, 4-15.

Elisabeth **Kieven**: Piazza di Spagna: dalla barcaccia alla scalinata. In: Marcello Fagiolo/ Paolo Portoghesi (Hg.): Roma Barocca. Bernini, Borromini, Pietro da Cortona, AK Roma 2006, 242-247.

Elisabeth **Kieven**: La fortuna dei modelli architettonici barberiniani. In: Lorenza Mochi Onori/ Sebastian Schütze/ Francesco Solinas (Hg.): I Barberini e la cultura europea del Seicento. Atti del convegno internazionale 7-11 dicembre 2004, Roma 2007, 595-604.

Elisabeth **Kieven**: Johann Bernhard Fischer von Erlach und die zeitgenössische Architektenausbildung in Rom: Abraham Paris (Preiß/Preuss) und Nikodemus Tessin. In: Barockberichte 50/ 2008, 279-290.

Thomas **Kirchner**: Die Lesbarkeit der Bilder. Paul Fréart de Chantelou und das Schreiben über Kunstwerke im Frankreich des 17. und 18. Jahrhunderts. In: Pablo Schneider/ Philipp Zitzlsperger (Hg.): Bernini in Paris. Das Tagebuch des Paul Fréart de Chantelou über den Aufenthalt Gianlorezo Berninis am Hof Ludwigs XIV., Berlin 2006, 376-396.

Ursula **Kirkendale**: Handel with Ruspoli: New Documents from the Archivio Segreto Vaticano, December 1706 to December 1708. In: Studi Musicali 32 (2003) Nr. 2, 301-348.

Warren **Kirkendale**: Emilio de' Cavalieri „Gentiluomo Romano", Firenze 2001.

Werner **Kitlitschka**: Beiträge zur Erforschung der Tätigkeit Carpoforo Tencallas nördlich der Alpen. In: Wiener Jahrbuch für Kunstgeschichte 23 (1970), 208-231.

Werner **Kitlitschka**: Die barocke Kapelle der Burg Ottenstein. In: Arx (1985), 52–54.

Heinrich **Klapsia**: Daniel Neuberger. In: Jahrbuch der kunsthistorischen Sammlungen in Wien NF 9 (1935), 223-248.

Johann Balthasar **Klaute**: Diarium Italicum, oder Beschreibung derjenigen Reyse, welche der durchläuchtigste Fürst und Herr, Herr Carl, Landgraff zu Hessen, Fürst zu Herssfeld, Graff zu Catzenelnbogen, Dietz, Ziegenhayn, Nidda und Schaumburg &. &. unser gnädigster Landes-Fürst und Herr am 5. Tag Dec. st. v. anno 1699 [...] angetretten […], Kassel 1722.

Thomas **Klein**: Die Erhebungen in den weltlichen Reichsfürstenstand 1550-1806. In: Blätter für deutsche Landesgeschichte 122 (1986), 137-192.

Ulrich **Klein**: Die fürstenbergischen Münzen und Medaillen. In: Erwein H. Eltz/ Arno Strohmeyer (Hg.): Die Fürstenberger. 800 Jahre Herrschaft und Kultur in Mitteleuropa, AK Weitra, St. Pölten 1994, 189-195.

Christian **Klemm**: Joachim von Sandrart. Kunst-Werke u. Lebens-Lauf, Berlin 1986.

Gertraud **Klimesch**: Zur „Greischer-Serie". Eine Topographie für Paul Esterházy (1635-1713). In: Beiträge zur Landeskunde des burgenländisch-westungarischen Raumes (= Burgenländische Forschungen SB 13), Eisenstadt 1994, 213-224.

Samuel John **Klingensmith**: The Utility of Splendor. Ceremony, Social Life, and Architecture at the Court of Bavaria, 1600-1800, Chicago/ London 1993.

Grete **Klingenstein**: Der Aufstieg des Hauses Kaunitz. Studien zur Herkunft und Bildung des Staatskanzlers Wenzel Anton (= Schriftenreihe der Historischen Kommission bei der Bayerischen Akademie der Wissenschaften 12), Göttingen 1975.

Martina **Klopanová**/ Milan **Tolgner**: Drawings and Graphics. In: Ladislav Daniel/ Marek Perůtka/ Milan Tolgner (Hg.): Archbishop's Chateau & Gardens in Kroměříž, Kroměříž 2009, 172-188.

Harm **Klueting**: Das Reich und Österreich 1648-1740 (= Historia profana et ecclesiastica 1), Münster 1999.

Ulrike **Knall-Brskovsky**: Ethos und Bildwelt des Adels. In: Herbert Knittler/ Gottfried Stangler/ Renate Zedinger (Hg.): Adel im Wandel. Politik – Kultur – Konfession 1500-1700, AK Rosenburg, Wien 1990, 480-497.

Ulrike **Knall-Brskovsky**: Lucretia und Cleopatra. Zwei unbekannte Heroinen-Bilder des Massimo Stanzione. In: Österreichische Zeitschrift für Kunst und Denkmalpflege 44 (1990), 52-61.

Michaela **Kneidinger**/ Philipp **Dittinger**: Hoftrauer am Kaiserhof 1652 bis 1800. In: Irmgard Pangerl/ Martin Scheutz/ Thomas Winkelbauer (Hg.): Der Wiener Hof im Spiegel der Zeremonialprotokolle (1652-1800). Eine Annäherung (= Forschungen und Beiträge zur Wiener Stadtgeschichte 47), Innsbruck/ Wien/ Bozen 2007, 529-572.

Herbert **Knittler**: Nutzen, Renten, Erträge. Struktur und Entwicklung frühneuzeitlicher Feudaleinkommen in Niederösterreich (= Sozial- u. wirtschaftshistorische Studien 19), Wien/ München 1989.

Herbert **Knittler**: Adel und landwirtschaftliche Unternehmen im 16. und 17. Jahrhundert. In: Herbert Knittler/ Gottfried Stangler/ Renate Zedinger (Hg.): Adel im Wandel. Politik – Kultur – Konfession 1500-1700, AK Rosenburg, Wien 1990, 44-55.

Herbert **Knittler**: Zwischen Ost und West. Niederösterreichs adelige Grundherrschaft 1550-1750. In: Österreichische Zeitschrift für Geschichtswissenschaften 4 (1993), 191-217.

Herbert **Knittler**/ Gottfried **Stangler**/ Renate **Zedinger** (Hg.): Adel im Wandel. Politik – Kultur – Konfession 1500-1700, AK Rosenburg, Wien 1990.

Gisbert **Knopp**: Santa Maria dell'Anima. Die deutsche Nationalkirche in Rom, Bonn 1988.

Gisbert **Knopp**/ Wilfried **Hansmann**: S. Maria dell'Anima. Die deutsche Nationalkirche in Rom, Mönchengladbach 1979.

Françoise **Knopper-Gouron**: La bénédictin Casimir Freschot pendant la Guerre de Succession d'Espagne: patriotisme d'Empire, anti-protestantisme et Jansénisme. In: Francia 12 (1984), 271-282.

Tomáš **Knoz**: Höfische und lokale Künstler im Dienste Johann Baptists von Verdenberg. In: Václav Bůžek/ Pavel Král (Hg.): Šlechta v habsburské monarchii a císařský dvur (1526-1740) (= Opera Historica 10), České Budějovice 2003, 469-491.

Tomáš **Knoz**: Die Althanns im Ahnensaal – zwischen Legende und Tatsache. In: Bohumil Samek (Hg): Ahnensaal des Schlosses in Frain an der Thaya, Brünn 2003, 7-24.

Tomáš **Knoz**: Grablegen und Grabkapellen des mährischen Adels von der Renaissance bis zum Barock. In: Mark Hengerer (Hg.): Macht und Memoria. Begräbniskultur europäischer Oberschichten in der Frühen Neuzeit, Köln/ Weimar/ Wien 2005, 449-482.

Laurentius **Koch** OSB: Ein bayerischer Graf und seine Sammlung französischer Zeichnungen. In: Simon Vouet. 100 neuentdeckte Zeichnungen aus den Beständen der Bayerischen Staatsbibliothek, AK München 1991, 16-23.

Valentin **Kockel**: „Dhieweilen wier die Antiquen nicht haben konnen ..." – Abgüsse, Nachbildungen und Verkleinerungen antiker Kunst und Architektur im 18. und 19. Jh. In: Dietrich Boschung/ Henner von Hesberg (Hg.): Antikensammlungen des europäischen Adels im 18. Jahrhundert als Ausdruck einer europäischen Identität. Internationales Kolloquium in Düsseldorf vom 7.2.-10.2.1996 (= Monumenta Artis Romanae XXVII), Mainz 2000, 39-45.

Valentin **Kockel**/ Daniel **Graepler** (Hg.): Daktyliotheken – Götter und Caesaren aus der Schublade. Antike Gemmen in Abdrucksammlungen des 18. und 19. Jahrhunderts, AK Augsburg, München 2006.

Valentin **Kockel**/ Gode **Krämer**: Ein verlorenes Fragment der Ara Pacis Augustae. Zu dem neu erworbenen Bild von Christian Berentz (1658-1722) in den Augsburger Kunstsammlungen. In: Pedro Barceló/ Veit Rosenberger/ Volker Dotterweich (Hg.): Humanitas – Beiträge zur antiken Kulturgeschichte. Festschrift für Gunther Gottlieb zum 65. Geburtstag (= Schriften der Philosophischen Fakultäten der Universität Augsburg 65), München 2001, 107-137.

Valentin **Kockel**/ Brigitte **Sölch** (Hg.): Francesco Bianchini (1662-1729) und die europäische gelehrte Welt um 1700 (= Colloquia Augustana 21), Berlin 2005.

Zoja **Kodrikova**: Augsburger Goldschmiedekunst in den Sammlungen des Moskauer Kreml. In: Reinhold Baumstark/ Helmut Seling (Hg.): Silber und Gold. Augsburger Goldschmiedekunst für die Höfe Europas, AK München 1994, 109-116.

Ulrich **Köchli**: Friedrich von Hessen-Darmstadt. In: Biographisch-Bibliographisches Kirchenlexikon 23 (2004), Sp. 424-433.

Ulrich **Köchli**: Die Krise nach dem Papsttod: Die Barberini zwischen Rom und Frankreich (1644-1654). In: Daniel Büchel/ Volker Reinhardt (Hg.): Modell Rom? Der Kirchenstaat und Italien in der frühen Neuzeit: Köln/ Weimar/ Wien 2003, 63-80.

Ulrich **Köchli**: Trophäe im Glaubenskampf? Der Konvertit und Kardinal Friedrich Landgraf von Hessen-Darmstadt (1616-1682). In: Arne Karsten (Hg.): Jagd nach dem roten Hut. Kardinalskarrieren im barocken Rom, Göttingen 2004, 186-204.

Marcus **Köhler**: „Paris est une mer pleine de sìrènes & d'écueils...". Le voyage à Paris de Friedrich Karl von Hardenberg 1741-1744. In: Patrick Michel (Hg.): Art français et art allemand au XVIIIe siècle. Regards croisés, Paris 2008, 311-325.

Hansdieter **Körbl**: Zeremonielle Aspekte des diplomatischen Verkehrs. Der Besuch der moskowitischen Großbotschaft im Wien des Jahres 1679. In: Irmgard Pangerl/ Martin Scheutz/ Thomas Winkelbauer (Hg.): Der Wiener Hof im Spiegel der Zeremonialprotokolle (1652-1800). Eine Annäherung (= Forschungen und Beiträge zur Wiener Stadtgeschichte 47), Innsbruck/ Wien/ Bozen 2007, 573-625.

Hans **Körbl**: Im Geheimdienst Ihrer Majestät. Das Schicksal eines Geheimagenten in der Barockzeit. In: Frühneuzeit-Info 20 (2009), 164-170.

Stefan **Körner**: Das Esterházysche Feenreich. Die Sammlungen der Fürsten Esterházy. In: Parnass: Adelige Sammlungen, Wien 2005, 42-49.

Stefan **Körner**: Die Bibliotheca Esterházyana in Eisenstadt und Forchtenstein. In: Stefan Körner/ Jakob Perschy (Hg.): Blaues Blut & Druckerschwärze. Aristokratische Büchersammlungen von 1500 bis 1700, AK, Eisenstadt 2005, 111-147.

Stefan **Körner**: Mythos vom Feenreich. Die Sammlungen der Esterházy Ahnengalerie und Schatzkammer auf Burg Forchtenstein. In: Vernissage Nr. 1/2006, 24-33.

Stefan **Körner** u.a.: Esterházy Ahnengalerie, Eisenstadt 2006.

Stefan **Körner**: Une ambition royale. Le mobilier d'argent des princes Esterházy. In: Catherine Arminjon (Hg.): Quand Versailles était meublé d'argent, AK Versailles 2007, 168-185.

Stefan **Körner**: Burg Forchtenstein. Tresor der Fürsten Esterházy, Wien 2009.

Stefan **Körner**/ Jakob **Perschy** (Hg.): Blaues Blut & Druckerschwärze. Aristokratische Büchersammlungen von 1500 bis 1700, AK, Eisenstadt 2005.

Alexander **Koller**: „Prudenza, zelo e talento". Zu Aufgaben und Profil eines nachtridentinischen Nuntius. In: Rudolf Leeb/ Susanne Claudine Pils/ Thomas Winkelbauer (Hg.): Staatsmacht und Seelenheil. Gegenreformation und Geheimprotestantismus in der Habsburgermonarchie (= Veröffentlichungen des Instituts für Österreichische Geschichtsforschung 47), Wien/ München 2007, 45-59.

Alexander **Koller** (Hg.): Die Außenbeziehungen der römischen Kurie unter Paul V. Borghese (1605-1621) (Bibliothek des Deutschen Historischen Instituts in Rom 115), Tübingen 2008.

Manfred **Koller**: Die Brüder Strudel. Hofkünstler und Gründer der Wiener Kunstakademie, Innsbruck/ Wien 1993.

Björn J. **Kommer**/ Markus **Johanns**: Die Augsburger Brunnen des Adriaen de Vries in Zeichnung und Druckgraphik des 17. und 18. Jahrhunderts. In: Björn J. Kommer (Hg.): Adriaen de Vries 1556-1626. Augsburgs Glanz – Europas Ruhm, AK Augsburg 2000, 133-146.

Lubomír **Konečný**: Albrecht von Waldstein, His Buildings and His Artists: A Bibliography. In: Studia Rudolphina 5 (2005), 80-86.

Lubomír **Konečný**: Die gemalte Ausstattung des Waldsteinpalais in Prag: Versuch einer (verfrühten) Synthese. In: Eliška Fučiková/ Ladislav Čepička (Hg.): Waldstein. Albrecht von Waldstein. 'Inter arma silent musae'?, AK Prag 2007, 144-148.

Regina **Korherr**: Das diplomatische Zeremoniell der freien Reichsstädte zur Zeit des Immerwährenden Reichstages in Regensburg, Hausarbeit Ms. Wien 1979.

Evelyn **Korsch**: Diplomatic Gifts on Henri III's Visit to Venice in 1574. In: Maureen Cassidy-Geiger (Hg.): Gifts in European Courts, 16th to 18th Centuries (= Studies in the Decorative Arts XV [2007/2008] Nr 1), New York 2007, 83-113.

Everhard **Korthals Altes**: The art tour of Friedrich of Mecklenburg-Schwerin. In: Simiolus 31 (2004/2005) Nr. 3, 216-250.

Pavel **Král**: Tod, Begräbnisse und Gräber. Funeralrituale des böhmischen Adels als Mittel der Repräsentation und des Andenkens. In: Mark Hengerer (Hg.): Macht und Memoria. Begräbniskultur europäischer Oberschichten in der Frühen Neuzeit, Köln/ Weimar/ Wien 2005, 421-448

Johann **Kräftner** (Hg.): Liechtenstein Museum Wien. Die Sammlungen, München u.a. 2004.

Johann **Kräftner**: Ein Spiegelbild barocker Sammellust. Die Sammlung Schönborn-Buchheim. In: Parnass: Adelige Sammlungen, Wien 2005, 50-57.

Johann **Kräftner** (Hg.): Unter dem Vesuv. Kunst und Künstler vom 17. bis zum 19. Jahrhundert in Neapel und seinem Umfeld aus der Sammlung Harrach, AK Wien, München u.a. 2004.

Johann **Kräftner**: Pferde, Wagen, Ställe. Pferdetradition im Hause Liechtenstein, München u.a. 2006.

Johann **Kräftner**: Fürstliche Schätze. Die Fürsten von Liechtenstein als Sammler und Bauherren, Wien 2008.

Johann **Kräftner** (Hg.): Halt und Zierde. Das Bild und sein Rahmen, AK Wien 2008.

Michael **Krapf**: Der Marstall des Prinzen Eugen aus architekturhistorischer Sicht. In: Prinz Eugen der edle Ritter. Der Prunkstall des Türkensiegers, AK Wien 1986, 13-34.

Michael **Krapf**: Architekturtheorien im 17. Jahrhundert. Die Rolle des Fürsten Karl Eusebius von Liechtenstein. In: Gertrude Stolwitzer (Hg.): Le baroque autrichien au XVIIe siècle (France-Autriche 10), Rouen 1989, 93-102.

Michael **Krapf**: Palais Trautson, 2. Aufl. Wien 1990.

Michael **Krapf**: „Ihr seid Götter auf Erden…". Carlo Innocenzo Carlone malte für das Belvedere des Prinzen Eugen von Savoyen in Wien. In: Belvedere. Zeitschrift für bildende Kunst 11 (2005) Nr. 2, 44-55.

Selma **Krasa**: „Imagines": Die Stich- und Zeichnungssammlung des Prinzen Eugen. In: Otto Mazal (Hg.): Bibliotheca Eugeniana. Die Sammlungen des Prinzen Eugen von Savoyen, AK Wien 1986, 293-331.

Wolfgang **Kraus**/ Peter **Müller**: Wiener Palais, Wien/ München 1991.

Katharina **Krause**: Schlaun und Frankreich. In: Klaus Bußmann/ Florian Matzner/ Ulrich Schulze (Hg.): Johann Conrad Schlaun 1695-1773. Architektur des Spätbarock in Europa, AK Münster 1995, 204-235.

Katharina **Krause**: Les plus excellents Bastiments de France. Architekturgeschichte in den Stichwerken des Ancien Régime. In: architectura 25 (1995), 29-57.

Katharina **Krause**: Wie beschreibt man Architektur? Das Fräulein von Scudéry spaziert durch Versailles (= Rombach Wissenschaften: Reihe Quellen zur Kunst 18), Freiburg i. Br. 2002.

Katharina **Krause**: Versailles als Monument Ludwigs XIV. In: Christoph Kampmann u.a. (Hg.): Bourbon – Habsburg – Oranien. Konkurrierende Modelle im dynastischen Europa um 1700, Köln/ Weimar/ Wien 2008, 85-94.

Richard **Krautheimer**: The Rome of Alexander VII 1655-1667, Princeton NJ 1985.

Eva-Bettina **Krems**: Die „magnifica modestia" der Ludovisi auf dem Monte Pincio in Rom. Von der Hermathena zu Berninis Marmorbüste Gregors XV. In: Marburger Jahrbuch für Kunstwissenschaft 29 (2002), 105-163.

Eva-Bettina **Krems**: La Venaria Reale. Palazzo di Piacere. E di Caccia (1672/79). Bernini und Castellamonte im Gespräch über ein Jagdschloß. In: Sebastian Schütze (Hg.): Kunst und ihre Betrachter in der Frühen Neuzeit. Ansichten – Standpunkte – Perspektiven, Berlin 2005, 213-250.

Eva-Bettina **Krems**: Modellrezeption und Kulturtransfer. Methodische Überlegungen zu den künstlerischen Beziehungen zwischen Frankreich und dem Alten Reich (1660 – 1740). In: Jahrbuch der Staatlichen Kunstsammlungen Dresden 31 (2004), 7-21.

Eva-Bettina **Krems**: Zeremoniell und Raumwahrnehmung. Die Münchner Residenz in drei Beschreibungen des 17. Jahrhunderts. In: Peter-Michael Hahn/ Ulrich Schütte (Hg.): Zeichen und Raum. Ausstattung und höfisches Zeremoniell in den deutschen Schlössern der Frühen Neuzeit (= Rudolstädter Forschungen zur Residenzkultur 3), München u.a. 2006, 281-301.

Eva-Bettina **Krems**: Zur Repräsentationskultur der Wittelsbacher zwischen Habsburg und Bourbon. In: Christoph Kampmann u.a. (Hg.): Bourbon – Habsburg – Oranien. Konkurrierende Modelle im dynastischen Europa um 1700, Köln/ Weimar/ Wien 2008, 267-283.

Andreas **Kreul**: Johann Bernhard Fischer von Erlach. Regie der Relation, Salzburg/ München 2006.

Andreas **Kreul**: Barock im Widerstand. „Englische Beziehungen" des Johann Bernhard Fischer von Erlach. In: Barockberichte 50/ 2008, 259-265-272.

Martin **Kreuz**: Zeremoniell und Rangordnung am Wiener Hof in der Neuzeit, Dipl.Arb. Ms. Wien 2006.

Charlotte **Kreuzmayr** (Hg.): Die Sammlungen des Fürsten von Liechtenstein (= Parnass. Sonderheft 11/95), Wien 1995.

André **Krischer**: Souveränität als sozialer Status: Zur Funktion des diplomatischen Zeremoniells in der Frühen Neuzeit. In: Ralph Kautz/ Giorgio Rota/ Jan Paul Niederkorn (Hg.): Diplomatisches Zeremoniell in Europa und im Mittleren Osten in der frühen Neuzeit (= Veröffentlichungen zur Iranistik 52), Wien 2009, 1-32.

Rudolf **Kropf**/ Gerald **Schlag** (Hg.): Adelige Hofhaltung im österreichisch-ungarischen Grenzraum (vom Ende des 16. bis zum Anfang des 19. Jahrhunderts) (= Wissenschaftliche Arbeiten aus dem Burgenland 98), Eisenstadt 1998.

Jiří **Kroupa**: Zu Christian Alexander Oedtls Tätigkeit für die Fürsten Dietrichstein. In: Wiener Jahrbuch für Kunstgeschichte 34 (1981), 168-173.

Jiří **Kroupa**: Fürst Wenzel Anton Kaunitz-Rietberg. Ein Kunstmäzen und Curieux der Aufklärung. In: Grete Klingenstein/ Franz A.J. Szabo (Hg.): Staatskanzler Wenzel Anton von Kaunitz-Rietberg 1711-1794, Graz u.a. 1996, 360-382.

Jiří **Kroupa**: Kunst, Mäzenatentum und Gesellschaft in Mähren 1620-1650. In: Klaus Bußmann/ Heinz Schilling (Hg.): 1648. Krieg und Frieden in Europa, AK Münster/ Osnabrück, 2 Bd. München 1998, 253-261.

Jiří **Kroupa**: »modello» und «gusto» im barocken Mähren. In: Kunsthistoriker 18/19 (2001/2002), 56-60.

Jiří **Kroupa**: Le portrait «à la française». In: Jiří Kroupa (Hg.): La Moravie à l'âge baroque 1670-1790. Dans le miroir des ombres, AK Rennes, Paris 2002, 298-309.

Jiří **Kroupa**: La Moravie et la France. In: Jiří Kroupa (Hg.): La Moravie à l'âge baroque 1670-1790. Dans le miroir des ombres, AK Rennes, Paris 2002, 310-323.

Jiří **Kroupa**: Palazzo in villa, memoria e bellaria. Poznámky k sémantice architektonické úlohy v baroku (Palazzo in villa, memoria e bellaria. Anmerkungen zur Semantik der architektonischen Aufgabe im Barock). In: Jiří Kroupa (Hg.): Ars naturam adiuvans. Sborník k poctě prof. PhDr. Miloše Stehlíka, Brno 2003, 117-136.

Jiří **Kroupa**: Der Architekt Franz Anton Grimm (1710-1784) – ein „Privatakademiker" zwischen Brünn, Wien und Rom. In: Friedrich Polleroß (Hg.): Reiselust & Kunstgenuss. Barockes Böhmen, Mähren und Österreich, Petersberg 2004, 157-170.

Jürgen Freiherr von **Kruedener**: Die Rolle des Hofes im Absolutismus (= Forschungen zur Sozial- und Wirtschaftsgeschichte 19), Stuttgart 1973.

Martin **Krummholz**: Obrazová sbírka Jana Václava Gallase. In: Umění/ Art 53 (2005), 273-285.

Martin **Krummholz**: Wachovy plány a původní dispozice Clam-Gallasova paláce. In: Zpravy památkové péče 65 (2005), 344-351.

Martin **Krummholz**: Neue Erkenntnisse zur plastischen Ausstattung und Innendekoration des Prager Palais Gallas. In: Barbara Balážová (Hg.): Generationen, Interpretationen, Konfrontationen, Bratislava 2007, 217-225.

Martin **Krummholz** u.a.: Clam-Gallasův palác. Johann Bernhard Fischer von Erlach, AK Praha 2007.

Martin **Krummholz**: Gallasové (1634-1757). In: Clam-GallasÛv palác. Johann Bernhard Fischer von Erlach, AK Praha 2007, 11-30.

Martin **Krummholz**: Pražský palác. In: Clam-Gallasův palác. Johann Bernhard Fischer von Erlach, AK Praha 2007, 81-102.

Martin **Krummholz**: Stavební historie a osudy Clam-Gallasova paláce (Baugeschichte und Schicksale des Palais Clam-Gallas). In: Pražský sborník historický 35 (2007), 155-223.

Martin **Krummholz**: Sacco di Mantova (1630-1631). In: Eliška Fučíková/ Ladislav Čepička (Hg.): Waldstein. Albrecht von Waldstein. ́Inter arma silent musae'?, AK Prag 2007, 320-326.

Martin **Krummholz**: Johann Bernhard Fischer von Erlach und Böhmen. In: Barockberichte 50/ 2008, 273-278.

Jiří **Kubeš** (Hg.): Kryštof Václav z Nostic. Deník z cesty do Nizozemí v roce 1705 [Christoph Wilhelm von Nostitz, Das Tagebuch von der Reise in die Niederlande im Jahre 1705], Praha 2004.

Michael **Kubitza**: Regensburg als Sitz des Immerwährenden Reichstags. In: Peter Schmid (Hg.): Geschichte der Stadt Regensburg, 1. Bd. Regensburg 2000, 148-162.

Karl **Kuefstein**: Studien zur Familiengeschichte in Verbindung mit der Landes- und Kulturgeschichte, 3. und 4. Bd. Wien 1915 und 1928.

Michael **Kühlenthal** (Hg.): Graubündner Baumeister und Stukkateure. Beiträge zur Erforschung ihrer Tätigkeit im mitteleuropäischen Raum, Locarno 1997.

Harry **Kühnel**: Die adelige Kavalierstour im 17. Jahrhundert. In: Jahrbuch für Landeskunde von Niederösterreich 34 (1964) 1. Bd., 364-384.

Georg **Kugler**: Der „Goldene Wagen" des Fürsten Joseph Wenzel von Liechtenstein. In: Reinhold Baumstark (Hg.): Joseph Wenzel von Liechtenstein. Fürst und Diplomat im Europa des 18. Jahrhunderts, AK Vaduz, Einsiedeln 1990, 54-69.

Rolf **Kultzen**: Venezianische Gemälde des 17. Jahrhunderts (= Bayerische Staatsgemäldesammlungen Alte Pinakothek München: Gemäldekataloge X,1), München 1986.

Hans Wolfgang **Kuhn**: Gerhard Greiff (1642-1699) und der Augsburger Silberwarenhandel im späteren 17. Jahrhundert. In: Zeitschrift des Historischen Vereins für Schwaben 78 (1984), 117-158.

Halgard **Kuhn**: Gerhard Greiff (1642-1699). Ein Augsburger Silberhändler. In: Weltkunst (1994), Heft 6, 816-817.

Jacques **Kuhnmünch**: Un marchand français d'estampes à Rome au XVIIe siècle: François Collignon. In: Bulletin de la Société de l'Histoire de l'Art français (1978), 79-100.

Jacques **Kuhnmünch**: Le commerce de la gravure à Paris et à Rome au XVII siècle. In: Nouvelles de l'estampe 55 (1981) Nr. 1, 6-17.

Brigitte **Kuhn-Forte**: Antikensammlungen in Rom. In: Max Kunze (Hg.): Römische Antikensammlungen im 18. Jahrhundert, AK Wörlitz, Mainz 1998, 30-42.

Brigitte **Kuhn-Forte**: Le statue antiche nella „Teutsche Academie" di Sandrart. Alcune consideranzioni e identificazioni. In: Sybille Ebert-Schifferer/ Cecilia Mazzetti di Pietralata (Hg.): Joachim von Sandrart. Ein europäischer Künstler und Theoretiker zwischen Italien und Deutschland (= Römische Studien der Bibliotheca Hertziana 25), München 2009, 137-163.

Max **Kunze** (Hg.): Römische Antikensammlungen im 18. Jahrhundert, AK Wörlitz, Mainz 1998.

Richard **Kurdiovsky**/ Klaus **Grubelnik**/ Pilo **Pichler**: Das Winterpalais des Prinzen Eugen. Von der Residenz des Feldherrn zum Finanzministerium der Republik, Wien 2001.

Ludmila **Kybalová**: Barok a rokoko. Dějiny odívání, Praha 1997.

L:

Lucilla de **Lachenal**/ Maria Grazia **Marzi**: Le „anticaglie": bronzi, lucerne e ceramiche dipinte. In: Anna Gramiccia/ Federica Piantoni (Hg.): L'Idea del bello. Viaggio per Roma nel Seicento con Giovan Pietro Bellori, AK Roma 2000 2. Bd., 530-533.

Christian **Lackner**: Johann Ferdinand Portia als kaiserlicher Botschafter in Venedig 1647-1652. In: Sabine Weiß (Hg.): Historische Blickpunkte. Festschrift für Johann Rainer (= Innsbrucker Beiträge zur Kulturwissenschaft 25), Innsbruck 1988, 373-382.

Jérôme de **La Gorce**: „Le Triomphe de la Seine et du Tage sur les autres Fleuves de l'Europe, affermi par la naissance du duc de Bretagne". Une fête organisée à Paris pendant la guerre de Succession d'Espagne. In: Antonio Álvarez-Ossorio/ Bernardo J. García García/ Virginia León (Hg.): La pérdida de Europa. La guerra de Succesión por la Monarquía de España, Madrid 2007, 49-63.

Helmut **Lahrkamp**: Zu einem Portrait des Malers Jan Boeckhorst und zu den Kunstkontakten des kaiserlichen Feldherrn Ottavio Piccolomini. In: Klaus Bußmann/ Heinz Schilling (Hg.): 1648. Krieg und Frieden in Europa, AK Münster/ Osnabrück, 2 Bd. München 1998, 209-214.

Leopold Joseph von **Lamberg**: Relazione istorica, 2 Bände o.O. o. J. [Wien 1705].

Marcus **Landau**: Rom, Wien, Neapel während des spanischen Erbfolgekrieges. Ein Beitrag zur Geschichte des Kampfes zwischen Papsttum und Kaiserthum, Leipzig 1885.

Stephanie **Langer**: Das „Werk von der Architektur" des Fürsten Karl Eusebius von Liechtenstein, Magisterarbeit der FU, Manuskript, Berlin 1999.

Lars Olof **Larsson**: Der Maler als Erzähler: Gebärdensprache und Mimik in der französischen Malerei und Kunsttheorie des 17. Jahrhunderts am Beispiel Charles Le Bruns: In: Volker Kapp (Hg.): Die Sprache der Zeichen und Bilder. Rhetorik und nonverbale Kommunikation in der frühen Neuzeit (= Ars Rhetorica 1), Marburg 1990, 173-189.

Lars Olof **Larsson**: Rom an der Moldau? Der Skulpturengarten Albrecht von Wallensteins in Prag. In: Klaus Bußmann/ Heinz Schilling (Hg.): 1648. Krieg und Frieden in Europa, AK Münster/ Osnabrück, 2 Bd. München 1998, 201-208.

Heiko **Laß**/ Ulrich **Schütte**: Länder- und Städtebeschreibungen. In: Jörg Jochen Berns/ Frank Druffner/ Ulrich Schütte/ Brigitte Walbe (Hg.): Erdengötter. Fürst und Hofstaat in der Frühen Neuzeit im Spiegel der Marburger Bibliotheks- und Archivbestände (= Schriften der Universitätsbibliothek Marburg 77), Marburg 1997, 92-123.

Richard **Lassels**: Außführliche Reyse-Beschreibung Durch Italien. Worin'gar artig und ordentlich beschrieben wird die Natur der Einwohner, die Städte, Kirchen, Palläste, Klöster, Gräber, ‚Bibliotecen', Höfe, Gärten, Gemälde, Bilder und allerley ‚Antiquitäten'. Wie auch – deren Fürsten und Herren Bündnüsse, Regiment, Reichthumb, Einkommen, Stärcke und Macht, sampt einer ‚Instruction' vor Reisende. Beschrieben in Englischer Sprache durch H. Richard Lassel/ welcher zu fünff unterschiedlichen malen als ein Hoffmeister bey fürnehmen jungen Adelichen Personen Italien gesehen und durchgereiset/ nunmehr aber in unsere Teutsche Sprache übersetzet durch J. G. S [= Johann Georg Schiele], Frankfurt 1673.

Marco **Lattanzi**: I giochi della diplomazia. Il tempo di Giovanni V fra Roma e Lisbona. In: Sandra Vasco Rocca/ Gabriele Borghini (Hg.): Giovanni di Portogallo (1707-1750) e la cultura romana del suo tempo, AK Roma 1995, 475-479.

Riccardo **Lattuada**: Attribuzioni a Christian Berentz, Rosa da Tivoli, Luciano Borzone, Charles Melun e Luca Giordano per dipinti della Pinacoteca Comunale di Macerata. In: Mimma Pasculli Ferrara (Hg.): Per la storia dell'arte in Italia e in Europa. Studi in onore di Luisa Mortari, Roma 2004, 364-373.

Georg **Laue**: Bernsteinarbeiten aus Königsberg für die Kunstkammern Europas: Der Meister Georg Schreiber und seine Werkstatt. In: Wilfried Seipel (Hg.): Bernstein für Thron und Altar. Das Gold des Meeres in fürstlichen Kunst- und Schatzkammern, AK Wien, Neapel 2005, 23-27.

Laura **Laureati**: Theodor Helmbreker. In: Giuliano Briganti/ Ludovica Trezzani/ Laura Laureati: I Bamboccianti. Pittori della vita quotidiana a Roma nel Seicento, Roma 1983, 340-349.

Laura **Laureati**/ Ludovica **Trezzini** (Hg.): Pittura antica. La decorazione murale (= Il patrimonio artistico del Quirinale 2), Roma 1993.

Sylvain **Laveissière**: Der Rat und der Mut: Die ‚Galerie des Hommes illustres' im Palais Cardinal – ein Selbstporträt Richelieus. In: Hilliard Todd Goldfarb (Hg.), Richelieu (1585-1642). Kunst, Macht und Politik, AK Montreal/ Köln/ Ghent 2002, 64-103.

Stefano **La Via**: L'ambiente musicale ottoboniano. Il ‚Mondo novo' e la ‚Computisteria Ottoboni' a confronto. In: Giancarlo Rostirolla (Hg.): Il „Mondo novo" musicale di Pier Leone Ghezzi (= L'arte armonica 2, IV), Milano 2001, 53-75.

Ana **Lavrič**: Rimska slikarska zbirka ljubljanskega škofa Otona Friderika Buchheima ter njegov prispevek za obnovo Germanika in cerkve sv. Apolinarija. In: Acta historiae artis Slovenica 8 (2003), 58-84.

Ana **Lavrič**: Umetnostna dejavnost škofa Otona Friderika Buchheima v ljubljanski škofiji (Artistic activity of bishop Otto Friedrich Buchheim in the Ljubljana Diocese). In: Acta historiae artis Slovenica 9 (2004), 31-69.

Ana **Lavrič**: Povezave škofa Otona Friderika Buchheima z Dunajem in slikarska oprema njegovih rezidenc v ljubljanski škofiji (Bishop Otto Friedrich Buchheim's Connections with Vienna and His Collections of Paintings in the Residences of Ljubljana Diocese). In: Acta historiae artis Slovenica 12 (2007), 43-63.

Ana **Lavrič**: Buchheimovi kanoniški rezidenci v Salzburgu in Passau (Buchheim's canon residences in Salzburg and Passau). In: Acta historiae artis Slovenica 13 (2008), 121-136.

Cynthia **Lawrence**: Women and Art in Early Modern Europe. Patrons, Collectors and Connoisseurs, University Park PA 1997.

Florent **Le Comte**: Cabinet des Singularitez d'-Architecture, Peinture, Sculpture et Graveure. Ou Introduction a la Connoissance des plus beaux Arts, figurez sous les Tableaux, les Statuës, & les Estampes, Paris 1. Bd. 1699/ 2. Bd. 1699/ 3. Bd. 1700.

Karl **Leeder**: Geschichte des Hauses Hoyos in Österreich, Wien 1914.

Anton **Legner**: Reliquien in Kunst und Kult zwischen Antike und Aufklärung, Darmstadt 1995.

Mathis **Leibetseder**: Die Kavalierstour. Adlige Erziehungsreisen im 17. und 18. Jahrhundert (= Beihefte zum Archiv für Kulturgeschichte 56), Köln/ Weimar/ Wien 2004.

August **Leidl**: Johann Philipp von Lamberg. In: Erwin Gatz (Hg.): Die Bischöfe des Heiligen Römischen Reiches 1648 bis 1803. Ein biographisches Lexikon, Berlin 1990, 255-257.

Thomas **Leinkauf**: ‚Mundus combinatus' und ‚ars combinatoria' als geistesgeschichtlicher Hintergrund des Museum Kircherianum in Rom. In: Andreas Grote (Hg.): Macrocosmos in Microcosmo. Die Welt in der Stube. Zur Geschichte des Sammelns 1450 bis 1800 (= Berliner Schriften zur Museumskunde 10), Opladen 1994, 535-553.

Ingrid **Lemainque**: Les tableaux italiens du ‚Settecento' dans les ventes parisiennes au XVIIIe siècle. In: Studiolo. Revue d'historie de l'art de l'Académie de France à Rome 2, Rome 2003, 138-165.

Charles **Le Maistre**: Voyage en Allemagne, Hongrie et Italie 1664-1665. Présentation et édition de Patricia et Orest Ranum, Paris 2003.

Regine **Leipold**/ Peter **Styra**: Die Wohnsitze der Gesandtschaften des Immerwährenden Reichstages in Regensburg (1663-1806), Regensburg 1998.

Manfred **Leithe-Jasper**: Bronzestatutetten, Plaketten und Gerät der italienischen Renaissance. In: Rupert Feuchtmüller (Hg.): Italienische Kleinplastiken, Zeichnungen und Musik der Reanissance, Waffen des 16. und 17. Jahrhunderts, AK Schallaburg, Wien 1976, 55-244.

Manfred **Leithe-Jasper**: Renaissance Bronzes and the Vienna Collection. In: Renaissance Master Bronzes from the Collection of the Kunsthistorisches Museum Vienna, AK Washington, London u.a. 1986, 25-44.

Manfred **Leithe-Jasper**: Bronzes in Two Eighteenth-century Viennese Collections. In: Nicholas Penny/ Eike D. Schmidt (Hg.): Collecting Sculpture in Early Modern Europe (= Studies in the History of Art 70), New Haven u.a. 2008, 420-459.

Walter **Leitsch**: Siegmund von Herberstein. In: Gerhard Pferschy/ Peter Krenn (Hg.): Die Steiermark. Brücke und Bollwerk (= Veröffentlichungen des Steiermärkischen Landesarchives 16), AK Herberstein, Graz 1986, 539-552.

Stephanie C. **Leone**: Cardinal Pamphilj Builds a Palace: Self-Representation and Familial Ambition in Seventeenth-Century Rome. In: Journal of the Society of Architectural Historians 63 (2004), 440-471.

Stephanie C. **Leone**: The Palazzo Pamphilj in Piazza Navona. Constructing Identity in Early Modern Rome, London/ Turnhout 2008.

Leopoldinischer Streit- und Leyden Kalender/ Mit Augustinianischen Apostolischen Kupffern gezieret. Auf das Jahr 1707. So ein gemeines Jahr ist. In welchem auff alle Monat und Täg deß gantzen Jahrs die denckwürdigsten 'Remarquen' deß Allerdurchleuchtigsten Ertz-Hauses von Oesterreich begriffen. Durch einen Liebhaber dises Ertz-Hauses beschrieben/ und allen curieusen Liebhabern vorgestellet, Graz 1706.

Enrichetta **Leospo**: La collezione egizia del Museo Kircheriano. In: Eugenio Lo Sardo (Hg.): Athanasius Kircher. Il museo del mondo, AK Roma 2001, 124-132.

Giada **Lepri**: La committenza Santacroce del ramo di Viano: modi e realizzazioni. In: Mario Bevilacqua/ Maria Luisa Madonna (Hg.): Il Sistema delle Residenze Nobiliari. Stato Pontificio e Granducato di Toscana (= Atlante Tematico del Barocco in Italia), Roma 2003, 195-208.

Giada **Lepri**: Palazzo Odescalchi. In: Giada Lepri (Hg.): Capolavori da scoprire. Colonna, Doria Pamphilj, Pallavicini, AK Roma, Milano 2005, 67-81.

Giada **Lepri** (Hg.): Capolavori da scoprire. Colonna, Doria Pamphilj, Pallavicini, AK Roma, Milano 2005.

Giada **Lepri** (Hg.): Capolavori da scoprire. Odescalchi, Pallavicini, AK Roma, Milano 2006.

Johanna **Lessmann**: Meissen Porcelain for the Imperial House of Vienna. In: Maureen Cassidy-Geiger (Hg.): Fragile Diplomacy. Meissen Porcelain for European Courts ca 1710-63, AK New Haven/ London 2007, 110-139.

David A. **Levine**/ Ekkehard **Mai** (Hg.): I Bamboccianti. Niederländische Malerrebellen im Rom des Barock, Milano 1991.

Arthur **Levinson**: Nuntiaturberichte vom Kaiserhofe Leopolds I. (1657, Februar -1669, Dezember), Wien 1913.

Arthur **Levinson**: Nuntiaturberichte vom Kaiserhofe Leopolds I. II. Teil (1670, Mai -1679, August). Wien 1918.

Alphons **Lhotsky**: Die Geschichte der Sammlungen (= Festschrift des Kunsthistorischen Museums zur Feier des fünfzigjährigen Bestandes 2), Wien 1941-1945.

Jacqueline **Lichtenstein**: The Eloquence of Color. Rhetoric and Painting in the French Classical Age, Berkeley/ Los Angeles/ Oxford 1993.

Jacqueline **Lichtenstein**/ Christian **Michel** (Hg.): Conférences de l'Académie Royale de Peinture et de Sculpture. Édition critique intégrale. Teil I: Bénédicte Gady: Les conférences au temps d'Henry Testelin, 2 Bde. Paris 2006.

Elisabeth **Lichtenberger**: Wien – Das sozialökonomische Modell einer barocken Residenz um die Mitte des 18. Jahrhunderts. In: Wilhelm Rausch (Hg.): Städtische Kultur in der Barockzeit (= Beiträge zur Geschichte der Städte Mitteleuropas VI), Linz an der Donau 1982, 235-262.

Irmtraut **Lindeck-Pozzo**: Das Gebäude der Apostolischen Nuntiatur in Wien. In: Heinrich Fichtenau/ Erich Zöllner (Hg.): Beiträge zur neueren Geschichte Österreichs, Wien/ Köln/ Graz 1974, 160-175.

Dorothee **Linnemann**: Die Bildlichkeit von Friedenskongressen des 17. und frühen 18. Jahrhunderts im Kontext zeitgenössischer Zeremonialdarstellung und diplomatischer Praxis. In: Ralph Kautz/ Giorgio Rota/ Jan Paul Niederkorn (Hg.): Diplomatisches Zeremoniell in Europa und im Mittleren Osten in der frühen Neuzeit (= Veröffentlichungen zur Iranistik 52), Wien 2009, 155-186.

Wolfgang **Lippmann**: Kardinal Marcus Sitticus Altemps und sein Enkel Giovanangelo Altemps: kuriale Karriere, Familienstatus und Kulturpatronage. In: Daniel Büchel/ Volker Reinhardt (Hg.): Modell Rom? Der Kirchenstaat und Italien in der frühen Neuzeit: Köln/ Weimar/ Wien 2003, 107-134.

Liste nominale des Chevaliers de l'Ordre Illustre de la Toison d'or depuis son institution jusqu'à nos jours, o.O. 2001.

Paolo **Liverani**/ Maria Grazia **Picozzi**: Il progresso degli antiquari. In: Anna Lo Bianco/ Angela Negro (Hg.): Il Settecento a Roma, AK Roma, Milano 2005, 101-109.

Vicente **Lleó-Cañal**: The Painter and the Diplomat: Luca Giordano and the Viceroy, Count of Santistéban. In: Elizabeth Cropper (Hg.): The Diplomacy of Art. Artistic Creation and Politics in Seicento Italy. Papers from a Colloquium Held at the Villa Spelman, Florence, 1998 (= Villa Spelman Colloquia 7), Milano 2000, 121-150.

Anna **Lo Bianco**/ Angela **Negro** (Hg.): Il Settecento a Roma, AK Roma, Milano 2005.

Alexandra Maria **Löff**: Die Ahnengalerien der Grafen von Harrach: Bestandsaufnahme und Analyse der Porträts in den Schlössern Rohrau, Prugg & Hrádek, Dipl.-Arb. Ms., Wien 2007.

Maria H. **Loh**: Originals, Reproductions, and a "Particular taste" for Pastiche in the Sevententh-Century Republic of Painting. In: Neil De Marchi/ Hans Van Miegroet (Hg.): Mapping Markets for Painting in Europe 1450-1750 (= Studies in European Urban History 1100-1800, 6), Turnhout 2006, 237-262.

Ingrid **Lohaus**: Galleria Rucellai. Der Freskenzyklus von Jacopo Zucchi im Palazzo Ruspoli in Rom, Baden-Baden 2008.

Hans-Dieter **Lohneis**: Die deutschen Spiegelkabinette. Studien zu den Räumen des späten 17. und des frühen 18. Jahrhunderts (= Schriften aus dem Institut für Kunstgeschichte der Universität München 6), München 1985.

Werner **Loibl**: Ideen im Spiegel. Die Spiegelkabinette in den fränkischen Schönborn-Schlössern. In: Gerhard Bott (Hg.): Die Grafen von Schönborn. Kirchenfürsten – Sammler – Mäzene, AK Nürnberg 1989, 80-90.

Stéphane **Loire**: La dispersione delle collezioni Gonzaga in Francia. In: Raffaella Morselli (Hg.): Gonzaga. La Celeste Galeria. L'esercizio del collezionismo, Mantova/ Milano 2002, 260-273.

Piet **Lombaerde** (Hg.): The Reception of P.P. Rubens's ‚Palazzi di Genova' during the 17th Century in Europe: Questions and Problems (= Architectura Moderna. Architectural Exchanges in Europe, 16th – 17th Centuries 1), Brepols 2003.

Alberto **Lombardo**: Vedute di Palazzi Rinascimentali e Barocchi di Roma attraverso i secoli/ Views of Palazzi Rinascimentali e Barocchi di Roma across the centuries, 1. Bd., Roma 2005.

Hellmut **Lorenz**: Carlo Fontanas Pläne für ein Landschloss des Fürsten Johann Adam Andreas von Liechtenstein. In: Jahrbuch der Liechtensteinischen Kunstgesellschaft 3 (1978/79), 43-88.

Hellmut **Lorenz**: Barockarchitektur in Wien und im Umkreis der kaiserlichen Residenzstadt. In: Karl Gutkas (Hg.): Prinz Eugen und das barocke Österreich, Salzburg/ Wien 1985, 235-248.

Hellmut **Lorenz**: Zur Internationalität der Wiener Barockarchitektur. In: Hermann Fillitz/ Martina Pippal (Hg.): Wien und der europäische Barock (= Akten desXXV. Internationalen Kongresses für Kunstgeschichte, Wien, 4.-10. September 1983, 7), Wien u.a. 1986, 21-30.

Hellmut **Lorenz**: Einige unbekannte Ansichten Salomon Kleiners aus dem Stadtpalast des Prinzen Eugen in Wien. In: Wiener Jahrbuch für Kunstgeschichte 40 (1987), 223-234, 383-386 (Abb.).

Hellmut **Lorenz**: Ein ‚exemplum' fürstlichen Mäzenatentums der Barockzeit – Bau und Ausstattung des Gartenpalastes Liechtenstein in Wien. In: Zeitschrift des deutschen Vereins für Kunstwissenschaft 43 (1989), 7-24.

Hellmut **Lorenz**: „Nichts Brachtigeres kann gemachet werden als die vornehmen Gebeude." Bemerkungen zur Bautätigkeit der Fürsten von Liechtenstein in der Barockzeit. In: Evelin Oberhammer (Hg.): „Der ganzen Welt ein Lob und Spiegel". Das Fürstenhaus Liechtenstein in der frühen Neuzeit, Wien/ München 1990, 138-154.

Hellmut **Lorenz**: Fischer von Erlachs „Schloss der Rosse" in Eisgrub. In: Reinhold Baumstark (Hg.): Joseph Wenzel von Liechtenstein. Fürst und Diplomat im Europa des 18. Jahrhunderts, AK Vaduz/ Einsiedeln 1990, 70-81.

Hellmut **Lorenz**: Plumenau – Austerlitz – Seelowitz. Unbekannte Darstellungen mährischer Schloßbauten aus dem frühen 18. Jahrhundert. In: Sborník Prací Filozofické Fakulty Brněnské Univerzity 34-36 (1990/1992), 105-115.

Hellmut **Lorenz**: Domenico Martinelli und die österreichische Barockarchitektur (= ÖAW Phil.-hist. Klasse Denkschriften 218), Wien 1991.

Hellmut **Lorenz**: Der habsburgische „Reichsstil" – Mythos und Realität. In: Thomas W. Gaehtgens (Hg.): Künstlerischer Austausch. Akten des XXVIII. Internationalen Kongresses für Kunstgeschichte 1992, Berlin 1993, 163-176.

Hellmut **Lorenz**: Zur repräsentativen Raumfolge und Ausstattung der barocken Stadtpaläste Wiens. In: Götz Pochat/ Brigitte Wagner (Hg.): Barock: regional – international (= Kunsthistorisches Jahrbuch Graz 25), Graz 1993, 291-304.

Hellmut **Lorenz**: Architektur. In: Günter Brucher (Hg.): Die Kunst des Barock in Österreich, Salzburg/ Wien 1994, 11-79.

Hellmut **Lorenz**: Die wichtigste Tugend eines Fürsten. Die Barockpaläste des Fürsten Johann Adam von Liechtenstein. In: Charlotte Kreuzmayr (Hg.): Die Sammlungen des Fürsten von Liechtenstein (= Parnass. Sonderheft 11/95), Wien 1995, 88-94.

Hellmut **Lorenz**: Pitzlers Reisetagebuch als Zeitdokument und architekturgeschichtliche Quelle. In: Hellmut Lorenz (Hg.): Berliner Baukunst der Barockzeit. Die Zeichnungen und Notizen aus dem Reisetagebuch des Architekten Christoph Pitzler (1657-1707), Berlin 1998, 20-26.

Hellmut **Lorenz**: Italien und die Anfänge des Hochbarock in Mitteleuropa. In: Max Seidel (Hg.): L'Europa e l'arte italiana/ Europa und die Kunst Italiens, Venedig 2000, 418-433.

Hellmut **Lorenz**: Das barocke Berliner Stadtschloß. Königliche Architektur im europäischen Kontext. In: Johannes Kunisch (Hg.): Dreihundert Jahre Preußische Königskrönung. Eine Tagungsdokumentation (= Forschungen zur Brandenburgischen und Preußischen Geschichte NF, Beiheft 6), Berlin 2002, 161-187.

Hellmut **Lorenz**: „Senza toccare le mura della ciesa". Andrea Pozzos Umgestaltung der Wiener Universitätskirche und die barocken „Farbräume" in Mitteleuropa. In: Herbert Karner/ Werner Telesko (Hg.): Die Jesuiten in Wien. Zur Kunst- und Kulturgeschichte der österreichischen Ordensprovinz der „Gesellschaft Jesu" im 17. und 18. Jahrhundert (= ÖAW Veröffentlichungen der Kommission für Kunstgeschichte 5), Wien 2003, 63-74.

Hellmut **Lorenz**: Zur Baugeschichte von Schloss Hof. In: Lieselotte Hanzl-Wachter (Hg.): Schloss Hof. Prinz Eugens tusculum rurale und Sommerresidenz der kaiserlichen Familie. Geschichte und Ausstattung eines barocken Gesamtkunstwerkes, St. Pölten 2005, 30-39.

Hellmut **Lorenz**/ Wilhelm Georg **Rizzi**: Zur Planungs- und Baugeschichte des Hauses. In: Peter Weninger/ Anna Maria Sigmund (Hg.): Herrengasse 9: 1250-1988. Vom Adelssitz zum Landesmuseum, AK Wien 1988, 64-72.

Hellmut **Lorenz**/ Wilhelm Georg **Rizzi**: Johann Lukas von Hildebrandts Palast für den Grafen Daun. In: AMISOLA Immobilien AG (Hg.): Palais Daun-Kinsky. Wien, Freyung, Wien 2001, 34-67.

Hellmut **Lorenz**/ Wilhelm Georg **Rizzi**: Das barocke Gartenpalais Strozzi in Wien. In: Österreichische Zeitschrift für Kunst und Denkmalpflege 61 (2007) Heft 4, 439-455.

Hellmut **Lorenz**/ Huberta **Weigl** (Hg.): Das barocke Wien. Die Kupferstiche von Joseph Emanuel Fischer von Erlach und Johann Adam Delsenbach (1719), Petersberg 2007.

Loredana **Lorizzo**: Il mercato dell'arte a Roma nel XVII secolo: „pittori bottegari" e „rivenditori di quadri" nei documenti dell'Archivio Storico dell'Accademia di San Luca. In: Marcello Fantoni/ Louisa C. Matthew/ Sara F. Matthews-Grieco (Hg.): The Art Market in Italy 15th-17th Centuries/ Il Mercato dell'Arte in Italia secc, XV-XVII, Modena 2003, 325-336.

Loredana **Lorizzo**: Documenti inediti sul mercato dell'arte. I testamenti e l'inventario della bottega del genovese Pellegrino Peri „rivenditore di quadri" a Roma nella seconda metà del Seicento. In: Francesca Cappelletti (Hg.): Decorazione e collezionismo a Roma nel Seicento, Roma 2003, 159-174.

Loredana **Lorizzo**: People and Practice in the Painting Trade of Seventeenth-Century Rome. In: Neil De Marchi/ Hans Van Miegroet (Hg.): Mapping Markets for Painting in Europe 1450-1750 (= Studies in European Urban History 1100-1800, 6), Turnhout 2006, 343-362.

Eugenio **Lo Sardo** (Hg.): Athanasius Kirche. Il museo del mondo, AK Roma 2001.

Luigi **Lotti**: I Costaguti e il loro palazzo di Piazza Mattei in Roma (= Quaderni dell'Alma Roma 1), Roma 1961.

Wolfgang **Lotz**: Die Spanische Treppe. Architektur als Mittel der Diplomatie. In: Römisches Jahrbuch für Kunstgeschichte 12 (1969), 39-94.

Laura **Lucarini**: La quadreria Buonvisi. Fonte e documenti per lo studio del collezionismo lucchese fra XVII e XIX secolo. In: Giacinto Nudi/ Antonio Pinelli (Hg.): Polittico 1, Pisa 2000, 119-139.

Jochen **Luckhardt**: Ferdinand Voet als Kopist in Rom und die Gemäldesammlung des Salzburger Domdechanten Wilhelm von Fürstenberg. In: Ekkehard Mai/ Karl Schütz/ Hans Vlieghe (Hg.): Die Malerei Antwerpens – Gattungen, Meister, Wirkungen. Studien zur flämischen Kunst des 16. und 17. Jahrhunderts. Internationales Kolloquium Wien 1993, Köln 1994, 133-143.

Jochen **Luckhardt**: Reisen, Diplomatie und Zeremoniell. Französische Porträts für den Braunschweiger Hof. In: Pierre Rosenberg (Hg.): Poussin, Lorrain, Watteau, Fragonard. Französische Meisterwerke des 17. und 18. Jahrhunderts aus deutschen Sammlungen, AK Bonn/ München, Ostfildern-Ruit 2005, 75-81.

Sven **Lüken**: „Das Hailig Romisch Reich mit Sampt seinen Gliedern" – Reichssymbolik und Reichsemblematik. In: Heinz Schilling/ Werner Heun/ Jutta Götzmann (Hg.): Heiliges Römisches Reich Deutscher Nation 962 bis 1806. Altes Reich und neue Staaten 1495-1806. Essays, AK Berlin, Dresden 2006, 172-185.

Girolamo **Lunadoro**/ Francesco **Sestini**/ Fioravante **Martinelli**: Relatione della Corte di Roma, E de' Riti da osservarsi in essa, e de' suoi Magistrati, & Officij, con la loro distinta giurisdittione Del Sign. Can. Girolamo Lunadoro. Col Maestro di Camera del Signor Francesco Sestini. E Roma Ricercata nel suo sito, nel modo, che al presente si ritrova, con le Nuove Fabbriche Del Sig. Fiorav. Martinelli. E dal medesimo accresciuta di antiche & moderne Eruditioni, Venezia 1671.

Michelangelo **Lupo**: Il 'cammeo' nella collezione di Livio Odescalchi. In: Ornella Casazza (Hg.): Il cammeo Gonzaga: arti e preziose alla corte di Mantova, AK Mantova, Milano 2008, 46-71.

Albrecht P. **Luttenberger**: Der Immerwährende Reichstag zu Regensburg, das europäische Mächtesystem und die politische Ordnung des Reiches. In: Martin Dallmeier/ Paul Winkler (Hg.): Reichsstadt und Immerwährender Reichstag (1663–1806) – 250 Jahre Haus Thurn und Taxis in Regensburg, Kallmünz (= Thurn und Taxis-Studien 20), 11-23.

Georg **Lutz**: Rom und Europa während des Pontifikats Urbans VIII. Politik und Diplomatie – Wirtschaft und Finanzen – Kultur und Religion. In: Reinhard Elze/ Heinrich Schmidinger/ Hendrik Schulte Nordholt (Hg.): Rom in der Neuzeit. Politische, kirchliche und kulturelle Aspekte, Wien/ Rom 1976, 72-167.

Ernst Wilhelm Graf zu **Lynar**: Die Fürstenberg-Sammlungen in Donaueschingen. In: Erwein H.

Eltz/ Arno Strohmeyer (Hg.): Die Fürstenberger. 800 Jahre Herrschaft und Kultur in Mitteleuropa, AK Weitra, St. Pölten 1994, 115-119.

Claire L. **Lyons**: Virtual Antiquity: The Collections of Vincenzo Vittoria (1658-1712). In: Visual Resources Association Bulletin 23 (1996), 46-52.

M:

Klaralinda **Ma**/ Brigitta **Psarakis**: Akkreditiert in Wien. Zum Gesandtschaftswesen in unserer Stadt (= Wiener Geschichtsblätter. Beiheft 1/1996), Wien 1996.

Petr **Macek**/ Pavel **Vlček**/ Pavel **Zahradník**: Die baulichen Aktivitäten der Fürstenberger in Böhmen. In: Erwein H. Eltz/ Arno Strohmeyer (Hg.): Die Fürstenberger. 800 Jahre Herrschaft und Kultur in Mitteleuropa, AK Weitra, St. Pölten 1994, 323-328.

Michela di **Macco**/ Giovanni **Romano** (Hg.): Diana Trionfatrice. Arte di corte nel Piemonte del Seicento, AK Torino 1989.

Arthur **MacGregor** (Hg.): The Late King's Goods. Collections, Possessions and Patronage of Charles I in the Light of the Commonwealth Sale Inventories, London/ Oxford 1989.

Catharina **MacLeod**/ Julia **Marciai Alexander** (Hg.): Painted Ladies. Women at the Court of Charles II, AK London/ New Haven, London 2001.

Martin **Mádl**: Giacomo Tencalla and Ceiling Painting in 17th-Century Bohemia and Moravia. In: Umění/ Art 56 (2008), 38-64.

Susan **Madocks Lister**: „Trumperies Brought from Rome". Barberini Gifts to the Stuart Court in 1635. In: Elizabeth Cropper (Hg.): The Diplomacy of Art. Artistic Creation and Politics in Seicento Italy. Papers from a Colloquium Held at the Villa Spelman, Florence, 1998 (= Villa Spelman Colloquia 7), Milano 2000, 151-176.

Niccolo **Madrisio**: Viaggi per l'Italia, Francia e Germania, 2. Bd., Venezia 1718.

Natale **Maffioli**: Novità nella raccolta dei marchesi Gerini di Firenze. In: Arte Cristiana 87 (1999), 309-312.

Fabrizio **Magani**: 1692: Antonio Belluci da Venezia a Vienna. Note sull' esordio veneziano e la prima attività austriaca. In: Arte Veneta 47 (1995), 20-31.

Vladimir **Magič**: Die Bibliotheca Valvasoriana. In: Stefan Körner/ Jakob Perschy (Hg.): Blaues Blut & Druckerschwärze. Aristokratische Büchersammlungen von 1500 bis 1700, AK Eisenstadt 2005, 42-61.

Andrea **Maglio**: Vaccaro e Sanfelice: il ruolo dell'architetto durante la dominazione austriaca a Napoli. In: Werner Oechslin (Hg.): Architekt und/ versus Baumeister. Die Frage nach dem Metier (= Studien und Texte zur Geschichte der Architekturtheorie), Zürich 2009, 221-230.

Börje **Magnusson** (Hg.): Cristina di Svezia e Roma. Atti del Simposio tenuto all'Istituo Svedese di Studi Classici a Roma, 5-6 ottobre 1995 (= Suecoromana V), Stockholm 1999.

Börje **Magnusson**: Drawing on Rome. Nicodemus Tessin, Christina and the Creation of a Royal Ambiance. In: Börje Magnusson (Hg.): Cristina di Svezia e Roma. Atti del Simposio tenuto all'Istituo Svedese di Studi Classici a Roma, 5-6 ottobre 1995 (= Suecoromana V), Stockholm 1999, 47-63.

Börje **Magnusson**: Studies in Europe. In: Mårten Snickare (Hg.): Tessin. Nicodemus Tessin the Younger. Royal Architect and Visionär, Stockholm 2002, 36-59.

Ekkehard **Mai**/ Karl **Schütz**/ Hans **Vlieghe** (Hg.): Die Malerei Antwerpens – Gattungen, Meister, Wirkungen. Studien zur flämischen Kunst des 16. und 17. Jahrhunderts. Internationales Kolloquium Wien 1993, Köln 1994.

Anthony **Majanlahti**: The Families Who Made Rome: A History and a Guide, London 3. Aufl. 2007.

Paolo **Malanima**: I Riccardi di Firenze. Una famiglia e un patrimonio nella Toscana dei Medici, Firenze 1977.

Klaus **Malettke**: La signification de la Succession d'Espagne pour les relations internationales jusqu'à l'époque de Ryswick (1697). In: Lucien Bély (Hg.): La présence des Bourbons en Europe XVIe-XXIe siècle, Paris 2003, 93-109.

Klaus **Malettke**/ Chantal **Grell**/ Petra **Holz** (Hg.): Hofgesellschaft und Höflinge an europäischen Fürstenhöfen in der Frühen Neuzeit (15.-18. Jh.) (= Forschungen zur Geschichte der Neuzeit 1), Münster u.a. 2001

Maria **Malikova**/ Ivan **Rusina**: Der Einfluß Wiens auf die Entwicklung der Barockplastik in Pressburg und der Westslowakei. In: Hermann Fillitz/ Martina Pippal (Hg.): Wien und der europäische Barock (= Akten des XXV. Internationalen Kongresses für Kunstgeschichte, Wien, 4.-10. September 1983, 7), Wien u.a. 1986, 117-123.

Giorgio **Mancini**: Una collezione del 1564: I dipinti del Cardinale Rodolfo Pio da Carpi. In: Paragone 54 (2003) Nr. 643, 37-59.

Vincenzo **Mancini**: „Vertuosi" e artisti: Saggi sul collezionismo antiquario e numismatico tra Padova e Venezia nei secoli XVI e XVII (= Numismatica Patavina 5), Padova 2005.

Tommaso **Manfredi**: Architettura della gloria – architettura della memoria. La committenza asburgico-praghese per la festa di cannonizzazione di Giovanni Nepomuceno e l'eredità del progetto di Borromini per la facciada di San Giovanni in Laterano. In: Römische Historische Mitteilungen 42 (2002), 561-586.

Tommaso **Manfredi**: Il cardinale Pietro Ottoboni e l'Accademia Albana. L'utopia dell'artista universale. In: Gregory Barnett/ Antonella D'Ovidio/ Stefano La Via (Hg.): Arcangelo Corelli fra mito e realtà storica (= Historiae musicae cultores CXI), Firenze 2008, 117-136.

Tommaso **Manfredi**: Carlo Fontana e l'Accademia Albana: arte e architettura in Arcadia. In: Marcello Fagiolo/ Giuseppe Bonaccorso (Hg.): Studi sui Fontana. Una dinastia di architetti ticinesi a Roma tra Maniersimo e Barocco (= Roma. Storia, cultura, immagine 21), Roma 2008, 171-180.

Alfredo **Marchione Gunter**: Parrochia di Santa Maria del Popolo. Rione Campo Marzio. In: Elisa Debenedetti (Hg.): Artisti e Artigiani a Roma II. Dagli Stati delle Anime del 1700, 1725, 1750, 1775 (= Studi sul Settencento Romano 21), Roma 2005, 169-266.

Alfredo **Marchione Gunter**: Santa Maria in Publicolis. In: Roma Sacra 14 (1998), 32-36.

Tod Allan **Marder**: Bernini's Scala Regia at the Vatican Palace, Cambridge u.a. 1997.

Fr. Hyacinth **Marian** OP: Topographia Windhagiana aucta. Das ist: Vermehrte aigentliche ‚Delineation' oder ‚Contrafaitur, Perspectiv', Auffzüg/ Grund- und Abriß auff unterschidliche ‚Prospecten' und Form/ mit beygesetzter kurtzer historischer Beschreibung der Graf- und Herrschafften Windhaag/ Rosenburg am grossen Khamp und Wolfshofen/ wie auch Groß-Poppen/ Neuntzen/ Wurmbach/ Reichenau […], Wien 1673.

Fernando **Marías**: Don Gaspar de Haro, marqués del Carpio, coleccionista de dibujos. In: José Luis Colomer (Hg.): Arte y diplomacia de la Monarquía Hispánica en el siglo XVII, Madrid 2003, 208-219.

Christopher R. **Marshall**: „Appagare il Pubblico": The Marketing Strategies of Luca Giordano, 1678-1684. In: Marcello Fantoni/ Louisa C. Matthew/ Sara F. Matthews-Grieco (Hg.): The Art Market in Italy 15th -17th Centuries/ Il Mercato dell'Arte in Italia secc. XV-XVII, Modena 2003, 263-271.

Christopher R. **Marshall**: Dispelling Negative Perceptions: Dealers Promoting Artists in Seventeenth-Century Naples. In: Neil De Marchi/ Hans Van Miegroet (Hg.): Mapping Markets for Painting in Europe 1450-1750 (= Studies in European Urban History 1100-1800, 6), Turnhout 2006, 363-382.

David R. **Marshall**: Reconstructing the Villa Patrizi fuori Porta Pia. In: Journal of the History of Collections 15 (2003) Nr. 1, 31-58; Nr. 2, 175-199.

Francesco **Martelli** (Hg.): Il viaggio in Europa di Pietro Guerrini (1682-1686): Edizione della corrispondenza e dei disegni di un inviato di Cosimo III dei Medici, Firenze 2005.

[G. H. **Martini**:] Musei Franciani Descriptio, 2 Bände, Leipzig 1781.

Barbara **Marx** (Hg.): Elbflorenz. Italienische Präsenz in Dresden 16.-19. Jahrhundert, Dresden 2000.

Barbara **Marx**: ‚Italianità' und frühneuzeitliche Hofkultur: Dresden im Kontext. In: Barbara Marx (Hg.): Elbflorenz. Italienische Präsenz in Dresden 16.-19. Jahrhundert, Dresden 2000, 7-36.

Barbara **Marx**: Die Italienreise Herzog Johann Georgs von Sachsen (1601-1602) und der Besuch von Cosimo III. de' Medici (1668) in Dresden. Zur Kausalität von Grand Tour und Kulturtransfer. In: Rainer Babel/ Werner Paravicini (Hg.): Grand Tour. Adeliges Reisen und europäische Kultur vom 14. bis zum 18. Jahrhundert. Akten der internationalen Kolloquien in der Villa Vigoni 1999 und im Deutschen Historischen Institut Paris 2000 (= Beihefte der Francia 60), Ostfildern 2004, 373-427.

Barbara **Marx**: Medici Gifts to the Court of Dresden. In: Maureen Cassidy-Geiger (Hg.): Gifts in European Courts, 16th to 18th Centuries (= Studies in the Decorative Arts XV [2007/2008] Nr 1), New York 2007, 46-82.

Barbara **Marx**/ Karl-Sieghart **Rehberg** (Hg.): Sammeln als Institution. Von der fürstlichen Wunderkammer zum Mäzenatentum des Staates, München/ Berlin 2006.

Maria Grazia **Marzi**: Il collezionismo minore: i precedenti di Bellori. In: Anna Gramiccia/ Federica Piantoni (Hg.): L'Idea del bello. Viaggio per Roma nel Seicento con Giovan Pietro Bellori, AK Roma 2000 2. Bd., 494-495.

David **Martín Marcos**: Roma en la Guerra de Sucesión Española. In: Carlos José Hernando Sánchez (Hg.): Roma y España. Un crisol de la cultura europea en la edad moderna. Actas del Congreso International en la Real Academia de España del 8 al 12 de mayo de 2007, 2. Bd. Madrid 2007, 889-914.

Fioravante **Martinelli**: Roma ricercata nel suo sito, et nella scuola di tutti gli antiquarii, 5. Aufl. Venezia 1671.

Edward A. **Maser**: The Statue of Henry IV in Saint John Lateran: A Political Work of Art. In: Gazette des Beaux-Arts 102 (1960) Nr. 56, 147-156.

Patrizia **Masini**: I quadri Pio di Savoia dal Campidoglio al Vaticano. In: Jadranka Bentini (Hg.): Quadri Rinomatissimi. Il collezionismo dei Pio di Savoia, Modena 1994, 109-115.

Stefania **Mason**: „Man findet von diesem Meister ja nur wenige Dinge". Giorgione und der venezianische Sammlerkreis. In: Sylvia Ferino-Pagden/ Giovanna Nepi Scirè (Hg.): Giorgione. Mythos und Enigma, Wien/ Milano 2004, 32-39.

Petr **Mat'a**: Svět české aristokracie (1500-1700), Praha 2004.

Petr **Mat'a**/ Thomas **Winkelbauer** (Hg.): Die Habsburgermonarchie 1620 bis 1740. Leistungen und Grenzen des Absolutismusparadigma (= Forschungen zur Geschichte und Kultur des östlichen Mittleuropa 24), Stuttgart 2006.

Flavia **Matitti**: Due doni del cardinale Ottoboni alla Corona di Francia. In: Strenna dei Romanisti (1980), 383-398.

Flavia **Matitti**: Le antichità di Casa Ottoboni. In: Storia dell'arte 90 (1997), 201-249.

Franz **Matsche**: Gegenreformatorische Architekturpolitik. Casa-Santa-Kopien und Habsburger-Loreto-Kult nach 1620. In: Jahrbuch für Volkskunde NF 1 (1978), 81-118.

Franz **Matsche**: Die Kunst im Dienst der Staatsidee Kaiser Karls VI. Ikonographie, Ikonologie und Programmatik des „Kaiserstils" (= Beiträge zur Kunstgeschichte 16), Berlin/ New York 1981.

Franz **Matsche**: Kaisersäle – Reichssäle. Ihre bildlichen Ausstattungsprogramme und politischen Intentionen. In: Rainer Müller (Hg.): Bilder des Reiches (= Irseer Schriften 4), Sigmaringen 1997, 323-355.

Franz **Matsche**: Mythologische Heldenapotheosen in Deckengemälden Wiener Adelspaläste des frühen 18. Jahrhunderts. In: Ex Fumo Lucem. Baroque Studies in Honour of Klára Garas, 1. Bd., Budapest 1999, 315-352.

Franz **Matsche**: Prachtbau und Prestigeanspruch in Festsälen süddeutscher Klöster im frühen 18. Jahrhundert. Zum Typus und zur Verbreitung des Kolonadensaals und zur Frage des ‚Reichsstils'. In: Markwart Herzog/ Rolf Kießling/ Bernd Roeck (Hg.): Himmel auf Erden oder Teufelsbauwurm? Wirtschaftliche und soziale Bedingungen des süddeutschen Klosterbarock (= Irseer Schriften NF 1), Konstanz 2002, 81-118.

Franz **Matsche**: Johann Bernhard Fischer von Erlach und das Motiv der „Basilica" in der barocken Palastarchitektur. Zum Exedra-Hof des Palais Trautson in Wien. In: Martin Engel u.a. (Hg.): Barock in Mitteleuropa. Festschrift zum 65. Geburtstag von Hellmut Lorenz (= Wiener Jahrbuch für Kunstgeschichte Bd. LV/LVI), Wien/ Köln/ Weimar 2007, 145-164.

Franz **Matsche**: Joseph Emanuel Fischer von Erlach und die französische Architektur. In: Lorenz Dittmann/ Christoph Wagner/ Dethard von Winterfeld (Hg.): Sprachen der Kunst. Festschrift für Klaus Güthlein zum 65. Geburtstag, Worms 2007, 1-18.

Franz **Matsche**: Johann Bernhard Fischer von Erlach, Plinius d. J. und Jean-François Félibien. Zur Invention von Fischers „Lustgebäuden". In: Österreichische Zeitschrift für Kunst und Denkmalpflege 61 (2007) Heft 4, 412-422.

Betka **Matsche-von Wicht**: Rangfragen in der Deckenmalerei. In: Ex Fumo Lucem. Baroque Studies in Honour of Klára Garas, 1. Bd., Budapest 1999, 299-314.

Anna Maria **Matteucci**/ Rossella **Ariuli**: Giovanni Francesco Grimaldi, Bologna 2002.

Manfred **Matzka**: Vieler Herren Häuser: 20 Wiener Palais, Wien 2005.

André **Mauban**: Jean Marot – Architecte et Graveur Parisien, Paris 1944.

Esteban **Mauerer**: Südwestdeutscher Reichsadel im 17. und 18. Jahrhundert. Geld, Reputation, Karriere: das Haus Fürstenberg (= Schriftenreihe der Historischen Kommission bei der Bayerischen Akademie der Wissenschaften 66), Göttingen 2001.

Esteban **Mauerer**: Das Haus Fürstenberg im späten 17. und 18. Jahrhundert. Karrierewege, Fürstenstand und Staatlichkeit. In: Mark Hengerer/ Elmar L. Kuhn (Hg.): Adel im Wandel. Oberschwaben von der frühen Neuzeit bis zur Gegenwart, 1. Bd. Ostfildern 2006, 319–332.

Patrick **Mauriès**: Das Kuriositätenkabinett, Köln 2002.

Gabriele **Mauthe**: Die Bibliotheca Eugeniana im europäischen Zeitvergleich. In: Agnes Husslein-Arco/ Marie-Louise von Plessen (Hg.): Prinz Eugen. Feldherr, Philosoph und Kunstfreund, AK Wien, München 2009, 190-197.

Anton **Mayer**: Die ständische Akademie in Wien. In: Blätter des Vereines für Landeskunde von Niederösterreich NF 22 (1888), 311-354.

Otto **Mazal** (Hg.): Bibliotheca Eugeniana. Die Sammlungen des Prinzen Eugen von Savoyen, AK Wien 1986.

Claudia **Mazza**: Le antichità imperiali e i culti orientale: l'Iseo Campense. In: Eugenio Lo Sardo (Hg.): Athanasius Kirche. Il museo del mondo, AK Roma 2001, 133-141.

Cecilia **Mazzetti di Pietralata**: Joachim von Sandrart e la Rome dei Barberini: incisioni, disegni e spigolature d'archivio. In: Lorenza Mochi Onori/ Sebastian Schütze/ Francesco Solinas (Hg.): I Barberini e la cultura europea del Seicento. Atti del convegno internazionale 7-11 dicembre 2004, Roma 2007, 403-410.

Elizabeth **McKellar**: The Birth of Modern London. The Development and Design of the City 1660-1720, Manchester/ New York 1999.

Jozef **Medvecký**: Zu den Anfängen der Tätigkeit Carpoforo Tencalas. Die frühbarocken Fresken auf der Burg Červený Kameň und ihre Ikonographie. In: Ars 3/1994, 237-311.

Rudolf **Mehlstaub**: Heimatbuch Marktgemeinde Kottingbrunn von der Frügeschichte bis zur Gegenwart, 2. Aufl. Kottingbrunn 1992.

Heike **Meier-Rieper**: Die Sammlung von Kirchenfürstenporträts aus Schloss Ottenstein. In: Gerhard Lindner (Hg.): Waldviertel (= Denkmalpflege in Niederösterreich 31), St. Pölten 2004, 39-41.

Bert W. **Meijer**: Italian Paintings in the 17th Century Holland. Art Market, Art Works and Art Collections. In: Max Seidel (Hg.): L'Europa e l'arte italiana/ Europa und die Kunst Italiens, Venedig 2000, 376-417.

Jörg **Meiner**: „Diese so ungemain als rühmliche Weise König zu werden". Ein Diarium der Krönungsfeierlichkeiten in Königsberg. In: Preußen 1701. Eine europäische Geschichte, AK Berlin 2. Bd. 191-204.

Jörg **Meiner**: „ein Jubel-Geschrey machen/ dass die Erde erbebet". Die Inszenierung der Krönungsfeierlichkeiten und das Publikum. In: Preußen 1701. Eine europäische Geschichte, AK Berlin 2. Bd. 211-222.

Atto **Melani**: Die Geheimnisse der Konklaven und die Laster der Kardinäle. Hg. von Rita Monaldi/ Francesco Sorti, aus dem Italienischen von Annette Kopetzki, Stuttgart 2005.

Ferdinand **Menčik** (Hg.): Ferdinand Bonaventura Graf Harrach: Tagebuch über den Aufenthalt in Spanien in den Jahren 1673-1674, Wien 1913.

Antonio **Menniti Ippolito**: Clemente XI. Cenni biografici. In: Giuseppe Cucco (Hg.): Papa Albani e le arti a Urbino e a Roma 1700-1721, AK Urbino/Roma, Venezia 2000, 34-39.

Matthäus **Merian**: Topographia Provinciarum Austriacarum, Frankfurt am Main 1649, Nachdruck Kassel u.a. 1963.

Kerstin **Merkel**: Die Besichtigung von Kassel – Reisekultur im 18. Jahrhundert. In: Heide Wunder/ Christina Vanja/ Karl-Hermann Wegner (Hg.): Kassel im 18. Jahrhundert – Residenz und Stadt, Kassel 2000, 15-46.

Jörg Martin **Merz**: Pietro da Cortona. Der Aufstieg zum führenden Maler im barocken Rom (= Tübinger Studien zur Archäologie und Kunstgeschichte 8), Tübingen 1991.

Jörg Martin **Merz**: Marattis ‚Taufe Christi' in Sankt Peter. Eine Kritik und ihre Replik. In: Marburger Jahrbuch für Kunstwissenschaft 36 (2009), 301-325.

Susanne **Meurer**: Sandrart und seine Leser. Zur Rezeption der „Teutschen Academie". In: Sybille Ebert-Schifferer/ Cecilia Mazzetti di Pietralata (Hg.): Joachim von Sandrart. Ein europäischer Künstler und Theoretiker zwischen Italien und Deutschland (= Römische Studien der Bibliotheca Hertziana 25), München 2009, 233-244.

Jos de **Meyere**: Alle Wege führen nach Rom. In: David A. Levine/ Ekkehard Mai (Hg.): I Bamboccianti. Niederländische Malerrebellen im Rom des Barock, Milano 1991, 46-64.

Christian **Michel**: Les relations artistiques entre l'Italie et la France (1680-1750): la contradiction des discours et de la pratique. In: Studiolo. Revue d'historie de l'art de l'Académie de France à Rome 1, Rome 2002, 11-19.

Geneviève und Olivier **Michel**: La décoration du Palais Ruspoli en 1715 et la redécouverte de 'Monsù Francesco Borgognone'. In: Mélanges de l'Ecole Française de Rome. Moyen âge, temps modernes 89 (1977), 265-340.

Geneviève und Olivier **Michel**: Le commerce des oeuvres d'art à Rome au XVIIIe siècle. In: Les Cahiers d'Histoire de l'Art 2 (2004), 41-47.

Olivier **Michel**: Pitture e pittori del palazzo nel Settecento. In: Carlo Pietrangeli (Hg.): Palazzo Ruspoli/ Fondazione Memmo, Roma 1992, 221-233.

Patrick **Michel**: Mazarin et l'Espagne. Quelques rencontres. In: José Luis Colomer (Hg.): Arte y diplomacia de la Monarquía Hispánica en el siglo XVII, Madrid 2003, 292-312.

Patrick **Michel** (Hg.): Art français et art allemand au XVIIIe siècle. Regards croisés, Paris 2008.

Maria Elisa **Micheli**: La Glittica al Tempo di Giovan Pietro Bellori. In: Anna Gramiccia/ Federica Piantoni (Hg.): L'Idea del bello. Viaggio per Roma nel Seicento con Giovan Pietro Bellori, AK Roma 2. Bd., 543-548.

Carla **Michelli Giacone**: Il Castello Orsini-Odescalchi di Bracciano, Roma 1991.

Martin **Miersch**: Kurfürstliche Selbstdarstellung und kurfürstliche Propaganda – Porträts des Kölner Kurfürsten Clemens August. In: Frank Günter Zehnder (Hg.): Das Ideal der Schönheit. Rheinische Kunst in Barock und Rokoko (= Der Riß im Himmel. Clemens August und seine Epoche VI), Köln 2000, 307-334.

Almamaria **Mignosi Tantillo**: La galleria e l'alcova del Cardinale Chigi: G. Troppa e C. Fancelli nel Palazzo ai Santi Apostoli. In: Maria Grazia Bernardini/ Silvia Danesi Squarzina/ Claudio Strinati (Hg.): Studi di Storia dell'Arte in onore di Denis Mahon, Milano 2000, 305-312.

Almamaria **Mignosi Tantillo**: La famiglia e le collezioni. In: Claudio Strinati/ Rossella Vodret (Hg.): Palazzo Chigi, Milano 2001, 21-55.

Barbara **Mikuda-Hüttel**: Vom ‚Hausmann' zum Hausheiligen des Wiener Hofes. Zur Ikonographie des hl. Joseph im 17. und 18. Jahrhundert (= Bau- und Kunstdenkmäler im östlichen Mitteleuropa 19), Marburg 1997.

Markus **Milewski**: Die polnische Königswahl von 1697 (= MÖStA SB 10), Wien 2008.

Nicolas **Milovanovic**: Les Grands Appartements de Versailles sous Louis XIV. Catalogue des décors peints, Paris 2005.

Nicolas **Milovanovic**: Du Louvre à Versailles. Lecture des grands décors monarchique, Paris 2005.

Nicolas **Milovanovic**: Louis XIV et la peinture. In: Nicolas Milovanovic/ Alexandre Maral (Hg.): Louis XIV. L'homme & le roi, AK Versailles, Paris 2009, 94-103.

Nicolas **Milovanovic**/ Alexandre **Maral** (Hg.): Louis XIV. L'homme & le roi, AK Versailles, Paris 2009.

Dwight C. **Miller**: Marcantonio Franceschini and the Liechtensteins. Prince Johann Adam Andreas and the Decoration of the Liechtenstein Garden Palace at Rossau-Vienna, Cambridge u.a. 1991.

Rotraut **Miller**: Die Hofreisen Kaiser Leopolds I. In: Mitteilungen des Instituts für Österreichische Geschichtsforschung 75 (1967), 66-103.

Henry A. **Millon** (Hg.): The Triumph of the Baroque. Architecture in Europe 1600-1750, AK Torino, Milano 1999.

Boris **Miočinovič** (Hg.): Begegnung zwischen Orient und Okzident, AK Ptuj 1992.

Maximilian **Misson**: Herrn Maximilian Missons Reisen aus Holland durch Deutschland in Italien, Leipzig 1701.

Lorenza **Mochi Onori**/ Sebastian **Schütze**/ Francesco **Solinas** (Hg.): I Barberini e la cultura europea del Seicento. Atti del convegno internazionale 7-11 dicembre 2004, Roma 2007.

Kornelia **Möhlig**: Die Gemäldegalerie des Kurfürsten Johann Wilhelm von Pfalz-Neuburg (1658-1716) in Düsseldorf, Köln 1993.

Tobias **Mörschel**: Blaues Blut, roter Hut. Fürstkardinal Maurizio di Savoia (1593-1657). In: Arne Karsten (Hg.): Jagd nach dem roten Hut. Kardinalskarrieren im barocken Rom, Göttingen 2004, 156-171.

Karl **Möseneder**: Zeremoniell und monumentale Poesie. Die „Entrée solennelle" Ludwigs XIV 1660 in Paris, Berlin 1983.

Karl **Möseneder** (Hg.): Feste in Regensburg. Von der Reformation bis in die Gegenwart, Regensburg 1986.

Karl **Möseneder** (Hg.): Der Dom in Passau. Vom Barock zur Gegenwart, Passau 1995.

Miklós **Mojzer** (Hg.): Zsánermetamorfózisok/ The Metamorphosis of Themes, AK Székesfehérvár, Budapest 1993.

Maria Cristina **Molinari**: Nota sull'antiquaria numismatica a Roma ai tempi del Bellori. In: Anna Gramiccia/ Federica Piantoni (Hg.): L'Idea del bello. Viaggio per Roma nel Seicento con Giovan Pietro Bellori, AK Roma 2000 2. Bd., 562-565.

Montserrat **Moli Frigola**: Donne, candele, lacrime e morte: funerali di regine spagnole nell'Italia del Seicento. In: Marcello Fagiolo/ Maria Luisa Madonna (Hg.): Barocco romano e barocco italiano: il teatro, l'effimero, l'allegoria, Roma 1985, 135-158.

Montserrat **Moli Frigola**: Palacio de España: centro del mundo. Ingresos triunfales, teatro y fiestas. In: Marcello Fagiolo (Hg.): Il barocco Romano e l'Europa, Atti del Convegno 1987, Roma 1992, 727-768.

Giorgio **Mollis** (Hg.): Svizzeri a Roma nella storia, nell'arte, nella cultura, nell'economia dal Cinquecento ad'oggi, Lugano 2007.

Giorgio **Mollisi**/ Ivano **Proserpi**/ Andrea **Spiriti** (Hg.): Carpoforo Tencalla di Bissone. Pittura del Seicento fra Milano e l'Europa centrale, AK Rancate, Cinisello Balsamo 2005.

Rita **Monaldi**/ Francesco **Sorti**: Secretum. Aus dem Italienischen von Annette Kopetzki, Berlin 2. Aufl. 2006 (Originalausgabe 2004).

István **Monok**: Aristokraten und Buchkultur zwischen den Machtbereichen. Adelige Büchersammlungen im Karpatenbecken im 16. und 17. Jahrhundert. In: Stefan Körner/ Jakob Perschy (Hg.): Blaues Blut & Druckerschwärze. Aristokratische Büchersammlungen von 1500 bis 1700, AK Eisenstadt 2005, 11-15.

Jennifer **Montagu**: Alessandro Algardi, New Haven/ London 1985.

Jennifer **Montagu**: Gold, Silver and Bronze. Metal Sculpture of the Roman Baroque (= The A.W. Mellon Lectures in the Fine Arts 1990), Princeton NJ 1996.

Jennifer **Montagu**: The Santacroce tombs in S. Maria in Publicolis, Rome. In: The Burlington Magazine 139 (1997), 849-858.

Jennifer **Montagu**: Artists as Collectors of Sculpture in Baroque Rome. In: Nicholas Penny/ Eike D. Schmidt (Hg.): Collecting Sculpture in Early Modern Europe (= Studies in the History of Art 70), New Haven u.a. 2008, 278-289.

Lina **Montalto**: Un mecenate in Roma barocca. Il Cardinale Benedetto Pamphilj (1653-1730), Firenze 1955.

Tomaso **Montanari**: La dispersione della collezioni di Cristina di Svezia. Gli Azzolini, gli Ottoboni e gli Odescalchi. In: Storia dell'arte 90 (1997), 250-300.

Tomaso **Montanari**: Da Luigi XIV a Carlo II. Metamorfosi dell'ultimo capolavoro di Gian Lorenzo Bernini. In: José Luis Colomer (Hg.): Arte y diplomacia de la Monarquía Hispánica en el siglo XVII, Madrid 2003, 403-414.

Tomaso **Montanari**: Francesco Barberini, l'»Arianna« di Guido Reni e altri doni per la Corona d'Inghilterra: l'ultimo atto. In: Maria Grazia Bernardini (Hg.): Studi sul Barocco romano. Scritti in onore di Maurizio Fagiolo dell'Arco, Milano 2004, 77-88.

Claude de **Montclos**: La Mémoire des ruines. Anthologie des monuments disparus en France, Paris 1992.

John E. **Moore**: Obsequies for James II in S. Lorenzo in Lucina, Rome. In: Peter Davidson/ Jill Bepler (Hg.): The Triumph of the Defeated. Early Modern Festivals and Messages of Legitimacy (= Wolfenbütteler Forschungen 116), Wiesbaden 2007, 103-148.

José Miguel **Morán Turina**: La imagen del rey Felipe V y el arte, Madrid 1990.

José Miguel **Morán Turina**: Pintores, coleccionistas y entendidos. In: José Miguel Morán Turina/ Javier Portús Pérez (Hg.): El arte de mirar: La pintura y su público en la España de Velázquez, Madrid 1997.

José Miguel **Morán Turina**: Reiinterpretando Velázquez: Carreño e il ritratto di Carlo II. In: Fernando Checa Cremades (Hg.): Velázquez, Bernini, Luca Giordano. Le corti del Barocco, AK Roma 2004, 101-113.

José Miguel **Morán Turina**/ Fernando **Checa Cremades**: El coleccionismo en España. De la cámara de maravillas a la galería de pinturas, Madrid 1985.

José Miguel **Morán Turina**/ Javier **Portús** (Hg.): El arte de mirar: La pintura y su público en la España de Velázquez, Madrid 1997.

Francesca **Morelli**: Il Cardinal Gualterio tra diplomazia e collezionismo. In: Giusi Testa Grauso (Hg.): Marcantonio Franceschini. I cartoni ritrovati, Milano 2002, 41-47.

Paolo **Moreno**/ Chiara **Stefani**: The Borghese Gallery, Milan 2000.

Paolo **Moreno**/ Antonietta **Viacava**: I marmi antichi della Galleria Borghese. La collezione archeologica di Camillo e Francesco Borghese, Roma 2003.

Jake **Morrissey**: Göttliches Design, oder: die Rivalen von Rom. Bernini und Borromini im Kampf um die Architektur in der Ewigen Stadt, Hamburg u.a. 2005.

Christiane **Morsbach**: Die Genrebilder der in Wien und Umgebung wirkenden niederländischen Zuwanderer Jan van Ossenbeeck (1624-1674), Jan Thomas (1617-1678), Johann de Cordua (um 1630?-1698/1702?) und Jacob Torrenvliet (1635-1719). In: Acta historiae artis Slovenica 11 (2006), 47-69.

Raffaella **Morselli** (Hg.): Gonzaga. La Celeste Galeria. L'esercizio del collezionismo, AK Mantova, Milano 2002.

Raffaella **Morselli**/ Rosella **Vodret**: Ritratto di una collezione: Pannini e la Galleria del Cardinale Silvio Valenti Gonzaga, AK Mantova, Milano 2005.

Marilena **Mosco**: L'appartamento d'Estate dei Granduchi. In: Marco Chiarini (Hg.): Palazzo Pitti. L'arte e la storia, Firenze 2000, 90-104.

Monique **Mosser**/ Georges **Teyssot** (Hg.): Die Gartenkunst des Abendlandes. Von der Renaissance bis zur Gegenwart, Stuttgart 1993.

Gerda **Mraz**: Prinz Eugen. Sein Leben – sein Wirken – seine Zeit, Wien/ München 1985.

Gerda **Mraz**/ Géza **Galavics** (Hg.): Von Bildern und anderen Schätzen. Die Sammlungen der Fürsten Esterházy (= Esterházy-Studien 2), Wien/ Köln/ Weimar 1999.

Ivan **Muchka**: Sammlung und Ausstattung des Wallensteinpalais. In: Klaus Bußmann/ Heinz Schilling (Hg.): 1648. Krieg und Frieden in Europa, AK Münster/ Osnabrück, 2 Bd. München 1998. 289-296.

Klaus **Müller**: Das kaiserliche Gesandtschaftswesen im Jahrhundert nach dem Westfälischen Frieden (1648-1740) (= Bonner Historische Forschungen 42), Bonn 1976.

Klaus **Müller**: Habsburgischer Adel um 1700: Die Familie Lamberg. In: Mitteilungen des Österreichischen Staatsarchivs 32 (1979), 78-108.

Mathias F. **Müller**: Die Urbarien der Grundherrschaften Waidhofen a.d. Thaya und Thaya als bezirksgeschichtliche Quelle. In: Unsere Heimat 73 (2002), 208-220.

Michael **Müller**: „Sans nom, sans place, & sans mérite"? Reflexions sur l'utilisation du portrait en France au XVIIIe siècle. In: Thomas W. Gaehtgens/ Christian Michel/ Daniel Rabreau/ Martin Schieder (Hg.): L'art et les normes sociales au XVIIIe siècle (= Passages/ Passagen 2), Paris 2001, 383-401.

Rainer **Müller** (Hg.): Bilder des Reiches (= Irseer Schriften 4), Sigmaringen 1997.

Werner **Müller**: Guarini e la Stereotomia. In: Guarino Guarini e l'Internazionalità del Barocco. Atti del convegno 1, Torino 1970, 231-236.

Werner **Müller**: Architektur und Mathematik. In: Ulrich Schütte (Hg.): Architekt & Ingenieur. Baumeister in Krieg & Frieden (= Ausstellungskataloge der Herzog August Bibliothek 42), Wolfenbüttel 1984, 94-109.

Wolfgang **Müller-Funk**: Das Lächeln der Santa Valentina – Eine kulturwissenschaftliche Besichtigung in der Nachbarschaft. In: Gerhard Lindner (Hg.): Waldviertel (= Denkmalpflege in Niederösterreich 31), St. Pölten 2004, 12-15.

Johannes **Müllner**: Die entweihte Heimat. Ein Stück Österreich, das nur wenige kennen, Allentsteig 1998.

Jeffrey M. **Muller**: Measures of Authenticity: The Detection of Copies in the Early Literature on Connoisseurship. In: Retaining the Original. Multiple Originals, Copies, and Reproductions (= Studies in the History of Art 20), Washington/ Hanover/ London 1989, 141-149.

Antonio **Muñez**: Le Ambascerie del sei e settecento. In: Ugo Ojetti (Hg.): Ambasciate e Ambasciatori a Roma, Milano/ Roma 1927, 73-96.

Maria Jesús **Muñoz González**: La Capilla Real del Alcázar y un altar de pórfido. In: Reales Sitios 42 (2005) Heft 2, 50-69.

Maria Jesús **Muñoz González**: El mercado español de pinturas en el siglo XVII, Madrid 2008.

Barbara **Muravec**: Die Zeichnungen des 17. Jahrhunderts im Herzogtum Krain: Der Künstlerkreis um den Freiherrn J. W. Valvasor (1641-1693). In: Barockberichte 20-21/ 1998, 241-246.

Rossana **Muzzi Cavallo** (Hg.): La raccolta di stampe Carlo Firmian nel Museo di Capodimonte, Trento 1984.

N:

Věra **Naňková**: Die Architektur Böhmens um 1700 und die Tätigkeit des Architekten Giovanni Battista Alliprandi. In: Hermann Fillitz/ Martina Pippal (Hg.): Wien und der europäische Barock (= Akten des XXV. Internationalen Kongresses für Kunstgeschichte, Wien, 4.-10. September 1983, 7), Wien u.a. 1986, 71-75.

Eduardo **Nappi**: I viceré spagnoli e l'arte a Napoli. Corpus documentale. In: José Luis Colomer (Hg.): España y Nápoles: Coleccionismo y mecenazago de los virreinales en el siglo XVII, Madrid 2009, 95-128.

Marina **Natoli**/ Francesco **Petrucci** (Hg.): Donne di Roma dall'Impero Romano al 1860. Ritrattistica romana al femminile, AK Ariccia, Roma 2003.

Dorthe **Nebendahl**: Die schönsten Antiken Roms. Studien zur Rezeption antiker Bildhauerwerke im römischen Seicento (= Manuskripte zur Kunstwissenschaft 25), Worms 1990.

Angela **Negro**: Quadri di caccia e di paese: „Monsù Francesco", „Monsù Leandro" ed altri nella decorazione del Castello Rospigliosi di Maccarese. In: Elisa Debenedetti (Hg.): Artisti e Mecenati. Dipinti, diesegni, sculture e carteggi nella Roma curiale (= Studi sul Settecento Romano 12), Roma 1996, 13-35.

Angela **Negro**: Maria Camilla Pallavicini Rospigliosi mecenate e collezionista. In: Angela Negro (Hg.): La collezione Rospigliosi. La quadreria e la committenza artistica di un famiglia patrizia a Roma nel Sei e Settecento, Roma 1. Aufl. 1999, 103-121.

Angela **Negro** (Hg.): Paesaggio e figura. Nuove ricerche sulla collezione Rospigliosi, Roma 2000.

Angela **Negro**: Il Salone d'oro. In: Claudio Strinati/ Rossella Vodret (Hg.): Palazzo Chigi, Milano 2001, 175-197.

Angela **Negro**: Dall'Accademia al ‚Mondo nuovo'. Pittura e società a Roma nei primi quarant'anni del secolo. In: Anna Lo Bianco/ Angela Negro (Hg.): Il Settecento a Roma, AK Roma, Milano 2005, 53-59.

Angela **Negro**: La collezione Rospigliosi. La quadreria e la committenza artistica di un famiglia patrizia a Roma nel Sei e Settecento, Roma 2. Aufl. 2007.

Angela **Negro**: La collezione dei dipinti e il gusto artistico dei Caetani dal cinquecento al settecento. Una selezione. In: Luigi Fiorani (Hg.): Palazzo Caetani. Storia, arte e cultura, Roma 2007, 193-235.

Helmut **Neuhaus**: Der Reichstag als Zentrum eines „handelnden" Reiches. In: Heinz Schilling/ Werner Heun/ Jutta Götzmann (Hg.): Heiliges Römisches Reich Deutscher Nation 962 bis 1806. Altes Reich und neue Staaten 1495-1806. Essays, AK Berlin, Dresden 2006, 42-52.

Jaromír **Neumann**: Francesco Trevisani v Čechách, AK Žamberk 1979.

Jaromír **Neumann**: Trevisaniho modelletto pro litomyšlské ukřižováni (Trevisanis Modelletto für die Leitomischler Kreuzigung). In: Umění/ Art 48 (2000), 394-406.

Markus **Neuwirth**: Material im weltweiten Austausch. In: Peter Noever (Hg.): Global. Kunst als Botschaft – Asien und Europa 1500-1700, AK Wien 2009, 240-247.

Markus **Neuwirth**: Diplomatischer Austausch und globaler Kunsthandel um 1600. In: Michael North (Hg.): Kultureller Austausch. Bilanz und Perspektiven der Frühneuzeitforschung, Köln/ Weimar/ Wien 2009, 391-408.

Mary **Newcome Schleier** (Hg.): Kunst in der Republik Genua 1528-1815, AK Frankfurt am Main 1992, 32-42.

Jan Paul **Niederkorn**: Die Berichte der päpstlichen Nuntien und der Gesandten Spaniens und Venedigs am kaiserlichen Hof aus dem 16. und 17. Jahrhundert. In. Josef Pauser/ Martin Scheutz/ Thomas Winkelbauer (Hg.): Quellenkunde der Habsburgermonarchie (16.-18. Jahrhundert). Ein exemplarisches Handbuch (= MIÖG EG 44), Wien/ München 2004, 94-107.

Franz **Niedermayer**: Johann Philipp von Lamberg, Fürstbischof von Passau (1651-1712). Reich, Landesfürstentum und Kirche im Zeitalter des Barock (= Veröffentlichungen des Instituts für ostbairische Heimatforschung in Passau 16), Passau 1938.

Ulrich **Niggemann**: Konkurrierende Modelle im dynastischen Europa: Bourbon – Habsburg – Oranien um 1700. Kolloquiumsbericht. In: Mitteilungen der Residenzen-Kommission der Akademie der Wissenschaften zu Göttingen 17 (2007), 67-70.

Friedrich **Noack**: Das Deutschtum in Rom. Seit dem Ausgang des Mittelalters, 2 Bände, Leipzig 1927/ Reprint Aalen 1974.

Enrico **Noè**: Le medaglie di Livio Odescalchi. In: Medaglia 17 (1989) Nr. 24, 79-96.

Gisela **Noehles-Doerk** (Hg.): Kunst in Spanien im Blick des Fremden. Reiseerfahrungen vom Mittelalter bis in die Gegenwart (= Ars Iberica 2), Frankfurt am Main 1996.

Peter **Noever** (Hg.): Global. Kunst als Botschaft – Asien und Europa 1500-1700, AK Wien 2009.

Rudolf **Noll**: Die Antiken des Prinzen Eugen im Unteren Belvedere. In: Prinz Eugen und sein Belvedere, Wien 1963, 57-67.

Sabrina **Norlander**: Claiming Rome. Portraiture and Social Identity in the Eighteenth Century, Uppsala 2003.

Michael **North** (Hg.): Kunstsammeln und Geschmack im 18. Jahrhundert (= Aufklärung und Europa 8), Berlin 2002.

Michael **North**: Einleitung. In: Michael North (Hg.): Kunstsammeln und Geschmack im 18. Jahrhundert (= Aufklärung und Europa 8), Berlin 2002, 9-14.

Michael **North**: Auctions and the Emergence of an Art Market in Eighteenth-Century Germany. In: Neil De Marchi/ Hans Van Miegroet (Hg.): Mapping Markets for Painting in Europe 1450-1750 (= Studies in European Urban History 1100-1800, 6), Turnhout 2006, 285-304.

Michael **North** (Hg.): Kultureller Austausch. Bilanz und Perspektiven der Frühneuzeitforschung, Köln/ Weimar/ Wien 2009.

O:

Evelin **Oberhammer** (Hg.): „Der ganzen Welt ein Lob und Spiegel". Das Fürstenhaus Liechtenstein in der frühen Neuzeit, Wien/ München 1990.

Matthias **Oberli**: Magnificentia Principis – Das Mäzenatentum des Prinzen und Kardinals Maurizio von Savoyen (1593-1657), Weimar 1999.

Matthias **Oberli**: „Parte il Seren.^{mo} Prencipe Card.^{le} mio Sig.^{re} da Roma, ma Roma non parte da lui, perchè lo segue col desiderio e con le lodi." Prinz Kardinal Maurizio von Savoyen als Mäzen und Diplomat im barocken Rom. In: Daniel Büchel/ Volker Reinhardt (Hg.): Die Kreise der Nepoten. Neue Forschungen zu alten und neuen Eliten Roms in der frühen Neuzeit (= Freiburger Studien zur frühen Neuzeit 5), Bern u.a. 2001, 235-257.

John T. **O'Connor**: Negotiator out of Season. The Career of Wilhelm Egon von Fürstenberg 1629 to 1704, Athens GA 1978.

Lisa **Oehler**: Rom in der Graphik des 16. bis 18. Jahrhunderts. Ein niederländischer Zeichnungsband der Graphischen Sammlung Kassel und seine Motive im Vergleich, Berlin 1997.

Österreichische Künstler und Rom. Vom Barock zur Sezession, AK Wien 1972.

Christian **Oggolder**/ Karl **Vocelka**: Flugblätter, Flugschriften und periodische Zeitungen. In: Josef Pauser/ Martin Scheutz/ Thomas Winkelbauer (Hg.): Quellenkunde der Habsburgermonarchie (16.-18. Jahrhundert). Ein exemplarisches Handbuch (= MIÖG EG 44), Wien/ München 2004, 860-874.

Ugo **Ojetti**: Ambasciate e Ambasciatori a Roma, Milano/ Roma 1927.

Martin **Olin**: La Regina Cristina collezionista di opere d'arte. In: Cristina di Svezia. Le collezioni reali, AK Roma, Milano 2003, 160-162.

Martin **Olin**/ Linda **Henriksson**: Architectural Drawings I – Ecclesiastical and Garden Architecture (= Nicodemus Tessin the Younger. Sources, Works, Collections 4), Stockholm 2004.

Jean-Marc **Olivesi** (Hg.): Les cieux en gloire. Paradis en trompe-l'œil pour la Rome baroque. Bozzetti, modelli, ricordi et memorie, AK Ajaccio 2002.

Jean-Marc **Olivesi**: Les ciels de gloire du cardinal Fesch. In: Jean-Marc Olivesi (Hg.): Les cieux en gloire. Paradis en trompe-l'œil pour la Rome baroque. Bozzetti, modelli, ricordi et memorie, AK Ajaccio 2002, 8-16.

Giuseppe **Olmi**: Italiaanse verzamelingen van de late middeleeuwen tot het einde van de zeventiende eeuw. In: Ellinoor Bergvelt/ Debora J. Meijers/ Mieke Rijnders (Hg.): Kabinetten, galerijen en musea. Het verzamelen en presenteren van naturalia en kunst van 1500 tot heden, Zwolle 2005, 69-100.

Edward J. **Olszewski**: Cardinal Pietro Ottoboni's Vatican Tomb of Alexander VIII Ottoboni. History and Iconography from the Archival Records. In: Storia dell'arte 91 (1997), 367-400.

Edward J. **Olszewski**: The painters in Cardinal Pietro Ottoboni's court of the Cancelleria, 1689-1740. In: Römisches Jahrbuch der Bibliotheca Hertziana 32 (1997/1998), 533-566.

Edward J. **Olszewski**: The Enlightened Patronage of Cardinal Pietro Ottoboni (1667-1740). In: artibus et historiae Nr. 45/ 2002, 139-165.

Edward J. **Olszewski**: The Inventory of Paintings of Cardinal Pietro Ottoboni (1667-1740) (= American University Studies, Series XX/ Fine Arts 36), New York u. a. 2004.

Edward J. **Olszewski**: Cardinal Pietro Ottoboni (1667-1740) and the Vatican Tomb of Alexander VIII, Philadelphia 2004.

Walpurga **Oppeker**: Joachim Graf von und zu Windhag (1600–1678), Reformationskommissär, Großgrundbesitzer und Stifter im Viertel ober dem Manhartsberg. In Harald Hitz u.a. (Hg.): Waldviertler Biographien 2, Waidhofen/Thaya 2004, 53–88.

Walpurga **Oppeker**: Die geschichtliche Entwicklung der Windhag'schen Stipendienstiftung für Niederösterreich. In: Das Waldviertel 53 (2004), 12-35.

Walpurga **Oppeker**: Christian Alexander Oedtl und Franz Jänggl. Zwei Wiener bürgerliche Maurermeister an der Wende vom 17. zum 18. Jahrhundert. In: Jahrbuch des Vereins für Geschichte der Stadt Wien 61 (2005), 99-152.

Walpurga **Oppeker**: Ergänzende Bemerkungen zur Bildhauerfamilie Sturmberger. In: Das Waldviertel 54 (2005), 405-416.

Anna Paulina **Orlowska**/ Werner **Paravicini**/ Jörg **Wettlaufer** (Hg.): Vorbild, Austausch, Konkurrenz. Höfe und Residenzen in der gegenseitigen Wahrnehmung. Atelier (= Mitteilungen der Residenzen-Kommission der Akademie der Wissenschaften zu Göttingen SH 12), Kiel 2009.

David **Ormrod**: Dealers, Collectors and Connoisseurship in Seventeenth & Eighteenth-Century London 1660-1700. In: Michael North (Hg.): Kunstsammeln und Geschmack im 18. Jahrhundert (= Aufklärung und Europa 8), Berlin 2002, 15-23.

Uwe A. **Oster**: Markgraf Ludwig Wilhelm von Baden. Der „Türkenlouis" – Feldherr im Schatten von Prinz Eugen, Bergisch-Gladbach 2001.

Steven F. **Ostrow**: Gianlorenzo Bernini, Girolamo Lucenti, and the Statue of Philip IV in S. Maria Maggiore: Patronage and Politics in Seicento Rome. In: The Art Bulletin 73 (1991), 89-115.

Hans **Ottomeyer**/ Michaela **Völkel** (Hg.): Die öffentliche Tafel. Tafelzeremoniell in Europa 1300-1900, AK Berlin 2002.

Ulrich **Oevermann**/ Johannes **Süßmann**/ Christine **Tauber** (Hg.): Die Kunst der Mächtigen und die Macht der Kunst. Untersuchungen zu Mäzenatentum und Kulturpatronage (= Wissenskultur und gesellschaftlicher Wandel 20), Berlin 2007.

Elisabeth **Oy-Marra**: Paintings and Hangings for a Catholic Queen: Giovan Francesco Romanelli and Francesco Barberini's Gifts to Henrietta Maria of England. In: Elizabeth Cropper (Hg.): The Diplomacy of Art. Artistic Creation and Politics in Seicento Italy. Papers from a Colloquium Held at the Villa Spelman, Florence, 1998 (= Villa Spelman Colloquia 7), Milano 2000, 177-193.

Elisabeth **Oy-Marra**: Profane Repräsentationskunst in Rom von Clemens VIII. Aldobrandini bis Alexander VII. Chigi. Studien zur Funktion und Semantik römischer Deckenfresken im höfischen Kontext (= Italienische Forschungen des Kunsthistorischen Institutes in Florenz 4/V), München/ Berlin 2005.

Elisabeth **Oy Marra**: Ambasciatori dello stile Barberini? Giovan Francesco Romanelli in Francia. In: Lorenza Mochi Onori/ Sebastian Schütze/ Francesco Solinas (Hg.): I Barberini e la cultura europea del Seicento. Atti del convegno internazionale 7-11 dicembre 2004, Roma 2007, 303-316.

Elisabeth **Oy Marra**: „Persuadendolo con mille motivi". Mazarins Einladung an Pietro da Cortona und der Parisaufenthalt Poussins. In: Marburger Jahrbuch für Kunstwissenschaft 35 (2008), 153-167.

P:

Fausto **Pace**: Notizie sulla famiglia Sforza Cesarini a Roma. In: Lucia Calabrese (Hg.): Palazzo Sforza Cesarini, Roma 2008, 110-125.

Johannes **Pakenius** SJ: Hercules prodicius seu Carolus Juliae, Cliviae ac Montium Princeps in Joanne Wilhelmo Comite Palatino Rheni Nepote post saeculum redivivus, Köln 1679.

Géza **Pálffy**: Die adelige Funeralkultur und Typen von Grabdenkmälern im Königreich Ungarn im 16. und 17. Jahrhundert. In: Mark Hengerer (Hg.): Macht und Memoria. Begräbniskultur europäischer Oberschichten in der Frühen Neuzeit, Köln/ Weimar/ Wien 2005, 483-513.

Irmgard **Palladino**/ Maria **Bidovec**: Johann Weichard von Valvasor (1641-1693). Ein Protagonist der Wissenschaftsrevolution der Frühen Neuzeit. Leben, Werk und Nachlass, Wien/ Köln/ Weimar 2008.

Beatrice **Palma Venetrucci** (Hg.): Villa Doria Pamphilj. Storia della collezione, Roma 2001.

Rodney **Palmer**/ Thomas **Frangenberg** (Hg.): The Rise of the Image. Essays on the History of the Illustrated Art Book, Aldershot u.a. 2003.

Joan Luís **Palos Peñarroya**: Un escenario italiano para los gobernantes españoles. El nuevo palacio de los virreyes de Nápoles (1599-1653). In: Cuadernos des Historia Moderna 30 (2005), 125-150.

Antonella **Pampalone**: Nota su Pietro Bracci intagliatore di carrozze. In: Elisa Debenedetti (Hg.): Sculture romane del Settecento, III. La professione dello scultore (= Studi sul Settecento Romano 19), Roma 2003, 183-199.

Antonella **Pampalone**: Parrochia di San Lorenzo in Lucina Rione Colonna. In: Elisa Debenedetti (Hg.): Artisti e Artigiani a Roma II. Dagli Stati delle Anime del 1700, 1725, 1750, 1775 (= Studi sul Settencento Romano 21), Roma 2005, 11-130.

Irmgard **Pangerl**: „Höfische Öffentlichkeit". Fragen des Kammerzutritts und der räumlichen Repräsentation am Wiener Hof. In: Irmgard Pangerl/ Martin Scheutz/ Thomas Winkelbauer (Hg.): Der Wiener Hof im Spiegel der Zeremonialprotokolle (1652-1800). Eine Annäherung (= Forschungen und Beiträge zur Wiener Stadtgeschichte 47), Innsbruck/ Wien/ Bozen 2007, 255-285.

Irmgard **Pangerl**/ Martin **Scheutz**/ Thomas **Winkelbauer** (Hg.): Der Wiener Hof im Spiegel der Zeremonialprotokolle (1652-1800). Eine Annäherung (= Forschungen und Beiträge zur Wiener Stadtgeschichte 47), Innsbruck/ Wien/ Bozen 2007.

Maria Elisabeth **Pape**: Turquerie im 18. Jahrhundert und der „Recueil Ferriol". In: Gereon Sievernich/ Hendrik Budde (Hg.): Europa und der Orient 800-1900, AK Berlin 1989, 305-323.

Martin **Papenheim**: Caput Mundi – Caput Mortuorum. Rom als Stadt der Toten in der Neuzeit. In: Mark Hengerer (Hg.): Macht und Memoria. Begräbniskultur europäischer Oberschichten in der Frühen Neuzeit, Köln/ Weimar/ Wien 2005, 211-236.

Papi in Posa. Dal Rinascimento a Giovanni Paolo II, AK Roma 2005.

Werner **Paravicini**: Zeremoniell und Raum (= Residenzenforschung 6), Sigmaringen 1997.

Angelo **Paredi** u.a.: La Pinacoteca Ambrosiana (= Fontes Ambrosiani XLII), Milano 2. Aufl. 1980, 11-23.

Roberto **Paribeni**: Ambasciate e ambasciatori a Roma, Milano u.a. 1927.

Rita **Paris**: Antichità romane per il luogo d'arte e delle meraviglie. In: Eugenio Lo Sardo (Hg.): Athanasius Kircher. Il museo del mondo, AK Roma 2001, 326-333.

Lione **Pascoli**: Vite de' pittori, scultori, ed architetti moderni, Roma 1736 (Reprint 1930).

Michela **Pasquali**: The Gardens of Diplomacy: Foreign Embassies and Academies in Rome, Milano 2003.

Günter **Passavant**: Studien über Domenico Egidio Rossi und seine baukünstlerische Tätigkeit innerhalb des süddeutschen und österreichischen Barock, Karlsruhe 1967.

Günter **Passavant**: Wolf Caspar von Klengel. Dresden 1630-1691. Reisen – Skizzen – Baukünstlerische Tätigkeiten, München/ Berlin 2001.

Stefania **Pasti**: Pietro da Cortona e la galleria di Alessandro VII al Quirinale. In: Marcello Fagiolo/ Paolo Portoghesi (Hg.): Roma Barocca. Bernini, Borromini, Pietro da Cortona, AK Roma 2006, 88-97.

Ludwig von **Pastor**: Geschichte der Päpste im Zeitalter des fürstlichen Absolutismus von der Wahl Innozenz' X. bis zum Tode Innozenz' XII. (1644-1700) (= Geschichte der Päpste seit dem Ausgang des Mittelalters 14/II), Freiburg im Breisgau 1930.

Ludwig von **Pastor**: Geschichte der Päpste im Zeitalter des fürstlichen Absolutismus von der Wahl Klemens' XI. bis zum Tode Klemens' XII. (1700-1740) (= Geschichte der Päpste seit dem Ausgang des Mittelalters 15), Freiburg im Breisgau 1930.

Emese **Pásztor**: Die osmanisch-türkischen Objekte in der Esterházy-Schatzkammer. In: Gerda Mraz/ Géza Galavics (Hg.): Von Bildern und anderen Schätzen. Die Sammlungen der Fürsten Esterházy (= Esterházy-Studien 2), Wien/ Köln/ Weimar 1999, 83-99.

Claudia **Pazzini**: Il collezionismo della famiglia Santacroce nella Roma del XVII secolo: I dipinti. In: Liliana Barroero (Hg.): Collezionismo, mercato, tutela. La promozione delle arti prima dell' Unità (= Roma moderna e contemporanea 13 [2006] Nr. 2-3), Roma 2006, 225-247.

Claudia **Pazzini**: Il collezionismo della famiglia Santacroce nella Roma del XVII secolo. In: Studiolo. Revue d'historie de l'art de l'Académie de France à Rome 4, Paris 2006, 187-212.

Andreas **Pečar**: Die Ökonomie der Ehre. Höfischer Adel am Kaiserhof Karls VI. Symbolische Kommunikation in der Vormoderne (= Studien zu Geschichte, Literatur und Kunst), Darmstadt 2003.

Andreas **Pečar**: Favorit ohne Geschäftsbereich. Johann Michael Graf von Althann (1679-1722) am Kaiserhof Karls VI. In: Michael Kaiser/ Andreas Pečar (Hg.): Der zweite Mann im Staat. Oberste Amtsträger und Favoriten im Umkreis der Reichsfürsten in der Frühen Neuzeit (= Zeitschrift für Historische Forschung. Beiheft 32), Berlin 2003, 331-344.

Andreas **Pečar**: Schloßbau und Repräsentation. Zur Funktionalität der Adelspalais in der Umgebung des Kaiserhofes in Wien (1680-1740). In: Ulrich Oevermann/ Johannes Süßmann/ Christine Tauber (Hg.): Die Kunst der Mächtigen und die Macht der Kunst. Untersuchungen zu Mäzenatentum und Kulturpatronage (= Wissenskultur und gesellschaftlicher Wandel 20), Berlin 2007, 179-199.

Milan **Pelc**: Scherz, Satire, Allegorie und tiefere Bedeutung auf den deutschen illustrierten Flugblättern des 17. Jahrhunderts (ausgewählte Beispiele aus der Valvasor-Sammlung in Zagreb). In: Acta historiae artis Slovenica 11 (2006), 211-222.

Olivia **Pelletier**: Les robes d'honneur et les ambassadeurs européens à la Cour ottomane. In: Topkapi à Versailles. Trésors de la Cour ottomane, AK Versailles, Paris 1999, 89-105.

Nicholas **Penny**/ Eike D. **Schmidt** (Hg.): Collecting Sculpture in Early Modern Europe (= Studies in the History of Art 70), New Haven u.a. 2008.

Simon **Pepper**: Military Architecture in Baroque Europe. In: Henry A. Millon (Hg.): The Triumph of the Baroque. Architecture in Europe 1600-1750, AK Torino, Milano 1999, 332-347.

Walther **Percy**/ Pier Giovanni **Baroni**: Missione diplomatica presso la Repubblica di Venezia (1732-1743): Luigi Pio di Savoia, ambasciatore d'Austria, Bologna 1973.

Almudena **Pérez de Tudela**/ Annemarie **Jordan Gschwend**: Luxury Goods for Royal Collectors: Exotica, Princely Gifts and Rare Animals Exchanged Between the Iberian Courts and Central Europe in the Renaissance (1560-1612). In: Jahrbuch des Kunsthistorischen Museums Wien 3 (2001), 1-127.

Juan **Pérez Preciado**: La burocracia española en los Países Bajos y la importación de pintura flamenca. El secretario Miguel de Olivares. In: José Luis Colomer (Hg.): Arte y diplomacia de la Monarquía Hispánica en el siglo XVII, Madrid 2003, 275-291.

Richard **Perger**: Das Palais Esterházy in der Wallnerstraße zu Wien (= Forschungen und Beiträge zur Wiener Stadtgeschichte 27), Wien 1994.

Richard **Perger**: Der Adel in der Josefstadt im 18. Jahrhundert. In: Paläste, Gärten, kleine Häuser. Das Werden der Josefstadt (= Bezirksmuseum Josefstadt: Berichte, Mitteilungen, Notizen 1), Wien 1994.

Stephan **Perreau**: Hyacinthe Rigaud 1659-1743. Le peintre des rois, Montpellier 2004.

Petra **Pěška**: Das Leben in den Prager Palästen. Adelige Paläste als Bestandteil des städtischen Organismus seit dem Mittelalter. Tagung im Palais Clam-Gallas in Prag 9.-11. Oktober 2007. In: Frühneuzeit-Info 19 (2008), 128-130.

Daniela del **Pesco**: Il viceré del Carpio e la statua equestre di Luigi XIV di Bernini. In: Maria Grazia Bernardini (Hg.): Studi sul Barocco romano. Scritti in onore di Maurizio Fagiolo dell'Arco, Milano 2004, 313-323.

Daniela del **Pesco**: Le incisioni e la diffusione internazionale dell'immagine della Roma di Alessandro VII. In: Alessandro Angelini/ Monika Butzek/ Bernardina Sani (Hg.): Alessandro VII Chigi (1599-1667). Il Papa Senese di Roma Moderna, AK Siena 2008, 256-291.

Hanna **Peter-Raupp**: Die Ikonographie des Oranjezaal (= Studien zur Kunstgeschichte 11), Hildesheim/ New York 1980.

Silvia **Petrin**: Die niederösterreichischen Stände im 16. und 17. Jahrhundert. In: Herbert Knittler/ Gottfried Stangler/ Renate Zedinger (Hg.): Adel im Wandel. Politik – Kultur – Konfession 1500-1700, AK Rosenburg, Wien 1990, 284-305.

Silvia **Petrin**: Das Lamberg-Archiv „Ottenstein" im Niederösterreichischen Landesarchiv. In: Scrinium 22/23 (1980), 82-87.

Ernst Dieter **Petritsch**: Die osmanischen Großbotschaften im Gasthof „Zum Goldenen Lamm" in Wien. In: Jahrbuch des Vereins für Geschichte der Stadt Wien 55 (1999), 160-172.

Ernst Dieter **Petritsch**: Zeremoniell bei Empfängen habsburgischer Gesandtschaften in Konstantinopel. In: Ralph Kautz/ Giorgio Rota/ Jan Paul Niederkorn (Hg.): Diplomatisches Zeremoniell in Europa und im Mittleren Osten in der frühen Neuzeit (= Veröffentlichungen zur Iranistik 52), Wien 2009, 301-322.

Massimo **Petrocchi**: Roma nel Seicento, Bologna 1975.

Francesco **Petrucci**: I ricomparsi „finti arazzi" del Cardinal Pietro Ottoboni. In: Bollettino d'Arte 80 (1995), Nr. 89/90, 145-148.

Francesco **Petrucci**: Monsù Ferdinando ritrattista. Note su Jacob Ferdinand Voet (1639-1700?). In: Storia dell'Arte 83 (1995) Nr. 1, 283-306.

Francesco **Petrucci**: Il sistema delle residenze chigiane nella Campagna Romana: considerazioni generali. In: Mario Bevilacqua/ Maria Luisa Madonna (Hg.): Il Sistema delle Residenze Nobiliari. Stato Pontificio e Granducato di Toscana (= Atlante Tematico del Barocco in Italia), Roma 2003, 75-80.

Francesco **Petrucci**: Il ritratto cortigiano a Roma nell' età barocca. In: Francesco Calcaterra: La spina nel guanto. Corti e cortigiani nella Roma barocca (= Roma storia, cultura, immagine 13), Roma 2004, 149-166.

Francesco **Petrucci** (Hg.): I volti del potere. Ritratti di uomini illustri a Roma dall'Impero Romano al Neoclassicismo, AK Ariccia, Roma 2004.

Francesco **Petrucci**: I ritratti del potere a Roma tra '500 e '700. In: Francesco Petrucci (Hg.): I volti del potere. Ritratti di uomini illustri a Roma dall'Impero Romano al Neoclassicismo, AK Ariccia, Roma 2004, 13-24.

Francesco **Petrucci**: Ritrattistica papale in pittura dal '500. In: Papi in Posa. Dal Rinascimento a Giovanni Paolo II, AK Roma 2005, 21-45.

Francesco **Petrucci**: Ferdinand Voet – ritrattista di Corte tra Roma e l'Europa del Seicento, AK Roma 2005.

Francesco **Petrucci**: Ferdinand Voet (1639-1689) detto Ferdinando de' Ritratti, Roma 2005.

Francesco **Petrucci**: Le Collezioni Berniniane di Flavio Chigi, tra il Casino alle Quattro Fontane e la Villa Versaglia. In: Carla Benocci (Hg.): I Giardini Chigi tra Siena e Roma: dal Cinquecento agli inizi dell'Ottocento, Siena 2005, 191-208.

Francesco **Petrucci** (Hg.): Mecenati e Dimore Storiche nella Provincia di Roma, AK Tivoli, Roma 2005.

Francesco **Petrucci**: Bernini pittore. Dal disegno al "maraviglioso composto", Roma 2006.

Francesco **Petrucci**: Tipologia della ritrattistica cardinalizia tra '500 e '600. In: Maria Elisa Tittoni/ Francesco Petrucci (Hg.): La Porpora Romana. Ritrattistica cardinalizia a Roma dal Rinascimento al Novecento, AK Roma 2006, 19-30.

Francesco **Petrucci** (Hg.): Ritratto barocco. Dipinti del '600 e '700 nelle raccolte private, AK Tivoli, Roma 2008.

Francesco **Petrucci**: Pittura di ritratto a Roma. Il Seicento, 3 Bände, Roma 2009.

Michael **Petzet**: Claude Perrault und die Architektur des Sonnenkönigs. Der Louvre König Ludwigs XIV. und das Werk Claude Perraults, München u.a. 2000.

Gerhard **Pferschy**/ Peter **Krenn** (Hg.): Die Steiermark. Brücke und Bollwerk, AK Herberstein, Graz 1986.

Franz **Pichorner**: Wiener Quellen zu den Österreichischen Niederlanden. Die Statthalter Erzherzogin Maria Elisabeth und Graf Friedrich Harrach (1725-1743), Wien/ Köln 1990.

Maria Grazia **Picozzi**: Le antichità. In: Carlo Pietrangeli (Hg.): Palazzo Ruspoli/ Fondazione Memmo, Roma 1992, 235-256.

Maria Grazia **Picozzi**: La colezione di antichità: le raccolte dei Caetani sino al XVIII secolo. In: Luigi Fiorani (Hg.): Palazzo Caetani. Storia, arte e cultura, Roma 2007, 267-282.

Max **Piendl**: St. Emmeram in Regensburg. Die Baugeschichte seiner Klostergebäude. In: Thurn und Taxis-Studien 15 (1986), 133-353.

Renate **Pieper**: The Upper German Trade in Art and Curiosities before the Thirty Years War. In: Michael North/ David Ormrod (Hg.): Art Markets in Europe, 1400-1800, Aldershot u.a. 1998, 93-102.

Stefano **Pierguidi**: Il collezionismo del cardinale Fabrizio Spada. Le scelte iconografiche. In: Studi di Storia dell'Arte 12 (2001), 135-152.

Carlo **Pietrangeli** (Hg.): Il Palazzo Apostolico Vaticano, Firenze 1992.

Carlo **Pietrangeli** (Hg.): Palazzo Ruspoli/ Fondazione Memmo, Roma 1992.

Ulrich **Pietsch** (Hg.): Meißen für die Zaren. Porzellan als Mittel sächsisch-russischer Politik im 18. Jahrhundert, AK Dresden, München 2004.

Clément **Pieyre**: La légation du cardinal Francesco Barberini en France en 1625, insuccès de la diplomatie du pape Urbain VIII. In: Lorenza Mochi Onori/ Sebastian Schütze/ Francesco Solinas (Hg.): I Barberini e la cultura europea del Seicento. Atti del convegno internazionale 7-11 dicembre 2004, Roma 2007, 87-94.

Walter **Pillich**: Jean Trehet. Ein französischer Künstler im Dienst des Wiener Hofes 1686-1740. In: Jahrbuch des Vereines für Geschichte der Stadt Wien 12 (1955/56), 130-144.

Elizabeth **Pilliod**: Tessin's Florence. In: Konsthistorisk tidskrift/ Journal of Art History 72 (2003) Heft 1-2, 74-81.

Susanne Claudine **Pils**: Identität und Kontinuität. Erziehung für den Hofdienst am Beispiel der Familie Harrach im 17. Jahrhundert. In: Werner Paravicini/ Jörg Wettlaufer (Hg.): Erziehung und Bildung bei Hofe (= Residenzenforschung 13), Stuttgart 2002, 89-105.

Susanne Claudine **Pils**: Schreiben über Stadt. Das Wien der Johanna Theresia Harrach 1639-1716 (= Forschungen und Beiträge zur Wiener Stadtgeschichte 36), Wien 2002.

Susanne Claudine **Pils**: Adel: Zuzug, Adeliges Haushalten, Sozialtopographie. In: Karl Vocelka/ Anita Traninger (Hg.): Wien. Geschichte einer Stadt. Die frühneuzeitliche Residenz (16. bis 18. Jahrhundert), Wien/ Köln/ Weimar 2003, 242-255.

Susanne Claudine **Pils**/ Jan Paul **Niederkorn** (Hg.): Ein zweigeteilter Ort? Hof und Stadt in der Frühen Neuzeit (= Forschungen und Beiträge zur Wiener Stadtgeschichte 44), Innsbruck/ Wien/ Bozen 2005.

Giacomo **Pinaroli**/ Gaetano **Capranica**: L'antichità di Roma con le cose più memorabili che in essa si presente antiche, e moderne si trovano, Aggiuntevi le spiegazioni di bassi rilievi, & iscrizioni con la notizia delle chiese, palazzi, giardini, e statue che l'adornano, con le funzioni solite farsi dal Pontefice. I diporti di Frascati, Tivoli, Albano, Marino, e Velletri e quanto di antico in esse si osserva, Roma 1703.

Antonio **Pinelli**: L'indotta del 'Grand Tour' settecentesco: l'industria dell'antico e del 'souvenir'. In: Viewing Antiquity. The Grand Tour, Antiquarianism and Collecting (= Ricerche di Storia dell'Arte 72), Roma 2000, 85-106.

Salvatore **Pisani**: Uno sconosciuto committente di Francesco Solimena a Vienna. In: Paragone 49 (1998) Nr. 20, 60-74.

John **Pinto**: Architettura da esportare. In: Giovanna Curcio/ Elisabeth Kieven (Hg.): Storia dell'architettura italiana. Il Settecento, 1. Bd. Milano 2000, 110-131.

Wolfgang **Pircher**: Verwüstung und Verschwendung. Adeliges Bauen nach der Zweiten Türkenbelagerung (= Forschungen und Beiträge zur Wiener Stadtgeschichte 14), Wien 1984.

Anna **Piuk**: Maler am Hofe Kaiser Karls VI. (1711-1740), Dipl. Arbeit, Ms. Wien 1990.

Marco **Pizzo**: Livio Odescalchi e i Rezzonico. Documenti su arte e collezionismo alla fine des XVII secolo. In: Saggi e memorie di storia dell'arte 26 (2002), 119-153.

Leo **Planiscig**: Die Bronzeplastiken. Statuetten, Reliefs, Geräte und Plaketten (= Publikationen aus den Sammlungen für Plastik und Kunstgewerbe 4), Wien 1924.

Gaetano **Platania**: Viaggio in Italia di un dama polacca: Maria Casimira Sobieska. In: Emanuele Kanceff/ Richard Lewanski (Hg.): Viaggiatori polacchi in Italia (= Biblioteca del Viaggio in Italia 28), Genf 1988, 165-181.

Gaetano **Platania**: Gli ultimi Sobieski e Roma. Fasti e miserie di una famiglia reale polacca tra Sei e Settencento (1699-1715). Studi e Documenti, Roma 1990.

Gaetano **Platania**: Maria Casimira Sobieska a Roma. Alcuni episodi del soggiorno romano di una regina polacca. In: Effetto Roma 5, Roma 1995, 7-48.

Erwin **Pokorny**: Unbekannte Zeichnungen von David Teniers dem Jüngeren in der Sammlung Valvasor. In: Acta historiae artis Slovenica 11 (2006), 177-197.

Erwin **Pokorny**: Eine Entwurfszeichnung von David Teniers II. zu seinem ersten Galeriebild für Leopold Wilhelm. In: Jahrbuch des Kunsthistorischen Museums Wien 8/9 (2006/2007), 192-201.

Pavel **Pokorný**/ Pavel **Preiss**: Zámek Duchcov Valdštejnská rodová galerie. Václav Vavřinec Reiner obrazy a fresky (Wenzel Lorenz Reiner, Gemälde und Fresken im Bereich des Schlosses Dux und die Ahnengalerie des Waldstein-Geschlechts), Praha 1992.

Ennio **Poleggi**: Genova: a civilisation of palaces, Milano 2002.

Friedrich **Polleroß**: Bildende Kunst. Kirche, Pfarrhof und Kapellen. In: Friedrich B. Polleroß (Hg.): Geschichte der Pfarre Altpölla 1132-1982, Altpölla 1982, 175-232.

Friedrich **Polleroß**: Imperiale Repräsentation in Klosterresidenzen und Kaisersälen. In: Alte und moderne Kunst 203/ 1985, 17-27.

Friedrich **Polleroß**: Sonnenkönig und Österreichische Sonne. Kunst und Wissenschaft als Fortsetzung des Krieges mit anderen Mitteln. In: Wiener Jahrbuch für Kunstgeschichte 40 (1987), 239-256, 391-394 (Abb.).

Friedrich **Polleroß**: Adelige Repräsentation in Architektur und bildender Kunst vom 16. bis zum 18. Jahrhundert in Ostösterreich. Literatur-und Forschungsüberblick. In: Václav Bůžek (Hg.): Spojující a rozdělující na hranici – Verbindendes und Trennendes an der Grenze (= Editio Universitatis Bohemiae Meridionalis. Opera historica 2), České Budějovice 1992, 49-59.

Friedrich **Polleroß**: „Sol Austriacus" und „Roi Soleil". Amerika in den Auseinandersetzungen der europäischen Mächte. In: Friedrich Polleroß/ Andrea Sommer-Mathis/ Christopher F. Laferl: Federschmuck und Kaiserkrone. Das barocke Amerikabild in den habsburgischen Ländern, AK Schloß Hof, Wien 1992, 54-84.

Friedrich **Polleroß**: „Spanische Chocolate" und „Indianische Cabinete". Köstlichkeiten aus der Neuen Welt und exotisches Ambiente. In: Friedrich Polleroß/ Andrea Sommer-Mathis/ Christopher F. Laferl: Federschmuck und Kaiserkrone. Das barocke Amerikabild in den habsburgischen Ländern, AK Schloß Hof, Wien 1992, 105-124.

Friedrich **Polleroß**: „Austriae Est Imperare Orbi Universo". Der Globus als Herrschaftssymbol der Habsburger. In: Wolfram Krömer (Hg.): 1492-1992: Spanien, Österreich und Iberoamerika. Akten des 7. Spanisch-österreichischen Symposions 16.-21.März 1992 in Innsbruck, Innsbruck 1993, 35-50.

Friedrich **Polleroß**: „Dem Adl und fürstlichen Standt gemes Curiosi". Die Fürsten von Liechtenstein und die barocke Kunst. In: Frühneuzeit-Info 4 (1993) 2. Heft, 174-185.

Friedrich **Polleroß**: „Utilità, Virtù e Bellezza". Fürst Johann Adam Andreas von Liechtenstein und sein Wiener Palast in der Rossau. In: Österreichische Zeitschrift für Kunst und Denkmalpflege 48 (1993), 36-52.

Friedrich **Polleroß**: Kunstgeschichte oder Architekturgeschichte. Ergänzende Bemerkungen zur Forschungslage der Wiener Barockarchitektur. In: Friedrich Polleroß (Hg.): Fischer von Erlach und die Wiener Barocktradition (= Frühneuzeit-Studien 4) Wien/ Köln/ Weimar 1995, 59-128.

Friedrich **Polleroß**: „Des abwesenden Prinzen Porträt". Zeremonielldarstellung im Bildnis und Bildnisgebrauch im Zeremoniell. In: Jörg Jochen Berns/ Thomas Rahn (Hg.): Zeremoniell als höfische Ästhetik in Spätmittelalter und Früher Neuzeit (= Frühe Neuzeit 25), Tübingen 1995, 382-409, Abb. 66-78.

Friedrich **Polleroß**: DOCENT ET DELECTANT. Architektur und Rhetorik am Beispiel von Johann Bernhard Fischer von Erlach. In: Wiener Jahrbuch für Kunstgeschichte 49 (1996), 165-206, 335-350 (Abb.).

Friedrich **Polleroß**: Arbor Monarchica. Ein Beitrag zur Kulturgeschichte des Wiener Hofes um 1700. In: Frühneuzeit-Info 8 (1997) Heft 1, 7-22.

Friedrich **Polleroß**: From the „exemplum virtutis" to the Apotheosis. Hercules as an Identification Figure in Portraiture: an Example of the Adoption of Classical Forms of Representation. In: Allan Ellenius (Hg.): Iconography, Propaganda, Legitimation (= The Origins of the Modern State in Europe 13th-18th Centuries 7), Oxford/ New York 1998, 37-62.

Friedrich **Polleroß**: Tradition und Recreation. Die Residenzen der österreichischen Habsburger in der frühen Neuzeit (1490-1780). In: Majestas 6 (1998), 91-148.

Friedrich **Polleroß**: Auftraggeber und Funktionen barocker Kunst in Österreich. In: Hellmut Lorenz (Hg.): Barock (= Geschichte der bildenden Kunst in Österreich 4) München/ London/ New York 1999, 17-50.

Friedrich **Polleroß**: „Virtutum exercitia sunt gradus ad gloriam". Zum „concetto" des Ahnensaales in Frain an der Thaya. In: Wiener Jahrbuch für Kunstgeschichte 51 (1998), 105-114, 203-206 (Abb.).

Friedrich **Polleroß**: „Monumenta Virtutis Austriacae". Addenda zur Kunstpolitik Kaiser Karls VI. In: Markus Hörsch/ Elisabeth Oy-Marra (Hg.): Kunst, Politik, Religion. Studien zur Kunst in Süddeutschland, Österreich, Tschechien und der Slowakei. Festschrift für Franz Matsche, Petersberg 2000, 99-122.

Friedrich **Polleroß**: „Des Kaysers Pracht an seinen Cavalliers und hohen Ministern". Wien als Zentrum aristokratischer Repräsentation um 1700. In: Walter Leitsch/ Stanislaw Trawkowski/ Wojciech Kriegseisen (Hg.): Polen und Österreich im 18. Jahrhundert, Warschau 2000, 95-122.

Friedrich **Polleroß**: Kaiser, König, Landesfürst: Habsburgische „Dreifaltigkeit" im Porträt. In: Andreas Beyer/ Ulrich Schütte/ Lutz Unbehaun (Hg.): Bildnis, Fürst und Territorium (= Rudolstädter Forschungen zur Residenzkultur 2), München/ Berlin 2000, 189-218.

Friedrich **Polleroß**: Hispaniarum et Indiarum Rex. Zur Repräsentation Kaiser Karls VI. als König von Spanien. In: Jordi Jané (Hg.): Denkmodelle. Akten des 8. Spanisch-österreichischen Symposions 13.-18.Dezember 1999 in Tarragona, Tarragona 2000, 121-175.

Friedrich **Polleroß**: Renaissance und Barock. In: Karl Vocelka/ Anita Traninger (Hg.): Wien. Geschichte einer Stadt. Die frühneuzeitliche Residenz (16. bis 18. Jahrhundert), Wien/ Köln/ Weimar 2003, 453-500.

Friedrich **Polleroß**: Das frühneuzeitliche Bildnis als Quelle. In: Josef Pauser/ Martin Scheutz/ Thomas Winkelbauer (Hg.): Quellenkunde der Habsburgermonarchie (16.-18. Jahrhundert). Ein exemplarisches Handbuch (= MIÖG EG 44), Wien/ München 2004, 1006-1030.

Friedrich **Polleroß**: „Pro decore Majestatis". Zur Repräsentation Kaiser Leopolds I. in Architektur, bildender und angewandter Kunst. In: Jahrbuch des Kunsthistorischen Museums 4/5 (2003), 191-295.

Friedrich **Polleroß**: Tra maestà e modestia. L'attività di rappresentanza dell'imperatore Leopoldo I. In: Fernando Checa Cremades (Hg.): Velázquez, Bernini, Luca Giordano. Le corti del barocco, AK Roma 2004, 194-207.

Friedrich **Polleroß**: Von Rom nach Wien: Johann Bernhard Fischer von Erlach (1656-1723). In: Fernando Checa Cremades (Hg.): Arte Barroco e ideal clásico. Aspectos del arte cortesano de la segunda mitad del Siglo XVII. Ciclo de conferencias, Madrid 2004, 209-230.

Friedrich **Polleroß** (Hg.): Reiselust & Kunstgenuss. Barockes Böhmen, Mähren und Österreich, Petersberg 2004.

Friedrich **Polleroß**: Kunst-Reisen und Kunst-Handel im 17. und 18. Jahrhundert. In: Friedrich Polleroß (Hg.): Reiselust & Kunstgenuss. Barockes Böhmen, Mähren und Österreich, Petersberg 2004, 9-36.

Friedrich **Polleroß**: Reiselust & Kunstgenuss – Neue Funde, Erkenntnisse und Präsentationen anlässlich der Barockausstellung in den Stiften

Geras und Nová Říse. In: Das Waldviertel 53 (2004), 101-126.

Friedrich **Polleroß**: „Dieses neue Rom, ein Wohn-Sitz Römischer Kayser". Zur historischen Legitimation des habsburgischen „Kaiserstils". In: Andreas Kreul (Hg.): Barock als Aufgabe (= Wolfenbütteler Arbeiten zur Barockforschung 40), Wiesbaden 2005, 9-38.

Friedrich **Polleroß**: Macht und Image. Das Bildnis des Landesfürsten in der Stadt Wien. In: Elke Doppler/ Michaela Lindinger/ Frauke Kreutler (Hg.): Schau mich an. Wiener Porträts, AK Wien 2006, 54-73.

Friedrich **Polleroß**: *Pro Deo, Cesare et Patria*. Zur Repräsentation der Stände in Österreich vom 16. bis zum 18. Jahrhundert. In: Gerhard Ammerer u.a. (Hg.): Bündnispartner und Konkurrenten der Landesfürsten? Die Stände in der Habsburgermonarchie (= Veröffentlichungen des Instituts für Österreichische Geschichtsforschung 49), Wien/ München 2007, 479-532.

Friedrich **Polleroß**: Von *redenden Steinen* und *künstlich-erfundenen Architekturen*. Oder: Johann Bernhard Fischer von Erlach und die Wurzeln seiner *conceptus imaginatio*. In: Römische Historische Mitteilungen 49 (2007), 319-396.

Friedrich **Polleroß**: Der Wiener und sein Gartenhaus: Wolfgang Wilhelm Prämer (um 1637-1716). In: Martin Scheutz/ Vlasta Valeš (Hg.): Wien und seine WienerInnen. Ein historischer Streifzug durch Wien über die Jahrhunderte, Wien/ Köln/ Weimar 2008, 99-124.

Friedrich **Polleroß**: „Ein Original v. Rubens von 5 Figuren". Gemäldesammlungen der Grafen Lamberg in der ersten Hälfte des 18. Jahrhunderts. In: Jiří Kroupa/ Michaela Šeferisová Loudová/ Lubomír Konečný (Hg.): Orbis artium. K jubileu Lubomíra Slavíčka (= Opera Universitatis Masarykianae Brunensis, Facultas Philosophica 382), Brno 2009, 707-720.

Friedrich **Polleroß**: Portraits and Politics. The Imperial Ambassador Leopold Joseph von Lamberg in Rome (1700-1705). In: Tadeusz Bernatowicz u.a. (Hg.): Polska I Europa w dobie nowożytnej. Prace naukowe dedykowane Profesorowi Juliuszowi A. Chrościckiemu, Warszawa 2009, 141-145.

Friedrich **Polleroß**: „Wien wird mit gleichem Recht Neu=Rom genannt, als vormals Constantinopel". Geschichte als Mythos am Kaiserhof um 1700. In: Jahrbuch des Kunsthistorischen Musems Wien 11 (2009), 102-127.

Andrea **Polonyi**: Wenn mit Katakombenheiligen aus Rom neue Traditionen begründet werden. Die Wirkungsgeschichte einer Idee zwischen Karolingischer Reform und ultramontaner Publizistik (= Studien zur Theologie und Geschichte 14), St. Ottilien 1998.

Irene **Polverini Fosi**: La presenza fiorentina a Roma tra Cinque e Seicento In: Daniel Büchel/ Volker Reinhardt (Hg.): Modell Rom? Der Kirchenstaat und Italien in der frühen Neuzeit: Köln/ Weimar/ Wien 2003, 43-62.

Irene **Polverini Fosi**: Fra Siena e Roma: famiglie, mercanti, pontefici fra Cinquecento e Seicento. In: Carla Benocci (Hg.): I Giardini Chigi tra Siena e Roma: dal Cinquecento agli inizi dell'Ottocento, Siena 2005, 13-38.

Krzystof **Pomian**: Der Ursprung des Museums. Vom Sammeln (= Wagenbach TB 302), Berlin 3. Aufl. 2001 (Originalausgabe Paris 1987).

Krzystof **Pomian**: Princely collections and art museums north of the Alps (16-18th centuries). In: Roland Recht (Hg.): The Grand Atelier. Pathways of Art in Europe 5th-18th centuries, AK Brussels 2007, 35-46.

Edouard **Pommier**: De la collection au musée: l'exemple de l'Italie. In: Barbara Marx/ Karl-Sieghart Rehberg (Hg.): Sammeln als Institution. Von der fürstlichen Wunderkammer zum Mäzenatentum des Staates, München/ Berlin 2006, 3-12.

Olivier **Poncet**: The Cardinal-Protectors of the Crowns in the Roman Curia During the First Half of the Seventeenth Century: The Case of France. In: Gianvittorio Signorotto/ Maria Antonietta Visceglia (Hg.): Court and Politics in Papal Rome, 1492-1700, Cambridge 2002, 158-176.

Rouven **Pons**: „Wo der gekrönte Löw hat seinen Kayser-Sitz". Herrschaftsrepräsentation am Wiener Kaiserhof zur Zeit Leopolds I. (= Deutsche Hochschulschriften 1195), Egelsbach u.a. 2001.

Rouven **Pons**: Gesandte in Wien. Diplomatischer Alltag um 1700. In: Susanne Claudine Pils/ Jan Paul Niederkorn (Hg.): Ein zweigeteilter Ort? Hof und Stadt in der Frühen Neuzeit (= Forschungen und Beiträge zur Wiener Stadtgeschichte 44), Innsbruck/ Wien/ Bozen 2005, 155-187.

Liselotte **Popelka**: Eugenius in nummis. Kriegs- und Friedenstaten des Prinzen Eugen in der Medaille, AK Wien 1986.

Liselotte **Popelka**: Castrum doloris oder „Trauriger Schauplatz". Untersuchungen zu Entstehung und Wesen ephemerer Architektur (= ÖAW Veröffentlichungen der Kommission für Kunstgeschichte 2), Wien 1994.

Paolo **Portoghesi**: Il breve incontro tra due rivali. Bernini, Borromini e il Baldachino di San Pietro. In: Giorgio Mollis (Hg.): Svizzeri a Roma nella storia, nell'arte, nella cultura, nell'economia dal Cinquecento ad'oggi, Lugano 2007, 130-137.

Javier **Portús**: La recepción en España del „arte nuevo" de Rubens. In: José Luis Colomer (Hg.): Arte y diplomacia de la Monarquía Hispánica en el siglo XVII, Madrid 2003, 457-471.

Donald **Posner**: The Genesis and Political Purposes of Rigaud's Portraits of Louis XIV and Philipp V. In: Gazette des Beaux-arts 140 (1998), 79-90.

Martin **Pozsgai**: Die Parade- und Wohnräume in den Bauten des Prinzen Eugen von Savoyen. In: Lieselotte Hanzl-Wachter (Hg.): Schloss Hof. Prinz Eugens tusculum rurale und Sommerresidenz der kaiserlichen Familie. Geschichte und Ausstattung eines barocken Gesamtkunstwerkes, St. Pölten 2005, 80-89.

Martin **Pozsgai**: Donato Giuseppe Frisoni und der Gartenpalast Liechtenstein in Wien. Zur künstlerischen Herkunft des württembergischen Hofarchitekten aus dem Umkreis von Santino Bussi. In: Martin Engel u.a. (Hg.): Barock in Mitteleuropa. Festschrift zum 65. Geburtstag von Hellmut Lorenz (= Wiener Jahrbuch für Kunstgeschichte Bd. LV/LVI), Wien/ Köln/ Weimar 2007, 165-183.

Martin **Pozsgai**: Die Anderen im Bücherschrank. Das Bild von den Residenzen Europas im Spiegel fürstlicher Privatbibliotheken des 17. und 18. Jahrhunderts. In: Anna Paulina Orlowska/ Werner Paravicini/ Jörg Wettlaufer (Hg.): Vorbild, Austausch, Konkurrenz. Höfe und Residenzen in der gegenseitigen Wahrnehmung (= Mitteilungen der Residenzen-Kommission der Akademie der Wissenschaften zu Göttingen SH 12), Kiel 2009, 111-118.

Peter **Prange**: Das Palais Trautson – eine „ungemeine Architecture". In: Pantheon 52 (1994), 101-119.

Peter **Prange**: Meisterwerke der Architekturvedute. Salomon Kleiner (1700-1761) zum 300. Geburtstag (= Schriften des Salzburger Barockmuseums 24), AK Salzburg/ Augsburg/ Wien, Salzburg 2000.

Peter **Prange**: Entwurf und Phantasie. Zeichnungen des Johann Bernhard Fischer von Erlach (1656-1723) (= Schriften des Salzburger Barockmuseums 28), AK Salzburg 2004.

Maxime **Préaud**: Les Effets du soleil. Almanachs du règne de Louis XIV, AK Paris 1995.

Rudolf **Preimesberger**: Liebe zu Sulptur und Malerei. Vincenzo Giustiniani (1564-1637): Ein Sammler und seine Sammlung. In: Ekkehard Mai/ Kurt Wettengel (Hg.): Wettstreit der Künste. Malerei und Skulptur von Dürer bis Daumier, AK München/ Köln 2002, 98-109.

Miha **Preinfalk**: Auersperg. Geschichte einer europäischen Familie, Graz/ Stuttgart 2006.

Preußen 1701. Eine europäische Geschichte, 2. Bde. AK Berlin 2001.

Wolfram **Prinz**: Geschichte der Sammlung mit Regesten zur Tätigkeit der Agenten und Dokumentenanhang (= Die Sammlung der Selbstbildnisse in den Uffizien. Italienische Forschungen des Kunsthistorischen Instituts in Florenz 3. Folge, Band V/1), Berlin 1971.

Prinz Eugen und sein Belvedere, Wien 1963.

Wolfgang **Prohaska**: Vienna versus Napoli. Bemerkungen zum Verhältnis neapolitanischer und österreichischer Malerei im 18. Jahrhundert. In: Wolfgang Prohaska/ Nicola Spinosa (Hg.): Barock in Neapel. Kunst zur Zeit der österreichischen Vizekönige. AK Wien, Neapel 1993, 77-92.

Wolfgang **Prohaska**: Die Malerische Ausstattung des Palais unter Feldmarschall Daun. In: AMISOLA Immobilien AG (Hg.): Palais Daun-Kinsky. Wien, Freyung, Wien 2001, 124-157.

Wolfgang **Prohaska**: Un bel composto. Die italienische Malerei des 14. bis 18. Jahrhunderts in den Sammlungen der Fürsten von Liechtenstein. In: Charlotte Kreuzmayr (Hg.): Die Sammlungen des Fürsten von Liechtenstein (= Parnass. Sonderheft 11/95), Wien 1995, 80-87.

Wolfgang **Prohaska**: Mediterrane Malerei. Bedeutung und Geschichte der Graf Harrach'schen Familiensammlung. In: Parnass: Adelige Sammlungen, Wien 2005, 34-41.

Wolfgang **Prohaska**: Eine „macchia" Nicola Maria Rossis für ein Deckenbild des ehemaligen Gartenpalais Harrach in Wien. In: Martin Engel u.a. (Hg.): Barock in Mitteleuropa. Festschrift zum 65. Geburtstag von Hellmut Lorenz (= Wiener Jahrbuch für Kunstgeschichte Bd. LV/LVI), Wien/ Köln/ Weimar 2007, 185-192.

Wolfgang **Prohaska**/ Nicola **Spinosa** (Hg.): Barock in Neapel. Kunst zur Zeit der österreichischen Vizekönige. AK Wien, Neapel 1993.

Simonetta **Prosperi Valenti Rodinò**: La collezione di grafica del cardinale Silvio Valenti Gonzaga. In: Elisa Debenedetti (Hg.): Artisti e Mecenati. Dipinti, disegni, sculture e carteggi nella Roma curiale. (= Studi sul Settencento Romano 12), Roma 1996, 131-192.

Simonetta **Prosperi Valenti Rodinò**: Clemente XI collezionista di disegni. In: Giuseppe Cucco (Hg.): Papa Albani e le arti a Urbino e a Roma 1700-1721, AK Urbino/ Roma, Venezia 2000, 40-47.

Hermann **Prossinagg**: Wien als Jagdresidenz – eine Spurenlese. In: Jagdzeit. Österreichs Jagdgeschichte – eine Pirsch, AK Wien 1996, 113-126.

Leonore **Pühringer-Zwanowetz**: Unbekannte Zeitungsnachrichten zum Wiener Barock. Mit einem Anhang von Auszügen aus den Beständen des Hofkammerarchivs. In: Wiener Jahrbuch für Kunstgeschichte 28 (1975), 182-214.

Olga **Pujmanová**: La dispersione della collezione Gonzaga presso le corti imperiali. In: Raffaella Morselli (Hg.): Gonzaga. La Celeste Galeria. L'esercizio del collezionismo, Mantova/ Milano 2002, 274-283.

Lidia **Puliti Pagura**: Francesco Trevisani (1656-1746). Un pittore da Capodistria a Roma, Mariano del Friuli 2007.

Jochen **Pulker**: Die Grafen von Sinzendorf, von 1662-1822 Grundherren der Herrschaft Gföhl zu Jaidhof. In: Walter Enzinger (Hg.): Heimatbuch Jaidhof. Von der Herrschaft zur Gemeinde, Gföhl 1992, 35-71.

Lionello **Puppi**: Tre eteronimi per Giovanni e Giacomo van Veerle. Collezionismo e mercato nascosto di quadri tra Venezia e le Fiandre nel Seicento. In: Bernard Aikema/ Rosella Lauber/ Max Seidel (Hg.): Il collezionismo a Venezia e nel Veneto ai tempi della Serenissima, Venezia 2005, 173-180.

Heinrich **Purkarthofer**: Geschichte der Familie Herberstein. In: Gerhard Pferschy/ Peter Krenn (Hg.): Die Steiermark. Brücke und Bollwerk (= Veröffentlichungen des Steiermärkischen Landesarchives 16), AK Herberstein, Graz 1986, 529-539.

QR:

Matthias **Quast**: Die Villa Montalto in Rom. Entstehung und Gestalt im Cinquecento (= tudov-Studien Reihe Kunstgeschichte 45), München 1991.

Rolf **Quednau**: Ein römischer Kabinettschrank mit Szenen Konstantins des Großen für Kaiser Leopold I. In Wien. In: Andreas Goltz/ Heinrich Schlange-Schöningen (Hg.): Konstantin der Große. Das Bild des Kaisers im Wandel der Zeiten (= Beihefte zum Archiv für Kulturgeschichte 66), Köln/ Weimar/ Wien 2008, 163-212.

Maria Antonietta **Quesada**: La quadreria del Collegio Romano: cronaca di una scoperta. In: Eugenio Lo Sardo (Hg.): Athanasius Kircher. Il museo del mondo, AK Roma 2001, 277-285.

Arlene **Quint**: Cardinal Federico Borromeo as a Patron and Critic of the Arts and his MVSAEVM of 1625 (= Outstanding Dissertations in the Fine Arts), New York u.a. 1986.

Tizian **Quirico** (Hg.): Palazzo Ruspoli, Roma 1994.

Il **Quirinale**. L'immagine del Palazzo da Cinquecento all'Ottocento, AK Roma 2002.

Erich **Rabl** (Hg.): Eine Stadt und ihre Herren. Puchheim – Kurz – Hoyos, AK Horn 1991.

Marlies **Raffler**: Das Müllersche Diarium aus der Perspektive der Sammlungsforschung. In: Katrin Keller/ Martin Scheutz/ Harald Tersch (Hg.): Einmal Weimar-Wien und retour. Johann Sebastian Müller und sein Wienbericht aus dem Jahr 1660 (= Veröffentlichungen des Instituts für Österreichische Geschichtsforschung 42), Wien/ München 2005, 230-245.

Olga **Raggio**: Pope Clement XI's Museo di Modelli in the Vatican Palace. In: Nicholas Penny/ Eike D. Schmidt (Hg.): Collecting Sculpture in Early Modern Europe (= Studies in the History of Art 70), New Haven u.a. 2008, 342-355.

[François **Raguenet**:] Les Monumens de Rome ou Descriptions des plus beaux Ouvrages de peinture, de sculpture, et d'architecture, qui se voyent à Rome, & aux Environs. Avec des observations sur les principales beautez de ceux des ces Ouvrages dont on ne fait pas des Descriptions, Paris 1700.

Hans **Ramisch**: Drei Fürstbischöfe aus dem Hause Thun-Hohenstein als Mäzene barocker Kunst: Guidobald, Erzbischof von Salzburg (1654-1668), Wenzelslaus, Bischof von Passau (1664-1674) und Johann Ernst, Erzbischof von Salzburg (1687-1709). In: Barockberichte 31/ 2001, 30-41.

Rita **Randolfi**: Villa Lante al tempo dei Lante. In: Tancredi Carunchio/ Simo Örmä (Hg.): Villa Lante al Gianicolo. Storia della Fabbrica e Cronaca degli Abitatori, Roma 2005, 171-227.

Rita **Randolfi**: Parrochia dei Santi Vincenzo e Anastasio. In: Elisa Debenedetti (Hg.): Artisti e Artigiani a Roma II. Dagli Stati delle Anime del 1700, 1725, 1750, 1775 (= Studi sul Settencento Romano 21), Roma 2005, 433-461.

Oskar **Raschauer**: Schönbrunn. Der Schlossbau Kaiser Josephs I. (= Studien zur österreichischen Kunstgeschichte 2), Wien 1960.

Jürgen **Rath**: Schloß Ottenstein im achtzehnten und neunzehnten Jahrhundert. In: Falko Daim/ Thomas Kühtreiber (Hg.): Sein & Sinn, Burg & Mensch AK Ottenstein/ Waldreichs, St. Pölten 2001, 456-458.

Lanfranco **Ravelli**: „Stancchi dei Fiori", Bergamo 2005.

Roland **Recht** (Hg.): The Grand Atelier. Pathways of Art in Europe 5th-18th centuries, AK Brussels 2007.

Bruce **Redford**: Venice & the Grand Tour, New Haven/ London 1996.

Joachim **Rees**: Wahrnehmung in fremden Orten, was zu Hause Vortheil bringen und nachgeahmt werden könne. Europareisen und Kulturtransfer adeliger Eliten im alten Reich 1750-1800. In: Rainer Babel/ Werner Paravicini (Hg.): Grand Tour. Adeliges Reisen und europäische Kultur vom 14. bis zum 18. Jahrhundert. Akten der internationalen Kolloquien in der Villa Vigoni 1999 und im Deutschen Historischen Institut Paris 2000 (= Beihefte der Francia 60), Ostfildern 2004, 513-539.

Joachim **Rees**: Supplemente der Erinnerung. Zum Gebrauch von Druckgraphik in Reisetagebüchern des 18. Jahrhunderts. In: Philippe Kaenel/ Rolf Reichardt (Hg.): Interkulturelle Kommunikation in der europäischen Druckgraphik im 18. und 19. Jahrhundert, Hildesheim u.a. 2007, 65-94.

Claudio **Rendina**: Le grandi famiglie di Roma: La saga della nobiltà tra contee, marchesati, ducati e principati, sotto l'insegna di papi e re nello scenario di splendidi palazzi, sontuose ville e cappelle gentilizie (= Quest'Italia 312), Roma 2004.

Claudio **Rendina**: I palazzi storici di Roma, Roma 2005.

Gustav **Reingrabner**: Die Stadt Horn und ihre Herren. In: Eine Stadt und ihre Herren. Puchheim – Kurz – Hoyos, AK Horn 1991, 13-48.

Gustav **Reingrabner**: Als man um die Religion stritt... Reformation und Katholische Erneuerung im Waldviertel 1500-1660, AK Horn 2000.

Volker **Reinhardt**: Sozialgeschichte der Kurie in Wappenbrauch und Siegelbild. Ein Versuch über Devotionswappen frühneuzeitlicher Kardinäle. In: Erwin Gatz (Hg.): Römische Kurie. Kirchliche Finanzen. Vatikanisches Archiv. Studien zu Ehren von Hermann Hoberg (= Miscellanea Historiae Pontificiae 46), Roma 1979, 741-772.

Volker **Reinhardt**: The Roman Art Market in the Sixteenth and Seventeenth Centuries. In: Michael North/ David Ormrod (Hg.): Art Markets in Europe, 1400-1800, Aldershot u.a. 1998, 81-92.

Volker **Reinhardt**: Rom, Paris/ Versailles – ein Hof-Vergleich. In: Pablo Schneider/ Philipp Zitzlsperger (Hg.): Bernini in Paris. Das Tagebuch des Paul Fréart de Chantelou über den Aufenthalt Gianlorezo Berninis am Hof Ludwigs XIV., Berlin 2006, 291-303.

Volker **Reinhardt**: Geschichte, Memoria und Nepotismus im päpstlichen Rom – Vorüberlegungen zur Gedächtniskultur in der Ewigen Stadt in der Frühen Neuzeit. In: Arne Karsten/ Philipp Zitzlsperger (Hg.): Tod und Verklärung. Grabmalskultur in der Frühen Neuzeit, Köln/ Weimar/ Wien 2004, 7-13.

Volker **Reinhardt**/ Daniel **Büchel**: Rom in Italien – Erträge der Diskussionen. In: Daniel Büchel/ Volker Reinhardt (Hg.): Modell Rom? Der Kirchenstaat und Italien in der frühen Neuzeit: Köln/ Weimar/ Wien 2003, 255-284.

Wiltraud **Resch**: Grazer Barockpalais – Ihre Stellung im überregionalen Kontext. In: Götz Pochat/ Brigitte Wagner (Hg.): Barock: regional – international (= Kunsthistorisches Jahrbuch Graz 25), Graz 1993, 305-316.

Retaining the Original. Multiple Originals, Copies, and Reproductions (= Studies in the History of Art 20), Washington/ Hanover/ London 1989.

Matthias **Reuß**: Antonio Belluccis Gemäldefolge für das Stadtpalais Liechtenstein in Wien, Hildesheim/ Zürich/ Wien 1998.

Roberta **Rezzi**: Il Kircheriano, da museo d'arte e di meraviglio a museo archeologico. In: Maristella Casciato/ Maria Grazia Ianniello/ Maria Vitale (Hg.): Enciclopedismo in Roma barocca. Athanasius Kircher e il Museo del Collegio Romano tra Wunderkammer e museo scientifico, Venezia 1986, 295-302.

Luis **Ribot** (Hg.): Carlos II. El rey y su entorno cortesano, Madrid 2009.

I **Riccardi** a Firenze e in villa. Tra fasto e cultura. Manuscritti e piante, AK Firenze 1983.

Olimpio **Ricci**: De' Giubilei universali celebrati negli anni Santi incominciando da Bonifazio VIII. Fino al presente, Roma 1675.

Isabelle **Richefort**: Présents diplomatiques et diffusion de l'image de Louis XIV. In: Lucien Bély/ Isabelle Richefort (Hg.): L'Invention de la Diplomatie. Moyen age – Temps modernes, Paris 1998, 263-279.

Christine **Riebesell**: Die Sammlung des Kardinals Alessandro Farnese. Ein „studio" für Künstler und Gelehrte, Weinheim 1989.

Axel **Riegler**/ Max **Kunze**: Antikenhandel und Antikenrestaurierung in Rom. In: Max Kunze (Hg.): Römische Antikensammlungen im 18. Jahrhundert, AK Wörlitz, Mainz 1998, 97-132.

Marta **Riess**: Kreuzzugsideologie und Feindbilderkonstruktion während des Spanischen Erbfolgekrieges. In: Friedrich Edelmayer/ Virginia León Sanz/ José Ignacio Ruiz Rodríguez (Hg.): Der Spanische Erbfolgekrieg/ La Guerra de Sucesión española (= Hispania-Austria III/ Studien zur Geschichte und Kultur der iberischen und angloiberischen Länder 13), Wien/ München 2008, 161-192.

Peter **Rietbergen**: Power and Religion in Baroque Rome. Barberini Cultural Politics (= Brill's Studies in Intellectual History 135), Leiden/ Boston/ Tokyo 2006.

Gerhard **Rill**: Die Staatsräson der Kurie im Urteil eines Neustoizisten. In: Mitteilungen des Österreichischen Staatsarchivs 14 (1961), 317-329.

Gottlieb Eucharius **Rinck**: Leopolds des Grossen Römischen Kaysers, wunderwürdiges Leben und Thaten. Aus geheimen Nachrichten eröffnet, Leipzig 1708.

Wilhelm Georg **Rizzi**: Ein französisches Projekt für ein Gartenpalais der Familie Harrach. In: Wiener Jahrbuch für Kunstgeschichte 34 (1981), 180-182.

Wilhelm Georg **Rizzi**: Prinz Eugen und seine Bauwerke. In: Karl Gutkas (Hg.): Prinz Eugen und das barocke Österreich, Salzburg/ Wien 1985, 281-292.

Wilhelm Georg **Rizzi**: Zur Baugeschichte des Palais Caprara-Geymüller. In: Palais Caprara. Bericht über die Revitalisierung, Wien 1988, 7-20.

Wilhelm Georg **Rizzi**: Beiträge zur Baugeschichte des Palais Starhemberg in Wien, Minoritenplatz (= Tradition und Zukunft 1), Wien 1989.

Wilhelm Georg **Rizzi**: Das Palais Dietrichstein-Lobkowitz in Wien – zur Planung und Baugeschichte des Hauses. In: Oskar Pausch (Hg.): Lobkowitzplatz 2. Geschichte eines Hauses (= Cortina 8), Wien/ Köln/ Weimar 1991, 9-15.

Wilhelm Georg **Rizzi**: Zum Stand der Forschung über Joseph Emanuel Fischer von Erlach. In: Friedrich Polleroß (Hg.): Fischer von Erlach und die Wiener Barocktradition (= Frühneuzeit-Studien 4) Wien/ Köln/ Weimar 1995, 249-278.

Wilhelm Georg **Rizzi**: Das Kirchnersche Schloß Breitenfurt und seine Ausstattung. In: Barockberichte 31/2001, 92-100.

Sebastiano **Roberto**: Affermazione sociale e politica patrimoniale di un famiglia pontificia dalla Toscana a Roma: i Rospigliosi. In: Mario Bevilacqua/ Maria Luisa Madonna (Hg.): Il Sistema delle Residenze Nobiliari. Stato Pontificio e Granducato di Toscana (= Atlante Tematico del Barocco in Italia), Roma 2003, 81-94.

Clare **Robertson**: Patronage Rivalries: Cardinals Odoardo Farnese and Pietro Aldobrandini. In: Jill Burke/ Michael Bury (Hg.): Art and Identity in Early Modern Rome, Aldershot/ Burlington VT 2008, 95-111.

William Douglas **Robson-Scott**: German Travellers in England 1400-1800, Oxford 1953.

Marie Louise **Rodén**: Christina von Schweden und der päpstliche Hof 1655-1689. In: Ulrich Hermanns (Hg.): Christina Königin von Schweden, AK Osnabrück 1997, 167-182.

Bernd **Roeck**: Kunstpatronage in der Frühen Neuzeit. Studien zu Kunstmarkt, Künstlern und ihren Auftraggebern in Italien und im Heiligen Römischen Reich (15.- 17. Jahrhundert), Göttingen 1999.

Bernd **Roeck**: Das historische Auge. Kunstwerke als Zeugen ihrer Zeit, Göttingen 2004.

Marcel **Roethlisberger**: The Drawing Collection of Prince Livio Odescalchi. In: Master Drawings 23-24 (1985/1986), 5-30.

Wilfried **Rogasch**: Schatzhäuser Deutschlands. Kunst in adligem Privatbesitz, AK München, München u.a. 2004.

Julius Bernhard von **Rohr**: Einleitung zur Ceremonielwissenschaft der grossen Herren. Hg. und kommentiert von Monika Schlechte, Weinheim 1990 (Originalausgabe Berlin 1733).

Michael **Rohrschneider**: Friedenskongress und Präzedenzstreit: Frankreich, Spanien und das Streben nach zeremoniellem Vorrang in Münster, Nijmegen und Rijswijk (1643/44-1697). In: Christoph Kampmann u.a. (Hg.): Bourbon – Habsburg – Oranien. Konkurrierende Modelle im dynastischen Europa um 1700, Köln/ Weimar/ Wien 2008, 228-240.

Michael **Rohrschneider**/ Arno **Strohmeyer** (Hg.): Wahrnehmung des Fremden. Differenzerfahrungen von Diplomaten im 16. und 17. Jahrhundert (= Schriftenreihe der Vereinigung zur Erforschung der neueren Geschichte e.V. 31), Münster 2007.

Christine **Roll**: Europäische Gesandtschaften am Zarenhof. Zeremoniell und Politik. In: Christoph Emmendörfer/ Christoph Trepesch (Hg.): Zarensilber. Augsburger Silber aus dem Kreml, AK Augsburg, München 2008, 30-55.

La **Roma** di Papa Albani (1700-1721). Percorsi nella città tra interventi e scoperte nel pontificato di Clemente XI, Roma 2001.

Giandomenico **Romanelli** (Hg.): Venezia Vienna. Il mito della cultura veneziana nell'Europa asburgica, Milano 1983.

Giuseppina Carla **Romby**: Palazzi e dimore familiari nella Toscana degli ultimi Medici. Rinnovamento edilizio e qualità dell'abitare. In: Mario Bevilacqua/ Maria Luisa Madonna (Hg.): Il Sistema delle Residenze Nobiliari. Stato Pontificio e Granducato di Toscana (= Atlante Tematico del Barocco in Italia), Roma 2003, 315-326.

Rome et Paris 1680-1750 (= Studiolo. Revue d'histoire de l'art de l'Académie de France à Rome 1), Paris 2002.

Luigi A. **Ronzoni**: Gregor Wilhelm von Kirchner und die Apotheose Kaiser Karls VI. von Georg Raphael Donner. In: Barockberichte 31/2001, 101-116.

Luigi A. **Ronzoni**: Die Skulpturenausstattung des Palais Daun-Kinsky. Der Vizekönig Wirich Daun und Lorenzo Mattielli. In: AMISOLA Immobilien AG (Hg.): Palais Daun-Kinsky. Wien, Freyung, Wien 2001, 68-123.

Luigi A. **Ronzoni**: Giovanni Giuliani und das Haus Liechtenstein. In: Giovanni Giuliani (1664-1744) AK Wien, 1. Bd. München u.a. 2005, 52-117.

Herman **Roodenburg** (Hg.): Forging European Identifes, 1400-1700 (= Cultural Exchange in Early Modern Europe 4), Cambridge/ New York 2007.

Mario **Rosa**: The „World's Theatre": The Court of Rome and Politics in the First Half of the Seventeenth Century. In: Gianvittorio Signorotto/ Maria Antonietta Visceglia (Hg.): Court and Politics in Papal Rome, 1492-1700, Cambridge 2002, 78-98.

Philipp von **Rosen**: Kunsthändler und Kunstmarkt. In: Ulrich Pfisterer (Hg.): Metzler Lexikon Kunstwissenschaften. Ideen, Methoden, Begriffe, Stuttgart/ Weimar 2003, 208-210.

Pierre **Rosenberg** (Hg.): Poussin, Lorrain, Watteau, Fragonard. Französische Meisterwerke des 17. und 18. Jahrhunderts aus deutschen Sammlungen, AK Bonn/ München, Ostfildern-Ruit 2005.

Raphael **Rosenberg**: Von der Ekphrasis zur wissenschaftlichen Bildbeschreibung. Vasari, Agucchi, Félibien, Burckhardt. In: Zeitschrift für Kunstgeschichte 58 (1995), 297-318.

Raphael **Rosenberg**: André Félibien et la description de tableaux. Naissance d'un genre et professionnalisation d'un discours. In: Stefan Germer/ Christian Michel (Hg.): La naissance de la théorie de l'art en France 1640-1720 (= Revue d'esthétique 31/32), Paris 1997, 148-159.

Giancarlo **Rostirolla** (Hg.): Il „Mondo novo" musicale di Pier Leone Ghezzi (= L'arte armonica 2, IV), Milano 2001.

Antonio de **Rossi**: Roma sacra antica, e moderna figurata, e divisa in tre parti, Roma 1700.

Il Mercurio errante delle Grandezze di Roma, tanto antiche, che moderne. Di Pietro **Rossini** da Pesaro Antiquario, e Professore di Medaglie antiche, Roma 2. Aufl. 1700.

Felicia **Rotundo**: I cantieri chigiani e il sistema residenziale a Siena in epoca tardobarocca. In: Mario Bevilacqua/ Maria Luisa Madonna (Hg.): Il Sistema delle Residenze Nobiliari. Stato Pontificio e Granducato di Toscana (= Atlante Tematico del Barocco in Italia), Roma 2003, 393-406.

Barbara **Ruck**/ Friedrich **Kryza-Gersch**: Schloss Eggenberg. Ein Führer durch die Sammlung, Graz 1984.

Karl **Rudolph**: Die Kunstbestrebungen Kaiser Maximilians II. im Spannungsfeld zwischen Madrid und Wien. Untersuchungen zu den Sammlungen der österreichischen und spanischen Habsburger im 16. Jahrhundert. In: Jahrbuch der kunsthistorischen Sammlungen in Wien 91 (1995), 165-256.

Stella **Rudolph**: Niccolò Maria Pallavicini. L'ascesa al tempio della virtù attraverso il mecenatismo, Roma 1995.

Stella **Rudolph**: Francesco Montioni di Spoleto. Banchiere e mecenate in Roma: Schedula per un'identità. In: Vittorio Casale u.a. (Hg.): Scritti di Archeologia e Storia dell'arte in onore di Carlo Pietrangeli, Roma 1996, 265-270.

Stella **Rudolph**: La direzione artistica di Carlo Maratti nella Roma di Clemente XI. In: Giuseppe Cucco (Hg.): Papa Albani e le arti a Urbino e a Roma 1700-1721, AK Urbino/ Roma, Venezia 2000, 59-61.

Ugo **Ruggeri**: Trevisani, Francesco. In: Jane Turner (Hg.): The Dictionary of Art, New York 1. Aufl. 1996, 31. Bd., 312-315.

Cristina **Ruggero**: „Virtutum omnium simulacrum in statua". Monumenti funebri barocchi di alti dignitari ecclesiastici tra progetto e realizzazione. In: Römisches Jahrbuch der Bibliotheca Hertziana 36 (2005), 141-209.

Caetano **Ruggiero**: Le memorie de l'Anno Santo M.DC.LXXV. Celebrato da Papa Clemente X. descritte in forma di giornale, Roma 1691.

Pietro **Ruschi**: Alcune note sul cantiere Seicentesco della facciata di Palazzo Madama a Roma. In: Klaus Bergdolt/ Giorgio Bonsanti (Hg.): Opere e giorni. Studi su mille anni di arte europea dedicati a Max Seidel, Venezia 2001, 613-624.

S:

Gérard **Sabatier**: 'Solis avi specimen'. Entrées et séjours des ducs de Bourgogne et de Berry en Dauphiné, avril 1701. In: Terres et hommes du sud-est sous l'Ancien Régime, Grenoble 1996, 109-172.

Gérard **Sabatier**: Lieux de pouvoir et résidences royales en France, XVe-XVIIIe siècles. In: Gérard Sabatier/ Rita Costa Gomes (Hg.): Logares de Poder. Europa Séculos XV a XX, Lisboa 1998, 42-83.

Gérard **Sabatier**: Versailles ou la figure du roi, Paris 1999.

Gérard **Sabatier**: Allégories du pouvoir à la cour de Louis XIV. In: Fernando Checa Cremades (Hg.): Arte Barroco e ideal clásico. Aspectos del arte cortesano de la segunda mitad del Siglo XVII. Ciclo de Conferencias Roma, mayo-junio de 2003, Madrid 2004, 177-193.

Gérard **Sabatier**: «Vacva melior nvnc regnet in avla». La guerre des médailles entre Philippe V de Bourbon et Charles III de Habsbourg pendant la guerre de Succession d'Espagne (1700-1711). In: Antonio Álvarez-Ossorio/ Bernardo J. García García/ Virginia León (Hg.): La pérdida de Europa. La guerra de Sucesión por la Monarquía de España, Madrid 2007, 65-98.

Gérard **Sabatier**: La galerie des Glaces de Versailles ou l'Empire disqualifié. In: Tadeusz Bernatowicz u.a. (Hg.): Polska I Europa w dobie nowożytnej. Prace naukowe dedykowane Profesorowi Juliuszowi A. Chrościckiemu, Warszawa 2009, 55-63.

Gérard **Sabatier**: Les itinéraires des ambassadeurs pour les audiences à Versailles au temps de Louis XIV. In: Ralph Kautz/ Giorgio Rota/ Jan Paul Niederkorn (Hg.): Diplomatisches Zeremoniell in Europa und im Mittleren Osten in der frühen Neuzeit (= Veröffentlichungen zur Iranistik 52), Wien 2009, 187-211.

Gérard **Sabatier**/ Margarita **Torrione** (Hg.): „Louis XIV espagnol" Madrid et Versailles, images et modèles (= Collection 'Aulica'), Versailles/ Paris 2009.

Renzo **Sabbatini**: L'occhio dell'ambasciatore. L'Europa delle guerre di successione nell'autobiografia dell'inviato lucchese a Vienna, Milano 2006.

Isabelle **Sachot**: Le château et la ville de Richelieu. In: De Richelieu à Grignion de Montfort. La Vendée au XVIIe siècle, AK Paris 2005, 66-73.

Joachim **Säckl**/ Karine **Heise** (Hg.): Barocke Fürstenresidenzen an Saale, Unstrut und Elster, Petersberg 2007.

Jesús **Sáenz de Miera**: Dalle arti de „Il Re Sole" a quelle de „Il sole eclissato prima di arrivare allo zenit". Immagine reale e collezioni nei regni di Luigi XIV, Filippo IV e Carlo II. In: Fernando Checa Cremades (Hg.): Velázquez, Bernini, Luca Giordano. Le corti del Barocco, AK Roma 2004, 162-179.

Josef **Sagmeister**: Propst Johann Georg Seidenbusch von Aufhausen (1641-1729). In: Beiträge zur Geschichte des Bistums Regensburg 2 (1968), 283-352.

Leopold **Sailer**: Die Stukkateure (= Die Künstler Wiens 1), Wien/ München/ Brünn 1943.

Nicolas **Sainte Fare Garnot**: Le décor des Tuileries sous le règne de Louis XIV (= Notes et documents des Musées de France 20), Paris 1988.

Vicenzo **Saladino**: Come esporre un'antica collezione: le sculture del palazzo Medici-Riccardi. In: Antonella Romualdi (Hg.): Le sculture antiche. Problematiche legate all'esposizione dei marmi antichi nelli collezioni storichi, Firenze 2003.

Christiane **Salge**: Anton Johann Ospel. Ein Architekt des österreichischen Spätbarock 1677-1756 (= Wissenschaftliche Monographien des Liechtenstein Museum), München u.a. 2007.

Christiane **Salge**: Studien zur Wiener Festkultur im Spätbarock. Feuerwerk und Illumination. In: Martin Engel u.a. (Hg.): Barock in Mitteleuropa. Festschrift zum 65. Geburtstag von Hellmut Lorenz (= Wiener Jahrbuch für Kunstgeschichte Bd. LV/LVI), Wien/ Köln/ Weimar 2007, 401-418.

Salvador **Salort Pons**: Coleccionismo y patronazgo de los marqueses del Castel Rodrigo, Livio Odescalchi y Savo Mellini: el mercado artístico madrileño hacia 1680. In: María Condor Orduña (Hg.): In sapientia libertas. Escritos en homenaje al profesor Alfonso E. Pérez Sánchez, Madrid u.a. 2007, 541-555.

Lydia **Salviucci Insolera**: La committenza del Cardinale Pietro Ottoboni e gli artisti siciliani a Roma. In: Elisa Debenedetti (Hg.): Artisti e Mecenati. Dipinti, disegni, sculture e carteggi nella Roma curiale. (= Studi sul Settencento Romano 12), Roma 1996, 37-57.

Lydia **Salviucci Insolera**: Le prime edizioni del Trattato. In: Alberta Battisti (Hg.): Andrea Pozzo, 2. Aufl. Milano/ Trento 1998, 206-213.

Bohumil **Samek** (Hg): Ahnensaal des Schlosses in Frain an der Thaya, Brünn 2003.

José Luis **Sancho**/ José Luis **Souto**: El arte regio y la imagen del soberano. In: Luis Ribot (Hg.): Carlos II. El rey y su entorno cortesano, Madrid 2009, 166-185.

Veronika **Sandbichler**: „Erzfrst. Raiß Nacher Welsch Landt [...] De Anno 1652." Erzherzog Ferdinand Karl in Italien: Eine Reise und ihre Folgen. In: Anna Paulina Orlowska/ Werner Paravicini/ Jörg Wettlaufer (Hg.): Vorbild, Austausch, Konkurrenz. Höfe und Residenzen in der gegenseitigen Wahrnehmung (= Mitteilungen der Residenzen-Kommission der Akademie der Wissenschaften zu Göttingen SH 12), Kiel 2009, 138-144.

Joachim von **Sandrart**: Des Alten und Neuen Roms Grosser Schau-Platz: Oder Wahre und eigentliche Abbildung derjenigen Welt-Stadt/ samt ihren nach und nach vermehrten antichen/ unterschiedlichen Tempeln/ Heydnischen Götzen-Bildern/ Renn-Plätzen/ Spiel-Häusern/ Triumph-Bögen/ Spazier-Gängen/ Bilder-Säulen/ Begräbnüssen; absonderlich der vortrefflichsten neu-erbauten Kirchen/ Pläste/ Lust-Statt-Raths und anderer vornehmen Herren Häuser/ samt mehreren Denckwürdigkeiten in XC Kupfer-Stücken bestehend, Nürnberg 1685.

Joachim von **Sandrart**s Academie der Bau-, Bildund Mahlerey-Künste von 1675: Leben der berühmten Maler, Bildhauer und Baumeister hg. u. komm. von Alfred R. **Peltzer**, München 1925.

Béatrix **Saule**: Ambassade. In: Topkapi à Versailles. Trésors de la Cour ottomane, AK Versailles, Paris 1999, 316-333.

Béatrix **Saule**: Nicodemus Tessin à la cour de Versailles. In: Konsthistorisk tidskrift/ Journal of Art History 72 (2003) Heft 1-2, 67-73.

Béatrix **Saule**: Quand Versailles était meublé d'argent. In: Catherine Arminjon (Hg.): Quand Versailles était meublé d'argent, AK Versailles 2007, 26-59.

Mario **Scalini**: Pracht und Geschichte – die kunsthandwerklichen Sammlungsobjekte. In: Cristina Acidini Luchinat/ Mario Scalini (Hg.): Die Pracht der Medici. Florenz und Europa, AK München/ Wien 1998, 39-51.

575

Schatz in Ottenstein. Ein Papst – und eine Vor/Nachgeschichte. In: morgen 1/2005, 9.

Alfred **Schäfer**: Kremsier und Wörlitz: Zwei Ideale Sammlungsarchitekturen des 17. und 18. Jhs. im Vergleich. In: Dietrich Boschung/ Henner von Hesberg (Hg.): Antikensammlungen des europäischen Adels im 18. Jahrhundert als Ausdruck einer europäischen Identität. Internationales Kolloquium in Düsseldorf vom 7.2.-10.2.1996 (= Monumenta Artis Romane XXVII), Mainz 2000, 147-157.

Friedrich-Wilhelm **Schaer**: Graf Friedrich Christian zu Schaumburg-Lippe: als Mensch und als Repräsentant des kleinstaatlichen Absolutismus um 1700 (= Schaumburger Studien 17), Bückeburg 1966.

Simon **Schama**: Überfluß und schöner Schein. Zur Kultur der Niederlande im Goldenen Zeitalter, München 1988 (Originalausgabe 1987).

Marijn **Schapelhouman**: Een album met tekeningen, vervaardigd door Mattheus Terwesten te Rome in 1697. In: Nederlands Kunsthistorisch Jaarboek 33 (1983), 21-48.

Joachim **Schardin**: Uhren und Automatenwerke im Rahmen der kaiserlichen „Türkenverehrung". In: Im Lichte des Halbmonds. Das Abendland und der türkische Orient, AK Dresden 1995, 134-137.

Thomas **Schauerte**: Kulturtransfer an deutschen Fürstenhöfen des späten Mittelalters und der frühen Neuzeit. Greifswald, 14.-15. März 2008. Kolloquiumsbericht. In: Mitteilungen der Residenzen-Kommission der Akademie zu Göttingen 18 (2008) Nr. 1, 43-48.

Elisabeth **Scheicher**: Die Kunst- und Wunderkammern der Habsburger, Wien u.a. 1979.

Elisabeth **Scheicher**: De vorstelijke Kunst- und Wunderkammer. In: Ellinoor Bergvelt/ Debora J. Meijers/ Mieke Rijnders (Hg.): Kabinetten, galerijen en musea. Het verzamelen en presenten van naturalia en kunst van 1500 tot heden, Zwolle 2005, 15-42.

Ingeborg **Schemper-Sparholz**: Höfische Dekorationen des 17. Jahrhunderts im burgenländisch-westungarischen Raum. In: Wissenschaftliche Arbeiten aus dem Burgenland 73 (1986), 217-248.

Ingeborg **Schemper-Sparholz**: Illustration und Bedeutung. Inhaltliche Überlegungen zu den Fresken Carpoforo Tencalas in Trautenfels, Eisenstadt und Náměšt a. d. Oslava. In: Wiener Jahrbuch für Kunstgeschichte 40 (1987), 303-319, 411-414 (Abb.).

Ingeborg **Schemper-Sparholz**: Graubündner Stukkateure in Österreich. In: Michael Kühlenthal (Hg.): Graubündner Baumeister und Stukkateure. Beiträge zur Erforschung ihrer Tätigkeit im mitteleuropäischen Raum, Locarno 1997, 339-362.

Ingeborg **Schemper-Sparholz**: Hochaltar, Gnadenaltar und der Schatzkammeraltar in der Basilika von Mariazell. In: Péter Farbaky/ Szabolcs Serfözö (Hg): Ungarn in Mariazell – Mariazell in Ungarn. Geschichte und Erinnerung, AK Budapest 2004, 133-150.

Ingeborg **Schemper-Sparholz**: Der Bildhauer Jakob Christoph Schletterer (1699-1774) und die Tiroler in Wien. In: Friedrich Polleroß (Hg.): Reiselust & Kunstgenuss. Barockes Böhmen, Mähren und Österreich, Petersberg 2004, 141-156.

Ingeborg **Schemper-Sparholz**: Grab-Denkmäler der Frühen Neuzeit im Einflußbereich des Wiener Hofes. Planung, Typus, Öffentlichkeit und mediale Nutzung. In: Mark Hengerer (Hg.): Macht und Memoria. Begräbniskultur europäischer Oberschichten in der Frühen Neuzeit, Köln/ Weimar/ Wien 2005, 347-380.

Ingeborg **Schemper-Sparholz**: Zu Ehren der Königin von Ungarn. Ein nicht ausgeführtes Projekt für einen Tafelaufsatz von Lorenzo Mattielli 1741. In: Barbara Balážová (Hg.): Generationen, Interpretationen, Konfrontationen, Bratislava 2007, 297-307.

Bettina **Scherbaum**: Der einheimische Gesandte und sein fremder Auftraggeber: Das Beispiel der bayerischen Gesandtschaft in Rom im 17. und 18. Jahrhundert. In: Michael Rohrschneider/ Arno Strohmeyer (Hg.): Wahrnehmung des Fremden. Differenzerfahrungen von Diplomaten im 16. und 17. Jahrhundert (= Schriftenreihe der Vereinigung zur Erforschung der neueren Geschichte e.V. 31), Münster 2007, 91-119.

Bettina **Scherbaum**: Die bayerische Gesandtschaft in Rom in der frühen Neuzeit (= Bibliothek des Deutschen Historischen Instituts in Rom 116), Tübingen 2008.

Guilhem **Scherf**: Collections et collectioneurs de sculptures modernes. Un nouveau champ d'étude. In: Thomas W. Gaehtgens/ Christian Michel/ Daniel Rabreau/ Martin Schieder (Hg.): L'art et les normes sociales au XVIIIe siècle (= Passages/ Passagen 2), Paris 2001, 147-164.

Martin **Scheutz**:...hinter Ihrer Käyserlichen Majestät der Päbstliche Nuncius, Königl. Spanischer und Venetianischer Abgesandter. Hof und Stadt bei den Fronleichnamsprozessionen im frühneuzeitlichen Wien. In: Richard Bösel/ Grete Klingenstein/ Alexander Koller (Hg.): Kaiserhof – Pabsthof (16.-18. Jahrhundert) (= Publikationen des Historischen Instituts beim Österreichischen Kulturforum in Rom. Abhandlungen 12), Wien 2006, 173-204.

Martin **Scheutz**: Legalität und unterdrückte Religionsausübung. Niederleger, Reichshofräte, Gesandte und Legationsprediger. Protestantisches Leben in der Haupt- und Residenzstadt Wien im 17. und 18. Jahrhundert. In: Geheimprotestantismus und evangelische Kirchen in der Habsburgermonarchie und im Erzstift Salzburg (17./18. Jahrhundert), Wien/ München 2009, 209-236.

Martin **Schieder**: Akkulturation und Adelskultur. Französische Kunst im Deutschland des 18. Jahrhunderts. Eine Einführung. In: Uwe Fleckner/ Martin Schieder/ Michael F. Zimmermann (Hg.): Jenseits der Grenzen. Französische und deutsche Kunst vom Ancien Régime bis zur Gegenwart. Thomas W. Gaehtgens zum 60. Geburtstag. Band I Inszenierung der Dynastien, Köln 2000, 12-51.

Heinz **Schilling**/ Werner **Heun**/ Jutta **Götzmann** (Hg.): Heiliges Römisches Reich Deutscher Nation 962 bis 1806. Altes Reich und neue Staaten 1495-1806. Essays, AK Berlin, Dresden 2006.

Astrid von **Schlachta**: Nur ein Blick „durch ein verborgenes Fenster"? Repräsentation und Wandel am Innsbrucker Hof (1648-1800). In: Heinz Noflatscher/ Jan Paul Niederkorn (Hg.): Der Innsbrucker Hof. Residenz und höfische Gesellschaft in Tirol vom 15. bis 19. Jahrhundert (= Archiv für österreichische Geschichte 138), Wien 2005, 53-88.

Erich **Schleier**/ Guglielmo **Cortese**: Carlo Maratta e Pietro del Pò decoratori di un mobile romano. In: Paragone XXX/353, Juli 1979, 113-118, fig. 79-82.

Harry **Schlip**: Die neuen Fürsten. Zur Erhebung in den Reichsfürstenstand und zur Aufnahme in den Reichsfürstenrat im 17. und 18. Jahrhundert. In: Volker Press/ Dietmar Willoweit (Hg.): Liechtenstein – Fürstliches Haus und staatliche Ordnung. Geschichtliche Grundlagen und moderne Perspektiven, Vaduz/ München/ Wien 1988, 249-292.

Julius von **Schlosser**: Die Kunst- und Wunderkammern der Spätrenaissance. Ein Beitrag zur Geschichte des Sammelwesens, Reprint Braunschweig 1978 (Originalausgabe Leipzig 1908).

Erich **Schlöss**: Zar Peter der Grosse in Wien. Übertragung der Blätter 412 bis 452 der Ceremonialprotokolle 1698 (ZA Prot. 5) in die Schrift unserer Zeit wort- und zeilengetreu. In: Mitteilungen des Österreichischen Staatsarchivs 51 (2004), 375-546.

Wolfgang **Schmale**: Kulturtransfer im theresianischen Zeitalter? In: Franz M. Eybl (Hg.): Strukturwandel kultureller Praxis. Beiträge zu einer kulturwissenschaftlichen Sicht des theresianischen Zeitalters (= Jahrbuch der Österreichischen Gesellschaft zur Erforschung des achtzehnten Jahrhunderts 17), Wien 2002, 95-109.

Wolfgang **Schmale**/ Rolf **Felbinger**/ Günter **Kastner**/ Josef **Köstlbauer**: Studien zur europäischen Identität im 17. Jahrhundert (= Herausforderungen. Historisch-politische Analysen 15), Bochum 2004.

Alois **Schmid**: Wolf Helmhard von Hohberg (1612-1688). In: Fränkische Lebensbilder (= Veröffentlichungen der Gesellschaft für Fränkische Geschichte. Reihe 7) 18. Bd. Neustadt an der Asch 2000, 101-112.

Triumphierendes Wunder-Gebäw der Churfürstlichen Residentz zu München. In Teutscher Sprach vorgestellet von Joanne **Schmid**, München 1685.

Joseph **Schmidlin**: Der Konflikt der Anima mit Clemens XI. In: Römische Quartalsschrift für christliche Altertumskunde und für Kirchengeschichte 17 (1903), 141-159.

Joseph **Schmidlin**: Geschichte der deutschen Nationalkirche in Rom S. Maria dell'Anima, Freiburg im Breisgau/ Wien 1906.

Edith **Schmidmaier**: Die fürstbischöflichen Residenzen in Passau. Baugeschichte und Ausstattung vom Spätmittelalter bis zur Säkularisation (= Europäische Hochschulschriften XXVIII/215), Frankfurt am Main u.a. 1994.

Edith **Schmidmaier-Kathke**: „Ein gar lieblicher Aufenthaltsort". Die „hängenden" Gärten der fürstbischöflichen Residenz in Passau. In: Claudia Gröschel (Hg.): Ein Hauch von Gold. Pomeranzen und Gartenkunst im Passauer Land, Regensburg 2005, 57-70.

Eike D. **Schmidt**: Balthasar Permosers Schnitzwerk für den Brautwagen der Prinzessin Violante Beatrix von Bayern. In: Klaus Bergdolt/ Giorgio Bonsanti (Hg.): Opere e giorni. Studi su mille anni di arte europea dedicati a Max Seidel, Venezia 2001, 673-686.

Hans M. **Schmidt** (Hg.): Himmel, Ruhm und Herrlichkeit. Italienische Künstler an rheinischen Höfen des Barock (= Kunst und Altertum am Rhein 128), Köln/ Bonn 1989.

Peter P. **Schmidt**: Das Collegium Germanicum in Rom und die Germaniker. Zur Funktion eines römischen Ausländerseminars (1552-1914) (= Bibliothek des Deutschen Historischen Instituts in Rom 56), Tübingen 1984.

Wiebke **Schmoldt**: Die Nadelstiche des Kupferstechers. Graphische Porträts als Mittel der Propapaganda. In: Wolfgang Cilleßen (Hg.): Krieg der Bilder. Druckgraphik als Medium politischer Auseinandersetzung im Europa des Absolutismus, AK Berlin 1997, 67-75.

Johann **Schmuck**: Regensburg – Der ‚Immerwährende Reichstag'. In: Bodo Michael Baumunk (Hg.): Hauptstadt. Zentren, Residenzen, Metropolen in der deutschen Geschichte, AK Bonn, Köln 1989, 164-186.

Elisabeth **Schmuttermeier**: Kunst als Botschaft/ Diplomatie und Geschenke. In: Peter Noever (Hg.): Global. Kunst als Botschaft – Asien und Europa 1500-1700, AK Wien 2009, 202-205/ 208-209.

Daniel **Schmutz**: Gold in der Welt der Diplomatie. Geschenke des englischen Gesandten Thomas Coxe auf seiner Mission in die Schweiz (1689-1692). In: Kunst + Architektur in der Schweiz 51 (2000/2001), 23-32.

Werner Wilhelm **Schnabel**/ Silvia **Glaser**: „Künstliche Lust-Hand-Arbeit". Rudolf Wilhelm von Stubenberg (1643-1677) und seine Scherenschnitte. In: Zeitschrift für Kunstgeschichte 59 (1991), 297-334.

Alain **Schnapp**: Französische Antiquare des 17. Jahrhunderts. In: Henning Wrede/ Max Kunze (Hg.): 300 Jahre „Thesaurus Brandenburgicus": Archäologie, Antikensammlungen und antikisierende Residenzausstattungen im Barock. Akten des Internationalen Kolloquiums Schloss Blankensee, 30.9.-2.10.2000, München 2006, 231-240.

Antoine **Schnapper**: Le Géant, la Licorne et la Tulipe (= Collections et collectioneurs dans la France du XVIIè siècle I), Paris 1988.

Antoine **Schnapper**: Curieux du Grand Siècle: Oeuvres d'art (= Collections et collectioneurs dans la France du XVIIè siècle II), Paris 1994.

Antoine **Schnapper**: Probate Inventories, Public Sales and the Parisian Art Market in the Seventeenth Century. In: Michael North/ David Ormrod (Hg.): Art Markets in Europe, 1400-1800, Aldershot u.a. 1998, 130-142.

Pablo **Schneider**: Charles Le Brun versus Gianlorenzo Bernini – Künstlerische Imagination zwischen Lehrbarkeit und Unlehrbarkeit. In: Pablo Schneider/ Philipp Zitzlsperger (Hg.): Bernini in Paris. Das Tagebuch des Paul Fréart de Chantelou über den Aufenthalt Gianlorezo Berninis am Hof Ludwigs XIV., Berlin 2006, 414-433.

Pablo **Schneider**/ Philipp **Zitzlsperger** (Hg.): Bernini in Paris. Das Tagebuch des Paul Fréart de Chantelou über den Aufenthalt Gianlorezo Berninis am Hof Ludwigs XIV., Berlin 2006.

Verena **Schneider**: Nachzeichnungen und Kopien im barocken Rom. In: Gabriele Uelsberg/ Hans-Werner Schmidt (Hg.): Zeichenkunst des Barock aus der Sammlung der Königin Christina von Schweden, AK Bonn/ Leipzig 2006, 18-23.

Matthias **Schnettger**: Impero Romano – Impero Germanico. Italienische Perspektiven auf das Reich in der Frühen Neuzeit. In: Matthias Schnettger (Hg.): Imperium Romanum – irregulare corpus – Teutscher Reichs-Staat. Das Alte Reich im Verständnis der Zeitgenossen und der Historiographie (= Veröffentlichungen des Instituts für Europäische Geschichte Mainz, Beiheft 57), Mainz 2002, 53-75.

Claudia **Schnitzer**: Königreiche – Wirtschaften – Bauernhochzeiten. Zeremonielltragende und -unterwandernde Spielformen höfischer Maskerade. In: Jörg Jochen Berns/ Thomas Rahn (Hg.): Zeremoniell als höfische Ästhetik in Spätmittelalter und Früher Neuzeit (= Frühe Neuzeit 25), Tübingen 1995, 280-331.

Claudia **Schnitzer**: Höfische Maskeraden: Funktion und Ausstattung von Verkleidungsdivertissements an deutschen Höfen der Frühen Neuzeit (= Frühe Neuzeit 53), Tübingen 1999.

Charlotte **Schoell-Glass**: Cultural Studies. In: Ulrich Pfisterer (Hg.): Metzler Lexikon Kunstwissenschaften. Ideen, Methoden, Begriffe, Stuttgart/ Weimar 2003, 59-61.

Adelheid Gräfin **Schönborn**: Gartenanlagen der Schönborn-Schlösser. In: Gerhard Bott (Hg.): Die Grafen von Schönborn. Kirchenfürsten – Sammler – Mäzene, AK Nürnberg 1989, 91-103.

Helmar **Schramm**/ Ludger **Schwarte**/ Jan **Lazardzig** (Hg.): Kunstkammer – Laboratorium – Bühne. Schauplätze des Wissens im 17. Jahrhundert (= Theatrum Scientiarum 1), Berlin/ New York 2003.

Irene **Schrattenecker** (Hg.): Domenico Gisberti – Die Reise der durchlauchtigsten kurfürstlichen Familie von Bayern nach Salzburg anno 1670 (= Schriftenreihe des Salzburg Museums 18), Salzburg 2008.

Sylvia **Schraut**: Das Haus Schönborn – Eine Familienbiographie. Katholischer Reichsadel 1640-1840 (= Publikation der Gesellschaft für Fränkische Geschichte: Reihe 9, Darstellungen aus der fränkischen Geschichte 47), Paderborn u. a. 2005.

Renate **Schreiber**: „Ein Galeria nach meinem Humor". Erzherzog Leopold Wilhelm, Wien/ Mailand 2004.

Renate **Schreiber**: Darstellungen der Galerie von Erzherzog Leopold Wilhelm bei David Teniers d. J. – Fiktion oder Wirklichkeit? In: Römische Historische Mitteilungen 48 (2006), 347-358.

Klaus Albrecht **Schröder**: Ein böhmischer Zyklus habsburgischer Herrscher. Beiträge zum allegorischen Fürstenbildnis des 16. Jahrhunderts, Linz 1982.

Reginald de **Schryver**: Max II. Emanuel von Bayern und das spanische Erbe 1665-1715. Die europäischen Ambitionen des Hauses Wittelsbach 1665-1715 (= Veröffentlichungen des Instituts für Europäische Geschichte 156), Mainz am Rhein 1996.

Reginald de **Schryver**: Das dynastische Prinzip. Max Emanuels Ambitionen auf das spanische Erbe, Gebietserweiterungen und Königskrone. In: Johannes Erichsen und Katharina Heinemann (Hg.): Die Schlacht von Höchstädt. Brennpunkt Europas 1704. Ostfildern 2004, 13-25.

Ludwig **Schudt**: Le guide di Roma. Materialien zu einer Geschicht der römischen Topographie, Augsburg/ Wien 1930.

Ludwig **Schudt**: Italienreisen im 17. und 18. Jahrhundert (= Römische Forschungen der Bibliotheca Hertziana 15), Wien/ München 1959.

Nicola **Schümann**: Diplomaten, Deputationen und Depeschen. Der Fränkische Kreistag im System des Reiches. In: Frühneuzeit-Info 17 (2006) Heft 1-2, 39-57.

Ulrich **Schütte** (Hg.): Architekt & Ingenieur. Baumeister in Krieg & Frieden (= Ausstellungskataloge der Herzog August Bibliothek 42), Wolfenbüttel 1984.

Ulrich **Schütte**: Einleitung. In: Ulrich Schütte (Hg.): Architekt & Ingenieur. Baumeister in Krieg & Frieden (= Ausstellungskataloge der Herzog August Bibliothek 42), Wolfenbüttel 1984, 9-13.

Ulrich **Schütte**: Die Räume und das Zeremoniell, die Pracht und die Mode. Zur Zeichenhaftigkeit höfischer Innenräume. In: Peter-Michael Hahn/ Ulrich Schütte (Hg.): Zeichen und Raum. Ausstattung und höfisches Zeremoniell in den deutschen Schlössern der Frühen Neuzeit (= Rudolstädter Forschungen zur Residenzkultur 3), München u.a. 2006, 167-204.

Ernst **Schütz**: Die Gesandtschaft Großbritanniens am Immerwährenden Reichstag zu Regensburg und kur(pfalz-)bayerischen Hof zu München 1683-1806 (= Schriftenreihe zur bayerischen Landesgeschichte 154), München 2007.

Karl **Schütz**: Die Sammlung Erzherzog Leopold Wilhelms. In: Klaus Bußmann/ Heinz Schilling (Hg.): 1648. Krieg und Frieden in Europa, AK Münster/ Osnabrück, 2 Bd. München 1998, 181-190.

Karl **Schütz**: Prinz Eugens Wiener künstlerische Hinerlassenschaft. In: Agnes Husslein-Arco/ Marie-Louise von Plessen (Hg.): Prinz Eugen. Feldherr, Philosoph und Kunstfreund, AK Wien, München 2009, 266-273.

Sabine **Schütze**: Johann Adam Andreas von Liechtenstein (1657-1712). In: Die Bronzen der Fürstlichen Sammlung Liechtenstein, AK Frankfurt am Main 1986, 97-133.

Sebastian **Schütze** (Hg.): Estetica Barocca, Roma 2004.

Sebastian **Schütze** (Hg.): Kunst und ihre Betrachter in der Frühen Neuzeit. Ansichten – Standpunkte – Perspektiven, Berlin 2005.

Sebastian **Schütze**: Kardinal Maffeo Barberini, später Papst Urban VIII. und die Entstehung des römischen Hochbarock (= Römische Forschungen der Bibliotheca Hertziana 32), München 2007.

Marcel **Schumacher**: Von Wien nach Paris. Der Parisaufenthalt Joseph Emanuel Fischers von Erlach im Kontext der Architektenreisen nach 1715. In: Frühneuzeit-Info 19 (2008) Heft 2, 48-58.

Jutta **Schumann**: Die andere Sonne. Kaiserbild und Medienstrategien im Zeitalter Leopolds I. (= Colloquia Augustana 17), Berlin 2003.

Martin **Schuster**: Das Dresdner Galeriewerk. Die Publikation zur neuen Bilderglaerie im umgebauten Stallgebäude. In: Dresdner Kunstblätter 1/2009, 65-78.

Iskra **Schwarcz**: Die diplomatischen Beziehungen Österreich-Russland in der zweiten Hälfte des XVII. Jahrhunderts. In: Mitteilungen des Österreichischen Staatsarchivs 50 (2003), 29-42.

Iskra **Schwarcz**: Die kaiserlichen Gesandten und das diplomatische Zeremoniell am Moskauer Hof in der zweiten Hälfte des XVII. Jahrhunderts. In: Ralph Kautz/ Giorgio Rota/ Jan Paul Niederkorn (Hg.): Diplomatisches Zeremoniell in Europa und im Mittleren Osten in der frühen Neuzeit (= Veröffentlichungen zur Iranistik 52), Wien 2009, 265-286.

Gary **Schwartz**: Form, Umfang und Schicksal des niederländischen Kunstmarktes am Ende des Achzigjährigen Krieges. In: Klaus Bußmann/ Heinz Schilling (Hg.): 1648. Krieg und Frieden in Europa, AK Münster/ Osnabrück, 2 Bd. München 1998, 235-244.

Dietrich **Schwarz**: Eine schweizerische Gesandtschaftsreise zu Kaiser Leopold I. nach Wien im Jahre 1677. In: Heinrich Fichtenau/ Erich Zöllner (Hg.): Beiträge zur neueren Geschichte Österreichs, Wien/ Köln/ Graz 1974, 195-205.

Gianni Carlo **Sciolla**: Note sul „Trattato di Fortificatione" del Guarini. In: Guarino Guarini e l'internazionalità del barocco. Atti del convegno internazionale 1968, 1. Bd. Torino 1970, 513-529.

Michaela **Scolaro**: „Il museo dei Gonzaga": la collezione modello nell' Europa tra Cinque e Seicento. In: Raffaella Morselli (Hg.): Gonzaga. La Celeste Galeria. L'esercizio del collezionismo, AK Mantova/ Milano 2002, 39-49.

John Beldon **Scott**: Images of Nepotism. The Painted Ceilings of Palazzo Barberini, Princeton NJ/ Oxford 1991.

Aurora **Scotti**: Trincere, soldati e architetti ducali. In: Michela di Macco/ Giovanni Romano (Hg.): Diana Trionfatrice. Arte di corte nel Piemonte del Seicento, AK Torino 1989, 266-275.

Aurora **Scotti Tosini** (Hg.): Storia dell'architettura italiana. Il Seicento, Milano 2003.

Aurora **Scotti Tosini** (Hg.): Domenico Martinelli architetto ad Austerlitz: i disegni per la residenza di Dominik Andreas Kaunitz (1691-1705), AK Milano, Cinisello Balsamo 2006.

Georges/ Madeleine de **Scudéry**: Ibrahim ou l'illustre Bassa, Paris 1644.

Pietro de **Sebastiani**: Le cose più notabili tanto de' giardini, quanto de' palazzi, librerie, mosei, e galerie di Roma, per facilitare la curiosità de' forestieri, Roma 1677.

Valeriano **Sebastiani**: Cenni storici dell'antica chiesa e confraternità di S. Bernardo al Foro Trajano [...], 3. Aufl. Napoli 1903.

Hans **Sedlmayr**: Johann Bernhard Fischer von Erlach. Mit einem Vorwort von Hermann Bauer, Stuttgart [2. Aufl.] 1997.

Ulrike **Seeger**: Marly und Rom in Wien – Zur Konzeption des Gartenpalais Schönborn in Wien. In: Zeitschrift für Kunstgeschichte 62 (1999), 366-393.

Ulrike **Seeger**: Zur Bautätigkeit des Prinzen Eugen auf Csepel und in Promontor. In: Acta Historiae Artium 42 (2001), 129-141.

Ulrike **Seeger**: Stadtpalais und Belvedere des Prinzen Eugen: Entstehung, Gestalt, Funktion und Bedeutung, Wien/ Köln/ Weimar 2004.

Ulrike **Seeger**: Giovanni Battista Madernas Dekorationsentwürfe für das Palais Czernin auf dem Hradschin. In: Umění/ Art 54 (2006) Nr. 6, 523-530.

Ulrike **Seeger**: Dekorationsentwürfe von Carlo Lurago für Schloss Náchod unter Fürst Ottavio Piccolomini. In: Zeitschrift für Kunstgeschichte 70 (2007), 89-112.

Ulrike **Seeger**: Herkules, Alexander und Aeneas. Präsentationsstrategien der Türkensieger Prinz Eugen, Ludwig Wilhelm von Baden-Baden und Max Emanuel von Bayern. In: Christoph Kampmann u.a. (Hg.): Bourbon – Habsburg – Oranien. Konkurrierende Modelle im dynastischen Europa um 1700, Köln/ Weimar/ Wien 2008, 182-195.

Lorenz **Seelig**: Die Kunst der Augsburger Goldschmiede im Dienst höfischer Repräsentation. In: Reinhold Baumstark / Helmut Seling (Hg.): Silber und Gold. Augsburger Goldschmiedekunst für die Höfe Europas, AK München 1994, 32-56.

Lorenz **Seelig**: Augsburger Silbermöbel für Dresden, Wien und Berlin. Stilvarianten und Programme höfischer Raumausstattungen. In: Münchner Jahrbuch der bildenden Kunst 3. F./ 50 (1999), 171-216.

Lorenz **Seelig**: Silberne Gesandtengeschenke im Moskauer Kreml. In: Weltkunst 72 (2002), 160-161.

Lorenz **Seelig**: Le mobilier d'argent d'Augsbourg. In: Catherine Arminjon (Hg.): Quand Versailles était meublé d'argent, AK Versailles 2007, 84-99.

Lorenz **Seelig**: Le mobilier d'argent du prince de Hanovre. In: Catherine Arminjon (Hg.): Quand Versailles était meublé d'argent, AK Versailles 2007, 160-167.

Lorenz **Seelig**: Fürstliche Magnifizenz im Spiegel der Augsburger Goldschmiedekunst. In: Christoph Emmendörfer/ Christoph Trepesch (Hg.): Zarensilber. Augsburger Silber aus dem Kreml, AK Augsburg, München 2008, 90-105.

Barbara **Segelken**: Anspruch und Wirklichkeit einer Monarchie. Die Selbstdarstellung Friedrichs I. Im Spiegel der „Antiken-, Kunst- und Naturalienkammer". In: Preußen 1701. Eine europäische Geschichte, AK Berlin 2001, 2. Bd., 335-340.

Alda V. **Segre**: I giardini segreti di Villa Borghese: storia e recupero. In: Alberta Campitelli (Hg.): Villa Borghese. Storia e gestione, Milano 2005, 67-78.

Max **Seidel** (Hg.): L'Europa e l'arte italiana/ Europa und die Kunst Italiens, Venedig 2000.

Sabrina M. **Seidler**: „Il teatro del mondo". Diplomatische und journalistische Relationen vom römischen Hof aus dem 17. Jahrhundert (= Beiträge zur Kirchen- und Kulturgeschichte 3), Frankfurt am Main etc. 1996.

Hana **Seifertová**/ Anja K. **Ševčík**: Dialog mit Alten Meistern. Prager Kabinettmalerei 1690-1750, AK Prag/ Braunschweig 1997.

Hana **Seifertová**: „Kompagnons" – Pendantgemälde: eine neue Gestaltungsaufgabe der Prager Kabinettmaler. In: Hana Seifertová/ Anja K. Ševčík: Dialog mit Alten Meistern. Prager Kabinettmalerei 1690-1750, AK Prag/ Braunschweig 1997, 46-53.

Wilfried **Seipel** (Hg.): Bernstein für Thron und Altar. Das Gold des Meeres in fürstlichen Kunst- und Schatzkammern, AK Wien, Neapel 2005.

Helmut **Seling**: Die Beschauordnung des Augsburger Goldschmiedehandwerks. In: Reinhold Baumstark/ Helmut Seling (Hg.): Silber und Gold. Augsburger Goldschmiedekunst für die Höfe Europas, AK München 1994, 66-67.

Helmut **Seling**: Die Kunst der Augsburger Goldschmiede 1529-1868, 4 Bde., München 1980 und 1994.

Helmut **Seling**/ Stephanie **Singer**: Die Kunst der Augsburger Gold- und Silberschmiede 1529-1868. Meister – Marken – Werke, 3 Bde., München 2. Aufl. 2007.

Xavier **Sellés-Ferrando**: Spanisches Österreich, Wien/ Köln/ Weimar 2004.

Giancarlo **Sestieri**: Repertorio della pittura Romana della fine del Seicento e del Settecento, Torino 1994.

Cesare de **Seta**: L'Italia del Grand Tour. Da Montaigne a Goethe, Napoli 1992.

Cesare de **Seta**: Il Grand Tour e il fascino dell'Italia. In: Rainer Babel/ Werner Paravicini (Hg.): Grand Tour. Adeliges Reisen und europäische Kultur vom 14. bis zum 18. Jahrhundert. Akten der internationalen Kolloquien in der Villa Vigoni 1999 und im Deutschen Historischen Institut Paris 2000 (= Beihefte der Francia 60), Ostfildern 2004, 205-214.

Cesare de **Seta** (Hg.): Imago Urbis Romae: l'immagine di Roma in età moderna, Milano 2005.

Salvatore **Settis**: Dalla tradizione all'archeologia (= Memoria dell'antico nell'arte italiana 3), Torino 1986.

James J. **Sheehan**: Geschichte der deutschen Kunstmuseen. Von der fürstlichen Kunstkammer zur modernen Sammlung, München 2002 (Originalausgabe New York 2000).

Lothar **Sickel**: Zwei römische Privatsammler des frühen Seicento. Ippolito Gricciotto, Paolo Mercati und die Nachfolger Caravaggios. In: Marburger Jahrbuch für Kunstwissenschaft 33 (2006), 197-223.

Lothar **Sickel**: Die römische Antikensammlung der Zabrera alias 'Chiabrera' und das Studium antiker Inschriften im Umkreis des Paolo Manuzio. In: Marburger Jahrbuch für Kunstwissenschaft 35 (2008), 113-137.

Helge **Siefert**: Französische Malerei in den Sammlungen der Wittelsbacher. In: Pierre Rosenberg (Hg.): Poussin, Lorrain, Watteau, Fragonard. Französische Meisterwerke des 17. und 18. Jahrhunderts aus deutschen Sammlungen, AK Bonn/ München, Ostfildern-Ruit 2005, 56-63.

Stefan **Sienell**: Die Geheime Konferenz unter Leopold I. Personelle Strukturen und Methoden zur politischen Entscheidungsfindung am Wiener Hof (= Beiträge zur Neueren Geschichte Österreichs 17), Frankfurt am Main u.a. 2001.

Stefan **Sienell**: Die kaiserlichen Beratungsgremien und die spanische Erbfolgefrage (1697/1700). In: Mitteilungen des Österreichischen Staatsarchivs 47 (1999), 117-145.

Stefan **Sienell**: Die Ersten Minister Kaiser Leopolds I.: Johann Ferdinand von Portia und Wenzel Eusebius von Lobkowitz. In: Michael Kaiser/ Andreas Pečar (Hg.): Der zweite Mann im Staat. Oberste Amtsträger und Favoriten im Umkreis der Reichsfürsten in der Frühen Neuzeit (= Zeitschrift für Historische Forschung. Beiheft 32), Berlin 2003, 317-320.

Anna Maria **Sigmund**: Die Geschichte des Hauses Herrengasse 9 und seiner Besitzer von 1250-1922. In: Peter Weninger/ Anna Maria Sigmund (Hg.): Herrengasse 9: 1250-1988. Vom Adelssitz zum Landesmuseum, AK Wien 1988, 9-63.

Anna Maria **Sigmund**: Es steht ein Schloß in Österreich – Zur Bau- und Besitzgeschichte der Rosenburg. In: Herbert Knittler/ Gottfried Stangler/ Renate Zedinger (Hg.): Adel im Wandel. Politik – Kultur – Konfession 1500-1700, AK Rosenburg, Wien 1990, 584-602.

Gianvittorio **Signorotto**: The „Squadrone volante": ‚Independent" Cardinals and European Politics in the Second Half of the Seventeenth Century. In: Gianvittorio Signorotto/ Maria Antonietta Visceglia (Hg.): Court and Politics in Papal Rome, 1492-1700, Cambridge 2002, 177-211.

Gianvittorio **Signorotto**/ Maria Antonietta **Visceglia** (Hg.): La Corte di Roma tra Cinque e Seicento. "Teatro" della politica europea (= Biblioteca del Cinquecento 84), Roma 1998.

Gianvittorio **Signorotto**/ Maria Antonietta **Visceglia** (Hg.): Court and Politics in Papal Rome, 1492-1700, Cambridge 2002.

Lucia **Sominatto**: Esperienze visive e storiche in Sandrart. In: Sybille Ebert-Schifferer/ Cecilia Mazzetti di Pietralata (Hg.): Joachim von Sandrart. Ein europäischer Künstler und Theoretiker zwischen Italien und Deutschland (= Römische Studien der Bibliotheca Hertziana 25), München 2009, 211-231.

Anna **Sinkoli**: Frankreich, das Reich und die Reichsstände 1697-1702 (= Europäische Hochschulschriften III/652), Frankfurt am Main u.a. 1995.

Martina **Sitt**: Hanseaten in Rom: Die Stilllebenmaler Berentz und Tamm. In: Volker Plagemann (Hg.): Die Kunst des protestantischen Barock in Hamburg (= Vorträge der Stiftung Denkmalpflege Hamburg 2), Hamburg/ München 2001, 118-195.

Dora **Skamperls**: Der Alexanderzyklus der Erzbischöflichen Winterresidenz in Salzburg. Ikonographie und Baugeschichte der Prunkräume des Fürsterzbischofs Franz Anton von Harrach. In: Barockberichte 28/2000, 569-608.

Elisabeth **Sladek**: Der Palazzo Chigi-Odescalchi an der Piazza SS. Apostoli. Studien und Materialien zu den frühen Bauphasen des 16. und 17. Jahrhunderts. In: Römische Historische Mitteilungen 27 (1985), 439-504.

Elisabeth **Sladek**: Beiträge zu einer Monographie Felice della Grecas. Ein Vertreter der „unbarocken" Strömung in der römischen Architektur des 17. Jahrhunderts. In: Römische Historische Mitteilungen 30 (1988), 199-233.

Elisabeth **Sladek**: Der Italienaufenthalt Johann Bernhard Fischers zwischen 1670/71 und 1686. Ausbildung – Auftraggeber – erste Tätigkeit. In: Friedrich Polleroß (Hg.): Fischer von Erlach und die Wiener Barocktradition (= Frühneuzeit-Studien 4), Wien/ Köln/ Weimar 1995, 147-176.

Elisabeth **Sladek**: Johann Bernhard Fischer von Erlach (1656-1723). In: Jörg Garms u.a.: L'esperienza romana e laziale di architetti stranieri e le sue conseguenze (= Quaderni di Storia dell'Arte XXIII), Roma 1999, 7-33.

Lubomír **Slavíček** (Hg.): Artis pictoriae amatores. Europa v zrcadle pražského barokního sběratelství/ Europe in the Mirror of Baroque Art Collecting in Prague, AK Praha 1993.

Lubomír **Slavíček**: Artis pictoriae amatores. Bohemian Baroque Art Collecting. In: Lubomír Slavíček (Hg.): Artis pictoriae amatores. Europa v zrcadle pražského barokního sběratelství/ Europe in the Mirror of Baroque Art Collecting in Prague, AK Praha 1993, 362-372.

Lubomír **Slavíček**: Imaginaes galleriae. The Černíns as Collectors and Patrons of the Arts. In: Lubomír Slavíček (Hg.): Artis pictoriae amatores. Europa v zrcadle pražského barokního sběratelství/ Europe in the Mirror of Baroque Art Collecting in Prague, AK Praha 1993, 372-386.

Lubomír **Slavíček**: Delitiae imaginum. The Nostitzes as Collectors and Patrons of the Arts. In: Lubomír Slavíček (Hg.): Artis pictoriae amatores. Europa v zrcadle pražského barokního sběratelství/ Europe in the Mirror of Baroque Art Collecting in Prague, AK Praha 1993, 386-400.

Lubomír **Slavíček**: Antwerpen, Wien und die böhmischen Länder. Die Antwerpener Malerei 1550 – 1650 im Lichte des Wiener Kunsthandels und der böhmischen Gemäldesammlungen. In: Ekkehard Mai/ Karl Schütz/ Hans Vlieghe (Hg.): Die Malerei Antwerpens – Gattungen, Meister, Wirkungen. Studien zur flämischen Kunst des 16. und 17. Jahrhunderts. Internationales Kolloquium Wien 1993, Köln 1994, 144-154.

Lubomír **Slavíček**: Barocke Bilderlust. Holländische und flämische Gemälde der ehemaligen Sammlung Nostitz aus der Prager Nationalgalerie, AK Braunschweig 1994.

Lubomír **Slavíček**: Zwei Typen der aristokratischen Sammlertätigkeit im 17. Jahrhundert: Otto Nostitz d. J. und Franz Anton Berka von Dubá. In: Kunsthistoriker 18/19 (2001/2002), 44-49.

Lubomír **Slavíček**: Johann Michael Rottmayr und Graf Maximilian Thun. Neue Erkenntnisse zur Provenienz der Gemälde Rottmayrs. In: Opuscula Historiae Artium. Studia Minora Facultatis Philosophicae Universitatis Brunensis 50 (2006), 23-42.

Lubomír **Slavíček**: „Der rechte Splendor der Einrichtung". Das Palais Graf Maximilian Thuns auf der Prager Kleinseite und seine Ausstattung zu Beginn des 18. Jahrhunderts. In: Martin Engel u.a. (Hg.): Barock in Mitteleuropa. Festschrift zum 65. Geburtstag von Hellmut Lorenz (= Wiener Jahrbuch für Kunstgeschichte Bd. LV/LVI), Wien/ Köln/ Weimar 2007, 193-206.

Lubomír **Slavíček**: „Sobě, umění, přátelům". Kapitoly zdějin sběratelství v Čechách a na Moravě 1650-1939, Brno 2007.

Lubomír **Slavíček**: „...damit er Ruhm und Ehre, ich aber Contento darvon habe". Umělci, umělečtí řemeslníci ve službách Kryštofa Václava Nostice (Artists, Masters of Craftsmanship and Agents in the Service of Kryštof Václav Nostic). In: Slezsko země koruny české. Historie a kultura 1300-1740, Praha 2008, 377-390.

Kim **Sloan**: ‚A Noble Art'. Amateur Artists and Drawing Masters c. 1600-1800, London 2000.

Rostislav **Smíšek**: Jan Adam Questenberk mezi Vídní a Jaroměřicemi [Johann Adam Graf von Questenberg zwischen Wien und Jaroměřice]. In: Václav Bůžek/ Pavel Král (Hg.): Šlechta v habsburské monarchii a císařský dvůr (1526-1740) (= Opera Historica 10), České Budějovice 2003, 331-354.

Gil R. **Smith**: Architectural Diplomacy. Rome and Paris in the Late Baroque, Cambridge MA/ London 1993.

Mårten **Snickare** (Hg.): Tessin. Nicodemus Tessin the Younger. Royal Architect and Visionär, Stockholm 2002.

Jaume **Sobrequés i Callicó** (Hg.): Catalunya i la Guerra de Successió, AK Barcelona 2007.

Brigitte **Sölch**: Das 'Museo Ecclesiastico'. Beginn einer neuen Sammlungsära im Vatikan. In: Valentin Kockel/ Brigitte Sölch (Hg.): Francesco Bianchini (1662-1729) und die europäische gelehrte Welt um 1700 (= Colloquia Augustana 21), Berlin 2005, 179-205.

Fancesco **Solinas** (Hg.): Cassiano dal Pozzo. Atti del Seminario Internazionale di Studi, Roma 1989.

Fancesco **Solinas** (Hg.): I Segreti di un Collezionista. Le straordinarie raccolte di Cassiano dal Pozzo 1588-1657, AK Roma 2000.

Dorothy Hunter **Somerville**: The King of Hearts. Charles Talbot, Duke of Shrewsbury, London 1962.

Andrea **Sommer-Mathis** u.a.: El Teatro descubre América. Teatro y fiesta en la Casa de Austria (1492-1700) (= Colección Relaciones entre España y América XI/19), Madrid 1992.

Andrea **Sommer-Mathis**: Amerika im Fest und auf der Bühne. In: Friedrich Polleroß/ Andrea Sommer-Mathis/ Christopher F. Laferl: Federschmuck und Kaiserkrone. Das barocke Amerikabild in den habsburgischen Ländern, AK Schloß Hof, Wien 1992, 127-158.

Andrea **Sommer-Mathis**: 'Theatrum und Ceremoniale'. Rang- und Sitzordnungen bei theatralischen Veranstaltungen am Wiener Kaiserhof im 17. und 18. Jahrhundert. In: Jörg Jochen Berns/ Thomas Rahn (Hg.): Zeremoniell als höfische Ästhetik in Spätmittelalter und Früher Neuzeit (= Frühe Neuzeit 25), Tübingen 1995, 511-533.

Andrea **Sommer-Mathis**: Spanische Festkultur am Wiener Kaiserhof. Ein Beitrag zum europäischen Kulturtransfer im 17. Jahrhundert. In: Frühneuzeit-Info 11 (2000) Heft 1, 7-15.

Andrea **Sommer-Mathis**: „...ma il Papa rispose, che il Re de' Romani a Roma era lui". Frühneuzeitliche Krönungsfeierlichkeiten am Kaiser- und am Papsthof. In: Richard Bösel/ Grete Klingenstein/ Alexander Koller (Hg.): Kaiserhof – Papsthof (16.-18. Jahrhundert) (= Publikationen des Historischen Instituts beim Österreichischen Kulturforum in Rom. Abhandlungen 12), Wien 2006, 251-284.

Andrea **Sommer-Mathis**: Música y teatro en las cortes de Madrid, Barcelona y Viena durante el conflicto dinástico Habsburgo-Borbón. Pretensiones políticas y teatro cortesano. In: Antonio Álvarez-Ossorio/ Bernardo J. García García/ Virginia León (Hg.): La pérdida de Europa. La guerra de Succesión por la Monarquía de España, Madrid 2007, 181-198.

Sophie Charlotte und ihr Schloß. Ein Musenhof des Barock in Brandenburg-Preußen, AK Berlin, München u.a. 1999.

Janet **Southorn**: Power and Display in the Seventeenth Century. The Arts and Their Patrons in Modena and Ferrara (= Cambridge Studies in the History of Art), Cambridge u.a. 1988.

Anne **Spagnolo-Stiff**: Ephemer statt dauerhaft? Eine Avignoner Reiterstatue aus dem Jahr 1701 im Spannungsfeld zwischen Paris und Rom. In: Joseph Imorde/ Fritz Neumeyer/ Tristan Weddigen (Hg.): Barocke Inszenierungen, Emsdetten/ Zürich 1999, 254-263.

Carla Enrica **Spantigati**: Von Wien nach Turin: Die Sammlung des Prinzen Eugen im Palazzo Reale. In: Agnes Husslein-Arco/ Marie-Louise von Plessen (Hg.): Prinz Eugen. Feldherr, Philosoph und Kunstfreund, AK Wien, München 2009, 274-283.

Donatella Livia **Sparti**: Poussin's two versions of ,The Temple of Jerusalem' and other early paintings. In: Jahrbuch des Kunsthistorischen Museums Wien 6/7 (2004/ 2005), 180-203.

Virginie **Spenlé**: Karl Heinrich von Hoym, ambassadeur de Saxe à Paris et amateur d'art. In: Dresde ou le rêve des Princes. La Galerie de peintures au XVIIIe siècle, AK Dijon, Paris 2001, 143-148.

Virginie **Spenlé**: Die Öffentlichkeit fürstlicher Sammlungen in Sachsen und in Frankreich: Die Dresdner Gemäldegalerie im 18. Jahrhundert. In: Pierre Rosenberg (Hg.): Poussin, Lorrain, Watteau, Fragonard. Französische Meisterwerke des 17. und 18. Jahrhunderts aus deutschen Sammlungen, AK Bonn/ München, Ostfildern-Ruit 2005, 106-112.

Virginie **Spenlé**: Kunstsammeln und Kunsthandel am Hof: die Tätigkeit von Carl Heinrich von Heineken als Kunsthändler. In: Barbara Marx/ Karl-Sieghart Rehberg (Hg.): Sammeln als Institution. Von der fürstlichen Wunderkammer zum Mäzenatentum des Staates, München/ Berlin 2006, 125-133.

Virginie **Spenlé**: Die Dresdner Gemäldegalerie und Frankreich. Der „bon goût" im Sachsen des 18. Jahrhunderts, Beucha 2008.

Susan **Spens**: George Stepney 1663-1707: Diplomat and Poet, London 1997.

Simona **Sperindei**: Parrochia di San Nicola dei Cesarini Rione Sant'Eustachio. In: Elisa Debenedetti (Hg.): Artisti e Artigiani a Roma II. Dagli Stati delle Anime del 1700, 1725, 1750, 1775 (= Studi sul Settencento Romano 21), Roma 2005, 293-322.

Simona **Sperindei**: Il recupero settecentesco della colonna di Antonio Pio a Roma, restauro e riuso dell'antico. In: La Diana 8-11 (2002-2005), 117-121.

Luigi **Spezzaferro**: Problemi del collezionismo a Roma nel XVII secolo. In: Oliver Bonfait/ Michel Hochmann (Hg.): Geografia del collezionismo. Italia e Francia tra il XVI e il XVIII secolo (= Collection de l'École Française de Rome 287), Rome 2001, 1-23.

Riccardo **Spinelli**: I Riccardi e la trasformazione seicentesca del Palazzo dei Medici. In: Cristina Giannini/ Silvia Meloni Trkulja (Hg.): Stanze Segreti. Gli artisti dei Riccardi. I ,ricordi' di Luca Giordano e altre (= Provincia di Firenze: Collana culturale a Memoria 35), Firenze 2005, 55-84.

Nicola **Spinosa**: Das Stilleben in Neapel. Fortschritte und Versäumnisse in den Studien von gestern bis heute. In: Mina Gregori/ Johann Georg Prinz von Hohenzollern (Hg.): Stille Welt. Italienische Stilleben: Arcimboldo, Caravaggio, Strozzi..., AK München, Milano 2002, 184-189.

Andrea **Spiriti**: La chiesa nazionale lombarda dei Santi Ambrogio e Carlo al Corso nella seconda metà del Seicento: strategie urbane per la Monarquía Católica. In: Carlos José Hernando Sánchez (Hg.): Roma y España. Un crisol de la cultura europea en la edad moderna. Actas del Congreso International en la Real Academia de España del 8 al 12 de mayo de 2007, 2. Bd. Madrid 2007, 875-886.

Andrea **Spiriti**/ Simona **Capelli** (Hg.): I David: due pittori tra Sei e Settecento, AK Rancate, Milano 2004.

Donato **Squicciarini**: Die Apostolischen Nuntien in Wien, Città del Vaticano 2. Aufl. 2000.

Gloria **Staffieri**: Colligite fragmenta. La vita musicale romana negli 'Avvisi Marescotti' (1663-1707), Lucca 1990.

Waltraud **Stangl**: Tod und Trauer bei den österreichischen Habsburgern 1740-1780 dargestellt im Spiegel des Hofzeremoniells, phil. Diss. Ms., Wien 2001.

Milovan **Staniç**: Louis XIV et Bernin. Le voyage du Bernin à la Cour de France et sa place dans le décorum royal au début du règne personel de Louis XIV. In: Fernando Checa Cremades (Hg.): Arte Barroco e ideal clásico. Aspectos del arte cortesano de la segunda mitad del Siglo XVII. Ciclo de Conferencias Roma, mayo-junio de 2003, Madrid 2004, 155-176.

Milovan **Staniç**: Wer war Paul Fréart de Chantelou? In: Pablo Schneider/ Philipp Zitzlsperger (Hg.): Bernini in Paris. Das Tagebuch des Paul Fréart de Chantelou über den Aufenthalt Gianlorezo Berninis am Hof Ludwigs XIV., Berlin 2006, 273-290.

Antje **Stannek**: Telemachs Brüder. Die höfische Bildungsreise des 17. Jahrhunderts, Frankfurt am Main/ New York 2001.

Herbert **Steiner**: Die neuzeitliche Umgestaltung der Schlösser Ottenstein und Waldreichs durch Eustach Stodoligh In: Falko Daim/ Thomas Kühtreiber (Hg.): Sein & Sinn, Burg & Mensch, AK Ottenstein/ Waldreichs, St. Pölten 2001, 452-455.

Andreas **Steinhuber**: Geschichte des Kollegium Germanikum Hungarikum in Rom, 2. Aufl. Freiburg im Breisgau 1906.

Peter **Stenitzer**: Das Wirken Aloys Thomas R. Graf Harrachs als Vizekönig von Neapel (1728-1733). In: Wolfgang Prohaska/ Nicola Spinosa (Hg.): Barock in Neapel. Kunst zur Zeit der österreichischen Vizekönige. AK Wien, Neapel 1993, 43-55.

Peter **Stephan**: „Ruinam praecedit Superbia". Der Sieg der Virtus über die Hybris in den Bildprogrammen des Prinzen Eugen von Savoyen. In: Belvedere. Zeitschrift für bildende Kunst 1/1997, 62-87.

Peter **Stephan**: Das Obere Belvedere in Wien. Architektonisches Konzept und Ikonographie. Das Schloss des Prinzen Eugen als Abbild seines Selbstverständnisses, Wien/ Köln/ Weimar 2010.

Spisal Viktor **Steska**: O Lambergih. In: Carniola. Mitteilungen des Museal-Vereines für Krain 5 (Ljubljana 1915), 81-89.

Roswitha **Stewering**: Die „Galleria Giustiniana": Magnificentia und Antikenverehrung. In: Henning Wrede/ Max Kunze (Hg.): 300 Jahre „Thesaurus Brandenburgicus": Archäologie, Antikensammlungen und antikisierende Residenzausstattungen im Barock. Akten des Internationalen Kolloquiums Schloss Blankensee, 30.9.-2.10.2000, München 2006, 407-426.

Arthur **Stögmann**: Ferdinand Sigmund Graf Kurz von Senftenau (1592-1659). Reichsvizekanzler und Stadtherr von Horn. In: Harald Hitz u.a. (Hg.): Waldviertler Biographien 1 (= Schriftenreihe des Waldviertler Heimatbundes 45), Horn/ Waidhofen/Thaya 2001, 41-62.

Arthur **Stögmann**: Die Gegenreformation in der Stadt Horn 1620-1670. In: Unsere Heimat 75 (2004), 322-345.

Victor Ieronimo **Stoichita**: La bella Elena ed il suo doppio nella ,Galeria' del Cavalier Marino. In: Sebastian Schütze (Hg.): Estetica Barocca, Roma 2004, 205-221.

Barbara **Stollberg-Rilinger**: Zeremoniell als politisches Verfahren. Rangordnung und Rangstreit als Strukturmerkmale des frühneuzeitlichen Reichstags. In: Johannes Kunisch (Hg.): Neue Studien zur frühneuzeitlichen Reichsgeschichte (= Zeitschrift für Historische Forschung Beiheft 19), Berlin 1997, 91-132.

Barbara **Stollberg-Rilinger**: Zeremoniell, Ritual, Symbol. Neue Forschungen zur symbolischen Kommunikation in Spätmittelalter und Früher Neuzeit. In: Zeitschrift für Historische Forschung 27 (2000) Heft 3, 389-405.

Barbara **Stollberg-Rilinger**: Herstellung und Darstellung politischer Einheit: Instrumentelle und symbolische Dimensionen poltischer Repräsentation im 18. Jahrhundert. In: Jan Andres/ Alexa Geisthövel/ Matthias Schwengelbeck (Hg.): Die Sinnlichkeit der Macht. Herrschaft und Repräsentation seit der Frühen Neuzeit (= Historische Politikforschung 5), Frankfurt am Main 2005, 73-92.

Barbara **Stollberg-Rilinger**: Ordnungsleistung und Konflikträchtigkeit der höfischen Tafel. In: Peter-Michael Hahn/ Ulrich Schütte (Hg.): Zeichen und Raum. Ausstattung und höfisches Zeremoniell in den deutschen Schlössern der Frühen Neuzeit (= Rudolstädter Forschungen zur Residenzkultur 3), München u.a. 2006, 103-122.

Barbara **Stollberg-Rilinger**: Des Kaisers alte Kleider. Verfassungsgeschichte und Symbolsprache des Alten Reiches, München 2008.

Barbara **Stollberg-Rilinger**/ Matthias **Puhle**/ Jutta **Götzmann**/ Gerd **Althoff** (Hg.): Spektakel der Macht. Rituale im Alten Europa 800-1800, AK Magdeburg, Darmstadt 2008.

Eberhard **Straub**: „Repraesentatio maiestatis". In: Jörg-Dieter Gauger/ Justin Stagl (Hg.): Staatsrepräsentation (= Schriften zur Kultursoziologie 12), Berlin 1992, 75-87.

Claudio **Strinati**: Jacopo Zucchi e la Galleria Rucellai. In: Carlo Pietrangeli (Hg.): Palazzo Ruspoli/ Fondazione Memmo, Roma 1992, 185-216.

Claudio **Strinati**/ Rossella **Vodret** (Hg.): Palazzo Chigi, Milano 2001.

Christina **Strunck**: Die Konkurrenz der Paläste: Alter Adel versus Nepoten im Rom des Seicento. In: Daniel Büchel/ Volker Reinhardt (Hg.): Die Kreise der Nepoten. Neue Forschungen zu alten und neuen Eliten Roms in der frühen Neuzeit (= Freiburger Studien zur frühen Neuzeit 5), Bern u.a. 2001, 203-234.

Christina **Strunck** (Hg.): Rom. Meisterwerke der Baukunst von der Antike bis heute. Festgabe für Elisabeth Kieven, Petersberg 2007.

Christina **Strunck**: Berninis unbekanntes Meisterwerk. Die Galleria Colonna in Rom und die Kunstpatronage des römischen Uradels (= Römische Studien der Bibliotheca Hertziana 20), München 2007.

Christina **Strunck**: Old Nobility versus New: Colonna Art Patronage during the Barberini and Pamphilj Pontificates (1623-1655). In: Jill Burke/ Michael Bury (Hg.): Art and Identity in Early Modern Rome, Aldershot/ Burlington VT 2008, 35-154.

Christina **Strunck** (Hg.): „Un regista del gran teatro del barocco". Johann Paul Schor und die internationale Sprache des Barock (= Römische Studien der Bibliotheca Hertziana 21), München 2008.

Christina **Strunck**: Die Kontakte des „Tedesco" nach Frankreich. Johann Paul Schors Mitwirkung am 'Char d'Apollon' in Versailles, an der Kapelle des heiligen Ludwig in San Luigi dei Francesi und an der 'Spanischen' Treppe in Rom. In: Christina Strunck (Hg.): „Un regista del gran teatro del barocco". Johann Paul Schor und die internationale Sprache des Barock (= Römische Studien der Bibliotheca Hertziana 21), München 2008, 95-144.

Reinhard **Stupperich**: Die zweite Pfälzer Antikensammlung. Das kurfürstliche Antiquarium in Mannheim. In: Henning Wrede/ Max Kunze (Hg.): 300 Jahre „Thesaurus Brandenburgicus": Archäologie, Antikensammlungen und antikisierende Residenzausstattungen im Barock. Akten des Internationalen Kolloquiums Schloss Blankensee, 30.9.-2.10.2000, München 2006, 443-462.

[Leonhard Christoph **Sturm**:] Die zum Vergnügen der Reisenden geöffnete Baumeister-Academie. Oder Kurtzer Entwurff der jenigen Dinge/ die einem ‚galant homme' zu wissen nöthig sind/ dafern er Gebäude mit Nutzen besehen/ und vernünfftig davon urtheilen will. Alles nach denen besten ‚Reguln'. Und heut zu Tage üblichen ‚Manier' der geschicktesten Baumeister/ jedoch in möglichester Kürtze vorgestellet/ und mit nöthigen Figuren erläutert, Hamburg 1700.

Hans **Sturmberger**: Das Tagebuch des Grafen Johann Maximilian Lamberg. In: Mitteilungen des Oberösterreichischen Landesarchivs 1 (1950), 275-289.

Gudrun **Swoboda**: Tausch bei Hofe. Über die Gemäldesammlung Erzherzog Ferdinand KAls und den Kulturtransfer zwischen Florenz und Insbruck im 17. Jahrhundert. In: Sabine Haag (Hg.): Ferdinand Karl. Ein Sonnenkönig in Tirol, AK Insbruck, Wien 2009, 102-116.

Gudrun **Swoboda**: Die Wiege der Bilder. Eine Geschichte der kaiserlichen Gemäldesammlungen von 1600 bis 1800, Wien 2008.

Dirk **Syndram**: Zwischen Intimität und Öffentlichkeit – Pretiosenkabinette und Schatzkammern im Barock. In: Barbara Marx/ Karl-Sieghart Rehberg (Hg.): Sammeln als Institution. Von der fürstlichen Wunderkammer zum Mäzenatentum des Staates, München/ Berlin 2006, 93-100.

Dirk **Syndram**/ Charlotte von **Bloh**: Artistry and Chivalry. Diplomatic Gifts for the Kunstkammer and Rüstkammer. In: Maureen Cassidy-Geiger (Hg.): Fragile Diplomacy. Meissen Porcelain for European Courts ca 1710-63, AK New Haven/ London 2007, 42-61.

Dirk **Syndram**/ Jutta **Kappel**/ Ulrike **Weinhold**: Das Historische Grüne Gewölbe zu Dresden. Die barocke Schatzkammer, München/ Berlin 2007.

Mickaël **Szanto**: Gli itinerari delle pitture dall'Italia alla Francia nel primo Seicento: le vie diplomatiche ai circuiti bancari. In: Marcello Fantoni/ Louisa C. Matthew/ Sara F. Matthews-Grieco (Hg.): The Art Market in Italy 15th-17th Centuries/ Il Mercato dell'Arte in Italia secc. XV-XVII, Modena 2003, 413-421.

András **Szilágyi**: Überblick einer kurzgefassten Geschichte der Esterházyschen Schatzkammer. In: Die Fürsten Esterházy. Magnaten, Diplomaten & Mäzene, AK Eisenstadt 1995, 140-143.

András **Szilágyi**: Die Goldschmiedearbeiten der Esterházy-Schatzkammer. In: Gerda Mraz/ Géza Galavics (Hg.): Von Bildern und anderen Schätzen. Die Sammlungen der Fürsten Esterházy (= Esterházy-Studien 2), Wien/ Köln/ Weimar 1999, 17-43.

András **Szilágyi**: Hungary's Heritage. Princely Treasures from the Esterházy Collection, AK London 2004.

András **Szilágyi** (Hg.): Die Esterházy-Schatzkammer. Kunstwerke aus fünf Jahrhunderten, AK Budapest, Budapest 2006.

T:

Michael **Talbot**: "Loving without falling in love": Petro Paolo Bencini's Serenata 'Li due volubili'. In: Nicolò Moccavino (Hg.): La Serenata tra Seicento e Settecento: musica, poesia, scenotechnica. Atti del Convegno Internationali di Studi, Reggio Calabria 16-17 maggio 2003, 2. Bd. Reggio Calabria 2007, 373-396.

Laura **Tarditi**: Villa e paese: dimore nobili del Tuscolo e di Marino. Mostra documentaria, AK Roma 1980.

Anna **Tedesco**: La Serenata a Palermo alla fine del Seicento e il Duca di Uceda. In: Nicolò Moccavino (Hg.): La Serenata tra Seicento e Settecento: musica, poesia, scenotechnica. Atti del Convegno Internationali di Studi, Reggio Calabria 16-17 maggio 2003, 2. Bd. Reggio Calabria 2007, 547-598.

Anna **Tedesco**: Juan Francsico Pacheco V duca di Uceda, uomo politico e mecenate tra Palermo, Roma e Vienna nell'epoca della guerra di successione spagnola. In: Antonio Álvarez-Ossorio/ Bernardo J. García García/ Virginia León (Hg.): La pérdida de Europa. La guerra de Succesión por la Monarquía de España, Madrid 2007, 491-548.

Karl **Teply**: Die kaiserliche Botschaft an Sultan Murad IV. Im Jahre 1628. Des Freiherrn Hans Ludwig von Kuefstein Fahrt zur Hohen Pforte, Wien o.J.

Harald **Tersch**: Prudenter, syncere, constanter. Kanzler Verdenberg (1582-1648) und sein „Giornale". In: Unsere Heimat 66 (1995), 82-111.

Harald **Tersch**: Zwei Bilder einer Stadt. Wien und seine Hofstatt in der Reiseliteratur um 1700. In: Susanne Claudine Pils/ Jan Paul Niederkorn (Hg.): Ein zweigeteilter Ort? Hof und Stadt in der Frühen Neuzeit (= Forschungen und Beiträge zur Wiener Stadtgeschichte 44), Innsbruck/ Wien/ Bozen 2005, 123-153.

Tesori dei d'Avalos, AK Napoli 1994.

Nicodemus **Tessin**: Traicté de la decoration interieure 1717. Hg. von Patricia Waddy (= Nicodemus Tessin the Younger. Sources, Works, Collections 2), Stockholm 2002.

Nicodemus **Tessin**: Travel notes 1673-77 and 1687-88. Hg. von Merit Laine und Börje Magnusson (= Nicodemus Tessin the Younger. Sources, Works, Collections 3), Stockholm 2002.

Laura **Testa**: Un collezionista del Seicento: il cardinale Carlo Emanuele Pio. In: Jadranka Bentini (Hg.): Quadri Rinomatissimi. Il collezionismo dei Pio di Savoia, Modena 1994, 93-100.

Laura **Testa**: La collezione di quadri di Ciriaco Mattei, Milano 1995.

Corinne **Thébaut-Cabasset**: „Présents du Roi": An Archive at the Ministry of Foreign Affairs in Paris. In: Maureen Cassidy-Geiger (Hg.): Gifts in European Courts, 16th to 18th Centuries (= Studies in the Decorative Arts XV [2007/2008] Nr 1), New York 2007, 4-18.

Corinne **Thébaut-Cabasset**: La boîte à portrait de diamants ou le médaillon du roi. In: Nicolas Milovanovic/ Alexandre Maral (Hg.): Louis XIV. L'homme & le roi, AK Versailles, Paris 2009, 360-362.

Ulrich **Thieme**/ Felix **Becker** (Hg.): Allgemeines Lexikon der bildenden Künstler von der Antike bis zur Gegenwart, 37 Bände, Leipzig 1907-1950.

Michael **Thimann**: Gedächtnis und Bild-Kunst. Die Ordnung des Künstlerwissens in Joachim von Sandrarts ‚Teutscher Academie' (= Rombach Wissenschaften. Reihe Quellen zur Kunst 28), Freiburg im Breisgau u.a. 2007.

Michael **Thimann** (Hg.): Georg Philipp Harsdörffer – Kunstverständiger Discurs, von der edlen Mahlerey, Nürnberg 1652 (= Texte zur Wissensgeschichte der Kunst 1), Heidelberg 2008.

Jean-Michel **Thiriet**: Les italiens au service de Leopold Ier. In: Gertrude Stolwitzer (Hg.): Le baroque autrichien au XVIIe siècle (= France – Autriche 10), Rouen 1989, 43-50.

Petra **Thomas**: Wissen ist Macht? Kataloge von Antikensammlungen als Ausdruck von sozialer Selbstbehauptung und Wissenschaftlichkeit. In: Daniel Büchel/ Volker Reinhardt (Hg.): Modell Rom? Der Kirchenstaat und Italien in der frühen Neuzeit: Köln/ Weimar/ Wien 2003, 185-201.

Petra **Thomas**: Frühe Sammlungskataloge und Sammlungsbeschreibungen des 17. Jahrhunderts. In: Henning Wrede/ Max Kunze (Hg.): 300 Jahre „Thesaurus Brandenburgicus": Archäologie, Antikensammlungen und antikisierende Residenzausstattungen im Barock. Akten des Internationalen Kolloquiums Schloss Blankensee, 30.9.-2.10.2000, München 2006, 241-260.

Peter **Thornton**: Seventeenth-Century Interior Decoration in England, France & Holland, New Haven/ London 1990.

Hans Peter **Thurn**: Der Kunsthändler. Wandlungen eines Berufes, München 1994.

Hans **Tietze**: Die Denkmale des politischen Bezirkes Horn (= Österreichische Kunsttopographie 5), Wien 1911.

Hans **Tietze**: Wolfgang Wilhelm Praemers Architekturwerk und der Wiener Palastbau des XVII. Jahrhunderts. In: Jahrbuch der kunsthistorischen Sammlungen des Allerhöchsten Kaiserhauses 32 (1915), 343-402.

Max **Tillmann**: Max Emanuel von Bayern (1662-1726). Das Frankreichbündnis eines Kurfürsten und Sammlers (= Passagen/ Passages 25), München 2009.

Ursula **Timann**: Goldschmiedearbeiten als diplomatische Geschenke. In: Hermann Maué u.a. (Hg.): Quasi centrum Europae. Europa kauft in Nürnberg 1400-1800, AK Nürnberg 2002, 216-239.

Ina **Timmermann**: Gesandtschaftszeremoniell zwischen Konfliktlösung und Konfliktproduktion. Die Berichterstattung über die „türckische" Gesandtschaft in Wien und Prag 1609. In: Bernhard Jahn/ Thomas Rahn/ Claudia Schnitzer (Hg.): Zeremoniell in der Krise. Störung und Nostalgie, Marburg 1998, 89-96.

Alberto **Tinto**: Giovanni Giacomo Komarek tipografo a Roma nei secoli XVII e XVIII ed i suoi campionari di caratteri. In: La Bibliofilia 74/75 (1972/1973), 189-225.

Susan **Tipton**: „La passion mia per la pittura". Die Sammlungen des Kurfürsten Johann Wilhelm von der Pfalz (1658-1716) in Düsseldorf im Spiegel seiner Korrespondenz. In: Münchner Jahrbuch der bildenden Kunst 58 (2006), 71-332.

Anuschka **Tischer**: Mars oder Jupiter? Konkurrierende Legitimierungsstrategien im Kriegsfall. In: Christoph Kampmann u.a. (Hg.): Bourbon – Habsburg – Oranien. Konkurrierende Modelle im dynastischen Europa um 1700, Köln/ Weimar/ Wien 2008, 196-211.

Maria Elisa **Tittoni**/ Francesco **Petrucci** (Hg.): La Porpora Romana. Ritrattistica cardinalizia a Roma dal Rinascimento al Novecento, AK Roma 2006.

Margarita **Torrione** (Hg.): Crónica festiva de dos reinandos en la Gaceta de Madrid (1700-1759), Paris 1998.

Margarita **Torrione**: La imagen de Felipe V en el grabado francés de la guerra de Sucesión. In: Antonio Álvarez-Ossorio/ Bernardo J. García García/ Virginia León (Hg.): La pérdida de Europa. La guerra de Sucesión por la Monarquía de España, Madrid 2007, 21-48.

Simonetta **Tozzi**: Incisioni barocche di feste e avvenimenti. Giorni d'allegrezza, AK Roma 2002.

Simonetta **Tozzi**: ‚Libro de' ritratti degli eminentissimi signori cardinali…'. Ritratti incisi dei cardinali al Museo di Roma. In: Maria Elisa Tittoni/ Francesco Petrucci (Hg.): La Porpora Romana. Ritrattistica cardinalizia a Roma dal Rinascimento al Novecento, AK Roma 2006, 31-39.

Eugen **Trapp**: Kunsthistorische Brechungen zwischen Bayern und Rom. Carl Amurath, Pietro del Pò, Jakob Herman und eine Neri-Büste von Bernini? In: Karl Möseneder/ Gosbert Schüssler (Hg.): „Bedeutung in den Bildern". Festschrift für Jörg Traeger zum 60. Geburtstag, Regensburg 2002, 455-475.

Bert **Treffers**: Il Cardinale Pietro Ottoboni e la musica. Dalle lacrime di Scarlatti all'estasi di Corelli. In: I Cardinali di Santa Romana Chiesa Collezionisti e Mecenati, 3. Bd., Roma 2001, 6-22.

Ludovica **Trezzini**: Quadri Romani in una raccolta fiorentina: dipinti inediti della collezione Gerini. In: Paragone 54 (2003) Nr. 635-637, 155-168.

Renate **Trnek**: Die Niederländer in Italien. Italianisante Niederländer des 17. Jahrhunderts aus österreichischem Besitz, AK Salzburg 1986.

Renate **Trnek**: Die Gemäldegalerie der Akademie der Bildenden Künste in Wien. Die Sammlung im Überblick, Wien/ Köln/ Weimar 1997.

Renate **Trnek**: Die Gräflich Lambergsche Galerie. Eine Bildersammlung an einem ungewöhnlichen Ort. In: Parnass: Adelige Sammlungen, Wien 2005, 58-63.

Renate **Trnek**: Traum vom Süden: Die Niederländer malen Italien, AK Wien, Ostfildern 2007.

Paolo Maria **Terzago**: Museo ò Galeria […] del Sig. Canonico Manfredo Settala […], Tortona 3. Aufl. 1677.

Johann Georg **Tucher**: Gelegenheit und heutiger Zustand deß Herzogthums Savoyen und Fürstenthums Piemont/ Nach jedes unterschiedlichen Landschafften/ Natur-Gütern/ fürnehmsten Plätzen und Regenten [...], Nürnberg 1690.

Jane **Turner** (Hg.): The Dictionary of Art, 34 Bde., New York 1. Aufl. 1996.

Carel van **Tuyll van Serooskerken**: Königin Christina als Sammlerin und Mäzenatin. In: Ulrich Hermanns (Hg.): Christina Königin von Schweden, AK Osnabrück 1997, 211-225.

UV:

Andrés **Úbeda de los Cobos** (Hg.): Paintings for the Planet King. Philipp IV and the Buen Retiro Palace, AK Madrid, Madrid/ London 2005.

Gabriele **Uelsberg**/ Hans-Werner **Schmidt** (Hg.): Zeichenkunst des Barock aus der Sammlung der Königin Christina von Schweden, AK Bonn/ Leipzig 2006.

Jörg **Ulbert**: Die österreichischen Habsburger in bourbonischer Sicht am Vorabend des Spanischen Erbfolgekrieges. In: Christoph Kampmann u.a. (Hg.): Bourbon – Habsburg – Oranien. Konkurrierende Modelle im dynastischen Europa um 1700, Köln/ Weimar/ Wien 2008, 241-254.

Michela **Ulivi**: Presenze europee e vita quotidiana in Via del Corso. In: Anna Lo Bianco/ Angela Negro (Hg.): Il Settecento a Roma, AK Roma, Milano 2005, 111-117.

Uta Barbara **Ullrich**: Der Kaiser im "giardin dell'Impero". Zur Rezeption Karls V. In italienischen Bildprogrammen des 16. Jahrhunderts, Berlin 2006.

Štěpán **Vácha** u.a.: Karel VI. & Alžběta Kristýna. Česká korunovace 1723, Litomysl/ Praha 2009.

Rainer **Valenta**: Schloß Windhaag in Oberösterreich: Versuch einer „Re-Konstruktion" nach Topographia Windhagiana (aucta), Diplomarbeit, Ms. Wien 2004.

Roberto **Valeriani**: Fasto nobiliare. In: Marcello Fagiolo (Hg.): La Festa a Roma dal Rinascimento al 1870. Atlante, Torino/ Roma 1997, 224-230.

Roberto **Valeriani**: Fra Roma e Parigi: due stili nelle architetture degli interni barocchi. In: Marcello Fagiolo/ Paolo Portoghesi (Hg.): Roma Barocca. Bernini, Borromini, Pietro da Cortona, AK Roma 2006, 278-287.

Francesco **Valesio**: Diario di Roma. Hg. von Gaetana Scano und Giuseppe Graglia, 6 Bände, Milano 1977-1979.

Carolyn **Valone**: Women on the Quirinal Hill: Patronage in Rome, 1560-1630. In: The Art Bulletin 76 (1994), 129-146.

Jan **Van der Stock** (Hg.): Antwerp. Story of a metropolis. 16th-17th century, AK Antwerpen 1993.

Paulo **Varela Gomes**: ‚Damnatio Memoriae' a arquitectura dos marqueses de Castelo Rodrigo. In: José Luis Colomer (Hg.): Arte y diplomacia de la Monarquía Hispánica en el siglo XVII, Madrid 2003, 351-376.

Johan **Variano**: Plautilla Bricci 'Architettrice' and the Villa Benedetti in Rome. In: Henry A. Millon/ Susan Scott Munshower (Hg.): An architectural progress in the Renaissance and baroque: sojourns in and out of Italy. Essays in Architectural History Presented to Hellmut Hager on his Sixty-sixth Birthday (= Papers in Art from the Pennsylvania State University 8), University Park 1992, 1. Bd. 66-79.

Sandra **Vasco Rocca**: Le committenze pittoriche di Giovanni V. In: Sandra Vasco Rocca/ Gabriele Borghini (Hg.): Giovanni di Portogallo (1707-1750) e la cultura romana del suo tempo, AK Roma 1995, 289-331.

Sandra **Vasco Rocca**/ Gabriele **Borghini** (Hg.): Giovanni di Portogallo (1707-1750) e la cultura romana del suo tempo, AK Roma 1995.

Agnès **Vatican**: Diplomatie et ‚liberalitas'. Savo Millini, le nonce désargenté (1675-1685). In: José Luis Colomer (Hg.): Arte y diplomacia de la Monarquía Hispánica en el siglo XVII, Madrid 2003, 176-191.

Dominique **Vautier**: Tous les chemins mènent à Rome – Voyages d'artistes du XVIe au XIXe siècle, Bruxelles 2007.

Ernst **Vegelin van Claerbergen** (Hg.): David Teniers and the Theatre of Painting, AK London 2006.

Mariapia **Vecchi**: Ambasciate estere a Roma, Milano 1971.

Venedigs Ruhm im Norden. Die großen venezianischen Maler des 18. Jahrhunderts, ihre Auftraggeber und Sammler, AK Hannover 1991.

Thierry **Verdier**: Architects et décorateurs français dans la Rome de la fin du XVIIe siècle. In: Studiolo. Revue d'histoire de l'art de l'Académie de France à Rome 1, Rome 2002, 41-63.

Alejandro **Vergara**: El universo cortesano de Rubens. In: Jonathan Brown: (Hg.): Velázquez, Rubens y van Dyck. Pintores cortesanos del siglo XVII, AK Madrid 1999, 67-89.

Versailles et les tables royales en Europe. XVIème – XIXème siècles, AK Versailles, Paris 1993.

Il **Viaggio di Maria Casimira** Regina di Polonia, Roma 1700.

Francesca **Vicarelli**: La fabbrica «dei Famigli» del palazzo Santacroce ai Catinari. In: Elisa Debenedetti (Hg.): Roma, le case, la città (= Studi sul Settencento Romano 14), Roma 1998, 81-94.

Francesca **Vicarelli**: La collezione di antichità della famiglia Santacroce. In: Anna Cavallaro (Hg.): Collezioni di antichità a Roma tra '400 e '500 (= Studi sulla Cultura dell'Antico 6), Roma 2007, 63-82.

Maria Lucrezia **Vicini**: Il collezionismo del Cardinale Fabrizio Spada in Palazzo Spada, AK Roma 2006.

Luca **Vidmar**: Titijev «Ammaestramento utile e curioso di pittura scoltura et architettura nelle chiese di Roma» (1686) iz Semeniške knjižnice v Ljubljani s pripisi neznanega rimskega patricija (Titi's «Ammaestramento utile e curioso di pittura scoltura et architettura nelle chiese di Roma» (1686) from the Seminary Library in Ljubljana with Notes of Anonymus Roman Patrician). In: Acta historiae artis Slovenica 12 (2007), 87-97.

Polona **Vidmar**: Galerija evropskih vladarjev na ptujskem gradu (The Gallery of European Sovereigns in the Ptuj Castle). In: Acta historiae artis Slovenica 12 (2007), 65-86.

Viewing Antiquity: The Grand Tour, Antiquarianism and Collecting (= Ricerche di Storia dell'arte 72), Roma 2000.

Edoardo **Villata**: Carlo Fontana. In: Giorgio Mollis (Hg.): Svizzeri a Roma nella storia, nell'arte, nella cultura, nell'economia dal Cinquecento ad'oggi, Lugano 2007, 250-259.

Caroline **Vincentini**/ Fabio **Benzi**/ Roberto **Schezen**: Römische Paläste, München 2003 (Originalausgabe Venezia 1997).

Hans **Vlieghe**/ Katlijne van der **Stighelen** (Hg.): Sponsors of the Past. Flemish Art and Patronage 1550-1700. Proceedings of the symposium organized at the Katholieke Universiteit Leuven December, 14-15, 2001, Turnhout 2005.

Vít **Vlnas** (Hg.): The Glory of the Baroque in Bohemia. Art, Culture and Society in the 17th and 18th Centuries, AK Prague 2001.

Maria Antonietta **Visceglia**: Il ceremoniale come linguaggio politico. Su alcuni conflitti di precedenza alla corte di Roma tra cinquecento e seicento. In: Maria Antonietta Visceglia/ Catherine Brice (Hg.): Cérémonial et rituel à Rome (XVIe-XIXe siècle), Rome 1997, 117-176.

Maria Antonietta **Visceglia** (Hg.): La nobiltà romana in età moderna. Profili istituzionali e pratiche sociali, Roma 2001.

Maria Antonietta **Visceglia**: La città rituale. Roma e le sue ceremonie in età moderna (= La corte dei papi 8), Roma 2002.

Maria Antonietta **Visceglia**: Factions in the Sacred College in the Sixteenth and Seventeenth Centuries. In: Gianvittorio Signorotto/ Maria Antonietta Visceglia (Hg.): Court and Politics in Papal Rome, 1492-1700, Cambridge 2002, 99-131.

Maria Antonietta **Visceglia**: Figure e luoghi della corte romana. In: Giorgio Ciucci (Hg.): Roma moderna (= Storia di Roma dall'antichità a oggi 4), Roma 2002, 39-78.

Maria Anonietta **Visceglia**: Etichetta cardinalizia in età barocca. In: Sebastian Schütze (Hg.): Estetica Barocca, Roma 2004, 263-284.

Maria Antonietta **Visceglia**: Tra liturgia e politica: il *Corpus Domini* a Roma (XV-XVIII secolo). In: Richard Bösel/ Grete Klingenstein/ Alexander Koller (Hg.): Kaiserhof – Papsthof (16.-18. Jahrhundert) (= Publikationen des Historischen Instituts beim Österreichischen Kulturforum in Rom. Abhandlungen 12), Wien 2006, 147-171.

Maria Antonietta **Visceglia**/ Catherine **Brice** (Hg.): Cérémonial et rituel à Rome (XVIe-XIXe siècle), Rome 1997.

Georg Matthäus **Vischer**: Topographia Archiducatus Austriae Inferioris Modernae 1672. Herausgegeben und mit einem Nachwort versehen von Anton Leopold Schuller, Graz 1976.

Mara **Visonà**: L'Accademia di Cosimo III a Roma (1673-1686). In: Mina Gregori (Hg.): Storia delle Arti in Toscana. Il Seicento, Firenze 2002, 165-180.

Christoph **Vitali** (Hg.): Barocke Sammellust. Die Sammlung Schönborn-Buchheim, AK München 2003.

Karl **Vocelka**: Eine türkische Botschaft in Wien 1565. In: Heinrich Fichtenau/ Erich Zöllner (Hg.): Beiträge zur neueren Geschichte Österreichs, Wien/ Köln/ Graz 1974, 102-114.

Karl **Vocelka**: Glanz und Untergang der höfischen Welt. Repräsentation, Reform und Reaktion im habsburgischen Vielvölkerstaat (= Österreichische Geschichte 1699-1815), Wien 2001.

Karl **Vocelka**: Der Kaiserhof und der Adel aus den österreichischen Ländern. In: Opera historica 10 (2003), 121-132.

Karl **Vocelka**/ Anita **Traninger** (Hg.): Wien. Geschichte einer Stadt. Die frühneuzeitliche Residenz (16. bis 18. Jahrhundert), Wien/ Köln/ Weimar 2003.

Markus **Völkel**: Römische Kardinalshaushalte des 17. Jahrhunderts: Borghese – Barberini – Chigi (= Bibliothek des Deutschen Historischen Instituts in Rom 74), Tübingen 1993.

Michaela **Völkel**: Das Bild vom Schloss. Darstellung und Selbstdarstellung deutscher Höfe in Architekturstichserien 1600-1800, München/ Berlin 2001.

Michaela **Völkel**: Der Tisch des Herrn. Das gemeinsame Zeichensystem von Liturgie und Tafelzeremoniell in der Frühen Neuzeit. In: Peter-Michael Hahn/ Ulrich Schütte (Hg.): Zeichen und Raum. Ausstattung und höfisches Zeremoniell in den deutschen Schlössern der Frühen Neuzeit (= Rudolstädter Forschungen zur Residenzkultur 3), München u.a. 2006, 83-102.

Michaela **Völkel**: Schloßbesichtigungen in der Frühen Neuzeit. Ein Beitrag zur Frage nach der Öffentlichkeit höfischer Repräsentation, München/ Berlin 2007.

Angela **Völker**: Ausstattungstextilien aus Schloss Hof im MAK. In: Lieselotte Hanzl-Wachter (Hg.): Schloss Hof. Prinz Eugens tusculum rurale und Sommerresidenz der kaiserlichen Familie. Geschichte und Ausstattung eines barocken Gesamtkunstwerkes, St. Pölten 2005, 110-119.

Angela **Völker**: Die textile Ausstattung der Wohn- und Paradeappartements von Schloss Hof unter Prinz Eugen und Maria Theresia. Eine Ergänzung. In: Martin Engel u.a. (Hg.): Barock in Mitteleuropa. Festschrift zum 65. Geburtstag von Hellmut Lorenz (= Wiener Jahrbuch für Kunstgeschichte Bd. LV/LVI), Wien/ Köln/ Weimar 2007, 101-110.

W:

Rudolf H. **Wackernagel**: Botschafterwagen. In: Reallexikon zur Deutschen Kunst, 8. Bd., München 1982, Sp. 385-400.

Rudolf H. **Wackernagel**: Carrozze romane. In: Barockberichte 50/ 2008, 301-307.

Patricia **Waddy**: Seventeenth-Century Roman Palaces. Use and Art of the Plan, New York NY / Cambridge MA/ London 1990.

Patricia **Waddy**: Tessin's Rome. In: Konsthistorisk tidskrift/ Journal of art History 72 (2003) Heft 1-2, 113-123.

Patricia **Waddy**: Barberini Cardinals need places to live. In: Lorenza Mochi Onori/ Sebastian Schütze/ Francesco Solinas (Hg.): I Barberini e la cultura europea del Seicento. Atti del convegno internazionale 7-11 dicembre 2004, Roma 2007, 487-500.

Imma **Walderdorff**: Rekonstruktion der Gemäldesammlung des Erzstiftes Salzburg. In: Roswitha Juffinger/ Christoph Brandhuber/ Walter Schlegel/ Imma Walderdorff: Erzbischof Guidobald Graf von Thun 1654-1668. Ein Bauherr für die Zukunft, Salzburg 2008, 327-439.

Maureen **Waller**: Huren, Henker, Hugenotten. Das Leben in London um 1700. Aus dem Englischen von Rainer Schumacher, Köln o.J.

Dean **Walker**: An Introduction to Sculpture in Rome in the Eighteenth Century. In: Edgar Peters Bowron/ Joseph J. Rishel (Hg.): Art in Rome in the Eighteenth Century, AK Philadelphia, London 2000, 210-223.

Stefanie **Walker**: The Sculpture Gallery of Prince Livio Odescalchi. In: Journal of the History of Collections 6 (1996), 189-219.

Stefanie **Walker**: Dining in Papal Rome: „Un onore ideale e una fatica corporale". In: Hans Ottomeyer/ Michaela Völkel (Hg.): Die öffentliche Tafel. Tafelzeremoniell in Europa 1300-1900, AK Berlin 2002, 72-83.

Stefanie **Walker**: Livio Odescalchi, Pietro Stefano Monnot e Carlo Maratta: una rivalutazione alla luce di nuovi documenti. In: Elisa Debendetti (Hg.): Scultore romane del Settecento. II La professione dello scultore (= Studi sul Settecento Romano 18), Roma 2002, 23-40.

Stefanie **Walker**: Tessin, Roman Decorative Arts and the Designer Giovani Paolo Schor. In: Konsthistorisk tidskrift/ Journal of art History 72 (2003) Heft 1-2, 103-112.

Stefanie **Walker**: Das Festmahl für Maximilian von Bayern und seine Brüder 1593 in Rom. In: Peter-Michael Hahn/ Ulrich Schütte (Hg.): Zeichen und Raum. Ausstattung und höfisches Zeremoniell in den deutschen Schlössern der Frühen Neuzeit (= Rudolstädter Forschungen zur Residenzkultur 3), München u.a. 2006, 123-134.

Stefanie **Walker**: Fischer von Erlach in der Werkstatt Giovanni Paolo Schors. In: Barockberichte 50/ 2008, 291-300.

Walter **Wagner**: Der Architekturunterricht außerhalb der Kunstakademien in Mitteleuropa vom Beginn des 16. bis zur Mitte des 19. Jahrhunderts. In: architectura 15 (1980), 58-91.

Gerrit **Walther**: Antike als Reiseziel? Klassische Orte und Objekte auf dem Grand Tour zwischen Humanismus und Aufklärung. In: Rainer Babel/ Werner Paravicini (Hg.): Grand Tour. Adeliges Reisen und europäische Kultur vom 14. bis zum 18. Jahrhundert. Akten der internationalen Kolloquien in der Villa Vigoni 1999 und im Deutschen Historischen Institut Paris 2000 (= Beihefte der Francia 60), Ostfildern 2004, 129-141.

Guy **Walthon**: Tessin as Diplomat and Artist. His First Project for the Louvre (1703-1706). In: Konsthistorisk tidskrift/ Journal of Art History 72 (2003) Heft 1-2, 134-144.

Wolfgang **Wanko**: Über die Landschaft. Die französische Kunsttheorie und Kunstkritik des 17. und 18. Jahrhunderts und ihre Auswirkungen auf die Entwicklung der Landschaftsmalerei. In: Thomas Habersatter (Hg.): Sehnsucht Süden. Französische Barock- und Rokomaler in Italien, AK Salzburg 2002, 59-68.

Genevieve **Warwick**: Gift Exchange and Art Collecting: Padre Sebastiano Resta's Drawing Albums. In: The Art Bulletin 79 (1997) Nr. 4, 630-646.

Günther **Wassilowsky**/ Hubert **Wolf** (Hg.): Werte und Symbole im frühneuzeitlichen Rom (= Symbolische Kommunikation und gesellschaftliche Wertesysteme. Schriftenreihe des Sonderforschungsbereichs 496/ Bd. 11), Münster 2005.

Günther **Wassilowsky**/ Hubert **Wolf**: Päpstliches Zeremoniell in der Frühen Neuzeit. Das Diarium des Zeremonienmeisters Paolo Alaleone de Branca während des Pontifikats Gregors XV. (1621-1623), Münster 2007.

David **Watkin**: The Architectural Context of the Grand Tour: The British as Honorary Italians. In: Clare Hornsby (Hg.): The Impact of Italy. The Grand Tour and Beyond, Rome/ London 2000, 49-62.

Zygmunt **Waźbiński**: Marcello Bacciarelli e il suo contributo alle Collezioni Reali di Dresda e di Varsavia. Un esempio di attività di un artista-connoisseur all'epoca dei Lumi. In: Max Seidel (Hg.): L'Europa e l'arte italiana/ Europa und die Kunst Italiens, Venedig 2000, 478-497.

Christoph **Weber** u.a.: Genealogien zur Papstgeschichte (= Päpste und Papsttum 29), 6 Bände, Stuttgart 1999-2002.

Gregor J. M. **Weber**: Die Galerie als Kunstwerk. Die Hängung italienischer Gemälde in der Dresdner Galerie 1754. In: Barbara Marx (Hg.): Elbflorenz. Italienische Präsenz in Dresden 16.-19. Jahrhundert, Dresden 2000, 229-242.

Ingrid S. **Weber**: Zu deutschen Gemmensammlungen und Gemmenschneidern des 18. und 19. Jahrhunderts. In: Zeitschrift für Kunstgeschichte 59 (1996), 139-161.

Tristan **Weddigen**: Kennerschaft ausgestellt – Die erste Hängung der Dresdner Gemäldegalerie und das verlorene Inventar von 1747. In: Barbara Marx/ Karl-Sieghart Rehberg (Hg.): Sammeln als Institution. Von der fürstlichen Wunderkammer zum Mäzenatentum des Staates, München/ Berlin 2006, 101-124.

Tristan **Weddigen**: Raffaels Papagaeienzimmer. Ritual, Raumfunktion und Dekoration im Vatikanpalast der Renaissance, Berlin u.a. 2006.

Andreas **Weigl** (Hg.): Wien im Dreißigjährigen Krieg. Bevölkerung, Gesellschaft, Kultur, Konfession, Wien 2001,

Andreas **Weigl**: Residenz, Bastion und Konsumptionsstadt: Stadtwachstum und demographische Entwicklung einer werdenden Metropole. In: Andreas Weigl (Hg.): Wien im Dreißigjährigen Krieg. Bevölkerung, Gesellschaft, Kultur, Konfession, Wien 2001, 31-105.

Huberta **Weigl**: Der „neue Palast" in Innsbruck. Ein erdbebensicherer Residenzbau von Christoph Gumpp. In: Martin Engel u.a. (Hg.): Barock in Mitteleuropa. Festschrift zum 65. Geburtstag von Hellmut Lorenz (= Wiener Jahrbuch für Kunstgeschichte Bd. LV/LVI), Wien/ Köln/ Weimar 2007, 111-129.

Igor **Weigl**: „Die Einheimischen bewundern die Gemälde" – Graf Ignaz Maria von Attems-Heiligenkreuz als Auftraggeber und Sammler. In: Kunsthistoriker 18/19 (2001/2002), 50-55.

Igor **Weigl**: Ignacij Marija Grof Attems in Slikar Johann Caspar Waginger-Clery (Graf Ignaz Maria von Attems und der Maler Johann Caspar Waginger-Clery). In: Zbornik za umetnostno zgodovino NS 42 (2006), 165-181.

Fritz **Weigle**: Die Matrikel der Deutschen Nation in Siena 1573-1738 (= Bibliothek des Deutschen Historischen Institutes Rom 22/23), Rom 1962.

Ludwig **Welti**: Graf Kaspar von Hohenems 1573-1640. Ein adeliges Leben im Zwiespalte zwischen friedlichem Kulturideal und rauher Kriegswirklichkeit im Frühbarock, Innsbruck 1963.

Barbara **Welzel**: Galerien und Kunstkabinette als Orte des Gesprächs. In: Wolfgang Adam (Hg.): Geselligkeit und Gesellschaft im Barockzeitalter (= Wolfenbüttler Arbeiten zur Barockforschung 28), Wiesbaden 1997, 495-504.

Michael **Wenzel**: Heldinnengalerie – Schönheitengalerie. Studie zu Genese und Funktion weiblicher Bildnisgalerie 1470-1715, Phil. Diss. Ms., Heidelberg 2001.

Michael **Wenzel**: The ‚Windsor Beauties' by Sir Peter Lely and the collection of paintings at St. James's Palace, 1674. In: Journal of the History of Collections 14 (2002) Nr. 2, 205-213.

Cornelia **Weinberger** (Hg.): Johann Balhasar Klaute: Diarium Italicum. Die Reise Landgraf Karls von Hessen-Kassel nach Italien, 5. Dezember 1699 bis 1. April 1700, Kassel 2006.

Ulrike **Weinhold**: La tradition des buffets de Dresde et du mobilier d'argent d'Auguste le Fort. In: Catherine Arminjon (Hg.): Quand Versailles était meublé d'argent, AK Versailles 2007, 142-159.

Sabine **Weiß**: Aufbruch nach Europa. Fünf Jahrhunderte Wien–Brüssel, Graz 2004.

Sabine **Weiß**: Claudia de' Medici. Eine italienische Prinzessin als Landesfürstin von Tirol (1604-1648), Innsbruck/ Wien 2004.

Jakob **Werner**: Santino Bussi (1664-1736), geisteswiss. Diplomarbeit Ms., Wien 1994.

Kurt **Wettengl**: Kunst über Kunst. Die Gemalte Kunstkammer. In: Ekkehard Mai/ Kurt Wettengl (Hg.): Wettstreit der Künste. Malerei und Skulptur von Dürer bis Daumier, AK München/ Köln 2002, 126-141.

Lucy **Whitaker**: L'accoglienza della collezione Gonzaga in Inghilterra. In: Raffaella Morselli (Hg.): Gonzaga. La Celeste Galeria. L'esercizio del collezionismo, AK Mantova/ Milano 2002, 232-249.

Manfred **Wichmann**: Die Rezeption der Krönungsfeiern 1701 in der zeitgenössischen Presse. In: Preußen 1701. Eine europäische Geschichte, AK Berlin 2001, 2. Bd., 237-239.

Uwe **Wieczorek** (Hg.): Fünf Jahrhunderte italienische Kunst aus den Sammlungen des Fürsten von Liechtenstein, AK Vaduz, Bern 1994.

Uwe **Wieczorek** (Hg.): Meisterwerke der Sammlungen des Fürsten von Liechtenstein. Skulpturen – Kunsthandwerk – Waffen, Bern 1996.

Uwe **Wieczorek**: „Götter wandelten einst…". Antiker Mythos im Spiegel alter Meister aus den Sammlungen des Fürsten von Liechtenstein, AK Vaduz, Bern 1998.

Astrid **Wielach**: Die Ordensfeste der Ritter vom Goldenen Vlies im Spiegel der Wiener Zeremonialprotokolle (1665-1790). In: Irmgard Pangerl/ Martin Scheutz/ Thomas Winkelbauer (Hg.): Der Wiener Hof im Spiegel der Zeremonialprotokolle (1652-1800). Eine Annäherung (= Forschungen und Beiträge zur Wiener Stadtgeschichte 47), Innsbruck/ Wien/ Bozen 2007, 287-308.

Michael **Wiemers**: Der „Gentleman" und die Kunst. Studien zum Kunsturteil des englischen Publikums in Tagebuchaufzeichnungen des 17. Jahrhunderts (= Studien zur Kunstgeschichte 41), Hildesheim/ Zürich/ New York 1986.

Walter G. **Wieser**: Die Bildnissammlung des Prinzen Eugen. In: Otto Mazal (Hg.): Bibliotheca Eugeniana. Die Sammlungen des Prinzen Eugen von Savoyen, AK Wien 1986, 273-290.

Andrew **Wilton**/ Ilaria **Bignamini** (Hg.): Grand Tour. The Lure of Italy in the Eighteenth Century, AK, London 1996.

Thomas **Winkelbauer**: Sozialdisziplinierung und Konfessionalisierung durch Grundherren in den österreichischen und böhmischen Ländern im 16. und 17. Jahrhundert. In: Zeitschrift für Historische Forschung 19 (1992), 317-339.

Thomas **Winkelbauer**: Notiz zu der Frage: Gab es um die Mitte des 17. Jahrhunderts am Kaiserhof eine „tschechische" bzw. „böhmische Partei"? In: Thomas Winkelbauer (Hg.): Kontakte und Konflikte. Böhmen, Mähren und Österreich: Aspekte eines Jahrtausends gemeinsamer Geschichte (= Schriftenreihe des Waldviertler Heimatbundes 36), Horn/ Waidhofen an der Thaya 1993, 197-202.

Thomas **Winkelbauer**: Zur Hofhaltung der österreichischen Neufürsten des 17. Jahrhunderts am Beispiel der Familie Liechtenstein. In: Rudolf Kropf/ Gerald Schlag (Hg.): Adelige Hofhaltung im österreichisch-ungarischen Grenzraum (vom Ende des 16. bis zum Anfang des 19. Jahrhunderts) (= Wissenschaftliche Arbeiten aus dem Burgenland 98), Eisenstadt 1998, 235-255.

Thomas **Winkelbauer**: Fürst und Fürstendiener. Gundaker von Liechtenstein, ein österreichischer Aritokrat des konfessionellen Zeitalters (= MIÖG EB 34), Wien/ München 1999.

Thomas **Winkelbauer**: Elements of Identity among the Nobility in the Bohemian and Austrian Lands during the 16th and 17th Centuries. In: Regions and Identity in Central and Eastern Europe in the Early Modern Period, Kyoto 2004, 49-66.

Thomas **Winkelbauer**: Ständefreiheit und Fürstenmacht. Länder und Untertanen des Hauses Habsburg im konfessionellen Zeitalter (= Österreichische Geschichte 1522-1699), 2. Bde. Wien 2004.

Thomas **Winkelbauer**/ Tomáš **Knoz**: Geschlecht und Geschichte. Grablegen, Grabdenkmäler und Wappenzyklus als Quellen für das historisch-genealogische Denken des österreichischen Adels im 16. und 17. Jahrhundert. In: Joachim Bahlcke/ Arno Strohmeyer (Hg.): Die Konstruktion der Vergangenheit. Geschichtsdenken, Traditionsbildung und Selbstdarstellung im frühneuzeitlichen Ostmitteleuropa (= Zeitschrift für Historische Forschung. Beiheft 29), Berlin 2002, 129-177.

Hubert **Winkler**: Bildnis und Gebrauch. Zum Umgang mit dem fürstlichen Bildnis in der frühen Neuzeit. Vermählungen – Gesandtschaftswesen – Spanischer Erbfolgekrieg (= Dissertationen der Universität Wien 239), Wien 1993.

Heinz **Winter**: Glanz des Hauses Habsburg. Die habsburgische Medaille im Münzkabinett des Kunsthistorischen Museums (= Sammlungskataloge des Kunsthistorischen Museums 5), Wien 2009.

Franz Karl **Wisgrill**: Schauplatz des nö. Adels, 5. Bd., Wien 1804.

Christopher L.C.E. **Witcombe**: Print Publishing in Sixteenth-Century Rome, London/ Turnhout 2008.

Samuel **Wittwer**: Liaisons Fragiles: Exchanges of Gifts between Saxony and Prussia in the Early Eighteenth Century. In: Maureen Cassidy-Geiger (Hg.): Fragile Diplomacy. Meissen Porcelain for European Courts ca 1710-63, AK New Haven/ London 2007, 86-109.

Herta **Wohlrab**: Die Freyung (= Wiener Geschichtsbücher 6), Wien/ Hamburg 1971.

Ronald **Woldron**/ Raimund **Rhomberg**: Drosendorf. Starke Mauern an der Thaya. Eine bauhistorische Wanderung entlang der Stadtbefestigung, Drosendorf 2007.

Norbert **Wolf**: Die Macht der Heiligen und ihrer Bilder, Stuttgart 2004.

Hubert **Wolf**: Symbolische Kommunikation am heiligen Hof des Papstes. Eine Einleitung. In: Günther Wassilowsky/ Hubert Wolf (Hg.): Werte und Symbole im frühneuzeitlichen Rom (= Symbolische Kommunikation und gesellschaftliche Wertesysteme. Schriftenreihe des Sonderforschungsbereichs 496/ Bd. 11), Münster 2005, 9-19.

Karine **Wolfe**: Il pittore e il musicista. Il sodalizio artistico tra Francesco Trevisani e Arcangelo Corelli. In: Gregory Barnett/ Antonella D'Ovidio/ Stefano La Via (Hg.): Arcangelo Corelli fra mito e realtà storica (= Historiae musicae cultores CXI), Firenze 2008, 169-185.

Karine **Wolfe**: Protecte and Protectorate: Cardinal Antonio Barberini's Art Diplomacy for the French Crown at the Papal Court. In: Jill Burke/ Michael Bury (Hg.): Art and Identity in Early Modern Rome, Aldershot/ Burlington VT 2008, 113-132.

Karl **Wolfsgruber**: Die Einrichtung der Brixner Hofburg im Jahr 1747. In: Sabine Weiß (Hg.): Historische Blickpunkte. Festschrift für Johann Rainer (= Innsbrucker Beiträge zur Kulturwissenschaft 25), Innsbruck 1988, 715-725.

Bettina-Martine **Wolter**: Genueser Palastarchitektur zwischen Staatsreform und Machtstreben. In: Mary Newcome Schleier (Hg.): Kunst in der Republik Genua 1528-1815, AK Frankfurt am Main 1992, 32-42.

Philipp **Worel**: Der Podromus und die Neugestaltung der kaiserlichen Galerie 1728 im besonderen Bezug auf die Skulpturen, Dipl. Arbeit, Ms. Wien 2006.

Henning **Wrede**: Cunctorum splendor ab uno. Archäologie, Antikensammlungen und antikisierende Ausstattungen in Nepotismus und Absolutismus (= Schriften der Winckelmann-Gesellschaft XVIII), Stendal 2000.

Henning **Wrede**: L'Antico nel Seicento. In: Anna Gramiccia/ Federica Piantoni (Hg.): L'Idea del bello. Viaggio per Roma nel Seicento con Giovan Pietro Bellori, AK Roma 2000, 1. Bd., 7-15.

Henning **Wrede**/ Max **Kunze** (Hg.): 300 Jahre „Thesaurus Brandenburgicus": Archäologie, Antikensammlungen und antikisierende Residenzausstattungen im Barock. Akten des Internationalen Kolloquiums Schloss Blankensee, 30.9.-2.10.2000, München 2006.

Martin **Wrede**: Das Reich und seine Feinde. Politische Feindbilder in der reichspatriotischen Publizistik zwischen westfälischem Frieden und Siebenjährigem Krieg (= Veröffentlichungen des Instituts für Europäische Geschichte Mainz 196/15), Mainz 2004.

Martin **Wrede**: Türkenkrieger, Türkensieger. Leopold I. und Ludwig XIV. als Retter und Ritter der Christenheit. In: Christoph Kampmann u.a. (Hg.): Bourbon – Habsburg – Oranien. Konkurrierende Modelle im dynastischen Europa um 1700, Köln/ Weimar/ Wien 2008, 149-165.

Rüdiger **Würth**: Die Paar – eine Familie macht österreichische Postgeschichte. In: Österreichisches Jahrbuch für Postgeschichte und Philatelie 10 (1987), 7-101.

Sabine **Wulf**: Zwischen Politik und Plaisir. Zwei kurfürstliche Kunstsammlungen im Rheinland. In: Frank Günter Zehnder (Hg.): Das Ideal der Schönheit. Rheinische Kunst des Barock und Rokoko (= Der Riss im Himmel. Clemens August und seine Epoche 6), Köln 2000, 229-264.

Wunderkammer des Abendlandes. Museum und Sammlung im Spiegel der Zeit, AK Bonn 1994.

Herbert W. **Wurster**: Fürstliche Repräsentationslandschaft. Land und Herrschaft und Kultur im Barock. In: Claudia Gröschel (Hg.): Ein Hauch von Gold. Pomeranzen und Gartenkunst im Passauer Land, Regensburg 2005, 159-172.

Constant von **Wurzbach**: Biographisches Lexikon des Kaiserthums Österreich, 60 Bde. Wien 1856-91.

XYZ:

Michael **Yonan**: Portable Dynasties: Imperial Gift-Giving at the Court of Vienna in the Eighteenth Century. In: The Court Historian 14 (2009) Nr. 2, 177-188.

Johannes **Zahlten**: Bemerkungen zu Kunstproduktion und Sammlungswesen im 17. Jahrhundert, angeregt durch die Kleinplastiken Leonhard Kerns. In: Barocke Exkursionen hg. von Michael Glasmeier, Köln 2004, 146-176.

Andreas **Zajic**: „Zu ewiger gedächtnis aufgericht": Grabdenkmäler als Quelle für Memoria und Repräsentation von Adel und Bürgertum im Spätmittelalter und in der Frühen Neuzeit. Das Beispiel Niederösterreichs (= Mitteilungen des Instituts für Österreichische Geschichtsforschung EB 45), Wien u.a. 2004.

Andreas **Zajic**: Zwischen Zentrum und Peripherie. Memoria und politische Integration des niederösterreichischen Adels in Spätmittelalter und Früher Neuzeit. In: Mark Hengerer (Hg.): Macht und Memoria. Begräbniskultur europäischer Oberschichten in der Frühen Neuzeit, Köln/ Weimar/ Wien 2005, 319-346.

Federica **Zalabra**: La committenza „minore" del principe cardinale Maurizio di Savoia: Giacomo Galli detto lo Spadarino, indoratore e pittore. In: Harula Economopoulos (Hg.): I Cardinali di Santa Romana Chiesa Collezionisti e Mecenati, 2. Bd., Roma 2003, 91-98.

Luigi **Zangheri**: Die Gärten von Buontalenti zwischen Technik und Theater. In: Monique Mosser/ Georges Teyssot (Hg.): Die Gartenkunst des Abendlandes. Von der Renaissance bis zur Gegenwart, Stuttgart 1993, 92-95.

Luigi **Zangheri**: Gli Accademici del Disegno. Elenco alfabetico (= Accademia delle Arti del Disegno Monografie 5), Firenze 2000.

Jana **Zapletalová**: „Fantasioso frescante". Interpretace nástěnných maleb Andrey Lanzaniho ve Slavkově u Brna. In: Umění/Art 55 (2007), 120-132.

Roberto **Zapperi**: Der Neid und die Macht. Die Farnese und Aldobrandini im barocken Rom. Aus dem Italienischen von Ingeborg Walter, München 1994.

Ondřej **Zatloukal**/ Pavel **Zatloukal** (Hg.): Luk & lyra. Ze sbírek Arcidiecézního muzea Kroměříž, AK Olomouc 2008.

Franca **Zava Boccazzi**: Episodi di pittura veneziana a Vienna nel Settecento. In: Giandomenico Romanelli (Hg.): Venezia Vienna. Il mito della cultura veneziana nell'Europa asburgica, Milano 1983, 25-88.

Renate **Zedinger**: Sammeln, forschen, fördern – Aspekte adeliger Lebensgestaltung im konfessionellen Zeitalter. In: Herbert Knittler/ Gottfried Stangler/ Renate Zedinger (Hg.): Adel im Wandel. Politik – Kultur – Konfession 1500-1700, AK Rosenburg, Wien 1990, 460-479.

Renate **Zedinger** (Hg.): Lothringens Erbe. Franz Stephan von Lothringen (1708-1765) und sein Wirken in Wirtschaft, Wissenschaft und Kunst der Habsburgermonarchie, AK Schallaburg, St. Pölten 2000.

Johann Heinrich **Zedler**: Grosses vollständiges Universal-Lexikon, 64 Bände, Leipzig/ Halle 1732-1754, Reprint Graz 1998.

Martin **Zeiller**: Topographia Germaniae-Inferioris Vel Circuli-Burgundici [...], Frankfurt am Main 2. Aufl. 1659.

Martin **Zeiller**/ Matthäus **Merian**: Topographia Italiae. Das ist: Wahrhaffte und Curiöse Beschreibung Von gantz Italien/ Darinnen nach Historischer Wahrheit/ die berühmtesten Städte/ Vestungen/ Marcktflecken und andere Oerter/ sampt ihren ‚Antiquitäten'; [...]. Alles auß denen bewährtesten/ Alten und Neuen Scribenten/ mit netten Kupffer-Abbildungen aller hauptsächlichen Städter/ Fürstl. Und anderer Palläste/ wie auch ‚accuraten' und künstlichen Land-Karten außgefertiget/ und zum ersten mal heraußgegeben, Frankfurt am Main 1688.

Petra **Zelenková**: „Vidi stellas undecim...". Šternberské alegorie na grafických listech podle Karla Škréty (The Sternberg Allegories in Prints after Karel Škréta). In: Umění/ Art 54 (2006), 327-342.

Carsten **Zelle**: „Ein klein Cabinett von Gemählden". Zum Versteigerungskatalog von Brockes' Bildersammlung. In: Hans-Georg Kemper u.a. (Hg.): Barthold Heinrich Brockes (1680-1747) im Spiegel seiner Bibliothek und Bildergalerie (= Wolfenbütteler Forschungen 80), Wiesbaden 1998, 29-61.

Carsten **Zelle**: Kunstmarkt, Kennerschaft und Geschmack. Zu Theorie und Praxis in der Zeit zwischen Barthold Heinrich Brockes und Christian Ludwig Hagedorn. In: Michael North (Hg.): Kunstsammeln und Geschmack im 18. Jahrhundert (= Aufklärung und Europa 8), Berlin 2002, 217-238.

Philipp von **Zesen**: Ibrahim's oder des durchleuchtigen Bassa und der beständigen Isabellen Wunder-Geschichte, Amsterdam 1645.

Hendrik **Ziegler**: Le demi-dieu des païens. La critique contemporaine de la statue pédestre de Louis XIV. In: Isabelle Dubois/ Alexandre Gady/ Hendrik Ziegler (Hg.): Place des Victoires à Paris: Histoire, architecture, société (= Monographie Centre allemand d'Historie de l'Art), Paris 2003, 48-65.

Hendrik **Ziegler**: Rezension von Dietrich Erben, Paris und Rom. In: Zeitschrift für Kunstgeschichte 69 (2006), 123-132.

Hendrik **Ziegler**: STAT SOL, LUNA FUGIT. Hans Jacob Wolrabs Josua-Medaille auf Kaiser Leopold I. und ihre Rezeption in Frankreich. In: Christoph Kampmann u.a. (Hg.): Bourbon – Habsburg – Oranien. Konkurrierende Modelle im dynastischen Europa um 1700, Köln/ Weimar/ Wien 2008, 166-181.

Hendrik **Ziegler**: Le lion et le globe: la statue de Louis XIV par Domenico Guido, ou l'Espagne humiliée. In: Gérard Sabatier/ Margarita Torrione (Hg.): ¿Louis XIV espagnol? Madrid et Versailles, images et modèles (= Collection ‚Aulica'), Versailles/ Paris 2009, 75-93.

Hendrik **Ziegler**: Louis XIV et sa contre-image. In: Nicolas Milovanovic/ Alexandre Maral (Hg.): Louis XIV. L'homme & le roi, AK Versailles, Paris 2009, 50-55.

Hendrik **Ziegler**: Der Sonnenkönig und seine Feinde. Die Bildpropaganda Ludwigs XIV. in der Kritik (= Studien zur internationalen Architektur- und Kunstgeschichte 79), Petersberg 2010.

Vera **Zimányi**: Die Hofhaltung und Lebensweise der Esterházy im 17. Jahrhundert. In: Rudolf Kropf/ Gerald Schlag (Hg.): Adelige Hofhaltung im österreichisch-ungarischen Grenzraum (vom Ende des 16. bis zum Anfang des 19. Jahrhunderts) (= Wissenschaftliche Arbeiten aus dem Burgenland 98), Eisenstadt 1998, 257-276.

Lilian H **Zirpolo**: Ave Papa – Ave Papabile. The Sacchetti Familiy, their Art Patronage, and Political Aspirations, Toronto 2005.

Philipp **Zitzlsperger**: Der Papst und sein Kardinal oder: Staatsporträt und Krisenmanagement im barocken Rom. In: Zeitschrift für Kunstgeschichte 64 (2001) Nr. 4, 547-561.

Philipp **Zitzlsperger**: Gianlorenzo Bernini. Die Papst- und Herrscherporträts. Zum Verhältnis von Bildnis und Macht, München 2002.

Jerzy **Żmudziński**: Rzymskie portrety kardynała Michała Stefana Radziejowskiego. In: Tadeusz Bernatowicz u.a. (Hg.): Polska I Europa w dobie nowożytnej. Prace naukowe dedykowane Profesorowi Juliuszowi A. Chrościckiemu, Warszawa 2009, 131-139.

Manfred **Zollinger**: „Konkurrierende" Gerechtigkeitsvorstellungen. Der portugiesische Botschafter und das Spiel um die Öffentlichkeit. Ein Mordfall in Wien (1696). In: Andrea Griesebner/ Martin Scheutz/ Herwig Weigl (Hg.): Justiz und Gerechtigkeit. Historische Beiträge (16.-19. Jahrrundert) (= Wiener Schriften zur Geschichte der Neuzeit 1), Innsbruck u.a. 2002, 285-310.

Claudia **Zonta**: Schlesier an italienischen Universitäten der Frühen Neuzeit 1526-1740, Diss. Ms., Stuttgart 2000.

Alessandro **Zuccari** (Hg.): La Storia dei Giubilei. 3. Bd. 1600-1775, Prato 1999.

Martin **Zürn**: Stillstand im Wandel oder Wandel im Stillstand? Waldburg und Habsburg im 18. Jahrhundert. In: Mark Hengerer/ Elmar L. Kuhn/ Peter Blickle (Hg.): Adel im Wandel. Oberschwaben von der frühen Neuzeit bis zur Gegenwart, 1 Bd. Sigmaringen 2006, 241-254.

D. S. van **Zuiden**: De Beeldhouwer Johannes Bloemendael. In: Oud Holland 30 (1912), 30-36.

Julia **Zunckel**: Das schwere Erbe San Carlos oder: Von der Übererfüllung der Norm. Der Mailänder Kardinalerzbischof Federico Borromeo (1564-1631). In: Arne Karsten (Hg.): Jagd nach dem roten Hut. Kardinalskarrieren im barocken Rom, Göttingen 2004, 69-87.

Julia **Zunckel**: Rangordnungen der Orthodoxie? Päpstlicher Suprematieanspruch und Wertewandel im Spiegel der Präzedenzkonflikte am heiligen römischen Hof in post-tridentinischer Zeit. In: Günther Wassilowsky/ Hubert Wolf: Werte und Symbole im frühneuzeitlichen Rom (= Symbolische Kommunikation und gesellschaftliche Wertesysteme. Schriftenreihe des Sonderforschungsbereichs 496/ Bd. 11), Münster 2005, 101-128

Hans von **Zwiedineck**: Das Gräflich Lamberg'sche Familienarchiv zu Schloß Fesitritz bei Ilz. In: Veröffentlichungen der Historischen Landes-Commission für Steiermark 11, Graz 1899, 219-387.

Fotonachweis

Albertina, Wien: 58, 62, 102, 293 und 354
Archiv von S. Maria dell'Anima, Rom: 429 und 430
Archiv des Verfassers: 2, 24, 67, 86, 89, 90, 96-98, 100, 101, 108, 111, 149, 195, 207, 212, 227, 229, 232, 238, 250, 253, 258, 259, 267, 277, 330, 379, 386 und 456
Archivio Storico Capitolino, Rom: 363, 381, 383, 384 und 388
Dionys Asenkerschbaumer, Passau: 334, 335 und 384
AK Barock im Vatikan, Kat.-Nr. 79: 77
Biblioteca Nacional, Madrid: 30
Bildarchiv der ÖNB, Wien: 91 und 241
Bonaccorso: Posterla, Abb. 2: 428
The British Museum, London (© The Trustees of the British Museum): 3, 25, 104-107, 324, 356 und 427
Buberl: Kunsttopographie Zwettl, Fig. 79, Tafel IV, Fig. 63; Taf. XI, Fig. 103, Fig. 101: 52, 117, 121, 483, 486a und 489
Coinarchives.com: 155, 211 und 256
Dorotheum, Wien: 319 und 392
Fondazione Memmo: Palazzo Ruspoli, Roma 1994, S. 17: 399
Frey: Kunsttopographie Baden, Fig. 281: 166
Fumaroli: L'école du silence, S. 381: 99
Fürst Thurn und Taxis Zentralarchiv, Regensburg: 190, 197 und 274
Galleria Lampronti, Rom: 417 und 418
Gemäldegalerie der Akademie der bildenden Künste, Wien: 41, 95, 461, 466 und 493
Vlado Glos, Bratislava: 67
Graf Harrach'sche Familiengalerie, Rohrau (Mag. Thomas Schaupper): 34, 35 und 66
Hinerkeuser: Das Berliner Schloss, Kat.Nr. 79 und 83: 209 und 263
Historischer Atlas von Wien, Themenmappe 16 o. J.: 172
Ryszard Hołownia, Wroclaw: 31
Michael Imhof Verlag, Petersberg: 173 und 181

Institut für Kunstgeschichte der Universität Wien, Wien: 20, 26, 39, 40, 59, 61, 64, 72, 82, 134, 157, 161, 179, 180, 332, 419 und 472
Institut für Realienkunde des Mittelalters und der frühen Neuzeit/ Peter Böttcher, Krems: 137-139, 144-146
Jedding: Roos, Abb. 299: 513
Keisch: Silberbuffet: 262
Körner/ Perschy: Blaues Blut, Abb. S. 46: 135
Kunsthalle Bremen, Bremen: 470
Kunsthaus Lempertz, Köln: 113 a+b
Kunsthistorisches Museum, Wien: 32, 222, 223, 249, 255, 275, 387, 482, 499-509, 515
Kunstsammlungen und Museen Augsburg, Augsburg: 465
Bernhard Lang, Regensburg: 221a
Fabrizio Lemme, Rom: 322 und 455
Liechtenstein Museum, Wien: 16, 21, 276, 279, 345-347, 350-353 und 369
Andrea Maglio, Neapel: 494
Möseneder: Feste in Regensburg, Abb. 80: 216
Mathias Müller, Klosterneuburg: 154 und 156
Museen der Stadt Regensburg – Historisches Museum, Regensburg: 191
Museum der bildenden Künste, Leipzig: 424
Museum Schloss Wiłanow, Warschau: 343
Museumslandschaft Hessen Kassel, Kassel: 266
Narodni Galerie v Praze, Prag (© National Gallery in Prague: Jan Diviš): 70 und 432
Nationalmuseum, Stockholm: 65, 431, 433, 460 und 462
Oberhausmuseum, Passau: 236
Österreichische Nationalbibliothek, Wien: 109, 198 und 411
Österreichisches Staatsarchiv, Wien: 4 und 43
Osmanenmuseum, Perchtoldsdorf: 29
Pfarre St. Paul, Wien-Döbling: 163
Friedrich Polleroß, Wien: 13, 14, 17, 19, 22, 23, 27, 28, 33, 36, 37, 38, 42, 45-47, 49, 54, 56, 63, 68, 71, 73-75, 78, 79, 81, 83-85, 88, 92, 94, 103, 110, 112, 115, 116, 122, 130-133, 140-143, 147, 151-153, 159, 169, 171, 174, 177, 178, 182-188, 192, 194, 196, 199, 201, 202, 205, 206, 208, 210, 213, 215, 219, 220. 221b, 231, 233, 239, 240, 242-248, 252, 254, 257, 260, 261, 268, 273, 278, 280, 281, 286-287, 289, 290, 292, 316, 317, 320, 327-329, 333, 336, 338, 340-342, 344, 348, 355, 357, 359-362, 364, 365, 367, 368, 370, 373-375, 377, 378, 382, 385, 389-391, 393-398, 400-410, 412-415, 420-423, 425, 426, 468, 471, 473-475, 477-481, 487a+b, 491, 498, 510, 511, 512, 514a-m
Josef Polleroß, Wien: 1, 5-9, 11, 12, 18, 48, 50, 51, 53, 55, 114, 124-126, 160a+b, 165, 170, 175, 176, 189, 203, 204, 214, 217, 269, 270-272, 282-284, 288, 294-315, 318, 323, 331, 334, 335, 358, 416, 434-454, 457-459, 467, 469, 488 und 516
Giancarlo Rostirolla: Il "Mondo Novo" musicale di Pier Leone Ghezzi, Milano 2001, S. 359: 325
Pietro Ruschi: La Villa di Castel Pulci, Firenze 1999, S. 44: 60
Courtesy Sotheby's: 490 und 492
Staatliche Bibliothek, Regensburg: 224
Stadt Regensburg/ Peter Ferstl, Regensburg: 193 und 200
Stift Göttweig: 337
Stiftung Preußischer Schlösser und Gärten, Berlin-Brandenburg/ Wolfgang Pfauder: 265
ÚDU AV âR/ Jitka Walterová, Prag: 225 und 228
Universitätsbibliothek, Kiel: 326
Štěpán Vácha, Prag: 226 und 230
Arnoldo Vescovo, Rom: 380
Huberta Weigl, Wien: 164
Wikipedia: 57 und 339
Ronald Woldron, Wien: 148
Markus Ziegelwanger, Wien: 10, 76, 118-120, 123, 127-129, 136, 150, 158, 162, 167, 168, 291, 321, 366, 371, 372, 376, 463, 464, 485, 486b, 495-497

Register

Personenregister

A

Abensberg-Traun, Otto Ehrenreich Graf von (1644–1710), niederösterreichischer Landmarschall 490 (Anm. 127)
Abensberg-Traun, Otto Ferdinand Graf von (1677–1748), kaiserlicher General und Gouverneur 328, 490 (Anm. 127)
Abraham a Sancta Clara (Megerle, Johann Ulrich, 1644–1709), Prediger, Schriftsteller 269
Acciaioli (Acciajuoli), Nicolò (1630–1719), Kardinal 320, 322, 326, 370, 442, *Abb. 434*
Acuna y Pacheco Gomór de Sandoval Duque de Uceda, Juan Francisco (1649–1718), spanischer Diplomat 21, 294, 310, 328, 332, 336, 359, 370–371, 382, 384, 410
Adalbert von Babenberg (†1055), Markgraf von Österreich 167
Adda, Ferdinando d' (1650–1719), Kardinal 322, *Abb. 304*
Agostini, Leonardo (1593–1669), Antiquar 483, 522
Agresti da Forli, Livio (1508–1580), Maler 419
Agricola, Christoph Ludwig (1667–1719), Maler 273–274, 278, *Abb. 250*
Alba, Duque de – siehe: Alvarez de Toledo, Antonio
Albani, Annibale (1682–1751), Papstnepot 351, 441, 442
Albani, Francesco (1578–1660), Maler 48, 100, 102, 465, 469, 506, 513
Albani, Giovanni Francesco (1649–1721), Kardinal – siehe: Papst Clemens XI.
Alberoni, Giulio (1664–1752), Kardinal, Diplomat und spanischer Premierminister 446
Albrecht, Conrad Adolph von (1681–1751), kaiserlicher Kunstberater und Diplomat 520
Aldobrandini, Ippolito – siehe: Clemens VIII., Papst
Aldobrandini, Pietro (1571–1621), Kardinalnepot 85
Alemonde, (?–?), niederländischer Admiral 354
Alexander II. (da Baggio, Anselmo, um 1010-1073), Papst 481
Alexander VII. (Chigi, Fabio, 1599–1667), Papst 52, 109, 322, 360, 375–376, 419, 452, 483, 508
Alfieri, Girolamo (1654–1740), Stuckateur 200
Algardi, Alessandro (1598–1654), Bildhauer, Architekt 35, 104, 486, *Abb. 85, 489*
Aliprandi (Alliprandi), Antonio (1654–1718), Stuckateur in Österreich und Spanien 149
Aliprandi (Alliprandi), Cristoforo (?–?), Stuckateur 149, *Abb. 118, 119, 122*
Aliprandi (Alliprandi), Giovanni Battista (um 1667–1720), Architekt in Böhmen 149
Aliprandi (Alliprandi), Lorenzo (um 1629–um 1690), kaiserlicher Hofstuckateur 149, 202, *Abb. 118, 119*
Altemps Duca di Gallese, Giuseppe Maria (1653–1713) 391
Alten-Allen, Folbert van (1635–1715), Maler, Kupferstecher 206, *Abb. 180*
Althann, Anna Theresia Gräfin von, geb. Lamberg (1649–1684), Schwester des Diplomaten 150, 210
Althann, Charlotte Gräfin von (?–?) 333
Althann, Christoph Johann Graf von (1633–1706), Oberst-Hofkuchel- und Hoflandjägermeister 143, 150, 203, 210, *Abb. 181*
Althann, Gundaker Graf von (1665–1747), Neffe Lambergs und kaiserlicher Generalbaudirektor 150, 304, 520
Althann, Johann Sigmund Erasmus Graf von (1655–1728) 87, 88
Althann, Michael Adolf Graf von (1574–1638) 33
Althann, Michael Friedrich Graf von (1680–1734), Kardinal, Vizekönig von Neapel 333, 430

Altieri, Emilio (1590–1676) – siehe: Clemens X., Papst
Altieri, Lorenzo (1671–1741), Kardinal 293–294, 313, 326, 328, *Abb. 272*
Alto, Monsù (Hoogh, Pieter, †1712), Maler 446, 507
Álvares de Castro e Sousa Marquês de Cascais, Luís (1644–1720), portugiesischer Diplomat 289
Amalia Wilhemine von Braunschweig-Lüneburg (1673–1742), Kaiserin 131, 251, 378, 390, *Abb. 223, 224*
Ameyden, Dirck de (1586–1656), spanischer Diplomat
Amling, Carl Gustav von (1650–1703), Hofkupferstecher in München *Abb. 471*
Ammanati, Bartolomeo (1511–1592), Bildhauerarchitekt 414, *Abb. 330*
Ancona de Amadoris, Giovanni Battista (?–?), Schriftsteller 357–358
Andora, Maurizio (?–?), Maler 155–156, 158–159, 196, *Abb. 73, 115, 127–129, 170, 175*
Andriot, François (um 1660–1704), Kupferstecher *Abb. 71*
Anesi, Paolo (1697–1773), Maler *Abb. 417*
Anguillara, Lorenzo Conte dell' (?–?) 306, 350
Anjou, Duc d' – siehe: Philipp V. de Bourbon
Anna (Stuart, 1665–1714), Königin von England 338, 352, 400
Aquaviva d'Aragona, Francesco (1665–1725), Kardinal 454
Aquaviva d'Aragona, Ottavio (1560–1612), Kardinal 430, *Abb. 414*
Aquila, Francesco (um 1676–um 1740), Kupferstecher *Abb. 477*
Aragón, Pascual de (1625–1677), Kardinal, Vizekönig in Neapel
Archinto, Giuseppe (†1712), Kardinal, Erzbischof von Mailand *Abb. 435*
Arnolfini, Attilio Francesco (?–?), Gonfaloniere di Giustizia in Lucca 344
Arpino, Giuseppe Cavalier d' (um 1568–1640), Maler 98, 100, 103
Arquino, Carlo d' (1654–1737), Rhetorikprofessor 340, *Abb. 327*
Aschhausen, Johann Gottfried von (1575–1622), Bamberger Fürstbischof 490 (Anm. 59)
Astalli, Fulvio (1655–1721), Kardinal 15, *Abb. 11*
Aste, Marcello d' (1657–1709), Nuntius und Kardinal *Abb. 441*
Aubusson Duc de La Feuillade, François d' (1634–1691), Marschall von Frankreich 56
Audenaerde, Robert van (1663–1743), Kupferstecher *Abb. 419*
Avalos e Aquino Marchese del Vasto e di Pescara, Cesare Michelangelo d' (1667–1729), Reichsfürst 339, 342–344, 346, 392, 394
Avanzini, Bartolomeo (1608–1658), Architekt 106
Azzolino, Decio (1623–1689), Kardinal 519

B

Baccicio – siehe: Gaulli, Giovanni Battista
Bacon, Francis (1561–1626), Staatsmann, Philosoph 130
Baden-Baden, Hermann Markgraf von (1628–1691), kaiserlicher Feldmarschall, Prinzipalkommissär 12, 218–220, 222, 244, *Abb. 195, 216*
Baden-Baden, Ludwig Wilhelm Markgraf von (1655–1707), kaiserlicher Feldmarschall 50, 77, 91, 130–134, 151, 236, 239, 276–277, 294, 394, *Abb. 57, 211*
Baden-Baden, Maria Anna Markgräfin von – siehe: Lobkowitz
Baden-Baden, Sibylla Augusta Markgräfin von (1675–1733) 14
Baldeschi Colonna, Federico (1625–1691), Kardinal 293

Baldi, Pier Maria (um 1630–1686), Maler 79
Baldinucci, Filippo (1624–1697), Kunstschriftsteller 510
Banchini, Cavaliere (?-?) 354
Bandinelli, Baccio (Brandini, Bartolommeo, (1488–1560), Bildhauer *Abb. 59*
Barbarigo, Marco Antonio (1640–1706), Kardinal 313, 322, 454, *Abb. 298*
Barberini, Carlo (1630–1704), Kardinal, Präfekt von Rom 313, 322, 327, 340, 345, 363, 384, 393, 425–426, 466, 470, *Abb. 331–332*
Barberini, Francesco (1597–1679), Kardinal 12, 34, 48, 50, 90, 100, 486, *Abb. 40*
Barberini, Francesco jun. (1662–1738), Kardinal 313, 322, 346, 348, *Abb. 334*
Barberini, Maffeo – siehe: Urban VIII., Papst
Barberini Principe di Palestrina, Maffeo (1631–1685) 100
Barberini Principe di Palestrina, Taddeo (1603–1647) 100
Barberini Principe di Palestrina, Urbano (1664–1722) 240, 384
Barbieri, Giovanni Francesco, gen. il Guercino (1591–1666), Maler 100, 102, 464–466, 507, 513, 528, *Abb. 470*
Barbo, Marco (1420–1491), Kardinal *Abb. 405*
Baroncelli, Gian Francesco (†1694), Architekt *Abb. 91*
Baronio, Cesare (1538–1607), Kardinal 109, 267
Barri, Giacomo (nach 1630–1689), Maler *Abb. 86*
Bartenstein, Johann Christoph Freiherr von (1689–1767), Vizekanzler der österreichisch-böhmischen Hofkanzlei 168
Bartoli, Pietro Santo (Santi, 1635–1700), Kupferstecher 472, 477, 513, 520, *Abb. 328, 474, 479–480*
Batoni, Pompeo Girolamo (1708–1787), Maler 450
Baur, Johann Jakob III. (um 1655–1703), Augsburger Goldschmied 280, 283–285, 287–288, *Abb. 261*
Baur, Johann Ulrich (um 1663–1704), Goldschmied 290
Baur, Matthias II. (um 1653–1728), Goldschmied 290, *Abb. 266*
Baur, Tobias (um 1660–1735), Goldschmied 290, *Abb. 266*
Bayezid I., gen. Bajazetto (1360–1403), Sultan 356, *Abb. 340–341*
Bazzuoli, Francesco (?–?), Maler *Abb. 60*
Beduzzi, Antonio (1675–1735), Theateringenieur, Dekorationsmaler, Architekt 47, 202
Beckh, Johann Georg (?–?), Kupferstecher *Abb. 236*
Beger, Lorenz (1653–1705), Berliner Antiquarius 477, *Abb. 210*
Bellarmin SJ, Robert (1542–1628), Kardinal 267
Bellori, Giovanni Pietro (1613–1696), Autor 464–465, 473, 477, 481, 512, 519, 523, *Abb. 479–480*
Bencini, Pietro Paolo (1668–1755), Kapellmeister und Komponist 338, *Abb. 325–326*
Benedetti, Elpidio (1610–1690), Abbé und Kunstberater 103–104, *Abb. 84*
Benedikt XIII. (Orsini de Gravina OP, Pietro Francesco / Vincenzo Maria, 1649–1730), Papst 322, 446, *Abb. 295*
Benedikt XIV. (Lambertini, Prospero Lorenzo, 1675–1758), Papst 464
Bentivoglio, Filippo Conte (?–?) 372
Bentivoglio, Guido (1579–1644), Kardinal, Nuntius 106
Bérain, Jean (1638–1711), Künstler 57
Berckheyde, Gerrit Adrianszoon (1638–1698), Maler *Abb. 95*
Berentz, Christian (1658–1722), Maler 455–456, 460, 462, 507, 527, 530, *Abb. 465*
Berka von Dubá, Franz Anton Graf (1649–1706), kaiserlicher Diplomat 22, 44, 87, 94, 181, 304, *Abb. 70*

Bernini, Gianlorenzo/ Giovanni Lorenzo (1598–1680), Bildhauer und Architekt   13, 16, 21, 35, 48, 72, 90–91, 94, 99–100, 104, 113, 196, 320, 360, 375–376, 419–420, 426, 434, 436–437, 470,   *Abb. 75, 81–82, 360, 401, 420*
Bernini, Pietro (1562–1629), Bildhauer   108, 346,   *Abb. 332*
Berrettini da Cortona, Pietro (1596–1669), Künstler   20, 26, 50, 83, 100, 103, 105, 346, 360, 367, 422, 434, 482, 513,   *Abb. 24, 64*
Bessel, Gottfried (1672–1749), Abt des Stiftes Göttweig   352
Besser, Johann von (1654–1729), Berliner Zeremoniär   48
Betti, Pasqualino (165?–172?), Altkastrat der Capella Sistina   339
Beutler, Clemens (um 1623–1682), Maler und Kupferstecher   *Abb. 157*
Beyschlag, Johann Christoph (†1680), Augsburger Maler   *Abb. 195, 258*
Bianca von Kastilien (1180–1252), Königin von Frankreich   166
Bianchini, Francesco (1662–1729), Presidente della Antichità   354, 473–474, 476, 519–520
Bianchini, N. (?–?), Arzt   358
Bichi, Carlo (1638–1718), Kardinal   15, 313, 324, 384,   *Abb. 12*
Biju, Claude (?–?), Lehrer   110
Biller, Albrecht (1653–1720), Goldschmied   *Abb. 262, 265*
Biller, Johann Jakob (1684–1723), Goldschmied   *Abb. 262, 264*
Biller, Johann Ludwig (1656–1732), Goldschmied   *Abb. 262, 264*
Biller, Lorenz I. (1609–1685), Augsburger Goldschmied   *Abb. 39*
Biller, Lorenz II. (um 1649–1726), Augsburger Goldschmied   280, 283–285, 287–288,   *Abb. 261, 262*
Birken, Sigismund von (1626–1681), Schriftsteller   *Abb. 141–142*
Blackwell, Sir Lambert (†1727), englischer Diplomat   353
Blaeu, Joan (1596–1673), Kartograph und Kupferstecher   *Abb. 411*
Blanchefort de Créquy Duc des Lésdiguieres, Charles (1578–1638), französischer Marschall und Diplomat   48, 376
Blanchefort de Poix Duque de Créquy, Charles (1623?–1687)   376
Block, Benjamin (1631–1690), Hofmaler   *Abb. 2*
Bloemen, Jan Frans van (1662–1749), Maler   507–508
Bloemen, Pieter van (1657–1720), Maler   507–508, 528,   *Abb. 343*
Blommendael, Jan (1650–1707), Bildhauer   44,   *Abb. 36*
Blondel, François (1613–1703), Mediziner   268
Bloteling, Abraham (1634–1690), Graphiker   271,   *Abb. 207*
Bocaletti, Giovanni Battista (?–?), Dichter   409–410,   *Abb. 389*
Boccalini, Trajano (1556–1613), Schriftsteller   268
Böckler, Georg Andreas (1644–1698), Architekt, Ingenieur, Autor   *Abb. 63*
Bodenehr, Gabriel (1664–1758), Kupferstecher   *Abb. 259*
Boetsel, Andries van (?–?), Tapissier   356
Bonanni SJ, Filippo (1638–1723), Gelehrter   477,   *Abb. 19, 401, 481*
Boncompagni, Giacomo (1652–1731), Erzbischof von Bologna und Kardinal   *Abb. 436*
Boncompagni Ludovisi Duca di Sora, Gregorio II. (1642–1707)   391, 393
Bonelli, Carlo (1611–1676), Kardinal   413
Bonelli, Michele (1541–1598), Kardinal   412
Bonelli Duca di Selci e Montanara, Michele Ferdinando (†1689)   413
Bonelli Duca di Selci, Francesco (1673–1722)   327, 473
Bonsi, Pietro (Pierre de Bonzi, 1637–1703), Kardinal   325,   *Abb. 309*
Bonvicini, Jacob (†1667), kaiserliche Theaterarchitekt und Hofmaler   193

Borghese Principe di Sulmona, Giovanni Battista (1639–1717)   362, 424
Borghese (Caffarelli-Borghese), Scipione (1576–1633), Kardinal   18, 48, 429
Borja-Centelles y Ponce de Léon, Francisco Antonio de (1659–1702), Kardinal   325, 328
Borja y Velasco, Gaspare (1580–1645), Kardinal, spanischer Botschafter, Vizekönig in Neapel   414
Bormastino, Antonio (?–?), Erzieher und Schriftsteller   192, 202
Borromeo d'Arona, Carolo Conte (1657–1734), kaiserlicher General, Vizekönig von Neapel   392
Borromeo, Federico (1564–1631), Kardinal   108–109, 510
Borromeo d'Arona, Federico (1617–1671), Kardinalstaatssekretär, päpstlicher Nuntius   85
Borromeo Arese, Giovanni Benedetto (1679–1744)   382
Borromini, Francesco (1599–1667), Architekt   21, 34, 55, 85, 355, 434,   *Abb. 110, 336*
Bosch, Hieronymus (Aken, Jeroen Anthoniszoon van, um 1450–1516), Maler   509
Bose, Karl Gottfried von (1654–1731), kurfürstlicher Stallmeister   172
Botto, Bartolomeo (†1671?), Bildschnitzer   *Abb. 88*
Boucher, François (1703–1770), Maler   44
Bouillon – siehe: La Tour d'Auvergne
Bracci, Bartolomeo Cesare (1652–1739), Bildhauer   366, 484–485
Bramante, Donato (um 1444–1514), Architekt   *Abb. 400*
Brancati di Lauria, Lorenzo (1612–1693), Kardinal   293
Brandi, Giacinto (1623–1691), Maler   456
Brandis, Franz Adam Graf von (1639–1695)   238
Brandis, Johann Jakob Graf von (1620–1658), Tiroler Erbsilberkämmerer   178
Braunschweig-Lüneburg, Ferdinand Albrecht Herzog von (1636–1687)   24, 94, 129
Braunschweig-Lüneburg, Maximilian Wilhelm Prinz von (1666–1726)   280, 284
Braunschweig-Lüneburg-Wolfenbüttel, Anton Ulrich Herzog von (1633–1714)   276
Breccioli, Bartolomeo (†1639), Architekt   414,   *Abb. 397*
Breunner, Philipp Ignaz Graf von (1653–1722)   433, 499 (Anm. 715)
Bricci, Plautilla (1616–1690), Architektin   103,   *Abb. 84*
Bril, Paul (1556–1626), Maler   513
Brockes, Barthold Heinrich (1680–1747), Hamburger Ratsherr   25, 515
Bronzino, Agnolo (1503–1572), Maler   83, 109
Brueghel, Abraham (1631–1690), Maler   508
Brueghel, Pieter d. J. (1564–1638), Maler   38, 108
Brunner, Matthias (?–?), Tischler   200
Bruyninx van Nieuwenrode, Gerard Hamel (?–?), holländischer Diplomat   241
Bucelin (Bucellinus) OSB, Gabriel (1599–1681), Gelehrter   267
Buchheim, Otto Friedrich Graf von (1604–1664), Bischof   22, 513, 515
Buder, Christian Gottlieb (1693–1763), Universitätsprofessor und Bibliotheksdirektor   403
Buongiovanni (?), Marchese (?–?)   359
Buontalenti, Bernardo (1523/31–1608), Maler, Architekt   84
Buonvisi, Bianca (?–?)   345
Buonvisi, Francesco (1626–1700), Kardinal   12,   *Abb. 437*
Bussi, Carlo Antonio (1651–1690), Maler   259, 261
Bussi, Santino (1664–1736), Stuckateur   149
Butler, Gaspar (?–?), Maler   *Abb. 66*

C
Cabel, Adriaen van der (1631–1705), Maler   44
Cadot de Sébeville, – siehe: Kadot
Caetani Principessa di Caserta, geb. Barberini, Costanza (1657–1687)   346
Caetani Principe di Caserta Duca di Sermoneta, Filippo II. (1620–1687)   346

Caetani Principe di Caserta Duca di Sermoneta, Francesco IV. (1594–1683), Spanischer Vizekönig in Sizilien   346
Caetani Principe di Caserta Duca di Sermoneta, Gaetano Francesco (1656–1716)   209, 346–347, 362, 382, 386, 391–392, 414,   *Abb. 333*
Caetani Principe di Caserta Duca di Sermoneta, Michelangelo (1685–1759)   348
Calandrucci, Giacinto (1646–1707), Maler
Calin von Marienberg, Dominikus Franz (†1683), kaiserlicher Hofhistoriker   165
Cameli, Francesco (?–?), Kunstsammler   519
Campen, Jacob van (1596–1657), Architekt   116,   *Abb. 95–96*
Camuzzi, Giovanni Pietro (um 1650–1724), Stukkateur   261
Canaletto (Canal, Giovanni Antonio, 1697–1768), Maler   528
Cancellieri, Antonio (?–?)   416
Cantelmo (Cantelmi), Giacomo (1645–1702), Kardinal, päpstlicher Nuntius und Legat   292, 322, 328, 392–393, 481,   *Abb. 270*
Capece Marchese di Rofrano, Girolamo (†1725), kaiserlicher Generalpostmeister   337
Capece, Giuseppe (†1701)   337, 387
Capponi, Alessandro Marchese (?–?)   510
Capranica, Gaetano (?–?), Autor   419
Caprara, Alberto Graf von (1627/30–1691), kaiserlicher Diplomat   118, 134 (Anm. 47)
Caprara, Enea Silvio Graf von (1631–1701), kaiserlicher Feldmarschall und Diplomat   131, 239
Caprara, Francesco (1623–1697)   118, (Anm. 47)
Caprara Conte di Pantano, Niccolò (1655–1724)   118, 134 (Anm. 47)
Caracciolo Duca di Santobuono, Carmine Nicolò (1671–1726)   362,   *Abb. 348*
Caradeo, Pietro Silvestro (um 1661–1748), kaiserlicher Hofbildhauer   194
Carafa Principe di Belvedere, Tiberio (1669–1742)   388
Caravaggio (Merisi, Michelangelo da, 1571–1610), Maler   100, 103, 108, 464
Carboni, Giovanni Bernardo (1614–1683)   38
Carducci, Alessandro (?–?), Fechtmeister   82
Carlo Emanuele II. Duca di Savoia (1634–1675)   112
Carlone, Giovanni (1636–1713), Freskenmaler   261,   *Abb. 237*
Carlone, Giovanni Battista (um 1640–1707), Stuckateur   259, 261,   *Abb. 234*
Carpegna, Gaspare Conte di (1625–1714), Kardinal   21, 313, 320, 322, 406, 483,   *Abb. 18, 438*
Carpegna, N. Contessa di (?–?)   240
Carpio, Marqués del – siehe: Haro y Guzmán, Gaspar de
Carracci, Agostino (1557–1602), Maler   100, 102, 108, 465, 472,   *Abb. 80*
Carracci, Annibale (1560–1609), Maler   100, 102, 107–108, 464–465, 472,   *Abb. 80*
Carracci, Antonio (um 1583–1618), Maler   465, 472, 506, 509
Carreño de Miranda, Juan (1614–1685), spanischer Hofmaler   40,   *Abb. 34*
Carriera, Rosalba (1675–1757)   *Abb. 250*
Casanate, Girolamo (1620–1700), Kardinal   365,   *Abb. 214*
Castel Rodrigo, Marqués del – siehe: Moura y Corte Real
Castellamonte – siehe: Cognengo
Castelli gen. Spadino, Giovanni Paolo (1659–um 1730), Maler   508
Castiglione, Baldassare di (1478–1529), Schriftsteller   34, 106
Castlemaine, Earl of – siehe: Palmer, Roger
Cavaletti, Ermes (?–?) römischer Edelmann   359
Cavaletti, Mario (?–?) römischer Edelmann   359
Cenci, Baldassare (1648–1709), Erzbischof von Fermo, Kardinal   313,   *Abb. 439*
Cerruti, Giulio (†1719), Militäringenieur   435–436
Cerruti, Michelangelo (1663–1748), Maler   449–450, 454, 480, 509,   *Abb. 433*

Ceva Grimaldi Duca di Telese, Bartolomeo (1670–1707) 337, 388, *Abb. 370*
Chassignet (Sassignet), Franz Freiherr von (?–?), Gesandtschaftssekretär 307, 337, 368–369, 387
Chauveau, François (1656–1700?), Maler [?] *Abb. 99*
Chiccheri, Vittorio (165?–171?), Tenor 339
Chifflet, Jean-Jacques (1588–1660), Leibarzt des niederländischen Statthalters Erzherzog Leopold Wilhelm 117
Chigi Duca di Ariccia, Agostino (1634–1705), Papstnepote, Reichsfürst 94, 326
Chigi, Fabio (1599–1667) – siehe: Alexander VII. , Papst
Chigi, Flavio (1631–1693), Kardinallegat 55, 90, 96, 100, 102, 326, 446, 480
Chigi, Sigismondo (1649–1678), Papstnepote 366
Chigi Montori (Montoro), Lodovico Marchese (?–?) 328, 330
Christina (1626–1689), Königin von Schweden 12, 35, 90–91, 94, 99, 109, 329, 358, 360, 432, 439, 469–470, 472, 513–515, 519, *Abb. 425, 472–474*
Churchill Duke of Marlborough, John (1650–1722) 33, 45, 48, 204, 276, 409, *Abb. 386*
Ciampelli, Agostino (1565–1630), Maler
Cinelli, Giovanni (1625–1705), Arzt, Autor 80
Cipriano, Sebastiano (?–?), Architekt 340, *Abb. 327*
Circignani, Niccolò gen. il Pomarancio (um 1530–um 1598) 431
Clam, Wolfgang Christoph Freiherr von (†1703), Domherr 231
Clary-Aldringen, Maria Anna Eleonore von, geb. von Lamberg (†1692?) 240, 297 (Anm. 92)
Claude, Isaac (1653–1695), Autor 158
Claudia Felicitas von Tirol (1653–1676), Kaiserin 150, *Abb. 125*
Clemens VIII. (Aldobrandini, Ippolito, 1536–1605), Papst 116, 427
Clemens IX. (Rospigliosi, Giulio, 1600–1669), Papst 88, 322, 325
Clemens X. (Altieri, Emilio, 1590–1676), Papst 34, 90, 292–293, 322, *Abb. 73*
Clemens XI. (Albani, Giovanni Francesco, 1649–1721), Papst 313, 318, 324, 327, 330, 343, 355, 400, 403–404, 411, 419, 439, 441, 450, 452, 454, 466, 472, 474, 476, 480–482, 520, *Abb. 6, 293, 321, 428, 455*
Clemens XII. (Corsini, Lorenzo, 1652–1740), Papst 134 (Anm. 43)
Clemens-August von Bayern (1700–1761), Kurfürst von Köln 290, 448
Cleveland, Duchesse de – siehe: Villiers, Barbara
Closterman, John (1660–1721), Maler 48
Codazzi, Niccolò (1642–1693), Maler *Abb. 343*
Cognengo di Castellamonte, Amadeo (1610–1683), Architekt 110, 112–113, *Abb. 90–91*
Cognengo di Castellamonte, Carlo (1560–1641), Architekt 110
Coke Earl of Leicester, Thomas (1697–1759) 448
Colbert, Jean-Baptiste (1619–1683), französischer Finanzminister 71, 126, 128–129
Collalto, Antonio Rambaldo Graf von (1681–1741) 22, 452
Collignon, Francesco (François, 1610–1687), Kupferstecher 94, *Abb. 75*
Colloredo, Leandro von (1639–1709), Kardinal, Oratorianer 313, 322, 326–327, 440, *Abb. 301*
Colonna, Carlo (1665–1739), Kardinal 94, 448
Colonna, Girolamo (1604–1666), Kardinalprotektor des Reiches 50, 74
Colonna, Vicenzo Marchese (?–?) 385
Colonna Duca e Principe di Paliano, Lorenzo Onofrio (1637–1689), Gran Contestabile von Neapel 94
Colonna Duca e Principe di Paliano, Filippo (1578–1639) 14–15
Colonna Duca e Principe di Paliano, Filippo Alessandro (1663–1714), Gran Contestabile des Königreichs Neapel 14, 240, 318, 362, 386, 391, 393, 411–412, 440

Colonna Ducchessa e Principessa di Paliano, Maria, geb. Mancini (†1715) 9, 14, 325
Conti Duca di Poli, Giuseppe (?–?) 429
Corallo, Francesco (?–?), Vergolder 102, 366, 367, 484–485
Cordua, Johann de (1649–1698), Stilllebenmaler 193
Corelli, Arcangelo (1653–1713), Musiker und Komponist 259, 328, 350, 385
Cornaro, Giorgio (1658–1720), Kardinal 452, *Abb. 440*
Corneille, Pierre (1606–1684), französischer Schriftsteller 249, 333
Coronelli, Vincenzo (1650–1718), Geograph und Minoritengeneral 262, 267, *Abb. 54, 241–242*
Correggio (Allegri, Antonio, 1489–1534), Maler 83, 108, 358, 465, 472, 509, *Abb. 472*
Corsini, Camillo Marchese (1673–1710) 371–372
Corsini, Bartolommeo Marchese (1622–1685) 78, 134 (Anm. 43)
Corsini, Filippo Marchese (1647–1705) 78, 134 (Anm. 43)
Cortese, Guglielmo – siehe: Courtois, Guillaume
Cortona, Pietro da – siehe: Berrettini da Cortona
Corvinus, Johann August (1683–1738), Kupferstecher *Abb. 179, 391*
Cosimo III. de' Medici (1642–1723), Großherzog der Toscana 79, 81, 87, 345, 354, 436, 482, *Abb. 61, 338*
Costaguti, Giovanni Battista (1636–1704), Kardinal 322, 432, *Abb. 416*
Costaguti, Vincenzo (1612–1660), Kardinal 432
Costentin Comte de Tourville, Anne-Hilarion de (1642–1701), französischer Vizeadmiral 57
Cottart, Pierre (um 1630–um 1700), Architekt 44
Cotte, Robert de (1656–1735), französischer Hofarchitekt 44
Courtois, Guillaume (Cortese, Guglielmo 1628–1679) 35
Courtois, Jacques, gen. Le Bourguignon (1621–1676), Maler 509
Coypel, Noël (1628–1707), Maler 129
Coysevox, Antoine (1640–1720), Bildhauer 57
Cramprich von Cronenfeld, Johann (?–?), kaiserlicher Diplomat 44, 56, 235, *Abb. 207*
Crayer, Caspar de (1584–1669), Maler 507
Creccolini, Antonio (1671–1725), Maler 361, *Abb. 345, 347, 350–353*
Crecy, Comte de – siehe: Verjus, Louis de
Créquy, Duque de – siehe: Blanchefort, Charles
Crescimbeni, Giovanni Mario (1663–1728), Gründungssekretär der Gelehrtenakademie Arcadia 476
Crespi, Daniele (1598–1630), Maler 109
Creuter – siehe: Greuter
Crunich (?), Graf von (?–?) 257
Croy, Charles-Eugène de (1651–1702), kaiserlicher Feldmarschall 256, 298 (Anm. 154)
Cybo (Cibo), Alderano (1613–1700), Kardinal 12, 329, 336, 436, *Abb. 7*
Cybo (Cibo), Alessandro (1633–1705), Patriarch von Konstantinopel 328, 329
Czernin, Hermann Jakob Graf von (†1710), böhmischer Oberstlandmarschall 98, 203
Czernin, Jan Humprecht Graf von (1628–1682), kaiserlicher Diplomat 22

D
Dahl, Michael (um 1659–1743), Maler *Abb. 339*
Dalberg, Peter (?–?), Botschaftssekretär 349, 487
Dandini, Vincenzo (1609–1675), Maler 80
Daun, Wirich Philipp Graf (1668–1741), kaiserlicher Feldherr und Vizekönig von Neapel 411
Davia, N. (?–?), Nuntius 398
David, Antonio (1680–1737), Maler 450, 452, 454, 507, *Abb. 1, 19, 41, 48, 50, 53, 288, 321, 329, 371–372, 376, 458–459*
David, Ludovico (1648–1720), Maler und Kunstschriftsteller 450, 452, 454, *Abb. 276, 455–456*
Davy du Perron, Jacques (1556–1618), Prälat, Diplomat, Dichter 414

Decker, Paul (1677–1733), Kupferstecher und Architekturschriftsteller 411, *Abb. 391*
Delfino, Daniele Marco (1653–1704), Erzbischof von Brescia 313, 322, 333, *Abb. 294*
Delsenbach, Johann Adam (1687–1765), Kupferstecher 193, *Abb. 173, 181*
Desjardins, Martin (1637–1694), Bildhauer 56, *Abb. 44*
Desmarées, Georges – siehe: Marées, Georges des
Desmarets (Desmarest), Henry (1661–1741), Komponist 241
Diede zum Fürstenstein, Hans Eitel (1624–1685), Darmstädter Geheimrat 202–203
Dientzenhofer, Christoph (1655–1722), Architekt 255
Dietrichstein, Ferdinand Joseph Fürst von (1636–1698) 143, 266–267
Dietrichstein, Gundakar Fürst von (1623–1690), kaiserlicher Oberstkämmerer 143
Dietrichstein, Johann Philipp Sigmund Graf von (1651–1716), kaiserlicher Oberstallmeister 87, 131, 181, 194, 196
Dietrichstein, Leopold Ignaz Joseph Fürst von (1660–1708) 118, 131
Domenichino (Zampieri, Domenico, 1581–1641), Maler 48, 105
Donauer, Hans d. Ä. (um 1540–1596), Maler *Abb. 94*
Doria, Don Domenico (?–?) 36
Doria Lanti, Polissena Principessa (1608–1679) 36
Dorselet, N. Mylord (?–?) 354
Drentwett, Abraham II. (1647–1729), Goldschmied, Zeichner 47
Dsmitsen, Johannes (?–?), Maler 154
Du Fraine (Dufrêsne), Joseph (?–?), Regensburger Händler 233, 364
Dücker Freiherr von Haslau, Alphons (?–?), Salzburger Geheimrat 266
Dürer, Albrecht (1471–1528) 83, 270
Dughet, Gaspard – siehe: Poussin, Gaspard
Duquesnoy, François (1597–1643), flämischer Bildhauer 34, 486
Durazzo, Marcello (1633–1710), Kardinal *Abb. 443*
Dyck, Anthonis van (1599–1641), Maler 34, 38, 48, 83, 106, 129, 448, 507

E
Eck (Egk) und Hungersbach, Christian Graf von (1645–1706), Reichshofrat und kaiserlicher Diplomat 45, 235, 304
Eckher von Karpfing und Liechteneck, Johann Franz (1649–1727), Fürstbischof von Freising 266
Ederi SJ, Joseph (1637–1697), kaiserlicher Beichtvater 291
Eggenberg Herzog von Krumau, Johann Anton Fürst von (1610–1649) 48, 50, 52, 345, 360
Eggenberg Herzog von Krumau, Johann Joseph Anton Fürst von (1669–1716) 304
Eimmart, Georg Christoph (1639–1705), Kupferstecher *Abb. 190, 197, 274*
Eimmart, Matthäus (1640–1710), Kupferstecher *Abb. 190, 197, 216, 274*
Elcis Marchese Clemente Vitelli, Orazio d' (?–?) 78, 134 (Anm. 42)
Eleonora Gonzaga (1598–1655), Kaiserin 68, 242, 246
Eleonore Magdalena Theresia von Pfalz-Neuburg (1655–1720), Kaiserin 56, 142, 150, 245, 332, 338, 378, 445
Eleonore von Österreich (1653–1697), polnische Königinwitwe, Herzogin von Lothringen 50
Ellerich, Christoph (†1715), Augsburger Goldschmied 286
Eltester, Christian (1671–1700), Zeichner *Abb. 209, 263*
Endter, Georg Andreas (1654–1717), Verleger und Buchhändler 270
Engelbrecht, Martin (1684–1756), Kupferstecher *Abb. 196*
Enríquez de Cabrera, Juan Alfonso (1597–1647) 39
Enríquez de Cabrera Duque de Medina de Ríose-

co, Juan Gaspar Alonso (1625–1691), Admiral von Kastilien 39
Enzmilner Graf von Windhag, Joachim (1600–1678) 21, 143, 159–160, 164, 168, 179, *Abb. 20, 134, 161*
Ercole, Domenico Antonio (?–?), Verleger 409, *Abb. 327, 389*
Erizzo, Niccolò (1655–1709), venezianischer Diplomat 337
Erman, Giacomo – siehe: Hermann, Jakob
Ertel, Anton Wilhelm (?–?), Autor *Abb. 114*
Esterházy, Fürstenfamilie 456
Esterházy von Galántha, Paul Fürst (1635–1713), ungarischer Palatin 22, 165, 168, 194, 282
Estrées, Victor Marie Duc d' (1660–1737), Kunstsammler 532 (Anm. 79)
Estrées, César d' (1622/28–1714), Kardinal 42, 294, 325, 328, 369, 395, 399
Estrées, Jean d' (1666–1718), Erzbischof von Cambrai und Diplomat 325
Etherege, Sir George (1635?–1692), englischer Diplomat und Schriftsteller 242
Eyb, Johann Martin von (1630–1704), Fürstbischof von Eichstätt 264

F
Faber, John d. J. (1684/95–1756), Kupferstecher *Abb. 3*
Fabri, Agostino (?) (?–?), Abbé 352
Fairborn, Sir Stafford (?–?), englischer Vize-Admiral 354
Faistenberger, Benedikt I. (1621–1693), Bildhauer 171
Faistenberger, Benedikt II. (1653–1708), Bildhauer 171
Faistenberger, Johann Paul (1654–1705), Maler 161, 170–172, *Abb. 137–139, 144–146, 154, 156*
Faistenberger, Maria Sophia geb. Loidolt (?–?), 172
Falconieri, Paolo Francesco Marchese (1626–1696), päpstlicher General 85, 446
Falda, Giovanni Battista (1643–1678), Architekturzeichner 26, 412, 428, *Abb. 82–83, 316, 410, 412*
Farnese, Alessandro (1542–1592), spanischer Feldherr 374
Farnese, Ranuccio II. (1630–1694), Herzog von Parma 107
Fede, Antonio Maria Graf (1649–1718), römischer Resident der Medici und Wittelsbacher 48, 320, 487
Federer, Michael (†1700), Regensburger Münzmeister 251
Félibien, André (1619–1695), Historiographe des Bâtiments du roi 24, 129
Félibien, Jean-François (1658–1733), Kunsttheoretiker 55
Felici, Vincenzo (um 1667–1715), Bildhauer *Abb. 478*
Fenguières, Marquis de – siehe: Pas d'Harbonville
Ferdinand I. (1503–1564), Kaiser 374
Ferdinand II. (1578–1637), Kaiser 12, 50, 116, 166, 179, 246
Ferdinand II. de' Medici (1610–1670), Großherzog der Toskana 75
Ferdinand III. (1608–1657), Kaiser 16, 48, 50, 88, 142, 179, 246, 382, *Abb. 40, 356*
Ferdinand IV. (1633–1654) Römischer und ungarischer König 142, 246
Ferdinand Maria (1636–1679), Kurfürst von Bayern 116
Fernández de Portocarrero-Bocanegra y Moscoso-Osorio, Luis Manuel (1635–1709), Kardinal, Erzbischof von Toledo, spanischer Regent nach dem Tod Karls II. 324, 400, 402, *Abb. 307*
Ferrari OP, Tommaso Maria (1647–1716), Kardinal 313, 384, 452, *Abb. 444*
Ferrata, Ercole (1610–1686), Bildhauer 35, 108
Ferretti, Antonio (?–?), Bildhauer 367, 484–485
Ferr(i)eri, Filippo (1643–1720), Bronze- und Messinggießer 366–367, 485
Ferrerio, Pietro (1600–1654), Kupferstecher 26, 412, *Abb. 26, 394*

Ferri, Ciro (1634–1689), Maler 50, 52, 360–361, 367, *Abb. 344*
Fesch, Joseph (1763–1839), Kardinal 532 (Anm. 42)
Fiocchini, Giuseppe (?–?), Kutschenbauer 361
Fiorentino, Adriano († um 1499), Medailleur 522
Fiori, Carlo dei (Vogelaer, Karel van, 1653–1695), Maler 515
Fiori, Cesare (um 1636–1702); Kupferstecher *Abb. 87*
Fiori, Mario dei – siehe: Nuzzi, Mario
Fischer von Erlach, Johann Bernhard (1656–1723), kaiserlicher Hofarchitekt 13, 21, 34, 58, 60, 90, 181, 195, 196, 200, 203, 282, 325, 333, 520, 523, 528, *Abb. 181, 510*
Fischer von Erlach, Joseph Emanuel (1693–1742), kaiserlicher Hofarchitekt 193, *Abb. 173, 181*
Fischer, Johann Georg († nach 1702), Augsburger Münzwardein 283–284
Fölser, Matthias († um 1724), Baumeister 173–174
Förber, Johann (?–?), Medaillenverleger 251
Foggini, Giovanni Battista (1652–1725), Bildhauer, Architekt 79
Foix de Candalle Duc de Randan Marquis de Sennecey, Henri François de (1640–1714) 130
Fontana, Angelo (?–?), Stuckateur 149, 169, *Abb. 123, 166*
Fontana, Carlo (1634–1714), Architekt 13, 98, 100, 102, 241, 349, 378, 427, 434– 440, 442, 445, 466, 470, 474–475, *Abb. 82, 213, 419–425, 429–430, 477*
Fontana, Domenico (1553–1607), Architekt 84, 103, 412, *Abb. 83, 393*
Fontana, Francesco (1668–1708), Architekt 476, 481, *Abb. 477*
Fontana, Carlo Stefano (um 1675–1740), Architekt 475
Fontana, Giovanni Battista (1636–1711), Architekt 429, *Abb. 68, 412–413*
Fontanges, Duchesse de – siehe: Scoraille de Roussile, Marie-Angélique de
Forbin Janson, Toussaint Marquis de (1631–1713), Kardinal, Bischof von Marsaille und Beauvais, französischer Diplomat 325, 328, 336, 341–342, 346, 350, 359, 369, 384, 391–393, 395, 399, 402, 404, 408, 410, 432, 438, 452, *Abb. 323*
Forgách, Pál (1696–1759), Bischof von Großwardein (Oradea in Rumänien) 456
Formelio, Donato da (?–?), Künstler 419
France, Joseph Angelo de (1691–1761), Direktor der kaiserlichen Antikensammlung 520, 528, *Abb. 515*
Francesco I. d'Este (1610–1658), Herzog von Mantua 322
Francesco II. d'Este (1660–1699), Herzog von Ferrara 77
Francisci, Erasmus (1627–1694), Nürnberger Bestsellerautor 238
Frank, Johann Martin (?–?), Lambergs Hofmeister 277
Franz I. Stephan von Lothringen (1708–1765), Kaiser 202, 528
Fréart de Chantelou, Paul (1609–1694), Berninis Betreuer in Paris 24
Freschot, Casimir (1640–1720), Reiseschriftsteller 18
Friedenstainer, Hans (?–?), Steinmetz 181, 182
Friederike Amalie (1649–1704), Königin von Dänemark 49
Friedrich III. (1425–1495), Kaiser 377
Friedrich III. (1657–1713), Kurfürst von Brandenburg 285, *Abb. 263*
Friedrich Wilhelm (1620–1688), „großer Kurfürst" von Brandenburg 47
Friedrich III./I. (1657–1713), Kurfürst von Brandenburg, König in Preußen 285, *Abb. 263*
Friedrich Wilhelm I. (1688–1740), König in Preußen 380
Friedrich August I., gen. der Starke (1670–1733), Kurfürst von Sachsen, König von Polen 187, 203–204
Friedrich August II., (1696–1763), Kurfürst von Sachsen, als August III. König von Polen 60

Frocas Pinyra y Pimentel, Don Emanuel (?-?), 507
Fuente, Marqués de la – siehe: Teves y Tello de Guzmán, Gaspar de
Fürstenberg, Kaspar Dietrich von (1615–1675), Dragoneroberst und Dompropst 106
Fürstenberg, Philipp Karl Graf von (1669–1718), Regent der Anima und Bischof von Lavant 378, 429
Fürstenberg, Wilhelm Reichsfreiherr von (1623–1699), Domdechant in Salzburg 513
Fürstenberg, Wilhelm Egon Fürst von (1629–1704), Kardinal, Bischof von Straßburg 96, 325, *Abb. 311*
Furetière, Antoine (1619–1688), Schriftsteller 268
Furttenbach, Joseph (1591–1667), Architekturtheoretiker 206

G
Gabrielli, Pietro (1660–1734), Monsignore 515
Gabrielli, Giovanni Maria (1654–1711), Generalabt der Zisterzienser, Kardinal 313, 445, *Abb. 450*
Gaffi, Girolamo (?-?), Kupferschmied 366
Galizia, Fede (1578–1630), Malerin 109
Gallarati, Caterina (166?–173?), Sängerin 339
Gallas, Johann Wenzel Graf von (1669–1719), kaiserlicher Diplomat, Vizekönig in Neapel 22, 25, 45, 304, 309, 311, 333, 505, 515, 520
Gallenstein, Benedikt von (?-?), Kölner Gesandter 232
Galli-Bibiena, Ferdinando (1656–1743), kaiserlicher Theaterarchitekt 60
Galli-Bibiena, Giuseppe (1696–1757) Theaterarchitekt, Zeichner 60
Gambacorta Principe di Macchia, Cajetano (†1703) 337
Gandese R. V. A. (?-?), Kupferstecher *Abb. 293*
Garzi, Luigi (1638–1721), Maler *Abb. 462*
Garzoni, Romano Marchese di (?-?), kaiserlicher Kämmerer 344
Gascar(d), Henri (1633–1701), Maler 170, 468–469, 506, 528, *Abb. 203, 217, 319*
Gascoine, Sir Edward (?-?) 448
Gaston d'Orléans (1608–1660), Bruder Ludwigs XIII. 129, *Abb. 108*
Gauck, Valentin (um 1639–1706), Tischler 150, 170, 174, *Abb. 147*
Gaulli gen. Baccicio, Giovanni Battista (1639–1709), Maler 102, 452
Gautier (?-?), Kaufmann 42
Gavoni, N. (?-?), Abbate 399
Gavotti, Cavaliere Angelo (?-?) 371
Gelpi, Pietro Paolo (1664–1752), Juwelier 408, 484–486, *Abb. 486*
Gemmingen, Johann Konrad von (1561–1612), Fürstbischof 264
Gerbier, Sir Balthazar (1592–1663), Künstler, Diplomat 48
Gerhard, Hubert (ca.1540–1620), Bildhauer 114
Gerini, Pier Antonio Marchese (1651–1707) 106, 345
Gerstner, Zacharias (?-?), Lambergs Verwalter in Drosendorf 171
Geyer, Andreas (†1729), Kupferstecher *Abb. 199*
Geyer von Geyersberg, Johanna Ernestine Gräfin von (1655–1727), 246, 297 (Anm. 112)
Geymann, Hans Karl von (†1709), Hofkriegsrat 125
Ghelen, Johann van (1655–1721), Wiener Universitätsbuchdrucker 234
Ghezzi, Pier Leone (1674–1755), Zeichner und Maler *Abb. 325, 428*
Ghirlandaio, Domenico (1449–1494), Maler 79
Giacconi, Giovanni Battista (?-?), Maler 446
Giambologna (Jean de Boulogne, 1529–1608), Bildhauer 83, 84, *Abb. 65*
Giampelli, Agostino (1578–1640), Maler *Abb. 414*
Gianelli, Carlo Antonio (?-?) 353
Gillot de Saintonge, Louise-Geneviève (1650–1718) 241
Giordano, Luca (1634–1705), Maler 34, 79, 507–508, 528, *Abb. 494–495*

591

Giorgione (Castelfranco, Giorgio o Zorzi da, 1478–1510), Maler 83, 107, 464
Giudice (Giudici), Francesco del (1647–1725), Kardinal 310, 312–313, 324, 328, 332, 384, 476, *Abb. 282*
Giudice, N. (?–?), Monisgnore 476
Giustiniani di Prandi, Gustavo (?–?), Botschafter von Mantua 48
Gladič, Janez František (1635–1663), Maler 513
Goëss, Johann(es) Freiherr von (1611/12–1696), Kardinal, kaiserlicher Diplomat, Bischof von Gurk 12, 304, 314, *Abb. 204*
Goëss, Johann Peter Freiherr bzw. Graf von (1667–1716), kaiserlicher Diplomat und Landeshauptmann von Kärnten 12
Gole, Jacob (um 1647?–um 1724?), Kupferstecher *Abb. 101*
Goltzius, Hendrick (1558–1617), Maler, Kupferstecher 510
Gommier, Aloisio (Louis?, ?–?), Kupferstecher *Abb. 276, 363*
Gonzaga, Alonso Graf (1616–1678) 36
Gonzaga, Francesco Maria Hannibale Fürst (†1668), Hofkriegsratspräsident 209
Gonzaga di Palazzolo, Elena (?–?) 327
Gonzaga, Isabella, geb. d'Este (1474–1539), Markgräfin von Mantua *Abb. 474*
Gonzaga Duca di Bozzolo, Scipione (1615–1670), kaiserlicher Diplomat 50
Gonzaga, Alfonso (?–?), Titularbischof von Rhodos 360
Gori, Nicola (?–?), Dichter 409
Gotter, Gustav Adolf Graf von (1692–1762) 45
Gottsreiter, Wolf (?–?), Steinmetz 144
Gozzoli, Benozzo (1421–1497), Maler 79
Gradele, Franz (?–?), Kammerdiener 75
Gradenthaler, Hieronymus (1637–1700), Regensburger Organist 270
Grafenstein, Franz Anton (1717– nach 1780), Maler 528
Grappelli, Giovanni Battista (?–?), Librettist 355
Graziani, Francesco (?–?), Maler 509
Greca, Felice della (vor 1626–um 1677), Architekt 413, 436
Greco, El (Theotokopoulos, Dominikos, 1541–1614), Maler 108
Gregor XIII. (Boncompagni, Udo 1502–1585), Papst 422
Gregor XV. (Ludovisi, Alessandro 1554–1623), Papst 430
Gregori, Carlo (1719–1759), Kupferstecher *Abb. 62*
Greiff, Gerhard (1642–1699), Augsburger Silberhändler 280–283, 286–288, *Abb. 258, 260*
Greischer (Gryscher), Matthias (Matija) (1659–1689), Graphiker 168
Greuter, Giovanni Federico (um 1590–1662), Kupferstecher 94
Greuter (Creuter), N. (?–?), Sängerin 358, 488
Grimaldi, Bartolomeo – siehe: Ceva Grimaldi Duca di Telese, Bartolomeo
Grimaldi, Giovanni Francesco (1606–1680), Maler 50, 52, 89
Grimani, Pietro (†1686) 436
Grimani, Vincenzo (1653–1710), Kardinal, kaiserlicher Diplomat 18, 327, 330, 333, 335, 337–339, 342–343, 346–347, 349, 362, 370–372, 374, 378, 384–386, 392, 429–430, 470, *Abb. 315, 354*
Grumbach, Anna Juliana Rheingräfin von (1649/50–1720/21) 254
Gualteri, Filippo Antonio (1660–1728), Kardinal 21
Guarini, Guarino (1624–1683), Architekt 110
Gudenus, Freiherr von (?-?) 172
Guercino – siehe: Barbieri, Giovanni Francesco
Guevara, Felipe de (†1560), Autor 509
Guicciardini, Francesco (1483–1540), Politiker, Historiker 106
Guidi, Domenico (1625–1701), Bildhauer 35, 376, *Abb. 31, 361*
Guilliman, Franz (1568–1612), Historiker 269, 271
Gumpelzhaimer, Esaias (1604–1660), Regensburger Ratsherr und kaiserlicher Rat 270
Gumpp, Christoph (1600–1672), Hoftischler, Hofbaumeister 36

H
Haakius (von Haack), Jacob (?–?), Autor 402
Händel, Georg Friedrich (1685–1759), Komponist 338–339, 350
Hahn, Paul (?–?), Hofmeister 72
Haid, Johann Gottfried (1714–1776), Kupferstecher *Abb. 515*
Halden zu Haldenegg und Trazberg, Franz Rudolph Freiherr von der (um 1650–1707), kaiserlicher Diplomat 226, 250, 364
Haller, Georg (?–?), Maurermeister 178
Halleweil, Ferdinand Leopold Graf von (?–?), kaserlicher Kammerherr 364
Hamilton, Johann Georg von (um 1672–1737), kaiserlicher Hofmaler 380, 528
Hamilton, Philipp Ferdinand von (1664–1750), Maler 528
Happel, Eberhard Werner (1647–1690), Schriftsteller 268, 289
Harcourt, Henri Duc d' (1654–1718), französischer Botschafter 54
Haresleben, Adam (1627–1683), Dombau- und Steinmetzmeister 193
Haro y Guzmán Marqués del Carpio y Liche Duque de Olivares, Gaspar de (1629–1687), spanischer Diplomat, Vizekönig in Neapel 26, 34, 39, 94, 473, *Abb. 24–25, 30*
Harrach, Alois (Aloys) Thomas Raimund Graf von (1669–1742), kaiserlicher Diplomat, Vizekönig in Neapel 22, 54, 262, 304, 337, *Abb. 66*
Harrach, Ernst Adalbert von (1598–1667), Kardinal, Fürsterzbischof von Prag 422
Harrach, Ferdinand Bonaventura Graf von (1636–1706), kaiserlicher Diplomat und Oberhofmeister 22, 25, 36, 38–39, 42, 44, 54, 143, 154, 165–166, 239, 266, 289, 302, 356, 506, *Abb. 34–35*
Harrach, Franz Anton Graf von (1665–1725), Fürsterzbischof von Salzburg 262, 295
Harrach, Johann Joseph Philipp Graf von (1678–1764/67), Feldmarschall, Präsident des Hofkriegsrates 42, 258
Harrach, Johanna Theresia Gräfin von, geb. Lamberg (1639–1716) 126
Harrach, Karl Graf von (1662–1684) 126
Harrach, Rosa Gräfin von (1674–1742), spätere Fürstin von Longueval-Bouquoy 239
Haslang, Franz Bernhard Freiherr von (?–?), Domdechant 231, 244
Hatzfeld-Gleichen, Anton Lothar Graf von (†1721), Domherr 430
Hedwig Eleonora von Schleswig-Holstein-Gottorf (1636–1715), Königin von Schweden 50
Heckenauer, Leonhard (um 1650–1704), Kupferstecher *Abb. 244–245*
Heems, Arnold Freiherr von (†1718), kaiserlicher Diplomat 45
Heemskerck, Conraad van (1664–1702), holländischer Diplomat 29 (Anm. 32)
Heg(g)eler, Johann (†1701), Hofmeister, Geistlicher 75
Heinrich, Michael (?–?), Steinmetz 144
Heintz, Joseph d. Ä. (1564–1609), Maler 114
Heisenstein, Liserl von (?–?) 257
Heiß, Elias Christoph (1660–1731), Graphiker 269, 274, 276, 278, *Abb. 233, 247, 251–252, 258, 386*
Helmbrecker, Dirck van (1633–1696), Maler 507, 509
Henrietta Maria von Bourbon (1609–1669), Königin von England 48
Henriette Adelaide von Savoyen (1636–1676), Kurfürstin von Bayern 115
Heraeus, Carl Gustav (1671–1725) kaiserlicher Hofnumismatiker und Kunstberater 24, 60
Herbel, Charles (um 1656–1702), Maler *Abb. 222*
Herbelot de Molainville, Barthélemy d' (1625–1695) 268
Herberstein, Dr. Sigismund Christoph Graf von (1644–1716), Bischof von Laibach/ Ljubljana 230
Hermann, Jakob (Erman, Giacomo, 1615–1685) 35, *Abb. 32*
Herpin, Jacques-Louis (†1748), königlicher Hofbildhauer 44

Hessen-Darmstadt, Friedrich Landgraf von (1616–1682), Kardinal 12, 34, 88, 206, 306, 376, *Abb. 31–32*
Hessen-Kassel, Karl Landgraf von (1654–1730) 87, 419
Heusch, Jacob de (1656–1701), Utrechter Maler 446
Hildebrandt, Johann Lucas von (1668–1745), kaiserlicher Hofarchitekt 21, 44, 436
Hiltl, N. (?–?), Maler (?) 248
Hirth, Michael Conrad (1649–1704), Maler 274, 278
Hoby, Sir Thomas (1530–1566), Diplomat 34
Hörnigk, Dr. Ludwig von (1600–1667) 220
Hörnigk, Dr. Philipp Wilhelm von (1640–1714), Diplomat, Historiker und Ökonom 54, 162, 222–224, 262, 269, 295, *Abb. 194*
Hövel (Hevelius), Johann Eberhard (1611–1687), kaiserlicher Diplomat 224
Hofmann, Johann Jacob (1635–1706), Schweizer Historiker und Lexigraph 267
Hohberg, Wolf Helmhard von (1612–1688) 10, 71, 161–162, *Abb. 2*
Hohendorf, Georg Wilhelm Freiherr von (†1719) 45
Hohenems, Markus Sittikus II. von (1533–1595), Kardinalnepot 85
Hohenzollern-Hechingen, Hermann Friedrich Markgraf von (1665–1733) 302
Holbein, Hans d. J. (1497/98–1543), Maler 470
Holl, Elias (1573–1646), Architekt 114, 264, *Abb. 92, 238*
Hollar, Wenzel (1607–1677), Zeichner, Kupferstecher *Abb. 104*
Holstenius, Lucas (1596–1661), Bibliothekar der Vaticana 519
Honthorst, Gerrit van (1592–1656), Maler 116
Hoogh, Pieter (†1712), Maler 446
Hoy, Nicolas van (1631–1679), kaiserlicher Hofmaler 56
Hoyos, Hans Albrecht Freiherr von (1632–1659) 94
Hoyos, Leopold Carl Graf von (1657–1699) 25, 125, 165, 169, 173–176, 205, 234, *Abb. 23, 158*
Hoyos, Maria Regina Gräfin von, geb. Sprinzenstein (?–?) 175, *Abb. 158*
Hoyos, Philipp Josef Innozenz Graf von (1695–1762) 210

I
Illner, Urban (?–?) 212, *Abb. 189*
Imhoff, Rudolf Christian Freiherr von (1660–1717), Diplomat, Oberhofmeister
Imperiali, Giuseppe Renato (1651–1737), Kardinal 322, 384, 446, 454, *Abb. 306*
Innozenz X. (Pamphilj, Giovanni Battista, 1574–1655), Papst 105, 434, 452
Innozenz XI. (Odescalchi, Benedetto, 1611–1689), Papst 52, 147, 292, 322, 334, 367, 387, 440, 464, 473, *Abb. 27, 426*
Innozenz XII. (Pignatelli, Antonio, 1615–1700), Papst 241, 292–293, 303, 310, 313, 318–319, 325–326, 329, 334, 362, 433–435, 482, *Abb. 4, 5, 278*
Iwan V. (1666–1696), Zar von Russland 47

J
Jakob (James) II. Stuart (1633–1701), König von England 52, 100, 338, 340, 375, 452, *Abb. 327, 359, 376*
Jakob (James) III. Stuart (1688–1766), Exilkönig von England 446, 452
Janson, Marquis de – siehe: Forbin Janson, Toussaint Marquis de
Jauß, Urs Viktor (?–?), Hofbarbier 526
Jörger von Tollet, Hans Helfrich Graf (?–?), 192
Jörger von Tollet, Johann Quentin Graf (1624–1705), Vizepräsident der kaiserlichen Hofkammer 130
Jörger von Tollet, Johann Joseph Graf (†1739), kaiserlicher Diplomat 87, 130
Johann V. Braganza (1689–1750), König von Portugal 60, 445
Johann Georg III. (1647–1691), Kurfürst von Sachsen 172, 193, 216, *Abb. 155*

Johann Georg IV. (1668–1694), Kurfürst von Sachsen 236
Johann Wilhelm (Jan Wellem) (1658–1716), Kurfürst von der Pfalz 11, 12, 48, 87–88, 104, 108–109, 130–132, 134, 181, 264, 380
Johann (Jan) III. Sobieski (1629–1696), König von Polen 47, 100, 173, 325, 329, 373, 440, *Abb. 319*
Johner, N. (?–?), bayrischer Diplomat 232
Jordaens, Jacob (1593–1678), Maler 116
Joseph I. (1678–1711), Kaiser 10, 150, 166, 181, 251, 254, 312, 322, 338, 347, 350, 359, 378, 380, 390, 394, 402, 405, 410–411, 437, 439, 442, 445, 487–488, *Abb. 223–224, 376, 422, 430*
Joseph II. (1741–1790), Kaiser 482
Joseph Clemens von Bayern (1671–1723), Kurfürst von Köln 231–232
Julius II. (Rovere, Giuliano della, 1443–1513), Papst 109
Junius, Franciscus (1590–1677), Kunsttheoretiker 510

K
Kadot (Cadot) Marquis de Sébeville, Bernardin (1641–1711), französischer Gesandter 56
Karl (Charles) I. Stuart (1600–1649), König von England 34, 48
Karl I. Ludwig (1618–1680), Kurfürst von der Pfalz 124
Karl (Carlos) II. (1661–1700), König von Spanien 40, 314, 324, 330, 359, 375, 377–378, 381, 394, 402, 406, *Abb. 34, 363, 365*
Karl (Charles) II. Stuart (1630–1685), König von England 468
Karl III. Philipp (1661–1742), kaiserlicher Feldmarschall, Kurfürst von der Pfalz 245, 340
Karl III., proklamierter König von Spanien, Erzherzog von Österreich – siehe: Karl VI., Kaiser
Karl V. (1500–1558), Kaiser 374, 375, 402, 412
Karl V. (1643–1690), Herzog von Lothringen 12, 173
Karl VI. (1685–1740), Kaiser 22, 39, 47, 60, 308, 333, 350, 353, 358, 373, 375, 378, 380–381, 387, 390, 399–400, 402, 403–411, 445, 481, 486, 519, 520, *Abb. 366, 372, 379, 381, 383–384, 391*
Karl XI. (1655–1697), König von Schweden 50
Karpfing und Liechteneck – siehe: Eckher von
Katharina II. (1729–1796), Zarin von Russland 528
Kaunitz-Rietberg, Dominik Andreas Graf von (1654/55–1705), Reichsvizekanzler 22, 42, 44, 77, 132, 191, 196, 235, 255, 292, 302, 364, 525–526, *Abb. 20*
Kaunitz-Rietberg, Ferdinand Ignaz Graf von (?–?) 132
Kaunitz-Rietberg, Franz Karl Graf von (1676–1717), kaiserlicher Auditor di Rota, Bischof von Laibach/Ljubljana 313, 345, 358, 380, 398–399, 429, 432
Kaunitz, Maximilian Ulrich Graf von (1679–1746), kaiserlicher Diplomat, Landeshauptmann von Mähren 94
Khein (Khien), Johannes (?–?), Bildhauer 178, *Abb. 160*
Kilian, Bartholomäus (1630–1696), Kupferstecher *Abb. 195*
Kilian, Philipp (1628–1693), Kupferstecher 267, *Abb. 2*
Kilian, Wolfgang (1581–1663), Kupferstecher *Abb. 161*
Kinsky, Franz Ulrich Graf von (1634–1699), Oberstkanzler des Königreiches Böhmen 292
Kircher SJ, Athanasius (1602–1680), Gelehrter 21, 35, 94, 268, 477, 519, *Abb. 67*
Klaute, Johann Balthasar (1653–1733), Gesandter, Autor 415, 429, 477
Kleiner, Salomon (1700–1761), Architekturzeichner 202, *Abb. 179, 510, 515*
Klengel, Wolf Caspar von (1630–1691), Dresdner Hofarchitekt 24
Kneller, Sir Godfrey (1646–1723), Porträtmaler *Abb. 3, 324, 386*
Koch, Peter (?–?), Maler 212
Königsegg-Rothenfels, Leopold Wilhelm Graf von (1630–1694), Reichsvizekanzler 54, 143
Königsegg-Rothenfels, Lothar Joseph Dominik Graf von (1673–1751), kaiserlicher Feldmarschall 54
Königsegg-Rothenfels, Sigmund Philipp Graf von (1663–1709), kaiserlicher Diplomat 77, 235, 238
Kokořovec von Kokořova, Heinrich Freiherr von (?–?) 77
Kokořovec von Kokořova, Karl Freiherr von (?–?) 77
Kolb, Franz Simon (?–?), Maler 178
Kollonitsch, Leopold Karl Graf von (1631–1707), Kardinal, Erzbischof von Gran 12, 324, *Abb. 9*
Kolowrat-Liebsteinsky, Franz Karl Graf von (1620–1700), Graf 430
Kolowrat-Liebsteinsky, Franz Karl Joseph von (1684–1753) 430
Kolowrat-Liebsteinsky, Norbert Leopold Graf von (1655–1716) 239, 290
Komarek, Johann Jakob (1648–1706), böhmischer Buchdrucker in Rom 350, 361, 385, 404, *Abb. 337*
Krafft, Prälat Otto (†1730), Abt von Prüfening 249
Krauß, Johann Ulrich (1655–1719), Graphiker 269
Kraußs, Rudolf Wilhelm (1612–1689), Kanzler 36
Kuefstein, Charlotte Juliana Gräfin von, geb. Schaumburg-Lippe (1654–1684) 91
Kuefstein, Hans Georg Graf von (1645–1699), Besitzer der Herrschaft Greillenstein 173, 204
Kuefstein, Hans Heinrich Graf von (1643–1683) 91
Kuefstein, Hans Ludwig Freiherr von (1582–1656) 34, *Abb. 29*
Kuefstein, Johann Ferdinand Graf von (1686–1755), niederösterreichischer Statthalter 193
Kuefstein, Johann Traugott Graf von (1666–1716), Passauer Offizial und Domdechant 314
Kuefstein, Liebgott Graf von (1662–1710), Hofmarschall des Passauer Fürstbischofs 258
Kuefstein, Preisgott II. Graf von (†1745) 258
Kuenburg, Max Gandolf Graf von (1622–1687), Fürsterzbischof von Salzburg 36
Kuenburg, Sigmund Graf von (1659–1711), Bischof von Lavant und Chiemsee 259, 430
Küsel, Johanna Sybilla (um 1650–1717), Kupferstecherin 267, *Abb. 240*
Küsel, Melchior (1626–um 1683), Kupferstecher 267, *Abb. 2*
Kurz Graf von Senftenau, Ferdinand Sigmund (1592–1659), Reichsvizekanzler 115, 143
Kurz Freiherr von Senftenau, Johann Ignaz (?–?), kaiserlicher Diplomat 239
Kurz Gräfin von Senftenau, Maria Elisabeth, geb. Mollard (†1640) 143
Kurz Graf von Senftenau, Maximilian (1595–1662), bayerischer Obersthofmarschall 115

L
La Baume Le Blanc Duchesse de La Vallière, Louise Françoise de (1644–1710), Mätresse Ludwigs XIV. 468
La Chausse, Michelangelo de (um 1655–1724), Antiquar und Sammler 523
La Feuillade, Duc de – siehe: Aubusson, François d'
La Feuille, David de (?–?), Schriftsteller 274, *Abb. 253*
La Fontaine, Jean de (1621–1695), Schriftsteller 241
La Grange d'Arquien, Henri Albert de (1613–1707), Kardinal 328–329, 333, 384, 399, 472, *Abb. 318*
La Tour d'Auvergne Duc de Bouillon Prince de Sedan, Emmanuel Théodose de (1643–1715), Kardinal 238, 325, 373, 374, 376, *Abb. 358*
La Tour d'Auvergne Duc de Bouillon, Maurice Godefroy de (1641–1721) 42
La Tour d'Auvergne Duchesse de Bouillon, Maria Anna de, geb. Mancini (1649–1714) 42
La Vallière, Duchesse de – siehe: La Baume Le Blanc, Louise Françoise de
Lambeck, Petrus (1626–1680), kaiserlicher Hofbibliothekar 519
Lamberg, Adam Franz Heinrich von (1678–1731) 70, 210
Lamberg, Anna Maria Gräfin von, geb. Trauttmansdorff (1642–1727) 70, 258
Lamberg, Berengerus von (?–?) 166
Lamberg, Franz Anton Graf von (?–?), Tiroler Vetter des Botschafters 75, 258, 262
Lamberg, Franz Anton Graf von (†1681) 36, 70
Lamberg, Franz Anton Graf und Fürst von (1678–1759), ehem. Kanonikus in Passau 70, 258, 262
Lamberg, Franz Joseph Graf bzw. Fürst von (1640–1712), Landeshauptmann von Oberösterreich 36, 70, 74, 81, 151, 176, 182, 258, 318–319, 527
Lamberg, Franz Sigmund Graf von (1663–1713) 68, 70, 151, 178, 194, 209, 258
Lamberg, Franziska Theresia Gräfin von, geb. Lamberg (1670–1742) 70, 151, 258
Lamberg, Georg Sigismund von (1565–1630/32) 70
Lamberg, Georg Sigmund Graf von (1641–1672), Malteserritter 70, 74, 81, 175
Lamberg, Hans von (†1548) 192
Lamberg, Johann Adam Graf von (1677–1708) 42, 70, 266, 318, 332
Lamberg, Johann Albrecht Freiherr von (1584–1650) 70
Lamberg, Johann (Hans) Franz Freiherr von (1618–1666), Vater des Botschafters 67–68, 70, 141, 181, 192–193, 454, *Abb. 50, 187*
Lamberg, Johann Maximilian Graf von (1608–1682), kaiserlicher Diplomat und Obersthofmeister 12, 24, 53–54, 68, 70, 72, 116, 141, 143, 151, 165–166, 212, 216, 316, 319, *Abb. 48*
Lamberg, Johann Philipp von (1651–1712), Kardinal, Fürstbischof von Passau 47, 69–70, 75, 77, 81, 88, 91, 94, 96–97, 131, 134, 151, 172–173, 187, 216–217, 222, 249, 258–259, 261–262, 267, 276–277, 294–295, 302, 308, 313, 318–319, 325, 328, 330, 348, 378, 437, 454, 481, 506, *Abb. 52, 79, 190, 194, 197, 232–233, 235, 237, 273–274, 288, 314*
Lamberg, Johann Raymund von (1662–1725), Kapuzinerpater 332
Lamberg, Johann Sigismund Albert Graf von (1627–1690) 70
Lamberg, Johann Wilhelm Graf von (1610–1647) 70
Lamberg, Johann Wilhelm Bonaventura Graf von (?–?), Tiroler Vetter 75
Lamberg, Joseph Albrecht II. Graf von (1634–1683) 70
Lamberg, Joseph Dominik Franz Balthasar Graf von (1680–1761), Kardinal, Fürstbischof von Passau 70, 262, 318–319, 403, 481, *Abb. 458*
Lamberg, Judith Rebecca Gräfin von, geb. Würben (Wrbna, †1690), Gattin des Oberhofmeisters 193
Lamberg, Karl von (1563–1612), Erzbischof von Prag 70
Lamberg, Karl Adam Graf von (1655–1689), Bruder des Botschafters, kaiserlicher Offizier 68, 70, 75, 78, 81, 88, 129, 147, 150, 178, 212, *Abb. 53*
Lamberg (Lamberg-Sprinzenstein), Karl Joseph Franz Anton Graf von (1686–1743), Sohn des Botschafters 70, 187, 202, 209, 460, 522–524, 528, *Abb. 459*
Lamberg, Kaspar III. von (1492–1548) 70, 142, *Abb. 113*
Lamberg, Kaspar Friedrich von (1648–1686) 70, 94
Lamberg, Katharina Eleonora Gräfin von, geb. Sprinzenstein (1660–1704) 143, 173, 178, 198, 212, 232, 330, 334, 338–339, 482, 506, *Abb. 116*
Lamberg, Leopold Matthias Sigismund Fürst von (1667–1711) 70, 75, 132, 166, 318
Lamberg, Margarete von, geb. Lang von Wellenburg (†1573) 142, *Abb. 113*
Lamberg, Maria Constantia, geb. Questenberg

(1624–1687) 67–68, 70, 75, 122, 178–181, 193, *Abb. 51, 187*
Lamberg, Maximilian Joseph Graf von (1729–1792) 75
Lamberg, Melchior Freiherr von (1471–1558) 142
Lamberg, Raimund (1898–1942) 530
Lamberg, Rudolf von (?–?) 166
Lamberg, Sigismund von (1536–1613/19) 70
Lamberg, Valradus II. von (?–?) 166
Lamberg, Vollrath Raimund (1866–1958) 530
Lamberg zu Csókaho, Franz Philipp Graf von (1791–1848) 530
Lamberg-Sprinzenstein, Anton Franz de Paula Graf von (1740–1823) 22, 70, 528
Lamberg-Sprinzenstein, Franz de Paula Anton Flavius von (1707–1765) 70
Landau, Hans Adam Freiherr von (?–?) 169
Lanfranco, Giovanni (1582–1647), Maler 506, 509, 513
Lang, Daniel (†1716), Silberarbeiter 279
Lante Duca di Bomarzo Principe di Belmonte, Ludovico (1683–1727) 424
Lassels, Richard (um 1603–1668), englischer Priester, Hofmeister 85, 90
Lauro (Lauri), Filippo (1623–1694), Maler 469, 506–508, 528, *Abb. 492*
Lazari, N. (?–?), Franziskanerpater 312
Lazius, Wolfgang (1514–1565), Historiker 194, 213 (Anm. 20), 267
Le Bourguignon – siehe: Courtois, Jacques
Le Brun, Charles (1619–1690), Hofmaler, Architekt 54–55, 129, 376, *Abb. 45*
Le Camus, Étienne (1632–1707), Kardinal 325, *Abb. 310*
Le Clerc, Sébastien (1637–1714), Kupferstecher *Abb. 105*
Le Forl du Plessis, Clande (†1757), Dekorationskünstler 520
Le Gros, Pierre (1666–1719), Bildhauer 376, 474, *Abb. 361*
Le Nôtre, André (1613–1700), französischer Gartenarchitekt 126, 128
Le Pays Sieur Duplessis-Villeneuve, René (1634–1690) 117
Le Vau, Louis (1612–1670), französischer Hofarchitekt 125–126, 128
Lebrun – siehe: Le Brun
Leicester, Earl of – siehe: Coke, Thomas
Leidenhoffer, Philipp Jakob (†1714), Kupferstecher *Abb. 239*
Leiningen-Westerburg, Johanna Elisabeth von (1659–1708) 254
Leitner, Augustin (?–?), Holzbildhauer 146, *Abb. 121*
Lely, Sir Peter (1618–1680), englischer Hofmaler 82
Lemercier, Jacques (um 1585–1654), Architekt 129, *Abb. 109*
Lenardi (Leinardi), Giovanni Battista (1656–1704), Maler *Abb. 27, 344*
Lencker, Christoph (1556–1613), Augsburger Goldschmied 462
Leo II. († 683), Papst 474
Leo X. (Medici, Giovanni de', 1475–1521), Papst 83
Leonardo (di Ser Piero) da Vinci (1452–1519), 108–109
Leopold I. (1640–1705), Kaiser 13, 17, 40, 47, 50, 53–54, 56, 67–68, 82, 87, 142, 150, 165–166, 181, 186, 195, 203–204, 216–217, 219–221, 224, 232, 235, 239, 246, 252, 263, 292, 302–304, 308, 312–313, 318, 334–337, 339–340, 342, 345, 355, 358–359, 362, 374–376, 378, 382, 384, 386–388, 391, 399, 402, 437, 439, 442, 445, 474, 487, 519, *Abb. 32, 39, 124, 219, 364–365, 369, 371, 429, 475*
Leopold I. Joseph (1679–1729), Herzog von Lothringen 433
Leopold Wilhelm von Österreich (1614–1662) Erzherzog, Bischof, Statthalter der spanischen Niederlande 117, 142, 513, 515
Leser, Johann II. (um 1644–1704), Augsburger Goldschmied 279–280, 286–287, *Abb. 257*
Leslie, Jakob Graf von (†1692), Präsident des innerösterreichischen Hofkriegsrates 150, 193
Leslie, Walter Graf (1606–1667), kaiserlicher Diplomat in Istanbul 22
Leti, Gregorio (1630–1701), Autor 268, *Abb. 246*
Lévis Duc de Mirepoix, Charles-Pierre-Gaston-François (1699–1757), französischer Botschafter, Marschall 60
Liberi, Pietro (1605–1687), venezianischer Maler 36
Lichtenstein-Castelcorn, Karl von (1623–1695), Fürstbischof von Olmütz Olomouce 513
Liechtenstein, Anton Florian Fürst von (1656–1721), kaiserlicher Diplomat, Oberthofmeister 14-15, 22, 25, 87–88, 97, 131–134, 241, 291, 302, 305, 309, 345, 347, 361, 384–385, 387, 394, 399, 408, 427, 437, 441, 450, 464, 482, 505, *Abb. 276, 345, 346, 347, 350–353, 369*
Liechtenstein, Ferdinand Johann Fürst von (1622–1666) 98
Liechtenstein, Gundaker Fürst von (1580–1658) 88, 98
Liechtenstein, Hartmann Fürst von (1613–1686) 27, 126, 130, 132–133
Liechtenstein, Hartmann II. Fürst von (1666–1728) 133
Liechtenstein, Johann Adam Andreas Fürst von (1657–1712) 22, 196, 277, 279, 302, 437, 512, *Abb. 21*
Liechtenstein, Joseph Wenzel Fürst von (1696–1772), kaiserlicher Diplomat 22, 44
Liechtenstein, Karl Eusebius Fürst von (1611–1684) 21, 23–24, 123, 160, 195, 206, 279, 282, 510, 512
Liechtenstein, Maximilian Jakob Moritz Fürst von (1641–1709) 88, 98
Liechtenstein, Philipp Erasmus Fürst von (1664–1704) 27, 133
Ligne, Claude Lamoral Prince de (1618–1679), Reichsfürst, spanischer Diplomat 108
Ligne, Henri Luis Ernest Prince de (1644–1702), portugiesischer Diplomat 108
Ligne Marquis d'Aronches, Charles Joseph Procope Prince de (1661–1713), portugiesischer Diplomat 47, 58, 203, 239, 364, *Abb. 212*
Ligne, Klara Maria Fürstin von, geb. von Nassau-Siegen (1621–1695) 204
Lipsius, Justus (1547–1606), Philosoph und Historiker 109, 268
Lisola, François-Paul Baron de (1613–1674), kaiserlicher Diplomat 110, 337
Lobkowitz, Eleonore Prinzessin von, verm. Fürstin von Schwarzenberg (1682–1741) 249
Lobkowitz, Ferdinand August Leopold Fürst von (1655–1715), kaiserlicher Prinzipalkommissär 77–78, 131, 134, 153, 227–228, 230, 238, 248–249, 253, 274, 292, 294, *Abb. 58*
Lobkowitz, Joseph Anton von (1681–1717) 332–333
Lobkowitz, Karl Ignaz Bonaventura von (1692–1701) 245
Lobkowitz, Luise (Maria Ludovika) Prinzessin von, verm. Fürstin von Thurn und Taxis (1683–1750) 249
Lobkowitz, Maria Anna Wilhemine Fürstin von, geb. Markgräfin von Baden-Baden (1655–1701) 131, 228, 242, 244, 246, 249, 274
Lobkowitz, Philipp Hyazinth Fürst von (1680–1737) 329, 333, 490 (Anm. 125)
Lobkowitz, Wenzel Eusebius Fürst von (1609–1677), kaiserlicher Oberthofmeister 68, 257
Lobkowitz, Wenzel Ferdinand Graf Popel von (†1697), kaiserlicher Diplomat 54, 56, 132, 292, *Abb. 46*
Locatelli, Andrea (1695–1741), Maler 446
Locke, John (1632–1704), englischer Philosoph 127
Lodron, Philipp Graf (?–?) 74
Löwenheim, Johann Jakob Freiherr von (?–?), Hofkanzler 266
Löwenstein-Wertheim-Rochefort, Maximilian Karl Albrecht Fürst zu (1656–1718), Reichshofrat 304, 356
Longhi, Martino d. Ä (um 1530–1591), Architekt 85, 412, 430, *Abb. 393, 413*

Longhi, Martino d. J. (1602–1660), Architekt 414, *Abb. 398*
Lonni, N. (?–?), Msgr. 397, 400
Loreck, Jakob Michael (†1708), Hofgoldschmied 482
Lorrain, Claude (Gellée, Claude, (1600–1682), Maler 34, 50, 508, *Abb. 356*
Lotto, Lorenzo (1480–1556), Maler 108
Louis de France (1661–1711), Grand Dauphin 236, 241, 289
Louis de France Duc de Bretagne (1707–1712), Großenkel von Louis XIV. 355
Louis Alexandre de Bourbon Comte de Toulouse (1679–1737), legitimierter Sohn von Louis XIV., französischer Admiral 410
Lucas, Bartholomäus (?–?), Baumeister 172, *Abb. 151*
Lucenti, Girolamo (um 1625–1698), Bildhauer *Abb. 360*
Luchese, Filiberto (1607–1666), kaiserlicher Hofarchitekt 195, *Abb. 176*
Ludovisi, Anna Maria (?–?), Priorin der Ursulinen 434
Ludwig (Louis) XIII. (1601–1643), König von Frankreich 129
Ludwig (Louis) XIV. (1638–1715), König von Frankreich 40, 47–48, 53–57, 60, 91, 123, 125–129, 216, 221, 241, 268, 318, 325, 332, 340, 368, 373–377, 408, 468, 473, *Abb. 46, 103, 243, 246, 361*
Ludwig (Louis) XV. (1710–1774), König von Frankreich 44, 48
Lüttiger, Konrad Rudolf (1629–1696), kaiserlicher Hofjuwelier 164
Lully, Jean-Baptiste (1632–1687), französischer Komponist 259
Lundorp, Michael Caspar (1580–1629), Autor 268
Lurago, Carlo (1615–1684), Prager Architekt 259, *Abb. 234*
Luycx, Frans (1604–1668), kaiserlicher Kammermaler 142, *Abb. 51, 114*

M

Mabillon, Jean (1632–1707), Archivwissenschaftler 484
Maccari, Constanza (166?–173?), Sängerin 339, 350
Maderna, Giovanni Battista (um 1652–1722), Stuckateur, Architekt 158, 203
Maderno, Carlo (1556–1629), Architekt 85, 100, 466, *Abb. 68, 74, 81, 468*
Magloth, Christoph (?–?), Maurermeister 145, 156, 158
Männl, Jakob (1654–1712), Graphiker 402, *Abb. 379*
Maidalchini, Francesco (1621–1700), Kardinal *Abb. 446*
Maini, Giovanni Battista (1690–1752), Bildhauer *Abb. 355*
Malabaila di Canale, Gerolamo Luigi Graf (1704–1773) 45
Mancini, Giulio (1558–1630), Maler 510
Mancini, Maria – siehe: Colonna Duchessa e Principessa di Paliano, Maria
Mancini, Tommasso (?–?), Hofprediger 350, 394, *Abb. 337*
Mandtinger, Christoph (?–?), Zimmermeister 178
Manesson Mallet, Allain (1630–1707), Geograph 123, *Abb. 100*
Manfredi, Benedetto (?–?), Hofmeister 78
Manfroni, Giovan Battista (?–?), römischer Politiker 320
Mansart, François (1598–1666), Architekt 129, *Abb. 108*
Mansfeld Fürst von Fondi, Heinrich Franz Graf (1646–1715), Oberthofmarschall, Präsident des Hofkriegsrates 239, 255, 291, 326
Mantuano, Dionisio (um 1624–1684), Maler 39
Maratta (Maratti), Carlo (1625–1713), Maler 13, 34–35, 94, 100, 102, 241, 437, 439–442, 446, 450, 452, 454, 460, 469, 471–472, 474, 476, 506–509, 527–528, *Abb. 32, 70, 213, 421, 426–427*
Maratta, Faustina (1679–1747), Tochter des Malers 441

Marées, Georges de (1697–1776), Maler   *Abb. 259*
Marescotti, Galeazzo (1627–1726), Kardinal, päpstlicher Nuntius   322, 326, *Abb. 296*
Margarethe von Parma (1522–1586), uneheliche Tochter Kaiser Karls V.   412
Maria (Mary) II. Stuart (1662–1694), Königin von England, Schottland und Irland   245
Maria Anna von Österreich (1634–1696), Königin von Spanien   142, *Abb. 114*
Maria Anna von Pfalz-Neuburg (1667–1740), Königin von Spanien   48, 88, 126, 349
Maria Antonia von Österreich (1669–1692), Kurfürstin von Bayern   245–246, 468, *Abb. 217*
Maria Beatrice d' Este (1658–1718), Königin von England   100
Maria Casimira de La Grange d'Arquien (1641–1716), Königin von Polen   328–329, 334, 369–372, 408, 440, 470, 475, *Abb. 318–319, 423*
Maria de' Medici (1575–1642), Königin von Frankreich   48
Maria Luisa von Savoyen (1688–1714), Königin von Spanien   388
Maria Theresia (1717–1780), Kaiserin   528
Maria Theresia von Spanien (1638–1683), Königin von Frankreich   126
Mariette, Pierre-Jean (1694–1774), französischer Kupferstecher und Sammler   465
Marini, Marco (?–?), Mörder   311
Marlborough, Duke of – siehe: Churchill
Marot, Daniel (1661–1752), Architekt und Architekturzeichner   45, 200–201, 285
Marot, Jean (1619–1679), Architekt und Architekturzeichner   123–124, *Abb. 101–102, 109*
Martinelli, Domenico (1650–1718), römischer Architekturprofessor   196–197, 437, *Abb. 16*
Martinitz, Georg Adam Graf von (1645–1714), kaiserlicher Diplomat, Vizekönig in Neapel   77, 87, 97, 131, 291–292, 302–304, 306, 309–310, 313, 329, 365, 376, 378, 382, 385, 411, 427, 437, 456, 466, 505, *Abb. 277, 364*
Martinitz, Maximilian Guidobald Graf von (1664–1733), Hartschier Hauptmann   254
Marucelli, Paolo (1594–1649), Architekt   412, *Abb. 377*
Massimi, Camillo (1620–1677), Kardinal   34
Matheuci (?), N. (?–?), Sänger   350
Mathey, Jean Baptiste (1630–1695), Architekt, Maler   35, 257, *Abb. 231*
Mattei, Ciriaco Marchese (1542–1614), römischer Kunstsammler   425
Mattei, Tommaso (1634–1714), Architekt   382, 424, *Abb. 363*
Mattei-Orsini Duca di Paganica, Giuseppe Maria (?–?)   314
Matteis, Paolo de (1662–1728), Maler   34
Maximilian I. (1459–1519), Kaiser   116, 143
Maximilian I. (1573–1651), Kurfürst von Bayern   115
Maximilian II. (1527–1576), Kaiser   34, 184
Maximilian II. Emanuel (1666–1726), Kurfürst von Bayern   217, 231, 246, 269, 289, 295, 308, 329, 400, 408, 468, 506 *Abb. 203*
Mayer, Joseph (?–?), Geistlicher in Wien   166
Mayer, Matteo (wahrscheinlich Pseudonym von: Benedetti, Elpidio)   *Abb. 84*
Mayersfeld, Friedrich von (?–?), Hofmeister   77
Mayr, Johann Ulrich (um 1630–1704), Maler   142
Mazarin, Jules (1602–1661), Kardinal   9, 52, 325, 375
Medici, Cosimo Marzi (?–?), Hofmeister   78
Medici, Francesco Maria de' (1660–1711), Kardinal   21, 127, 132, 310, 318, 320, 327–328, 330, 332, 349, 361, 362, 367, 374, 393, 397–398, 412, *Abb. 284, 378*
Medici, Giancarlo de' (1611–1663), Kardinal   412
Medici, Leopoldo de' (1617–1675), Kardinal   81, 522
Meggau, Leonhard Helfried Graf von (†1644), Oberhofmeister   209
Melani, Atto (1626–1714), Abbé   9, 20, 325–327
Melchiori, Giovanni (1664–1745)   515
Melchiori, Giuseppe Antonio (1664–1745) Abbate, Regent der Anima   406, 474

Menegatti SJ, Franz (?–?), kaiserlicher Beichtvater   291
Menestrier SJ, Claude (1631–1705), Bildtheoretiker   523
Merian, Caspar (1627–1686), Verleger   160
Merian, Matthäus (1593–1650), Verleger   159, 184
Merian, Matthäus d. J. (1621–1687), Kupferstecher, Verleger   72, *Abb. 57*
Merzifonlu; Haci Ali Pascha (?–?), Großwesir des Osmanischen Reiches   239
Metternich, Dietrich Adolf Graf von (†1695)   254
Metternich, Ernst Graf von (1656–1727), brandenburgischer Gesandter   246
Meulen, Adam Frans van der (1632–1690), Maler   54, *Abb. 103*
Meus, Livio – siehe: Mehuys, Lieven
Meytens, Martin van (1695–1770), kaiserlicher Hofmaler   45, 528, *Abb. 515*
Mezger OSB, Joseph (1635–1683), Historiker   267, *Abb. 240*
Michelangelo Buonarroti (1475–1564)   38, 83, 90, 99, 103, 129, 422, 425, 465, 480
Michelozzo di Bartolom(m)eo (1396–1472), Bildhauer, Architekt   *Abb. 59*
Miel, Jan (1599–1663), Maler   110, *Abb. 89*
Mieris, Frans van (1635–1681), Maler   81
Mieris, Willem van (1662–1747), Maler   44
Mignard, Nicolas (1606–1668), Maler   129
Mignard, Pierre (1612–1695), Maler   100
Millini, Savo (1644–1701), Nuntius in Spanien   322, *Abb. 297*
Miltitz, N. Baron von (?–?)   246
Misson, Maximilien (Maximilian, um 1650–1722), Reiseschriftsteller, Hofmeister   114, 320, *Abb. 92*
Mitrowitz, Graf von – siehe: Wratislaw
Moderno – siehe: Mondella, Galeazzo
Moles Duque de Perete y Calatrava, Francesco (?–?), spanischer Diplomat   399
Molines, N. (?–?), Monsignore   406
Mollard (Mollarth), Peter Ernst Graf von (?–?), kaiserlicher Oberstsilberkämmerer   194
Monaco, N. Fürst von (?–?)   363
Monaco da Montalcino, Bartolomeo (?–?), Sänger   332
Mondella, Galeazzo, gen. Moderno (1467–1538), Bildhauer   480
Monnot, Pierre-Étienne (1657–1733), Bildhauer   440, 469, *Abb. 322, 426*
Montauti, Antonio Francesco (?–?), toskanischer Diplomat   345
Montecuccoli, Raimund Graf von (1609–1680), Hofkriegsratspräsident   130, 143, 203
Montespan, Marquise de – siehe: Rouchechouart, Françoise de
Monti, Francesco (1662–1708), Goldschmied   484, *Abb. 486*
Montioni, Francesco (†1716), römischer Bankier   515
Montmorency-Bouteville Duc de Luxembourg-Piney, François Henri de (1628–1695), französischer Marschall   57
Morigia OP, Giacomo/ Jacopo Antonio (eig. Giovanni Ippolito, 1633–1708), Kardinal   313, 384, 452, *Abb. 456–457*
Morosini, Giovanni Francesco (?–?), venezianischer Botschafter   345, 424
Mortier, Pierre (†1711), Kartograph   *Abb. 411*
Moser, Johann Georg (?) (?–?), Gärtner in Schleißheim   262
Mottmann, Cornelius Heinrich (?–?), kaiserlicher Resident   50
Moura y Corte Real Marqués del Castel Rodrigo, Francisco de (1610–1675)   38
Moura y Corte Real Marqués del Castel Rodrigo, Manuel de (1590–1651)   34, 38, 50
Müller, Philipp Heinrich (1654–1719), Medailleur   277, 278, 282–283, 295, *Abb. 21, 211, 254–256, 295, 273, 387*
Muffat, Georg (1653–1704), Komponist und Hofkapellmeister in Salzburg und Passau   259, 262, 267, *Abb. 232*
Muggenthal, Maria Theresia Gräfin von (1632–1693), Äbtissin des gefürsteten Damenstiftes Niedermünster   242, *Abb. 215*
Munari, Cristoforo (1667–1720), Maler   460
Murad III. (1546–1595), Sultan des Osmanischen Reiches   *Abb. 38*
Murad IV. (um 1611–1640), Sultan des Osmanischen Reiches   *Abb. 29*
Muschinger von Gumpendorf, Vinzenz (?–?)   163
Mylius, Johann Sebastian (um 1656–1727), Augsburger Goldarbeiter und Juwelier   285, 287

N

Nani, Giovanni Battista (1616–1678), venezianischer Diplomat und Historiker   267
Negroni, Giovanni Francesco (1629–1713), Kardinal   322, 326, 436, *Abb. 302*
Neri, Luigi (?–?), Kupferstecher   *Abb. 373*
Nerli, Francesco (1636–1708), Kardinal, päpstlicher Nuntius, Erzbischof von Florenz   12, 322, 328, *Abb. 8*
Neuberg, Johann Gotthard (?–?), Maler   159, *Abb. 158*
Neuberger, Daniel (1621–1680), Wachsbildhauer   273, *Abb. 249*
Neuhaus, Ferdinand Maria Franz Freiherr von (1655–1716), Diplomat, kurbayerischer Obristkämmerer   227, 231–232, 249
Neuveforge, Johann Heinrich Freiherr de la (?–?), Diplomat   224, 227, 245
Neuville d'Halincourt Marquis de Villeroy, Charles de (?–?), französischer Diplomat   414
Nidhard (Neidhardt), Johann Eberhard Graf (1607–1681), spanischer Inquisitor und Diplomat, Kardinal   12, 38, 88, *Abb. 71*
Niccolini, François (?–?), Vizelegat in Avignon   130
Niccolini, Lorenzo (?–?), Florentiner Senator und Diplomat   78, 134 (Anm. 46)
Noailles, Louis Antoine Duc de (1651–1729), Kardinal, Pair von Frankreich, Erzbischof von Paris   325, 452, *Abb. 313*
Noris, Enrico (1631–1704), Kardinal, Bibliothekar der Römischen Kirche   313, *Abb. 447*
Nostitz, Christoph Wenzel Graf von (1643/48–1712), kaiserlicher Diplomat   133, 238, 271
Nostiz, Hans Hartwig Graf von (1616–1683), böhmischer Oberhofkanzler   143
Nostitz-Rieneck, Anton Johann Graf von (1646/52–1736), böhmischer Hofmarschall   77, 255
Nucci, N. (?–?), Monsignore   436
Nuvolone, Giuseppe (1619–1703), Maler   110
Nuvolora, Ernst Melchior de (?–?), Hofmeister   132
Nuzzi, Mario, gen. Mario dei Fiori (1603–1673), Maler   471, 508

O

Obizzi, Ferdinando Marchese degli (†1710)   191
Odescalchi, Benedetto – siehe: Innozenz XI., Papst
Odescalchi Duca di Bracciano, Livio (1652–1713), Reichsfürst, Herzog von Sirmien   21, 293–294, 334–335, 338, 357–358, 362, 382, 384, 391–393, 430, 433, 436, 440, 452, 464, 469–472, 480–481, 487, 515, 519–520, *Abb. 322, 468, 471*
Oedtl, Christoph Alexander (um 1661–1737), Baumeister   197
Oettingen, Wilhelm Graf von (1627–1692), königlicher Oberstjägermeister   203
Oettingen-Wallerstein, Dominik Joseph Graf von (1676-1717)   46
Oettingen-Wallerstein, Wolfgang Graf von (1629-1708), Präsident des Reichshofrates und Großbotschafter   46
Olivares, Miguel de (?–?), spanischer Beamter   34
Omodei, Luigi (1657–1706), Kardinal   322, 359, 399, *Abb. 303*
Operti, Constanzo Conte (?–?)   236
Opfermann, N. (?–?), Herrschaftsverwalter   182
Oppenheimer, Samuel (1630–1703), Hofbankier, Heereslieferant   304
Origo, Curzio (1661–1737), Kardinal   371
Orlando, Milord (?–?), Maler   513

595

Orléans, Francesca Maddalena d' (†1664), Herzogin von Savoyen 112
Orléans Duc de Longeville, Henri II. d' (1595–1663), französischer Diplomat 53
Orsini Marchese della Penna, Domenico Maria (†1729), päpstlicher Kämmerer 369, 371
Orsini, Flavio Fürst (1656–1698) 318
Orsini, Maria Anna Fürstin, geb. de La Tremoille (1647–1722) 387
Orsini, Virgilio (1615–1676), Kardinalprotektor von Polen und Portugal 373
Orsini de' Cavalieri, Vittoria Ludovica Marchesa, geb. Carpegna (1650–1733) 339
Orsini de Gravina, Vincenzo Maria – siehe: Benedikt XIII., Papst
Orsini-Rosenberg, Joseph Paris Graf von (1651–1685), kaiserlicher Oberst, Schwager des Botschafters 150, 291
Orsini-Rosenberg, Maria Isabella Cäcilia Gräfin von, geb. Lamberg (1661–1747), Schwester des Botschafters 150
Orsini-Rosenberg, N. Graf von (?–?) 345
Ossuna (Osuna), Duca di – siehe: Téllez-Giron
Ottieri, Francesco Maria Marchese (1665–1742) 336, 350
Otto, Johann Melchior († 1670), Maler 158
Ottoboni, Pietro (1667–1740), Kardinalstaatssekretär 15, 21, 48, 313, 322, 327–328, 333, 338–340, 345, 354, 384, 392, 399, 408, 446, 448, 450, 452, 454–455, 480–481, 515, Abb. 18
Ottoboni Duca di Fiano, Marco (1656–1725) 357
Ottoni, Lorenzo (1658–1736), Bildhauer Abb. 17
Oxentierna, Gabriel Graf von (1656–1719), schwedischer Diplomat 230, 240
Oxford, Earl of – siehe: Russel

P
Paar, Joseph Ignaz Graf von (1660–1735), kaiserlicher Oberstküchenmeister 254, 256
Paar, Karl Joseph Graf von (1654–1725), Oberst-Hof- und General-Erbland-Postmeister 91
Pacheco Duque de Escalona, Juan Fernández (1563–1615), spanischer Diplomat 482
Pachta Graf von Rájov, Jan Jachym (um 1676–1742) 94, 448, Abb. 432
Pader von Paderskirchen, Johann Peter Freiherr (?–?), kaiserlicher Diplomat 219, 224, 251
Paget Lord Paget of Beaudesert, William (1637–1712), englischer Diplomat 58
Pakenius, Johannes (1626–1681) 11
Palaprat, Jean (1650–1721), französischer Schriftsteller 249
Paleotti, Contessa – siehe: Roffeni Contessa Paleotti
Pálffy, Nikolaus IV. Graf (†1679), ungarischer Magnat 94, Abb. 69
Pallavicini, Nicolò Maria Marchese (1650–1714), römischer Kunstsammler 460
Pallavicini, Rainuccio (1632–1712), Gouverneur von Rom, Kardinal 115, 344, Abb. 329
Pallavicini Rospigliosi Principessa di Gallicano, Maria Camilla (1645–1710) 89, 372
Pallavicino, Opizio (1632–1700), Nuntius, Kardinal Abb. 448
Palmer Earl of Castlemaine, Roger (1634–1705), englischer Diplomat 52, 361, 375, 468, Abb. 27, 344, 359
Paluzzi-Albertoni-Altieri Marchese di Rasina, Gaspare (?–?) 94
Pamphilj, Benedetto (1653–1730), Kardinal, Großprior des Malterserordens 322, 367, 384, 440, 452, 455–456, 466, 480, 515, Abb. 469–470
Panciatici, Bandino (1629–1718), Kardinal 313, 320, 325, Abb. 312
Pannemaker, Willem de (um 1537–um 1570), Teppichwirker 40
Pannini, Giovanni Paolo (1691–1765), Maler 430
Paolucci, Fabrizio (1651–1726), Kardinalstaatssekretär 313, 348, 352, 359, 370, 385, 400, 404, 407, 409, 440, 452, Abb. 335
Paolucci, Francesco (?–?), Sänger 332, 355, 358
Paolucci, Luigi Graf (?–?), päpstlicher General 409
Paradisi, Domenico (ca. 1660–1726), venezianischer Künstler 367, 454, 480–481
Parigi, Alfonso (1606–1656), Architekt 83
Parmigianino (Mazzola, Girolamo Francesco Maria, 1503–1540), Maler 107–108
Parrocel, Ignace (1667–1722), Maler Abb. 89
Pas d'Harbonville Marquis de Fenquières Comte de Rébenac, François de (um 1649–1694), französischer Diplomat 236
Pascoli, Lione (1674–1744), Kunstschriftsteller und Sammler 456, 460
Passarini, Filippo (1638–1698), Graphiker 366, Abb. 367
Passer, Justus Eberhard (?–?), hessen-darmstädtischer Gesandter 56
Passeri, Giuseppe (1654–1714), Maler 450
Paul I. (Orsini, † 767), Papst 474
Paul III. (Farnese, Aleesandro, 1468–1549), Papst 420
Paul V. (Borghese, Camillo, 1552–1621), Papst 429–430, 509
Pedrina, Felix (?–?) Abb. 286, 312
Pedro el Mudo (†1648), Historienmaler 38
Pelchton (?), Jacob, Händler 45, Abb. 37
Penna, Marchese della – siehe: Orsini Marchese della Penna, Domenico Maria
Peperalli, Francesco (†1641), Architekt Abb. 468
Pereda, Antonio de (1611–1670/78), Maler 39
Perelle, Adam (1640–1695), Zeichner Abb. 107
Perelle (Parelle), Nicola (†1702), Legationssekretär 306
Peretti di Montalto, Felice – siehe: Sixtus V., Papst
Peri, Pellegrino (1624–1699), Kunsthändler 515
Pernegger, Johann Franz (1634–1700), Salzburger Bildhauer 207–208, 210, Abb. 186–187
Perrault, Claude (1613–1688), Architekt 129
Perreth (Beretti), Johann Friedrich (1643–1722), Zeichner Abb. 239
Perry, William (?–?) 454
Perugino, Pietro (Vannucci, Pietro, 1446–1524), Maler 422
Peruzzi, Baldassare (1481–1536), Architekt, Maler 311, Abb. 290
Pestalozzi, Ottavio (?–?), Lambergs Bankier 250, 279, 286
Pestaluzzi, Andreas (1642–1708), Kaufmann und Bankier 208
Peter I. der Große (1672–1725), Zar von Russland 47, 203, 239
Peter II. (1715–1730), Zar von Russland 47
Petrucci, Pietro Matteo (1636–1701), Kardinal 322, Abb. 300
Pfalz-Neuburg, Alexander Sigmund von (1663–1737), Fürstbischof von Augsburg 263
Pfalz-Neuburg, Karl Philipp von – siehe Karl III. Philipp
Pfalz-Neuburg, Ludwig Anton von (1660–1694), Bischof und Hochmeister des Deutschen Ordens 224
Pfalz-Veldenz-Lützelstein, Leopold Ludwig Pfalzgraf von (1623–1694) 226, Abb. 424
Pfalz-Zweibrücken, Fürst von (?–?) 249
Pfau, Johann Caspar (?–?) 271
Pfeiffer, Johann (?–?), Tischler 212
Pfeiler, Maximilian (1660–1720), Maler 455, 456, 506–507, 527, Abb. 461, 493
Philipp (Felipe) II. (1527–1598), König von Spanien 48, 482
Philipp (Felipe) III. (1578–1621), König von Spanien 38
Philipp (Felipe) IV. (1605–1665), König von Spanien 34, 54, 246, 346, 368, 375, 405, Abb. 360
Philipp (Felipe) V. de Bourbon (1683–1746), Duc d'Anjou, König von Spanien 332, 336, 344–346, 362, 371, 378, 381–382, 384, 388, 391, 392–394, 400, 403–404, 407–409, 411, 422, 438, 481, Abb. 331, 375, 424, 439
Piazza, Giulio (1663–1726), Nuntius in Wien, später Kardinal Abb. 28
Piazzol (Piazoli), Giovanni Battista (†1705), kaiserlicher Hofstuckateur 149, 158, 202
Piazzoli, Francisco (um 1612–1668), Baumeister, Stuckateur 144, 193
Piccolomini, Ottavio Fürst (1598–1656) 21
Piedz, Anna Maria de (?–?), Sängerin 339
Piedz, Isabella de (165?–172?), Sängerin 339
Pignatelli, Antonio – siehe: Innozenz XII., Papst
Pignatelli d'Aragon Duca di Monteleone, Nicola (1648–1730)
Pignatelli di Monteleone, Francesco (1652–1734), Papstnepote, Kardinal 356, 359, 452, Abb. 342
Pinarolo, Giacomo (?–?), Autor 419
Pineau, Nicolas (1684–1754), Architekt und Ornamentzeichner 44
Pio, Nicola (1677–1733), Sammler und Kunstschriftsteller 448, 454, 457
Pio di Savoia di Carpi, Carlo Emanuele (1585–1641) 464
Pio di Savoia di Carpi, Carlo Francesco (1622–1689), Kardinal 312, 390, 464–465, 522
Pio di Savoia di Carpi, Pier Luigi Antonio (†1755), Monsignore, kaiserlicher Diplomat 391, 464, 465
Pio di Savoia di Carpi Principe di San Gregorio Marqués del Castel Rodrigo, Francesco (1672–1723), spanischer Feldmarschall und Gouverneur 390
Piper von Löwencron, Detlev Niclas (?–?), dänischer Diplomat 224
Piranesi, Giovanni Battista (1720–1778), Architekturzeichner 482
Pius IV. (Medici, Giovanni Angelo, 1499–1565), Papst Abb. 406
Plas, Michael van der (?–?), Maler Abb. 20
Platte-Montagne, Nicolas de (1631–1706), Maler Abb. 101
Plessis de Richelieu, Alphonse du (1582–1653), Kardinal, französischer Diplomat, Erzbischof von Lyon 425
Plessis Duc de Richelieu, Armand-Jean Wignerod du (1585–1642), Kardinal 48, 129
Plettenberg, Dietrich Heinrich Graf von (†1713), Domherr 244
Plöckner OF, Franz Wolfgang (?–?), Gründungsprior von Maria Lanzendorf 312
Pò, Pietro del (1610–1692), Maler 35
Pock, Tobias (1609–1683), Konstanzer Maler 146, 212, Abb. 189
Pötting, Franz Eusebius Graf von (1630–1680), kaiserlicher Diplomat 38
Pötting, Sebastian Graf von (1628–1689), Fürstbischof von Passau 218
Polignac, Melchior de (1661–1741), Kardinal 532 (Anm. 79)
Pollheim, Herr von (?–?) 253
Polt, Franz (?–?), Tischler 150
Pomarancio – siehe: Circignani, Niccolò
Poncet de La Rivière, Pierre (†1681?), Pariser Parlamentspräsident 127
Ponzio, Flaminio (1560–1613), Architekt Abb. 15
Porcia (Portia), Johann Ferdinand Fürst von (1605–1665), kaiserlicher Diplomat, Obersthofmeister 68, 74
Porta, Giacomo della (1532–1602), Architekt und Bildhauer 85, Abb. 68
Portocarrero, siehe: Férnandez de
Post, Pieter (1608–1669), Architekt 116
Posterla, Francesco (?–?), Kunstschriftsteller 445
Poussin, Gaspard (Dughet, Gaspard, 1613–1675), Maler 508, 513
Poussin, Nicolas (1594–1665), Maler 34, 48, 100, Abb. 40
Pozzo SJ, Andrea (1642–1708), Künstler 437, 485
Pozzo, Cassiano dal (1588–1657), Antiquar und Sammler 476
Prämer, Wolf Wilhelm (1637–1716), Architekturzeichner, Hofkriegsrat 194, 196, 204, 206, 208, Abb. 33, 174, 182–185
Prandtauer, Jakob (1660–1726), Baumeister 182
Pretzmann, N. Graf von (?–?), Domherr in Regensburg 244
Prié, Marquis de – siehe: Turinetti, Hercule Joseph Louis
Primaticcio, Francesco (1504–1570), Maler 465
Pritoni, Silvestro (?–?), Sänger 339

Procaccini, Giulio Cesare (1574–1625), Maler 109
Protti, N. (?–?), Erzbischof von Messina 360
Publicola di Santacroce, Antonio Marchese (1644–1707), kaiserlicher Geheimrat 337, 345, 349, 380, 391, 397, 465–466, 507, *Abb. 17*
Publicola di Santacroce, Scipione Marchese (1681–1747), kaiserlicher Musikdirektor 330, 339, 353, 371–372, 465, *Abb. 355*
Puchheim, Karl Joseph (?) Graf von (?–?) 132
Pufendorf, Samuel von (1632–1694), dänischer Diplomat, Völkerrechtler 217

Q
Quellinus, Artus (1609–1668), flämischer Bildhauer 116
Quellinus, Erasmus (1607–1678), flämischer Maler 379
Questenberg, Elisabeth Constantia von – siehe: Sprinzenstein, Elisabeth Constantia, geb. Questenberg
Questenberg, Gerhard von (um 1580–1646) 68
Questenberg, Johann Adam Graf von (1678–1752), Lambergs Neffe und Mündel 22, 182, 200, *Abb. 22*
Questenberg, Maria Constantia von – siehe: Lamberg, Maria Constantia, geb. Questenberg
Questenberg, Maria Karoline Gräfin von (1712–1750) 258
Questenberg, Norbert von (†1650) 75

R
Rabatta, Antonio Graf von (†1648), kaiserlicher Gesandter, Statthalter von Görz 345
Rader SJ, Matthäus (1561–1634) 269
Radulovich (Rodolovich, Rudolovich), Niccolò (1627–1702), Kardinal 313, 384, *Abb. 449*
Radziejovski, Michael (1645–1705), Kardinal 322, *Abb. 299*
Radziwill, Michael Casimir Fürst (1635–1680), polnischer Gesandter *Abb. 343*
Raffael da Urbino (1483–1520), 38–39, 90, 100, 103, 107–109, 357–358, 422–423, 426, 441, 465, 470, 472, 506, 522, *Abb. 400, 403, 473*
Raggi, Lorenzo (1615–1687), Kardinal 36
Rainaldi, Carlo (1611–1691), Architekt 50, 354, 424
Rákóczi, Franz II. (1676–1735), Rebellenführer 410
Ram, Joannes de (1648–1693), Kupferstecher *Abb. 107*
Rappach, Maria Carlotta Gräfin von (1685–1726), zweite Gattin des Fürsten Gaetano Francesco Gaetani 347
Rasina (Rasini), Pietro (?–?), Zeichner und Maler 445, *Abb. 429–430*
Rauner, Johann Thomas von (1659–1735), Silberhändler in Augsburg 280–283, *Abb. 259–260*
Reder (Röder, Reuter), Christian (1656–1729), Maler 454–455, 480, 507–508, 528, *Abb. 1, 41, 48, 50, 53, 288, 321, 371, 372, 376, 458–460*
Régnier-Desmarais, François (1632–1713), Sekretär der Académie Française 56
Regondi OSB, Raimund (†1715), Abt des Stiftes Altenburg 269
Reibold, Philipp Ferdinand von (1672–1712) 254
Rembrandt Harmenszoon van Rijn (1606–1669), 81, 116
Renda, Domenico (?–?), Librettist 338–339, *Abb. 326*
Reni, Guido (1575–1642), Maler 20, 48, 100, 102, 109, 423, 431, 464–465, 472, 507, 513
(Resler) von Reslfeld, Johann Karl (1658–1735), Maler 261
Reuß, Heinrich I. (1614–1663) 115
Reuter, Christian – siehe: Reder, Christian
Reuter, Willem (1642–1681), niederländischer Maler *Abb. 41*
Ribera, Jusepe de (1591–1652), Maler 34, 38, 40, 507
Riccardi, Marchese Francesco (?–?) 79
Riccardi, Marchese Gabriello (1606–1675) 78–80, 82, *Abb. 60*

Ricciolini, Michelangelo (1654–1715), Maler 367, 449–450
Richardson, Jonathan (1665–1745), Maler, Sammler, Kunstautor 510
Richelieu – siehe: Plessis
Richter, David d. Ä. (1661–1735), Maler 42
Rigaud, Hyacinthe (1659–1743), Maler 42, 44, 154, 266, *Abb. 35*
Righetti, Francesco (1749–1819), Bildhauer, Kunsthändler 20
Rinaldi, Odorio (1595–1671) 267
Ritz (Ricci) gen. Sprinzenstein, Paul (um 1480–1542), Gelehrter 143
Rivius (Ryff), Walter Hermann (um 1500–nach 1551) Arzt, Mathematiker, Übersetzer 523
Roccataglia, Niccolò (vor 1593–nach 1636), Bildhauer 522
Rocci, Urbano (?–?) 422
Rodolovich – siehe: Radulovich
Röder, Christian – siehe: Reder, Christian
Rötzer, Tobias (?–?), Händler 230, 233, 284, 286–288
Roffeni Contessa Paleotti, Adelaide (1650–1726), Gattin des Duke of Shrewsbury, englische Hofdame 352, 429
Rofrano, Marchese di – siehe: Capece, Girolamo
Rohr, Julius Bernhard von (1688–1742), Zeremonialwissenschaftler 145, 250, 290
Romanelli, Giovanni Francesco (1610–1662), Maler 513
Romano, Giulio (Gianuzzi, Giulio, 1499–1546), Maler, Architekt 105, 107, 423–424, 465, 470–471, 510, *Abb. 402, 407, 473*
Ronquillo de Cuevas Duque de Maura, Don Antonio (†1651), spanischer Diplomat, Vizekönig von Sizilien 502 (Anm. 886)
Ronquillo Briceño, Pedro (*1630), kaiserlicher und spanischer Diplomat 502 (Anm. 886)
Roos, Cajetan (Rosa, Caetano de, 1690–1770), Maler 459
Roos, Franz (1672–nach 1715), Maler 459
Roos, Jakob, gen. Rosa da Napoli (1682–nach 1730), Maler 459
Roos, Johann Heinrich (1631–1685), pfälzischer Hofmaler 456
Roos, Johann Melchior (1663–1731), Maler 459
Roos, Karl Gustav (?–?), schwedischer General 456
Roos, Philipp Peter, gen. Rosa da Tivoli (1657–1706), Maler 419, 455–460, 506–507, 515, 528, *Abb. 462–464*
Roquelaure, Gaston-Jean-Baptiste Duc de (1617–1683), Gouverneur von Guienne und Gascogne 210
Rosa, Caetano de – siehe: Roos, Cajetan
Rosa da Napoli – siehe: Roos, Jakob
Rosa da Tivoli – siehe: Roos, Philipp Peter
Rosa, Salvatore (1615–1673), Maler 501 (Anm. 836)
Rosichino, Mattia (?–?), Hausmeister des Palazzo Barberini 26
Rospigliosi, Giacomo (1628–1684), Kardinal 90,
Rospigliosi Duca di Zagarolo, Don Giovanni Battista (1646–1722) 88, 94, 454, *Abb. 72*
Rospigliosi, Giulio – siehe: Clemens IX., Papst
Rosselino, Bernardo (1409–1464), Architekt *Abb. 374*
Rossetti, Donato (1633–1688), Mathematiker 110
Rossi, Antonio de (?–?), Autor 415
Rossi, Domenico Edigio (1659–1715), Architekt 131, *Abb. 16*
Rossi, Giovanni Giacomo de' (Rubeis, 1627–1691), Verleger 26, 412, 415, 450, 452, *Abb. 131, 363*
Rossi, Girolamo de' (Rubeis, *1680), Kupferstecher *Abb. 329*
Rossini, Pietro (um 1635–1702), römischer Antiquar 96–99, 102, 133, 415, 425, 519, *Abb. 79*
Rottmayr von Rosenbrunn, Johann Michael (1654–1730), kaiserlicher Hofmaler 13, 172, 261
Rouchechouart Marquise de Montespan, Françoise de (1640–1707), Mätresse und heimliche Ehefrau Ludwigs XIV. 468, 506

Rovere, Giuliano della – siehe: Julius II., Papst
Rovere, Vittoria della (1622–1694), Gattin von Ferdinand II. de' Medici, Großherzogin der Toskana 508
Rubeis – siehe: Rossi, Giovanni Giacomo de'
Rubens, Peter Paul (1577–1640), Maler, Diplomat 34, 38–39, 48, 81, 102, 464, 472, 510, 513
Rubini, Giovanni Battista (1642–1707), Kardinal 322, 384, *Abb. 305*
Rucellai, Orazio (1560–1608), Florentiner Diplomat 414
Rudolph II. (1552–1612), Kaiser 34, 48, 469, *Abb. 38, 472, 474*
Rueber (Rava), Johann Baptist (?–?), Stuckateur 149, 182
Rughesi, Fausto (?–?), Architekt *Abb. 336*
Ruoppolo, Gian Battista (1629–1693), Maler 508
Ruoppolo, Giuseppe (1630–1710), Maler 508
Ruspoli Marescotti Capizucchi, Francesco Maria Principe (1672–1731) 21, 371, 450, 452, 454–455, *Abb. 19*
Russel Earl of Oxford, Edward (1653–1727), englischer Admiral 57
Ruthart, Carl Borromäus Andreas (um 1630–nach 1703), Maler 528

S
Sacchetti, Clelia Marchesa, geb. Orsini de' Cavalieri (†1745) 339
Sacchetti, Marcello Marchese (1644–1720), Botschafter von Malta in Rom 430
Sacchetti, Matteo Marchese (1675–1743) 430
Sacchetti, Urbano (1640–1705), Bischof von Viterbo, Kardinal *Abb. 450*
Sachsen-Teschen, Albert Herzog von (1738–1822), Kunstsammler 465
Sachsen-Zeitz, Christian August von (1666–1725), Kardinal, Prinzipalkommissär 217, 230, 231
Sacripante, Giuseppe (1642–1727), Kardinal 313, 440, *Abb. 451*
Sadler, Tobias (um 1641–1679), Graphiker 168
Sáenz de Aguirre OSB, José (1630–1699), Kardinal 324
Salazar Gutiérrez de Toledo, Pedro de (1630–1706), Kardinal, Erzbischof von Córdoba 324, *Abb. 308*
Salburg, Gotthard Heinrich Graf von (1639–1707), Hofkriegsrat 304
Salm, Karl Theodor Otto Fürst von (1648–1710), königlicher Oberhofmeister 245
Salm, Paris Graf von (?–?), Domherr 249
Salm, Weichard Ignaz Graf von (1645–1703), Regensburger Domherr 235, 245–246, 249
Salm-Neuburg, Ferdinand Julius Rheingraf von (1650–1697) 255
Salviati Duca di Giuliano, Antonio Maria (1665–1704), 78, 134 (Anm. 44), 373
Salviati Garsagnino, Giuseppe (1520–1570), Maler 90, 419
San Juan y Bernedo, Francisco de (1633?–1708) 378
Sandrart, Joachim von (1606–1688), Maler und Kunsttheoretiker 24, 26, 270, *Abb. 26, 82, 394*
Sandrart, Johann Jakob von (1655–1698), Grafiker 269, 513, *Abb. 247*
Sandras de Courbilz, Gatien de (1644–1712), Autor 158
Sangallo, Antonio d. J. da (1484–1546), Architekt 419, 420
Santacroce, Andrea (1655–1712), Kardinal, päpstlicher Nuntius 33, 294, 312–313, 371, 466, *Abb. 467*
Santacroce, Antonio (1599–1641), Kardinal 465
Santacroce Antonio bzw. Scipione Marchese Publicola di – siehe: Publicola
Santini, Maria (?–?) 345
Santo Bartoli (Santi Bartoli), Pietro – siehe: Bartoli, Pietro Santo
Sarto, Andrea del (Agnolo die Francesco, Andrea', 1486–1530), Maler 107, 510
Saurau, Johann Rudolph Graf von (?–?) 97
Savelli, Federico (um 1600–1649), kaiserlicher Feldmarschall 34

597

Savelli Duca di Ariccia, Giulio (1626–1712)   314, 316, 382, 386, 391, 473
Savelli, Paolo Duca (1575–1632), kaiserlicher Sonderbotschafter   422
Savelli Peretti, Paolo (1622–1685), Kardinal   103
Savoia, Maurizio di (Savoyen, Moritz von, 1593–1657), Kardinal   34, 50
Savoiado, N. (?–?), Sänger   328
Savoyen-Carignan-Soissons, Eugen Prinz von (1663–1736)   9, 14, 21, 24, 45, 130, 200, 239, 304, 409, 438–439, 515, 520, Abb. 89, 109, 387, 388, 411
Savoyen-Soissons, Ludwig Julius von (1660–1683)   110
Scarabelli, Pietro Francesco (?–?), Autor   Abb. 87
Scarlatti, Alessandro (1660–1725), Komponist   338, 349, 385
Scarlatti, Alessandro Clemente (1677–1725), Abbate, kurbayerischer Resident in Rom   308
Scarlatti, Filippo Massimiliano Baron (1674–1742), kurbayerischer Resident in Rom   369
Schaffgotsch, Christoph Leopold Graf von (1637–1703)
Schaumburg-Lippe, Friedrich Christian Graf zu (1655–1728)   91, 134
Schee, Christoph (?–?), Kleinuhrmacher   286
Scheffer, Dr. Johann Casper (?–?), Reichsdirektor   220
Scheller, Andreas Freiherr von (?–?), Reichshofrat   203
Schenk, Peter (um 1660–1718/19), Kupferstecher   Abb. 212
Scherer auf Hohenkreuzberg, Dr. Johann Freiherr von (†1691)   219
Schindler, Johann (1639–1704), Schweizer Kupferstecher   Abb. 228
Schleswig-Holstein-Sonderburg-Plön, Johann Adolf Herzog von (1634-1704), kaiserlicher Offizier   46
Schlick Graf von Passan und Weißkirchen, Franz Joseph Wenzel (1656–1740)   118
Schmutzer, Andreas (1700–1740), Kupferstecher   524, Abb. 514
Schmutzer, Johann Adam (1680–1739), Kupferstecher   510, 511
Schmutzer, Joseph (1683–1740), Kupferstecher   524, Abb. 514
Schnabl, Michael (†1658), Abt des Zisterzienserstiftes Heiligenkreuz   210
Schöllingen, Franz von (†1707), Propst des Prämonstratenserstiftes Pernegg   175
Schönborn, Franz Georg Graf von (1682–1756)   456, 462
Schönborn, Friedrich Karl von (1674–1746, Reichsvizekanzler, Fürstbischof von Würzburg und Bamberg   445, 456
Schönborn, Johann Erwein Baron von (1654–1705)   238
Schönborn, Johann Philipp Franz von (1675–1724)   352
Schönborn, Lothar Franz von (1655–1729), Kurfürst und Fürsterzbischof von Mainz, Reichskanzler   238, 359, 446, 456, 462, 474, 515, 527–528
Schönfeldt, Johann Heinrich (1609–1684), Maler   115
Schönwetter, Johann Baptist (?–?), Verleger   408
Schöpfer, Hans (um 1500–nach 1567), Maler   142, Abb. 113
Schoonjans, Anthonis (um 1655–1726), kaiserlicher Kammermaler   379–380, Abb. 366
Schor, Johann Paul, Giovanni Paolo (1615–1674), Maler   102, 360
Schor, Philipp (1646–um 1700) Hofmaler, Architekt   90
Schrader, Christoph (?–?), Gesandter   251
Schulenburg, Johann Matthias von der (1661–1747), Feldmarschall   25
Schwanthaler, Basilius (1670–1717), Bildhauer   212
Schwanthaler, Thomas (1634–1707), Bildhauer   212
Schwarzenau, Freiherr von – siehe: Strein (Streun), Reichard

Schwarzenberg, Adam Franz Fürst von (1680–1732), kaiserlicher Obersthofmeister   165, 328, 332–333, 520
Schwarzenberg, Johann Adolf Fürst von (1615–1683), Reichshofratspräsident   143
Scianzi, Giacomo († um 1700), Maler, Architekt   35
Scoraille de Roussile Duchesse de Fontanges, Marie-Angélique de (1661–81), Mätresse Ludwigs XIV.   468, 506
Scotti, N. (?–?), Monsignore   332
Scudéry, Georges de (1601–1667) und Madeleine de (1607–1701), Schriftsteller   118, 122, Abb. 97, 99
Sebastiani, Pietro de (?–?), Antiquar   25, 465, Abb. 23
Sebastiano del Piombo (Luciani, Sebastiano, 1485–1547), Maler   103, 107–108
Seidel, Johann Zacharias (?–?), Regensburger Verleger   269
Seidenbusch, Johann Georg (1641–1729), Domvikar   244, 246
Seilern, Johann Friedrich Ritter/ Graf von (1646–1715), kaiserlicher Diplomat   54, 221, 223
Seilern, Johann Friedrich II. Freiherr von (1676–1751)   430, 432, 499 (Anm. 697)
Senf(f)tenau, Graf/Gräfin von – siehe: Kurz
Sennecey, Marquis de – siehe: Foix de Candalle Duc de Randan, Henri François de
Serra, Giacomo (1570–1623), Kardinal, päpstlicher Legat   466
Settala, Manfredo (1600–1680), Kanonikus, Sammler   109, Abb. 87
Sforza, Ludovico (?–?)   318
Sforza Cesarini, Federico Duca di (1651–1712), spanischer Gesandter   362, 441
Sforza Cesarini, Giovanni Giorgio Duca di (1678–1712)   441
Shovell, Sir Cloudesley (1650–1707), englischer Admiral   353, Abb. 339
Shrewsbury, Duke of – siehe: Talbot, Charles
Silvani, Gherardo (1579–1675), Architekt, Bildhauer   80
Silvestre, Israël (1621–1691), Graphiker   129, Abb. 106, 111
Sing, Johann Caspar (1651–1739), kurbayerischer Hofmaler   261
Sinzendorf, Georg Ludwig Graf von (1616–1681), Hofkammerpräsident   143, 205
Sinzendorf, Karl Ludwig Graf von († 1722), Vizepräsident des Reichshofrates   46
Sinzendorf, Philipp Ludwig Wenzel Graf von (1671–1742), kaiserlicher Diplomat   44–45, 304, 373
Sixtus V. (Peretti di Montalto, Felice, 1521–1590), Papst   99, 103, 430
Skrebensky, Carl Dietrich von (?–?)   74
Škreta, Karel (1610–1674), Maler   Abb. 58
Slawata, P. Karl Felix a Sancta Theresia (eig. Johann Karl Joachim Graf von, 1641–1712), General des Karmeliterordens   173, 350, 429
Smith, John (?–?), Grafiker   Abb. 324
Sobieski, Alexander (Aleksander) Benedikt (1677–1714), Prinz von Polen   318, 368, Abb. 319
Sobieski, Jakob (Jakub) Ludwig (1667–1737), Prinz von Polen   329, 424, Abb. 319
Sobieski, Jan – siehe: Johann III. Sobieski König von Polen
Sobieski, Konstantin (Konstanty) Ladislaus (1680–1726), Prinz von Polen   318, Abb. 319
Sobieski, Teresa Kunigunde – siehe: Terese Kunigunde von Polen
Solari, Andrea (1460–1524?), Maler   Abb. 235
Soldani Benzi, Massimiliano (1656–1740), Bildhauer   532 (Anm. 41)
Soliman II. (1642–1691), Sultan des Osmanischen Reiches   119
Solimena, Francesco (1657–1747), Maler in Neapel   517
Somer, Jan van (um 1645–nach 1699), Graphiker   271
Somerset Duke of Beaufort, Henry (1705–1745)   448
Sommagne, Franz de (?–?), Mathematiker   123
Sophie Charlotte (1668–1705), Kurfürstin von Brandenburg, Königin in Preußen   237

Sousa, Luiz de (1630–1702), Kardinal   Abb. 452
Spada, Bernardino (1594–1661), Kardinallegat   48
Spada, Fabrizio (1643–1717), Kardinalstaatssekretär   9, 12, 21, 293, 310, 313, 322, 342, 367, Abb. 283
Spadino – siehe: Castelli, Giovanni Paolo
Specchi, Alessandro (1668–1729), Kupferstecher   Abb. 285, 327, 396, 401
Speidel, Johann Jacob (?–?), Autor   268, 271
Sperelli, Sperello (1639–1710), Kardinal   313, Abb. 453
Speth Freiherr von Zwiefalten, Johann Heinrich (?–?)   231, 246, 263
Spetzl, Georg (?–?), Bildhauer   200
Spinelli Duca di Castelluccio, Carlo Francesco (1668–1732)   391
Spinola, Giovanni Battista (1615–1704), Kardinal   293, 322, Abb. 269, 454
Spinola Doria Marqués de los Balbassos, Paolo (?–?), spanischer Diplomat   12
Sprinzenstein, Elisabeth Constantia Gräfin von, geb. Questenberg (†1683)   143
Sprinzenstein, Ferdinand Maximilian Graf von (1624–1679), Schwiegervater Lambergs   10, 12, 53, 143, 160, 170, 174, 184, 212, Abb. 10, 48
Sprinzenstein, Florian Graf von (?–?)   349
Sprinzenstein, Johann Ehrenreich Graf von (1667–1729)   246
Sprinzenstein, Maria Renata von (?–?)   212
Stampart, Frans van (1675–1750), kaiserlicher Hofmaler   388, 402, Abb. 379
Stanchi, Giovanni (1608–um 1686), Maler   102, 367, 506, 508, Abb. 496
Stanhope, Sir Alexander (1638–1707), britischer Diplomat   48
Starhemberg, Ernst Rüdiger Graf von (1638–1701), kaiserlicher Hofkriegsratspräsident   239, 304
Starhemberg, Franz Ottokar Graf von (1662–1699), kaiserlicher Diplomat   77, 235
Starhemberg, Guidobald Graf von (1657–1737), Kaiserlicher Feldmarschall   333
Starhemberg, Gundacker Thomas Graf von (1663–1745), Hofkammerpräsident   304
Starhemberg, Gundamar Graf von (†1743)   333
Starhemberg, Heinrich Wilhelm Graf von (1593–1675), kaiserlicher Obersthofmarschall   195
Starhemberg, Konrad Balthasar Graf von (1612–1687), niederösterreichischer Statthalter   143
Steidlin (Steudlin), Johann Matthias (?–?), Augsburger Kupferstecher   Abb. 196
Steinböck, Veit (†1715), Steinmetzmeister   194, 200–201, 206–207
Steinböck, Wolfgang (1650–1708), Steinmetzmeister   145, 196
Steinl (Steindl), Matthias (um 1644–1727), Architekt, Bildhauer   210
Stepney, George (1663–1707), englischer Diplomat   12, 33, 237, Abb. 3
Sternberg, Adolf Wratislaw Graf von (†1703), Oberstburggraf in Prag   499 (Anm. 728)
Sternberg, Franz Leopold Graf von (1680–1745), Reichshofrat   499 (Anm. 728)
Sternberg, Ignaz Karl Graf von (†1700), kaiserlicher Geheimrat   437
Sternberg, Johann Joseph Graf von (1671–1700)   499 (Anm. 728)
Sternberg, Joseph Benedikt Graf von (?–?)   390, Abb. 373
Stodoligk, Eustachius (?–?), Besitzer der Herrschaft Ottenstein   144
Stoop, Maerten (1618–1647), Maler   44
Strada SJ, Famianus (1572–1649)   117
Strattmann, Theodor Althet Heinrich von (1637–1693), kaiserlicher Diplomat, Hofkanzler   12, 216, 274
Strein (Streun) Freiherr von Schwarzenau, Reichard (1537–1600)   142
Strozzi, Lorenzo (?–?), Monsignore   294
Strudel von Strudendorff Peter (um 1660–1714), Akademiegründer   180, Abb. 163
Stubenberg, Anna Barbara Dorothea Gräfin von (1672–1694)   254

598

Stubenberg, Georg von (†1703), Landeshauptmann der Steiermark   304
Stubenberg, Georg August Graf von (1628–1691)   270
Stubenberg, Otto Graf von (†1691)   151
Stubenberg, Otto Gall Graf von (1631–1688)   270
Stubenberg, Rudolf Wilhelm Graf von (1643–1677), Kunstsammler   270
Stuffa, N. (?–?), Abbate   349
Sturmberger, Matthias (†1691), Bildhauer   158, *Abb. 132*
Suhnleidtner, Steffel (?–?), Baumeister   178
Sulzbach, Philipp Florinus von (1630–1703), kaiserlichen Feldmarschall   230
Susini, Gianfrancesco (um 1610–1653), Bildhauer   532
Sustermans, Justus (1597–1681), Maler   *Abb. 61*
Suttinger, Daniel (1640–um 1690), Kartograph   160, 170, 191, *Abb. 148, 172*
Švihovský (Swihowsky) Freiherr von Riesenberg, Jaroslav Florian Ignác (vor 1651–1716)   257

T
Taaffe Earl of Carlingford, Franz Graf (1639–1704), kaiserlicher Feldmarschall und Diplomat   238
Tacca, Ferdinando (1619–1686), Hofkünstler   79
Talbot Duke of Shrewsbury, Charles (1660–1718)   338, 352, 475, *Abb. 324*
Tamagni, Vincenzo (1492–1516), Maler   *Abb. 408*
Tanara, Sebastiano Antonio (1650–1724), Kardinal   294, 313, 339, *Abb. 271*
Tasnière, Giorgio (†1704), Kupferstecher   *Abb. 91*
Telles da Silva Conde de Vilar Mayor Marquez de Alegrete, Fernão (1662–1731)   60
Téllez-Girón Duque de Ossuna y Benavides, Francisco Maria de Paula (1678–1716), spanischer Diplomat   373
Téllez-Girón Duque de Ossuna, Pedro (1575–1624), Vizekönig von Neapel   303
Tencalla, Carpoforo (1623–1685), Freskant   94, 158, 193, 259, *Abb. 69, 234*
Tencalla, Giovanni Pietro (1629–1702), kaiserlicher Hofarchitekt   195, 196
Terese Kunigunde von Polen (1676–1730), Kurfürstin von Bayern   329, *Abb. 319*
Terwesten, Augustin (1649–1711), Berliner Hofmaler   481
Terwesten, Esaias/Ezaias (1651–1729), Künstler   481
Terzago, Paolo Maria (?–?), Autor   *Abb. 87*
Tesauro SJ, Emanuele (1592–1675), Hofgelehrter   112
Tessin, Carl Gustav (1695–1770), schwedischer Diplomat, Landmarschall und Kunstsammler   465
Tessin, Nicodemus d. Ä. (1615–1681), schwedischer Hofarchitekt   76, 98
Tessin, Nicodemus d. J. (1654–1728), schwedischer Hofarchitekt   24, 35, 76, 82–83, 98, 100, 104, 107–109, 112, 116, 415, 470, *Abb. 65*
Teves y Tello de Guzmán Marqués de la Fuente, Gaspar de (1608–1678), spanischer Diplomat   36, 54, *Abb. 44*
Thelott, Johann Andreas (1655–1734), Graphiker   268, *Abb. 38, 244–245*
Theodoli, Gerolamo Marchese (1677–1766), Architekt   339
Theodoli, Maria Francesca Marchesa geb. Sacchetti (1641–1712)   339
Théodon, Jean-Baptiste (1646–1713), Bildhauer   440, *Abb. 425*
Thököly, Imre Graf (1657–1705), Kuruzzenführer   236, *Abb. 208*
Thürheim, Anna Maria Gräfin von (?–?)   465
Thun, Franz Sigmund Graf von (1639–1702), Malterskommandant   238
Thun, Johann Ernst Graf von (1643–1709), Fürsterzbischof von Salzburg   49, 264, 266, *Abb. 239*
Thun, Johann Jakob Graf von (1640–1701)   264

Thun, Maximilian Graf von (1638–1701), kaiserlicher Kämmerer   282
Timur Lenk (Tamerlan, ?–?), kirgisischer Fürst   356
Tintoretto, Jacopo (1518–1594), Maler   38–39, 76, 109, 448, 464
Titi, Filippo (1639–1702), Prälat   91
Tiziano Vecellio (1480/85–1576), Maler   26, 38–39, 76, 83, 100, 107–109, 415, 464–465, 470–472, 510, *Abb. 25*
Törring, Johann Franz Adam Graf von (?–?)   231, 249
Törring-Seefeld, Maximilian Gaetan Graf von (1670–1752)   428–429
Toulouse, Louis Alexandre Comte de – siehe: Louis Alexandre
Trägä, Thoma (?–?), Baumeister   198
Trautson, Johann Leopold Donat Graf bzw. Fürst von (1659–1724), kaiserlicher Obersthofmeister   131, 520
Trautson, Paul Sixtus Graf (1635–1678), kaiserlicher Diplomat   126
Trauttman(n)sdorff, Adam Matthias von (1617–1684), böhmischer Landmarschall   258
Trauttman(n)sdorff, Franz Wenzel Graf von (1677–1753)   446
Trauttman(n)sdorff, Maximilian Graf von (1584–1650), kaiserlicher Obersthofmeister   209, 258
Trevisani, Francesco (1656–1746), Maler   94, 316, 340, 408, 446, 448, 450, 456, 507, 515, 527, *Abb. 291, 431–432*
Triva, Antonio (1626–1696), Maler   115–116
Trivulzio, Giangiacomo Teodoro (1597–1656), Kardinal   50
Troyer Baron von Ansheim, Paul Andreas (1662–1718), Tiroler Hofvizekanzler   223
Tuono, Antonio (?–?), Spiegelhändler   201
Turinetti Marquis de Prié, Hercule Joseph Louis (1658–1726), kaiserlicher Diplomat   236, 306, 446, 454, 520

U
Uceda, Duque de – siehe: Acuna y Pacheco Gomór de Sandoval, Juan Francisco
Ulrike Eleonore (1656–1693), Königin von Dänemark   49
Ungelter Freiherr von Deisenhausen, Johann Ludwig (?–?)   232
Ungnad Graf von Weißenwolf, David (1604–1672)   220
Ungnad Graf von Weißenwolff, Helmhard Christoph (1634–1702)   143
Ungnad Graf von Weißenwolf, Michael Wenzel (1658–1679)   133
Unterholzer, Maria (?–?), Großmutter Lambergs   68, 178
Urban VIII. (Barberini, Maffeo, 1568–1644), Papst   15, 48, 50–51, 99–100, 292, 405, 423, 513, *Abb. 356*
Urfé, Honoré d' (1567–1625), Autor   241

V
Vaccaro, Lorenzo (1655–1706), Bildhauer   411
Vaini Principe di Cantalupo Duca di Selci, Guido (†1720)   376, 377, *Abb. 361*
Valenti Gonzaga, Silvio (1690–1756), Kardinalstaatssekretär   21
Valesio, Ludovico Francesco (1670–1742), Abbate, römischer Stadtchronist   305, 320, 337, 339, 346–347, 350, 356, 363, 367, 381, 386, 388, 391, 402–403, 406, 422, 439, 464–465, 487–488, *Abb. 363, 381, 383–384, 388, 476*
Valvasor, Johann Weichard Freiherr von (1641–1693)   22, 160, 168, 267, *Abb. 135*
Vasari, Giorgio (1511–1574), Kunstschriftsteller   419, 510
Vassalo, Joseph (?–?), Stuckateur   246
Vasto, Marchese del – siehe: Avalos e Aquino Marchese del Vasto e di Pescara, Cesare Michelangelo d'
Vauthier, Dr. Pierre (?–?), Hofmeister   74
Vecchiarelli, Marianna (?–?)   339
Velasco, Cristobal de (1578–1627), Hofmaler Philipps III.   38

Velasco, Esteban Márquez de (†1696), Historienmaler   38
Velázquez, Diego (1599–1660), Maler   38, 48
Venier, Pietro (1673–1737), Künstler   198, 200, *Abb. 177*
Verda Graf von Werdenberg, Johann Baptist (1582–1648)   21, 179
Verjus Comte de Crecy, Louis de (1629–1709), französischer Diplomat   241
Verme, Taddeo Luigi dal (1641–1717), Bischof von Imola, Kardinal   *Abb. 442*
Veronese, Paolo (1528–1588), Maler   38, 76, 83, 100, 464, 465, 472, 506–507, 513, *Abb. 466*
Verrazzano, Ulisse Marchese da (1647–1727)   106
Viechter, J. Gabriel (?–?), Stuckaturmaler   181
Vignon, Claude (1593–1670), Kupferstecher   *Abb. 97*
Viktor Amadeus (1666-1732), Herzog von Savoyen, König von Sizilien   400
Villanelle, N. (?–?), Abbate   410
Villars, Claude-Louis-Héctor Marquis de (1653–1734), französischer Diplomat   59–60
Villeroy, Marquis de – siehe: Neuville d'Halincourt, Charles de
Villiers Duchesse de Cleveland, Barbara (1641–1709)   468, 506
Vincent, Hubert (vor 1680–nach 1731), Kupferstecher   *Abb. 345, 347, 350–353*
Vinchioni, Cinzio (Cynthio, †1727), Komponist   355
P. Vinzenz à Santa Maria, (?–?), Kupferstecher   *Abb. 277*
Vischer, Georg Matthäus (1628–1696), Topograph   160–161, 168–169, 172, 185, *Abb. 49, 159, 169*
Visconti, Ercole (?–?), Bischof von Navarra   313, 427
Visconti, Federico (1617–1693), Kardinal   293
Vitelli, Pierfrancesco Marchese (?–?), Stallmeister Lambergs   306, 344
Vitelli, N. Marchese (?-?)   78
Vitrarius, Philipp Reinhard (1647–1720), Autor   268
Vittoria, Vincenzo (1658–1712), römischer Künstler und Sammler   519
Vloßdorf, Johann Reinhard (?–?), Hauslehrer   78
Voet, Jacob Ferdinand (1639–1689), Maler   94, 339, 450, 452, 513, *Abb. 52, 72*
Vogel, Bernhard (1683–1737), Graphiker   *Abb. 250–251*
Volckamer, Johann Christoph (1644–1720), Nürnberger Patrizier und Autor   263
Volkra (Volckhra), Otto Ferdinand Gottlieb Graf von (?-?)   203
Volpato, Giovanni (1735–1803), Kunsthändler   20
Volterra, Daniele da (1509–1566), Bildhauer   103, 416, 422
Volterrano, Il – siehe: Franceschini, Baldassarre
Vorster, Lorenz (?–?), Herrschaftsverwalter Lambergs   149, 169
Vos, Jodocus de (†1734), flämischer Tapissier   45
Vouet, Simon (1590–1664), Maler   262, 465, 513
Vries, Adriaen de (1556–1626), Bildhauer   114

W
Waldburg-Zeil, Leopold Johann Graf von (1674–1729), Domherr in Regensburg und Augsburg   258
Waldburg-Zeil, Eva Maria Anna Constantia Gräfin von, geb. Lamberg (1659–1721), Schwester Lambergs   150, 261
Waldburg-Zeil, Maria Franziska Katharina Gräfin von (1683–1737), Schwiegertochter Lambergs   261
Waldburg-Zeil, Sebastian Wunibald Graf von (1636–1700), Reichshofratspräsident und interimistischer Reichsvizekanzler   150, 261
Waldburg-Zeil, Sidonia Elisabeth Gräfin von (1682–nach 1716), Nonne   261
Walderdorff, Wilderich Graf von (1617–1680), Reichsvizekanzler   203
Waldstein, Franz August Graf von (†1684), kaiserlicher Oberhofmarschall   143

Waldstein, Johann Friedrich Graf von (1642–1694), Erzbischof von Prag   35
Waldstein, Karl Ernst Graf von (1661–1713), kaiserlicher Diplomat   304, 351
Waldstein, Karl Ferdinand Graf von (1634–1702), kaiserlicher Oberststallmeister und Diplomat   193
Wallenstein, Albrecht Fürst von (1583–1634)   21
Wartenberg, Albert Ernst Graf von (†1715), Weihbischof in Regensburg   242, 244–245
Wechtler, Johann Konrad (?–?), kaiserlicher Leibarzt   204
Weigel, Christoph (1654–1725), Verleger und Buchhändler   269, 272, *Abb. 247*
Weigel, Eberhard (1623–1699), Gelehrter   196
Weißenwolf, Graf von – siehe: Ungnad
Wenzelsberg, Johann Kunibert von (?–?), Hofquartiermeister   202
Werdenberg, Graf von – siehe: Verda, Johann Baptist
Werner, Friedrich Bernhard (1690–1778), Zeichner   222, *Abb. 196*
Westerhout, Arnold van (1651–1725), Kupferstecher   52, *Abb. 25, 27, 30, 42, 344, 359, 456*
Wetzel, Franz Johann Baron von (?–?)   227
William III. von Oranien-Nassau (1650–1702), König von England, Schottland und Irland   44, 240, 285, 338, *Abb. 209*
Windhag, Graf von – siehe: Enzmilner, Joachim
Windischgrätz, Eleonora Gräfin von (?–?)   249
Windischgrätz, Ernst Friedrich Graf von (1670–1727)   239
Windischgrätz, Gottlieb Adam Graf von (1630–1695), kaiserlicher Diplomat   258
Wittel, Caspar van (1653–1736), Maler   *Abb. 275, 418, 490*
Wolff, Georg (?–?), Maurermeister   144, 145
Wolff, Johann Andreas (1652–1716), kurbayerischer Hofmaler   261
Wolfgang, Andreas Matthäus (1660–1736), Graphiker   269, *Abb. 248*
Wolfgang, Georg Andreas (1631–1716), Graphiker   268–269, *Abb. 38*
Wotton, Sir Henry (1568–1639), Diplomat, Schriftsteller   34
Wouters, Gomar (*1649), Kupferstecher   *Abb. 346*
Wouters (Wauters), Michiel (†1679), flämischer Teppichwirker   356, *Abb. 340, 341*
Wratislaw Graf von Mitrowitz, Franz Karl (1696–1759)   47, 432
Wratislaw Graf von Mitrowitz, Johann Wenzel (1669–1712), kaiserlicher Diplomat und böhmischer Oberstkanzler   304, 432, 520
Wright, John Michael (1617–1694), englischer Maler   *Abb. 359*
Wrtba (Vrtba), N. Graf (?–?)   257
Würben (Wrbna) und Freudenthal, Johann Franz Graf von (1643–1705)   304
Würner (Wierner), Wolf (?–?), Stuckateur   144, 163
Wutschnigg, Fr. Paulus (?–?), Augustinereremit   312

XYZ

Zach, Andreas (1736–1797), Baumeister   172
Zeiller, Martin (1589–1661), Reiseschriftsteller   72, 118, 159, 184
Zeno, Alessandro Cavaliere (?–?), venezianischer Botschafter   267
Zesen, Philipp von (1619–1689), Schriftsteller   119, 122
Zetler (Zöttler), Ehrenreich (?–?), Maler   146, 149, 154, 156
Zieka, N. (?–?), Offizier   253
Zinzendorf und Pottendorf, Albrecht Graf von (1619–1683), kaiserlicher Oberhofmeister   192
Zocchi, Giuseppe (um 1711–1767), Maler   *Abb. 62*
Zöttler – siehe: Zetler
Zondadori, Antonio Felice (1665–1737), Kardinal, päpstlicher Nuntius   482
Zrínyi, Ádám Graf (1662–1691), kaiserlicher Kämmerer und Oberst   151, 236

Zrínyi, Maria Katharina Gräfin von, geb. Lamberg (1665–1717), Schwester des Botschafters   151
Zrínyi, Péter Graf von (1621–1671), Kroatischer Banus   151
Zuccalli, Henrico (um 1642–1724), bayerischer Hofbaumeister   103, 196
Zuccaro, Federico (1484–1546), Maler   419, 422–423
Zuccaro, Taddeo (1529–1566), Maler   90, 419, 423
Zucchi, Jacopo (1540–1596), Maler   416, *Abb. 399*

Ortsregister:

Aachen: 268
Albano: 433
Altenburg: 130, 158, 175
Altötting: 146, 164
Amsterdam: 25, 46, 74, 116, 274, *Abb. 95, 246*
Antwerpen: 87, 117, 142, 356, 508
Anzio – siehe: Nettuno
Assisi: 105–106, 146
Aufhausen: 244, 246
Augsburg: 46, 124, 233, 250, 269/270, 278–290, *Abb. 38, 92, 244–245, 257–266*
Auschwitz: 530
Austerlitz/Slavkov u Brno: 34
Avignon: 130
Baden (bei Wien): 155, 178, 184–187, 524, 526, *Abb. 169–171*
Baden-Baden: 130
Barcelona: 353
Berlin: 22, 47, 216, 222, 237, 239, 261–263, 380, 473, 481, 520, *Abb. 209–210, 285, 498*
Bern: 114
Besançon: 528
Bibersburg/Červený Kameň: 94, *Abb. 94*
Blindheim (Blenheim): 409
Blois: 129, *Abb. 108*
Bologna: 20, 34, 339, 344–345, 517
Bordeaux: 130
Bracciano: 334, 469, 487–488, *Abb. 490*
Brand: 161, 525
Bremen: 466
Breslau/Wroclaw: 34, 333, *Abb. 31*
Brixen: 75
Bruck an der Leitha: 44
Brünn/Brno: 146
Brüssel: 34, 47, 94, 118, 193, 237, 239, 304
Brunn: 161
Buchbach: 161
Budapest: 234, 468, 506, 530
Cadillac-sur-Garonne: 130
Canterbury: 128
Carpi: 386
Castelfranco: 75
Cividale del Friuli: 200
Civitavecchia: 88, 436, 466
Collodi: 344
Danzig/Gdansk: 47
Datschitz/Dačice: 181
Den Haag/'s-Gravenhage: 44-45, 56, 87, 116-117, 235, 304, 380, 408, *Abb. 96*
Deutsch-Gabel/Jablonné v. Poděštědi: 44
Döllersheim: 68, 144, 155, 455, 525, *Abb. 128*
Dôle: 36, 74
Dresden: 222, 239, 454
Drosendorf: 143, 155, 159–161, 170–172, 175, 380, 456, 483, 507, 524, 527–528, 531, *Abb. 148–150, 485*
Düsseldorf: 304
Eger/Cheb: 253–255, *Abb. 225*
Eggenberg: 158–159
Eggmanns: 161
Eibenstein: 155
Eichstätt: 246, 250–251, 263–264, *Abb. 238*
Eisenstadt: 158, 206, *Abb. 143*
Ephesos: 523, *Abb. 510*
Ernstbrunn: 34
Falkenau/Sokulov: 255, *Abb. 227*
Falkenberg: 253
Falkenstein: 88
Feldsberg/Lednice: 34

Ferrara: 77, 466
Ficarolo: 409
Flachau: 162
Florenz: 20, 78-83, 106 327, 345, 446, 508, *Abb. 59–64*
Fontainebleau: 55, 128, *Abb. 111*
Forchtenstein: 168
Frain/Vranov nad Dyje: 172
Frankrenreith: 161
Frankfurt am Main: 22, 116, 280, 456
Frascati: 85–86, 206, 382, 426–431, *Abb. 67–68, 411–415*
Fratres: 161
Freiburg im Breisgau: 268
Freidegg: 142
Freising: 266
Friedersbach: 155, 161
Frohsdorf: 531
Gabhorn/Javorná: 256
Genf: 114, 130
Genua: 36, 322
Gerharts: 161
Gilgenberg: 174, 257, 524, 528
Gießhübl/Kyselka: 256
Gobelsburg: 88
Göllersdorf: 456
Götzles: 161
Gottorf: 49
Graz: 528
Greillenstein: 150
Großeberharts: 161
Groß Göttfritz: 161, 524
Großpertholz: 160, 164
Großpoppen: 160, 164, 175, *Abb. 157*
Großwardein/Oradea: 244
Habsburg: 114
Hadersdorf: 173
Halberstadt: 513
Hallein: 210
Hamburg: 25, 45, 235, 304, 460, 515, *Abb. 37*
Hanau: 234
Hannover: 234
Heidelberg: 91, 456
Heiligenkreuz: 149, 210, 212
Höchstätt: 358, 409, *Abb. 387*
Hollenbach: 161, 163
Horn: 143, 158, 160, 173, 176, 234, 459, 531, *Abb. 158*
Huy: 236
Idolsberg: 88
Immenschlag: 161
Ingolstadt: 72
Innsbruck: 36, 68, 440
Istanbul/Konstantinopel: 34, 239, 304, *Abb. 29, 38*
Jarmeritz/Jaroměřice nad Rokytnu: 68, 182, a.22
Jarolden: 161
Jasnitz: 161
Jena: 34
Kaiserebersdorf: 240
Kassel: 459, 509
Karlsbad/Karlovy Vary: 252–253, 255–256, *Abb. 228*
Karlsruhe: 508
Kitzbühel: 171, 332
Kittsee: *Abb. 143*
Kleingöpfritz: 161
Koblenz: 44
Köln: 23, 72, 157–158, 294, 304
Königgrätz/Hradec Králové: 35, 385
Königsbach: 161
Königsberg/Kaliningrad: 47, 304
Königsberg an der Eger/Kynšperk nad Ohří: 254
Kopenhagen: 235, 304
Kottingbrunn: 68, 178–184, 272, 486, 524, *Abb. 159–168, 488*
Krakau: 304
Kranichberg: 68, 181
Kremsier/Kroměříž: 513
Kremsmünster: 200, 356
Kühnring: 144
Laibach/Ljubljana: 513
Laino: 149
Landau: 350, 358, 394
Landskron/Lanškroun: 437
Langau: 171–172, *Abb. 151–153*

Langenlois: 164
Lausanne: 130
Laxenburg: 200, 202
Leiden: 91, 116
Leipzig: 268, 270–271, 454, 528
Lexnitz: 174
Lichtenfels: 67, 146–147, 161, 168–169, 524, *Abb. 145*
Linz: 142, 291
Liblitz/Liblice: 149
Lissabon: 302, 304, 351, 408
Livorno: 353, 408, *Abb. 338*
Lobris/Luboradz: 238
Loschberg: 161–163, 169, 524–525, 527, *Abb. 146*
Lyon: 57, 130, 233, 364
London: 23, 45, 47, 53, 81, 87, 127–128, 234–235, 240, 304, 322, 469, 508, 516, 522
Loreto: 106, 146, 359
Lucca: 278, 339, 344–345, 367, 481, 488, *Abb. 380, 484*
Lüttich: 236
Madrid: 34, 36, 38–41, 48, 54, 75, 79–80, 126, 222, 234, 236, 294, 302, 345, 381, 393–394, 406, *Abb. 33–34*
Mailand: 108–109, 234, 239, 346, 348, 385, 392, 411, 438–439, 454, *Abb. 87*
Mainz: 150, 212, 238, 240
Mannheim: 123
Mantua: 36, 48, 68, 77
Marbach (Nö.): 161
Maria Kulm/Chlum nad Ohří: 255
Maria Loreto (Bgld.): 182
Mariazell: 164–165, 168, 282-283
Marseille: 130, 410
Melk: 210
Mitterreith: 161
Modena: 106–107, 347
Moissac: 130
Molln: 161
Montauban: 130
Montpellier: 130
Moskau: 47, 239
München: 114–116, 266, 508, *Abb. 93–94*
Münster: 75
Münzbach: 179, *Abb. 161*
Murstetten: 210
Namest an der Oslava/Náměšt nad Oslavou: 158
Namur: 57, 230, 236, 241
Narbonne: 130
Neapel: 9, 22, 34, 84, 327, 337, 347, 381, 386–387, 391–392, 411, 438, 460, 481, 507–508, 516, 520–522, 528, *Abb. 66, 392, 424, 494*
Nettuno: 431–432, 438, 466, *Abb. 417*
Neubistritz/Nová Bystřice: 172–173
Neuenhammer: 248, *Abb. 221*
Neunzen: 160, 164
Neustadt an der Waldnaab: 253
New Orleans: 508
New York: 486
Niederedlitz: 161
Niedergrünbach: 67, 161–162, 183, *Abb. 139*
Niederwaltenreith: 161
Nîmes: 130
Nissa/Niš: 130
Nikolsburg/Mikulov: 34
Novellara: 36
Nürnberg: 167, 270, 273, 304
Oberedlitz: 161
Obernondorf: 161
Oberwaltenreith: 155
Ofen s. Budapest
Olmütz/Olomouce: 333, 513
Osnabrück: 48
Ottenstein: 9–10, 23, 67–69, 91, 94, 141–158, 162–165, 167–169, 175–176, 182–183, 193, 446, 455–456, 462, 476, 480, 483, 486, 509, 518, 524–526, 531, *Abb. 49, 51, 73, 112–115, 117–133, 142, 167, 392, 486, 487, 489*
Padua: 34, 77, 146, *Abb. 55/56*
Palo Laziale: 432–433, *Abb. 418*
Paris: 22, 24–25, 27, 36, 42–44, 54, 56–57, 59, 74, 105, 107, 122–129, 150, 166, 198, 233, 236–237, 241, 289, 304, 337, 364, 368, 371, 465, 466, 468, 508, *Abb. 44, 46, 52, 102, 243*
Párkány/Parkan: 147
Parma: 22, 107–108, *Abb. 86*

Passau: 72, 146, 258–263, 267, 318, 349, 408, 513, 525, *Abb. 232–237, 288*
Pavia: 109
Peigarten: 155
Pernegg: 155, 175
Perpignan: 130
Persenbeug: 159, 528
Perugia: 72
Peterwardein/Petrovadin: 235
Petronell: 158
Petschau/Bečov nad Teplou: 68, 256, *Abb. 229*
Pettau/Ptuj: 150
Pisa: 354
Poggibonsi: 354
Pommersfelden: 515
Pozzuolo: 200
Ptolomäus: 166
Prag: 24, 35, 68, 158, 256–257, 437, 456, *Abb. 230–231*
Pratolino: 84, 206, *Abb. 65*
Puch: 161, 174–175
Püchersreuth: 274
Pyhrahof: 161
Ranzles: 161
Rappoltenkirchen: 68, 200
Rappoltenschlag: 161
Rathsmannsdorf: 262
Rastatt: 131
Rastenberg: 67, 155, 161, 168, 524, 527, *Abb. 137, 144*
Rastenfeld: 146, 155, 161, 169–170, 525, *Abb. 138, 147*
Raudnitz/Roudnice: 131
Regensburg: 10, 12, 49, 68, 131–132, 149, 215–252, 266–278, 290–295, 528, *Abb. 190–194, 196–197, 199–200, 202, 205, 215–216, 218–221, 223–224, 248, 267–268, 274*
Reichenau: 160
Reval/Tallinn: 304
Richelieu: 129, *Abb. 109*
Ried im Innkreis: 212
Rijswijk: 88, 226, *Abb. 201*
Roiten: 161

Rom:
Allgemein: 9, 11–21, 25, 34–36, 47, 49–53, 72, 74–75, 86–105, 130–132, 182–183, 222, 236, 291–295, 512–513, 515, 524, *Abb. 203, 204, 217*
Diverses:
 Accademia di San Luca 512
 Aqua Paolina 434
 Antoninus-Säule 474–475, *Abb. 477–478*
 Caffé degli Austriaci
 Caffé Tedesco 352
 Campo Vaccino – siehe: Forum Romanum
 Ciriaca-Katakombe 483
 Collegio Clementino 319, 333, 403, 437, 452
 Collegio Germanico 96, 513
 Collegio Romano 333, 351
 Corso (Via del Corso) 369–370
 Engelsburg (Castello di S. Angelo) 89, *Abb. 69*
 Fontana di Trevi 368
 Forum Romanum 154, 371, 507, 515
 Orti (Horti) Farnesiani 425, *Abb. 410*
 Museo Kircheriano (im Collegio Romano) 477, *Abb. 19, 481*
 Oratorio dei Filippini *Abb. 336*
 Pantheon: 154
 Pasquino 154, 386
 Porta Pinciana 344
 Porta del Popolo
 Priscilla-Katakombe 94
 Trajansäule (Colonna di Trajano) 341, 413, 476–477, *Abb. 328, 479*
Kirchen:
 S. Andrea della Valle 343, 436, 506, 509
 S. Antonio dei Portoghesi 351, 405
 Sant'Apollinare 513
 SS. Apostoli 436, *Abb. 316*
 S. Bernardo al Colonna Trajana – siehe: SS. Nome di Maria
 S. Bibiana 378, *Abb. 365*
 SS. Carlo e Ambrogio al Corso 322, 388, 408, *Abb. 363, 374*
 Chiesa Nova – siehe: S. Maria in Vallicella

 Il Gesù 369
 S. Giacomo degli Spagnoli 377, 390, 392, *Abb. 363, 374*
 S. Giovanni in Laterano 329, 332, 351
 S. Girolamo della Carità 355–356
 S. Lorenzo in Lucina 340, 456, 508, *Abb. 327*
 S. Luigi dei Francesi: 311–312, 318, 375–376, 410
 S. Maria dell'Anima: 50, 303, 310-313, 328–329, 336–337, 349–350, 356, 358–359, 378, 388, 390, 394–395, 399, 403–407, 410, 442–445, *Abb. 287, 337, 364, 380, 429, 430*
 S. Maria Antiqua 437, 473, *Abb. 475–476*
 S. Maria in Aracoeli: 312
 S. Maria di Loreto 342, *Abb. 328*
 S. Maria Maggiore 164, 350, 375, 391, *Abb. 360*
 S. Maria del Popolo 356, 436–437, *Abb. 421*
 S. Maria in Publicolis *Abb. 17, 355*
 S. Maria della Scala 382, 482
 S. Maria in Trastevere 474
 S. Maria in Vallicella 338, 349, *Abb. 336*
 S. Maria della Vittoria 336
 S. Marcello al Corso 349
 SS. Nome di Maria e Bernardo al Foro Trajano 336, 341, *Abb. 328*
 Petersdom (S. Pietro in Vaticano) 90–91, 154, 238, 240–241, 338, 439–440, *Abb. 27, 74–77, 213, 275, 328, 425–426*
 S. Paolo fuori le mura 156
 S. Pietro in Vincoli 372
 S. Sebastiano 94, *Abb. 78*
 S. Silvestro in Capite 481
 S. Trinità dei Monti 375
Paläste:
 Altemps 97
 Apostolischer Palast/ Vatikan: 90, 241, 334, 413–419, 439, 441, *Abb. 275, 293, 400–403*
 Barberini alle Quattro fontane 26, 375, *Abb. 23–24*
 Bigazinni 436
 Bonelli-Valentini: 327, 335, 337–340, 342, 344, 346, 381, 450, 470, *Abb. 316, 393–395*
 Bonelli in Piazza della Dogana Vechia: 327
 Borghese 52, 97, 415
 Caetani-Ruspoli 97, 184, 346–350, 355–356, 380, 382, 386, 393, 406, 412–419, 450, 454, 488, 516, *Abb. 333, 354, 396–399*
 della Cancelleria 350, 450, 516
 Capranica 410
 Ceri 50–52
 Chigi 482,
 Chigi-Odescalchi 97, 100–103, 333, 436, 469–472, 519, *Abb. 82, 316*
 Colonna ai SS. Apostoli 375, 391, 410, 508, 513
 Corsini 442, 462
 Curia Innocenziana 434–437, 439, 474, *Abb. 420*
 De Cupis 392, 406
 Farnese: 33, 97–100, 291, 318, 374, 392, 413, 416, *Abb. 26, 80*
 Fiano 357
 Fürstenberg 89, 378
 Grimani al Corso 346, 352
 Grimani in Via Grasella 436
 Kapitol (Konservatorenpalast) 97–98, 335, 441–442, *Abb. 371, 428*
 Ludovisi – siehe: Curia Innocenziana
 Madama: 310, 314, 319–320, 328, 392–393, 397–398, 412, *Abb. 285, 375, 377, 378*
 di Malta 373
 Manfroni: 320, 412
 Odescalchi – siehe: Chigi-Odescalchi
 Orsini 387
 Pallavicini-Rospigliosi 486
 Pamphilj in Piazza Navona 52, 375, *Abb. 42, 359*
 Pio di Savoia 390
 de Propaganda Fidei 384
 Quirinalspalast 52, 336, 474, 508–509, *Abb. 346*
 Ruspoli s. Bonelli-Valentini oder Caetani-Ruspoli
 Salviati 373–374
 Santacroce (Pasolini dall'Onda) 391, 465–466, *Abb. 468*

Savelli 97, 311, 314, 316, 382, 391, *Abb. 290*
di Spagna (Botschaft) 33, 52, 88, 342, 370, 384, 413, *Abb. 356, 357, 368*
Vaini 377
Valentini – siehe: Bonelli-Valentini
di Venezia (Botschaft) 33, 423–424, *Abb. 404–406*
Zuccari 371

Plätze und Straßen:
  Piazza di S. Apollinare 50
  Piazza dei SS. Apostoli 50, 330, 344, 384, *Abb. 316*
  Kapitolsplatz 480
  Piazza di S. Lorenzo in Lucina 355–358
  Piazza di Montecitorio 475
  Piazza Navona 50, 154, 311, 392, 516
  Petersplatz 318, *Abb. 1, 275, 293*
  Piazza della Pace 50, 350
  Piazza del Popolo 345, 360, *Abb. 343*
  Piazza di Spagna 18, 50, 97, 154, 344, 350, 382, 384, 410, *Abb. 41, 354*
  Strada dei Condotti 352, 456
  Strada Fratina (Ferretina) 352, 370, 386
  Via del Babuino 97
  Via Bocca di Leone 370
  Via Flaminia 362
  Via Vittoria 97

Villen:
  Albani 476
  Barberini 426
  Benedetti (Benedetta) 97, 103–104, *Abb. 84*
  Borghese 11, 97, 426, 519, *Abb. 15, 409*
  Chigi 97
  Giulia 360
  Giustiniani 97
  Lante 424, *Abb. 407–408*
  Madama 426
  Mattei alla Navicella 97, 425
  Medici 97, 462
  Montalto-Peretti 97, 103, *Abb. 83*
  Pamphilj 97, 104–105, 513, 519, *Abb. 85*
  Rondanini 425
  Torri 425

Rosenburg: 143, 160, 163
Saint-Germain-en-Laye: 126, a.103
Saint-Maximin-la-Sainte-Baume: 130
Salzburg: 36, 49, 264–266, 295, 525, *Abb. 239–240*
St. Gallen: 114
St. Petersburg: 460, 508
Sarning: 161
Schaffhausen: 130
Schallaburg: 270
Schirnes: 161
Schönau: 161
Seelowitz/Sidlochovice: 44
Seitendorf: 161
Sermonetta: 347, 358
Sevilla: 410
Siena: 20, 34, 72, 75, 77–78, 344, 353, 482, 506
Slankamen: 130, 151, 236, 242,
Slavkov u Brno – siehe: Austerlitz
Soissons: 44
Sperkental: 161
Speyer: 226
Sprinzenstein: 143
Stetteldorf: 173
Steyr: 69
Stockholm: 235, 466
Straß im Straßertal: 179
Straubing: *Abb. 94*
Strones: 143
Tabor/Tábor: 257
Thaya: 161, 174, *Abb. 156*
Thorn: 304
Tivoli: 456
Toulouse: 130
Trautenfels: 158
Trient: 74–75
Trier: 167
Triest: 67
Turin: 22, 100, 109–113, 234, *Abb. 88–91*
Udine: 200
Ulm: 103, 409

Unterpertholz: 161
Utrecht: 373
Valenica: 149, 505
Venedig: 20, 24, 34, 74–76, 91, 166, 181, 267, 304, 322, 345, 402, 446, 450, 454, 468, 516–517, *Abb. 54, 241, 242*
Verona: 36, 77
Versailles: 44, 55, 91, 100, 122, 129, 238, 333, 368, 376, 427, *Abb. 45, 106*
Vicenza: 77
Vienne: 238
Waldhausen: 161
Waldreichs: 88
Waldsassen: 253
Waltenreith: 162
Warasdin/Varaždin: 235
Warschau: 304
Waidhofen an der Thaya: 143, 150, 155, 161, 163 171–172, 174–175, *Abb. 136, 154*
Waitzen/Vác: 333
Weinpolz: 161
Weltrus/Veltrusy: 149
Werschenschlag: 161
Wetzlar: 226

Wien:
Allgemein: 9–22, 24, 36, 45–46, 53, 57–60, 69, 87, 143, 149, 173, 176, 181, 191–212, 227, 234, 238–240, 248, 304, 340, 347, 356, 358, 364, 371, 399, 402, 408, 440, 466, 469, 486, 506, 508, 515, 520, 526, *Abb. 56, 172, 222*

Kirchen und Klöster:
  Augustinerkirche 143, 209, 212, 526
  Dominikanerkirche 179
  Franziskanerkirche 209–210, *Abb. 187*
  Himmelpfortkloster 212
  Kapuzinerkirche 146
  Klarissenkloster St. Nicolai 212
  Maria de Mercede (Spanische Spitalkirche) 517
  Mariahilferkirche 168
  Michaelerkirche 209
  Rochuskirche 181
  St. Paul 181, *Abb. 163*
  Schottenkirche 209, *Abb. 173*
  Servitenkirche 212, *Abb. 189*

Paläste:
  Althann, Gartenpalais (Rossau) 149, 203, *Abb. 181*
  Abensberg-Traun 194–195
  Auersperg 337
  Batthyány 33
  Belvedere 520
  Czernin, Gartenpalais (Leopoldstadt) 202
  Daun-Kinsky 192–193, *Abb. 173*
  Dietrichstein (Herrengasse) 33, 194–195
  Dietrichstein-Lobkowitz 194, 196
  Erzbischöfliches Palais 356, *Abb. 340–342*
  Favorita im Augarten 202–203
  Favorita auf der Wieden (Theresianum) 402
  Harrach, Gartenpalais 517
  Harrach, Stadtpalais 158, 181, 196–197, 517, *Abb. 173*
  Hoyos 194–195
  Lamberg 192–194, *Abb. 173*
  Lamberg-Sprinzenstein 33, 155, 194–202, 522–524, *Abb. 174, 175, 177, 179*
  Lazenhof 194
  Liechtenstein, Gartenpalais (Rossau) 149, 196, *Abb. 16*
  Liechtenstein, Majoratshaus (Herrengasse) 33
  Liechtenstein, Stadtpalais (Bankgasse) 196, 526
  Hofburg (Stallburg) 36, 192–193, 520
  Montecuccoli, Gartenpalais 203
  Montecuccoli, Stadtpalais 194–195
  Nuntiatur 33
  Öttingen, Gartenpalais 203, 206, *Abb. 180*
  Prämer-Lamberg, Gartenpalais 202–209, *Abb. 180, 182–186*
  Rofrano – siehe: Auersperg
  Questenberg-Kaunitz 200
  Scheller, Gartenpalais 203–204, *Abb. 180*
  Schönbrunn 183
  Starhemberg 194–195, *Abb. 176*
  Strattmann, Stadtpalais 280, 284

  Trauttmansdorff 204
  Volkra, Gartenpalais 203
  Walderdorff, Gartenpalais 203
  Weltz – siehe: Auersperg

Wiener Neustadt: 178, 210
Windha(a)g: 159–160, 163–164
Windsor: 128, 408, *Abb. 104*
Wolfenbüttel: 236
Wolfsberg (Nö.): 161
Wotitz/Votice: 257
Zierings: 155
Zissersdorf: 155
Zwettl: 146, 158

DOROTHEUM

SEIT 1707

Willkommen im größten Auktionshaus im deutschsprachigen Raum

Über 40 Sparten, mehr als 100 Experten, 300 Jahre Erfahrung

Übernahme für unsere internationalen Auktionen

Palais Dorotheum, Dorotheergasse 17, 1010 Wien
Tel. +43-1-515 60-570, client.services@dorotheum.at, www.dorotheum.com

Dorotheum International
Düsseldorf, München, Mailand, Rom, Brüssel, London, Paris, Prag, Tel Aviv

International Auctioneers

Porträt des Grafen Leopold Joseph von Lamberg als kaiserlicher Botschafter in Rom (Ausschnitt), römischer Maler, 1700, aus dem Schloß Ottenstein, **Dorotheum Auktion Alte Meister, 21. März 2002**

DAS SCHLOSS FÜR ALLE FESTE!

Eine Vielzahl von Möglichkeiten erwartet Sie im Schloss Ottenstein, egal ob Sie eine Hochzeit oder eine Familienfeier machen möchten. In unseren Festsälen können von 20 bis zu 220 Personen den Prunk des Grafen Lamberg genießen. Ein reichhaltiges kulinarisches Angebot mit bestem Service ist für uns selbstverständlich. Unsere Mitarbeiter und das Management des Schlosses stehen ihnen für Ihre Wünsche jederzeit zur Verfügung. Unser Schloss eignet sich auch für Ausstellungen und Events jeglicher Art, wobei wir im nahe gelegenen Hotel „Ottenstein" auch alle unsere Gäste in angenehmer Atmosphäre unterbringen können.

Unter www.hotelottenstein.at erhalten Sie einen Überblick über unsere Betriebe, oder kommen Sie einfach bei uns mal vorbei.

WOHLFÜHLEN IN EINEM SCHLOSS

„Zeit nehmen – Zeit haben – Zeit lassen".
Ein Ambiente mit viel Seele und Herzlichkeit zum Wohlfühlen.

Kraft und Gesundheit tanken – einfach Energie aufladen in der heutigen stressigen Zeit im Schloss Drosendorf. Der Kraftort macht das Lernen und den Aufenthalt zum Vergnügen. Ob als Teilnehmer eines Seminars oder als Gast, in der ganzjährig geöffneten Frühstückspension des Schlosses fühlt man sich in dem familiär und kinderfreundlich geführten Schlossbetrieb einfach wohl. Viele Gäste wissen das einzigartige Flair des Schlosses zu schätzen und kommen gerne wieder.

A-2095 Drosendorf an der Thaya, Schlossplatz 1
Tel. 02915/2321-0 Fax. –40
schloss-drosendorf@drosendorf.at
www.schloss-drosendorf.at

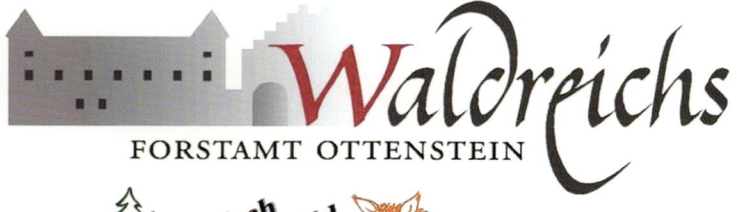

Fisch- und Wildbretverkauf

FORSTAMT OTTENSTEIN
Windhag - Stipendienstiftung für NÖ

Schloss Waldreichs
A-3594 Franzen

Tel: 02988 / 6530
Fax: 02988 / 6530 26
Email: forstamt@ottenstein.at
www.waldreichs.at

TEICHWANDERWEG	Landschaftsschutzgebiet Kamptal, artenreiche Tier- und Pflanzenwelt
SCHLOSSSTÜBERL	Gasthaus
JUGENDLAGERPLATZ	3000 m², Sanitäranlagen, Warmwasserduschen, Lagerfeuerstelle, Stauseenähe
BOOTSANLEGEPLÄTZE	Stauseen Ottenstein und Dobra
ANGELN	Hecht, Zander, Karpfen, Schleien, Wels
JAGD	Jagdmöglichkeit, Abschussvergabe

Marktgemeinde Pölla

NATUR, GESCHICHTE UND KULTUR IN DER REGION KAMPSEEN
www.poella.at

Friedenskirche Döllersheim

Das gotische Gotteshaus des zur Herrschaft Ottenstein gehörigen Marktortes Döllersheim war von 1536 bis 1938 Patronatskirche der Grafen Lamberg. Ab 1938 wurde die Region für einen Truppenübungsplatz der Deutschen Wehrmacht entsiedelt. Die den hll. Petrus und Paulus geweihte Pfarrkirche verkam zur Ruine und wurde erst ab 1976 baulich gesichert. 1985 als „Friedenskirche" geweiht dient das Bauwerk heute als Mahnmal gegen Zwangsaussiedlungen und Vertreibungen.

Erstes Österreichisches Museum für Alltagsgeschichte
3593 Neupölla 10

Das 1997 eröffnete Museum bietet einen Überblick über die Lebensverhältnisse der Bevölkerung im Bereich der Herrschaften der Grafen Lamberg vom 17. bis ins 20. Jahrhundert. In der Abteilung „Herrschaft und Untertanen" sind auch mehrere Objekte mit Bezug zu Leopold Joseph von Lamberg zu sehen, darunter dessen graphisches Porträt sowie eine Ofenkachel aus dem Schloss Ottenstein aus der Zeit um 1680.

Öffnungszeiten: 1. Mai bis 26. Oktober, jeden Sonn- und Feiertag von 14.00 bis 16.30
Information: www.poella.at/Museum

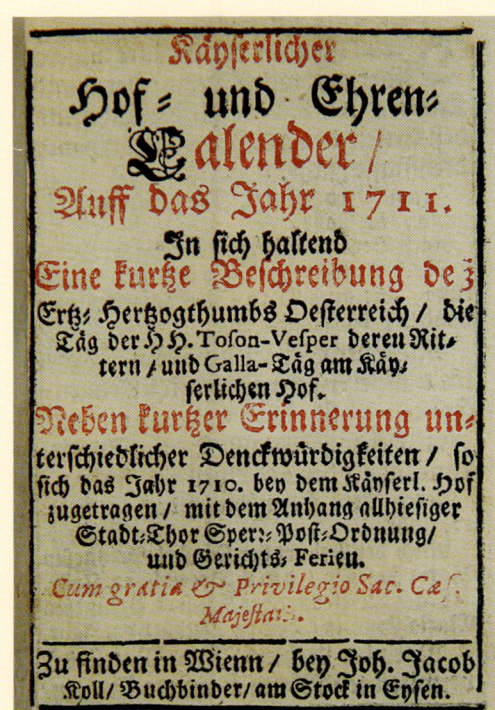